专利法
原理与案例
（第二版）

Patent Law
Cases and Materials

专利法

原理与案例

（第二版）

崔国斌 著

图书在版编目(CIP)数据

专利法:原理与案例/崔国斌著. —2 版. —北京:北京大学出版社,2016.2
ISBN 978-7-301-26824-7

Ⅰ.①专… Ⅱ.①崔… Ⅲ.①专利权法—研究—中国 Ⅳ.①D923.424

中国版本图书馆 CIP 数据核字(2016)第 021483 号

书　　名	专利法:原理与案例(第二版)
	Zhuanlifa:Yuanli yu Anli
著作责任者	崔国斌　著
责任编辑	孙战营
标准书号	ISBN 978-7-301-26824-7
出版发行	北京大学出版社
地　　址	北京市海淀区成府路 205 号　100871
网　　址	http://www.pup.cn
电子邮箱	编辑部 law@pup.cn　总编室 zpup@pup.cn
新浪微博	@北京大学出版社　@北大出版社法律图书
电　　话	邮购部 62752015　发行部 62750672　编辑部 62752027
印 刷 者	北京宏伟双华印刷有限公司
经 销 者	新华书店
	730 毫米×1020 毫米　16 开本　61.75 印张　1316 千字
	2012 年 1 月第 1 版
	2016 年 2 月第 2 版　2023 年 12 月第 7 次印刷
定　　价	99.00 元

未经许可,不得以任何方式复制或抄袭本书之部分或全部内容。
版权所有,侵权必究
举报电话:010-62752024　电子信箱:fd@pup.cn
图书如有印装质量问题,请与出版部联系,电话:010-62756370

第二版序言

本书的第一版于2012年初面世，接下来不到两年就脱销了。读者的反馈也大多积极正面。这多少让我有些得意。不过，在出版社计划重印时，我还是建议出版社等我修订后再版。这主要是因为第一版写作过程仓促，很多问题没有涉及或未及深究，留下太多遗憾。在决定修订时，我有点过度乐观，以为很快就能完成。实际上并非如此。琐事缠身，我拖延两年才完成这一工作。

经过这次修改，第二版的确有实质性的改观。在删节已有内容的基础上，全书字数依然净增加二十万有余，新增内容接近全书篇幅的1/3。具体而言，修改主要体现在以下几个方面：首先，新增"专利权能"和"外观设计"两章，使得全书体系更完整，基本覆盖专利法的所有重要方面；其次，调整了每章的逻辑结构，将案例材料与原理解说部分密切地融合在一起，期待读者获得更清晰的阅读思路；再次，删除或压缩了书中相当数量的失去代表性的已有案例，增加了大量的国内外的典型案例，使得本书能够更准确地反映专利法领域的最新实践；最后，修正了第一版中的一些文字错误，并添加了详细的目录、关键词与案例索引，方便读者随时查找相关内容。

当然，第二版依然有很多地方比较粗糙，需要进一步打磨。人在中国学术的江湖，身不由己。修订著作的时间永远不够，我只好且行且止，希望每两三年上一级台阶，逐步完善此书。实际上，也只有经过更长久的学术积累，我们才可能在那些需要完善的点上形成更清晰和更独到的见解。如果真地要等研究清楚后才修订此书，估计要到猴年马月了。另外，专利法领域新理论和新问题层出不穷，一劳永逸地修订教科书原本就是一项不可能的任务。在此，我能做的就是提醒读者，原谅书中不断闪现的浅薄、疏漏和错误。读者如果能够时刻保持批判态度，就可以避免被误导并享受这种挑战性的阅读体验。当然，作为作者，我会一如既往地保持开放的心态，虚心接受读者提出的各种批评与指正意见。"三五版后达到理想状态"，依然是我不变的奋斗目标。

第二版并不仅仅是我个人努力的结果，相反，它融汇了很多老师、读者和同学的智慧！首先，特别感谢专门为本书修订提出过宝贵意见的清华大学法学院的老师和同学们！她/他们是蒋舸老师、刘金娜老师，刘嘉纯、石丹、王维多、周均、侯莎、何雯、张璐、李慧阳、纪健莉等同学。希望她/他们看到新书中各自的贡献时,也能会心一笑!其次,衷心感谢在清华大学法学院选修过"专利法专题研究"的同学们!这些中国最聪明的大脑在课堂上提出的各种质疑和挑战,是本书不断完善的动力之源。通过课堂教学努力为本书培养一代代的批判者,真是一份引人入胜的美妙的工作!最后,真诚感谢本书的责任编辑北京大学出版社的孙战营老师,感谢她爽快地放弃第一版的编辑成果,转而为本次修订工作付出巨大努力!

说明及致谢(第一版)

一、说明

  本书是纯粹的教科书,一本以深入理解和灵活掌握专利法学说和原理为核心目标的教科书。本书的章节安排、材料选取、问题设置均以教学为中心。按照专利法的自然逻辑结构,本书分成若干章节。每章开始部分对相关法律原理做简要概述,然后围绕该章节的核心问题,向学生展示相关的经典案例和前沿学术观点。为了保证讨论时有权威的文本基础,本书努力保留案例原文,只有在迫不得已时才做一些删节或修改。绝大多数案例后面都附有针对性的提问。这些提问大多指向案例中最模糊也最富有争议的地带,努力挑战学生的思考极限,也为任课教师组织教学研讨指明方向。课堂上,教师和同学从某一问题的最初答案出发,互相质疑,逐步修正,最后找到各自的内心确信。笔者相信,通过这样集中而深入地研讨,同学们能够把握专利法的核心逻辑,熟练掌握分析方法,获得解决实际问题的能力和自信。与此同时,同学们还会发现,专利法学习其实非常有趣并充满挑战。

  本书又不仅仅是教科书。笔者在撰写本书时,还是力图达到教学之外的目的——希望它能够成为知识产权专业研究人员发现问题的指南针。本书针对经典案例或主流观点的质疑和拷问,大多都指向专利法研究的最薄弱环节。笔者希望,更多的专业研究人员能够接受这些问题的指引,获得有益的启示,提供更令人满意的研究答案。不久的将来,这些后来者的研究就会逐步出现在本教科书的修订版本中。到那时,本教科书将成为中国专利法研究飞速进步的历史见证。

  本书以中国专利法为背景,但并不局限于中国专利法,因此本书采用了有大量的外国案例材料。对于这些外文案例材料,翻译还是不翻译,从一开始就是个问题。笔者原本并不想吃力不讨好地去翻译这些案例材料。隔着语言、制度和技术的三重障碍,准确传达外国案例或论文的准确观点,常常是笔者能力所不及或者时间所不许的。笔者勉强并且匆忙地翻译之,难免要误导读者。然而,不翻译,则笔者编写此书的目的可能会落空。客观而言,国内法学院能够并且愿意苦读此类艰深的外文材料的学生为数不多,中英文混排会让相当一部分读者放弃阅读。权衡利弊,作者最终决定赤膊上阵,翻译全部外文案例材料。为了避免过度误导读者,本书将笔者不知如何准确翻译的原文都附在正文当中。同时,笔者努力避免翻译人名和引证信息,这样方便读者查找原文。

笔者选择案例时考虑最多的是案例的教学与学术意义（或者说讨论空间），而不是案例是否正确地阐述了现行法律。因此，毫不奇怪，本书中很多案例的判决理由或判决结论存在各种各样的缺陷。读者的阅读态度和思考意愿最终决定这些案例是挑战还是陷阱。笔者希望读者能够勇敢地接受挑战，时刻抱着质疑和批判的态度来阅读这些案例，从而获得真正的独立思考和独立判断的能力。否则，读者很有可能未蒙其利反受其害——这些案例可能误导读者，让读者错误地理解现行的法律。

本书对全文引用的中文案例的格式略有调整。首先，将案件名称中传统的"谁诉谁"的格式替换成"谁v.谁"，使得案例标题看起来更清楚；其次，将审判庭成员从判决文书结尾提到开始，使得法官的名字更醒目。另外，这里特别强调，书中的案例名称并不严格遵守一审原告在前、被告在后的顺序。有些案例实际上是二审上诉人在前（一审可能是被告）、被上诉人在后。案例中，绝大部分被删除的内容都以省略号（……）代替；前后文顺序有调整的，以连续星号"****"提示；笔者自行添加的内容，以方括号"[ ]"提示。案例中所有法律均为当时生效法律，请读者注意与现行法区别。

这里，笔者真诚地希望，读者在享受阅读方便的同时，能够体谅作者的编辑和翻译之苦，帮助指出书中的错误。笔者将感激不尽。为了更好地收集读者的反馈意见，并及时向读者提供修订版中的新增内容，笔者将在新浪网上为本书开设博客（blog.sina.com.cn/iplaw），期待着和读者进行互动交流，共同进步。笔者相信，三五版之后，本书的面目必将实质改观，接近笔者心目中的理想状态。

二、致谢

首先，感谢为本书所节选的作品提供版权授权的下列前辈：郑成思教授（社科院法学所知识产权中心）的家人、吴汉东教授（中南财经政法大学）、Peter Drahos 教授（Australian National University）、Justin Hughes 教授（Yeshiva University）、Edward C. Walterscheid 教授（独立学者）、何越峰副司长（国家知识产权局）、刘国伟律师（北京律盟知识产权代理有限责任公司）等。他们的专业论述是如此的精彩，让作者觉得不在书中直接呈现他们的观点是一种罪过。同时，作者也希望论述者的原创精神能够给读者留下深刻的印象。

其次，感谢那些通过各种渠道公开案例的法官、律师和当事人。知识产权原始案例的公开，使得无数个体的智慧不再被无情地湮没，对中国知识产权研究的进步作出了无与伦比的贡献。笔者真诚地希望，这样的案例公开，能够更加地及时和充分。

最后，感谢为本书提供过修改意见的无数老师、同事和同学。尤其要感谢：郑胜利教授（北京大学法学院）、张晓东教授（华东理工大学法学院，通读本书并提出无数宝贵意见的第一人）、李小武博士（清华大学法学院）、何怀文博士（浙江大学光华法学院）、清华大学法学院的舒欹、董晶之、刘洋、崔彧、刘天然等同学。另外，还要感谢出版社的孙战营、郭瑞洁、段晓青、王中梅、蒋浩等老师，谢谢他们对本书提出无数的重要修改意见。

简 目

第1章 专利法概述 ·································· 1
  1 专利基础 1
  2 专利权的正当性 4
  3 专利制度的功能 19
  4 世界专利法简史 32
  5 中国专利法简史 44

第2章 客体审查 ·································· 56
  1 基本原理 56
  2 发明的技术性判断 58
  3 科学发现 68
  4 智力活动规则 96
  5 疾病的诊断与治疗方法 138
  6 违反法律与公序良俗 143

第3章 实用性 ·································· 150
  1 实用性的基本要求 150
  2 实用性的审查 155
  3 药物发明的实用性 162
  4 基因序列的实用性 172
  5 研究工具的实用性 183
  6 实用性标准与产业政策 185

第4章 新颖性 ·································· 189
  1 基本原理 189
  2 同样的发明 193
  3 书面公开 213
  4 公开使用 222
  5 优先权与宽限期 245

  6 抵触申请 253

第5章 创造性 …… 257
  1 基本原理 257
  2 最接近的现有技术 265
  3 "显而易见"的认定 278
  4 创造性的辅助证据 300
  5 实用新型的创造性审查 310

第6章 充分公开 …… 316
  1 基本原理 316
  2 "能够实现" 317
  3 书面描述："以说明书为依据" 340
  4 权利要求明确 371
  5 实施例的披露 374

第7章 专利程序 …… 376
  1 专利申请概述 376
  2 专利申请的修改 382
  3 专利审查 407
  4 专利无效宣告 421
  5 比较法上专利授权后的程序 447

第8章 发明（专利）权属 …… 452
  1 概述 452
  2 共同发明 454
  3 职务发明 487
  4 委托发明 539

第9章 专利权能 …… 541
  1 生产经营目的 541
  2 制造 547
  3 使用 564
  4 销售与许诺销售 568
  5 进口 569
  6 其他问题 571

第10章 专利侵权 …… 579
  1 基本原理 579

2　侵权者的主观过错　584
　　3　权利要求解释　589
　　4　侵权抗辩　652
　　5　专利侵权诉讼　684

第 11 章　等同侵权　696
　　1　基本原理　696
　　2　等同侵权的基本规则　702
　　3　现有技术抗辩　717
　　4　禁止反悔原则　719
　　5　捐献与意图限定原则　742

第 12 章　间接侵权　749
　　1　基本原理　749
　　2　帮助侵权　757
　　3　引诱侵权　778
　　4　境外活动与间接侵权　794
　　5　分开侵权　796

第 13 章　侵权救济　804
　　1　概述　804
　　2　行为保全：临时禁令　805
　　3　永久禁令救济　818
　　4　实际损失　838
　　5　侵权所得　872
　　6　许可费的倍数　882
　　7　法定赔偿（酌定赔偿）　887
　　8　其他救济　891

第 14 章　外观设计专利　898
　　1　概述　898
　　2　特殊客体　907
　　3　新颖性　916
　　4　区别性　933
　　5　侵权认定　936

案例索引　955

关键词索引　963

详 目

第1章 专利法概述 1
1 专利基础　1
　1.1 专利权类型　1
　1.2 专利权的内容　3
　1.3 专利保护范围　4
2 专利权的正当性　4
　2.1 劳动学说　7
　　2.1.1 洛克的经典论述　7
　　2.1.2 对劳动学说的质疑　9
　　2.1.3 边沁对自然权利说的批评　10
　2.2 人格学说　10
　　2.2.1 黑格尔式的解释　10
　　2.2.2 人格学说遇到的挑战　15
　2.3 功利学说　16
3 专利制度的功能　19
　3.1 激励技术创新　19
　　3.1.1 专利激励的"过"与"不及"　20
　　3.1.2 额外激励对专利机制的扭曲　21
　　3.1.3 政府资助和奖励机制　23
　3.2 促进信息公开　25
　3.3 促进商业开发　27
　3.4 促进跨国贸易　30
4 世界专利法简史　32
　4.1 专利法的起源　32
　　4.1.1 专利法的早期演变　32
　　4.1.2 从特权到财产权的转变　37
　　4.1.3 19世纪欧洲的专利废除运动　37

4.2 专利保护的国际化　38
　　4.2.1 国际化的三个阶段　38
　　4.2.2 国际化与地域性　42
4.3 统一国际专利法的努力　43
5 中国专利法简史　44
5.1 1859年《资政新篇》　44
5.2 1882年第一件"专利"　45
5.3 1898年专利法雏形——《振兴工艺给奖章程》　48
5.4 1944年《中华民国专利法》　49
5.5 1950年《保障发明权与专利权暂行条例》　50
5.6 1984年《中华人民共和国专利法》　52

第2章 客体审查 ········ 56

1 基本原理　56
1.1 界定客体范围的方法　56
1.2 中国法下的客体范围　57
2 发明的技术性判断　58
2.1 经验性的判断思路　58
2.2 从产品到方法　59
2.3 客体审查的整体论　60
2.4 新颖点规则批判　64
2.5 印刷物规则　65
3 科学发现　68
3.1 科学发现排除规则概述　68
　　3.1.1 排除的理由　68
　　3.1.2 发明与发现的界限　69
　　3.1.3 "自然界"等于"现有技术领域"？　71
　　3.1.4 数学规则　72
3.2 生物技术　72
　　3.2.1 生物技术的专利保护概述　72
　　3.2.2 微生物　74
　　3.2.3 高等动物　84
　　3.2.4 基因序列　87
3.3 科学发现的保护：发现权？　93
　　3.3.1 发现权的制度空白　93
　　3.3.2 历史上的保护发现的建议　96

4 智力活动规则　96
　4.1 排除智力活动规则的原因　97
　4.2 智力活动规则的范围　98
　4.3 计算程序　102
　　4.3.1 计算机程序专利保护现状　102
　　4.3.2 程序算法的专利法定性　103
　　4.3.3 汉字编码方法　122
　4.4 商业方法　126
　　4.4.1 传统的商业方法类发明　126
　　4.4.2 商业方法与计算机的结合　130

5 疾病的诊断与治疗方法　138
　5.1 "治疗方法"与产品的转换　139
　5.2 "治疗目的"的扩张解释　142

6 违反法律与公序良俗　143
　6.1 专利法中的道德评价的必要性　145
　6.2 技术的道德与环境风险评估　146
　6.3 道德审查与各国产业政策　147
　6.4 遗传资源的披露要求　149

第3章　实用性　150

1 实用性的基本要求　150
　1.1 能够实现　150
　1.2 达到实用程度　151
　1.3 有积极效果　153
　　1.3.1 有欺骗性的发明　153
　　1.3.2 存在缺陷的发明　154

2 实用性的审查　155
　2.1 客体审查与实用性审查的重叠　155
　2.2 实用性、新颖性和创造性的审查顺序　156
　2.3 《专利审查指南》规定的无实用性情形　157
　2.4 未充分公开引发的实用性疑问　158
　2.5 实用性的证明责任分配　159

3 药物发明的实用性　162
4 基因序列的实用性　172
5 研究工具的实用性　183
6 实用性标准与产业政策　185

6.1　专利实用性标准的历史考察　186
　　6.2　租金耗散与专利实用性标准　188

第4章　新颖性　……………………………………………………………… 189

1　基本原理　189
　　1.1　审查内容　189
　　1.2　现有技术的范围　190
　　1.3　为公众所知　191
2　同样的发明　193
　　2.1　单独对比　194
　　2.2　全部特征对比　195
　　2.3　相同或实质相同　199
　　2.4　《专利审查指南》的审查基准　210
3　书面公开　213
　　3.1　可能的公开形式　213
　　3.2　公开程度的要求　213
　　3.3　书面公开的日期　221
　　3.4　境外出版物的举证　221
4　公开使用　222
　　4.1　公开使用的认定标准　223
　　4.2　默示保密义务　227
　　4.3　试验性使用　230
　　4.4　秘密的商业化利用　236
　　4.5　销售及销售广告　237
　　4.6　隐含揭示　238
　　4.7　以其他方式为公众所知　244
5　优先权与宽限期　245
　　5.1　优先权　245
　　　　5.1.1　国际优先权　245
　　　　5.1.2　本国优先权　246
　　　　5.1.3　优先权制度的作用　246
　　　　5.1.4　优先权的审查　248
　　　　5.1.5　优先权的效力　250
　　5.2　宽限期　250
　　5.3　美国后续申请制度(Continuation Application)　252
6　抵触申请　253

6.1　抵触申请制度的宗旨　254
　　6.2　抵触申请权利要求之外的内容　255
　　6.3　抵触申请与创造性审查　256

第5章　创造性 257

　1　基本原理　257
　　1.1　创造性判断的基本方法　257
　　1.2　熟练技术人员　259
　　1.3　创造性的判断：客观性标准还是主观性标准？　259
　　1.4　《专利审查指南》中的审查规则　260
　　1.5　美国创造性审查的演变　264
　2　最接近的现有技术　265
　　2.1　最接近的现有技术的范围　265
　　2.2　"技术相关性"要求与"技术启示"　270
　　2.3　技术问题概括方式与技术相关性　270
　　2.4　现有技术的证明与举证责任分配　276
　3　"显而易见"的认定　278
　　3.1　"显而易见"的认定方法　278
　　3.2　"技术启示"的认定　287
　　3.3　"显然可以尝试"标准的适用　292
　　3.4　美国创造性审查标准的改革　298
　　3.5　组合发明的"协同效应"　299
　　3.6　创造性与发明过程无关　300
　4　创造性的辅助证据　300
　　4.1　《专利审查指南》规定的其他因素　301
　　4.2　商业上的成功　302
　　4.3　超出预期效果　306
　　4.4　克服技术偏见　309
　5　实用新型的创造性审查　310

第6章　充分公开 316

　1　基本原理　316
　2　"能够实现"　317
　　2.1　"无须过度实验"标准　318
　　2.2　技术方案的概括：能够实现"什么"？　327
　　2.3　"能够实现"的时间标准　331
　　2.4　生物领域的过宽权利要求　335

2.5 表述错误导致"不可实现" 338

2.6 "能够实现"与"实用性的证明" 339

3 书面描述："以说明书为依据" 340

3.1 判断标准："得到或概括得出" 340

3.2 表述错误导致"不支持" 345

3.3 "书面描述"与"能够实现"的关系 351

3.4 "创造性的证明"与"充分公开"的区别 367

4 权利要求明确 371

5 实施例的披露 374

第7章 专利程序 …… 376

1 专利申请概述 376

1.1 申请文件 376

1.2 申请日 377

1.3 先申请原则 378

1.4 申请的单一性 379

1.5 PCT申请 380

2 专利申请的修改 382

2.1 允许的修改 382

2.2 修改的时机 405

2.3 对比无效程序中的修改 406

2.4 "修改超范围"与充分公开 406

3 专利审查 407

3.1 专利审查概述 407

3.1.1 审查制与登记制的对比 407

3.1.2 初步审查 408

3.1.3 实质审查 409

3.1.4 专利复审 410

3.2 重复授权禁止 411

4 专利无效宣告 421

4.1 专利无效宣告概述 421

4.1.1 无效宣告的理由 421

4.1.2 请求人资格限制 421

4.1.3 无效程序的中止 423

4.1.4 专利无效诉讼 423

4.1.5 专利无效的后果 424

       4.1.6 无效宣告与侵权程序的衔接　424
   4.2 无效宣告程序中专利要求书修改　425
   4.3 复审委的依职权审查　431
       4.3.1 《专利审查指南》关于依职权审查的规定　432
       4.3.2 复审程序中"明显的实质性缺陷"的理解　434
   4.4 "一事不再理"原则　444
   4.5 法院对专利效力的判决　445
5 比较法上专利授权后的程序　447
       5.1.1 日本侵权诉讼中的专利无效抗辩　447
       5.1.2 美国专利重新颁发制度　447
       5.1.3 美国的授权后复审制度　449
       5.1.4 美国法上的专利重新审查制度　449
       5.1.5 美国法上的双方复审程序　451

第8章 发明(专利)权属 ……………………………………… 452

1 概述　452
   1.1 发明权属的制度框架　452
   1.2 发明(技术成果)权属的法律衔接　452
   1.3 申请专利的权利与"专利申请权"　454
2 共同发明　454
   2.1 共同发明的构成要件　454
       2.1.1 合作的合意　455
       2.1.2 创造性贡献　459
   2.2 共同发明人身份的推定　475
   2.3 共有专利权的行使　476
   2.4 剽窃发明申请专利的处理　486
3 职务发明　487
   3.1 职务发明的构成要件　487
       3.1.1 雇佣关系(劳动关系)　488
       3.1.2 工作任务　492
       3.1.3 主要利用单位物质条件　495
   3.2 职务发明的权属　497
       3.2.1 职务发明权属的一般规则　497
       3.2.2 职务发明权属的合同约定　497
       3.2.3 职务发明争议的举证责任　498
       3.2.4 发明完成时间的确定　499

3.2.5 权属争议的时效　504
3.3 职务发明人的奖励和报酬　505
　　3.3.1 专利法下的相关制度　505
　　3.3.2 其他法律上的奖励机制　520
　　3.3.3 地方政府的奖励规则　524
　　3.3.4 外国发明的独立性　524
　　3.3.5 职务发明奖励制度合理性的反思　525
3.4 职务发明制度改革　525
　　3.4.1 职务发明条例草案(送审稿)(2014.4)　525
　　3.4.2 关于《职务发明条例草案(送审稿)》的说明　529
　　3.4.3 《专利法》第四次修改关于职务发明的建议条款　536
3.5 外国职务发明制度　537
　　3.5.1 美国法上的雇佣发明归属的历史演变　537
　　3.5.2 美国专利法上的权利归属　537
　　3.5.3 日本专利法上的职务发明　538
4 委托发明　539

第9章 专利权能　541

1 生产经营目的　541
　1.1 常见的引发争议的行为　541
　1.2 商业主体自身的消费行为　542
　1.3 非营利性机构的使用行为　545
　1.4 "私人非商业":相对明确的替代标准　546
2 制造　547
　2.1 制造行为的主体　547
　2.2 修理与再造　558
　2.3 雇佣他人制造　563
3 使用　564
4 销售与许诺销售　568
5 进口　569
6 其他问题　571
　6.1 依照专利方法直接获得的产品　571
　6.2 临时保护　573

第10章 专利侵权　579

1 基本原理　579
　1.1 侵权行为分类　579

1.2　侵权判断的步骤　580
　　1.3　技术方案对比　580
　　1.4　逆向等同原则　582
2　侵权者的主观过错　584
　　2.1　关于专利侵权归责原则的争议　584
　　2.2　"知识产权请求权"　586
　　2.3　善意者的继续使用　588
3　权利要求解释　589
　　3.1　权利要求解释的基本原理　589
　　　　3.1.1　权利要求解释的目标　589
　　　　3.1.2　权利要求解释的原则　590
　　　　3.1.3　内部证据:说明书的作用　598
　　　　3.1.4　外部证据:字典的作用　608
　　　　3.1.5　法律问题与事实问题的二分　620
　　3.2　"多余指定规则"的弃用　621
　　3.3　权利要求不清楚　625
　　3.4　方法限定产品权利要求　628
　　3.5　功能性限定特征　633
　　　　3.5.1　功能性限定特征的必要性　633
　　　　3.5.2　功能性限制特征的认定　634
　　　　3.5.3　功能性限定特征的保护范围　634
　　　　3.5.4　功能性限定特征的审查　635
　　　　3.5.5　功能性限定特征的披露要求与充分公开要求　636
4　侵权抗辩　652
　　4.1　现有技术抗辩　654
　　　　4.4.1　适用范围　654
　　　　4.1.2　征求意见稿中的"公知技术抗辩"　658
　　　　4.1.3　现有技术的等同方案　659
　　4.2　先用权　659
　　4.3　权利穷竭　671
　　　　4.3.1　权利穷竭的强制性　674
　　　　4.3.2　权利穷竭 v. 表明发明人身份权　675
　　4.4　其他抗辩　676
　　　　4.4.1　合法来源抗辩　676
　　　　4.4.2　实验使用　677

            4.4.3 临时过境   679
            4.4.4 医药行政审批   680
            4.4.5 权利滥用   682
            4.4.6 "权利冲突"?   683
        5 专利侵权诉讼   684
            5.1 诉讼管辖   684
            5.2 举证责任   686
                5.2.1 专利权评价报告   686
                5.2.2 新产品的制造方法   687
            5.3 陷阱取证   693
            5.4 诉讼中止   694
            5.5 诉讼时效   695

第 11 章 等同侵权 ……………………………………………………… 696

1 基本原理   696
    1.1 等同原则的合理性   696
    1.2 等同原则的立法争议   701
    1.3 等同原则背后的产业政策   702
2 等同侵权的基本规则   702
    2.1 等同判断的基本规则   702
        2.1.1 "全部要素"规则   702
        2.1.2 等同判断的"三要素测试法"   702
        2.1.3 等同判断的时间点   703
        2.1.4 侵权者的主观状态   704
        2.1.5 发明的开创性与等同的范围   704
        2.1.6 技术专家的角色   706
    2.2 技术特征的概括和比较   707
    2.3 等同替换的效果差异   709
    2.4 方法发明的等同替换   716
3 现有技术抗辩   717
4 禁止反悔原则   719
    4.1 放弃事实和意图的确认   720
    4.2 放弃原因不明:绝对禁止或相对禁止   727
    4.3 法院主动适用禁止反悔原则   740
    4.4 等同原则与技术方案的"可预见性"   741
    4.5 专利申请案卷的获取   741

4.6 外观设计侵权中禁止反悔原则的适用　742
　5 捐献与意图限定原则　742
　　5.1 捐献原则　742
　　5.2 意图限定原则　743

第12章 间接侵权 749

　1 基本原理　749
　　1.1 间接侵权概述　749
　　1.2 间接侵权与共同侵权的关系　750
　　1.3 间接侵权的构成要件　752
　　　1.3.1 直接侵权行为的发生　752
　　　1.3.2 间接侵权行为人的主观过错　754
　　　1.3.3 间接侵权行为与直接侵权之间的相当因果关系　755
　　1.4 间接侵权人的责任范围　755
　　1.5 间接侵权与专利权滥用　756
　2 帮助侵权　757
　　2.1 提供专用部件、设备和材料　759
　　2.2 提供计算机软件　763
　　2.3 提供便利条件　773
　3 引诱侵权　778
　　3.1 主观过错:明知或应知直接侵权行为存在　779
　　3.2 客观行为:有促成直接侵权的行为　793
　4 境外活动与间接侵权　794
　5 分开侵权　796
　　5.1 分开侵权的构成要件　796
　　5.2 分开侵权背景下的引诱侵权　797
　　5.3 跨境活动与直接侵权　802

第13章 侵权救济 804

　1 概述　804
　2 行为保全:临时禁令　805
　　2.1 基本原理　806
　　2.2 具体要素的综合权衡　807
　　　2.2.1 专利侵权的可能性　807
　　　2.2.2 难以弥补的损害　808
　　　2.2.3 对双方困难的权衡　809
　　　2.2.4 申请人的担保情况　810

2.2.5　公共利益　　811
　2.3　禁令申请的审查程序　　811
　2.4　申请错误　　812
3　永久禁令救济　　818
　3.1　基本规则　　818
　3.2　司法实践的不确定性　　824
　3.3　标准必要专利与禁令救济　　827
　3.4　相关程序安排　　831
　3.5　美国法上的其他案例　　837
4　实际损失　　838
　4.1　实际损失的内容：利润损失＋许可费损失　　838
　4.2　实际损失之利润损失　　839
　　4.2.1　以"侵权所得"替代"利润损失"　　839
　　4.2.2　替代方案的假设前提　　841
　　4.2.3　市场份额理论　　852
　　4.2.4　非专利产品的利润损失　　853
　　4.2.5　价格侵蚀（Price Erosion）　　863
　　4.2.6　其他损失　　864
　4.3　实际损失之许可费损失　　865
5　侵权所得　　872
　5.1　侵权所得的计算　　873
　5.2　侵权所得的分割　　874
　5.3　侵权所得的举证责任　　875
　5.4　侵权所得分割的实践　　876
　5.5　侵权和违约的竞合　　880
6　许可费的倍数　　882
　6.1　立法目的：惩罚性？　　882
　6.2　"许可费的倍数"适用的条件　　883
　　6.2.1　许可费标准已经存在　　883
　　6.2.2　"难以确定"的举证　　884
　　6.2.3　许可费标准的合理性　　885
7　法定赔偿（酌定赔偿）　　887
　7.1　法定与酌定的争议　　888
　7.2　法定赔偿的举证责任　　889
　7.3　法定赔偿的考虑因素　　889

7.4 法定赔偿的泛滥 890
8 其他救济 891
  8.1 销毁侵权产品或侵权工具 891
  8.2 赔礼道歉 892
  8.3 合理费用支出 892
  8.4 惩罚性赔偿 894
  8.5 行政救济 895
  8.6 刑事救济 897

第14章 外观设计专利 898

1 概述 898
  1.1 外观设计专利 898
  1.2 授权条件 899
  1.3 初步审查 900
  1.4 保护范围 901
  1.5 与其他法律重叠 901
    1.5.1 外观设计的著作权保护 901
    1.5.2 外观设计的反不正当竞争法保护 903
  1.6 外观设计保护模式选择的基础理论 905
2 特殊客体 907
  2.1 局部设计 907
  2.2 图形用户界面(GUI) 908
  2.3 平面标识例外 912
  2.4 色彩限制 913
  2.5 外观设计中的文字 916
3 新颖性 916
  3.1 判断主体:一般消费者 917
  3.2 相同或近似种类产品 925
  3.3 相同或实质相同的设计 926
  3.4 判断方法:整体观察综合判断 927
    3.4.1 曾经的"隔离对比"要求 932
    3.4.2 曾经的"要部判断" 932
4 区别性 933
  4.1 "区别性"与"创造性"的选择 933
  4.2 判断方法 934
  4.3 判断主体:普通设计者 935

4.4　改革方向　　935
　5　侵权认定　　936
　　5.1　一般消费者的认知　　936
　　5.2　相同或近似种类产品　　937
　　5.3　相同或近似的外观设计　　939
　　　5.3.1　整体观察综合判断　　939
　　　5.3.2　"混淆标准"与"创新标准"的争议　　942
　　5.4　"简要说明"的作用　　943
　　5.5　侵权抗辩　　944
　　　5.5.1　现有设计抗辩　　944
　　　5.5.2　功能性特征例外　　949

案例索引 ……………………………………………………………… 955
关键词索引 …………………………………………………………… 963

第1章

专利法概述

1 专利基础

专利法是对发明创造进行保护的专门法律。发明人或利益相关方(以下称发明人或申请人)要获得专利法的保护,必须向专利局提出申请,按照法律的要求披露其发明创造的内容。专利局受理申请之后,按照法定程序审查,然后决定是否授予权利证书。如果专利局批准并授予权利证书,则该发明创造就成为专利。申请人就该发明创造所享有的独占性权利被称做专利权。

1.1 专利权类型

专利法所保护的发明创造,仅仅限于有限的法定类型,即我国2008年《中华人民共和国专利法》(以下简称《专利法》(2008))第2条所指的"发明、实用新型和外观设计"。其中,"发明,是指对产品、方法或者其改进所提出的新的技术方案。实用新型,是指对产品的形状、构造或者其结合所提出的适于实用的新的技术方案。外观设计,是指对产品的形状、图案或者其结合以及色彩与形状、图案的结合所作出的富有美感并适于工业应用的新设计"①。

严格说来,只有发明和实用新型是技术方案,外观设计中美学的因素多于技术因素,并非通常意义上的技术方案。外观设计专利实际上并不保护这些技术要素或功能要素。发明和实用新型的涵盖范围有差别,前者包含了绝大部分技术方案,而后者仅仅限于部分具有形状或构造特征的技术方案,明显比前者的涵盖范围窄。这里所说的产品的形状是指"产品所具有的、可以从外部观察到的确定的空间形状";产品的构造是指"产品的各个组成部分的安排、组织和相互关系"。② 这一限制条件将方法类发明和单纯物质类产品发明排除在实用新型专利的保护范围之外。

在1979年立法草案第一稿中,名称是"发明专利法",仅仅规定了发明专利。"当时考虑的出发点是,我国没有实行专利制度的经验,因此在实行专利制度的初期只保护发明专利权,对实用新型和外观设计的保护,在发明专利施行一段时间去的经验之

---

① 《专利法》(2008)第2条。
② 《专利审查指南》(2010)第一部分第二章:《实用新型专利申请的初步审查》,第55—56页。

后再予考虑。另外,在国外,对实用新型和外观设计一般也不称为专利,说到'专利'这一词也仅限于发明专利,这也是发明专利法只保护发明专利一种专利的缘由。"① 立法者经过权衡,在第三稿中将法律名称改为"专利法",加入实用新型和外观设计的内容。立法者当时认为,中国国内企业的创新能力较弱,保护创造性要求较低的实用新型,"对促进国内中小型企业的技术发展有好处",保护外观设计则"有利于促进我国商品式样的改进,丰富人民生活,加强出口竞争能力"。② 不过,为什么一定要将实用新型限制在有形状和构造的产品,而不延伸到方法类或物质类产品发明,立法者始终语焉不详。当时的学者也没有更多的解释。本书作者揣测,立法者直接借鉴日本的成例,而没有深究。从法律本身的逻辑看,实用新型的保护客体延伸到任何技术方案都不存在障碍。德国的实用新型法就没有将保护客体限制在有形状和构造的产品范围之内。③ 随着中国经济的迅速发展,实用新型制度鼓励中小企业的立法目的可能不再重要。它节省专利审查成本的一面可能显得更加突出。如果这一面的确值得称道,则将来立法者应该认真考虑将实用新型的保护客体延伸到方法类发明了。

专利法对上述三类发明创造的保护方法不尽相同。申请人在提交专利申请时,就要明确自己所要寻求的保护类型——发明专利、实用新型专利或外观设计专利。

对于发明专利申请,专利局先要主动进行初步审查,然后再依据申请人的请求进行实质审查。初步审查环节审查员主要审查申请在形式、缴费和程序方面是否符合《专利法》的要求,也顺带对部分属于"**明显**实质性缺陷"的实体内容进行审查。此类"**明显**实质性缺陷"包括发明明显不属于《专利法》的保护客体、发明申请明显不具备单一性(详见后文"专利程序"一章)、专利文件修改明显超出原始说明书的范围(详见后文"充分公开"一章)等。④ 专利申请通过初步审查后,专利局会在自申请日起满18个月后公布该申请。⑤ 专利申请实质审查环节,审查员审查该发明是否符合《专利法》所规定的客体范围、实用性、新颖性、创造性等一系列实质性授权要件。只有通过实质审查之后,专利局才会授予发明专利权。专利法对发明专利给予20年的保护,从专利申请日开始起算。由于发明专利通过了实质审查,在侵权纠纷发生后,专利法也给予发明专利以较强的法律效力推定——专利证书或专利登记簿副本通常就是专利权效力的有效证明。⑥

对于实用新型和外观设计专利申请,专利局只进行初步审查,而不进行实质审查。

---

① 赵元果:《中国专利法的孕育与诞生》,知识产权出版社2003年版,第210页。
② 同上书,第222页。
③ 德国《实用新型法》(2009)第1—3条。
④ 《专利审查指南》(2010)第一部分第一章:《专利申请的初步审查》,第11—12页。
⑤ 《专利法》(2008)第34条。
⑥ "授予专利权时,专利登记簿与专利证书上记载的内容是一致的,在法律上具有同等效力;专利权授予之后,专利的法律专利权的授予和终止状态的变更仅在专利登记簿上记载,由此导致专利登记簿与专利证书上记载的内容不一致的,以专利登记簿上记载的法律状态为准。"《专利审查指南》(2010)第五部分第九章:专利权的授予和终止,第492—493页。

初步审查的范围与上述发明专利申请的初步审查大致类似。① 专利局在申请人提交了符合形式要求的申请文件并履行相关手续后,并且不存在明显的实质性缺陷,专利局就会按照既定的程序授予专利权。专利局并不审查该申请是否满足专利法上的实用性、新颖性和创造性等要求。正常的实用新型和外观设计专利申请总是能够获得授权。专利法对实用新型和外观设计专利的保护期较短,只有 10 年。由于此类专利未经过实质审查,在侵权诉讼中,专利法并不给予它们很强的法律效力推定。依据《专利法》,在专利证书或专利登记簿副本之外,人民法院**可以**要求专利权人或利害关系人提交专利局出具的专利权评价报告,证明其专利权**的**可靠性。②

专利法区别对待不同的发明创造,尤其是区别对待发明和实用新型,给申请人提供了更多的选择机会。发明专利能够获得较长时间的保护,但授权标准较高,程序耗时较长,维持费用较高;实用新型专利保护期限较短,但是授权标准较低,程序耗时较短。申请人可以根据自己的实际需要,选择按照发明专利或实用新型专利进行保护。必要时,还可以就同一方案同时提出两类专利申请,先获得实用新型专利保护,然后再获得发明专利的保护。前提是,在获得发明专利授权时要声明放弃实用新型专利。③

1.2 专利权的内容

申请人获得专利授权之后,依据《专利法》(2008)第 11 条就取得了该发明的独占性权利,即任何单位或者个人未经专利权人许可,都不得实施其专利,即不得为生产经营目的制造、使用、许诺销售、销售、进口其专利产品或者使用其专利方法。"生产经营目的"对专利权保护范围构成严厉限制,但法律并没有准确定义。自然人个人或家庭范围内为自身目的的实施行为不受专利权控制,应该没有疑问,实践中也鲜有此类案例发生。所谓"许诺销售",是指"以做广告、在商店橱窗中陈列或者在展销会上展出等方式作出销售商品的意思表示"④。实际上,它大致可以视为销售行为的辅助或预备活动。

对于专利方法,专利权的保护进一步延伸到利用该专利方法直接获得的产品。即,未经许可,他人不得使用、许诺销售、销售、进口依照该专利方法直接获得的产品。专利权人常常难以及时制止他人私下实施专利方法的行为。专利法将专利方法的保护延伸到依据该方法直接获得的产品,可以使得专利权人能够更有效地制止侵权后果的扩散,避免方法专利保护落空。当然,这里专利权人依然需要证明特定产品是其专利方法直接获得的产品,而不是应用该方法之前的中间产品或之后的再加工产品。如果专利方法生产的是一种新产品,则举证责任倒置。被控侵害方法专利的被告需证明其生产该新产品的方法与专利方法不同。⑤

专利权通常被视为一种消极的权利。专利权人能够阻止他人实施其专利权,但并

---

① 《专利审查指南》(2010)第一部分第二章:《实用新型专利申请的初步审查》,第 49 页。
② 《专利法》(2008)第 61 条第 2 款。
③ 《专利法》(2008)第 9 条第 1 款。
④ 最高人民法院《关于审理专利纠纷案件适用法律问题的若干规定》(2001)第 24 条。
⑤ 《专利法》(2008)第 61 条第 1 款。

不一定能够直接实施其专利。其中的原因可能是多方面的。首先,如果专利权人所要实施的技术方案可能同时为他人的专利权所覆盖,即基础性的发明是别人的专利,而专利权人只是进行改进并取得所谓的从属专利,则专利权人必须经过基础专利的权利人的许可才能实施该从属专利。另外,在专利法之外,社会对特殊物品或技术的管制都可能导致专利权人自己未经政府许可不得实施特定的技术发明。比如,枪支弹药的发明人并不一定能够实施其发明;有公共安全或社会伦理关切的生物技术的发明人也未必能够自行实施其发明。

1.3 专利保护范围

专利法要求,发明专利和实用新型专利的申请人在提出专利申请时必须撰写权利要求书,"清楚、简要地限定要求专利保护的范围"。[①] 权利要求书是界定专利保护的技术方案范围的核心法律文件。专利授权之后,专利权人不能修改权利要求。只有在专利无效程序中,专利权人才能修改权利要求。权利人只能缩小而不能扩大权利要求,而且修改方式"一般限于权利要求的删除、合并和技术方案的删除"。[②] 这是对权利人的严厉限制,后文"专利程序"一章有进一步的讨论。

专利申请人在撰写权利要求时,通常都会撰写一个或数个独立权利要求,尽可能宽地界定其保护范围。然后,在这些独立权利要求的基础上,增加新的限制性特征,缩小发明的保护范围,撰写出更多的从属权利要求。区分独立权利要求和从属权利要求的一般方法是看权利要求中是否引述了其他权利要求。如果引述了其他权利要求,通常是从属权利要求。当然,这一方法并不总是可靠。有些权利要求引述了其他权利要求,但依然是一个独立权利要求。对此,《专利审查指南》(2010)中有如下举例:"一种实施权利要求1的方法的装置……";"一种制造权利要求1的产品的方法……";"一种包含权利要求1的部件的设备……";"与权利要求1的插座相配合的插头……"等。这种引用其他独立权利要求的权利要求是并列的独立权利要求,而不能被看做是从属权利要求。[③]

专利权的保护范围,实际上并不仅仅限于权利要求字面描述的范围,而且可能包括等同替换的方案。所谓等同替换,是指权利要求中所限定的某些技术特征被替换,但该替换特征在熟练技术人员看来,是以"基本相同的手段,实现基本相同的功能,达到基本相同的效果"。[④]

2 专利权的正当性

为什么要保护专利权?或者,为什么要赋予专利权人以排他权?这是一个充满争议的问题。有很多学说从不同的角度回答它。洛克劳动学说将"劳动"奉为圭臬,将

[①] 《专利法》(2008)第26条第4款。
[②] 《专利审查指南》(2010)第四部分第三章第4.6.2节,第385页。
[③] 《专利审查指南》(2010)第二部分第二章第3.1.2节。
[④] 最高人民法院《关于审理专利纠纷案件适用法律问题的若干规定》(2001)第17条。

劳动成果视为最自然不过的财产。黑格尔人格学说则将财产和人格联系起来,当"意志"表达为发明创造时,发明就成了"人格"的一部分。以休谟和边沁为代表的功利主义学说则可能完全抛弃这些华丽的修辞,认为促进社会功利是保护发明的唯一理由。在功利主义学说的基础上,现代的法经济学则为专利权的正当性提供了更为细致的分析模式。本节将摘录部分的经典论述,让大家得以管中窥豹,熟悉知识产权法(专利法)的理论基础。当然,这些学说都是学者们事后对财产权制度的理论解释,与财产权制度起源时的社会共识是两回事。

这些学说最初被西方学者表述,却并不意味着学说本身就会和中国的社会实践存在天然的隔阂。这些学说本身具有直觉性的说服力,具有普遍意义,在任何社会都会有响应者。响应者们可能并不知道洛克、黑格尔之类的陌生姓名,也未曾听人提及姓名背后的学说,但是这并不妨碍他们自发地按照各类学说所描绘的思想来处理法律问题。这正如凯恩斯所言:"经济学家和政治哲学家的思想,无论正确与否,都比通常所理解的要强有力得多。毕竟,世界是由这些思想统治。那些坚信自己可以免受任何理论影响的实践者,常常是一些已故经济学家的奴隶。"[1]在财产法领域,情形也大抵相似。人们对专利权正当性的认识,总是自觉或不自觉地在上述经典学说之间摇摆。每个人的认识看起来千差万别,实际上都是对经典学说进行分解组合的结果。

解决财产的正当性问题,回答为什么要保护财产权,并非我们的终极目的。在财产权正当性理论的基础之上,我们还要进一步回答财产权如何产生、财产权的边界如何定义、财产权为何要受到限制、财产权为何可以被转让或放弃等一系列问题。不同理论回答这些问题的进路不尽相同,也正是在这一意义上我们认为研究财产权正当性的基础理由有着非同寻常的意义。

社会公众对于专利权正当性的理解,可以因人而异。但是,立法者则应在专利法或相应的立法理由书中相对明确地回答"为什么要保护专利权"。立法者的答案将作为立法的指导思想,统摄整部法律。这样,在具体条文的解释出现争议时,司法或执法机构能够接受立法目的指导,选择出最接近立法目的的解决方案。

我国《专利法》(2008)第1条是专利法的立法目的条款。该条规定:"为了保护专利权人的合法权益,鼓励发明创造,推动发明创造的应用,提高创新能力,促进科学技术进步和经济社会发展,制定本法。"这一条文用词繁复,但在关键问题上依然保持模糊。归纳起来,这一条大致阐述了专利法的两个"并列"的立法目的:"保护发明人合法权益"与"鼓励发明及其应用"。从字面上看,这两个并列的目的在持有不同财产观的人看来,可以朝着完全相反的方向解释:在具有劳动自然权学说倾向的人看来,专利法是对劳动自然权的确认("保护发明人合法权益"),由此产生的客观结果会是"鼓励发明及其应用";而在带有功利主义倾向的人看来,社会是为了"鼓励发明及其应用",

---

[1] The ideas of economists and political philosophers, both when they are right and when they are wrong, are more powerful than is commonly understood. Indeed the world is ruled by little else. Practical men, who believe themselves to be quite exempt from any intellectual influence, are usually the slaves of some defunct economist.

才选择"保护发明人合法权益"。

这两种解释在一些原则性问题上,比如要不要建立专利制度,通常不会有冲突。但是,在更具体的制度层面,则可能出现分歧。后续章节在"专利客体的范围""专利权归属""先发明与先申请原则""专利权的内容"等问题上或多或少都要涉及这一争论。这里,仅仅借用本书作者先前的简要评论,让大家对于这两种典型的指导思想差异有一个大致印象:

> 自然权学说和功利主义学说对知识产权法的司法适用有着不同的影响。在自然权学说的影响下,知识产权法更倾向于忽略保护知识产权所带来的社会经济影响,重心更倾向于保护创造者的劳动成果。任何妨碍权利人实现其劳动成果的市场价值的行为,都有可能依据知识产权法、民法等法律规则或者原则被禁止。而功利主义学说的默认规则不是保护,而是不保护。在缺乏明确法律规则的情况下,一切智力成果一旦公开,就进入公共领域。对他人劳动成果的使用,没有特别法的禁止都是许可的,即使这种使用给权利人造成强有力的竞争压力,损害其商业利益。在这种思想理念中,公共领域无所不在,权利人控制的区域不过是公共领域中的特区而已。
>
> 对造法持开放态度的部分法官实际上是自觉或者不自觉地接受了劳动自然权学说的指导。在前面提到的诸多案例中,在没有明确法律依据的情况下,法院习惯于将劳动创作活动作为确认创作者对该劳动成果享有财产权或获得法律保护的基础。法院本着"保护劳动所得和合法所得不受他人侵犯"的"民法之基本精神",将"劳动者对其创造的劳动成果有当然的控制权"确定为一项公理性的法律原则。法院在具体案件中会因为适用法律的不同,给这一"劳动者控制劳动成果"的原则穿上不同的外衣:如果适用民法的原则条款,则可能被表述为"诚实信用原则"、或者"合法的民事权益受到保护";如果适用不正当竞争法的原则条款,则常常被表述为"正常的商业道德"。①

通过对中国专利法立法史的考察,我们会发现将专利制度视为科技进步与经济发展的手段的功利主义主导着专利立法。"比如万里同志在《专利法》立法前关于该法立法目的的阐述就非常清楚地显示了这一点。当时认为专利法的立法目的有三点:'一是便于发动大家搞发明创造;二是便于迅速推广应用技术发明;三是便于引进外国的先进技术。'从这一典型的表述中,我们就丝毫看不到自然权学说的影子。中国专利法的立法过程中充满着各种各样的政策权衡。政策性权衡的结果直接体现在当时的《专利法》中。比如,该法的第25条就出于国家政策的原因明确将食品、药品等客体排除出专利法的保护范围。"②

---

① 崔国斌:《知识产权法官造法批判》,载《中国法学》2006年第1期,第150—151页。
② 同上注,第151—152页。

2.1 劳动学说
2.1.1 洛克的经典论述

**John Locke, Two Treatises of Government:
Book II（政府论两篇（下篇）），1698.**

第五章 论财产权

§25 上帝将世界以共有的形式①（in common）赐给全人类，同时也赋予人类以理性，使人类能够利用自然从生活和便利中获得最大利益。为了人类自身的生存和舒适，世上所有的物品都被给予人类。虽然自然生长的果物和动物由自然之母创造，属于人类共有。在它们处在自然状态时，没有任何人从一开始就对其中任何部分享有排他性的私有控制权。然而，既然被提供给人类使用，在这些自然物能够为特定的人所使用或带来好处之前，得有一种方法让人们能够以某种方式占有（appropriate）之……

§26 虽然土地和所有次等动物属于全人类，每个人对其"自身"（"person"）拥有"所有权"（"property"）。除了他自己，其他任何人都不对他自身拥有任何权利。他身体的"劳动"（"labour"）和双手的"工作"（"work"）可以说是他自己的。于是，他从自然界提供和遗留的原始状态中移除任何物品，就会将他的劳动和该物品混在一起，将他自己的某些东西添加到该物品中，从而使之成为他的财产。该物品被他从自然界所放置的共有状态中移除，获得了某种由劳动所添加的东西。这种东西能够排斥其他人共有权利。因为该劳动是劳动者的无可争议的财产，除了他自己，无人对劳动所添附的物品拥有某种权利。至少，当共有物中依然有足够多并同样好的物品被留给其他人时，是这样。

§27 一个人在橡树下捡到橡树果或树林中苹果树上摘到苹果后，将其当作自己食物，则可以毫无疑义地将其据为己有。没有人能否认该食物是他的。……是劳动将该食物同共有物区分开来。在万物之母——自然的造化之上，他的劳动添加了额外的东西，从而使得它们变成他的私有财产。有人会问，他没有经过全人类的同意就将橡树果或苹果变成自己的财产，所以他对所获取的橡树果或苹果不享有任何权利吗？将属于全体共有的东西视为他自己的财产，是一种抢劫吗？如果上述同意是必须的，则他早就饿死了，尽管上帝赐给他的东西实际上很充裕。我们发现，在共有世界中，基于共有者之间的约定，获取（taking）共有物的任意部分并使其脱离自然状态的行为，导致财产产生。没有这一行为，共有物将毫无用处。获取这一或那一部分并不依赖全体共有者的同意。因此，在我享有共有权的任何地方，我的马所吃的草，我的仆人所剪过草地，我所开采的矿石，无须任何人的转让或同意，就变成我的财产。劳动是我的，它使这些东西脱离其所处的共有状态，在其中确立财产权。

……

---

① 译者注：这里的"共有的形式"，可能更准确的说法是"公共领域的形式"。它显然不是所有权意义上的"共有"，否则个人在取用公共领域的物品时就要遵守法律意义上的共有财产权规则了。

§30 如果收集地上的橡树果或其他果实使收集者对它们享有财产权,则任何人想要多少就可以占多少。有人可能会因此反对这一规则。在这一点上,我的答案并非如此。赋予我们财产权的自然法,同样也约束着我们的财产权……在物品腐败之前,任何人可以尽可能多地利用它谋求生活便利,尽可能多地利用劳动确立财产权。超出这一限度[导致物品腐败],就超过其所应得份额,应属于他人。上帝为人类所造的任何东西都不应被浪费和损毁。……

§31 然而,现在财产权的首要问题不是地里的果实或地上的动物,而是承载其上的一切的土地本身。我认为,获取土地的所有权显然与获取前者(果实或动物的所有权)是一样的。个人能够耕耘、种植、改良多少土地,并享用其产品,该土地就是其财产。通过劳动,他将土地从共有物中圈出。说"任何人都对该土地享有平等的权利,所以未经其他全体共有人即全人类的同意,他不能获取、不能圈占",并不能否定其权利效力。上帝在将世界作为共有物赐给全人类时,同时也要求人类去劳动。人类自身的贫困状态也要求他劳动。上帝和理性要求人类征服土地,即为了生活福利而改良它,在其中投入自己的劳动……

§32 通过改良而获取任何土地,并不会对其他人造成损害,因为依然有足够多和同样好的土地留在那里,远超出未获土地者所能使用的量。因此,他自己的圈占实际上并不让留给他人的变得更少……

§35 自然已经很好地为财产的范围设定了标准,即人类劳动所及和生活便利所需的程度。没有人的劳动能征服或占有全部世界,他所消耗的不过是很少的一部分。因此,任何人都不可能通过这一方式侵害他人的权利,或者以损害邻居的方式获得财产。在他人获得其财产之后,剩下的人仍然有获得同样好和同样大的财产的空间,就像他人还没有占用一样。

……

§43 这里的一亩地产20蒲式耳麦子,而在美洲,同样一亩地如果以相同方式耕种,其自然的内在价值无疑大致相当。但是,实际上人类每年从前者收获的利益值5英镑,而从后者则不超过1便士。如果印第安人(从该一亩地上)获得的收益被估价并在这里对外出售,至少我可以肯定地说,不过千分之一[英镑]。是劳动赋予土地以最大的价值,没有劳动,土地几乎没有什么价值。地里的有用产品的大部分价值都归功于劳动。

……

§45 ……人类在一开始,在大部分地区,都是利用自然界所提供的原始物品来满足自身的需要,但是后来,在某些地方,人和牲畜的增加、货币的使用使得土地稀缺起来,从而具备了一些价值。这些地方的社区因此划定它们各自领地的边界,并且在社区内部通过法律来管理社会内的私人财产。另外,通过协议和契约确定劳动和勤奋所得财产的归属。

§46 ……他仅仅需要确保在它们(指所获财物)腐败之前使用它们,否则他所获取的就超出他的应得份额,是在掠夺他人。的确,超过自己的需要储藏物品,是一件愚蠢的事情,也是不诚实的。……对于耐用物品,他想堆多少就可以堆多少,判断是否超出公正的财产权限度的标准不是看他拥有的财产的多少,而是看是否有财产被无谓地损毁了。

2.1.2 对劳动学说的质疑

对于洛克的劳动学说的核心逻辑步骤,有学者将其概括为:

(1) 上帝将世界以共有的形式赐给全人类。
(2) 每个人对他自身拥有所有权。
(3) 个人的劳动属于他自己。
(4) 任何时候个人将劳动和共有物中的某些东西混在一起,就使之成为其财产。
(5) 获得财产权的前提是个人在共有物中留有足够多且同样好的东西给其他共有人。
(6) 个人不能从共有物中获取超过他能利用的量。[①]

有人会对上述逻辑照单全收,有人(比如边沁)可能会反对其中的所有环节。比如,"每个人对他自身拥有所有权",就值得怀疑。洛克从"任何人不能对别人的身体拥有权利"出发,得出这一结论。实际上,完全有可能,包括你自己在内的任何人都不拥有你的身体。Robert Nozick 则对洛克上述理论的第 4 个环节提出质疑,他提出了一个非常有名的向大海倒番茄汁的比喻:

> 为什么将一个人的劳动和某些东西混在一起就使其成为该东西的所有人?可能是因为个人拥有其劳动,当该劳动渗入先前并不是所有的物品时他就拥有了该物品。所有权渗入剩下的部分。但是,为什么将我拥有的劳动和并不拥有的物品混合,不是失去对劳动的所有权,反而是获得原本并不拥有的物品的所有权呢?如果我拥有一罐番茄汁,将之撒入大海,让它的分子(使之具有放射性,这样我可以检查之)均匀地混入大海。这样,我将拥有整个大海,还是将愚蠢地浪费了我的番茄汁?[②]

中国在政治生活中接受马克思主义学说的指导。虽然马克思的劳动学说具有深厚的自然法渊源,但是马克思却凭借劳动价值论对私有的财产权进行了系统的批判。简单地说,马克思的剩余价值理论在一方面肯定劳动创造价值,资本家通过雇佣不正当地攫取了剩余价值,但是另一方面,他并不认为剩余价值为劳动者所有就符合其正义原则。他选择的解决方案是完全否定财产权,认为在理想社会中应遵循"按需分配"的原则。当然,在现实中,我们依然还是觉得"按劳分配"具有直觉上的正当性。

将洛克劳动学说应用于知识产权,表面上看来这是将"麦子"换成"作品"或"发明",实际上却有着重大的变化。有形物品与知识产品的最大区别在于后者的可共享属性。人需要消耗有形物品,而且被消耗的同一物品常常不能满足不同人的相同需

[①] Peter Drahos, A Philosophy of Intellectual Property, Dartmouth Publishing Co., 1996, p.42.
[②] Robert Nozick, Anarchy, State and Utopia, China Social Sciences Publication House, 1999, pp.174-175.

求。因此,对之赋予财产权,不太容易引发道德危机。但是,对于知识产品,设置财产权,则可能导致原本可以共享该产品的其他人无法得到该产品,从而造成另一种"浪费",引发道德危机。在某些药物专利上,这一问题更加突出。专利垄断的药品价格昂贵,可能导致数以百万计的穷苦病人因无法支付昂贵的药费而丢失生命。因此,有学者指出:"知识产权的获取常常是一个生死攸关的问题,而不仅仅是钱(dollars and cents)的问题。"①

在知识产权的背景下,如何理解洛克所说的"足够多且同样好"的条件呢?一个人作出一项发明获得垄断权之后,社会公众获得类似发明的机会是不是没有受到影响呢?或者说,还有"足够多且足够好"的发明留给公众吗?在财产法哲学的背景下思考知识产权问题,人们就很容易发现,知识产权法领域学者们所执迷的基本理念并不能真正经受住考验。

进一步的阅读,可以参考冯晓青:《知识共有物、洛克劳动学说与知识产权制度的正当性》,载《金陵法律评论》2003春季卷。

2.1.3 边沁对自然权利说的批评

边沁对所谓的"自然权利说"持完全否定的态度:

自然权利完全是一派胡言:自然的和不可剥夺的权利,辞令上的废话,装腔作势的胡说……

某些所谓的自然法的阐释者认为,自然赋予每个人对任何事物的权利。实际上,换句话说,自然并没有给予任何人此类权利。对于绝大多数权利来说,如果它是每个人的权利,也就等于是无人的权利,就好比每个人的事情就等于无人的事情。自然赋予每个人对每件事物的权利,如果这是真的,则需要人类政府和人类法律给予每个人自己所享有的权利。没有政府和法律,任何权利都没有意义。②

2.2 人格学说

2.2.1 黑格尔式的解释

Justin Hughes, The Philosophy of Intellectual Property(知识产权哲学)
77 Georgetown L. J. 287, 330—350 (1988)

III 黑格尔式的解释③
……

人格权学说是洛克财产权学说的最有力的替代物。这一学说认为财产权提供了一种独特的或者说恰当的机制,使得个人得以实现自我、表达个性、维护尊严与认同。

---

① Michael Abramowicz, An Industrial Organization Approach to Copyright Law, 46 WM. & MARY L. REV. 33, 105(2004).

② Jeremy Bentham, A Critical Examination of the Declaration of Rights, The Works of Jeremy Bentham, vol. 2 [1843], available at http://oll.libertyfund.org/person/172.

③ 译者注:哲学术语晦涩异常,作者勉强译之。欲准确理解,请务必参考原文。

Margaret Radin 教授①将它表述为"人格论"(personhood perspective),并将下列主张视为其中心原则:"为了实现适当的自我发展——成为人,个体需要对外部环境中的一些资源进行控制"。依据这一人格学说,此类所需的控制通过一系列权利得以完美实现,我们将这些权利称做财产权。

像劳动学说一样,人格学说应用于知识产权时具有直觉性的吸引力:某一思想属于其创造者,因为它是创造者人格或自我的体现。最广为人知的人格学说是黑格尔的财产权学说。本节简单介绍这一财产权学说在知识产权领域的适用,以及用它解释知识产权所引发的一些问题。

在知识产权领域,人格学说最理想的应用是解释艺术方面的知识产权。这一论断无论是在理论上,还是欧洲的法律实践中,都是正确的。欧洲法律体系将人格学说视为财产权的基础。当人们试图将人格学说引入美国法时,常常援引欧洲的知识产权法作为论据。

……

1. 黑格尔哲学概述

黑格尔哲学的核心在于其晦涩的人类意志(human will)、人格和自由等概念。对于黑格尔来说,个人意志是个人存在的核心,它不断地在物质世界中寻求"实在"和功效(actuality (Wirklichkeit) and effectiveness)。黑格尔认为一个人的精神构造中许多要素按照等级排列,其中意志占据了最高位置。一位黑格尔自传的作者指出,在黑格尔式的意志中,想法和冲动(thought and impulse)、精神和内心(mind and heart)自由地结合在一起。

……

2. 财产权与人之间的联系

利用精神构造要素的等级模式,黑格尔暗示意志支配着自我精神构造中的一些次要的因素,好像它们是某种类型的财产一样。值得一提的是,这一观点离洛克理论的初始预设(initial premise)距离并不遥远。洛克的初始预设是"每个人对其自身拥有所有权"。假设个人自身(self)是一种财产,这种内在的财产与外在财产之间的区别在于后者可以被转让。沿着这一逻辑,可以从两个不同的方向消除[财产转让方面]障碍。就像 Dudley Knowles 所说的那样:"将一个人的财产的核心限缩到人格领域(生命、肢体和自由)实际上等于许可(人们)对人格的概念进行扩张以覆盖那些被视为财产的有形物体。"在黑格尔看来,意志与外部世界在不同层面的活动中互动。思维过程——比如识别、分类、阐释与记忆——可以被视为精神(mind)对外部世界的取用(appropriations)。认识和知识可以被视为外部世界将其(外部世界)强加给精神的产物。意志本身并不受这些印记(impressions)的束缚。它(意志)寻求以一种不同的方式取用外部世界,即将其自身强加给外部世界。这就是财产权的真正目的。或许是为

---

① 译者注:Margaret Radin,斯坦福大学法学院教授,在阐述黑格尔财产法哲学方面享有盛誉。了解这一事实,对于理解后文很重要。

了强调这一目的,黑格尔明确否认存在以财产权制度满足[个人]物理需要(physical wants)的需求。

作用于物品是[个人]持续奋斗以实现自我的过程的第一步。社会强行规定的财产权并不引发这一自我实现的过程。财产权仅仅是保护个人控制世界的初始努力的一种手段。一旦我们承认自我实现不仅可以通过持久的物品,也可以通过短暂的行为进行,则财产权就具备了一个重要功能,即阻止他人掠夺个人自我实现过程中的原始取得物,从而一劳永逸地防止人们陷入两败俱伤的冲突。财产成为意志的表达,即人格的一部分。财产也就为进一步自由行动设定了所需满足的条件。

对财产的尊重允许意志继续其抽象化与客体化(abstraction and objectification)的过程。拥有一些可靠的财产,人们能够在非财产领域追求自由或者继续利用财产使其自身朝着他们理想的方向发展。罗尔斯(Knowles)明确地描述了财产和个人发展之间的"黑格尔式"的互动:"我们关于将来自我的构想与幻想或白日梦并无区别,除非这一构想得到现有财物、投资或有计划的储蓄的支撑……任何人计划制订一份愿望清单,最好先绕着他的住处走走,或者先看看他的衣柜。"

财产权并非仅仅是现实世界为个人自我主张让路的问题,因为社会必须承认和批准各类财产性的权利要求。社会接受个人对外部物品的权利主张后,占有物变成财产,个性表达变得越来越客观(objective)。黑格尔认为,客观性增强就意味着自由的增加,在部分程度上是因为社会对个人私有财产主张的认可,说明个人的主张与社会意志一致。

……

个人通过占有某些物品或其对应物("embodiment")的方式得以表达自我。[①] 虽然黑格尔的理论似乎支持先占理论("first possession" theory)或劳动学说(labor theory),但是并没有准确说明他所说的占有(occupation)是什么意思。因为意志仅仅能够占有无主物(re nullius)——要么是原始无主的物品或者是被抛弃的物品,所以,他将占有物品表述为取得财产的第一步。

在黑格尔的理论体系下,抛弃物品是很容易发生的,因为个人和客观物品之间的关系是动态的。最先占有某一物品并不足以维系占有者对该物品的所有权。只有意志自身呈现在物品上,所有权关系才能持续。因为,"欲拥有物品的意志"(the will to possess something)自身必须表示出来。个人如果没有经常性地重申这种表示,则可能会超过时效而失去所有权。个人也可以主动地撤回他的意志。这是财产可以转让的理论基础。

劳动常常是意志赖以占有物品的手段。劳动可能是占有的充分条件,但并非必要条件。比如,个人可以在所得礼物上或者和自己存在情感联系的自然物品上表达自己的意志。在我的书架上,有一块来自科西嘉海岸的石头在提醒我自己在那里度过的

---

① 译者注:比如,存在银行的一定数量的金钱本身可能不是严格意义上的"物",而只是一种对应物。当然,这只是译者个人的一种揣测。

日子。我的意志占有了那块石头,但并不希望改变它,我也没有在它上面付出劳动。这又是一个不具备前述条件的占有的例子。黑格尔特别指出并不一定要通过"使用"这种方式来占有物品。

这并不是说意志的占有没有客观标志。黑格尔提出意志占有物品的三种途径:从物理上抓住它;改变它的形态;或者标记该物品。这应该不是提示占有的所有方式的完整清单。黑格尔并没有准确定义这三种情形。他认为,怀着保存目的去使用物品,与"标记物品"大致相当,因为使用行为说明"意志"希望将该物品变成个人所利用的物品库的一个永久性的组成部分。

黑格尔似乎预见到个人和物品之间的时空联系,但是这同样仅仅是[占有的]标志而不是要求。与劳动学说不同,黑格尔的人格论集中关注商品属性(commodity)何时终结,而不是商品属性何时开始或如何开始……它关注促使商品属性终结的个人,关注持有人的内在特质(internal quality)或持有人和物品之间的主观关系,而不关注围绕该物品生产过程的客观情境(objective arrangements)。

如 Radin 教授在本节所指出的那样,人格和财产权之间的联系是开放的(open-ended)。个人可以对任何物质客体主张人格利益,也就是说,人格学说会导致过度的权利主张:这一理论许可 Virginia Woolf [英国著名小说家]对她自己的一间房间主张权利,也同样许可路易十四(Louis XIV)在凡尔赛的 2697 间房间主张权利。

……

Radin 教授……将财产区分为"可替代"(fungible)财产和"个性化"(personal)财产两种类型,后者是能够加强自我实现的财产。她提倡这样的规则:如果财产对于 X 来说是"可替代"的,而将财产赋予 X 将导致 Y 被剥夺"个性化"(即用于自我实现)的财产,则应当拒绝赋予 X 该财产。

Radin 的标准与黑格尔自己的逻辑是一致的。在讨论当时财产分配严重不公的现象时,黑格尔指出自己的理论仅仅要求获得财产的可能性均等。黑格尔间接支持这样的观点:如果给予 X 财产将导致 Y 失去获得财产的可能性,则可以拒绝赋予 X 该财产。依据 Radin 的标准,获取财产的行为是否"健康"(healthy)取决于它是否对他人造成损害。这一标准与洛克的"足够多且同样好"的条件类似。只要留有足够多而且同样好的潜在财产供他人自我实现,个人就可以获取自己的财产。

实际上,Radin 对"可替代"和"个性化"财产的区分原则,就是[洛克的]"足够多且同样好"("enough and as good")规则,除非我们按照下列两种方式来解释它。

第一种解释要求人们放弃他们的"可替代"财产,即使[给他人剩下的]"足够多且同样好"。如果依靠主观判断认定财产之上个性化添附(personal attachment),则这一解释便没有多少道理。客观上看起来"可替代"的财产实际上可能是"个性化"的。[比如,]偶尔有些人会对美国储蓄债券或者通用公司的股票享有人格利益(personality stake)。

第二种解释不要求人们放弃他们的"个性化"财产,即使已经没有"足够多和同样好"的财产留给其他全体。这一做法在成本与收益对比上有些道理:对于真正的"个性化"的财产,我们对失去财产一方的自我实现的所造成损害,可能和获得财产一方的自我实现的增加利益大致相当。在财产短缺的世界里,有些人在自我实现的过程中将会营养不良。[剩下的]问题仅仅是:谁将是受害者。

"可替代"与"个性化"的区分实际上重新揭示了 Radin 所发现的难题——"主观性"困境(the subjectivity dilemma)。在着魔于经济分析的文化环境下,"可替代"与"个性化"[的区分理论]具有强有力的直觉性的指导功效。股票基金、采矿权和成吨的麦子是"可替代"的,照片、日记和宠物则不是。然而,这并不告诉我们如何对付某个愿意出售祖母的人或某个将麦子视为宠物的人。留在我们面前,用于判断何时财产会实现"自我"(self)的标准,不是非常武断且严厉的,就是完全主观的。

3. 黑格尔理论下的知识产权

对于黑格尔来说,在解释知识产权的正当性时,无须将它和有形财产进行类比。事实上,和有形财产类比,倒可能会扭曲黑格尔的观点。该观点源于所谓的与"意志"有关的人格或精神特质学说。

黑格尔写道:

智力禀赋、渊博知识、艺术技能、与宗教活动有关的事物(比如布道、弥撒、祈祷、献祭等)、发明等等,成为合同的客体,通过买卖与那些被视为"物"的东西进行等价交换。有人可能会问:艺术家与学者是否在法律意义上"拥有"他的艺术、博学、布道与吟唱弥撒曲的技能?换句话说,这些成就是否是"物"(things)。我们可能不愿意将这些能力、成就与禀赋称做"物",虽然它们像有形的物一样,可能成为商业交易或者合同的客体,但是它们同时又是某种内在的精神上的东西。基于上述原因,究竟如何用法律术语来描述这类东西,答案依然是一团迷雾……

对上述个性特质进行物化,知识产权为这一问题提供了解决思路。黑格尔指出:"成就、博学、才能等,当然为自由精神(free mind)所控制(owned),对自由精神而言,是内在物而不是外在物。但即便如此,自由精神在表达它们(指成就、博学、才能等)时,可能会将它们体现在某些外在物上,并对外转让。"

黑格尔坚持认为个人不能转让或放弃组成其"自我"的任何基本要素(any universal element)。奴隶制是不许可的,因为"对外转让自己用于工作(work)的全部时间,是将我的自身存在(being)、全部行动与实在(universal activity and actuality)、以及人格的一部分变成别人的财产"。类似地,个人也没有权利牺牲自己的生命,因为这等于放弃全部的外在行动(external activity)。这一理论至少为回答黑格尔最关心的知识产权问题提供了一个框架。今天,有一个问题被我们忽略了,实际上它并不是一个容易回答的问题:作者在转让其作品拷贝后依然保留着复制更多作品拷贝的独占性权利,其正当性在哪里?

雕塑家或画家将其意志以物理方式体现在载体中,然后制造出一件艺术品。当其他艺术家复制这一艺术品时,黑格尔认为,手工复制件"本质上是复制者自己的思维和技术能力的产品",并不侵害原创艺术家的财产。当知识产权的创造者没有像[真正的]艺术家那样将其意志体现在物品之中,则出现进退两难的难题。创作者通过"一系列抽象的符号"从物理上表达其意志,这些符号可以很容易通过机械过程变成"物"(things)而无须任何智力才能。[创造]"精神产品(product of mind)的目的是让作者以外的其他人能够理解它,让它成为他们的思想、记忆和思考的一部分。"这一事实让上述难题更加复杂。这类由思想共有所引发的关切已经为人们所熟悉。

为了解决这一难题,黑格尔指出对作品单个复制件的转让并不包含制作复制件的权利,因为此类复制是一种"基础的表达方式,由作者专有"。就像作者不会将自己卖为奴隶一样,作者自己保留这种基本形式的表达(the universal aspect of expression)。售出的拷贝仅仅让购买者个人消费,唯一目的是许可购买者将其中的思想植入"自我"(self)。

黑格尔也将"工具主义—劳动"学说作为一个考虑因素,反对将完全的复制权授予给作品拷贝的购买者。黑格尔承认"保护知识产权虽然是促进科技和艺术进步的一种主要手段,却是完全消极的手段"。除此之外,黑格尔几乎没说什么。他宣称知识产权是一种"资本性资产"(capital asset),并将这一术语和后文联系起来。在后文中,他对"资本性资产"做了定义。有相当多的文献在讨论,为什么尽管黑格尔没有进一步发展"资本"思想做以得出它的逻辑结论,这里"资本性资产"依然可以被理解为一种更具持久性的财产,比其他财产更能提供经济安全感(economic security)……①

思考问题:

人格学说和劳动学说在财产如何产生、边界如何定义、权利限制的正当性、财产权利如何可以转让或放弃等问题上差异何在?

2.2.2 人格学说遇到的挑战

人格学说用来解释典型的文学艺术方面的著作权保护的正当性,比较容易被人接受,因为大家通常相信这些作品体现了作者的个性化的思想和情感。不过,如果作品本身具有很强的技术性(比如计算机软件、工程图纸)或者单纯的事实类作品(比如,法规数据库、电话本),人格学说的解释力就会下降。在单纯的技术发明上,人格学说能够比较好地解释发明人表明身份的权利,即发明人希望公众将其视为特定技术的发明人,从而确立其特殊身份或享有社会赞誉。比如,在中国人的记忆中,活字印刷永远和毕昇联系在一起。除了表明身份的权利,人格学说对专利权的财产性内容的解释,也会遇到困难。

人格学说遇到的另外一个难题是如何解释财产的转让或许可。很多时候,人们很难理解,为什么创造者是基于所谓人格表达的需要而获得对智力成果的控制,可是,只要创造者愿意,他又可以自由转让其成果或者对外发放使用许可。为了获得合理的解释,这一理论不得不发展出所谓的"可替代性财产"与"人格化财产"的区分,或者"意

---

① 译者注:"资本性资产"显然会引发无尽的困惑,因为它似乎与前文 Radin 所说的"可替代"财产相似,与"个性化"财产相对。本论文作者 Justin Hughes 似乎是想避免"资本性资产"被简单地视为"可替代"财产。

志对于物的占领是动态的"之类的变通学说。其实,一旦变通了,这一学说和其他学说的边界就变得模糊,实际应用的结果差异就不像想象的那么大了。

Justin Hughes 在前文指出了人格学说在区分所谓"可替代性"财产与"个性化"财产时遇到的难题,即区分标准究竟是主观化还是客观化的问题。你觉得有办法解决这一问题吗?

关于人格权学说与著作人身权之间的断裂,本书作者在先前出版的著作权法教科书中有如下描述[①]:

> 不过,现在越来越多的学者质疑作品中的人格利益属性。代表性的意见认为,在黑格尔的人格学说的框架下,个人为表达个性和实现自我发展而占有或控制财产,包括有形物和无形的作品。在这一框架下,并不存在区别对待作品与有形物的理论基础。因此,在黑格尔看来,人格并非艺术家们获得特别权利的跳板。[②] 也就是说,人格权学说作为一般财产权的理论基础,实际上并不特别支持将部分著作权利益人格权化。国内也有学者支持此类意见。[③] 否认著作人身权的理论基础,将著作权等同于一般财产权,将对于著作权制度的发展产生重要影响。在中国这一原本对著作权法理论基础并未达成一致的国家,制度变化可能更为明显。

关于人格学说适用于知识产权所遇到的问题的进一步讨论,可以参考 Justin Hughes, The Philosophy of Intellectual Property(知识产权哲学), 77 Georgetown L. J. 287 (1988)。另外,还可以参考 Wendy J. Gordon, A Property Right in Self-Expression: Equality and Individualism in the Natural Law of Intellectual Property(自我表达之上的财产权:知识产权自然法中的平等和个人主义), 102 Yale L. J. 1533 (1993)。该文认为很多时候洛克所说的"足够多且足够好"的前提并不存在,因而对知识产权要加以限制。

2.3 功利学说

崔国斌 知识产权法官造法批判

《中国法学》2006 年第 1 期,第 144—164 页

......

所谓功利主义财产权学说,主要源于休谟(David Hume)和边沁(Jeremy Bentham)。休谟认为我们所遵循的正义规则来自那些被认为有利于促进人类幸福的一些习俗(Convention)。人们遵守这些规则是为了个人的私利同时自然也有利于公共福利。私人所有权及其规则的基础除了这一实用目的别无其他。休谟之后,边沁更明确

[①] 崔国斌:《著作权法:原理与案例》,北京大学出版社 2014 年版,第 9 页。
[②] Peter Drahos, A Philosophy of Intellectual Property, Dartmouth, 1996 at 80.
[③] 比如,杨延超:《精神权利的困境——两大法系版权立法比较分析》,载《现代法学》2007 年第 7 期,第 48 页;李琛:《质疑知识产权之"人格财产一体性"》,载《中国社会科学》2004 年第 2 期,第 71 页。

地指出,并不存在所谓的自然权,财产权完全是法律的人为创设。具体到知识产权,功利主义认为社会提供知识产权制度的终极原因是为了提供刺激动机,以扩大相应成果的供给,保证社会公众能够获得充分的知识产品。在版权法领域,版权的目的绝不是为了给予作者回报,但法律这样做是为了实现它的最终目标——促使其将其创造的天才的产品公诸于世。对于专利系统,功利主义的解释更是直接:专利只是经济政策的一个公共工具,有着两方面的功用:首先,是提供刺激动机,刺激有实用性的发明创造不断涌现,从而导致社会福利的增长;其次,专利制度本身构成一个完备的信息系统,促进整个社会的技术信息的迅速传播,避免不必要的重复研究开发,从而减少社会财富的浪费。

……

Edwin C. Hettinger, Justifying Intellectual Property(知识产权的正当性)
18 Phil. & Pub. Aff. 31 (1989)

……

功利主义正当性(The Utilitarian Justification)

最强有力也最为广泛援引的知识产权正当性理论是所谓的提供激励动机的功利主义理论……

根据这一理论,为了促进有价值的智力成果的创造,需要将这些成果的财产权赋予智力劳动者。没有版权、专利和商业秘密的财产权保护,社会上智力产品的产出最优化的动力将不够充足。如果竞争者能够随便复制书籍、电影和唱片,随便采用他人的发明和商业技术(business techniques),那么他人将没有动力投入大量必要的时间、精力和金钱去开发这些产品和技术。让他人去开发产品,自己等着模仿,将符合每个公司的私利。没有人会从事原创性的开发,于是,新的作品、发明或者商业技术将不会被开发出来。为了避免这一灾难性的结果,这一理论认为我们必须继续授予知识产权。

值得注意的是,这一理论关注智力产品的使用者而不是生产者。在这里,授予生产者知识产权是为了确保使用者能够获得足够的智力产品(以及其他无数基于这些产品的产品)。授予生产者以财产权,不过是实现这一目的的一种手段。

这一方法看起来有点自相矛盾(paradoxical)。它确立一种权利,限制对当前智力产品的获取和使用,以增加将来新的智力产品的生产、获取和利用。就像经济学家Joan Robinson对专利所做的评论:"在原始的投资人收回足以引诱其当初作出必要投资的利润前,专利是防止新技术扩散的工具。专利制度的正当性在于通过减缓技术进步的扩散,以确保有更多的技术进步得以扩散……正因为植根于这种矛盾之中,在某些特定情形下,它注定要产生一些负面的结果,不必要地阻碍进步,尽管其整体上倾向于维持平衡。"这一策略可能可行,但是它在一定程度上会弄巧成拙(self-defeating)。如果知识产权的正当性理论是这种意义上的功利主义,则寻找智力产品生产的替代性激励机制具有重要的意义。如果能够采用同样有力的方式刺激智力产品的生产和应用,同时又不限制这些产品的应用和获取,则更好。

政府支持智力劳动、所得结果为公众所有,可能是此类替代方案之一。政府已经资助了大量的基础研究和开发。这些研究结果通常是公共财产(public property)。与智力劳动结果之上的私有财产权不同,政府对此类智力劳动的资助和研究结果的公共所有,促进了新的发明和作品的产生,同时并不限制其扩散和利用。因此,应该认真考虑增加政府对智力劳动的资助。

......

如果私有知识产权制度的目标是信息的扩散和使用最大化,当在某些方面它们不能实现这一目标时,这些制度就应当被修改。问题不是版权、专利和商业秘密是否为原创性作品、发明和商业技术的生产提供动力。毫无疑问,它们提供动力。相反,我们应该问下面的问题:版权、专利和商业秘密在促进智力产品的获取和利用方面的贡献是否超过了它们在限制智力产品获取和利用方面的负面影响?如果的确超过了,我们接着必须问:它们在促进智力产品的获取和利用方面的贡献是否超过其他替代性机制?比如,缩短版权和专利的保护期限,能够取得更好的整体结果吗?或者为商业秘密设置时间限制(包括为雇员为未来雇主工作的竞业限制设置时间限制)?完全消除大部分商业秘密,让专利保护承担更重的任务,会有更好的结果吗?另外,我们必须决定,公共投入和智力产品的公共所有是否或在多大程度上是实现上述结果的更为有效的手段?

美国最高法院在 Graham v. John Deere Co., 383 U.S. 1(1966)(Clark 法官)案中明确指出:

> Jefferson 关于专利垄断权的本质和目的的思想在他给 Isaac McPherson(1813年8月)的信中有所表述,部分内容附在页边[脚注中]。① 他拒绝了知识产权中的自然权理论,明确地认识到专利制度在社会和经济方面的合理性。专利垄断权不是为了保障发明人对他的发现的自然权利。相反,它是一种回报和激励,用以

---

① "Stable ownership is the gift of social law, and is given late in the progress of society. It would be curious then, if an idea, the fugitive fermentation of an individual brain, could, of natural right, be claimed in exclusive and stable property. If nature has made any one thing less susceptible than all others of exclusive property, it is the action of the thinking power called an idea, which an individual may exclusively possess as long as he keeps it to himself; but the moment it is divulged, it forces itself into the possession of every one, and the receiver cannot dispossess himself of it. Its peculiar character, too, is that no one possesses the less, because every other possesses the whole of it. He who receives an idea from me, receives instruction himself without lessening mine; as he who lights his taper at mine, receives light without darkening me. That ideas should freely spread from one to another over the globe, for the moral and mutual instruction of man, and improvement of his condition, seems to have been peculiarly and benevolently designed by nature, when she made them, like fire, expansible over all space, without lessening their density in any point, and like the air in which we breathe, move, and have our physical being, incapable of confinement or exclusive appropriation. Inventions then cannot, in nature, be a subject of property. Society may give an exclusive right to the profits arising from them, as an encouragement to men to pursue ideas which may produce utility, but this may or may not be done, according to the will and convenience of the society, without claim or complaint from anybody." VI Writings of Thomas Jefferson, pp. 180-181 (Washington ed.).

催生新知识。对发明授予独占性权利,是社会罔顾公开思想的自由本质而创造的[制度安排],不是白给的(freely given)。只有发明和发现推进了人类知识进步,具有新颖性和实用性,才应获得有期限的私人垄断权的特别激励。Jefferson 并不认为要对那些细枝末节的、显而易见的改进或无足轻重的装置授予专利权。他的论述表明,他在可专利性方面坚持高标准(high level of patentability)。

3 专利制度的功能

专利制度的功能在很多时候会和专利权的正当性放在一起讨论。知识产权正当性方面的不同学说,对于专利制度的功能的表述角度与表述重点不尽相同。本书作者认为中国专利立法选择了类似功利主义的指导思想,因此将顺着这一思想,将专利制度视为实现社会政策目标的工具,然后对这一工具在运用过程中产生的实际功效进行讨论。本书倾向于认为,专利制度本身的功效是客观的,可以通过观察得出明确的结论,即使公众对于专利制度的正当性的理解存在分歧。

专利制度的功能大致可以概括为以下四个方面:激励技术创新、促进信息公开、促进商业开发,以及促进国际贸易。前两项应该是毫无争议的,第三项则很容易被忽视。以下,逐一介绍。

3.1 激励技术创新

关于专利制度在保护技术创新积极性方面的作用,美国波斯纳(Richard A. Posner)法官有浅显的解释:

> 假设发明人花费 1000 万美元发明了一种新型的食物搅拌器,生产和销售该搅拌器的边际成本是 50 美元,整个市场需求为 100 万个。这就意味着制造商只有以 60 美元一个进行销售,才能够收回全部的成本。如果没有专利保护,其他竞争对手也面临着相同的边际成本,则竞争的结果可能导致价格被压低到 50 美元一个,最初的制造商就无法收回成本。于是,最初的制造商在预见到这一结果之后,就不会率先投资作出此类发明。不能收获,人们是不会去耕种的。①

专利制度为发明创造设置一定期限的独占权,使发明人收回投资成为可能,从而增强了他从事发明创造的积极性。

当然,我们应当客观地评价专利制度在激励创新方面的作用。首先,专利制度所提供的激励机制的适用范围是有限的。在自然科学的基础研究领域,专利制度常常没有用武之地。这一方面是因为基础研究的成果通常不能直接商业化,研究者无法通过谋求专利权的方式收回研发成本并获取利润;另一方面,即使真的为基础研究成果设置产权保护,也无法有效执行该财产权。这是因为基础研究的成果的价值主要在于它对后续技术研发具有启发意义,但是后续技术通常无须复制基础研究成果本身;换句

---

① Richard A. Posner, Economics Analysis of Law, China Social Sciences Publishing House, 1999, p.38.

话说,这种"启发"难以有效追踪,最终导致为基础研究成果设置产权的目的落空。除了基础研究,在一些市场较小或者高风险的应用技术开发方面,专利制度也可能无法提供有效动力。比如,治疗某些贫困人群所特有的疾病或者罕见疾病的药物的研发,专利法就发挥不了作用。这些人群的支付能力很低,制药公司即使能拿到专利,也不看好其市场前景。这些公司自然会对专利法的激励机制没有兴趣。①

其次,在某些技术领域,专利制度的确能够提供一定的激励机制,但专利垄断权所带来的社会成本可能超过了激励利益。在这种情况下,专利制度可能就不是最佳的选择。这一点,在前文摘录的 Edwin C. Hettinger 论文片段中已经有所讨论。现在,很多人担心生物技术领域专利法对一些研究工具类的发明提供保护,会给后续的生物技术发展带来负面的影响。另外,在信息技术领域,专利泛滥,新技术的实施常常遇到意外的专利勒索。在这种情况下,专利权究竟是激励创新还是妨碍进步,的确是个问题。

最后,在某些领域,非专利机制可能已经提供足够的创新动力,专利保护不仅不能激励创新,反而会阻碍技术进步:

> 激励创造者提供一项新的智力成果的机制很多,赋予产权或者限制竞争对手搭便车只是其中的一部分。在很多场合,市场上的领先时间就足以保证投资者回收投资成本赚取利润,从而避免市场失败。市场领先时间的长短取决于很多因素,比如复制过程的复杂程度、产品的安全测试、生产线的建立、市场的开拓等等。在特定的场合,这一市场领先时间机制可能足以保证创新者收回成本并获得丰厚的回报,模仿者对创新者的市场利益虽然造成一定影响,但并不足以威胁到创新者的积极性。②

除了自然的市场领先时间外,政府资助、奖励制度、社会荣誉、教职晋升、获取学位等也可能促进公众参与技术创新。

3.1.1 专利激励的"过"与"不及"

不同技术的市场化机制是不同的,而专利法所采用的是所谓的非歧视原则,给予几乎同等的保护。因此,不可避免地会引发过度保护或保护不足的争论。比如,对简单的可直接市场化的机械装置发明给予 20 年的保护,给人的直觉性的印象是这可能远远超出激励创新所需的程度。对于新的药物发明,从专利申请到药品上市,要经过漫长的过程;20 年的保护期可能太短。由此看来,所谓的非歧视原则实际上是很糟糕的原则。不过,歧视性原则可能更糟糕。它会鼓励社会利益群体花费大量的投入用于寻租游说,同时,也大大增加专利制度本身的管理成本。在非歧视与歧视之间,是否存在一个更好的过渡状态,则不得而知。

当然,此类问题不过是法律制度中无处不在的矛盾的一个鲜活例证:更精细的制度可能显得更公平一些,但精细的制度必然导致管理成本的增加,从而抵消制度精细

---

① 进一步的讨论,参考英国知识产权委员会:《知识产权与发展政策相结合:委员会关于知识产权的报告(2002 年 9 月)》,http://www.iprcommission.org/graphic/documents/final_report.htm,2011 年 8 月 9 日访问。

② 崔国斌:《知识产权法官造法批判》,载《中国法学》2006 年第 1 期,第 163 页。

化所带来的好处。对于此类制度效用最大化问题的研究,制度经济学的方法可能比传统法学方法更为直观,更为有效。作者盼望着更多的人能够更深入地了解法经济学的研究方法,从而能够更好地理解并改造专利制度而能够更好地理解并改造专利制度。

相关阅读:Dan L. Burk & Mark A. Lemley, Is Patent Law Technology-Specific? 17 Berkeley Tech. L. J. 1155 (2002)

3.1.2 额外激励对专利机制的扭曲

专利制度的一个基本假设是专利权本身作为一种回报,在大多数情况下已经为发明人(投资者)从事技术创新提供了足够的动力。否则,专利法会进一步强化保护,比如延长保护期限、增加权利保护力度等等,使得激励机制达到最优状态。当然,这里只是说这一假设在大多数情况下存在。部分技术领域有其自身的特点,专利机制的激励作用可能很小或者太大。

在现实中,中国各级政府和事业单位出于各种原因出台很多政策鼓励发明人更多地申请专利。比如,专利局减免小企业的专利申请费、囚犯可因发明而减刑①、地方政府资助和奖励专利申请人、大学和科研院所将专利作为衡量科研人员贡献的指标、高中升学专利加分等。这些措施通常并不局限于特定的技术领域,换句话说,这些措施出台并不是因为专利法对特定技术领域的创新的激励不够,政府被迫出台措施提供额外的激励机制。因此,在大多数情况下,这些政策都或多或少地扭曲了专利制度自身的市场化的激励机制。这些政策不仅直接导致无谓的财政支出,也造就了大量的垃圾专利申请,增加了专利系统的负担。有时候,这种浪费达到十分荒唐的地步。上海市就曾经发生过肆意变造发明申请,骗取政府资助的案例:

吴中倬诈骗案

上海高院(2004)沪高刑终字第 187 号

……

自 2002 年 7 月起,吴中倬利用上海市人民政府对专利申请人可给予专利代理费资助的规定,以免费申请专利为名,诱使上海西科水科学环保技术有限公司、上海茂盈计算机科技有限公司、上海凌声科技有限公司、上海伟康洗染合作公司等十余家单位在多份空白的专利申请委托书、《上海市中国专利申请费资助申请表》上加盖单位印章,吴中倬再将其从互联网上下载的由国家知识产权局向全社会公开的他人已被授权的专利文献,通过改换专利名称,或者增减从属权利要求、改变附图标记等非实质的改变,形成新的专利文件,以前述十余家单位为专利申请人,或以其个人名义注册成立但被吊销营业执照的上海百利恒电器有限公司为专利申请人,通过东方易事务所、新天代理公司、智力事务所向国家知识产权局申报了 206 件专利。吴中倬在向专利代理机

---

① 《刑法》第 78 条 被判处管制、拘役、有期徒刑、无期徒刑的犯罪分子,在执行期间,如果认真遵守监规,接受教育改造,确有悔改表现的,或者有立功表现的,可以减刑;有下列重大立功表现之一的,应当减刑……(三) 有发明创造或者重大技术革新的……

构支付申请专利的代理费用计206000元、取得专利代理机构开具的专利代理费收据后,让韩网珍等人向上海市知识产权局申领专利代理资助费计206000元,以填补先前交付的专利代理费用。吴中倬再按其与各专利代理机构的约定,从各专利代理机构以劳务费形式提取先前交付专利代理费用的50%,计103000元,吴实际获得赃款86000元。

……

《中华人民共和国刑法》第二百六十六条规定:"诈骗公私财物,数额较大的,处三年以下有期徒刑、拘役或者管制,并处或者单处罚金;数额巨大或者有其他严重情节的,处三年以上十年以下有期徒刑,并处罚金;数额特别巨大或者有其他特别严重情节的,处十年以上有期徒刑或者无期徒刑,并处罚金或者没收财产。"吴中倬实施诈骗犯罪,申领市政府下发的专利代理资助费206000元,按照其与专利代理机构的约定,应得赃款103000元,实得赃款86000元,其实际控制钱款数额已属刑法规定的诈骗"数额巨大",应在三年以上十年以下有期徒刑的幅度内量刑,原判对吴判处有期徒刑七年,并处罚金人民币10000元,量刑并无不当。

附:《上海市专利资助办法》(2005年颁布,2007年修正)[①]

第四条(专利费资助对象) 凡向国家知识产权局专利局上海代办处递交专利申请文件或向外国申请专利,且专利第一申请人符合下列条件之一的,可申请专利费资助:

(一)专利第一申请人为注册在本市的企业、事业单位、机关或社会团体;

(二)专利第一申请人为具有本市户籍或本市居住证的个人。

第五条(专利费资助项目、金额) 专利费资助的项目和金额如下:

(一)发明、实用新型或外观设计专利申请费,按实际缴纳的费用资助;

(二)授权发明专利的实质审查费,按实际缴纳的费用资助;

(三)发明专利的授权费及授权后第二年、第三年的年费,按实际缴纳的费用资助;

(四)实用新型、外观设计专利的授权费,按实际缴纳费用资助;

(五)在香港或澳门申请发明专利的,授权后每项最高一次性资助人民币10000元;

(六)申请国外发明专利的,每获得一个国家的授权最高资助人民币30000元,每项发明专利最多资助3个国家。

授权费是指专利登记费、印花费、授权当年年费和发明专利维持费。

每项专利申请只能享受一次专利费资助。

第六条(专项资助对象) 属于本办法第四条资助对象同时被纳入以下范围的专利第一申请人除了可以享受专利费资助外,还可以享受专项资助:

---

① 这一资助方法是吴中倬案发之后颁布的文件。其中,不再有当初的制度漏洞了。

（一）自愿申报并经有关政府部门认可的企事业单位；
（二）承担国家或本市重大项目、重大工程的企事业单位；
（三）有关政府部门组织的重大创新活动的参加单位。

第七条(专项资助项目、金额)　专项资助的项目和金额如下：

国内每项发明专利申请资助人民币 3000 元，每项实用新型专利申请资助人民币 800 元，每项外观设计专利申请资助 300 元。

当然，现实生活中的确有重要发明的发明人无力负担专利申请费，而又无法通过市场机制融资的例子。此类信息不对称的例子在任何市场经济的其他领域也普遍存在。市场本身的确提供了一些机制来解决这一问题。参考下面的一篇报道，对比市场机制与上述政府政策，思考：政府有可能出台比市场更有效的政策来解决这一问题吗？

杨谷　专家称中国高校申请的专利几乎没什么经济效益[①]

光明日报　2008 年 10 月 19 日

自 2000 年以来，我国高校专利发明申请量快速增长，但收益情况普遍不佳。过低的投入回报比，加上高昂的专利申请和维持费，使得大多高校科研工作者们认为专利申请得不偿失……目前，我国高校申请的专利占全国总量的 11.7%，这些专利几乎没有什么经济效益。相比之下，美国大学在该国专利申请量中只占 4%，但专利许可费收入占 12%，每年收益超过 10 亿美元。

……

据北京大学校务委员会副主任迟惠生介绍，北大教师有很多发明创造，但申请的专利并不多，一方面是因为没有过多的精力去申请，另一方面是因为缺乏足够的经费。目前，该校科研部正与美国高智发明公司合作，帮助教师们跨越从发明创造到实现经济效益的屏障。

高智发明公司代表了一种新型的让发明实现价值的模式。该公司汇集了一批高水平的科学家，帮助有潜力的科研工作者完成发明项目的国际专利申请工作，并为这些发明项目找到相应的国际买家。

马颂德表示，高智发明公司的模式是一种值得借鉴的模式。通过商业化的运作，可以营造更好的科技生态系统，将专利发明创造更大的经济效益，从而进一步激励我国的自主创新。

3.1.3　政府资助和奖励机制

关于政府资助和奖励制度的利弊分析，以下大体上摘录了本作者在《著作权法：原理与案例》一书中的内容，并略作变通：

> 政府在基础研究领域有大量的投入，激励研究人员撰写大量的学术著作，公

[①]　本报道从中新网网站获得，地址为：http://www.chinanews.com.cn/gn/news/2008/10—19/1417105.shtml，2009 年 3 月 15 日访问。

开大量技术成果。对这些研究人员而言,政府资助的激励作用远超过专利法所提供的产权激励。在这种非产权的激励机制下,研究人员发明技术方案之后,并没有很强的意愿限制技术方案的应用。如果没有专利保护,社会公众能够自由地获取和利用这些技术。与专利机制相比,上述机制导致的消费者无谓损失可能要小很多。同时,在政府资助制度下,竞争对手事先的无序竞争得以避免,可以在很大程度上避免竞争者之间的重复投资。不过,政府资助制度并不能够完全取代专利制度,前者最大的缺陷是政府必须事先确定谁来从事什么研究,给予多大力度的资助等。这常常超出政府的能力或者导致政府腐败。

奖励制度能够避免事先选定创作者,但同样要事先决定奖励什么,奖励的幅度等。同时,奖励制度可能引发竞争对手之间的过度投资,造成社会浪费。与政府资助制度一样,奖励制度也很难解决公共资源如何分配才符合社会正义的问题。技术多智力成果的获益者注定只是社会上的部分群体。利用公共税收资源来优待部分群体,会引发无尽的关于分配正义的争议。①

以下全文摘录了中国计算机协会的一份文件,从中你能够更好地理解,专利制度与国家奖励制度的重要差异。请注意,如何从程序上使得奖励制度更公开透明与奖励本身是否具有正当性,是两个问题。请进一步思考,决策者究竟应如何决定在哪些情况下应该依靠政府资助、奖励制度或专利制度?

中国计算机学会关于政府退出国家科技奖励评审的建议

http://news.163.com/15/0122/11/AGIGC0LG00014SEH.html

随着我国市场经济体制的日趋完善和科技改革进程的不断深入,已经实施多年的国家自然科学奖、技术发明奖、科学技术进步奖等国家科学技术奖(以下简称国家科技奖),其管理体制和评审过程暴露出如下一些突出问题:

1. 政府部门对评审工作干预过多。政府主管部门直接参与奖项的评审工作,相关领导亲自担任有关评审委员会和奖励委员会的负责人,直接主导奖项的评审过程。政府工作"越位"。

2. 没有建立有效的第三方监督机制,无法对政府部门主导的国家科技奖评审过程中的作为实行有效监督,容易在奖项评审过程中产生不端行为和滋生腐败。政府工作"缺位"。

3. 学术权力与行政权力边界不清晰。政府部门作为行政机构,但在国家科技奖评审中拥有决定权,而专业学术机构和社会学术团体的作用却没有得到充分发挥和体现。

4. 政府不是学术共同体,对专业发展和水平并不具有专业判断力。尽管在国家科技奖评审过程中,政府部门会聘请相关领域的专家作为评委,但涉及的专业领域非

---

① 崔国斌:《著作权法:原理与案例》,北京大学出版社2014年版,第11—12页。

常广泛,在当今科技日新月异的情况下,政府部门难以把握各个科技领域的发展趋势,也并不了解哪些专家在哪个领域具有真正的学术判断力,所以评奖过程容易出现误判、错判。

纵观全球科技发达国家,没有一个是政府直接主导进行学术评价和评奖的。目前有些政府部门的思维和做法还停留在计划经济时代,和当前党中央国务院提出的简政放权、职能转变的方针明显不符。针对上述国家科技奖评审过程中暴露出的问题,中国计算机学会(CCF)建议改革现行国家科技奖评审体制,完善国家科技奖项评审工作,具体如下:

1. 政府退出国家科技奖评审工作。政府部门应践行习近平总书记在十八届四中全会上提出的"依法治国、依法执政、依法行政、共同推进"的治国方针,从根本上转变职能,彻底退出国家科技奖的评审工作,将工作重点转移到对国家科技奖评审工作的监督和管理。

2. 加强对国家科技奖评审工作的监督和管理。政府部门应致力于建立评价体系、制定奖励政策、遴选评选机构、构建评审平台等管理和服务工作,为国家科技奖励工作提供政策依据和机制保证,并严格监督评审过程。

3. 将国家科技奖项评审工作交由专业学术机构和社会学术团体完成。根据科技奖项的特点,国家科技奖应突出专业性和行业特点,并将奖项评审工作交由专业学术机构和社会学术团体完成。政府部门对承担评审工作的学术机构和社会学术团体进行严格的遴选,并对其评奖过程进行监督。

我们相信,随着我国科技体制改革的不断深入,改革现有国家科技奖评审机制,必将加强我国科技奖励的公信力和权威性,使之回归科技奖励的本质。

中国计算机学会
2015 年 1 月 15 日

3.2 促进信息公开

专利制度的另外一项基本功能是促进发明人及早将信息公开。没有专利权的保障,部分发明人可能会选择以保密方式来保护自己的技术成果。发明人的保密行为至少在以下三个方面给社会造成损害:首先,在保密状态下,多个发明人可能会在互不知情的情况下,同时对相同的技术进行重复研发,造成不必要的浪费。[①] 其次,保密导致发明人之间无法及时了解最新的技术进展并从中获得新的启发,客观上延缓了技术进步的速度。最后,在一方保密的情况下,技术转让和许可的交易成本会显著增加,甚至完全无法达成交易。技术转让方在获得潜在的受让方可靠保证之前,通常不愿意向受让方披露其技术方案;而受让方在转让方披露技术方案之前,又通常不愿意作出有约

---

① 1985 年,人民大学的郭寿康教授就已经在中国专利法立法工作会议上明确指出这一点。参见赵元果:《中国专利法的孕育与诞生》,知识产权出版社 2003 年版,第 161 页。

束力的承诺。这样,双方的策略行为自然会增加交易成本。专利制度将发明人充分公开其技术方案作为赋予专利权的前提条件,基本避免了保密行为的上述负面效果。

当然,专利制度并不能完全取代商业秘密保护制度。这一方面是因为专利保护的客体范围有限,在无法获得专利保护的商业领域,商业秘密保护所提供的投资激励机制依然是至关重要的;另一方面,专利制度整齐划一的保护模式可能并不能够为某些技术领域的研发提供充分的动力,允许发明人以商业秘密形式保护自己的研发成果,可能更有利于技术进步。

专利保护与商业秘密保护共存是世界的通例,但是两种保护的过渡或衔接安排,在各国之间可能存在一些差异。中国基本上任由权利人自由选择,最初选择商业秘密保护的,只要该技术方案始终处于秘密状态,则随时可以寻求专利保护。申请专利时,在满足充分公开基本要求的情况下(让熟练技术人员能够实施权利要求所对应的技术方案),发明人也无须公布其所知的最佳实施例。在美国,情形略有不同。如果发明人最初选择按照商业秘密保护,且该秘密所对应产品的商业化的期限超过一年,则无法再对该商业秘密寻求专利保护,即使该商业秘密事实上还处在秘密状态,公众无从知晓。[①] 美国发明人在申请专利时,有义务披露其所知的最佳实施例,否则可能会导致其专利无法执行。具体的差异,后文还将进一步讨论,这里从略。

商业秘密保护与专利保护机制并存,各有优劣。如果技术方案难以通过反向工程(分析公开销售的产品获知背后的技术秘密)的方式获知,能够有效保密,同时,竞争对手也不太可能在短期内自行研发出该技术,则商业秘密保护可能比专利保护更有效。这一方面是因为专利所提供的保护期较短,人为地缩短了发明本来可能的获利期间;另一方面,发明人在获得保护前需要提交申请并公开技术方案,这不仅增加了取得权利的成本,而且还增加了发明人维护权利的成本。技术方案一旦公开,竞争对手依据专利说明书就可以实施该技术方案,通常不需要发明人的协助。发明人因此很难发现并制止侵权行为。

实践中,企业和个人选择商业秘密保护而不申请专利的例子比比皆是。比如,在世界范围内,可口可乐公司的可乐饮料的配方大概是最有名的例子了;在中国,云南白药、片仔癀等药物配方及加工工艺等也一直被严格保密。在民间,各类"祖传秘方""秘制××"更是满天飞。

商业秘密与专利保护并存,导致这样的结果:能够保密的,大家大多选择保密;只有那些不能或不适宜保密的,才会拿出来申请专利。换句话说,被申请专利的很多技术,实际上是发明人无法保密,竞争对手很快就能自行开发的技术。如果没有专利保护,这些技术原本很快就进入公共领域,供大家自由使用。对这些技术提供专利保护,

---

[①] Metallizing Engineering Co. v. Kenyon Bearing & Auto Parts Co., 153 F.2d 516(1946)。在本案中,发明人发明了一种金属处理方法,但是没有立即申请专利,而是作为秘密加以保护,但公开出售该方法所得产品。从产品中并不能推知该方法内容。在超过一年的法定期限之后,才申请方法专利。著名的 Learned Hand 法官认为,此类使用属于《美国专利法》第102条(b)意义上的公开使用,构成所谓的公开使用阻却(public use bar),因而发明人不能获得专利。至于消费者是否知道该秘密方法,并不重要。

是不是完全没有必要呢？为什么呢？请仔细思考,专利法和商业秘密保护法之间的角色分工。

很多人担心传统中医药的"祖传秘方"意外失传,同时也希望更多的人能够通过研究"祖传秘方"获得新的知识,因此建议政府出台措施鼓励传承人申请专利。你如何看待这一政策？

3.3 促进商业开发

促进商业开发是指在发明完成之后,赋予专利独占权对于该发明的商业化能够起到积极的促进作用。前面提到的"激励技术创新",则主要是指在发明尚不存在时,专利独占权本身能够对该发明的产生起到激励作用。这里区分专利权在一项发明完成前和完成后的不同功能,单纯是为了讨论的方便,实际上,这两种功能之间存在紧密联系。专利权之所以起到激励技术创新作用,是因为发明人对于发明的商业化成功后的市场利益有预期。换句话说,对成功的商业化开发的预期是激励功能得以发挥的前提。

单纯从激励技术创新的角度看,并不能完全理解专利法所具备的全部功能。这种理解思路倾向于将专利权视为对发明人的一种回报与奖励,除此之外,并不具备什么积极的意义,因而是一种消极的社会不得不容忍的独占权。这种观点忽略了独占权本身在促进发明商业化过程中的积极作用。在这种观点影响下,产业政策的制定者可能会尽力压缩独占权,避免发明人获得过多的回报。

实际上,专利法仅仅要求发明本身能够实施,满足最低限度的实用性要求,并不要求发明本身已经成为市场上的成熟产品。从专利申请到市场上的产品,中间可能会有很长一段距离,需要大量的资本投入。在极端情况下,发明人在发明专利保护期满前都没能越过这段时间距离。① 对于一项尚处在原始研发阶段的发明而言,专利权使得投资者能够对将来的回报有相对可靠的预期,从而提高其投资的积极性,加速发明的商业化过程。以下的论文摘录对此有进一步的说明：

**Edmund W. Kitch, The Nature and Function of the Patent System
专利制度的本质和功能 20 J. L. & Ecos, 265, 275—7(1977).**

III 专利制度的价值

……

[传统]财产权文献将"稀缺"视为核心问题,而信息似乎是一种可无限使用的东西。但是,用于信息利用的资源依然具有稀缺性。正是这一"稀缺性"产生了信息财产权制度的需求。专利制度的好处如下所述。

---

① Edmund W. Kitch, The Nature and Function of the Patent System, 20 J. L. & Ecos, 265, 272(1977). 作者列举了数十种重要发明的专利申请日期和首次商业化利用的日期。从中可以看出,很多发明的首次商业化利用日期已经超过专利期满日期。该作者依据的数据来源于 Jewkew, David Sawers & Richard Stillerman, The Sources of Invention 407 (1959)。

首先，专利"前景"（patent "prospect"）①增加了创新领域投资管理的效率。如前所述，Barzel指出，技术信息如果缺乏独占性所有权，则不会被有效利用。Barzel关注的是时间维度（the time dimension），但是其结论众所周知，同样适用于投资过程的所有维度。与渔场、公路和其他常见的物品不同，技术信息在被使用时，可能并不直接就该事实向其他人发出信号。渔船能够被察觉到，因此，想进入相同渔场的其他人，能考虑其竞争对手的活动情况。如果渔场不再有作业船只，则渔场枯竭的消息会立即传播开来。但是，在技术创新领域，一个公司可能进入一个"有前景的区域"（prospect）秘密工作，在进行深入调查之后离开，不留下任何痕迹。后来的公司对相同"有前景的区域"进行调查时，无法利用第一个调查者所获知识，也无法在其失败的基础上确定有效的研究策略。因此，独占性的所有权所带来的潜在收益会很大。没有人会作出重大投资去寻找增加某个专利的商业价值的方案，除非他能事先与专利权人作出某种安排。这使得专利权人处在有利位置上，能够协调为专利增值所做的技术改进或市场拓展方面的研究，从而避免了重复投资；同时，研究者之间也因此可以交换信息。

其次，专利权人具有继续投资、最大化专利价值的动力，而不用担心自己投资所得的无法为专利所保护的信息会被竞争对手所侵占。这一点，只有在专利发明的开发需要重大投资，而竞争对手可以侵占该投资所得的非专利信息时，才显得很重要。因建造厂房之类事情所做的投资，为基本财产权所涵盖，竞争对手无法侵占，因此我们不必考虑。很多专利技术，比如，激光、晶体管、尼龙和复印技术，在进行任何商业应用之前，需要进行大量的开发工作。这些投资可能仅仅是将现有技术应用于该产品的制造和设计，这些应用是如此的机械，无法获得专利保护。在任何个案中，都不可能在研发之前就预测研发结果获得专利保护的可能性。但是，研发的范围可能很广，研发所获得的关于产品制造和设计的信息，在缺乏专利的情况下，会被竞争对手获取。即使专利技术，像很多相对琐碎的专利那样，具备了完整的商业形态（即无须研发就可直接投入市场），该公司依然要付出相当的投资去行销该发明。用于确定产品市场和向潜在消费者说明产品功能的必要支出，很容易被竞争性模仿搭便车。

在产品上没有专利的情况下，[销售者]除了向购买者提供所销售特定产品的特征信息外，没有足够的动力向购买者提供购买者自身需求方面的信息。商标法仅仅保护那些用于指示销售者的产品的名称和符号；它并不对产品本身提供保护以防止模仿。因此，竞争对手能够在第一个销售者制造了产品需求之后搭便车，而无须承担向购买者说明产品优点所需的费用。只有在产品受专利保护的情况下，企业才能在支出必要费用以使顾客注意到该产品的优点时，不用担心在产品取得成功时竞争者的侵占行为。

这里之所以强调推广创新的成本，是因为管理人员发现产品行销成本是创新的主

---

① 译者注：作者将传统的以回报发明人为中心的理论，称做"回报理论"（the "reward" theory），而将这种以促进商业化为中心的理论，称做"前景理论"（the "prospect" theory）。联系到该文有相当的篇幅比较专利权与矿区所有权的差异，有时译者将"prospect"译作"有前景的区域"。

要成本。比如,即使是在那些仅仅需要制造和销售专利产品,而无其他事情要做的案子中,依然有很大一部分成本的回报被竞争对手获得。没有专利,企业提供新技术使用方面的信息和技巧的积极性会比理想状态要低。

[该作者在后文中继续罗列了专利法其他几项功能,包括:降低技术信息所有人之间的交易成本(相对商业秘密制度而言);避免重复的研发投入;降低权利人控制技术的成本(维权);均衡地激励各类技术创新(相对商业秘密而言,后者仅对能够秘密实施的技术的研发有激励作用)提供等等,这里从略。]

通过授予专利权促进发明商业化的典型立法是美国的拜杜法案(The Bayh-Dole Act)。在该法案出台之前,美国政府在资助大学和研究机构进行科学研究时,大多研究成果直接进入公共领域,少数的由政府拥有专利权。对于政府所有的专利权,政府通常会公平地向所有的实施者发放非独占许可。这使得最先的开发者(被许可人)并不能排除后来者的搭便车行为,从而影响投资者商业化专利技术的积极性。

1980年拜杜法案通过之后,将政府资助的研究成果的所有权直接交给大学和研究机构,在一定程度上强化了成果的产权保护。几十年过去了,主流的意见是这一法案取得了相当的成功,促进了大学和科研院所的政府资助研究所得成果的商业化。

2007年中国专利局上报国务院的《专利法修改草案》中第9条就试图将拜杜法案的上述规则引入专利法。该草案第9条的规定如下:

> 承担以国家财政资助为主的科研项目所完成的发明创造,除涉及国家安全或者重大利益的以外,申请专利的权利属于科研项目的承担单位。申请被批准后,该单位为专利权人。
>
> 依照前款规定申请专利的权利属于科研项目承担单位的,申请被批准后,国务院有关主管部门和省、自治区、直辖市人民政府报经国务院批准,可以决定在批准的范围内推广应用被授予专利权的发明创造,允许指定的单位实施。
>
> 实施本条规定的具体办法由国务院规定。

2008年新的《专利法》通过时,上述建议条款并没有被采纳。但这并不妨碍中国在实践中采用上述规则。政府在资助研究项目时,通常许可研究机构自行申请专利,并持有或所有专利权。"持有"意味着所有权名义上归国家,企业只是实际控制该专利。实际操作中,"持有"与"所有"的差别并不十分明显,研究机构或企业基本上自由行使专利权。正因为如此,在中国的语境下,"专利法修改草案"中的强制性条款的必要性的确不是很迫切。

授予专利权促进商业开发,并不是没有代价。正如Kitch的理论所暗示的那样,如果改进发明本身能够获得新的专利保护,投资者就不必担心后来者的搭便车行为。于是,从促进商业开发的角度看,基础发明的专利权的重要性就会大打折扣,甚至会妨碍他人参与专利技术后续开发的积极性。因为后续的投资者虽然能够获得专利,但是其专利要从属于基础专利。收回投资的努力要受到基础专利权人的制约。

另外一些时候,即使基础发明不受专利保护,同时后续开发也无法获得专利保护,投资者依然可能会投资开发。比如,如前文第3.1节最后一段所述,如果开发出新产品后,开发者享有足够的首发优势(市场领先时间),从而能够即时收回投资并取得利润,则无须专利对基础发明进行保护。

在上述两种情况下,基础专利权在限制他人接触专利技术方面的负面作用可能会超过其促进商业化开发的正面作用。

3.4 促进跨国贸易

知识产权保护制度在促进世界贸易方面有着重要作用。各国建立知识产权制度的一个重要考虑就是通过它使得商业贸易活动得以正常开展。各国的经济技术产业发展并不完全同步,各自享有领先优势的领域也不相同。如果没有跨国的专利保护安排,受影响的利益集团可能会挟持本国贸易政策,为国际贸易设置各种障碍。国际知识产权保护的历史就充分说明了这一点。在国际贸易的背景下,保护他国的知识产权,对本国而言通常是一种负担。承担这种负担之后,本国获取回报的途径有三,即他国对本国知识产权的保护、他国市场的准入机会以及他国对本国的投资与技术转移。这样的安排未必符合本国的局部产业利益,但是基本符合本国的长远利益。否则,现在世界贸易组织(WTO)框架下的知识产权协议就不可能达成。

不同的国家从保护外国知识产权中获得回报的方式不尽相同。发达国家可能从上述三个途径中均获得相当的回报,而对于大多数发展中国家,前一项回报(知识产权对等保护)可能微乎其微,后两项回报(市场准入、投资与技术移转)似乎更现实一些。而对于那些除了原材料几乎没有产品可以出口的最不发达国家,前两项回报可能都是空话。第三项回报能否实现,还要看该国的市场环境是否足以吸引外国投资者。知识产权保护水平只是外国投资者要参考的诸多要素中的一项。如果其他市场条件不够好,无法吸引投资和技术移转,外国专利就单纯成了外国人控制本国市场的工具。

关于发展中国家的专利法在促进投资与技术转移方面的实际作用及其局限性,以下摘录的论文片段有很好的描述。

支持"来自外国的专利(foreign patenting)促进技术转移从而推动经济发展"论点的,最强有力的理由大致如下:产业发展所需要的很多技术都被申请专利,而这些专利大多由工业化国家的商业公司所有。授权后的专利所披露的技术虽然处在公开领域,如果没有专利权人的技术秘密和技术支持,却很少能被完全实施。如果没有专利保护,同时,[技术秘密]的所有权难以证明,一旦披露任何人都能使用,商业公司则不会提供此类商业秘密和帮助。而且,持有"内化"在机器中的专利技术的公司,在没有专利保护的情况下,可能会拒绝出售该机器。这样,专利保护就变成了技术转让的一个必要条件(当然不是充分的条件)。另外,有观点认为,除了[促进]向当地公司发放专利许可和提供必要的技术秘密等技术移转活动外,对来自外国专利提供保护还促进外国投资。外国的直接投资倾向于进入那些受专利保护的"更现代的"行业。外国公司不愿意在不保护专利的国家设立工厂并实施专利技术。在这种情况下,它们尤其不愿意和当地企业设立合资企业。

上述论点从以下几个方面受到攻击:有人指出,外国人在发展中国家申请的专利中只有非常少的专利在这些国家被实际实施;转让技术[秘密]的合同与专利许可合同通常是分开并有显著区别的,并没有理由认为没有专利许可就没有技术秘密转让;专利既没有被外国人实施也没有被许可给本地生产者,因而不能导致技术转让;技术转让是通过技术秘密(非专利技术)的转让合同发生的,如果该技术对于受让公司来说是秘密,专利则是多余的——至少在一段时间里如此;如果该技术不是秘密,则[专利权人的]竞争对手就会愿意且能够出售该技术,只要潜在购买者对该技术的使用并不受原始专利权人的限制。因此,在这种观点看来,向外国人授予专利的主要效果是限制技术转让,因为它消除了原本应该存在的外国技术出售者之间的竞争。①

专利保护在一定程度上促进外来投资和技术转让,应该是肯定的。在其他条件相同的情况下,投资者可能更愿意在有效保护专利权的国家投资。但是,问题的关键在于,到底在多大程度上促进?专利保护在促进外来投资和技术转让方面作用所带来的利益是否超过为保护外国独占权所支付的代价?上述论文的作者坦承其研究并没能对这一问题给出明确的答案。② 其实,如上所述,不同国家的国情差异很大,这一问题的答案自然不同。在发达国家将市场准入与专利保护挂钩后,对这一问题的追问,对发展中国家是否应该保护外国专利,就不再具有决定意义了。因为即使专利保护无法促进外来投资和技术移转,发展中国家为了进入外国市场,也要保护外国专利权。

将知识产权保护与市场准入挂钩的做法,已经是国际贸易领域的普遍实践,尽管对于它是否符合根本性的道德原则,尚有理论争论的空间。包括中国在内的发展中国家,在检讨本国专利法的实际绩效时,应当考虑到专利保护在争取国际贸易机会方面的重要作用,从而客观而理性地看待外国对中国提出的各种保护知识产权要求。同时,我们的决策者也应当注意到,中国保护外国的知识产权是有条件的。所谓的条件不仅仅是外国的知识产权对等保护,还包括外国的市场准入和外国对本国的投资与技术移转。当外国以各种技术性措施妨碍中国产品的出口时,中国也应当及时反思自己的涉外知识产权保护政策。虽然WTO的纠纷解决机制并不允许中国在市场准入方面遇到困难时,直接将降低外国知识产权保护水平作为报复手段,但是,决策者依然有很大的政策空间,以适当方式在国内法上对外国施加足够的压力以实现中国的贸易目标。

---

① Edith Penrose, International Patenting and the Less-Developed Countries, The Economic Journal, Vol. 83, No. 331, (Sep.,1973), pp.771-772.
② Ibid., pp.783-784.

发展中国家通过保护外国的知识产权,来获取外国市场的准入机会,这种交换在实际执行过程中,给双方带来的位置优势不尽相同。发展中国家在国内法上以法律的形式落实了知识产权公约中的最低保护要求,通常不能直接以行政干预的方式中止这些法律的执行,法院也不能以本国个人或企业在外国没有获得公平的市场准入机会而拒绝保护或降低保护外国权利人在本国的知识产权。在遇到市场准入障碍时,发展中国家只能走 WTO 的复杂的争端解决程序。这一途径常常缓不济急。而发达国家则很容易通过各种行政程序(比如反倾销、反补贴、知识产权海关保护等)在市场准入方面为发展中国家设置各种障碍,使得发展中国家疲于应付。从这一角度看,以"保护知识产权"换"市场准入"的做法,在操作层面似乎对发展中国家不利。

为了扭转上述不利形势,发展中国家最有可能采取的策略就是在行政执法或者司法判决上自觉或不自觉地降低保护水平。然而,这一做法是双刃剑,会损害发展中国家的法律权威,同时也导致行政和司法机构实际上也无法对国内的知识产权进行有效保护。假设中国正处在上述发展中国家的位置上,你觉得是否有可能通过国内法上的机制,使得中国摆脱上述不利局面?

或许有人持不同意见,认为知识产权保护本身很脆弱。权利人在发展中国家行使权利会受到各方面的限制,维权成本很高。因此,在现有的国际保护体制下,很难说发达国家和发展中国家哪一方处于优势地位。

4 世界专利法简史

4.1 专利法的起源

4.1.1 专利法的早期演变

Edward C. Walterscheid, The Early Evolution of the United States Patent Law: Antecedents(Part 1—2) 美国专利法的早期演变:前世(上/中)
76 J. Pat. & Trademark Off. Soc'y 697, 706—12(1994)
76 J. Pat. & Trademark Off. Soc'y 849, 854—80(1994)

I　与欧洲的联系

……

C. 欧洲大陆专利法传统

……

国家授予发明人对发明的某种形式的独占权,即最终众所周知的专利垄断权的概念,看起来最先起源于 15 世纪早期的意大利,主要是威尼斯。在 16 世纪,这一概念以基本相同形式,迅速扩展到德国、法国、荷兰和英格兰。

……

虽然"授予专利垄断权,即实施特定技术的独占权,回报技术输入行为"的传统起源于意大利,但是究竟它是起源于威尼斯还是佛罗伦萨,还存在一些疑问。它从何时开始,也还不完全清楚,大概最有可能始于15世纪上半世纪早期的某个时候。在该世纪中期,威尼斯已经授予了一定数量的专利垄断权。在1474年,威尼斯制定了被称为第一部专利法的法律。

这一法律有重要意义,因为它确立了现代专利法中一些清晰可辨的要素。它的全文如下:

我们中间有伟大的天才,他们善于发明和发现独创性的装置;看到我们这座城市的壮丽景象(grandeur)和美德,每天更多的天才从各地来到我们中间。现在,如果为这些人所发现(discover)的作品和装置制定法律,让那些看到它们的其他人不能制造它们,不能掠走发明者的荣耀,则更多人会发挥他们的聪明才智,去发现和制造那些给我们城邦带来重大效用和利益的装置。

因此,规定如下:

根据本政务会(Council)的职权,任何人在本城市制造了尚未在本城邦被制造过的任何新的创造性的装置,可以在该装置实际完成从而可以使用和操作时,通知我们的"公共福利委员会"(General Welfare Board)的办公室。我们所有领土和城镇上的其他任何人,未经作者(author)的同意和许可,在十年期限内,不得制造任何与上述装置相同和类似的装置。如果任何人违反规定制造上述装置,上述作者和发明人有权请求任何地方治安官(magistrate)传唤该侵权者。侵权者须向他(权利人)支付100达科特(ducat);侵权装置应立即销毁。但是,政府有权依据其职权和裁量权,在其活动范围内,持有和使用任何此类装置和设备,前提是除了作者任何人都不得操作(operate)它。

上述规定以领土边界为限设定了"新颖性"的概念,如前所述,包括新发明的作品(work)和进口的但先前在本国未知的装置。它还要求专利保护的发明必须是可操作的,具有实用性,在申请专利时已经被实际实施。

……

在当时的背景下,这第一部专利法似乎取得了相当的成功。在该法律出台前的75年里,在威尼斯大约有11项专利被人知晓和报道;而在接下来的75年里,大概颁发了100件专利,并记录在威尼斯的档案中……

从1400年到1550年的150年,代表着威尼斯经济繁荣的顶峰。1453年君士坦丁堡落入土耳其人之手。土耳其人的西征使得很多手工艺者和艺术家从东方大量流入威尼斯和其他意大利城邦。但是,15世纪末随着绕道好望角通往远东的新航海路线的发现,城邦几乎完全垄断东方贸易的时代宣告结束。随后,手工艺者和艺术家开始从威尼斯和意大利的其他城邦流向欧洲的其他地方。他们随身携带着威尼斯专利法传统的知识。

这些知识找到了肥沃的土壤。德国从1484年开始发放专利。在16世纪,专利由神圣罗马帝国的皇帝和地方的执政者颁发。在16世纪,颁发专利垄断权的做法已经成为具有法律约束力的传统规则……德国的专利法传统一度和威尼斯一样繁荣,但是到了17世纪上半期,三十年战争蹂躏了德国,这一传统被彻底消除了。差不多200年以后,专利法才获得重生。

法国看起来是威尼斯和其他意大利城邦的艺术家和手工艺者迁移的主要受益者。因此,并不奇怪,法国王室1551年所颁发的第一个为人所知的专利垄断权就颁给了来自博洛尼亚(Bologna)的意大利人。它是"威尼斯风格的玻璃器具"的垄断权……

自从专利法传统在法国和英国确立,它就一直持续运作到18世纪晚期。当时,年轻的美利坚合众国不仅知道这一传统,而且将最值得吸取的优点植入美国1790年的专利法……

在知识产权的名义下描绘欧洲的这些专利传统,虽然已成为一种普遍的趋势,我们仍然必须避免将国家在专利垄断权的名义下授予的特权(privileges)描绘和确认为当然的财产权(property rights per se)。实际上,"真正意义上的财产权不会出现,除非私有的排他权与主权权利(the sovereign's rights)被区别对待,同时国家确立标准的法律程序用于授予和维护这些[私有]权利。"显然,上述诸多例子中的专利特权,含有我们所谓的财产权的因素,但是,在1791年的法国法之前,没有任何地方对专利特权中所谓的财产权提供法律保证……

II 早期英国专利法传统

A. 背景

……

英国第一个专利垄断权是什么时候颁发的,并不清楚。但是,英国的专利传统在伊丽莎白一世统治期间生根并成长起来。从1561年开始,也就是她统治开始的第二年,一直到1600年,她至少颁发了51项产业和发明专利垄断权。不幸的是,她也颁发了"恶性垄断权"(odious monopolies),即那些限制已知商业和产业的垄断权……

B. 伊丽莎白的政策与实践

在伊丽莎白一世统治早期,一致的努力方向是促使各类需要进口的原材料和制成品进行国产化。国家采取措施鼓励制成品的出口,限制原材料和外国制成品的进口。这是为了让国家实现经济上的自足,因而增强国家在国内外的力量。当然,这一想法在概念层面上很简单,实行起来却很困难。后世的人们将这一泛泛的概念称做"重商主义"(mercantilism)。

……

王室非常现实地认识到,引入新的商业和产业有成本和风险,必须给予承担这一成本和风险的人以某种形式的强有力的激励,使之能够获得实质性的经济回报,同时又要避免让国家承担实质性的成本。在当时贫困和节俭的社会环境下,由王室颁发一定期限的专利垄断权被认为是最合适的代价。有人敏锐地指出,"从保护令(the letters of protection)到消除竞争,不过是很自然的一步"。

……

C. 恶性垄断权

……

可以获得独占性特权"这一事实,像不可抵抗的磁铁一样,吸引那些[权贵]去法院谋求该特权。因此,毫不奇怪:

权贵们(courtiers)对谋求新发明的专利没有兴趣,这些是那些贫穷而又常常充满幻想的发明人的事情。他们要寻求的是那些更有价值的特许令(licensing patents)或盈利丰厚的现有行业的垄断权。***在腐败的权贵手里,当初为了培育新技术而设立的垄断权制度,堕落成敲诈和掠夺的工具。***持有这些特权的大多数权贵都在明目张胆地进行剥削。对赖以设定特权的技术一无所知,他们唯一的使命就是唯利是图和敲诈勒索。

到了1597年,这些滥用行为的实际后果已经很明显:妨碍贸易和制造业发展,抬高物价,劣质产品泛滥,失业严重。

……

[人们]很快就很清楚[地认识到],这一根本问题既是政治性的也是经济性的。在讨论中[人们]简明扼要地指出:"两件重要的事情已经受到质疑:首先是君主的权力,其次是英国人的自由。"

……

结果,普通法被用来解决一个对英国商业而言非常重要且敏感的宪法问题。1602年,结论出现在著名的Darcy v. Allin案中。这一案件也被称为"垄断权案"(The Case on Monopolies)。它所涉及的是在英国以批发或零散方式进口、制造和销售扑克牌(playing cards)的垄断权。这种牌从1576年就以这种或那种形式存在。1576年,一项专利最初被授予Bowes和Bedingfield。1578年重新授权,1588年则重新授予Bowes一个人。Bowes在专利保护期满前去世了。1598年它又被重新颁发给Darcy,保护期为12年。就像大家能够猜测到的那样,这一垄断权受到该领域各种各样的侵权者的积极侵害,政府的记录披露了一大堆侵权诉讼。

……

在专利法领域,Darcy v. Allin被人记住,不是因为其书面的裁决结果,而是因为它对垄断权所表达的意见以及有关发明与垄断权关系的争论。垄断被推定违反(prima facie against)普通法、成文法和人民的自由,因为它不仅损害那些商业的从业人员的利益,而且通过抬高价格、降低商品质量和减少就业等方式损害其他全体人民。这些说法很严厉,但是,Allin的顾问承认有一项关键的例外,即"……法官们到目前为止许可下述专利垄断权:任何人付出金钱、勤奋或凭借自己的智慧与创造,向本国引入任何新的产业或任何从未用过的促进某项产业的新方法(any engine tending to the furtherance of a trade that never was used before),在这种情况下,为了本国的福利,国王可以在考虑其发明为本联邦所谋利益之后,授予他合理时间的专利垄断权,直到人们有可能学会相同[技艺]。除此之外,不应当授予垄断权。"

……

因此,在17世纪早期,这一点在普通法上已经很明确:在王室的特权下,国王有权根据自己的裁量颁发有期限的发明专利垄断权……

D."垄断法案"

……

公众对于那些"恶性垄断权"的不满变得非常严重,议会最终被迫采取行动。在1620—620得年度,英国下议院对专利垄断导致的公众积怨进行了广泛的调查……,英国下年,议会制定了后来被称做"垄断法案"(the Statute of Monopolies)的法律。该法案获得国王的同意……

"垄断法案"可能是英国议会通过的最有名的立法了。它也肯定属于施行时间最长的立法之一。宪法历史学家将它视为议会和国王之间长期斗争的积累产物,是放在王室特权之上的枷锁。对于本文而言,它的主要意义在于它第一次为英国的专利法提供了成文法基础。而且,它事实上也是随后两百年里[英国专利法]的唯一成文法基础。引人注目的是,今天它依然是英国专利法的成文法基础之一。

在绝大多数方面,该法案只是以成文法的形式对当时已有普通法的简单重述。该法第1条宣布,从前或此后设立或颁发给任何个人、政治和法人团体的,旨在本国范围内设定排他性的购买、销售、制造、实施和使用任何事物的[权利]的,所有垄断权(monopolies)、批准授权(grants)、许可(licenses)、专利令状(letters patent),均违反本国法律因而彻底无效……第5…第违条则为第1条的规定设置了各种例外。与本文目的有关的第5条和第6条所设置的例外。第6条在超过200年的时间里,是英国专利法的唯一成文法基础。该条规定如下:

上述任何声明并不适用于此后授予真正的最先发明人的,以任何形式在本国范围内排他性实施或制造新产品的任何专利或特权(letters patent and grants of privilege)。前提是,在专利授权时他人尚未使用该新产品,从而[授予垄断权]不违反法律,也不会给本国带来损害。[专利权或特权]期限为14年或更短。该14年的期限从专利或特权的授权之日起算……

第5条进一步为该法案的垄断权禁止设置了例外,即保护期不超过21年的现存的发明专利。

……

并不奇怪,无论是上述法案还是普通法,均没有将发明视为一种权利,因而没有强制要求国王为发明颁发专利。在随后的两个世纪里,颁发专利依然完全依赖于国王的自由裁量。与专利在前150年不被视为财产完全一样,专利授权被视为授予特权

(privilege),而不是一种权利(right)。只有到了18世纪,普通法才开始将它视为一种特殊形式的财产,即所谓"诉讼中的动产"(a chose in action)。的确,如后文所述,是年轻的美国,第一次在英语世界里创造了将专利视为财产的立法。

……

4.1.2 从特权到财产权的转变

在上述文摘中,Edward C. Walterscheid强调,在18世纪以前英国数百年的专利法的历史上,将专利视为发明人应得的财产的观点并不存在。但是,到18世纪,却完成了从王室特权到财产权的转变。这一转变的历史大致与格老秀斯(Hugo Grotius)、普芬多夫(Samuel Pufendorf)和洛克(John Locke)等代表性人物的自然法学说在英国的流行同步。因此,有学者研究认为,这一转变是在自然法的观念的影响下完成的,从而挑战很多人所持有的"专利起源与自然法观念"无关的观点。具体请参考 Adam Mossoff, Rethinking the Development of Patents: An Intellectual History, 1550—1800, 52 HASTINGS L. J. 1255 (2001)。

4.1.3 19世纪欧洲的专利废除运动

从威尼斯专利法开始,直到19世纪50年代,欧洲大陆的专利法立法一直处在不断增长状态。欧洲主要国家都有自己的专利法,比如法国在1791年,奥地利在1810年,俄罗斯在1812年,普鲁士在1812年,比利时和荷兰在1817年,西班牙在1820年,巴伐利亚在1825年,撒丁岛(Sardinia)在1826年,梵蒂冈在1833年,瑞典在1834年,葡萄牙在1837年等。①

但是,从19世纪50年代开始,欧洲的风向却发生逆转。自由贸易和自由竞争思想迅速流传,专利和关税等被视为典型的贸易保护主义的代表,成为公众舆论谴责的对象。很快,欧洲主要国家刮起一股废除专利制度的运动。1868年普鲁士决定反对北德意志联邦(the North German Federation)的专利法;1869年荷兰完全废弃专利法;瑞士在此期间的专利立法努力受挫;英国上议院一度通过法案要将专利保护期缩短至7年、对专利申请进行最严格的审查、两年不实施就没收专利以及对所有专利发放强制许可等(该法案没有通过下议院)。②

在19世纪60年代末期,废除专利运动达到巅峰之后,欧洲的经济这时却陷入严重衰退,自由贸易的主张不再受追捧。1873年之后,专利制度的支持者又重新占据了上风。1877年适用于整个德国的统一专利法获得通过;保守的瑞士也在1887年通过全民公决,决定制定专利法。荷兰坚持得稍微久一些,在1910年也制定了新的专利法(1912年生效)。③

---

① Fritz Machlup & Edith Penrose, The Patent Controversy in the Nineteenth Century, Journal of Economic History, X (1950), pp.1—29, p.3.
② Ibid., pp.3—5.
③ Ibid., p.6.

对于这场专利废除运动的内因,学者们的解释并不完全一致。进一步的阅读可以参考:Mark D. Janis Patent Abolitionism 17 Berkeley Tech. L. J. 899 (2002);张韬略:《英美和东亚专利制度历史及其启示》,载《科技与法律》2003 年第 1 期,第 103—114 页。Robert P. Merges One Hundred Years of Solicitude: Intellectual Property Law, 1900—2000 88 Calif. L. Rev. 2187 (2000)。

4.2 专利保护的国际化
4.2.1 国际化的三个阶段

Peter Drahos, The Universality of Intellectual Property
Rights: Origins and Development
知识产权的普遍性:起源和发展

A paper prepared for the WIPO Panel Discussion on Intellectual Property and Human Rights, (Geneva, November 9,1999), pp. 3—13, available at http://www.wipo.int/export/sites/www/tk/en/hr/paneldiscussion/papers/pdf/drahos.pdf.

……

国际层面的知识产权保护大致可以分成三个阶段。第一阶段,即国内阶段(the territorial period),以缺乏国际保护为核心特征。第二阶段,即国际化阶段,从19世纪末期欧洲一些国家同意制定《保护工业产权巴黎公约》(《巴黎公约》,1883 年)和《保护文学艺术伯尔尼公约》(《伯尔尼公约》,1886 年)时开始。第三阶段,即全球化阶段,从美国在20世纪80年代将贸易和知识产权关联起来时开始。这种关联以1994年多边层面的《与贸易有关的知识产权协议》(the Agreement on Trade-Related Aspects of Intellectual Property Rights)的形式出现。各类公约的签订日期虽然并不代表严格的时代划分,但他们的确标志着知识产权保护演进方向上的重要变革。

……

(i) 国内阶段

……

19 世纪后半叶见证了欧洲各国专利制度的繁荣历程。这是一段多少有点混乱的增长时期,各国知识产权法互相借鉴互相影响……在欧洲以外,知识产权制度伴着殖民路线成长……

领土内阶段被所谓的地域性原则所统治。依据这一原则,知识产权的效力不超过当初授予此类权利的主权国家的领土范围……地域性原则意味着 A 国的知识产权法并不在 B 国适用。知识产权所有人遇到了经典的搭便车的问题。也就是说,部分国家成了正的外部性(positive externalities)的受益者。为了应对搭便车和外部性的问题,各国被引向知识产权保护的下一阶段:国际化阶段。

(ii) 国际化阶段

在19世纪,各国开始对建立知识产权的国际合作越来越有兴趣。最初,这一兴趣通过双边协议的形式展现……那些担心搭便车问题的国家开始通过谈判与其他国家签订双边条约。那些将自己视为正的外部性的获益者则依然保持孤立。英国和美国分别是代表这种不同反应的例子。在18世纪,英国发现很多作品在国外被复制,未经作者许可也未向作者支付报酬。很多盗版发生在美国。当时,像狄更斯之类的作者在美国大众和出版商中间非常受欢迎。

通过下面Hansard在1837年的描述,我们可以很清楚地看到,美国人并不是唯一的侵权者(culprits):

畅销作家所写的每一本书总是同时在法国、德国和美国被大量翻印。现在,翻印速度很快,而且成本很小……Walter Scott、Lord Byron、Messrs、Robert Southey、Thomas Moore以及其他最畅销作者的所有作品都被巴黎的Galignani和Bardens书店翻印和销售。

作为对这一问题的回应,英国分别在1838年和1844年通过法案,开始保护在英国境外首次发表的作品。这些法案基于互惠策略。只有相关国家同意保护英国作品时,该外国作品才能在英国获得保护。1844年法案之后,英国和其他欧洲国家签署了相当数量的双边协议。在美国,国际版权政策则转向与英国不同的方向。1790年美国版权法仅仅给予美国公民和居民版权保护。这种形式的国家保护主义的版权政策令人惊讶地在美国盛行了很长时间:"在超过一百年的时间里,这个国家不仅坚持所谓的'作者国籍'原则,拒绝保护外国人发表的作品,而且,好像是在鼓励对这些作品进行盗版。"实际上,直到第二次世界大战结束,美国才开始在国际版权领域扮演领导者的角色。它在扮演领导者角色时所展现出的鲁莽(boldness),是很少国家能够预见到的。

……

19世纪的知识产权领域的双边主义很重要,是因为它促成了这样的共识,即应该建立起管理知识产权的国际框架。同时,它也对国际框架的基本原则内容提出了建议。当然,双边主义更多的只是一种前奏。它所提供给作者的保护从未令人满意。朝着真正的国际知识产权合作迈进的重要步骤是两个多边支柱性公约,即1883年的《巴黎公约》和1886年的《伯尔尼公约》。二者分别成立了保护工业产权联盟和保护文学艺术作品联盟。

《巴黎公约》源于美国对计划于1873年在维也纳召开的世界发明博览会的不满。这些世界博览会,像中世纪欧洲的贸易博览会一样,是非常重要的聚会场所。响应其他国家的担心,美国指出:展览会上的很多发明让奥地利的公众获益,最终外国发明人却看不到任何回报。当时,统一的国际专利制度的想法已经流传一段时间。比如,艾尔伯特王子在1851年伦敦世界博览会上就提议考虑协调专利制度的可能性。最终,是德国工程师Karl Pieper,成功说服奥地利人在1873年召开世界专利改革大会。1880年第二次大会之后,《巴黎公约》(1883)开始对外开放签署。在随后的25年里,主要的贸易国家都加入了该公约。

……

《巴黎公约》和《伯尔尼公约》宣示了知识产权国际合作的多边时代的到来。20世纪见证了国际知识产权体制的繁荣发展。进入国际协议调整范围的领域包括：商标(《马德里协定》,1891)、外观设计(《海牙协定》,1925)、表演(《罗马公约》,1961)、植物品种(《保护植物新品种国际公约》,1961年文本和1991年文本)、专利(《专利合作协定》,1970)、半导体芯片(《集成电路知识产权条约》,1989)。《巴黎公约》和《伯尔尼公约》也经历了多次修改。

与知识产权领域的缔约活动相伴的国际组织的兴起。《巴黎公约》和《伯尔尼公约》导致了各自国际机构的诞生,二者于1893年合二为一,形成知识产权保护联合国际局(the United International Bureau for the Protection of Intellectual Property,其法语简称BIRPI更为人们所熟悉)。BIRPI后来被一个新的国际组织即WIPO所代替。WIPO是1967年依据公约设立的机构。它于1974年成为联合国下属的一个专门机构。

在先前的BIRPI和后来的WIPO所管理的国际知识产权世界中,主权国家统一接受某些基础原则,其中最重要的是所谓的国民待遇原则。但是,在这一世界中,技术性层面的规则并不互相协调。各国在知识产权保护标准制定方面保留极大的自由裁量权。美国继续实行它的"先发明"专利制度,而其他国家则实行"先申请"制度。大陆法国家确认作者的精神权利,而普通法国家则没有。一些发展中国家并不保护化学物质的专利(很多发达国家在相当长的时间里也是如此)。各国商标注册的标准差异很大,甚至在两个来自相同法律传统的国家之间也是如此。不正当竞争法还完全由各国自行决定,尽管《巴黎公约》要求成员国制止不正当竞争。

尽管在1992年WIPO已经管理了24个多边公约,它所负责的知识产权世界里的规则依然充满着多样性。也正是在1992年,WIPO可能比任何其他人都更强烈地感受到知识产权规制领域将要发生的巨大变革。日内瓦WIPO总部对面的关贸总协定(GATT)组织正在迎来这一变革。当贸易律师们迫使知识产权世界进入全球化时代时,WIPO则袖手旁观。

(iii) 全球化阶段

在国际化阶段,知识产权的协调是非常艰难而缓慢的事情。在第二次世界大战之后,越来越多的发展中国家加入《巴黎公约》和《伯尔尼公约》。这些公约不再是西方国家的俱乐部。按照一国一票原则,发展中国家联盟可以从票数上超过西方国家。发展中国家并不仅仅满足于扮演否决联盟的角色。它们想要一个能够满足各自经济发展需要的国际体制。因此,在西方国家眼里,发展中国家开始对外运用力量。在版权领域,发展中国家在印度的带领下成功地通过了[《伯尔尼公约》]1967年的《斯德哥尔摩文本》。该文本使得发展中国家更容易获得版权材料。这一文本的通过在国家版权领域引发一场危机。《巴黎公约》也成为1980、1981、1982和1984年"公约修订外交代表会议"的讨论对象,发展中国家努力为专利强制许可设定更自由的条件。

……

在国际化阶段,世界容忍了很多搭便车行为。各类知识产权公约下的唯一救济机制是通过国际法院起诉,而大多数国家都对这一条款进行了保留。遇到搭便车行为时,没有一个国家首先提出挑战。美国不是《伯尔尼公约》的成员,但是美国出版商利用该公约的"后门"获得较高水平的保护,即安排在公约的成员国比如加拿大同步出版。

在美国,并不是每个人都满意于知识产权救济方面的放任做法。对美国的电影和制药行业来说,知识产权(前者是版权,后者是专利)是它们的产业基石。在辉瑞之类的制药公司看来,知识产权也是一个投资问题。它们希望看到知识产权得到保护,从而能够在世界上任何地方安全地安排生产。这些全球化的商业机构组建起游说网络,一个新的主意在穿梭于这些网络中的一小撮顾问、说客和律师中间酝酿着——将知识产权和贸易联系起来。这一主意有两个明显的好处:首先,如果知识产权标准成为多边协议的一部分,这将或多或少地增加这些标准的全球覆盖率。其次,可以利用成员国所建立起来的贸易纠纷解决机制[来解决知识产权纠纷]。

在20世纪80年代,美国重塑其贸易法,设立了一系列的双边救济措施,用以对付那些对知识产权保护不够充分或知识产权救济措施不力的国家。1984年,美国修订其《1974年贸易法》,将知识产权纳入该法的"301条款"的贸易监督程序。1984年的修订产生了《1988年综合贸易和竞争力法案》(the Omnibus Trade and Competitiveness Act of 1988)。这一法案强化了301条款的监督程序,增加了所谓"普通301""特别301"和"超级301"等程序。这些条款要求美国的贸易代表选定问题国家,评估美国知识产权利益被侵害的程度,和这些国家谈判协商以解决问题。如果这些上述努力以失败告终,美国则可以进行贸易制裁。被美国301条款抓住的国家明白了一个简单的事实:如果它们没能在知识产权上采取行动,迟早要面对美国的报复行动。

1986年9月在[乌拉圭]埃特斯角城(Punta del Este)召开的部长级会议上,开始了乌拉圭回合的贸易谈判,知识产权被列为一个谈判议题。将知识产权议题列入本回合谈判,基本上是美国的动议,尽管美国获得了欧洲、加拿大和日本的支持。是美国,或者更具体地说,是美国的商业机构,在推动着知识产权事务。

1994年4月15日,乌拉圭回合谈判在马拉喀什(Marrakech)结束,签署了《乌拉圭回合多边贸易谈判最终结果法案》(the Final Act Embodying The Results Of The Uruguay Round Of Multilateral Trade Negotiations)。它包含一系列协议,包括《建立世界贸易组织协议》和TRIPs协议。TRIPs协议对所有的世界贸易组织的成员均有约束力。任何成员均无法在成为该多边贸易体制成员的同时,独立于TRIPs协议之外。

(iv) 后TRIPs协议阶段

TRIPs协议标志着财产权全球化时代的开始。TRIPs协议虽然还是建立在地域性和国民待遇原则的基础之上,但是它依然代表着财产权全球化的开始。将[知识产权]与贸易联系起来,TRIPs 协议影响该多边贸易体制的所有成员和那些希望成为其成员的国家,比如中国……

后 TRIPs 协议时代是各国履行其义务,通过国内法落实 TRIPs 协议的时代。依据协议,虽然最不发达国家受到优待,享有十年过渡期,但是它们还是感受到了发达国家要求它们更早而不是更晚落实 TRIPs 协议的压力。WTO 协议建立了 TRIPs 协议委员会,用以监督成员国履行 TRIPs 协议义务。正在形成的做法是,成员国家比如美国和欧洲等,要求其他国家解释其知识产权法以及是否符合 TRIPs 协议。TRIPs 协议委员会的监督,美欧在落实知识产权义务方面的积极利益,以及相关争议可以诉诸争端解决机制的事实,意味着 TRIPs 协议义务随着时间推移正变成活的法律,而不像很多其他公约那样仅仅是停留在纸上的规则。

……

所有这一切都表明,未来的知识产权多边协议的缔约过程将是超越国家界限的[知识产权]使用者和所有者集团之间的复杂的争斗游戏……知识产权政策已经变成高度政治化的竞技场,国家和非国家的表演者不仅仅就知识产权规则展开对抗,而且对市场和政府所应扮演的角色进行争论。与 TRIPs 协议规模相当的胜利或突破在将来可能更难取得。

……

4.2.2 国际化与地域性

知识产权国际化的过程中,依然顽强地保持了所谓的地域性,即技术、作品、商标等客体在各国是否受到保护、如何保护,由各国国内法决定。在一国获得知识产权,在没有公约、条约或其他互惠安排的情况下,并不当然在其他国家获得保护。本质上讲,知识产权的地域性源于各国国内法的适用效力的地域性。这与传统物权法或财产法适用效力的地域性并没有质的区别,与知识产权客体自身的特点并无直接的联系。更准确地说,所谓的地域性,应该是知识产权法效力的地域性。

如果各国国内法比较相似或者不存在强烈反差时,其适用效力的地域性就难以为公众所感知。比如,传统财产权保护领域,各国法律在是否对外国国民的有形财产提供保护方面的差异虽然存在,但还没有大到让人意外的程度。比如,郑成思教授所举的例子:"一位中国学者在中国拥有的手表,戴到英国后不会被当然地视为人人可得而用之的公共财产。"① 但是,如果各国国内法在是否保护等基本问题上立场完全不同,则法律适用结果的差异性就凸现出来。知识产权法就是这方面典型的例子。

知识产权公约从程序和实体层面逐步统一各国的国内法,自然会逐步降低人们对于知识产权法适用效力的地域限制的焦虑。在著作权法领域,自动保护原则已经为诸多公约成员国所接受,就是这一趋势的体现。专利法、商标法的国际协调要复杂很多,

---

① 郑成思:《知识产权论》,法律出版社 1998 年版,第 85 页。

其趋同的过程也要缓慢一些。

知识产权法适用的地域性,虽然意味着国内法对于绝大多数发生在国外的知识产权案件无法适用,但也存在一些例外。当一个侵权行为同时在多个国家发生、一个侵权行为的多个要素分别发生在不同国家或者导致一国国内保护目的落空的行为发生在国外时,国内法可能就有了扩张适用的动力,从而引发争议。① 更具体地说,比如互联网上的网络传输行为、跨国合作的翻译与复制行为、发生境内专为境外的"直接侵权"做准备的行为等,都可能引发法律适用方面的争议。

4.3 统一国际专利法的努力

崔国斌　中国知识产权热点评论

清华法治论衡　2004 年

……

三、世界大同的梦想:国际专利法的统一进程

建立世界统一的专利局在全球范围内为专利申请人提供一站式的授权服务,一直是专利申请人的遥远梦想。一百多年来国际社会一直在实体法与程序法两个方面逐步推进专利制度的统一进程,渐渐将这一梦想转化为现实。专利法实体法上的统一进程最早可以追溯到一个世纪以前的《巴黎公约》(1883)。在这份公约中,为世界专利保护设定了基调:国民待遇+最低限度保护要求。1995 年 WTO 框架下的《与贸易有关的知识产权协议》(TRIPs 协议)在保留这一公约基调的基础上,进一步细化了实体法上的保护要求,使专利保护进入全球化时代。TRIPs 协议虽然代表着国际专利保护的最高水平,却依然没有能够对专利的客体范围、专利授权的实质性条件、专利侵权的认定标准等实质性的问题作出操作层面的规定。专利权的保护,依然严重依赖各国的国内法,具有很大的不确定性。现在世界知识产权组织(WIPO)正在起草《实体专利法》(Substantive Patent Law Treaty, SPLT)则开始对上述实体问题进行更全面的规范。可以预见,《实体专利法》一旦被各国所接纳,各国的专利实体法将迅速趋同,[除了 WTO 的争端解决机制外] TRIPs 协议就逐步失去存在的价值。与实体法统一过程相伴的是专利程序法的统一进程。1970 年《专利合作条约》(PCT)简化了国际专利申请的程序,使得申请人可以利用国际申请体系在一国提出申请,然后指定多个国家作为申请国。当然,国际申请进入国家阶段以后,还是按照各国国内的申请来对待,由各国最终决定是否授权。2000 年 WIPO 通过了所谓的《专利法条约》(Patent Law Treaty, PLT)进一步统一了专利申请程序中的各类形式要求。一旦此条约达到规定的签约国数量自动生效后,各国的专利程序法也进一步趋同。

---

① Paul Goldstein, International Copyright: Principles, Law and Practice, Oxford University Press, 2001, pp. 65-72.

各国的专利实体法和程序法因国际公约的协调而互相靠近后,虽然还不能说世界专利局的建立就不可避免,但建立统一专利局的制度障碍的确会被大幅度削减。如前所述,一旦实体法和程序法被统一,则各国专利局都在按照相同的规则在运行,在从事着重复的劳动。要抗拒规则统一之后的机构合并,的确需要面对很大的市场压力。现实中国情相似的一些国家在相似的利益需求压力下已经走到一起。比如欧洲的一些国家,它们很自然地选择在《欧洲专利公约》(EPC)的框架下建立统一的欧洲专利局(EPO)。非洲的一些国家,虽然比较落后,但发展阶段接近,也同样存在着统一需求。由此往后,美国、日本和欧洲发达地区可能在更大范围内互相妥协,以适当的方式实现专利授权的统一。发展中地区也可能存在类似的统一过程。此后,建立世界专利局所需要的全球统一专利法就非常现实了。

专利法的统一乃至世界专利局的建立,就像全球化进程一样,几乎是不可避免的。统一在一定程度上符合各国的共同利益。尽管程度不尽相同,统一肯定能给各国的申请人带来好处。对于申请人而言,世界专利局统一授权意味着几倍、几十倍地消除专利申请的费用,同时以相应倍数扩大专利权保护的地域范围。以中国为例,国内申请人谋求国际专利授权的申请量肯定会急剧增加。对于很多小国政府而言,世界专利局意味着再也无须建立庞大的专利审查机构处理繁琐的专利授权事宜从而节省了相当的行政资源。然而,由于国家发展阶段的不均衡,世界专利局的设想也有令很多国家担心的一面:世界专利局按照统一的标准对外授权,各国就失去了对专利保护范围进行政策性控制的能力;专利申请成本降低必然导致外国国民的专利权数量迅速增加,可能影响本国的相关产业;国内的专利代理产业的利益可能受到实质性的损害;统一工作语言可能损害国内科技人员获得必要的技术信息;在统一专利局内西方发达国家可能获得事实上的主导地位,发展中国家可能迅速被边缘化等等。

统一过程中利害并存,如何在这一过程中实现国家利益的最大化就成为各国最为关注的问题了。现在大部分国家都只能在一定程度上影响或者减缓,而不是阻止这一统一进程。中国也不例外。作为一个发展中国家,中国必须迅速加强对专利法统一趋势的研究,正确预测专利法统一的方向和时间表。同时,中国政府必须采取强有力的措施迅速提高中国专利局的审查业务水平,保证中国专利局在国际专利统一的过程中不至于被边缘化。必要时,中国可以和一些利益相近的国家合作,在一定程度上改变统一的时间表,为中国产业发展争取必要的时间。

5 中国专利法简史

5.1 1859年《资政新篇》

我国专利制度的萌芽可以追溯到19世纪中叶太平天国革命时期。中国学者认为:"第一个将西方专利制度思想介绍到我国来的是太平天国天王洪秀全的堂弟洪

仁玕。"①1859 年,身为总理的洪仁玕在《资政新篇》中提出"我国最早的专利立法思想":

> 兴车马之利,以利便轻捷为妙。倘有能造如外邦火轮车,一日夜能行七八千里者,准自专其利,限满准他人仿做。若彼愿公于世,亦禀准遵行,免生别弊……
> 兴舟楫之利,以坚固轻便捷巧为妙。或用火用气用力用风,任乎智者自创。首创至巧者,赏以自专其利,限满准他人仿做。若愿公于世,亦禀明发行。
> 兴器皿技艺。有能造精奇利便者,准其自售,他人仿造,罪而罚之。即有法人而生巧者,准前造者收为已有,或招为徒焉。器小者赏五年,大者赏十年,益民多者年数加多,无益之物有责无赏。限满准他人仿做。

当然,"当时的太平天国正处于对付反革命围剿的紧张战斗之中,主要力量集中在军事防御上,而没有精力放在经济和社会建设等方面,加之后来太平天国的失败,《资政新篇》在国内受到了禁毁,洪仁玕的专利立法思想也只能停留在理论和议论的阶段。"②上述思想自然没有机会转化为现实的法律制度。

5.2　1882 年第一件"专利"

1881 年,资产阶级改良派实业家郑观应筹建上海机器织布局,向清朝北洋大臣李鸿章上书,要求给予上海机器织布局的机器织布工艺以 10 年专利。1882 年李鸿章在呈送光绪帝的奏折中说:

> 查泰西通例,凡新创一业,为本国未有者,例得畀以若干年限。该局用机器织布,事属创举,自应酌定十年以内,只准华商附股搭办,不准另行设局。其应完税厘一节,该局甫经倡办。销路能否畅旺,尚难预计,自应酌轻成本,俾得踊跃试行,免被洋商排挤。③

光绪帝批准赐予上海机器织布局 10 年专利。这是我国近代史上第一件"专利",实际上是开办新兴工业的垄断权。自此之后,清朝批准造纸、酿酒、纺纱等新工业的垄断权就逐渐增多了。④ 虽有"专利"保护伞,上海机器织布局的筹办并不顺利。总督办郑观应挪用股本,使得筹办工作自 1883 年就陷入停顿。1887 年李鸿章派龚寿图接办,最终于 1890 年投产,营业一度兴旺异常。这时候,"十年"专利差不多期满了。随后,1893 年一场大火让织布局灰飞烟灭。⑤

---

① 汤宗舜:《专利法教程》,法律出版社 1996 年版,第 18 页。本书选择《资政新篇》得益于汤先生在书中的介绍和引用。原始出处为洪仁玕:《资政新篇　太平天国史料》,中华书局 1955 年版,第 29 页。
② 孙羽、宋子良:《从洪仁玕到〈振兴工艺给奖章程〉——中国曲折发展的专利制度》,载《科技与法律》1998 年第 2 期,第 44 页。
③ 吴汝纶编:《李文忠公全集》,奏稿,卷 43,第 43—44 页。转引自吴钦缘:《晚清"十年专利"的产生及其法律特征》,载《研究与发展管理》2000 年第 21 卷,第 51 页。
④ 汤宗舜:《专利法教程》,法律出版社 1996 年版,第 19 页。
⑤ 百度百科:《上海机器织布局》,http://baike.baidu.com/view/435834.htm,2011 年 8 月 9 日访问。

尽管后世学者对上述"十年政策"的合理性存在争论,有一点是肯定的:李鸿章对于"泰西通例"的表述是错误的。至于这一错误是缘于误解,还是刻意曲解,则不得而知。1882年的"泰西通例"(泰西,泛指西方国家)与现今西方的专利法在原则上无甚出入,是不太可能许可政府对整个行业发放空白的垄断许可证的。在李鸿章的奏折里,"新创技术"被替换成"新创一业",从而以专利之名,行行业垄断之实。当时,"用机器织布"在中国应该属公知技术,只是尚未公用而已。从过去的文献看,投资人大概只是对中国棉花是否适于机织存在一些疑问。① 从专利法的角度看,如果织布局在这一方面有所创新,也仅限于其所做的改进技术给予专利。

"十年专利"的始作俑者郑观应在离开织布局后,一改初衷,对这一专利政策提出质疑:

> 侧闻前此上海布局开办之初,有禁止仿效,准其独行之说,岂狃于泰西有保护创法者独行若干年之例而误会之耶!夫泰西此例本为鼓励人才兼酬其创始之劳,不闻因人有法而复禁仿效者,况中国此举系欲收回洋利,以拒敌洋纱洋布来源之盛,非与本国人争利也,设若误行此例是何异临大敌,而反自缚其众将士手足,仅以一身当关拒守,不亦俱乎。②

在当时的历史背景下,是否需要通过发放行业垄断许可的方式来鼓励民族资本投资某一行业,是一个非常复杂的问题。后世学者们对于李鸿章所主导的"十年专利"政策的评价的分歧,也大抵在此。对这一政策持否定意见的学者指出:

"十年专利"的垄断政策阻碍国人投资兴办棉纺织业,也就是阻碍棉纺织业引入竞争机制进行技术革新,绝不是如有些论者所言"保障技术革新"。由于"不准另行设局",全国从1882—1891年的十年期间只有湖广总督张之洞在湖北武昌设立了湖北织布官局,张之洞凭借他的势力迫使李鸿章让步,他电询李鸿章:"十年内不准另行设局是否专指上海而言?粤设官局,本与商局有别,且进口布多销旺,断非沪局所能遍给,粤不至侵沪局之利,望速电复"(注:《李文忠公全集》电稿卷10,第37页)。李鸿章的复电没有正面答复十年内不准另行设局是否专指上海而言,没有明确干涉张之洞设纺织局。但除此一家,没有出现过别家合法的民营纺织厂。华人办厂一直延迟到甲午战争之后,由于《马关条约》明文允许外人来华设厂,洋务派垄断不了,华商才能乘机办厂,杨宗濂在无锡设立了业勤纱厂。由于机制纱布利润优厚,他很快发展成江南新兴的机制纱布民族资本家,参与"分洋人之利"。可见封建政策一旦"松绑"即能发生明显的进步作用。③

《上海机器织布局招商集股章程》"总叙"部分对织布局的商业前景充满信心,从

---

① 林平汉:《"十年专利"与近代中国机器织布业》,载《学术月刊》2000年第10期,第64页。
② 陈忠倚辑:《皇朝经世文三编》卷61。转引自林平汉:《"十年专利"与近代中国机器织布业》,载《学术月刊》2000年第10期,第66页。
③ 林平汉:《"十年专利"与近代中国机器织布业》,载《学术月刊》2000年第10期,第64页。

中很难看出政府发放"十年专利"的必要性。该具体文字如下:

> 考中国仿办机织,其利胜于外洋者有三大端。中国棉花六七分收成,每担不过九两至十二两;英美两国即十分收成,每担也需十一两至十七两;花本之轻重已及三分;其利一。中国人工每工不过二三百文;外国自七角半至一元;工价之悬殊几已过半;其利二。洋布种类甚多,销行无定;中国自造,可随市面相应者多造速销;外国不能随市转移,又多重洋水脚保险等费,几及三分;其利三。虽然,既计其利,宜思其弊。中国购运机器,价本必加,运费亦重。延请洋人,工资必倍。此二端逊于外洋。然利弊相较,尚属利多弊少。且弊止二三年而已,利则可久可远。况中国棉花已寄英国织成洋布寄回,考验较洋花所织略加精致。其产业均有保险,成本几何、出布几何、费用几何皆可核算,较别种生意尤有把握,又何惮而不为耶?
>
> ……
>
> 照规定先办织机四百张计之,每年共需开支规银三十六万八千六百两。其入款则每年织造英产原布、洋标布、美产斜纹布三种,可出二十四万疋,约可售得规银四十四万四千两;抵除本银,可余七万五千四百两,核计将及二分;再加官利,约有二分八厘光景。又经通商大臣批定,"嗣后有人仿办,只准附股入局,不准另行开设"等因。如果工作纯熟,出布日增,洋匠渐减,节省杂费,即当加添机张,扩充行运,其利更非浅鲜矣。①

对"十年专利"政策持肯定意见的学者则认为李鸿章是为了使织布局"免被洋商排挤"才为之请准专利的:

> 十年专利到底是"为民祸"还是"为民福"?"为民害"还是"为民利"?我认为是后者而不是前者。因为有了十年专利的扶植和保护,布局才得以生存,弱小的民族机器棉纺织业才没有被外国资本扼杀于襁褓之中,中国人才首次纺出了自己的第一根机制纱,织出了自己的第一尺机织布,从而结束了洋纱洋布独霸中国市场的历史,实现了"稍分洋商之利"的夙愿。尽管"所夺洋商之利,奚啻九牛之一毛哉",但这"九牛之一毛"毕竟大于零!当时中华民族与资本主义列强的矛盾是关乎民族生死存亡的首要矛盾,当中国民族利权面临被"一网打尽"的危险关头,这"夺"了总比不"夺"要好,正如李鸿章所说:"土货多销一分即洋货少销一分",这是自明之理。很显然,十年专利"稍分"了"洋商之利",维护了民族利权,因此就应该说它是"为民福","为民利"。②

---

① 《上海机器织布局招商集股章程》,载《申报》(光绪六年九月初十日—十二日)。转引自孙毓棠编:《中国近代工业史资料》第一辑下册,科学出版社 1957 年版。http://www.shtong.gov.cn/node2/node2245/node4483/node56902/node60956/index.html,2011 年 8 月 9 日访问。

② 毛华敬:《应积极评价李鸿章的十年专利》,载《文史哲》1998 年第 2 期,第 57 页。

上述评论,将扶植民族产业与维持公平的市场秩序对立起来,将前者排在优先的位置。此类思想在民族主义盛行的中国有很大的市场。过去两百年如此,今天依然如此,只是程度渐轻。

现在,我们在很多行业排斥民间资本或外资,多少都在受此类思想的影响。在特定历史时期,自由竞争可能真的对所谓的民族利益不利,采取某些"排外""保护主义"或"国有主导"等措施,可以理解。但是,一旦我们接受这一理论,就会形成可怕的利益集团。它们会不断地操作民族主义甚至民粹主义,尽可能地拖延自由竞争的到来,最终损害真正的民族利益。因此,整体而言,接受这一思想的指引是否符合民族的根本利益,似乎存在很大的疑问。明白这一点,对于今天中国知识产权法治环境的建设,有着至关重要的意义。

5.3 1898年专利法雏形——《振兴工艺给奖章程》

1898年7月12日,清朝光绪皇帝在"百日维新"运动中颁布了中国第一个鼓励技术、工艺发明创造的专利法规——《振兴工艺给奖章程》。《振兴工艺给奖章程》是康有为在其新政建议《请励工艺奖创新折》(1898年6月26日)中提出的。"康有为通过列举发明创造对世界各国富强的重大贡献,指出'致富致强之道',就是'彼率举国人为有用日新日智之业',只有'劝励工艺,奖募创新'才能'智民富国'。他建议下诏'奖励工艺,异以日新',并令部臣议奖对'创新器者,酌其效用之大小,小者许以专卖,限若干年,大者加以爵禄。'"①

《振兴工艺给奖章程》共有12款,前3款与专利有关。摘要如下②:

第一款 如有自出新法,制造船、械、枪、炮等器,能驾出各国旧时所用各械之上,如美人孚禄成轮船、美人佘林士奇海底轮船炸药气炮、德人刷可甫鱼雷、英人亨利马蹄泥快枪之类,或出新法,兴大工程,为国计民生所利赖,如法人利涉苏彝士河、建纽约铁线桥、英人奇路浑大西洋电线、美人遏叠灯德律风之类,应如何破格优奖,俟临时酌量情形,奏明请颁特赏,并许其集资设立公司开办,专利五十年。

第二款 如有能造新器切于人生日用之需,其法为西人旧时所无者,请给工部郎中实职,许其专利三十年。

第三款 或西人旧有各器,而其制造之法尚未流传中土,如有人能仿造其式,成就可用者,请给工部主事职衔,许其专利十年。

"《振兴工艺给奖章程》还没有来得及实行,以慈禧太后为首的封建顽固派发动了反动政变,'戊戌变法'运动就流产了。《振兴工艺给奖章程》也惨遭厄运。"③后世学

---

① 孙羽、宋子良:《从洪仁玕到〈振兴工艺给奖章程〉——中国曲折发展的专利制度》,载《科技与法律》1998年第2期,第46—47页。
② 王培:《晚清企业纪事》,中国文史出版社1997年版,第359—360页。该书中有《振兴工艺给奖章程》附件。
③ 张尚策:《清王朝〈振兴工艺给奖章程〉产生前后》,载《法学》1984年第3期,第39页。

者认为顽固派反对专利制度,是因为中国太落后,如果实行专利,将直接妨碍我国仿制外国新技术、新工艺。对此,慈禧宠臣张之洞在其反对当时《中美续议通商行船条约》专利条款的电文有清楚的表述①:

> [《中美续议通商行船条约》]第十款保护创制专利一条,既云俟将来设专有衙门及定专律后始允保护,则此时何必入约。其首起数语,美国允许中国人将其创制之物在美国领取专利牌照云云。此时中国人岂有能创制新机在美国设厂者,不过借此饵我允保护美国人专利耳,真愚我也;所谓保护者,即禁我仿造之谓也。现中国各省局厂仿用外洋新机,仿造专利机件不少且正欲各地推广制造,以挽利权。此款一经允许,各国无不援照此约一经批准之后,各国洋人纷纷赴南北洋挂号,我不能拒,则不独中国将来不能仿效新机新法,永远不能振兴制造,即现有之各省制造各局、枪炮弹药各厂仿外洋新机者,立须停工,中国受害,实非浅鲜。

不过,上述电文并没有解释顽固派在反对让外国人获得专利的同时,为什么也反对中国人自己依据《振兴工艺给奖章程》获得专利。如果在当时的政治环境不允许政府保护中国人专利,而否认外国人专利,则顽固派选择完全废除专利制度,似乎是可以理解的一种选择。

5.4　1944年《中华民国专利法》

1912—1944年《奖励工艺品暂行章程》。1912年民国政府工商部制定《奖励工艺品暂行章程》,这是"民国政府颁布的第一部专利性质的法规,全文只有13条。该章程规定,奖励的对象限于发明和改良的产品,对食品和医药品不予专利;奖励的办法是分等级授予5年以内的专利权,或者给予名誉上的褒奖;对伪造和冒用行为处以徒刑或者罚金;外国人不准在我国申请专利"②。此后,民国政府虽然多次制定或修改类似的条例,但收效甚微:1912—1944年的32年期间,总共批准692件专利,年均二十余件。③

1944年《中华民国专利法》。1944年5月29日,国民党政府公布了《中华民国专利法》。"这是我国历史上第一部比较完整的、正式的现代专利法。它包括发明专利、实用新型专利、新式样专利和附则等4章,共130条,对申请专利的条件、授予专利的发明与不授予专利的发明的范围、专利期限审查程序、专利实施及缴纳费用等方面作了较全面的规定……尽管1947年国民党政府又颁布了《实施细则》,但是1946年开始

---

① 该电文是张之洞1903年《中美续议通商行船条约》签订时,发给上海吕海寰、盛宣怀、伍廷芳、天津袁世凯的电文。材料来源:张尚策:《清朝末期对专利制度的两种意见》,载《知识产权》1996年第2期,第35页。

② 赵元果编著:《中国专利法的孕育与诞生》,知识产权出版社2003年版,第7页。

③ 同上。

的内战使得它的作用微乎其微。"①

5.5　1950年《保障发明权与专利权暂行条例》

《条例》部分保留了先前民国专利法的精神,同时引入了新的社会主义指导思想,对相当多数的发明不授予专利权或者政府以主动推广实施发明的权力。此《条例》非常简略,共计22条。《条例》中"发明权"与"专利权"并行,与"前苏联当时实行的发明人证书和专利证书的双轨制相似"。② 发明权人所享有主要权利是获得政府奖励和表明发明人身份的权利,除此之外,发明的采用与处理权属于国家③;专利权则与现在我们所说的专利权大致相当。④《条例》规定,对下列发明只能给予发明权,而不授予专利权:国防与军事领域的发明、关系公众福利须迅速推广的发明、国家机关及国有企事业单位的员工的职务发明、受国家机关与企事业单位委托所作出的发明等。⑤ 发明权或专利权的保护期限为3到15年,具体由中央主管机关酌定。⑥《条例》颁布后,政府还颁布了与之配套的《保障发明权与专利权暂行条例施行细则》,对一些操作性或程序性的问题做了具体规定。该《施行细则》对于前国民政府颁发的专利作如下变通规定:"在中央人民政府成立前,自国民党反动派政府取得的专利权尚未期满者,应于本细则公布之日起六个月内,重新申请审核。经审查合格后,得视作未满期专利权核发证书。"⑦

"该条例自公布之日起施行,至1963年11月国务院明令废止,历时共13年,先后批准了4项专利权和6项发明权。不过,自1957年以后就没有再批准专利权和发明权,该条例实际上自那时起就已经停止执行。"⑧在上述专利和发明中,值得一提的是著名的"侯氏制碱法"。依据天津碱厂(前身为侯氏工作的塘沽碱厂)的网页材料,"侯

---

① 张东刚、冯素杰:《近代中国知识产权制度的安排与变迁》,载《中国人民大学学报》2004年第3期,第88页。

② 汤宗舜:《专利法教程》,法律出版社1996年版,第22页。

③ 《保障发明权与专利权暂行条例》(1950)第6条:发明权人,除其发明之采用与处理权属于国家外,享有下列各项权利:(一)根据国家规定之奖励办法,领受奖金、奖章、奖状、勋章或荣誉学位。其办法另定之;(二)得将发明权作为遗产,继承此项遗产者,得领取奖金;(三)根据发明人之要求,经过中央主管机关批准后,得于发明物上冠以本人姓名或其他特殊名称。

④ 《保障发明权与专利权暂行条例》(1950)第7条 专利权人享有下列各种权利:(一)得以自己资本或招股经营企业,运用发明从事生产;(二)将专利权转让他人或对任何机关与个人发给采用发明许可证,取得报酬,其条件由专利权人与采用人以契约规定之;(三)非得专利权人许可,他人不得采用其发明;违犯者应依法赔偿专利权人之损失;(四)得将专利权作为遗产,继承此项遗产者,享有同样权利;(五)在专利期限内,专利权人(包括其继承人,下同)如未转让其专利,亦未发出采用发明许可证时,得申请中央主管机关核准将其专利权改为发明权。

⑤ 《保障发明权与专利权暂行条例》(1950)第8条。

⑥ 《保障发明权与专利权暂行条例》(1950)第9条。

⑦ 《保障发明权与专利权暂行条例 施行细则》(1950)第31条。此《细则》由中央人民政府政务院财政经济委员会于1950年10月19日颁布。

⑧ 汤宗舜:《专利法教程》,法律出版社1996年版,第21页;该4件专利都是1953年批准的,主题分别是"软硬性透明胶膜网线板""国产软木""地形测绘器""合成氨工艺"(侯氏制碱法)。参见赵元果编著:《中国专利法的孕育与诞生》,知识产权出版社2003年版,第10页。

氏制碱法"1949年1月17日就取得了专利证书(应该是依据《中华民国专利法》),中华人民共和国成立后,"侯氏制碱法"于1953年7月1日获得中央工商行政管理局发字第一号发明证书。①

新中国第一号发明证书:侯德榜及其制碱法

侯德榜(1890—1974),福建闽侯人。1912年从清华学校高等科毕业后赴美留学。先后在麻省理工学院、哥伦比亚大学学习化工专业,1921年获得制革博士学位。1921年回国后,担任中国第一家碱厂——塘沽永利碱厂的技师长(即总工程师)。当时盛行索尔维制碱法,由比利时人索尔维(Ernest Solvay 1838—1922)在1862年发明,以食盐、氨、二氧化碳为原料制取碳酸钠,又称氨碱法。1862年以后,英、法、德、美等国相继建立了大规模生产纯碱的工厂,并组织了索尔维公会,对会员以外的国家实行技术封锁。侯德榜经过反复摸索,成功地将合成氨工艺与氨碱工艺相结合,同时制造纯碱和氯化铵。"侯氏制碱法"很快为全世界所采用。②

图1.1 邮电部1990年为侯德榜发行的邮票图案

1963年《发明奖励条例》。"按照条例的规定,发明属于国家所有。全国所有单位(包括集体所有制单位)都可以利用它所需要的发明,而无须向发明人所在的单位付

---

① 参见王秉义、程海如:"'红三角'中国化学工业的骄傲",http://www.tjsoda.com/hsj/216/3-1.htm,2011年8月9日访问。

② 本段文字参考了史轩:《侯德榜:我的一切发明都属于祖国》,载《新清华》(清华大学校报)第1746期,2008年12月12日第四版,http://tsinghua.cuepa.cn/show_more.php?doc_id=119308,2011年8月9日访问。文中所附的图片同样来源于史轩文章的网络版。该图为邮电部1990年为侯德榜发行的邮票图案。图案主体是侯德榜肖像,背景则是侯氏制碱法的流程图与化学反应方程式。除此之外,还参考了"百度知道"和"百度百科"的"侯氏制碱法"词条,http://zhidao.baidu.com/question/6807080.html;http://baike.baidu.com/view/187856.htm,2011年8月9日访问。

给任何费用。这是一种'吃大锅饭'的平均主义办法,不利于发挥发明人所在单位继续进行发明创造的积极性,也不利于获奖发明的进一步开发利用。"①

5.6 1984年《中华人民共和国专利法》

20世纪70年代,中国在历经文革浩劫后,终于再一次有机会来认真考虑制定专利法。历史真的会让人扼腕长叹,在清政府授予第一件"专利"差不多一百年后,我们还在重复这百年前的争论。争论的焦点依然是"专利法是否只是保护外国人利益的工具"?此外,新的社会主义理念又为制定专利法设置了新的障碍——专利被视为私有财产权,是资本主义的东西。于是,专利法与"卖国主义""洋奴哲学""资本主义道路"等政治标签联系在一起。在专利法草案起草过程中,改革者与左派之间的思想斗争是不可避免的。幸运的是,这一次以邓小平为代表的改革派最终取得了胜利。

以下是中国专利法出台过程的大事记:

1978年,为了适应改革开放的需要,中央决定我国要建立专利制度并要求国家科委负责筹建工作。1978年12月,武衡率第一个考察专利工作的代表团考察了日本的专利制度。②

1979年1月31日《中美科学技术合作协定》签订,该协议第5条第一次提及知识产权:"执行本协定的具体协议可包括合作的题目、应遵循的程序、知识产权的处理、经费以及其他适当的事项"。

1979年3月19日专利法起草小组在国家科委常务副主任武衡办公室成立,由武衡直接领导。小组成员有中国人民大学郭寿康、北京大学段瑞林、中国社科院法学研究所夏淑华、中国贸促会胡明正、国家科委宋永林和赵元果、西安外语学院汤宗舜、国家科委科技情报所朱晋卿等8位成员。小组组长为宋永林。

1979年7月7日《中美贸易关系协定》签订,中方首次对外承诺要保护专利、版权和商标。这也成为国内推动立法的"借口"和动力。该《协定》第6条内容如下:

一、缔约双方承认在其贸易关系中有效保护专利、商标和版权的重要性。

二、缔约双方同意在互惠基础上,一方的法人和自然人可根据对方的法律和规章申请商标注册,并获得这些商标在对方领土内的专用权。

三、缔约双方同意应设法保证,根据各自的法律并适当考虑国际做法,给予对方的法人或自然人的专利和商标保护,应与对方给予自己的此类保护相适应。

四、缔约双方应允许和便利两国商号、公司和贸易组织所签订的合同中有关保护工业产权条款的执行,并应根据各自的法律,对未经授权使用此种权利而进行不公正的竞争活动加以限制。

---

① 汤宗舜:《专利法教程》,法律出版社1996年版,第23页。
② 赵元果:《纪念专利法起草小组成立30年》,载《知识产权报》2009年3月25日,http://www.sipo.gov.cn/sipo2008/mtjj/2009/200903/t20090324_447391.html,2011年8月9日访问。

五、缔约双方同意应采取适当措施,以保证根据各自的法律和规章并适当考虑国际做法,给予对方的法人或自然人的版权保护,应与对方给予自己的此类保护相适应。

1980年1月14日,国务院批准成立中国专利局成立。专利局为国务院直属局,由国家科委代管,时任国家科委副主任的武衡兼任局长。

1980年6月3日,中国正式加入《建立世界知识产权组织公约》。

1980年8月25日,原机械工业部一位副部长上书邓小平同志和国务院领导,对制定专利法提出不同意见。9月29日,当时专利局负责人宋永林起草了以赵石英和宋永林二人的名义写信给邓小平同志和国务院领导的信件,反驳了该不同意见。随后,依据邓小平的指示,于10月29—30日召开了由方毅副总理主持的有50位专家和领导参加的专利问题座谈会,听取双方意见。11月份,又召开了全国性的专利法讨论会。①

"1980年初在日内瓦由专利法起草小组的四位同志与WIPO的总干事和副总干事利用会议间隙和休息时间对专利法草案讨论了三十多个小时,他们提出许多意见。这次讨论对于我们能够制定一个比较好的、现代化的先进专利法,无疑起到重要作用。全国人大法制工作委员会的领导后来说,专利法是我国制定的法律中,最早与国际接轨而且接得比较好的一部法律。"②

1980年11月20—26日,国家科委和专利局在京召开了全国性的专利法讨论会,邀请了中央和地方各领域的专家和领导100余人参加,还有300余人列席。这大概是中国专利法立法史上最重要也耗时最长的研讨会了。当时,人民大学郭寿康教授在会议上预言:"到那个时候(2002年),经过一代人的努力奋斗,中华民族的子孙,完全可以、也应该在国际技术领域与技术发达国家进行一番较量了。"③

1981年3月7日专利法草案送请国务院审查。国务院在征求意见的过程中,有关部门又将过去提出过的不同意见提了出来,致使专利法草案的审查工作一度被搁置。

1982年2月和3月,当时专利局局长武衡两次上书国务院相关领导,呼吁领导尽快推动专利立法。武衡退休离任后,于1983年1月24日在《人民日报》上发表《建立专利制度,推动技术进步》的文章,宣传我国建立专利制度的必要性。

1984年3月12日,专利法草案第25稿在全国人大审议通过,新中国的第一部专利法诞生。《专利法》于1985年4月1日正式生效,当年受理专利申请14372件。

---

① 赵元果:《小平同志与中国专利制度的建立》(在《专利界纪念邓小平同志百年诞辰座谈会》上的发言)2004年8月20日,http://www.sipo.gov.cn/sipo/bgs/lzp/200605/t20060517_100007.htm,2011年8月9日访问。

② 同上。

③ 赵元果:《中国专利法的孕育与诞生》,知识产权出版社2003年版,第164页。

图 1.2　1984 年民众庆祝《专利法》诞生①

1984 年 4 月 1 日，中国现行《专利法》下第一件专利诞生。申请人胡国华："从那天下午起，我自带被褥，等了 3 天 3 夜后，迎来 1985 年 4 月 1 日。我顺利申请了中国专利第一号。"②

图 1.3　中国第一件专利的申请人胡国华和杨治贵

---

① 图 1.1 和图 1.2 照片来源于广州国智知识产权代理服务有限公司的网站标题为"中国专利事业发展回顾"的页面，作者不详，http://www.cniptn.com/news/detail.asp?parent=3&id=352，2011 年 8 月 9 日访问。
② 文字来源：李立、胡国华：《我拿到了中国专利第一号》，载《法制日报》2008 年 12 月 13 日；http://www.legaldaily.com.cn/bm/2008-12/13/content_1001083.htm，2011 年 8 月 9 日访问。

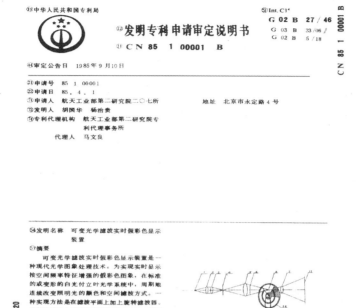

图1.4 中国第一件专利 CN85100001.0 "可变光学滤波实时假彩色显示装置"

第 2 章
客体审查

1 基本原理

一项智力成果要获得专利法保护,必须满足专利法所规定的一系列条件。首先,它必须落入专利法所界定的智力成果的范围内,即该成果应该是专利法立法者意图保护的技术方案。然后,它必须具备所谓的实用性、新颖性和创造性。除此之外,发明人还必须在申请中充分公开发明,使得熟练技术人员无须创造性劳动或过度实验就能够实施该发明。本书将逐一讨论这些要求。在本章中,我们关注上述第一个要求,即智力成果必须是专利法意义上的保护客体。这里重点介绍专利客体审查方面的四个问题:专利法上"技术"的一般含义、发明与科学发现的界限、发明与智力活动规则的区别、发明的"公序良俗"审查。

当然,需要特别说明,本书后续各章所说的专利,在没有特别说明的情况下,都是指中国专利法意义上的发明专利和实用新型专利,不包括外观设计。外观设计尽管也被视为专利保护的客体之一,但本质上更接近美学设计,而不是技术方案。在很多方面,外观设计的制度原则更接近版权法,而不是传统的专利法。

1.1 界定客体范围的方法

专利法基于可操作性、公共道德或产业政策的考虑,需要排除部分不宜保护的客体,比如文学艺术作品、科学发现、抽象理论、争议性的技术(比如某些生命技术、核技术等)。各国专利法大致从正面定义和反面排除两个方向努力明确专利法的保护范围。

正面定义是指专利法或判例法对保护客体范围进行大致的界定(定义),落入这一定义范围的原则上就是专利法的保护客体。比如,德国最高法院在一系列专利案件中对技术的概念进行阐述,典型的表述是"通过可控的自然力量进行系统操作(systematic action)实现明确预期的效果的方案具有技术性"[1]。深受德国影响的日本专利

---

[1] German Patent and Trademark Office,"The Concept Of 'Technical Invention'", Munich, 4 March 2002, p.2, available at http://lists.essential.org/pipermail/random-bits/2002-March/000791.html,2011年8月9日访问。

法也强调发明是利用自然法则的技术思想中具有一定创造高度的结果(东西)①,而所谓利用自然法则一般就是指利用自然力。② 美国、加拿大等普通法国家,则选择更具体的列举方式来界定专利法的保护客体,而不是依赖一个集中抽象的"技术方案"的定义。典型的条文是《美国专利法》第101条的规定,将专利法的保护客体分成"方法(process)、机器(machine)、制造物(manufacture)或组合物(composition of matter)"等几个类别。在进行客体审查时,专利局和法院所关注的就是该客体是否落入上述四个类别中的某一个或多个类别中。表面上看,这四个类别比抽象的技术方案的定义要更明确而具体,因而更具操作性。实际上,这一方法的优势也非常有限。因为,方法、机器等子类别本身内涵与外延也同样充满着不确定性。很多时候,判断一项发明是否是机器,并不比判断该方法是否是技术更容易。

反面排除是指专利法专门设置一些例外,明确某些处于模糊地带的客体不是专利法意义上的技术方案,或者即使是技术方案,但因具体的政策性目标而被明确排除。因此,要否定一项成果的专利客体属性,最简便的做法就是给它贴上"非技术方案"的标签;次之,承认它是技术方案,但强调它不幸落入专利法上的例外范畴从而无法成为专利法意义上的技术方案。国内有学者认为,"一般而言,专利法中不宜同时对'发明'作出正面定义和反面定义",否则"很难确保其分别界定的能够被授予专利权的主题范围和不能授予专利权的主题范围正好能够'无缝'地拼接在一起,使两者之间既无空隙,又无重叠"。③ 这一意见难以让人信服。一项发明既落入正面定义又落入反面定义时,逻辑结论就是被专利法排除,不存在逻辑上的缝隙。这是法律上处理一般条款和特殊条款的基本策略。

1.2 中国法下的客体范围

具体到中国《专利法》,该法第2条对专利法的保护客体(技术方案与外观设计)提供了一个相对明确的定义,即"发明是指对产品、方法或者其改进所提出的新的技术方案"。在实务中,中国专利局和法院基本接受德国式的策略,要求一项发明应当利用"自然规律""自然力"或"技术手段",解决技术问题,产生技术效果。比如,《专利审查指南》(2010)指出:"技术方案是对要解决的<u>技术问题</u>所采取的利用了自然规律的<u>技术手段</u>的集合。技术手段通常是由技术特征来体现的。"④

同时,《专利法》第5条及第25条又进一步明确了一系列的排除或例外。具体条文如下:

---

① 参见日本《专利法》第2条。日本学者认为这一定义参考了德国学者Kohler(Kohler, Lehrbuch des Ptentrechts, 1908, S.13)对发明的定义。参见〔日〕中山信弘:《工业所有权法(上)特许法》,日本弘文堂2000年版,第95—96页。
② 〔日〕中山信弘:《工业所有权法(上)特许法》,日本弘文堂2000年版,第98页。
③ 尹新天:《中国专利法详解》,知识产权出版社2011年版,第19页。
④ 《专利审查指南》(2010)第二部分第一章第二节。

《专利法》(2008)第5条：

对违反法律、社会公德或者妨害公共利益的发明创造，不授予专利权。

对违反法律、行政法规的规定获取或者利用遗传资源，并依赖该遗传资源完成的发明创造，不授予专利权。

《专利法》(2008)第25条：

对下列各项，不授予专利权：

（一）科学发现；

（二）智力活动的规则和方法；

（三）疾病的诊断和治疗方法；

（四）动物和植物品种；

（五）用原子核变换方法获得的物质；

（六）对平面印刷品的图案、色彩或者二者的结合作出的主要起标识作用的设计。

对前款第（四）项所列产品的生产方法，可以依照本法规定授予专利权。

2 发明的技术性判断

2.1 经验性的判断思路

面对千姿百态的智力成果，专利法上关于保护客体范围的法律语言的表达总是捉襟见肘。无论是概括性的"发明"定义，还是各项具体的"例外"或"排除"，操作层面的边界都可能显得模糊不清。比如，"发明"定义中的关键词是"产品""方法"和"技术方案"；第25条排除条款中的"发现"与"智力活动规则"；专利审查或司法实践在判断是否属于技术方案是强调它是否解决了"技术问题"、是否采用了"技术手段"等。在这些词语通常意义的核心地带，也许并不存在太大的争议。比如，我们大多不会怀疑机械类的有形产品、化学上的合成方法是专利法意义"产品"或"方法"，要解决的是"技术问题"。但是，一旦远离这些通常语义的核心地带，我们就会发现原本不是问题的问题，似乎都成了问题。比如，印刷物（比如书籍、车票、支票）算不算"产品"？计算机程序算法、商业经营的方法（商业方法）、游戏的方法算不算"方法"？在这些问题后面，有一个更基础的问题，即什么是"技术"？要知道，在技术哲学领域，甚至连定义技术的方法都存在争议[1]，更别说要找到一个为公众广泛接受的"技术"概念。更重要的是，即便有这样的"技术"定义，也没有理由相信它刚好符合专利法的立法目的，从而

---

[1] 比如，存在所谓的比喻的方法（Metaphorical Approach）、效果导向的方法（Effect-Oriented Approach）、规范的方法（Normative Approach）、自然主义的方法（Naturalistic Approach）的争议，参见 Klaus Kornwachs, A Formal Theory of Technology? Techné: Journal of the Society for Philosophy and Technology, Vol. 4, No. 1, (1998).

可以直接搬到专利法上。

在分析专利法的保护客体范围时,我们不得不时刻采取一种平衡的态度。一方面,要理解立法者不得不使用一些概括性的语言来定义专利法保护客体的范围,因此必须尊重概括性语言所具有的开放性,使之能够涵盖一些立法者未曾预见的发明,从而保证立法者激励技术创新的意图得到落实;另一方面,在文本背后,我们需要透彻理解立法者的各类政策性考虑,随时修正单纯的法律语言逻辑所得的结论,避免专利保护客体的无限制扩张。

在实务中,法院大多从机械时代形成关于发明的基本认知(比如,典型的机械类的机器或化学工艺)出发,小心谨慎地采用类比的方法将专利法的保护客体延伸到新出现的技术方案。举个例子,我们已经基本确信,一项传统的化工工艺是在利用技术手段解决技术问题,并且有所谓的技术效果。它是专利法意义上的技术,并无疑义。当一项新的生物工程的方法摆在我们眼前时,我们就很可能认为它与传统的化工方法类似,从而轻松地将它列入专利法保护客体的范围。类似地,带有计算机系统的橡胶硫化装置可能被认为与传统的机械装置类似。如果遇到比较激进的新技术,担心自己走得太远而引发较大的社会反弹,法院就可能放弃这种基于经验的类比方法,而将政策性选择的难题留给立法机构。比如,转基因高等生物、计算机程序算法、商业经营的方法、用于实施商业方法的计算机系统等等。在决定这些新技术客体是否应该属于专利法意义上的保护对象时,基于抽象定义的法律逻辑的力量在产业政策的权衡面前,常常显得非常有限。

到目前为止,通过抽象的技术定义来一劳永逸地消除专利保护客体方面的不确定性或者模糊性的努力,均告失败。在可预见的将来,估计也不会取得成功。在判断一项发明是否是在解决技术问题或是否具有技术效果时,我们难免要依赖自己在无数个案中逐步积累起来的经验或直觉。它不是十分可靠,但我们似乎没有更好的选择。

2.2 从产品到方法

以下内容摘自崔国斌《专利法上的抽象思想与具体技术——计算机程序算法的可专利性分析》(清华大学学报(哲社版)2005年第3期,第38—39页)一文:

> 今天人们大多当然地接受了专利法保护产品和方法两类发明客体的法律规则,却没有意识到专利法上的保护客体范围曾经经历了一个由具体、物理装置、产品向抽象方法逐步扩展的曲折过程。在专利法早期,人们意识中的发明似乎都是看得见、摸得着的机器、物质及其组合等,专利法仅仅保护有形的发明物理产品,不愿意保护所谓的步骤或者方法发明。比如在英国著名的《垄断法案》中,专利保护的对象仅仅限于制造物(manufacture)。美国早期的专利法也对方法发明持消极态度。尽管美国后来的专利法提到发明对象包括有用技艺(useful art)、制造物等,当时的法院则认为"所谓技艺……是运转的力。早期的案例认为一种技艺

的发明者仅仅是自然力的发现者,除非他发明了应用该自然力的装置"。透过美国最高法院早期的著名案例,我们可以看出当时法院所面对的社会对于方法发明有着明显的不安态度,因而发明人总是试图将抽象的方法发明表述为装置发明,从而避免发明被解释为一种抽象的思想。

英国、澳大利亚、美国均经历了将专利法保护对象从有形的人工制造物向无形的方法发明拓展的过程。在保护客体从有形装置或者制造物扩展到无形的方法之后,专利法就开始面对本文开头提到的新问题:如何防止科学理论、自然规则等抽象思想在"方法专利"的名义下被发明人所垄断?专利法在接受方法客体之后,很快就确定了一种经验性规则。在1795年的Boulton v. Bull案中英国法官Eyre指出,仅仅是原则不能获得专利保护,但是体现在有形物质(corporeal substances)中或者与之相联系,表现为操作步骤、产生效果的"原则"可以获得保护。Eyre法官还非常明确地指出,不仅新的物质或制造物可以获得专利,而且新的机械原理(mechanism)也可以获得专利保护。后来的King v. Wheeler案法院也接受了这一观点,认为英国专利法上的"制造物(manufactures)"可以延伸到单纯的方法上。这种方法是指利用已知的工具要素,作用于已知的物质上,最终产生其他已知的物质,但是使得这种物质更便宜或者生产更快或者质量更好等等。

通过上述代表性的判决意见,我们从中可以看出,专利法最初区分抽象的思想原则与具体方法发明的经验性标准就是看该方法发明是否与有形物质相关联、相互作用,产生有形的结果。美国最高法院在非常著名的Cochrane v. Deener案中更明确地表述了这一观点——"一种方法是指处理特定物质材料以产生预期结果的一种模式。它是一个行为,或者一系列行为,作用于客体,改变其状态或者将其变成另外的物体"。这一观点也为19世纪美国专利法经典作家所支持,比如Robinson教授指出,"一种方法或者流程,是指有形客体(physical Agent)对物体(physical object)进行的一个操作或者一系列动作,从而改变这一物体的特点或者状态"。1873年,另外一位同样有名的专利法专家在Curtis案中也有类似的表述:"专利法保护那些体现于物质中的新的和有用的结果,不包括艺术。组成我们地球的这些物质是人类为了满足自身需求所进行的创造性活动的作用对象。自然状态下的物质并没有被人们所控制。当人们通过体力或者其他力量改变物质的自然状态使得物体之间的关系发生变化时,人类对物质的控制关系得以建立。"

2.3 客体审查的整体论

以下内容摘自崔国斌《专利法上的抽象思想与具体技术——计算机程序算法的可专利性分析》(清华大学学报(哲社版)2005年第3期,第43—44页)一文:

所谓"整体论",是指在专利法上权利要求必须作为一个整体来对待。这是专利法上的一项基本原则。专利法在新颖性与创造性审查、侵权认定等场合均强调这一规则。在整体论看来,绝大多数的发明都是一系列已有要素组合的结果(比如一台机器、一个流程),我们不能单独通过各个要素是否具备专利性来决定该发明是否具备专利性。具体到客体审查环节,我们不能分割发明方案的各个要素,然后考虑各个要素特征单独是否应该成为专利法意义上的客体,也不能刻意忽略掉部分已有要素或者非技术性要素之后再考虑剩下的要素是否构成一个发明方案,而应该综合发明的各个要素从整体上看这种结合是否具备了所谓的"机器、制造物、物质、方法"的构成要件。也就是说,"整体论"认为在客体审查环节人为地分割发明的各个要素、区分所谓的新的要素还是已有要素、区分技术性要素和非技术要素不仅没有必要,而且是错误的。

美国最高法院在1981年的Diamond v. Diehr案中接受整体论的指导,历史性地为软件专利保护打开了大门。此后,美国联邦法院开始在整体论的影响下,大大拓宽了计算机程序专利的保护范围。在对计算机程序相关发明进行客体审查时,整体论要求法院将程序算法步骤和具体的物理步骤结合起来,从整体上考虑该方法是否构成专利法意义上的技术方案。

在计算机程序相关发明的客体审查上,整体论在一定程度上突破了传统的"思维步骤说"、两步测试法等学说规则的束缚。[①] 它强调不应人为将相关技术方案分割成算法要素与传统的物理要素,也不能对程序算法要素进行歧视、排斥。但是,整体论的理论突破是有限的,法院在整体论中强调程序算法应该与其他要素一起被综合对待,却没有直接承认程序算法本身就是专利法意义上的方法发明,从而可以直接成为专利法上的客体。美国法院从1981年到1994年,甚至到现在似乎都还在维持着这一认识。在中国,这也就是大家所熟悉的软件与硬件相结合的保护策略。因此,专利法上的现行的整体论实际上还是回避了单纯的计算机程序算法本身的客体地位问题,而是在综合其他要素进行综合判断的名义下,继续依赖发明中程序算法之外的物理步骤来确保专利法客体审查的正确性。也就是说,传统观念中对于方法发明的物质状态改变的要求,依然在顽强地左右着计算机程序发明的客体审查。

整体论也有自身的局限性,它没有能够说清楚诉争客体的各个部件或组成部分之间应该具备何种关联性。在抽象思想或思维步骤与物理步骤(或物理装置)组合在一起时,依据整体论很难否定该组合作为一个整体的专利法客体属性。比如,在已有的杯子上画匹马后,"杯子+马"整体上依然是一个可以当作杯子使用的产品,如何否认它是专利法上的保护客体?本书倾向于认为,在整体论的基础上,还是要引入额外的

[①] 关于两步测试法的介绍,参见下文第4.8.5节的说明。

分析步骤才能判断该产品是否为专利保护客体。比如，相对现有技术而言，新增的限制特征是否对发明方案整体的技术效果（功能）有直接贡献？以上面的"杯子+马"为例，杯子上画的马，对于杯子的技术效果（盛水）就没有任何贡献。因此，"杯子+马"就不能在整体上被视为一个技术方案。似乎只有这样，我们才能避免一些明显违反直觉的审查结果出现。

当然，整体论审查的一个基本前提是我们能够判断一项发明整体上所要解决的问题或实现的效果是否是技术性的，然后才是要看新增的特征是否对于实现该技术效果有贡献。在美国法院看来，直接判断一项发明是否是技术的思路不可取。比如，在In re Bilski(545 F.3d 943(2008))案中，美国联邦巡回上诉法院指出：

> 我们接着看一些法庭之友意见敦促我们采用的所谓"技术方案测试法"（"technological arts test"）。我们感觉这一测试的基本框架不够清晰，因为"技术方案"或"技术"的概念不仅模糊而且不断变化。如委员会所正确指出的那样，最高法院、本院和本院前身从未明确表示接受此类测试法。因此，我们不愿接受这一测试法，继续依靠最高法院所说的"机器或转变"测试法。

其实，如前所述，美国法院在决定一项发明是否是机器、是否是工艺流程或方法时，也被迫要做此类直觉性的判断。只是法院可能并没有意识到，这一判断过程与抽象地认定一项发明是否是技术，并无本质差别。

胡恩厚 v. 专利复审委员会

北京中院(1993)中经字第422号

别小壮、孙建、罗东川法官：

......

经审理查明，原告胡恩厚于1988年2月13日向中国专利局提出了名称为"HEH图书目录卡编印法"的发明专利申请，申请号为88100937。经专利局初步审查，该发明专利申请于1989年8月30日公布。胡恩厚于1988年12月7日向专利局提交了权利要求书的最终修改文本。其内容为①：

1. 本图书目录卡是利用图书版权页复印或印刷的产品。
2. 这种图书目录卡可使用任何一种复印机或印刷机印制出产品。
3. 这种图书目录卡是可使用任何一种能复印的纸或一般的纸所制成的卡片。市场可供应强度大的复印纸或一般的纸，两面印字，可不折叠。
4. 随着目录卡的发明使用，版权页必在原来的基础上适应这种编印法加工制造而有新的排版版面，增添类号、登记号等项目。

---

① 作者说明：本权利要求书极度不规范，请勿模仿。

5. 版权页版面面积适合图书目录卡面积的大小,其内容介绍和版权页项目在同一页上。

6. 在印刷图书时可利用版权页排字版面,印制本图书目录卡。

7. 本图书目录卡可印刷一张或同时印刷数张,加工制成。

中国专利局经实质审查认为,胡恩厚申请的发明与对比文件"中国专利局分类文档卡"(国内成果)实物复制件相比没有创造性,都是使用复印机或印刷机在某种纸上复印或印刷的有名称、姓名、类号、登记号、时间、内容简介等内容的具有检索功能的卡片产品。其不同之处仅在于所印内容不同。但这一不同之处又属于《专利法》第25条规定的智力活动规则和方法的范围。1990年9月26日,专利局以上述理由驳回了胡恩厚的申请。

胡恩厚不服专利局驳回决定,向专利复审委员会提出复审请求。专利复审委员会经复审认为,胡恩厚在复审程序中提交的权利要求书的内容可以划分为如下特征: A. 有图书版权页的模式。B. 有图书目录卡的规格、结构及其大小、厚薄尺寸形状。C. 集这两类要素构成的技术方案。D. 依据统一标准化的图书版权页。E. 印刷或复印之方法,加工制成的产品。胡恩厚申请的发明所要求保护的主题是由上述5个特征组成的。特征A、C、D是胡恩厚发明申请的核心内容,但其本质是非技术性的,不属于《专利法实施细则》第2条第1款所称的技术方案。特征B、E虽具有技术性的特征,但属于普通的公知技术,这已为胡恩厚承认,亦被对比文件证实。因此,从整体上胡恩厚的发明申请不能予以审定,不能授予专利权。

在庭审过程中,被告专利复审委员会进一步论证了胡恩厚申请的发明不属于《专利法》意义上的发明。胡恩厚坚持认为其申请的发明符合《专利法》及《专利法实施细则》的规定,是一项具有创造性的新的技术方案。

本院认为,本案事实清楚,原、被告也没有争议。双方争执的焦点在于被告专利复审委员会在复审决定中适用《专利法实施细则》第2条第1款是否正确,即原告的"图书目录卡"发明专利申请是否构成《专利法》意义上的发明。《专利法实施细则》规定,"《专利法》所称发明,是指对产品、方法或者其改进所提出的新的技术方案"。这就是说《专利法》意义上的发明,必须是一项有关产品或方法的新的技术方案。它必须具有技术性的特征,即起码是利用自然规律的技术方案,才可能属于《专利法》规定的能够申请专利的范围。从1992年1月4日胡恩厚在复审程序中向专利复审委员会提交的经第二次修改的权利要求书的内容看,该发明申请所要保护的核心是利用图书版权页制作图书目录卡的方法。实质上,这种方法仅是图书馆图书目录卡现有制作方法的改进。该方法除使用现有公知技术外,并未使用自然规律和自然力,因而没有属于《专利法》意义上的发明所要求的技术特征的内容。因此,该发明申请不具有《专利法》及《专利法实施细则》规定的发明的涵义,不应授予发明专利权。

附件：

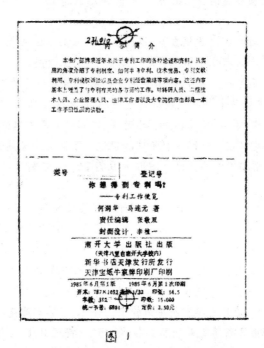

图 2.1　胡恩厚的发明（申请号：CN88100937.7）示意图

思考问题：

（1）在本案中，为什么利用纸张不被视为利用自然力或自然规律呢？究竟怎样才算是"利用自然力"？

（2）法院认为 A、B、C、D、E 五个特征中，A、C、D 是非技术性的，而 B、E 是技术性的。为什么技术性和非技术性的组合在一起，会导致整体方案是非技术性的？符合逻辑吗？

（3）具有防伪设计的支票、车票等，是专利法意义上的保护客体吗？与本案"技术"方案是否有差别？

（4）这里法院采用的审查方法与后文第 2.4.3 节所述的新颖点规则是否相同？对比后文第 2.4.2 节关于整体论的论述，你如何评价胡恩厚案和《专利审查指南》中的方法？

2.4　新颖点规则批判

以下内容摘自崔国斌《专利法上的抽象思想与具体技术——计算机程序算法的可专利性分析》（清华大学学报（哲社版）2005 年第 3 期，第 41—42 页）一文：

所谓"新颖点规则"是指这样的一种专利客体审查方法：在专利申请的方案进行专利客体审查时，将申请的技术方案分割为若干要素，对比在先技术，看在先技术中是否已经存在该分割后的各个要素，然后单独挑出申请方案中那些未被在先技术揭示的新颖点(要素),接着看该新颖点(要素)本身是否属于专利法意义上的保护客体。如果新颖点本身属于专利法意义上的客体,则该申请通过客体审查;如果不是,则该申请技术方案整体上也不是专利法上的保护客体。

"新颖点规则"下的专利客体审查方法显然违背专利审查的客体审查与新颖性审查两个环节的分工习惯:专利法通常先审查一项申请是否构成专利法意义上的客体,然后再依据专门条款审查新颖性、实用性、创造性、充分公开等条件。在进行第一环节的客体审查时,我们假设这些发明方案是新颖的、实用的并具有创造性。也就是说,即使一项方法发明的各个步骤与在先的专利方法一模一样,从理论上讲依然可以通过"是否为客体"的审查。

"新颖点规则"的错误之处不仅在审查环节分工上,而且在于其所采用的"分割要素寻找新颖点"的方法本身是错误的……这里仅仅举一些案例加以说明。如果按照新颖点规则,In re Miller 案中带有刻度标尺的水杯,In re JONES 中的带有明暗图案的圆盘编码装置就可能无法获得保护。在杯子上印上刻度线,在圆盘上设置明暗区域,似乎仅仅是在先的装置上增加图案——也就是说同在先技术相比,唯一的区别就是增加了不受专利法保护的线条或者色块。因为刻度的存在,的确使得该杯子具备了重要的度量功能;因为圆盘明暗区域的存在,使得装置具备了编码功能,这些似乎都属于实实在在的技术效果。在这些案例面前,新颖点规则无法自圆其说,因此它被淘汰的命运就不可避免了。

美国法院在 1969 年的 In re Bernhart 案中明确否定了新颖点规则的正确性。在后来的一系列案子中,美国法院反复批判所谓的"新颖点规则"。

2.5 印刷物规则

印刷物式的机器部件:计算机程序磁盘的专利客体地位

崔国斌　未刊文稿片断(脚注删除)

所谓印刷物规则(Printed-Matter Doctrine),是专利法客体审查方面的传统规则之一。依据这一规则,文字、线条、图案的编排结果并非专利法意义上的客体(机器、制造物和物质等),如果"发明"的方案仅仅是将这些信息印制在物质载体上,而信息同载体之间不存在结构性或功能性的联系,则这类"发明"不是专利法意义上的客体。显然,印刷物规则并不是当然地否定所有印刷物类的发明的专利性,而是要求发明必须对印刷物的新的物理特性加以利用。所谓功能性、结构性的联系,一般的理解是要求内容利用了载体的物理属性——与载体的大小、种类有关,或者传达载体的有关信息,从而使得该载体与内容的结合物具备了新的功能。这里需要说明的是,本文所说的专利保护,不包括外观设计类的保护。外观设计专利所保护的常常是一种美学上的创作成果,而不是通常意义上的技术贡献。

印刷物规则起源于专利法上的基本原则:抽象思想、思维理论、商业规则不是专利法保护的客体。文学、艺术、社会、宗教等方面的创作成果和知识思想,属于抽象思想、思维理论这一类别,不能得到专利法的保护。记录有这些抽象内容的载体(书本、唱片、磁盘和光盘等印刷物品)虽然具备了专利法上制造物的一般物理形态,也不能视为专利法意义上的制造物。否则,最不熟练的权利要求撰写人员也会利用这一简单的规避策略:他们可以轻而易举地将抽象的内容(比如勾股定理)同载体联系起来,作为一种制造物寻求专利保护,从而架空"专利法不保护抽象思想"的基本原则。

在计算机技术兴起之前,印刷物类客体在专利法上虽然不断出现,但发生争议的发明的社会影响力有限,印刷物规则没有成为人们关注的焦点。尽管如此,印刷物规则还是以各种形式存在于各国的法规或司法判例中。美国专利法并没有直接规定印刷物例外,但是美国法院在过去一系列专利案例中明确支持印刷物规则的适用。美国专利局的审查指南中直接基于印刷物规则作出一些除外性规定。欧洲也不例外,在《欧洲专利公约》(EPC)的第52条关于专利保护客体的规定中,明确将美学创造(Aesthetic Creations)和信息陈述(Presentation of Information)排除在外[中国《专利法》2008年修正时,在第25条第1款增加了一项排除规则,即第6项"对平面印刷品的图案、色彩或者二者的结合作出的主要起标识作用的设计",不授予专利权。这是我国《专利法》第一次明确规定印刷物规则。当然,在此之前,专利局和法院在发明和实用新型专利领域实际上接受这一规则]。

计算机程序从其创作的过程、创作完成后的表现(源代码或者目标代码),具有典型的"作品"的特征。程序的编写、修改、复制、传输等,与文字作品相比没有显著差别。因此,带有计算机程序的磁盘从形式上与CD盘、电子图书甚至传统的书本并没有明显的差别。所谓磁盘权利要求,就自然被视为是将不具备技术性的"内容"与载体结合起来,使抽象程序或者程序算法披上物质载体的外衣,规避法律限制的一种手段。因此,美国1988年版的《审查指南》指出,没有和特殊目的的计算机联系起来的计算机指令序列,并不是专利法意义上的机器操作方法,仅仅是思想、抽象的概念或者是印刷物的集合,不能成为专利法的保护客体。[美国后来放弃了这一原则,接受磁盘权利要求,参见下一节]。中国专利局现在的审查指南中基本延续了这一思想:"发明专利申请的主题名称为一种存储计算机程序的计算机可读存储介质,但是该计算机可读存储介质本身的物理特性没有发生任何变化,申请主题的实质是记录在该计算机可读存储介质上的计算机程序本身。由于计算机程序本身不给予专利保护,所以本发明不属于可给予专利保护的客体。"

《专利审查指南》(2010)对于印刷物规则的具体阐述如下:"产品的形状以及表面的图案、色彩或者其结合的新方案,没有解决技术问题的,不属于实用新型专利保护的客体。产品表面的文字、符号、图表或者其结合的新方案,不属于实用新型专利保护的客体。例如:仅改变按键表面文字、符号的计算机或手机键盘;以十二生肖形状为装饰的开罐刀;仅以表面图案设计为区别特征的棋类、牌类,如古诗扑克等。"①

---

① 《专利审查指南》(2010)第一部分第二章 实用新型专利申请的初步审查,第56—57页。

下面是一个与印刷物相关的案例。阅读案例之后,想一想,其中的"发明"与在冰箱门上留下特定的方框用于张贴装饰画的方法或产品发明,有什么差别吗?二者均不是专利法上的保护客体吗?为什么?

杨财铸 v. 专利复审委员会

北京高院(2008)高行终字第 89 号

张冰、莎日娜、钟鸣法官:

……

杨财铸于 2002 年 9 月 6 日向国家知识产权局专利局申请了名称为"21 世纪版教学用书"的实用新型专利(即本申请),申请号为 02252327.8[本案诉争的焦点是发明是否属实用新型客体。权利要求 1 内容如下]:

"1. 一种为中华人民共和国义务教育事业筹集资金向全国学生低价甚至免费提供教科书的新型纸纸质工具《21sj—教学用书》,所述的教学用书包括① 中外文字典词典之类的辞书,② 从小学、中学直到大中专含本科研究生、硕士博士、博士后,及电大、成人中高级教育的各阶段、各年级、各学科的教科书以及与之相配套的教学大纲、课程标准、教学参考书等教师用书,所述教学用书由现行教学用书和印有广告信息板块的纸张书页构成,其特征在于:把只印有教学板块的现行教学用书和另一产品即印有广告信息板块的纸张书页结合起来,在于把这两种性质、功能和效果完全不同的产品结合后能够取得为中华人民共和国义务教育事业筹集资金向全国学生低价甚至免费提供教科书的全新的功能和效果。

……

本院认为,专利法第二条第二款规定:专利法所称实用新型,是指对产品的形状、构造或者其结合所提出的适于实用的新的技术方案。该规定中的"其结合"应理解为产品和产品的结合。但在本案中,不论是只印有教学板块的纸张书页,还是只印有广告信息板块的纸张书页,或者是兼印有教学信息板块和广告信息板块的纸张书页,它们均属于书籍的封面、封底或者内页,"广告信息板块"或者是"教学板块",实质上是用于表达封面、封底或者内页上印制的内容,因此无论是将印有何种内容的纸张书页进行组合,相对于现有的教学用书而言都只是部分或者全部改变了封面、封底和内页上的印制内容,并没有使封面、封底、内页、书轴、书轴与封面封底和内页之间的连接件的形状、构造或者其结合发生变化,因此不能称之为"是对产品的形状、构造或者其结合所提出的适于实用的新的技术方案"。上诉人认为本申请是把传统的现行教学用书与印有广告信息板块的纸张书页这一广告产品结合而成的新型产品,是一种新的技术方案,系对《专利法实施细则》第 2 条第 2 款规定理解有误……驳回上诉,维持原判。

思考问题:

假如申请人申请的是发明专利而不是实用新型专利,结论是一样的吗?

3 科学发现

"发现是对自然界存在的作用机理、事物特点或现象的揭示;发明则是应用这些知识以满足社会需要。"[①]通常认为,所谓的科学发现包括:自然物质、自然现象、科学规律等。科学发现不能获得专利保护,已经作为一项公理性规则被广泛接受。[②]

3.1 科学发现排除规则概述

3.1.1 排除的理由

专利法为什么拒绝对科学发现提供保护?到目前为止,还没有一个令人完全信服的答案。可能的解释大致有如下几种:

首先,专利法区别对待"发现"和"发明",很大程度上是观念性的。人们普遍认为科学发现所揭示的对象,不是人类创造的结果,而是自然世界所固有的事物。在发现的过程中,人根本就不是创造者。这一解释对于那些自然界存在的动植物、矿物质等发现,具有直觉性的说服力。在专利法将保护客体从有形的产品延伸到无形的方法之后[③],这一解释就不再显得有说服力,因为自然规律毕竟不像动植物、矿物质那样摆在人们的眼皮底下。对这些抽象的自然规律的揭示,究竟是人们从自然界中发现的,还是人们发明的?这已经涉及人类在哲学层面的高深讨论,争议几乎是无法消除的。专利法在计算机程序算法的客体属性方面的争论,也多少与此有关。

其次,专利法将科学发现排除,可能有政策性的考虑。科学发现作为基础研究的一部分,对科技进步有着非常重要的影响。重要的科学发现常常为技术创新带来革命性的进步。授予这些发现以专利权,可能会过度地妨碍技术进步。或许,正是因为很多科学发现极其重要,专利法经过利益权衡后采取完全实用主义的做法——拒绝对其提供保护,而不一定是所有发现都是因为其本身固有的属性而导致其不适合专利保护。不过,并非所有的发现对于科技进步都具有基础性的作用;也非所有的发明都不具有基础性作用。因此,将区分发现和发明的要素作为决定客体是否应该获得专利保护的判断标准,可能并不总是能够很好地实现上述政策性目标。

最后,专利法不保护科学发现,还可能是因为对发现进行保护,不具操作性。保护现有的自然物质,可能会导致专利权和自然物质的所有权发生冲突。比如,自然物质上的专利权可能被权利人用来干预公众销售或使用他们在自己地盘上发现并获取的自然物质。很多科学发现根本就不是操作性的技术方案,其保护的边界并不能明确确

---

① W. R. Cornish, Intellectual Property, Sweet & Maxwell, 1999, p.207.
② 专利法将下列排除,作为一种公理而接受:Principles, laws of Nature, mental processes, intellectual concepts, ideas, natural phenomena, mathematical formulae, methods of calculation, fundamental truths, original causes, motives, and the Pythagorean theorem (In re Bergy, 596 F.2d 952 (1979)).
③ 关于专利客体从产品延伸到方法的介绍,参见崔国斌:《专利法上的抽象思想与具体技术——计算机程序算法的可专利性分析》,载《清华大学学报(哲社版)》2005年第3期,第38—39页。

定。比如,牛顿重力定律,内容虽然很清楚,但是谁能说清楚哪些发明是在利用该定律呢?① 要知道,在牛顿之前,苹果就在往地上落。对这样的发现进行保护,无法有效地确定其权利的法律边界。

3.1.2 发明与发现的界限

专利法上,自然物质的提取物、分离物(包括基因和 DNA 片段)以及人工培育的动植物新品种的可专利性问题,是科学发现与发明的争议的集中体现。从自然物质向人造物的过渡过程中,并无截然界限,只有人工干预程度的分别。矿石从地底下破碎被挖掘后,依然被认为是自然物。但是,如果进一步被琢磨成玉器,就成了人造物。自然状态的棉花被纺成纱线,则成人造物。织成布料后,那就更是如此了。争议客体是否与自然物有显著的差异,或者说争议客体上的人工干预程度是否足够,显然也是一项政策性的决定,与专利法区分发现与发明的立法目的密切相关。不仅如此,一项发明与自然物之间是否存在显著的差异,还会因为技术的进步而发生变化。技术进步之后,熟练技术人员可能会自觉或不自觉地忽略某些原本存在的差异。这在后文 Myriad 案中有很好的体现。分离基因在几十年前可能被认为一项了不起的成就,而今天可能被认为与树上剪下的一片叶子一样平淡无奇。

典型案例可以参考 Parke-Davis & Co. v. H. K. Mulford & Co., 189 F. 95 (S.D. N.Y. 1911) affirmed 196 F. 496 (2d Cir. 1912)。发明人从肾上腺中提取肾上腺素(adrenalin)。该案争议的焦点是此类发明的内容究竟是否为一项新的物质发明。

"科学发现"的审查
《专利审查指南》(2010) 第二部分

第一章、第十章(摘录)

第一章 不授予专利权的申请

……

4.1 科学发现

科学发现,是指对自然界中客观存在的物质、现象、变化过程及其特性和规律的揭示。科学理论是对自然界认识的总结,是更为广义的发现。它们都属于人们认识的延伸。这些被认识的物质、现象、过程、特性和规律不同于改造客观世界的技术方案,不是专利法意义上的发明创造,因此不能被授予专利权。例如,发现卤化银在光照下有感光特性,这种发现不能被授予专利权,但是根据这种发现制造出的感光胶片以及此感光胶片的制造方法则可以被授予专利权。又如,从自然界找到一种以前未知的以天然形态存在的物质,仅仅是一种发现,不能被授予专利权(关于首次从自然界分离或提

---

① 比如,Posner 指出,一个思想(idea)不具有物理的外在形式。随着时间的流逝,越来越难以确定某一产品中是否体现了特定的思想。对于那些有多种形式应用的基本思想(basic idea),在产品中确认它的存在也是很困难的。他认为这是一个财产权(客体)内容因财产权制度成本而受限的例子。Richard A. Posner, Economics Analysis of Law, China Social Sciences Publishing House, 1999, p.39.

应当注意,发明和发现虽有本质不同,但两者关系密切。通常,很多发明是建立在发现的基础之上的,进而发明又促进了发现。发明与发现的这种密切关系在化学物质的"用途发明"上表现最为突出,当发现某种化学物质的特殊性质之后,利用这种性质的"用途发明"则应运而生。

......

第十章　关于化学领域发明专利申请审查的若干规定

......

2　不授予专利权的化学发明专利申请

2.1　天然物质

人们从自然界找到以天然形态存在的物质,仅仅是一种发现,属于专利法第二十五条第一款第(一)项规定的"科学发现",不能被授予专利权。但是,如果是首次从自然界分离或提取出来的物质,其结构、形态或者其他物理化学参数是现有技术中不曾认识的,并能被确切地表征,且在产业上有利用价值,则该物质本身以及取得该物质的方法均可依法被授予专利权。

......

9　生物技术领域发明专利申请的审查

......

9.1.2　依据专利法第二十五条对要求保护的客体的审查

9.1.2.1　微生物

微生物包括:细菌、放线菌、真菌、病毒、原生动物、藻类等。由于微生物既不属于动物,也不属于植物的范畴,因而微生物不属于专利法第二十五条第一款第(四)项所列的情况。

但是未经人类的任何技术处理而存在于自然界的微生物由于属于科学发现,所以不能被授予专利权。只有当微生物经过分离成为纯培养物,并且具有特定的工业用途时,微生物本身才属于可给予专利保护的客体。

9.1.2.2　基因或 DNA 片段

无论是基因或是 DNA 片段,其实质是一种化学物质。这里所述的基因或 DNA 片段包括从微生物、植物、动物或人体分离获得的,以及通过其他手段制备得到的。

正如本章第2.1节所述,人们从自然界找到以天然形态存在的基因或 DNA 片段,仅仅是一种发现,属于专利法第二十五条第一款第(一)项规定的"科学发现",不能被授予专利权。但是,如果是首次从自然界分离或提取出来的基因或 DNA 片段,其碱基序列是现有技术中不曾记载的,并能被确切地表征,且在产业上有利用价值,则该基因或 DNA 片段本身及其得到方法均属于可给予专利保护的客体。

9.1.2.3　动物和植物个体及其组成部分

动物的胚胎干细胞、动物个体及其各个形成和发育阶段例如生殖细胞、受精卵、胚胎等,属于本部分第一章第4.4节所述的"动物品种"的范畴,根据专利法第二十五条第一款第(四)项规定,不能被授予专利权。

动物的体细胞以及动物组织和器官(除胚胎以外)不符合本部分第一章第4.4节所述的"动物"的定义,因此不属于专利法第二十五条第一款第(四)项规定的范畴。

可以借助光合作用,以水、二氧化碳和无机盐等无机物合成碳水化合物、蛋白质来维系生存的植物的单个植株及其繁殖材料(如种子等),属于本部分第一章第4.4节所述的"植物品种"的范畴,根据专利法第二十五条第一款第(四)项规定,不能被授予专利权。

植物的细胞、组织和器官如果不具有上述特性,则其不能被认为是"植物品种",因此不属于专利法第二十五条第一款第(四)项规定的范畴。

9.1.2.4 转基因动物和植物

转基因动物或植物是通过基因工程的重组DNA技术等生物学方法得到的动物或植物。其本身仍然属于本部分第一章第4.4节定义的"动物品种"或"植物品种"的范畴,根据专利法第二十五条第一款第(四)项规定,不能被授予专利权。

3.1.3 "自然界"等于"现有技术领域"?

中国《专利审查指南》第二部分 实质审查 第十章 第2.1节 天然物质:

> 人们从自然界找到以天然形态存在的物质,仅仅是一种发现,属于专利法第二十五条第一款第(一)项规定的"科学发现",不能授予专利权。但是,如果是首次从自然界分离或提取出来的物质,其结构、形态或者其他物理化学参数是现有技术中不曾认识的,并能被确切地表征,且在产业上有利用价值,则该物质本身以及取得该物质的方法均可依法授予专利权。

上述表述中,有一个不起眼的概念替换:自然状态的物质存在于"自然界",分离或提取物不存在于"现有技术"领域。自然界是否就等于专利法意义上的现有技术领域呢?在自然界中存在但没有被人类发现和认识的物质,与人类将要发明的新物质,不都处在人类所认识的现有技术的范围之外吗?你如何评论下述论点:

知识产权法保护的对象正是处于抽象知识世界内的知识、技术方案。我们判断一个新的知识、技术方案是否应该获得保护,标准应该是在这一抽象的知识世界里是否存在与该技术方案相同或者类似的技术方案,而不是去探究在客观的物质世界中是否已经存在该技术方案所对应的物质实体。借用美国最高法院法官Douglas的话——"对人类贡献最大的那些发明是那些向外拓展化学、物理学等前沿的发明"[1],我们可以说知识产权法努力拓展的是抽象的知识世界的边界和内容。客观世界是否存在某一物质,并不能决定我们的知识世界中是否存在关于该物质的知识、概念。抛开发明或者发现的过程本身,从拓展知识边界的角度来看,一种自然界不存在的物种的制造者和一种野生植物的发现者都是通过自己的努力在拓宽人类知识世界的边界。在二者作出贡献之前,不存在的物种与未被人类感知的野生植物

---

[1] A. & P. Tea Co. v. Supermarket Corp., 340 U.S. 147, 154, (1950).

对人类的知识世界而言,同样没有意义。从社会功利的角度出发,二者的贡献同样没有任何差别——都是让人们获得了一种从未体验过的物质概念,这种贡献都是从无到有的创造。①

Robert Nozick 也曾经主张植物新品种的发现者可以主张对该品种的财产权:"他(指发现者)并没有让他人的处境变得更糟。如果他没有偶然发现该东西,其他人不会拥有它。但是,随着时间的推移,其他人偶然发现该东西的可能性随之增加。基于这一事实,可能可以对他的财产权给予限制,这样其他人就不会比他本来的处境更糟糕。"②

现在广大发展中国家对生物多样性资源提出各种各样的控制要求,其中相当部分要求相当于在现存生物资源上直接设置一种控制权。联系上述发明与发现的区分观念,考虑能否将发展中国家所控制的生物资源直接视为相关主体的"发明"?(可以参考崔国斌:《基因技术的专利保护与利益分享》,载郑成思主编:《知识产权文丛》第三卷,中国政法大学出版社 2000 年版,第 240—344 页)。

3.1.4　数学规则

数学规则(比如算法)本身是发现还是发明,也是一个争议性的议题。柏拉图学派(Platonists)认为,数学家只是在发现已有的自然规律。另外一些人则认为数学算法只是一种形式游戏,由数学家按照数学规律去创造。你如何看待这一问题?答案或许并不对专利法产生直接影响——数学规则本身被排除出专利法保护范围,但它影响人们对专利法上方法发明的认识。

3.2　生物技术

3.2.1　生物技术的专利保护概述

《专利法》第 25 条明确将动物植物品种排除出专利法的保护范围。植物新品种可以依据特殊立法——《植物新品种保护条例》获得保护,而动物新品种则没有特殊立法保护,在极端的情况下,发明人或许可以利用《反不正当竞争法》的原则条款阻止竞争对手的不正当竞争行为。依据《专利审查指南》,所谓动物品种,包括动物的胚胎干细胞、动物个体及其各个形成和发育阶段例如生殖细胞、受精卵、胚胎等。动物的体细胞以及动物组织和器官(除胚胎以外)则不符这一定义,不视为动物品种。植物品种是指可以借助光合作用,以水、二氧化碳和无机盐等无机物合成碳水化合物、蛋白质来维系生存的植物的单个植株及其繁殖材料(如种子等)。单个的转基因动物或植物是通过基因工程的重组 DNA 技术等生物学方法得到的动物或植物,其本身属于动物品种或植物品种。植物的细胞、组织和器官如果不具有上述特征,则不被视为植物品种。③

---

① 崔国斌:《知识产权与文化及生物多样性》,北京大学 2002 年博士学位论文(未刊稿)。
② Robert Nozick, Anarchy, State and Utopia 181 (1974), cited in Robert Mergers etc., IP in the New Technological Age, pp.129-130.
③ 《专利审查指南》(2010)第二部分第十章第 9.1.2 节。

专利法之所以将动植物排除出保护范围,并非因为它们不是一般意义上的技术方案,而是因为其他多方面的原因:其一,动植物类发明,专利法上的典型客体——机械类的发明有很大的差别,从一开始就有它们究竟是专利法上的发明还是发现的争议,专利法的立法者没有自然而然地接受这些客体;其二,专利法上的书面描述要求,对于动植物发明人而言,是一个比较难以满足的要求,当初的立法者并不愿意在专利法的框架下提供变通的制度安排;其三,立法者可能认为专利法的保护力度过强,因而选择替代性的特殊保护立法,即植物新品种保护的单独立法。当然,这些理由可能任意一项都不是决定性的,而是综合起来影响了立法者的选择。

除了动植物新品种以外,其他类型的生物技术发明获得产品或方法专利并无实质性障碍。比如,人工改造的微生物、人工分离的基因序列和 DNA 片段、动植物新品种的育种方法等,都可以获得专利保护。

专利法上受保护的微生物包括人工改造过的细菌、放线菌、真菌、病毒、原生动物、藻类等。未经人类的任何技术处理而存在于自然界的微生物属于专利法意义上的科学发现,不能被授予专利权。只有当微生物本身经过分离或基因改造成为人工培养物,并且具有特定的工业用途时,才属于可给予专利保护的客体。由于在很多情况下仅凭书面描述,申请人很难保证公众能够独立实施该微生物发明,立法者专门设置了生物材料保藏制度。如果申请人的发明涉及新的生物材料,公众不能得到该材料,也不能基于书面说明而实施发明,则申请人应当向专利局认可的生物材料保藏单位提交样品。在发明专利申请公布后,任何单位或者个人需要将该专利申请所涉及的生物材料作为实验目的使用的,可以当向专利局提出请求以获取该生物材料。显然,以商业目的使用该材料是不被许可的。

除了微生物,另一类常见的可以得到保护的生物技术客体是基因或 DNA 片段,包括从微生物、植物、动物或人体分离获得或利用其他手段制备得到的遗传物质。从自然界找到的以天然形态存在的基因或 DNA 片段,属于《专利法》第 25 条第 1 款第 1 项规定的"科学发现",不能被授予专利权。如果是首次从自然界分离或提取出来的基因或 DNA 片段,其碱基序列是现有技术中不曾记载的,并能被确切地表征,且在产业上有利用价值,则该基因或 DNA 片段本身及其得到方法均属于可授予专利权的客体。

值得一提的是,美国过去对于分离状态的基因和 DNA 片段的态度,与中国类似。但是,如下文所列著名的 Myriad 案所示,2013 年美国最高法院推翻了以往的做法,认为分离状态的基因和 DNA 片段不是发明,而是一种科学发现,不能获得专利保护。这一判决可能在世界范围内影响各国专利局对待基因类发明的态度。中国专利局是否会改变现有立场,有待观察。

接下来的案例,大多是发生在国外的关于转基因微生物、分离基因、转基因动物的可专利性的著名案例。这些案例在中国可能没有直接的参考意义。比如,对于转基因微生物,我们现在不再有人质疑转基因微生物的可专利性;而对于转基因的动植物新品种,《专利法》第 25 条明确将植物新品种排除在外。不过,这并不意味着在理解中国专利法时,我们无须关注动植物新品种方面的争议。实际上,中国专利法在自然物质的提取物、生物基因、人工培育细胞系、微生物等专利客体上的原则立场,都和"发明与发现"的争议有着密切的联系。正因为如此,本章选取了关于生物发明的代表性案例,希望读者能够从中一窥专利法处理"发明和发现"争议上的基本方法。

3.2.2 微生物

Funk Brothers Seed Co. v. Kalo Inoculant Co.

美国最高法院 333 U.S. 127(1948)

Douglas 法官:

……

豆科植物能够以某种神秘的方式从空气中吸收氮气,并将它吸附在植物体内用于制造有机的氮化物。这些植物从空气中吸附氮气的能力依赖于根瘤菌(Rhizobium)的存在。这些细菌感染植物的根部形成瘤状物。这些根瘤菌至少分成六个种类。每个品种能感染特定的豆科植物,但是没有一个品种可以感染所有的豆科植物。每个品种(species)的根瘤菌由不同品系(strains)的[固氮]效率不同的细菌组成。从中选择效率高的品系并生产细菌培养物的方法也久为人知。实验室方法培养的细菌被放置在粉末或液状培养基中组合包装起来对外出售。种植者们用它来为豆科植物种子接种。这也是很早就广为人知。

在 Bond 的专利之前,普遍的做法是制造和销售仅包含一个品种的根瘤菌的接种物(inoculants)。该接种物仅仅适用于对该种细菌有反应的特定的交叉接种豆科植物。因此,如果农民有三叶草(clover)、紫花苜蓿(alfalfa)和大豆等作物,他不得不使用三种不同的接种物。[当时]也有一些用于豆类作物(field legumes)混合的培养物。但是,它们的效果通常不让人满意,因为不同种类的根瘤菌被混入共同的培养基后,它们互相之间产生抑制现象,从而导致它们的效率降低。因此,人们推想不同品种之间会互相抑制。Bond 发现每一种类的根瘤菌都有某些品系并不会在它与其他种类根瘤菌之间产生互相抑制作用。他还确定,这些互不抑制的品系,通过某些选择和测试的方法,能够被分离出来并混合在培养物中一道使用。这样,他产生了一种混合的根瘤菌培养物,能够对几种分属于不同交叉接种群的植物种子进行接种。被巡回上诉法院确认有效的是揭示该混合培养物的产品权利要求。

我们并不涉及该选择和测试非抑制品系的方法是否可以获得专利的问题。我们这里仅仅涉及产品权利要求。Bond 并没有创造细菌的抑制状态或非抑制状态。它们[抑制或非抑制]的特点是自然的产物。这些特点当然不能获得专利,因为对于自然现象的发现并不能授予专利。See Le Roy v. Tatham, 14 How. 156, 175. 这些细菌的上述特点,就像太阳能、电、金属特性一样,是全人类的共同知识库(the storehouse of knowledge of all men)的一部分。它们是自然法则的体现,任由所有人自由利用,不为任何人所独占。发现至今未知的自然现象的人,并不能依法对该发现享有任何垄断权。如果有发明从该发现中产生,则该发明必定是应用自然法则所获得的新颖而实用的结果……巡回上诉法院认为 Bond 所做的远比发现一个自然法则要多,因为他制造了一种新颖而不同的非抑制品系的组合物(composition),在技术实用性和经济效用方面,为制造和销售商业接种物作出了贡献。但是,我们认为该品种的组合并非专利法意义上的发明。

发现"这些细菌种类的某些品系能够被混在一起而不对各自的特点产生负面影响"这一事实,是对它们的非抑制特点的发现。这不过是对某些自然工艺(the handiwork of nature)的发现,因而不能获得专利保护。将选择好的数个品系的细菌集中在一起形成一个产品,是对新发现的自然规则的应用。但是,不论自然规则的发现是多么富有独创性(ingenious),对这一规则的应用充其量不过是组合包装(packaging)接种物方面的一个进步。该组合包装里的每一种根瘤菌菌种,都会感染它们原本就要感染的豆科植物。没有任何菌种获得不同的用途。菌种的组合并没有产生新的细菌。六类菌种并没有发生变化。同时,它们的功效(utility)也没有扩大。每一菌种依然具有它原本就具有的效果。细菌按照各自的自然方式在发挥作用。将它们组合起来使用并没有在任何方面改变它们的自然功能。它们在实现自然界原本就已实现的目的,作用方式在很大程度上独立于专利权人的任何努力。

当然,上述组合有一定好处。农民无须为六种不同作物购买六种不同的产品。他可以买一种产品,然后在所有的豆科作物上使用它。同时,就像被申诉人所说的那样,混合接种物的产品也给零售者和制造者带来好处,即减少分类方面的麻烦。但是,一个产品要获得专利保护,除了新颖而实用以外,还必须满足发明[构成方面]的要求(the requirements of invention or discovery)……将新发现的自然规则应用于接种物的组合包装,可能是一个重要的商业进步。但是,一旦自然界的秘密,即各类根瘤菌的某些品系的非抑制性特点,被发现,现有技术水平(the state of the art)就使得混合接种物的生产变得很简单。即使它可能是人工的产物(the product of skill),但是它肯定不是发明的产物(the product of invention)。除非我们从自然法则本身的发现那里"借用"(borrow)发明,否则我们无法将它称作发明。这也就是说,这里并没有发明,除非"这些种类的细菌的某些品系是非抑制性的,因而可以安全地混合"这一发现本身是发明。但是,我们不能作出如此判决,除非我们许可对现在被披露的自然界的古老秘密授予专利权。因此,这里所剩下的只是混合接种物本身的好处(advantages)。这并不足够。

既然我们认为产品权利要求并没有揭示专利法意义上的发明或发现(discovery),我们不考虑 35 U. S. C. §31,R. S. §4886 所规定的其他法定要求是否被满足。撤销原判。

……

思考问题:

(1)在自然科学领域,发现自然规律本身或自然现象,或许是最困难的事情,由此往后可能只需捅破一层窗户纸而已。专利法要求将保护客体背后的自然规律与发明本身分割开来,然后假想从该自然规律出发,作出发明的过程有创造性吗?采用这一方法,会有什么意想不到的后果?

(2) 法院强调,从自然规律的发现到组合物的发明,只不过是"组合包装接种物方面的一个进步"。法院暗示这一进步很小。问题是,在客体审查阶段,应该考虑所谓的创造性的大小吗?

(3) 法院为什么相信对多菌种的混合物授予专利,就是对"自然界的古老秘密授予专利权"呢? 是因为这将妨碍他人利用该自然规律吗? 实际上,对绝大部分发明授予专利权,都会在一定程度上妨碍他人利用该发明背后的自然规律,你同意吗?

(4) 我们可以说发现的是不同类型细菌互不抑制的现象,而发明的是多种细菌的组合物吗?

在上面的 Funk Brothers Seed Co. v. Kalo Inoculant Co.(1948) 中,法院就认为发明人对不同类型菌种之间存在互不抑制现象的揭示,是一种发现。发明人从这一发现出发,将多个种类细菌组合得到一种组合物。但法院依然认为这是一种发现。法院似乎认为对此类组合物授予专利,将妨碍他人对"不同菌种之间存在互不抑制现象"这一科学发现的自由利用。在法院看来,从该发现到"组合发明"(如果是发明的话),似乎没有创造性。在当时,美国专利法上还没有创造性的要求。因此,并不清楚法院是否是在用否定其专利客体属性的方式来实现否定其创造性的要求。不过,后来最高法院的判决大多将本案作为一个客体审查方面的案子对待。

联系本节前文提到的中国《专利审查指南》中的观点:"通常,很多发明是建立在发现的基础之上的,进而,发明又促进了发现。发明与发现的这种密切关系在化学物质的'用途发明'上表现最为突出,当发现某种化学物质的特殊性质之后,利用这种性质的'用途发明'则应运而生。"(《专利审查指南》第二部分 实质审查 第一章 3.1 科学发现),思考如下假想案例:假如某人通过观察发现农民使用的某种化肥能够起到消灭农田杂草的作用(不考虑 Inherent Anticipation 的问题)。他转而申请一种利用该化肥清除杂草的方法专利。这是否是一个从发现到发明的过程呢? 如果发现具有高度的创造性,但是从发现到发明是显而易见的,像 Funk 案一样,是否会因此认为发明没有创造性呢? 如果存在发现的内容,法律是否有必要保障该发现能够为公众所自由利用呢? 如果有必要,那又如何呢?

对比案例:大庆市智胜文具办公设备有限公司 v. 专利复审委员会(北京高院(2008)高行终字第 256 号)案:"单纯的科学发现不能被授予专利权,但利用科学发现制造出的产品是可以被授予专利权的。本专利是一产品发明,在一定频谱范围内的黄色纸张的反射光相对安全舒适来防治近视属于科学发现的范畴,但本专利请求保护的是一种练习本,该练习本具有防近视的功能,因此本专利是利用科学发现制成的产品,是可以获得专利保护的。"这里从发明到发现,似乎与 Funk Brothers Seed Co. 案一样,很容易。是否因此可以认为该发明实际上还是一种发现,或者说是基于发现缺乏创造性的发明呢?

Diamond v. Chakrabarty

美国最高法院 447 U.S. 303(1980)

Burger 法官：

我们下达调卷令(certiorari)以决定一个活的人造微生物是否是 35 U.S.C. §101 [《美国专利法》第101条] 下的可授予专利的客体。

I

1972年，被申诉人(respondent)微生物学家 Chakrabarty 提出一份专利申请，随后将它转让给通用电器公司(the General Electric Co.)。该申请对 Chakrabarty 的发明提出36项权利要求。该发明是"一种假单胞菌属(Pseudomonas)的细菌，内部至少包含两个稳定的产生能量的质粒(plasmids)，每个质粒提供了一个独立的降解碳氢化合物的通道"。这种人造的基因重整细菌能够分解原油中的多重成分。正因为自然产生的细菌并不具有这一特性，人们相信，Chakrabarty 的发明在处理石油污染方面具有重要价值。

Chakrabarty 的专利权利要求分成三类：第一，生产该细菌的方法权利要求；第二，接种体(inoculum)的权利要求，该接种体由漂浮在水面上的载体材料(比如稻草)和新细菌组成；第三，针对细菌本身的权利要求。专利审查员许可落入前两类的权利要求，但是拒绝了细菌权利要求。他的决定基于以下两点：(1)微生物是"自然产物"(products of nature)；(2)活的东西不是 35 U.S.C. §101 下的可授予专利的客体。

Chakrabarty 就驳回这些权利要求的决定向专利局上诉委员会(the Patent Office Board of Appeals)提出上述，该委员会基于上述第(2)点理由，维持了审查员的决定……

海关与专利上诉法院(The Court of Customs and Patent Appeals)通过分裂表决(by a divided vote, 即非一致同意)驳回了[专利局上诉委员会的决定]，其依据是它在 In re Bergy, 563 F.2d 1031, 1038 (1977) 案中的在先判决。该判决指出"微生物是活的"这一事实在专利法上没有法律意义……

专利商标局的局长再次寻求调卷令。我们对 Bergy 和 Chakrabarty 案发放再审令。随后，Bergy 因无再审必要而被退回，只剩下 Chakrabarty 案要审理。

II

……

本案摆在我们面前的问题是一个狭窄的法律解释问题，需要我们对 35 U.S.C. §101 进行解释。该条规定如下：

任何人发明或发现(discovers)任何新的和有用的方法(process)、机器(machine)、制造物(manufacture)或组合物(composition of matter)，或者上述各项的新的和有用的改进,在满足本法规定的条件和要求的情况下,可以获得专利权。

具体地说,我们必须决定被申诉人的微生物是否构成该法意义上的"制造物"或"组合物"。

III

……

本院[过去]依据字典上的定义,将第101条的"制造物"解释为"通过手工劳动或机器,赋予原材料或准备好的材料以新的形式、质量、特点或组合后,所得的应用产品(the production of articles for use)"。American Fruit Growers, Inc. v. Brogdex Co., 283 U.S. 1, 11 (1931)。类似地,依据其通常用法,"组合物"被解释为包括"所有两种或更多物质的混合物(composition),以及所有的组合物品(composite articles),无论它们是化学结合或机械混合的结果,也不论它们是气体、液体、粉末或固体"。Shell Development Co. v. Watson, 149 F. Supp. 279, 280 (DC 1957)。选择"制造物"与"组合物"之类的宽泛术语,并用全面的"任何"一词对之进行修饰,国会显然认为专利法应该具有宽广的范围。

相关的立法史也支持较宽的解释。托马斯·杰斐逊创作的《1793年专利法》将法定的保护客体定义为"任何新的和有用的技艺(art)、机器、制造物,或上述各项的新的和有用的改进"。Act of Feb. 21, 1793, §1, 1 Stat. 319。该法案体现了杰斐逊的下列思想:"天才应当得到慷慨的激励(liberal encouragement)" 5 Writings of Thomas Jefferson 75—76 (Washington ed. 1871)。See Graham v. John Deere Co., 383 U.S. 1, 7—10 (1966)。后来的1836年、1870年和1874年专利法采用了相同的宽泛语言。1952年,专利法被重新修订,国会用"方法"(process)一词替代了"技艺"(art),而杰斐逊的其他语言并未被改动。与1952年专利法相伴的委员会报告(The Committee Reports)告诉我们,国会意图让法定的保护客体"包括太阳底下的任何人造之物"。Hearings on H. R. 3760 before Subcommittee No. 3 of the House Committee on the Judiciary, 82d Cong., 1st Sess., 37 (1951).①

这并不是说第101条没有限制,或者说它包含所有的发现(discovery)。自然法则、物理现象和抽象思想已被宣布不能获得专利。因此,在地里发现的新的矿物质或在野外发现的新植物是不可获得专利的客体。同样地,爱因斯坦不能对他的著名定理$E = mc^2$申请专利;牛顿不能对重力原理申请专利。这些发现是"自然界的现象(manifestations),供所有人自由获取,不为任何人所独占"。Funk, supra, at 130.

依据上述规则,被申诉人的微生物显然适合作为专利保护的客体。他所要求保护

---

① 译者注:The full statement from the committee report reads: "A person may have 'invented' a machine or a manufacture, which may include anything under the sun that is made by man, but it is not necessarily patentable under section 101 unless the conditions of the title are fulfilled." In re Bilski 545 F. 3d 943 (Newman dissenting) (2008).

的不是至今未知的自然现象,而是一种非自然产生的制造物或组合物——一种人类智慧的产物,"具有独特的名称、特点和用途"。Hartranft v. Wiegmann, 121 U. S. 609, 615 (1887). 将这一发明与 Funk 案中的发明相比较,这一点将得到显著加强。在 Funk 案中,专利权人发现了自然界存在某些种类的根瘤菌(root-nodule bacteria),彼此之间不产生抑制现象。他利用这一发现培养了一种能够给豆科植物种子接种(inoculating)的混合培养物。本法院认为专利权人发现的"仅仅是某些自然的工艺(the handiwork of nature)",因此该产品不可专利:

> 该组合包装里的每一种根瘤菌菌种,都会感染它们原本就要感染的豆科植物。没有任何菌种获得不同的用途。菌种的组合并没有产生新的细菌。六类菌种并没有发生变化。同时,它们的功效(utility)也没有扩大。每一菌种依然具有它们原本就具有的效果。细菌按照各自的自然方式在发挥作用。将它们组合起来使用并没有在任何方面改变它们的自然功能。它们在实现自然界原本就已实现的目的,作用方式在很大程度上独立于专利权人的任何努力。333 U. S., at 131.

这里,与上述案例不同,专利权人生产了一种新的细菌,它与自然界能够发现的任何细菌相比,有着显著不同的特征,并且有重要的潜在功效。他的发现不是"自然的工艺",而是他自己的;因此,它是第 101 条下的可授予专利的客体。

IV

还有两个相反的论点被提出来,我们发现任何一个都没有说服力。

(A)

申诉人(petitioner)的第一个论点是基于《1930 年植物专利法》和《1970 年植物品种保护法》的立法。前者为某些无性繁殖的植物提供专利保护;后者授权保护某些有性繁殖的植物,但将细菌排除出它的保护范围。在申诉人看来,这些法案的通过证明国会所理解的"制造物"和"组合物"等术语并不包含活的东西。申诉人辩称,如果这些术语包括活的东西,则上述任一个法案都是不必要的。

我们反对这一意见。在 1930 年以前,以下两个因素被认为与专利保护排除植物的做法有关。首先是这样的观念:植物,甚至包括那些人工培育的植物,在专利法意义上是自然界的产物……植物专利保护的第二个障碍是,植物被认为不适合专利法上的"书面描述"要求。See 35 U. S. C. §112. 因为新的植物与旧的植物之间的差别仅仅在于颜色或香味,通过书面描述进行区分,常常是不可能的。See Hearings on H. R. 11372 before the House Committee on Patents, 71st Cong., 2d Sess., 7 (1930) (memorandum of Patent Commissioner Robertson).

在制定《植物专利法》时,国会对上述两种关切作出回应。国会详细地解释了它的观点,即植物培育者"在自然的帮助下"所做的成果是可专利的发明。S. Rep. No. 315, 71st Cong., 2d Sess., 6—8 (1930); H. R. Rep. No.1129, 71st Cong., 2d Sess., 7—9 (1930). 同时,它放松了书面描述的要求,只要"描述在合理而可能的范围内完整"("a description as complete as is reasonably possible.")就可以。35 U. S. C. §162.

没有任何国会委员会或国会成员表达过申诉人所主张的更宽泛的观点,即"制造物"或"组合物"不包括活的东西。[申诉人]这一观点的唯一依据是在《1930年植物专利法》的立法史中,农业部长(Secretary of Agriculture) Hyde 的一段武断的陈述(the conclusory statement)中发现的。他给正在考虑《1930年法案》的众议院和参议院委员会主席的信中,指出:"专利法,按照现在的理解,仅仅涵盖无生命的发明或发现"。See S. Rep. No. 315, supra, at Appendix A; H. R. Rep. No. 1129, supra, at Appendix A. 然而,农业部长 Hyde 的意见,并不具有决定性作用。他的意见是关于新法的行政执法(administration),而不是可以授予专利的客体范围。后一领域超出了他的专业能力。而且,众议院和参议院委员会报告中有文字表明:国会在考虑这一问题时,认为农业部部长的二分观点没有说服力。该报告指出:

新的植物品种发明(discovery)和某种无生命物的发现(比如,新的并且有用的自然矿石)之间有着清楚而且合乎逻辑的区别。矿石完全由自然界未经人类协助而创造的……而人工培育所得的植物发明是独特的,分离的(isolated),不是自然重复的(repeated by nature),在没有人类帮助的情况下它也不能为自然界所复制。S. Rep. No. 315, supra, at 6; H. R. Rep. No. 1129, supra, at 7.

因此,国会意识到相关的区别不是活物和无生命物之间的区别,而是自然产物(无论是否是活的)与人造发明之间的差别。这里,被申诉人的微生物是人类智慧和研究的结果。因此,《植物专利法》的通过并没有为政府[的观点]提供支持。

1970年《植物品种保护法》的通过同样也没有为政府的立场提供支持。就像政府所承认的那样,有性繁殖的植物之所以没有包括在1930年的[《植物专利法》]中,是因为新品种在栽培繁殖过程中不能保持性状不变。Brief for Petitioner 27, n. 31. 可是,到了1970年前后,保持性状不变的繁殖通常被认为是可能的,因此植物专利保护是合适的。1970年的《植物品种保护法》扩展了该保护。该法的文本或立法史中没有任何东西表明制定该法的原因是因为《专利法》第101条不包括活的东西。

特别地,我们发现细菌被排除出植物品种保护范围的事实并不能为申诉人的立场提供任何支持。立法史没有说明这一排除的理由。关税与专利上诉法院(the Court of Customs and Patent Appeals)认为,这可能表明国会认同该法院在 In re Arzberger, 27 C. C. P. A. (Pat.) 1315, 112 F. 2d 834 (1940)案中的结论,即细菌不是1930年[《植物专利法》]意义上的植物;或者,这也可能是专利局在1970年以前已经依据第101条授予细菌专利的事实的反映。无论是何种原因,在没有明确证据表明国会当时"关注的问题与本院现在所面对的问题直接相关"的情况下,将之解释为国会意图修改第101条的文本的通常含义,缺乏依据。

(B)

申诉人的第二个论点是,在国会明确授权给予保护之前,微生物并不是合格的可授予专利的客体。他的论点的事实基础是:在国会制定第101条时,基因遗传技术尚无法预见。因此,他辩称:与被申诉人的发明类似的发明的可专利性,应该留给国会来解决。申诉人认为立法程序最适宜权衡经济、社会与技术等相互竞争的考虑因素,然后决定基因工程所产生的活的生物(organisms)是否应该获得专利保护。为了支持其立场,申诉人援引了我们最近在 Parker v. Flook, 437 U.S. 584 (1978) 案中的判决和下列陈述:司法机关"在接受请求将专利权延伸到国会完全没有预见的领域时,必须小心行事"。

应该由国会而不是法院来定义可专利性方面的限制。这当然是正确的。但是,同样正确的是,一旦国会说了(即制定了法律),则解释"法律是什么"(what the law is)就成为司法部门的职权和责任。Marbury v. Madison, 1 Cranch 137, 177 (1803). 在定义《专利法》第101条下的可授予专利的客体时,国会已经扮演了宪法所赋予的角色。在解释国会所使用语言时,我们扮演我们的角色。在这一过程中,我们的任务是按照我们所发现的那样接受法律(take statutes as we find them),如果出现模糊点,则以立法史和法律目的为指导。这里,我们并不觉得有模糊点。专利法的客体条款采用宽泛术语以实现宪法和法律的目标,即促进"科学和实用技术的进步"。[该客体]涵盖对杰斐逊所预期的社会经济福利有意义的一切东西。① 如果国会的目标需要宽泛术语,则宽泛的概括性语言并不必然是模糊的。

Flook 案中没有任何相反结论……Flook 案并没有宣布一项新原则,即国会在制定专利法时没有考虑过的领域的发明当然不可专利。

将上述观念读入 Flook 案判决,将挫败专利法的立法目的。本法院常常看到(observed),法律并不局限于"立法者所考虑过的特定适用范围"。在专利法领域,这一点尤其正确。"未曾预见(unanticipated)的发明不受保护"的规则将违背专利法的核心观念,即预见(anticipation)破坏可专利性。See Graham v. John Deere Co., 383 U.S., at 12-17. 道格拉斯法官提醒人们,让人类获益最多的发明是那些"将化学、物理和其他类似科学的前沿往外推的发明"。Great A. & P. Tea Co. v. Supermarket Corp., 340 U.S. 147, 154 (1950) (concurring opinion). 国会在起草第101条时使用宽泛的概括性语言,正是因为此类发明常常是不可预见的。

为了支持其论点,申诉人在"法庭之友"(amicus)意见的支持下,指出被申诉人的研究努力可能产生的巨大风险。该意见书列举了一系列可怕的后果。包括诺贝尔奖获得者在内的科学家们的意见被引用,用以说明:基因研究可能对人种构成严重威胁;或者,至少在现阶段危险是非常真实的,因而不能许可这一研究迅速前进。我们被告知,基因研究和相关技术发展可能会扩散污染、传播疾病,导致基因多样性减少。这一实践可能导致人类生命的价值贬值。这些论点以有力甚至充满激情的方式呈现。它们提醒我们,有时候人类智慧好像不能完全控制它所创造出来的力量。就像哈姆雷特所说的那样,有时候"忍受眼前的苦难比投身于其他我们一无所知的痛苦"更好。

[申诉人]认为,本院在考虑被申诉人的发明是否是第101条下的可专利客体时,

---

① The subject-matter provisions of the patent law have been cast in broad terms to fulfill the constitutional and statutory goal of promoting "the Progress of Science and the useful Arts" with all that means for the social and economic benefits envisioned by Jefferson.

应当权衡这些潜在的危害。我们不同意。肯定或否定微生物的专利权,不太可能为基因研究及其伴生的风险画上句号。在没有研究人员确信可获得专利保护的情况下,大量的研究工作就已经发生。这说明,可专利性的立法或司法强制(fiat)在阻止科学对未知领域的探寻方面,不会比克努特国王(Canute)指挥潮汐的效果更好。被申诉人的权利要求是否获得专利,可能会决定研究工作是否因有望得到回报而加速或因缺少激励而减缓。仅此而已。

更为重要的是,我们没有能力评估这些论点——要么将它们视为因恐惧未知事物而生的臆想,置之不理;要么接受其指引行事。我们被敦促去做的选择,是立法程序中的一个高度政策性的决定。只有立法机构经过调查、检验和研究之后才能作出决定,而法院并不能。这一过程涉及相互竞争的价值和利益之间的平衡,在我们的民主体制中这是民选代表要做的事情。不论这些论点何者正确,现在折磨我们的争论应该在政府、国会和行政执行机构的政治部门(the political branches)进行,而不是在法院。

在最近的过去,我们已经强调过:"在解释法律的过程中,我们个人对特定立法程序中的智慧或愚蠢的评估,应当被放在一边。" TVA v. Hill, 437 U. S., at 194. 我们的任务很窄,只是决定国会在法律中所使用文字的含义。一旦解释完,我们的权力就穷尽了。国会有权修改第101条,将基因工程产生的生物(organisms)排除出专利保护范围。比如,42 U. S. C. §2181(a)将"仅仅在利用原子武器中的特殊核材料或原子能方面有用的发明"排除出专利保护范围。或者,国会可以选择创设一部为这类活的东西专门设计的法律。但是,在国会采取此类行动之前,本法院必须按照第101条语言本来的意思来解释它。此条的语言清楚地包含被申诉人的发明。

因此,维持关税和专利上诉法院的判决。Brennan 法官异议,White、Marshall 和 Powell 法官加入:

……

我们需要决定的唯一问题是,在行使《宪法》第8条所赋予的职权时,国会是否意味着他(发明人)能够对活的生物获得垄断权,而不论如何生产或如何使用该生物。我相信本院误读了相关立法,因此提出异议。

专利法试图协调这个国家对垄断的根深蒂固的厌恶感与鼓励进步的实际需要。鉴于这一微妙任务背后的复杂性以及立法工作的本质,我们必须谨慎延伸专利保护,不得超过国会划定的界限。特别是,在依据通常的理解无法获得专利的领域,如果缺乏立法指示,法院应当将是否或如何向该领域延伸专利特权的决定权留给国会……

在本案中,我们所遇到的并非完全的立法真空。1793 年制定及 1952 年重新颁布的《专利法》的宽泛语言,并非国会在这一领域的最后发声。1930 年国会制定《植物专利法》,为某些无性繁殖的植物培育者提供专利保护。1970 年,国会制定《植物品种保护法》,将保护延伸到一些能够有性繁殖的植物新品种。因此,我们要处理的并非本法院所宣称的"未曾预见的发明"("unanticipated inventions")所引发的惯常问题。在上述两个法律中,国会已经触及活物发明的专利保护的一般问题,并且选择利用仔细限制的语言对部分发明给予保护,同时将其他发明排除在外。这些法律强有力地证明国会排除了细菌的可专利性。

首先,这些法律表明,至少从1930年起国会认为第101条不包含活的生物。如果新培育的自然界不存在的活物能够依据第101条获得专利,则1930年和1970年法案的保护范围内的植物直接可以获得专利保护,而无须新的立法。那些植物,就像本案的细菌,是新的物种,在自然界并不存在。虽然本院拒绝了这一论点,但是它并没有解释:如果不是为了矫正已有问题,为什么这些法案是必要的?我不同意本院的隐含假设,即国会在制定1930年和1970年法案时,只是在做无用功或者仅仅是在纠正公共档案(public record)中的错误认识。国会当然认为它是在做很重要的事情。国会委员会报告充斥着"将专利保护延伸到植物所带来的前所未有的好处"的描述。国会认为,为了使农业领域的人造发明可获得专利保护,它不得不立法。同时,国会的立法是有限制的。因此,这表明国会并不试图让该立法范围外的客体也可以获得专利。

其次,1970年法案清楚地显示,国会已经将细菌纳入立法关注的范围,但是并没有归入专利保护的范围。国会特意将细菌从1970年法案中排除。7 U. S. C. §2402(a)。法院试图为这一明确的排除提供解释,但是听起来并没有道理。的确,立法史没有提及这一排除,但是这并不许可我们去[为这一排除]发明理由。事实上,国会假定那些没有专门立法的活的客体不能获得专利保护,并将细菌排除出可专利的生物之列。

法院宣称它今天的判决是第101条的宽泛语言所要求的,认为该条不能局限于立法者所考虑过的特定适用范围。但是,如上所述,法院的决定并不符合该法律自身的不可避免的暗示(the unavoidable implications)。虽然国会明显相信第101条不包括活的生物,它依然将专利机制延伸到活的材料。扩张或缩减专利法的保护范围,是国会而不是本法院的职责。这在本案中更应如此,因为这里谋求专利保护的组合物(composition)特别地招致公众关切。

思考问题:

(1)自然物和人造之物的差别,究竟是一个度的问题还是质的问题?开采得到的矿物质、人工栽种的自然植物多少与自然状态的物质或植物有差别。为什么这一差别在专利法上可以忽略,而转基因细菌中的基因改变就不能被忽略?从树上剪下一片树叶与从细胞里分离一段基因,在发明与发现二分意义上有差别吗?

(2)法院强调前沿性的"发明常常是不可预见的",这难道能说国会就因此开了一张空白支票,许可专利法对任何国会意想不到的类别的发明提供保护吗?还是说,国会实际上意图将保护客体的范围限制在现在理解的客体范围内?

(3)本案的判决似乎表明,在解释第101条所谓的宽泛的"机器""制造物"等概念时,法院有很大的裁量权。如果法院意图保护某一客体,则可以说立法者选择这些宽泛概念就是要涵盖该客体;如果法院不想保护,则可以说这些概念无法延伸到该客体。如果有人提反对意见,法院则会说,作出相反结论的权限不在法院,而在国会。对照后文的加拿大最高法院在Harvard College v. Canada案中的判决,你觉得如何能够使得法院的判决更有预见性?

3.2.3 高等动物

Diamond v. Chakrabarty 案确认人造微生物可以成为新的保护客体,并宣称"国会意图将保护客体延伸到太阳底下的任何人造之物"。这是美国专利法上里程碑式的判例,它几乎消除了生物技术领域发明在客体审查方面的全部障碍:自然物的提纯物、重组微生物、DNA 片段、人工培育的动植物等均可能获得《美国专利法》的保护。

依据美国最高法院在 Diamond v. Chakrabarty 案中的逻辑,哈佛鼠等转基因动物自然是人类的发明。因此,类似发明在诸多国家获得专利,具体包括美国、奥地利、比利时、丹麦、芬兰、法国、德国、希腊、冰岛、意大利、卢森堡、荷兰、葡萄牙、西班牙、瑞典、英国。日本和新西兰也颁发了类似的专利。①

加拿大《专利法》关于保护客体范围的规定,几乎与《美国专利法》第 101 条的规定没有什么差别。然而,在下面的哈佛鼠案中,加拿大最高法院却选择了不同的解释思路。加拿大最高法院并不否认转基因动物是一种新发明,但认为此类发明并非专利法意义上的"manufacture"或"composition of matter",从而却得出了与美国完全相反的结论——美国法院在该案中认为"专利法保护对象区分的不是有生命与否,而是为自然产品还是人造产品。"Chakrabarty 案中法官认为"某项发明在立法者制定法律时无法预见到,所以不能给予保护"的说法是不可靠的。这将违背专利法的立法目的。国会在专利立法中使用概括性的语言,就是考虑到发明本身的不可预见性。你如何看待美国和加拿大最高法院这两种不同的法律解释策略?

Harvard College v. Canada

加拿大最高法院 4 S.C.R. 45(2002)

Bastarache 法官:

[被申诉人(respondent)申请了一项转基因动物的发明。根据该专利申请,一种致癌基因(oncogene)在老鼠受精卵尚接近单细胞状态时被注入其中。然后,这些受精卵被植入雌性宿主老鼠体内,一直发育到临产。宿主老鼠的下一代出生后,对它们进行检测看是否带有致癌基因。那些带有致癌基因的老鼠被称作"创始老鼠"("founder" mice)。将创始老鼠和其他未改变基因的老鼠交配。它们的后代中 50% 的老鼠的每一个细胞都带有该致癌基因,从而适合用作动物癌变研究。在其专利申请中,被申诉人寻求保护肿瘤鼠的生产方法以及该方法的最终产品,即"创始老鼠"和那些细胞内含有致癌基因的后代。该方法和产品权利要求延伸到除人类以外的所有哺乳动物。专利审查员允许了方法权利要求,但是驳回了产品权利要求。专利局长维持了审查员驳回产品权利要求的决定。联邦法院一审同样维持了这一决定,但是联邦上诉法院则推翻了一审意见(本案最终由专利局上诉到加拿大最高法院。法院最终认为高等生命形

---

① Harvard College v. Canada, Supreme Court of Canada, 4 S.C.R. 45,52(2002).

式不可专利,因为它不是《专利法》第 2 条中的"发明"所指的"制造物"(manufacture)或"组合物"(composition of matter))。]①

本上诉提出了《专利法》背景下高等生命形式的可专利性问题。

……

B. 发明的定义:高等生命形式是否是一种"制造物"或"组合物"

本次上诉中的唯一问题是在专利法的背景下,"制造物"("manufacture")或"组合物"("composition of matter")是否足够宽泛以至包含高等生命形式。本法院是否相信肿瘤鼠(oncomouse)之类的高等生命形式应该获得专利与这一问题无关。专利法上的词语"按照其所处整个背景、语法上的通常意义进行解读,同时应与整个专利法体系(scheme)、专利法目标及国会意图相协调"。与其他国家的专利体系(the patenting scheme)作对比②,仅仅具有有限的价值。专利法中上述词语的最佳解读支持"高等生命形式不能获得专利保护"的结论。

(1) 专利法上的词语

高等生命形式要落入"发明"的定义,则必须被视为一种"制造物"或"组合物"。虽然《专利法》上的"发明"定义很宽泛,但是议会并没有将"发明"定义为"任何新的和实用的人造之物"。[议会]选择穷举式的定义方式表明,它将部分客体排除出专利法保护范围的意图很清晰。"制造物"一词(英语 manufacture 或法语 fabrication)在专利法的背景下,通常被理解为一种非生命的机械产品或方法(process),不是一种高等生命形式。"组合物"一词(英语 composition of matter 或法语 composition de matieres)在专利法上使用时不包含像肿瘤鼠之类的高等生命形式。这两个词语出现在词组"技艺(art)、方法(process)、机器、制造物或组合物"中。在列举结尾部分的集合术语(collective term,这里指"组合物")通常与该术语之前的其他术语的类别相同,即使该集合术语通常可能有更宽泛的含义。就像"机器"和"制造物"并不意味着活的生物一样,"组合物"最好应被解读为不包含高等生命形式。虽然一个被注入癌变基因的受精卵可能是多种成分的混合物,但是老鼠的身体并非由人为混合的物质成分组成。而且,["组合物"]中的"物"(matter)仅仅指示高等生命形式的一个方面。高等生命形式通常被认为拥有超越其组成材料(即特定基因材料)的品质和特点。在专利法背景下,高等生命形式在观念上不能视为单纯的"物质的组合"(组合物)。仅仅因为所有发明都是未曾预期和不可预见的(unanticipated and unforeseeable),并不必然得出它们可以获得专利的结论。很有可能,议会并不想将高等生命形式包括在"发明"的定义内。也有可能,议会并不认为交叉育种所得的动植物可以获得专利保护,因为它们被视为"发现"("discoveries")更恰当。既然对高等生命形式授予专利会显著背离传统的专

---

① 加拿大《专利法》定义部分对发明的定义如下:"invention" means any new and useful art, process, machine, manufacture or composition of matter, or any new and useful improvement in any art, process, machine, manufacture or composition of matter.

② 本书作者注:这里显然是指美国专利法。整个判决就像是在反驳美国最高法院在 Chakrabarty 案中的多数意见。

利体制,同时,此类生命形式的可专利性成为高度争议性的议题,引发一系列极度复杂的问题,则应当通过清晰而毫不含糊的立法对高等生命形式提供专利保护。现在的专利法并没有明确提示高等生命形式是可以获得专利保护的。

(2) 专利法的立法本意(The Scheme of the Act)

"高等生命形式的专利引发特殊的关切"的事实,为上述专利法词语的解释提供支持。这一关切在非生物发明上并没有出现,因而专利法立法本意(the scheme of the Act)也没有对之作出回应。专利法没有为正确处理高等生命形式的可专利性问题做好准备,这一事实表明议会从未打算将"发明"的定义延伸到此类客体。虽然某些政策上的关切,比如生物技术对环境或动物福利的影响,在专利体制外处理更合适,但是其他一些关切的确和可专利性以及专利法的本意(the scheme)直接相关。这些关切表明,现有形式的专利法并不适合处理高等生命形式的独特特点[所引发的问题]。高等生命形式的专利保护问题非常复杂,不能通过援引宪章(The Charter)的方式轻易驳回。为人类生命的可专利性创设一个例外,并非法院的合适司法功能,因为这一例外需要考虑"什么是人类"以及"人类生活的那些方面需要被排除"。现有专利法没有对这些正常出现的问题提供指导,表明了立法者现在不对高等生命形式提供专利保护的立法意图。本法院并不拥有处理这些复杂问题的制度上的能力(the institutional competence)。解决这些问题需要议会参与公共讨论,对竞争性的社会利益进行平衡,并制定出复杂的立法文件。

(3) 专利法的目标

虽然专利法是用来促进技术研发,鼓励更广泛的经济互动,但是,从促进创新的目的中并不能简单地得出"所有的发明都应获得专利保护"的结论。人类智慧的产品必须落入专利法术语所界定的范围才能获得专利保护。"诉争发明是否应该获得专利保护",并不能为"该发明是否为专利法所保护(patentable)"这一问题提供答案。在任何情形下,加拿大管理其专利系统时,常常需要在促进创新[的目标]与其他考虑之间维持平衡。

(4) 相关立法:植物育种者权利法案(The Plant Breeders' Rights Act)

模糊法律的解释或许可以从后续立法的实体内容和形式中获得信息。《植物育种者权利法案》对于专利法的解释及专利法对高等生命形式的适用性这一问题[的回答]有重要意义。虽然议会制定了专门立法为植物育种者提供保护,它并没有触及其他高等生命形式。而且,《植物育种者权利法案》的通过说明,专利法之外的其他机制也可以用于激励发明人从事生物技术领域的创新活动。植物品种知识产权保护方面出现的很多问题,在[人们]考虑其他高等生命形式的可专利性问题时,也会出现。如果需要一个特别的立法体制来保护一个子类的高等生命形式,即植物品种,则一般的高等生命形式的专利保护,可能也需要一个类似的机制。对高等生命形式可专利性的相关问题进行更深入的讨论,超出了本法院的能力。

C. 划界:许可低等生命形式的专利而反对高等生命形式的专利,合理吗?

低等生命形式的可专利并非本院现在面对的问题。事实上,这在加拿大也从未被提起诉讼。虽然专利法上并无明确的低等和高等生命形式的区分,但是这一区分依然是合理的,其基础是二者之间存在常识性的差异。人类生命不可专利,并没有在专利法上明示。如果说低等和高等生命形式之间的界线不合理、非常武断,那么人类和其他高等生命之间的界线也是如此。现在,在加拿大,"低等生命形式可以专利"的已被接受,但是这并不必然导致"高等生命形式"可以专利,至少在一定程度上是因为低等生命形式比高等生命形式更容易被视为"组合物"或"制造物"。

可专利的微生物通常数量很大,任何可测数目的个体均具有统一的性状和特征。植物和动物则如此不同。将微生物和化合物或其他无生命物体做类比,远比将动物和无生命物体类比要容易。而且,动物所拥有的与微生物和植物相区别的几个重要特征,使得动物更加难以被视为"组合物"或"制造物"。鉴于这些问题的复杂性,在高等和低等生物形式之间划分界线并非本院的任务。另外,一些贸易协议中的动植物特殊例外也证明高等和低等生命形式的区分有效并被广泛接受。

思考问题:

(1) 为什么法院会说"本院是否现行肿瘤鼠之类的高等生命形式应该获得专利与这一问题无关";"'诉争发明是否应该获得专利保护',并不能为'该发明是否为专利法所保护(patentable)'这一问题提供答案"?

(2) 对比阅读本案和前文的 Chakrabarty 案,你觉得这两个判决如果发生在一个国家,可以相互协调吗? 比如,我们可以尝试着说,因为前者是微生物,后者是高等生命,所以结论本来就应该不一样吗?

(3) 进一步思考法院和立法机关在确定专利保护客体范围方面的分工。

3.2.4 基因序列

Association for Molecular Pathology v. Myriad Genetics, Inc.

美国最高法院,133 S. Ct. 2107(2013)

Thomas 法官:

Myriad Genetics, Inc. (以下称 Myriad)发现了两个人类基因的准确位置和序列。如果该基因的序列发生变化会实质性增加罹患乳腺癌或卵巢癌的风险。Myriad 就这一发现申请了一些专利。本案涉及其中三个专利,要求我们决定自然产生的脱氧核糖核酸(DNA)片段从人体的基因组(human genome)中分离(isolation)后,是否属于专利法(35 U.S.C. § 101)下的可专利客体。我们同时回答人工合成的 cDNA(complimentary DNA)是否属于可专利客体。cDNA 与自然存在的 DNA 含有相同的蛋白质编码信息,但是省去了 DNA 片段中不编码蛋白质的部分序列。如下文所述,我们认为自然产生的 DNA 片段是自然产物(product of nature),并不能仅仅因为它被分离出来就能成为专利保护客体。

I

A

基因组成了活的生物的遗传性状的基础。人类基因组大概由分布在23对染色体上的约22000个基因组成。每个基因都以DNA编码形式存在。DNA具有所谓的双螺旋结构,由James Watson和Francis Crick在1953年发现。DNA双链之间的每个"横梁"由一对核苷酸通过化学键结合而成。可能的核苷酸包括腺嘌呤(adenine,缩写为A)、胸腺嘧啶(thymine,缩写为T)、胞嘧啶(cytosine,缩写为C)和鸟嘌呤(guanine,缩写为G)。它们按照下面的方式自然配对:A和T,C和G。这些"横梁"通过化学键连在组成DNA链的糖—磷酸分子骨架上。DNA核苷酸的序列包含了制造氨基酸链的必要信息。这些信息用于在生物体内制造蛋白质。不过,DNA中只有部分核苷酸编码(code for)氨基酸,这些核苷酸被称作"外显子"(exons)。那些不编码氨基酸的核苷酸则被成为"内含子"(introns)。

从DNA制造蛋白质的过程分两步,即转录和翻译。在转录环节,DNA核苷酸之间的化学键打开,DNA螺旋结构分开成两条单链。其中一个单链被当作模板来制造互补的核糖核酸(RNA)链。DNA链上核苷酸与RNA上的核苷酸自然配对。只不过,RNA使用核苷酸碱基尿嘧啶(uracil,"U")替代胸腺嘧啶("T")。转录的结果是产生单链RNA分子,被称作pre-RNA。它的核苷酸序列与它所对应的DNA模板上的核苷酸序列相反。Pre-RNA上依然含有DNA链中外显子和内含子所对应的核苷酸。随后,Pre-RNA被自然"剪切",内含子被物理移除。最终的RNA链上只含有与原始DNA链上外显子对应的核苷酸序列。这一只含有外显子的单链被称作信使RNA(mRNA)。它通过"翻译"制造氨基酸。在翻译过程中,细胞内的核糖体每次读取信使RNA中的三个核苷酸(被称作密码子,codons)。每个密码子要么告诉核糖体合成某种氨基酸(有20种氨基酸可供选择),要么发出终止氨基酸生产的信号。

DNA的信息序列(informational sequences)、mRNA、氨基酸和蛋白质的制造过程,都在细胞内自然发生。不过,科学家可以利用众所周知的实验方法从细胞中分离出DNA。这些方法让科学家可以分离特定的可供进一步研究、操作或使用的DNA片段,比如特定的基因或基因片段。

在遗传学领域,也可以利用众所周知的方法人工合成DNA。其中有一种方法从信使RNA分子开始,利用核苷酸的自然特性合成一个新的DNA分子。合成的结果是与原始DNA反相的mRNA的反相。与自然过程有一个重要区别:由于自然制造的mRNA的内含子被移除,这导致对照mRNA合成的DNA分子也仅仅含有外显子。基于mRNA人工合成的DNA分子被称作cDNA。

基因序列的变化被称作突变(mutation)。突变可以小到仅仅改变一个核苷酸,即仅仅改变基因编码的一个字母。这一小规模的改变可以产生完全不同的氨基酸,或者完全终止蛋白质的生产。大的改变,涉及数百甚至数百万个核苷酸的删除、重排或复制,可以导致整个基因的删除、错位或重复。有些突变是无害的,但是另外一些则会导致疾病或增加患病风险。因此,对于遗传学的研究能够产生有价值的医学突破。

B

本案涉及的专利就是 Myriad 作出上述医学突破后申请的。Myriad 发现了现在被称作 BRCA1 和 BRCA2 的基因确切位置和序列。这些基因的突变可以显著增加个人患上乳腺癌或卵巢癌的风险。普通的美国妇女患上乳腺癌的风险是 12%—13%,但是一旦发生基因突变,则患上乳腺癌的风险变成 50%—80%,卵巢癌的风险为 20%—50%。在科学家发现 BRCA1 和 BRCA2 之前,科学家知道遗传与妇女患上乳腺和卵巢癌的风险有一定关联,但是他们并不知道什么基因与这两种癌症有关。

Myriad 确定了 BRCA1 和 BRCA2 基因在第 17 号和第 13 号染色体上的确切位置。第 17 号染色体大约有 8 千万个核苷酸,第 13 号染色体大约有 1 亿 1400 万个核苷酸。在这些染色体内,BRCA1 和 BRCA2 基因分别有大约 8000 个核苷酸。如果仅仅计算外显子,BRCA1 基因只有 5500 个核苷酸,而 BRCA2 的对应数字为 10200 个。关于 BRCA1 和 BRCA2 位置的知识使得 Myriad 判断它们的典型氨基酸序列。而序列信息又使得 Myriad 可以开发一些测试方法,用于检测病人 BRCA1 和 BRCA2 基因的突变,从而评估病人患上癌症的风险是否增加。

在发现 BRCA1 和 BRCA2 的位置和序列后,Myriad 申请并获得了一些专利。本案诉争的是三个专利中 9 项组合物权利要求(composition claims)。第'282 号专利的权利要求 1,2,5 和 6 具有代表性。第 1 项权利要求对编码 BRCA1 多肽的分离状态的 DNA (isolated DNA)主张专利权,该 BRCA1 多肽具有"SEQ ID NO:2 所列氨基酸序列"。"SEQ ID NO:2"揭示了典型的 BRCA1 基因所编码的 1863 个氨基酸序列。换言之,权利要求 1 对 DNA 代码(DNA code)提出权利要求,该 DNA 代码告诉细胞去制造 SEQ ID NO:2 所列的 BRCA1 氨基酸分子链。

第'282 号专利的权利要求 2 与权利要求 1 类似。它对权利要求 1 诉述的分离状态的 DNA 提出主张,该 DNA 具有"SEQ ID NO:1 所列核苷酸序列"。与"SEQ ID NO:2"一样,"SEQ ID NO:1"也记载了一个很长的数据列表,即编码权利要求 1 所列的 BRCA1 氨基酸的 cDNA 序列。重要地是,"SEQ ID NO:1"仅仅列举了 BRCA1 基因所对应的 cDNA 中的外显子,而不是同时含有外显子和内含子的完整的 DNA 序列。正因为如此,联邦巡回上诉法院注意到,权利要求 2 对"SEQ ID NO:1"所列的 cDNA 核苷酸序列主张专利权,该序列编码的是典型的 BRCA1 基因。

第'282 号专利的权利要求 5 对权利要求 1 的数据列表的部分内容主张权利。特别是,它对至少含有权利要求 1 所述的 DNA 序列中 15 个核苷酸序列的分离状态的 DNA 主张权利。权利要求 5 的实际效果是对任何含有典型 BRCA1 基因中存在的 15 个核苷酸序列主张专利权。因为 BRCA1 基因有数千个核苷酸,即便 BRCA1 基因被实质性改变,依然很可能含有 15 个对应于 BRCA1 基因的核苷酸序列。

C

Myriad 的专利如果有效,将赋予它打开连接该基因片段与人体基因组的共价键,分离人体 BRCA1 和 BRCA2 基因(或该基因内超过 15 个核苷酸序列的片段)的独占性权利。该专利也会赋予 Myriad 合成与 BRCA 基因对应的 cDNA 片段的独占权。在 Myriad 看来，按照上述方式操作 BRCA DNA 会侵害它依据专利法所享有的阻止他人制造专利物质的权利。

不过，分离 DNA 片段是进行基因测试的前提。在 Myriad 发现上述基因后，它并非唯一提供 BRCA 测试的机构。其他大学和机构也提供此类基因测试服务。不过，Myriad 对它们提出专利侵权指控，巩固了自己作为唯一 BRCA 测试机构的地位。几年后，请求人 Ostrer 和其他病人、社会团体、医生等提出本诉讼，请求宣告 Myriad 的专利无效。区法院认为 Myriad 的专利权利要求无效，因为他们覆盖自然产物（products of nature）。联邦巡回上诉法院推翻一审判决，认为无论时 DNA 还是 cDNA 都是可以获得专利保护的客体。当时争议的焦点是，从染色体中分离出特定的基因或核苷酸序列是否是一项创造性的行为（inventive act），可以使得第一个分离它的人获得专利。

上诉法院的 Lourie 和 Moore 法官同意，Myriad 的权利要求可以获得专利保护，但各自理由不通。Lourie 认为，整个 DNA 分子通过化学键连接在一起，只有两端的共价键被切断时才能分离出 DNA 片段。技术上，这一过程制造了具有特殊化学组分的新分子。Lourie 法官认为，这种化学变化（chemical alteration）是决定性的，因为分离特定的 DNA 序列制造了一个自然界不存在的分子，即使该化学变化没有改变该 DNA 序列传递遗传信息的功能。

Moore 法官并不单纯依赖 Lourie 法官从化学意义上打开共价键的理由。她还依赖美国专利商标局授予此类专利的实践以及专利权人的信赖利益（reliance interests）。她承认，如果是从头判决此案，她可能会得出不同的结论。

Bryson 法官认为分离的 DNA 不是专利客体。他认为，打开化学键不是决定性的："化学键并没有特别的魔力，以至于它被结合或断开时我们就一定要承认新的物质出现。"相反，他依赖这一事实："该权利要求所覆盖的核苷酸序列与人体自然存在的核苷酸序列相同。基因结构上的相似性使得化学键断开后的分离状态的 DNA 与自然存在的 DNA 之间的结构差异变得微不足道，分离的过程本身并不具备创造性。"而且，Bryson 法官并没有给予专利商标局的立场多大权重，他认为在可专利性问题上，它缺乏创制实体规则的权力。

II

A

专利法第 101 条规定：

任何人发明或发现（discovers）任何新的和有用的……组合物（composition of matter），或者上述各项的新的和有用的改进，在满足本法规定的条件和要求的情况下，可以获得专利权。35 U.S.C. § 101.

我们很久以来就坚持，这一条款有一项暗含的重要例外：自然规律、自然现象和抽象思想不能获得专利保护。它们是科学和技术工作的基本工具，处在专利保护的范围之外。如果没有这一例外，就会有相当大的风险：授予专利就可能束缚这些工具的使用,阻碍基于这些工具的后续创新。这就违背专利保护促进创新的初衷。

对自然物专利的限制并非无边无界。所有发明在一定程度上都是体现、使用、反映或应用自然规律、自然现象或抽象思想。对这一例外解释过宽,可能使得专利法丧失其核心功能。就像我们以前所认识到的那样,专利保护制度在激励发明创造和发现的创新动机与阻碍促进发明的信息流动之间维持一种精细的平衡。我们必须应用这一确立已久的标准来判断 Myriad 的专利是否指向任何新的和有用的组合物,或者只是自然现象。

B

毫无疑问,Myriad 并没有制造或改变 BRCA1 和 BRCA2 基因所体现的遗传信息。在 Myriad 发现它们之前,该核苷酸的位置和顺序就存在于自然界。Myriad 页没有制造或改变 DNA 的遗传结构。相反,Myriad 的主要贡献是发现了 BRCA1 和 BRCA2 基因在第 17 和第 13 染色体上的准确位置和基因序列。问题是,这是否使得该基因可以获得专利保护。

Myriad 认识到,我们在 Chakrabarty 案中的判决对回答这一问题至关重要。在 Chakrabarty 案中,科学家将四种质粒(plasmids)添加到一种细菌中,使得该细菌能够分解原油的多种成分。法院判决该改造后的细菌可以获得专利保护。法院解释说,专利要求指向的不是至今未知的自然现象,而是一种非自然产生的制造物或组合物——一种人类智慧的产物,"具有独特的名称、特点和用途"。Chakrabarty 的细菌是新颖的,额外增加的质粒和因此具备分解原油的能力,使得它与自然界能够发现的任何细菌相比,有着显著不同的特征(markedly different characteristics)。而在本案中,Myriad 并没有创造任何东西。的确,它发现了一项重要的和有用的基因,但是将该基因从周围的遗传材料中分离出来,并不是一项发明行为。

突破性的、创造性的或辉煌发现(discovery)本身并不满足专利法第 101 条的要求。[接下来,法院引述了 Funk Brothers Seed Co. 案(参见前文同名案例),重述的该案中法院的结论]——该细菌组合物不能获得专利保护,因为专利权人没有以任何方式改变该细菌。该发明落入了自然法则例外的范围。本案中的 Myriad 的发明也一样。Myriad 发现了 BRCA1 和 BRCA2 基因,但是该发现本身并不使得 BRCA 基因成为可专利的"新的组合物"。

的确,Myriad 的专利说明书的内容突出了该权利要求的问题。比如,第′282 号专利的"发明详细描述"部分表明,Myriad 发现了一个与乳腺癌风险增加有关的基因的位置,并确定了导致该风险增加的基因变异形态。接下来,Myriad 解释说,在 Myriad 从第 17 号染色体所含有的大约 800 万个核苷酸分子对中发现它之前,该基因的位置是未知的。第′473 号和第′492 号专利含有类似的描述。Myriad 专利说明书详细描述了它确定该基因可能位置的反复收窄的发现过程。Myriad 试图将这些密集的研究努力(extensive research efforts)引入第 101 条专利客体审查饿过程。但是,仅仅密集的努力本身并不足以满足第 101 条的要求。

从人类基因组中分离出 DNA 要断开化学键从而制造非自然产生的分子(a nonnaturally occurring molecule)这一事实,也不能拯救 Myriad 的权利要求。Myriad 的权利要求并非简单地以化学组合物(chemical composition)的形式表达,它们也不以任何方式依赖于分离特定 DNA 片段时发生的化学变化。相反,该权利要求关注的时 BRCA1 和 BRCA2 基因所编码的遗传信息。如果上述专利限于一个特定分子的制造,则潜在的侵权者至少可以通过分离出同时包含 BRCA1(或 BRCA2)与一个额外核苷酸分子对的 DNA 序列的方式,来规避 Myriad 对整个基因提出的专利权利要求(比如第 282 号专利的权利要求 1 和 2)。这一分子与 Myriad 所"发明"的分子在化学上并不相同。但是,Myriad 显然会反对这一结果,因为它的权利要求主要关注的是基因序列所含有的信息,而不是特定分子的具体化学组成。

最后,Myriad 引述 J. E. M. Ag Supply, Inc. v. Pioneer Hi-Bred Int'l, Inc., 534 U. S. 124(2001)案争辩说,专利商标局过去授予基因专利的实践应该得到尊重。我们不同意。[在该案中专利商标局认为,虽然有特殊的单独立法保护植物,新植物品种依然可以获得专利保护。该结论得到法院的支持。]在该案中,国会在专利法修正过程中表达过对专利商标局立场的支持。然而,在本案中,国会并没有在后续立法中支持专利商标局的立场。

在本案中,美国政府争辩说,分离的 DNA 并非第 101 条下的可专利客体。这进一步削弱了专利商标局过去做法的合理性。专利商标局过去的实践并非支持分离状态的 DNA 为专利客体的充分理由。基于以上事实,专利商标局过去的决定不应继续得到尊重。

C

cDNA 并不会与自然产生的分离状态的 DNA 片段一样,在可专利性方面遇到相同的障碍。如上所述,从 mRNA 制造的 cDNA 序列,是仅仅含有外显子(exons-only)的分子,并非自然产生的物质。请求人承认,cDNA 与自然状态的 DNA 的区别在于,其中不编码的序列区域被[人工]删除。但他们依然争辩说,cDNA 不应获得专利保护,是因为它的核苷酸序列由自然而非实验人员决定。可能的确如此,但是在 cDNA 被制造出来时,实验人员毫无疑问是制造了一种新的物质。cDNA 保留了自然产生的 DNA 中的外显子,但是它与作为来源的 DNA 并不相同。因此,cDNA 不是一种自然产物,可以成为第 101 条下的保护客体,除非该 DNA 序列很短,以至于在制造 cDNA 时没有什么内含子(introns)可以被移除。在后一情形下,很短的 cDNA 分子链可能无法与自然状态的 DNA 区分开来。

III

这里有必要说明本判决并未考虑或涉及的一些因素。首先,本案不涉及方法类权利要求。如果 Myriad 在寻找 BRCA1 和 BRCA2 基因的过程中创造了一种创造性的方法,它可能可以寻求方法专利保护。但是,在本案中,Myriad 分离 DNA 的方法在 Myriad 申请专利时就已经被基因学家普遍知晓、广泛使用并达到相当标准化的程度,任何寻找基因的科学家都可能会采用类似的方法。这一方法页不是本案中的争议问题。

类似地,本案也不涉及与 BRCA1 和 BRCA2 基因有关的知识的新用途专利的问题。就像 Bryson 法官所指出的那样,作为第一个具有 BRCA1 和 BRCA2 序列相关知识的人,Myriad 在对这些知识的具体应用寻求专利的过程中处在优越位置。Myriad 很多未受到挑战的权利要求就指向这些应用。

我们并没有考虑那些自然产生的核苷酸序列被人为改变后的 DNA 的可专利性问题。对基因序列进行科学修改,是不同的问题。关于第 101 条在这一方面的应用,我们没有表达意见。我们只是认为,不能简单地因为基因从周围的遗传材料中被分离出来,就认为基因和它们所表达的信息是第 101 条下的保护客体。

思考问题:

(1) cDNA 比自然的 DNA 序列少了一部分内含子。为什么这一区别就有实质性的意义呢?分离状态的 DNA 片段与自然状态的尚未断裂的 DNA 也有结构上的差异,相比之下,为什么后者就是微不足道的呢?

(2) 在本案二审意见中,法官显然深受"分离基因相当于从树上剪下树叶"这一类比影响。你觉得这一类比有可比性吗?

(3) 人工干预程度可能是法院区分发明或发现的关键。人工干预程度的衡量标准是什么?与发明本身或者发明过程是否有创造性有关吗?

3.3 科学发现的保护:发现权?

专利法上不保护科学发现,并不妨碍其他法律对其提供保护。《民法通则》第 97 条做了非常原则性的规定:"公民对自己的发现享有发现权。"想象一部只有一个条文的专利法,就能理解这条有多抽象,适用起来会是多么的困难。

3.3.1 发现权的制度空白

发现权的基本问题,比如设置权利的正当性、发现权客体的范围、发现权的取得方法、发现权的权利内容、发现权"侵权"的救济措施等,几乎都是一片空白。司法实践中,发现权纠纷五花八门。从发现卧佛形状的风景、地下的"怪肉",到发现首例病例、戒毒治疗方法等,都有人主张权利。不知道《民法通则》的立法者在面对这些案例时,会作何感想?

秦始皇兵马俑的发现权争议

29 年前,杨新满与同村的伙计们在挖井时发现了秦始皇兵马俑……一开始,杨新满等人并没有意识到要求明确"发现权"。后来,跻身世界八大奇迹的秦始皇兵马俑吸引了全世界的目光,该馆的宣传材料曾透露,1985 年该馆的日参观人数稳定在 4000 人左右。而当地想出了更聚人气的赚钱方法,让秦始皇兵马俑的"发现人"坐堂,签名售书。

首先签名售书的是杨志发,接着杨新满、杨彦信、赵康民等也被邀请,再后来,一些跟此事毫无关系的人也号称"第一发现人"在秦俑馆附近一些书店蒙骗游客,图的是每月近千元的"签名费"。杨新满等人认为,之所以会出现鱼目混珠的现象,是因为没有政府的"认证"。从1985年开始,他及其他几位打井时的伙伴找到秦俑馆,要求该馆对此给予认定,但一直无果……

杨等人还要求对该馆一号坑介绍文字中"当地农民打井发现"进行修改,写出他们9人的具体姓名。①

上述报道为我们提供了很多值得思考的线索。首先,它提供了发现者从其"发现权"中获利的可能途径。大多数发现权争议案中,都有一方能够从自己的"发现人"身份中获得某种好处。其次,它提到政府认证,这是不是在建议设立一种类似专利审查与授权的制度?再次,它提到其他人与发现者的竞争行为。"蒙骗游客"的"签名费",似乎可以从公法(诈骗)角度解决,为什么要通过赋予"发现权"的方式解决呢?最后,它还提到发现人要求第三方(秦俑馆一号坑)修改其介绍文字。第三方在这种情形下,需要对发现人承担什么义务吗?

邱维勤 v. 侯辉光

上海二中院(1997)沪二中经初(知)字第641号

谢晨、薛春荣、陈默法官:

经审理查明,1992年8月27日患者鲍某至原告所在的上海铁道医学院(现名上海铁道大学)附属甘泉医院遗传咨询门诊咨询所患疾病的诊断及有无治疗措施。……原告经检阅文献,认为鲍的病症可能是BCMD,并提出对患者进行活肌光镜、电镜检查。……1992年11月18日,原告通知被告同往上海医科大学电镜室进行患者活肌电镜观察。电镜观察由被告操作。通过电镜观察,鲍某所患疾病被确认为"BCMD"。被告根据该病例撰写了《常染色体显性遗传的良性先天性肌营养不良症》一文,于1993年11月在院庆交流会上宣读。文中有"我们发现……"等语。1994年6月该文刊登在《中华神经精神科杂志》。同月,原告作为作者之一的《良性先天性肌营养不良:国内首例家系研究及其分类问题的探讨》一文在《临床》杂志发表。经检索,此前国内无相同病例报告。原告在1996年7月发现《常》文,提出异议,随后提起诉讼。

……

本院认为,发现权是发现人对其发现所享有的精神权利。取得发现权的前提是完成科学发现。

<u>法律意义上的发现,是指科学发现,与日常生活中所说的发现内涵和意义截然不同</u>。科学发现是通过观察、研究、试验或推理,从而以明确的方式得出前人未知的对客观世界固有的事物、规律、特性、现象的认识。科学发现具有给人类认识水平带来根本

---

① 杨新满、杨培彦、杨全义:《打井发现兵马俑 九农民为何要争秦俑"发现权"》,载《北京青年报》2003年12月12日,http://news.xinhuanet.com/newscenter/2003-12/12/content_1226980.htm,2011年8月9日访问。

变化的价值,其内容具有"新颖性"。科学发现的"新颖性"在空间上是"世界范围",时间上为"前所未有"。是否具有新颖性,是衡量是否属于"发现"的标准。

根据信息检索结果,可以认定本案涉及的病例系我国首例确诊为 BCMD 的病例。原告依据所掌握的医学理论知识与临床治疗经验,否定被告的诊断意见,提出与结果相符的诊断方向,并据此提出电镜检查建议,最终确诊的事实,充分说明了原告在我国首例 BCMD 病症的确诊过程中的主导和决定性的作用。作为国内第一例确诊的 BCMD 病例,无疑会给我国医学理论研究和实践产生积极的影响,其意义应当予以充分肯定,但若以"发现"的新颖性标准衡量,无法得出此项成果属于"发现"的结论。

国际有关文献对 BCMD 疾病、症状、诊断手段,已有记载或介绍。因此无论是鲍某被确诊为 BCMD 的诊断方法,还是病症确诊结果显示的在欧洲以外地区的亚裔人群中也患有 BCMD 的现象,或者该病例为我国范围内临床诊断首次确诊的实例,都不足以证明具有"发现"所要求的新颖性。其次,从原告认可并作为作者署名发表在《临床》等杂志上、被告刊载于《中华神经精神科杂志》上的文章也可以看出,两篇文章在报告鲍某病症与有关文献对"BCMD"描述相符的实例后,讨论部分的内容旨在说明的是,诊断结果的正确以及获得正确结论的心得。而对于"BCMD"病因,或者其诊断方法,或者 BCMD 在亚裔中存在的现象的启示,并没有提供更新的认识。因此以"发现"的意义比较,该病例只是对已知事实的印证,而没有达到认识创新的高度,不具有新颖性,原告以此为由提出其"发现"并享有发现权的诉讼主张,本院不予支持。

……

综上所述,我国首例 BCMD 的确诊尽管对于临床诊治和研究具有不可低估的积极意义,但从发现的意义出发进行考量,尚不能称作"发现"。原告主张其完成发现并享有发现权的理由不足,其诉讼请求本院不予支持[说明:2000 年上海高院在(2000)沪高知终字第 77 号判决书中维持了一审法院的上述判决]。

思考问题:

法院认为,"法律意义上的发现,是指科学发现,与日常生活中所说的发现内涵和意义截然不同。"有道理吗?

关于发现权争议的案子还有:郑萍 v. 杨国栋 案,该案中原告主张的发现权内容是以东莨菪碱为主、氯丙嗪为辅的复合液中药麻醉戒瘾毒法(郑氏戒毒法)。宁波中院在(2004)甬民二初字第 129 号判决书中对发现权有下列评论(引自二审判决书复述):"《民法通则》第九十七条规定,'公民对自己的发现享有发现权',第一百一十八条规定,公民、法人的发现权,'受到剽窃、篡改、假冒等侵害的,有权要求停止侵害,消除影响,赔偿损失';可见,公民、法人依法享有的发现权,受到我国法律的保护。所谓发现,是指对至今没有认识的可以证明是正确的物质世界的现象、性质和规律的认识。'至今没有认识'即新颖性,是构成发现的重要条件和标准,依法应由主张者予以证明之。"浙江高院在(2005)浙民三终字第166号终审判决中,以原告主体资格不合格为由,撤销了一审判决,驳回起诉,没有对案件的发现权的实体问题作出评论。

联系上面的各类案子,你觉得现代社会为什么要保护这些五花八门的发现权?除了授予发现权之外,有更好的替代性的解决方案吗?或者,社会可以将这些问题完全视为道德问题,而不进行法律干预吗?为什么?相关论文可以参考:杨巧:《评"兵马俑"发现权的确认》,载《法学杂志》2004年第3期,第57—59页;高映:《论科学发现权之知识产权属性的合理性》,载《法学杂志》2009年第2期。

3.3.2 历史上的保护发现的建议

在专利法历史上,曾经有人主张对科学发现提供专利保护:

1922年法国 J. Barthelemy 教授向法国立法机构(The French Chamber of Deputies)提出一项议案,要求废止关于禁止对科学发现等授予专利权的规定。在该建议中,他提出两点设想:首先,科学家可以获得所谓的原理专利(Patent of Principle),保护期为有生之年加死后50年;其次,科学家作出某项发现以后,如果他人基于该发现作出应用发明,则科学家有权就该发明所获利益主张自己的份额。无独有偶,同一年,意大利(The Committee on Intellectual Cooperation of the League of Nations)批准了 Bergson 教授的一项计划草案。该草案指出,当时专利法对科学发现不给予专利权保护,完全是基于粗糙的功利主义、模糊的经验主义和令人不安的武断。

J. Barthelemy 教授的建议在法国没有被采纳,是因为法国人认为在世界普遍接受该建议以前,如果法国单独对科学发现提供专利保护,则法国的工业将被迫支付比其他国家竞争者要多的许可费用,从而阻碍法国工业的发展。Bergson 教授因此建议,通过创设一项国际条约使各签字国共同来维护科学家的这项权利。这项建议走得相当远——当时国际联盟(The League of Nations)的专家甚至着手起草公约草案。到了1930年,这一努力宣告失败,政府决定以政府奖励来代替科学专利,给予科学家以奖赏。后来随着社会主义国家立法的发展,对科学发现进行政府奖励的做法逐渐得到推广。①

4 智力活动规则

智力活动规则(思维规则或抽象思想)无法获得专利保护,这是专利法上的基本原则。不过,如何判断一项发明是智力活动规则还是可保护的技术方案,大概是专利法上最为困难的问题了?造成这一困难的原因自然也是多方面的:其一,智力活动规则概念本身的边界也十分模糊,具体适用时高度依赖法院的自由裁量;其二,专利法排除智力活动规则的原因(立法目的)原本就不是十分明确,众说纷纭。没有统一而明确的指导思想,在具体解释智力活动规则的边界时,很容易失去方向。其三,很多智力

---

① 参见 Robert Patrick Merges, Patent Law and Policy, 2nd Ed. The Michie Company, 1997, pp. 63-65.

活动规则或思维步骤与物理步骤(美国法院习惯上将这些物理步骤称作解决方案之外的活动(post-solution activities))结合,从整体上看起来该发明方案与专利法意义上的保护客体非常接近,比如计算机程序与通用计算机的组合。

在实践中,引发最多关注的可能被视为智力活动规则或抽象思想的专利客体是信息呈现的方法、计算机程序类发明、商业方法类发明等。接下来,我们的讨论也主要围绕这些客体展开。

4.1 排除智力活动规则的原因

专利法排除思维规则或抽象思想,很可能像美国最高法院在下面的Benson案以及其他一系列案中所强调的那样,是因为它们和前文所述的科学发现一样,被视为科学研究的基本知识(building blocks),有非常广泛的应用范围,是后续创新的基础。如果它们被人垄断,可能导致后续创新的成本过于高昂。不过,如果没有有效方法界定什么是抽象思想,则很容易导致这一规则被滥用。一旦发明的应用范围较广,法院就可能对它持敌视态度。发明越重要就越可能得不到保护。沿着这一路径,法院很容易就颠覆了专利法本来的立法目的。

除了上述原因为,专利法还可能基于其他理由排斥思维规则。以下的论文片段有具体的解释:

为什么排斥思维步骤

崔国斌:专利法上的抽象思想与具体技术——计算机程序算法的可专利性分析
《清华大学学报》2005年第3期,第37—51页。

专利法意义上的思维规则,是指人的大脑执行的思维步骤、方法等,最为典型的应该是数学理论规则等。思维方法(步骤)例外与专利法传统中对于方法发明的理解,有着高度的契合:由人脑思维活动所执行的步骤,比如选择、判断、观察等,缺乏对物质世界的直接操控,也没有有形的结果产生。因此,专利法直接将思维规则视为抽象理论排除出专利法的保护客体范围就一点也不奇怪了。

专利法否定思维规则的专利性,也有另一方面的解释:如果一项发明的实施过程,需要人的主观思维判断能力的介入,则发明方案的技术效果依赖于不同人的主观思维能力,具有不确定性。也就是说,该发明方案不具备客观性(可重复性),发明人无法在专利申请文件中实现所谓的充分公开从而保证普通技术领域的能够独立实施该技术方案。当然,方法发明对于所谓人的主观介入的排斥,也不是完全绝对的——很多方法发明中的物理参数(温度、时间、色度等)常常需要人来把握。只是这些判断活动并不过分依赖于个性化的思维活动。

从公共政策的角度否定思维规则的可专利性也有相当强的说服力。社会普遍认为人类思想领域应该保持自由开放。个人思想的自由与保护个人创造物具有同等的价值。专利法禁止对思维步骤提供专利保护,是为了防止专利权人利用专利法禁止他人在大脑中利用该思维规则,给予过宽的保护。事实上,用专利法来干涉人的思维自由是非常不现实的——侵权活动很难察觉。即使这种干涉是可能的,社会也无法接受这种粗暴干涉。

4.2 智力活动规则的范围

《专利审查指南》(2010)(第二部分 第一章 第4.2节)对于智力活动规则的排除规则有比较详细的说明:

> 智力活动,是指人的思维运动,它源于人的思维,经过推理、分析和判断产生出抽象的结果,或者必须经过人的思维运动作为媒介,间接地作用于自然产生结果。智力活动的规则和方法是指导人们进行思维、表述、判断和记忆的规则和方法。由于其没有采用技术手段或者利用自然规律,也未解决技术问题和产生技术效果,因而不构成技术方案。它既不符合专利法第二条第二款的规定,又属于专利法第二十五条第一款第(二)项规定的情形。因此,指导人们进行这类活动的规则和方法不能被授予专利权。
>
> 在判断涉及智力活动的规则和方法的专利申请要求保护的主题是否属于可授予专利权的客体时,应当遵循以下原则:
>
> (1)如果一项权利要求仅仅涉及智力活动的规则和方法,则不应当被授予专利权。
>
> 如果一项权利要求,除其主题名称以外,对其进行限定的全部内容均为智力活动的规则和方法,则该权利要求实质上仅仅涉及智力活动的规则和方法,也不应当被授予专利权。
>
> 例如,审查专利申请的方法;组织、生产、商业实施和经济等方面的**管理方法**及制度;交通行车规则、时间调度表、比赛规则、演绎、推理和运筹的方法;图书分类规则、字典的编排方法、情报检索的方法、专利分类法;日历的编排规则和方法;仪器和设备的操作说明;各种语言的语法、汉字编码方法;计算机的语言及计算规则;速算法或口诀;数学理论和换算方法;心理测验方法;教学、授课、训练和驯兽的方法;各种游戏、娱乐的规则和方法;统计、会计和记账的方法;乐谱、食谱、棋谱、锻炼身体的方法;疾病普查的方法和人口统计的方法;信息表述方法;计算机程序本身。
>
> (2)除了上述(1)所描述的情形之外,如果一项权利要求在对其进行限定的全部内容中既包含智力活动的规则和方法的内容,又包含技术特征,则该权利要求就**整体而言**并不是一种智力活动的规则和方法,不应当依据专利法第二十五条排除其获得专利权的可能性。

专利法上所说的智力活动规则或思维规则应该限于那些并没有利用物理步骤或装置的抽象规则。上述《专利审查指南》将"训练和驯兽的方法""锻炼身体的方法""计算机的计算规则"等也列入智力活动规则,多少有过度扩张这一概念字面含义的嫌疑。专利法要排除这些客体,可能应该以其他名义实现。

吴海建 v. 知识产权局专利复审委员会

北京一中院(2001)一中知初字第288号

娄宇红、苏杭、张广良法官：

吴海建于1995年4月17日提出了名称为"中国年历星期六的色彩表示方法"的发明专利申请，申请号是95104000.6，公开日为1996年10月23日。该专利申请的权利要求书内容为：

"1. 一种中国年历星期六的色彩表示方法，其特征在于中国年历中的星期六及其所涉及的公历数字、农历数字、文字可用红色表示，或者用色相为红调子的颜色表示，如：橙红色、紫红色等。

2. 根据权利要求1所述的中国年历星期六的色彩表示方法，其特征在于红色的色相在光谱中波长为700 nm的色泽为标准红色，通过加入黄色调至橙红色，加入蓝色调至紫红色，形成色相为红调子的颜色。"

95104000.6号专利申请说明书载明，因我国过去一直执行的是每周星期日为周休日的规定，年历中星期日的色彩习惯用红颜色表示，星期六一般用绿颜色表示。根据1995年3月25日国务院总理签发的第174号国务院令，国家机关、事业单位实行统一的工作时间，星期六和星期日为周休日。从现有技术看，各类年历产品都没有对年历中星期六的色彩有一个统一的规定，现有年历中星期六的色彩表示会使人们感到不方便。本发明的目的就是解决这一问题。

[本院认为：]

关于本专利申请是否属于专利法第二十五条第(二)项所规定的不能被授予专利权的"智力活动的规则和方法"的问题，由本专利申请权利要求书可知，权利要求1要求保护的是一种中国年历星期六的色彩表示方法，其特征在于用红色或者用色相为红调子的颜色表示中国年历中的星期六及其所涉及的公历数字、农历数字、文字。如原告在本专利申请说明书中对发明目的的陈述可知，本专利申请是沿用传统习惯中用红色表示休息日的方法来标识星期六这一新规定的休息日，使人们看到红颜色表示的中国年历星期六后，就会马上意识到"星期六"是"休息日"，因此，本专利申请是用色相为红调子的颜色这种符号传达一种信息，仅是指导人们对这种信息进行思维、识别、判断和记忆的规则和方法。

虽然原告指出本专利申请中的色彩表示方法允许或包括采用不同的技术手段将色相为红调子的色泽用于表示不同于有关中国年历中星期六的色彩，本发明的实现必须使用自然力，因而不属于智力活动的规则和方法。但本专利申请中却并没有描述这种技术手段，而只是通过人的思维直接主观地规定中国年历星期六用红色表示。因此，本专利申请权利要求1方案的中心内容没有采用技术手段，也没有使用自然力，所解决的问题不属于技术问题，因而也就不会产生技术效果。故其保护的方案不构成技术方案，属于专利法第二十五条第(二)项所规定的不能被授予专利权的"智力活动的规则和方法"。权利要求2是对上述权利要求1中"表示方法"的细化,其仍是用色彩符号来标识抽象事物(星期六)的方案,同样不是一种技术方法,故权利要求2也属于专利法第二十五条第(二)项所规定的不能被授予专利权的"智力活动的规则和方法"。

[说明:本案上诉后,北京高院在(2002)高民终字第348号判决书中维持了一审意见。]

思考问题:

(1)将本案专利申请想要保护的技术方案改写成一种"周六用红色表示"的挂历。这时候,法院同样能够用所谓没有利用自然力或者是思维方法之类的理由否定其客体属性吗?

(2)将周六、周日统一成红色,方便识别,算是技术效果吗?

(3)假设交通信号灯先前只有单色绿色,后来研究发现红色更显眼,然后将之改为红色。这种颜色的变化,能产生专利法意义上的新技术方案吗?

阮岗侠 v. 专利复审委员会

北京市高院(2010)高行终字第1129号

张冰、刘晓军、谢甄珂法官:

本申请涉及名称为"五行扑克牌"、申请号为200620135839.7的实用新型专利申请,其申请日为2006年9月22日,申请人为阮岗侠。

国家知识产权局于2008年4月18日驳回了本申请,该驳回决定的理由是:本申请权利要求1及其从属权利要求属于一种智力活动的规则和方法的范畴,权利要求体现的是一种游戏规则的人为限定,而不是利用自然规律和自然力的技术方案,属于《专利法》第二十五条第一款第(二)项所规定的不授予专利权的情形……

上述驳回决定所针对的权利要求书如下:

"1. 一种涉及文化娱乐用品的游戏牌,由主牌和王牌构成。其特征是:主牌分五类,每类9至13张;王牌2至5张。

2. 根据权利要求1所述的一种游戏牌,其特征是:可用纸质制作成普通扑克牌外观的纸牌,也可用竹、骨、塑料、玻璃等材料制作麻将牌外观的骨牌。

3. 根据权利要求1和2所述的一种游戏牌,其特征是:五类主牌分别与五行对应,既可用金、木、土、水、火文字(图2),也可以图形白虎、青龙、麒麟、玄武、朱雀(图3)或其他能形象表示金、木、土、水、火的图形表示,图形的颜色填充为相应五行色。

4. 根据权利要求1和2所述的一种游戏牌,其特征是:五类主牌分别与五行对应,还可用方块、草花、圆球、黑桃、红心(图1),或者其他抽象图形符号表示金、木、土、水、火,图形的颜色填充为相应五行色。

5. 根据权利要求1和2所述的一种游戏牌,其特征是:王牌既可只设大、小王2

张、又可设为金、木、土、水、火5个王5张牌，还可按大中小、天地人或东西南北、天地人神设3或4个王。"

[专利复审委员会向阮岗侠发出复审通知书，指出权利要求1—5不属于实用新型保护客体。]针对上述复审通知书，阮岗侠于2009年5月24日提交了意见陈述书和修改后的权利要求书，其修改后的权利要求书为：

"1. 本实用新型发明涉及一种文化娱乐用品的游戏牌，其特征是游戏牌由纸质、竹子、骨、塑料、玻璃等材料制作，由主牌和王牌组成，主牌分五类，每类9至13张，王牌2至5张。每类牌暗合五行之一，既可用文字金、木、土、水、火，也可用表示五行的图案和颜色区别，也可在普通牌红心、方块、黑桃、草花增加一类圆球。使每一类牌只压另一类牌，同时也只被第三类牌压。从而达到数字相同，也可压牌。如金3可压木3，黑桃A可压红桃A，增加牌的变数，解决了相同大小不同花色牌不能相压的技术难题。而用王牌代替任何牌时，对超过2张以上的同花链子牌，如果其中含有王牌，则按五行相生变为另一同花链子牌，解决了牌不能变化的技术难题，变数陡增，趣味横生。"

......

专利复审委员会在第17826号决定中认定：首先，本申请权利要求1限定的方案中，对棋牌分类、张数、制作材料、文字、图案、颜色、抽象图形符号等进行的限定以及对游戏牌的游戏规则和玩法的限定，并没有采取利用自然规律的技术手段来解决技术问题，没有在棋牌的形状、构造或者其结合上形成新的技术方案，因此，权利要求1限定的方案没有采用技术手段、没有解决技术问题、也没有获得符合自然规律的技术效果，根据《专利审查指南》第一部分第二章第6.4节的规定，本申请权利要求1不属于实用新型专利保护的客体，不符合《专利法实施细则》第二条第二款的规定。

......

本院认为，根据《专利法实施细则》第二条第二款规定，专利法所称实用新型，是指对产品的形状、构造或者其结合所提出的适于实用的新的技术方案。所谓技术方案是指对要解决的技术问题所采取的利用了自然规律的技术手段的集合，未采用技术手段解决技术问题，以获得符合自然规律的技术效果的方案，不属于实用新型专利保护客体。产品的形状以及表面的图案、色彩或者其结合的新方案，没有解决技术问题的，不属于实用新型专利保护的客体；产品表面的文字、符号、图表或者其结合的新方案，不属于实用新型专利保护的客体。

本申请请求保护一种文化娱乐用品的游戏牌，其主要限定了游戏牌的分类、张数、制作材料、颜色、文字、图案、抽象图形符号以及游戏牌的游戏规则和玩法。根据本申请说明书的记载，本申请所要解决的问题是将中国古文化五行相生相克学说结合现代牌类博弈规律，为公众提供一种新的思维锻炼方法和文化娱乐的牌类。本申请请求保护的游戏牌达到的效果是"既可开发智力，锻炼思维，又能在休闲娱乐中，领略中国古文化的深邃哲理和神奇魅力，继承和弘扬中华民族的优秀传统文化"。因此，本申请所保护的技术方案并没有对游戏牌产品的形状、构造或者其结合提出适于实用的新的技术方案，没有采用技术手段解决技术问题，也没有获得符合自然规律的技术效果。因此,本申请不属于《专利法实施细则》第二条第二款规定的技术方案,不属于实用新型专利保护的客体……驳回上诉,维持原判。(2010.10.14)

思考问题:

(1) 第一个发明纸牌或扑克牌的人,能够就该纸牌申请产品专利吗?改进该纸牌材质、数量或图案的人呢?

(2) 本案诉争的权利要求对于制造游戏牌的物理材料的引用或限定,算是利用了自然力或自然规律吗?

(3) 实现娱乐、锻炼思维等功能,是不是在实现技术目的?单纯的游戏机是专利法意义上的技术方案吗?它和本案的游戏牌有差别吗?

4.3 计算程序

4.3.1 计算机程序专利保护现状

中国专利法上并没有直接对计算机程序的客体属性作出明确规定,《专利审查指南》则明确将"计算机程序本身"排除出客体范围。依据《专利审查指南》所揭示的规则,中国在计算机程序上的保护策略从表面上看,基本与美国 20 世纪 80 年代 Diehr 案后的传统做法相当:计算机程序只有与传统设备或者工艺相结合,才较有可能获得专利授权。在中国专利法领域,法院极少对专利局《专利审查指南》的权威性发起挑战,大多数场合会直接将《专利审查指南》作为专利行政诉讼案件的判案依据。中国专利法领域这一行政主导的传统对于落实政府的产业政策相当有利,但是大大降低了社会力量通过司法途径改变中国专利法的积极性,在一定程度上减缓了专利法完善的速度。

计算机程序相关的发明,很容易被描述成一种产业方法或者一种工业装置或系统。这些方法、装置和系统,与传统的产品和方法发明并无本质的界限。因此,在专利审查实践中,审查员面对具有丰富文书撰写经验的代理人时,是否能够有效排除本质上为计算机程序的发明申请,肯定是一个疑问。中国甚至对一些接近纯计算机程序性质的发明授予专利权,比如"加密算法"(以加密技术的名义)。其实,审查员在很多情况下,只能武断地采用所谓"名为……实为计算机程序发明"的方法,拒绝授权。而这种方法非常接近前文所述的新颖点规则,合理性令人怀疑。总的看来,中国计算机程序的专利保护依然处在迷雾之中。

自 20 世纪 90 年代以来,在整体论的指引下,美国先后承认存储特定程序的计算机、存储有特定程序的磁盘本身的专利客体属性。专利法就差直接承认程序算法、程序文本本身的专利客体属性了。

不过,近年来,美国计算机程序和商业方法类的发明泛滥。为此,最高法院通过 Mayo 案[①]、Alice 案等逐步放松了美国法上的"抽象思想"例外的适用,要求计算机程序

---

① Mayo Collaborative Services v. Prometheus Laboratories, Inc., 132 S. Ct. 1289 (2012).

（算法）与通用计算机的结合必需含有所谓的创造性概念(inventive concept)，而不能是众所周知的惯常结合。法院认为这样才能避免权利人通过简单地添加惯常步骤就实现对自然规律或抽象思想本身的垄断。这一要求虽然没有完全排除"计算机程序算法与通用数字计算机的结合"被视为保护客体的可能性，但是，它本身的操作性存在很大的疑问，使得"程序方法＋计算机"组合的可专利性蒙上巨大阴影。于是，美国专利法下，计算机程序相关类的发明的可专利性规则因此重新陷入混乱。

4.3.2 程序算法的专利法定性

计算机程序算法的可专利性分析

崔国斌：专利法上的抽象思想与具体技术——计算机程序算法的可专利性分析
《清华大学学报》2005 年第 3 期，第 37—51 页。

计算机程序的客体属性一直以来是专利法领域争论不休的热点议题。专利法从一开始就排斥计算机程序：程序代码被视为抽象的文字作品，程序背后的算法被视为抽象思想，二者皆不能成为专利法意义上的客体。进而，专利法对所有与计算机程序有关的发明都持警惕的保留态度。20 世纪 70 年代中后期以来，软件行业迅猛发展，社会对计算机程序的认识也逐步加深，专利法在产业部门的反复游说下改变了初衷，开始接纳部分与计算机程序有关的发明主题。到目前为止，计算机程序与传统工业应用系统结合在一起作为一个整体的系统、程序算法与传统的工艺流程结合在一起作为完整的工艺方法等，已经顺利成为专利法上的保护客体。

……

（二）程序算法与思维步骤

程序算法的产生过程与思维步骤有着非常紧密的联系。人们深受这一联系的影响，无法客观地对待程序算法，从一开始就将其视为思维规则。计算机程序算法一般是程序员在大脑中利用某种数学模型而设计的一步接一步的运算步骤方案。在应用于计算机之前，程序算法作为一个独立的抽象方案就已经在人脑中存在。因此法院很容易接受这样的观点："程序算法代表思维过程，没有应用于现实的物理要素或者方法步骤。"在 Benson 案以前，美国专利商标局一般认为如果程序步骤能够由人的大脑单独或者在纸笔协助下演算完成，则不能受到专利法保护。Benson 案法院就倾向于认为计算机执行算法的过程与人脑进行思维规则的过程是一致的。为了说明程序算法与思维步骤的一致性，有学者还引用近三十年来认知心理学的研究成果："认知心理学已经认为人的行为表述是可计算的。人的思维从某种意义上就是借助于算法进行的。思维步骤序列和算法是相同的事情。"在上述认识背景下，尽管计算机在执行程序算法的过程中，无须人脑的介入，不属于典型的思维过程，法院依然认为计算机不过是人脑的替代物，将程序算法与思维步骤等量齐观。

程序算法作用的对象是抽象的数据信息。虽然程序算法被运行之后会导致信息的变化，但是社会普遍将信息与载体分离，认为信息只是一种抽象的内容，并不具备物质形态，因此信息状态的变化并不被视为物质结构的变化。依据前文所述的传统专利法对于方法发明客体的基本要求，程序算法即使不被视为思维规则，也不能获得专利法上的客体地位。

程序算法受到排斥的另外一个主要原因就是算法与数学的天然联系。专利法过去当然地认为数学和自然规律的发现，都不可能获得专利保护。程序算法实际上就是基于各种各样的数学模型设计出来。对程序算法谋求专利，很容易被认为是对数学规则谋求专利保护。因此，有学者指出："随着计算机的出现，纯的数学和技术之间的界限被打破。专利法可能面临着将保护延伸到自然科学领域的风险。"

（三）操作机器的方法

在程序算法与计算机发生联系之前，将其视为抽象规则表面上还有一些道理。一旦程序算法和计算机联系起来，成为与计算机程序中所包含的操作计算机的方法步骤，则立即具备了与思维步骤迥然不同的一面。如我们所知，人脑的介入是思维步骤之所以成其为思维步骤的必要条件，而程序算法实际上是由电脑（机器）执行的方法步骤，从定义上显然不能直接归入所谓的思维规则这一类别。程序执行过程中，完全独立于人的思维，无须人的思维判断能力的协助。正因为如此，在 In re Prater 案中法院认为，如果程序所揭示的步骤能够通过抽象的思维步骤进行，也可以通过非思维的操作实现，则不能排除该程序步骤的专利性。法院在 In re Musgrave 案中指出："那些能全部由装置执行的步骤，并不会因为这些步骤的部分或者全部也能够通过人的思维执行，就不再是专利法意义上的保护客体。也不能因为执行这些步骤中需要执行者的思考，就否定其为保护客体。"In re Musgrave 案因此也被专利法的权威学者称为体现专利法在这一领域的最高水准的司法判例。

同样的，我们也不能因为算法步骤本身和数学规则（思维规则）存在对应的联系，就将计算机操作步骤理解为由人来执行的思维规则。In re Chatfield 法院认为，所有的机器的物理功能，都能够被数学模拟。我们不能仅仅因为发明的新颖之处能够为数学规则所描述，就否认这些机器不是专利法意义上的客体。我们不能惩罚那些通过揭示内在的非显而易见的数学联系并利用该发现作出发明的发明者，而对那些虽然不了解内在数学联系通过盲目尝试而获得相同机器的发明者给予奖励。In re Berhart 案中，法官认为"所有的根据物理规律运行的机器，都可以用数学的方式加以模拟"。State Street Bank 案中法院引述 In re Iwahashi 案，认为在任何一步接一步的操作方法，无论是电子的、化学的或者机械的，都涉及宽泛意义上的算法。

专利法将客体范围延伸到程序算法，并不意味着放弃抽象思维规则不能申请专利的基本原则。程序算法完全由计算机独立运行，这一过程中并不需要个人主观判断力的过度介入。因此，不存在专利法在否定思维规则专利性时所担心的无法充分公开、不可重复再现等方面的问题。程序算法专利保护的后果是他人不得按照该程序算法运行（操作）计算机，不会导致算法思想在计算机程序以外领域的使用受到限制，也不会妨碍个人的思想自由。从这里我们也可以看出，程序算法依然对现实世界的物理因素（计算机）有着直接的依赖，也正是因为这种物质依赖保证程序算法从本质上是操作现实世界里存在的机器的方法,而不是抽象的思维规则。也就是说,在程序算法的客体审查过程中,我们依然坚持了机械社会形成的区分技术方案与抽象思想的经验性的标准——对物理因素的利用。

Gottschalk v. Benson

美国最高法院 409 U.S. 63（1972）

Douglas 法官:

被申诉人向专利局提出一份发明专利申请,该发明被描述为与通用数字计算机中"信息的程序处理、更具体地说是数字信息的程序转化"有关。他们主张一种将 BCD 码("二/十进制",二进制编码的十进制代码)数据转化成纯二进制码数据的方法。该权利要求并不限于任何特定的方法或技术、任何特定机器或装置、或任何特定的终端用途。他们声称涵盖在任何类型的通用数字计算机上对该方法的任何应用。权利要求 8 和 13 被专利局驳回,但是得到关税与专利上诉法院的支持……

这里的问题是,上述方法是否是专利法意义上的"方法"(process)。

与模拟计算机不同,数字计算机在以数字形式表达的数据上运行,通过算术运算来解决问题,就像一个人用脑和手来做一样。有些数字被当作计算机的组成部分而存储起来。另外一些数字则以设定好的可识别的方式被输入计算机。然后,计算机在这些新输入和先前存储的数据上运行。通用计算机是依据设计能够在多种不同程序下执行操作的计算机。

用来代表数字的,可能是一定形式的按时间排列的电子脉冲信号,磁带、磁鼓或磁盘表面被磁化的点,阴极射线管屏幕上带电的点,纸卡片上存在或不存在的穿孔,或其他装置。该方法或程序是一系列编码的数字计算机指令。

该专利寻求对数字计算机进行编程,将 BCD 码形式的信号转化为二进制码的形式[的信号]。用来解决某一给定数学问题的程序步骤(procedure)被称作"算法"(algorithm)。现在这一权利要求中所设定的程序步骤就是一种算法。也就是说,它们是一种为计算机程序准备的通用化的公式,而该程序要解决的是"将数字从一种形式转化为另外一种形式"的数学问题。从这一通用公式出发,程序可以开发出各种具体的应用功能。

十进制使用十个数字,即 0,1,2,3,4,5,6,7,8 和 9。像任何位置计数法一样,每个数字在某个数中所代表的数值大小取决于该数字的数值以及它在该数中所处的相对位置。十进制的数写法是将数字放在该数字序列的适当的位置,即个位(10^0)、十位(10^1),百位(10^2),千位(10^3)等等。比如,"1492"代表 $(1 \times 10^3) + (4 \times 10^2) + (9 \times 10^1) + (2 \times 10^0)$。

纯二进制的位置计数法使用两个数字符号 0 和 1,将它们放在一个按 2 的多次方(幂)增值排列的数列中。在纯二进制的计数法中,与[十进制中]十位所对应的位置是"二位";与百位对应的是"四位";与千位对应的是"八位"。从 0 到 10 的任何十进制的数可以在二进制中用四个数字或位置表示,具体如下列表格所示。

十进制		2³ (8)		2² (4)		2¹ (2)		2⁰ (1)		纯二进制
0	=	0	+	0	+	0	+	0	=	0000
1	=	0	+	0	+	0	+	2⁰	=	0001
2	=	0	+	0	+	2¹	+	0	=	0010
3	=	0	+	0	+	2¹	+	2⁰	=	0011
4	=	0	+	2²	+	0	+	0	=	0100
5	=	0	+	2²	+	0	+	2⁰	=	0101
6	=	0	+	2²	+	2¹	+	0	=	0110
7	=	0	+	2²	+	2¹	+	2⁰	=	0111
8	=	2³	+	0	+	0	+	0	=	1000
9	=	2³	+	0	+	0	+	2⁰	=	1001
10	=	2³	+	0	+	2¹	+	0	=	1010

使用十进制数的 BCD 计数法将每个十进制数中十进制数字替换为上述表格中最右边一列所列的四位的二进制数。因此,十进制的 53 用 BCD 码表示就是 0101 0011,因为十进制的 5 等于二进制的 0101,十进制的 3 等于二进制的 0011。然而,在纯二进制计数法中,十进制的 53 等于二进制的 110101。将 BCD 数转化成纯的二进制数可以利用上述表格在大脑中完成。被要求保护的专利方法对人的大脑所使用的普通数学步骤进行了变通,改变了这些步骤的顺序,改变了某些步骤中所使用的乘数的书写方式,在每一连续的操作之后进行小计等等。这些数学步骤可以在现有的早已投入使用的计算机中进行,无须任何新的机器。而且,与上所述,在没有计算机的情况下,它们也可以被实施。

本院在 Mackay Co. v. Radio Corp., 306 U.S. 86, 94 案中,指出:"虽然科学真理或它的数学表达,不是可专利的发明,但是在科学真理知识的协助下创造的新颖而实用的结构(structure)则可能可以[获得专利保护]"。这一说法遵守了一个存在很久的规则,即"思想(idea)本身是不能专利的。"……"以抽象形式存在的原理(a principle in the abstract)是基本真理(fundamental truth)、最初的原因(original cause)、动因(a motive);这些不能获得专利,没有人能对它们中的任一项主张独占权。"……刚发现的自然现象,思维方法(mental processes)和抽象的知识概念(intellectual concepts)是不能专利的,因为它们是科学技术研究工作的基本工具。就像我们在 Funk Bros. Seed Co. v. Kalo Co., 333 U.S. 127, 130 案中所说的那样,"发现至今未知的自然现象的人,并不能依法对该发现享有任何垄断权。如果有发明从该发现中产生,则该发明必定是应用自然法则所获得的新颖而实用的结果。"那里我们处理的是一个"产品"权利要求,而现在的案子处理的是一个"方法"权利要求。但是,我们认为二者适用相同的原则。

这里,"方法"权利要求是如此抽象而宽泛,涵盖"BCD 向纯二进制转化"的已知和未知的用途。终端使用可能(1)包括下列变化形式,从操作火车到核实驾驶执照,到查找法律文献中的先例等;(2)可以通过现存的机器或者将来设计的机器运行,也可以不用任何装置。

在 In O'Reilly v. Morse, 15 How. 62 案中,莫尔斯(Morse)被授予一项使用电磁原理产生可辨别的电报信号的方法专利。但是,本院拒绝了第 8 项权利要求,在其中 Morse 对"在任何距离间,以任何方式(however developed)利用电磁原理标注或打印可识别字符、符号、字母"的方法主张权利。本院在拒绝该权利要求时说,"如果这一权利要求能被维持,则通过什么方法或机器实现该结果就不再重要。或许,某些未来的发明人,在科学前进的道路上,会发现一种远距离的使用电流进行书写或打印方式,而无须使用原告专利说明书中所提出的方法或组合的任何部分。他的发明可能会更简单——更不容易出错,建造和使用起来更便宜。如果这一发明被专利所覆盖,则未经该专利权人的同意,[后一]发明人将不能使用它,社会公众也不能从中获益。"

在 The Telephone Cases, 126 U.S. 1, 534 案中,本院对 Morse 案做了如下解释: "该判决的效果是,将电磁作为动力的应用,在没有和专利中所描述的特定方法联系在一起时,不可获得[专利],但是,如果该应用和专利中的具体方法相结合则可以。"贝尔(Bell)的发明是使用电流传输语音或其他声音。该权利要求所主张的[应用]并不是"在电流从电池中流出的自然状态下使用电流,而是让封闭电路中的持续电流处于某种规定状态以适于传输语音或其他声音,然后在这一状态下为这一目的而使用该电流。"换句话说,该权利要求并不是要对"一种与专利中所采用的特定电流应用方式截然不同的电流应用方式"主张权利。该专利所指的是在磁铁和可变电阻相结合的条件下对电流的应用。换句话说,Bell 的权利要求并不是要涵盖电流在电话方面的全部应用方式。

在 In Corning v. Burden, 15 How. 252, 267—268 案中,法院指出,"一个人可能会发明一种新颖而实用的改进鞣革和染色工艺的方法等,而不限于任何特定形式的机器或机械装置。"法院所举的例子是"鞣革、染色、制造防水布、硫化印度橡胶、冶炼矿石的工艺"。这些例子中,利用化学物质或物理动作(physical acts)(比如温度控制)改变物品或材料。这些使原材料发生转变的化学方法或物理动作,足够明确地将专利垄断权限制在相当确定的范围内。

Cochrane v. Deener, 94 U.S. 780 涉及一种制造面粉并改进其质量的方法。该方法首先分离特级(特别精细)的面粉,利用鼓风从中等级的面粉中去除杂质,对中等级面粉重新研磨,然后将研磨产品和特级面粉混合。该权利要求并没有限定任何特殊的机器安排。本院指出,"一项方法,不论它使用何种特殊形式的手段,依然可能是可专利的。这一点是无可争议的。如果一项方法的某个步骤是将某种物质被变成粉末,则用什么工具或机器去实现这一目标,究竟是锤子、研钵还是磨粉机,可能一点都不重要。当然，[专利]可以披露其中任意一个[工具或机器]。但是，如果专利权利要求并不限于特定的工具或机器，在整体的方法相同的情况下，使用其他[工具或机器]依然构成侵权。方法(process)[发明]是处理某种材料以获得特定结果的模式(mode)。它是一个动作或者一系列动作，作用于客体将之改变或转化到不同状态或转变成不同的东西。"

将物品转变到"不同状态"或转变成"不同东西"是判断不包含特定机器的方法权利要求的可专利性的线索(clue)。正因为如此，在 Tilghman v. Proctor, 102 U.S. 707, 721 案中，"在高温高压下用热水从动物肥肉中提取脂肪酸和甘油"的方法专利得到维持。法院指出："该专利所依赖的化学原理或科学事实是，为了使得中性脂肪成分彼此分离并成为自由状态，中性脂肪成分需要各自与水中的等同原子先结合在一起。这一化学事实并不是 Tilghman 发现的。他仅仅主张自己发明了一种获取由脂肪成分与水组成的化学结合物(chemical union)的特定方法。"

在 Expanded Metal Co. v. Bradford, 214 U.S. 366 案维持了一种延展金属的方法专利。一种"通过机械操作产生新颖而实用的结果"的方法被认为是可专利的，尽管该方法专利并不仅仅限于特定的化学操作(chemical action)。Smith v. Snow, 294 U. S. 1 和 Waxham v. Smith, 294 U.S. 20 涉及一种对鸡蛋进行分段孵化，利用机械手段让气流在鸡蛋周围循环的方法。本法院在维持[针对]上述功能(孵化鸡蛋)和实现这一功能的手段或方法[的专利]时，指出：

按照特定方式使用材料，他利用一种从未在自然界发生也未被在先技术所预见的方法，保证该功能得以实现。这是一种可专利的方法或流程……一项方法可以获得专利，而不限于用何种体现该机理的特定形式将之付诸实施。不能仅仅因为该说明书中披露了可以实施该方法的一个机器，就以属"功能性"[权利要求]为由拒绝该[并不仅仅限于该机器的]方法。

有争论认为，方法专利必须要么和特定机器或装置联系在一起，或必须操作后将物体或材料改变到不同状态或改变成不同东西。我们并没有判决说，任何方法专利只要不符合我们先例的要求就不合格。有意见认为，本判决排斥任何用于计算机的程序的专利。我们并没有如此判决。还有意见认为，我们面对的是数字计算机的程序，却将我们的判决延伸到模拟计算机的程序。可是，我们从一开始就明确指出，我们处理的仅仅是数字计算机的程序。另外，还有意见认为，我们将方法专利限制在旧技术(old technologies)上，没有为新涌现的技术发现留下空间。这不是我们的目的。我们的结论简述如下。

肯定的是，一个人不能就[抽象]思想(idea)获得专利。但是，如果本案中将 BCD 数字转化为纯二进制数字的公式被授予专利，则实际上导致这一结果(对抽象思想授予专利)。这里所涉及的数学公式除了应用于数字计算机外，没有任何实质性的实际应用。这意味着如果下级法院的判决被维持，则该专利会完全独占该数学公式。其实际效果等于对算法本身拥有专利。

或许应该延伸专利法以涵盖这些程序，但这里的政策性问题(policy matter)我们并没有能力回答。专利制度总统委员会(the President's Commission on the Patent System)拒绝了将这些程序视为专利客体的建议:

专利法是否许可对程序授予专利,现在存在不确定性。对程序谋求专利的直接企图已被拒绝,理由是它并非法定客体。[有些申请人]将权利要求撰写成按照既定方式编程的方法、机器或部件(components),而不是程序自身,以谋取专利、避免被驳回。这种间接企图使得这一问题更加复杂,不应该被许可。

专利局现在不能对程序专利申请进行审查,因为缺乏分类技能和必要的检索文献。即使这些可以得到,可靠的检索依然不可行或不经济,因为这会产生无数的现有文献。没有检索,就对这些专利授权,等于只是登记而已,效力推定则几乎不存在。

[我们]注意到,在缺乏专利保护的情况下,程序开发经历了实质性的令人满意的增长;同时,程序现在可以获得版权保护。

程序要成为可保护客体,则会提出一些只有国会才能处理的重大问题,因为[处理这些问题]需要广泛的调查权,包括通过听证会广泛收集这一领域参与者所持的各种观点。我们面前的诸多意见书所讨论的技术问题,向我们表明,国会需要采取上述考虑中的行动。

撤销原判。

法院判决书附件

权利要求 8 如下:

将二进制编码的十进制形式(BCD)的信号转化成二进制的方法,包含由下列步骤:

(1) 将 BCD 信号(signals)存储在重入式移位寄存器(reentrant shift register);

(2) 将上述信号向右移动至少 3 个位置(places),直到上述寄存器的第 2 个位点(position)上有一个二进制的"1";

(3) 掩出(masking out)上述寄存器的第 2 个位点上的二进制的"1";

(4) 增加一个二进制的"1"到上述寄存器的第一个位点;

(5) 将上述信号向左移动两个位点;

(6) 增加一个"1"到第一个位点,并且

(7) 将上述信号向右移动至少 3 个位点,在上述寄存器的第 2 个位置上准备一个接替性(succeeding)的二进制的"1"。

思考问题:

(1) 如果一个人对通用的数字计算机拥有专利权,是否是垄断了该计算机在所有领域的应用,因而是不可接受的? 如果答案是否定的,为什么本案的转换方法在计算机领域的应用就会因为应用范围过宽,而无法成为保护客体呢?

(2) 对一项物质授予专利,是否等于垄断了该物质的所有应用?

(3) 本案的权利要求指向的是一种具体的转换方法,并非垄断所有的转换方法。这与法院提到的 Morse、The Telephone Case 等一系列案子有可比性吗? 本案中有人认

为权利人所主张的发明的具体操作方法不清楚吗？

（4）判决最后提到的专利制度总统委员会的几点意见，有道理吗？

（5）按照美国法院在 Diamond v. Chakrabarty 案中的思路，如果一项发明落入专利法上的"方法"的涵盖范围，专利局、法院均不能基于某种政策性的考虑将其排除。但是，在 Benson 案中，法院似乎拒绝这一思路，认为算法没有落入法定的客体范围，至于将来是否应该保护，应由国会立法来决定。法院在这两个案子中的立场能够协调吗？

Gottschalk v. Benson 案中，法院倾向于认为 Benson 的算法方案是一项基础发现，将来有着太多的应用。法院担心如果对算法给予专利保护，将导致该算法所有可能的现实用途都被专利权人所垄断。这一观点对美国后来的一系列专利案件产生强烈影响，一旦法院认为存在独占特定算法的危险时，专利申请就可能遭到否定。但是，如 Chisum 所言，专利法授予新的化学物质发明，也将导致该物质的所有用途都可能被专利权人所垄断，但专利法并没有因此而犹豫（Donald S. Chisum, The Patentability of Algorithms, 47 U. Pitt. L. Rev. 959,984(1986)）。你如何平衡看待专利法领域的权威学者对 Benson 案的批评意见呢？

前面崔国斌的论文摘录中，将计算机程序算法表述为"操作机器（计算机）的方法"，因而是最普通意义上的方法发明。对比前面的 Benson 案，你觉得有道理吗？

美国 Benson 案之后，程序算法本身被排除出专利法的保护范围。此后一段时间里，任何包含程序算法的专利申请都受到特别拷问，审查员试图了解该申请是否本质上是在对程序算法本身谋求保护。两步测试法是其中代表性的方法之一。

美国联邦法院在经历 In re FREEMAN（Flook 案之前）、In re WALTER、Abele（Diehr 案之后）形成了所谓的两步测试法。两步测试法的第一步是看权利要求是否对某一算法提出保护要求，第二步在不同历史阶段则有所变化。在 In re Freeman 案中第二步是看授予计算机程序发明专利会不会导致算法被完全独占；在 In re Walter 案中第二步则变为"看算法是否被应用于具体环境，与前后物理要素之间存在结构性联系（在装置发明中），或者被用来限制特定的物理步骤（在方法发明中）"。在 In re Abele 案中第二步则变成"舍去算法步骤的方案是否构成技术方案"。此案之后，两步测试法基本定型，被称为"Freeman-Walter-Abele Test"。

联邦法院发展两步测试法实际上是在响应最高法院在计算机程序算法的专利审查方面的立场。在 Benson 案中，美国最高法院一方面强调，抽象的数学公式并非专利法意义上的保护客体。在权利要求引用了数学公式（科学原理或者自然现象）的情况下，必须考虑权利人是否试图对该抽象的公式寻求专利保护。法院认为申请人不能以抽象数学公式应用于具体的技术环境的方式来规避这一原则。在法院看来，不具备重要意义的后续工艺步骤（Insignificant Post-solution Activity）并不能使得该不能保护的客体成为受保护的客体，否则，普通的技术人员就能够轻易规避这一限制。然而，另一方面法院又承认如果包含该数学公式的方法从整体上是一个具备一定专利法意义上的功能的方法（比如将物质改变到不同的状态），则符合《专利法》第 101 条关于客体的规定。美国最高法院没有能够在这两极之间划定一个明确的界限，因此 Diehr 案中的法官 Stevens 在异议意见中指出最高法院这一标准依然缺乏政策上的明确性，没有能够使得专利律师对此有一个明确的预期。联邦法院在最高法院的模糊判决之下，努力地寻找落实上述思路的操作性的规则。两步测试法就是当时法院的努力的结果。两步测试法在一定程度上克服了 Stevens 在 Diehr 案中所述的模糊性，具备了较强的操作性。不过，同 Besnon 案和 Flook 案最高法院的做法相比，两步测试法显著扩大了保护的空间。美国联邦法院在后来的一系列与计算机程序有关的案件中均采用了这种方法。美国专利局也全面接受这一方法的指导。

……定型后的两步测试法在判断是否为专利法保护客体时，对程序算法进行特殊对待，将其完全排除出专利性的审查之外，然后考虑剩余物理要素是否具备专利法上的客体属性。从这里我们也可以清楚地看出，两步测试法依然秉承了机械时代区分抽象思想和技术发明的经验性规则——法院对于工艺流程的"工业"(Industrial)或者"物质转变"等特征的强调，实际上就是要求发明方案在排除程序算法之后，依然符合传统的方法发明的审查要求：存在切实的物理步骤以及与之伴生的必然结果——物质状态的改变。

鉴于两步测试法存在上述方法论上的问题[与整体论相悖]，美国联邦法院在 Diehr 案和 Chakrabarty 案以后就很少适用两步测试法。在 In re Alappat 案联邦法院则非常明确地否定了两步测试法的合理性。因此，In re Schrader 案后美国法院就不再适用两步测试法。①

Decision T 258/03-Auction method/HITACHI（2004）
第 T258/03 号判决——拍卖方法/日立（2004）
欧洲专利局上诉委员会
Boards of Appeal of EPO

……

2 主要请求②

权利要求 1 的发明是一个"在计算机服务器上自动执行的拍卖方法"。权利要求 3 定义了一个包含计算机服务器的"计算机化的拍卖装置"。权利要求 4 是执行上述拍卖的计算机程序。这些权利要求的特征要素(features)以该方法步骤为基础，并与之密切相关。

该方法如下所述：拍卖最初的步骤是客户计算机和服务器之间的信息交换，目的是收集参加者的投标信息。每个投标包含两个价格，一个是"期待价格"，一个是"竞

---

① 崔国斌：《专利法上的抽象思想与具体技术——计算机程序算法的可专利性分析》，载《清华大学学报(哲社版)》2005 年第 3 期，第 42—43 页。

② 译者注：翻译欧洲人写的英语判决，的确是一件极富挑战性的事情。本判决多处仅为意译，并未严格遵守语言字面顺序。

争状态下的最高价格"。在初始阶段之后,拍卖是自动的,不需要投标者在线跟踪该拍卖过程。拍卖价格初步确定后,逐步降低(这就是典型的荷兰式拍卖,即拍卖者逐步降价直至售出)直到它达到"期待价格"所确定的最高投标价格。如果有几个相同的投标,则提高价格直到只剩下一个"[竞争状态下的]最高价格"。该投标者将被宣布为成功者。权利要求1并没有说明具体的支付价格,也没有说明确定所要分配的产品数量的规则和条件。

3 EPC 第 52 条第(2)款下的非发明(non-inventions):权利要求 3 的装置

3.1 ……依据上诉委员会确立的案例法,"发明"一词应该被解释为"具有技术特征(technical character)的客体"。原则上,确认所要求的客体是《欧洲专利公约》(EPC)第 52 条第(1)款意义上的发明,是审查发明新颖性、创造性和产业实用性的前提,因为后几项要求仅仅是对发明的要求。EPC 的条文结构表明,无需知道现有技术知识水平(包括普通常识),就应该能够决定一项客体是否被 EPC 第 52 条第(2)款排除。

3.2 委员会早期裁决中所采用的"技术贡献法"(the contribution approach)背后的思想是,只有发明人对那些专利性未被排除的技术领域作出贡献时,EPC 才许可对其授予专利(T 38/86, OJ EPO 1990,384, headnote II)。换句话说,在评估第一项要求,即属于 EPC 第 52 条第(1)款意义上的发明时,该标准还要求发明进一步满足该条的其他要求,尤其是新颖性和/或创造性。① 因此,在判断客体是否为 EPC 第 52 条第(2)款和第(3)款所排除时,现有技术也被纳入考虑范围……

3.3 但是,委员会更近一些的决定认为,在审查是否属于"发明"时,将发明和现有技术进行比较是不合适的:

判断一个发明对现有技术作出的技术贡献,更适合于新颖性和创造性的审查,而不适于判断该发明是否为第 52 条第(2)款和第(3)款排除(T 1173/97, OJ EPO 1999,609, point 8)。

在审查有关发明是否是 EPC 第 52 条第(1)款意义上的发明时,区分一项发明中的"新颖性特征"(new features)和现有技术中的已有特征的做法,并没有 EPC 上的依据。因此,在这一方面,应用所谓技术贡献法没有 EPC 上的依据(T 931/95, supra, headnote IV)。

在本案中,本委员会支持这一观点。

3.4 依据 EPC 第 52 条第(3)款,该条第(2)款仅仅否定它所提到的[非技术]客体本身(as such)的专利性。因为这一条规定,有一点早就被确认,即技术特征和非技术特征的组合可能是可以专利的:

在完全没有或只有部分人为干预的情况下,利用技术手段实施思维步骤(mental acts),可以使这一方法变成技术方法,因而是 EPC 第 52 条第(1)款意义上的发明(T 38/86, headnote III);增加一个本身不具备可专利性的额外特征,并不会破坏原本应受

---

① 译者注:没有新颖性或创造性,可能被认为没有技术贡献。

保护的[客体]的可专利性。(T 769/92,headnote II)。

3.5 因此,在判断一项客体是否为 EPC 第52条第(1)款意义上的发明时,应当认识到技术和非技术特征的组合可能是可专利的发明;同时,在先技术也不应被纳入考虑范围。之所以不应否认技术和非技术特征组合在第52条第(2)款下的客体属性,是因为这些技术特征本身可能就满足了 EPC 第52条第(1)款的要求。

3.6 此外,通常很难将权利要求区分为技术和非技术特征。一个发明的技术性方面(aspects)可能隐藏在整体的非技术性的背景中。在创造性审查的框架下,这些技术性的方面可能更容易识别,因为根据本上诉委员会的裁决,创造性审查要关注一项发明的技术性的方面。因此,除了 EPC 第52条第(3)款对第52条第(2)款适用范围的严格限制外,将技术和非技术特征的组合视为 EPC 第52条第(1)款意义上的发明,还有实际操作上的原因。

3.7 基于上述原因,本委员会不同意审查部门的评估结果。权利要求3的装置是 EPC 第52条第(1)款意义上的发明,因为它明确包含有一些技术特征,比如"计算机服务器""客户电脑"和"网络"。

3.8 这一结论与 T 931/95 案的结论一致。该案判决的批注 III 中有如下陈述:

构成一个物理实体或具体产品,并适于实施或支持一项经济活动(economic activity)的装置,是 EPC 第52条第(1)款意义上的发明。

……

4 EPC 第52条第(2)款下的非发明(non-inventions):权利要求1的方法

4.1 上述分析(第3.5段)与权利要求的类别无关。因此,在本案中,权利要求1的方法的可专利性也没有被 EPC 第52条第(2)款排除。

4.2 这一结论与 T 931/95 号判决的批注 II 并不一致。该批注指出:某一方法的某一特征在应用技术手段(technical means)时,[如果]只是为纯粹的非技术目的,同时/或者,处理纯粹的非技术信息,则并不必然导致此类方法具备技术属性(technical character)。

4.3 但是,鉴于已经确认所谓"技术贡献法"……并不适合于判断一项客体是否为 EPC 第52条第(1)款意义上的发明,在判断某一方法的技术属性时,就没有必要对该方法权利要求的技术性方面(technical aspects)的相关性进一步提出要求。事实上,在本委员会看来,将方法发明的技术属性评估建立在该权利要求的技术特征(technical features)的平庸程度(the degree of banality)上,等于又回到残存的"技术贡献法",暗示评估时要考虑可以接触的在先技术或普通常识。

4.4 实际上,在考虑"为纯粹非技术目的利用技术手段"的方法是否具有技术属性这一问题时,上述矛盾就凸显出来。在本案中,如果依据 T 931/95 号判决中的判断方法,存在技术手段这一事实本身并不足以导致该方法具有技术属性。在本委员会看来,这意味着,在实际回答上述问题时,必须对这些技术特征的重要性进行一定的权衡以判断该发明的"核心";这必然要考虑它们的技术相关性(technical relevance),特别是相对在先技术而言,可能的新颖性或创造性贡献。本委员会重申,这一权衡方法已经被先前本委员会的判例法所抛弃(see decision T 26/86, OJ EPO 1988,19; headnote II)。

4.5 ……对EPC第52条第(1)款意义上的"发明"概念来说,重要的是存在技术属性(technical character)。它可以通过一个实体(entity)的物理特征,或者某一行为的本质来体现。即使是非技术活动,也可以通过使用技术手段(technical means)的方式来获得技术属性。本委员会特别指出,后者并不能被视为EPC第52条第(2)、(3)款下的"非发明客体本身"(a non-invention "as such")。① 因此,在本委员会看来,"非发明客体本身"的概念所涵盖的活动,最典型的代表是缺乏任何技术内涵(technical implications)的纯粹抽象概念。

4.6 本委员会很清楚,对EPC第52条第(1)款的"发明"一词的较为宽泛的解释,将包含那些我们是如此熟悉以至于忽略其技术属性的活动,比如用纸和笔书写的动作。但是,这并不意味着应用了技术手段的所有方法都是可专利的。它们仍然必须是新颖的,必须是针对技术问题的非显而易见的技术解决方案,并且必须适于工业应用。

4.7 因此,这里的结论是,应用了技术手段(technical means)的方法,原则上是EPC第52条第(1)款意义上的发明。

……

附件:《欧洲专利公约》第52条 可享专利的发明

(1) 对于所有技术领域的任何发明,只要是新的,包含创造性并且能在产业上应用的,应当授予欧洲专利。

(2) 下列各项尤其不应认为是第1款所述的发明:

(a) 发现、科学理论和数学方法;

(b) 美学创作;

(c) 进行智力行为、进行运动、游戏或者经营业务的计划、规则和方法,以及计算机程序;

(d) 信息的提示。

(3) 第2款的规定,只有在欧洲专利申请或者欧洲专利涉及该规定所述的主题或者活动本身的限度内,才排除该主题或活动的可享专利性。

思考问题:

(1) 仔细思考,该委员会为什么会认为第4.2段所提到的"批注II"的论断没有道理?

(2) 你认为,该委员会说清楚什么是"技术属性""技术内涵"或"技术活动"之类的概念了吗?在该委员会看来,是否只要发明中出现技术手段,则不论贡献大小都会导致给发明整体上成为专利法意义上的技术方案?请参考正文第4.5段。

---

① 译者注:EPC第52条第(2)、(3)款排除了部分非专利客体,但仅仅排除该客体本身("as such")(不和其他技术性要素结合)的可专利性,并不排除它和技术性要素结合后获得可专利性的可能性。

(3) 该委员会在第 4.6 段说,"这并不意味着应用了技术手段的所有方法都是可专利的"。我们能够说,"应用了技术手段的所有方法"都是专利法意义上的发明(保护客体、技术方案)吗?

(4) 对比 EPO 与美国法院在判断技术性方法上的差异,何者更合理?

Bilski v. Kappos

美国最高法院 130 S. Ct. 3218(2010)

KENNEDY 法官(II-B-2 和 II-C-2 两部分除外):

本案中的问题是,用于商业领域的一项发明是否能够被授予专利。该专利申请对一种指引购买者和出售者如何规避(hedge,对冲)特定经济领域价格波动风险的方法主张权利。主张该发明超出专利保护范围的意见,有以下三方面的理由:(1) 该方法没有和机器结合(tied)在一起,也没有转变物体形态(transform an article);(2) 它涉及商业经营的方法(a method of conducting business);(3) 它仅仅是一种抽象思想(abstract idea)。上诉法院认为,上述第一项规则,即所谓的"机器或转变测试法"(machine-or-transformation test),是用来判断一项方法(process)在专利法(35 U. S. C. § 101)下可专利性的唯一测试法。

I

请求人的申请对能源市场上商品的购买者和出售者如何规避价格变动风险的发明寻求专利保护。关键的权利要求是权利要求 1 和 4。权利要求 1 描述了如何对冲(hedge)风险的一系列步骤。权利要求 4 将权利要求 1 中所述的概念描述成一个简单的数学公式。权利要求 1 由下列步骤组成:

[一种管理提供者按照固定价格出售的商品的消费风险成本(the consumption risk costs)的方法,包括下列步骤:]

(a) 在上述商品的提供者和上述商品的消费者之间促成一系列交易,其中,上述消费者按照在历史平均价格基础上确定的固定价格购买上述商品,该固定价格反映该消费者所处的风险立场(risk position);

(b) 识别相对上述消费者而言,对上述商品具有相反风险立场(counter-risk position)的市场参与者;

(c) 在上述商品的提供者和上述市场参与者之间促成一系列按第二种固定价格(a second fixed rate)进行的交易,确保上述系列"市场参与者交易"能够平衡上述系列"消费者交易"的风险立场。

……

联邦巡回上诉法院全体法官出庭审理了本案……该法院否定了此前它用来判断一项发明是否为第 101 条下可专利的方法的测试法,即 State Street Bank & Trust Co. v. Signature Financial Group, Inc., 149 F.3d 1368, 1373 (1998) 和 AT & T Corp. v. Excel

Communications, Inc., 172 F.3d 1352, 1357 (1999) 案中所说的是否产生"实用、具体和有形结果"(useful, concrete, and tangible result)[的测试法]。法院认为,"如果(1) 一项方法与特定的机器或装置结合在一起,或者(2) 它将特定的物体转变到不同的状态或转变成不同的物(thing),则该方法肯定是专利法第 101 条下的可专利客体"。法院认为,这种"机器或转变测试法"是分析第 101 条问题的唯一测试法,因而也是判断一项方法在第 101 条下的可专利性的测试法。利用这一测试法,该法院认为请求人的申请不能获得专利。

……

本院授予调卷令。

II

A

第 101 条定义了依据专利法可以获得专利的客体:

任何人发明或发现(discovers)任何新的和有用的方法(process)、机器(machine)、制造物(manufacture)或组合物(composition of matter),或者上述各项的新的和有用的改进,在满足本法规定的条件和要求的情况下,可以获得专利权。

因此,第 101 条列举了四类独立的可以获得保护的发明或发现:方法、机器、制造物和组合物。"选择如此宽泛的术语,并且用宽泛的'任何'(any)加以修饰,国会显然认为专利法应该涵盖宽泛的范围(wide scope)。"国会对于专利适格性(patent eligibility)采用这一宽容的方法(permissive approach)以确保"天才应当得到不拘一格的激励(liberal encouragement)"。

本院的先例为第 101 条宽泛的专利适格性规则提供了三个具体的例外:"自然规则、物理现象和抽象思想"。虽然这些例外并非[专利法]的明文要求,但是它们与可专利的方法必须具有"新颖性和实用性"的理念是一致的。而且,依据法定的遵循先例原则,在过去 150 年里,这些例外在任何案子中都在起着定义专利法[客体]范围的作用。这些例外所涵盖的概念(concepts)是"全人类知识库的一部分,对全人类自由开放,不被任何人独占"。

……

本案涉及的发明是第 101 条意义下的一项方法。第 100 条(b)将"方法"(process)定义为:"方法(process)、技艺(art)或办法(method),包含已知方法、机器、制造物、组合物或物质的新用途。"①

本院第一次考虑第 101 条下两个针对方法专利的类别限制(categorical limitations):机器或转变测试法、商业方法专利的全类别排除(categorical exclusion)。如果这两个限制被接受,则会阻碍本案请求人的专利申请。

---

① 译者注:其实,美国专利法上的"process"在很多时候更接近中文的"流程",但是考虑到中国专利法中所谓"方法"与"产品"权利要求的二分,本书依然将其译作方法。

B

1.

依据上诉法院的构想,一项发明只有在下列情形下才是所谓的"方法",即"(1)它与特定的机器或装置结合在一起,或者(2)它将特定的物体转变到不同的状态或转变成不同的物(thing)"。本院"不止一次地警告说法院不应将立法机构没有表述的限制或条件读入专利法"。在专利法领域,与其他成文法的解释一样,"除非有其他定义,文字应当按照它们通常的、现在的和普通的含义(ordinary, contemporary, common meaning)加以解释"。本院过去已经根据字典的定义解读第101条中的"制造物",并批准按照普通用法对"组合物"这一术语进行解释。

本院判例法中的所谓"专利法中的术语偏离通常含义"的任何建议,都只是对自然规律、物理现象和抽象思想例外的一种解释。本院并没有表示过,这些已被接受的例外允许法院去自由创设与专利法文义和立法意图不一致的其他限制。确保专利权利要求满足第101条的要求,就能够应对那些将任何形式的人类活动都称作"方法"的企图。

将"机器或转变测试法"作为判断"何者构成方法"的唯一测试法,而不是仅仅将其视为一项重要而有用的线索(clue),违反了上述法律解释原则。第100条(b)规定:"方法(process)、技艺(art)或办法(method),包含已知方法、机器、制造物、组合物或物质的新用途。"本院并没有发现(unaware of),上述定义中的"方法(process)、技艺(art)或办法(method)"等术语的任何"通常的、现在的和普通的含义",要求这些方法必须和机器结合在一起或者必须转变物体[的状态]。被请求人敦促本院依据所谓的"相邻词语"学说(noscitur a sociis),参考第101条中其他可专利类别——机器、制造物和组合物,将"方法"一词的含义限制在"[与]机器结合或转变[物体状态]"的范围内。根据这一学说,"一个模糊的术语可以因为与之相邻的词语而获得更准确的含义"。这一学说在这里并不适用,因为第100条(b)已经清楚地定义了"方法"(process)这一术语。

上诉法院错误地认为,本院支持将"机器或转变测试法"作为唯一的测试法。的确,在Cochrane v. Deener, 94 U.S. 780, 788 (1877)中,本院解释说,一项方法是"作用于客体并将其转变到不同的状态或者将其变成不同的物体的一个或一系列步骤"。不过,更近一点的案子拒绝让这一断言(dictum)[发挥]宽泛影响(broad implications);所有后来的案子表明,它并非唯一的测试法。Gottschalk v. Benson, 409 U.S. 63, 70 (1972)指出,"将物品转变到'不同状态'或转变成'不同物体'是判断不包含特定机器的方法权利要求的可专利性的线索(clue)"。与此同时,该案明确拒绝确认"只要不满足机器或转变要求就不能获得方法专利"。Flook案持相近立场,认为"即便方法没有满足所谓的机器和转变测试法也可能获得方法专利"。

本院的判例确认,机器或转变测试法,在判断一些发明是否是第101条下的方法时,是一项有用和重要的线索,是一种有效的调查工具(investigative tool)。[但是],机器或转变测试法并非判断一项发明是否是可专利的方法的唯一测试法。

2.

的确,像[上诉法院法官Dyk]在深入回顾历史时所解释的那样,在早期尤其是在工业时代,那些不满足机器或转变测试法的发明很少获得专利授权。但是,时代在改变。技术和其他创新以出人意料的方式进步。比如,[Stevens法官]一度很有道理地宣称,直到最近,"专利法上广为接受的原则会阻止任何可以想象到的计算机程序获得专利授权",Diehr, 450 U.S., at 195, 101 S.Ct. 1048 (STEVENS, J., dissenting)。当然,这并不意味着像计算机程序之类的不可预见的创新总是不可专利的。第101条是富有活力的条款,用以涵盖那些新的不可预见的发明。利用全类别排除规则拒绝对国会没有考虑过的某一领域的发明提供专利保护,会损害专利法的目的。

机器或转变测试法可能能够为评估那些与工业时代的发明(比如具有物理或有形形式的发明)相类似的方法发明提供充分的依据。但是,有足够的理由怀疑,这一测试法是否应该成为判断信息时代发明的可专利性的唯一标准。就像很多法庭之友意见所争辩的那样,机器或转变测试法会给软件、高级诊断技术、基于线性编程的技术、数据压缩、数字信号处理等发明的可专利性带来不确定性。

在采用机器或转变测试法评估新兴技术(emerging technologies)的过程中,法院提出的问题和改良措施可能是如此的复杂,以至于模糊了(威胁到)[专利法的]更大目标——为那些并未侵犯公共领域的有价值的发明提供专利保护。上诉法院法官Rader在异议意见中就提到这样一些难题。因此,在判断一些先前未能预见到的发明是否是可专利的方法时,要求法院回答"机器或转变测试法"所引发的那些问题并受之约束,可能并不合理。第101条的术语表明,新的技术可以寻求新的测试法。参考Benson, supra, at 71, 93 S.Ct. 253(将方法专利冻结在旧技术领域,而不给新的迅猛发展的技术留有余地,不是我们的目的)。

需要特别强调的是,本院今天并不是要对任何特别的发明的可专利性发表评论,更别说认定上述信息时代的各项技术应不应该获得专利保护了。这一(信息)时代使得创新的可能性落入更多人的手里,从而对专利法提出新的难题。随着越来越多的人努力创新并为他们的发明寻求专利保护,专利法一方面要保护发明人,另一方面又不能对其他人独立和创造性地应用(creative application of)一般原理所发现的某些方法(procedures)授予垄断权。在这两者之间维持平衡时,专利法面临巨大的挑战。本判决对于平衡应该维持在哪里没有任何意见。

C

1.

类似地,第101条否定了所谓"方法"整个地排除了商业方法这一宽泛的主张。第100条(b)的"方法"(process)定义中所说的"方法"(method)可能含有部分商业经营的方法。比如,《韦伯新国际词典》(Webster's New International Dictionary 1548 (2d ed. 1954))所定义的"method"是"按照顺序或流程……做任何事情的方法;调查和指导(instruction)的一套程序等"。本院并没有发现任何意见认为方法(method)的任何"通常的、现在的和普通的含义"排除了商业方法。也不清楚,商业方法专利排除的适用范围有多广,以及它是否会更有效地排除商业经营方面的技术。参考 Hall, Business and Financial Method Patents, Innovation, and Policy, 56 Scottish J. Pol. Econ. 443, 445 (2009)(并没有商业方法专利的准确定义)。

联邦法律明确地考虑了存在部分商业方法专利这一事实。商业方法作为一个类别被排除出第101条的范围的说法,因此被进一步削弱。依据35 U.S.C. § 273(b)(1),如果专利权人基于一项专利方法(a method in a patent)主张专利侵权,被控侵权者能够主张先用权抗辩。在这一抗辩中,该"方法"(method)被定义为"商业经营的方法"。§ 273(a)(3).换句话说,专利法许可这一抗辩,实际上是承认可以存在商业方法专利。第273条关于方法的定义,肯定不能改变先前已经制定的法律的含义。第273条只是证实了这样的理解:商业方法不过是一种方法,至少在某些情况下是可以依据第101条获得专利的。

所谓商业方法在任何情况下都不能获得专利保护的结论,将使得第273条完全没有意义。这将违背法律条文解释的原则,使得其他法律条文流于形式。这一原则当然适用于解释美国法典(the U.S. Code)中的任何两个条文,即便该条文是国会在不同时期制定的。司法机构不能臆测(judicial speculation)众多立法者在制定后续条文时主观意图,然后以这一方式架空上述明确的法律解释规则。最后,虽然第273条似乎表明部分商业方法获得专利保护的可能性,但是它并不意味着此类发明具有宽泛的可专利性。

2.

如果仅仅因为商业方法专利在以前很少被授权,就解释说第101条排除所有商业方法,则会导致前面讨论的很多难题重新出现。与此同时,一些商业方法专利还有[边界]模糊和效力不确定等特殊问题。信息时代使得人们具备了新的能力,能够进行更快捷和更复杂的统计分析和数学计算,从而能够为大量商业任务设计出更为有效的方案。在考虑此类专利申请时,如果没有设置足够高的门槛,专利审查员和法院将遭遇洪水一般的权利主张,创新的努力和变革的动力将因此而受阻。

在寻找限制性规则时,本院关于抽象思想不可专利的先例提供了有用的工具。的确,如果上诉法院成功地定义了一个较窄类别的专利申请(对"如何从事商业经营(how business should be conducted)"主张权利的专利申请),然后认定该类别不能获得专利保护,因为,比如,它代表着一种对抽象思想寻求专利保护的企图,则上诉法院的这一结论或许和先例是相当一致的。超出此类或其他与法律文本(statutory text)相一致的例外,专利法保留了这样的可能性:至少有些能够被描述为商业方法的方法(processes)属于第101条的可专利客体。

……

III

即使请求人的申请,依据上述两个已被本院否定的宽泛并且脱离法律文本(atextual)的审查方法,没有被视为超出第101条范围的一类发明,也并不意味着它就是第

101条下的"方法"。请求人对对冲风险的概念以及它在能源市场上的应用寻求专利保护。本院不愿意采用类别排除规则(categorical rules),因为这可能影响面太广,产生意想不到的冲击。[相反],本院采用较窄的规则处理本案(resolves this case narrowly),即在Benson、Flook和Diehr案结论的基础上,本院认为请求人的权利要求不是可专利的方法,因为它们试图对抽象思想寻求专利。实际上,本院所有成员都同意,诉争的专利申请超出第101条的范围,因为它对一项抽象思想主张权利。

在Benson案中,本院考虑过将BCD码("二/十进制",二进制编码的十进制代码)转化为纯二进制代码的算法是否是第101条意义上的"方法"。本院曾经解释说:"以抽象形式存在的原理(a principle in the abstract)是基本真理(fundamental truth)、最初的原因(original cause)、动机(a motive);这些不能获得专利,没有人能对它们中的任一项主张独占权。"本院随后认定该申请并非一项"方法",而是不可专利的抽象思想。"肯定的是,一个人不能就[抽象]思想(idea)获得专利。但是,如果本案中将BCD数字转化为纯二进制数字的公式被授予专利,则实际上导致这一结果(对抽象思想授予专利)。"如果作出相反的判决,将意味[该专利]"会完全独占该数学公式,实际效果等于对算法本身拥有专利"。

在Flook案中,本院考虑了Benson案之后的下一步逻辑步骤。该案申请人试图对一项监控石油化工和炼油行业的催化过程中的条件参数的方法谋求专利。该申请的唯一创新是对一个数学算法的依赖。Flook案认定,该发明不是可专利的"方法"。本院承认,诉争的发明与Benson案的算法不同,被限制在[一定范围内],在石化和炼油行业之外依然可以被自由使用。但是,Flook案拒绝了"下列说法——解决方案之外的活动(post-solution activity)①,不论它是多么的传统(conventional)或显而易见,都能够将一项不可专利的原则转化成可专利的方法"。本院当时认为,诉争的方法不可专利,不是因为它含有数学算法这一组成部分,而是因为一旦将算法视为在先技术,该申请从整体上看并不含有可专利的发明。如同本院后来解释的那样,Flook代表着下列认识:禁止对抽象思想进行专利保护的规则,"不能通过将该公式(formula)限制在特定技术环境"或者增加"微不足道的解决方案之外的活动"的方式加以规避。

最后,在Diehr案中,本院对Benson和Flook案中所述的原则进行了限制。Diehr案的专利申请对一项先前未知的将原始合成橡胶转化成硫化橡胶产品的方法主张权利。该方法应用一个数学公式并通过计算机来完成其中的一些步骤。Diehr案解释说,虽然抽象的思想、自然规律、或数学公式不能获得专利,但是"将自然规律或数学公式应用于已知的结构(structure)或方法,可能值得专利保护"。Diehr案强调,需要将发明当作一个整体进行考虑,而不是将"权利要求分割成旧的和新的要素,然后在分析过程中忽略其中的旧的要素"。最后,本院认为该权利要求落入了第101条的可专利的

---

① 译者注:所谓的解决方案之外的活动(post-solution activity),是指在被视为基本原理的核心方法之外添加的一些传统的物理步骤。撰写者添加这些步骤的目的,是为了使得权利要求从整体上看起来更像一个传统的方法发明,而不是一个抽象原理。

客体范围,因为它并非试图对一项数学公式寻求专利保护,而是对一项制造橡胶产品的工业方法寻求保护。

鉴于这些先例,[本院认为]请求人的申请不是可专利的"方法",这一点很清楚。请求人申请中的权利要求 1 和 4 解释了规避(对冲)风险的基本概念:"对冲(Hedging)是一项基本的经济实践,在我们的商业系统中已经存在很久了。任何初级金融课堂上都要讲授这一内容。"权利要求 1 中所描述的对冲概念和落实在权利要求 1 中的数学公式,是不可专利的抽象思想,就像 Benson 和 Flook 案中的算法一样。许可请求人对"风险对冲"寻求专利,将使之独占这一方法在所有领域的应用,实际上等于对一项抽象思想授予垄断权。

请求人剩下的权利要求是关于对冲风险如何应用于商品和能源市场的宽泛例子。Flook 确立了这样的规则——将抽象思想限制在某一应用领域或者添加象征性的解决方案之外的组成部分,并不会使得该概念可专利。这刚好是请求人的申请中剩下的权利要求所做的事情。这些权利要求试图对能源市场上对冲风险的抽象思想寻求专利保护,然后指导利用众所周知的随机分析技巧确定等式中的一些输入参数。实际上,这些权利要求在抽象思想之上所增加的内容甚至不及 Flook 案的发明,因为 Flook 案的发明至少还指向"提示催化装置操作过程中的危险"这一更狭窄的领域。

* * * *

今天,本院再次拒绝在专利法上添加与之文本不一致的限制。本案的专利申请可以依据我们所谓抽象思想不可专利的先例加以拒绝。因此,本院无须在专利法第 100 条(b)定义的指引和 Benson、Flook 以及 Diehr 案所确立的路标之外,进一步定义什么是可专利的"方法"。

今天的判决意见中没有任何内容可以被解读成支持联邦巡回上诉法院过去对第 101 条的解释。参见,比如,State Street, 149 F. 3d, at 1373;AT & T Corp., 172 F. 3d, at 1357。过去,上诉法院可能认为,它的案例法,包括但不限于我们在 Benson、Flook 和 Diehr 案中的意见,都没有找到不太极端的(less extreme)用于限制商业方法专利的手段,因此它需要将"机器或转换测试法"变成唯一的测试法。我们不赞成(disapproving)唯一的"机器或转化测试法",不过我们并没有阻止联邦巡回上诉法院发展出其他促进专利法目的并且与专利法文本一致的限制性标准。

维持上诉法院的判决。

思考问题:

(1)最高法院说,"鉴于这些先例,[本院认为]请求人的申请不是可专利的'方法',这一点很清楚。"究竟是先例中的哪些规则导致最高法院认为结论"很清楚"呢?你清楚吗?

(2)最高法院说,应该按照"方法"的普通含义来解释,而上诉法院的"机器或转变测试法"违背了这一普通含义。基于同样的逻辑,我们为什么相信这一普通含义会排除所谓的"自然规则、物理现象、抽象思想"这些内容呢?凭什么相信典型的商业方法不是普通意义上的方法呢?

（3）过去困扰联邦巡回上诉法院的问题一直是,如何区分一项方法是所谓的可专利法的方法,还是不可专利的抽象思想。如果抽象思想的判断很容易,上诉法院可能根本就无须发展出那些被最高法院所否定的测试法来。你觉得最高法院的判决对于上诉法院破解过去的难题,有新的指导作用吗?

（4）最高法院说"机器或转变测试法"会遇到很多难题和不确定性。抽象思想的判断过程,不一样是困难重重吗?

（5）最高法院在结尾处否认支持 State Street 案的判断方法。依据本案的标准,它会反对吗?

4.3.3 汉字编码方法

在判断一项方法发明是否为专利法意义上的技术方案时,中国专利局的策略与美国专利局有所不同。中国利用相对抽象的技术的概念,观察该方案是否利用了自然力,利用技术手段,解决技术问题产生技术效果。

陈景模 v. 专利复审委员会

北京中级法院(1998)中经字第 39 号

张鸣、牛百谦、郭晓玲法官:

……

1985 年 11 月 13 日,陈景模向中国专利局申请了一种名称为"有'四声'(包括轻声)的汉语拼音文字(必要时附带'语法符号')用于电子计算机、检索、出版等"的发明专利,申请号 851024230。

陈景模在其专利申请说明书中详尽阐述了他的发明内容,具体概括为:

1. 用汉字、词"音节"中的主韵母表示阳平声调。如"麻"字。

汉语拼音:má

发明方案:ma

2. 以重复该字、词的主韵母表示阴平声调。如"妈"字。

汉语拼音:mā

发明方案:ma a

3. 在该字、词主韵母后面加一个 V,表示上声声调。如"马"字。

汉语拼音:mǎ

发明方案:ma V

4. 在该字、词主韵母后面加两个 V,表示去声声调。如"骂"字。

汉语拼音:mà

发明方案:ma VV

5. 在该字、词前加一个连字号,表示连字号后面的是轻读音字,如"嘛"字。

汉语拼音:ma

发明方案:-ma

6. 在该字、词的后面加"语法符号",表示该字、词的语法分类:D、d 动词;S、s 系动词;Y、y"有"类词;J、j 介词;共 22 组。

……

1985 年 11 月 9 日,中国专利局经审查,认为陈景模的 85102423 号专利申请及其陈述意见书不符合《专利法》及其实施细则的有关规定,决定驳回陈景模的专利申请。驳回理由如下:汉字信息处理包括汉字编码属于一种信息的表述。就其信息表述本身,例如用于查阅汉语词典的拼音编码及字形笔画编码索引方法,正如同声音信号、语言、可视显示信号,以及交通指示信号等各种信息的表述方式本身一样,只需要人们对它去进行理解和思维,其中没有使用任何自然力,所以,不能授予专利权。

……

本院认为:一件发明专利申请只有在形式和内容上符合《专利法》及其实施细则的有关规定,才能被授予专利权。中国专利局的审查程序进一步表明,一件发明专利申请,不仅在形式上应当符合《专利法》及其实施细则的规定,而且在其内容上也不能存在《专利法》及其实施细则所排斥的明显实质性缺陷才能通过专利局的初步审查阶段,而进入实质审查程序。陈景模的发明专利申请不是一个技术方案。所谓技术方案,是指运用科学技术知识为解决生产、生活、科研等领域中的具体问题而提出的带有技术特征的具体方案。这一技术特征应当通过具体的物质载体加以体现,即具备再现性。不论是产品发明或者方法发明,都应具备这一特征。而陈景模的申请内容既不是产品,不具有三维空间的属性,也不是关于产品的生产方法的发明,不具备任何技术特征。

陈景模的专利申请只是公开了一种经他设想的拼音文字规则,用以代替现有的汉语拼音方案和方块字。在不改变已有"四声"(包括轻声)规则的基础上,规定了新的表现"四声"(包括轻声)属性的拼音方式,由原来的阴平(—)、阳平(/)、上声(V)、去声(\)、轻声符号变为以主韵母表示阳平,重复主韵母表示阴平,主韵母后面加 V 表示上声,主韵母后面加两个 V 表示去声,主韵母前加一个连字符表示轻声等。并在这种拼音文字后面加用以表示该字、词类别或属性的相应的字母符号。这种规则仅借助于人们简单的抽象思维和记忆力就能掌握,属于概念的范畴。人们只要熟记这些规则或概念就能实现这一申请内容。而无须通过任何技术的、物质的创造过程加以实现。无须像《专利法》所规定的应以同领域的普通技术人员能够实现为准。因此,陈景模的专利申请内容只是一种借助于人们的智力就可以掌握的关于语音、文字范畴的规则和方法。

尽管陈景模在其申请内容中多次提出他的申请可用于电子计算机等,但他并没有公开关于应用这一内容的计算机和其他专用设备的技术方案。换言之,这只是陈景模的一种设想或者表明了该申请的某种用途,仍然不符合《专利法》的有关规定。综上,陈景模的"有'四声'(包括轻声)的汉语拼音文字(必要时附带'语法符号')用于电子计算机、检索、出版等"专利申请属于智力活动的规则和方法,中国专利局在初步审查阶段作出的驳回该申请的决定及专利复审委作出的驳回其复审请求的决定并无不当。

思考问题：

（1）法院暗示，如果陈景模将它的发明和电脑硬件结合起来，作为一种汉字输入法申请专利是可以接受的。但发明人实际上提到该发明在电脑上的应用，因此能说法院不过是在玩文字游戏吗？对比本发明与第4.8.4节提到的五笔字型发明权利要求，二者差别何在？

（2）法院认为该发明不是专利法意义上的方法。问题是，中国《专利法》对于何谓"方法"，有明确的判断标准吗？

（3）你觉得发明人如何撰写权利要求就可能通过专利客体审查？

关于汉字编码或者输入方法的案例，在中国有多个。除上述陈景模案外，还有叶世森 v. 专利复审委员会（北京中级法院(1998)中经字第400号）案，法院同样否定了可专利性：

1985年4月1日，原告以其发明了"新的现代汉字速查法与编码法"向中国专利局提出发明专利申请。同年8月6日，中国专利局以"这种汉字处理属于一种信息的表述，没有使用任何自然力"为由，驳回其申请。

原告向中国专利局提交的原始说明书通篇仅200余字，其主要内容是："本法的目的，是使汉字进入电子计算机，实现汉字传输的现代化。本法是按六类笔形号码表，重点记住3句话就基本掌握。本法在计算机上输入，不仅跟写字一样，而且对笔画多的汉字只取头三后三的号码，按键输入。"除此之外，并无汉字编码与计算机硬件技术如何结合的文字说明。

在专利复审期间，被告曾多次向原告说明不能批准其专利申请以及专利申请文件也不存在修改合格的原因，并劝告其采取重新进行专利申请的补救措施，但未能被原告采纳。

本院认为：发明创造必须符合《专利法》规定的实质上和形式上的条件，才能被授予专利权。就实质上的条件而言，发明创造必须是《专利法》意义上的发明、实用新型或外观设计，属于可授予专利的范围，才具有获得专利权的可能；就形式上的条件而言，专利申请人必须依照法定程序向专利局提交符合《专利法》要求的专利申请文件，也才具有获得专利权的可能。从原告提出的原始说明书看，内容过于简单，除了在发明目的、发明效果上提到汉字编码与计算机技术的关系外，在发明内容及其实现方式上并没有清楚、完整地提出汉字编码法与计算机技术有机结合的技术方案。因此，其发明的汉字速查法和编码法是不能等同于在一定范围内可得到专利保护的汉字输入技术的。而作为单纯的汉字编码法和速查法由于缺乏利用自然规律的技术思想，故只能被确认为是智力活动的规则而不是《专利法》意义上的发明、实用新型或外观设计，依法自然是不能被授予专利权的。即使原告在补正说明书中补充进上述的内容，因其原始说明书在实质内容上存在着严重缺陷，故势必会造成补正说明书的修改内容超出原始说明书记载范围的后果，这自然也是于法不合的。

但是，同样是汉字输入方法，五笔字型输入法则获得了专利。法院的逻辑是："单纯的计算机汉字输入技术不能获得专利保护，它们必须与计算机键盘相结合才有可能获得专利保护。"[1]例如，中国专利局1989年审定授权的第85100837号专利的权利要求1：

一种优化的五笔字型编码法及其汉字输入键盘，其特征是将优选的字根依据其首笔相同或形态相近等特征分成横、竖、撇、捺(点)、折五大类，将不少于25个键位的键盘分成横起笔、竖起笔、撇起笔、捺(点)起笔、折起笔五个区，分别将五大类字根归入对应的五个区中，形成的拼形组字、拼形组词的汉字编码法及其输入键盘。（这是著名的五笔字型输入法的发明权利要求）

从上面的不同案例中似乎可以得出这样的结论：汉字编码的方法，是否和所谓的计算机或者键盘结合起来，是否被描述成汉字输入技术，直接影响到其能否成为专利法上的保护客体。专利局似乎认为发明方案中有计算机、有键盘，就等于利用了自然力。你觉得这是不是一种文字游戏呢？

请参考《专利审查指南》第二部分第九章"涉及计算机程序的发明专利申请审查的若干问题"的部分摘录：

3. 涉及汉字编码方法及计算机汉字输入方法的发明专利申请汉字编码方法本身属于一种信息表述方法，就信息表述方法本身或者汉字编码方法本身而言，同声音信号、语言信号、可视显示信号或者交通指示信号等各种信息表述方式一样，只取决于人的主观意念或者人为的规定，因此，汉字编码方法本身不是技术方案。实施该编码方法本身的结果仅仅是一个符号/字母数字串，不是技术效果；因此，发明专利申请主题仅仅涉及汉字编码方法的发明专利申请不属于可给予专利保护的客体。

例如：一项发明专利申请主题仅仅涉及一种汉语字根编码方法，这种汉语字根编码方法用于编纂字典和利用所述字典检索汉字，本发明的汉字编码方法仅仅是根据发明人的认识和理解，人为地制定编码汉字的相应规则，选择、指定和组合汉字编码码元，形成表示汉字的代码/字母数字串。本发明所要解决的不是技术问题，不使用技术手段，且不具有技术效果；因此，本发明专利申请不属于可给予专利保护的客体。

但是，如果把汉字编码方法与该编码方法所使用的特定键盘相结合而作为计算机系统处理汉字的一种计算机汉字输入方法或者计算机汉字信息处理方法，使原来不能运行中文汉字的公知计算机系统能够以汉字信息为指令，产生出若干新

---

[1] 北京市王码电脑总公司 v. 中国东南技术贸易总公司，北京高院(1994)高经知终字第30号。

的功能,以致能实现生产过程的自动化控制或者办公系统的自动化管理;那么,这种计算机汉字输入方法或者计算机汉字信息处理方法属于可给予专利保护的客体。

对于这种由汉字编码方法与该编码方法所使用的特定键盘相结合而构成的计算机汉字输入方法的发明专利申请,在说明书及权利要求书中应当描述该汉字输入方法的技术特征,必要时,还应当描述该输入方法所使用键盘的技术特征,包括该键盘中对各键位的定义以及各键位在该键盘中的位置等。

例如:发明专利申请的主题涉及一种计算机汉字输入方法,包括从组成汉字的所有字根中选择确定数量的特定字根作为编码码元的步骤、将这些编码码元指定到所述特定键盘相应键位上的步骤、利用键盘上的特定键位根据汉字编码输入规则输入汉字的步骤。

本发明专利申请涉及将汉字编码方法与特定键盘相结合的计算机汉字输入方法,通过该输入方法,使原来不能运行中文汉字的公知计算机系统能够运行中文汉字,增加了公知计算机系统的处理功能。本发明专利申请要解决的是技术问题,并能够产生技术效果,因此本发明专利申请属于可给予专利保护的客体。

4.4 商业方法

4.4.1 传统的商业方法类发明

商业方法的可专利性并非专利法上的新问题。实际上,从专利法诞生之时起,很多商业经营的方法就变相地进入专利法的视野。比如,一种防止欺诈的经营方法过去不能直接申请专利,但是如果和经营中的工具具体地结合起来,则可能可以作为一种产品申请专利。比如,一种防止售票员欺骗运输公司的车票设计、一种防止客户欺诈的支票设计等等。专利权人垄断了特定设计的车票或支票,客观的效果与垄断对应的商业经营方法并无太大差异。不过,在计算机网络时代的到来之前,此类商业方法相关的发明并不太多,因而上述问题没有在专利法上引发太大的关注。

陆洪瑞 v. 专利复审委员会

北京市高院(2010)高行终字第1407号

张冰、刘晓军、谢甄珂法官:

[陆洪瑞为"批量现钞智能管理方法及装置"的第02116522.X号发明专利申请(简称本申请)的申请人。国家知识产权局实质审查部门以本申请说明书不符合《专利法》第二十六条第三款的规定为由作出驳回决定。]该驳回决定针对的权利要求书如下:

"一、一种批量现钞智能管理方法,其特征在于:

1. 根据现钞的重量进行计算,转化为数量;

2. 使用力传感器,将现钞的质量信号转化为电信号;

3. 利用计算机技术,实现对现钞变化量和静态量的实时监控,实现对现钞出入库的电子化智能管理；

4. 现钞下面安装力传感器。

二、一种用于权利要求 1 的一种批量现钞智能管理方法的一种批量现钞智能管理装置，其特征在于：

包括力传感器，安装在批量现钞的底下，用于将现钞的质量信号转化为电信号输送给计算机系统；包括计算机系统，与力传感器连接，用于将收到的信号进行分析、处理，将处理结果输出到计算机外围设备，包括储存地，用于放置力传感器和现钞。"

……

[专利复审委员会]依法受理了该复审请求，并将其转送至实质审查部门进行前置审查。国家知识产权局实质审查部门经审查坚持驳回决定，其主要理由是：本领域技术人员按照申请人的描述，无法实现能够解决其声称的技术问题的技术方案。

专利复审委员会受理本复审请求后，依法成立合议组进行审理。2009 年 9 月 17 日，专利复审委员会发出复审通知书，指出：本申请权利要求 1—2 不符合《专利法实施细则》第二条第一款的规定。

陆洪瑞于 2009 年 10 月 10 日提交了意见陈述书，并提交了权利要求书的全文替换页，主要理由是：本申请在批量现钞下面安装力传感器，赋予了计算机新的功能，在系统内有了新的用途；本申请解决了现有技术的不足，实现了动态的、实时的、精确的反映出银行金库或款箱内批量现钞的变化量和静态量，实现现钞的实时监控、智能化管理。本申请的技术方案在于将几个装置集合起来形成新的装置，从而实现实时监控的功能，产生了意想不到效果，方案中的任何独立的装置均不能单独完成这一功能，任何单独的装置也没有这样的教导和启示，因此形成了新的产品。

陆洪瑞提交的修改后的权利要求书如下：

"一、一种批量现钞智能管理方法，其特征在于：

1. 现钞下面安装力传感器，与计算机系统连接；

2. 使用力传感器，将现钞的质量信号转化为电信号；

3. 根据现钞的重量进行计算，转化为数量；

4. 利用计算机技术，每当现钞出入金库、款箱的时候，金库、款箱存余现钞的质量都会发生变化；利用放在力传感器上的现钞质量的变化，使力传感器发生动作，将现钞质量的变化转化成电信号传送给计算机管理系统，计算机管理系统对收到的信号进行分析处理，确认是否合法，是否报警；将处理结果输出到外设，从而实现对现钞变化量和静态量的实时监控。

二、一种用于权利要求 1 的一种批量现钞智能管理方法的一种批量现钞智能管理装置，其特征在于：

包括力传感器，安装在批量现钞的底下，用于将现钞的质量信号转化为电信号输送给计算机系统；包括计算机系统，与力传感器连接，用于将收到的信号进行分析、处理，将处理结果输出到计算机外围设备，包括储存地，用于放置力传感器和现钞。"

[专利复审委员会决定维持驳回决定。陆洪瑞提起诉讼，北京一中院维持复审委

的复审决定。]

本院认为,本案应适用2001年《专利法》以及2003年《专利法实施细则》进行审理。2003年《专利法实施细则》第二条第一款规定:"专利法所称发明,是指对产品、方法或者其改进所提出的新的技术方案。"一般而言,技术方案是指运用自然规律、利用技术手段解决人类生产、生活中某一特定技术问题的具体构思,是利用自然规律、自然力使之产生一定效果的方案。<u>一项发明是否属于技术方案,通常应从技术手段、技术问题和技术效果三个方面予以评判</u>。

本申请权利要求1请求保护一种批量现钞智能管理方法。首先,由于权利要求1解决的方案所使用的力传感器和计算机技术都是本领域公知的,而利用公知的力传感器和常规的计算机处理技术对现钞的出入库进行实时监控并没有给力传感器的硬件结构和内容性能带来任何技术上的改进,也没有给现有的计算机处理技术带来任何技术上的改变,故权利要求1主要利用<u>公知</u>的力传感器和常规的计算机处理技术本身固有的属性对现钞的出入库进行监控管理,其实质上是基于人的思维活动,按照人为设定的规则来实施现钞管理。因此,权利要求1并没有采用技术手段。其次,由于权利要求1所要解决的问题仅仅是利用公知力传感器和常规计算机技术实现现钞出入库的电子化管理,故权利要求1未解决技术问题。最后,权利要求1所达到的效果仅仅是提高了现钞管理的便利性,故其所达到的效果并不是技术效果。综上,权利要求1在使用的手段、解决的问题和达到的效果方面都不是技术性的。陆洪瑞有关本申请的权利要求1属于技术方案的上诉理由缺乏依据,本院不予支持。

本申请的权利要求2请求保护一种用于权利要求1的一种批量现钞智能管理方法的一种批量现钞智能管理装置。首先,由于权利要求2解决的方案所使用的力传感器和计算机技术都是本领域公知的,而利用公知的力传感器和常规的计算机处理技术对现钞的出入库进行实时监控并没有给力传感器的硬件结构和内容性能带来任何技术上的改进,也没有给现有的计算机处理技术带来任何技术上的改变。因此,权利要求2实质上是利用公知的力传感器和常规的计算机处理技术本身固有的属性对现钞的出入库进行监控管理,<u>实质上是基于人的思维活动</u>,按照人为设定的规则来实施现钞管理,其没有采用技术手段。其次,权利要求2所解决的问题仅是利用公知力传感器和常规计算机技术实现现钞出入库的电子化管理,其并没有解决技术问题。最后,权利要求2所达到的效果仅仅是提高了现钞管理的便利性,该效果并不是技术效果。综上,权利要求2在使用的手段、解决的问题和达到的效果方面都不是技术性的,陆洪瑞有关本申请的权利要求2属于技术方案的上诉理由缺乏依据,本院不予支持。(2010.12.15)

思考问题:

(1) 能够自动数钱的设备,比如验钞机,是专利法意义上的"产品",有疑义吗?接着,验钞机要解决的问题,不是技术问题吗?

(2) 数钱的机器是专利法意义上的技术方案,而利用该机器数钱的方法不是技术方案,这符合逻辑吗?

(3) 这里有任何地方需要借助于人的思维活动得出数钱的结果吗?事先预设的钞票重量与币值之间的关系,算是基于"人的思维活动"吗?在化工合成的过程中,利用化学公式确定配料比例的过程,算是基于"人的思维活动"吗?这会妨碍该化工方法成为专利法意义上的技术吗?

(4) 技术方案中应用了公知技术或公知常识,妨碍它成为专利法意义上的技术吗?

(5) 本案发明如果被授予专利权,会导致钞票重量与币值之间关系的抽象思想被垄断吗?

吴伟大 v. 专利复审委员会

北京高院(2010)高行终字第403号

李燕蓉、潘伟、戴怡婷法官:

吴伟大于2005年9月1日向国家知识产权局提出名称为"一种广告的发布方法及其专用卡片"的发明专利申请(即本专利申请),申请号为200510060595.0,公开日为2006年2月15日。本专利申请的权利要求为:

"1. 一种广告的发布方法,其特征在于步骤依次为:

a) 企业组成企业联盟;

b) 企业联盟统一编辑广告宣传卡,然后印刷广告宣传卡;

c) 企业联盟中的企业将所述的广告宣传卡包装在各自的商品中进行销售;

使商品的使用者打开不同商品的包装获得所述的广告宣传卡,从而达到广告宣传的效果。

2. 根据权利要求1所述的方法,其特征在于所述的广告宣传卡至少有企业联盟中各个成员企业的介绍和相关广告宣传、电话、地址、邮编或产品信息栏目。

3. 根据权利要求1或2所述的方法,其特征在于所述的广告宣传卡至少有企业联盟总部的电话、地址或邮编以及投诉建议信息栏目。

4. 根据权利要求3所述的方法,其特征在于所述的广告宣传卡做成游戏卡或扑克牌,游戏卡和扑克牌的版面上印刷有所述的各种宣传内容。

5. 根据权利要求4所述的方法,其特征在于所述的企业为生产、销售、服务相关联的企业或者是连锁加盟企业。

6. 一种权利要求1所述方法中使用到的专用卡片,其特征在于所述的广告宣传卡至少有企业联盟中各个成员企业的介绍和相关广告宣传、电话、地址、邮编或产品信息栏目。

……

国家知识产权局实质审查部门于2008年9月19日对本专利申请予以驳回,理由为:本专利申请权利要求1—5不符合《专利法实施细则》第二条第一款的规定,本专利申请权利要求6—8不符合《专利法》第二十二条第三款的规定。[专利复审委员会维持了国家知识产权局和一审法院的驳回决定。]

本院认为：

……

本案二审的焦点问题在于本专利申请中权利要求1—5是否符合《专利法实施细则》第二条第一款规定。

《专利法实施细则》第二条第一款规定，专利法所称发明，是指对产品、方法或者其改进所提出的新的技术方案。这里所指的技术方案是运用自然规律解决某一技术问题的具体构思，是利用自然规律、自然力使之产生一定效果的技术手段的集合。

本专利权利要求1—5请求保护的是一种广告的发布方法，所要解决的问题是对企业联盟的商品进行宣传，该问题属于经济社会中企业经营过程中的问题，并非技术问题，所要达到的效果是扩大广告宣传的范围和效果，亦并非技术效果。虽然权利要求1—5的方案中包括了印刷、包装广告宣传卡，但仅仅涉及到利用广告宣传卡作为载体进行宣传，不是针对广告宣传卡本身所做的改进，不具有技术特征的性质。由于本专利申请权利要求1—5既没有采用技术手段或者利用自然规律，也未解决技术问题和产生技术效果，故不属于对产品、方法或者其改进所提出的新的技术方案，因此原审法院认定本专利申请权利要求1—5不符合《专利法实施细则》第二条第一款规定，不属于《专利法》保护的技术方案并无不当，本院予以维持。

思考问题：

（1）审查员对诉争专利的权利要求6的技术属性没有提出质疑。你认为它是一项技术方案吗？该卡片与前文"胡恩厚"案的卡片性质相同吗？

（2）法院强调，"该问题属于经济社会中企业经营过程中的问题，并非技术问题。"这一说法有道理吗？用于员工考勤的机器，是否也解决的是"企业经营过程中的问题"？

4.4.2 商业方法与计算机的结合

美国法院在 State Street Bank & Trust Co. v. Signature Financial Group, Inc. 149 F. 3d 1368(1998)案中，明确否定专利法上存在所谓的"商业方法例外"。在前文的Bilski案中，美国最高法院重申了这一点。商业方法类的发明申请被归入传统的发明客体（主要是机器系统、方法发明），按照传统的规则加以审查。正因为如此，大量的与商业管理有关的方法和计算机程序结合以后，被描述成能够实现特定功能的管理系统[1]，顺利通过专利客体审查。在现代社会中，计算机系统几乎成了所有行业不可缺少的管理工具。对于申请人而言，如果能够垄断以某种商业方法相对抽象的步骤定义的计

---

[1] 比如，Paine, Webber, Jackson & Curtis, Inc. v. Merrill Lynch, Pierce, Fenner & Smith, Inc. 1983案中，Merrill Lynch 向公众提供的 Cash Management Account Program（"CMA"）；State Street Bank 案中的账务管理系统等等。

算机或网络系统,实际上就等于垄断了该商业方法本身。理论上,他人不使用计算机或网络系统实施该商业方法就不受专利权人约束,但实际上这种实施在网络时代毫无市场竞争力因而毫无意义。计算机或网络的迅速普及为商业方法专利合法化提供了契机,同时也为专利权人控制相关行业实施此类商业管理方法奠定了基础。正因为如此,商业方法专利在20世纪90年代以来引起人们广泛关注,成为专利法上的热点问题。

中国专利法对商业方法的客体属性没有明确规定,但《专利审查指南》中将"组织、生产、商业实施和经济等管理的方法及制度"作为智力活动的规则加以排除。商业方法一旦被打扮成计算机程序管理系统之后,从表面上看就是实实在在的机器系统或操作机器系统的方法,是中国专利法意义上的产品或方法发明。美国专利法最终不得不对通过计算机系统实现的商业方法开绿灯,多少是因为专利法的确难以拒绝这一逻辑结论。中国审查员要将这些计算机化的商业方法发明贴上"智力活动规则"的标签,同样会显得非常的武断。中国过去一段时间内炒得很热的"花旗银行商业方法"案实际上就说明审查员很难在所谓的商业方法和机器系统之间划出明确的界限。

在 State Street Bank & Trust Co. v. Signature Financial Group, Inc. 149 F. 3d 1368 (1998)案中,美国联邦巡回上诉法院采用了所谓的"实用、具体和有形的结果"测试法。该案判决意见由 Rich 法官撰写,摘要如下:

> Signature 是第056号专利的受让人。该专利的名称为"中心辐射型金融服务(Hub and Spoke Financial Services)配置的信息处理系统"……第056号专利大体指向一种用来实现某种投资配置结构(investment structure)的数据处理系统,这是为 Signature 作为共同基金管理者和会计代理人所从事的业务而开发的。
>
> ……
>
> 今天,我们宣布,通过一系列数学计算,将代表分散的金钱数目的信息转化为一个最终的股票价格,构成数学算法、公式或计算的实际应用(practical application),因为它产生了"实用、具体和有形的结果"——用于记录和报告随时确定的最终股票价格,甚至连管理当局和后续交易都接受和依靠这一价格。
>
> ……
>
> 一项权利要求是否涵盖法定客体,不应关注该权利要求究竟指向四类客体(即方法、机器、制造物和组合物)中的哪一类,相反,应该关注该客体的本质特征,特别是,它的实用效果(practical utility)……如上所述,依据我们的分析,权利要求1指向一种安装有"中心与辐条"软件(the Hub and Spoke software)的机器,不可否认地产生"实用、具体和有形的结果"。这使之成为法定客体,即使该实用结果是以数字的形式表达,比如价格、利润、百分比、成本或损失。

State Street 的测试法显然摆脱了对传统物理因素的依赖,具有很大的弹性,大大拓宽了专利客体的范围。如 In re Bilski 案异议意见所述,以商业方法为代表的一类专利申请一夜之间充斥专利局,其中有大量的商业方法类的发明专利。社会舆论的批评也接踵而至。联邦巡回上诉法院在 State Street 案10年后,终于又在 In re Bilski 案中推翻了这一给专利法带来无数争议的测试法。美国在专利客体审查方法方面的创新宣告失败。一切又回到十年前,更严格地说,几乎是三十年前,联邦巡回上诉法院前身在 In re Benson,441 F.2d 682(1971)中的立场。在 In re Bilski 案中,法院强调所谓的"机器或转变测试法"(machine-or-transformation test),是用来判断一项方法(process)在专利法(35 U.S.C. § 101)下可专利性的唯一测试法。美国最高法院又认为这一方法过于僵化,可能不符合信息时代的新要求。当时,它并没有给出更具体因而可以操作的替代方案。下面的 Alice 案代表美国法院在这一领域的最新尝试,如前所述,结果依然差强人意。

Alice Corp. Pty. Ltd. v. CLS Bank Intern.

美国最高法院 134 S. Ct. 2347(2014)

Thomas 法官:

本案诉争专利披露了一种通过计算机实施的利用第三方中间商的降低"结算风险"("settlement risk",即财务交易中只有一方支付它应付的财物的风险)的方法。诉争的问题是这些权利要求究竟是第 101 条意义下的专利客体,还是不可专利的抽象思想? 我们认为,诉争权利要求指向的是第三方参与结算的抽象思想,仅仅要求通用计算机来实施,并不能使得抽象思想变成可专利的发明。因此,我们维持了联邦巡回上诉法院的判决。

I

A

请求人 Alice 受让了数个披露管理财务风险的方法的专利。根绝这些专利大致相同的说明书,该发明使得人们能够管理具体但未知的未来事项的风险。说明书进一步解释,该发明涉及方法和装置,包括电子计算机和用于财务与风险管理的数据处理系统。

诉争的权利要求涉及一种降低结算风险的计算机化的系统(computerized scheme)。特别是,该权利要求所述发明利用计算机系统作为第三方中间商(a third-party intermediary)以促成交易双方履行财务义务。① 中间商设置一个"影子"信用记录

---

① 原注释 2:各方同意,第 5,970,479 号专利 idea 权利要求 33 是代表性的权利要求,具体如下:

"一种在当事方之间交换交易义务的方法,每一当事方在一交易结构持有信用纪录和债务纪录,该信用纪录(credit records)和借方纪录(debit records)根据事先确定的交易义务生成,该方法含有下列步骤:

"(a) 为每一个利益相关方创设一个影子信用纪录和影子借方纪录,该纪录由来自交易机构的监管机构维护;

"(b) 从每个交易机构那里为影子信用纪录和影子借方纪录获取一个起始账户平衡纪录;

"(c) 监管机构为每一笔产生交易义务的交易调整每个相关方的影子信用纪录或借方纪录,在任何时候仅仅许可那些不会导致影子借方纪录价值少于信用纪录价值的交易发生,按照时间顺序调整每一笔纪录;以及

"(d) 在截止日,监管机构向一个交易机构提供指令,就上述被许可的交易改变相关各方的信用或借方纪录,该信用或借方纪录不可撤回,交易机构承担不随时间变化的交易义务。"

(即账户分类账),以镜像方式反映各方在现实世界中交易机构(比如银行)的账户的收支平衡情况。中间商实时更新现实交易的影子记录,只有更新后的影子记录显示双方有足够资源以履行相互义务时,才许可双方进行交易。每天结束时,中间商根据更新的影子记录告知相关的财务机构执行那些被许可的交易,从而降低仅一方完成完成约定交易的风险。

总之,诉争专利对下列内容主张权利:(1)上述用来交换交易义务的方法(方法权利要求);(2)一种被设置成执行上述交易义务的交换方法的计算机系统(系统权利要求);(3)一种计算机可读介质,含有执行上述方法的程序代码(介质权利要求)。所有这些权利要求都通过计算机实现;该系统和介质权利要求明确引述了计算机,争议各方也确认该方法权利要求要求利用计算机。

……

II

我们长久以来一直认为,[专利法第101条]有一项暗含的重要例外:自然规则、自然现象和抽象思想不能获得专利保护。在过去150多年里,我们在解释第101条及其前身时一直考虑这一例外。

导致这一例外原则的是我们对所谓"独占"(pre-emption)的关切。自然规则、自然现象和抽象思想是科学和技术工作的基本工具,通过授予专利而垄断这些工具,就可能会阻碍而不是促进创新,从而扭曲专利法的首要目标。我们反复强调,专利法不应不合理地束缚人们对人类智慧的基本单元(building blocks)的使用,以至于阻碍进一步的科学发现。

与此同时,我们非常小心地解释这一例外原则,以防它吞没整个专利法。在某种意义上,所有的发明都体现、利用、反映、依赖或应用自然规则、自然现象或抽象思想。因此,一项发明并不仅仅因为它涉及(involves)抽象概念(abstract concept),就变得不可专利。我们已经指出过,应用此类概念实现新的和有用的结果,依然可以获得专利保护。

因此,在适用第101条例外时,我们必须区分那些对人类智慧的"基本单元"(building block)提出权利要求的专利和那些将基本单元和额外的事物(something more)结合从而将这些基本单元转化为可专利客体的发明。前者不适当地束缚了背后思想的利用,因而是不可专利的。后者则没有可比较的独占风险(risk of pre-emption),因此依然可以获得我们专利法所赋予的垄断权。

III

在Mayo Collaborative Services v. Prometheus Laboratories, Inc., 132 S. Ct. 1289 (2012)案中,我们确立了一套规则框架以区分那些对自然规则、自然现象和抽象思想提出权利主张的专利与那些对这些概念的可专利应用提出主张的专利。首先,我们判断诉争权利要求是否指向一个不可专利的概念。如果是,则我们要问:我们面前的权利要求中还有其他什么内容？在回答这一问题时,我们既单独考虑每个权利要求中的要素,又将这些要素视为一个有序的组合,以决定额外的因素(additional elements)是否改变了权利要求的本质,使之成为一个可专利的应用。我们将这一分析法的第 2 步描述成在寻找一个创造性的概念(inventive concept),即一个要素或要素组合足以使得该专利实际上远非(significantly more than)仅仅对不可专利的概念本身的主张权利的专利。①

A

我们首先须判断诉争的权利要求是否指向不可专利的概念。我们的结论是,它们是不可专利的,是关于中介参与的结算的抽象思想。

抽象思想本身不可专利,是专利法上的悠久规则。在 Benson 案中,本院拒绝了涉及 BCD 编码数字向纯二进制数字转换算法的专利权利要求,认为该专利的实际效果就是对算法本身的专利。在 Parker v. Flook, 437 U.S. 584, 594—595(1978)案中,我们认为化学催化过程中计算报警阈值的数学公式也是不能获得专利保护的抽象思想。

我们最近处理抽象思想类发明的案子是 Bilski v. Kappos, 561 U.S. 593(2010)案。[该案中,法院认定一种对冲(规避)价格波动导致财务风险的方法。该发明的具体内容参见前一节同名案例。法院认定此类方法与 Benson 案和 Flook 案算法类似,是专利法意义上的抽象思想。]

沿着我们在先案例(特别是 Bilski 案)的指引,自然结论是诉争权利要求也指向抽象思想。请求人的权利要求涉及一种利用第三方中间商减轻负有财务义务的交易双方结算风险的方法。与 Bilski 案中的风险对冲方法类似,有第三方参与的结算方法也是我们商业机制中存在已久的基本的经济实践。利用第三方中间商(或清算机构)也是现代经济的基本工具(building block)。因此,有中间商参与的结算,与风险对冲方法一样,也是超出第 101 条范围的抽象思想。

请求人承认它的权利要求描述的是中间商参与的清算,但是否认它的权利要求引述的是一个抽象思想。基于先前一些涉及抽象思想的在先判例,请求人认为抽象思想类发明仅仅是那些本质上与任何人为动作(human action)分离的先前就存在的基本真理(preexisting, fundamental truths)。Bilski 案就背离了请求人的宣称的主张。被我们确定为抽象思想的对冲风险的概念就不能被描述成"先前就存在的基本真理"。Bilski 案的专利只是涉及如何对冲风险的一系列步骤。虽然对冲风险是存在很久的商业实践,但是它依然是一种人类活动的组织方法,不是已经存在的关于自然世界的真理(truth)。虽然 Bilski 的一个权利要求将对冲方法表述为一种数学公式,但是法院并没有赋予这一事实②以特别的重要意义,也就更没有请求人所说的重要魔力了。相反,法院所理解的风险对冲是一种基本的经济实践(fundamental economic practice),因此

---

① 原注 2:Mayo 案中这一方法既单个地也结合地看权利要求的全部特征,因此它并不违背"必须从整体上考虑专利权利要求"这一一般规则。

② 本书作者注:这应该是指涉及数学公式这一事实。

诉争权利要求全部为抽象思想。

在任何情形下,我们都不需要费力去界定本案的抽象思想类发明的准确边界。认识到诉争的有中间商参与的清算方法与 Bilski 案中的风险对冲概念没有有意义的区别,就足够了。二者都刚好落入了我们使用"抽象思想"这一术语所指代的领域范围内。

B

因为诉争权利要求指向抽象思想,所以我们接下来开始 Mayo 案规则框架下的第二步分析。我们的结论是,该方法权利要求仅仅要求通用计算机来实施,没有能够将抽象思想变成可专利的发明。

1.

在 Mayo 案分析的第二步,我们必须审查权利要求的要素以确定它是否含有一个足以将抽象思想转化(transform)成可专利的应用的"创造性概念"(inventive concept)。一项引述抽象思想的权利要求必须含有额外的特征(additional features)以确保该权利要求并非单纯是利用撰写技巧以垄断该抽象思想。Mayo 案表明,该抽象思想到可专利应用的转化(transformation),要超出"简单地陈述该抽象思想后加上'应用它'(apply it)"的程度。

Mayo 案本身有指导意义。该案诉争专利对一种测量血液内代谢物以计算治疗自身免疫类疾病的硫嘌呤类药物合适剂量的方法主张专利权。被请求人在该案中主张,诉争的方法是对自然法则的应用,可以获得专利保护。该自然法则描述了特定代谢物的浓度与该药物剂量是否有害或无效之间的关系。但是,测试该代谢物水平的方法是已经广为人知的现有技术。诉争的专利法方法只是在提示医生在治疗他们的病人时应用上述可用的自然法则,并没有更多的内容。简单地加上传统的步骤,以高度抽象的方式描述,并不足以提供一个创造性的概念。

在专利要求中引入计算机,并没有改变 Mayo 案分析方法的第二步。比如,在 Benson 案中,我们考虑的是一个通过通用数字计算机实施的算法。因为该算法是抽象思想,所以该权利要求要获得专利保护,就必须提供一个关于该思想的新的和实用的应用。但是,通过计算机实施本身并没有提供必要的创造性的概念;该过程可以通过已经存在很久的计算来执行。因此,我们指出,通过一个物理机器,即一台计算机,来实施一个数学原理,并非对该原理的可专利的应用。

Flook 案具有相同的效果。在该案中,我们审查的是一个利用数学公式来调整某些操作条件(比如温度和压力)警报阈值从而在化学转化过程中发出不足或危险信号的计算机化的方法。该公式本身是抽象思想,计算机实施也纯粹是惯常的做法。我们拒绝了所谓"以具体方式实施某一原理就会自动落入第 101 条可专利客体范围"的说法,判决该方法非专利保护客体。因此,Flook 案代表的立场是,不能通过"将抽象思想的应用限制在特定技术环境"的方式来规避专利法禁止对抽象思想寻求专利保护的规则。

与前述案例相反,在 Diehr(450 U.S. 175)案中我们判决一项通过计算机控制橡胶处理过程的方法可以获得专利保护。该权利要求采用了一种广为人知的数学方程(阿累尼乌斯方程),但是它将该方程应用于一种用来解决传统工业实践中的技术问题的方法中。Diehr案的发明采用一种电热偶记录橡胶模具内不断测量所得的温度数值,这是过去该行业一直不能得到的东西。随后,该温度测量的结果被反馈给一台计算机。该计算机利用上述数学方程反复计算剩下的处理时间。我们最近指出,这些额外的步骤将该方法转化成对该公式的创造性应用。换言之,Diehr的权利要求是可专利的客体,因为它们改进了现存的技术工艺,而不是因为它们通过计算机实施。

这些案例表明,仅仅引述通用计算机并不能使得一个不可专利的抽象思想被转化成一个可专利的发明。陈述一个抽象思想后加上"应用它",并不足以使之成为可专利客体。将抽象思想的应用限制在一个特定的技术环境中,也是不够的。陈述一个抽象思想后加上"利用计算机实施它"(apply it with a computer),不过是简单地讲上述两个步骤结合,存在同样的缺陷。因此,如果一项专利对于计算机的引述只是相当于在说"通过计算机实施一个抽象思想",则对于计算机的引述并不能增加该权利要求的可专利性。这一结论与支撑我们第101条法理的"独占"(pre-emption)[抽象思想]的关切相互呼应。考虑到计算机无处不在,完全依靠通用计算机实施,通常不是那种能够确保该方法超出"利用撰写技巧垄断抽象思想本身"范畴的附加特征(additional feature)。

计算机必然存在于物理领域而非纯概念领域,这一事实与争点无关。计算机是有形的系统(用专利法第101条的术语,即机器)、很多利用计算机实施的权利要求形式上是在表述可专利的客体,这些并无争议。但是,如果第101条上的审查就此结束,则申请人只要引述一个被设置成能够实施相关概念(物理或社会科学的原理)的计算机系统,就可以对任何物理或社会科学的原理提出权利主张。这一结果使得专利客体审查简单地依赖于撰写者的技巧,因此实质上架空了专利法排除自然规则、自然现象和抽象思想的规则。

2.

本案中代表性的方法权利要求引述了下列操作步骤:(1)为每个交易的相对方创设影子纪录;(2)获得各方在交易机构的现实账户的起始账户平衡纪录;(3)随着交易的进行调整影子纪录;(4)向交易机构提供不可撤回的截止日指令以执行被批准的交易。请求人主要争辩说,权利要求可专利的理由是,这些步骤要求计算机扮演实质性的和有意义的角色。如双方确认的那样,权利要求的方法要求采用计算机来创设电子纪录、跟踪众多交易并提供同步的指令。换言之,该计算机自身就是所谓的中间机构。

在上述讨论的指引下,相关的问题是,这些权利要求除了告诉实务人员在通用计算机上实施中间商参与的结算的抽象思想外,是否还有其他内容。它们并没有。

分别考虑权利要求中的要素,计算机在每一步骤上的功能都是纯粹传统的。利用计算机创设并维持影子账户相当于电子记账,这是计算机最基础的功能。利用计算机获取数据、调整账户平衡纪录、提供自动化的指令等,也是如此。所有这些计算机的功能都是已经为人所知的很好理解的、惯常和传统的做法。简言之,每一步都没有比要求通用计算机执行普通计算功能做得更多。

将请求人得方法的计算机组成部分作为一个有序的组合考虑,也没有增加什么单独考虑这些步骤时并不存在的东西。从整体上看,请求人的方法权利要求简单地引述了通过通用计算机实现中间方参与结算的概念。比如,该方法权利要求并没有建议改进计算机自身的功能。它们也没有产生改进其他技术或技术领域的效果。相反,诉争的权利要求除了指示利用为具体化的通用计算机实施结算的抽象思想外,并没有更多的突出内容。依据我们的先例判决,这并不足以将抽象思想转化成可专利的发明。

C

请求人对计算机系统和计算机可读介质提出的权利要求也因为实质上相同的原因而无法通过客体审查。请求人承认,它的介质权利要求(media claims)与方法权利要求同进退。对于系统权利要求(system claims),请求人强调这些权利要求引述了被设置成可以执行具体计算功能的具体硬件。但是,请求人所描述的具体硬件——比如,一个带有通讯控制器(communications controller)和数据存储单元的数据处理系统是纯粹功能性和通用的。几乎每一台计算机都含有一个通讯控制器和数据存储单元,从而能够执行方法权利要求所需要的基本的运算/存储和传输功能。结果,系统权利要求所引述的硬件除了指引将该方法通过计算机应用于一个特定的技术背景外,没有提供任何有意义的限制。

换言之,该系统权利要求与方法权利要求并没有实质差别。这些方法权利要求引述了利用通用计算机实施的抽象思想;该系统权利要求引述了一系列被设置成可以实施相同思想的通用计算机组件。本院早就告诫,不能以可专利性结论简单地依赖于撰写者技巧的方式来解释第101条。判决该系统权利要求是可专利的客体,就刚好要导致这一后果。

因为请求人的系统和介质权利要求并没有给背后的抽象思想添加实质内容,所以我们判决它们也不是专利法第101条下的保护客体。

思考问题:

(1)仔细琢磨法院所指出的专利法排除抽象思想的理由,商业方法为什么应该被视为这里所说的"抽象思想"?

(2)本案诉争的客体之一为"商业方法+通用计算机系统"之类的发明。此类发明与"数学规则+通用计算机系统"之类的发明本质上是相同的吗?后者本质上是否与我们所熟悉的计算器相同?这意味着计算器也不是专利法意义上的"机器"?

(3)假定通用计算机除了用于商人之间的结算价款之外没有其他的用途,它就不是专利法意义上的"机器"吗?

(4)法院强调,本案的方法并没有改变计算机本身的功能,也没有实现任何其他技术领域的改进(any other technology or technical field),所以不满足 Mayo 案所确定的测试法的第2步。有道理吗?这里的"技术领域"的范围如何确定?

中国专利法在近二十年里，没有在客体审查领域采取任何激进的改革，似乎也没有遇到什么严重的问题。很多人或许会很奇怪，美国人为什么会这么折腾呢？实际上，中国同样遇到美国式的发明客体扩张的挑战，只是问题没有浮上水面而为公众所知。这主要是因为，一方面，在中国没有多少企业有信心或动力通过司法程序去挑战中国专利局对专利客体范围的武断解释；另一方面，"技术方案"范围的解释有相当的游刃空间，很多新的"商业方法"类的发明能够在申请人的撰写技巧的伪装下，顺利获得授权。前面提到的花旗银行商业方法专利就是一个例子。

其实，专利局授权的离奇专利远不止这些。看看下面的案例——北京能动时代教育科技有限公司 v. 北京八天英语文化发展服务中心（北京二中院（2006）二中民初字第 12422 号）：

> 2000 年 2 月 13 日，李如云向国家知识产权局提出"拼读英文的方法和拼盘"发明专利申请。国家知识产权局于 2004 年 5 月 26 日授予李如云发明专利权（专利号为 ZL 00100807.2）。该专利的权利要求书载明：1. 一种拼读英文的方法，包括将英文的字母分成 44 个音，其中辅音为 26 个，元音为 18 个，其特征在于直接拼读英文单词包括下述步骤：（1）将辅音和元音结合的发音组成可组合音和不可组合音；（2）将可组合音用直接拼读的方法组成不间断音；（3）利用不间断音直接拼读出英文单词正确的发音。

5　疾病的诊断与治疗方法

《专利法》第 25 条第 1 款还有一项"疾病的诊断和治疗方法"的排除。被排除的对象是"以有生命的人体或者动物体为直接实施对象，进行识别、确定或消除病因或病灶"的技术方法。[①]

按照通常的理解，立法者作出这一排除，可能主要出于道德或公共政策的考虑。社会公众难以接受个人独占"救死扶伤"的医疗手段，使更多病人健康受到威胁的后果。用《专利审查指南》的话说就是："出于人道主义的考虑和社会伦理的原因，医生在诊断和治疗过程中应当有选择各种方法和条件的自由。"[②]

不过，专利法也认识到，病人的长远利益与专利法还是契合的。中国立法者权衡的结果是，专利法不允许独占诊断和治疗方法，但是却许可独占药物或医疗器械产品。这应该完全是一种政策性的选择，很难说是法律的逻辑要求。因为对药物授予专利，专利法面对的道德压力同样存在。当前，在中国和世界其他地方，很多人无法支付昂贵的专利药物，而被迫放弃治疗，忍受痛苦，甚至接受死亡。当专利药物的制造成本原

[①] 《专利审查指南》(2010) 第二部分第一章 不授予专利权的申请 第 4.3 节。

[②] 《专利审查指南》(2010) 第二部分第一章 不授予专利权的申请 第 4.3 节。它还认为："这类方法直接以有生命的人体或动物体为实施对象，无法在产业上利用，不属于专利法意义上的发明创造。"这一解释比较勉强。药物或医疗设备也直接以人体为实施对象。

本很低时,社会公众就会基于本能的关爱情感对专利制度的冷酷逻辑提出强烈质疑。专利法被迫在情感和理智、眼前利益和长远利益之间走钢丝。

5.1 "治疗方法"与产品的转换

中国专利法排斥医疗方法,但接受医疗产品和药物。对于一个有经验的申请人而言,绝大多数方法或产品权利要求都是可以通过文字描述的改变互相转换的。透过以下的实际案例,我们能够比较清楚地看出这一转换是如何实现的。在艾里克·万·胡夫特 v. 专利复审委员会(北京一中院(1996)一中知初字第18号)案中,被法院确认为疾病治疗方法,因而非专利保护客体的权利要求1(修改前)如下:

1. 一种用放射源治疗诸如肺、食道、脑、前列腺等病人身体一部分的方法,该方法是将刚性或柔韧的导管引入治疗部位,然后将盛装在一个屏蔽块的放射性物质用设在所述屏蔽块后面的驱动机构从与所述导管连通的所述屏蔽块通过所述导管送到治疗部位,该方法的特征在于,将放射性物质移送到目标部位之前,先将一个模拟物移送到所述治疗部位,用例如X光增强器检查模拟物的位置。

而被视为医疗设备,因而可以成为专利保护客体的权利要求6(修改前)如下:

6. 一种用以实现权利要求1所述方法的治疗车,包括一个具有至少一个弯曲通道的屏蔽块,屏蔽块后面配备有传送机构,其特征在于,除所述用以传送放射性物质的传送机构外,还配备以用于传送模拟物的第二传送机构,且用于分别带有放射性物质及模拟物传送线的传送通道是在检测点前面被连接起来的。

申请人利用撰写技巧将"治疗方法"改造成"产品"还比较容易接受。如果申请人将"治疗方法"描述成"药品用途",则离所谓的"治疗方法"的距离更加接近。公众很可能会认为,这些名为"药品用途"的发明,实际上是"治疗方法"。争议就难以避免。下面的案例生动地反映了专利法所面临的困境。它是最高人民法院再审案件,诉争专利的权利要求用词含混,处于药物制作方法和疾病治疗方法的中间地带。

卡比斯特制药公司 v. 专利复审委员会(I)

最高人民法院(2012)知行字第75号

最高人民法院公布的"2013年中国法院十大创新性知识产权案件"

金克胜、罗霞、杜微科法官:

卡比斯特公司于1999年9月24日向中华人民共和国国家知识产权局申请了名称为"抗生素的给药方法"的发明专利,并于2004年5月19日获得授权……本专利授权公告的权利要求书为:

1. 潜霉素在制备用于治疗有此需要的患者细菌感染而不产生骨骼肌毒性的药剂中的用途,其中用于所述治疗的剂量是 $3 \sim 75$ mg/kg 的潜霉素,其中重复给予所述的剂量,其中所述的剂量间隔是每隔24小时一次至每隔48小时一次。

2. 根据权利要求1所述的用途,其中所述的剂量间隔是每隔24小时给药一次。

3. 根据权利要求1所述的用途,其中所述的剂量是3～12 mg/kg。

4. 根据权利要求1所述的用途,其中所述的剂量是10～25 mg/kg。

5. 根据权利要求1所述的用途,进一步包括除潜霉素以外的抗生素的一种抗生素在制备用于治疗患者细菌感染的药剂中的用途。

……

2009年4月7日,专利复审委员会作出第13188号决定,宣告本专利权全部无效。[北京一中院和北京高院维持了专利复审委的决定,卡比斯特公司不服,提请再审。]

本院认为:

……

2. 本专利权利要求1中给药剂量、时间间隔是否对请求保护的制药用途权利要求具有限定作用。

本院认为,在化学领域发明专利的申请中,制药用途权利要求是一类特殊的权利要求。当物质的医药用途以"用于治病""用于诊断病""作为药物的应用"等这样的权利要求申请专利,会因为属于我国专利法第二十五条第一款第(三)项"疾病的诊断和治疗方法",而不能被授予专利权。但若该物质用于制造药品,则可依法授予专利权。由于药品及其制备方法均可依法授予专利权,因此,物质的医药用途发明以药品权利要求或者以"在制药中的应用""在制备治疗某病的药物中的应用"等属于制药方法类型的用途权利要求申请专利的,则不属于专利法第二十五条第一款第(三)项规定的情形。

为了保护发明人对于现有技术的创新性贡献,实现专利法保护创新、鼓励发明创造的立法宗旨,在相当长时间的专利审查实践中,国务院专利行政管理机关均允许将那些发明实质在于药物新用途的发明创造,撰写成制药方法类型的权利要求来获得专利权,如"化合物X作为制备治Y病药的应用"或与此类似的形式。其实质上是针对物质的医药用途发明创造所做的特别规定,通过给医药用途发明创造提供必要的保护空间和制度激励,平衡社会公众与权利人的利益。经过多年的审查实践,已被普遍认可和接受。《专利审查指南》在关于化学领域发明专利申请审查的若干规定中明确,化学物质的用途发明是基于发现物质新的性能,利用此性能而作出的发明。无论是新物质还是已知物质,其性能是物质本身所固有的,用途发明的本质不在于物质本身,而在于物质性能的应用。因此,用途发明是一种方法发明,其权利要求属于方法类型。对此问题,《专利审查指南》(1993年版)与历次修订的《专利审查指南》亦均作出了基本相同的规定。当发明的实质及其对现有技术的改进在于物质的医药用途,申请人在申请专利权保护时,应当按照《专利审查指南》的相关规定,将权利要求撰写为制药方法类型权利要求,并以与制药相关的技术特征,对权利要求的保护范围进行限定。

在实践中,给药对象、给药形式、给药剂量、时间间隔等是此类权利要求中经常出现的特征,而且,还存在并会不断出现形式和内容各异的其他特征。分析各个技术特征体现的是制药行为还是用药行为,以及新用途与已知用途是否实质不同,对判定所要求保护的技术方案与现有技术是否具备新颖性非常关键。由于这类权利要求约束的是制造某一用途药品的制造商的制造行为,所以,仍应从方法权利要求的角度来分析其技术特征。通常能直接对其起到限定作用的是原料、制备步骤和工艺条件、药物产品形态或成分以及设备等。对于仅涉及药物使用方法的特征,例如药物的给药剂量、时间间隔等,如果这些特征与制药方法之间并不存在直接关联,其实质上属于在实施制药方法并获得药物后,将药物施用于人体的具体用药方法,与制药方法没有直接、必然的关联性。这种仅体现于用药行为中的特征不是制药用途的技术特征,对权利要求请求保护的制药方法本身不具有限定作用。

......

卡比斯特公司提交的补充证据1、13主张,本专利的给药剂量、时间间隔并不是用药过程中医生对治疗方案的选择结果,而是在研发、制药过程中为用药过程确定的信息,与制药过程紧密相关。正是制药过程确定的药品说明书、标签才对随后发生的医生用药的处方行为产生了限制。因此,本专利的给药剂量、时间间隔等特征对制药过程具有限定作用。

本院认为,首先,药品作为一种与人体健康、生命直接相关的特殊商品,其技术创新和研发的投资回报可以通过专利制度获得保障。药品的安全性、有效性和质量可控性则是通过严格的行政审批管理制度来规制。国家对物质的医药用途相关专利制度不同于对药品的行政管理制度,二者规范的目的、对象以及具体内容都存在实质性的区别。专利法意义上的制药过程通常是指以特定步骤、工艺、条件、原料等制备特定药物本身的行为,并不包括药品的说明书、标签和包装的撰写等药品出厂包装前的工序。

其次,单位剂量通常是指每一药物单位中所含药物量,该含量取决于配制药物时加入的药量。给药剂量是指每次或者每日的服药量,指药物的使用份量,可由药物的使用者自行决定,如一天两次或一天三次的给药。属于对药物的使用方法。临床实践中,若单位剂量的药物含量没有达到用药量,可通过服用多个单位剂量的药物实现,若药物含量大于用药剂量,则减量服用。本专利权利要求1中记载的所述治疗的剂量是3~75毫克/千克,并没有限定是单位剂量还是给药剂量。本专利说明书也没有记载该剂量对制药过程及制药用途种类具有影响。作为本领域的技术人员,对于本专利权利要求1中记载的所述治疗的剂量是3~75毫克/千克,通常理解为是每千克的活性成分为3~75毫克,所限定的是给药剂量。针对患者个体修改服用方式,选择服用的药物剂量,从而达到药品的最佳治疗效果是用药过程中使用药物治病的行为,给药剂量的改变并不必然影响药物的制备过程,导致药物含量的变化。同样,本专利通过时间间隔形成的给药方案是用药过程中如何使用该药物的方法特征,属于体现在用药过程,不体现在制药阶段的医学实践活动。该用药过程的特征与药物生产的制备本身并没有必然的联系,没有对潜霉素的制备方法产生改变,影响药物本身,对制药过程不具有限定作用,不能使该制药用途具备新颖性。卡比斯特公司依据补充证据1、13,主张药物的使用行为包括在制药的过程中,给药剂量对制药用途的权利要求产生限定作用,本院不予支持。

综上,本专利的技术方案是在给药剂量和时间间隔上的一种改进,没有改变潜霉素的抗菌机理、抗菌谱以及杀菌活性,没有改变潜霉素治疗疾病的已知用途。卡比斯特公司有关"给药剂量、时间间隔"等给药特征体现于药品说明书、标签,对制药过程具有限定作用的主张,本院不予支持。第13188号决定以及一、二审判决关于本专利给药剂量、时间间隔等特征对制药用途权利要求没有限定作用的认定,并无不当。

思考问题:

(1) 在一个不保护治疗方法的国家谋求权利要求1所对应的专利保护,有意义吗?针对药物用途的方法发明专利与治疗方法专利(假如可以接受),能够禁止的侵权行为范围差别在哪里?

(2) 假定权利要求1有效,你觉得它能够阻止他人按照特定的剂量或时间间隔使用相关药物吗?关于剂量和时间间隔的限制,如何能够体现在该药物的制造过程上?

5.2 "治疗目的"的扩张解释

"疾病的诊断和治疗方法"例外所排除的方法当然是以"治疗"为目的的技术方案。过去,专利局或法院在个别案例中对之作拓宽解释,使之涵盖一些与治疗疾病无关的方法。比如,有一个很有意思的案例,即丁大中 v. 专利复审委员会(北京高院(1998)高知终字第68号)案。孙苏理、刘薇、马永红三位法官的判决文书摘要如下:

> 丁大中于1993年7月5日向中国专利局提出名称为"科学计划生育"的发明专利申请,申请号为93107942……
>
> 在专利申请说明书中,丁大中……总结发明了怎样产生男孩和女孩的受孕规律……规律是:能够产生女孩的精子须在健康男性的身体里发育1—2天(1天=24小时);能够产生男孩的精子须在健康男性的身里发育5天(或5天以上),根据这一规律提出了人类生育能力的健康夫妻怎样怀男孩和女孩的受孕方法如下:
>
> ……
>
> 2. 要想怀男孩,夫妻性交时男方必须精子饱满,而且要在睡眠前进行,这样坚持1个月或更长时间,直至怀孕。精子饱满是指男方对性生活有所节制,每次性交要间隔5天或5天以上……
>
> 3. 想要怀女孩,当女方月经走后首次性交如果男方精子饱满应避孕(最好使用避孕套),以后性交次数勤,如果受孕就是女孩……
>
> 1993年10月30日专利局发出审查意见通知书,认为该专利申请是一种人类的受孕方法,属于《专利法》第25条第1款第(3)项疾病的诊断和治疗方法的范围,不能被授予专利权。
>
> ……
>
> 本院认为,《中华人民共和国专利法》第25条第1款第3项规定,疾病的诊断和治疗方法不授予专利权。《专利审查指南》第2部分第1章3.3节规定,人类或动物的受孕、避孕以及胚胎移植的方法被视为不授予专利权的疾病诊断和治疗方法。

一项发明的主题应根据专利申请的权利要求书和说明书的内容确定。按照丁大中专利申请的权利要求书及说明书的内容,应确认该专利申请的主题为人类的受孕方法,即根据夫妻双方的生理状况,按照特定的时间、要求达到生男孩或生女孩的目的。丁大中所述其发明的主题是科学计划生育,控制人口增长,平衡人口性比例等,其实都属于人类的受孕方法问题。故对丁大中否认其发明的主题为受孕方法的主张,本院不予认定,而对专利复审委认为该发明的主题为受孕方法的结论,本院予以确认。丁大中的专利申请所提出的这种受孕方法是对生育进行性别控制的方法,是对受孕者的生理状态进行调整的方法,属于"疾病的诊断和治疗方法"的范畴。按照法律规定,这种方法不能授予专利权。

这里,法院直接接受了当时《专利审查指南》的意见,将受孕方法视为疾病诊断和治疗的方法,从而排除其可专利性。这明显扭曲了法律术语的本来含义。不过,现行《专利审查指南》(2010)已经将此类排除的范围限制在"以治疗为目的的受孕、避孕、增加精子数量、体外受精、胚胎转移等方法"的范围内。于是,这里引起我们更关心另外一个问题:如果健康人的受孕方法不能被解释为"疾病诊断和治疗的方法",则法院应当如何处理这一案例?是按照复审委意见提到的那样确认它是一种科学发现?或者说,直接说这不是一种"技术方案"?如果是后者,那又如何定义"技术方案",从而使得"受孕方法"不包括在内?

6 违反法律与公序良俗

《专利法》第5条规定,"违反法律、社会公德或者妨害公共利益的发明创造"不能获得专利。《专利审查指南》(2010)(第二部分 实质审查 第一章 第3节 "根据专利法第五条不授予专利权的发明创造")对此有比较详细的说明:

> 法律、行政法规、社会公德和公共利益的含义较广泛,常因时期、地区的不同而有所变化,有时由于新法律、行政法规 的颁布实施或原有法律、行政法规的修改、废止,会增设或解除某些限制,因此审查员在依据专利法第五条进行审查时,要特别注意。
>
> 3.1 根据专利法第五条第一款不授予专利权的发明创造
>
> 3.1.1 违反法律的发明创造法律,是指由全国人民代表大会或者全国人民代表大会常务委员会依照立法程序制定和颁布的法律。它不包括行政法规和规章。
>
> 发明创造与法律相违背的,不能被授予专利权。例如,用于赌博的设备、机器或工具;吸毒的器具;伪造国家货币、票据、公文、证件、印章、文物的设备等都属于违反法律的发明创造,不能被授予专利权。
>
> 发明创造并没有违反法律,但是由于其被滥用而违反法律的,则不属此列。例如,用于医疗的各种毒药、麻醉品、镇静剂、兴奋剂和用于娱乐的棋牌等。
>
> 专利法实施细则第十条规定,专利法第五条所称违反法律的发明创造,不包

括仅其实施为法律所禁止的发明创造。其含义是,如果仅仅是发明创造的产品的生产、销售或使用受到法律的限制或约束,则该产品本身及其制造方法并不属于违反法律的发明创造。例如,用于国防的各种武器的生产、销售及使用虽然受到法律的限制,但这些武器本身及其制造方法仍然属于可给予专利保护的客体。

3.1.2 违反社会公德的发明创造社会公德,是指公众普遍认为是正当的、并被接受的伦理道德观念和行为准则。它的内涵基于一定的文化背景,随着时间的推移和社会的进步不断地发生变化,而且因地域不同而各异。中国专利法中所称的社会公德限于中国境内。

发明创造与社会公德相违背的,不能被授予专利权。例如,带有暴力凶杀或者淫秽的图片或者照片的外观设计,非医疗目的的人造性器官或者其替代物,人与动物交配的方法,改变人生殖系遗传同一性的方法或改变了生殖系遗传同一性的人,克隆的人或克隆人的方法,人胚胎的工业或商业目的的应用,可能导致动物痛苦而对人或动物的医疗没有实质性益处的改变动物遗传同一性的方法等,上述发明创造违反社会公德,不能被授予专利权。

3.1.3 妨害公共利益的发明创造妨害公共利益,是指发明创造的实施或使用会给公众或社会造成危害,或者会使国家和社会的正常秩序受到影响。

例如,发明创造以致人伤残或损害财物为手段的,如一种使盗窃者双目失明的防盗装置及方法,不能被授予专利权;

发明创造的实施或使用会严重污染环境、严重浪费能源或资源、破坏生态平衡、危害公众健康的,不能被授予专利权;

专利申请的文字或者图案涉及国家重大政治事件或宗教信仰、伤害人民感情或民族感情或者宣传封建迷信的,不能被授予专利权。但是,如果发明创造因滥用而可能造成妨害公共利益的,或者发明创造在产生积极效果的同时存在某种缺点的,例如对人体有某种副作用的药品,则不能以"妨害公共利益"为理由拒绝授予专利权。

《专利法》第5条第1款将"违反法律"和"违反社会公德"和"妨碍公共利益"并列,引发这样的疑问:它是否符合TRIPs协议的要求?TRIPs协议第27条第2款许可成员在保护社会公德或公共利益所必需时,排除部分发明的专利性,但是不能简单以法律禁止实施某项发明为由排除该发明的专利性。否则,成员国只要简单地通过一个法律就可以否定TRIPs协议规定的保护义务。TRIPs协议所列举的具体情形包括保护人类、动物或植物的生命或健康,避免对环境的严重损害等。为了避免争议,《专利法实施细则》第10条直接引入了TRIPs协议第27条第2款的文字,明确规定,违反国家法律的发明创造不包括"仅其实施为法律所禁止的发明创造"。这一解释几乎使第5条的"违反法律"一项失去意义。一定程度上反映专利局官方立场的意见确认了这一点:

凡是需要以"违反国家法律"为理由予以驳回的专利申请,均可以依照"违反社会公德"或者"妨害公共利益"为理由予以驳回,至少到目前为止还没有遇到反例。从理论上看,也不存在这样的发明创造,它既不违反社会公德,又不妨害公共利益,同时也不属于《专利法》第 25 条排除的范围,例如科学发现等,却因为违反国家法律而不能授予专利权。①

审查一项发明的实施是否违法或者违反公序良俗,在中国法上是放在客体审查的框架下进行的。在实用性审查时,常常也需要判断一项发明是否存在积极效果。如果一项发明的实施存在负面的后果,常常也会引发所谓实用性的争论(参考下一节关于实用性的案例,这里不再列举)。这样,客体审查和实用性审查就存在交叉的可能性。有人主张,扩充解释"实用性",覆盖所谓的公序良俗条款(参见陈熊:《基因技术专利保护的伦理调控之新标准——以"实用性"的扩大解释代替公序良俗原则》,载《律师世界》2003/05,第 14—16 页)。你的意见如何?

6.1 专利法中的道德评价的必要性

专利法中的道德评价的必要性

崔国斌:《基因技术的专利保护与利益分享》,载郑成思主编:知识产权文丛(第三卷),中国政法大学出版社 2001 年版,第 262—271 页。

......

专利法中的道德评价是指在专利法在决定是否授予专利权时,具体检讨某项技术方案是否违背公共秩序、社会善良风俗的过程。如果该技术方案违背上述道德目标,专利法就应拒绝对其授予专利权。各国的专利法及一些国际公约中均有类似的规定。比如欧洲专利公约(EPC)中就明确规定当某项发明违背道德要求(Morality)、破坏公共秩序(Ordre Public)时,欧洲专利局(EPO)可以拒绝对某些技术方案授予专利权。善良风俗和公共秩序是一个非常含混的概念,在诸多部门法均如合同法、冲突法等中均有所涉及,可是都没有能对这些概念作明确的界定——社会对之分歧太大,实际上也不可能取得一致。在著名的 Greenpeace Ltd. v. Plant Genetic Systems N. V. (1995)案中 EPO 就认为,欧洲范围内关于 Morality 和 Ordre public 并无统一的定义,能够接受的说法是 Ordre public 涉及有关保障公共安全、作为社会成员的个人的身体完整(the physical integrity of individuals as part of society)以及环境保护等方面的内容。而 Morality 则是指评价一些行为是否合适因而能被接受的标准,它植根于某一特定文化传统下的全部行为准则。根据这些模糊的表述,很难想象法官或专利局借此来论证实施某一发明会确确实实地危及社会道德和公共秩序,不会在社会中引发争议。现在基因技术的专利问题就引起社会广泛关注,反对者当然不会放弃利用此类道德条款否定基因专利的机会。于是第一个问题就是专利法中此类严格的道德评价条款究竟应不应该存在?

---

① 国家知识产权局条法司:《新专利法详解》,知识产权出版社 2001 年版,第 27—28 页。

反对在专利法中设置较严格的伦理道德标准的学者有以下考虑：

首先，专利权的获得并不意味着权利人就能够在工业上实际使用该项专利技术，相反，专利权人还要遵守其他社会强行法（如刑法、环境法等），如果其他法律禁止某些发明专利的实施，专利权人依然没法行使其专利权。在现代社会中，为了维护生态安全及生物伦理，各国已经出台了许多有关基因工程、人体胚胎以及药物生产等法律法规。这些法规无疑起到限制权利人实施那些无法为社会所接受的专利的作用，专利法应该保持其自身单纯技术色彩，没有必要不厌其烦地重申这些原本由其他法律作出规定的道德原则。例如，世界各国关于植物新品种的保护立法基本就回避了此类道德问题，将之交由其他法规来判断，另外，《保护植物新品种国际公约》(UPOVC)也在这一问题上保持沉默。

其次，专利法依据某些道德原则，拒绝对某些技术方案提供专利保护，并不意味着这些发明就一定无法实施，相反，不提供保护，就相当于此类技术处于公有领域，对任何人开放。由此看来，专利法并不是制止某些新技术所带来的社会伦理道德风险的有效制度，也就是说，依据专利法来防止科学技术的滥用是不可行的。

再次，一项技术只有具备实际生产价值后，申请人才会去申请专利。如果一项技术有违社会强行法，无法进行市场化，从而不具备市场价值，权利人就不会去申请专利保护。因此，即使在专利法中规定详细的道德原则，实践中也未必有多大用途——EPC第53(a)条及欧洲各国的有关道德条款在专利实践中很少被应用过。

另外，有人依据欧洲议会1998年6月通过了关于生物技术专利问题的指令，其中绪言中将上述第一条理由演绎到极致，认为一项专利并非授权持有人实施该专利的权利，而仅仅是禁止第三方基于工业与商业目的使用该发明的权利。专利权既然只是禁止竞争对手对该技术的使用，而不是赋予权利人实施权，自然不必在专利法中规定某项发明的实施违背公共秩序时拒绝授予专利权。

上述论文片段反映的是本书作者在学生时代的观点。现在看来，有些观点似乎已不再让人信服。专利法不进行道德评价，等于放弃道德准则吗？

6.2 技术的道德与环境风险评估

在 Diamond v. Chakrabarty 案中，反对转基因生物授予专利的反对意见认为，基因技术有非常大的不确定性，比如可能导致全球污染、生态危机、有损人类生命尊严等。法官则认为，是否授予专利只会起到加速或者延缓相关技术开发的速度，并不会最终解决技术失控的潜在危机。更重要的是，法院并没有能力去支持或者反对有关基因技术潜在后果的论调。这是一个需要花费大量人力物力进行调查，然后由立法机构作出决定的政策性问题。它最终应当由政府、国会和相关执行机构来解决，而不是法院。

其实，很多创新技术的道德或者环境风险评估，是无法在发明人申请专利时就能够完成的。立法机关事前的反应，如果不是武断地禁止某些领域的全部技术方案，则必然给执法和司法者留下很大的自由裁量的空间。如何防止执法或司法人员不当地利用这些裁量空间，损害发明人创新的积极性，则是一个棘手的难题。

不仅如此,社会对某一技术的道德评价会不断变化,曾经的违法或者不道德行为,可能逐步被社会所接受。同时,对一项技术的道德后果的预期能够延伸多远?如何界定道德测试的范围都是问题。比如 Merges 教授提到汽车的例子。汽车对社会产生的深远的影响,其中负面影响如婚前性行为的增加等。是否可以据此否定汽车的发明?关于这一问题的深入讨论,可以参考 Robert P. Merges Intellectual Property in Higher Life Forms: The Patent System and Controversial Technologies, 47 Md. L. Rev. 1051 (1988)。

尽管理论上对专利法是否应该进行道德审查存在争议,基于公序良俗限制某些发明获得专利保护的做法很常见。典型的立法如:

欧盟《生物技术发明的法律保护指令》(1998)第6条:

1. 如果发明的商业化利用将违背公共秩序或道德,则该发明应当被视为不可专利。但是,不能仅仅因为该利用行为为法律或行政法规所禁止,而认为该利用行为违反公共秩序或道德。

2. 在上述条款的基础上,下列发明特别地应当被视为不可专利:
a) 克隆人的方法;
b) 修正人类生殖细胞遗传特征的方法;
c) 对人类胚胎的工业或商业目的应用;
d) 很可能使动物遭受痛苦而没有给人类或动物带来任何实质性的医学好处的修正动物遗传特征的方法,以及这一方法产生的动物。

欧洲专利局在这些方面的代表性案例可以参考 Harvard/Oncomouse [1992] O. J. EPO 589; Plant Genetic Systems, [1995] E. P. O. R. 357; Howard Florey/Relaxin, [1995] E. P. O. R. 541 等。世界各国的法律实践简介,可以参考张晓都:《公共秩序或者道德与生物技术发明的可专利性》,《科技与法律》第2002年第1期。

6.3 道德审查与各国产业政策

WTO 框架下的 TRIPs 协议第27条(可获专利的发明)规定:

1. 在符合本条下述第2款至第3款的前提下,一切技术领域中的任何发明,无论产品发明或方法发明,只要其新颖、含创造性并可付诸工业应用,均应有可能获得专利。在符合第65条第4款、第70条第8款及本条第3款的前提下,获得专利及享有专利权,不得因发明地点不同、技术领域不同及产品之系进口或系本地制造之不同而给予歧视。

2. 如果为保护公共秩序或公德,包括保护人类、动物或植物的生命与健康,或为避免对环境的严重破坏所必需,各成员均可排除某些发明于可获专利之外,可制止在该成员地域内就这类发明进行商业性使用,只要这种排除并非仅由于该成员的域内法律禁止该发明的使用。

3. 成员还可以将下列各项排除于可获专利之外:

(a) 诊治人类或动物的诊断方法、治疗方法及外科手术方法;

(b) 除微生物之外的动、植物,以及生产动、植物的主要是生物的方法;生产动、植物的非生物方法及微生物方法除外;

但成员应以专利制度或有效的专门制度,或以任何组合制度,给植物新品种以保护。对本项规定应在"建立世界贸易组织协定"生效的4年之后进行检查。

在WTO的TRIPs协议委员会审查第27.3(b)条的过程中,很多非洲国家希望基于第27.2条所谓的公共秩序与道德例外条款,限制与生命有关的发明获得专利保护。在他们看来,这些基于文化和社会价值的主张,应该由各国的立法机构按照民主程序来自由决定,而不应该由主要使命为促进国际贸易的WTO来决定。① 甚至有国家认为,对生命形式(life forms)授予专利,本身就是不能接受的,应该直接加以禁止,而无须考虑第27.2条所谓的公共秩序与道德的要求。②

主要的发达国家则认为,第27.2条已经充分考虑了各国对于道德问题的关切,其他道德问题应该通过其他法律来解决,比如环境保护、公共健康、动物福利等问题就应该有专门的立法来解决。③ 对于一项发明,并不意味着获得对其进行市场化开发利用的权利,因此并没有必要为了阻止一项发明的市场化,而否定其可专利性。将一项发明的可专利性排除,并不能有效阻止相关的研究和开发活动。相反,倒有可能使得相关活动转入秘密状态,更难以控制。因此,通过专利法之外的直接立法来规范相关的研究和开发活动会更有效。④

针对上述观点,巴西承认可以通过其他法律来限制不符合道德的研究活动,但是它坚持认为拒绝专利保护本身,就可以打消那些有违道德、宗教和文化标准的研究活动。⑤

其实,关于所谓生命物质的可专利性问题的争论由来已久。在TRIPs协议第27.3(b)条作为经过认真细致的谈判后达成的条款被国际社会所接受之后⑥,再来全面否定这一条款背后的道德理论基础,其难度可想而知。有些发展中国家希望第27.3(b)条对于植物、微生物保护的肯定,不以任何方式影响各国依据第27.2条否定植物或微生物受保护的可能性。⑦ 这似乎直接违背协议本身的目的和宗旨。依据第27.3(b)条,成员方应当为植物和微生物提供保护,只是基于某些公共秩序或道德例外才可以拒绝提供保护。很多发展中国家的道德争论背后实际上有着更深层次的产业政策的考虑——希望拒绝对相关生物材料提供专利保护,却不一定打算禁止相关生

---

① WTO, Kenya, IP/C/M/40, para. 105.
② WTO, IP/C/W/369/Rev.1, para. 28.
③ WTO, European Communities, IP/C/M/25, para. 73; Japan, IP/C/W/236; Switzerland, IP/C/M/30, para. 162, IP/C/W/284; United States, IP/C/M/30, para. 176.
④ WTO, IP/C/W/369/Rev.1, para. 30.
⑤ WTO, Brazil, IP/C/W/228.
⑥ WTO, Canada, IP/C/M/40, para. 112.
⑦ WTO, African Group, IP/C/W/404, para. 4.

物材料在本国的市场化。这一策略无疑会损害该国专利法拒绝授予专利保护所依赖的所谓道德例外的正当性基础。

总的看来,基于道德考虑修改协议第 27.3(b)条,进一步限制生物材料可专利性的可能性很小。充其量某些发展中国家可以在国内法上扩充 TRIPs 协议第 27.2 条的适用范围,拒绝或限制保护部分植物与微生物。要求 TRIPs 协议正面肯定发展中国家这一做法的合法性,可能性也很小。不过,在国内法上,公共秩序和公共道德保留条款还是可能为成员国推行自己的产业政策留有一定余地。

6.4 遗传资源的披露要求

《专利法》第 5 条在 2008 年修订时,还增加了第 2 款:"对违反法律、行政法规的规定获取或者利用遗传资源,并依赖该遗传资源完成的发明创造,不授予专利权。"这一条和《专利法》第 26 条中新增加的一款("依赖遗传资源完成的发明创造,申请人应当在专利申请文件中说明该遗传资源的直接来源和原始来源;申请人无法说明原始来源的,应当陈述理由")一道,将保护生物遗传资源这一全新的任务引入专利法。

专利法所称遗传资源的直接来源,是指获取遗传资源的直接渠道。申请人在说明遗传资源的直接来源时,应当提供获取该遗传资源的时间、地点、方式、提供者等信息。专利法所称遗传资源的原始来源,是指遗传资源所属的生物体在原生环境中的采集地。申请人说明遗传资源的原始来源时,应当提供采集该遗传资源所属的生物体的时间、地点、采集者等信息。[①]

专利申请人在获取或利用遗传资源过程中违法,并不导致实施最终发明的行为本身违反法律。比如,发明人违法获取生物资源后利用该资源分离出特定基因序列,利用该分离基因的行为可能并不违法。因此,《专利法》第 5 条第 1 款并不能用来阻止遗传资源获取或利用过程中的违法行为。于是,立法者选择专门制定第 5 条第 2 款。

立法者希望,利用遗传资源完成发明创造后,申请人在专利申请中主动说明遗传资源的来源信息,使得生物遗传资源的所有人或监管部门能够随时了解生物资源的利用情况,并分享发明商业化所得利润。如果发明人在接触和获取生物遗传资源时,违反国内强制性的法律法规,则可能导致其专利申请被驳回或专利被宣告无效。如果发明人没有违法此类强制性的法规,只是单纯地不履行专利法上所确立的遗传资源来源的披露义务,并不会导致已授权专利被宣告无效——专利法只是要求申请人说明理由,并没有规定提供虚假理由的法律后果。专利法上关于生物遗传资源来源披露义务的立法具有高度的实验性,实际运行的效果还需要更多的时间来检验。

---

① 《专利审查指南》(2010)第二部分第十章"关于化学领域发明专利申请审查的若干规定"第 9.5 节。

第 3 章

实用性

1 实用性的基本要求

《专利法》第 22 条第 1 款要求，发明或实用新型必须具备"新颖性、创造性和实用性"。所谓的实用性，是指发明或实用新型"能够制造或者使用，并且能够产生积极效果"（《专利法》第 22 条第 4 款）。《专利审查指南》(2010)对于实用性的含义有进一步的说明：

> 实用性，是指发明或者实用新型申请的主题必须能够在产业上制造或者使用，并且能够产生积极效果。
>
> 授予专利权的发明或者实用新型，必须是能够解决技术问题，并且能够应用的发明或者实用新型。换句话说，如果申请的是一种产品（包括发明和实用新型），那么该产品必须在产业中能够制造，并且能够解决技术问题；如果申请的是一种方法（仅限发明），那么这种方法必须在产业中能够使用，并且能够解决技术问题。只有满足上述条件的产品或者方法专利申请才可能被授予专利权。所谓产业，它包括工业、农业、林业、水产业、畜牧业、交通运输业以及文化体育、生活用品和医疗器械等行业……
>
> 能够产生积极效果，是指发明或者实用新型专利申请在提出申请之日，其产生的经济、技术和社会的效果是所属技术领域的技术人员可以预料到的。这些效果应当是积极的和有益的。[①]

学理上，实用性要求至少包含有三方面的内容：(1) 发明方案能够实现；(2) 发明效果达到实用程度；(3) 发明具有积极效果。

1.1 能够实现

实用性的基本要求是发明方案能够实现。更准确地说，专利权利要求中的方案能够实际实施，产生申请人所披露的效果（用途）。专利局通常只对申请进行书面审查，判断发明方案是否能够实施的标准是，在申请提交之日该领域熟练人员是否相信该方

[①] 《专利审查指南》(2010)第二部分第五章第 1 节。

案能够达到所披露的效果(用途)。①

不符合这一要求的最为典型的一类"发明"是所谓的"永动机"类的发明。专利局会以此类"发明"违反科学定律无法实施为由，否定其实用性。马景荣 v. 专利复审委员会((1993)中经初字 第459号,(1993)高经终字第51号)案就是这方面的一个典型案例：

> 本案中按照说明书和权利要求书所述,该申请提出了一种用直流电机代替柴油机拖动推进器以解决船的动力源的技术方案,由一次性的初始能量启动之后,直流电机继续得到的能量则来自船舶航行时推进器运转所产生的水头和在船尾所造成的水头。显然该申请是以违背能量守恒定律的方式进行工作的,不能够实现预期的目的并且没有积极效果,不符合《专利法》关于实用性的规定。除非上诉人能够用试验或模型演示令人信服地证明该申请可以达到预期的目的和效果,但上诉人未能提供证明该装置能够工作的试验和模型。本院只能根据公认的科学理论,认定该申请无实用性。

后面本作者的论文摘录提到这样的问题："一项专利如果不具备实用性,无法产生经济效益,那么申请人又有什么动力不惜人力物力去获得专利局的一纸证书呢？专利局何不让市场机制去淘汰这类专利申请？"在永动机类发明面前,这一问题似乎更难以回避。审查员认为该方案不可能实施,而申请人则持相反意见。申请人甚至不惜发动一而再、再而三的诉讼程序来证明自己的永动机是可行的。这一过程自然也耗费大量的行政和司法资源。专利法为什么不选择省事的做法:干脆让申请人自己傻下去,让他掏钱去维护一个根本无法给他带来利益的专利呢？

社会公众大体上认为专利技术对社会有益、代表技术进步的方向。对于专利局而言,维持这一印象甚至是出于"政治正确"的考虑。社会公众中了解专利法运作机制的,毕竟是少数。他们通常对专利技术都怀有某种美好的正面印象。如果有一天,有人突然告诉他们,实际上专利局发放证书给予保护的很多专利,不过是"垃圾"甚至更糟。社会公众可能会跳起来指责专利局,使之承受巨大的政治压力。这应该在多大程度上解释专利局为什么要排除"永动机"之类的发明。此外,一旦对永动机类发明授予专利权,专利权人可能会利用该专利对一些看似相同但本质不同的真实可行的技术方案的实施者发动骚扰诉讼(尽管没有可能胜诉),从而增加社会成本。

1.2 达到实用程度

实用性的进一步要求是发明方案的效果(用途)必须达到"实用"的程度。发明方案能够实施,能够实现预期的效果(用途),并不当然就符合实用性的要求。有些方案的实施,可能仅仅在纯粹的科学研究领域有意义,并不能给社会公众带来直接的功用。比如,在生物和化学领域,合成一种新的物质、分离出新的 DNA 片段等。在找到该物质和 DNA 片段的实际用途之前,该发明可能仅仅在纯理论研究领域有意义,对于现实

---

① 《专利审查指南》(2010)第二部分第五章第1节。

产业可能没有什么实际价值。专利法控制实用性的标准,鼓励发明人将发明进行到底,直至达到"实用"的程度。

当然,究竟到什么程度,算是达到"实用"的要求,是一个政策性很强的问题。中国《专利法》第 22 条第 4 款对于实用性的定义,几乎没有为回答这一问题提供任何指导。《实施细则》和《专利审查指南》也没有正面回应。《专利审查指南》在解释"实用性"时,照抄《专利法》第 22 条第 4 款的定义后,在"能够制造或者使用"中间加了四个字"在产业上",即发明必须"能够在产业上制造或者使用"。于是,能够在产业上应用,成了审查员衡量实用性是否达标的一个标准。这里所谓的产业,比较宽泛,包括"工业、农业、林业、水产业、畜牧业、交通运输业以及文化体育、生活用品和医疗器械等行业"[①]。这差不多包含了所有的技术领域。

不过,"能够在产业上制造或者使用"这一标准依然很模糊。比如,前面提到的没有实际用途的物质能够在工业上合成并出售给研究机构做进一步研究。理论上,这应该具备专利法上的实用性,不过,国内鲜有法院对这一问题作出判决。对比后文所附的美国诸多案例,这多少让人觉得意外。

一项发明具备所谓的市场价值,是否就意味着它具有实用性?发明的产品在市场上销售,有人愿意支付价格,就一定能证明该发明具有专利法意义上的实用性吗?比如,有人合成了一种比较有希望的抗癌症的新化合物,但是并没有通过基本的试验来证明这一点。很多做癌症研究的人,愿意从他那里购买此类化合物,以做进一步的研究。该发明人对外出售化合物,研究人员支付对价,这一事实能够证明该发明具有实用性吗?另外,很多基础研究成果对后续的商业开发很重要,商业机构愿意支付对价,是否以此来说明发明具有实用性呢?目前,此类单纯科学研究意义上的价值并不被认为是专利法上的实用性。因此,即便一项发明具备所谓的市场价值,也并不一定就满足了专利法上的实用性要求。

参考 Charles E. Smith, Requirements for Patenting Chemical Intermediates: Do They Accomplish the Statutory Goals? 29 St. Louis U. L. J. 191 (1984)。该文认为,对化学中间物的实用性要求是不合适的,妨碍化学科学的迅速发展。作者认为,发现一种新的中间物,对推动化学学科的发展,至少具有如下重要意义:首先,表明存在一种新的化学物质;其次,合成该中间物的新的方法可能使得整个化学界因此而受益。另外,这一过程中使用的用以获得中间产物的技术也会对研究人员有帮助。因此,应当许可发明人对中间产物申请专利,即使不能指出最终产物的实用性。

有意思的是,在上海隆海科技实业公司 v. 专利复审委员会((2004)高行终字第 316 号)案中,法院指出:方法专利是否具有实用性不以专利产品是否上市销售为唯一衡量依据,但专利产品已经生产并销售可以作为确认该方法专利具有实用性的依据。故根据(1997)沪高经终(知)字第 347 号判决所确认的事实,即隆海公司使用本专利技术生产的产品已经上市销售,并为此向专利权人支付了相应费用,可以认定本专利

---

① 《专利审查指南》第二部分第五章第 3.2.4 节。

具有实用性。

1.3 有积极效果

实用性还要求发明方案的效果应当是"积极"的。专利法明确要求发明能产生"积极效果"(大约类似美国法上的所谓的有益用途(beneficial utility))。《专利审查指南》进一步解释:"这些效果应当是积极的和有益的";"明显无益、脱离社会需要的……技术方案不具备实用性"。[1] 将这一要求做拓宽解释,或许可以涵盖上文提到的产业实用性方面的要求。不过,这里更多地将这一要求视为一种价值判断,要求发明的实施会给社会带来正面效果,为社会所期待。通过实用性审查,专利局可以将那些社会并不乐意见到的发明关在门外,比如犯罪工具、赌博工具、商业欺骗手段等。

一项发明的效果是否"积极"的,是看该发明整体效果,即正面和负面效果综合后的结果是否为"积极"的。比如,副作用很大的药物、存在安全隐患的电器、既可以用于娱乐也可以用于赌博的棋牌、引发道德危机的生物发明等等,都需要利用这一方法进行判断。

1.3.1 有欺骗性的发明

美国早期的判例认为,如果发明旨在制造某种欺骗效果,则可能被认为不具备专利法意义上的实用性。比如,在国内烟草上制造斑点从而仿冒国外烟草欺骗买主的发明(Richard v. Du Bon, 103 F. 868, (1900))。但是,在1999年的 Juicy Whip, Inc. v. Orange Bang, Inc. (185 F.3d 1364(1999))案中,美国联邦巡回法院找到一个例外。本案中发明人发明了一种饮料贩卖机器系统(想象一下街头常见的卖酸梅汤的机器)。这一系统改变了传统的事先混合饮料原汁和水并存储在透明箱体中向顾客展示的做法,而是在出售时临时混合原汁和水。不过,该系统依然在透明箱体中存储仅仅用于展示的饮料。消费者在购买时会认为自己是直接获得箱体中的饮料,而实际上不是。法院的核心意见如下:

> "一个产品可以被改变,看起来像另外一种产品",这一事实本身就是一种具体的好处,足以符合实用性的法定要求。
>
> 对一个产品进行设计,使之在观众眼里像另外一个东西(实际上不是)的做法,一点也不奇怪。比如,锆立方(cubic zirconium)被用来模仿钻石,人造金叶用来模仿真的金叶,合成纤维用来模仿昂贵的自然纤维,人造革设计得像真皮。在这些例子中,这些产品或方法的发明,使得此类模仿成为可能,因而具有专利法意义上的"实用性"。的确,有很多专利的内容就是在用一种产品模仿另外一种产品……
>
> 这些产品的很大一部分价值就在于它们看起来像某些东西,而实际上不是。因此,在本案中,该"后混合售货机"(post-mix dispenser),具有"后混合售货机"的特点,但是却模仿了"先混合售货机"(pre-mix dispenser)的外观,符合法定的实用

---

[1] 《专利审查指南》(2010)第二部分第5章。

性要求。

　　消费者可能相信他们所得到的液体直接来自展示箱，这一事实并不会导致该发明没有实用性。Orange Bang 并没有争论说，在该发明的展示箱中展示液体样品的方式是违法的，因为该展示液体并非顾客所实际得到的饮料。而且，即使在展示箱中展示并非对外出售的液体，被认为是欺骗性的，这一结论自身也不足以导致该发明不可专利。专利法上的实用性要求并没有要求专利商标局或法院去充当欺骗性商业行为的仲裁者的角色。其他的机构，比如联邦贸易委员会(FTC)或食品药物管理局(FDA)被赋予保护消费者在食品销售中免于欺诈的职责……就像最高法院在更普遍意义上所指出的那样："国会从未意图让专利法取代各州在促进社区健康、良好秩序、和平、公共福利方面的监管权(the police powers)。"

　　当然，国会有权因为多种原因，包括欺骗，宣布特定类型的发明不可专利。但是，在国会这么做之前，我们认为不能仅仅因为有些发明它们有可能欺骗部分社会公众，就依据第101条宣布它们缺乏实用性进而不可专利。因此，区法院的结论——第405号专利缺乏实用性，因为它通过模仿[其他产品]、欺骗公众的方式提高产品销售——是错误的。

　　这一判决并没有采用所谓"整体效果是积极"的策略，似乎是在摆脱要求专利技术具有"积极后果"的传统，努力将专利法塑造成道德中立的法律体系，从而寻求更高的审查效率。这是否意味着，在法院看来，对发明的整体效果进行综合评估，和对一项发明进行道德评估，一样不可靠，所以干脆放弃这一努力？

　　以实用性的名义，对发明进行价值判断，可能会和前一章的客体审查环节对于违法和违反公序良俗的发明的审查，发生部分重叠，尤其是在发明的实施会引发公共道德上的关切时。这一点在上一章已经提到，不再赘述。关于生物技术专利的道德审查，可以进一步阅读 Margo A. Bagley, Patent First, Ask Questions Later: Morality and Biotechnology in Patent Law, 45 Wm. and Mary L. Rev. 469 (2003)。

1.3.2　存在缺陷的发明

　　实践中，有大量的发明存在缺陷但依然被认定为具有实用性。以下是一些典型的案例：

　　在郭行干 v. 专利复审委员会（北京高院(2004)高行终字第149号）案中，发明人乾龙电器公司于1995年7月12日向中国专利局提出名称为"鉴相鉴幅无声运行漏电保护器"的实用新型专利申请，申请号为95217004.3，并于1997年3月26日被中国专利局公告授予专利权。请求人认为"专利是否有实用性，要在实际应用中评估是否有积极的和有益的效果。本案专利存在着威胁人身安全的危险，故不符合《专利法》第22条第4款的规定，不具备实用性"。法院引述了《专利审查指南》的观点，认为："具备专利性的发明或者实用新型并非是十全十美的技术方案，它们往往存在某种缺陷，只要所存在的缺陷或不足之处没有严重到使其技术方案根本无法实施或根本无法实现其发明目的的程度，就不能因为其存在不足或缺点就认为该技术方案失去专利法意义上的实用性……至于涉及人身安全的工业产品的市场准入问题,与专利法所指的实用性无关,不受专利法的调整,不是本案审理的范围。"

鞍山市立山区长城塑料电器厂 v. 专利复审委员会((2003)高行终字第 40 号)案:"对本专利(水热电热毯)可以制造出来上诉人长城塑料电器厂并无异议,但其认为按照说明书附图制造的产品,存在水电共存的严重问题,不符合国家强制标准,对人身会造成危害。依照实用新型专利的技术方案制造的产品是否符合国家标准,并不是判断该专利是否具有实用性的依据。是否损害人身健康,要从实用新型的发明目的出发进行判断。至于按专利生产的产品及在使用中的质量问题,不属于专利法调整的范围。"

魏界民 v. 专利复审委员会((2001)高知终字第 72 号)案:"一项产品按照国家标准、行业标准或有关技术指标进行检测是否合格与专利技术方案创造性的评判并无关系。"

2006 年修订前的《专利审查指南》所列举的"无积极效果"(3.2.5)而没有实用性的标准是:"具备实用性的发明或者实用新型专利申请的技术方案应当能够产生预期的积极效果。明显无益、脱离社会需要、严重污染环境、严重浪费能源或者资源、损害人身体健康的发明或者实用新型专利申请的技术方案不具备实用性。" 2006 年修订后的《专利审查指南》删除了"严重污染环境、严重浪费能源或者资源、损害人身体健康"(上述划线部分)的表述。依你的猜测,专利局为什么会做这一修改?

关于实用性的进一步讨论,可以参考:张勇、朱雪忠:《商业世界 vs. 思想王国——以实用性要件为主线的专利制度发展研究》,载《科技与法律》2006/02,第 73—80 页;张勇、朱雪忠:《专利实用性要件的国际协调研究》,载《政法论丛》2005/04,第 88—92 页。

2 实用性的审查

2.1 客体审查与实用性审查的重叠

专利申请的实用性审查有时候会和前一章的客体审查发生重叠。本章的开始部分已经提到,客体审查中的公序良俗审查可能与实用性中"积极效果"的审查发生重叠。除此之外,客体审查如果涉及一项发明是否为技术的问题,则容易和实用性审查环节的"产业实用性"要求发生重叠。一些科学发现或抽象思想,既可能因为它们不是专利法保护客体而被排除,也可能因为不具有所谓的产业实用性而被排除。对于这一趋势,代表性的意见如下:

> 按照过去的观点,发明创造本身是否授予专利权的条件一般可以分成如下两个层次:首先判断专利申请涉及的内容是否属于能够授予专利权的范围,也就是判断申请的内容是否符合《专利法实施细则》第 2 条关于发明、实用新型的定义,以及是否属于《专利法》第 5 条、第 25 条所排除的情形;只有当上述判断的结论认为属于能够授予专利权的范围时,才需要进一步判断是否符合新颖性、创造性和实用性的要求……随着科学技术的发展和新兴领域的出现,能够被授予专利权的

范围在不断扩大……事实上,在讨论是否属于能够授予专利权的范围时,在一些情况下实际上是依据实用性的标准。①

中国的《专利审查指南》在审查实用性时,要求发明"必须是能够解决技术问题。"②要否定一个发明的实用性,可以简单地说该发明所要解决的不是技术问题。这一策略完全模糊了实用性审查和客体审查的界限。在上一章中,我们提到1998年美国的State Street Bank案,当时美国联邦巡回上诉法院采用的所谓的"实用、具体和有形的结果"的客体审查方法,差不多也是打破了实用性审查和客体审查的边界。10年之后,在Bilski案中,美国法院又否定了这一审查方法。问题是,该案对于解决客体审查与实用性审查的重叠问题有实质性的帮助吗?在理想的专利法中,实用性审查和客体审查各自应该扮演什么角色?应该合二为一,还是各自为政?

2.2 实用性、新颖性和创造性的审查顺序

《专利法》第22条第1款要求发明必须具备"新颖性、创造性和实用性"。这三种要求在法律条文中的顺序,并不暗示专利局对发明进行审查时,要按照先新颖性和创造性、再实用性的顺序。实际上,通常是先审查实用性,再审查新颖性和创造性。《专利审查指南》(2010)甚至明确要求:"发明或者实用新型专利申请是否具备实用性,应当在新颖性和创造性审查之前首先进行判断。"③

对此,比较权威的陈述如下:

> 一般来说,在对发明和实用新型专利申请进行审查时,应当首先判断是否具有实用性,因为如果发明或者实用新型缺乏实用性,审查员就可以直接得出不能授予专利权的结论,没有必要再进行检索,进而对其新颖性和创造性进行判断。由于检索是一件工作量很大的事情,这样能够避免国家知识产权局在人力资源上的浪费。但是需要指出的是,这种顺序主要是从节约程序、尽可能缩短审查时间的角度出发的,与新颖性和创造性之间在逻辑顺序上的关系有所不同。从判断的内容上看,实用性的判断与新颖性、创造性的判断是彼此独立的,相互之间没有关联,因而无论先评价实用性,还是先评价新颖性、创造性,都不应认为有什么逻辑上的不当。④

不过,这里需要指出的是,先审查实用性,也可能需要进行文献检索。如前所述,审查的标准之一是看该领域的熟练技术人员是否相信该发明具有实用性。如果特定领域熟练技术人员所认知的范围不够清楚,审查员须对该领域进行检索,以寻找否定发明实用性的证据。总之,实用性、新颖性或创造性的审查顺序,是从节约审查资源的角度作出的安排,而非法律本身的内在逻辑要求。理论上,依据不同的顺序进行审查,

---

① 国家知识产权局条法司编:《新专利法详解》,知识产权出版社2001年版,第151页。
② 《专利审查指南》第二部分第五章第2节。
③ 《专利审查指南》(2010)第二部分第5章。
④ 国家知识产权局条法司编:《新专利法详解》,知识产权出版社2001年版,第152页。

并不会改变审查结果。

2.3 《专利审查指南》规定的无实用性情形

《专利审查指南》(2010)第二部分
第五章 实用性 第3.2节 审查基准

专利法第二十二条第四款所说的"能够制造或者使用"是指发明或者实用新型的技术方案具有在产业中被制造或使用的可能性。满足实用性要求的技术方案不能违背自然规律并且应当具有再现性。因不能制造或者使用而不具备实用性是由技术方案本身固有的缺陷引起的,与说明书公开的程度无关。

以下给出不具备实用性的几种主要情形。

3.2.1 无再现性

具有实用性的发明或者实用新型专利申请主题,应当具有再现性。反之,无再现性的发明或者实用新型专利申请主题不具备实用性。

再现性,是指所属技术领域的技术人员,根据公开的技术内容,能够重复实施专利申请中为解决技术问题所采用的技术方案。这种重复实施不得依赖任何随机的因素,并且实施结果应该是相同的。

但是,审查员应当注意,申请发明或者实用新型专利的产品的成品率低与不具有再现性是有本质区别的。前者是能够重复实施,只是由于实施过程中未能确保某些技术条件(例如环境洁净度、温度等)而导致成品率低;后者则是在确保发明或者实用新型专利申请所需全部技术条件下,所属技术领域的技术人员仍不可能重复实现该技术方案所要求达到的结果。

3.2.2 违背自然规律

具有实用性的发明或者实用新型专利申请应当符合自然规律。违背自然规律的发明或者实用新型专利申请是不能实施的,因此,不具备实用性。

审查员应当特别注意,那些违背能量守恒定律的发明或者实用新型专利申请的主题,例如永动机,必然是不具备实用性的。

3.2.3 利用独一无二的自然条件的产品

具备实用性的发明或者实用新型专利申请不得是由自然条件限定的独一无二的产品。利用特定的自然条件建造的自始至终都是不可移动的唯一产品不具备实用性。应当注意的是,不能因为上述利用独一无二的自然条件的产品不具备实用性,而认为其构件本身也不具备实用性。

3.2.4 人体或者动物体的非治疗目的的外科手术方法

外科手术方法包括治疗目的和非治疗目的的手术方法。以治疗为目的的外科手术方法属于本部分第一章第4.3节中不授予专利权的客体;非治疗目的的外科手术方法,由于是以有生命的人或者动物为实施对象,无法在产业上使用,因此不具备实用性。例如,为美容而实施的外科手术方法,或者采用外科手术从活牛身体上摘取牛黄的方法,以及为辅助诊断而采用的外科手术方法,例如实施冠状造影之前采用的外科手术方法等。

3.2.5 测量人体或者动物体在极限情况下的生理参数的方法

测量人体或动物体在极限情况下的生理参数需要将被测对象置于极限环境中,这会对人或动物的生命构成威胁,不同的人或动物个体可以耐受的极限条件是不同的,需要有经验的测试人员根据被测对象的情况来确定其耐受的极限条件,因此这类方法无法在产业上使用,不具备实用性。

以下测量方法属于不具备实用性的情况:

(1) 通过逐渐降低人或动物的体温,以测量人或动物对寒冷耐受程度的测量方法;

(2) 利用降低吸入气体中氧气分压的方法逐级增加冠状动脉的负荷,并通过动脉血压的动态变化观察冠状动脉的代偿反应,以测量冠状动脉代谢机能的非侵入性的检查方法。

3.2.6 无积极效果

具备实用性的发明或者实用新型专利申请的技术方案应当能够产生预期的积极效果。明显无益、脱离社会需要的发明或者实用新型专利申请的技术方案不具备实用性。

2.4 未充分公开引发的实用性疑问

专利说明书中出现瑕疵甚至错误,可能导致所要保护的技术方案无法实施,从而引发实用性方面的质疑。法院在处理这些质疑时,通常是看相同领域的熟练技术人员是否能够识别出这一错误,是否能够不受干扰地实施该方案。如果答案是肯定的,法院会忽略该瑕疵或错误,支持该发明的实用性。典型案例有:

沈阳市生物化学制药厂 v. 专利复审委员会((2000)高知终字第50号)案:

> 沈阳生化制药厂在上诉中仍坚持本专利的培养基制备采用猪血为原料,不能实施的理由,但从本专利授权公告的申请文件中可以看出,其权利要求书和说明书所记载的培养基成分均为"猪心浸液",只是在猪心浸液制备的描述中,出现了"取新鲜猪血"的字样,由于猪血不需要去除血块、脂肪、筋膜、洗净、绞碎这些制备环节,因此,说明书中的上述描述显然是对猪心的处理,本领域普通技术人员通过阅读本专利说明书,完全可以得出"猪心浸液"的制备是以"猪心"为原料的结论。该说明书中"取新鲜猪血"的描述显然是专利权人撰写专利文件时的笔误。更何况一审中沈阳生化制药厂已明确表示本领域普通技术人员都知道猪血不能用来制备培养基。
>
> 对于沈阳生化制药厂主张的采用"先冷藏后煮沸"的方式制备本专利所需培养基效果极差,不能实施的理由,因其至今未提供本专利相对于现有技术"效果极差"的证据,且效果差与不能实施是两个不同的概念,故沈阳生化制药厂主张本专利不具备实用性的理由同样不能成立。

东莞市豪特电器公司 v. 专利复审委员会(北京一中院（1996）一中知初98号)案：

> 豪特公司在无效宣告审查程序中，针对太阳能所持有的87103537号专利的实用性和创造性提出宣告无效请求理由，并提供相关对比文件。对该专利不具备实用性主要是指该专利权利要求1的C项中组合物保护范围不符合客观规律，组合物中氧化铅的下限或其上限无法配到100%。在通常情况下，组合物的各组分用量之和应等于100%，该发明专利各组合物用量范围的上限之和、下限之和均不等于100%，这是事实。但各组合物的上限之和不小于100%；下限之和不大于100%，也是事实。对于所属领域的技术人员来讲，实施该发明专利技术，依据该专利说明书中公开的数值范围及实施例，通过逻辑推算选择可实施的数值部分以满足各组分用量之和等于100%的要求是完全可能的，并可达到预期效果。这对于所属领域技术人员来说不存在困难。同时不予选择的数值部分或者说被排除的部分数值，并不影响其余数值范围的实施……因此专利复审委对该专利具有实用性所作的判断是正确的。

当然，如果申请人未充分公开，无法说服熟练技术人员相信该发明具有实用性，则审查员可能以没有实用性，也可能以没有充分公开驳回该申请。代表案例可以参考下面的薛海清 v. 专利复审委员会(北京一中院（1998）一中知初字第3号)案。该案中，一种新药物的制作方法的发明人，因为没有能够充分公开其药物的实际使用方法、疗效，导致审查员不相信该药物有效。

这里有一个疑问：申请人没有充分公开一项技术方案，自然会导致该技术方案无法实现或无法具有申请人所宣称的效果，即没有实用性。这是否意味着，所有的未充分公开的申请，都可以按没有实用性来驳回吗？

2.5 实用性的证明责任分配

申请人在实用性方面的披露内容，通常应推定为正确的。专利审查员要否定该披露内容的正确性，应当承担举证责任。审查员所提供的证据可以是相关领域的公知常识、科学原理或权威的技术文献。在"永动机"之类的案件中，举证责任通常不会引发大的争议。但是，在很多前沿领域，则不然。比如，在生物医药领域，很多申请人会主张自己发明的物质的分子结构与已知分子的结构类似，因此主张自己的发明具有类似的功能(实用性)。专利局究竟要在多大程度上接受"结构类似功能也相似"的经验性规则，取决于相关领域的熟练技术人员的一般认知。这只能在个案中由专利局和法院具体判断，有相当的不确定性。

如果申请人对于实用性的披露不够详细，无法让该领域熟练人员了解如何实施该发明，则该申请除了不能满足实用性要求外，也不符合"充分公开"(可实施)的要求。这一点，在后文还将进一步讨论。

薛海清 v. 专利复审委员会

北京一中院(1998)一中知初字第 3 号

孙建、郭泽华、姜颖法官：

[薛海清、鲁凤云是名称为"癌静注射剂的制作方法"的发明专利的权利人。专利号为 88100417。]该发明专利的权利要求包括以下内容：

一种治癌中药癌静注射剂的制作方法，其特征在于：其配方含有元寸 1—6 g，牛黄 2.5—30 g，蛇皮 1.5—25 g，水蛭 2.2—30 g，蜈蚣 0.6—10 g；癌静注射剂的制作方法：

(1) 首先将牛黄加入 35℃—50℃的温水浸泡 20—48 小时；

(2) 将水蛭加 9—120 g 的醋炒烹；

(3) 将蛇皮和蜈蚣分别火灸；

(4) 将元寸加温水浸泡 20—28 小时取上澄液。

将炮制好的牛黄、水蛭、蛇皮、蜈蚣，放在锅内加水 >1400 g 进行煎煮，取上清液 3 次，再加入元寸上清液过滤，将滤液浓缩为 40%—50% 的水溶性浸膏 4.0—6.5 g，加蒸馏水至 78—100 ml，经加热，温度为 >100℃，所用时间 10—40 分钟，后冷藏 46—50 小时，将冷藏液离心，除去沉淀物，取澄清液加注射用水，过滤、灌装、灭菌熔封制成癌静注射剂。

其说明书表述如下：

本发明的目的是为防治肿瘤、癌症，提供一种有清热解毒、消炎散瘀、生肌长肉功能作用，有抗癌细胞和化肿瘤作用，对各种癌症有止痛特效的中药癌静注射剂，解决了肿瘤癌症对人类的身体健康的危害，消炎止痛、消灭癌细胞，加速肌体损伤组织修复，恢复人体的生理机能，并能增强免疫功效，减少癌症的痛苦，有利于人们的健康。

本发明的癌静注射剂的制作方法，其配方含有：元寸 1—6 g，牛黄 2.5—30 g，蛇皮 1.5—25 g，水蛭 2.2—30 g，蜈蚣 0.6—10 g，等药，经特殊加工配制而成的浸膏 pH 近中性，澄清度按药典合格的癌静注射剂的制作方法：(1) 首先将牛黄加入 35℃—50℃的温水，浸泡 20—48 小时；(2) 将水蛭加 9—120 g 的醋炒烹；(3) 将蛇皮和蜈蚣分别火灸；(4) 将元寸加温水浸泡 20—28 小时，取上清液，将炮制好的牛黄、水蛭、蛇皮、蜈蚣放入锅内加水 >1400 g 进行煎煮，取上清液 3 次，再加元寸澄清液过滤，将滤液浓缩为 40%—50% 的水溶性浸膏 4.0—6.5 g，加蒸馏水至 73—110 ml，经加热，温度为 >100℃，所用时间 10—40 分钟，后冷藏 46—50 小时，将冷藏液离心，除去沉淀物，取澄清液，加注射用水，过滤、灌装、灭菌、熔封制成癌静注射剂。本发明用药为，牛黄：牛科动物中干燥的胆结石。蛇皮：游科动物黑锦蛇、锦蛇、乌桃蛇、赤连蛇。水蛭：水科动物蚂蟥的干燥体。蜈蚣：蜈蚣科动物少棘区蜈蚣的干燥体。元寸：动物体内分泌干燥物。

<u>本发明的癌静注射剂中药，经黑龙江省肿瘤医院、黑龙江省中医医院、北京肿瘤防治研究所、四川肿瘤医院研究所作药毒、药理、药效实验证明，此药无毒、无副作用，用</u>

<u>药安全、疗程短,效果好,药理实验证明有抗肿瘤作用。本药对癌肿溃疡患者疗效较明显。本药攻补兼施,以攻为主,攻不伤正,补之恶邪,可使癌肿消散,热毒消解,疼痛止,正气复。所以,此方对恶疮、肿瘤兼热毒温结者,是为良方。</u>癌静抗动物肿瘤的实验报告,癌静系中药方提取物,经制剂而得的灭菌注射液,药液呈棕黄色。(1)选用瑞士白雄性小鼠,体重范围在18—20.5 g。(2)先随机分组,每组10只鼠,每组平均体重差小于0.5 g。(3)实验组腹腔给药52 mg/kg,每天一次,连续给药7天,对照组给生理盐水0.4 ml。(4)第8天将生长色浦EAC瘤珠,在无菌条件下,取无血性腹水,用生理盐水稀释1:3倍(约2500万癌细胞),在小鼠右前肢腋部皮下接种0.2 ml。(5)接种后正常养7天,第8天处死小鼠,分别称体重及取瘤称重,计算实验结果。结果表明:小鼠先给药一周第8天接种实体EAC,再观察一周处死小鼠取瘤称重,与对照组比较有显著的抑瘤作用,平均抑瘤率$40.1\% \pm SDS$、$A.P < 0.05—0.001$。本发明的优点在于便于治疗,疗程短,疗效快,本药无毒、副作用,用药安全。尤其对肺癌、肝癌治愈率50%,对其他癌症、肿瘤治疗有效率40%,病例达数百人。最佳实施例为,癌静注射剂的配方含有元寸5.6 g(水泡上清液),蜈蚣(火炙)28 g,牛黄16 g(温水泡28小时),蛇皮(火炙)15.5 g,水蛭15 g(醋烹),将上述炮制后的牛黄、蛇皮、水蛭、蜈蚣等药加入水煎煮取上清液3次,加入元寸水泡上澄液经过滤,浓缩成水溶性浸膏,再加蒸馏水灭菌灌装安瓿(2 ml)制得癌静液为棕黄色癌静注射剂。

1996年4月5日,迟凤志向专利复审委员会提出无效宣告请求,认为88100417号专利不符合专利法第5条、第22条的规定,不具有创造性……1997年4月2日,请求人再次陈述了意见,并提出本专利不符合专利法第26条第3款的规定。认为,本专利说明书对该专利药品组分及配比公开不充分,该专利配方中含有权利要求书所述5味药以外的其他药品成分,而专利权人在说明书中对此未作清楚、完整的说明。被请求人为了说明其专利具有创造性所递交的《医院制剂药品申请表》中所述药物除含有本专利方法配方中的5味药外,还含有另外18味药,但这些并未在说明书中公开。另外,本专利说明书也未公开各药之间的确切比例关系。同时,提交了如下证据:4.实用抗癌验方;5.全国中药成药处方集(1964);6.中医剂大辞典;7.中华肿瘤治疗大成;8.中国名医名著名方;9.宋本伤寒论校注。

[专利复审委员会以未充分公开为由,宣告专利无效。法院维持这一决定。]

思考问题:

(1)判决书中下划线部分的关于发明效果(实用性)的陈述,应推定可靠吗?在什么情况下,审查员可以对该陈述提出质疑?申请人可以补充实验材料证明该实用性或效果存在吗?

(2)结合本案,考虑实用性与充分公开的关系问题。本案究竟应该依据何种理由否定上述药物专利申请呢?

3 药物发明的实用性

药物类发明从最初的细胞实验到动物实验再到临床试验,中间有很多环节。每一个环节的实验都可能导致先前被认为有希望的药物发明被淘汰出局。于是,药物类发明的实用性究竟要求发明人走到哪个环节以证明药物的实用性,就存在多种选择的可能性。同时,药物领域新技术方案的可行性很难进行理论预测,这也导致实用性证据是否可靠有一定的不确定性。这些因素综合在一起使得药物类发明的实用性判断比较困难,在实践中容易引发争议。

不过,中国专利法以及《专利审查指南》对于药物或化学类发明的实用性,并没有规定特别详细的要求。这多少有些让人意外。这里更多地利用美国法上的相关案例来说明问题的复杂性及其背后的公共政策目标。

Brenner v. Manson

美国最高法院 383 U. S. 519(1966)

Fortas 法官:

本案提出两个对专利法的实施有重要意义的问题:首先……其次,用化学方法生产的化合物的实际用途(practical utility)对于认定该方法的可专利性是否是一个必不可少的因素? 相关事实如下:

……

在 1960 年 1 月,被申诉人 Manson,一个从事类固醇研究的化学家,对[一种制造已知的类固醇的方法]提出了专利申请。他宣称是他发现了该方法,同时,他在 1956 年 12 月 17 日前就做到这一点……

专利局审查员驳回了 Manson 的申请,专利局内的上诉委员会(the Board of Appeals)维持了这一驳回决定。驳回的理由是[该申请]没能"揭示该方法所生产的化合物的任何用途"。在专利局看来,Manson 对 1956 年 11 月份的《有机化学杂志》(the Journal of Organic Chemistry,21 J. Org. Chem. 1333—1335)[Ringold]的一篇文章的援引,并没有弥补上述缺失。该文章揭示[有研究]正在对包含争议化合物在内的一类类固醇对老鼠肿瘤的可能的抑制效果进行筛选;而且,与 Manson 的类固醇接近的一个同系物(homologue)已被证实具有上述效果。上诉委员会指出,"我们认为,不能仅仅因为一个产品刚好与另外一个已知有用的化合物密切相关(be closely related to),就推定该产品[满足了]实用性的法定要求。"

关税与专利上诉法院(以下称CCPA)撤销了[上诉委员会的结论]……[本院]发放调卷令以解决这一持续的争议,即什么构成化学方法权利要求的"实用性"……

我们的出发点是既没争议也不可争议的命题,即人们只能对有用的[发明]提出专利申请……

然而,情况往往是这样,一个简单的日常词汇应用于活的事实时,可能会产生模糊性。现在,专利局和CCPA之间关于如何将[实用性的]测试法应用到化学方法的冲突,就证明了这一点。这里,化学方法所生产的已知产品的实用性——除了作为科学研究的可能目标外——并没有被证实。在不久以前,专利局和法院在这一问题上的想法似乎是一致的。在Application of Bremner, 182 F. 2d 216, 217案中,法院维持了专利局对方法和产品权利要求的驳回决定。法院指出,"专利说明书没有披露该方法所生产的产品的任何用途"。它认为,"专利不会被授予一种产品或生产该产品的方法,除非该产品具有实用性。"对法院而言,这也并非什么新的学说……

专利局依然坚定地支持这一观点。然而,CCPA却急剧地偏离了Bremner案的立场。这一变化趋势从Application of Nelson, 280 F. 2d 172案开始。在该案中,法院撤销了专利局对一项方法权利要求的驳回决定。该方法产生的化学中间体对于化学家做类固醇研究有用,但没有证据证明最终获得的类固醇本身具有"实用性"。这一趋势进一步加快,在本案中达到了巅峰。法院认为一个方法只要产生预期的结果,同时并不"损害公共利益",就足够了。

在如何将实用性的测试法应用于化学方法方面产生分歧,并不奇怪。即使我们准确地知道国会在1790年发明"新颖而实用"(new and useful)这一措辞以及后续对该测试法的反复立法时的意图,在现代化学的背景下,应用这一测试法依然有困难。在这一领域,研究范围和人类的理解能力(man's grasp)一样宽广,如果[实用性]一词被赋予最宽泛的含义,则很少或几乎没有东西完全超出"实用性"的界限。

被申诉人至少从一开始就没有依赖下级法院所发展的极端理论,即只要新的化学方法产生了预期的产品,同时该产品自身不是有害的,则该方法可专利。他也没有将他的权利要求的"命运"(outcome)托付给稍微更传统一点的理论,即如果一个方法产生的化合物的潜在用途是供严肃的科学研究者做调查研究,则该方法具有第101条意义上的"实用性",虽然他也敦促[本院]将这一理论作为维持CCPA判决的替代性的理论基础。实际上,他从更正统的争论开始,认为他的方法具有具体的实用性……他的主张是……书面证词所援引的1956年Ringold的文章披露,与他的方法所生产的类固醇相近的同系物,已被证实具有抑制老鼠肿瘤的效果。这一内容揭示了[他的发明]所需的实用性。我们拒绝将上述诸多理论中的任何一个,作为推翻专利局"实用性要求未被满足"的决定的充分依据。

即使假定"如果被申诉人证明所产生的类固醇对老鼠肿瘤具有抑制效果,则该方法将是可专利的",我们也不会推翻专利局的结论——被申诉人并没有证明[该类固醇具有肿瘤抑制效果]。专利局发现,被申诉人的论文(papers)虽然援引了相近的同系物,但对于该方法所产生的类固醇是否会具有类似的肿瘤抑制特点,并没有揭示出足够的可能性(a sufficient likelihood)。的确,被申诉人自己也认识到,在类固醇领域,相近的同系物具有相同功能的假设已经受到挑战,因为已知这一领域的化合物具有更大的不可预见性。在这一技术领域的这些情景下,我们不会推翻最初的审查员的结论。这一结论被上诉委员会维持,也没有受到CCPA的挑战。

被申诉人第二点和第三点争论提出了一些重要问题。化学方法具有第101条意义上的"实用性",(1)是因为它可行(works),即产生预期的产品,或者(2)是因为它所产生的化合物属于严肃的科学调查正在研究的一类化合物?这些主张提出了本判决要解决的基础问题。因为没有发现与第101条有关的立法材料的具体支持,我们在分析这一问题时,可以考虑国会的一般意图、专利制度的目的和不同方向的判决的影响(implications)等。

为了支持他的请求——"我们应降低实用性要求",被申诉人依靠Story法官的一段著名的陈述:"实用"的发明是指能够按照对社会有益的用途使用的发明,它与对公共道德、健康或社会良好秩序有损害的发明或琐碎的微不足道的发明相对。被申请人还宣称,如此这般将鼓励新方法的发明人,为了整个科学共同体的利益,公开其发明,从而拓宽寻找用途方面的研究,增加科学知识的储备(the fund of scientific knowledge)。Story法官的陈述对本案的主题没有什么启示。如果对其进行狭义的解读,它不过是迫使我们决定诉争的发明是否是"琐碎的微不足道的"——应用这一审查方法并不比适用专利法自身更容易。如果对其进行更宽泛的解读,则会许可对任何不对社会有害的发明授予专利。这实际上要赋予"实用"一词特别的含义,在缺乏证据证明国会有意如此的情况下,我们不能接受。毕竟,在这个世界上有很多东西虽然是完全无害,却可能并不被认为是"实用"的。

诚然,专利制度的一个目的是鼓励与发明或发现有关的信息的扩散。不能申请方法专利,可能会在一定程度上打消披露的积极性,导致更多的[发明人]选择保密,而本来他们不必如此(如果可以申请专利的话)。在寻找产品用途的过程中,方法的发明人或者其雇主对该[方法]发明的确有保密的动机。但是,鉴于专利权利要求撰写技巧已经高度发达,申请人在尽可能拓宽权利要求范围的同时,却尽可能少地披露有用信息,我们对以"信息披露的好处"为基础的论调必须谨慎评估。而且,保密的压力很容易被夸大,因为如果方法发明人自己不能确定该方法所产生产品的任何用途,则他完全有动机让那些能够为该产品找到用途的人了解该发明。最后,对一个专利方法的披露有多大可能会激励他人去研究该产品的可能用途?只要专利权人能够行使其专利权,其他人就很少有动力去寻找可能的用途。

无论鼓励披露和抑制保密应被赋予多大价值,我们相信一项更重要的考虑是,如果没有发展出具体的实用性(specific utility),化学领域的方法专利会导致知识垄断。这种垄断只有明确的法律规定时才能被授予。除非方法被用来制造确实有用的产品时,否则该[方法专利的]垄断权的边界将无法准确界定。该权利要求可能独占一大片未知、也可能是不可知的(unknowable)领域。这样的专利可能赋予[专利权人]阻碍整个领域的科学发展的能力,而没有给予公众回报。宪法和国会所预期的授予专利垄断权的基本对价,是公众从具有实质性用途(substantial utility)的发明中所获好处。除非方法已被改进和发展到这一地步——存在立即可用的具体好处,否则没有充分理由许可申请人独占一片可能很宽泛的领域。

没有任何已知用途或仅仅在"可能是科学研究对象"这一意义上具有实用性,支持或反对这类方法的可专利性的争论,同样适用于该方法所生产的产品的可专利性问题。被申诉人似乎也承认,与方法发明相反,国会在产品发明上已经使天平向"不可专利"(nonpatentability)一边倾斜,除非[申请人]能证明其具有实用性。的确,一个产品如果没有比本案所列用途更多的实用性,则不能获得专利。CCPA 的很多判决与这一观点一致。有人主张,虽然国会倾向于认为,如果化合物的唯一用途是可能成为用途测试研究的对象,则该化合物不可专利,但是,对于产生该不可专利的物质的方法,应适用一套不同的规则。我们发现这一主张完全没有依据。在我们看来,这不过是试图避免产品自身可专利性方面的公认规则的适用。

这并不是说,我们有意贬低"为不具实用性的科学信息储备"所作贡献的重要性,或者我们没有看到这样的可能性:今天看起来没用的东西在明天可能会引起公众充满感激的关注。但是,专利并不是打猎许可证。它并不是对探索过程(search)本身的奖励,而是对成功的结果的补偿。"专利制度必须与商业世界(the world of commerce)而不是和思想王国(the realm of philosophy)紧密相连……"

撤销 CCPA 的判决。

Harlan 法官,部分附和,部分异议:……

本院为支持它的解释提供了一系列理由。在我看来,这些争论中的好几项几乎没有说服力。比如,它认为,"除非方法被用来制造确实有用的产品时,否则该[方法专利的]垄断权的边界将无法准确界定"以及"该权利要求可能独占一大片未知、也可能是不可知的(unknowable)领域"。我无法看出这些说法与本案的相关性。方法权利要求并不因为该方法所生产的产品可能非常重要而不被许可。在任何情况下,事先知道(advance knowledge)具体的产品用途并不能为[避免上述问题]提供什么保障,也无助于准确地界定该方法权利要求的边界,因为专利授权之后,可能会有更多的用途被发现,从而大大增加该专利的价值。

……

我认为,更切中要点的是法院剩下的一些否定[方法]可专利性的论点:许可专利所激发的披露功能,在部分程度上会被专利申请的撰写技巧所抵消;不授予专利,披露行为可能也会发生;专利会打消他人为该产品发明新用途的积极性。本案中,没有任何证据证明,含糊的专利撰写究竟可能在多大程度上抵销授予专利权所带来的公共利益。更为重要的是,这一论点实际上可以用来反对所有专利,这里并没有解释为什么仅仅是上述类型的方法专利被挑出来[作为反对对象]。有一种想法认为,即使不授予专利,此类发明比大多数发明更有可能被披露。这一想法或许比[法院多数意见的上述论点]更有说服力。虽然产业实证研究可能会证实化学研究人员会如此行事,但在我看来,他们的理论上逻辑选择应该是保持秘密直到一项产品用途被发现[才会公开该方法并申请专利]。至于打消他人寻求产品用途发明的积极性,毫无疑问,这一风险的确存在。但是,任何专利的代价都是[该专利发明]的其他用途或改进会被阻碍,因为原始的发明人会[从后续从属发明中]收获很多回报。从公共利益的角度看,宪法似乎已经作出倾向于承认其可专利性的选择。

我发现本院结论所引发的最大麻烦是它对化学研究的可能冲击。化学是一个高度互相关联的领域,一个发现建立在另一个发现的基础上,多个不同的发现可能会给社会带来切实的好处。鼓励化学家或研究机构去发明和传播新的方法或物质对与技术进步可能是至关重要的,尽管该方法或产品没有本院所定义的"实用性",因为这些发现会让其他人更进一步,或许也是难度要小一点的一步,去发现具有商业实用性的应用。在我看来,在当今时代,认识到完成并公开基础研究的重要性,本法院应当朝着这一方向消除这一领域的不确定性,支持本案被上述人的主张。

专利局在这个世纪的大部分时间里的实践都是在强化这一主张。虽然现有的证据并不是决定性的(conclusive),但学者们看起来同意:在 1950 年 Application of Bremner, 182 F. 2d 216 案以前,化学专利申请通常都被授权,即使没有披露最终的用途或用极其宽泛的语言描述其用途。假定这一点是正确的,则 Bremner 案代表对已经确立起来的实践做法的一种偏离。现在 CCPA 寻求部分改变这一做法,认为专利局不愿回到惯常的轨道上来。如果在本国长期而高产的化学研发过程中,实用性一直被认为是[化学领域发明的]固有属性,则本院[主流意见的]结论肯定不应被接受,除非国会基于本院所未掌握的实证数据明确要求[本院按照主流意见去做]。

……

思考问题:

(1) 多数意见指出:"在类固醇领域,相近的同系物具有相同功能的假设已经受到挑战,因为已知这一领域的化合物具有更大的不可预见性。"法院显然认为申请人没有完成实用性的举证责任。申请人究竟要举证到什么程度?为什么不采用相反的策略:证实了结构类似的同系物的实用性的在先文献,初步证明诉争发明的实用性,然后让审查员提供证据来反驳这一初步结论呢?

(2) 多数意见在反驳"不授予专利会打击发明人披露信息的积极性"时,指出专利权人原本就会利用撰写技巧,减少披露。结合异议法官的意见,你觉得多数意见的说法与本案主题有关吗?

(3) 多数意见认为对于没有实用性的方法授予专利,会影响他人寻找该方法或产品用途的积极性。诚如此,专利法为什么还有基础专利与从属专利的安排呢?授予后来者从属专利,不足以维持后来者寻找该方法或产品新用途的积极性?

(4) 多数意见认为,方法发明要具备实用性,必须保证其生产的产品具有实用性。在法院看来,如果不要求该产品有实用性,"这不过是试图避免产品自身可专利性方面的公认规则的适用"。道理何在?

(5) 专利法上存在所谓的用途发明的机制,是否可以这样安排:合成新物质但不知用途的人,获得物质发明;揭示该物质用途的人,获得用途发明(方法发明)。这一机制与现行专利法上的机制相比,何者更优越?为什么?有研究说,一项基因被专利后,过去从事这一基因研究的实验室中,有30%选择放弃后续研究。① 假设这是生化领域的普遍事实,对你回答上述问题有影响吗?

In re Brana

美国联邦巡回上诉法院 51 F.3d 1560(1995)

Plager 法官:

I 背 景

1988年6月30日,申请人提交了第213,690号专利申请(690号申请),指向5—硝基苯并异喹啉—1,3—二酮(5—nitrobenzodeisoquinoline—1,3—dione)化合物,作为抗肿瘤物质使用,具有下列结构式:

其中,n 等于1 或2;R1 和R2 是相同或相异,可以分别是H,C1—C6—烷基,C1—C6—羟烷基,吡咯烷基(pyrrolidinyl),吗啉基(morpholino),哌啶基(piperidinyl)或哌嗪基(piperacinyl);R3 和R4 相同或相异,可以分别是H,C1—C6—烷基,C1—C6—酰基,C2—C7—烷氧羰基,Ureyl,甲酰胺基(aminocarbonyl),或 C2—C7—烷胺羰基(alkylaminocarbonyl)。上述化合物和现有的苯并异喹啉—1,3—二酮(benzodeisoquinoline—1,3—dione)类化合物的差别在于异喹啉环的位置5上有硝基(O_2N),在位置8个有氨或其他胺基($NR3R4$)。

说明书指出,在位置5 和8 上的非对称取代物导致该化合物作为抗肿瘤物质,比已知的 K.D. Paull 等所披露的苯并异喹啉类化合物,具有"更好的作用和更宽地适用范围(action spectrum)"。参见 K.D. Paull et al., Computer Assisted Structure-Activity Correlations, Drug Research, 34(II), 1243—46 (1984)(Paull)。Paull 描述了一种对苯并异喹啉—1,3—二酮和相关化合物[的抗肿瘤效果]进行计算机模拟评估的方法。这些化合物是通过活体实验(in vivo)测试其对 P388 和 L1210 这两种特别的鼠类淋巴白血病(lymphocytic leukemias)(使用老鼠作为测试对象)的效果的方式筛选出来的。这两种活体测试法在国家癌症研究所(NCI)被广泛用来检测化合物的抗肿瘤特性。Paull 特别提到,化合物苯并异喹啉—1,3(2H)二酮,5—胺基—2(2—二甲基—胺基乙基[笔误])(benzodeisoquinoline—1,3(2H) dione, 5—amino—2(2—dimethyl-aminoethyl [sic],以下称"NSC308847")对抵抗上述两种类型肿瘤有出色效果。基于他们的分析,化合物 NSC308847 被 NCI 选定做进一步的研究。除了将所要求保护的化合物的效果与 Paull 文所揭示的结构类似的化合物进行比较外,申请人的专利说明书还揭示了所要保护的化合物在体外实验(in vitro)中对人类肿瘤细胞的细胞毒性,结论认为这些实验"有好的效果"。

……

---

① Andrew Farlow, Costs of Monopoly Pricing Under Patent Protection (PPT) www.earthinstitute.columbia.edu/cgsd/documents/farlow2.ppt,2011年1月17日访问。

对申请人的申诉状进行答辩时，审查员指出，最终驳回决定是基于 35 U.S.C. §112 第一款(P1)。审查员首先认为该说明书没有描述该化合物对何种具体的疾病有效。其次，审查员认为 Paull 提到的在先实验以及本说明书中披露的实验并不足以让人对该化合物具有实际用途(practical utility)(即在人体内具有抗肿瘤活性)产生合理的期待。

在 1993 年 3 月 19 日，委员会维持了审查员的最终驳回决定……本上诉随之而来。

II 分 析

本案所涉及的是一个非常重要的事关专利商标局审查实践与政策的法律约束问题。这一问题是，对于药物发明的实际用途(practical utility)或实用性(usefulness)，申请人在寻求专利保护时究竟必须证明什么？这不是一个新的问题……

发明的实用性要求源于 35 U.S.C. §101："任何人发明……任何新颖而实用的……组合物……可以对之获得专利……"这一要求也隐含在第 112 条中，原文如下：

> 说明书应当包含发明以及制造和使用该发明的方法的书面描述，[该描述应当]足够的完整、清楚、简洁和准确，使得相关或最接近的领域的熟练技术人员能够制造和使用该发明，同时，应该披露发明人在完成发明时所理解的最佳实施例。

显然，如果所要保护的发明没有实用性，则说明书无法让他人去使用它。

如上所述，虽然审查员和委员会都提到第 101 条，同时，该驳回决定看起来也是基于该化合物是否具有实际用途这一问题，即第 101 条的问题，但是，在委员会看来，这一驳回决定是基于第 112 条第一款的要求([即充分公开的要求])。我们也将集中讨论这一条。委员会给出两个驳回理由，我们将逐一考虑。

1.

委员会决定的第一个依据是，申请人的说明书没能揭示该化合物对某种具体的疾病有效，因此，不进行超出合理限度的实验(absent undue experimentation)，该领域的普通技术人员无法应用该发明。为了支持这一结论，专利商标局长(Commissioner)争论说，944 号申请所披露的用途，即"治疗疾病"和"作为抗肿瘤药物"，与 In re Kirk, 376 F.2d 936 (CCPA 1967)案中不满足实用性要求的模糊披露类似。这一争论并非完全没有道理。

在 Kirk 案中，申请人要求保护一类类固醇化合物。说明书中所披露的一项用途是这些化合物具有"高度的生物活性"。但是，说明书并没有披露什么生物特性使得该化合物具备了实用性。而且，法院发现，类似化合物的已知的具体用途并不能[帮助申请人]弥补这一缺陷，因为说明书中并没有披露说所要保护的化合物的特性和那些已知的类似化合物的特性相同。此外，申请人并没有主张该领域的熟练人员本来就知道该具体用途。因此，法院的结论是，所称的用途太模糊，不能让该领域的熟练人员了解如何使用该发明。

如果上述的说法［即"治疗疾病"和"作为抗肿瘤药物"］是944号申请所宣称的唯一用途,则Kirk案对于本案可能是决定性的。可是,申请人的说明书还指出,该化合物作为抗肿瘤物质比已知化合物,尤其是Paull所分析的那些化合物,具有"更好的作用和更宽地适用范围(action spectrum)"。如前所述,Paull先在活体实验中测试苯并异喹啉—1,3—二酮类物质对两种淋巴白血病(P388和L1210)的抗肿瘤效果。［然后,］Paul将这些化合物按照结构分成多个小组,分别分析这些小组的测试结果(即在特定的小组中,多大比例的该化合物具有成功的抗肿瘤效果)。由于其中的一个被测试的化合物NSC308847被发现对这两种淋巴白血病肿瘤高度有效(highly effective),申请人所青睐的这一比较暗示他们要保护的化合物对于淋巴白血病高度有效(即实用)。申请人所称的治疗此类独特的癌症的用途,远比Kirk和Kawai案所拒绝的含糊其辞的用途要具体得多(much more specific)……

然而,专利商标局长争辩说,P388和L1210不是疾病,因为动物患上P388癌症的唯一途径是直接向其注射该细胞系。专利商标局长因此认为,申请人在他们的说明书中对Paull的援引,并没有指明该化合物所能治疗的具体疾病。我们不同意。

就像申请人所指出的那样,P388和L1219细胞系虽然技术上只是肿瘤模型,但最初是从患有淋巴白血病的老鼠身上提取的。因此,P388和L1219细胞系的确代表实际而具体的淋巴肿瘤。这些模型一旦被植入老鼠,就会产生这种很特别的疾病。如果要求申请人一直等到动物自然产生这种具体的肿瘤才进行活体实验以测试某一化合物对抗肿瘤的效果,则会像专利商标局长的争论所暗示的那样,再没有进行大规模活体测试化合物的有效方法了。

我们认为,这些肿瘤模型代表了该化合物声称能有效治疗的具体疾病。因此,鉴于说明书对Paull文的明确援引,申请人的说明书揭示了足够具体的用途。

2.

委员会驳回决定的第二项依据是,即使说明书中指明一项具体的用途,申请人依然没有证明该化合物是实用的……专利商标局长在这里争论说,申请人所提供的证明实用性的实验并不足以使得该领域的普通熟练人员相信该化合物可以用作抗肿瘤药物(useful as antitumor agents)。

本院的前身(CCPA)曾经指出:

> 说明书中所包含的关于制造和使用该发明的方法的说明(teaching),如果使用了与描述所要保护的专利客体所用术语相一致的术语,则应推定［该披露］符合第112条第1款的充分公开要求(enabling requirement,或可实施要求),除非有理由怀疑上述作为充分公开基础的陈述的客观真实性。In re Marzocchi, 439 F. 2d 220, 223 (CCPA 1971)。

依据这一规则,如果专利商标局(PTO)要挑战说明书中的推定正确的实用性主张,最初的举证责任在PTO一方。只有在PTO提供证据证明该领域熟练人员对申请人所主张的实用性有合理怀疑之后,举证责任才会转移到申请人一方,他必须提供足以让该熟练人员相信该发明具有实用性的反驳证据。

PTO并没有完成这一最初的举证责任。委员会所引述的Pazdur和Martin的文献，并没有对任何化合物作为抗肿瘤药物的用途提出疑问，也没有提供其他证据让熟练技术人员怀疑申请人的化合物的实用性。相反，这些文献仅仅讨论了鼠类活体实验的医疗预测价值。除非申请人必须证明他们所宣称的用途在[在治疗人类疾病方面]的最终价值，否则这一点与本案无关。同样的，我们并没有发现，该发明的自身属性会让该领域的熟练人员对[申请人]所宣称的实用性产生合理怀疑。

用化学物质治疗癌症，这一目的并没有暗示什么本质上不可信的事情(undertaking)，或者涉及什么不可信的科学原理。此前，现代科学已经确认了很多成功用于化疗的药物。而且，现有技术，尤其是Zee Cheng等人的文章，已经披露，与申请人所主张的化合物结构类似的化合物在活体实验中已被证实是对多种肿瘤模型有效的化疗药物。

考虑到该发明的性质以及PTO所提供的证据，我们认为该领域熟练人员表面上并没有依据对申请人所主张的实用性产生合理怀疑。因此，PTO并没有完成它最初的举证责任。相应的，申请人不应被要求去充实他们原本就被推定正确的披露内容，以避免第112条第1款下的驳回决定。

然而，我们并不在此打住。即使该领域熟练人员会对所称的实用性提出质疑，即，即使PTO完成其初始的举证责任，导致提供反驳证据的责任移转到申请人一方，[我们依然认为]申请人已经提供了充分的证据让该领域熟练人员相信该实用性。特别是，申请人通过Kluge博士的声明所提供的测试结果表明，权利要求范围内的数种化合物在活体实验中对标准的L1210肿瘤模型展现出显著的抗肿瘤活性。这一证据本身足以完成申请人的举证责任。

现有技术进一步支持这样的结论：该领域熟练人员会被说服因而相信申请人所称的实用性。如上所述，现有技术——Zee Cheng等和Paull——披露，结构类似的化合物作为化疗药物在多种肿瘤模型的活体实验中被证实具有抗肿瘤的效果。虽然有一点是事实——化合物的微小改变可以对它在人体内的效果产生巨大影响，但是，在判断该领域熟练人员是否相信申请人所称的实用性时，结构相似的化合物在这一方面取得的成功依然是相关的证据。

专利商标局局长反驳说，此类动物的活体实验只是一种临床实验前的实验，用以判断一化合物是否适合进行第二阶段测试(这里他显然是指人类活体实验)，因此并不能合理预测该化合物是否能够成功治疗人类癌症。局长和委员会一样，混淆了法律对获取专利的要求和获取政府许可市场化特定人用药物的要求。See Scott v. Finney, 34 F.3d 1058, 1063 (Fed. Cir. 1994)(将测试一项修复装置各方面的安全性和有效性的任务留给食品药物管理局(FDA)更合适。专利法并不要求在PTO的程序范围内进行此类人体实验)。

本院的前身已经决定，对标准的实验动物所进行的在统计学上有意义的测试(statistically significant tests)的结果，作为证明一化合物的具有所称的医药特性的证据，足

以证明存在实用性。在 In re Krimmel 案中,在认定类似的活体实验是实用性的充分证据时,法院指出:

> 我们如此判决,是因为我们坚信:一个人如果告诉公众某一化合物在标准的实验动物身上展现出期待的医药特性,就已经在该技术领域作出重大而使用的贡献,即使最终看起来该化合物在治疗人类疾病方面没有什么价值。

而且,NCI 显然相信这些测试在统计学上具有重要意义,因为它明确地将 P388 和 L1210 号鼠类肿瘤模型作为筛选判断新化合物是否可以作为抗肿瘤的药物的标准方法。

在本案的背景下,局长所依靠的 Martin 和 Pazdur 的文章,并没有说服我们得出相反的结论。Pazdur 仅仅对抗肺癌[药物]的筛选测试法的可靠性提出质疑。它没有提到任何其他类型的肿瘤。虽然 Martin 的文章提到一些实验肿瘤学家怀疑活体鼠类肿瘤模型对人类治疗方法的预测价值,但是 Martin 承认,这些肿瘤模型会继续对提高人类的治愈率作出贡献。事实上,这些作者的结论是,对于测试法缺乏可靠性的印象是在当今信息条件下,是不合理的(not tenable)。

在动物研究和有限数量的人体受控测试(指第一阶段测试,Phase I testing)的基础上,FDA 可以授权进行第二阶段临床研究。授权进行第二阶段研究意味着该药物可能可以为更多人所服用,但是仍然需要在严格监控的情形下进行。第二阶段研究的目的主要是判断更多人在服用该药物时,该药物的安全性以及不同剂量的潜在效果。但是,FDA 的批准并非证明一化合物具有专利法意义上的实用性的前提条件。专利法上的实用性,尤其是在医药发明的背景下,必然包含对进一步开发的期待。在这一领域,发明变得有用的阶段,离可以让人服用的阶段还很远。如果我们要求利用第二阶段的测试来证明实用性,与此相关的成本将阻碍很多公司对很有希望的新发明获得专利。这将在很多关键的领域,比如癌症治疗,消除他们通过研发寻找潜在的治疗方法的积极性。

鉴于所有上述理由,我们认为申请人的披露满足了 35 U.S.C. §112 第一款的要求。

……

思考问题:

(1) 多数意见分两步来审查发明的实用性,首先,是看申请人是否披露了一种具体的用途;其次,是看申请人是否证明该发明具有该具体的用途。在前文的 Brenner 案中,法院不接受援引结构类似的同系物的研究来证明实用性的方法。在本案中,法院为什么会承认,"申请人所青睐的这一比较暗示他们要保护的化合物对于淋巴白血病高度有效(即实用)""说明书对 Paull 文的明确援引,申请人的说明书揭示了足够具体的用途"?这里的比较,是指将本案的物质与在先文献中的化合物进行结构性的对比。为什么法院在这一环节不认为"结构的类似"说明不了什么问题?

（2）多数意见指出："如果 PTO 要挑战说明书中的推定正确的实用性主张，最初的举证责任在 PTO 一方。"问题是，说明书中的描述要达到什么程度，就会被推定正确，然后让专利局来举证推翻呢？在本案中，说明书中究竟是哪些内容被推定是正确的呢？

（3）多数意见认为："在判断该领域熟练人员是否相信申请人所称的实用性时，结构相似的化合物在这一方面取得的成功依然是相关的证据。"这与美国最高法院在 Brenner 案中的立场一致吗？

（4）假设若干年后，第二阶段的实验证明，本发明不具备说明书所宣称的治疗用途。本发明能够因为实用性缺失而被无效吗？后来者发现该物质具有其他用途这一事实，会影响该专利权的效力吗？为什么？

（5）仔细考虑多数意见在结尾处的这段话："如果我们要求利用第二阶段的测试来证明实用性，与此相关的成本将阻碍很多公司对很有希望的新发明获得专利。这将在很多关键的领域，比如癌症治疗，消除他们通过研发寻找潜在的治疗方法的积极性。"社会有很多方法来应对高风险的技术开发活动，为什么降低专利法上的实用性标准是最恰当的选择呢？为什么不是延长保护期从而提高企业冒险的积极性？为什么不是政府资助研发？

4 基因序列的实用性

这里所说的基因序列当然是指那些已经脱离自然状态已经被分离出来的基因序列或 DNA 片段。如前所述，在中国法上，它们被视为人工提取物或制造物，是可以获得专利保护的客体。在 Association for Molecular Pathology v. Myriad Genetics, Inc. (133 S. Ct. 2107)(2013)案之前，美国也大致持相同立场。

在过去的美国法下，发明人将基因、DNA 片段分离出来后，应当具体说明如何使得该基因序列具有工业实用性。比如利用该基因如何改造现有动植物品种的遗传特性、利用基因工程技术制造该基因序列所编码的蛋白质的同时指出该蛋白质的基本用途等等。如果只是简单地指出某一基因序列碱基序列，或者走得稍远一点，指出该基因同某一遗传现象的关系，并不能满足专利法对基因序列的实用性要求。这与前述 Brenner v. Manson 案中发明人必须证明化合物的实用性才能满足专利法对合成该化合物的方法的实用性要求的情况大致相近。[①]

在 Myriad 案中，美国最高法院宣布分离出来的 DNA 序列不再是发明，而是一种发现。这实际上导致大量已经授权的基因专利失去法律效力。这也导致美国法上关于分离状态的 DNA 片段或基因序列类发明的实用性的讨论几乎失去意义。所幸的是，在美国法下，cDNA（互补脱氧核糖核酸）依然被视为人造物而不是发现。于是，关于

---

① 崔国斌：《基因技术的专利保护与利益分享》，载郑成思主编：《知识产权文丛》，中国政法大学出版社 2000 年版，第 290—301 页。

DNA片段或基因实用性的讨论大致可以适用于cDNA序列的讨论。现在,中国法大致与Myriad案之前的美国法类似,因此关于基因序列实用性的讨论依然有着重要意义。

In re Fisher

美国联邦巡回上诉法院421 F.3d 1365(2005)

Michel首席法官:

Dane K. Fisher和Raghunath Lalgudi(合称"Fisher")对美国专利商标局的上诉和争议委员会("委员会")维持审查员最后的驳回决定提出上诉。在该最后的决定中,审查员驳回了名为"核酸分子及其他与植物相关的分子"的第09/619,643号("643号申请")专利申请中唯一未决的权利要求,认为它缺少35 U.S.C. §101意义下的实用性,同时也没有满足35 U.S.C. §112第一项的充分公开(enablement)要求,因而不可专利……我们维持这一决定。

I 背 景

A. 分子遗传学和表达序列标签(ESTs)

申请人所主张的发明与五个提纯的核酸序列有关,该核酸序列编码玉米植物内的蛋白质或蛋白质片段[(或者说,是该蛋白质或蛋白质片段的编码信息)]。该序列通常被称作"表达序列标签"(expressed sequence tags,"ESTs")。在深入分析本案细节之前,进一步了解分子遗传学的基本原理和ESTs的角色,是非常重要的。

基因处在细胞核内的染色体上,由脱氧核糖核酸("DNA")组成。DNA由两条双螺旋状的核苷酸链组成。这些核苷酸每个都含有四个碱基,腺嘌呤(adenine,"A")、鸟嘌呤(guanine,"G")、胞嘧啶(cytosine,"C")和胸腺嘧啶(thymine,"T")中的一个。碱基之间通过氢键连接组成互补的碱基对(比如,A—T和G—C)。

当基因要在一个细胞里表达时,相关的双链DNA序列被转录成一条单链的信使核糖核酸(messenger ribonucleic acid,"mRNA")。mRNA含有与DNA相同的三种碱基(A、G和C),但是以尿嘧啶(uracil,"U")替代胸腺嘧啶("T")。mRNA从细胞核中释放出来,被细胞质中的核糖体(ribosomes)利用以合成蛋白质。

互补DNA(Complementary DNA,"cDNA")是通过逆向转录mRNA合成的。cDNA像自然产生的DNA一样,由分别含有四个含氮碱基(A、T、G和C)的核苷酸组成。科学家通常编制cDNA库,用以研究特定时间点特定组织的基因表达类型。这一研究的目标之一是了解何种基因和下游蛋白质在细胞中得到表达,进而能够控制基因表达和蛋白质合成。

EST是一小段核苷酸序列,代表cDNA克隆体的一个片段。最为典型的获取EST的方法是,先分离cDNA的克隆体,然后测出该cDNA双链中一条末端的一小段核苷酸序列。当一段EST被放入含有DNA混合物的样品中时,该EST可能会和其中的一段DNA杂合(hybridize)。这一结合表明,在提取mRNA(mRNA extraction)时,对应该

EST 的基因正在被表达。

643 号申请的权利要求如下：

一个经过实质性纯化（substantially purified）的编码一种玉米蛋白或蛋白片段的核酸分子，含有一段从序列 1（SEQ ID NO:1）到序列 5（SEQ ID NO:5）组成的小组（group）中选出的核酸序列。

序列号 1 到 5 中的 ESTs 是从 cDNA 库 LIB3115 中获得的。而该 cDNA 库来自集中收藏的玉米植物的叶片组织。该玉米由 Asgrow 的研究机构种植（RX601，Asgrow 种子公司，Des Moines，爱荷华州，美国）。序列 1 到序列 5 分别由 429、423、365、411 和 311 个核苷酸组成。Fisher 在提出 643 号申请时，对 ESTs 所对应的该玉米叶片组织在开花期所表达的基因主张权利。但是，Fisher 并不知道该基因或该基因所编码的蛋白质的确切结构或功能。

643 号申请泛泛地披露，上述五个 ESTs 有多种使用方式，包括：(1) 作为分子标记，用于绘制整个玉米基因组（genome）地图，该基因组由十条染色体组成，总共包含大约 50,000 个基因；(2) 通过微点阵（microarray）技术，测量组织样品（tissue sample）中的 mRNA 水平，从而提供基因表达的信息；(3) 提供了一种引物（primer）来源，通过聚合酶链式反应（polymerase chain reaction,"PCR"）方法快速而经济地复制具体的基因；(4) 用于确定是否存在多态现象（polymorphism）；(5) 通过染色体步移（chromosome walking）技术分离启动子（promoters）；(6) 控制蛋白质的表达；以及 (7) 确定其他植物和生物体的遗传分子的位置。

......

II 讨 论

......

A. 实用性

1.

Fisher 宣称,"委员会"在 EST 类案子中，单方面地提高了实用性标准，将可专利性建立在[申请人对]该 EST 所对应基因的功能的某种未定义的认识"程度"（"spectrum" of knowledge）上。Fisher 争辩说,[正确的]标准并没有这么高，国会意图对第 101 条的文字做宽泛的解释。特别地，Fisher 基本上接受 Story 法官在 Lowell v. Lewis, 15 F. Cas. 1018, 1019 (No. 8568) (C. C. D. Mass. 1817) 案中关于发明实用性的观点，认为第 101 条仅仅要求所要保护的发明不是"琐碎的"（frivolous），并且不会"损害社会福利、好的政策或社会的良好道德"。Fisher 认为，依据正确的法律适用，本案记录已表明该 ESTs 具有七种具体而实在的用途（specific and substantial uses），而无论对应该 ESTs 的基因的功能是否为人所知。Fisher 宣称，委员会试图将本案的 ESTs 和 Brenner 案中的化学物质等同起来，是错误的。医药领域的数个判决，即 Cross v. Iizuka, 753 F. 2d 1040 (Fed. Cir. 1985)、Nelson v. Bowler, 626 F. 2d 853 (C. C. P. A. 1980) 和 In re Jolles, 628 F. 2d 1322 (C. C. P. A. 1980) 等，才是[真正与本案]类似，并支持确认

ESTs 实用性的案子。因此,Fisher 断言委员会的结论没有实质性的证据支撑,应该被撤销。

政府同意 Fisher 的意见,即实用性的门槛并不高,但是它不同意 Fisher 所谓委员会提高了实用性标准的说法。政府认为依据 Brenner 案,专利申请人仅仅需要揭示一项具体而实在的用途(specific and substantial utility)。这正是美国专利商标局在"实用性审查指南"("实用性指南")中所述标准。643 号申请的审查也遵循这一标准。它之所以认为 Fisher 没有能够达到这一标准,是因为 Fisher 所宣称的用途是如此的概括(general),以至于完全没有意义。而且,政府指出,相同的通用用途(generic uses)不仅是该 5 个 EST 的用途,而且是源自任何生物体的 EST 的用途。它因此认为 Fisher 所宣称的七种用途仅仅是进一步研究的起点,而不是任何研究努力的终点。它进一步对 ESTs 在市场上的商业成功的重要性提出质疑,指出 Fisher 的证据仅仅涉及数据库、克隆装置和微点阵(microarray),而不涉及该 5 个 EST。因此,政府主张我们应维持委员会的决定。

一些学术机构和生物医药公司撰写了法庭之友意见书支持政府。像政府一样,他们宣称 Fisher 所主张的用途不过是一个研究计划的清单("laundry list"),每一个都是概括而推测性的,没有一个在现有形式下提供了所谓的具体而实在的好处。该法庭之友游说说该 EST 是进一步研究的标的,[此类研究]旨在确定开花期何种未知功能的基因得以表达,以及这些基因编码何种未知功能的蛋白质。法庭之友争辩说,在相对应的基因和蛋白质具备了已知的功能之前,该 EST 缺乏第 101 条下的实用性,不可专利。

我们同意政府和法庭之友的意见,即 Fisher 所宣称的七项用途均不符合第 101 条的实用性要求……与 Fisher 的论点——第 101 条仅仅要求发明不是"琐碎的"(frivolous),并且不会"损害社会福利、好的政策或社会的良好道德"——相反,最高法院[在 Brenner 案中]似乎拒绝了 Story 法官的所谓的"琐碎的实用性的说法"(de minimis view of utility)……

依据 Brenner 案,本院的前身(关税与专利上诉法院)和本院已要求,一项发明只有具备"具体"而"实在"的用途才能满足第 101 条……

最高法院并没有定义"具体"(specific)和"实在"(substantial)这些词汇本身(per se)的含义。但是,和 CCPA 一起,我们已经为符合第 101 条实用性标准的用途提供了指导意见。基于这一意见,我们能够辨别出,为使发明具备具体而实在的实用性,一项申请所必须含有的披露内容。

法院在确定一项发明是否具有"实在的"用途(a "substantial" utility)时,交替使用"实际的用途"("practical utility")和"现实的"用途("real world" utility)这两个标签。确实,CCPA 指出,"'实际的用途'是将'现实的'价值('real-world' value)归功于所要保护的客体的快捷途径(a shorthand way)。换句话说,熟练技术人员以某一方式利用所要保护的发明时,能够向公众提供即刻的好处(immediate benefit)。"因此,很清楚,专利申请必须证明一项发明在其所披露的现有形式下对公众来说是实用的(useful),

而不是要证明经过进一步的研究,在将来某个日子它可能是实用的。简言之,为了满足"实在"用途的要求,[申请人]所宣称的应用必须证明所要保护的发明对公众而言,必须具有重要的且立即可得的好处(presently available benefit)。

回到"具体"的用途要求,专利申请所揭示的用途不能非常模糊,以至于没有意义(meaningless)。诚然,我们前身(CCPA)的一个法庭[在 In re Kirk(1967)案中]已经注意到:"专利说明书中'生物活性'或'生物特点'之类的模糊表达所传达的关于化合物用途以及如何使用方面的信息,并不比 In re Diedrich [318 F. 2d 946, 50 C. C. P. A. 1355 (1963)]案中上诉人所依赖的同样模糊的表达——'对技术和医药目的有用'——要更清晰一些。"……因此,除了证明存在实在用途之外,申请人还必须证明他主张的发明能够向社会公众提供一项明确而独特的好处(a well-defined and particular benefit)。

在 2001 年,部分是针对 ESTs 的可专利性问题,专利商标局(PTO)发布了《实用性指南》(Utility Guidelines),用来指导内部审查一项发明是否符合第 101 条的实务。PTO 将这些指南写入《专利审查程序手册》(the Manual of Patent Examining Procedure, "MPEP")……MPEP 和《实用性指南》对本院并没有约束力,但是如果它们不与法律相冲突,则可以被本院援引和参考(judicial notice)……依据《实用性指南》,具体用途(specific utility)是指所要求保护的客体的独特用途,而不是一个宽泛类别的发明所具有的用途……《实用性指南》还解释说,一项实在用途是指一项现实的应用("real world" use)。特别地,"如果用途是需要进一步研究以确定或证实的'现实'用途,则并非实在用途(substantial utilities)"。另外,《专利审查指南》讨论了"研究工具"。这一术语通常是指用于研究的一类发明。PTO 很谨慎地告诫到:

[如果实用性]评估仅仅关注发明是否仅仅在研究场景(a research setting)下有用,则不能回答该发明事实上是否在专利意义上有用(useful)。专利局必须区分那些具有已被特别确认(specifically identified)的实在用途的发明和那些用途需要进一步研究才能确定和得到合理证实(reasonably confirm)的发明。

PTO 评估一项发明是否具有具体而实在用途的标准,与本院对《专利法》第 101 条的实用性要求的解释一致。

回到双方的争论,Fisher 首先提出一个法律问题,指控委员会提高了本案中 ESTs 的实用性标准。Fisher 显然将他的论点建立在该委员会讨论该 ESTs 是否能够用来确认多态现象(polymorphism)时的一段陈述之上。在当时的背景下,委员会指出:

对于基因和它在植物生长过程中的角色的了解[有两个极端],即不了解任何知识(本案的情形)和完全了解。"用途"和"实在用途"之间分界线就在这两个端点之间。在本案中,我们无须划出这条线或对之进一步定义,因为本案事实代表上述区间(spectrum)的最低端,即非实在的用途。

Fisher 脱离上下文背景解读"区间"一词,认为这一词表明专利局不知何故采用了比第 101 条要求要高的实用性标准。可是,我们的结论是,委员会并没有采用不正确的法律标准。在其决定中,委员会利用"区间"一词,只是为了对符合第 101 条实用性要求的实在用途和不符合该条要求的非实在用途进行区分。委员会并没有直接宣布或采用评估ESTs实用性的新标准。它只是简单地遵照《实用性指南》和MPEP的要求,即采用Brenner案的"具体而实用的用途测试法"。的确,我们注意到,PTO的"修订版的暂行实用性指南培训材料"(Revised Interim Utility Guidelines Training Materials)中所列举的例子9适用于本案事实。在该例子中,一段cDNA片段被认为缺乏具体而实在的用途。该cDNA被披露的用途是作为探针(probe)以获取与该cDNA片段对应的完整长度的基因。另外,MPEP特别解释说,指向多聚核苷酸(polynucleotide)的权利要求,如果其被披露的用途只是作为"基因探针"或"染色体标记"(像本案一样),则不能满足"具体"的实用性要求,除非具体的DNA目标也被披露……

至于Fisher所宣称的七种用途,我们注意到每个EST都特别对应它所转录的单个基因("潜在基因(underlying gene)")。Fisher承认,截至643号申请日,潜在基因并没有任何已知功能。但是,Fisher宣称这一事实是无关的,因为他所主张的七个用途与该基因的功能没有关系。我们并没有被这一主张说服。本质上,该ESTs不过是作为研究的中间体,可能可以(may)帮助科学家分离出独特的包含蛋白质编码信息的潜在基因,并对这些基因做进一步的实验研究。这些实验的整体目标大概是了解玉米的基因组,即潜在基因的功能、所编码蛋白质的特性、这些蛋白质在开花期所扮演的角色、是否存在多态现象、触发蛋白质表达的启动子、以及蛋白质表达是否可以被控制等等。因此,用最高法院的话说,这些ESTs仅仅是"用途测试(use-testing)的目标",换句话说,是科学研究的目标,但并不保证最终会发现任何有用的东西。

Fisher将该ESTs和某些可以专利的研究工具,比如显微镜,进行比较。虽然乍一看这一比较可能很吸引人,因为显微镜和上述ESTs都能用来获取具有未知特性的样品的科学数据,但是这一类比存在缺陷。就像政府指出的那样,显微镜具有具体的好处,即对目标进行光学放大并揭示其结构。相反,上述EST仅仅能够用来检测[样品中]是否存在与该EST结构相同的遗传材料。显微镜在其一系列应用中,能够提供一种即刻的、现实的好处,而这一点上述EST则不具备。于是,Fisher所建议的类比是不适当的。因此,我们认为Fisher所主张的用途并不满足第101条下的"实在用途"的标准。

此外,Fisher所主张的所有用途仅仅是一种假设的可能性。上述ESTs或其他任何EST,可能可以实现这些目标,但是,在现实世界里,它们(ESTs)中任何一个都未因这些目标而被使用过。这里集中关注Fisher在其口头答辩中所强调的两项用途。Fisher说上述ESTs可以用来辨别多态现象或分离启动子。可是,如委员会所注意到的那样,在面对实用性驳回决定时,Fisher并没有提出任何证据证明上述ESTs曾经被用于任何一种用途。也就是说,Fisher并没有提供任何一种利用上述ESTs实际识别出的单个的多态现象,或单个的启动子,假设二者至少有一种会存在的话。不仅如此,Fisher也没有说明这样识别出来的多态现象或启动子有"具体而实在"的用途。事实上,委员会正确地认识到这一缺陷,将它作为支持审查员最终驳回决定的理由之一。

至于剩下的其他用途,专利说明书中也没有披露任何ESTs已经在玉米基因组图谱中被用作分子标记。也没有披露内容表明上述 ESTs 已经被用作或可以用作控制基因表达或提供相关信息。需要强调的是,尽管玉米叶子在开花期会产生两千多种蛋白质,Fisher 并没有能够证明上述任意一个 EST 被"表达"成(translate)这些蛋白质的一部分。同样,Fisher 也没有提供任何证据证明上述 ESTs 已被用作确定其他植物或生物体中的遗传分子的位置。而且,Fisher 也没有证据证明此类遗传分子本身会有任何具体而适用的用途。于是,因为 Fisher 没能证明上述 ESTs 能够成功地应用于 643 号申请所揭示的七种用途,我们别无选择,只能认定上述 ESTs 不具备第 101 条的"实在"用途。

再次,Fisher 宣称的七项用途也不是"具体"(specific)的用途。转录自玉米基因组中的任何基因的任何 EST 都具有实现上述用途的可能性。也就是说,转录自玉米基因组中的任何基因的任何 EST 都可能可以作为分子标记或作为一种引物来源。同样,也可以用来检测组织样品中的 mRNA 水平,确定是否存在多态现象,分裂启动子,控制蛋白表达,或确定其他植物和生物体的遗传分子的位置。Fisher 所主张的七项用途中,没有任何东西能够将上述 ESTs 和 643 号申请中所披露的其他超过 32000 个 ESTs 或源自其他任何生物体的任何 EST 区分开来。因此,我们的结论是 Fisher 仅仅披露了上述 ESTs 的通用用途(general uses),并没有披露第 101 条所要求的具体用途。

我们同意委员会的意见,即本案的事实与 Brenner 的事实相似。如上所述,在该案中申请人对一种制造用途未知的化合物的方法主张权利。类似地,Fisher 提出申请,对能够和玉米基因组中未知功能的潜在基因互相杂合的五个独特的 ESTs 提出权利要求。Brenner 案法院认为该方法缺乏实用性,因为它仅仅生产了一种未知用途的化合物……这里适用相同的逻辑,我们认为上述 ESTs 没有和任何潜在基因的已知用途有关,没有满足国会所要求的实用性标准。

[法院接下来将本案和另外两个案子即 In re Kirk, 376 F.2d 936(1967)和 In re Joly, 376 F.2d 906 (1967)进行类比。在这两个案子中,申请人对一些化学中间体提出专利申请,但是并不能证明利用该中间体制造的类固醇类化合物有已知的用途。法院认为该中间体不具备专利法意义上的实用性]

……

就像 Kirk 和 Joly 案中的化合物的唯一用途是作为中间体用于合成用途未知的其他化合物一样,本案中的 ESTs 的唯一用途就是作为研究中间体,用以识别潜在的编码蛋白质的基因,而该基因的功能未知。因此,Kirk 和 Joly 的推理同样适用于本案。借用 Kirk 案法院的话:

我们不相信专利法意图让专利局、法院或公众去玩这样的竞猜游戏:申请人只要指出其所主张的化合物具有如此概括以至毫无意义的可能用途,就能够满足专利法的要求。然后,在他自己或者竞争对手通过研究确定该化合物的一项实际用途之后,他再举证证明该独特的具体用途,对于相关的特定领域的熟练技术人员而言,本来就是显而易见的。

Kirk 案和 Joly 案的判决涉及化学物质,而本案涉及的是生物物质(biological entities),这一点并不使得它们被互相区别开来。前两个案子的合理性源于最高法院在 Brenner 案中的确立的原则,无论是在化学、生物还是其他任何科学学科,具有同等的说服力。在 Brenner 案中,最高法院主要担心的是,创设一种无根据的垄断权(unwarranted monopoly)会给公众带来危害:

[法院在此摘要引述了 Brenner 案的主流意见的后三段,请参考前文,这里从略]
……

这里,将该五个 ESTs 的专利权授予 Fisher,等于[授予]打猎许可证,因为该 ESTs 只能被用于获取潜在基因和其所编码的蛋白质的更多信息。该 ESTs 本身并非 Fisher 研究努力的终点,相反,它只是在寻找实际用途过程中所要用到的工具。因此,虽然 Fisher 所主张的 ESTs 或许会对生物技术研究作出显著贡献,但是我们的先例决定着 643 号申请并不符合第 101 条的实用性要求,因为 Fisher 并没有确定编码蛋白质的潜在基因的用途。因为没有确定潜在基因的用途,所以我们认为该 ESTs 的研究并没有发展这样的关键点——可以向公众提供一种即刻、明确和现实的好处,从而值得授予专利权。

2.

Fisher 对于 Jolles、Nelson 和 Cross 等确认某些医药化合物具有实用性的案件的依靠,也是错误的(misplaced)……

这三个案子的事实很容易和本案的事实区分开来。在 Jolles、Nelson 和 Cross 案中,申请人揭示了所主张的化合物在人体内具体药物用途,并且提供了具体的动物体外或(和)体内的实验数据来证实这些用途。与此相对照,Fisher 揭示了上述 ESTs 的一系列用途,但是并没有提供任何证据,比如测试数据、声明、证人询问程序中的证词或其他证据,来证明这些用途在目前就会带来好处,因而是很实际的……

Fisher 对于通用 EST 数据库的商业成功的依靠,也是错误的,因为这一泛泛的依靠与本案中的 ESTs 并不相关。Fisher 并没有提供任何证据证明农业公司买过上述 ESTs 或者哪怕是对之表示过任何兴趣。同时,从记录中也完全看不出这些商业机构将来是否会买该 ESTs 或对之有兴趣。因此,虽然商业成功可能会支持一项发明的实用性,但是在本案中它没有。参考 Raytheon Co. v. Roper Corp., 724 F. 2d 951, 959 (Fed. Cir. 1983)……

3.

作为最后一个问题,我们注意到政府及其法庭之友表达了这样的关切:不要求实用性方面的证据就许可对 EST 进行专利,会挫伤研究的积极性,推延科学发现,阻碍适用技术和科学的进步。政府及其法庭之友指出,许可 Fisher 式的 EST 权利要求将可能导致数个不同的公司对相同的潜在基因及其表达的蛋白质拥有专利。政府及其法庭之友预言,对于那些有意对该基因和(或)蛋白质进行研究的人来说,这一情形将导致不必要的互相牵制的专利许可环境。

政府及其法庭之友的这一关切,可能有道理,也可能没有,但这不是在决定上述ESTs申请是否符合第101条的实用性要求时,应该考虑的问题。同样的结论也适用于下面的问题:申请人一下子提交给专利商标局大量针对独特的ESTs的专利申请,导致专利商标局可能要面对的资源和管理方面的问题。国会并没有意图让这些实际后果(practical implications)影响[政府和法院对]"发明是否符合35 U.S.C. §§ 101, 102, 103和112所设定的各项要求"的判断。这些是公共政策方面的考虑,更应该指向作为立法机构的国会,而不是作为一个单纯解释和适用成文法的司法机构的本法院。依据专利法(Title 35),如果申请人的发明是新颖、实用和创造性的,同时他的申请充分公开了该发明,使得他人知道如何制造和使用该发明,并且揭示了实施该发明的最佳实施例,则该申请人有权获得专利。而且,国会在制定第101条时表示"太阳底下的任何人造之物"都构成潜在的专利客体……将政策性考虑放在一边,我们认为Fisher无权获得该五个ESTs的专利权,因为[它们没有符合]第101条的实用性要求。

……

维持[原决定]。

Rader法官,异议:

本院今天认为ESTs并不满足35 U.S.C. § 101的要求,除非每个EST所转录的基因具有已知的功能。虽然我同意,一项发明必须具备符合第101条要求的实用性,但是上述ESTs具备了这样的实用性,至少它们可以作为分离和研究其他分子的研究工具。因此,我尊敬地提出异议。

Fisher所宣称的多项(如果不是全部的话)用途是指该ESTs可以用于研究其他分子。简而言之,ESTs是研究工具。的确,ESTs只有在研究场合才有用途。但是,研究工具的价值和实用性通常是无可争辩的,即使限于实验室的场合。See MPEP § 2107. 01 at 2100—33 (8th ed. 2001, rev. Feb. 2003)(很多研究工具,比如气相色谱仪、筛选分析(screening assays)和核苷酸测序技术,有明确、具体和无可争辩的实用性(比如,它们可用于分析化合物))。因此,如果上述ESTs是合格的研究工具,则它们具有"具体"而"实在"的用途,符合第101条的要求。如果这些ESTs对研究并无促进,则Brenner v. Manson案的规则开始起作用(controls),竖起第101条的障碍——缺乏实用性。基于下列理由,上述ESTs更接近可专利的研究工具,而不是Brenner案中不可专利的方法。

……

本案明显不同。与Brenner和Kirk案中的方法和化合物不同,Fisher所主张的ESTs对社会有益。比如,这些研究工具"可能可以(may)帮助科学家分离独特的包含蛋白质编码信息的潜在基因,[这些实验的]整体目标大概是了解玉米的基因组。"它们也可作为探针,注入组织样品中用以确认"在提取mRNA(mRNA extraction)时,对应该

EST 的基因在正在该组织样品中被表达"。

这些研究工具和显微镜相近。二者均使得研究人员能更好地辨别和理解先前未知也无法看到的结构;二者均提供分子结构方面的信息;二者均推动研究,使科学家向前迈进一步,以便解开玉米基因组的秘密从而为饥饿的世界提供更好的食品。如果显微镜具有第 101 条的实用性,则 ESTs 也应该具有。

委员会和本院承认该 ESTs 具有功能,即它们具有用途,但是,却很快作出了一项价值判断——该用途不能提供足够有价值的信息。委员会认为这些 ESTs 所提供的信息不是实质性的(insubstantial),不值得保护。然而,这一结论否定了科学进步的真正本质。科学总是以很小的逐渐增加的步幅前进。虽然概括地承认研究工具的可专利性(显微镜就是这样的一个例子),本院却毫无科学根据地认为这些 ESTs 不是合格的研究工具,因为它们并不"提供即刻而现实的好处",同时也因为理解潜在基因需要做进一步的研究。本院还进一步挑剔该 EST 研究没有保证最终会发现任何有用的东西。这些批评会将大量的科学研究和很多重要的研究工具排除在外。科学家开始研究时,常常并不能保证会取得成功,也不一定知道原来成功之后还要进行"重要的后续研究"。

本院忘记了复杂的研究所带来的挑战,贬低这些 ESTs,因为它毫无科学根据地认为它们没有提供足够的信息。本院的逻辑是,只有在下列情形下研究工具才具有"具体"和"实在"的用途:使用该研究工具而无须进一步的研究,[就足以让人觉得]被研究的标的是很容易理解的了(readily understandable)。这肯定不是法律。否则,对于漫长的累积型研究来说,只有最后一步能够得到保护。

即使是使用显微镜,常常也需要通过"重要的后续研究"来确定[显微镜]所揭示的结构的独特功能。比如,通过专利显微镜的放大,一个经过适当训练的医生或研究人员能够将癌变细胞从其他的健康细胞中识别和分离出来。但是,时至今日,科学界依然不能完全理解癌细胞大量增值并向全身扩散的原因,影响这些过程的化合物的本质属性,或者对癌症发展有贡献的遗传或环境要素的影响。回答这些问题需要"重要的后续研究"。即使有了这些问题的答案,治疗癌症的方法依然遥不可及。不过,显微镜依然具有第 101 条的"实用性"。为什么? 因为它让研究人员朝着回答这一问题的方向迈进了一步。每一步,即使孤立的一小步,也是对社会的贡献,足以使得一个切实可行的(viable)研究工具具有第 101 条的实用性。事实上,实验即使失败了,仍然可以消除某些可能性,为研究过程提供信息。

美国专利局首要要认识到科学努力的逐步累积的本质。在减少其行政负荷的过程中,专利局也将消除一些仅提供所谓"非实质性"进步的研究工具。专利局如何知道,哪些"非实质性"的研究步骤将给基因组研究带来实质性的突破? 很显然,它不知道。

另外,本院还嫌 Fisher 没有提供证据证明该 ESTs 已经在现实世界中被使用。相反,本院误解了正确的程序。Fisher 宣称有七种不同的用途。委员会直接拒绝了其中的两种,认为是"非实质性的。"……这一即决驳回(summary dismissal)剥夺了 Fisher 提供证据的所有机会。与其嫌 Fisher 没有提交他被阻止提交的证据,本院还不如宣布委员会在挑战 Fisher 的推定正确的主张——该 ESTs 能够实现那些功能——时,没有尽到它的举证责任……

放弃正确的法律程序,委员会的推理变成:利用这些 ESTs 所研究的分子没有独特的用途,因此该 ESTs 本身也没有实用性。在作出这一决定时,委员会并没有以该 ESTs 不能实现预设的用途为由,否定 Fisher 发明的实用性。因此,委员会没有对该 ESTs 实现上述两用途的能力提出"表明看来很可信的挑战"(a prima facie challenge)。因为没有任何东西需要反驳,所以 Fisher 并没有义务也没有机会去提供反驳证据。因此,我尊敬地不同意本院的结论,即能够以 Fisher 没有提供证据证明"该 ESTs 能实现所宣称的用途"为由,维持委员会的决定。

诚然,我们对专利局所处的两难境地有些同情。专利局需要一些工具去驳回那些或许能够推进"实用技艺"但又不足以获得有价值的专利独占权的发明。专利局抓住实用性要求,以仅仅对实用技艺的进步在作出非实质性贡献为由,来驳回这些研究工具。然而,实用性要求并不适合这一任务,因为它缺乏权衡现有技术水平和所要保护的技术贡献的标准。权衡[发明]对实用技艺所做贡献的合适工具,是 35 U.S.C. § 103 中的创造性要求。不幸的是,本院已经剥夺了专利局如此利用创造性要求审查基因组发明的可能性。See In re Deuel, 51 F. 3d 1552 (Fed. Cir. 1995); Martin J. Adelman et al., Patent Law, 517 (West Group 1998)(本文指出,学者们对 Deuel 持批评态度。该案"过度倾向于生物技术领域的专利申请人,采用了过分宽松的创造性标准。")①……但是,与其扭曲实用性测试,专利局不如想方设法适用正确的测试法,即全世界(除了美国)都在使用进行此类权衡方法——创造性[要求]。

因此,基于以上原因,我认为 Fisher 所宣称的用途使得该 ESTs 成为合格的可以用于研究其他分子的研究工具。因为研究工具向社会提供了可知的好处,所以,该 ESTs 就像显微镜一样,具有第 101 条的"实用性"……

思考问题:

(1) 多数意见认为:"为了满足'实在'用途的要求,[申请人]所宣称的应用必须证明所要保护的发明对公众而言,必须具有重要的且立即可得的好处(presently available benefit)。"依据这一标准,In re Brana 案发明符合要求吗?何谓"立即可得的好处"?

(2) 在讨论 ESTs 是否具有具体的实用性时,主流意见对比了 ESTs 和显微镜,认

---

① 译者注:美国联邦巡回上诉法院在 2009 年已经否决了 In re Deuel 案中的创造性判断方法。这在后文创造性审查部分将有进一步的介绍。

为:"显微镜具有具体的好处,即对目标进行光学放大并揭示其结构。相反,上述 EST 仅仅能够用来检测[样品中]是否存在与该 EST 结构相同的遗传材料。显微镜在其一系列应用中,能够提供一种即刻的、现实的好处,而这一点上述 EST 则不具备"。对比 Rader 法官的异议意见,你觉得这段表述有道理吗?区分是否有具体用途的关键到底是什么呢?

(3) ESTs 不具有实用性的基本逻辑是它所对应的基因或蛋白质的具体用途并没有披露,因而不具有实用性。是否只要 ESTs 对应的基因有具体用途,ESTs 的实用性问题就迎刃而解?实验工具类的发明,通常都无须要求说明实验对象自身的实用性。比如,显微镜的发明人,无须说明被观测的对象的实用性。如何协调这两种立场呢?

(4) 主流意见提到:"Fisher 并没有提供任何证据证明农业公司买过上述 ESTs 或者哪怕是对之表示过任何兴趣。同时,从记录中也完全看不出这些商业机构将来是否会买该 ESTs 或对之有兴趣。"如果真的能够提供此类证据,就能证明有实用性吗?为什么?另外,如果没有任何人有兴趣购买,申请人为何有谋求专利的动机呢?

(5) 异议法官 Rader 提到,利用创造性要求否定本案发明的可专利性可能比利用实用性更有道理,你觉得如何?该法官还提到,科技进步是一小步一小步累积起来之后才实现突破的,专利不能忽视这些"一小步"的贡献。有道理吗?

5 研究工具的实用性

研究工具的实用性与专利保护

崔国斌:《基因技术的专利保护与利益分享》,载郑成思主编:《知识产权文丛》,
中国政法大学出版社2000年版,第290—301页。

专利法通过否定实用性来拒绝对 ESTs 之类研究工具的授予专利权,其主要考虑是研究工具在科研中起着非常重要的基础性作用,对之进行专利保护,也可能使得权利人利用其控制权,限制其他人利用该研究工具,结果过度妨碍技术进步。这考虑同前面所说的专利制度要在基础研究同应用研究之间划分明确的界限的思路是一致的。

但是,有人对此提出了质疑,认为对研究工具进行专利保护并不比其他专利保护具有更大的风险,具体理由如下:

首先,当权利人滥用其对研究工具的专利权,拒绝其他人以合理对价使用该专利工具时,法院可以颁发强制许可或者以危害公共利益为由拒绝提供禁止救济。

其次,即使研究者不小心使用了某项专利技术作为研究工具,他还拥有"实验目的使用"的抗辩理由对抗侵权指控,同时权利人也不可能对诸多的"侵权"研究者逐一识别并进行诉讼。

再次,权利人对最新的先前社会并不拥有的技术拥有专利,并不会使社会失去现存的任何权利,故不会对社会产生多大的影响。

最后,也许是最重要的理由——ESTs作为一种研究工具,凭借它研究者可以避免很多盲目的尝试,比较迅速地找到所要的目标基因。这种研究工具具有明显的市场价值,一个研究者可以将之转让给其他研究者。进一步推理,寻找、制造此类研究工具本身便会成为一种独特的产业,专利法没有理由去对一类产业提供保护,却回避此类生产工具产业。如果拒绝对之提供专利保护,必将损害研究者发展此类研究工具的积极性,同时还会促使研究者更倾向于以商业秘密的形态保护其在研究工具方面的技术成果,结果社会其他研究人员就很难获得最新的研究工具。这样,对基因技术的实用性要求过于严格,本来旨在减少过分的垄断,促进技术在竞争的环境下迅速发展,结果却限制了专利法对基因技术研究工具的保护,最终究竟是促进还是阻碍技术的发展,还是一个未知数。

上述理由,大致有道理,但反对的意见也很有说服力:

(1) 对于研究工具类发明而言,如果因为研究目的而采取一定措施对该专利权进行限制(包括实验目的使用的抗辩、强制许可、拒绝禁令救济等)],那么该专利权还有多大意义值得怀疑。

(2) 如果不给予专利权保护,发明人会更多地选择以商业秘密保护实验工具,从而使得其他研究人员难以获得该研究工具的说法,只是在一定范围内可靠。其实,即便提供专利保护,权利人在能够利用商业秘密保护的场合多会采取商业秘密保护。有些研究工具的专利侵权很难查证,对发明人而言,利用专利保护未必是一个明智的选择。

(3) 所谓授予新研究工具专利权不会使社会公众失去已有利益的理由,难以服众。沿着这样的逻辑我们就没有理由排除任何新的客体的专利性了。

(4) 所谓缺乏专利制度的利益刺激,研究工具行业将失去进步的动力的说法,不过是利益集团为自己利益需要争取专利保护的常见理由。逻辑上没有错误,却并不真的可信,因为专利保护并非唯一激励技术进步的手段。将基础研究中所需的基础知识类的研究工具同一般的仪器工业等同起来,是很危险的——这最终使专利法完全偏离立法初衷,在基础研究领域引入与应用产业规则相同的知识产权规则。

在缺乏明确实证依据的情况下,专利法的决策者合理而谨慎的选择可能是,避免对所谓的应用产业做过宽的解释,避免将科学研究领域的基础知识的供给视为一种应用产业。否则,基础研究的圈地运动将愈演愈烈,学术自由的领地将越来越小——授予专利权,将导致人们很难充分利用一些具有极重要价值的科学发现,可能从整体上妨碍而不是促进社会的科技研究,使专利制度失去赖以存在的合理性基础。

[特别说明:本书摘录部分与原始发表的内容相比,思想一致,但文字有较大修改。]

6 实用性标准与产业政策

在化学、生物、计算机等现代科技领域,实用性审查除了落实道德评价、可操作性审核外,有着更重要的角色:"实用性要件既是联系思想王国与商业世界的桥梁,又是这一过道上的把门人。"①专利法上的实用性标准的高低具有重要的产业政策意涵。在 Brenner v. Manson 案中,我们就清楚地看到专利法介入化学研究进程的时机选择对于发明活动的重大影响。决定这一时机的因素就是法院对于所谓实用性标准的把握。在生物基因、计算机程序等领域,专利法对于实用性的解释,有着至关重要的作用。

实用性标准较低,意味着发明人可以较早地提出专利申请,而无需等到为发明找到更为具体或实在的用途。对于社会而言,降低实用性标准,可能导致越来越多的基础性研究更早地获得专利保护,更多的风险投资获得更有效的保护,更多研究信息更早地公开,避免了不必要地重复投资。这是否意味着专利法上的实用性标准越低越好?答案是否定的。实用性标准越低,越有可能使得专利法演变成圈地运动的工具,使得研究领域的竞争机制过早地失效。基础性的发明过早地被垄断,发明离真正的商业产品的距离就越远。在第一个发明人获得专利权之后,竞争对手继续参与该发明后续商业化过程的积极性就因此受到影响,因而导致后续商业化进程变缓。换言之,实用性标准偏低的好处能促使发明人尽早地公开发明,但代价可能是竞争对手过早地退出该发明的商业化过程,从而延缓真正有意义的技术进步的速度。

当然,实用性标准偏高,也未必能够符合专利法的立法目标。如果实用性标准偏高,比如,药物类发明要求发明人必须完成临床试验后才能申请专利,则发明人会觉得获得专利保护的可能性大大降低,在发明商业化过程中的巨额投资缺乏有效的专利保护伞。一部分原本有意愿参与技术研发竞争的发明人可能因此决定从一开始就退出竞争。这反过来也会延缓技术进步的速度。

专利法上理想的实用性标准应该是利用有限资源实现技术研发收益的最大化。不过,这显然是一个很难量化的标准,不同行业显然也有不同的需求。不同国家在不同发展阶段,专利法上的实用性标准可能都存在差异。然而,对于发明人而言,各国不同的实用性标准则可能是灾难性的。比如,如果美国实用性要求较低,则鼓励申请人较早地申请并公开专利技术;如果中国实用性要求较高,则同样的申请无法在中国获得授权。如果申请人无法在优先权的期限内找到符合中国法要求的实际用途,则可能因为其美国的申请公开而导致其发明方案在中国进入公共领域。

对于 In re Fisher 案的进一步评论可以参考 Samantha A. Jameson, The Problems of the Utility Analysis in Fisher and Its Associated Policy Implications and Flaws, 56 Duke L. J. 311(2006),该文对 Fisher 案持否定态度。

---

① 崔国斌:《基因技术的专利保护与利益分享》,载郑成思主编:《知识产权文丛》第三卷,中国政法大学出版社 2000 年版,第 292 页。

6.1 专利实用性标准的历史考察

专利实用性标准的历史考察

崔国斌:《基因技术的专利保护与利益分享》,载郑成思主编:《知识产权文丛》,中国政法大学出版社 2000 年版,第 290—291 页。

如果人们将专利申请必须具备实用性作为浅显的不证自明的公理加以接受,那么难免会遇到这样的质问:一项专利如果不具备实用性,无法产生经济效益,那么申请人又有什么动力不惜人力物力去获得专利局的一纸证书呢?专利局何不让市场机制去淘汰这类专利申请?因为一项专利不具备一定的应用性,终将被忽略或遗忘,对社会影响不大。美国 20 世纪 20 年代中期,便基本上接受了实用性由市场检验的观点,只是在涉及人类药物类专利时才持谨慎的态度——药物直接关系到公众健康,为了避免所谓"专利药物"对人们的误导,要求专利申请人对其药物发明的效用和安全性作详细描述以满足实用性的要求。美国专利局的对药物专利所采取的上述严格态度受到产业部门的批评,他们指出 PTO 的实用性审查要求药物等对人身使用完全安全与有效,已经超出合理的范围,混同于美国 FDA 在审批新药上市时的严格做法。

在著名的 Brenner v. Manson 案中,专利局认为申请人没有揭示其发明的化学方法所制造的化合物的实际用途,因而该方法不具备实用性。换句话,因为该方法制造出的化合物没有实际的工业应用价值,因此,该方法本身也就没有专利法上的实用性。而海关及专利上诉法院(CCPA)则认为该方法已经具备了实用性,并宣称只要利用该方法制造出的某一已知产品不致损害公共利益,就无须以说明该产物的实用性来证明方法的实用性。无疑这是一种比较自由宽松的标准,依据它,一种物质制造方法,只要它能实现预期结果就当然的具有实用性。美国最高法院认为 CCPA 关于实用性的判断标准是不能接受的,重申了过去的原则,即"除非物质本身具有实用性,否则生产该物质的方法或者该物质本身均不能被授予专利"。最高法院同意专利局的意见,认为申请人只是指出其生产的物质与已有的其他相近的物质类似,并不能满足实用性的要求。法院进一步指出,在化学领域,方法发明只有具备了具体的实用性(specific utility)以后,才能获得专利,否则将造成对知识的垄断,妨碍相关领域的科学发展。具体地说,法院开始明确专利实用性要求的重要性,认为对专利的实用性要求实际上是在基础研究与实用研究之间划上分界线。通过实用性审查,可以避免对基础研究授予专利。因为如果基础研究的成果被权利人垄断,那么必然影响到基础研究背后广泛的应用领域的科技发展,这时专利权人不再是垄断技术,而是垄断基础知识,难免要损害社会公共利益。通过实用性的要求,专利制度使那些属于基础研究的科学创造暂时滞留在公共领域,直到该研究被进一步深入产生现实的市场利益后才能获得专利垄断权。也就是说,实用性要件既是联系思想王国(The Realm of Philosophy)与商业世界(The World of Commerce)的桥梁,又是这一过道上的把门人。

现实中,在所谓的基础研究与应用研究或者所谓的思想王国与商业世界之间划出明确的界限绝非易事,在前文划分发明同发现的界限时我们遇到同样的问题。除了认识上的局限外,工业利益集团也在有意识地模糊甚至突破这一界限。在专利先申请原则的激励下,许多研究单位总是尽可能早地申请专利,从研究的初级阶段开始,便努力寻求对后续成果的垄断权。最初,这在20世纪的60年代化学药物专利方面表现很突出:化学研究人员开始时只是对某些全新结构的分子作基本性质的研究,逐步尝试作应用发展。一旦发现该化合物有着某一方面的特性,比如能够抗击某种病毒等,即使还不知道或不确信该化合物真的具有产业上的实用性,研究者也立即寻求专利法保护,这样可以尽早地将潜在的竞争对手排除出去,自己则可以在专利的保护伞下,从容地完善研究成果并着手开始作市场化应用开发。在专利的保护伞下,投资者对可能的回报利益寄予较高的期望,也就使得相关的科研项目能够获得较多的社会投资。美国专利局前一段时期对此类申请持严格的限制态度,驳回了一系列申请。进入[20世纪]90年代这一幕又在生物技术领域重演。在基因技术研究方面,很多研究者发现在某一基因同某种疾病或生物特性有着某种联系后,将该基因序列分离出来,还没有来得及揭示了其编码表达的蛋白质的功能,便向提出专利申请,要求专利局对该基因序列给予物质专利保护。

……

回顾美国专利制度对专利实用性要求的起伏经历,我们不难看出,虽然法院力图在所谓的基础研究领域与应用研究之间划分界限,以减小专利垄断的负面效应,但是随着科技竞争的激烈程度增强,这种努力终究力不从心——产业的利益开始干涉法律理念的推理。在当今科技研究中单个项目的投入强度也增大,不稳定性增强,相关投资企业为减少投资风险,已经越来越早地依赖于专利这把保护伞。这样,一项研究如果初有眉目,没有达到传统的实用性标准无法获得专利,后续的投资的来源便成为问题。同时,如果专利法不尽早地提供垄断权,可能影响技术创新过程中领先的竞争者获得充分的回报,打击其参与高投入的尖端科技研究的积极性。在诸多公司参与的情况下,领先者的回报就更显重要。另外,还有人担心专利法给予保护的阶段太晚,也影响发明人对一些重要初始信息的公开,而这些信息对研究人员来说则可能是至关重要的。这些担心无疑有一定道理,问题也确实需要解决,人们是否应该首先选择降低专利审查的实用性标准这一妥协方案呢?! 也许这还说不上是削足适履,但是肯定会给专利制度本身带来后患。一方面,过早给予研究者以垄断权,就相当于在一场马拉松赛跑中,领先者接近终点但究竟还是没有到达终点,便被宣告为优胜者,其他竞争者的行为立时失去意义。这一竞争规则显然是不公平的,不能为其他竞争者所接受。另一方面,过早的排除竞争,同样也会对社会的技术进步带来消极影响。一个有效的专利体系应该创造一种有利技术创新与改进的氛围,而不是仅仅向领先者提供垄断权的氛围。如果专利制度成为基础研究领域"圈地运动"的工具,权利人在圈子里的活动不再受外面竞争的激励,其积极性无疑会大大打折扣。

6.2 租金耗散与专利实用性标准

寻租理论与专利实用性标准

崔国斌:《基因技术的专利保护与利益分享》,载郑成思主编:《知识产权文丛》,中国政法大学出版社2000年版,第301页。

在生物基因技术开发过程中,人们普遍认为许多研究单位为获得同一基因序列展开竞争,结果只有其中的领先者能够获得唯一的垄断权,其他人只能空手而归,先前的投入均付诸东流。这一过程中造成过度的浪费,恰似寻租理论所描述的社会浪费。另外,竞争中的优胜者获得全部的垄断权,将使得产业竞争从一开始就充满着风险,这如同为押赌而买巨额彩票去一样具有极大的不确定性。因此有人认为降低实用性要求可以尽早的结束这场浪费的竞争,减少社会的财富损失,同时避免竞争者像押赌一样越陷越深,因而提出所谓的"名义上的实用性"(Nominal Utility)标准。

反对意见认为有以下几点理由:一方面,名义上的实用性很容易被申请人杜撰出来,使得单纯的概念(pure concepts)就能够获得专利权;另一方面,专利制度的前提便是个体竞争获取专利的过程来实现社会总目标,与其预先制止所谓的浪费和重复的投资,不如引导投资追寻那些有价值的目标,即便研究相同的项目,其研究中的发现也是偶然的不尽相同,有利增加社会整体技术知识的总量。

这是一个非常根本的问题,即专利制度的合理性。确实,就是在今天,专利法还要为自己存在的合理性辩护,对专利法的合理性的指责甚至来自专利制度的受益者。但是,我们必须清楚,这种浪费并非专利制度本身造成的,只要科技竞争存在,此类的浪费就不可避免,这应该是社会技术进步所应支出的正常的社会成本。专利制度在某些场合可能对此类竞争有一定的促进作用,但其影响并不会像想象的那么大。专利制度得以确立本身似乎就很能说明问题。这或许有循环论证的意味,但用它来说明不能因为某一领域的特殊需要而完全否定现存制度的合理性还是比较可靠的。

第 4 章
新颖性

1 基本原理

《专利法》(2008)第 22 条第 2 款:"新颖性,是指该发明或者实用新型不属于现有技术;也没有任何单位或者个人就同样的发明或者实用新型在申请日以前向国务院专利行政部门提出过申请,并记载在申请日以后公布的专利申请文件或者公告的专利文件中。"

1.1 审查内容

专利法要求专利申请必须具有新颖性,旨在避免对已经存在的技术方案重新授予专利权。中国专利法下,新颖性审查包括两部分:

其一,现有技术中是否含有申请人所要保护的技术方案。现有技术"是指申请日以前在国内外为公众所知的技术"[1]。"为公众所知"应该是指在国内外公开出版物上发表过、公开使用或以其他方式为公众所知。按照这一定义,在申请日之前已经存在但处于保密状态的技术,不构成现有技术。

其二,是否存在抵触申请。抵触申请是指上述第 22 条第 2 款后半部分定义的内容,即任何人(包括申请人自己)在当前申请的申请日以前提出,并在申请日以后公布的包含相同技术方案的专利申请。依据定义,抵触申请在当前申请的申请日之前,处在专利申请程序之中,并未对外公开,不构成现有技术。"确定是否存在抵触申请,不仅要查阅在先专利或专利申请的权利要求书,而且要查阅其说明书(包括附图),应当以其全文内容为准。"[2]换言之,只要是抵触申请中披露的内容,无论在先申请人是否提出权利主张,在后申请均不得主张权利。抵触申请审查显然具有防止对他人发明在先但尚处在专利申请过程中因而未公开的相同的技术方案授予专利权的作用。不过,在抵触申请已经公告授权后,让权利要求之外的内容抵触在后申请,已经超出避免重复授权的范畴,因为这里抵触申请只是公开了在后申请的技术方案,却没有对之提出保护要求,对在后申请中相关内容授权,并没有重复授权的可能性。

---

[1] 《专利法》(2008)第 22 条第 5 款。
[2] 《专利审查指南》(2010)第 2 部分第 3 章第 2.2 节。

本书所述新颖性审查，通常是指狭义上的现有技术审查，不包含抵触申请审查。不过，现有技术审查的主要原则和方法，大多适用于抵触申请审查。

1.2 现有技术的范围

依据《专利法》第22条第5款，决定一项技术是否为现有技术的要素，有两项：其一，"申请日之前"，即申请日以前公开的才可能属于现有技术（申请当天公开的不包括在内）①；其二，"为公众所知"。

在2008年修订之前，《专利法》对于现有技术还有一个地域因素需要考虑。《专利法》当时区别对待书面（出版）公开、使用公开或其他方式公开。对于书面方式公开没有地域限制，而对于后两种公开方式则仅限于国内范围。因此，区分这三种方式在当时有一定意义。2008年，《专利法》修订后，所有公开方式都不再有地域限制，公开方式的区分也就不再像过去那样重要。

在确定现有技术范围的"申请日标准"之外，还有两项例外：

其一，专利法设立了优先权制度，许可国际或国内的专利申请人在提交后一份申请时，援引自己先前的另一份申请，将先前申请的申请日（称作"优先权日"）视为后一申请中部分或全部权利要求的"申请日"。在优先权日以后公布的技术不再损害后一申请的新颖性。优先权分国际优先权和本国优先权两种，二者有显著的差别。后文中将具体介绍。

其二，专利法上有所谓"宽限期"制度，即在几类特殊情形下，在申请日之前一定期限内（6个月）已处在公开状态的技术方案不被视为该申请的现有技术。比如，申请人在申请专利之前首次在法定级别的展览会或学术会议上发表其技术方案；第三方未经申请人同意在申请日之前泄露其发明内容等。

一项在先文献（技术方案）要被视为现有技术，必须对技术方案作了完整、清楚、准确描述，使得该领域的熟练技术人员能够实施该发明方案，否则该在先文献（公开使用）不能构成破坏新颖性的现有技术。这里的可实施（充分公开）要求，可能有两层含义。其一，该在先文献公开的技术方案客观上的确能够为熟练技术人员所实施。这应该是最基本的要求。其二，熟练技术人员主观上相信该技术方案能够实施。有时候，在先文献可能的确公布了该技术方案，但是熟练技术人员可能并不相信该方案可行。比如，在中国常见的各类民间验方汇总之类的书中，记载了成千上万的所谓验方。制药行业的熟练技术人员可能并不相信这些药方真的有效。如果有人的发明刚好与这些验方中的一个相同，该验方会破坏该发明的新颖性吗？

参考：有报道说，辉瑞公司（Pfizer）在美国专利局重新审查美国的第6,469,012号专利（伟哥专利）时，就争辩说，作为在先文献的中医药研究论文是伪科学（junk science）。②

---

① 《专利审查指南》（2010）第二部分第三章第2节。
② Stephen Albainy-Jenei, Status of Pfizer's Viagra Patent Re-Exam (Update 2), January 19, 2006, http://patentbaristas.com/archives/cat_ip_litigation.php，2011年8月9日访问。

有报道说,"失传一千五百多年的古寿州窑瓷烧制技术在安徽省淮南市八公山研发成功,首批出窑了一百多件壶、瓶等工艺瓷器。据悉,寿州窑是中国唐代六大瓷窑之一,是迄今为止中国发现的最早的一个以烧制黄釉瓷为主的瓷窑。寿州窑始烧于南朝,停烧于唐末,烧制技术在停烧后也随之失传"①。假设现在的博物馆里还存有失传千年的古寿州窑瓷器,则今天的发明人是否可以对该瓷器申请产品专利? 重点考虑一项技术成为专利法意义上在先技术的判断标准。

联系上一提示中的可口可乐的例子,你觉得该瓷器的新颖性和可口可乐饮料的新颖性问题是一样的吗?

1.3 为公众所知

过去,《专利法实施细则》(2002)第 30 条将"为公众所知"的方式分成三种,即"在国内外出版物上公开发表、在国内公开使用或者以其他方式。"如前所述,2008 年《专利法》修订时取消了使用公开和其他方式公开的地域限制。专利局主流的意见认为,既然取消了地域限制,就没有必要在《专利法》中列举公开的三种类型了。② 不过,每种公开方式的情景差异较大,认定相关技术是否为公众所知,在操作层面上还是有些差别。将来的《专利审查指南》难免还要从出版物公开、公开使用或其他方式公开这一传统的分类去表述具体情境下"为公众所知"的标准。

判断一项技术是否为现有技术,关键不在于它是以何种方式为人所知,而是在上述各种方式下,它究竟是否能够"为公众所知"。《专利法》和《专利法实施细则》并没有具体的解释。这就给法院和执法者留下很大的解释空间,在实务中也引发很多争议。

对"为公众所知"标准最为严格的解释可能是,公众是指不负有保密义务的任何人。比如,有学者指出:"专利法上所说的公开就是指有关技术脱离了保密状态。所以只要某种技术有可能被一个不负有保密义务的人知悉,就足以使该技术构成公开,因为他可以向别人传播。""只要有关技术内容已经处于为公众中的任何人有可能得知的状态,就是说已经脱离了保密状态,即视为已经公开。"③

对申请人而言,上述标准无疑非常严厉。将这一标准绝对化会引发很大的问题。比如,两个发明人独立地完成了发明,是否会因为二者互为"不负有保密义务的人",而导致该发明被认定为"为公众所知"? 发明人将自己的发明告诉给一个不负保密义务的人,但该被告知者为自己的利益将该发明当作秘密加以保护。这时候,发明人的行为是否导致该发明处在"为公众所知"的状态? 实际上,社会公众并不因此能够获知该发明。如果鼓励发明人或第三方及早公开发明是专利法上的既定政策,则很难理解为什么要宣称此时发明已经"为公众所知"? 相反,倒有可能鼓励发明人或该不负

---

① 中新社:《失传 1500 多年 黄釉瓷烧制术在安徽淮南研发成功》,2006 年 10 月 18 日,http://news.sina.com.cn/c/edu/2006-10-18/202910267624s.shtml,2011 年 8 月 9 日访问。
② 国家知识产权局条法司:《〈专利法〉第三次修改导读》,知识产权出版社 2009 年版,第 51 页。
③ 汤宗舜:《专利法教程》,法律出版社 1996 年版,第 83 页。

保密义务的第三方提供专利申请并公开该发明。当然,这里可能涉及的权属争议,后文另有讨论。

与上述严格标准相对,《专利审查指南》采用相对宽松的标准,即"有关技术内容处于公众想得知就能够得知的状态,就构成使用公开,而不取决于是否有公众得知"。① 最高法院在一些代表性的案例中也引用了这一标准。② 在这一宽松的标准下,法院或专利局在自由裁量时可能会考虑公开渠道的开放程度、能够接触该渠道的"公众"数量、公众为接触该渠道所要付出实质性成本等等。依据这一标准,如果技术扩散的范围已经很广,比如在发行量很大的出版物上发表,在产业上大范围地应用,或者在市场上大量销售,则大概没有人会怀疑该技术已经"为公众所知"。如果技术的扩散范围很小,只是有个别"不负保密义务的人"获知了一项技术,则并不意味着"想要了解其技术内容的人都有可能通过正当的途径了解"。这时候,法院可能认为该个人并非"不特定的多数"的公众之一员,同时,真正的"不特定多数的公众"也很难找到并不对外声张的该个人,因此该技术没有"为公众所知"。比如,在朱炳仁诉上海康宇铜门设计工程有限公司(上海二中院(2005)沪二中民五(知)初字第131号)中,原被告双方的主要争议在于案外人于专利申请日前在桂林铜塔上安装、施工斗拱的行为是否公开了原告专利的必要技术特征。安装过程对施工人员公开。法院没有关注施工人员是否签署保密协议,而是认为:"在被告没有证据表明施工过程中有非施工人员进入施工场地的情况下,由于施工人员是特定人员,不属于专利法意义上的'一般公众',因此施工行为并不构成公开使用,所实施的技术方案并不处于为公众所知的状态。"

从本书作者整理的司法案例来看,审查员和法官常常在上述两个标准间摇摆不定。自觉或不自觉地将公众解释为"不负保密义务"人,采用严格标准的案例应该是占多数。这一标准的操作性很强,管理成本较低。只要能够证明有一个不负有保密义务的人通过合法途径获知该技术方案,就能够否定一项申请的新颖性。但是,这一标准对那些积极申请专利,促进技术公开的申请人而言,可能是不公平的。因为,原本技术方案可能仅仅在非常有限的范围内为人所知,通过他的专利申请,才在更大的范围内为公众所知晓,从而降低了整个社会的搜寻成本。

思考问题:

在"为公众所知"设定标准时,是否可以借鉴美国法的思路,对发明人自己的公开行为和第三方的公开行为采用不同的标准?美国专利法过去一直采用所谓的"先发明原则"(First to Invent),区别对待发明人自己与他人的公开行为。对于他人的公开行为是否破坏申请的新颖性,关键是看该公开行为是否在发明人完成发明之日(the invention date)以前(35 U.S.C.A. §103(a),(e),(g))。对于发明人自己的公开行为,

---

① 《专利审查指南》(2010)第2部分第3章新颖性,第154—155页。
② 参见后文摘录的"如皋市爱吉科纺织机械有限公司v.专利复审委员会"案(最高人民法院(2007)行提字第3号)。

则存在特殊的期限规定:如果发明人的公开行为发生在申请日前超过一年,则该申请将无法获得授权。这两类规定分别被称作"新颖性要求(The Requirement of Novelty)"和"法定阻却(Statutory Bars)"。对发明人而言,只要他主动将其发明通过任何方式让不负保密义务的第三方知晓,则视为该发明已经处在公开状态。这多少要求发明人采取有效措施保护自己的发明,避免无谓的诉争,降低社会成本。如果是第三方公开,则要求公开行为达到比较充分的程度,比如"想要了解其技术内容的人都有可能通过正当的途径了解",才能被视为"为公众所知"。这样,可以鼓励公开,降低社会搜寻成本。

现在,大部分国家的专利法都将一项专利申请的申请日以前公开的技术视为该项申请的现有技术。该公开系发明人自己所为,还是他人所为,通常并不重要。[①] 这显然构成对上述思路的巨大挑战。另外,在现有的制度下,区别对待发明人自己和第三方的公开行为,可能会遇到这样的难题:如果发明人不慎将技术方案告诉了不负有保密义务的第三方,而双方均选择保密。这时,如果专利法不再对发明人谋求专利的努力提供支持,则可能导致发明人自己再没有动力公开该发明了。这时候,许可第三方申请专利,可能是一个合理的政策选项。

最后,有必要介绍以下商业秘密保护的"公开标准",这对于我们思考专利法上的"为公众所知"可能有帮助。《最高人民法院关于审理不正当竞争民事案件应用法律若干问题的解释》(2007)第9条对于所谓"为公众知悉"的标准有具体的规定:

> 有关信息不为其所属领域的相关人员普遍知悉和容易获得,应当认定为反不正当竞争法第十条第三款规定的"不为公众所知悉"。具有下列情形之一的,可以认定有关信息不构成不为公众所知悉:
>
> (一) 该信息为其所属技术或者经济领域的人的一般常识或者行业惯例;
>
> (二) 该信息仅涉及产品的尺寸、结构、材料、部件的简单组合等内容,进入市场后相关公众通过观察产品即可直接获得;
>
> (三) 该信息已经在公开出版物或者其他媒体上公开披露;
>
> (四) 该信息已通过公开的报告会、展览等方式公开;
>
> (五) 该信息从其他公开渠道可以获得;
>
> (六) 该信息无须付出一定的代价而容易获得。

专利法上在判断一项在先技术是否属于现有技术时,是否可以采用相同的标准?为什么?另外,是否可以参考著作权法上的公开发表的认定标准?

2 同样的发明

新颖性审查的基本思路是,首先确定现有技术的范围,然后要看现有技术中是否含有所要保护的技术方案。将现有技术和所要保护的技术方案进行对比,由熟练技术人员通过所谓的单一技术方案(文献)对比来确定要现有技术是否与申请技术方案相

---

① 宽限期之类的规定,是一个例外。

同。显然，这里一系列的关键词是"单一技术方案对比""相同"的标准。

2.1 单独对比

在进行新颖性审查时，作为对比对象的现有技术中的技术方案，必须是一份单独的技术方案。只有在单独一份现有技术方案中涉及申请方案的所有技术特征，才可以否定该申请方案的新颖性。审查人员不能将数份现有技术方案结合起来形成一份新的技术方案，再将它和申请中的技术方案进行对比，因为这一结合的结果，不论是否具有创造性，可能已经产生了现有技术中并不存在的新技术方案。

所谓"单独一份现有技术"，通常是指物理意义上独立存在的各个现有技术。以专利审查中应用最多的专利文献为例，是指每一份由其说明书、附图、权利要求书等文件所构成的单独一份专利文件。对于科技文献来说，是指在期刊上或者学术研讨会上发表的单独的各份论文、文章……对于以公知公用方式为公众所知的现有技术来说，"单独一份现有技术"一般是指单独的一台设备或者一个产品，不允许将不同设备、产品或者其部分结构组合起来，判断一项权利要求所要保护的技术方案的新颖性。[1]

需要说明的是，实践中，用于对比的现有技术即便是一份单独的专利或学术论文，也可能通过开放式的描述公布了多项甚至是无数项技术方案。这时候所要做的对比是将所要保护的技术方案与该专利或论文中所公布诸多技术方案中最接近的一项对比，而不是泛泛地与该专利或论文对比。

专利复审委有案例指出，即使多个技术方案出现在同一文件中，也不能视为一个技术方案："该手册中没有任何内容能够说明或者指示本领域普通技术人员：这四种方法可以应用在一套检漏系统中从而形成一个技术方案。因此本领域普通技术人员不经创造性劳动也不可能对对比文件第71页和第64—65页分别公开的技术方案进行组合，由此也不可能由对比文件1所公开的内容形成权利要求1所请求保护的技术方案。"[2]

在有些情况下，审查员可能会引入超出对比文件字面范围的隐含内容来否定一份申请的新颖性。假若某在先文献并没有完全公开一项专利申请中的全部技术特征，但是，相同领域熟练技术人员基于本领域的公知常识，能够认识到未披露的技术特征的存在是不言而喻的，则该在先文献依然可能否定在后申请的新颖性。有一个案例很好地说明了这一问题：

请求人提供的证据2公开了一种双水套采暖炉，该炉具有两个水套，即炉体水套和筒形内水套，炉体水套与内水套通过连接管连通，内水套位于炉膛口吸热板内。与本专利的权利要求1所述技术方案相比，证据2没有明确地披露"炉体下端的炉门和炉体上部的炉盘"这两个本专利权利要求1前序部分的特征。但是，炉门和炉盘是水暖炉或蜂窝煤炉中不可缺少的部件，从出现水暖炉或蜂窝煤

---

[1] 国家知识产权局条法司：《新专利法详解》，知识产权出版社2001年版，第141页。

[2] 专利复审委员会第4399号复审请求审查决定，载国家知识产权局专利复审委编著：《现有技术与新颖性》，知识产权出版社2004年版，第358—360页。

炉始一直沿用至今,只要提到水暖炉或蜂窝煤炉,普通技术人员必然会想到这两个部件。由此可知,该证据2除了公开了权利要求1的前序部分的特征以外,还公开了权利要求1的特征部分的特征,即在炉膛吸热板内设有一小水套,将该专利的权利要求1的技术方案与上述证据所公开的技术方案相比,两者没有任何区别,因此,该专利权利要求1不具备新颖性。①

如果熟练技术人员觉得在先文献中未必包含那些未披露的技术特征,则该文献不能损害在后申请的新颖性,即使他认为在该披露方案中添加上未披露的特征,是显而易见的。在后一种情况下,在后申请可能没有创造性。上述标准说起来容易,适用起来依然可能会存在模糊性。参考下面摘录的一段复审委员会意见:

> 对比文献1仅公开了一种钢的成分,但并未公开任何将此钢加工成轴的工艺步骤,尽管审查员认为所述加工步骤属公知的现有技术,但这种公知的现有技术并未记载在对比文献1中。换言之,对比文献所公开的只是一种与钢的组成相关的技术方案,而不是与用一定组成的钢制造一定产品的方法相关的技术方案,因此,根据对比文献1与未记载于其中的公知技术的组合来认定,以权利要求1不具备专利法第22条第2款规定的新颖性而将其驳回,在适用法律方面是不当的。②

引用其他文献。1994年Ciba-Geigy Corp. v. Alza Corp., 864 F. Supp. 429 (D. N. J. 1994)涉及一种渗透皮肤的尼古丁贴片(Transdermal Nicotine Patch)。被告称一份投给《自然》杂志的一封信构成在先预见(Anticiaption)。该信中指出将尼古丁引入血液的各种方法,其中涉及通过真皮贴片渗透的方法。被告为了说明该信中介绍的方法的可信度,引用了一著名真皮贴片专家的证词,说不仅普通技术人员在1984年就了解这一方法,而且他自己做过类似的尼古丁贴片。法院认为,被告引用其他证据来说明该信件的内容的做法是合适的。该证据只是帮助揭示普通领域的技术,并没有拓宽信件的技术范围。这些外部证据的作用在于向决策者证明普通技术人员所理解的在先文献所阐释的确切范围,并不是要补充或者弥补在先文献的不足。

2.2 全部特征对比

在判断新颖性时,审查员或法院要对诉争权利要求与现有技术方案进行所谓的全部特征对比。只要诉争权利要求所覆盖的全部技术方案中任何一项技术方案,含有现有技术的全部特征(或者说现有技术落入了权利要求所主张的字面表述的范围),则该权利要求就会失去新颖性。确定现有技术与专利申请中所确定的技术方案是否相同的方法,与专利侵权时判断是否存在所谓的"字面侵权"(literal infringement)的思路

---

① 专利复审委员会第1844号审查决定,载国家知识产权局专利复审委编著:《现有技术与新颖性》,知识产权出版社2004年版,第324—325页。
② 专利复审委员会第1181号复审请求审查决定,载国家知识产权局专利复审委员会编著:《现有技术与新颖性》,知识产权出版社2004年版,第356—357页。

是一致的。[1] 如果实施现有技术将对专利申请的权利要求构成字面侵权,则现有技术破坏该申请的新颖性。当然,如果申请人发现了现有技术公布的区间中特定点,只要该特定点未被直接公开,则依然具有新颖性。

宝艺兴木业(深圳)有限公司 v. 专利复审委员会

北京一中院(2003)一中行初字第 14 号

赵静、苏杭、姜颖法官:

……

本案涉及国家知识产权局于 1999 年 9 月 8 日授权公告的第 98236463.6 号实用新型专利权,名称为"防缩裂、抗鼓胀企口木地板",申请日为 1998 年 1 月 13 日……本专利授权公告的权利要求书如下:

"1. 一种防缩裂、抗鼓胀企口木地板,它由不同木材加工而成,其特征是:在企口凸型面上加工出压缩翼(1)和企口凸型面榫(3);在企口凹型面加工出压缩翼挞接口(2)和凹型面槽(4)。

……

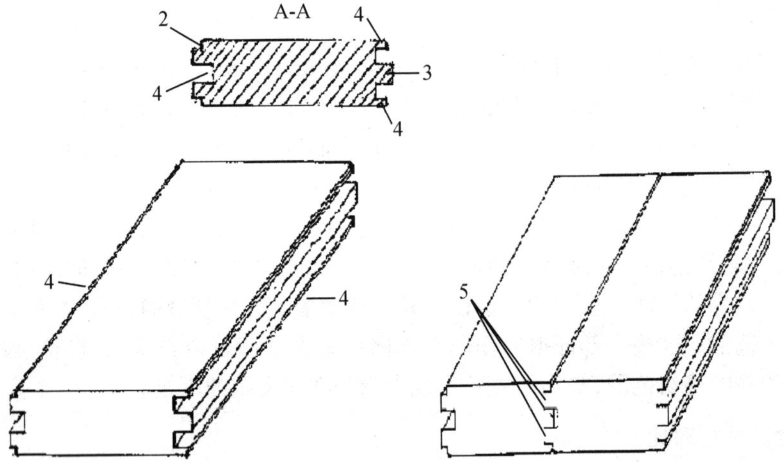

图 4.1 第 98236463.6 号实用新型专利附图

针对本专利权,锦绣前程公司、前程木地板厂于 2002 年 3 月 26 日向被告专利复审委员会提出无效宣告请求,其理由是本专利不具有新颖性和创造性,不符合专利法第二十二条第二款和第三款的规定。锦绣前程公司、前程木地板厂提起无效宣告请求的证据为第 94225106.7 号实用新型专利说明书。在无效宣告请求书中,锦绣前程公司、前程木地板厂指出相对于该证据本专利权利要求 1 不具有新颖性……宝艺兴公司

---

[1] Donald Chisum & Michael A. Jocobs, Understanding Intellectual Property Law, Matthew Bender & Co., Inc., 1992, §2C[3][a] 2—54.

针对该无效宣告请求书,向专利复审委员会提交了意见陈述书,认为本专利与该证据相比,两者要解决的技术问题不相同,技术方案完全不同,预期效果也不同,因此,本专利具有新颖性和创造性。

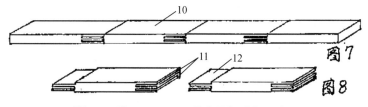

图 4.2　第 94225106.7 号实用新型专利附图

经查,第 94225106.7 号实用新型专利,其名称为"对接组合式木质地板条",授权公告日为 1995 年 1 月 4 日,其权利要求 1 为:对接组合式木质地板条由多块短的板条对接组合成长板条,其特征是短板条的两端带有连接孔或带有连接槽,用连接件连接成长板条;也可以是短板条一端带有槽,另一端带有齿,由齿插入槽内对接成长板条。权利要求 5 为:按照权利要求 1 所述的对接组合式地板条,其特征是该短板条一端带有方齿槽,另一端带有方齿,方齿的外形尺寸应等于方齿槽的外形尺寸,将方齿压入方齿槽内连接成长板条。附图 7、8 为权利要求 5 的具体实施例,由图可明确看出齿槽的连接结构为双企口。

专利复审委员会作出的第 3909 号决定系针对案外人的另一专利权无效请求案所作。第 3909 号决定认定本专利文件为对比文件 1 并确认:"对比文件 1 中公开了本专利中的'板体一长边的端面上设有一上企口和一下企口;板体另一长边的端面上设有分别与上企口相配合的一上榫槽和一下榫槽'这一技术特征。"

……

本院认为,针对当事人的诉辩主张,本案涉及以下两个方面问题:

一、双企口结构位于木地板块两侧是否为本专利权利要求 1 的技术特征范围。

依据专利法第五十六条的规定:发明或者实用新型专利权的保护范围以其权利要求的内容为准,说明书及附图可以用于解释权利要求。虽然本专利的说明书中表明本专利所解决的技术问题为环境干燥时单块板面的横向收缩及板与板之间的纵向裂缝问题,且附图中也显示企口位于木板块长边的端面上,但因说明书及附图的内容仅能用来解释权利要求,而不能用来限定或补充权利要求的内容。本专利附图图示只能理解为是本专利的一个具体实施例。由于本专利权利要求 1 中并未对企口结构的位置作出限定,且说明书中也未对压缩翼及面榫的含义作出具体界定,因此,本领域普通技术人员通过阅读本专利文献、根据翼的一般含义并不能得出本专利权利要求 1 中的企口结构仅位于木地板两侧的唯一结论。

此外,虽然被告所作出的第 3909 号决定中认定本专利的企口结构位于木板体长边的端面上(可理解为"两侧"),但因该无效决定是被告作出的另一个具体行政行为,且是对本专利附图图示技术内容的确认,如前所述,该附图图示特征不能作为本专利权利要求1的技术特征范围。

综上,原告将本专利说明书及附图中具体实施例中的技术特征引入本专利权利要求1,并主张在此基础上与对比文件进行对比,因缺乏事实与法律根据,本院不予支持。

二、本专利权利要求1是否具有新颖性。

……

由查明事实可知,作为无效请求的唯一证据第94225106.7号实用新型专利的授权公告日早于本专利的申请日,因此,该专利文献可以作为评判本专利是否具有新颖性、创造性的对比文件使用。本专利与对比文件均涉及木地板领域,且均是一种双企口连接结构木地板,二者属于相同的技术领域。因此,该对比文件中所记载的技术方案构成本专利的现有技术,其中对比文件权利要求5所记载的技术方案为与本专利最接近的现有技术。

将本专利权利要求1与对比文件权利要求5的技术方案及其实施例附图7、8进行对比可知:本专利权利要求1中企口凸型面上的压缩翼和企口凸型面榫相当于对比文件中的方齿,二者具有相同的位置、形状;而本专利企口凹型面上的压缩翼挞接口和凹型面槽则相当于对比文件中的方齿槽,二者同样具有相同的位置、形状。虽然,原告称对比文件所"揭示的是地板板块的两端为双企口连接结构这一技术方案,本专利权利要求1的结构是在板块两侧设有双企口连接结构",但如前所述,由于本领域普通技术人员根据本专利文献及其相关公知常识并不能得出本专利权利要求1中的企口结构仅位于木地板两侧的唯一结论,故既可以设在两侧,也可以设在两端。因此,本专利权利要求1的全部技术特征均已被对比文件所记载的技术方案所公开。

综上所述,本专利权利要求1与对比文件不仅技术领域相同、解决的技术问题相同,而且具有相同的位置结构和形状特征,属于实质相同的技术方案。原告并无证据证明这种实质相同的技术方案能够带来意想不到的预期效果,因此,二者属于同样的发明,本专利的权利要求1不具有新颖性。原告主张本专利具有新颖性的起诉理由不能成立,其诉讼请求缺乏事实与法律依据,本院不予支持。被告作出的第4474号决定认定事实清楚、适用法律正确、程序合法,应予维持。

思考问题:

(1) 假设本专利权利要求将企口结构位置限制在侧面(不含两端),有新颖性吗?

(2) 假设对比文献没有将企口结构限制在两端,而本专利将权利要求限制在两端(即对比文献和诉争专利对调),有新颖性吗?

(3) 法院最后说"原告并无证据证明这种实质相同的技术方案能够带来意想不到的预期效果"。是否有意想不到的效果,与权利要求1的新颖性判断有关吗?

(4) 为什么是下位概念破坏上位概念的新颖性,而不是反过来呢?

《专利审查指南》(2006)第二部分第三章第3.2.1节有关于新颖性审查方法的表

述:"如果要求保护的发明或者实用新型与对比文件所公开的技术内容完全相同,或者仅仅是简单的文字变换,则该发明或者实用新型不具备新颖性。另外,上述相同的内容应该理解为包括可以从对比文件中直接地、毫无疑义地确定的技术内容。"

具体操作时,通常依据权利要求的文字描述确定所要保护的技术方案所包含的技术特征(技术要素),然后再对照最接近的现有技术方案,看后者是否含有前者的全部技术特征。这里,举一个粗略的机械装置方面的例子加以说明。如果权利要求有 A、B 和 C 三个特征,则无论现有技术方案是 A 和 B、A、B 和 D,还是 B、C 和 D,该权利要求方案均具有新颖性。只有现有技术方案有 A、B 和 C 三个技术特征时,该权利要求才没有新颖性。之所以强调这些例子是粗略的,是因为实际案例中要考虑更多的因素,比如不同技术领域对技术特征组合的理解差异、权利要求撰写方式是封闭式("由……组成")还是开放式("含有……")等,在上述例子中可能得出不同的结论。比如,关于组合物的新颖性,《专利审查指南》有如下规定:

> 一份对比文件公开了由组分(A + B + C)组成的组合物甲,如果
>
> (i) 发明专利申请为组合物乙(组分:A + B),并且权利要求采用封闭式撰写形式,如"由 A + B 组成",即使该发明与组合物甲所解决的技术问题相同,该权利要求仍有新颖性。
>
> (ii) 上述发明组合物乙的权利要求采用开放式撰写形式,如"含有 A + B",且该发明与组合物甲所解决的技术问题相同,则该权利要求无新颖性。
>
> (iii) 上述发明组合物乙的权利要求采取排除法撰写形式,即指明不含 C,则该权利要求仍有新颖性。[①]

2.3 相同或实质相同

《专利审查指南》认定现有技术与诉争专利申请技术相同的标准如下:

> "被审查的发明或者实用新型专利申请与现有技术……相比,如果其技术领域、所解决的技术问题、技术方案和预期效果实质上相同,则认为两者为同样的发明或者实用新型。需要注意的是,在进行新颖性判断时,审查员首先应当判断被审查专利申请的技术方案与对比文件3的技术方案是否实质上相同,如果专利申请与对比文件公开的内容相比,其权利要求所限定的技术方案与对比文件公开的技术方案<u>实质上相同</u>,所属技术领域的技术人员根据两者的技术方案可以确定两者能够适用于相同的技术领域,解决相同的技术问题,并具有相同的预期效果,则认为两者为同样的发明或者实用新型。"(《专利审查指南》(2010)第二部分第三章第 3.1 节)

技术方案相同、缺乏新颖性的最理想的例子是现有技术的文献表述与申请人的权利要求一字不差,连标点符号也一样。这样,仅仅从文字对比就可以得出结论。这时

---

① 《专利审查指南》(2010)第二部分第十章"关于化学领域发明专利申请审查的若干规定"。

候,熟练技术人员实际上无需看技术方案解决"适用于相同的技术领域,解决相同的技术问题,并具有相同的预期效果",因为它们不可能不同。然而,现实中,除了故意制造虚假的专利申请外,文字都相同的例子几乎不存在。更多的时候,现有技术和所要保护的技术方案会存在这样或那样的差别,可能是文字表述上的,也可能是技术上的。这时候才需要关注是否"适用于相同的技术领域,解决相同的技术问题,并具有相同的预期效果"。不过,"在新颖性判断中,并不要求对比文件中明确撰写其技术方案解决的技术问题和达到的预期技术效果与权利要求的技术方案相同,而只要本领域技术人员判断二者技术方案后,确定二者能够适用于相同的技术领域,解决相同的技术问题,并具有相同的预期效果,就可以判断二者属于相同的发明或实用新型。"①

大庆市智胜文具办公设备有限公司 v. 专利复审委员会

北京高院(2008)高行终字第 256 号

刘辉、岑宏宇、焦彦法官:

……

本院经审理查明:名称为"一种防近视书簿"的发明专利(即本专利)……专利号为 95111654.1,专利权人为陆乃炽。本专利权利要求书如下:

"1. 一种练习本,其特征在于:其制作采用黄色纸张,该黄色纸张的反射光波频谱为波长 550—610 纳米的色光。"

本专利说明书记载了如下内容:"本发明的目的在于提供一种防近视的书簿,通过改善视觉环境来防治近视。为了实现上述目的,本发明采用如下技术方案:一种防近视的书簿,其特征在于改变用白色纸张印制书簿的传统做法,改用特定黄色纸张印制,该黄色纸张的反射光为波长 550—610 纳米内的色光。……实施例:本发明的书簿主要是教学用的教科书和练习本,用黄色纸张代替原来的白色纸张印制,该黄色纸张的反射光为波长 550—610 纳米内的色光。"

……

智胜公司的无效理由是:1. 明朝末年到现在一直使用的毛边纸的制造中就加入了黄色颜料,黄色的频谱范围就是 550—600 纳米,其复合光的频率的主波长范围应当在 550—600 纳米之内,并且证据中的毛边纸练习本证明了具有黄度的"白纸"的主波长落入了本专利权利要求的范围,那就是自古以来的纸张都落入了本专利的保护范围,因此本专利不具有新颖性……

智胜公司于 2005 年 9 月 29 日向专利复审委员会寄交了意见陈述书,并补充提交了附件 8—16、18—21,其中:

……

附件 15:江苏省质量技术监督纸张印刷产品质量检验站出具的检验报告,复印件

---

① 索尼公司 v. 专利复审委员会,北京一中院(2006)一中行初字第 862 号。

附件16:《细说巩俐》一书的封皮、出版信息页、第62—65页等复印件5页,江苏文艺出版社出版,1992年11月第1版第1次印刷;

[专利复审委员会维持本专利权有效。该决定认定:]

智胜公司提交的证据中,目前形成证据链来评价本专利新颖性和创造性的是附件15和附件16。附件16为江苏文艺出版社于1992年11月出版的《细说巩俐》一书,附件15为江苏省质量技术监督纸张印刷产品质量检验站出具的对附件16的反射光谱平均主波长的检验报告。

专利复审委员会认为:虽然附件16与本专利权利要求1属于相近的技术领域,附件15证明附件16的黄色纸张的反射光谱平均主波长位于550—610纳米范围内,但是附件16并未给出其采用黄色纸张的目的和作用,即附件16采用黄色纸张印刷并不是为了解决防治近视的技术问题,本领域普通技术人员并不能以此想到利用其黄色纸张制成练习本来达到防治近视的目的,并且其未给出任何黄色纸张可用于防治近视的技术启示。因此本专利权利要求1相对于附件16具有新颖性和创造性。

[本院认为:]

判断本专利相对于对比文件是否具有新颖性应当综合考虑两者的技术领域、所解决的技术问题、技术方案和预期效果实质上是否相同。本专利的主题名称为"一种防近视书簿",其功能、用途及发明目的是提供一种防近视的书簿,通过改善视觉环境来防治近视,而附件16未披露相关技术内容,因此综合考虑本专利与附件16的功能、效果、技术方案等,本院认为本专利相对于附件16具备新颖性。由上述分析可知,原审判决关于本专利的新颖性的认定与本专利是否符合专利法第二十五条规定的认定并未存在矛盾之处,智胜公司的该项上诉主张没有事实和法律依据,本院不予支持。

专利法第五十六条第一款规定,专利权的保护范围以权利要求书为准,说明书和附图可以解释权利要求。本案中,本专利权利要求并未记载"防近视"这一技术特征,原审判决将发明名称视为本专利权利要求中的必要技术特征错误,本院予以纠正,但原审判决的认定并未影响本专利新颖性的判断结果。原审判决关于本专利具有新颖性的认定结果,本院予以认可……驳回上诉,维持原判。

附专利申请的原始权利要求:"一种防近视的书簿,其特征在于:书簿的制作采用黄色纸张印制,该黄色纸张的反射光波频谱为波长550—610纳米的色光。"

思考问题:

(1)判断一项技术的目的,是依据说明书还是权利要求书的客观描述,为什么?技术目的这一因素会影响到保护范围的认定吗?审查专利申请的时候考虑技术目的,而保护专利的时候可以不考虑?

(2)如何在本案中适用所谓的"全部要素对比"规则?

(3)说明书可以用来解释权利要求,所以能够将该发明目的读入权利要求?

(4)在判断新颖性时,二审法院强调发明主题名称为"一种防近视书簿",但在后来又否认"防近视"为必要技术特征,是否前后矛盾?如果申请人将"防止近视"写入权利要求,结果会有不同吗?

(5) 如果不申请产品专利,本案的发现还有办法获得专利保护吗?

Titanium Metals Corp. of America v. Banner

美国联邦巡回上诉法院

778 F.2d 775(1985)

Rich 法官:

本上诉源自美国哥伦比亚特区区法院在一项依据 35 U.S.C. § 145 提起的针对专利商标局长 Donald W. Banner 的民事诉讼中所作的司法令(Order)。该司法令要求局长向被上诉人颁发包含第 589,935 号"钛合金"专利申请的权利要求 1、2 和 3 的专利。局长提出上诉。我们撤销一审判决。

背 景

发明人 Loren C. Covington 和 Howard R. Palmer 是被上诉人的雇员,他们将自己的发明和 1974 年 3 月 29 日提出的专利申请转让给了被上诉人。该申请的序列号是 455,964,要求专利的是他们研发的一种合金……该合金主要成分是钛,同时含有少量的镍(Ni)和钼(Mo),后者作为合金成分使得该合金具备某些值得期待的特点,特别是使得合金可在热盐水中使用并抵抗腐蚀。因此,该合金可以通过碾压和焊接等工艺制作某些管道。发明人显然还发现,合金中铁的含量应该受到限制,它是一种不受欢迎的杂质,而不是合金的有效成分。他们确定了各类成分的可接受含量范围,超出或低于这一含量范围的合金就没有所期待的特点。权利要求对所要保护的发明有准确的定义。下面的权利要求 3 代表发明人的优选组合。其中,铁被认为是不受欢迎的成分。

1. 一种钛合金,按重量比,主要由约 0.6%—0.9% 的镍、0.2%—0.4% 的钼,最多 0.2% 的铁,以及用于平衡的钛组成,上述合金在热盐水环境中具有良好的抗腐蚀性。

2. 权利要求 1 所指的钛合金,含有最多 0.1% 的铁以及用于平衡的钛。

3. 权利要求 1 所指的钛合金,含有 0.8% 的镍、0.3% 的钼,最多 0.1% 的铁,以及用于平衡的钛。

审查员的最后驳回决定……的理由是,依据 35 U.S.C. § 102,权利要求 1 和 2 被一篇论文披露(anticipated)(fully met,[文章所披露的内容与之]完全符合)。该论文是"Kalabukhova 和 Mikheyew,钛钼镍合金的机械特点研究,俄罗斯冶金(Metally)第 3 期,页 130—133(1970)"(下级法院和本案均称之为"俄罗斯论文")……专利复审与争议委员会维持了审查员的驳回决定。

……

"俄罗斯论文"很短(3页),具有高度的技术性,有十个段落的讨论内容。如标题所示,它与钛钼镍三重合金有关,这也正是本案申请的客体。审查员和委员会均发现,论文向该领域熟练人员披露了权利要求1和2所描绘的合金,因此依据专利法,这些权利要求的客体缺乏新颖性,因而不能被接受。由于该论文并没有具体地用文字披露该合金①,一个了解钛钼镍合金的人需要略加思考才能明白它到底披露了什么内容。专利商标局的思考如下:

图1c[a曲线图]代表含有1:3的钼和镍的三重钛合金的数据信息。在该图上的实际点(the actual points)中,有一点位于1%的"钼+镍"。在该点,钼和镍的数量应该分别是0.25%和0.75%。一个类似的点出现在该文的图2中……

上诉人并不否认该文献揭示了上述信息点。事实上,Hall的书面陈述表明,至少有两个具体的点("钼+镍"为1%和1.25%时)所对应的合金落入了当前权利要求的范围。

在上述发现的基础上,委员会认为所要保护的合金并不是新的,因为它们已经被现有技术所披露。有意见认为俄罗斯论文并没有披露任何合金的抗腐蚀特性,对此委员会指出:

该论文没有意识到该合金具有上诉人所发现的特定属性或终端用途,但这一事实无关紧要。

因此,委员会认为俄罗斯论文构成一种"披露"(anticipation,或预见),尽管该论文没有讨论抗腐蚀性,它的确披露了该合金的其他属性,比如强度和延展性。PTO进一步指出,为了获取那些数据,该文献的作者一定曾经制造了这些合金……

这一案子于1980年1月24日开始进入一审……一审法院的结论是权利要求1—3并没有被披露……

意 见

……

A. 披露(anticipation)

……

我们相信,一审法院对申请人所提交的证据的完整程度印象深刻,这些证据证明申请人发现(发明)并披露了在现有文献中无法找到的知识。我们自己对此也没有任何怀疑。但是,这些事实与争点无关。专利法为可专利性设置了一些基本要件,其中极为重要的一项条件是,权利要求所要保护的必须是新颖的。本案所涉及的专利申请的题目是"钛合金",属于一种组合物(composition of matter)。奇怪的是,在所有的证据中,包括专家证人Williams博士在内,没有人讨论"该合金是否新颖"这一关键问题,而这是所谓"披露"问题的核心所在。原告的律师在解释了合金组分的属性和它们在

---

① 译者注:该论文通过绘制一系列的坐标曲线来描述不同组分的合金的机械强度。从该表中可以看出,该论文作者实际上也制造并测试了落入本案权利要求范围的合金。为简洁起见,省略该图表。

热盐水中的优越抗腐蚀性之后,将 Williams 博士的证词发挥到了"极致"(climax)。他分别向 Williams 博士问了下列一些问题:"俄罗斯论文向你这样的本领域熟练人员提示了一种镍含量在 0.6%—0.9%,钼含量在 0.2%—0.4% 的钛合金吗?"紧接着是,"该论文提到任何与抗腐蚀有关的内容吗?"当然,问题的答案是否定的。但是,这样的证词并没有回答关键问题:权利要求 1 和 2(上述问题明显与之相关)描述或涵盖了一种因俄罗斯论文的披露而已经为人所知的合金吗?

第 102 条通常是以缺乏新颖性或已被披露为由作出驳回决定的依据。本条为第 101 条所要求的新颖性的审查设定了一些原则。其中,第 102 条(a)和(b)款要求,(a)在申请人作出发明之前,或者(b)在他依法所得的申请日之前一年(严格地讲,这是一种类似于新颖性要求的"失权"(loss of right)条款),所要求保护的发明必须未曾在国内外的印刷出版物上公开。在本案中任意一款都适用。俄罗斯论文的发表日期在申请日五年之前,它作为"现有技术"的地位并不会受到质疑。PTO 从未明确要适用第 102 条的哪一款,仅仅是依据第 102 条驳回。因此,这里的问题是,权利要求 1 和 2 如果被许可,是否使得原告(被上诉人)能够阻止他人制造、适用或销售俄罗斯文献所描述过的合金?

要回答这一问题,我们仅仅需要回到被上诉人的 TIMET 部门所雇佣的冶金专家 Jame A. Hall 的书面证词。他分析了俄罗斯论文所披露的内容,计算了图表中的组分的百分比,并以列表的形式说明。他的表格中有 15 项。第 2 项显示的是一种钛合金,含有重量比为 0.25% 的钼和 0.75% 的镍,这完全落入权利要求 1 和 2 中的 0.2%—0.4% 的钼和 0.6%—0.9% 的镍的范围。毫无疑问,权利要求 1 和 2 涵盖了现有文献所披露的合金,任何人制造、使用或销售将构成侵权。因此,专利法禁止含有上述权利要求的专利。在本案中,[一审法院]看起来没有充分考虑专利法新颖性要求,与之相关的"披露"一词的真正含义或者权利要求的真实含义。

在一审法院引述的一些案子中,法院认为如果一项现有文献不能让该领域熟练人员实施所要保护的发明,则该文献不构成"披露"。一审法院引述这些案子,似乎表明它认为俄罗斯论文在这一点上存在缺陷。在本案中,充分公开(enablement,或"可实施")仅仅是指在[明确了]组分和组成比例的情况下能够制造该合金。这里有证据从两个方面明确回答了这一问题。[首先,]被上诉人自己的专利申请并没有说明如何制造它所描述并寻求保护的合金。它假定本领域的熟练人员知道怎么去做。其次,被上诉人的专家证人 Williams 博士在交叉质证时作证说,鉴于俄罗斯论文中的合金信息,他至少知道三种工艺去制造该合金。因此,充分公开在本案中并不是一个问题。

我们发现,一审法院被下列争论和证据误导,认为从法律上这些足以保证发明人的专利[具有新颖性]:本案发明人在其申请中发现并披露了很多无法从俄罗斯论文中学到的东西,比如,该合金在热盐水中具有多好的抗腐蚀性,大概无人知晓;保证合金具有抗腐蚀性的镍和钼的含量范围也是非常实用的信息。申请人提示了这些内容,而俄罗斯论文却没有。的确,被上诉人的律师在对一审法院的开场陈述中争论说,PTO 拒绝该专利,"直接违背宪法第一条第八款的要求"。该条款授权国会创设专利法。但是,在整个审理过程中,从未抓住真正的问题:(1)该权利要求涵盖什么?(2)它们所涵盖的是新颖的吗?依据国会颁布的法律,这些是必须考虑的。对于他人已经通过出版物知晓的已有合金,如果有人发现了该合金的抗腐蚀性或其他实用特性,或者发现在多大程度上可以对该合金的组分进行修改而不丧失这些特性,国会并不认为许可该发现者获得已有合金专利权,是合适的。

……

专利法上的另外一项基本原则是:如果一项权利要求通过引述变量范围(ranges)的方式或其他方式,覆盖数种组合物,而其中的一个落入现有技术中,则该权利要求被[现有技术]"披露"。

基于上述各项原因,一审法院在授权对权利要求1和2颁发专利时,犯了明显的法律错误。依据第102条,披露权利要求所涵盖的合金的俄罗斯论文已经"披露"该权利要求。

……

思考问题:

(1)对比前文的"黄颜色练习本"案,你觉得两个法院判决结论哪一个更合理?
(2)发现合金的抗腐蚀性,如何能够获得专利保护呢?
(3)法院讨论了所谓充分公开或可实施的问题,你认为这和确定俄罗斯论文是否披露诉争发明有关系吗?

卡比斯特制药公司 v. 专利复审委员会(Ⅱ)

最高人民法院(2012)知行字第75号
最高法院公布的"2013年中国法院十大创新性知识产权案件"

金克胜、罗霞、杜微科法官:
[本案事实可以参考"专利客体"一章同名案例。]
证据6公开了潜霉素可用于制备治疗细菌感染的药物。证据7也公开了潜霉素作为治疗细菌感染的药物,患者单独用潜霉素与潜霉素加氨基糖苷类(庆大霉素或托普霉素)治疗相比,取得了类似百分比的有利效果,还公开了潜霉素与阿米卡星的联合给药。证据8还公开了制药学纯化的LY146032(即潜霉素)或其盐可以配制为口服或非胃肠给药的制剂用于治疗或预防细菌感染。

本专利权利要求1与证据7或8相比,针对的药物用途是相同的,区别仅在于本专利权利要求1进一步包括给药剂量、时间间隔等特征。如前所述,给药剂量、时间间隔等特征属于药物制备完成后用药过程的方法特征,对制药过程不具有限定作用,不能使权利要求1的制药用途区别于已知制药用途。虽然本专利权利要求1包括了给药剂量、时间间隔等特征,但这些属于给药方法的特征对制药过程不具有限定作用,不能使权利要求1的制药用途区别于已知制药用途,对权利要求1请求保护的药物制备方法不具有限定作用。第13188号决定和一、二审判决认定权利要求1不具备新颖性,并无不当。

......

不具备新颖性并不意味着现有技术以完全相同的方式公开了权利要求记载的技术特征。例如,如果权利要求所请求保护的技术方案与一项现有技术的区别仅仅是所属领域中常见手段的直接置换,则该发明同样也不具备新颖性。在化学领域发明专利申请中,给药对象、给药形式、给药剂量及时间间隔等与使用有关的特征是否对制药过程具有限定作用是新颖性审查时应当考虑的方面,虽然《专利审查指南》(2006年修订)对此规定了"仅是体现在用药过程中的区别特征,不能使该用途具备新颖性",而之前的《专利审查指南》并无上述明确规定,但判断权利要求是否符合专利法第二十二条第二款,所需要考虑的因素和秉持的原则多年来均是一致的,并不存在矛盾和冲突的规定。第13188号决定认为,没有证据表明对潜霉素不产生骨骼肌毒性的副作用的进一步认识能使本发明制药用途请求保护的治疗用途区别于现有技术的已知用途,同时,给药剂量、时间间隔特征体现在用药过程中,与制药过程无关,对药物本身不产生限定作用,不能使本发明的制药用途区别于现有技术的已知用途,该决定所依据的理由符合专利法第二十二条第二款的规定,不存在损害申请人信赖利益的情形。

思考问题:

一项限制性特征被写入权利要求而又无需在新颖性判断时加以考虑,这符合专利法的逻辑吗?

在实务中,概括两项对比技术方案的技术特征、判断对应的技术特征是否相同,均要依赖相同领域熟练人员的判断力。如果在他看来,现有技术中某些特征尽管没有被明确地披露,实际上是隐含地存在,则依然会破坏专利申请的新颖性。同时,如果技术特征之间的差别细微,熟练技术人员也可能直接忽略这一差别,而视为技术特征相同。当然,这里有一定的裁量空间。如果裁量空间过大,则可能导致新颖性审查事实上变成创造性审查。

刘信中 v. 专利复审委员会

最高人民法院(2013)知行字第12号

周翔、朱理、周云川法官:

专利复审委员会服从一审判决。

[刘信中提出的名称为"一种磁钢与手柄(工具)的多孔螺接方法"的发明专利申请(即本申请)被国家知识产权局驳回。驳回决定所针对的权利要求1是:"1. 一种磁钢与手柄(工具)的多孔螺接方法,包括有一磁钢及一'一'形手柄、'一'形手柄工具或类似'一'形手柄(工具)用品。其特征是:磁钢上设有至少两个固定通孔,也可是两个圆通孔和一方形通孔组成的长圆通孔。该(些)通孔穿置螺钉或螺丝与'一'形手柄、'一'形手柄工具或类似'一'形手柄(工具)用品顶端对应的螺孔螺接固定。"

国家知识产权局在驳回决定中认为,本申请权利要求1包括两个技术方案,这两个技术方案的差别仅仅在于:技术方案1为磁钢上设有至少两个固定通孔;技术方案2为磁钢上设有两个圆通孔和一方形通孔组成的长圆通孔。上述技术方案1相对于对比文件1(授权公告日为2007年5月9日、授权公告号为CN2897555Y的中国实用新型专利说明书)不具备《专利法》第二十二条第二款规定的新颖性。

一审和二审均维持了国家知识产权局的驳回决定。刘信和提出再审申请。]

专利复审委员会答辩称:……螺丝相应于螺钉属于本领域惯用手段的直接置换,因此权利要求1中的技术方案1与对比文件公开的技术方案实质相同,且两者适用于相同的技术领域,解决的技术问题相同,预期技术效果也相同。故本申请权利要求1的技术方案1不具备专利法第二十二条第二款规定的新颖性。

本院审查查明:对比文件1是授权公告日为2007年5月9日、授权公告号为CN2897555Y、专利号为ZL200620004487.1的中国实用新型专利说明书。该实用新型专利的专利权人为刘信中。本申请的说明书记载:"为了克服ZL200620004487.1实用新型功能单一、效率低下的缺点,本人研究出本发明。"

本院认为,结合再审申请人的申请再审理由、被申请人答辩及本案案情,本案在再审审查过程中的争议焦点在于:本申请权利要求1的技术方案1是否具备专利法第二十二条第二款规定的新颖性。

发明或者实用新型专利的新颖性是指在申请日以前没有同样的发明在国内外出版物上公开发表过、在国内公开使用过或者以其他方式为公众所知,也没有同样的发明由他人向国务院专利行政部门提出过申请并记载在申请日以后公布的专利申请文件中。判断一项发明专利是否具备新颖性时,应将发明专利要求保护的技术方案与现有技术公开的技术方案进行对比,如果现有技术中公开的技术方案与该发明专利权利要求要求保护的技术方案实质上相同,且两者适用于相同的技术领域,解决相同的技术问题,并具有相同的预期效果,则该发明专利权利要求不具备新颖性。如果要求保护的发明或者实用新型与对比文件的区别仅仅是所属技术领域的惯用手段的直接置换,则该发明或者实用新型不具备新颖性。

本案中,本申请权利要求1中的技术方案1为:"一种磁钢与手柄(工具)的多孔螺接方法,包括磁钢及'一'形手柄,其特征是:磁钢上设有至少两个固定通孔,该通孔穿置螺钉或螺丝与'一'形手柄顶端对应的螺孔螺接固定。"对比文件1公开了一种拾铁器,包括一磁钢及一手柄,其中,该磁钢上设有至少两个固定通孔,这些通孔穿置螺钉与手柄顶端螺接固定,这些通孔顶端设有遮盖螺钉帽的凹槽;该手柄为实木棒,实木棒顶端设置有与磁钢固定的螺孔。同时,对比文件1的说明书附图1公开了一款拾铁器,其手柄为一"一"形手柄。可见,对比文件1已经公开了一种磁钢与一"一"形手柄的多孔螺接方法,且与本申请适用于相同的技术领域,解决的技术问题相同,技术效果相同。<u>两者的区别仅在于本申请权利要求1记载的技术方案是使用螺钉或螺丝进行螺接固定,对比文件1公开的是使用螺钉进行螺接固定</u>。以本领域所属技术人员的知识水平,螺丝与螺钉属于本领域惯用手段的直接置换。因此,本申请权利要求1记载的技术方案1与对比文件1公开的上述技术方案实质上相同,本申请权利要求1记载的技术方案1与对比文件1公开的上述技术方案相比不具备新颖性。刘信中关于本申请权利要求1的技术方案1具备专利法第二十二条第二款规定的新颖性的申请再审理由不能成立,本院不予支持。

刘信中主张,本申请权利要求1的技术方案中磁钢的表面积与"一"形手柄后端表面积相当,可不设凹槽,可螺接手鞘,磁钢与"一"形手柄的前顶端螺接固定,既可在磁钢的前顶端或磁钢、手柄之间增设"U"形柄状二齿,又可增设弹簧和筒状铁磁分离装置,上述技术特征虽未在本申请权利要求1中明确记载,但属于隐形记载,而且在权利要求2、3中已有明确记载。对此,本院认为,上述内容在本申请权利要求1中并未记载,无论其是否记载在本申请权利要求2、3中,都不能作为评价本申请权利要求1是否具有新颖性的依据。

思考问题:

(1) 最高人民法院似乎认为权利要求1提到"螺钉"或"螺丝"两个互相替代的特征,那么在判断新颖性时法院还需要考虑螺丝与螺钉是否为惯用替代手段吗?

(2) 申请人强调权利要求背后的"隐形记载"的内容存在,最高人民法院认为并未记载。假如真的能够确认存在隐形记载的特征,能够在新颖性判断时考虑该特征吗?

下列案例是否引发新颖性与创造性判断互相混淆的顾虑?

专利复审会员第1190号无效宣告案:

> 专利权权利要求1与现有技术的唯一区别是:前者采用的是皮带传动,而后者采用的是链条传动。对于所属技术领域的技术人员,甚至对机械领域的所有人员来说,利用皮带传统或者链条传动是解决传动问题时所熟悉和惯用的技术手段,这两种传统方式可相互替代其替代后可能产生的利弊为公众所周知,并没有产生意想不到的效果。因此,二者的<u>互相替代属于惯用手段的直接替换</u>,本专利权利要求1不具备新颖性。①

东泰(成都)工业有限公司 v. 专利复审委员会((2003)高行终字第205号)案:

> 在进行新颖性判断时,认定属于相同的发明或实用新型的条件是技术方案实质相同。相同的两个技术方案包括两层含义,第一,两个技术方案相同;第二,两个技术方案等同。两个技术方案相比较,如果后一个申请专利的发明或者实用新型的技术方案中的某一个技术特征或某部分技术特征或全部技术特征只是在先申请中的技术方案的相对应的技术特征的<u>等同替代</u>,那么,该申请专利的发明或者实用新型的技术方案是在先申请中的等同的技术方案,不具有新颖性……附件A与本案专利权利要求1的技术方案均公开了制造金属骨架塑料复合管的装置,

---

① 专利复审委员会第1190号审查决定,载国家知识产权局专利复审委编:《现有技术与新颖性》,知识产权出版社2004年版,第375—376页。

均为了提供一种能生产金属骨架塑料复合管的装置,其技术领域相同,解决的技术问题相同,技术方案实质相同,预期效果相同,附件A构成本案专利权利要求1技术方案的抵触申请,破坏了其新颖性。因此,本案专利权利要求1不符合专利法第二十二条第二款关于新颖性的规定。

黄孟柱 v. 专利复审委员会(北京高院(2005)高行终字第38号)案:

> 本专利权利要求1与对比文件1相比,其主要区别特征在于接头的密封方式不同,即本专利权利要求1中采用了"O"形密封圈和密封脂作径向密封和轴向端面密封,而对比文件1中仅公开了采用密封胶粘接层的轴向端面密封。对此本院认为:本专利与对比文件1均涉及管道间的密封连接,通过密封达到真空的技术效果。实践中,管道间的密封连接方式有多种,如密封胶、密封垫、"O"形密封圈、麻丝、油灰、生胶带等等,上述密封技术属于公知技术常识。为了达到好的密封效果,上述密封材料可以相互<u>替换</u>,亦可同时进行轴向和径向密封。虽然本专利权利要求1的技术方案中采用的密封方式与对比文件1公开的密封方式不同,但上述区别属于本领域普通技术人员<u>惯用的直接置换</u>的技术手段。因此,权利要求1相对于对比文件1不具有新颖性。

上述案例中所使用的"替代""替换""等同替换",实际上包含着这样的意思:在熟练技术人员看来,从现有技术到在后技术的某些要素的替换,是显而易见的。这在后文专利侵权等同原则部分有更详细的讨论。这里的问题是:如果对比文献与争议的权利要求之间不存在字面涵盖,是否需要进一步审查看是否存在技术特征的等同替换呢?模糊新颖性和创造性审查的界限,有什么明显的负面后果吗?

对比美国法院在 Structural Rubber Products Co. v. Park Rubber Co. 749 F. 2d 707, 717 (1984)案中的意见:

> 有意见认为,如果熟练技术人员依据现有技术能够完成实施该发明所需要的工作,则非"完全的披露"(less than complete anticipation)也可能表明存在披露(anticipation)。[①] 也就是说,"如果[现有技术与在后申请之间]基本层面相同,只是在细微之处存在不同,而该不同在该领域熟练技术人员看来是很清楚的,则这足以构成'披露'"。这一陈述与创造性有关,与"披露"则无关。"披露"要求在单一的现有技术披露中包含所要保护的发明的权利要求中的全部技术特征(elements)……如果一份现有技术披露只是"几乎"满足了这一标准,可能依据第103条导致该权利要求无效(即没有创造性);但是它并不能披露[该权利要求]。虽然,我们并没有必要说,构成第102条下的"披露",依据第103条也会导致该权利要求无效,因为"披露"实际上是"显而易见"的一种类型而已……反过来,则是错误的,因为在需要判断"显而易见性"时通常假设并不存在披露。

---

① 译者注:在这一段中,可以将"披露"大致理解为"新颖性"。

2.4 《专利审查指南》的审查基准

新颖性的审查基准

《专利审查指南》(2010)第二部分第三章第3.2节

为有助于掌握该基准,以下给出新颖性判断中几种常见的情形。

3.2.1 相同内容的发明或者实用新型

如果要求保护的发明或者实用新型与对比文件所公开的技术内容完全相同,或者仅仅是简单的文字变换,则该发明或者实用新型不具备新颖性。另外,上述相同的内容应该理解为包括可以从对比文件中直接地、毫无疑义地确定的技术内容。例如一件发明专利申请的权利要求是"一种电机转子铁心,所述铁心由钕铁硼永磁合金制成,所述钕铁硼永磁合金具有四方晶体结构并且主相是 Nd2Fe14B 金属间化合物",如果对比文件公开了"采用钕铁硼磁体制成的电机转子铁心",就能够使上述权利要求丧失新颖性,因为该领域的技术人员熟知所谓的"钕铁硼磁体"即指主相是 Nd2Fe14B 金属间化合物的钕铁硼永磁合金,并且具有四方晶体结构。

3.2.2 具体(下位)概念与一般(上位)概念

如果要求保护的发明或者实用新型与对比文件相比,其区别仅在于前者采用一般(上位)概念,而后者采用具体(下位)概念限定同类性质的技术特征,则具体(下位)概念的公开使采用一般(上位)概念限定的发明或者实用新型丧失新颖性。例如,对比文件公开某产品是"用铜制成的",就使"用金属制成的"同一产品的发明或者实用新型丧失新颖性。但是,该铜制品的公开并不使铜之外的其他具体金属制成的同一产品的发明或者实用新型丧失新颖性。

反之,一般(上位)概念的公开并不影响采用具体(下位)概念限定的发明或者实用新型的新颖性。例如,对比文件公开的某产品是"用金属制成的",并不能使"用铜制成的"同一产品的发明或者实用新型丧失新颖性。又如,要求保护的发明或者实用新型与对比文件的区别仅在于发明或者实用新型中选用了"氯"来代替对比文件中的"卤素"或者另一种具体的卤素"氟",则对比文件中"卤素"的公开或者"氟"的公开并不导致用氯对其作限定的发明或者实用新型丧失新颖性。

3.2.3 惯用手段的直接置换

如果要求保护的发明或者实用新型与对比文件的区别仅仅是所属技术领域的惯用手段的直接置换,则该发明或者实用新型不具备新颖性。例如,对比文件公开了采用螺钉固定的装置,而要求保护的发明或者实用新型仅将该装置的螺钉固定方式改换为螺栓固定方式,则该发明或者实用新型不具备新颖性。

3.2.4 数值和数值范围

如果要求保护的发明或者实用新型中存在以数值或者连续变化的数值范围限定的技术特征,例如部件的尺寸、温度、压力以及组合物的组分含量,而其余技术特征与对比文件相同,则其新颖性的判断应当依照以下各项规定。

（1）对比文件公开的数值或者数值范围落在上述限定的技术特征的数值范围内，将破坏要求保护的发明或者实用新型的新颖性。

【例1】 专利申请的权利要求为一种铜基形状记忆合金，包含10%—35%（重量）的锌和2%—8%（重量）的铝，余量为铜。如果对比文件公开了包含20%（重量）锌和5%（重量）铝的铜基形状记忆合金，则上述对比文件破坏该权利要求的新颖性。

【例2】 专利申请的权利要求为一种热处理台车窑炉，其拱衬厚度为100—400毫米。如果对比文件公开了拱衬厚度为180—250毫米的热处理台车窑炉，则该对比文件破坏该权利要求的新颖性。

（2）对比文件公开的数值范围与上述限定的技术特征的数值范围部分重叠或者有一个共同的端点，将破坏要求保护的发明或者实用新型的新颖性。

【例1】 专利申请的权利要求为一种氮化硅陶瓷的生产方法，其烧成时间为1—10小时。如果对比文件公开的氮化硅陶瓷的生产方法中的烧成时间为4—12小时，由于烧成时间在4—10小时的范围内重叠，则该对比文件破坏该权利要求的新颖性。

【例2】 专利申请的权利要求为一种等离子喷涂方法，喷涂时的喷枪功率为20—50 kW。如果对比文件公开了喷枪功率为50—80 kW的等离子喷涂方法，因为具有共同的端点50 kW，则该对比文件破坏该权利要求的新颖性。

（3）对比文件公开的数值范围的两个端点将破坏上述限定的技术特征为离散数值并且具有该两端点中任一个的发明或者实用新型的新颖性，但不破坏上述限定的技术特征为该两端点之间任一数值的发明或者实用新型的新颖性。

【例如】 专利申请的权利要求为一种二氧化钛光催化剂的制备方法，其干燥温度为40℃、58℃、75℃或者100℃。如果对比文件公开了干燥温度为40℃—100℃的二氧化钛光催化剂的制备方法，则该对比文件破坏干燥温度分别为40℃和100℃时权利要求的新颖性，但不破坏干燥温度分别为58℃和75℃时权利要求的新颖性。

（4）上述限定的技术特征的数值或者数值范围落在对比文件公开的数值范围内，并且与对比文件公开的数值范围没有共同的端点，则对比文件不破坏要求保护的发明或者实用新型的新颖性。

【例1】 专利申请的权利要求为一种内燃机用活塞环，其活塞环的圆环直径为95毫米，如果对比文件公开了圆环直径为70—105毫米的内燃机用活塞环，则该对比文件不破坏该权利要求的新颖性。

【例2】 专利申请的权利要求为一种乙烯丙烯共聚物，其聚合度为100—200，如果对比文件公开了聚合度为50—400的乙烯丙烯共聚物，则该对比文件不破坏该权利要求的新颖性。

有关数值范围的修改适用本部分第八章第5.2节的规定。有关通式表示的化合物的新颖性判断适用本部分第十章第5.1节的规定。

3.2.5 包含性能、参数、用途或制备方法等特征的产品权利要求

对于包含性能、参数、用途、制备方法等特征的产品权利要求新颖性的审查，应当按照以下原则进行。

(1) 包含性能、参数特征的产品权利要求

对于这类权利要求,应当考虑权利要求中的性能、参数特征是否隐含了要求保护的产品具有某种特定结构和/或组成。如果该性能、参数隐含了要求保护的产品具有区别于对比文件产品的结构和/或组成,则该权利要求具备新颖性;相反,如果所属技术领域的技术人员根据该性能、参数无法将要求保护的产品与对比文件产品区分开,则可推定要求保护的产品与对比文件产品相同,因此申请的权利要求不具备新颖性,除非申请人能够根据申请文件或现有技术证明权利要求中包含性能、参数特征的产品与对比文件产品在结构和/或组成上不同。例如,专利申请的权利要求为用 X 衍射数据等多种参数表征的一种结晶形态的化合物 A,对比文件公开的也是结晶形态的化合物 A,如果根据对比文件公开的内容,难以将两者的结晶形态区分开,则可推定要求保护的产品与对比文件产品相同,该申请的权利要求相对于对比文件而言不具备新颖性,除非申请人能够根据申请文件或现有技术证明,申请的权利要求所限定的产品与对比文件公开的产品在结晶形态上的确不同。

(2) 包含用途特征的产品权利要求

对于这类权利要求,应当考虑权利要求中的用途特征是否隐含了要求保护的产品具有某种特定结构和/或组成。如果该用途由产品本身固有的特性决定,而且用途特征没有隐含产品在结构和/或组成上发生改变,则该用途特征限定的产品权利要求相对于对比文件的产品不具有新颖性。例如,用于抗病毒的化合物 X 的发明与用作催化剂的化合物 X 的对比文件相比,虽然化合物 X 用途改变,但决定其本质特性的化学结构式并没有任何变化,因此用于抗病毒的化合物 X 的发明不具备新颖性。但是,如果该用途隐含了产品具有特定的结构和/或组成,即该用途表明产品结构和/或组成发生改变,则该用途作为产品的结构和/或组成的限定特征必须予以考虑。例如"起重机用吊钩"是指仅适用于起重机的尺寸和强度等结构的吊钩,其与具有同样形状的一般钓鱼者用的"钓鱼用吊钩"相比,结构上不同,两者是不同的产品。

(3) 包含制备方法特征的产品权利要求

对于这类权利要求,应当考虑该制备方法是否导致产品具有某种特定的结构和/或组成。如果所属技术领域的技术人员可以断定该方法必然使产品具有不同于对比文件产品的特定结构和/或组成,则该权利要求具备新颖性;相反,如果申请的权利要求所限定的产品与对比文件产品相比,尽管所述方法不同,但产品的结构和组成相同,则该权利要求不具备新颖性,除非申请人能够根据申请文件或现有技术证明该方法导致产品在结构和/或组成上与对比文件产品不同,或者该方法给产品带来了不同于对比文件产品的性能从而表明其结构和/或组成已发生改变。例如,专利申请的权利要求为用 X 方法制得的玻璃杯,对比文件公开的是用 Y 方法制得的玻璃杯,如果两个方法制得的玻璃杯的结构、形状和构成材料相同,则申请的权利要求不具备新颖性。相反,如果上述 X 方法包含了对比文件中没有记载的在特定温度下退火的步骤,使得用该方法制得的玻璃杯在耐碎性上比对比文件的玻璃杯有明显的提高,则表明要求保护的玻璃杯因制备方法的不同而导致了微观结构的变化,具有了不同于对比文件产品的

内部结构,该权利要求具备新颖性。

3 书面公开

3.1 可能的公开形式

书面公开是指现有技术以公开出版物的形式对外发表,应该是现有技术公开的最主要的途径。依据现有的《专利审查指南》:

> 专利法意义上的出版物是指记载有技术或设计内容的独立存在的传播载体,并且应当表明或者有其他证据证明其公开发表或出版的时间。
>
> 符合上述含义的出版物可以是各种印刷的、打字的纸件,例如专利文献、科技杂志、科技书籍、学术论文、专业文献、教科书、技术手册、正式公布的会议记录或者技术报告、报纸、产品样本、产品目录、广告宣传册等,也可以是用电、光、磁、照相等方法制成的视听资料,例如缩微胶片、影片、照相底片、录像带、磁带、唱片、光盘等,还可以是例如以互联网或其他在线数据库形式存在的文件等。
>
> 出版物不受地理位置、语言或者获得方式的限制,也不受年代的限制。出版物的出版发行量多少、是否有人阅读过、申请人是否知道是无关紧要的。
>
> 印有"内部资料""内部发行"等字样的出版物,确系在特定范围内发行并要求保密的,不属于公开出版物。[①]

显然,专利法关注的是相关技术内容是否为公众所接触,而并不关注公开行为本身所借助的媒介。因此,这里的出版物具有最宽泛的含义,几乎无所不包,涵盖所有的信息载体。

3.2 公开程度的要求

以印刷物的形式正式公开出版发行,这是一项技术成为现有技术的最为典型的方式。比如,科学专著出版或论文在杂志上发表,印行数千册,为专业图书馆编目收藏,真正超越时空的限制达到"公众想知道就能知道"的程度。这种公开方式所达到的公开程度远远超出专利法上的最低程度的公开要求。因此,正式出版是典型的书面公开的形式,但并非最低限度的要求。专利法上的公开要求比正式出版要低很多,如前所述,在极端情况下,仅仅向一个不负有保密义务的人书面提供发明方案,就可能导致该发明被视为进入公开状态。

是否构成印刷物形式的公开,关键不在于其复制件数目,而在于其流通渠道的开放程度。如果渠道对公众开放,则即使只有一份复制件,也可以满足公开的要求。相反,如果渠道不开放,即使提供了相当数量的复制件,也不能视为公开出版。

渠道究竟是否开放,有时候也并不是一个容易回答的问题。比如,印刷物的提供者并没有向不特定公众提供的意愿,但是的确向特定范围内一定数量的没有保密义务

[①] 《专利审查指南》(2010)第 2 部分第 3 章新颖性,第 154—155 页。

的人提供了该印刷物复制件。这是否满足了"为公众所知"的要求呢？我们能够说，任何一个不负保密义务的人获得印刷物复制件，就意味着该印刷物已经达到"公开出版"的程度吗？这一问题实际上是本章关于"为公众所知"的认定标准选择问题的具体化，请回顾前文的讨论。

成都无缝钢管厂 v. 专利复审委员会

北京高院(1995)高知终字第27号

孙苏理、陈锦川、刘继祥法官：

本院经审理查明，1985年4月1日，钢管厂向中国专利局提出了名称为"重载橡胶弹性安全联轴器"的专利申请，1987年7月2日，钢管厂被授予发明专利权，专利号为：85101485……

1993年2月4日，四川省崇庆县怀远机械厂向专利复审委提出宣告上述发明专利无效的请求，理由是该专利不符合《专利法》第22条关于创造性的规定。为此，请求人向专利复审委提交了六份材料，其中包括《轧钢机主传动系统CSL-2型橡胶弹性联轴器研制技术报告》（以下称《技术报告》）。

该《技术报告》由钢管厂弹性联轴器设计研制组撰写，是钢管厂作为会议资料于1983年12月7—9日在冶金工业部组织召开钢管厂研制的轧机重载橡胶弹性联轴器技术鉴定会上交给与会鉴定人员作鉴定用的。该《技术报告》主要介绍了该厂研制的轧钢机主传动系统CSL-2型橡胶弹性联轴器的技术内容。参加鉴定会的人员来自全国各地冶金行业的管理部门、学术研究单位、生产制造单位，由鉴定会组织者冶金工业部确定并通知，共计20余人。经鉴定，鉴定会出具了鉴定意见，冶金工业部同意该意见，并于同月17日将技术鉴定转发给钢管厂。

1994年6月20日，专利复审委作出第493号无效宣告请求审查决定书，该决定书认为，请求人提交的对比文件5即《技术报告》，是被请求人在1983年10月散发的会议资料，属于申请日前已公开的资料，可以用来评价本专利的专利性。并认为，本专利的权利要求1与对比文件5中所公开的CSL-2型联轴器相比不具有突出的实质性特点和显著的进步……

* * * *

[专利申请人不服，向北京一中院提起诉讼。]北京市第一中级人民法院判决确认，《专利法》意义上的为公众所知是指有关的技术内容处于非特定人能够通过正当途径得知的状态，而不应以国家是否明文规定有保密义务为标准。如果不能证明该状态已客观存在，而仅仅有一种可能性，则不能认为为公众所知。本案被告专利复审委在无效宣告程序中用作对比文件的《技术报告》仅是在特定场合散发给特定人员，用于特定目的，虽然当时国家没有明文规定参加鉴定会人员有保密义务，但公众即参加鉴定会以外的非特定人同样无法通过正常途径得到。因此，在专利申请日前，《技术报告》还未为公众所知。被告成都无缝钢管厂（以下称钢管厂）在无效宣告程序中作

为被申请人认为某项技术在本案专利申请日前已在《技术报告》中公开,但这不意味着钢管厂明确认可《技术报告》本身在《专利法》意义上的公开;且事实上《技术报告》在本案专利申请日前尚未为公众所知,即使当事人对事实认识产生偏差,也不能导致事实本身的改变。被告专利复审委错误地将《技术报告》作为对比文件,否定原告钢管厂专利的创造性,导致第493号决定缺乏主要证据,适用法律不当。

专利复审委不服一审判决,上诉至本院,理由是,在专利无效审查及诉讼过程中,被上诉人钢管厂均提不出所述技术鉴定会应是保密的,或者参加该鉴定会的人员负有保密的义务的任何证据。鉴定会的实际情况使得公众中的任何人能够通过查询找到该鉴定会的组织者和参加者了解鉴定会的技术内容。被钢管厂在鉴定会上散发《技术报告》,也符合《专利法》第24条第(2)项规定,故《技术报告》作为对比文件是正确的。

* * * *

另查,双方当事人均没有提供证明《技术报告》于所述专利申请日前公开的证据。

本院认为,本案的焦点在于作为对比文件5的《技术报告》是否公开,能否作为对比文件。本院同意一审判决以下的基本观点:《专利法》意义上的为公众所知是指有关的技术内容处于非特定人能够通过正当途径得知的状态,这种状态应举证证明,如不能证明该状态已客观存在,则不能认为为公众所知。对本案《技术报告》是否为公众所知的评价同样应本着这个原则进行。不可否认,在1983年,不少技术鉴定会具有公开的性质,但依此现象即认定本案鉴定会是公开的、《技术报告》已为公众所知,显然是片面的、轻率的,没有依据的。要认定该鉴定会是公开的,仍应举证予以证明。根据行政诉讼法,在专利行政诉讼中,举证责任应由专利复审委负担,而不是由相对人负担。就本案而言,即专利复审委应举证证明该鉴定会是公开的,《技术报告》已为公众所知。因此,在本案中,专利复审委在没有任何证据证明该鉴定会是公开的、《技术报告》已为公众所知的情况下,以被上诉人没有提出该鉴定会是保密的、或者参加该鉴定会的人员负有保密义务的任何证据为由认定《技术报告》属于申请日前已公开的资料、可以用来评价本专利的专利性是没有事实依据的,也是不符合法律规定的。

既然专利复审委没有证据证明该鉴定会是公开的、《技术报告》已为公众所知,也就得不出本案属于《专利法》第24条第(2)项规定的情况的结论,因为适用该条款的条件是所述会议是公开的、有关技术也已公开,故本案不能适用《专利法》第24条第(2)项的规定。同时,必须指出的是,专利复审委对该条款中的"发表"的理解是错误的,所谓发表指的应是"公开给不特定的人",仅仅在特定的场合散发给特定的人,不是对公众公开,不是发表……驳回上诉,维持原判。

思考问题:

(1) 在法院的判断标准中,何谓"非特定人"?何谓"正当途径"?

(2) 复审委应当如何证明鉴定会对外公开?证明参与鉴定的人没有签署保密协议,就可以了吗?

In re Hall

美国联邦巡回上诉法院 781 F.2d 897(1986)

Baldwin 法官:

本上诉源自美国专利商标局(PTO)先前的上诉委员会(Bord of Appeals)的决定。该决定主要依据 35 U.S.C. §§ 102(b)所规定的"印刷出版物"阻却(a "printed publichation" bar)维持了[审查员]对1982年1月29日提出的第343,922号申请的最终驳回。援引文献是一篇博士论文。因为上诉人承认,如果该论文在该申请的有效申请日1979年2月27日之前一年就可以作为"印刷出版物"处于可获取状态(available),则他的权利要求不可获得专利(unpatentable),因此这里唯一的问题是该论文是否可以作为"印刷出版物"处于可获取状态。依据我们面前的记录,我们维持委员会的决定。

背 景

在上诉人申请重新授权的过程中,有人提出异议,该异议附上了一份 Peter Foldi 的博士论文复印件"1,4— a—Glucanglukohydrolase ein amylotylisches Enzym..."(以下称 Foldi 论文或博士论文)。记录显示, Foldi 在1977年9月向弗莱堡大学(Freiburg University)的化学医药系提交了他的博士论文,并于1977年11月2日被授予博士学位。

审查员和委员会依靠弗莱堡大学图书馆借阅部的主任和经理 Erich Will 博士的一些证词作出决定。Will 博士签署的一份类似"宣言"的文件,内容如下:

在1977年11月,弗莱堡大学图书馆收到了 Foldi 论文的复制件。然后,从1977年12月开始,弗莱堡大学的教师和学生以及普通公众可以自由获得该论文的复制件。

在回复1981年8月28日一个德国公司的询问的信件中,Will 博士说,弗莱堡大学图书馆"在1977年就能够向我们的读者提供"Foldi 的论文。

审查员对该申请中的权利要求作出最终的驳回决定。他指出:"在当前记录的基础上,可以合理地推断,Foldi 论文在1979年2月27日之前就能够获得(获取)。"他还指出,并没有证据表明有相反的可能。他要求上诉人说明,除了在现有记录有记载的以外,对于"可获取"状态(availablity)是否有其他质疑。上诉人没有回应。

PTO 的科学图书馆(Scientific Library)通过书信询问 Will 博士,Foldi 的论文是否以"编目并收入主库"(main collection)的方式供公众获取。Will 博士在1983年10月20日回信,翻译如下:

我们的博士论文,自然也包括 Foldi 的博士论文,被编在一个特别的博士论文目录下。该目录是普通用户的目录的一部分。在目录架中,同样划出一个特别的博士论文区,它也是普通目录架的一部分。

PTO 的科学图书馆进一步询问下列问题:(1)对 Foldi 的论文进行索引和编目的确切时间;或(2)"此类程序通常所需要的时间"。Will 博士在1984年6月18日的信中对此作出回应：

Foldi 博士论文的馆藏本在 1977 年 11 月 4 日由教员送给我们。相应地，该论文最有可能在 1977 年 12 月初就可供普通[读者]使用。

委员会认为，记录中无可争议的证据足以证明，Foldi 论文作为现有技术的有效日期比上诉人最初申请的申请日要早一年多。委员会在反驳"证据不足以确定该论文可公开获取的具体日期"的争论时，指出：

我们依靠图书管理员证词中关于该特定论文的明确事实，以及他对图书馆日常业务流程中论文的通常处理程序的描述。

在本上诉中，上诉人提出两项论点：(1)[专利法]第 102 条(b)款的"印刷出版物阻却"要求感兴趣的公众所能够获取该出版物，但是这里并没有证据表明在关键日[(即申请日之前一年的日子)]以前，该论文已经被正确地收入该图书馆目录索引；另外，(2) 即使 Foldi 的论文在关键日之前已经被编目，在一个大学图书馆里存放一篇被编目的论文，对那些对该技术感兴趣并进行合理努力的人而言，也并没有使得该出版物的内容处于"充分可接触的状态"(sufficient accessibility)。

意　　见

"印刷物阻却"源自 35 U.S.C. § 102：

一个人应当被授予专利权，除非：

……

(b) 在美国的专利申请日之前一年或更早，该发明已经在国内外被授予专利，或者被国内外印刷出版物所描述……

这一阻却的理论基础是，一旦一项发明进入公开领域(public domain)，则不再能为任何人所专利。

"印刷出版物"这一法律术语已经被解释为涵盖数据存储、检索和传播等方面不断进步的技术形态。因为一份文献向感兴趣的公众传播的方式有很多种，"公开的可接触状态"(public accessibility) 已经被称作是决定一项文献是否依据 35 U.S.C. § 102(b) 构成"印刷出版物阻却"的试金石(touchstone)。第 102 条的印刷物阻却是基于事实问题的一项法律判断，因而必须通过个案逐个判断。印刷物出版阻却的主张者必须证明，在关键日之前，至少对于那些对该技术感兴趣的公众而言，该文献是充分可接触的(sufficitently accessible)，并且一个人通过阅读该文献能够实施该发明而无须做进一步的研究或实验。

依靠 In re Bayer 案，申请人争辩说，Foldi 的论文并非处于可获取状态，因为 Will 博士的证词并没有说该论文究竟何时编入该图书馆目录，也没有说明图书馆接收和处理一篇论文的[准确]时间流程。

如同委员会在其决定中所指出的那样，Bayer 案的事实与本案不同。Bayer 自己是 PTO 所援引的论文的作者。他提交了一份来自大学图书管理员的声明，具体描述了该图书馆接收论文、编目和上架等流程，并说明了处理 Bayer 论文的相关日期。该证据表明,从教师那里收到论文的第一时间开始,对论文复制件进行编目和上架,通常需要很多月。在过渡期内,这些论文集中放在图书馆一个不开放的办公室内,只有图书馆的雇员可以接触。特别是,有证据表明,对 Bayer 论文的处理是在关键日之后结束的。

基于这些事实,CCPA 认为 Bayer 的论文并不是充分可接触(sufficiently accessible),因此不能导致第102条(b)款的出版物阻却。但是,与本案上诉人的主张不同,该法院并不认为,只有能够明确在关键日前编目和上架的具体日期的证据才能证明[该论文处于]可接触状态。虽然此类证据很合意(desirable),可以使可接触状态的判断具有更大的确定性,但是,惯常的商业实践的现实提醒[我们]不能要求必须有此类证据。惯常的商业实践对于证明"具体行为的实施"(the performance of a specific act)的证明力(probative value)很早就已经被确认。因此,我们认为,关于图书馆一般做法的合格证据可以用来确定一篇论文处于可接触状态的大概时间。

在本案中,Will 博士的证词描述了图书馆论文索引、编目和上架的一般程序。虽然没有提到具体的日期(除了[提到]论文在 1977 年 11 月 4 日收到),但是 Will 博士的证词始终一致地说明,图书馆在 1977 年 11 月初收到 Foldi 的论文,所以该论文"最有可能是在 1977 年 12 月初可供普通[用户]使用"。对该证词的唯一合理解释是,Will 博士依据该图书馆在论文索引、编目和上架方面的一般做法来估计向相关公众提供该论文所需要的时间。Will 博士的证词是合适的证据,同时在这一背景下,该证据也令人信服地证明,Foldi 的论文在关键日之前就处于可接触状态(accessible)。依靠证词中估计的时间即"1977 年 12 月初",并不会导致不公正的结果,因为关键日——1978 年 2 月 27 日——大约是在两个半月以后。而且,毫无争议的是,上诉人并没有提供任何反驳证据。

基于前文我们对"公开的可接触状态"的理解,同时,考虑到这一判断依赖个案事实,我们拒绝接受上诉人的下列法律意见:大学图书馆里一篇被编目的论文,对那些对这一技术感兴趣并进行合理努力的人来说,并不处于"充分可接触的状态"。

我们同意委员会的结论,即依据 Will 博士的证词所组成的证据记录,可以推定该权利要求因为第102条(b)款的"出版物阻却"而不具有可专利性。在本案中,这一结论并没有受到反驳。

……

维持原决定。

思考问题:

(1)仔细考虑本案与法院提到的 Bayer 案之间的差别。为什么法院认为申请人的下列争辩没有道理:"Foldi 的论文并非处于可获取状态,因为 Will 博士的证词并没有说该论文究竟何时编入该图书馆目录,也没有说明图书馆接收和处理一篇论文的[准确]时间流程。"

(2)按照中国法的标准,算是对不特定的公众公开吗?

(3) 假若图书馆仅对该大学学生开放,不对一般公众开放。这时,该博士论文算是处在公开可获取状态吗?美国法上的感兴趣者充分可接触标准与中国标准是否一致?

如皋市爱吉科纺织机械有限公司 v. 专利复审委员会

最高人民法院(2007)行提字第3号

蒋志培、王永昌、邰中林法官:

……

(一) 关于企业标准备案是否当然构成专利法意义上的公开

关于企业标准的备案是否当然构成专利法意义上的公开,一般涉及是否构成专利法上的出版物公开。对此问题,要从我国对于企业标准备案管理制度的有关规定和实践操作两个层面入手,审查企业标准在备案后是否处于公众中的任何人想要得知就能够得知的状态。

所谓"标准",是对重复性事物和概念所作的统一规定。标准化法意义上的标准,就是一些需要统一的技术要求。纳入标准内容的技术要求,不可避免地会涉及相关的技术信息,包括可能涵盖专利和技术秘密等技术内容。不能简单地认为有关技术信息被纳入标准,就已经当然公开并且进入公有领域。

根据我国标准化法及其实施条例的规定,企业生产的产品没有国家标准、行业标准和地方标准的,应当制定相应的企业标准,作为组织生产的依据。对已有国家标准、行业标准或者地方标准的,鼓励企业制定严于国家标准、行业标准或者地方标准要求的企业标准,在企业内部适用。

根据标准化法实施条例的有关规定,对于国家标准、行业标准和地方标准,由主管部门编制计划,组织草拟,统一审批、编号、发布。这些标准作为民用标准,一般会是全文发布,发布之后,社会公众即可从公开渠道获得。据此可以认为,国家标准、行业标准和地方标准作为民用标准一旦发布,有关内容即构成专利法意义上的公开。当然,一些特殊的标准如国家药品标准,在发布时并不一定会向社会公开标准的全部内容。这种标准中未公开发布的内容,则不构成专利法意义上的公开。

根据标准化法及其实施条例的规定,对于企业标准,由企业组织制定,并按省、自治区、直辖市人民政府的规定备案,企业的产品标准必须报当地政府标准化行政主管部门和有关行政主管部门备案。按照原国家技术监督局1990年7月23日发布的第12号令关于标准化法条文的解释,企业标准要求"备案"的含义是指,负责制定标准的单位在规定的时间内按规定的要求向规定的部门备案;内部适用的企业标准可以不公开,也不要求备案;如果企业标准作为交货依据,则必须备案,同时该标准也是监督检查的依据……

前述法律、行政法规和部门规章以及江苏省的地方政府规章虽然规定了企业标准特别是企业产品标准的发布、备案和公告制度,但均未对备案的企业标准对外公开的具体内容作出明确规定或者限制。但这并不意味着备案的企业标准当然会被备案管理机关予以全部公开，从而构成专利法意义上的公开。企业标准作为一种技术要求，构成企业的科技成果，虽并非必然但绝不排除可以包含企业的技术秘密。国家机关对在执法活动中获得的他人的技术秘密也依法负有保密义务。对于备案的企业标准，备案管理机关以及其他有机会接触该企业标准的执法机关（如解决产品质量争议的执法机关）和检验、鉴定机构等中介组织，应当注意到其中可能包含企业的技术秘密，应当依法予以保护，除非具有明确的法律依据，不得擅自予以公开。

鉴于目前我国对于企业标准管理的法律规范现状，对于本案的这一争议问题还需要进一步考察对有关企业标准备案管理的实践操作情况。关于企业标准的发布和备案管理问题，经本院向国家标准化委员会咨询了解，企业标准的发布实质上是指企业标准在制定完成后在企业内部发布实施，不同于国家标准、行业标准、地方标准的向社会发布，企业标准是否向社会公开发布属于企业自主行为；对于备案的企业标准，备案管理机关一般只公告标准的代号、编号、名称和备案企业名称，并不公告标准的具体内容。

……

经本院向国家标准化委员会咨询了解，公众能够向管理标准档案的机构借阅的标准只能是国家标准、行业标准、地方标准、国际标准等，不包括企业标准；除了法院等特定执法机关，企业标准备案管理部门一般也不对外提供对备案企业标准具体内容的查询服务。

根据上述情况和分析，本院认为，结合现有法律规定和实践操作情况，企业标准的备案并不意味着标准的具体内容要向社会公开发布，企业标准的备案也不意味着公众中任何人即可以自由查阅和获得，企业标准并不因备案行为本身而构成专利法意义上的公开。本案中无效请求人并无证据证明争议企业标准的全部内容已经实际由备案管理机关对外公告。其在二审期间提交的南通市如皋质量技术监督局2004年3月16日出具的证明本身不能作为新的证据在本案中使用，但即使认可该证据的使用，也只能证明该企业标准的具体备案时间，而不能证明该企业标准的具体内容已经实际对外公告。而且，其所提交的证据5实际上是其自己提交备案并经备案管理机关加盖标准备案专用章后退还于其的企业标准，并非是能够代表社会公众的第三人从公开渠道自由取得，因此，不能用于证明该企业标准已经处于社会公众中任何人想要得知就能够得知的状态。

此外，对于企业标准是否因产品销售等交易行为而导致被公开，属于专利法上的使用公开问题。根据标准化法及其实施条例的规定，制定企业标准的目的在于，在企业生产的产品没有国家标准、行业标准和地方标准时作为组织生产的依据。也就是说，除合同另有规定的外，企业产品标准应当是交货所依据的标准，当然也是监督检查所依据的标准。标准化法实施条例第二十四条规定："企业生产执行国家标准、行业标准、地方标准或企业标准，应当在产品或其说明书、包装物上标注所执行标准的代号、编号、名称。"这一规定属于行政管理措施，目的在于便于执法机关监督检查和便于解决产品质量纠纷,社会公众据此只能获知有关产品所执行的标准代号、编号、名称,并不能据此当然获知标准的具体内容。法律既不要求将企业产品标准具体内容向社会公开,也未强制要求向交易相对人公开,交易相对人能否获知企业产品标准的具体内容取决于当事人的约定和实际的履约行为。即使交易相对人获知了企业产品标准,包括在解决有关争议的执法程序中获知,其对标准中包含的有关技术秘密也依法负有相应的保密义务。因此,有关企业标准是否因产品买卖等交易行为导致为交易相对人所知进而导致构成专利法上的使用公开,当事人首先必须提供证据证明已经实际为他人所知,其次至少还要证明知悉该企业标准内容的人并不负有任何法定或者约定的保密义务。显然,本案中无效请求人并未完成此种举证责任。

……

思考问题:

有兴趣者,可以研究一下企业标准备案的目的,进而判断法院的意见是否完全合理。法院判决意见中最后四行所表达的意见符合专利法标准吗?

3.3 书面公开的日期

书面公开必须发生在专利申请日之前,因此证明印刷物的实际公开时间就非常关键。实际上,印刷物上常常标注有印刷或出版日期。该日期在证明出版物公开的日期方面的证明力,则因个案情形的不同而有所不同。对比下列两个案例,何者结论更合理?

云南科技创业服务中心 v. 专利复审委员会((2002)一中行初字第 479 号)案关于内部刊物的定性:"《中文科技资料目录——中草药》表明的发行日期为 1983 年 6 月,故可认定其于本专利申请日前已开始发行。该期刊封底的'征订启示'中虽有内部发行的字样,但根据生物制药厂及田江所提交的证据,该期刊可在公共图书馆中自由借阅,创业服务中心未提供证据证明该期刊在本专利申请日前处于不公开发行的状态,从该期刊本身也难以确定内部发行的范围,故该期刊应认定为公开出版物。"

蔡水德 v. 专利复审委员会((2005)一中行初字第 362 号)案:"证据 17 是一份产品目录,虽然标注了'1998 年 3 月 20 日印刷',但由于其是一份显示由 ZIGMA 公司自行印制的非正规出版物,在没有其他证据予以佐证的情况下,不能单独根据其标注的'1998 年 3 月 20 日印刷'来确定其公开日期,因此仅凭证据 17 本身无法确定其公开的时间。"

3.4 境外出版物的举证

依据最高人民法院《关于民事诉讼证据的若干规定》(2001)第 11 条:"当事人向人民法院提供的证据系在中华人民共和国领域外形成的,该证据应当经所在国公证机关予以证明,并经中华人民共和国驻该国使领馆予以认证,或者履行中华人民共和国与该所在国订立的有关条约中规定的证明手续。"司法实践中,对于国外专利文件,则并没有严格按照域外形成的证据对待。《专利审查指南》(2010)关于域外证据的规定

应该与司法实践的标准基本一致:

> 域外证据是指在中华人民共和国领域外形成的证据,该证据应当经所在国公证机关予以证明,并经中华人民共和国驻该国使领馆予以认证,或者履行中华人民共和国与该所在国订立的有关条约中规定的证明手续。当事人向专利复审委员会提供的证据是在香港、澳门、台湾地区形成的,应当履行相关的证明手续。但是在以下三种情况下,对上述两类证据,当事人可以在无效宣告程序中不办理相关的证明手续:
> (1) 该证据是能够从除香港、澳门、台湾地区外的国内公共渠道获得的,如从专利局获得的国外专利文件,或者从公共图书馆获得的国外文献资料。
> (2) 有其他证据足以证明该证据真实性的。
> (3) 对方当事人认可该证据的真实性的。①

在郭丰玉 v. 郑烈强及翁莹彪(广州中院(2007)穗中法民三初字第20号)案中,原告拥有"透气翘臀女裤"专利。被告翁莹彪为证明其女内裤使用的是公知技术,提交了三份证据。对于证据的效力,法院有如下认定:

> 被告翁莹彪的证据2是日本杂志上刊登的带臀衬的紧身短裤产品广告及该产品实物。原告对其不予确认。本院认为,该杂志属于域外形成的证据,为证明其真实合法性,被告翁莹彪应办理相应的证明手续。由于其未能办理这些证明手续,本院对该证据不予采纳。
> 被告翁莹彪的证据3是韩国《CJ电视购物(2004夏季特刊)》杂志上刊登的翘臀女裤产品广告。为证明该杂志的真实合法性,被告翁莹彪提供了韩国驻中国广州总领事馆出具的确认书。被告翁莹彪还提供了广东省广州市南方公证处对该杂志的相关内容及该确认书的翻译件。……本院认为,该证据属于域外公开出版物,由于韩国驻中国广州总领事馆确认其已在韩国发行,且原告未能举证予以否认,其真实合法性可以认定,应予采纳。

4 公开使用

公开使用的判断标准,《专利审查指南》(2010)有具体的说明:

> 使用公开的方式包括能够使公众得知其技术内容的制造、使用、销售、进口、交换、馈赠、演示、展出等方式。只要通过上述方式使有关技术内容处于<u>公众想得知就能够得知的状态,就构成使用公开</u>,而不取决于是否有公众得知。但是,未给出任何有关技术内容的说明,以致所属技术领域的技术人员无法得知其结构和功能或材料成分的产品展示,不属于使用公开。
> 如果使用公开的是一种产品,即使所使用的产品或者装置需要经过破坏才能

---

① 《专利审查指南》(2010)第2部分第8章 第2.2.2节。

够得知其结构和功能,也仍然属于使用公开。此外,使用公开还包括放置在展台上、橱窗内公众可以阅读的信息资料及直观资料,例如招贴画、图纸、照片、样本、样品等。"①

4.1 公开使用的认定标准

专利审查员或相关公众对新颖性提出挑战时,通常会优先考虑书面公开,然后才是公开使用,因为证明书面公开比证明公开使用通常要容易一些。不过,这并不意味着专利法上的公开使用制度不重要。现实中还是有大量的技术在没有书面公开之前就已经被公开使用,因此专利法必须认真对待由此引发的现有技术公开问题。

一项发明是否通过使用而公开,关键也是看使用过程中是否使得该技术"为公众所知"。如前所述,这里也有"公众想得知就能够得知"的宽松标准(《专利审查指南》)和"为不具保密义务的人所知"的严格标准的差异。

上海康宇铜门设计工程有限公司诉专利复审委员会

北京一中院(2006)一中行初字第1275号

赵静、江建中、于立彪法官:

[本案争议的焦点是,在"杉湖铜塔"塔顶内部安装斗拱,是否属于对该产品的公开使用。法院认为:]"杉湖铜塔"于2002年8月13日才竣工验收,按照建筑工程的操作常规,只有在工程竣工并验收合格后,施工方才能将工程交付委托方使用,故"杉湖铜塔"只有在竣工验收后才可能对社会公众开放,使得公众进入塔内而得知铜塔斗拱的具体结构。虽然,原告的证据证明有记者、参会人员等不特定人员在本专利申请日以前已经能够拍摄或看到建成的"杉湖铜塔",但因"桂林市两江四湖一期工程竣工总结大会"举行地点在木龙湖,而"杉湖铜塔"位于杉湖区,故记者及参加该总结大会的众多人员看到的只是"杉湖铜塔"的远景外观形态,记者拍摄的只是"杉湖铜塔"的整体外观形态,公众从证据11中报纸上刊登的"杉湖双塔"的远景照片和相关的文字记载中并不能得知"杉湖铜塔"斗拱的具体结构。因此,这种建成后的"公开"展示并未导致使本专利技术在其申请日前就处于任何人想知就可以得知的法律状态。综上,原告的现有证据并不能证明桂林"杉湖铜塔"斗拱的具体结构特征在竣工验收日即2002年8月13日前就已被公众所知,因该竣工验收日期处于本专利申请日之后,故"杉湖铜塔"在本专利申请日以前已经建成的客观事实并不能导致本专利技术在其申请日以前公开的法律后果。

[说明:在朱炳仁 v. 上海康宇铜门设计工程有限公司(上海二中院(2005)沪二中民五(知)初字第131号)案中,法院有类似意见:"被告为证明桂林杉湖景区开放后许多游人已经参观了杉湖铜塔列举了大量相关新闻报道以此证明该技术已经能为公众所知悉,但本院认为铜斗拱产品作为建筑构件,安装后是无法从外形来得知其具体结

---

① 《专利审查指南》(2010)第2部分第3章新颖性,第2.1.2.1节。

构的,即系争专利的"中空敞口""斗底"等技术特征是普通游人在欣赏塔的外观时无法用肉眼观察得知的,因此,不能导致涉及的技术方案处于公众中任何一个人都可以得知的状态,不应视为公开。"]

思考问题：

假定发明人并没有要求景区的管理者承担保密义务,景区管理者愿意向外人展示塔顶结构,则该使用是否属于专利法上的公开使用?

接下来,我们参考美国专利法上法院对于公开使用行为的判例,以获得对专利法上现有技术公开标准的更为深刻的理解。如前所述,美国专利法区别对待发明人自己的公开行为和第三方的公开使行为。前者受所谓法定阻却(Statutory Bar)规则而并非普通的新颖性判断规则约束：依据美国《专利法》第 102 条(b),在申请日之前一年或更早,如果发明已经在国内外被书面公开或者在国内被公开使用或销售,则申请人就不能获得专利授权。在美国法上习惯上将申请日之前一年的日子称作"关键日"(Critical Date)。申请人应当保证在关键日之前发明没有被公开。申请人自己的某些行为可能被认为是专利法意义上的公开使用,从而对自己的专利申请构成"法定阻却"。严格说来,美国法上的法定阻却规则并非普通的新颖性判断规则,但是对于我们深入理解中国"为公众所知"标准的复杂性,有重要借鉴作用。

Egbert v. Lippmann
美国联邦最高法院 104 U. S. 333(1881)

Woods 法官：

本诉讼源自原告就 1873 年 1 月 7 日重新授权的第 5216 号"胸衣弹簧(corset-springs)改进"专利所提出的侵权指控。最初专利的申请日是 1866 年 7 月 17 日,颁发给了 Samuel H. Barnes。重新授权的对象是原告(complainant),她当时的名字叫 Frances Lee Barnes,[后来嫁给了]原始专利权人,最终成为他的遗嘱执行人(executrix)。

……

诉状声称,Barnes 是该重新授权的专利所覆盖的改进发明的原始和最先的发明人。在最初申请专利时,该发明并没有未经许可而被公开使用或销售超过两年。[1]

……

被告的抗辩是,在申请最初的专利时,该专利发明已经经过发明人的同意而被公开使用且时间已超过两年。[因此,]我们需要考虑的是,这一抗辩是否得到纪录中的证词的支持。

……

[依据申请日当时有效的专利法,]如果在申请日前两年或更早,经申请人同意或

---

[1] 本书作者:当时规定的宽限期为两年,后来改成现在的一年。

许可,专利所涵盖的发明已经被公开使用,则会导致该专利无效。

……

被告赖以建立所谓在先的公开使用该发明的证据主要是由原告方的证词组成。

原告作证说,Barnes 先生在 1855 年 1 月到 5 月间发明了该专利所涵盖的改进发明。正是在这一期间,原告和她的朋友 Cugier 小姐抱怨过胸衣弹簧断裂的事情。当时,Barnes 先生作为证人的亲密朋友,也在场。Barnes 先生对她说,他可以给她制作一对不会断裂的[胸衣弹簧片]。此后再次见面时,他带给她一双他自己制作的胸衣弹簧。原告穿着这些弹簧片过了很长一段时间。1858 年,Barnes 先生又制作并送给她另外一双弹簧片,她同样穿用了很长时间。当使用这些弹簧片的胸衣破损之后,原告撕开胸衣取出弹簧片,将它们放入新的胸衣中。她这样做了好几次。

原告承认并宣称,Barnes 先生后来所获得的专利以及本诉讼所依据的再授权专利所涵盖的发明正是这些弹簧片。

原告的另外一个证人 Joseph H. Sturgis 作证说,在 1863 年 Barnes 对他说过他自己所做的两个发明,其中之一是胸衣弹簧片。他去过 Barnes 家里看过那些发明。在此之前,Barnes 先生和原告在经历上述交往[(制作并赠送弹簧片)]后结婚了。Barnes 先生对该证人说,他妻子当时戴着的胸衣里有一双根据他的发明制造的弹簧片,如果她将它脱下来,他会向该证人展示该弹簧片。Barnes 夫人走了出去,回来后带着一副胸衣和一把剪刀。她拆开胸衣,取出弹簧片。Barnes 先生然后向证人解释该弹簧片是如何制作和使用的。

这就是纪录中所呈现的证据。被告依靠它证明该发明已经专利权人同意或许可而被公开使用。我们要做的决定是,这一证词是否证明存在专利法意义上的公开使用。

首先,我们从一开始就注意到,要构成发明的公开使用,公开使用的专利产品的数量并不必然要超过一个。有很多数量的专利产品被使用或许会强化该证据,但是,一个很明确的公开使用就可以有效地否定该专利,就像很多个公开使用一样……比如,如果剪草机、印刷机,或火车车厢的发明人仅仅制造并销售了一个发明产品,许可购买者不受限制地使用达两年,则该使用作为公开使用的[法律效果]与许可大量使用是一样的。

其次,我们认为对发明的使用是公开的或者秘密的,并不必然取决于了解该使用的人的数量。如果发明人在制造发明装置后,将它送给或出售给其他人使用,而受赠人或购买者的使用不受任何限制和约束,也没有保密义务,同时,该使用实际发生,则该使用属于公开使用,即使用该发明并了解这一使用行为的人只有一个。

再次,我们指出,有些发明本质上只能在不能被公众看到或观察到的地方使用。一个发明可能是藏在手表运转的齿轮中的一个杠杆或弹簧,也可能是藏在纺织机器凹槽中无法看到的棘轮(rachet)、手柄或嵌齿轮(cog-wheel)。可是,如果发明人将包含上述发明部件的机器对外出售,许可他人不受任何限制地使用它,则该使用为公开使用。另一方面,如果本着诚信原则,为实验目的而测试发明的效果,必须在公众视野下进行使用，则该使用并非专利法意义上的公开使用……

依据这些原则，我们认为原告的证据表明，在 Barnes 最初申请专利之前，该专利所覆盖的发明已经经过 Barnes 的同意被公开使用，时间超过两年。他分别在 1855 年和 1858 年依据其发明制作并送给她两副胸衣弹簧。赠送给她的目的是供其使用。他没有设定保密义务，也没有其他任何条件或限制。赠送弹簧也不是为试验目的，也不是为了测试它们的性能。她的证词没有此类主张。该发明当时就已经完成，没有证据显示后来有什么改变或改进。接受者按照设计者设定方式使用该弹簧长达数年。该弹簧片并不具有其他任何用途。她可以向任何人展示该弹簧，也可以制造使用或销售相同类型的弹簧，而不会违反发明人给她设定的任何条件或限制。

根据原告的证词，该发明在 1855 年就已经完成并被投入使用。发明人在他的权利上睡了 11 年，直到 1866 年才申请专利。而在这段时间里，该发明已经获得普遍甚至全面的应用。胸衣弹簧的制造商和销售商的证词中，有很大一部分纪录表明在发明人申请专利之前，该装置的原理已经全面应用于胸衣弹簧的制造。我们基本上可以推断，他从如此普遍的应用中了解到该发明有一些价值，因此通过申请专利，他试图对已经被他的行为清楚无误地贡献给社会公众的发明重新主张权利。

"发明人在任何时候，甚至可以在法定的两年之内，都可以通过自己的行为表明，放弃一项发明给社会公众。法律上的后果是：在申请之前两年内的任何时间点，经发明人同意的对发明的公开使用或销售并不必然导致该发明进入公共领域；但是，如果公开使用或销售发生在该时间点（申请之前两年）之前，则会成为放弃发明的决定性证据，将导致专利无效。"

我们认为，现有证据已经充分证明，在申请人提出专利申请之前两年，已经经发明人同意而公开使用的抗辩成立。

维持原判。

Miller 法官，异议：

……

塞在一件胸衣中的小小的弹簧钢片，仅仅为一位女士所使用，为外衣所覆盖，而且总是处在公众无法观察到的位置，如果依然是对该钢片的公开使用，那我就完全不知道秘密（private）使用和公开使用之间的界线了。

上述主流意见争论说这一使用是公开的，因为该使用经过发明人的同意，而且对该公开使用没有设置限制。可以想象，禁止该使用者将她所使用的弹簧片曝露于公共视野，看起来是一种讽刺。与主流意见相反，该发明本质上不能被公开使用……

思考问题：

（1）法院所谓很多发明（弹簧、齿轮）在不被公众看到的地方使用也算公开。问题是，本案的情形与之有可比性吗？

（2）本案本质上是因为使用者的获知行为导致该发明被公开，还是该使用者的使用行为被视为公开使用？

(3) 如果使用者有保密义务,也未刻意向第三方展示,只是普通使用,那她的使用还是"公开使用"吗?

(4) 你觉得导致一项技术方案被认定公开的最关键的行为是什么?是否需要区别对待发明人和第三方的公开行为?

在 Egbert v. Lippmann 案中,法院似乎认为发明人将自己发明交付他人使用,没有采取保密措施或约定保密义务,则应当视为公开使用。至于知道该使用的人的数量并不重要。同时法院认为虽然发明的内容不能直接从外部通过简单观察而了解,但是如果对使用者没有限制,则该使用就是公开使用。而持异议意见的法官则认为紧身胸衣本身的特殊性决定其内部的发明不可能为公众所了解,因此该使用并不应该构成公开使用。多数意见看重的是发明人的对外揭示行为本身,而异议意见似乎看重的是发明产品本身的使用状态,你如何看待双方的分歧?决定一项发明是否被认定公开的因素,究竟是接受公开的对象本身是否有意愿继续公开或事实上是否扩散发明,还是发明人未加限制地向他人揭示了自己的发明?

4.2 默示保密义务

当发明人将发明交付他人使用,没有设定保密义务,是否一定就被视为公开使用呢?在 Rosaire v. Baroid Sales Division, National Lead Co. 218 F. 2d 72 (1955)案中,涉及一种通过检测土壤加热后逸出气体成分对油气田进行勘探的方法。该案中,在先公司声明他们在申请日以前,已经将该技术应用到某一油田的勘探工作,并且没有采取任何措施要求雇员对该技术进行保密。法院认为只要公司在其日常工作中公开使用该技术就可以了。中国国内也采用类似的标准。在没有特别证据的情况下,"正常的、常态下的施工"足以导致该工程技术被认定公开:"即使从事施工的人员附有明示或默示的保密义务,该行为本身已经构成了公开使用。这种观点的合理性在于,对于一个在没有采取保密措施的场地上进行的施工活动,从中了解有关技术的人不仅是施工人员,还包括旁观者,施工人员因其负有保密义务而被作为特定人,并不意味着旁观者也负有保密义务。因此,在施工技术比较直观且在相对较长时间内未处于隐秘状态的情况下,应当认定所实施的技术已经处于为公众所知的状态"①。

江西省简氏紫砂科技发展有限公司 v. 专利复审委员会

北京高院(2008)高行终字第718号

刘辉、岑宏宇、焦彦法官:

熊禄生于2005年7月14日向国家知识产权局申请了名称为"紫砂陶瓷脱模异型垫盘"的实用新型专利(即本专利)。本专利于2006年8月30日被公告授权,专利号是200520097217.5。本专利授权公告的权利要求书如下:

---

① 专利复审委员会第2394号审查决定,载国家知识产权局专利复审委编著:《现有技术与新颖性》,知识产权出版社2004年版,第13—14页。

"1. 一种紫砂陶瓷脱模异型垫盘包括盘体(1),盘体(1)中部开有通气孔(2),其特征在于:盘体(1)的上部为支撑平台(4),支撑平台(4)的周边设圆环形模板支撑台(3)。

2. 根据权利要求1所述的紫砂陶瓷脱模异型垫盘,其特征在于:圆环形模板支撑台(3)距支撑平台(4)的高度为4—7毫米。"

……

2004年6月18日简广与熊禄生签署的"陶瓷生产设备转让合同书"及转让生产陶瓷设备清单一览表,复印件,共2页;该合同约定熊禄生将含有"石膏脱模托板"(即本专利的"紫砂陶瓷脱模异型垫盘")在内的成型车间设备及原材料以23万元的价格一次性卖给简广。

* * * *

北京市第一中级人民法院认为,《专利审查指南》规定,使用公开包括由于制造、使用、销售、进口、交换、馈赠、演示、展出等方式而导致技术方案处于公众想得知就能够得知的状态,而不取决于是否有公众得知。熊禄生在本专利申请日之前将本专利产品转让给简氏公司,简氏公司的任何员工均可轻易接触到本专利产品。熊禄生并未与简氏公司签订保密协议,故本专利技术方案处于公众想得知就能够得知的状态,已经构成使用公开。简氏公司对熊禄生不负有保密义务。本专利在申请日以前已经在国内公开使用过,不符合专利法第二十二条第二款的规定,不具有新颖性……

专利复审委员会、熊禄生均不服原审判决,向本院提出上诉,请求撤销原审判决,维持第10650号决定。专利复审委员会的上诉理由是:《专利审查指南》规定,处于保密状态的技术内容不属于现有技术,所谓保密状态,不仅包括受保密规定或协议约束的情形,还包括社会观念或者商业习惯上被认为应当承担保密义务的情形。本案转让合同的双方基于合作或者聘用关系,应推定双方对所转让的设备具有默契保密的义务,对公众不具有公开性。第10650号决定认定事实清楚,适用法律正确,应予维持。熊禄生的上诉理由是:现有证据证明本专利产品在申请日之前仅在一家企业内部使用,没有在国内其他任何地方、任何企业被任何人使用,因此,一审法院认定本专利产品使用公开显属错误。简氏公司对本专利承担保密义务完全是基于其自身利益驱使使然。熊禄生提交的简氏公司的《规章制度》以及与员工签订的劳动合同、保密协议均能证明该公司有保密的要求。简氏公司服从原审判决。

* * * *

本院认为,本案争议的焦点是:依据"陶瓷生产设备转让合同书",简氏公司和熊禄生之间转让本专利产品的事实以及简氏公司的使用行为是否导致本专利因使用公开而丧失新颖性。

……

本案中,简氏公司与熊禄生签订的是陶瓷生产设备转让合同,熊禄生交付的标的物是生产设备,其中包括本专利产品,简氏公司取得的是物的所有权,没有因此获得相关的技术秘密,熊禄生也并未明确向简氏公司提出就转让的设备所涉及的技术秘密予以保密的要求,简氏公司也就无从知晓哪些生产设备属于技术秘密,更无为熊禄生保守技术秘密的义务。熊禄生提出《关于组建中外合资高安市简氏紫砂科技发展有限公司合同》及公司章程可以证明与简氏公司存在合作关系,但是该合同及章程未实际履行,熊禄生没有成为公司的股东,熊禄生转让生产设备不是基于合作关系,因此,生产设备的买受方不是特定的主体。熊禄生虽与简氏公司签订《员工聘用合同书》及《技术保密合同》,但其中涉及技术秘密的条款是指配方、图纸、工艺流程,并无要求简氏公司保守本专利秘密的条款,故简氏公司对此并不负有明示或默示的保密义务。根据江西省高安市公证处(2006)高证字第1724号公证书载明的事实可以看出,简氏公司的任何员工均可轻易接触到本专利产品,本专利的技术特征并不复杂,对于本领域技术人员而言轻易就能掌握,故本专利技术方案已处于公众想得知就能够得知的状态,构成使用公开,不符合专利法第二十二条第二款的规定,不具有新颖性。

……

驳回上诉,维持原判。

思考问题:

(1) 本案法院要求明显严厉,要求保密条款中明确保密的内容要包括诉争的技术方案。这样的举证责任是否过于严厉?

(2) 法院认为合同中约定熊禄生有保密义务,而简氏公司没有。这样的解释有道理吗? 简氏公司实际上是否保密与本案争点无关?

不过,我国法院在有些情况下会接受存在所谓默示保密义务的说法。比如,在后文所述的专利复审委员会第1958号复审请求审查决定(所谓"蜂巢组织中底布"案)中,就指出"根据社会观念和习惯,在一项新产品的开发过程中,承担试验的一方负有保密的义务,即使申请人与试用人之间不存在保密协议,其间也存在默契的保密义务"。另外,委托加工过程中,承揽人也可能被确认承担默示保密义务。[①] 当然,这些都是个案,其结论并不总是可靠。比如复审委在另外的几乎相同的案子中又认为在没有保密协议的情况下,受委托方不承担默示的保密义务。[②]

依据国家科委1988年的《科学技术成果鉴定办法》,复审委员会也会接受某些参加技术成果鉴定会的成员具有默示保密义务的观点。[③] 其实,在这种情况下,与其说是默示的保密义务,还不如说是法定的保密义务。此类《办法》法律层级虽然不高,但的确为避免技术成果的流失提供着力点。

而美国也有类似的默示保密义务的案例,法院将某些环境下的使用视为私下使

---

① 专利复审委员会第66号审查决定,载国家知识产权局专利复审委编著:《现有技术与新颖性》,知识产权出版社2004年版,第131—132页。

② 同上书,第136—137页。

③ 专利复审委员会第2154号审查决定,载国家知识产权局专利复审委编著:《现有技术与新颖性》,知识产权出版社2004年版,第42—43页。

用。比如,Moleculon Research Corp. v. CBS, Inc., 793 F.2d 1261,1266(1986):"是否存在此类[保密]协议并非决定公开使用问题的决定性因素……评估全部证据时,这是需要考虑的一个因素。毫无疑问,法院考虑全部的证据,在评估该证据时,要考虑具体的时间、地点和背景。"

4.3 试验性使用

在判断发明人是否公开自己的发明时,美国法院直接创设了所谓试验目的使用并非公开使用的例外。这使得发明人在验证发明的技术效果时,可以公开对发明进行试验而无需担心该试验行为被视为专利法意义上的公开行为。

City of Elizabeth v. American Nicholson Pavement Co.

美国联邦最高法院 97 U.S. 126(1878)①

Bradley 法官:

本诉讼是由 American Nicholson Pavement Company 基于 1867 年 8 月 20 日颁发给 Samuel Nicholson 的一项专利,针对新泽西州 Elizabeth 城、George W. Tubbs 和新泽西州的一家公司 New Jersey Wood-Paving Company 提起的。该专利是一项用木材铺路的新的改进方法,是前述 Nicholson 于 1854 年 8 月 8 日所获专利的第二次重新授权。再次授权的专利的保护期在 1868 年被延长了 7 年……

被告们……否认它侵害了原告[的专利权]……他们还宣称 Nicholson 的发明在他申请专利之前 6 年,已经经过他的同意和许可,在波士顿某一叫做 Mill-dam 的街道上被公开使用;同时他们主张上述公开使用构成对所要保护发明的抛弃……

要决定这一问题,有必要对该道路铺设工作的环境、Nicholson 所表现出的目标和目的进行审查。相关证据非常清楚地证明,他并没有打算放弃他获取专利的权利。他在 1847 年 8 月进行了权益登记(file a caveat)。他以实验方式进行了争议中的道路铺设工作,用以测试它的质量。该段铺设路面所在道路属于 the Boston and Roxbury Mill Corporation。该道路虽然属于公共道路,但是该公司对该道路的使用收费。Nicholson 是该公司的股东和财务总管(treasurer)。争议中的铺设路面大约有 75 英尺长,与公路收费口相邻,在收费站的前面。它是由 Nicholson 资费铺设的,它所在的地点也是由他选定的。他要看重载货车或其他各类使用行为对路面产生的影响,确定路面的耐久和抗老化能力。Joseph L. Lang 是该公路多年的收费员,从 1849 年开始工作,但是在此之前就熟悉该公路。他从争议路面刚开始铺设时就熟悉该路面。他提供的证词如下:

Nicholson 先生几乎每天都到那里。他来了以后会检查该铺设路面,在上面走走,用手杖敲击路面,仔细检查路面的状况。他经常问我,人们是否喜欢它以及其他一大堆有关它的问题。我听他说过好多次,这是他第一次实验铺设路面,他认为它一直很耐用。在这一地点之所以能够对铺设路面的耐久性和价值进行令人满意的测试,是因

---

① 同样地,这也是美国法上所谓法定阻却(Statutory Bar)类案件,并非普通的新颖性方面的案件。

为下列背景因素：同城里相比，在这里他有更大的空间和更好的［测试］机会，因而更好。几乎所有的人，无论贫富，都从这里经过。这是出入波士顿的大通道。这里经常有载重达五、六吨的车队经过，有些车队甚至更大。由于这些车队经常要在收费口停车，然后又重新启动。这一停车、启动的过程对路面来说是很严格的考验，这也正是它所需要经受的考验。

这一证词得到另外几个见证这一过程的证人的证词的支持。事实调查的结果是，Nicholson 仅仅将这一铺设路面工作当作一项实验，用以测试它的用途和耐久性。这是法律意义上的公开使用吗？

发明人在任何时候，甚至可以在法定的两年之内，都可以通过自己的行为表明，放弃一项发明给社会公众。法律上的后果是：在申请之前两年内的任何时间点，经发明人同意的对发明的公开使用或销售并不必然导致该发明进入公共领域；但是，如果公开使用或销售发生在该时间点（申请之前两年）之前，则会成为放弃发明的决定性证据，将导致专利无效。

但是，在本案中，下列问题变得很重要：什么是具有上述效果的公开使用？争议中的铺设使用在某种意义上是公开的，并无争议。但是，能因此就说该发明已被公开使用？发明人自己或者接受他指导的其他人为了完善其发明，通过实验方式使用该发明，从未被视为这种公开使用。

现在，街道铺设的本质在于，除非在一直公开的公路上，否则无法进行令人满意的测试。

当发明的客体是一个机器，或许可以在封闭或非封闭的建筑物内对它进行测试或试用。在任一情形下，只要发明人出于真诚去测试发明的运作情况，这种使用就不是专利法意义上的公开使用。他可能看到需要改变或修改该发明的原因，也可能没有看到。他的实验将表明是否需要修改，或什么样的修改是必需的。如果耐久性是发明所要具备的特性之一，则只有［经过］很长的时间，可能是数年，发明人才能发现他的发明目的是否已实现。虽然在整个过程中，他可能并没有发现需要做任何修改，他依然可以说他在以实验方式使用其发明。没有人会认为，怀着善意测试机器的质量的使用行为是法律意义上的公开使用。只要他没有主动许可他人去制造和使用它，也没有为一般目的而销售，他就一直将发明置于自己的控制之下，并不会失去对之获取专利的权利。

在类似本案的情形下，要求机器必须在发明人自己的商店或场所建造和使用，是不必要的。他可以在他人的场所内建造和使用它，同时，该使用行为也可能为该建造物（establishment）的所有人带来利益，但只要该使用处于发明人的监管之下，是为了使他能够对该机器进行测试，以便在必要时对发明进行改进，则仍然只是实验性使用（experimental use），并非法律意义上的公开使用。

在上述机器处于实验性使用的过程中，公众可能附带地（incidentally）从中获得好处。如果它是一台磨粉机或者纺毛机（carding-machine），该地区周围的顾客或许可以享受将他们的谷子磨成粉、将羊毛纺成线团之类的好处，但是在法律意义上，它并没有被公开使用。

但是,如果发明人许可他人普遍地使用他的机器,无论是否有偿;或者,经他同意对外出售这一使用(use),则这将被视为法律意义上的公开使用或公开销售(public sale)。

如果现在我们在本案中应用相同的原理,则立即可以得到类似结论。Nicholson希望对他铺设的路面进行实验。他相信它是好东西,但是并不确定。他能对它进行测试的唯一方法是在公共道路上铺设一段标本。经过路主的同意,他自费这么做了。耐久性是路面所要具备的品质之一。他想知道他的路面是否能够持久,是否能够抵抗老化。它的耐久性特点只有经过相当长时间的使用才能够确定。单纯为了确定路面是否具有他所宣称的品质,他善意地将路面投入使用。在测试发明的过程中,他所做的一切是否超过了上述假想的机器的发明人所做的范围?的确,公众获得对该路面的附带使用(incidental use)。但是,在法律意义上,这是对发明的公开使用吗?我们认为不是。只有该道路的所有人在Nicholson的请求下,以实验方式使用该发明。对它进行使用的唯一方式就是许可公众从该铺设路面上通过。

如果波士顿城或其他人,经过Nicholson的同意,在其他街道或地点利用该发明铺设相同的路面,则该发明本身的确会被视为处于法律意义上的公开使用状态。但是,这并非本案的情形。Nicholson并没有出售其发明,也没有许可他人使用或销售。他没有让它脱离他的控制。他没有做任何事情显示他有意如此。他将它置于自己的眼皮底下,一刻也没有放弃谋求专利的想法。

在这一语境下,下列评论也是合适的:阻止发明人获得专利的,不是关于他的发明的公共知识,而是公开使用或销售该发明。以前在英国,就像我们的1793年专利法,如果发明人没有保守发明的秘密,在他提出申请之前该发明知识被公开,则他不能获得专利。要获得专利,发明在申请之前必须没有被人知晓或使用。但是,自从1836年专利法通过之后,这就不再是这个国家的法律。在英国,这一规则也受到很多的限制。Lewis v. Marling, 10 B. & C. 22. 因此,有一点是肯定的——即使在使用该路面的整个期间内,公众知道它是如何铺设的,这也不会使得判决结果有任何不同。

经常有人说,发明人延迟拿出其发明,从而能够超出法律政策许可的限度获得更长的垄断期限,从公众那里获得了不合理的好处。但是,当延迟是由"完善发明或者确定发明是否能够实现预期目的"等善意的努力引起的,则上述说法不再公平。在任何情形下,他的垄断权仅仅在规定的期限内有效。在授予专利前,发明应当完善并经过适当测试,符合公众也符合发明人的利益。在专利申请前,以赢利为目的而不是以实验为目的,使用该发明超过两年,将剥夺发明人获得专利的权利。

……

思考问题:

(1) 如果本案中由一个独立的第三方进行完全相同的测试,该第三方的行为能够算是公开吗?

(2) 公开出售,再通过反馈机制了解产品的缺点,是否是所谓的试验目的销售?

(3) 可否作变通的解释:发明尚未完成,所以无法公开? 与之相应的问题,何谓发明完成?

(4) 在美国法上,法官对于发明人的使用是否为公开使用的审查,是不是更像是对发明人是否有意放弃发明的审查? 这是不是导致这里的"公开使用"与中国法上判断新颖性意义上的"公开使用"实际上相差甚远?

在 Elizabeth v. Pavement Company 案中,法院似乎强调发明人的行为表明发明人没有放弃发明的任何动机。发明人为什么要公开发明,和发明事实上是否在被公开使用有关系吗? 所谓的试验性使用例外,是不是完全忽略了"公开"一词通常含义?

试验性使用的另外一个问题就是发明的完成时间的确定。发明人自己虽然制造出了发明物,但是并不确信其一定会达到预计的效果,因而需要通过进一步的试验来验证。该发明的完成时间究竟是在制造物完成时,还是该试验性使用验证发明人预期时呢? 如果发明人自己都还不确认其发明完成(达到预期目的),在公开的环境下试验,是公开专利法意义上的"发明"吗? 从这里,能够得到对试验性使用例外的另外一种解释方法?

发明方案从最初的雏形到达到满意的效果,中间可能有相当长的改进、验证的空间。比如莱特兄弟的飞机发明,究竟是最初的几十秒的升空就意味着飞机发明完成,还是等到日后更久的飞行,才算成功呢? 如何区分对成功发明的改进还是对验证发明本身,应该是一个复杂的问题。

中国与美国不同,实行先申请原则,如果公开试验期间他人看到了后自行实施或者抢先申请专利,会有什么后果? 如果设置所谓的试验性使用例外,则专利法所能容忍的公开使用何日是尽头?

军需装备研究所科技开发部复审请求审查决定

专利复审委员会复审请求审查决定第 1958 号(2000)

陈迎春、张荣彦、徐媛媛复审员:

本复审请求涉及中国专利局于 1999 年 8 月 12 日受理的实用新型专利申请,其申请人为中国人民解放军总后勤部军需装备研究所科技开发部,申请号为 99217876.2,名称为"蜂巢组织中底布"。2000 年 4 月 12 日,中国专利局经初步审查后,驳回了该实用新型专利申请,驳回的理由是该申请不符合专利法实施细则第 2 条第 2 款的规定,"不属于新的技术方案"。

在驳回决定中,审查员指出:

申请人在本实用新型的说明书中写明:"使用本实用新型制作的解放鞋经中国人民解放军某部特种训练部队 4—6 个月的试穿表明,该鞋的中底布无破损情况,湿态防滑性好,行军无打泡情况,脚气有所降低,穿着舒适。"故本申请的技术方案在申请日之前已经在部队公开使用多个月,已不属于新的技术方案,不符合专利法实施细则第 2

条第2款的规定。

在驳回决定中审查员认为：申请人的上述使用，属于非特定人的公开使用，尽管该使用人是军人，但由于其间不存在保密协议，故在本实用新型的使用过程中，能够为任何想知道其内容的人所知晓。

申请人（下称请求人）对上述驳回决定不服，于2000年7月7日提出复审请求。请求人认为：

本实用新型说明书中所作的上述描述，是针对本实用新型具有创造性而作的描述，并非在国内公开使用的叙述。本实用新型所涉及的中底布的试穿完全是一种具有保密性质的试验行为，并未向社会公开，因此，本实用新型未丧失新颖性。

请求人同时提交了中国人民解放军广州军区特种大队与2000年6月26日开具的证明，证明上述的试穿行为是在严格保密情况下进行的。

[专利复审委员会决定的理由如下：]

审查指南第二部分第三章第2.1节指明：

"专利法意义上的现有技术应当是在申请日以前公众能够得知的技术内容。换句话说，现有技术应当在申请日以前处于能够为公众获得的状态，并能够使公众从中得知实质性的技术知识。

应当注意，处于保密状态的技术内容由于公众不能得知，因此不属于现有技术。所谓保密状态，不仅包括受保密协议约束的情形，还包括社会观念或商业习惯上被认为应当承担保密义务的情形，即默契的保密情形。"

根据本实用新型说明书所公开的内容以及请求人所作的陈述，合议组认为：申请人在本实用新型说明书中所述的试穿，具有对产品的性能进行实际测试的性质，这种试穿，不同于商业性的公开使用，是产品研制开发过程中的一个必要环节，是研制过程的一部分。根据社会观念和习惯，在一项新产品的开发过程中，承担试验的一方负有保密的义务，即使申请人与试用人之间不存在保密协议，其间也存在默契的保密义务。

进而言之，本实用新型所涉及的中底布是在中国人民解放军某部特种训练部队内进行试穿的，解放军有别于地方团体，解放军内部有较地方更为严格的保密制度。通常，发生在解放军内部的事情并非社会上任何人想要得知便能得知的。

因此，本实用新型说明书中所公开的试穿行为，不属于申请日前公开使用的行为，不能仅凭申请人在说明书中所作的上述说明就认定本实用新型所述的产品在申请日之前已经公开使用了。

思考问题：

（1）本案通过默示保密义务来解决问题。如果没有保密义务，如何处理？

（2）在中国法下，如何进行公开实验？或者说，是否可以进行公开实验而不损害发明新颖性？

（3）发明人为什么要公开发明，和发明事实上是否在被公开使用有关系吗？专利法在这一问题上的立场能够和前面的所谓公开使用的认定相协调吗？

除了上述案例外,中国还有很多涉及试验性使用的案例。不过,中国法似乎要求该试验性使用也必须处在秘密状态。比如,在1998年专利复审委员会无效宣告审查决定第1005号决定中,指出:

> 合议组认为,虽然这些使用都属于试用的性质,但是不是一切试用都属于不影响新颖性的行为还需要具体分析。专利法关于新颖性的规定并未排斥申请专利的技术方案在申请日之前进行试验性使用,因为一项新产品的研制过程不可避免包含研究、试用的过程。但是,无论何种性质的使用,若要保证被使用的技术内容日后申请专利之时能够满足新颖性的要求,前提条件是其内容不处于公众中任何人想要得知就能得知的状态。

"专利权人在申请日之前的试用地点覆盖全国多个城市,试用面积多达4000 M^2,成窗2200樘,而且本专利产品的使用场合处于公共建筑物的窗户,一旦安装后投入使用,如果没有一定的保密措施,势必造成这样的结果,即公众可以随意地进行观察,因此这种试用很难使合议组信服专利权人希望专利产品的技术内容得到保密。"[①]

在另外一个关于消防呼吸器的复审案例中,合议组又认为:

> 第一,在1987年10—11月间,抚顺市消防支队、沈阳消防中队和北京市消防局都对本专利产品进行了试用或者佩戴试验;第二,上述这三家单位都于1987年11月—12月间出具了"试用报告";第三,上述三家单位在出具"试用报告"之后至本专利的申请日之前的一段时期内都留用了本专利的产品,并且数次由消防队员将本专利的产品用于实际的灭火行动中。据此,合议组认为,上述三个单位都于1987年11—12月出具了试用报告,表明试用或者佩戴试验行为到此已经结束。试用或者佩戴试验结束后的留用、由消防队员在消防救火中的使用均已构成了事实上的公开使用,并且,被请求人并未给出充分的理由和证据来证明北京市消防局、沈阳市消防支队和抚顺市消防支队在留用本专利的产品时须承担保密义务。[②]

这是否意味着在中国是无法进行Elizabeth案中的公开试验,而不丧失新颖性呢?还有另外一个有趣的案件,认为试样品的销售,不属于公开销售:

> 一项发明创造能否实现其发明目的,能否达到所期望的效果,通常需要通过试用来加以检验。如果这样的试用是在特定关系人之间进行,则不构成专利法所称的公开使用。合议组认为,鉴于上述协议以及证据8、9上注明1500只白色带孔铝盖为"试样品",因此,请求人1991年3月9日将1500只白色带孔铝盖提供

[①] 专利复审委员会第1005号审查决定,载国家知识产权局专利复审委编著:《现有技术与新颖性》,知识产权出版社2004年版,第52—53页。

[②] 专利复审委员会第2563号审查决定,载国家知识产权局专利复审委编著:《现有技术与新颖性》,知识产权出版社2004年版,第150—151页。

给山东东阿阿胶厂的目的在于对盖的可靠性进行试验,以进行改进,其行为不是公开销售行为,该行为尚不能构成白色带孔铝盖的公开使用。①

4.4 秘密的商业化利用

美国专利法对发明人以秘密方式商业化实施其发明,超过法定阻却(Statutory Bars)的期限后,又谋求专利保护的行为有相当严格的限制。法院实现这一限制的策略是将发明人这种商业化但秘密使用解释为专利法意义上的"公开使用"(public use)。换句话说,法院区别对待发明人的秘密商业化使用和第三方的秘密商业化使用。后者并不被解释为专利法意义上的公开使用。② 这和世界其他地区的专利法有显著的差别,反映出不同的专利法价值观。著名的 Hand 法官在 Metallizing Engineering Co. v. Kenyon Bearing & Auto Parts Co. ,153 F. 2d 516(1946)案中指出:

> 发明人获得专利权的前提条件是,在它处于可申请专利状态后,他不能出于竞争目的(competitively)利用他的发明。他必须在保持秘密和获得法律垄断权(指专利)之间作出选择。的确,过去在有限的两年的期限里,他可以这么做(出于竞争目的利用发明),这大概是为了给他一定的时间去准备专利申请。最近,这一期限被削减到原来的一半(即一年)。如果他超过该宽限期,则失去[获得专利的]权利,不论公众对他的发明的了解是多么的少之又少……这一权利丧失与"放弃"行为(abandonment)没有关系,后者要求故意(但不一定是明示)放弃对一项专利的任何权利。虽然证明这两种行为的证据常常重叠,但它们各自有不同的法律渊源:一个源于发明人不可撤回地放弃权利的事实;另一个源于国会的法令(fiat),它是专利权的对价的一部分,即公众应该尽可能早地分享发明人所披露的内容。
>
> 的确,发明人可以为私人享受之目的持续实施其发明超过一年,然后再申请专利。但是,这并不是上述原则的一个例外,因为他没有利用该秘密获得相对他人的竞争优势。从而,他并没有延长他的垄断权的期限。此外,如前所述,即便是这一特权也是有限制的,如果他将发明隐藏得太久,他也会失去对之谋求专利的权利,即使他根本就不使用该发明。不过,在这里我们并不需要关心这一问题。

美国专利法上的这一限制并不适用于第三方的行为。即,第三方以类似的秘密方式商业化该发明,并不能妨碍申请人的专利申请的新颖性。

在中国法上,一个产品的公开销售如果并不导致该产品配方的公开,则该产品配方依然可能在事后谋取专利保护。中国专利局代表性的意见认为:

> 公众"可以看到"或"接触到"某一产品,并不等于该产品的具体技术方案已

---

① 专利复审委员会第1399号审查决定,载国家知识产权局专利复审委编著:《现有技术与新颖性》,知识产权出版社2004年版,第148—150页。

② Roger E. Schechter & John R. Thomas, Intellectual Property: The Law of Copyrights, Patents and Trademarks, Thomson, 2003, p.328.

经处于《专利法》意义上的公开状态。例如，可口可乐在世界范围内广为销售，但是由于无法通过对其产品的分析及其他渠道得到其具体配方，因此，至今依然不能认为可口可乐这一产品的具体技术方案已经被公开。①

一个产品已经在市场上公开销售，依然可以申请专利保护。你是否觉得这有违专利法上所谓在先的公开使用破坏新颖性的规则？为什么？

4.5 销售及销售广告

冯兆年 v. 专利复审委员会(北京一中院（1994）中知初字第1481号)案，涉及销售广告对新颖性的破坏问题。该案中，平湖建材机械厂在1987年3月10日出版的《水泥》杂志上为其发明的液压传动机械立窑刊登销售广告，但未披露该产品的具体性能及结构。在确定所刊登的产品就是专利产品之后，法院指出："广告虽未具体披露该产品的技术结构，但已表明该产品处于商业性的公开销售状态，公众中任何人均可前去购买，进而了解其具体结构。总之，本案的专利产品在1987年3月10日已构成专利法意义上的销售公开。"

本来，在公共媒体上发布销售广告，销售后来的专利申请所涉及的产品这一事实本身，并不足以认定相关技术已经处于公开应用状态。不过，在该案中，发布广告的机械厂生产的水泥窑只有本专利产品一种，除此之外没有生产过其他品种的水泥窑。因此，能够确认广告上要销售的就是专利产品。

出口行为一般应该视为专利法意义上销售行为，也会导致发明的公开。不过，在专利复审委员会第1699号无效宣告请求审查决定中，合议组认为："一方面，进出口公司的职能决定了它是在国内外客户进行交易行为过程中的一个中介机构，而不是一个国内用户。[另一方面]，从请求人提交了证据及口头审理中的意见陈述中，也可以看出，中机通用进出口公司是在与韩国外商洽谈出口铁夹头业务后与北京机床厂签订了购货合同。因此，该事实涉及的仅仅是向国外销售的事实，这不属于专利法第22条规定的在国内公开使用的情形。"②如果销售广告能够证明产品处于公开使用状态，为什么出口行为却不可以呢？

在广州市友立佳电器有限公司 v. 专利复审委员会(北京一中院（2005）一中行初字第188号)，专利无效宣告请求人宣称，专利权人在专利申请日之前向境外销售专利产品，从而破坏新颖性。不过，法院指出："附件11是深业国际快递公司出具的收据，其证明南方发展实业公司于2001年4月11日将SM-888双线缝纫机邮寄给日本客户，即使将该行为认定为销售，也仅能证明有关产品销往国外。而专利法意义上的使用公开是有地域界限的，仅限于国内，因此，该销售行为并不属于专利法规定的在国内使用公开。"

---

① 国家知识产权局专利复审委编著：《现有技术与新颖性》，知识产权出版社2004年版，第55页。
② 专利复审委员会第1699号审查决定。载国家知识产权局专利复审委编著：《现有技术与新颖性》，知识产权出版社2004年版，第166—167页。该案的后续司法判决确认这一观点。参见程永顺编：《专利行政案件判例集(1994—2001)》，知识产权出版社2004年版。

思考问题:

南方发展实业公司向日本销售的行为是否证明该产品当时在国内也处于公开销售状态?

4.6 隐含揭示

所谓隐含揭示或隐含披露(Inherent Anticipation),是指现有文献并没有直接公开诉争的现有技术方案的部分或全部技术特征,但是有证据证明该现有文献隐含了部分或全部技术特征。这时候,现有文献就被视为隐含揭示或披露了诉争的现有技术,从而能够破坏相关专利申请的新颖性。隐含披露这一问题在中国理论界几乎无人提及,而在美国法上则是一个很普通的问题。这多少让人觉得有些意外。

Schering Corp. v. Geneva Pharmaceuticals

美国联邦巡回上诉法院 339 F.3d 1373(2003)

Rader 法官:

美国新泽西的区法院在即决判决中认定美国第 4,659,716 号专利(716 号专利)的权利要求 1 和 3 无效。因为区法院正确地发现,美国第 4,282,233 号专利(233 号专利)"隐含地披露"(inherently anticipates)了 716 号专利的权利要求 1 和 3,本院维持该判决。

I

Schering 公司(Schering)拥有 233 号和 716 号两项抗组胺剂(antihistamines)专利。抗组胺剂抑制产生过敏症状的组胺。现有技术 233 号专利覆盖氯雷他定(loratadine)抗组胺剂,这是 Schering 所销售的药物 CLARITINTM(开瑞坦)的有效成分。与 CLARITINTM 面世时传统的抗组胺剂不同,氯雷他定并不会引发瞌睡。

本案中更近一点的 716 号专利则覆盖氯雷他定的代谢物,叫做地洛他定(descarboethoxyloratadine,DCL)。代谢物是指药物被服用之后在病人体内形成的化合物。被服用的药物在消化过程中发生化学变化,形成一种新的代谢化合物。代谢物 DCL 也是一种不引发瞌睡的抗组胺剂。716 号专利在 1987 年 4 月授权,将于 2004 年 4 月过期(233 号专利 1981 年授权,已经过期)……

从结构上看,氯雷他定和它的代谢物 DCL 唯一区别在于,氯雷他定的氮环上有一个乙氧羧基团(carboethoxy group,即—COOEt),而 DCL 在该氮环上有一个氢原子:

716 号专利的权利要求 1 涵盖 DCL(当 X = Cl 时,权利要求书中有具体的附图显示 X 的位置,这里从略),它的氟取代物(fluorine analog),以及它们的盐;权利要求 3 仅涵盖 DCL 和它的盐:

1. 一种具有下列分子式的化合物或者它的药物上可接受的盐,其中 X 代表氯 Cl 或者氟 F。

3. 一种具有下列分子结构式的化合物或者它的药物上可接受的盐。

……

233号专利因此是716号专利的在先技术……233号专利披露了包括氯雷他定在内的一系列化合物。233号专利在权利要求7中对氯雷他定提出保护要求……233号专利没有明确披露DCL,也没有提及氯雷他定的代谢物。

……

在"证据开示"程序(discovery)之后,双方均请求对专利效力问题进行即决判决。区法院对716号专利的权利要求1和3进行解释,认为它覆盖各种形态的DCL,包括"在人体内的代谢形态"和"合成后分离和提纯的形态"。双方同意这一解释。应用这一权利要求解释,区法院发现233号专利并没有明确地披露DCL。但是,区法院发现,实施233号专利所披露的方法必然会产生代谢物DCL。区法院认定,依据35 U. S. C. § 102(b),233号专利披露(anticipate)了716号专利的权利要求1和3……

II

……

A.

如果单独的一份现有技术的引证文献(reference)①披露了所要保护的发明的每一限制性特征,则该专利因被披露(anticipation)而无效……而且,一份现有技术文献没有披露所要保护的发明的某一特征,但如果该未披露的特征必然存在(necessarily present)或隐含(inherent)于该单独的援引文献中,则它依然可能披露[该发明]。

从一开始,本院就拒绝了下列主张:"隐含的披露"(inherent anticipation)要求[所披露的方案]在现有技术中已被察觉(recognition)。② Schering提出这一建议的依据是Elan Pharmaceuticals, Inc. v. Mayo Foundation for Medical Education & Research, 304 F. 3d 1221 (Fed. Cir. 2002)案。本院实际上已经否定了Elan案。本院的其他一些先例已经指出,隐含的披露并不要求该领域的普通技术人员当时已经察觉(recognized)该隐含的披露内容。比如…… MEHL/Biophile Int'l Corp. v. Milgraum, 192 F. 3d 1362, 1366 (Fed. Cir. 1999)("如果该结果是[文章作者]刻意寻求的目标,则该文章作者是否理解(appreciate)该结果并不重要")。Atlas Powder, 190 F. 3d at 1348—49("因为'充分通风'内化于(inherent in,或隐含于)现有技术之中,现有技术是否认识到该发明的这一关键特点无关紧要。隐含的(inherent)结构、组合物或功能,并不一定要被人了解")。因此,在证明"隐含的披露"时,并不要求该领域的熟练技术人员在716号专利的关键日之前已经认识到[该技术方案的存在]。因此,区法院接受后来对现有技术233号专利的隐含特征(inherent characteristics)的认识,并没有错误。

与Schering的主张相反,Continental Can并不支持上述建议,即现有技术的隐含特

---

① 译者注:Reference在这里更准确地说应该是"被援引的用于对比的技术方案",并非一定是狭义的"文献"。

② [I]nherent anticipation requires recognition in the prior art.

征在关键日之前,必须已经被该领域普通技术人员所察觉(be perceived)。在 Continental Can 案中,本院撤销了一项关于"披露"的即决判决。该判决认为一项披露塑料瓶子的在先技术文献披露专利权利要求中带有中空凸纹(hollow ribs)的塑料瓶子。至于现有技术中塑料瓶子的凸纹是否为实心的,记录中有互相矛盾的专家证词。被控侵权者的专家作证说,现有技术中的塑料瓶子是通过吹塑法制作的,这一方法必然会(inherently)产生中空的凸纹。专利权人的专家则作证说,现有技术的塑料瓶子有实心的凸纹。专利权人对吹塑法是否必然产生中空凸纹提出异议。由于双方对实质性的事实存在争议,本院撤销了该不当的即决判决。Continental Can 并没有明确在诉争专利的关键日前后,[现有技术的]隐含特征(inherent feature),即中空的凸纹,是否已被[该领域熟练技术人员]察觉。联系上下文,Continental Can 支持下列结论,即[确认]"隐含状态"(inherency),像[确认]"披露"本身一样,需要先判断现有技术的内涵。因此,法院可以咨询普通技术人员以确定他们对现有技术所披露的客体(包括现有技术中的隐含特征)的理解。法院可以透过该领域普通技术人员的眼睛去审查现有技术文献,同时结合关于现有技术内涵的其他证据,去处理现有技术客体方面的事实问题。因此,在 Continental Can 案中,本院并没有要求过去[(即在关键日之前)]已察觉隐含特征,而仅仅是许可在决定现有技术文献的范围时,参考熟练技术人员的意见。

处理"偶然的、不知情的并且未被理解"(accidental, unwitting, and unappreciated)的"披露"问题的诸多案例,也没有表明"隐含状态"需要被"察觉"(inherency requires recognition)……与本案相对照,Eibel 和 Tilghman 案的记录并没有显示现有技术已经产生所要保护的客体。在 Tilghman 案中,诉争专利所要保护的是一种对脂肪和水的混合物进行加热并加压生产游离的脂肪酸和甘油的方法。Tilghman 案的记录并没有确凿地表明该方法在现有技术中出现过。在审查现有技术时,最高法院只是假定它可能披露了所要保护的方法。例如,最高法院指出:"我们并不认为 Perkin 的蒸汽汽缸中偶然生成的脂肪酸(如果从喷射管(ejection pipe)中流出的水上的浮渣是脂肪酸的话)这一事实在我们的调查中有任何意义。"在 Eibel 案中,最高法院也没有发现所要保护的客体在现有技术中已经存在的证据。Eibel, 261 U.S. at 66("我们并没有发现任意一段金属线产生过这一结果的任何证据……即使在不寻常的状况下,它的确产生过这样的结果,这些并非预期也未被理解的偶然结果,并不构成预期")。

在 35 U.S.C. § 102(b)中"销售阻却"(on sale bar)的背景下应用"隐含特征"原则(inherency principle)时,本院限制了(distinguish)Eibel 和 Tilghman 案的适用。① 请参考 Abbott Labs. v. Geneva Pharms., Inc., 182 F.3d 1315, 1319 (Fed. Cir. 1999) ("如果许诺销售(offer for sale)的产品本质上拥有权利要求中的每一个限制特征,则不论交易各方是否察觉该产品拥有该特征,该发明均处于销售状态");Scaltech, Inc. v. Retec/Tetra, LLC, 269 F.3d 1321, 1330 (Fed. Cir. 2001) ("理解(appreciation)该发

---

① 译者注:distinguish 这里是指法院强调手头案件与在先判例的某一方面的差别,从而限制在先判例的适用范围。

明,并非触发'销售阻却'的要件")。在这些案子中,销售或许诺销售的产品具有与诉争权利要求的限制性特征相同但未被察觉的隐含特征。本院已经限制了 Eibel 和 Tilghman 案的适用,因此这两个判例并不强制要求本院以"熟练技术人员并没有察觉现有技术 233 号专利必然会产生所要保护的发明(即 DCL)"为由,否定存在披露。

在偶然披露(accidental anticipation)的情形下,氯雷他定被服用以后,并非只是在偶然或不寻常的情况下才产生 DCL。记录表明,在通常的情况下,氯雷他定必然(或者说不可避免地)要变成 DCL。DCL 是病人服用氯雷他定后的必然结果。记录还表明,DCL 产生了有用的效果,因为它可以用作有活性的不引发瞌睡的抗组胺剂。总之,本院的先例并不要求熟练技术人员察觉到"披露所要保护的发明"的在先技术的隐含特征。

B.

本院认识到,这可能是一个初次碰到的未有先例的案件,因为现有技术并没有明确描述所要保护的客体的任何部分。现有技术 233 号专利并没有披露任何可以被确认为 DCL 的化合物。在本院先前的"隐含状态"(inherency)案件中,单独的一份现有技术文献(reference)通常都对所要披露的客体有不完全的描述,即缺少某些特征的部分描述。"隐含状态"(inherency)弥补了该描述所缺少的部分。在证明缺失的描述实际上内化于现有技术之后,该单独的现有技术文献就将所要保护的客体放入了公共领域。本案并没有提出[现有技术中]缺少所要保护的发明的某一技术特征的问题。相反,本案中新的化学结构 DCL 在在先的 233 号专利中并没有被披露。

然而,专利法确认:包含或暗含(inherently contains)所要保护的客体的每一个限制性特征的现有技术文献,将"披露"该发明并使之失去效力……然而,在先前的案例中,"隐含状态"仅仅用来补充现有技术中没有明确披露因而缺失的单个的限制性特征。如前所述,本案则要求本院在所要保护的客体的整个结构内化于(隐含于)现有技术的情况下,确认存在"披露"。

由于"隐含状态"(inherency)像明示的披露一样,使得客体内容进入公共领域,对整个保护客体的"隐含披露"(inherent disclosure)像对保护客体的单个技术特征的"隐含披露"一样,产生"披露"效果。"隐含披露"的范围(extent)并不影响其"披露"效果(anticipatory effect)。整体而言,如果发明的某个限制性特征或整个发明本身是明确披露的现有技术的自然结果,则该特征或该发明处在公共领域。参考……In re Kratz, 592 F. 2d 1169, 1174 (CCPA 1979)(表明即使一项化合物的存在并不为人知,也构成隐含披露)。

在得出上述结论时,本院很清楚 In re Seaborg 案,51 C. C. P. A. 1109, 328 F. 2d 996 (CCPA 1964)的存在。在该案中,本院的前身(CCPA)要考虑的是指向一种锔同位素的权利要求[的新颖性问题]。该锔同位素通过核反应生成,而现有技术专利文献披露了一个类似的核反应过程,但是没有披露该同位素。法院撤销了美国专利商标局以缺乏新颖性为由作出的驳回决定。本院的前身发现,现有技术并没有披露那些权利要求,因为[所披露的核反应]流程在 40 吨的反射性材料中最多能够产生十亿分之一克的同位素,该同位素无法检测到(undetectable)。Id. at 988—99("该产品即便的确在 Fermi 流程中产生,所产生的量也是如此的少,在这种状况下,它的存在是无法检测的"）。在本案中，有大量的人体测试证据证实人服用氯雷他定生成 DCL，该 DCL 具有很容易检测的量。

本院认为，没有理由要在"隐含状态"预见性地提供了整个保护客体的案件中，修改"隐含披露"的一般规则。下列专利法原则支持这一结论："在[诉争专利]之后出现会构成字面侵权(literally infringe)的技术，如果出现在[诉争专利]之前，则构成披露。"……类似地，"如果对诉争的权利要求授予专利将会许可专利权人阻止公众实施现有技术，则该权利要求已被[现有技术]披露"。"公众依然可以自由地去制造、使用或销售现有技术中的组合物或方法，无论他们是否理解它们的全部组成或它们背后的使之能够运行的科学原理。'隐含披露'学说和其他学说一道，都在实施这一基本原则。"因此，"隐含状态"所披露的可以是整个发明，也可以是发明中的单个的限制性特征。

回到本案中，使用氯雷他定将侵害 716 号专利权利要求 1 和 3 所覆盖的代谢物 DCL。本院已经认定，如果一个人服用某物质后代谢生成一种代谢物，他可能会侵害覆盖该代谢物的专利权利要求。参考 Hoechst-Roussel Pharms., Inc. v. Lehman, 109 F. 3d 756, 759 (Fed. Cir. 1997)(诉争的产品被服用之后代谢成另外一种物质，而这种物质已被 Hoechst 的权利要求所覆盖。这可能侵害[专利]排他权)；还可以参考 Zenith Labs., Inc. v. Bristol-Myers Squibb Co., 19 F. 3d 1418, 1421—22 (Fed. Cir. 1994)(指出，化合物(compound)权利要求可以覆盖服用后形成的化合物)。因此，如果相同的代谢物比所要保护的化合物要早，则必然会披露[所要保护的化合物]。

记录表明，现有技术中的氯雷他定的代谢物与所要保护的发明是相同的化合物。权利要求 1 和 3 是以马库什形式撰写的化合物权利要求，分别对单个的化合物提出权利要求。DCL 落入了权利要求 1 和 3 的范围。因为现有技术的代谢物隐含地披露了 DCL，所以权利要求 1 和 3 被披露因而无效。换句话说，记录表明，一个服用氯雷他定的病人必然会代谢生成 DCL。这一行为将侵害权利要求 1 和 3。因此，"让病人服用氯雷他定"的现有技术文献披露了权利要求 1 和 3。

C.

本院接下来审查 Schering 在关键日之前对氯雷他定的秘密测试是否已经导致 DCL 进入公共领域。在关键日之前，Schering 仅仅对氯雷他定进行秘密测试。因此，如 Schering 所说，"在 716 号专利依据 35 U.S.C. § 102(b) 所确定的关键日 1983 年 2 月 15 日之前，DCL 并没有被公开使用，也没有被任何印刷出版物描述"。Schering 因此争论说，DCL 并不处在公共领域，因此不能作为现有技术反对 716 号专利。

"披露"并不要求实际制作或实施该现有技术客体；它仅仅要求有"可实施的"披露(enabling disclosure)。因此，在 716 号专利的关键日之前让病人实际服用氯雷他定，与[是否构成披露]无关。如果 233 号专利以可实施的方式披露了病人服用氯雷他定，则它足以成为"披露性"的现有技术文献。

因此，本院要审查 233 号专利是否含有针对 DCL 的可实施的披露。一份文献可能使得该领域熟练技术人员能够制造或使用某一化合物，即使作者或发明人没有实际制作或实施该发明客体。……还可以参考 In re Donohue, 766 F. 2d at 533(维持了一项因"披露"而作出的驳回决定,[该案中]对比文献披露了一种化合物,同时其他文献充分披露了如何制造该化合物的信息)。的确,关键日以后出现的信息可以用来证明,现有文献所披露的所要保护的客体"为公众所知"(the public's possession)。

披露性的文献仅仅需要使得落入诉争权利要求范围内的客体能够被实施,就可以了,不需要披露更多的内容。要成为合格的可实施的对比技术方案,233号专利并不需要描述如何制造分离状态的DCL。对于DCL化合物权利要求所覆盖的所有DCL形态中,233号专利仅仅需要描述如何制造其中的一种形态,比如病人体内的代谢物形态的DCL,就可以了。233号专利披露病人服用氯雷他定。该领域普通技术人员无须进行复杂实验(undue experimentation)就能实施233号专利。服用氯雷他定的必然结果是生成DCL。因此,233号专利对如何制造DCL披露了一种可实施的方案。

D.

最后,本院在本案中关于隐含披露的结论,并没有排除对已知药物的代谢物进行专利保护的可能性。只要权利要求撰写得当,已知药物的代谢物依然可以获得专利保护。比较 In re Kratz, 592 F.2d 1169, 1174 (CCPA 1979)(宣称草莓中自然存在一种化合物成分这一事实并没有披露该具有相当纯度的化合物);In re Bergstrom, 427 F.2d 1394, 1401—02 (CCPA 1970)(宣称自然存在的低纯度的物质并不能披露权利要求中的纯物质)。

但是,这些代谢物不能通过化合物权利要求获得保护。比如,在本案中,权利要求1和3所涵盖的化合物仅仅通过分子结构加以定义。这一宽泛的化合物权利要求涵盖任何环境下含有该化合物的化学样品,包括药物在人体内形成的代谢物。就像本案结论那样,现有技术披露了一种药物,而该药物代谢后将产生所要保护的化合物,则对该药物披露会隐含披露这些宽泛的化合物权利要求。然而,一个熟练的专利文件撰写者可以使得权利要求覆盖代谢物,并且避免"披露"问题。比如,可以像在Kratz和Bergstrom案那样对该代谢物的提纯和分离状态提出权利要求,或者将之作为一种药物组分进行保护(比如和药学上可以接受的载体一道)。专利文件撰写者也可以对一种服用该代谢物或相应药物的方法提出权利要求。233号专利并没有披露一种可实施的方案以至于披露这些权利要求,因为,比如,233号专利没有披露对DCL进行分离。

716号专利所包含的权利要求5—13覆盖一些药物,权利要求14—16覆盖服用化合物(包括DCL)治疗过敏反应的方法。这些权利要求并没有被233号专利所披露。

……

维持原判。

思考问题:

(1) 为什么要有隐含披露?是先发明制度的特别要求吗?

(2) 部分的披露比较容易理解,全部技术特征均未被明确揭示的披露,则比较难以理解。是否披露的标准究竟是什么?熟练技术人员能否实施该技术方案?发明人是否知道自己在实施该隐含的技术方案?对比:未知化合物结构情况下的销售行为是否构成对该化合物的隐含披露?

(3) 法院如何区别本案与 Eibel/Tilghman/ In re Seaborg 案? 在 In re Seaborg 案中,如果事后证明的确会产生锎同位素,只是当时难以检测到。这会影响到法院的推理吗?偶然的结果是否有意义,关键在于该结果是否为刻意追求的结果?

(4) 预见性的文献仅仅需要能够实施,就可以了吗?为什么不要求熟练技术人员感知或认识到该技术方案的存在?

(5) 如何为后续的发明寻求保护?化合物类权利要求的保护范围是什么?与其他类型物质权利要求的差别在哪里?

中国法与美国法对隐含公开的重视程度存在的巨大差异,这是因为中国和美国专利法制度层面存在根本性的差别,从而中国不会出现这一问题吗?在回答这一问题之前,先假想一下如何在中国法的框架下来解决下面的 Schering 案以及该案中提到的 In re Seaborg 328 F. 2d 996 (CCPA 1964)、Continental Can 等案中问题。这些隐含的披露符合中国法上的"为公众所知"吗?如果答案是否定的,即隐含披露不否定新颖性,那么中国法上如何确定该化合物权利要求的保护范围?服用现有技术药物(比如氯雷他定),侵害该衍生物的权利要求吗?

将服用现有技术药物解释为不侵害衍生物权利要求的另一思路是,拒绝将人体内代谢过程解释为专利法意义上的"制造"或"使用"。换句话说,我们可以限缩化合物权利要求的范围,避免覆盖现有技术中已经披露的利用方式。这样就可以避免"如果发生在后,会侵权的现有技术却不能破坏在后申请新颖性"的困难局面。问题是,这一解释是否过度扭曲了"制造"或"使用"的本来含义?

4.7 以其他方式为公众所知

为公众所知的其他方式,是指书面公开和公开使用两种主要方式之外的其他公开方式,主要是指口头公开等。例如,口头交谈、报告、讨论会发言、广播、电视、电影等能够使公众得知技术内容的方式。口头交谈、报告、讨论会发言以其发生之日为公开日。公众可接收的广播、电视或电影的报道,以其播放日为公开日。[①]

口头公开方式最大的难题是举证。对于公开者的谈话内容是否足够详细,以至于普通熟练技术人员能够基于谈话内容实施该技术方案,通常在事后难以证明。法院肯定会对这些证词持谨慎怀疑态度。时隔多年后,法院仅仅凭借模糊证词就否定书面专利的可能性应该微乎其微。

在专利法修改前,"其他方式"有地域限制,仅限于在国内。在杭州顶津食品有限公司诉专利复审委员会(北京一中院(2007)一中行初字第73号)一案中,法院需要对在台湾地区播出的电视广告证据能否作为国内公开的有效证据作出回答。法院的意见如下:

> 本院认为,专利法意义上的出版物是指记载有技术或设计内容的独立存在的

---

① 《专利审查指南》(2010)第2部分第3章新颖性,第154—155页。

传播载体,故通过电视广告公开现有技术的方式不属于专利法规定的出版物公开方式,电视广告公开属于"为公众所知的其他方式"公开。

依据专利法及其实施细则的相关规定,作为外观设计的现有技术是指申请日前在国内外出版物上公开发表、在国内公开使用或者以其他方式为公众所知的技术。由此规定,属于使用公开或其他方式公开的现有技术仅限于国内地域标准。因我国现行的法律效力并没有延及台湾地区,所以专利法意义上的"国内"公开标准应理解为仅限于大陆范围内。虽然,附件2、3、4及附件5中的电视广告播出的时间早于本专利申请日,但因系在我国台湾地区播出,不符合我国专利法规定的使用公开或其他方式公开现有技术的国内地域界限标准,故该电视广告证据不能作为评述本专利是否构成"国内公开"的有效证据。

5 优先权与宽限期

5.1 优先权

在专利申请人就相同发明在国内国外已经提出过专利申请的情况下,申请人还可能就相同发明分别主张所谓的国内优先权或国际优先权,将先前申请的申请日视为在后申请的申请日,从而获得时间利益。专利法上的优先权分国际优先权和本国优先权两种类型。

5.1.1 国际优先权

国际优先权源于《巴黎公约》。由于专利权只能依据各国国内法取得,申请人要在多个国家取得专利权,必须逐一去申请。一国公开的在先专利申请,可能会被另一国视为现有技术。因此,申请人在各国申请的时间不能相差太久。不过,准备多份不同语言的专利申请,却需要很多时间。为了避免自己制造新颖性的障碍,希望在多国申请专利的申请人必然要延缓其第一份申请,以争取更多的时间准备多份申请。在申请人延缓提出第一份申请的过程中,第三方可能会独立提出相同申请,使原本可以在先申请的申请人的计划落空。为了解决这一问题,《巴黎公约》第4条设置了国际优先权制度:申请人在一国首次申请专利之后,在法定的期限内在其他成员国就"相同发明"申请专利时,可以将该首次申请的日期视为其他申请的申请日。如果在后申请的权利要求除了包含"相同发明",还指向其他并不相同的发明内容,则只有那些指向"相同发明"的权利要求享有优先权,其他权利要求的申请日依然是在后申请国的实际申请日。也就是说,与在先申请中的发明内容不相同的其他权利要求无法从中受益。专利局在审查这些权利要求时,依然会将在先申请中公布的方案视为对比文献。① 中国《专利

---

① "中国在后申请中记载的一项技术方案是由一件外国首次申请中记载的特征C和另一件外国首次申请中记载的特征D组合而成的,而包含特征C和D的技术方案未在上述两件外国首次申请中记载,则中国在后申请就不能享有以此两件外国首次申请为基础的外国优先权。"《专利审查指南》(2010)第2部分第3章第4.1.1节,第163页。

法》第29条没有使用"相同发明"这一术语,而是使用"相同主题"这一说法。本书认为这一说法容易引起误解,让人误以为只要发明大致主题相同就可以主张优先权。《专利审查指南》中已经对此作出澄清。①

《巴黎公约》第4条分别规定了专利、实用新型、外观设计和商标的优先权。其中,专利和实用新型为1年,外观设计为6个月。中国专利法基本采用了这一规则。国际优先权制度使得申请人在首次提出申请后,至少有一年的时间准备在其他国家的专利申请而无须担心新颖性问题。这一年的时间也可以帮助申请人从容观察市场状况,看是否需要付出代价在其他国家继续其申请。

5.1.2　本国优先权

中国专利法为了方便国内申请人在提交专利申请后,基于各种原因放弃该申请而提出新的包含相同发明的替代性申请,设置了所谓的本国优先权。国内的申请者可以将首次申请的申请日作为后续申请中"相同发明"部分的优先权日。当然,作为优先权基础的在先申请就视为被撤回了。② 本国优先权的期限为12个月,仅仅限于发明或实用新型专利申请。③ 外观设计的本国优先权制度尚在立法讨论之中。

中国专利法上的本国优先权是1992年《专利法》修改时规定的。"当时考虑到我国准备于1994年1月1日起正式加入《专利合作条约》,有必要在《专利法》中增订本国优先权,因为根据该《专利合作条约》,如果申请人首先向专利局提出中国专利申请后,又根据条约就同一主题向专利局提出国际申请并指定中国的,他可以要求享有中国第一次申请的优先权……如果不规定本国一般第一次申请也能产生优先权,那么我国申请的申请人就会处于不利地位。"④

5.1.3　优先权制度的作用

优先权制度的作用

刘国伟　本国优先权制度——作用及误区

http://blog.sina.com.cn/s/blog_5330586a0100ai0b.html

……

作为优先权制度的起源,外国优先权的作用非常简单直接,即便于申请人在第一次提出申请后,有充裕的时间考虑自己还有必要在哪些国家再提申请。而本国优先权制度的作用,比起外国优先权来说,就要丰富的多,而这些作用恰恰是专利代理实践中容易被忽略的,本文旨在系统地对"本国优先权"加以探讨。

---

① "专利法第二十九条所述的相同主题的发明或者实用新型,是指技术领域、所解决的技术问题、技术方案和预期的效果相同的发明或者实用新型。但应注意这里所谓的相同,并不意味在文字记载或者叙述方式上完全一致。"《专利审查指南》(2010)第2部分第3章第4.1.2节,第162页。
② 《专利法实施细则》(2010)第32条第3款。
③ 《专利法》(2008)第29条第2款。
④ 汤宗舜:《专利法教程》,法律出版社1996年版,第81页。

2.1 利用"本国优先权"进行发明和实用新型之间的转换

我国在1992年第一次修改专利法时,增加了"本国优先权"制度。专利法第二十九条第二款规定:"申请人自发明或者实用新型在中国第一次提出专利申请之日起十二个月内,又向国务院专利行政部门就相同主题提出专利申请的,可以享有优先权。"

我国专利法实施细则第2条规定:专利法所称发明,是指对产品、方法或者其改进所提出的新的技术方案。专利法所称实用新型,是指对产品的形状、构造或者其结合所提出的适于实用的新的技术方案。上述规定表明,发明和实用新型所涉及的技术方案是有所不同的,发明专利可以对产品、方法或者其改进所提出的新的技术方案,而实用新型,是指对产品的新的技术方案。由于我国设立专利制度的历史不长,实践中,申请人对专利法的规定理解不清楚,或者拿不定主意到底是申请发明还是实用新型,往往犹豫不决;有时候甚至就同样的技术方案既提出了实用新型申请又提出了发明申请。对于这些申请人来说,他们可以利用本国优先权制度在优先权期限内进行转换,如果申请人认为其发明创造的创新程度很高,技术寿命长,并且市场潜力大,可以考虑将实用新型申请转换为发明;反之亦然。更有意义的是,如果申请人误将一个含有关于产品以及该产品的制造方法的技术方案申请为实用新型,由于该申请中的方法部分不属于实用新型的保护对象,如果利用分案又不能改变原申请的类别,因此该实用新型申请面临着被驳回的命运,这时候,可以利用本国优先权制度要求方法方案的优先权,就可以得到及时的补救,这可以认为是本国优先权制度的主要功能。

2.2 将多个在先申请合为一案申请

利用本国优先权制度可以将多个在先申请合为一案申请,是指如果有两个在先申请,其一是关于产品的发明,其二是关于该产品的制造方法的发明,申请人在其中最后的优先权期限内,可以将这两个申请合二为一。其好处是可以减少后续要缴纳的费用,达到节约开支的目的,同时节约专利审查资源,这可以认为是本国优先权制度的优点之一。但是要注意的是,利用优先权提出的在后申请的各项权利要求必须具备单一性;各份在先申请必须是针对相应内容的首次申请;各份在先申请的申请日均在优先权期限内。

2.3 可以挽救视为撤回的发明或实用新型专利申请

根据专利法的有关规定,申请人提交的专利申请,应该在两个月内缴纳申请费用,如果申请人没有在规定时间内缴纳,就被视为撤回,或者申请人没有在规定的时间内回答审查意见或者进行补正,该申请也将被视为撤回;如果申请人想恢复权利,必须办理恢复手续,缴纳恢复手续费1000元,这对申请人为自然人的来说,是一笔不小的开支。而利用本国优先权制度,该视为撤回的申请就可以得到补救,只需缴纳优先权费即可。

2.4 变相延长专利权的期限

专利法实施细则第十条规定,除专利法第二十八条和第四十二条规定的情形外,专利法所称申请日,有优先权的,指优先权日。本细则所称申请日,除另有规定的外,是指专利法第二十八条规定的申请日。根据上述规定,专利法第四十二条规定的专利权的期限的起算日就是指专利法第二十八条规定的实际申请日,而不是优先权日。利用这一规定,即便没有转换发明创造类型的需求,申请人也可以在首次申请日后,在优先权期限行将届满前,重新提出一个与在先申请完全一致的申请,要求在先申请的优先权,从而实际上起到了将其专利权的期限延长一年的作用。例如一个发明专利申请,经过这样的重新提出优先权的做法,并不会影响其进入实质审查的时间,也就不会使得其授权的时间顺延。当然,这样做的前提是该申请满足专利授权的实质条件。

5.1.4 优先权的审查

《专利审查指南》(2010)第二部分第三章第4节

4 优先权

……

4.1 外国优先权

4.1.1 享有外国优先权的条件

享有外国优先权的专利申请应当满足以下条件:

(1) 申请人就相同主题的发明创造在外国第一次提出专利申请(以下简称外国首次申请)后又在中国提出专利申请(以下简称中国在后申请)。

(2) 就发明和实用新型而言,中国在后申请之日不得迟于外国首次申请之日起十二个月。

(3) 申请人提出首次申请的国家或政府间组织应当是同中国签有协议或者共同参加国际条约,或者相互承认优先权原则的国家或政府间组织。

享有外国优先权的发明创造与外国首次申请审批的最终结果无关,只要该首次申请在有关国家或政府间组织中获得了确定的申请日,就可作为要求外国优先权的基础。

4.1.2 相同主题的发明创造的定义

专利法第二十九条所述的相同主题的发明或者实用新型,是指技术领域、所解决的技术问题、技术方案和预期的效果相同的发明或者实用新型。但应注意这里所谓的相同,并不意味在文字记载或者叙述方式上完全一致。

审查员应该注意,对于中国在后申请权利要求中限定的技术方案,只要已记载在外国首次申请中就可享有该首次申请的优先权,而不必要求其包含在该首次申请的权利要求书中。

……

4.1.4 外国多项优先权和外国部分优先权

根据专利法实施细则第三十三条第一款的规定,申请人在一件专利申请中,可以要求一项或者多项优先权;要求多项优先权的,该申请的优先权期限从最早的优先权日起计算。

关于外国多项优先权和外国部分优先权的规定如下:

（1）要求多项优先权的专利申请,应当符合专利法第三十一条及专利法实施细则第三十五条关于单一性的规定。

（2）作为多项优先权基础的外国首次申请可以是在不同的国家或政府间组织提出的。例如,中国在后申请中,记载了两个技术方案A和B,其中,A是在法国首次申请中记载的,B是在德国首次申请中记载的,两者都是在中国在后申请之日以前十二个月内分别在法国和德国提出的,在这种情况下,中国在后申请就可以享有多项优先权,即A享有法国的优先权日,B享有德国的优先权日。如果上述的A和B是两个可供选择的技术方案,申请人用"或"结构将A和B记载在中国在后申请的一项权利要求中,则中国在后申请同样可以享有多项优先权,即有不同的优先权日。但是,如果中国在后申请记载的一项技术方案是由两件或者两件以上外国首次申请中分别记载的不同技术特征组合成的,则不能享有优先权。例如,中国在后申请中记载的一项技术方案是由一件外国首次申请中记载的特征C和另一件外国首次申请中记载的特征D组合而成的,而包含特征C和D的技术方案未在上述两件外国首次申请中记载,则中国在后申请就不能享有以此两件外国首次申请为基础的外国优先权。

（3）要求外国优先权的申请中,除包括作为外国优先权基础的申请中记载的技术方案外,还可以包括一个或多个新的技术方案。例如中国在后申请中除记载了外国首次申请的技术方案外,还记载了对该技术方案进一步改进或者完善的新技术方案,如增加了反映说明书中新增实施方式或实施例的从属权利要求,或者增加了符合单一性的独立权利要求,在这种情况下,审查员不得以中国在后申请的权利要求书中增加的技术方案未在外国首次申请中记载为理由,拒绝给予优先权,或者将其驳回,而应当对于该中国在后申请中所要求的与外国首次申请中相同主题的发明创造给予优先权,有效日期为外国首次申请的申请日,即优先权日,其余的则以中国在后申请之日为申请日。该中国在后申请中有部分技术方案享有外国优先权,故称为外国部分优先权。

4.2 本国优先权

4.2.1 享有本国优先权的条件

享有本国优先权的专利申请应当满足以下条件:

（1）只适用于发明或者实用新型专利申请;

（2）申请人就相同主题的发明或者实用新型在中国第一次提出专利申请(以下简称中国首次申请)后又向专利局提出专利申请(以下简称中国在后申请);

（3）中国在后申请之日不得迟于中国首次申请之日起十二个月。

被要求优先权的中国在先申请的主题有下列情形之一的,不得作为要求本国优先权的基础:

（1）已经要求外国优先权或者本国优先权的,但要求过外国优先权或者本国优先权而未享有优先权的除外;

（2）已经被授予专利权的;

（3）属于按照专利法实施细则第四十二条规定提出的分案申请。

应当注意,当申请人要求本国优先权时,作为本国优先权基础的中国首次申请,自中国在后申请提出之日起即被视为撤回。
......

4.2.4 本国多项优先权和本国部分优先权

专利法实施细则第三十三条第一款的规定不仅适用于外国多项优先权，也适用于本国多项优先权。关于本国多项优先权和本国部分优先权的规定如下：

(1) 要求多项优先权的专利申请，应当符合专利法第三十一条及专利法实施细则第三十五条关于单一性的规定。

(2) 一件中国在后申请中记载了多个技术方案。例如，记载了 A、B 和 C 三个方案，它们分别在三件中国首次申请中记载过，则该中国在后申请可以要求多项优先权，即 A、B、C 分别以其中国首次申请的申请日为优先权日。

(3) 一件中国在后申请中记载了技术方案 A 和实施例 a1、a2、a3，其中只有 a1 在中国首次申请中记载过，则该中国在后申请中 a1 可以享有本国优先权，其余则不能享有本国优先权。

(4) 一件中国在后申请中记载了技术方案 A 和实施例 a1、a2。技术方案 A 和实施例 a1 已经记载在中国首次申请中，则在后申请中技术方案 A 和实施例 a1 可以享有本国优先权，实施例 a2 则不能享有本国优先权。

应当指出，本款情形在技术方案 A 要求保护的范围仅靠实施例 a1 支持是不够的时候，申请人为了使方案 A 得到支持，可以补充实施例 a2。但是，如果 a2 在中国在后申请提出时已经是现有技术，则应当删除 a2，并将 A 限制在由 a1 支持的范围内。

(5) 继中国首次申请和在后申请之后，申请人又提出第二件在后申请。中国首次申请中仅记载了技术方案 A1；第一件在后申请中记载了技术方案 A1 和 A2，其中 A1 已享有中国首次申请的优先权；第二件在后申请记载了技术方案 A1、A2 和 A3。对第二件在后申请来说，其中方案 A2 可以要求第一件在后申请的优先权；对于方案 A1，由于该第一件在后申请中方案 A1 已享有优先权，因而不能再要求第一件在后申请的优先权，但还可要求中国首次申请的优先权。

5.1.5 优先权的效力

优先权的效力与最初申请是否获得授权没有直接的联系。优先权的法律效力：

(1) 在优先权日之后的申请专利、出版公开、公开使用等不会损害在后的专利申请的新颖性。

(2) 在优先权日与实际申请日之间，不能产生第三方的先用权。依据《专利法》第 69 条，先用权是指第三方"在专利申请日前已经制造相同产品、使用相同方法或者已经作好制造、使用的必要准备，并且仅在原有范围内继续制造、使用的"权利。先用权是专利法为了减轻"先申请"原则的负面后果所做的变通安排：先申请原则可能导致在先发明人受到在后发明但申请在先的专利权人的威胁，无法继续使用其发明。关于先用权的进一步讨论，参考后文专利侵权抗辩一节。

5.2 宽限期

将申请日之前公开的技术视为现有技术，可能会对某些商业实践带来负面影响，也可能会造成一些明显不公平的后果。比如，某些国际展览会或学术会议可能因此无法招揽到最前沿的技术方案参展或发表，因为发明人担心，在提交专利申请之前参展或发表，会损害其专利申请的新颖性，所以不愿意在申请专利前就参展。再比如，他人未经许可在申请人提出专利申请之前泄露发明内容。如果该泄露内容损害申请人专利申请的新颖性，明显是不公平的。为了消除上述负面影响或不公平后果，专利法设置了"宽限期"的例外，即《专利法》(2008)第24条：

> 申请专利的发明创造在申请日以前六个月内，有下列情形之一的，不丧失新颖性：
> （一）在中国政府主办或者承认的国际展览会上首次展出的；
> （二）在规定的学术会议或者技术会议上首次发表的；
> （三）他人未经申请人同意而泄露其内容的。

对申请人而言，宽限期与优先权的效果有显著差别。在宽限期内，与申请人无关的第三方独立就相同技术方案提出申请或公开该技术方案，将被视为抵触申请或现有技术而损害该申请的新颖性。《专利审查指南》(2010)（第二部分第三章第5节）对此有具体解释：

> 宽限期和优先权的效力是不同的。它仅仅是把申请人（包括发明人）的某些公开，或者第三人从申请人或发明人那里以合法手段或者不合法手段得来的发明创造的某些公开，认为是不损害该专利申请新颖性和创造性的公开。实际上，发明创造公开以后已经成为现有技术，只是这种公开在一定期限内对申请人的专利申请来说不视为影响其新颖性和创造性的现有技术，并不是把发明创造的公开日看做是专利申请的申请日。所以，从公开之日至提出申请的期间，如果第三人独立地作出了同样的发明创造，而且在申请人提出专利申请以前提出了专利申请，那么根据先申请原则，申请人就不能取得专利权。当然，由于申请人（包括发明人）的公开，使该发明创造成为现有技术，故第三人的申请没有新颖性，也不能取得专利权。

在中国专利法下，宽限期内发明人受到的保护非常有限，仅仅是自己的公开行为不破坏自己的申请的新颖性。任何第三方在宽限期的独立公开行为都会导致发明人的专利申请丧失新颖性。理论上，如果第三方并非独立地获得发明方案，而是从发明人那里获知该方案，则该公开不属于独立公开，而是所谓的二次扩散。这应该被视为是发明人自己的公开，因而也不会威胁到发明人申请的新颖性。比如，在专利复审委员会第319号复审决定中，合议组认为："一个单位的职工有义务为本单位研制的产品保密，如果该单位未授权该职工将该产品有关技术内容告知他人，那么该职工在此产品上市前将有关专利技术泄露给他人应看做未经专利申请人同意而泄露其内容。对于本案来说，叶喜新泄露有关燃气炉技术的时间在本专利申请日之前4个月，因而属于《专利法》第 24 条不丧失新颖性的第三种例外情况。"①

不过,在实践中,如果第三方不合作,发明人可能很难证明第三方的公开行为属于二次扩散而不是独立公开。因此,对发明人而言,信任并依靠中国法下的宽限期制度所提供的脆弱保护,都是非常危险。

中国的立法者之所以不愿意强化宽限期内的保护,使之向优先权制度靠拢,大概是因为立法者担心这样会鼓励更多地采取先发表再申请专利,从而对先申请原则的统治地位构成威胁,增加专利制度的管理成本——事后审查发明的申请日是否可以提前到发明人所宣称的首次论文发表日或展览日,远比查看专利申请日的时间戳先后要复杂。

5.3 美国后续申请制度(Continuation Application)

后续申请(continuation application)是美国专利法上很特别的一项制度,实际功能与中国专利上的国内优先权、申请分案等制度的功能类似。就一份未决专利申请(未被放弃也尚未获授权,pending)所涉及的内容,申请人可以提出一份新申请,而援引原申请的申请日作为新申请的优先权日。② 这一新申请被称作所谓的后续申请。

后续申请制度对于最大限度地保护申请人的利益非常有帮助。申请人可能为了避免因专利授权而过早固定权利要求范围,而策略性地维持有一份基于该原始申请的未决申请持续存在(pending)。申请人可以在技术市场发展一段时间之后,再根据实际技术演进的方向撰写合适的新的权利要求,从而避免事先撰写权利要求的局限性,可以有效防止专利被人规避。不过,这一制度导致专利权范围的预见性降低,容易被滥用。由于存在未决申请,申请人随时可以提出新的后续申请。这样,一项专利被授权后,社会公众并不能完全知道该说明书中哪些内容已经或将要被权利要求所覆盖。因为在该专利之外,权利人依然有可能基于未决申请又提出新的后续申请,继续扩大保护范围。过去,美国法上的专利保护期自授权之日起计算,这导致申请人可以通过不断提交后续申请的方式,将专利授权日期拖延到初次申请日后数十年。在美国最为有名的利用后续申请的例子,大概是条码阅读技术的发明人 Jerome H. Lemelson 的故事。他最初的专利申请于 1953 年,直到 1992 年授权的专利依然主张最初申请的申请日!在四十多年里,发明人不断根据市场上产品情况撰写大量新的后续申请,获得授权后收取许可费。虽然引发很多不满,发明人最终还是收取了超过十亿美元的专利许可费。③ 在 2000 年 11 月以前,美国专利申请直到授权时才公开。这使得后续申请演变成所谓的"潜水艇专利"(submarine patent),对于竞争对手的威胁更明显。现在,美国法上的专利保护期以最初申请的申请日(优先权日)为准,这导致后续申请拖延专

---

① 专利复审委员会第 319 号审查决定,载国家知识产权局专利复审委编:《现有技术与新颖性》,知识产权出版社 2004 年版,第 89—90 页。

② 35 U.S.C. § 120.

③ Heines M. Herny, Can a Patent be Pending for Too Long? http://corporate.findlaw.com/intellectual-property/can-a-patent-be-pending-for-too-long.html,2014 年 12 月 30 日访问。

利授权日的效果不再像过去那样明显,不可能拖到 20 年的保护期满了。

一般而言,后续申请采用在先未决申请的说明书,通过优先权制度享有在先申请的申请日。如果后续申请在涵盖在先申请中客体的同时,又增加了新的客体内容,则要采用修改后的说明书。此类申请被称作部分后续申请(continuation-in-part application)。

实践中,申请人除了根据市场变化提出后续申请外,也可能基于其他原因提出后续申请。比如,申请人在收到审查员的审查意见而无力按照要求的期限修改时,可以提交新的后续申请,而获得额外的时间。再比如,当一份申请涉及的内容缺乏单一性需要分案申请(divisional application)时,申请人可以主动提交后续申请以覆盖被分出来的内容,使得申请程序得以继续下去。另外,当审查员认为专利申请内容部分可以获得授权、部分应该被驳回时,申请人可以先对那些要被驳回的内容提出后续申请,然后对可授权部分寻求立即的专利授权。这样,申请人可以避免围绕争议内容上的程序纠缠导致无争议部分内容无法更早地获得授权。含争议内容的后续申请,则可以从长计议。①

为了防止申请人滥用后续申请,2006 年美国专利局出台新规则,限制申请人提出后续申请的次数(未经特别许可,一般为两次),并且限制申请人请求对后续申请进行审查的次数(未经特别许可,只能有一次)。② 但是,该规则引发广泛争议和诉讼,被迫中止适用。2009 年 10 月,美国专利局主动放弃上述限制性规则。③

关于这一制度滥用的进一步讨论,可以参考 Mark A. Lemley and Kimberly A. Moore, Ending Abuse of Patent Continuations, 84 B. U. L. Rev. 63 (2004)。

6 抵触申请

《专利法》第 22 条第 2 款将抵触申请视为破坏新颖性的情形之一。之所以说是"视为",是因为抵触申请与现有技术还是有明显区别。现有技术是在申请日之前已经处在公共领域的技术;抵触申请在在后申请的申请日之前,虽然已经进入专利申请程序,但依然处在秘密状态,尚未进入公共领域。因此,严格说来,对于在后申请而言,抵触申请所损害的并非其新颖性。不过,一旦将抵触申请视为"现有技术",则审查方法与新颖性审查并无本质上的差别。

当然,要成为抵触申请,它必须最终被公开。如果在先申请在公开之前被申请人撤回,则该技术方案不再进入公共领域,公众依旧无法了解该技术方案。在这种情况

---

① John Hammond & Robert Gunderman, Staying in the Game:Strategic Use of Continuation Applications, http://www. patent-innovations. com/documents/201204LimitedMonopoly-StrategicUseofContinuations. pdf, 2014 年 12 月 30 日访问。

② USPTO, Claims and Continuations Practice-Final Rule, http://www. uspto. gov/web/offices/pac/mpep/documents/0200_201_07. htm,2011 年 8 月 9 日访问。

③ 相关背景介绍,参见 Wikipedia 的"Continuing patent application"词条, http://en. wikipedia. org/wiki/Continuing_patent_application, 2014 年 12 月 30 日访问。

下,授予在后申请专利权,不仅不会导致重复授权,而且还鼓励他人公开该技术方案。

在2008年《专利法》修改之前,抵触申请限于他人申请,不包括申请人自身的申请。① 换句话说,申请人自身的在先申请并不能作为抵触申请否定该申请人在后申请的新颖性。申请人可以利用这一规则,尽早地实现专利保护或变相地延长专利保护的有效期限:他可以先提交一份实用新型专利申请,在该申请即将公开之前再提交一份发明专利申请。这样,发明人先获得实用新型专利保护,数年后(发明专利的审查常常耗时数年)在发明专利即将获得授权时,再放弃该实用新型专利,转而依靠该发明专利的保护。这一做法在一定程度上将实用新型授权快和发明专利保护期长的好处合二为一。当然,这一做法并非没有代价。申请人需要支付双倍的程序费用。

《专利法》(2008)改变了上述规则,将抵触申请的范围延伸到申请人自身的在先申请。这样,一旦在先申请在在后申请获得授权之前公开,将抵触该在后申请,使之无法再获得授权。当然,如果在先申请在在后申请的申请日之前公开,但期限没有超过本国优先权期限(12个月),则申请人还可以主张本国优先权,放弃在先申请,继续谋求在后申请的专利授权。

现有的抵触申请制度仅仅适用于一前一后的专利申请。对于同一天提出的两份申请,并不适用抵触申请的规定。如果申请人是同一人,《专利法》(2008)第9条第1款规定:"……同一申请人同日对同样的发明创造既申请实用新型专利又申请发明专利,先获得的实用新型专利权尚未终止,且申请人声明放弃该实用新型专利权的,可以授予发明专利权。"如果申请人不是同一人,依据《专利法实施细则》第41条第1款的规定:"两个以上的申请人同日分别就同样的发明创造申请专利的,应当在收到国务院专利行政部门的通知后自行协商确定申请人"。协商不成的,专利局将驳回其申请。

6.1 抵触申请制度的宗旨

建立抵触申请制度的宗旨

何越峰　论抵触申请及其构成要件《知识产权》1996年第4期,第32—36页

……

正确理解建立抵触申请制度的宗旨在于明确这种制度对于维护整个专利体制的必要性,也有利于完整、准确地把握抵触申请的构成要件。

有一种观点认为建立抵触申请制度是为了防止重复授权,另有观点对此作了补充,认为建立抵触申请制度还由于"全文内容制"比"先权利要求制"易于执行。这两种观点虽然并不错误,但是过于浅显,难以反驳否定论的观点。反对建立抵触申请制度的观点认为,专利法中有禁止重复授权的专门规定,而且适用禁止重复授权原则的

---

① 《专利法》(2000)第22条第2款:"新颖性,是指在申请日以前没有同样的发明或者实用新型在国内外出版物上公开发表过,在国内公开使用过或者以其他方式为公众所知,也没有同样的发明或者实用新型由他人向国务院专利行政部门提出过申请并且记载在申请日以后公布的专利申请文件中。"

程序并不复杂。

准确地讲,建立抵触申请的宗旨是为了防止下述的矛盾或弊病:

1. 国家采用专利制度,给予申请人以独占权的一个最主要的理由就是唯恐发明永远处于保密状态,而设法使其公开。因此政府授予专利权与申请人公开发明是互为代价的。如果一件申请中除了在先申请说明书中记载的发明外,没有公开任何新的发明,那么同样授予其专利权,显然是与专利制度的根本宗旨相矛盾的。

2. 对于先申请人的说明书中记载而未提出权利要求的发明,如果他没有在以后补充提出权利要求或者提出分案申请,应该看成是为了公众利益而主动提供(一种权利的放弃)的公有财产。在这种情况下,如将此专利给予后申请人,那么这明显违背先申请人的意愿,意味着公有财产的私权化,有害于公众利益。

3. 为了确保专利的独占性,专利制度禁止重复授权,但是根据禁止重复授权原则,只有在先申请中提出权利要求并且取得权利的发明才能阻止后申请人取得同样的专利权,而那些虽然在先申请中记载但却没有提出权利要求的发明内容,不仅不能限制后申请人取得专利权,而且一旦后申请人取得了专利权,连先申请人自己的实施也会受到阻碍。为了防止这种情况发生,迫使先申请人不得不提出一系列防御申请。所以仅有禁止重复授权的规定是不足以保护先申请人利益的。

4. 对于正在审查的申请,如发现存在就同样的发明提出的先申请,要想以禁止重复授权原则为理由将后申请驳回,必须等到先申请案授权后才行。但是对于发明专利申请来说实行的是审查请求制度,对后申请的审查非常迟缓。因为不管后申请人如何请求审查,只要先申请人不请求审查,就无论如何也不能处理后申请案。因此,如等到先申请案处分后再审查后申请,后申请人也许要从先申请的申请日起至少等3年。

5. 在对后申请开始审查时,先、后申请的权利要求可能是不一致的,这时即使后申请的权利要求中的技术内容实际上已经在先申请的说明书中记载了,也无法适用禁止重复授权原则。但是后申请经过修改、补正,又可能使它们的权利要求一致起来,于是又不得不以禁止重复授权为理由要求后申请修改或者将其驳回。这个过程显然是漫长的,对于提高整个专利审查工作的效率是不利的。

所以,建立抵触申请制度并非是仅仅为了防止重复授权,而是从法律上和程序上更有效地补充和完善了禁止重复授权原则,更加恰当地维护了公众利益,对于专利制度而言是一种进步。

6.2 抵触申请权利要求之外的内容

依据中国过去的审查实践,在先申请只要在说明书(包括附图)和权利要求书中任何地方披露了在后申请的权利要求中的技术方案,则都会抵触后续的申请。也就是说,即使在先的申请人未对特定技术方案提出权利要求,也会抵触在后的申请。[①] 这一标准是否同样适用于同一申请人的抵触申请,尚不清楚。

---

① 《专利审查指南》第二部分第三章第2.2节。

如果抵触申请仅仅是在说明书中公开了与在后申请相同的内容,但并没有对之提出权利要求,则对在后申请授予专利权,并不会导致重复授权。这是否意味着,专利法可以考虑为抵触申请设置一项例外,即抵触申请权利要求之外的内容,并不对在后申请构成抵触?为什么?

《欧洲专利公约》中规定,在先申请中揭示但没有提出权利要求的情况下,在先申请也否定在后申请。而在《欧洲专利公约》出台之前,欧洲国家的实践存在差异。有些国家以在先申请的权利要求为准,有些以整个的申请内容为准。[①]

6.3 抵触申请与创造性审查

在审查新颖性时将抵触申请"视为"现有技术,并不当然意味着在审查创造性时,同样会将之视为现有技术。实际上,在创造性审查环节,抵触申请被完全忽略。将在先申请中的技术否定专利的新颖性,不公平感觉少一些。因为,我们觉得不能因为在先发明人没有在专利申请中对自己的发明提出权利要求,而事后却要从后面申请人那里获得专利使用授权。这显然是不公平的。在创造性判断环节,引入抵触申请,则会引发激烈争议。在通过新颖性的检查后,在后申请多少会有自己的发明贡献。由于抵触申请的存在,而否定在后申请的贡献,有道德上的阻力。

美国的在先申请,不但可以否定相同的在后申请的新颖性,而且可以否定不同但显而易见的在后发明的专利性。这将妨碍社会公众利用基于在先申请是显而易见的技术,无疑是一种消极后果。不过,考虑到公共利益(除了在先与在后申请人之间的利益平衡外),美国学者还是觉得不但要否定在后申请人与在先申请相同的技术,同时也要否定与在先申请相比,显而易见的技术。[②]

美国审查实践中只是在在先申请最终获得专利授权的情况下,否定在后相同申请的新颖性。在中国、日本和欧洲,这一问题并不如此复杂,因为专利申请一般会在申请后 18 个月公开。从实用主义的角度看,美国专利局的做法——依赖在先专利是否被授权来决定是否对在后的专利申请授权,是不合适的。这样会使得在后的很多申请具有很大的不确定性。尤其还包括那些同在先专利申请相比,显而易见的专利申请,这样受影响的专利申请的数目会更多。

---

① Gerald Paterson, The European Patent System: The Law and Practice of the European Patent Convention, Sweet and Maxwell, 2001, p.498.《欧洲专利公约》(EPC)的对应条款是 EPC Art.54(3)。

② Robert P. Merges & John F. Duffy, Patent Law and Policy: Cases and Materials (3rd Ed.) LexisNexis, 2002, pp.430-431.

第 5 章
创造性

1 基本原理

所谓创造性,对于发明专利申请而言,是指专利申请中的技术方案与现有技术相比,"该发明具有突出的实质性特点和显著的进步";而对于实用新型专利申请,则是指"该实用新型具有实质性特点和进步"①。依据《专利审查指南》,所谓的实质性特点,通常是指该技术方案对熟练技术人员而言,非显而易见。所谓"显著的进步"则是指发明具有有益的技术效果。②

创造性要求使得相同领域的熟练技术人员可以自由获取和使用那些基于现有技术而无须创造性劳动就能够获得的新技术。比如,对现有技术中某些材料的惯常替换、对工艺流程步骤的简单变化等。这一要求实际上将公共领域拓展到现有技术以外的范围,导致公共领域不仅覆盖部分具有新颖性的技术方案,而且还使得公共领域能随着熟练技术人员知识能力的提高而自动地向外拓展。

专利法之所以要求发明必须具有创造性,大概有以下几种解释:首先,如果发明本身不具备创造性,发明的过程不是很困难,无须利用专利法的激励机制。这时候提供专利保护,单纯增加社会成本。其次,对于不具备创造性的发明授予专利,会导致真正具有创造性的发明人的积极性受损。如果创造性要求很低,重要的基础性发明专利很快就会被很多不具备真正创造性的改进或从属发明所包围,导致专利许可费向从属专利的权利人流失,影响基础性发明人的积极性。最后,创造性标准过低,会导致大量低水平专利泛滥,增加社会的检索和许可成本。③

1.1 创造性判断的基本方法

中国专利法上的创造性标准要求熟练技术人员对发明和现有技术进行对比,以确定是否存在所谓"实质性特点和显著的进步"。表面上,这似乎强调客观的技术特点和效果的对比,然后由熟练技术人员来看该对比所体现出的差异是否是"实质性"或

---

① 《专利法》(2008)第 22 条第 3 款。
② 《专利审查指南》第二部分第四章:创造性。
③ Robert M. Mergers & John F. Duffy, Patent Law and Policy: Cases and Materials, Third Edition, Lexis-Nexis, 2002, pp.646-647.

"显著的"。这一判断方法与《专利审查指南》上的"非显而易见"标准,还是有些细微的差别。"非显而易见性"强调的似乎是熟练技术人员的主观判断,并不刻意关注技术的特点和效果,从而显得更主观一些。《专利审查指南》究竟是有意还是无意地变通了这一标准,则不得而知。①

在判断一项发明是否具有创造性时,中国的《专利审查指南》基本上接受了欧洲专利局的做法②,采用所谓的"三步法":(1)"确定最接近的现有技术";(2)"确定发明的区别特征和发明实际解决的技术问题";(3)"判断要求保护的发明对本领域的技术人员来说是否显而易见"。③

显然,这三个步骤中的任何一步,都是在事后还原一个虚拟的"熟练技术人员"的事前的想法或做法,不可避免地要受到所谓的后见之明(hindsight)的影响。实际发生纠纷时,离发明完成之时已经有相当的时间。在发明时具有创造性的发明,随着时间的推移,技术的进步,在普通技术人员看来可能不再具有创造性。这无形中增加了判断的难度,使得判断结果更容易受到后见之明的影响。专利法要从制度上消除这一影响,是不可能的。

三步法本身并不完美。它要求事后根据发明的方案来倒推"发明实际解决的技术问题"。这一过程就忽略了这样的可能性:实践中,太多的人对于问题熟视无睹,发现技术问题本身,可能就需要付出创造性劳动;而在发现问题之后,寻找解决方案却可能易如反掌。三步法似乎并不适宜处理此类案件。

美国联邦法院对创造性的判断采用 In re Dow Chemical Co., 837 F.2d 469(1988)所确定的两步法(The Two-Part Test)。首先,看在先技术中是否提示(Suggest)普通技术人员按照权利要求所对应的技术方案从事④,其次,看在先技术是否指出,按照上述方案行事会有获得成功的合理期待(a reasonable expectation of success)。⑤

---

① 关于审查标准的客观性与主观性的进一步讨论,参见后文提示说明。

② 这与欧洲专利局所采取的"the Problem-solution approach"几乎是一模一样的。在上述判断的第(3)步,强调的是所谓的"能够—将会的判断方法"("the could-would approach"):

"The question regarding the inventive step, in relation to the modification of the layered tablet of the state of the art as suggested by the present applicants, is not whether the skilled man could have inserted a barrier between the layers but whether he would have done so in expectation of some improvement or advantage."(EPO Case No. T 24/81)这里,特别强调的是熟练技术人员按照在先技术的指引,将会选择按照专利申请中的方案来解决特定的技术问题,而不仅仅是其能够按照该方案来解决该技术问题。

③ 参见后文《专利审查指南》第二部分第四章:创造性。

④ 比如 Lindemann Maschinenfabrik GmbH v. American Hoist & Derrick Co., 730 F.2d 1452, 1462 (1984),法院认为要否定现有技术要素组合的创造性:There must be "something in the prior art as a whole to suggest the desirability, and thus the obviousness, of making the combination." 在 In re Gorman, 933 F.2d 982, 986(1991)中,法院指出:"When it is necessary to select elements of various teachings in order to form the claimed invention, we ascertain whether there is any suggestion or motivation in the prior art to make the selection made by the applicant."

⑤ Donald S. Chisum, Craig Allen Nard, Herbert F. Schwartz, Pauline Newman, and F. Scott Kieff, Principles of Patent Law, Second Edition, Foundation Press, 2001, p.593. 作者引述了 In re Vaeck, 947 F.2d 488, 493 (1991)中法官意见。

1.2 熟练技术人员

对于所谓熟练技术人员,《专利审查指南》有如下说明:

> 所属技术领域的技术人员,也可称为本领域的技术人员,是指一种假设的"人",假定他知晓申请日或者优先权日之前发明所属技术领域所有的普通技术知识,能够获知该领域中所有的现有技术,并且具有应用该日期之前常规实验的手段和能力,但他不具有创造能力。如果所要解决的技术问题能够促使本领域的技术人员在其他技术领域寻找技术手段,他也应具有从该其他技术领域中获知该申请日或优先权日之前的相关现有技术、普通技术知识和常规实验手段的能力。①

司法实践表明,权利人总是试图压低熟练技术人员的技术水平,使得自己的申请更容易被认定为具有创造性,而侵权者总是设法抬高此水平。美国法院指出确定技术水平时需要考虑以下因素:发明人的教育水平;技术方案所要解决的问题;现有技术提供的解决该问题的方案;发明完成的速度;技术的复杂程度;相同领域活跃分子的教育水平等。② 在选择熟练技术人员的标准时,中国应大致参考上述因素。当然,中国可能与美国有着不同的产业政策,在参考这些因素的同时,依然可能得出不同的"熟练技术人员"标准。

如何实现对这些因素的综合,显然已经到了法律规范的尽头,完全依赖于法官的权衡。法官对于抽象的普通技术人员的水平有一个初步的理解后,就需要该抽象的人来回答"相关替换是否显而易见"的问题。抽象的人显然不能说话,法官只好将抽象的人具体化,在社会上寻找到对应于抽象的人的水平的技术专家,然后让这一"普通技术人员"对"替换是否为显而易见"这一问题作出判断。这一具体化的过程,只能最大限度地接近法律虚拟的"普通技术人员",其间的误差不可避免地存在。③

专利法上关于熟练技术人员的假设,是否意味着普通技术人员就永远不能在自己的领域里作出发明?如果有兴趣,可以阅读:Cyril A. Soans, Some Absurd Presumptions in Patent Cases, 10 IDEA 433(1966)。"熟练技术人员"是否只是知道发明所属技术领域的普通技术知识?如何确定发明所属的技术领域?

熟练技术人员的假设,离现实的距离显然还是很遥远的。现实生活中不可能存在如此全面了解现有技术的超人。专利法是否可能接受这一现实,不再接受这一无所不知的假设,而是在个案中考虑普通技术人员的知识限度?这样做,对专利法会有什么影响?

1.3 创造性的判断:客观性标准还是主观性标准?

中国创造性审查要求新的技术方案具有"实质性特点"和"显著性进步",通常是

---

① 《专利审查指南》第四章第2.2节。
② Environmental Designs, Ltd. v. Union Oil Co., 713 F.2d 693, 696 (1984).
③ 崔国斌:《专利技术的等同比较》,载郑胜利主编:《北大知识产权评论》2002年第1卷,第46页。

指方案本身具有实质性特点,方案的效果具有"显著性进步"。这一要求被有些学者理解为一种客观的要求,而不是一种主观性的要求(在熟练技术人员看来是否显而易见)。显然,肯定会存在这样的情形:与现有技术相比,技术方案本身并不具有所谓的实质性特点和显著性进步,但在熟练技术人员看来依然不是"显而易见"的。这样一类发明可能无法通过中国《专利法》上的创造性审查。当然,实践中审查员可能未必受到这种客观性的标准的影响,因为《专利审查指南》基本上是按照"非显而易见性"的主观标准来指导审查实践。

有学者认为这一客观性标准会导致审查员因后见之明而否定部分发明的创造性[1]:

> 我国《专利法》把创造性归结为"(突出的)实质性特点与(显著的)技术进步"容易导致"事后诸葛亮"。[2] "实质性特点"是对发明本身的描述,这种描述是通过比较所涉发明与在先技术而得出的结论,如果发明具备了"实质性特点",则就具有创造性。从此我们可以看出,我国《专利法》对创造性的判断是以发明本身所具备的特点为基础的一个"从后往前"的"双向"比较的过程。
>
> 但是目前大多数国家所使用的"非显而易见性"标准却是以在先技术为基础、以一般技术人员为判断主体的一个"从前往后"的"单向"预测的过程。其区别显而易见,裁判人员很难摆脱"事后诸葛亮"的影响,容易对发明的创造性估计偏低。

问题在于,对于社会而言,采用这种客观性的标准排除部分发明的创造性,容忍部分后见之明,符合社会的整体利益吗?如果发明同现有技术相比,没有"实质性特点"和"显著性进步",为什么还要确认其"创造性",使得专利保护成为可能?

1.4 《专利审查指南》中的审查规则

发明创造性的审查

《专利审查指南》(2010)第二部分第四章第3节

3 发明创造性的审查

……

3.2 审查基准

评价发明有无创造性,应当以专利法第二十二条第三款为基准。为有助于正确掌握该基准,下面分别给出"突出的实质性特点"的一般性判断方法和"显著的进步"的判断标准。

---

[1] 牛强:《专利"创造性"判断中的"事后诸葛亮"——兼评我国〈专利法〉第22条及〈审查指南〉中相关规定》,载《知识产权》2009年第4期,第54—55页。

[2] 本书作者注:所谓的事后诸葛亮,本书作者称作后见之明。

3.2.1 突出的实质性特点的判断

判断发明是否具有突出的实质性特点,就是要判断对本领域的技术人员来说,要求保护的发明相对于现有技术是否显而易见。

如果要求保护的发明相对于现有技术是显而易见的,则不具有突出的实质性特点;反之,如果对比的结果表明要求保护的发明相对于现有技术是非显而易见的,则具有突出的实质性特点。

3.2.1.1 判断方法

判断要求保护的发明相对于现有技术是否显而易见,通常可按照以下三个步骤进行。

(1) 确定最接近的现有技术

最接近的现有技术,是指现有技术中与要求保护的发明最密切相关的一个技术方案,它是判断发明是否具有突出的实质性特点的基础。最接近的现有技术,例如可以是,与要求保护的发明技术领域相同,所要解决的技术问题、技术效果或者用途最接近和/或公开了发明的技术特征最多的现有技术,或者虽然与要求保护的发明技术领域不同,但能够实现发明的功能,并且公开发明的技术特征最多的现有技术。应当注意的是,在确定最接近的现有技术时,应首先考虑技术领域相同或相近的现有技术。

(2) 确定发明的区别特征和发明实际解决的技术问题

在审查中应当客观分析并确定发明实际解决的技术问题。为此,首先应当分析要求保护的发明与最接近的现有技术相比有哪些区别特征,然后根据该区别特征所能达到的技术效果确定发明实际解决的技术问题。从这个意义上说,发明实际解决的技术问题,是指为获得更好的技术效果而需对最接近的现有技术进行改进的技术任务。

审查过程中,由于审查员所认定的最接近的现有技术可能不同于申请人在说明书中所描述的现有技术,因此,基于最接近的现有技术重新确定的该发明实际解决的技术问题,可能不同于说明书中所描述的技术问题;在这种情况下,应当根据审查员所认定的最接近的现有技术重新确定发明实际解决的技术问题。

重新确定的技术问题可能要依据每项发明的具体情况而定。作为一个原则,发明的任何技术效果都可以作为重新确定技术问题的基础,只要本领域的技术人员从该申请说明书中所记载的内容能够得知该技术效果即可。

(3) 判断要求保护的发明对本领域的技术人员来说是否显而易见

在该步骤中,要从最接近的现有技术和发明实际解决的技术问题出发,判断要求保护的发明对本领域的技术人员来说是否显而易见。判断过程中,要确定的是现有技术整体上是否存在某种技术启示,即现有技术中是否给出将上述区别特征应用到该最接近的现有技术以解决其存在的技术问题(即发明实际解决的技术问题)的启示,这种启示会使本领域的技术人员在面对所述技术问题时,有动机改进该最接近的现有技术并获得要求保护的发明。如果现有技术存在这种技术启示,则发明是显而易见的,不具有突出的实质性特点。

下述情况,通常认为现有技术中存在上述技术启示:

(i) 所述区别特征为公知常识,例如,本领域中解决该重新确定的技术问题的惯用手段,或教科书或者工具书等中披露的解决该重新确定的技术问题的技术手段。

【例如】 要求保护的发明是一种用铝制造的建筑构件,其要解决的技术问题是减轻建筑构件的重量。一份对比文件公开了相同的建筑构件,同时说明建筑构件是轻质材料,但未提及使用铝材。而在建筑标准中,已明确指出铝作为一种轻质材料,可作为建筑构件。该要求保护的发明明显应用了铝材轻质的公知性质。因此可认为现有技术中存在上述技术启示。

(ii) 所述区别特征为与最接近的现有技术相关的技术手段,例如,同一份对比文件其他部分披露的技术手段,该技术手段在该其他部分所起的作用与该区别特征在要求保护的发明中为解决该重新确定的技术问题所起的作用相同。

......

(iii) 所述区别特征为另一份对比文件中披露的相关技术手段,该技术手段在该对比文件中所起的作用与该区别特征在要求保护的发明中为解决该重新确定的技术问题所起的作用相同。

【例如】 要求保护的发明是设置有排水凹槽的石墨盘式制动器,所述凹槽用以排除为清洗制动器表面而使用的水。发明要解决的技术问题是如何清除制动器表面上因摩擦产生的妨碍制动的石墨屑。对比文件1记载了一种石墨盘式制动器。对比文件2公开了在金属盘式制动器上设有用于冲洗其表面上附着的灰尘而使用的排水凹槽。

要求保护的发明与对比文件1的区别在于发明在石墨盘式制动器表面上设置了凹槽,而该区别特征已被对比文件2所披露。由于对比文件1所述的石墨盘式制动器会因为摩擦而在制动器表面产生磨屑,从而妨碍制动。对比文件2所述的金属盘式制动器会因表面上附着灰尘而妨碍制动,为了解决妨碍制动的技术问题,前者必须清除磨屑,后者必须清除灰尘,这是性质相同的技术问题。为了解决石墨盘式制动器的制动问题,本领域的技术人员按照对比文件2的启示,容易想到用水冲洗,从而在石墨盘式制动器上设置凹槽,把冲洗磨屑的水从凹槽中排出。由于对比文件2中凹槽的作用与发明要求保护的技术方案中凹槽的作用相同,因此本领域的技术人员有动机将对比文件1和对比文件2相结合,从而得到发明所述的技术方案。因此可认为现有技术中存在上述技术启示。

......

3.2.2 显著的进步的判断

在评价发明是否具有显著的进步时,主要应当考虑发明是否具有有益的技术效果。以下情况,通常应当认为发明具有有益的技术效果,具有显著的进步:

(1) 发明与现有技术相比具有更好的技术效果,例如,质量改善、产量提高、节约能源、防治环境污染等;

(2) 发明提供了一种技术构思不同的技术方案,其技术效果能够基本上达到现有技术的水平;

(3) 发明代表某种新技术发展趋势；
(4) 尽管发明在某些方面有负面效果,但在其他方面具有明显积极的技术效果。

4 几种不同类型发明的创造性判断

......

4.2 组合发明

组合发明,是指将某些技术方案进行组合,构成一项新的技术方案,以解决现有技术客观存在的技术问题。

在进行组合发明创造性的判断时通常需要考虑:组合后的各技术特征在功能上是否彼此相互支持、组合的难易程度、现有技术中是否存在组合的启示以及组合后的技术效果等。

(1) 显而易见的组合

如果要求保护的发明仅仅是将某些已知产品或方法组合或连接在一起,各自以其常规的方式工作,而且总的技术效果是各组合部分效果之总和,组合后的各技术特征之间在功能上无相互作用关系,仅仅是一种简单的叠加,则这种组合发明不具备创造性。

【例如】 一项带有电子表的圆珠笔的发明,发明的内容是将已知的电子表安装在已知的圆珠笔的笔身上。将电子表同圆珠笔组合后,两者仍各自以其常规的方式工作,在功能上没有相互作用关系,只是一种简单的叠加,因而这种组合发明不具备创造性。

此外,如果组合仅仅是公知结构的变型,或者组合处于常规技术继续发展的范围之内,而没有取得预料不到的技术效果,则这样的组合发明不具备创造性。

(2) 非显而易见的组合

如果组合的各技术特征在功能上彼此支持,并取得了新的技术效果;或者说组合后的技术效果比每个技术特征效果的总和更优越,则这种组合具有突出的实质性特点和显著的进步,发明具备创造性。其中组合发明的每个单独的技术特征本身是否完全或部分已知并不影响对该发明创造性的评价。

......

4.3 选择发明

选择发明,是指从现有技术中公开的宽范围中,有目的地选出现有技术中未提到的窄范围或个体的发明。在进行选择发明创造性的判断时,选择所带来的预料不到的技术效果是考虑的主要因素。

......

6 审查创造性时应当注意的问题

在审查发明的创造性时还应当注意以下的问题。

6.1 创立发明的途径

不管发明者在创立发明的过程中是历尽艰辛,还是唾手而得,都不应当影响对该发明创造性的评价。绝大多数发明是发明者创造性劳动的结晶,是长期科学研究或者生产实践的总结。但是,也有一部分发明是偶然作出的。

【例如】 公知的汽车轮胎具有很好的强度和耐磨性能,它曾经是由于一名工匠在准备黑色橡胶配料时,把决定加入3%的碳黑错用为30%而造成的。事实证明,加入30%碳黑生产出来的橡胶具有原先不曾预料到的高强度和耐磨性能,尽管它是由于操作者偶然的疏忽而造成的,但不影响该发明具备创造性。

6.2 避免"事后诸葛亮"

审查发明的创造性时,由于审查员是在了解了发明内容之后才作出判断,因而容易对发明的创造性估计偏低,从而犯"事后诸葛亮"的错误。审查员应当牢牢记住,对发明的创造性评价是由发明所属技术领域的技术人员依据申请日以前的现有技术与发明进行比较而作出的,以减少和避免主观因素的影响。

1.5 美国创造性审查的演变

在美国,1952年《专利法》出台之前,专利法除了有实用性和新颖性的要求外,没有明确的创造性的要求。但是,早期法院和专利管理机关创设了一些消极的规则来否定一些专利申请。比如,对材料、组分、形式做简单替换,或者对现有技术做简单组合等就不能申请专利。当然,这些规则依然具有较大的不确定性。[①]

美国最高法院在 Hotchkiss v. Greenwood, 52 U.S. (11 How.) 248 (1851) 案中,首次明确指出,只有"发明"才可以获得专利保护,一项发明必须超越"熟练机修工的日常努力"。该案中发明人制造一种门的把手,利用陶瓷替代了先前的金属和木头。该把手的结构同先前的并没有差别。进行材料替换后,价格和坚固程度上均表现出一定的优越性。法院认为,这些优点刚好是材料本身的特点所决定的,这种改进是材料本身的优点决定的。这种材料对把手制造业而言,并不是新的。法院认为不能因为对一种机器的材料进行部分或全部的替换,达到价格便宜或者质地更好的效果,就可以授予专利权。材料的替换所导致的差别是形式上的,缺乏创造力(destitute of ingenuity or invention)。除非发明人证明在制造陶瓷把手的过程中对创造力和技巧的要求已经超出相同技术领域人员的普通知识,否则该技术不能受到保护。这种改进只是熟练技术人员的工作,不是发明人的杰作。法院实际上是通过对 Invention 的概念的重新解释,将创造性要求加入专利性审查。Hotchkiss 案长期以来,一致被认为是第一次明确宣示了专利审查的创造性要求。[②]

20世纪40年代开始,美国的反垄断运动风行,公众对专利垄断权的信任减低,专利创造性的标准越来越高。在 Cuno Engineering Corp. v. Automatic Devices Corp. 314 U.S. 84, 90 (1941),美国最高法院认为对于一项新的装置,不论它如何有用,必须揭示天才式的灵光闪现,而不只是普通职业技能。如果没有达到这个标准,那就不能从公有领域获得私人垄断权。

[①] Martin J. Adelman, Randall R. Rader, John R. Thomas, Harold C. Wegner, Cases and Materials on Patent Law, Second Edition, Thomson West, 2003, p.311.

[②] Ibid.

Great A. & P. Tea Co. v. Supermarket Equipment Corp., 340 U.S. 147(1950)案中,法院的标准就是这一趋势的最好反映。该案中,法院判定一种商店柜台的方便查验的装置不能获得专利法的保护。法院认为该装置的主要构成部分均是现有技术,申请人只是对其进行简单的组合,并没有出现什么新的突出的技术效果。法院认为,作为组合发明,如果发明中的各项要素在整体中并没有发挥什么特殊的新的功能,则不能获得专利保护。只有该要素的集合功能超出各部分功能的总和,才有可能例外。本案中该组合发明缺乏所谓的不同寻常的或者惊人的结果。同时,各项要素也没有任何特殊的不同的功能。

Cuno Engineering Corp.案、Great A. & P. Tea Co.案的标准,大大加大了组合发明获得专利的难度,引起美国国会的不满。1953 年,美国国会正式在《专利法》中设置了第 103 条,否定了最高法院在 Cuno Engineering Corp.案中所谓专利技术必须体现"创造性天才的火花(flash of creative genius)"的说法。第 103 条规定:

> 虽然依据第 102 条没有相同发明被披露或描述,但是如果专利所要保护的客体与现有技术之间的差异是如此[之小],以至于该客体整体上在发明之时对于该客体相关领域的普通技术人员而言是显而易见的,则不得授予专利权。但可专利性(patentability)不应被该发明的获得方式所否定。

在 Graham v. John Deere Co. 383 U. S. 1(1966)案中,美国最高法院进一步明确了专利创造性审查的基本框架。法院指出:

> 依据第 103 条,要确定现有技术的范围和内容;确定诉争权利要求和现有技术之间的区别;确定相关技术领域普通技术的水平等。在这一基础上,判断该客体的显而易见性或非显而易见性。像商业上的成功、长期存在但并未得到解决的需求、其他人的失败等间接的考虑因素(secondary considerations),可以用来说明专利所要保护的客体的产生背景。作为显而易见性或非显而易见性的指标(indicia),这些调查结果可能有关联性……
>
> 但是,这并不是说适用非显而易见性测试将不会遇到困难。什么是显而易见的,这并非一个在每一给定事实背景下都可能有一致结论的问题。不过,这些困难与法院在日常所遇到的'过错与故意'认定标准之类的困难具有可比性,应该通过个案的方式处理。我们相信,严格遵守本案所设定的要求,[显而易见性审查]将会获得国会在 1952 年专利法中所要求的一致性和确定性。

2 最接近的现有技术

2.1 最接近的现有技术的范围

创造性审查的现有技术与新颖性审查的现有技术,有一定的差别。后者包括在专利申请日之前公开的任何领域的在先技术。在新颖性审查环节,并不需要考虑在先技术与发明方案是否处在相同的技术领域或是否相关。这是新颖性审查的性质决定的——它采用单个技术方案的全部要素对比,几乎不可能出现损害新颖性却不在同一技术领域的在先技术。

而创造性采用不同的审查方法。它不要求单个技术方案的一一对比,也不要求全部要素对比。于是,存在这样的可能性:在先技术包含了发明方案的部分特征,但是整体上并不和发明技术出于同一技术领域。因此,在创造性审查过程中,对于现有技术的范围有一定的限制,要求它有技术启示或者与发明处于相同领域或者与发明所要解决的问题合理相关。这一限制在一定程度上可以减低后见之明对于发明人的伤害。

在进行创造性判断时,首先必须确定一个出发点,即所谓的最接近的现有技术,或者说相关的现有技术。是否接近或相关,显然是通过熟练技术人员的眼光来确定。如前所述,"熟练技术人员"是一个假想的超人,推定了解现有技术中的任何相关知识。但何谓"相关",却需要一个法律上的确认过程。判断过程大致分两步:其一,看该知识是否属于专利申请技术方案所在的相同技术领域;其二,如果不属于相同技术领域,则看该知识是否与发明人所要解决的技术问题合理相关。[①] 满足任何一个条件的,通常认为该知识属于所谓的相关知识或可类比的技术(analogous arts)。

《专利审查指南》使用所谓"最接近的现有技术"这一术语来指代作为判断出发点的相关现有技术:

> 最接近的现有技术,是指现有技术中与要求保护的发明最密切相关的一个技术方案,它是判断发明是否具有突出的实质性特点的基础。最接近的现有技术,例如可以是,与要求保护的发明技术领域相同,所要解决的技术问题、技术效果或者用途最接近和/或公开了发明的技术特征最多的现有技术,或者虽然与要求保护的发明技术领域不同,但能够实现发明的功能,并且公开发明的技术特征最多的现有技术。应当注意的是,在确定最接近的现有技术时,应首先考虑技术领域相同或相近的现有技术。[②]

本书认为,在创造性审查环节,"相关的现有技术"或"相关技术"的提法可能更合理一些。"最接近的现有技术"很可能引人误解,以为作为创造性审查出发点的现有技术只能有唯一选择,即与诉争权利要求所述技术方案最为接近的那项现有技术才是所谓的"最接近的现有技术"。实际上,并非如此。作为"出发点"的相关技术可能只有一项,也可能是很多项。它也未必是含有发明技术特征最多的那一项技术方案。如果存在多项相关技术,则审查者应该尝试从每一出发点出发,看看是否能够显而易见地得到最终的发明方案(通常是该出发点存在与其他现有技术或公知常识结合的启示,导致发明方案显而易见)。只要其中的任何一次尝试得到肯定的答案,则诉争的方案就不具有创造性。对此,后文有进一步的讨论。

[①] 可以参考 In re Wood, 599 F.2d 1032(C.C.P.A. 1979); In re Clay, 966 F.2d 656(Fed. Cir. 1992).
[②] 《专利审查指南》(2010)第四章第3.2节。

日本斯倍利亚社股份有限公司 v. 专利复审委员会

最高人民法院(2014)知行字第 84 号

周翔、宋淑华、吴蓉法官：

[斯比瑞尔社于1999年3月15日向国家知识产权局申请了名称为"无铅软钎焊料合金"的发明专利，申请号为99800339.5，并于2004年9月29日被授权公告。本专利授权公告的权利要求书的内容为："1. 无铅的钎焊料合金，其特征在于，含有0.1—2wt% Cu,0.002—1wt% Ni，其余为Sn。"

……

针对本专利权，史天蕾于提出了无效宣告请求，请求宣告本专利权利要求1~8全部无效，同时提交如下8份证据：

证据1：专利号为US5366692、公开日为1994年11月22日的美国发明专利说明书复印件及相关部分的中文译文；

……

证据8：公开号为平3—28996B2、公告日为1991年4月22日的日本特许公报复印件及相关部分中文译文。

斯比瑞尔社于2006年9月15日针对史天蕾提出的无效宣告请求提交了修改后的权利要求书，修改后的权利要求书全文如下：

"1. 无铅的钎焊料合金，其特征在于，含有0.3—0.7wt% Cu,0.002—1wt% Ni，其余为Sn。

2. 权利要求1所述的无铅钎焊料合金，其特征在于，其中Ni被添加到溶解的Sn—Cu母合金中。

3. 权利要求1所述的无铅钎焊料合金，其特征在于，其中Cu被添加到溶解的Sn—Ni母合金中。

……

专利复审委员会作出第10354号决定，宣告本专利权利要求1~6全部无效。北京市一中院和北京高院均维持了复审委的决定。]

斯倍利亚社申请再审称：

（一）一审、二审法院认为本专利权利要求1涉及的是产品权利要求，因而在判断创造性时不需要考虑用途差异的观点，混淆了专利权的保护范围和创造性的概念。本专利权利要求1与证据1虽然都涉及无铅的钎焊料合金，但本专利适用于喷流焊接法，证据1适用于凸块焊接法，本发明所要解决的是喷流焊接法的特性问题而非软钎焊料合金的共性问题，二者在技术思想上存在明显差异。本发明要解决的技术问题在证据1中并不存在，因此证据1不能作为最接近的对比文件来评判本专利的创造性。斯倍利亚社在本案中一直坚持本专利适用于喷流焊接法，根据禁止反悔原则，斯倍利亚社已经从本专利权的保护范围中放弃了凸块焊接法部分,因此专利确权判断亦应与权利救济协调一致。

（二）证据1公开的发明属于化学领域的发明,没有公开的物质性能不能从其本身的结构、组成等物理化学性质显而易见地得出或预见到。调节Ni的添加量能够起到改善钎焊料流动性的效果在证据1中既没有直接记载也没有间接提示,本领域普通技术人员根据证据1的记载无法直接推论出这种技术效果,得不到技术启示。镍具有抑制铜与锡金属间化合物生成的能力没有被现有技术所公开,且不能从镍具有与铜无限互溶的固有特性推断得出,对于本领域技术人员来说该功能是不可预料的。

（三）一审、二审法院援用本专利说明书中公开的信息来论证证据1所披露的技术方案能够实现同样的技术效果,是将本专利中公开的内容当成了现有技术,但斯倍利亚社放弃部分保护范围并不意味着相应的技术效果就自动转变成申请时的公知常识,且技术效果即使客观上能够实现也不代表已被公开。

......

史天蕾提交意见称:

（一）本专利权利要求1—3相对于证据1不具有创造性。本专利权利要求1与证据1的区别在于钎焊料合金中Ni的重量百分数不同,但该含量范围在说明书中没有任何记载,因而无法获知权利要求1将Ni的含量范围限制在0.04—0.1wt%有何预料之外的技术效果。

......

（三）斯倍利亚社关于本专利权利要求1—4具有创造性的申请再审理由不能成立。在证据1公开了无铅的软钎焊料合金的情况下,本领域技术人员从证据1中获得制备无铅的软钎焊料合金的启示是显而易见的。本专利没有记载权利要求1的产品不适用于凸块焊接,因而证据1与本专利权利要求1的产品能够适用于相同的领域。斯倍利亚社关于本专利具有意外技术效果的理由均未记载在说明书中,因而其主张是不能成立的。

（四）本专利说明书仅提到添加Ni以保持良好的流动性,但并未提供测定流动性的方法,也没有提供流动性的测试数据加以证实。即使添加Ni可以保持钎焊料合金的流动性,但证据1已经公开了含Ni的钎焊料合金,Ni在证据1中的作用与在本专利中的作用并无差别。本专利在说明书中也没有记载将Ni的含量限定在权利要求1的范围所带来的预料不到的流动性效果。

本院认为:

一、关于本专利权利要求1是否具有创造性问题

本专利权利要求1的内容是:"无铅的焊料合金,其特征在于,含有0.3—0.7wt% Cu,0.04—0.1wt% Ni,其余为Sn。"证据1公开了一种用于半导体的合金连接材料,其中表19示出了形成合金线的合金的各自组成,在该表中披露的第17种合金组成为包

括0.5wt%的Cu、0.5wt%Ni、余量为Sn。本专利权利要求1相对于证据1的区别是Ni的含量不同。

斯倍利亚社认为,本专利权利要求1与证据1虽然都涉及无铅的钎焊料合金,但本专利适用于喷流焊接法,证据1适用于凸块焊接法,本发明要解决的技术问题在证据1中并不存在,因此证据1不能作为最接近的对比文件来评判本专利的创造性。

本院认为,判断一项现有技术是否可以作为最接近的对比文件使用,需要从所属技术领域、所要解决的技术问题、技术效果或者用途、是否能够实现发明的功能以及公开发明的技术特征的多少等方面进行判断。如果一项现有技术与要求保护的发明技术领域相同,且公开发明的技术特征最多,或者是与要求保护的发明技术领域不同,但能够实现发明的功能,且公开发明的技术特征最多,则均可以作为最接近的现有技术来评价要求保护的发明的创造性。

而技术领域的确定,应当以权利要求所限定的内容为准,一般根据专利的主题名称,结合技术方案所实现的技术功能、用途加以确定。本专利权利要求1请求保护一种无铅的焊料合金,证据1公开了一种用于半导体的合金连接材料,二者均属于软钎焊料合金领域,技术领域相同,且证据1公开了权利要求1的无铅焊料合金的各组份以及Cu的含量和Sn为余量的技术特征,故证据1可以作为最接近的对比文件来评价本专利的创造性。此外,本专利权利要求1请求保护的是一种无铅钎焊料合金产品,在该权利要求中并未限定其用途,故斯倍利亚社所述二者适用的技术领域不同,证据1不能用以评价本专利创造性的申请再审理由不能成立。

斯倍利亚社主张,调节Ni的添加量能够起到改善钎焊料流动性的技术效果在证据1中既没有直接记载也没有间接提示,本领域技术人员根据证据1的记载无法直接推论出这种技术效果,得不到技术启示。

本院认为,本专利权利要求1与证据1的区别技术特征仅为Ni的含量不同。在此情况下,判断本专利权利要求1是否具有创造性,则应当考虑该数值范围与现有技术相比的技术效果是否产生了质的变化,具有新的性能,或者产生了量的变化,超出人们的预期。

斯倍利亚社虽主张调节Ni的含量能够改善熔融焊料合金的流动性,但从其据以佐证的本专利说明书第7页附表所示试验数据的记载来看,该组数据不能证明权利要求1限定的Ni的含量范围相较于证据1公开的技术方案,以及包含有该技术方案的修改前的技术方案中Ni的含量范围,在改善流动性方面具有预料不到的技术效果,也不能说明焊料合金的伸长率仅仅是由Ni的含量决定的,更不能确定或教导焊料合金中Ni的含量不同和伸长率有何必然联系,且本专利说明书中亦未记载附表中的伸长率与熔融焊料合金的流动性的线性关系。因此,本专利权利要求1对于Ni含量的选择,是本领域技术人员通过有限的试验就可以得到的,并未取得意料不到的技术效果,其相对于证据1而言是显而易见的,不具有突出的实质性特点和显著的进步,专利复审委员会认定其没有创造性,一审、二审法院予以维持是正确的。斯倍利亚社认为证据1对本领域技术人员不存在技术启示,本专利权利要求1具有创造性的申请再审理由不能成立。

思考问题:

(1) 最高法院对于如何判断最接近的现有技术的标准的表述,可靠吗?一定要找到拥有最多相同技术特征的那个现有技术作为"最接近的现有技术"?这么要求的合理性何在?

(2) 确定相关技术领域时,一定要以权利要求所限定的内容为准吗?发明人自己在说明书中宣称相关但未写入权利要求内容的技术领域要考虑吗?

(3) 本案发明为产品发明,为何双方认为对于发明目的的理解会影响到发明创造性的判断?

2.2 "技术相关性"要求与"技术启示"

创造性判断时技术相关性要求与"技术启示"要求之间的关系,看似简单,实际上却非常复杂。

技术相关性要求,所起的作用是界定作为创造性审查出发点的最接近的现有技术的范围。因为所有的判断都是从单一的最接近技术出发,然后看它是否能够和其他现有技术结合而得到发明方案。出发点的选择是第一关,然后才是所谓"结合"是否显而易见的问题。在具体的诉讼中,如果作为出发点本身的现有技术都不符合法律的要求,则后续问题无从谈起。

一项现有技术是否能够作为"出发点",即是否具有相关性,终极的标准应该是在熟练技术人员看来,该技术是否与发明所要解决的问题处在相同技术领域或合理相关。这一问题与"该技术是否给出它可以与其他现有技术结合的启示"并没有直接关系。

理论上,存在这样的可能性,一个与发明不具有相关性的现有技术,倒可能给出技术启示。而熟练技术人员如果接受其引导,将该技术与另外的现有技术结合,则可以得到发明的方案。在这种情况下,虽然有技术启示,但并不能因此认定该发明是显而易见的。因为,作为出发点的在先技术,对于要解决发明问题的熟练技术人员来说,可能处在其视野之外。你能想象出一个这样的例子吗?

2.3 技术问题概括方式与技术相关性

审查员或法官概括技术问题的方式,直接会影响两个技术方案是否应被视为同一技术领域的技术。如果法院将问题描述得相对概括,则可能更容易导致两个技术方案被视为同一技术领域;相反,如果法院将问题描述得比较具体,则会凸显两个技术方案之间的差异。

In re Clay

美国联邦巡回上诉法院
966 F. 2d 656（1992）

LOURIE 法官：

Carl D. Clay 对美国专利商标局的专利上诉与争议委员会的决定提出上诉。该委员会维持了权利要求 1—11 和 13 依据 35 U.S.C. §103 不可专利的驳回决定。这些权利要求是 1987 年 4 月 28 日提出的第 245,083 号专利申请中仅存的权利要求，发明的题目是"提炼后液态碳氢化合物产品的储存"。我们推翻该驳回决定。

背 景

Clay 的发明转让给了 Marathon 石油公司。该发明是在箱体底部和出口之间存在死角（dead volume）的油箱中储存提炼后液态碳氢产品的方法。这一方法包含这样的步骤：制作凝胶溶液，该溶液在放入油箱的死角后形成凝胶；往油箱内添加凝胶融化剂比如过氧化氢，可以很容易地移除凝胶。权利要求 1，8 和 11 是上诉案中的代表性权利要求：

1. 一种在存储罐中存储提炼后液体碳氢化合物产品的方法，该存储罐的底部和出油口之间有死角（dead volume），该方法有含有下列步骤：

准备一份凝胶溶液，含有液体的溶剂，丙烯酰胺聚合物和交联剂……

将上述溶液放入上述死角内；

使得上述溶液在上述死角内实质性凝固形成固态凝胶，实质性地填充上述死角；

在上述存储罐中储存上述提炼后的液态碳氢化合物产品，该产品与上述凝胶接触但并不实质性地受到污染，也没有实质性地使得凝胶降解。

……

在上诉过程中，两份现有技术文献被用来对抗该申请的权利要求。它们是美国第 4,664,294 号专利（Hetherington）和第 4,683,949 号专利（Sydansk）。前者披露了一种使用不透气的气囊或弹性薄膜做成的大袋子来移除死角中液体的装置。后者披露了一种降低油气层渗漏以提高石油产量的方法。该方法使用类似于 Clay 发明的凝胶。这一专利也转让给了 Clay 发明的受让人，即 Marathon 石油公司。

该委员会同意审查员的意见，即虽然任何一个文献单独都没有描述 Clay 的发明，但是 Hetherington 和 Sydansk 结合在一起却能得出［该发明］显而易见的结论。它指出，该领域熟练技术人员会从 Hetherington 中得知，现有技术中存在 Clay 发明的启示，"对该问题的解决方案通常就是用一些东西填充死角"。

该委员会还指出，Sydansk 会让该领域熟练技术人员了解到这样的信息：该凝胶系统一旦形成凝胶，碳氢化合物将不可渗透。该委员会将两份文献结合起来，发现 Sydansk 所要填充的空穴与 Hetherington 所要填充的空间足够地相似，这足以让普通技术人员认识到可以将凝胶用于 Hetherington 的方案。

讨 论

本上诉案所提出的问题是,该委员会所谓结合 Hetherington 和 Sydansk 的教导导致 Clay 的发明显而易见的结论是否正确。虽然这一结论是法律结论,但是其判断是在事实调查的背景下作出的。这些事实调查中的一项就是现有技术的范围和内容。

要考虑所要保护的客体与现有技术之间的差异是否导致该客体整体上在发明之时对于该领域普通技术人员而言是显而易见的,前提条件是要决定什么是现有技术。虽然第 103 条没有定义"与专利所要保护的客体相关的技术",判断的标准经常被说成该技术是否类似(analogous),即该技术是否太过遥远以至于不能被当作现有技术。

Clay 辩称,基于 Hetherington 和 Sydansk 驳回诉争的权利要求是不适当的,因为 Sydansk 是不相类似的技术(nonanalogous art)。现有技术中的文献是否相类似,是一个事实问题。因此,我们在这一点上按照明显错误标准(the clearly erroneous standard)审查委员会的决定。

判断现有技术是否类似,演化出两套标准:(1) 该技术是否来自相同工作领域(the same field of endeavor),不论所要解决的问题是什么;(2) 如果文献不在发明人的工作领域内,则该文献是否依然与发明人所要解决的特定问题合理相关(reasonably pertinent)。

该委员会认为,Sydansk 处在 Clay 的工作领域,因为如同审查员所言,"该领域普通技术人员肯定会从 Sydansk 中得知它所披露的固态凝胶在碳氢化合物液体的存储和处理方面有很多应用……Sydansk 所披露的凝胶会被认为和 Hetherington 专利中的气囊以类似的方式起作用"。委员会的上述结论是明显错误的。

专利商标局辩称,Sydansk 和 Clay 的发明是一个共同任务(common endeavor)的一部分——"最大限度地回收存储在石油库槽(reservoir)中的石油"。但是,并不能仅仅因为二者都与石油工业有关,就认为 Sydansk 处在 Clay 的工作领域内。Sydansk 教导,在地下的自然油气层的不受限制的不规则的空间内使用凝胶,从而按照期望的方向导流。Clay 所教导的是在人造的储罐的受限制的死角中引入凝胶。Sydansk 的方法在极端的情况下应用,石油层的温度高达 115 摄氏度,并且有很高的气井压力。Clay 的方法显然是在很普通的温度和空气压力下应用。Clay 的工作领域是提炼后液体碳氢化合的存储。而 Sydansk 的发明的工作领域是原油的开采。该委员会认为 Sydansk 和 Clay 处在相同的工作领域,这显然是错误的。

即使 Sydanks 所披露的技术不在 Clay 的工作领域内,该文献可能仍然可以与 Hetherington 相结合,如果它与 Clay 所要解决的问题合理相关的话。即使一份文献可能不属于发明人工作领域,只要它所处理的问题会符合逻辑地引起发明人的注意(在发明人考虑他要解决的问题时),则该文献依然是合理相关的。因此,发明和现有技术的目的在判断该文献是否与发明所要解决的问题合理相关时,有重要意义。如果文献披露内容和诉争发明具有相同的目的,则该文献与该问题有关,这一事实支持在关于显而易见性的驳回意见中使用该文献。发明人在发明时,很可能受到启发而考虑该文献。如果该文献指向不同的目的,则发明人相应地考虑该文献的动机和可能性就较小。

Sydansk 对于地下油气层的凝胶处理是为了填充不规则空间,以便改善液流的状况,提高液体注入和产出的效率。而 Clay 的凝胶是为了将液体产品从存储空间内的死角空间置换出来。Sydansk 关心的是堵住油气层的不规则空间,这样液体能够被凝胶导入地层基质(formation matrix),进而能够将基质中的存油挤入油井中……这一问题与 Clay 所要解决的特定问题——避免油罐死角空间内的存储产品的损失同时又避免污染该产品,并不合理相关。而且,Sydansk 的地下油气层与 Clay 的储油罐,结构不相似,也不是处在相同的温度和压力下,功能也不同。

该领域的普通技术人员不会合理地期待,在解决存储提炼后的石油的油罐中的死角问题时,会考虑一份关于填充地下油气层不规则空间的文献。该委员会的相反发现是明显错误的。既然 Sydansk 是非类似的技术,以 Hetherington 为基础并结合 Sydansk 的驳回决定就不能被维持。

……

思考问题:

(1) 本案似乎表明,一项在先技术是否合理相关,在很大程度上取决于对技术问题的概括。你同意吗?

(2) 假如 Sydanks 提示,该凝胶也可以用于普通容器中的空间填充。这会导致 Sydanks 与 Hetherington 的结合显而易见吗?

(3) 本案关于现有技术相关性的判断方法,在中国法下适用吗?

对于 In re Clay,有评论意见认为:

> 联邦巡回庭将发明所要解决的问题定义得很窄。如果它将问题定义为填充死角改善石油的采集,则现有技术和发明之间的相似性可能导致发明显而易见。相反,联邦巡回庭将问题限制在从人造油罐中收集石油这一范围内。因此,尽管权利要求和现有技术之间有相似性,岩石油气层的现有技术与发明的问题并不相关,因而不能用于显而易见性分析。[①]

我们的法院似乎也认识到这一点,只是用语比较含混。在鹤山市建筑机械厂有限公司 v. 专利复审委员会(北京高院(2000)高知终字第 90 号)案中,法院指出:

> 判定一项发明专利权是否具有创造性,应将其作为完整的技术方案来考虑。当与已有技术进行对比时,要考虑已有技术领域是否相同、相近。其中,必要技术特征是该技术方案为达到其目的和效果所不可缺少的,因此,对必要技术特征的

---

① Martin J. Adelman, Randall R. Rader & Cordon P. Klancnik, Patent Law in a Nutshell, Thomson West, 2008, p. 157.

归纳至关重要,多列或漏列都会直接影响到该技术方案是否具有创造性。在分解专利技术特征时,应当遵照专利权利要求书记载的本意,不能随意更改。

北京亚东生物制药有限公司 v. 专利复审委员会(I)

最高人民法院(2013)知行字第77号

周翔、罗霞、杜微科法官:

亚东制药公司于2005年1月11日向国家知识产权局申请了名称为"治疗乳腺增生性疾病的药物组合物及其制备方法"的发明专利,并于2009年4月1日获得授权,专利号为200510000429.1。

本专利授权公告的权利要求书如下:"1.一种治疗乳腺增生性疾病的药物组合物,由以下重量份的原料药制成:橘叶412.5g、丹参412.5g、皂角刺275g、王不留行275g、川楝子275g、地龙275g;其制备方法如下:(1)将橘叶、丹参、皂角刺、川楝子加水煎煮二次,每次煎煮1小时,合并煎液,滤过,滤液浓缩至相对密度为1.28,温度为85℃,放冷,将所得浓缩液备用;(2)地龙和王不留行用70%乙醇回流提取二次,第一次提取2小时,第二次提取1小时,滤过,合并滤液,将所得滤液备用;(3)将步骤(1)所得的浓缩液和步骤(2)所得的滤液合并,调整乙醇量达70%,搅拌均匀,静置,回收乙醇并浓缩成稠膏,加入蔗糖500g与淀粉、糊精适量,混匀,制成颗粒,干燥即得。"

2010年3月10日,华洋公司针对本专利向专利复审委提出无效宣告请求,并提交如下证据:

证据1 《中华人民共和国药典(2000年版一部)》,化学工业出版社,2000年1月第1版。其公开了"乳块消片"的功能主治为舒肝理气、活血化淤、消散乳块,用于肝气郁结、气滞血淤、乳腺增生、乳房胀痛。处方为:橘叶825g、丹参825g、皂角刺550g、王不留行550g、川楝子550个、地龙550g。制法为:以上六味,除地龙、王不留行外,其余橘叶等四味加水煎煮二次,每次1小时,合并煎液,滤过,滤液浓缩至相对密度为1.25—1.30(85℃),放冷,备用;地龙、王不留行用70%乙醇回流提取二次,第一次2小时,第二次1小时,滤过,合并滤液,加入上述浓缩液中,调整乙醇量达70%,搅拌均匀,静置,回收乙醇并浓缩至稠膏状,减压干燥成干浸膏,粉碎,加辅料适量,混匀,制成颗粒,干燥,压制成1000片,包糖衣,即得。

......

2010年10月15日,专利复审委作出第15409号决定,宣告本专利权全部无效。第15409号决定认为:

......

(二)将本专利权利要求1与证据1相比,二者所公开药物的功能主治相同,组成成分相同,各组分配比相同,主要制备步骤相同,区别仅在于:1.二者的剂型不同,由此导致制剂步骤(3)有所不同。本专利权利要求1在制备颗粒剂的过程中,在加入辅料之前省去了"减压干燥成干浸膏,粉碎"的步骤,并具体规定了加入的辅料为蔗糖

500 g 以及淀粉和糊精适量。2. 与证据 1 规定的相对密度为 1.25—1.30 相比,本专利权利要求 1 将密度进一步限定为 1.28。关于区别特征 1,将某种处方已知的药物改换剂型,是本领域技术人员的常规做法。本专利权利要求 1 所采用的颗粒剂制法是本领域公知的常规制法,例如在记载有证据 1 所述药物的《药典》的附录部分(参见证据3),就公开了颗粒剂的两种制法,本专利采用了后一种常规制法。因此,为将证据 1 的药物改制成颗粒剂剂型,本领域技术人员很容易想到在证据 1 的药物处方的基础上,选用颗粒剂常用辅料,并采用本领域公知的常规制法来制备颗粒。而且,本专利中选择的蔗糖、淀粉和糊精均为本领域公知的颗粒剂常用辅料(参见证据2),用量也是常规的。关于区别特征2,证据1已经给出了相关浓缩液的相对密度的范围,本专利选择了其中的具体值,这种选择是常规的,本专利说明书中也未记载这种选择带来了任何意料不到的技术效果。

......

亚东制药公司向一审法院提起行政诉讼,请求撤销第 15409 号决定。

一审法院认为,证据 1 及证据 3 并没有提供省略"减压干燥成干浸膏,粉碎"工艺的教导或启示,本专利权利要求 1 具有突出的实质性特点。第 15409 号决定对于本专利技术效果的可预期性的认定脱离或夸大了本领域技术人员的预期能力。本专利颗粒剂的总有效率为 95.70%,证据 1 中片剂的总有效率为 89.32%,本专利权利要求 1 具有"显著进步"。在本专利权利要求 1 相对于证据 1 具备创造性的前提下,本专利权利要求 2、3 相对于证据 1 也具备创造性。第 15409 号决定依据的主要证据不足,应当依法予以撤销。

......

二审法院认为……2. 本专利是将证据 1 中的片剂改换成了颗粒剂,将某种处方已知的药物由某常规剂型改换成另一种常规剂型,是本领域技术人员的常见做法。而且,本专利的颗粒剂制法也是证据 3《药典》中两种常规颗粒剂制法中的一种,之所以相对于证据 1 省去了"减压干燥成干浸膏,粉碎"的步骤,是因为其采用了颗粒剂的常规制法。第 15409 号决定认为本专利权利要求 1 相对于证据 1 和证据 3 的结合是显而易见,有事实和法律依据。3. 本领域技术人员知晓干燥步骤中的高温等因素会造成本专利药物中活性成分的损失,而且药典中的常规颗粒剂制法之一本身就不含减压干燥步骤,省略减压干燥步骤所导致的最终效果的改变是本领域技术人员可以预料的。本专利权利要求 1 并没有取得意料不到的技术效果。据此,[二审法院撤销一审法院判决,维持了复审委的决定]

* * * *

亚东制药公司向本院申请再审称:(一) 二审判决和专利复审委第 15409 号无效宣告请求审查决定(以下简称第 15409 号决定)事实认定不清,法律适用错误。1. 第 15409 号决定对区别特征的认定错误。该决定认为,"治疗乳腺增生性疾病的药物组合物及其制备方法"发明专利(以下简称本专利)权利要求 1 与证据 1 相比,活性成分及其配比相同,不同仅在于制备步骤以及制剂中选用的辅料。但在中药领域,中药产品的原料与中药产品的活性成分是不同的概念。中药原料虽相同,但用不同的制备方法处理后,最终产品中的活性成分千差万别。本专利产品系经过权利要求1限定的方法制备,与证据1相比,活性成分丹酚酸b的含量已经产生了显著变化,从而导致最终的产品有效率显著变化。因此,本专利产品与证据1相比,不仅是制备方法和剂型的改变,而是两者的产品组成发生了显著变化,从而才带来临床疗效上的显著进步。

2. 第15409号决定对本专利实际解决的技术问题的认定存在错误。本专利的精髓在于通过改变制剂工艺来改变药物中特定活性成分的比例,如省去减压干燥后丹酚酸b的含量会明显提高,从而获得在临床疗效上明显优于现有技术的新产品。本专利解决的技术问题并非第15409号决定认定的改变产品剂型。省去减压干燥步骤正是本专利创新所在,使得本专利产品完全不同于证据1的产品,并使其临床疗效优于证据1的产品,并由此导致了制剂步骤(3)有所不同。

* * * *

本院认为,本案争议的焦点问题为,第15409号决定对于区别技术特征、发明实际解决的技术问题以及技术效果的认定是否存在错误,本专利是否具备创造性。

......

(二)关于本专利实际解决的技术问题

在采用"三步法"判断权利要求是否具备创造性时,确定权利要求保护的发明实际要解决的技术问题是判断该发明相对于现有技术是否具有显而易见的基础和前提。在创造性的判断中,通常情况下,确定发明实际解决的技术问题,要在发明相对于最接近的现有技术存在的区别技术特征的基础上,由本领域技术人员在阅读本专利说明书后,根据该区别技术特征在权利要求请求保护的技术方案中所产生的作用、功能或者技术效果等来确定。

亚东制药公司主张本专利实际解决的技术问题是提高丹酚酸b的含量,并非改变剂型。如前所述,本专利权利要求中并没有记载药物组合物中丹酚酸b的含量,也没有记载用于提高丹酚酸b的具体技术手段,更没有记载丹酚酸b含量与疗效之间的因果关系。本领域技术人员在阅读本专利说明书后,无法得知本发明要解决的技术问题与提高丹酚酸b的含量有何关联。亚东制药公司关于本专利实际解决的技术问题是改变药物特定活性成分比例的申请再审理由,无事实依据,本院不予支持。二审判决以及第15409号决定对本发明实际解决的技术问题的认定,并无不当。

思考问题:

对照美国创造性判断的两步法,你觉得我们所强调的"专利实际解决的技术问题"这一步是多余的吗?本案中,法院对于实际解决问题的理解如何影响创造性判断的结果?

2.4 现有技术的证明与举证责任分配

在玉环县华通电器有限公司 v. 专利复审委员会(北京高院(2008)高行终字第207

号)案中,法院对于"创造性中的现有技术的举证责任和认定问题"的讨论,很有价值:

> 《中华人民共和国专利法实施细则》第二十二条第一款明确规定了独立权利要求的撰写方式应当包括前序部分和特征部分,前序部分应当写明要求保护的发明或者实用新型技术方案的主题名称和发明或者实用新型主题与最接近的现有技术共有的必要技术特征。《专利审查指南》第二部分第二章也规定:"独立权利要求分两部分撰写的目的,在于使公众更清楚地看出独立权利要求的全部技术特征中哪些是发明或者实用新型与最接近的现有技术所共有的技术特征,哪些是发明或者实用新型区别于最接近的现有技术的特征。"但是,不能因此即简单地认为只要被写入前序部分的特征就都是现有技术,因为这只是申请人根据其所了解和掌握的现有技术进行的表述,并不一定是本领域普通技术人员在当时所掌握的现有技术。因此,华通公司应当对其主张的"本专利权利要求 1 中的前序部分的特征均为现有技术"承担举证责任,一审判决对此认定正确。华通公司关于写入了权利要求的内容即为申请人自认,因此其无须就现有技术举证的主张不能成立,本院不予支持。

在实务中,当事人常常利用专利局所采用的技术分类表作为证明技术所述领域的证据使用。不过,中国法院通常并不将专利机构的技术分类标准作为判断技术是否相关的重要依据。比如海宁市红狮电梯装饰有限公司 v. 专利复审委员会(((2006)高行终字第 251 号)案:

> 发明或实用新型的技术领域往往与其在国际专利分类表中可能分入的最低位置有关,但是国际专利分类表并非确定技术领域的唯一依据。国际专利分类表是为了便于检索和系统地向公众公布或公告专利。技术领域是否类似、相近应该从两专利的技术方案所属或者直接应用的具体技术领域、所解决的技术问题等方面综合判断。

美国法院也基本持相同的立场。[①] 当然,如果国际专利分类表上属于同一类别,则中国法院还是乐于以此证明二者属于相同或者类似领域的技术。比如陈志辉 v. 专利复审委员会((2002)一中行初字第 398 号)案。

今天,信息技术高度发达。熟练技术人员在先进的搜索引擎技术的帮助下,搜索简单的关键词能够很容易地找到不同技术领域在解决共同技术问题时的不同技术方案。这使得技术领域之间的界线进一步模糊化。在专利法上,这是否意味着需要进一步放松现有技术的技术领域限制?甚至要完全取消这一技术"相关性"的限制?[②] 相

---

① Donald S. Chisum & Michael A. Jacobs, Understanding Intellectual Property Law, Matthew Bender & Co., Inc, at §2C[4][b], 2—62(1995).

② 本问题为本人在 CAFC 实习处理实际案例时所发现。后来却发现他人早有类似的评论。可以参见 Robert M. Mergers & John F. Duffy, Patent Law and Policy: Cases and Materials, Third Edition, LexisNexis, 2002, p.803.

应地,在诉讼中也降低当事人对技术相关性的举证要求?

3 "显而易见"的认定

3.1 "显而易见"的认定方法

在确定熟练技术人员标准和最接近的现有技术之后,专利审查就到了关键的一步,即基于该相关的现有技术,熟练技术人员是否认为专利申请的技术方案是显而易见的。为了简要地描述这一判断过程,这里假设需要对多份相关的现有技术进行结合,然后再判断是否显而易见。在这种情形下,审查人员通常先从多份相关的现有技术方案中,挑选一份相关技术方案作为基础,然后再结合其他相关技术方案。如果这种结合能够得到专利申请所要保护的技术方案,而这种结合是"显而易见"的,则审查人员就会否定该发明的创造性。

在多份相关的现有技术中选择何者作为基础技术方案,主要是看从所选择的基础技术方案出发,结合其他相关技术方案是否是"显而易见"的。理论上,存在这样的可能性:如果相关的现有技术(最接近的现有技术)包括 A 和 B,选择 A 作为基础方案再结合 B,与选择 B 作为基础方案再结合 A,可能会得出不同的创造性的结论,因为 A 和 B 对熟练技术人员所给出的"如何结合其他技术"的启示可能是不一样的。比如,A 被认为相关,而 B 被认为不相关。但是,A 可能含有指向 B 的技术启示,导致 AB 结合成为可能。当然,如果不严格强调现有技术方案之间的启示关系,则如何选择基础性的相关技术,就不再显得重要。

在确定所谓的"最接近的现有技术"之后,接下来的问题是它与其他相关的现有技术的结合,是否应该被允许。允许的尺度如果过于宽松,则可能导致绝大多数发明都无法通过创造性审查:大多数发明实际上都是现有技术中的某些要素重新组合的结果,审查人员可以简单地将发明肢解成各个技术特征,然后找到包含各个技术特征的现有技术,再将它们作为"相关的现有技术"结合起来,就可以轻易地否定这些发明的创造性。

《专利审查指南》在判断最接近的现有技术是否能够与其他现有技术(含有发明的区别特征)结合时,采用了是否存在"技术启示"的标准。具体如下:

> 在该步骤中,要从最接近的现有技术和发明实际解决的技术问题出发,判断要求保护的发明对本领域的技术人员来说是否显而易见。判断过程中,要确定的是现有技术整体上是否存在某种技术启示,即现有技术中是否给出将上述区别特征应用到该最接近的现有技术以解决其存在的技术问题(即发明实际解决的技术问题)的启示,这种启示会使本领域的技术人员在面对所述技术问题时,有动机改进该最接近的现有技术并获得要求保护的发明。如果现有技术存在这种技术启示,则发明是显而易见的,不具有突出的实质性特点。[1]

---

[1] 《专利审查指南》(2010)第四章第 3.2 节。

KSR International Co. v. Teleflex Inc.

美国最高法院550 U.S.398(2007)

KENNEDY法官：

Teleflex Incorporated 和它的子公司 Technology Holding Company(以下称作 Teleflex)起诉 KSR International Company 专利侵权。诉争的第6,237,565 B1号美国专利的名称是"带有电子油门控制的可调踏板装置"。专利权人是 Steven J. Engelgau,以下将该专利称作 Engelgau 专利。Teleflex 获得该专利的独占许可。

Engelgau 专利的权利要求4描述了一种将电子传感器和可调汽车踏板结合起来以便将踏板的位置信息输入汽车发动机油门的控制电脑中。当 Teleflex 谴责 KSR 在其先前设计的踏板上添加电子传感器,侵害了 Engelgau 专利时,KSR 反诉称,依据专利法35 U.S.C. §103(第103条),该权利要求4无效,因为它所主张的发明是显而易见的。

当所要保护的客体和在先技术之间的差异,在发明之时,对于该客体所在领域的熟练技术人员而言,是显而易见的,则第103条禁止授予专利。

……

为了能够更加一致地解决创造性审查的问题,联邦巡回上诉法院采用了一种方法,被双方称作"教导、建议或动机"测试法("teaching, suggestion, or motivation" test, TSM test)。依据这一测试法,只有能够在现有技术、问题本身的属性、或者普通技术人员的知识中发现"将现有技术教导结合起来的动机和建议"时,才能证明专利权利要求是显而易见的。KSR 对这一测试法提出挑战,或者说至少是对该测试法在本案中的应用提出挑战。因为上诉法院处理显而易见性问题的方式违背了专利法第103条和我们的先例,我们授予调卷令。现在,我们推翻(reverse)该判决。

I

[对于那些没有引入计算机控制油门的汽车发送机,加速踏板通过电缆或其他机械方式与油门连接。当踏板受压绕着固定轴转动时,就会推动发动机的油门,从而使得发动机加大或减少动力。

在1990年代,越来越多的汽车发动机开始采用计算机控制发动机的运行。计算机根据电子信号而不是机械传动来调节油门大小。计算机调节能够实现更稳定和更细致的油门控制,从而提高燃油效率,改善发动机功能。为了控制油门,计算机需要知道油门踏板的变化。这里需要电子传感器将踏板的机械变化转化成计算机能够处理的电子信号。

传统的油门踏板受压后可以上下移动,但是整个踏板系统固定在汽车上不能前后移动。驾驶员需要根据自己的身材来调整座椅位置,以保持与踏板的合适距离。当汽车拥有较大伸腿空间时,上述解决方案对于身材较小的驾驶员而言,依然不够好。为更好地解决这一问题，人们开始设计能够调节位置的油门踏板。

对于本案而言，两个重要的可调节踏板专利是第 5,010,782 号专利（Asano）和第 5,460,061 号专利（Redding）。Asano 专利揭示了一个踏板的支撑结构。该踏板相对驾驶员的位置可以调节。踏板上的一个轴点（pivot points）固定不动。无论踏板位置如何，压踏踏板所需要的力量保持不变。Redding 专利披露了一种不同的滑动机制，踏板和上述轴点均可调节。

在 Engelgau 申请诉争专利之前，一些发明人已经取得了应用电子踏板传感器控制油门的专利。比如，第 5,241,936 号（936 号）专利指出，在踏板系统中侦测踏板的位置比在发动机中侦测要好。该专利披露了轴点上有电子传感器的踏板。第 5,063,811 号（Smith）专利则披露了防止连接传感器和计算机的电线磨损的方法，认为传感器应该放在踏板系统中的一个固定配件上，而不应该放在脚踏板上。

除了与传感器整合在一起的踏板专利之外，还有人申请了独立的模块化的传感器（self-contained modular sensor）专利。这种传感器能够和安装在多种踏板系统上，使得该踏板能够和计算机控制的油门相配合。第 5,385,068 号（068）专利就披露了这样一种传感器。1994 年，Chevrolet 制造了一系列的卡车。该卡车使用了将模块传感器固定在踏板的支架上，靠近踏板，侦测踏板转动时的转轴（pivot shaft）运动。

在先技术中含有将传感器放置在可调节踏板上的专利文献。比如，第 5,819,593 号专利（Rixon）披露了一种可调节踏板系统，它使用电子传感器侦测踏板位置。在 Rixon 专利中，传感器放在脚踏板上。该踏板的已知问题是电缆会被磨损。]

KSR 是一个加拿大的公司，制造和销售踏板系统等汽车部件。Ford 汽车公司 1998 年让 KSR 为多个系列的汽车提供一种带有电缆控制油门的可调节的踏板系统。KSR 为 Ford 研发了一种可调节的机械踏板并就该设计获得第 6,151,976 号美国专利（1999 年 7 月 16 日申请）（以下称第 976 号专利）。2000 年，General Motors 公司（GMC 或 GM）选择 KSR 为 Chevrolet 和 GMC 的轻型卡车等使用了计算机控制油门的车辆提供可调节踏板系统。为了使得第 976 号专利踏板与这些卡车相互兼容，KSR 采用了该设计并增加了一个模块化的传感器。

在可调节踏板的设计和制造方面，Teleflex 是 KSR 的一个竞争对手。如前所述，Teleflex 是 Engelgau 专利的独占性被许可人。专利披露了一种可调节的电子踏板，它在说明书中被描述成"一种简化的成本较低的车辆控制踏板系统，它使用较少的部件，同时比较容易在车辆中安装"。

我们同意区法院的意见，即权利要求披露了"一种位置可调节的踏板系统，带有一个电子踏板位置传感器，该传感器固定在踏板系统的支撑部位上。将传感器固定在支撑部位上使得驾驶员在调整踏板时，该传感器可以保持在固定的位置上"。

在颁发 Engelau 专利之前，美国专利商标局拒绝了该专利权利要求中一项与现有权利要求 4 类似但比之更宽的权利要求。该更宽的权利要求中并不包含将该传感器放置在固定的轴点（pivot point）上的要求。专利商标局认为该权利要求是对 Redding 和 Smith 所披露的现有技术所进行的显而易见的组合，具体解释"因为现有技术文献来自相同领域,[该权利要求]所披露的发明目的可以从 Redding 专利的相关技术中得到。因此,将 Redding 的装置和 Smith 专利所披露的固定在支撑部分的装置结合起来,是显而易见的"。

换句话说,Redding 提供了一个可调节踏板的例子,Smith 解释如何将传感器固定在踏板的支撑部位上,而被驳回的专利权利要求仅仅将这两项教导结合在一起。

虽然较宽的权利要求被拒绝,权利要求 4 后来引入一项固定轴点的限制特征,将该方案与 Redding 的方案区别开来,因而获得授权。Engelgau 没有将 Asano 专利包含在它所引用的在先文献中。在专利申请过程中,Asano 专利也没有被提及。因此,专利商标局并没有见过带有固定轴点的可调节踏板。Engelgau 专利于 2001 年 5 月 29 日获得授权,后来被转让给了 Teleflex。

……

C

区法院作出对 KSR 有利的即决判决……区法院比较了现有技术与 Engelgan 的权利要求的教导。法院发现二者差别很小。除了没有披露"利用传感器侦测踏板位置并将结果传给控制油门的计算机"[这一内容]外,Asano 揭示了权利要求 4 的全部内容。该未被揭示的部分为第 068 号专利和 Chevrolet 所使用的传感器等现有技术来源所披露。

不过,依据联邦巡回上诉法院的具有约束力的判例,区法院并不能就此止住。区法院被要求适用 TSM 测试法。区法院认为 KSR 满足了这一测试要求。它的推理如下:(1) 该行业的现状将不可避免地导致电子传感器和可调节踏板之间的结合,(2) Rixon 专利为这些技术发展提供了基础,(3) Smith 专利披露了 Rixon 专利中的电线摩擦问题提供了解决方案,即将传感器放在踏板上的固定位置上。这会导致 Asano 所揭示的组合,或者说类似的具有踏板位置传感器的踏板。

在区法院看来,专利局拒绝较宽版本的权利要求 4 这一事实表明,Engelgau 的设计是显而易见的。法院的理由是,如果 Engelau 在他的专利申请中提到 Asano 专利,专利商标局就会发现权利要求 4 是 Asano 和 Smith 两项专利的显而易见的组合,就像它发现较宽版本的权利要求 4 是 Redding 与 Smith 两项专利的显而易见的组合一样。最后,区法院指出,Teleflex 在以 Engelgau 专利为基础的踏板上所取得的商业成功这一次要因素,并没有改变它的结论……

主要依靠 TSM 测试法,上诉法院推翻了一审判决。它指出,区法院没有足够严格地适用该测试法,并没有发现:熟练技术人员所具体理解的内容或他所掌握的知识原理会促使一个对该发明没有概念的人将电子控制装置添加到 Asano 系统的支撑架上。上诉法院认为,区法院所谓"所要解决的问题的本质会满足这一要求"的结论是不正确的,因为除非"现有技术文献确切地提到专利权人所要解决的问题",否则该问题本身并不会促使发明人去看那些参考文献。

上诉法院发现,Asano 踏板是用来解决所谓的"恒定比率问题"(constant ratio problem),即确保下压踏板的力量保持不变而不论该踏板是如何配置的,而 Engelgau 寻求提供一种更简单、更小和更便宜的可调电子踏板。对于 Rixon 专利,法院的解释是,该踏板有电线摩擦的问题,但该设计并不是为了解决这一问题。在法院看来,Rixon 专利并没有为 Engelgau 的发明目的提供任何有用的帮助。接下来,Smith 专利与可调节踏板无关,并不"必然会引发将电子控制装置添加到踏板系统支架上的动机问题"。按照上述方式解释那些专利,上诉法院认定,它们不会引导一个熟练技术人员将传感器放到 Asano 专利所描述类型的踏板上。

将 Asano 专利和传感器结合起来或许"显然可以尝试"(obvious to try),但在法院看来,这一事实与本案问题无关,因为"显然可以尝试"早就已经被认为并不构成显而易见(obviousness)。

上诉法院还认为区法院对于"专利商标局驳回范围较宽的权利要求 4"这一事实的解读是错误的。上诉法院解释道:区法院不是要揣测,假若 Engelgau 专利提到 Asano,专利商标局会做什么;相反,区法院必须首先推定已经授权的专利是有效的,然后在参考现有技术的基础上对创造性问题作出自己的独立判断。上诉法院说,专利商标局驳回了范围较宽的权利要求 4 的事实,在上述分析中没有位置。

……

II

A

我们首先拒绝上诉法院的严格方法。在本院过去处理创造性问题过程中,我们的案例采用了一种宽泛而有弹性(expansive and flexible)的方法,这与本案中上诉法院所采用的 TSM 测试法并不一致。的确,Graham 案意识到[创造性判断标准]需要保持统一和确定。但是,Graham 所确定的那些原则重申了 Hotchkiss 案中的功能性方法(functional approach)。① 为此,Graham 案确定了一个宽泛的审查方法,要求法院在适当的时候,可以参考任何有证明力的间接的考虑因素(secondary considerations)。

无论是第 103 条的立法还是 Graham 案中的分析都没有影响本院早前的说明,即对那些将现有技术要素组合起来的发明授予专利时,需要保持谨慎。在半个多世纪以前,本院就指出,"如果发明只是将已有的要素结合起来而没有改变它们各自的功能,则该发明专利显然是将已知的内容放回垄断领域,减少了熟练技术人员能够获得的资源"。这是不许可对显而易见的内容授予专利的主要原因。依据已知的方法,将类似的要素组合起来,如果并没有产生不可预见的结果,则该组合很可能是显而易见的。Graham 案之后的三个案例揭示了这一学说的应用。

在 United States v. Adams, 383 U. S. 39, 40 (1966) 案(这是与 Graham 一道审理的案子)中,本院考虑了一种湿电池的创造性。该电池与现有设计相比有两个方面的变化:它含有水,而不是传统蓄电池所采用的酸液;同时,它的电极是镁和氯化亚铜,而不是锌和氯化银。本院意识到,当专利对现有技术中的一个已知结构主张权利、专利

---

① 本书作者注:参考本章第 1.5 节。

方案仅仅是对该领域的一个已知要素进行替换时,该组合必须产生比可预见结果更多的效果来。不过,法院还是拒绝了政府所谓 Adams 的电池是显而易见的主张。法院依靠下列推理:现有技术认为结合某些已知要素不可行(teach away)时,一种将它们成功组合起来的发明,很可能是非显而易见的。当 Adams 设计他的电池时,现有技术警告说使用他所采用的电极存在风险。这些要素以一种意外而富有成效的方式互相作用,这一事实表明 Adams 的设计对于那些熟练技术人员而言并非显而易见。

在 Anderson's-Black Rock, Inc. v. Pavement Salvage Co., 396 U. S. 57 (1969)案中,法院表述了上述方法。该案中法院面前的专利客体是一种组合两个已有要素的装置:一种辐射加热炉和一种铺路机器。本院结论认为该装置并没有产生新的协同效应(synergy):辐射加热炉如预期的那样作为一个炉子在起作用,铺路机器也一样。将这两项结合起来,并不比它们单独、先后操作产生更多的效果。在这一情形下,"虽然已有因素的组合产生了有用的功能,但是它并没有对已经被授予专利的辐射加热炉的本质和属性增加任何东西",因此该专利没有满足专利法第103条的要求。

最后,在 Sakraida v. AG Pro, Inc., 425 U. S. 273 (1976)案中,本院从先例中得出这样的结论:当一项专利只是将已有因素安排在一起,各个因素还是在发挥它已知的功能,所产生的效果并没有超出技术人员对从此类安排的预期,则该组合是显而易见的。

在面对"专利所主张的现有技术因素的组合是否显而易见"这一问题时,这些案例背后的原则具有指导意义。当某一领域的一项技术方案可以得到(is available)时,设计的动力(design incentives)和其他市场力量能够促使相同领域或不同领域的变通方案(variations)出现。如果普通技术人员能够实现一个可预见的变通方案,第103条可能会否定其可专利性。基于同样的理由,如果采用一项技巧(technique)改进一个装置,而普通技术人员也会认识到自己可以以相同方式改进类似装置,则对该技巧的使用是显而易见的,除非该技巧的实际应用超出了他或她的能力范围。Sakraida 和 Anderson's-Black Rock 案表明,法院必须询问,该改进发明是否超出了"按照已知用途以可预见的方式使用现有技术要素"的范围。

在其他一些案子中遵循上述原则可能比在本案中更困难,因为所要保护的客体可能并非仅仅是对一个已知要素的简单替换或者仅仅是将一项已知技巧应用于一项很容易改进的现有技术。常常,法院需要看多个专利的相关教导、设计共同体已知的或市场提出的实际需求的效果,以及该领域普通技术人员所拥有的知识背景,综合这些因素以判断是否有明显理由将已知要素按照诉争专利的方式结合起来。在审查时,这一分析过程必须很明确。参见 See In re Kahn, 441 F. 3d 977, 988 (CA Fed. 2006)("以创造性为由的驳回不能仅仅靠武断的结论性论断(conclusory statements);相反,必须在合理的证据基础上以连贯的推理支持该创造性的法律结论。")不过,就像我们的先例所明确的那样,这一分析并不需要找出指向诉争权利要求的具体客体的准确教导,因为法院可以考虑普通技术人员能够采用的推理和创造性步骤(creative steps)。

B

专利和关税上诉法院（the Court of Customs and Patent Appeals）当初要求通过证明存在对已知要素进行组合的"教导、建议和动机"以证明该组合显而易见，该法院获得了有益的洞见。就像 Adams 等案所显示的那样，由数个要素组成的专利不能仅仅因为每个要素独立存在于现有技术中就被认为是显而易见的。虽然常识指引人们谨慎对待那些将两个已知装置按照原本的功能组合起来的发明，但是，明确指出相关领域普通技术人员会将这些要素按照发明所述的方式组合起来的理由是非常重要的。这是因为在大多数（如果不是全部的话）情况下，发明都依靠先前发现的基础要素（building blocks），所要保护的发明几乎必然是在一定意义上已知的要素的组合。

不过，有益的洞见不能变成严格的和强制性的公式；否则，TSM 测试法就和我们的先例不一致。显而易见性分析不能为"教导、建议和动机"这些术语的形式主义概念所束缚，也不能过度强调出版物和授权专利中明示内容的重要性。创造的动机（inventive pursuits）和现代技术本身的多样性，决定着专利法不能以上述方式限制显而易见性分析。在很多领域，对于显而易见的技巧或组合的讨论很少，通常是市场需求而不是科学文献在驱动着设计趋势。对那些在寻常［市场］过程中会自然出现而且没有真正创新的技术进展（advances）给予专利保护，会阻碍技术进步；在专利组合了在先已知要素的情况下，还可能会剥夺在先发明的价值或功用（utility）。

在关税与专利上诉法院确定了 TSM 测试法的核心内容之后的年代里，上诉法院毫不迟疑地依据这些原则在很多案件中应用这一测试法。TSM 测试法背后的思想和 Graham 分析法之间并不必然存在矛盾。但是，当法院像上诉法院在本案中所作的那样，将一般原则（general principle）转化为严格的规则，对显而易见性审查进行限制时，它就错了。

C

上诉法院分析中的缺陷大多与该法院在适用 TSM 测试法过程所表现出来的关于显而易见性审查的狭窄概念有关。在决定专利权利要求的客体是否显而易见时，无论是专利权人的具体动机（particular motivation）还是他所宣称的目的，都不是决定性的。真正重要的是权利要求的客观范围（objective reach）。如果权利要求延伸到那些显而易见的内容上，则依据第 103 条它是无效的。证明专利客体显而易见的一种方法是，证明在发明之时存在一个已知的问题，对于该问题有一个显而易见的解决方案，而专利权利要求覆盖了该解决方案。

上诉法院在本案中的第一个错误是，背离上述判断方法，认为法院和专利审查员应仅仅考虑专利权人试图解决的问题。上诉法院没有认识到，激发（motivating）专利权人的问题可能只是专利客体所要解决的诸多问题中的一个。问题不是对于专利权人而言该组合是否显而易见，而是对该领域普通技术人员而言该组合是否显而易见。在正确的分析中，在发明之时，该领域任何已知的需求或已知的问题（也即专利所要解决的需求或问题），都能够为"按权利要求的方式组合［现有技术］要素"提供理由。

上诉法院的第二个错误在于它的假设，即试图解决技术问题的普通技术人员只会受到那些用来解决相同问题的现有技术要素(elements)的指引。Asano专利的首要目的是解决恒定比率问题,因此,上诉法院认为,发明人在考虑如何将传感器放置在可调节踏板上时,没有理由会考虑将它放在Asano的踏板上。可是,常识告诉我们,类似的东西(items)在它们的首要目的(primary purpose)之外,可能还有显而易见的用途。在很多情形下,普通技术人员能够将多个专利的教导拼在一起,像玩拼板游戏一样。不论Asano专利的首要目的是什么,该设计提供了一个显而易见的带有固定轴点的可调节踏板的例子。现有技术中有很多专利指出固定轴点是传感器的理想固定点。"打算制作可调节电子踏板的设计者,会忽略Asano专利,因为Asano专利是用来解决恒定比率问题的方案",这样的说法没有什么道理。普通技术人员也是一个具有普通创造力(ordinary creativity),而不是一个机器人(automaton)。

同样狭隘的分析方法导致区法院得出了错误的结论——仅仅证明技术要素的组合"显然可以尝试"(obvious to try)并不能证明专利权利要求是显而易见的。当存在一项设计需求或解决某一问题的市场压力,也有有限数量的确定的(identified)且可预见的解决方案时,普通技术人员完全有理由在其技术能力的范围内去寻找(pursue)这些已知的可选择方案(options)。如果这导致预期的成功结果,则该产品[所体现的]可能就不是一种创新,而只是一种普通技能或常识。在这种情形下,"该组合显然可以尝试"的事实或许表明,依据第103条,它是显而易见的。

最后,从法院和审查员成为后见之明(hindsight bias)的俘虏的风险中,上诉法院得出了错误的结论。的确,事实的调查者应当了解后见之明这一偏见的扭曲后果,必须对事后的推理保持警惕……但是,在我们的判例法下,"禁止事实的调查者诉诸常识"这一严厉的预防性规则不仅不必要,而且与判例法不一致。

……

III

将上述标准应用于本案事实,我们认为权利要求4应当被认定为是显而易见的。我们同意并采用区法院关于相关现有技术的表述以及它对该领域普通技术水平的认定。如区法院所述,我们发现,Asano和Simith专利的教导与Engelgau专利权利要求4中的可调节电子踏板之间的差别很小。该领域普通技术人员能够将Asano专利[中的踏板]和踏板位置传感器按照权利要求4所涵盖的方式组合起来,并且他也会看到这么做的好处。

……

区法院正确地指出,在Engelgau设计权利要求4的客体时,对于普通技术人员而言,将Asano专利[中的踏板]和一个固定在踏板枢轴上踏板位置传感器结合起来,是显而易见的。当时,存在一个市场,该市场提供了将机械踏板转化成电子踏板的强烈动机;同时,现有技术披露了一系列实现这一改进的方法。上诉法院考虑这一问题的思路过于狭窄。它实际上是问:一个在空白石板书写(writing on blank slate,指不存在相关的现有技术)的踏板设计者是否会选择Asano专利和一个类似于Chevrolet系列卡车所使用的并为第 068 号专利所披露的模块化的传感器。区法院也采用了这一狭窄的调查思路,不过它得出了正确的结论。正确的问题是,普通技术水平的踏板设计者,在面对该领域发展所导致的广泛需求(wide range of needs)时,是否会看到利用传感器对 Asano 装置进行升级所带来的好处。与其他很多领域一样,在汽车设计领域,多个部件之间的互动意味着改变其中的一个部件常常也需要改变其他部件。技术进步表明,使用电脑控制油门的发动机将成为标准。于是,设计者可能决定从零开始设计新的踏板;但是他们也有理由去[改造]现有的踏板[使之]能够与新的发动机一道工作。事实上,KSR 正是在升级自己已有的踏板时,设计出现在被控侵害 Engelgau 专利的踏板。

对于从 Asano 专利着手的设计者而言,问题是在哪里添加传感器。随后的法律问题是,如果普通的踏板设计者从 Asano 专利着手时,是否会发现将传感器放置在固定轴点上是显而易见的。上文讨论过的现有技术让我们得出下面的结论:KSR 和 Engelgau 放置传感器的位置对于普通技术人员而言是显而易见的。

第 936 号专利披露了将传感器放置在踏板装置上而不是在发动机里的做法。接着,Smith 专利解释说,传感器不应放在踏板的脚踏位置(footpad),而是应放在它的支架上。对于 Rixon 专利中的电线摩擦问题,Smith 的教导是,"踏板系统不得导致相连电线位移"。设计者因此知道传感器应当放在踏板结构上的非移动部位。该结构上最显而易见的非移动部位就是该轴点,从这一位置传感器可以很容易地侦测到踏板的位置。因此,设计者会接受 Smith 的指引将传感器固定在支撑轴上,从而设计出权利要求 4 所覆盖的可调节电子踏板。

就像可能可以从"升级 Asano 的踏板使之与计算机控制的油门相配合"这样的目标出发一样,也可能从类似 Rixon 踏板的可调节电子踏板出发,寻求改进以避免电线摩擦的问题。沿着上面解释过的步骤,设计者可以从 Smith 专利中得到避免传感器移动的启示,从而会走向 Asano 专利,因为 Asano 专利披露了一种有固定轴的可调节踏板。

Teleflex 间接地争辩说,现有技术实际上认为在 Asano 装置上添加传感器是不可行的(teach away),因为在它看来 Asano 的装置笨重、复杂且昂贵。不过,Teleflex 所提供的支持这一论点的唯一证据是 Radcliffe 的证词。该证词只是表明,Asano 并不会实现 Engelgau 的目标,即制造一个小巧、简单和便宜的踏板。但是,该证词并没有说 Asano 的缺陷是如此严重,以至于没有理由对它或类似的踏板进行改进,使之与现代发动机相匹配。实际上,Teleflex 自己的证词就反驳了上述结论。Radcliffe 博士指出,Rixon 的装置和 Asano 的一样笨重和复杂。可是,Teleflex 的另外一个专家解释说,Rixon 装置自身是通过在已有的机械踏板上增加传感器的方式设计而来。如果 Rixon 的基础踏板(base pedal)并不因为缺陷太多而无法改进,那么 Radcliffe 的证词就不能证明 Asano 装置[无法改进]。Teleflex 或许可以争辩说,同 Engelgau 所青睐的实施例相比,Asano 装置没有效率(inefficient)。但是,在 Engelau 的背景下评判 Asano 专利,会引入后见之明的偏见,Teleflex 自己也明智地认为要避免这一偏见。因此,Teleflex 并没有证明,现有技术中有任何内容教导人们不要使用 Asano 专利。

最后,与区法院一样,我们认为 Teleflex 并没有提供间接证据(secondary factors)以推翻权利要求 4 显而易见的结论。

……

思考问题:

(1)最高法院对其所批评的 TSM 测试法的理解是"只有能够在现有技术、问题本身的属性、或者普通技术人员的知识中发现'将现有技术教导结合起来的动机和建议'时,才能证明专利权利要求是显而易见的"。仅仅就该表述而言,有明显错误吗?

(2)"在决定专利权利要求的客体是否显而易见时,无论是专利权人的具体动机(particular motivation)还是他所宣称的目的,都不是决定性的。"为什么?

(3)引入熟练技术人员的常识,将增加不确定性。有制度上的应对措施吗?

3.2 "技术启示"的认定

对于不同技术要素的结合的创造性审查,《专利审查指南》指出:"判断过程中,要确定的是现有技术整体上是否存在某种技术启示,即现有技术中是否给出将上述区别特征应用到该最接近现有技术以解决其存在的技术问题(即发明实际解决的技术问题)的启示,这种启示会使本领域的技术人员在面对所述技术问题时,改进该最接近现有技术并获得要求保护的发明。"(《专利审查指南》第四章第 3.2 节)。这一策略表面上与美国法院的方法是一致的。不过,问题的关键是如何认定存在所谓的提示或者提示的内容。

如果作为对比的在先技术方案与专利申请方案属于所谓的相关技术领域,则比较容易认定在先技术中存在此类的"提示"或"启示"。如果在先技术与专利技术方案不属于相同或者相关技术领域,则需要有相对明确的提示才可能否定其创造性。这种启示可能来自参考文献自身,也可能来自熟练技术人员所掌握的知识,或者来自问题本身——该问题会引导人们找到可能的方案。①

复审委员会的一个案例似乎为上述第三类来自问题本身的"启示"提供了一个很好的注解:

> 在现有的磁性检验点钞机能够检验新旧版人民币侧部的感磁油墨的基础上,针对新版人民币其感磁防伪线在币面中部附近,为了能够检测正反放置的新版人民币的感磁防伪线,本领域的技术人员无须付出创造性的劳动,就可想到在两个短感应区磁传感器之间增加一个长感应区磁传感器,检测正反放置的新版人民币中部附近的感磁防伪线。可见,本领域的技术人员在现有技术的基础上无须付出创造性的劳动就可得到权利要求 1 的方案(3),并且该方案也没有产生意想不到

---

① Donald S. Chisum, Craig Allen Nard, Herbert F. Schwartz, Pauline Newman, and F. Scott Kieff, Principles of Patent Law, Second Edition, Foundation Press, p.593 (2001).

的技术效果，因此权利要求1的方案(3)不符合专利法第22条第3款的规定，不具有创造性。①

在上诉案例中，新版人民币的变化本身自然会为验钞机的改进指明方向。换句话，技术问题本身提供了所谓的"技术启示"。

户谷技研工业株式会社 v. 专利复审委员会

最高人民法院（2011）知行字第25号

金克胜、罗霞、杜微科法官：

[一审法院经审理查明，本专利名称为"塑料薄膜层的热密封装置"，专利号为92113065.1，专利权人为户谷技研会社。授权公告的权利要求如下：

"1. 一种塑料薄膜层的密封装置，包括固定密封杆与可动密封杆，可动密封杆相对于上述固定密封杆有间隔地配置；以及塑料薄膜的间歇送进机构，它使重叠成两层的塑料薄膜在上述可动密封杆及上述固定密封杆之间通过，每次间歇送进一定长度，每次间歇送进后使塑料薄膜层暂时停止，还有可动密封杆的驱动机构，它在上述塑料薄膜层的每次送进后便使上述可动密封杆在上述可动密封杆靠近上述固定密封杆将上述塑料薄膜层夹持于上述可动密封杆与上述固定密封杆之间的第1位置p1与上述可动密封杆离开上述固定密封杆及上述塑料薄膜层的第2位置p2之间往复移动，在上述塑料薄膜层暂时停止时将上述塑料薄膜层夹持在上述可动密封杆和上述固定密封杆之间并由而此将上述塑料薄膜层热密封，其特征在于，还设有计算机，它与上述塑料薄膜间歇送进机构及上述可动密封杆驱动机构接通，来选定上述塑料薄膜层的送进速度v0、上述塑料薄膜层的送进时间t1、上述可动密封杆驱动机构的驱动速度v1、v2以及上述可动密封杆将上述塑料薄膜层进行热密封的时间t2，对上述塑料薄膜间歇送进机构及上述可动密封杆驱动机构进行程序控制，并可在上述塑料薄膜层送进时间t1与热密封时间t2之间加入等待时间t4，从而使装置的周期时间t3改变。

……

附件7为日本公开特许公报(a)平3—197119，公开了一种塑料膜热密封装置，包括：相互对置的可动密封杆m.s和固定密封杆f.s、间歇地将塑料膜送进上述可动密封杆和固定密封杆之间的传送机及膜送进伺服马达m、能通过连接杆7使摆动体4摆动而使可动密封杆m.s相对于固定密封杆f.s往复移动的旋转驱动部件8及其驱动马达10、控制上述膜送进伺服马达和驱动马达的控制机构15等，其中塑料膜的送进速度可上升为v0，送进时间为t1，旋转驱动部件及其驱动马达的驱动速度可上升至v2下降至v1，从而对密封时间t3和移动周期时间t2作出调整。附件7附图2的波形显示，可动密封杆的上下位置曲线的周期变化是依照驱动速度的曲线的周期变化而变化的，并

---

① 专利复审委员会第5806号无效宣告请求审查决定，载专利复审委员会编著：《专利复审委员会案例诠释——创造性》，知识产权出版社2006年版，第234页。

且,可动密封杆被带动向下到一定位置(即与固定密封杆接触的位置)后即不再向下,而此时旋转驱动部件的驱动速度为 v1,在可动密封杆被带离或带向固定密封杆的过程里,旋转驱动部件的驱动速度由 v1 上升到 v2 或保持 v2 或由 v2 下降到 v1,以配合调整密封时间 t3。

……

北京高院认为,本案中,附件 7 系本专利说明书中披露的背景技术,亦涉及一种塑料膜热密封装置。本专利权利要求 1 与附件 7 的区别在于:(1)附件 7 没有公开如权利要求 1 的等待时间 t4 及加入 t4 的手段;(2)附件 7 的控制机构是相应的权利要求 1 的计算机的上位概念。对于区别特征(1),上诉人主张权利要求 1 只是提出了"加入等待时间 t4"这样一个技术解决方案,并没有限定如何加入 t4 的具体技术手段,即加入 t4 的具体技术手段并不是权利要求 1 要求保护的技术方案。但是,既然"加入等待时间 t4"作为技术特征写入本专利权利要求,则在创造性判断中应当将其视为一个技术特征看待。在此基础上,本专利权利要求 1 的技术方案实际要解决的技术问题是:为了保证制袋装置的参数被调整好后不再变化而需要在调整参数前加入其后可去掉的等待时间。

附件 7 的目的虽然是调整密封时间 t3,但其是通过改变在密封时间 t3 之外的时间内旋转驱动部件的驱动速度来实现的,即缩短了可动密封杆总共离开固定密封杆的时间,从而在整个周期内,间接延长了可动密封杆接触固定密封杆的时间。因此,本领域的技术人员可以由附件 7 明确地得到启示:可以不等速地控制密封时间以外期间的旋转驱动部件的驱动速度来实现延长或缩短可动密封杆总共离开固定密封杆的时间。本领域的技术人员能够根据上述启示,作出不等速地降低驱动速度以延长可动密封杆总共离开固定密封杆的时间的改进,此时若保持送进时间 t1 不变,就会使得塑料膜被送进后需再等待一段时间才热密封,即实现了加入等待时间 t4,相应的,再作出不等速地延长驱动速度以缩短可动密封杆总共离开固定密封杆的时间的改进,就会使得塑料膜被送进后不必等待一段时间才热密封,即实现了去掉等待时间 t4。上述对等待时间的改进均可利用附件 7 公开的利用控制机构改变伺服电机驱动速度的技术手段实现,并且,利用计算机控制伺服电机的驱动速度是本领域的公知技术,将附件 7 的控制机构设定为计算机是不必付出创造性劳动的。附件 7 的发明目的与本专利不同并不影响本领域的技术人员由附件 7 得到前述技术启示。原审判决及第 13568 号决定认定本专利的权利要求 1 相对附件 7 及常用技术手段的结合不具备创造性并无不当。在本专利权利要求 1 不具有创造性的情况下,专利复审委员会认定本专利权利要求 2—6 相对于附件 7 及常用技术手段的结合也不具备创造性亦无不当。上诉人关于本专利具有创造性的上诉主张缺乏根据,不予支持。]

户谷技研工业株式会社申请再审称:

1. 本专利与附件 7 在发明目的和整体技术构思上是相悖的,且恰恰是以附件 7 作为发明的背景技术和改进对象,其所要解决的是附件 7 的技术方案中存在但该方案又无法解决的技术问题,第 13568 号无效宣告请求审查决定(简称第 13568 号无效决定)

认定本专利相对于附件7不具备创造性不符合事实。使周期时间保持不变而改变送进时间和热密封时间的选定值是附件7所述方案的技术实质，附件7提出的技术方案成立的前提是要保持周期时间不变，并在此前提下，按照反比例变化关系来任意调整决定周期时间的另外两个技术参数变量——送进时间和热密封时间。周期时间由送进时间和热密封时间决定，且周期时间相当于一个变量，要保持不变，而送进时间和热密封时间则属于可以任意调整的变量。正是由于周期时间固定不变，所以在由这三个时间参数所构成的函数关系中，才能使送进时间与热密封时间的数值按照此消彼长的反比例变化关系进行任意调整。而本专利的技术实质与附件7的技术实质相反，是要使送进时间和热密封时间的选定值保持不变而改变周期时间，所提出的技术方案通过增加一个对周期时间具有决定作用的新的技术参数变量——等待时间T4，从实质上改变附件7中的技术参数结构及其函数关系，并客观上解决了附件7存在的技术问题，产生了良好的技术效果。附件7不可能给出"使送进时间和热密封时间保持不变而任意改变周期时间"的技术启示。

2. 第13568号无效决定认定本专利权利要求1与附件7的区别特征中包括"加入T4的手段"，不符合事实。由此导致第13568号无效决定错误地将权利要求1要求保护的技术方案"偷换"为本专利实际要解决的技术问题，存在错误……

专利复审委员会辩称：

1. 附件7中记载的送进时间和热密封时间不是紧密衔接的，附件7的附图2的第2、3个波形展示了送进时间终止时间点和热密封时间开始时间点是错开的。附件7全文中没有任何关于送进时间和热密封时间是反比例变化关系的记载。事实上，附件7是要实现送进时间和热密封时间可相对独立地变化，附件7的周期时间是可以缩短或者延长的，但无论可变否均不影响其技术方案的技术原理，即可以变速度控制密封杆的移动，从而进一步实现热密封时间、热密封时间以外时间的缩短或延长，这也是本专利的技术原理。

2. 权利要求1中关于T4的记载仅仅为"加入等待时间T4，从而使装置的周期时间T3改变"，因此，将"加入T4的手段"理解为"可使T3改变"并不超出权利要求1的限定。将"T3改变"理解为权利要求1要求保护的技术方案所包含的技术手段不影响权利要求的保护范围。

3. 根据本专利的说明书，"加入等待时间"是通过降低密封杆非接触时间的移动速度而带来的，附件7同样也通过不等速地控制密封杆的移动速度改变密封杆接触的时间或者离开的时间，利用的技术原理相同，都可利用密封杆运动周期经过的路程为定值，从时间推导出速度或从速度推导出时间。

……

本院认为：本案争议的焦点问题是本专利权利要求1相对于附件7公开的技术方案是否具备创造性。

本专利的权利要求1要求保护一种塑料薄膜层的密封装置。附件7也公开了一种塑料膜热密封装置，其技术领域与本专利相同。本专利权利要求1的技术方案与附件7相比,硬件结构即机械结构完全相同,争议的区别技术特征在于软件驱动方式上增加了一个时间参数,即"并可在上述塑料薄膜层送进时间T1与热密封时间T2之间加入等待时间T4,从而使装置的周期时间T3改变",其能够达到的技术效果是"在不改变塑料袋长度与塑料薄膜层的热密封的条件下,可以任意地降低塑料袋的制造速度,把塑料薄膜层的材料成本限制在最小限度。然后,在装置运转制造塑料袋时,能去掉等待时间T4,使装置的周期时间T3缩短,塑料袋的制造速度提高"。

判断权利要求1对本领域的技术人员来说是否显而易见,需要确定附件7公开的技术方案是否给出了将区别技术特征应用到最接近的现有技术以解决发明实际解决的技术问题的启示,如果这种启示会使本领域的技术人员在面对所述技术问题时,有动机改进该最接近的现有技术并获得要求保护的发明,则应当认为是显而易见的。权利要求1相对于附件7要实际解决的技术问题是,在保持塑料薄膜层的送进时间和热密封时间的选定值的情况下,可以任意改变装置的周期时间。附件7公开的技术方案是,通过对伺服电机进行不等速驱动,使得可动密封杆接近、远离固定密封杆期间的曲柄的转速可以不同于可动密封杆与固定密封杆接触期间的曲柄的转速,从而分别独立地控制可动密封杆接近、远离固定密封杆的时间和可动密封杆与固定密封杆接触的时间,使这两个时间之间不具有附件7背景技术所述的关联时间。因此,能够通过相对地增大可动密封杆接近、远离固定密封杆的时间并相对地减小可动密封杆与固定密封杆接触时间来处理大而薄的塑料袋,并且通过相对地减小可动密封杆接近、远离固定密封杆的时间并相对地增大可动密封杆与固定密封杆接触时间来处理小而厚的塑料袋。可见,附件7给出了通过对伺服电机进行不等速驱动来彼此独立地改变可动密封杆接近、远离固定密封杆的时间和可动密封杆与固定密封杆接触时间的技术启示。根据本专利的说明书记载,曲柄15的第1速度V1与塑料薄膜层的热密封时间T2相关,曲柄15的第2速度V2与塑料薄膜层的送进时间T1相关。在上述技术启示下,本领域技术人员在面对调整装置将塑料薄膜层试验性地送进、试验性地热密封时,在不改变塑料袋的长度和塑料薄膜层的热密封条件下,会利用附件7给出的上述技术启示,有动机地通过计算机调整、变化曲柄15的驱动速度V2,将曲柄的驱动速度V2压得比附件7中的第2速度V2低或者选得比其第1速度V1的值低,从而可加入等待时间T4或者使加入的等待时间T4更长,能够使装置的周期时间T3任意变化、延长,把塑料薄膜层的材料成本限制在最小限度。之后,在装置运转制造塑料袋时,能去掉等待时间T4使装置的周期时间T3缩短,与附件7的技术方案完全相同。因此,本领域技术人员在面对"保持塑料薄膜层的送进时间和热密封时间的选定值的情况下,可以任意改变装置的周期时间"的技术问题,根据附件7公开的上述技术内容能够有动机获得权利要求1的技术方案。权利要求1相对于附件7是显而易见的,不具备创造性。第13568号无效决定以及一、二审判决认定权利要求1相比附件7与公知技术的结合不具备突出的实质性特点和显著的进步,因而不具备创造性,不符合专利法第二十二条第三款的规定,并无不当……

户谷技研工业株式会社主张其在申请专利时将附件7作为现有技术记载在本专

利的背景技术中,但并未就审查员在实质审查程序中用该背景技术的技术方案来评价本专利是否具备创造性进行举证,本专利授权公开的说明书中记载的参考文献不包括该背景技术,实际审查时也未涉及,户谷技研工业株式会社在本院询问程序中关于本专利的实质审查与无效审查标准不一致的主张,缺乏事实依据。户谷技研工业株式会社认为本专利在发明目的和整体技术构思上与附件7是相悖的,附件7的技术实质是"使周期时间保持不变而改变送进时间和热密封时间的选定值""送进时间与热密封时间反比例变化",但附件7中没有关于"周期时间保持不变"以及"送进时间与热密封时间反比例变化"的记载。另外,本专利加入T4的目的就是在试验性的生产中调整各种参数以降低生产的效率,在实现这个目的后,恢复正常的生产时可以把T4去掉,与附件7的技术方案相同。本专利是对比文件基础上作出的改进,其目的是增加等待时间T4,与附件7的发明目的构思并不是完全矛盾的。户谷技研工业株式会社的主张与事实不符,本院不予支持。

3.3 "显然可以尝试"标准的适用

In re Kubin

美国联邦巡回上诉法院 561 F.3d 1351(2009)

RADER 法官:

Marek Kubin 和 Raymond Goodwin(上诉人)对[专利商标局]专利上诉与争议委员会(the Board of Patent Appeals and Interferences,以下称"委员会")的一项决定提出上诉。在该决定中,上述委员会依据美国专利法第103条(a)和第112条第1款分别以缺乏创造性和缺乏书面描述为由,驳回了第09/667,859号美国专利申请("第859号申请")。因为委员会正确地认定上诉人的权利要求在专利法意义上是显而易见的,本院维持该决定。

I

本案所呈现的权利要求指向一种经典的生物技术发明——分离一个人类基因并确定其排序,该基因编码一种特定范围内的蛋白质……具体地说,上诉人对编码一种蛋白质("多肽")即所谓"自然杀手细胞激活引诱配合基"(Natural Killer Cell Activation Inducing Ligand,"NAIL")的 DNA 分子("多聚核苷酸")提出权利要求。

自然杀手("NK")细胞被认为源于骨髓,是一类具有细胞毒性的淋巴细胞(cytotoxic lymphocyte),在抗击肿瘤和病毒方面扮演主要角色。NK 细胞在受到刺激时分泌(express)一系列表面分子(surface molecules),该分子可以激活细胞毒性机制。NAIL 是细胞表面的一种具体的受体蛋白(receptor protein),在激活 NK 细胞的过程中扮演一定角色。

[诉争专利申请]的说明书描述了一种 NAIL 多肽的氨基酸序列。该发明还分离了编码 NAIL 多肽的多聚核苷酸,并确定其排序。此外,发明人宣称他们发现了 NAIL

和一种被称作 CD48 的蛋白质之间的绑定关系(binding relationship)。NAIL—CD48 互动对于 NK 细胞有重要的生理意义,包括可以增加细胞内的细胞毒性和干扰素的产量。上诉人申请中的代表性的权利要求 13 对编码 NAIL 蛋白上的 CD48 绑定区域(CD48-binding region)的 DNA 提出权利主张:

73. 一种分离状态的核苷酸序列分子,含有(comprising)编码一种多肽的多聚核苷酸,该多肽中至少 80% 与 SEQ ID NO:2 的氨基酸 22—221 相同,该多肽绑定 CD48。

换句话说,上诉人主张一类分离状态的多聚核苷酸,该核苷酸编码一种绑定 CD48 的蛋白质,它至少有 80% 与 SEQ ID NO:2 的氨基酸 22—221(NAIL 的 CD48 绑定区域的已披露的氨基酸序列)相同。

……

II

……

在显而易见性方面,专利上诉与争议委员会结合了美国第 5,688,690 号专利(而易见性方面,专利上诉与和 2 Joseph Sambrook 等著《分子克隆:实验手册》页 43—84(1989 年第 2 版)("Sambrook")的教导,驳回了上诉人的权利要求。该委员会还考虑了下列论文:Porunelloor Mathew et al, Cloning and Characterization of the 2B4 Gene Encoding a Molecule Associated with Non-MHC-Restricted Killing Mediated by Activated Natural Killer Cells and T Cells, 151 J. Immunology 5328—37 (1993) ("Mathew"),不过认为该论文与 Valiante 和 Sambrook 文献的作用重叠。

Valiante 公开了一种被称作"p38"的受体蛋白质,该蛋白质发现于人类 NK 细胞的表面。Valiante 指出,p38 受体几乎存在于所有的人类 NK 细胞,能够作为具有细胞毒性的 NK 细胞的激活标记(activation marker)。Valiante 还披露了一种专门针对 p38 蛋白质的单克隆抗体,称作"mAB C1.7"。该委员会发现(上诉人也没有异议)Valiante 的 p38 蛋白质与 NAIL 是相同的蛋白质。单克隆抗体是一种在实验室对一个克隆体进行大规模复制所得的抗体,只能识别一种抗原。单克隆抗体可以用作具体识别或瞄准(target)特定类型细胞的探针(probes)。

Valiante 指出,"p38 受体的 DNA 和蛋白质序列可以通过该领域熟练技术人员所知晓的传统方法获得"。

……

Valiante 专利的实施例 12 进一步描述了一种分离和识别 p38 受体的 5 步克隆方案。Valiante 既没有披露 mAb C1.7 所能识别的 p38 的氨基酸序列,也没有披露编码 p38 的多聚核苷酸序列。Sambrook(被 Valiante 引用)描述了分析克隆的方法。Sambrook 并没有讨论如何去克隆任何具体的基因,但是对克隆物质和技巧提供了详细的说明。

Mathew 的文献披露了一种"所有的 NK 细胞都会分泌"的细胞表面受体蛋白质,被称作 2B4。Mathew 披露,2B4 参与激活老鼠的 NK 细胞。他还披露了 2B4 基因的染色体绘图、克隆、表达和分子特征等。此外,Mathew 说明了一种特别针对 2B4 的单克隆抗体 mAb2B4,以及一种获取编码 2B4 蛋白的基因序列的详细的克隆方法。该委员会发现,Mathew 的信号分子(signaling molecule)2B4 是 Valiante 的 p38 的鼠科版。在委员会看来,Mathew 的教导"与 Valiante 和 Sambrook 的教导有重叠,仅仅是举例说明该领域的普通技术是如何被用作克隆类似多肽的 cDNA 并确定其排序"。

该委员会认定下列事实:上诉人使用了 Sambrook 所列举的传统技巧来分离编码 NAIL 的基因并对确定其排序。上诉人所主张的 DNA 序列是利用 Valiante 所披露的商用单克隆抗体 C1.7 从一个 cDNA 文库中分离出来的。关于所谓 SEQ ID NO:2 的氨基酸序列,委员会发现:

Valiante 对 p38 多肽以及一种详细的分离 p38 所对应 DNA 的方法的披露(包括对一种具体探针即 mAbC1.7 的披露),表明 Valiante 掌握了 p38 的氨基酸序列,并让人对获取编码 p38 的多聚核苷酸——上诉人的权利要求 73 所涵盖的一种多聚核苷酸——有了合理的期待。

因为 NAIL 在人体免疫反应中的重要角色,该委员会还发现,"该领域的普通技术人员会认识到分离 NAIL cDNA 的价值,并会受激励用传统技术,比如 Sambrook 所披露并被 Valiante 所采用的方法,去分离它"。

基于上述事实发现,该委员会转而依据第 103 条考虑显而易见性的这一法律问题。该委员会援引了最高法院在 KSR International Co. v. Teleflex Inc., 550 U.S. 398 (2007)案中的意见,认为上诉人的权利要求"'并非创新的产物,而是普通技术和常识',从而让我们认为 NAIL cDNA 不可专利因为分离它是显而易见的"。

……

Ⅲ

……

显而易见性是一个基于事实发现的法律问题。显而易见性分析必须基于数项事实调查:(1) 现有技术的范围和内容;(2) 现有技术和诉争权利要求之间的差别;(3) 发明之时该领域普通技术水平;(4) 非显而易见性的客观证据,如果有的话。现有技术文献的教导是显而易见性调查背后的事实问题。

A.

……

本院认定委员会有实质性证据支持其结论,即上诉人使用了 Valiante 和 Sambrook 所教导的传统技术分离 NAIL 的基因序列。上诉人辩称 Valiante 和 Sambrook 的方法有缺陷,因为它们不能为细胞培养液的准备提供任何指导,而该培养液是准备 cDNA 文库所需的 mRNA 的有用来源。可是,上诉人自己披露的内容否定了这一抗辩的说服力:

核苷酸序列是指多聚核苷酸分子的分离碎片或更大的核酸结构物的组成部分。核酸分子从 DNA 或 RNA 中获取。该 DNA 或 RNA 至少应当被实质性纯化并达到一定的数量或浓度,从而能够通过标准的生化方法(比如 Sambrook 等著《分子克隆:实验手册》1989 年第 2 版中所列举的方法)对它的部分核苷酸序列进行识别、操作和复原。第 859 号申请,页 16—17。

[发明人]Kubin 和 Goodwin 不能一方面对公众说他们所主张的基因序列可以利用一本著名的克隆技术手册上所述的标准的生化方法获取和分离,而另一方面又否定该手册与他们权利要求的显而易见性判断有关……

基于同样的思路,本院审查该委员会对 Mathew 的教导以及 Mathew 的 2B4 与 Valiante 的 p38 蛋白质之间联系的援引。最初,该委员会只是将 Mathew 视为 Sambrook 和 Valiante 的重复。因此,委员会的显而易见性分析并不明确依赖 Mathew。相反,委员会认为 Mathew 只是"举例说明该领域的普通技术是如何被用作克隆类似多肽的 cDNA 并确定其排序"。在这一方面,记录表明,该领域的普通技术人员会认识到 Valiante 和 Mathew 都毫无争议地关注 NK 细胞的控制(regulation)——Mathew 是关于老鼠而 Valiante 是关于人类。像 Valiante 的实施例 12 一样,Mathew 讨论了识别、分离和克隆编码 2B4 的 cDNA 的详细方案,该 2B4 蛋白质后来被发现是 Valiante 的 p38 蛋白质的鼠科等同物,也即上诉人的 NAIL 蛋白质。而且,Mathew 明确指出,他的基因组 DNA 印迹分析确定了 2B4 基因的人类同系物。总之,有实质性证据支持委员会的结论,即 Matthew 使得利用现有技术的教导获取权利要求所主张的序列变得相对容易。

……

B.

本案还要求本院考虑该委员会对本院以前在经典的生物技术发明的背景下对显而易见性的分析方法(特别是 In re Deuel, 51 F. 3d 1552 (Fed. Cir. 1995)案)的适用。在 Deuel 案中,本院推翻了委员会的下列结论:一份现有技术文献披露了一种基因克隆的方法,同时另一文献披露了一个蛋白质的部分氨基酸序列,则编码该蛋白质的 DNA 分子因此是显而易见的。在推翻该委员会的上述结论时,本院在 Deuel 案中指出"关于蛋白质的知识并没有让人获得对编码该蛋白质的特定 DNA 的认知(conception)"。而且,本院指出"显然可以尝试"(obvious to try)对显而易见性而言并非合适的测试法:

在没有其他现有文献揭示(suggests)所要保护的 DNA 的情况下,存在分离 cDNA 或 DNA 分子的一般方法与"特定 DNA 分子本身是否显而易见"这一问题并无本质性的关联(essentially irrelevant)……"显然可以尝试"早就被认为并不构成显而易见。一般的动机(general incentive)并不让一个具体结果(particular result)显而易见,存在实施上述尝试的技巧也并不会让该具体结果显而易见。

……

专利上诉与争议委员会直接讨论了 Deuel 案规则在本案中的适用。具体地说,该委员会注意到最高法院在 KSR 案中对本院所采用的"显然可以尝试"学说产生怀疑:

在 Deuel 案与本案相关的范围内(即巡回法院拒绝"显然可以尝试"测试法),我们注意到最近最高法院在一定程度上对 Deuel 案的生命力(viability)产生怀疑。依据

KSR,在比现在在比我们先前所想象的更多的情形下,"显然可以尝试"可能是一个合适的测试法。

Deuel 暗示,在显而易见性调查过程中不能考虑"权利要求的要素组合显然可以尝试"这一因素,最高法院在 KSR 中毫不含糊地质疑了这一点。事实上,最高法院明确地援引 Deuel 作为被质疑的"明显可以尝试"学说的来源。最高法院审查了本院以 Deuel 案为基础作出的驳回决定。本院的驳回决定认为,该现有技术要素的具体组合是显而易见的,因为该领域的普通技术人员显然会去尝试这一组合……

Deuel 案限制熟练技术人员"组合现有技术范围内的技术要素"的能力,最高法院则将之作为错误抛弃了:

同样狭隘的分析方法导致区法院得出了错误的结论——仅仅证明技术要素的组合"显然可以尝试"(obvious to try)并不能证明专利权利要求是显而易见的。当存在一项设计需求或解决某一问题的市场压力,也有有限数量的确定的(identified)且可预见的解决方案时,普通技术人员完全有理由在其技术能力的范围内去寻求这些已知的可选择方案(options)。如果这导致预期中的成功结果,则该产品[所体现的]可能就不是一种创新,而只是一种普通技能或常识。在这种情形下,"该组合显然可以尝试"的事实或许表明,依据第 103 条,它是显而易见的。KSR, 550 U. S. at 421, 127 S. Ct. 1727.

最高法院在这一背景下对形式主义的显而易见性审查方法提出的告诫,实际上使得本院在 In re O'Farrell 案中的智慧得以复活。该案比 Deuel 案判决差不多早 7 年。本院在 O'Farrell 案中警告说,"显然可以尝试"是一个经常被误解的咒语:

的确,本院及其前身反复强调,"显然可以尝试"并非专利法第 103 条下的判断标准。但是,这一公理的含义有时候并未被人理解(lost)。依据第 103 条被认为是显而易见的发明,在一定意义上也会是"显然可以尝试"的。问题是:什么时候一个发明"显然可以尝试"却依然非显而易见呢? In re O'Farrell, 853 F. 2d 894, 903 (Fed. Cir. 1988).

为了区分合适的与不合适的"显然可以尝试"学说,本院列举了两类"显然可以尝试"被错误地等同于第 103 条下的显而易见的情形。在第一类案件中,"显然可以尝试"是指改变所有的参数或尝试众多可能的选择中的每一种选择直到可能得到一个成功的结果,而现有技术并没有说明哪个参数是关键的,也没有指出众多可能的选择中哪些是可能成功的。

在这些情形下,被告只是朝布满现有技术组合可能性的木板投飞镖,法院不能屈服于基于后见之明的显而易见性主张。对于这一主张的反面,最高法院在 KSR 案的陈述中作了简要的描述:熟练技术人员只是从有限数目的确定的、可预见的解决方案中寻找已知的可选择方案(known options),则构成第 103 条的显而易见。

O'Farrell 案所列的第二类不能被视为[显而易见]的"显然可以尝试"的情形是指:"显然可以尝试"的是,在很有希望的实验领域利用(explore)一项新技术或一般性的方法,而现有技术对于特定形式的发明或如何实现该发明仅仅提供了一般性的指导。853 F. 2d at 903.

同样,KSR肯定了这一陈述的反面逻辑,指出"除非技术改进超出了根据现有技术要素的已知功能实现可预见用途的范围",否则专利法第103条会否定其可专利性(即创造性)。

本院在O'Farrell案中发现,专利权人的权利要求是显而易见的,因为专利上诉与争议委员会对该权利要求的驳回决定并没有落入上述两种常见的"显然可以尝试"陷阱。特别是,本院注意到,当现有技术中含有"实施所要保护的发明的详细而可行的方法、修改现有技术以实施所要保护的发明的建议、以及提示这么做会成功的证据"时,认定[该发明]显而易见是合适的。在回应下列关切——现有技术的不确定性影响组合发明取得成功的可能性,本院指出:"显而易见性并不要求对成功有绝对的预见性(absolute predictability)……所需要的只是对成功的一种合理期待。"最高法院在KSR案中重新恢复了这一分析方法的活力。

KSR和O'Farrell案对于本案有指导意义。上诉人的权利要求73涵盖了一类分离状态的编码NAIL蛋白质的核酸分子。如委员会所言,Vailante披露了上诉人所关注的蛋白质,即Valiante所说的"p38"。Valiante披露了单克隆抗体mAbC1.7,专门针对p38/NAIL,并进一步披露了利用mAbC1.7克隆编码p38/NAIL蛋白质的核酸分子的五步法。事实上,Valiante指出"受体p38所对应的DNA和蛋白质序列可以通过本领域熟练技术人员所知晓的传统技术方法获得",并引用了与Kubin和Goodwin所引用的完全一样的Sambrook的克隆手册。后者也建议说该基因序列可以通过标准的生化方法识别并复原。此外,案卷记录也强有力地支持委员会下列事实发现(上诉人显然没有发现任何反驳的余地):鉴于Valiante教导说"差不多所有的人类NK细胞都会分泌p38,因此p38在免疫反应中起作用",普通技术人员会因此而受到激励去分离NAIL cDNA。记录表明,现有技术披露了有趣的蛋白质,提供了分离编码该蛋白质的DNA的动机,并且对使用专门针对该蛋白质的单克隆抗体克隆该基因的做法做了说明。因此,本发明并非创新的产物,只是普通技术和常识的产物。或者,用本院确立已久的判例法的术语说,记录表明熟练技术人员在参考现有技术的教导之后,对于成功获取所主张的发明有明显合理的期待。

本院并不愿意将KSR限制在所谓"可预测的技术领域"(与所谓不可预测的生物技术领域相对)。实际上,本案的记录表明,这一前沿技术领域的熟练技术人员会发现权利要求所主张的结果有很高的可预见性(profoundly predictable)。现有技术中的克隆和测序技术众所周知并且很可靠;对于一个已经明确的蛋白质,其结构就更容易知晓和获得了。因此,本院并不认为克隆编码该蛋白质的基因的容易程度和可预见性是无关的因素。在面对KSR时,本院不能坚持形式主义的显而易见性审查规则,即在具体的科学技术领域采用具体化的法律测试方法,以至于认为整个类别的现有技术的教导是无关的,或者无视前沿技术领域内普通技术人员所具备的重要能力(significant abilities)……

本案记录表明,Valiante并没有明确提供NAIL的蛋白质序列或者NAIL基因的多聚核苷酸序列。在这一意义上，Kubin 和 Goodwin[对于该序列]的披露还是有较小的技术贡献。但是，"对那些在寻常过程中会自然出现而且没有真正创新的技术进展（advances）给予专利保护，会阻碍技术进步"……就像委员会所发现的那样，在参考了 Sambrook 和 Valiante 的扎实而具体的教导之后，该领域的技术人员会产生动机去获得上述发明所主张的序列，并且对成功有合理的预期。在这一意义上，权利要求所主张的发明在现有技术的背景下，已经为熟练技术人员所合理期待，并且"明显可以尝试"。那些现有文献一道披露了一个与 NAIL 相同的蛋白质，一个通过商业渠道可获取的专门针对 NAIL 的单克隆抗体、以及关于获取 NAIL 所对应的 DNA 序列的方法的明确说明。这些披露并非"对于可能会成功的多种可能的选择没有指明方向"的现有技术，也不是"对'特定形式的发明或如何获得该发明'仅仅具有一般指导意义"的现有技术。就像专利上诉与争议委员会所发现的那样，上述现有技术对于成功获取权利要求 73 所涵盖的多聚核苷酸，提供了合理的期待。这正是第 103 条下"显而易见"所要求的全部内容。因此，本院维持该委员会关于显而易见性的结论。

……

思考问题：

（1）结合本案思考物质发明的创造性与获取该物质的方法的创造性之间的关系问题。一般认为，发明的创造性审查与发明过程无关，但是，在什么情况下，制造产品的方法的创造性会影响产品的创造性？

（2）"显然可以尝试"在什么情况下会被认为是"显而易见"？

3.4 美国创造性审查标准的改革

美国联邦巡回法院在 Teleflex, Inc., v. KSR International Co.（2005）案中阐述了下列创造性的判断标准：

> 当显而易见性以多份现有技术文献为基础时，请求人必须要证明存在一些"建议、教导或动机"引导该领域普通技术人员按照权利要求所述的方式去组合相关现有技术的教导……
>
> 组合现有技术文献的理由、建议或动机可以明示或默示地存在于：(1) 现有技术文献自身中；(2) 该领域的普通技术人员所具备的知识中，而部分文献或这些文献披露的内容在该领域引发特别的兴趣或很重要；(3) 所要解决的问题的本质属性中，引导发明人参考与该问题可能的解决方案有关的文献。我们的判例法表明，对抗显而易见性分析中后见之明的吸引力，最好的方法是严格要求证明存在结合现有技术文献的"教导或动机"……这是因为，在没有建议、教导或动机的情况下，将现有技术文献结合起来，实际上是以发明人所披露的内容为蓝图，将现有技术要素拼凑起来否定发明的可专利性，这是典型的后见之明。因此，我们一直认为，该领域普通技术人员不仅要求要有将现有技术教导结合起来的动机（motivation），而且要求要有按照权利要求所述的特定方式结合现有技术教导的动机……

上述标准与美国最高法院在 KSR 中所表述的标准究竟有没有冲突呢？为什么？

在美国，KSR 一案判决有其特殊的背景因素。近年来，美国产业界对专利局授权的专利质量的批评越来越多。通常认为，创造性审查标准的高低，直接影响专利的质量。创造性标准过于松懈，是导致授权专利质量不高的主要因素。很多有影响力的跨国公司呼吁美国像欧洲或中国一样，采取比较严格的专利权授权标准，减少垃圾专利的出现。在上述背景下，美国最高法院接受 Teleflex 案，对巡回法院判决所坚持的传统的创造性标准进行适当的调整，有着重大的意义。

美国最高法院实质上并没有否定所谓的 TSM 测试法，而是反对过于僵化地适用它。法院认为创造性判断是许可判断者在在先文献缺乏明确启示的情况下引入熟练技术人员所了解的知识。从理论上讲，这一结论并不存在大的问题。不过，这也就为各种各样的后见之明或主观臆断打开方便之门。审查员的裁量权变得过于武断，其否定创造性的决定更难以挑战。这将损害很多申请人的利益。你觉得从哪些方面可能对这一缺陷进行弥补，而又不重新回到过去的老路子上去？

3.5 组合发明的"协同效应"

大多数发明都是对现有知识进行重新组合的结果。审查实践中，审查员很容易受所谓后见之明（Hindsight）的影响，将现有技术要素的组合看成是显而易见的。如果许可审查员任意结合现有技术中的技术要素，对专利申请的创造性提出质疑，则绝大多数组合发明可能都会被审查员的后见之明所否定。这种做法也违背了专利法上所谓"相同领域熟练技术人员"的推定标准，熟练技术人员通常只对自己所属领域的在先知识熟悉，法律似乎不能推定其具备跨越领域的综合能力。这种综合能力，实际上已经是一种创造力了。

如果组合发明中各个要素的组合本身不具备创造性，则审查员需要进一步判断该组合的效果。中国《专利审查指南》（2006）第四章第 4.2 节的策略与美国最高法院在 Great A. & P. Tea Co. v. Supermarket Equipment Corp., 340 U.S. 147(1950) 案中所采用的策略如出一辙，都要求组合发明必须产生所谓的"协同效应"才具备所谓的创造性。美国联邦法院在后续的案件中明确抛弃了这一规则。[1] 比如，在 Stratoflex, Inc. v. Aeroquip Corporation, 713 F.2d 1530(1983) 案中，法官 Markey 指出：

> 法典 35 U.S.C.（专利法）中任何地方都没有协同效应（synergism 或 synergistic effect）的要求。有协同效应，比如在化学案子中，可能可以证明存在非显而易见性，但是没有协同效应在评估显而易见性的证据方面没有位置……
>
> 对于'组合专利'的提法同样得不到专利法的支持。对专利进行司法分类，看其是否是组合专利或其他未命名或未定义的类别，并没有法律依据。通过给专利贴上司法创设的标签，然后区别对待不同的专利，也没有法律依据。所谓组合

---

[1] Donald S. Chisum, Craig Allen Nard, Herbert F. Schwartz, Pauline Newman, and F. Scott Kieff, Principles of Patent Law, Second Edition, Foundation Press, 2001, p.548.

专利的提法没有实际意义。实际上,如果["组合专利"]这一标签是指该专利对技术要素的组合提出权利要求,则所有的专利几乎都是"组合专利"。至少,在机械结构技术领域,非组合的发明,即只有一个要素组成的发明是难以想象的。此类发明如果存在,也是很少见的。

对比美国法院对于所谓组合发明的意见和中国《专利审查指南》和法官在深圳通用激光案中的判决,你觉得哪一方的说法更有道理?

参考前文 KSR International Co. v. Teleflex Inc.案,看看美国最高法院是否在该判决中在一定程度上复活了过去对于"协同效应"的强调?为什么?

3.6 创造性与发明过程无关

一项发明的创造性同发明的过程没有关系。即便一项发明不是发明人依照正常的研发步骤自然获得,而是凭借偶然的运气获得,其创造性审查也不受影响。

> 美国专利法第103条还规定"专利性不能因为获得专利的方法而被否定"。我们也一直习惯上认为即使一项发明是科学家凭借某种偶然的机遇侥幸获得,也不能因此否定该发明的专利性。这似乎表明专利法中隐含这样的原则即"发明的产生方式不应影响人们对发明本身的专利性判断"。从逻辑上看,这也没什么矛盾:我们审查专利性,是审查该发明本身的专利性,而不是审查获得该发明的方法的专利性。可是具体到实际问题上,这一原则却引起了人们的疑问。在基因序列的物质专利申请中,审查员通常针对其序列的创造性提出这样的质疑,即发现或揭示这一基因序列的方法是基因工程领域所公知公用的技术,利用该方法自然无所谓创造性,这样利用此方法产生的结果也就可能缺乏创造性——即该基因序列缺乏专利法意义上的创造性。从技术角度上看,如果利用普通技术人员都会使用的方法来分析提纯出某一确定存在的基因序列,该基因序列应该说是每个人无须经过创造性劳动都可以获得的。可是这种判断方法同前面所说的逻辑要求又有冲突,这种冲突在生物和化学方面尤为突出,长期来一直困扰着美国和欧洲的法院。①

不过,在 In re Kubin 案中,法院对这一问题给出了新的答案:在特定情形下,方法发明的显而易见性可能会导致物质发明的创造性被否定。接下来的问题是,本案结论和传统的原则如何协调?

4 创造性的辅助证据

专利申请人通常并不需要主动证明其发明存在创造性。只是他人依据上述方法对其发明创造性提出合理挑战时,申请人才需要提供证据加以反驳。反驳时,申请人

---

① 崔国斌:《基因技术的专利保护与利益分享》,载郑成思主编:《知识产权文丛》第三卷,中国政法大学出版社2000年版,第304页。

当然可以直接提供证据证明上述证明环节中可能存在问题。除此以外，申请人还可以通过一系列辅助手段来证明技术方案具有创造性。这些间接的辅助证据包括：商业上的成功、超出预期的效果、克服技术偏见、在先的失败、众多的专利许可、长期存在的需求等。之所以说它们是辅助证据，是因为它们与创造性之间并不具有逻辑上的必然性，既非创造性存在的充分条件，也非必要条件，只是供审查员或法官综合权衡的反驳证据。

下文将具体讨论商业上的成功、超出预期效果、克服技术偏见等辅助证据，这里只稍稍说明一下"众多的专利许可"这一证据。如果专利在实践中已经对外广泛许可，则这一事实可以用来佐证发明具有创造性。接受许可的人越多，说明同业中诸多人对该专利的尊重和肯定。当然，也有可能是获取许可比挑战专利权效力的风险和成本更小，被许可人选择许可只是为了避免诉讼，而不是真正认可该专利的效力。

4.1 《专利审查指南》规定的其他因素

判断发明创造性时需考虑的其他因素

《专利审查指南》第二部分第四章第5节

……

5 判断发明创造性时需考虑的其他因素

发明是否具备创造性，通常应当根据本章第3.2节所述的审查基准进行审查。应当强调的是，当申请属于以下情形时，审查员应当予以考虑，不应轻易作出发明不具备创造性的结论。

5.1 发明解决了人们一直渴望解决但始终未能获得成功的技术难题

如果发明解决了人们一直渴望解决但始终未能获得成功的技术难题，这种发明具有突出的实质性特点和显著的进步，具备创造性。

【例如】 自有农场以来，人们一直期望解决在农场牲畜（如奶牛）身上无痛而且不损坏牲畜表皮地打上永久性标记的技术问题，某发明人基于冷冻能使牲畜表皮着色这一发现而发明的一项冷冻"烙印"的方法成功地解决了这个技术问题，该发明具备创造性。

5.2 发明克服了技术偏见

技术偏见，是指在某段时间内、某个技术领域中，技术人员对某个技术问题普遍存在的、偏离客观事实的认识，它引导人们不去考虑其他方面的可能性，阻碍人们对该技术领域的研究和开发。如果发明克服了这种技术偏见，采用了人们由于技术偏见而舍弃的技术手段，从而解决了技术问题，则这种发明具有突出的实质性特点和显著的进步，具备创造性。

【例如】 对于电动机的换向器与电刷间界面，通常认为越光滑接触越好，电流损耗也越小。一项发明将换向器表面制出一定粗糙度的细纹，其结果电流损耗更小，优于光滑表面。该发明克服了技术偏见，具备创造性。

5.3 发明取得了预料不到的技术效果

发明取得了预料不到的技术效果,是指发明同现有技术相比,其技术效果产生"质"的变化,具有新的性能;或者产生"量"的变化,超出人们预期的想象。这种"质"的或者"量"的变化,对所属技术领域的技术人员来说,事先无法预测或者推理出来。当发明产生了预料不到的技术效果时,一方面说明发明具有显著的进步,同时也反映出发明的技术方案是非显而易见的,具有突出的实质性特点,该发明具备创造性。

5.4 发明在商业上获得成功

当发明的产品在商业上获得成功时,如果这种成功是由于发明的技术特征直接导致的,则一方面反映了发明具有有益效果,同时也说明了发明是非显而易见的,因而这类发明具有突出的实质性特点和显著的进步,具备创造性。但是,如果商业上的成功是由于其他原因所致,例如由于销售技术的改进或者广告宣传造成的,则不能作为判断创造性的依据。

4.2 商业上的成功

商业上的成功与技术的创造性之间的联系,需要经过多层的假设和推导才能够建立起来;如果一项技术能够取得商业上的成功,则可能吸引很多人努力去研发此项技术。可事实上,在发明人作出发明之前,并没有人受此吸引而成功作出该发明。因此,发明该技术方案本身并不是一件容易的事情。同时,市场对该产品作出积极反应,也说明该产品不同于先前的普通产品,可能具有迎合消费者需要的创新成分。这里有很多假设的前提,比如一项技术可能的商业成功能够为潜在的发明人所感知从而能够吸引人们朝着这一方向努力。、商业上的成功不是非技术因素(比如广告)造成的。一旦这些前提不存在,商业上的成功就不再具有说服力。

胡颖 v. 专利复审委员会

最高人民法院(2012)行提字第 8 号

王永昌、李剑、宋淑华法官:

一审法院审理查明,本专利是名称为"女性计划生育手术 B 型超声监测仪"的第 200420012332.3 号实用新型专利,申请日为 2004 年 8 月 11 日,授权公告日为 2005 年 8 月 17 日,专利权人为胡颖。授权公告的权利要求为:1. 一种女性计划生育手术 B 型超声监测仪,包括现有的 B 型超声仪(1),其特征在于:该 B 型超声仪的探头(2)与阴道窥器(3)卡接。

[恩普公司针对本专利提出无效宣告请求。专利复审委员会宣告本专利权全部无效。一审法院维持原决定。胡颖不服提起上诉。]

为证明本专利已经取得商业上的成功,胡颖在二审审理期间提交了以下证据:

新证 1:中国人民解放军成都军区联勤部机关医院谭昌琴等 11 位专家提供的专家证言,证明新技术"经阴道超声介入性计划生育手术"解决了现有技术中如何提高人工流产手术的成功率,减少手术并发症的发生,以及如何解决妇产科医生在盲视下手术的问题。

新证2:湖北省计生服务站医疗设备政府采购订货合同(2007)、(2008),河南省人口与计划生育委员会医疗器械采购项目合同、黑龙江省政府采购合同,涉及购买数量不等的无锡贝尔森影像技术有限公司生产的B超监视妇产科手术仪。

新证3:中华医学会电子音像出版社出具的证明及出版证书,证明该社联合贝尔森影像技术有限公司于2008年出版了"经阴道超声介入性计划生育手术"DVD光盘,并向全国发行。

……

二审法院认为,……在本案二审审理期间,胡颖提交的新证1、3能够证明本专利以及依照本专利的技术方案生产的B超监视妇产科手术仪解决了现有技术中如何提高人工流产手术的成功率,减少手术并发症的发生,解决妇产科医生在盲视下手术的问题。新证2、3能够证明依照本专利的技术方案生产的B超监视妇产科手术仪已经在全国广为推广并通过政府采购占有一定的市场份额。上述证据可以证明本专利已经取得商业上的成功,而且这种成功是由于该实用新型专利的技术特征直接导致的。

[二审法院判决撤销一审判决,判令专利复审委员会重新作出审查决定。]

专利复审委员会不服二审判决,向本院申请再审称……二审判决关于本专利取得"商业上的成功"存在事实认定和法律适用错误:1.二审判决仅以政府采购合同以及发行光盘而直接认定该产品取得商业上的成功,既没有考虑光盘出版行为属于"类似于单方的广告行为"这一性质,也没有考虑销售合同订立是否基于技术因素,因此在事实认定上存在错误。2.在创造性判断中,"商业上的成功"系从对社会经济的刺激作用的角度对一项发明是否可获得相应垄断地位进行考量和评价,该判断方式应当是在使用三步法难以判断得出清晰结论甚至判断得出否定性结论时才发挥作用。适用这一判断方式应当遵循:(1)构成商业上成功的,必须是某个区别于现有技术的特征,而非现有技术中已有的技术方案;(2)商业上的成功,必须是由该区别特征,而不是由于销售策略、销售手段等因素导致的;(3)"商业上的成功"不仅要求某一技术方案所对应的产品能够被销售出去,而且要求由于涉案技术方案对现有技术的改进而使得其在商业上明显优于已有产品。二审判决未考察本专利与现有技术是否存在区别特征,也未考察新证据3中的购销合同本身是否是由区别特征带来的,而笼统认定"本专利取得了商业上的成功";未考虑政府采购行为受制于多种因素,也未考虑医疗器械在我国进行销售的特殊性,直接将"政府采购""购销合同"认定为专利法的"商业上的成功"。以上认定属于适用法律错误。

……

本院认为,本案争议的焦点在于:(一)权利要求1是否具备创造性;(二)本专利产品是否获得商业上的成功。

……

（二）本专利产品是否获得商业上的成功

对技术方案创造性的评价，一般会从对现有技术作出贡献的角度出发，采取相对客观的"三步法"判断方式，判断要求保护的技术方案是否对现有技术构成了实质上的"贡献"，从而决定是否对其授予专利权。当采取"三步法"难以判断技术方案的创造性或者得出技术方案无创造性的评价时，从社会经济的激励作用角度出发，商业上的成功就会被纳入创造性判断的考量因素。当一项技术方案的产品在商业上获得成功时，如果这种成功是由于其技术特征直接导致的，则一方面反映了该技术方案具有有益的效果，同时也说明了其是非显而易见的，该技术方案即具有创造性。但是，如果商业上的成功是由于其他原因所致，例如销售技术的改进或者广告宣传等，则不能作为判断创造性的依据。因此，商业上的成功是当技术方案本身与现有技术的区别在构成可授予专利权的程度上有所欠缺时，如有证据能够证明该区别技术特征在市场上取得了成功，则从经济激励的层面对其予以肯定。

商业成功是创造性判断的辅助性因素。与相对客观的"三步法"而言，对于商业上的成功是否确实导致技术方案达到被授予专利权的程度，应当持相对严格的标准。当申请人或专利权人主张其发明或者实用新型获得了商业上的成功时，应当审查：(1) 发明或者实用新型的技术方案是否真正取得了商业上的成功；(2) 该商业上的成功是否源于发明或者实用新型的技术方案相比现有技术作出改进的技术特征，而非该技术特征以外的其他因素所导致的。商业上的成功体现的是一项发明或者实用新型被社会认可的程度。理论上讲，成功与否应当由该发明或者实用新型所代表的技术或产品相比其他类似的技术或产品在同行业所占的市场份额来决定，单纯的产品销售并不能代表已经取得商业上的成功。一项发明或者实用新型获得商业上的成功所基于的直接原因应当是创造性判断的重点。导致商业上取得成功的，必须是发明或者实用新型的技术方案相比现有技术作出改进的技术特征，而非该技术特征之外的其他因素。因此，必须对导致商业成功的原因进行详细分析，从而排除技术特征之外的其他因素对取得商业成功的影响。

本案中，在无效程序中，专利权人没有主张本专利在商业上获得了成功，也没有提交关于本专利在商业上成功的证据。因此，专利复审委员会在对本专利进行创造性判断时，没有考虑商业成功的因素，并无不当。专利权人在二审阶段提交证据证明其专利产品获得了商业成功，新证据1是11所医院的医生提供的证言，其中记载这些医院采用"经阴道超声介入性计划生育手术"技术产生的效果。新证据2是湖北、河南、黑龙江省人口与计划生育委员会分别就Belson—700A、Belson—700D、Belson—700C产品与无锡贝尔森影像技术有限公司签定的政府采购合同。新证据3是中华医学会电子音像出版社出具的关于出版"经阴道超声介入性计划生育手术技术"DVD光盘的证明。但是，上述证据中载明湖北、河南、黑龙江省人口与计划生育委员会采购了116台本专利产品，从产品的销售量来看，尚不足以证明本专利产品达到商业上成功的标准。因此，二审判决基于新证据2和3得出"本专利已经取得商业上的成功"，证据不足，本院不予支持。

由于商业上的成功与创造性之间的联系并不直接,当专利权人利用其商业上的成功来证明其专利的创造性时,必须充分证明该商业上的成功同受保护的发明技术上的先进性之间的关系。它首先需要证明存在商业上的成功,然后获得成功的商品的确是权利要求所指向的发明。权利人还应当证明其商业成功与发明的特点有联系。权利人并不要证明自己的商业成功不是专利以外的原因所致。要求权利人排除其他的可能的因素,对权利人来说过于苛刻,有违一般的证据规则。此后,如果相对人要反驳这种关系,必须自行负担举证责任,证明发明人的成功是由外部因素,比如广告、高超的加工技术等造成的。[①]

关于举证责任,国内的法官则有不同的看法。有评论认为:"在商业上取得巨大成功对发明创造性的支持是比较弱的,只有此种成功是由于发明的技术特征直接导致的,该发明才具备创造性。本案原告提供的发明'价值评估'以及'推广统计表',证明该专利有巨大的商业利用价值,但不能证明该发明所取得的商业上的成功是由于该技术特征直接导致的。"[②]这实际上是要求原告需要进一步排除非发明因素与商业上成功的联系。

中国的司法实践常常对商业上成功持排斥态度。比如,韦国举 v. 国家知识产权局专利复审委员会(北京一中院(2006)一中行初字第653号)案:"对于原告所主张的本专利在商业上获得成功因而具有创造性的观点,本院认为商业上的成功仅是进行创造性审查时考虑的因素,在本案中,原告既没有举证证明其商业上的业绩,也没有证明该业绩是由于本专利的技术特征直接导致的,因此对于原告该主张本院不予支持。"东莞清溪三中万宝表业厂 v. 专利复审委员会(北京一中院(2004)一中行初字第951号)案:"万宝表业厂主张本专利获得了商业上的成功,但万宝表业厂提交的有关媒体报道的内容的真实性和客观性难以确定,且即使上述报道的内容是客观、真实的,也不能证明这种市场业绩是唯一地由本专利的技术方案带来的。因此,万宝表业厂主张本专利获得了商业上的成功证据不足,本院不予采信。"郑桂军 v. 国家知识产权局专利复审委员会((2003)一中行初字第454号):"原告在本案诉讼中举证证明本专利在商业上获得成功,以证明本专利技术方案具备创造性。但是,商业上获得成功只是判断创造性的条件之一,在技术方案本身相对于对比文件不具备创造性的情况下,仅根据相关产品在商业上的成功并不能认定技术方案具备创造性。"卡比斯特制药公司 v. 专利复审委员会(Ⅱ)(最高人民法院(2012)知行字第75号):"发明在商业上取得成功是创造性判断过程中需要考虑的因素。当发明在商业上获得成功时,如果这种成功是由于发明的技术特征直接导致的,则一方面反映了发明具有有益效果,同时也说明了发明是非显而易见的,因而这类发明具有突出的实质性特点和显著的进步,具备创造性。卡比斯特公司提交补充证据2—12用于证明本专利取得了商业上的成功。由于卡比

---

① Martin J. Adelman, Randall R. Rader, John R. Thomas, Harold C. Wegner, Cases and Materials on Patent Law, Second Edition, Thomson West, 2003, pp. 367—369.
② 张广良:《知识产权实务及案例探析》,法律出版社1999年版,第280页。

斯特公司提交的上述证据仅能证明'克必信'药品已取得商业成功,但不能证明这种成功是由于发明的技术特征,即对权利要求有具体限定作用的、使其区别于现有技术的技术特征直接导致的,因此,不能证明本专利相对于现有技术具备创造性。"

Adelman 教授认为"商业上成功的专利可能源于大众的一种广泛的需求,那无须专利的保护就能够保证权利人从中获利,这时如果又赋予一种简单的垄断地位,将进一步扩大这种差距。因此,法院应该谨慎判断这种专利的效力"①。你觉得这种说法有道理吗?

关于商业上成功与创造性的关系,可以参考 Robert P. Merges, Commercial Success and Patent Standards: Economic Perspectives on Innovation, 76 Calif. L. Rev. 803 (1988)(作者认为商业成功对于证明创造性的帮助非常有限)。

4.3 超出预期效果

依据《专利审查指南》,"发明取得了预料不到的技术效果,是指发明同现有技术相比,其技术效果产生'质'的变化,具有新的性能;或者产生'量'的变化,超出人们预期的想象。这种'质'的或者'量'的变化,对所属技术领域的技术人员来说,事先无法预测或者推理出来。"②如果专利技术方案取得了超出熟练技术人员预期的良好效果,则可以用来佐证该发明具有创造性。其内在的逻辑是,如果这一结果可以预见,人们早就会采用该方案,而无须等到发明人来披露该方案。这一点,在所谓的选择性的从属发明上表现得非常明显。

国内有学者认为,超出预期的效果本身应该成为证明发明创造性的直接证据,而不是辅助证据。《专利审查指南》也认为,"当发明产生了预料不到的技术效果时,一方面说明发明具有显著的进步,同时也反映出发明的技术方案是非显而易见的,具有突出的实质性特点,该发明具备创造性。"③其实,超出预期的效果本身并不一定能够证明发明本身存在创造性。如果现有技术对于发明方案给出了明确的启示,沿着该启示公众经过有限的选择甚至没有选择就得到了发明方案,则无论该方案的效果是否超出预期,都没有必要承认该发明的创造性。从这一意义上看,超出预期的效果依然只是反驳发明不存在创造性的辅助性证据。只是在选择性的从属发明的案例中,它显得更为重要而已。

新日铁住金不锈钢株式会社 v. 专利复审委员会

北京高院(2013)高行终字第 1754 号

岑宏宇、刘庆辉、焦彦法官:

根据专利法第二十二条第三款规定,发明的创造性,是指同申请日以前已有的技

---

① Martin J. Adelman, Randall R. Rader, John R. Thomas, Harold C. Wegner, Cases and Materials on Patent Law, Second Edition, Thomson West, 2003, p.368.
② 《专利审查指南》(2010)第二部分第四章第 4 节。
③ 同上。

术相比,该发明有突出的实质性特点和显著的进步。当技术主题涉及到化学混合物或组合物时,各组分及其含量均属于必要技术特征,均应当在独立权利要求中限定。在此类技术方案中,各组分或其含量的变化会引起相应的物理化学反应,可能会导致整体技术方案在效果上的变化。因此,涉及到化学混合物或组合物的创造性判断中,当本领域技术人员可以预测技术方案中组分及其含量的变化所带来的效果时,运用三步法判断创造性是可以的。但是,当本领域技术人员难以预测技术方案中组分及其含量的变化所带来的效果时,不能机械地适用三步法,应当根据技术方案是否取得预料不到的技术效果作为判断是否具备创造性的方法。

本专利权利要求7要求保护一种耐间隙腐蚀性优良的铁素体系不锈钢,属于由诸多金属元素及其含量作为必要技术特征的合金领域。附件4作为最接近的现有技术,公开了一种高温强度优异的铁素体系不锈钢。两者比对,本专利权利要求7各组分与附件4的技术方案中各组分相同,本专利权利要求7各组分除Mn和Ti外,其含量数值范围均与附件4相应组分含量数值范围有共同的一个端点,另一端点也落入附件4所述范围之内,其中,权利要求7中Mn和Ti的含量范围完全落入附件4所述范围之内。由此可见,权利要求7的技术方案均落入附件4的技术方案之中。在此情况下,权利要求7具备创造性的前提是权利要求7属于附件4技术方案的选择发明。在进行选择发明创造性判断时,该选择所带来的预料不到的技术效果是考虑的主要因素。

根据本专利说明书的记载,权利要求7的发明目的在于合成一种具有耐间隙腐蚀性铁素体系不锈钢,从本专利说明书载明的实验数据可知,本专利实施例中C1的最大侵蚀深度为516 μm,而对比例C16的最大侵蚀深度为925 μm。对比例C16属于落入附件4中而未落入权利要求7中的具体技术方案。从效果上看,本专利实施例的最大侵蚀深度比对比例C16的效果提高了44%,可以认为本专利权利要求7取得了预料不到的技术效果,具备创造性。原审法院及专利复审委员会关于本专利权利要求7相对于附件4不具备创造性的认定有误,本院予以纠正。新日铁住金会社关于本专利权利要求7相对于附件4具备创造性的上诉主张成立,本院予以支持。

思考问题:

(1)在此类案件中,对"三步法"的适用可能是"机械地适用"?法院认为,"当本领域技术人员难以预测技术方案中组分及其含量的变化所带来的效果时……应当根据技术方案是否取得预料不到的技术效果作为判断是否具备创造性的方法",有道理吗?

(2)本案涉及的是一种典型的选择发明,判断创造性时应该关注的是作出选择的难度还是效果的不可预见性?

北京亚东生物制药有限公司 v. 专利复审委员会（Ⅱ）

最高人民法院(2013)知行字第77号

周翔、罗霞、杜微科法官：

[案件事实参见本章前面同名案例。]

发明的技术效果是判断创造性的重要因素。如果发明相对于现有技术所产生的技术效果在质或量上发生明显变化，超出了本领域技术人员的合理预期，可以认定发明具有预料不到的技术效果。在认定是否存在预料不到的技术效果时，应当综合考虑发明所属技术领域的特点尤其是技术效果的可预见性、现有技术中存在的技术启示等因素。通常，现有技术中给出的技术启示越明确，技术效果的可预见性就越高。本案中，片剂和颗粒剂均为中药领域常见剂型，该领域对两种制备方法以及所带来的技术效果的可预见性方面的研究较为充分。在对技术效果存在合理的预期的情况下，面对本专利实际要解决的剂型改变的技术问题时，本领域技术人员容易想到结合证据3药典公开的将中药提取物制成颗粒剂的常规制法。如焦点1所述，活性成分与制备方法有关，在提取条件相同的情况下，一般不会导致提取物存在根本性的区别。由于常规颗粒剂制法的两种具体方法均不含减压干燥步骤，本领域技术人员对本专利所采用的颗粒剂的常规制法有利于保持药物活性、产品易于崩解、药物溶出度和生物利用度好具有普遍的预期，由此提高药物有效率也是在合理预期之内的。因此，对该技术效果的预期是基于证据1的处方与常规颗粒剂制法结合后获得的技术方案所带来的。在现有技术整体上存在明确的技术启示的情况下，由制备方法所必然产生的技术效果并未超出本领域技术人员的合理预期。由于本专利权利要求1是在现有技术上使用了已知的技术手段，并且产生的技术效果是可以预料到的，因此，第15409号决定和二审判决认定本专利相对于证据1和证据3的结合是显而易见的，并无不当。

亚东制药公司以本专利说明书实验例3记载的药物的总有效率为95.70%，明显优于证据1中按照药典标准生产的乳块消片产品总有效率89.32%为由，主张本专利具有预料不到的技术效果。[①] 本院认为，首先，就本专利说明书实验例3而言，不论是否应当采纳反证7，在反证4没有公开包括患者病情程度、每日服用剂量、疗效评定标准等总有效率的具体测定方法的情况下，无法认定反证4所记载的总有效率与本专利的总有效率是在等效等量情况下，以同一种测定方法作出的。因此，所得出的对比实验结果数据不能证明是否具有临床疗效上的显著进步。其次，退一步讲，即便认可上述的对比实验数据，由于本专利制备颗粒剂时省去了减压干燥步骤，此时减压干燥步骤对药物活性成分的影响也相应减少，本领域技术人员能够合理预期，省略减压干燥步骤将会使药物的整体有效率有所提高。也就是说，本专利临床疗效优于最接近现有技术证据1的95.70%的总有效率是本专利限定的制备方法本身的特点导致的。同

---

① 本书作者注：一审法院认为："本专利颗粒剂的总有效率为95.70%，证据1中片剂的总有效率为89.32%，本专利权利要求1具有'显著进步'。"

时，专利权人并未举证证明其超出了本领域技术人员的合理预期。因此，该效果的改变是本领域技术人员可以合理预料的，并不能得出本专利具有预料不到的技术效果的结论。亚东制药公司关于二审判决对本专利技术效果的认定存在错误的主张，本院不予支持。

4.4 克服技术偏见

如果相同领域的专家事先存在某些偏见，使得相同领域的熟练技术人员远离发明人所努力的方向，则发明人可以用这一事实来佐证其发明存在创造性。毕竟，克服偏见是创造力的最好表现。当然，在证明创造性时，克服技术偏见其实与前面所说的超出预期效果本质上是在遵循相同的逻辑。

专利复审委员会第 510 号无效宣告请求审查决定涉及一种在盆景背后设置中空电器室安装电子雾化设备的实用新型。专利权人认为该方案克服了技术偏见。其理由是，长期以来，在盆景制造业中人们所形成的观念是，电器盒等附件不能设置在山石的侧面，否则将破坏该侧的造型乃至盆景整体的美观性。因此，人们总是将这类附件设置在山石的底部。本专利则突破了这种技术偏见，其出发点在于考虑到人们在使用盆景时往往将其靠在墙边摆放，因而将电器室设置在山石的背面，即靠在墙上的一面不会影响到盆景的整体美观性，同时又使得电器便于拆下。

复审委合议组则认为："首先，仅仅以人们以往没有采用某种技术方案为由说明采用这种方案克服了技术偏见是不充分的。可称之为偏见的认识至少应当是具有指导意义的认识，例如在教科书中肯定过的认识等。因此，现有的证据不足以说明，在盆景制造业中已经形成了一种权威性的认识，即认为在任何情况下都不能在盆景的侧面设置电器室等。其次，技术偏见是指人们长期形成的某种偏离客观事实的认识，即有关某特征必然会导致其效果的某种偏离客观事实的认识。然而，在山石的一侧设置电器室会影响至少该侧观赏性的认识并未偏离客观事实。事实上，按照本方案制造的山水盆景在其设置电器室的一侧的美观性同样受到了影响。若将盆景摆放在四周可见的位置，则其观赏性必然要受到影响，而若将其摆放在靠墙的位置，其观赏性则可能不受影响。由于盆景是一种观赏物，因而其使用方式依使用者个体的审美观及使用空间条件而各异。就是说，各种使用方式都是客观存在的。因此，本方案与现有技术的差别仅仅是基于相同的技术认识、针对不同的使用要求而提出的常规设计方案。这样的一种技术方案不能认为是克服了技术偏见。"[①]

这里的问题是，该技术方案不是想不到，而是想到之后觉得效果不够理想。这算是技术偏见吗？

---

① 专利复审委员会第 510 号无效宣告请求审查决定，载专利复审委员会编著：《专利复审委员会案例诠释——创造性》，知识产权出版社 2006 年版，第 193 页。

5 实用新型的创造性审查

专利法在设定创造性标准时区别对待发明实用新型。如前所述,它要求发明专利申请的技术方案与现有技术相比,"具有突出的实质性特点和显著的进步";而实用新型专利申请则只需要"具有实质性特点和进步"①。后者少了"突出"和"显著"的额外要求。这被理解为,专利法对实用新型的创造性要求较低。

关于实用新型的创造性审查,《专利审查指南》(2010)第二部分第六章第4节有下列规定:

[发明和实用新型]专利创造性的标准两者在创造性判断标准上的不同,主要体现在现有技术中是否存在"技术启示"。在判断现有技术中是否存在技术启示时,发明专利与实用新型专利存在区别,这种区别体现在下述两个方面:

(1) 现有技术的领域

对于发明专利而言,不仅要考虑该发明专利所属的技术领域,还要考虑其相近或者相关的技术领域,以及该发明所要解决的技术问题能够促使本领域的技术人员到其中去寻找技术手段的其他技术领域。

对于实用新型专利而言,一般着重于考虑该实用新型专利所属的技术领域。但是现有技术中给出明确的启示,例如现有技术中有明确的记载,促使本领域的技术人员到相近或者相关的技术领域寻找有关技术手段的,可以考虑其相近或者相关的技术领域。

(2) 现有技术的数量

对于发明专利而言,可以引用一项、两项或者多项现有技术评价其创造性。

对于实用新型专利而言,一般情况下可以引用一项或者两项现有技术评价其创造性,对于由现有技术通过"简单的叠加"而成的实用新型专利,可以根据情况引用多项现有技术评价其创造性。

赵东红等 v. 专利复审委员会

最高人民法院(2011)知行字第 19 号

1997 年 5 月 28 日,赵东红、张如一向国家知识产权局提出名称为"握力计"的实用新型专利申请。1998 年 9 月 23 日,国家知识产权局授予其专利权,即涉案专利。涉案专利授权公告的权利要求书如下:

1. 一种握力计,具有:外握柄,安装于外握柄内的内握柄,与内握柄连接的测力传感器以及装于外壳内的检测显示装置,其特征是,上述的测力传感器是具有多个凸台的弹性体梁,上述的测力传感器通过握距调整装置与上述内握柄连接。

---

① 《专利法》(2008)第 22 条第 3 款。

……

[2008年4月28日,邹继豪向专利复审委员会提出无效宣告请求,并提交了多份证据,其中证据2和证据7为本案核心证据:

证据2:授权公告号为CN2234609Y的中国实用新型专利说明书,其授权公告日为1996年9月4日;

证据7:昭60—207640号日本公开特许公报及其中文译文。]

[专利复审委员会认为:]

如果一项权利要求的技术方案与一份证据披露的现有技术相比存在区别技术特征,而该区别技术特征被属于相同技术领域的另一份证据披露的现有技术公开,且该特征在该另一份证据中所起的作用与本专利中的作用相同,则该权利要求不具备创造性。

具体到本案,涉案专利权利要求1要求保护一种握力计,其所要解决的技术问题是提供一种检测准确、结构简单、操作方便的握力计。该权利要求1的技术方案为:一种握力计,具有:外握柄,安装于外握柄内的内握柄,与内握柄连接的测力传感器以及装于外壳内的检测显示装置,其特征是,上述的测力传感器是具有多个凸台的弹性体梁,上述的测力传感器通过握距调整装置与上述内握柄连接。

证据7公开了一种体力测定器,具体公开了如下内容:该体力测定器包括:外握部(对应于涉案专利的外握柄),安装于外握柄内的中握部(对应于涉案专利的内握柄),压缩螺杆(对应于涉案专利中的握距调整装置)的一端通过调节手轮与中握部连接并可以自由转动,另一端螺插于在压缩弹簧的压缩板的基端处设置的圆筒体内,压缩板和齿条以齿条杆为媒介连接成一体,齿条与固定在回转式编码器的回转轴上的小齿轮啮合(压缩弹簧、压缩板、圆筒体、齿条杆、齿条、回转式编码器、小齿轮构成的整体对应于本专利的测力传感器);测定时,被测定人握紧中握部和外握部后,弹簧通过压缩板被压缩下降的同时,契合在压缩板上的齿条杆就产生移动,与之连动的齿条也随之下降,与齿条啮合的小齿轮在回转式编码器的回转轴上回转,该回转角度与握力成比例增加,由此在回转式编码器中产生与角度成比例的方形波脉冲,该方形波脉冲被传送到对肌力测定进行数字显示的装置(对应于涉案专利的检测显示装置)中,从而完成测定握力。

由上可知,涉案专利权利要求1的技术方案与证据7公开的内容相比,其区别在于:(1)涉案专利权利要求1中的测力传感器是具有多个凸台的弹性体梁,而证据7中是利用由压缩弹簧、压缩板、齿条杆、齿条、回转式编码器、小齿轮构成的整体来实现测力传感器的功能;(2)涉案专利权利要求1中的检测显示装置安装于外壳内,而证据7中没有明确记载显示装置的安装位置。

证据2公开了一种手提式数字显示电子秤,其中具体公开了该电子秤包括称重挂钩、挂环、外壳、称重传感器,称重传感器是由金属弹性体加工的重心在中间的M型传感器,由附图4可知,该M型传感器具有竖直向下伸出的三个腿状结构(相当于涉案专利所述测力传感器具有的多个凸台),其中两侧的腿状结构与一底板形成为一体,中间的腿状结构较短且不与底板接触,该M型传感器表面还贴有4片电阻应变片,该外壳上设有显示屏,用于被外壳内的多个电器元件驱动而显示被称重物的重量。

由此可见,证据2中已经公开了具有竖直向下伸出的三个腿状结构的M型传感器,且该M型传感器由金属弹性体加工而成,其必然是具有弹性的,因此这就相当于公开了涉案专利所述的测力传感器是具有多个凸台的弹性梁;而证据2中的显示屏和驱动该显示屏的电路元件就相当于公开了涉案专利所述的装于外壳内的检测显示装置,从而上述区别技术特征(1)和(2)均已被证据2公开;并且证据2与涉案专利、证据7同属于测力装置技术领域,证据2中测重力与涉案专利、证据7中测握力的不同仅在于重力是由被称重的物体施加而握力是由被测人的手施加,但该施加的重力和握力的方向均是垂直向下,也就是说证据2中的重力与涉案专利、证据7中的握力仅仅是施力对象不同,而施力对象的不同不会对该重力和握力的测量造成实质性影响,即该重力和握力的测量原理是基本相同的;此外,在对测力装置的实际设计中,测重力装置和测握力装置均是采用测力领域中常用的压力传感器或拉力传感器来实现的,而对本领域技术人员来说,用测重力装置中的压力传感器来替换测握力装置中的传感器结构是不需要付出创造性劳动的。因此,本领域技术人员在证据7的基础上,很容易想到用证据2中的M型传感器替换证据7中用于实现传感器功能的多个部件并将显示装置安装于外壳内,从而得到涉案专利权利要求1的技术方案,即把证据7与证据2相结合来得到本专利权利要求1的技术方案对于本领域技术人员来说是显而易见的,因此,涉案专利权利要求1相对于证据7和证据2的结合不具备创造性,不符合《专利法》第二十二条第三款的规定。

赵东红、张如一认为,证据2与涉案专利不是同一技术领域,是用来称重的,没有结合的启示,证据2的附图4只有一个凸台,证据7中没有描述握距,因此本专利权利要求1具备创造性。

对此,专利复审委员会认为:如前所述,证据2与涉案专利、证据7同属于测力装置技术领域,证据2中的重力与涉案专利、证据7中的握力仅仅是施力对象不同,而施力对象的不同不会对该重力和握力的测量造成实质性影响,即该重力和握力的测量原理并没有实质性不同,因此本领域技术人员有动机将证据2与证据7结合;证据2中的M型传感器的竖直向下伸出的三个腿状结构就相当于本专利所述的多个凸台;证据7中虽然没有明确记载压缩螺杆是用于调整握距的,但是根据证据7说明书中对于压缩螺杆和调节手轮的描述并结合附图1可以确定,通过转动调节手轮使得压缩螺杆转动,进而带动内握柄上升或下降就可以调节内握柄与外握柄之间的握距,因此证据7中的压缩螺杆就相当于公开了涉案专利的握距调整装置。综上所述,赵东红、张如一的主张不能成立。

……

另查,2008年3月3日,专利复审委员会针对深圳市好家庭实业有限公司的无效审查请求,作出第11088号决定,认定涉案专利与授权公告日为1996年9月4日、授权公告号为CN2234609Y的中国实用新型专利说明书(即被诉决定中的证据2)"属于不同的技术领域,且两者的发明目的以及传感器受力方向均存在差异,本领域技术人员不能轻易想到将其他技术领域中的传感器运用到本领域"。

二审法院认为……判断实用新型专利权是否具有创造性,一般着重于考虑该实用新型专利所属的技术领域。本案中,涉案专利要求保护的是一种握力计,所要解决的技术问题是提供一种检测精确、结构简单、操作方便的握力计,而证据2公开的是一种手提式数字显示电子秤,是一种测重力的装置,二者的发明目的以及传感器受力方向均存在差异,属于不同技术领域,本领域技术人员不能轻易想到将其他技术领域中的传感器运用到本领域。而且,专利复审委员会作出的第11088号决定亦已明确认定本专利与证据2"属于不同的技术领域",在第11088号决定的效力未经任何法定程序被否定的情况下,专利复审委员会针对同样的情况作出不同的判断,有悖不得反复无常的依法行政原则。因而,被诉决定以证据7和与涉案专利不属于同一技术领域的证据2的结合否定本专利的创造性,属认定事实错误。一审判决认定本专利与证据2属于相同技术领域并在此基础上判决维持被诉决定错误。

……

专利复审委员会申请再审称,二审判决认定事实不清,适用法律错误。其主要理由:1. 关于技术领域。根据《专利审查指南》第四部分第六章第4节的规定,对于实用新型专利而言,一般着重于考虑实用新型专利所属的技术领域。但是现有技术给出明确的启示,例如现有技术中有明确的记载,促使本领域的技术人员到相近或者相关的技术领域寻找有关的技术手段的,可以考虑其相近或者相关的技术领域。本专利要求保护的是一种握力计,用于测量人手的握力,证据2公开的是一种手提式数字显示秤,二者的传感器的受力方向相同、传感器的结构相同,二者的区别仅在于测力时的施力对象不同,广义上都属于测力装置这一技术领域。从二者的最终产品形态考虑,二者也应当属于相近的技术领域,在测力装置的实际设计中,测重力装置和测握力装置均是采用测力领域中常用的压力传感器或拉力传感器,对本领域技术人员来说,很容易想到进行传感器的替换,显而易见且无需付出创造性的劳动。2. 专利复审委员会主动纠正在先决定的错误认定,符合依法行政的原则和精神。

本院认为,专利法的立法宗旨是为了保护专利权人的合法权益,鼓励发明创造,推动发明创造的应用,提高创新能力,促进科学技术进步和经济社会发展。可见,专利制度不仅要维护专利权人的合法权益,还要充分考虑社会公众的合法权益,进而实现两者之间的平衡。为了实现上述平衡,就需要设置合理的专利授权标准。对于发明或者实用新型专利而言,需要设立合理的创造性判断标准。如果创造性标准设置得太低,就会导致创新程度不高的专利申请较容易获得授权或者很难被宣告无效,势必会限制技术的传播和利用,不利于科技进步和社会发展,损害社会公众利益。如果创造性标准设置得太高,专利申请获得授权的难度就会大大提高,将会减损专利法对技术创新的激励作用。专利法第二十二条规定,发明的创造性,是指与现有技术相比,该发明具有突出的实质性特点和显著的进步;实用新型的创造性,是指该实用新型具有实质性特点和进步。专利法规定的实用新型专利的创造性标准低于发明专利的创造性标准。

判断发明创造是否具有创造性,应当基于所属技术领域的技术人员的知识和能力,并通过将发明创造的技术方案与现有技术进行比对来判断。发明专利和实用新型专利的创造性标准不同,因此技术比对时所考虑的现有技术领域也应当有所不同,这是体现发明专利和实用新型专利创造性标准差别的一个重要方面。

技术领域应当是要求保护的发明或者实用新型技术方案所属或者应用的具体技术领域,而不是上位的或者相邻的技术领域,也不是发明或者实用新型本身。涉案专利是名称为"握力计"的实用新型专利,判断其是否具有创造性,首先应当确定握力计所属的技术领域以及相关和相近的技术领域。技术领域的确定,应当以权利要求所限定的内容为准,一般根据专利的主题名称,结合技术方案所实现的技术功能、用途加以确定。专利在国际专利分类表中的最低位置对其技术领域的确定具有参考作用。相近的技术领域一般指与实用新型专利产品功能以及具体用途相近的领域,相关的技术领域一般指实用新型专利与最接近的现有技术的区别技术特征所应用的功能领域。涉案专利技术功能属于测力装置,具体用途为测人手的握力。

由于技术领域范围的划分与专利创造性要求的高低密切相关,考虑到实用新型专利创造性标准要求较低,因此在评价其创造性时所考虑的现有技术领域范围应当较窄,一般应当着重比对实用新型专利所属技术领域的现有技术。但是在现有技术已经给出明确的技术启示,促使本领域技术人员到相近或者相关的技术领域寻找有关技术手段的情形下,也可以考虑相近或者相关技术领域的现有技术。所谓明确的技术启示是指明确记载在现有技术中的技术启示或者本领域技术人员能够从现有技术直接、毫无疑义地确定的技术启示。

本案中,涉案专利权利要求1的技术方案与最接近的现有技术证据7(一种体力测定器)公开的内容相比,区别技术特征在于测力传感器不同,测力传感装置为涉案专利的相关技术领域。为了评价测力传感器的创造性,专利复审委员会考虑了证据2(手提式数字显示电子秤,用于测重力),将其测力传感器与涉案专利的传感器进行比对。虽然握力计和电子秤都是测力装置,但二者分别具有不同的特定用途。同时,重力和人手的握力相比较,施力对象不同,施力方向也不同,重力单纯向下,人手的握力不是单纯向下而是从四周向中心,所以二者不属于相同技术领域。但涉案专利与手提式数字显示电子秤功能相同,用途相近,二者测力传感器的测力原理基本相同,可以将手提式数字显示电子秤视为涉案专利的相近技术领域。但是,由于现有技术并未给出明确的技术启示,专利复审委员会在评价涉案专利的创造性时考虑手提式电子秤的测力传感器属于适用法律错误。(王永昌、秦元明、李剑法官,2012.1.19)

思考问题:

(1) 本案中复审委员会和法院在讨论握力计和电子称是否属于相同技术领域时,都考察了所谓施力作用方向问题。从宏观的角度看,相对握力计或电子称,的确握力与重力的作用方向不同;但是,从微观的角度看,相对测力传感器而言,这一作用方向的确没有差别。就判断技术领域的角度看,究竟应该接受微观标准还是宏观标准,为什么?

(2) 专利复审委所理解的技术启示,是源于证据 2 或 7 本身的文字记载,还是源于技术领域的相同或相近的事实,还是所要解决问题本身的驱使?抑或其他?

(3) 最高人民法院暗示,在分析实用新型的创造性时,只有在"明确的技术启示"存在时,才能够考虑结合相近或相关的技术领域。最高人民法院还定义了何谓"明确的技术启示"。这里的"技术启示"的内容会是什么呢?如果是发明专利,则标准会有什么变化?除"直接、毫无疑义地确定"外,也包括"明显值得一试"的情形吗?

(4) 结合本案,进一步思考专利法上为实用新型和发明专利选择不同创造性标准的必要性。

洪亮 v. 专利复审委员会等

最高人民法院(2012)知行字第 15 号

王永昌、宋淑华、李剑法官:

……

[本案中争议的焦点是,"评价本专利创造性的对比文件数量是否符合《审查指南》的有关规定",即法院是否可以引用三篇对比文献(附件 2—4 综合起来披露了诉争发明的 5 个特征)来否定实用新型专利的创造性。]专利复审委员会提交意见认为:1. 二审判决引用三篇对比文件结合两项公知常识来评价本专利权利要求 1 的技术方案,不符合《审查指南》关于实用新型专利创造性评价的规定,而且这五项现有技术通过简单叠加根本无法得到权利要求 1 的技术方案……[最高人民法院认为:]

创造性是发明创造的本质特性,是对发明创造相较于现有技术的创新高度要求。虽然现行专利法及其实施细则没有对评判实用新型专利创造性所引用的对比文件数量作出明确规定,但《审查指南》的相关规定可以为人民法院参照适用。《审查指南》在对实用新型专利创造性的审查部分规定,对于实用新型专利,一般情况下可以引用一项或者两项现有技术评价其创造性,对于由现有技术通过"简单的叠加"而形成的实用新型专利,可以根据情况引用多项现有技术评价其创造性。所谓简单的叠加,就是要求保护的技术仅仅是将某些已知产品组合或连接在一起,各自以其常规的方式工作,而且总的技术效果是各组合部分效果之总和,组合后的各技术特征之间在功能上无相互作用关系。简单的叠加不是创新,如果只允许使用一至两项现有技术来评价通过简单叠加而形成的实用新型专利的创造性,就会降低实用新型专利的授权标准,因此《审查指南》规定可以引用多项现有技术来评价其创造性。具体到本案,对于本领域技术人员而言,将附件 2—4 的技术方案进行组合,从而得到本专利权利要求 1 的技术方案是显而易见的,组合后的总的技术功能只是各部分功能的总和,未取得新的技术效果,实质是本专利权利要求 1 的技术方案仅仅是附件 2—4 所公开的技术方案的简单叠加,因此,一、二审法院使用多项现有技术来评价本专利的创造性,并无不妥。

第6章

充分公开

1 基本原理

同专利的实用性、新颖性与创造性要求一样,充分公开也是获得专利权的一个必要条件。专利制度的基本目的之一就是要通过给予专利权人一定的垄断权以换取权利人对社会充分公开其技术。充分公开可以使社会公众能够及时地了解该项技术,从中获得新的技术启示。在专利权期满后,专利技术能够为公众完全掌握并自由运用。

充分公开要求,还可以限制专利权人过早提出专利申请,或者提出过宽的权利要求。在先申请原则的激励下,很多发明人在发明技术尚未成熟时,便急于申请专利。对于此类带有预期与推测性质的专利申请,充分公开便是有力的限制手段,可以防止竞争中一方试图通过臆想和猜测便跳到对手前面。同时,发明人总是期望在有限的技术贡献的基础上,最大限度地拓宽自己的权利要求,谋求最大的利益。比如,在化学和生物领域,申请人的权利要求就存在日益扩张的趋势。发明人就某一特定的物质、物种获得成功后,却要对其他同类的物质和物种主张同样的权利;或者,发明人通过某一方法实现某一技术效果,然后对后来的能够实现这一技术效果的所有方法主张专利权。专利法要求发明人必须对权利要求所涵盖的所有技术方案进行充分披露,保证熟练技术人员能够实现。如果达不到这一要求,则会导致该权利要求被否定。充分公开要求大大限制了发明人谋求过分宽泛的保护范围的可能性。在下文所列洪亮 v. 专利复审委员会(最高人民法院(2011)行提字第 13 号)一案中,最高法院对充分公开的立法目的也有详细论述,值得参考。

专利法对充分公开的强调,在国外有一个历史变化的过程。比如,美国公众最初认为,授予一项专利垄断权,社会得到的利益是权利人向该国引进一种新的产品和工艺。18 世纪后期,专利法对之所以授予权利人以专利垄断权的看法,有了重大的转变。1822 年,美国最高法院在 Evans v. Eaton, 20 U. S. (7 Wheat.) 161 (1822)案中指出,专利法充分揭示的要求是为了实现两种功能:其一,是指导社会公众如何实施发明,其二,是向社会公众明确自己权利的界限。首要的社会利益被认为在于发明人专利背后的技术诀窍。从专利中获益的不应该仅仅是普通的社会公众(the Public at Large),而且(甚至更重要的是)其他技术人员能够从发明人的专利中学习到有用的技术。这样,专利法就从强调将一项新的产品和技术投入实际商业使用,转向强调揭示新的有用的技术信息。这种趋势要求法院愈来愈强调发明人要充分完整和明确地揭示专利技术。这种转变也是建立在下列认识之上：一项专利本身通常并不能直接导致某一工业部门的兴起，但是诸多专利所揭示的技术总量将大大促进相关产业部门的发展。[①]

专利法通过充分公开要求对宽泛的权利要求进行限制，无疑是必要的，但是这里必须掌握一个度。要求过严，不但会使得申请人不知究竟到何种地步才满足充分公开的要求——对生物工业的发明人来说发明一种新的技术方案后还要进一步彻底描述该方案适用于其他相近场合的情况（甚至要举出繁多的实施例）将是一个沉重的负担，而且，过分限制权利范围还会使得其他人采用简单的替换手法，便可以轻而易举地绕过权利人圈占的领地，这实际上将助长不正当竞争，而不是维护正常的竞争，结果无疑也是非常不公正的。对一些开拓性的发明，其影响的领域深远，授予完全的垄断权不妥，但是如果严格限制其权利要求范围，这将促使申请人早期公开的积极性受到打击，可能因此对科技进步带来负面影响。专利立法者必须根据这一各国的具体情况，掌握好合适的尺度。[②]

中国《专利法》第 26 条第 3 款和第 4 款是落实充分公开要求的基本规则：

> 说明书应当对发明或者实用新型作出清楚、完整的说明，以所属技术领域的技术人员能够实现为准。必要的时候，应当有附图。摘要应当简要说明发明或者实用新型的技术要点。

> 权利要求书应当以说明书为依据，清楚、简要地限定要求专利保护的范围。

专利申请的充分公开的具体要求通常包括以下几个方面的内容：(1) 权利要求的技术方案能够实现；(2) 说明书对权利要求所界定的发明作出书面描述；(3) 权利要求明确；以及 (4) 实施例的披露等。接下来，逐一介绍。

2 "能够实现"

《专利法》第 26 条第 3 款规定："说明书应当对发明或者实用新型作出清楚、完整的说明，以所属技术领域的技术人员能够实现为准……"《专利法》要求充分公开的发明或实用新型是指权利要求所覆盖的技术方案，而不包括说明书提及但未充分公开的技术方案或者发明人实际实施的技术方案。对于所谓"能够实现"，《专利法》和《专利法实施细则》均没有明确定义。《专利审查指南》(2010) 有如下表述："所属技术领域的技术人员能够实现，是指所属技术领域的技术人员按照说明书记载的内容，就能够实现该发明或者实用新型的技术方案，解决其技术问题，并且产生预期的技术效果。"[③]不过，这一表述

[①] Robert P. Mergers & John F. Duffy, Patent Law and Policy: Cases and Materials, Third Edition, Lexis-Nexis, 2002, p. 259.

[②] 崔国斌：《基因技术的专利保护与利益分享》，载郑成思主编：《知识产权文丛》第三卷，中国政法大学出版社 2000 年版，第 316 页。

[③] 《专利审查指南》(2010) 第二部分第二章，第 132 页。

依然没有说清楚何谓"能够实现"。

依据《专利审查指南》(2010),以下各种情况由于缺乏解决技术问题的技术手段而被认为无法实现:

(1) 说明书中只给出任务和/或设想,或者只表明一种愿望和/或结果,而未给出任何使所属技术领域的技术人员能够实施的技术手段;

(2) 说明书中给出了技术手段,但对所属技术领域的技术人员来说,该手段是含糊不清的,根据说明书记载的内容无法具体实施;

(3) 说明书中给出了技术手段,但所属技术领域的技术人员采用该手段并不能解决发明或者实用新型所要解决的技术问题;

(4) 申请的主题为由多个技术手段构成的技术方案,对于其中一个技术手段,所属技术领域的技术人员按照说明书记载的内容并不能实现;

(5) 说明书中给出了具体的技术方案,但未给出实验证据,而该方案又必须依赖实验结果加以证实才能成立。例如,对于已知化合物的新用途发明,通常情况下,需要在说明书中给出实验证据来证实其所述的用途以及效果,否则将无法达到能够实现的要求。[①]

从"能够实现"的角度看,一项技术方案即使需要试验,也并不当然得出该发明无法实现的结论。联系后文关于"能够实现"与"书面描述"的关系的讨论,上述第(5)项所列情形是不是更像"书面描述"(以说明书为依据)的要求,而不是"能够实现"的要求?

2.1 "无须过度实验"标准

在司法实践中,只要熟练技术人员**无须付出创造性劳动**就能够实施一项技术方案,则该技术方案被视为"能够实现"。换句话说,即使熟练技术人员在直接实施技术方案前,还需要经过简单的试验以确定具体的实施方法,法院也会认为该方案"能够实现"。比如,在陕西金枝科工贸有限公司 v. 国家知识产权局专利复审委员会((2003)高行终字第156号)中,法院指出:

> 本案专利说明书中虽然未对齿轮系的结构和组合进行具体的描述,但是齿轮系的结构是机械领域的常识技术,齿轮组的数量可以根据传动比等方面的要求而具体设定。本案专利说明书以及权利要求书中虽然只披露了"齿轮系的最后一个齿轮与微动开关相连",而未公开"齿轮系的最后一个齿轮通过凸轮与微动开关相连"这一特征,但由于齿轮各处的半径相等,同时考虑到微动开关在本案专利中起产生阀门启闭信号的作用,故根据本领域的常识技术可知,仅靠微动开关和齿轮相连,微动开关的状态不会发生任何改变,无法进行信号传输。因此,在微动开关和齿轮之间必然存在一个推动机构。本案专利说明书及权利要求书中所述的

[①] 《专利审查指南》(2010)第二部分第二章,第132页。

上述内容是本领域普通技术人员可以明显识别的错误。至于该推动机构的具体形式,本领域的普通技术人员根据所掌握的常识技术即可实施,该推动机构与相连部件的配合关系也是本领域的普通技术人员根据实际需求通过计算和实验即可决定的。

在美国专利法上,充分公开的核心标准是权利要求所覆盖的技术方案本身在熟练技术人员看来无须经过过度试验(undue experimentation)就可实现。在 In re Wands, 858 F.2d 731, 737(1988)案中,法院针对所谓无须过度试验标准的解释如下:

> 必须进行一些试验,比如惯常的筛选,并不否定"能够实现"的认定。但是,实施发明所需要的试验必须不是过度的试验。这里的关键词是"过度",而不是"试验"。
>
> 在一个给定的案件中,判断何谓过度试验,需要采用理性标准,考虑发明的本质和现有技术水平。这一测试并非仅仅是量上的判断,如果试验仅仅是惯常的,或诉争的说明书对于试验进行的方向提供了合理的指导意见,则相当数量的试验都是许可的。
>
> "过度试验"一词并没有出现在法律条文中,但是可靠的是,"能够实现"要求说明书应当教导技术人员无须过度试验就能够制造和使用该发明。是否需要过度试验,并非一个孤立而简单的事实判断,而是要权衡很多事实因素才能得出结论……

在 In re Forman 案中,专利上诉与争议委员会(the board)归纳了判断一项披露是否需要过度试验时需要考虑的因素。它们包括(1) 所需要的试验的数量;(2) 需要的提示和指导的量;(3) 实施例的有或无;(4) 发明的性质;(5) 在先技术的状况;(6) 该领域技术人员的相对技能;(7) 该技术的可预见性或不可预见性;以及(8) 权利要求的宽度。

本书倾向于认为,"无须过度实验"的表述优于"无须创造性劳动"。如果一项发明要经过惯常而且繁重的实验才能验证其是否可行,尽管该验证无需智力上的"创造性",社会公众通常会对验证过程望而却步,因而并不能轻易了解该发明究竟是否可行。因此,专利法如果采用后一标准理论上可能会导致审查员容忍惯常但繁重的实验,从而接受过于宽泛的权利要求。当然,在中国专利审查的实践中,审查员对于所谓"无须创造性劳动"和"无须过度实验"的理解,可能并无明显差异。对此,在伊莱利利案中,复审委就有明确的表述。

白炽灯专利案(The Incandescent Lamp Patent)

美国最高法院
159 U.S. 465(1895)

BROWN 法官:

[Consolidated Electric Light Company 对 McKeesport Light Company 提起专利侵权诉

讼,指控后者侵害其1885年获得授权的第317,076号电灯专利。该专利的受让人是Sawyer和Man。被告则利用Thomas A. Edison的一些专利,特别是1880年颁发的第223,898号专利,作为抗辩。本案涉及Sawyer和Man的照明装置与Edison的照明装置之间的竞争。本案背后真正的被告是Edison Electric Light Company。Sawyer和Man的专利的权利要求1是"一种电灯的白炽导体,由炭化的纤维或织物材料制成,具有拱形或马蹄形,大致按照前文所述设置"。权利要求3是"一种电灯的白炽导体,由炭化纸制成,大致如前文所述。"]

本图片来源于http://americanhistory.si.edu/lighting/history/patents/ed_inc.htm.

为了完全地理解Sawyer和Man的专利的保护范围,有必要简要地回顾一下专利申请时即1880年1月相关的技术发展状况。

很多年以来,有两种形式的电照明装置成为试验的对象,并多少取得成功。其中之一是电弧光,由电流通过两个末端相对并稍稍分离的铅笔状碳极而产生。电流穿过空气从一个电极通往另一电极的过程中,形成电弧,从而产生光。这种形式的光最早在1810年就被Humphry Davy制造出来。经过对铅笔碳极的持续改进,这一照明装置投入一般使用,成为街道、礼堂和其他大型空间的照明装置。但是,由于其强烈的亮度、光线的不稳定性以及铅笔碳极的快速消耗,这一照明装置完全不适合家庭使用。第二种形式照明装置是所谓的白炽系统。在该装置中,电流通常通过一段难熔材料后发光。该材料导电但具有高阻抗,换句话说该导体在电流通过时有相当大的电阻。在19世纪初期,人们就发现很多物质在通过足够强的电流之后可以被加热到白炽状态。这种形式的发光并不像弧光照明那样要消耗导体材料本身。[除此之外,]第三种形式的照明装置已经投入普通的使用,但是对于上述技术历史的讨论并不重要。

在1880年之前的很多年里,为了制造出适合家庭使用并且在成本上能够和煤气灯(gas)竞争的白炽灯,多个国家的很多人进行试验研究。部分由于没能找到合适的材料(应该发光但不消耗),部分由于很难让包含灯丝的灯泡处于真空状态,部分由于对白炽照明原理的误解,这些试验并没有取得成功。虽然早在1845年就已经证明,无论使用任何材料,该导体必须被放在气密性的灯泡中,以防止它被空气中的氧气所消耗。首要的难题是炭丝很容易解体或气化。电器专家认为这是由电流的破坏作用导致的。因此,结论是,炭本身含有导致其瓦解的要素,不适宜作为白炽灯的灯丝材料。

Sawyer和Man的专利已经不再被使用,也从未取得商业成功。同时,它并没有体现"高电阻加小发光表面"的原理。它并没有现代白炽灯的细灯丝。该灯泡的腔体有缺陷。请求人(complainant)所制造并投入市场的灯泡主要是Edison灯泡。以上事实并无争议。不过,Edison所使用的导体(竹子根部硅质外皮下面特定部位的材料;毫无疑义,Edison发现该材料特别适合用于该目的),是一种纤维或织物材料(fibrous or textile material)。该材料为Sawyer和Man的专利所覆盖,因此构成专利侵权。不过,[权利人承认],该专利的权利要求3——涵盖炭化纸的导体——并没有受到侵害。

对于本专利的两项主要的抗辩是,(1)它试图垄断所有纤维或织物材料的电照明目的的应用,表面看来就有缺陷;(2)Sawyer和Man实际上并非是发现这些材料在照明方面上比矿物质碳(mineral carbons)更优越的第一人。

请求人有权获得对所有纤维和织物材料制作的白炽灯丝导体的垄断权吗？如果专利权人发现了全部纤维或织物材料所共同具有的一项特点，或者它们区别于其他材料(比如矿物质等)的共同特点，而该特点使得它们特别适宜制作白炽灯丝导体，则该权利要求或许并不宽泛。比如，如果矿物质或瓷器一直被用于某一特定目的，一个人对木制的类似物品取得专利权，而木头通常都适宜该目的，则该权利要求或许并不太宽泛，尽管被告使用了一种不同于专利权人所使用的木头。但是，如果木头通常并不适合该目的，但是专利权人还是发现一种木头具有某种特点，该特点使得该木头特别适合该目的，则他人在发现一种不同的木头具有类似或更优的特点后，利用该木头实现前述目的的行为，并不构成侵权。本案就是这一原则的很好说明。Sawyer和Man认为，他们发现了炭化纸是制作白炽灯丝导体的最佳材料。他们原本可以将权利要求限制在炭化纸上，就像他们在权利要求3上所做的那样，但是他们并没有这么做。他们撰写了一个很宽的权利要求，涵盖每一种纤维或织物材料。事实上，对超过6千种植物的检测表明，没有一种具有适合上述目的的特点。[在这种情况下，]这一宽泛的权利要求可以阻碍每一个人进行进一步的调查吗？我们认为不可以。

在看到Edison先生和他的助手们为确定最适宜制作白炽灯丝导体的材料所做的长达数月的试验之后，[许可上述权利要求]所导致的不公就变得很明显。他所发现的适宜上述目的的材料大约只有三种竹子，一种来自亚马逊流域因天气原因而无法大量获得的甘蔗以及一到两种源自龙舌兰类植物的纤维。对于那种特殊的竹子，其腔壁大约有3/8英寸厚，而他仅仅使用20/1000英寸厚的部分。在该部分，竹子纤维近乎平整，细胞壁明显是最小的，纤维之间的木髓(pithy matter)最少。似乎木头不能用来制造该碳纤维，因为外源性生长(exogenous vegetable growth)导致它的纤维不平行，纵向的纤维与横向纤维交叉。组成纤维的细胞都很大，导致最终的碳纤维有很多孔，容易破碎。用这种材料制作的灯泡已被证实没有商业价值。在尝试了多达三十或四十种不同的外源性生长的木质材料，他最终放弃希望。不过，在试验一种竹丝时，他最终获得了令人惊讶的结果。在对该材料进行显微观察之后，他派人去日本确保该竹子的供给。该竹子特点是它的纤维比其他木质纤维更接近平行，这似乎使得它特别适合上述目的。正是由于这一特点，它能够被切成在全长范围内具有平行纤维的细丝，并被制成同质的碳纤维。不过，植物纤维本身并不因为它们是纤维就使得它们具有共同的特点从而适宜上述目的。实际上，纤维本身是一种缺点。如果竹子长得很结实，没有纤维，但是有特别的细胞结构，则它会成为一种完美的材料。用它制作的白炽灯至少是现在的灯泡寿命的六倍。所有的植物纤维(vegetable fibrous growths)都不具有合适的细胞结构。在某些情况下，该细胞是如此的大，在这一方面完全没有价值。没有外源性生长，同时内生性生长很少的材料比较适合。Edison派往日本和中国不同地方的信使给他送回约四十种不同的竹子，竹子的数量足以保证他制造很多灯泡。通过对不同品种的测试，他确定了最适宜上述目的的竹子。从这一过程很清楚地表明，纤维和织物通常并不具备共同的品质，从而使得它们适宜制作白炽灯丝导体。[Edison]最终确定现在所普遍使用的竹子,并不是因为它是一种植物生长物,而是因为它的纤维结构具有一些独特之处,使之区别于其他所有的纤维物质。真正的问题是,Sawyer 和 Man 对炭化纸和木炭所做的不太完美的试验……是否授权他们将别人的才华横溢的发现置于他们的支配之下?

Rev. Stat. § 4888 要求,专利申请应该含有该装置(device)的书面描述,以完整、清楚、简洁和准确的语言说明制造、建造、合成和使用它的方式或方法,使得相关或最相近领域熟悉该技术或科学的任何人员能够制造、建造、合成或使用该相同的发明。这一要求的目的在于,告知公众专利权人什么是所要保护的内容,告诉法院他们所要解释的[权利要求]范围,告诉竞争性的制造商或交易方他们所应努力避免的确切范围。

……

将上述专利法原则应用于本案专利,如果不进行非常仔细而艰难的试验,一个人怎么可能知道什么样的纤维或织物材料适宜制作白炽导体? 如前所述,如果所有的纤维或织物材料都有一些普通的特点,使之与其他材料区别开来,特别适合该特定目的(做灯丝),则发现这一特点的人或许可以获得专利。但是,本案本非如此。对专利所述类别的材料所进行的长达数月的研究调查表明,似乎没有材料适于该目的。对专利中披露的炭化纸和木炭的试验也表明,它们比 Edison 后来发现的竹子要差很多。即便是请求人(complainant)也被迫放弃专利中所述的特定材料,转而采用竞争对手所发现的材料。在这种背景下,如果宣布,发现某一纤维或织物适宜上述目的的人,有权排除任何人利用所有的纤维或织物材料,则会打击[其他人]在该类别中寻找比专利权人所用材料更好的材料的积极性。这将不正当地扩张他的专利权,将妨碍而不是促进发明创新。如果 Sawyer 和 Man 发现某一炭化纸适宜该目的,然后对所有炭化纸主张权利,这或许并不过分。炭化纸碰巧属于纤维王国这一事实并不能让他们获得对该整个王国的控制权,否则将会让其他实验者仅仅能够在矿物质领域进行尝试。

事实上,如果将专利解释为可以排除竞争对手利用任何纤维或织物材料,则这一解释本身可能会损害该专利,因为如果使用任何此类材料都构成侵权,则对此类材料的任何在先使用都会破坏该专利的新颖性。与此相关的是,自从 Humphry Davy 时期木炭就经常被用作弧光照明,而且,在 1846 年授予 Greener 和 Staite 的英国专利中,木炭作为材料之一被制成粉末用于白炽照明。同样,在英国 1841 年授予 De Moleyns 的专利中,一种磨碎的黄杨木炭或石墨被用作白炽电灯。在 19 世纪早期,Humphry Davy 在试验中利用电流将木炭加热到白热状态(vivid whiteness)。在其他一些试验中,实验者也显然考虑过将木炭加热到白炽点。Broadnax 先生在准备本案专利申请时,似乎也认为涵盖植物炭的宽泛权利要求得不到支持,因为木炭此前已经被用于白炽照明……

[法院最终认为,除了专利要求 3 之外,Sawyer 和 Man 的专利的其余权利要求过于的不确定,因而无效。]

思考问题:

(1) 第一个用猪皮做成足球和篮球的人,似乎可以要求保护适当尺寸的各类柔韧的气密性材料做成的空心充气球体。即使后来者改用发明人无法预见的橡胶材料制作足球,也可能侵害专利权。在本案中 Edison 的发明为什么不被视为在先发明的改进发明,就像橡胶足球之于猪皮足球呢?

(2) 假设 Sawyer 和 Man 是首次发明白炽灯的人,他们用炭化纸实现该发明。这时候,他们能够对任何利用炭化纤维制作白炽灯的方案提出权利要求吗?他们能够对任何利用炭化材料做灯丝的白炽灯提出权利要求吗?或者,他们如何能够最大限度地保护其发明?第一个用纸碳纤维做成灯丝的人,能够禁止任何人用碳纤维做灯丝吗?能禁止做碳纤维灯丝的灯泡吗?能够禁止做灯泡吗?

(3) 一项发明究竟是一个相对抽象的概念还是该抽象概念下每一个具体的发明?

(4) "在这种背景下,如果宣布,发现某一纤维或织物适宜上述目的的人,有权排除任何人利用所有的纤维或织物材料,则会打击[其他人]在该类别中寻找比专利权人所用材料更好的材料的积极性。这将不正当地扩张他的专利权,将妨碍而不是促进发明创新。"那专利法上为什么还有从属专利制度呢?

(5) 法院指出很多落入权利要求范围内的材料所做的灯丝被证实没有商业价值。这是专利法意义上的"不可实施"吗?如果不是,那为何会影响法院在充分公开问题上的结论?

伊莱利利公司 v. 专利复审委员会

北京高院(2008)高行终字第 451 号

刘辉、岑宏宇、焦彦法官:

[伊莱利利公司是发明专利"立体选择性糖基化方法"的发明专利(专利号为 93109045.8)的专利权人。该权利要求 1 所覆盖的是所谓的"制备 β 异头物富集的核苷的方法"。由于申请人采用了典型的马库什权利要求写法,原料化学结构式中关键基团可以有很多变化,因此该该权利要求实际上涵盖很多种结构的 β 异头物的富集方法。所谓异头物富集,大致是指最终产品核苷中,β 异头物与 α 异头物之比大于 1:1。如果比例等于或小于 1,则不算是 β 异头物的富集产品。]

[申请人在说明书中以列表形式提供了大量的实施例数据。]本专利说明书记载:"异头物富集"单独或结合地表示异头物混合体其中特定异头物的比例大于 1:1,并包括基本纯净的异头物。说明书给出 58 个实施例和 3 个表格例(包括 46 组数据),58 个实施例均能够得到 β 异头物与 α 异头物之比大于 1:1 的核苷,表格例中有 7 组数据 β 异头物与 α 异头物之比小于 1:1,4 组数据 β 异头物与 α 异头物之比等于 1:1,其他数据均能得到 β 异头物与 α 异头物之比大于 1:1 的核苷。[也就是说,总共 114 例数据中,实际上有 11 例没有实现目的,而该 11 例数据也落入了权利要求的制造方

法的范围。]

[浦洋恒丰公司、天衡公司、豪森公司等分别]向专利复审委员会提出无效宣告请求。专利复审委员会在该决定中认定:

一、根据说明书的描述,影响所述立体选择性方法的因素较多,按照权利要求1的条件,尤其是在核碱过量程度和原料糖α异头物富集程度比较低的情况下,存在过多无法预见产物β异头物是否富集的情形,权利要求请求保护的是一个范围,所属领域技术人员要通过实验选择所有的非β异头物富集的实施方式、确定除实施例之外的技术方案能否实现,从各种反应条件的各种排列组合中筛选出能够实现权利要求1所要保护的技术方案需要进行大量的反复实验或者过度劳动,因此权利要求1不符合专利法第二十六第四款的规定。

二、反应条件优化的前提是在可以解决发明技术问题的技术方案中寻找优选方案。专利权人有权利要求保护优化的方案,但是相应的反应条件也应当按照说明书中制备得到该产物的反应条件进行适当概括。

三、权利要求2—20是权利要求1的从属权利要求,均没有进一步限定核碱的当量和原料糖α异头物富集程度以及在低核碱当量和原料糖α异头物富集程度较低的情况下如何选择其他反应条件,所属领域技术人员在权利要求2—20限定的条件内仍旧需要进行大量的反复实验或者过度劳动才能确定能否制备得到β异头物富集的二氟核苷,因此权利要求2—20同样不符合专利法第二十六条第四款的规定。

据此,[专利复审委员会宣告本专利权无效。专利权人不服,向北京一中院提起诉讼。]

* * * *

北京市第一中级人民法院认为,首先,本专利说明书给出了3个表格例包括46组数据,表格例应属于实施例的表现形式之一,其中记载的数据等同于实施例的数据,加上说明书中的58个实施例,说明书共给出104组数据。表格例中有11组数据β异头物与α异头物之比小于或等于1∶1,而其他93组数据均能得到β异头物与α异头物之比大于1∶1的核苷。在评述本专利权利要求是否得到说明书支持时,专利复审委员会主要是从表格例中没有达到β异头物富集的几组数据出发进行判断,而没有全面考虑说明书中有关发明目的、技术方案的记载以及大量能够实现β异头物富集的实施例和表格例数据在评判本专利权利要求书是否得到说明书支持时的作用,并将两者结合起来进行综合评判。

其次,评价权利要求是否得到说明书支持应当以"权利要求书中的每一项权利要求所要求保护的技术方案应当是所述技术领域的技术人员能够从说明书充分公开的内容得到或概括得出的技术方案,并且不得超出说明书公开的范围"作为标准。而专利复审委员会在评述和决定要点中引入"如果所属技术领域的技术人员根据说明书的教导并考虑本领域普通技术知识,仍然需要进行大量的反复实验或者过度劳动才能确定权利要求概括的除实施例以外的技术方案能否实现"作为标准评判本专利权利要求书是否得到说明书支持,其评判的出发点不符合《中华人民共和国专利法》(简称专利法)第二十六条第四款的规定。[北京市一中院撤销了专利复审委的决定,责令重新作出决定。]

* * * *

本院认为,权利要求书应当以说明书为依据,是指权利要求应当得到说明书的支持。本案中,本专利权利要求1要求保护的是"制备β异头物富集的核苷的方法"。根据本专利说明书的记载,"β异头物富集"是指制得的产物为β异头物的比例大于α异头物的二氟核苷,即$\beta:\alpha>1:1$。本专利说明书公开的实施例中具体公开了制备β异头物富集的二氟核苷的58个实施例和三个表格实施例共计104个实施例数据,其中三个表格实施例中有11个得不到β异头物富集的二氟核苷。因此,本案的核心问题在于说明书中存在该11个实施例是否说明本专利不符合专利法第二十六条第四款的规定。

首先,应当指出,权利要求书中的每一项权利要求所要求保护的技术方案应当是所属技术领域的技术人员能够从说明书充分公开的内容中得到或概括得出的技术方案,并且不得超出说明书公开的范围。如果说明书中公开的部分实施例或实施方式不能达到发明目的或发明效果却又被概括纳入权利要求书的保护范围,并且删除该部分实施例或实施方式时权利要求的保护范围相应缩小,则应当认为该权利要求得不到说明书的支持。本案中,在本专利说明书公开的全部104个实施例中,11个实施例不能达到制得β异头物富集的核苷的发明目的或发明效果。而该11个实施例的反应原料、溶剂、温度、核碱的结构均落入权利要求1记载的技术特征的范围内,如果将该11个实施例去除,则本专利权利要求1的保护范围相应地缩小。因此,本专利权利要求1不符合专利法第二十六条第四款的规定。

其次,权利要求的概括应当不超出说明书公开的范围,如果权利要求的概括包含申请人推测的内容,而其效果又难以预先确定和评价,则应当认为这种概括超出了说明书公开的范围。如果权利要求的概括使所属技术领域的技术人员有理由怀疑该上位概括或并列概括所包括的一种或多种下位概念或选择方式不能解决发明或实用新型所要解决的技术问题,并达到相同的技术效果,则应当认为该权利要求没有得到说明书的支持。在说明书中披露的部分实施例不能达到发明目的或发明效果的情况下,应当认为该权利要求没有得到说明书的支持。本专利说明书中披露的11个实施例不能达到本专利制得β异头物富集的核苷的发明目的或发明效果,本专利所属技术领域的技术人员通过阅读本专利权利要求所得到的技术方案,不能得到本专利说明书的支持,应当认为本专利权利要求1不符合专利法第二十六条第四款的规定。

据此,本院有合理的依据认定本专利权利要求1没有得到说明书的支持,不符合专利法第二十六条第四款的规定……

关于专利复审委员会在第9525号决定中将"所属领域技术人员从各种反应条件的各种排列组合中筛选出能够实现权利要求1所要保护的技术方案需要进行大量的反复实验或者过度劳动"作为对本专利权利要求书是否得到说明书的支持的评判标准问题,本院认为,权利要求允许概括的范围是本领域技术人员能够"合理预测"或者按照"常规试验容易确定"的范围。"合理预测"的范围应当理解为本领域技术人员根据说明书的记载，结合其所具有的普通技术知识，能够预见权利要求所保护的技术方案都能够实现。"常规试验容易确定"的范围应当理解为本领域技术人员根据说明书公开的实施方案，通过简单的常规试验即可实现权利要求的技术方案。而当超出此种"合理预测"或者"常规试验容易确定"的范围，即需要大量反复试验或者过度劳动才能实现的技术方案时，由于专利权人并未给出明确的、毫无疑义的指引，其效果难以预先合理判断，应当认为该权利要求没有得到说明书的支持。因此，专利复审委员会的认定标准不违反专利法第二十六条第四款的规定，并无不妥。原审判决关于专利复审委员会的评判的出发点不符合专利法第二十六条第四款的规定的认定不当，应予改判。

思考问题：

（1）本案中，专利申请人实际上明确指出权利要求所覆盖的无数方法中，有部分方法实际上达不到发明所宣称的目的。这时候，究竟应不应该许可申请人撰写一个覆盖部分不可行但很容易被识别的技术方案的较宽权利要求？

（2）基于本案的试验数据，能够说"熟练技术人员"很容易知道权利要求所覆盖的全部方案中哪些行，哪些不行吗？能够说，有合理理由相信，权利要求中有相当一部分已知或未知方案实际上不可行吗？

（3）在撰写马库什权利要求时，申请人常常只能让熟练技术人员相信它所覆盖的每一个技术方案一定可行，但并不能最终确保每一个方案真的可行。事后，如果真有人证实其中某一技术方案其实并不可行，也不会因此威胁到整个权利要求的效力。这与本案的情形有可比之处吗？

（4）一审法院和二审法院对于书面描述的判断标准就存在分歧。一审法院强调要依据说明书公开的数据本身来判断行或不行，而二审法院则强调公开数据中实际上有一部分不可实施。本案中"不可实施"与"权利要求得不到说明书支持"的驳回理由是否存在重叠呢？你认为更适合的处理方法是什么？

对比案例： 对比，在 Atlas Powdwer Co. v. E. I. Du Point De Nemours & Co., 750 F. 2d 1569（1984），发明为一种引爆剂组合物，仅仅对个别成分的最低比例作出限制，因而涵盖范围宽泛。在该案中，申请人大概测试了300多份样品，其中40%左右被视为"失败"。法院认为，这些被视为"失败"的样品实际上没有达到最优效果。法院认为，熟练技术人员知道如何调整该样品的组分从而达到更好的效果。因此，法院拒绝承认该"失败率"表明申请方案没有充分公开。法院指出："需要一些实验并不当然否定该方案'能够实现'。但是，实验的量必须不能不合理地繁重（unduly extensive）。""即便权利要求中的部分组合不起作用，该权利要求也并不必然无效。具体排除可能的不起作用的物质，并非权利要求的一项功能。当然，如果不起作用的组合数量很多，迫使熟练技术人员进行不合理的实验以实施权利要求所主张的发明，则该权利要求的确应该被无效。"

2.2 技术方案的概括:能够实现"什么"?

在判断一个技术方案是否能够实现时,对方案本身的概括至关重要。如果将发明概括为相对抽象的方案,则发明人只要通过一些实施例证明该相对抽象的方案可行,就可能使得该相对抽象的方案达到所谓"能够实现"的程度。相反,如果审查员拒绝对发明做相对抽象的概括,则可能认为发明人仅仅是"能够实现"非常具体的方案,超出该范围,就不能提出权利要求。究竟可以抽象到什么程度,似乎不是一个很容易回答的问题。

在 O'Reilly v. Morse 案中,美国最高法院在认定 Morse 的著名的电报的专利申请权利要求"所有利用电磁波动远距离传输可识别的字符的方法"过宽时,法院指出发明人实际上只是发明了一种方法,要求垄断所有实现该功能的方法,这远远超出其专利说明书中描述的范围。实际上,发明人自己甚至都没有想象出其他的方法(这就像飞机的发明者不能垄断所有飞行的方法一样)。问题是,专利法要求发明人预见到权利要求可能覆盖的所有方案(包括从属发明)吗?

O'Reilly v. Morse

美国最高法院 56 U. S. 62(1853)

TANEY 法官:

……

上诉人提出三项抗辩。首先,他们否认 Morse 教授是 1848 年重新颁发的专利所描述的电磁电报(Electro-Magnetic Telegraphs)的原始发明人。其次,他们坚持认为,即使他是原始的发明人,他所赖以主张权利的专利的颁发过程并没有遵守国会的法律,因而不能赋予其独占性使用的权利。最后,如果上述两项抗辩被否定,他们坚持认为 O'Reilly 的电报和 Morse 教授的实质上并不相同,因而使用该电报并不侵害 Morse 教授的权利。

为了判断这些问题,我们应当首先集中关注 Morse 教授在 1840 年所获得并在 1848 年重新颁发的专利。双方的主要争议是该专利的效力。对此作出决定之后,双方的其他争议将迎刃而解。

……

[真正的]难题出现在该专利的第八项[权利要求]上。它的内容如下:

"8. 我并不意图将自己的[权利主张]限制在前面的说明书和权利要求中所描述的具体的机器或机器部件上;我的发明的精髓(essence)是跨越任何距离,利用电流的驱动力(motive power),我称之为电磁力(electro-magnetism),标示(marking)或打印可识别的符号、标识或字母。对这种动力的这种新应用是我最先发明或发现的。"

这一权利要求的范围很清楚。只要驱动力是电流,结果是跨越一定距离标示或打印可识别的符号、标识或字母,他就会对这些方面的任何改进主张独占权。

如果这一权利要求得到维持,则究竟是通过何种方法或装置实现该结果,就不再重要。我们现在知道,随着科学的进步,未来的发明人或许会发现一种利用电流跨越距离进行书写或打印的方法(mode),而无须使用原告说明书所描述的任何方法或组合。他的发明或许更简单,更不容易出错,制造和运行的成本更低。但是,如果它被本案专利所覆盖,则未经本案专利权人的同意,未来的发明人将不能使用它,公众也无法从中得到好处。

不仅如此,当他对其他人的发明关闭大门时,专利权人自己却可以从其他科学家所揭示的电磁动力的特点中获得新的发现。因为他说他并没有将权利要求限制在他所描述的机器或其部件上;相反,他主张对它(该机器)的用途本身主张垄断权,只要是在跨越一定距离的情况下进行打印[就落入保护范围],而不论这是如何实现的。物理学的新发现可能使得他能够将本发明与新的装置要素组合起来,以一种与本发明完全不同但更好的方式实现相同的目的。如果他能够因现在的专利而获得独占性使用权,则他可以在每一个新的科学发现或进展出现之后,不断变化(改进)该发明,[并且得到该专利的保护],而无须在专利局的文献记录中对新的措施、方法或机器进行描述。当他的专利过期后,公众必须请教他才能知道该发明的具体内容。简言之,他对一种并没有描述和尚未发明的方法主张独占权,在获得本专利时也不可能描述。本院认为该权利要求过于宽泛,不能得到法律的支持。

我们相信,没有人会认为Fulton(美国第一个发明商业蒸汽船的人)在描述他所使用的以蒸汽驱动船舶的方法和机器之后,就可以就该发明获得这样的专利——对所有的以蒸汽动力驱动船舶的方法主张独占权,而不论它是如何实现的。很难接受的是,依据这一专利,他能够阻止他人使用因科学进步而出现的改进机器,尽管它使用的是蒸汽动力,结果也是驱动船舶。同样,第一个发现蒸汽通过适当的机器装置能够被用于研磨玉米或纺织棉花的人,也不能对利用蒸汽动力实现这些目的的所有用途(方法)主张独占权。

……

实际上,专利权人自己的行为与他所主张的权利要求并不一致。在1846年,他就局部电路(local circuits)的改进获得了一项专利,这一改进使得在电报干线沿途中间地点可以打印情报。在1848年他就这一发明重新获得专利授权。不过,在这一新发明中,动力依然源自电流,效果依然是跨越距离书写。这一动力无疑来自新的机器和组合。如果上述第8项权利要求得到维持,则这一改进将落入他的第一项专利(即诉争专利)的保护范围。如果被第一项专利所涵盖,则关于局部电路的发明专利就会是非法而无效的。因为他不能对他最初发明的一部分获得一个后续专利,从而将其垄断权延伸到法定的期限之外。

在辩论过程中,有很多英国和美国法院在这一领域的判例被援引。我们仅仅讨论那些被认为具有先例价值的案例(leading ones)。专利权人所最为依赖、本院被迫要考虑的案例是英国的Neilson专利案。该专利保护的是在炼铁过程中通过鼓风装置将热空气引入炉子的[方法]。

关于这一专利的先例案例是英国 Court of Exchequer 判决的 Neilson 等 v. Hardford 等案。该案经过仔细的争论，看起来也经过法院的认真考虑。该案内容如下：

Neilson 在其专利说明书中描述了他的发明，即在火堆、熔炉和火炉中引入空气的改进方法。实施该方法需要一台鼓风装置。这一方法具体如下：鼓风装置所产生的气浪（blast）或气流被导入足够结实能够承受冲击的容器中，然后通过管道等装置将空气导入火中。该容器通过外部的加热装置被人为地加热到相当高的温度。接着，他以相当概括的术语描述容器的建造和加热方式、以及空气被导入火的方式，指出容器的形式并非实质性的（material），对其加热的方式也不是。在该专利的侵权诉讼过程中，被告坚持认为（包含其他抗辩），专利说明书并没有充分描述该加热装置和将热空气导入炉的装置，该专利因此应当被无效。同时，该专利对"向炉子里鼓入热空气，而不是冷空气，从而增加热的强度"这一科学原理（principle）主张权利，而科学原理是不能获得专利保护的。

对于第一项抗辩，陪审团发现具有这一领域普通技术知识的人员，仅仅阅读技术说明书，就能够制造出此类装置，从而产生该有益结果。因此，足以[让普通技术人员认为]值得在各类使用气流的炉子（forges, cupolas, and furnaces）中应用这一方法。

对于第二项抗辩，代表法庭撰写判决意见的 Baron Parke 法官指出：

很难将一项发明和指向科学原理的专利说明书区分开来。这从一开始就在法院的脑子里制造了很多难题。不过，经过充分的考虑，我们认为原告并非仅仅对一项科学原理主张权利，相反，[他所主张的是]一台机器，体现了一项科学原理并且很有价值的机器。我们认为，本案应如此考虑：假定该原理已经为公众所周知，原告最先发明了一种通过机械装置将这一原理应用于炉子的方法（mode）。他的发明的内容是：在鼓风装置和炉子之间插入热空气的容器，在该容器中他利用容器外部的热源加热空气，因而实现了将原本的冷空气变成热空气气流导入炉子的目标。

从上述意见中我们看不出有任何地方偏离了专利案件中所适用的通常的法律原理。Neilson 并不是对制造该容器或加热它的特定的方法（mode）主张权利。他指出了可能的实现方法，但是承认它也可能通过多种方式实现。在更高或更低的温度下，空气通过加热容器被加热的程度将更高或更低。刚开始时，法院好像怀疑该专利所要保护的是否仅仅是"热空气比冷空气能够更好地促进燃料的燃烧"这一发现。如果按照这一思路解释，法院显然会判决他的专利无效，因为自然哲学或物理学原理的发现，是不能获得专利的。

但是，经过充分考虑之后，法院最终认为该原理应当被视为众所周知的原理，原告发明了一种将这一原理应用于炉子的机械方案（mechanical mode）。他的发明在于在鼓风机和炉子之间安插加热的容器，通过这一容器对离开鼓风机进入火堆的空气进行加热。因此，任何人使用这一将热空气鼓入炉子的方法，就是在使用他发明的方法（process），继而侵害其专利权，尽管该容器的形式或加热方式可能与专利权人所描述的不同。因为，如果鼓风机和炉子之间安放加热容器而气流通过该容器，则无论采用什么形式的容器，或什么加热方式，都会或多或少地产生该效果。

毫无疑问,该机器体现了"热空气比冷空气更能促进燃料燃烧"的科学原理。但是,该专利并非因为其中体现了该科学原理才得到支持。如果他发明了一种鼓风装置或者炉子的改进方案,而依然使用冷空气,他同样能够获得专利。他的专利之所以得到支持,是因为他发明了一种机械装置,通过它鼓入热空气而不是冷空气。这一新方法受到该专利的保护。放置一个加热容器,无论以何种形式,是他发明的新颖点所在。

我们并不认为当前案件中的权利要求能够从上述判决中得到任何道义上的支持。如果 Court of Exchequer 说 Nelson 的专利所要保护的是"热空气比冷空气更好地促进燃烧"这一发现,并且认为他对发现的应用具有独占性使用权,则 [本案的专利权人] 或许能够从中找到一些依靠的理由。但是,该法院重点否定此类专利权。法院解释并支持的专利权利要求,与当前案件中专利权人的权利要求完全不同。

因为 Neilson 发现,通过在鼓风机和炉子之间安置加热装置,导引气流从中通过,炉子里的热量就会增加。无论使用何种形式的容器、何种加热装置,无论如何导引气流进入炉子,这一效果一定会产生。

但是 Morse 并没有发现,电流总是能够进行跨越一定距离的打印,而不论它通过任何形式的机器或装置。你可以使用电磁作为一种动力源,但是却没有产生上述效果,即跨越一定距离打印可识别的符号或图标。要实现上述效果,电流必须与特定的复杂而精细的机器相结合。电流通过并作用于该机器,而该机器一定要 [由技术人员] 依据科学原理并利用高超机械技能进行调试安装。Morse 教授能够利用电磁等已知动力的新组合方式,实现一种跨越距离打印可识别符号或图标的方法。他因此获得很高的荣耀。对于他所发现的方法,他有权获得专利。但是,他并没有发现,以电流作为动力,以其他任何方法与其他任何装置结合,都将能够实现该功能。

……

国会所通过的与专利有关的法律条款可以用一些话作简要概括。

任何人发现,在任何方法、机器或组合物中,可以通过某些技术手段实现某些有用的结果,则他有权就该发现获得专利;前提是他完整而准确地说明了他所使用的技术手段,以至于相关的熟练技术人员能够利用他所描述的手段准确地实现他所描述的结果,而无须添加或减少技术手段。如果不能通过他所描述的技术手段实现,则该专利无效。如果可以实现,则专利将赋予他"使用他所描述的技术手段去实现他所描述的结果或效果"的独占权,除此之外他并没有更多的权利……任何人可以合法地实现相同的结果而不侵害专利权,如果他采用的技术手段与专利所描述的有实质性的差别。

的确,如果专利权人的权利要求 8 能够被维持,则除了说他发现利用电磁动力可以跨越任何距离打印可识别字符外,他无须做任何进一步的说明。我们认为(presume),在任何情况下都不应以此类说明书为基础授予专利权。该权利要求不能从 [专利权人] 所提交的说明书中得到支持。它超出了说明书的范围,专利权人在该范围之外主张权利。如果该权利要求能站住脚,那一定是因为上述宽泛的术语本身已经是一种充分的描述,从而赋予他同样宽泛的专利权。在我们看来,国会的法律不能如此解释。

……

上述国会法律要求,发明人对于发明的描述应当使得相关领域或最接近领域的熟练技术人员能够依据该描述实施该发明。

在本案中,[说明书]仅仅描述了一种跨越距离打印符号或字母的方法,除此之外没有描述其他方法。但是,他却对任何能够利用电磁动力实现该结果的其他方法或模式主张独占权,尽管他并没有描述所谓的其他方法。这就是说,他对一种利用电磁现象所实现的效果(effect)主张专利权,[即使]该实现方式与[他]的发明所必需的方法或机器不同。上述国会法律表明,对于此类权利要求不能授予专利。因为他并没有按照法律要求的方式描述他所要求保护的内容。

……

思考问题:

(1) 法院说:"如果被第一项专利所涵盖,则关于局部电路的发明专利就会是非法而无效的。因为他不能对他最初发明的一部分获得一个后续专利,从而将其垄断权延伸到法定的期限之外。"这有道理吗?岂不所有的改进发明都有问题?

(2) 如何区分 Nelson 的发明与 Morse 的权利要求?Nelson 可能也无法说清楚其他鼓风装置的具体设计思路。法院为什么认为这不重要呢?

(3) 结合本案 Nelson 和 Morse 的发明,考虑专利法上抽象思想与具体技术的区分。

2.3 "能够实现"的时间标准

判断是否"能够实现"的时间标准是发明申请日。申请人必须在原始申请文件充分公开其技术方案,保证熟练技术人员在申请日之时就能够实现该技术方案。这样,申请人就不能利用事后出现的技术进步来证明自己当初的理论设想能够由熟练技术人员实现。但是,申请人可以对超出他专利申请揭示的实际研究的范围的"发明"主张权利,只要他的研究使得熟练技术人员能够在申请日当时结合说明书所披露的内容无须复杂实验就可以实施该发明。

沃尼尔·朗伯有限公司 v. 专利复审委员会

最高人民法院(2014)行提字第 8 号

周翔、罗霞、周云川法官:

[1996 年 7 月 8 日,沃尼尔·朗伯公司提出了关于"I 型结晶阿托伐他汀水合物"的发明专利申请,并于 2002 年获得授权。]本专利权利要求为:

1. 含 1—8 摩尔水的 I 型结晶阿托伐他汀水合物,其特征在于,有以下研磨 2 分钟后测量的根据 2θ、d—面间距和大于 20% 的相对强度表示的 X—射线粉末衍射图,使用 Cukα 射线测量:

2θ	d	研磨2分钟样品的相对强度（>20%）
9.150	9.6565	42.60
9.470	9.3311	41.94
……①	……	……
29.234	3.0524	23.36

2. 权利要求1的Ⅰ型结晶阿托伐他汀水合物，其特征在于，有以下固态13C核磁共振谱，其中化学位移以ppm表示：

规定(7 KHz)	化学位移
C_{12} 或 C_{25}	182.8
……②	……
C_{34}	21.3

……

[嘉林公司]就本专利权效力向专利复审委员会提起无效请求，其中包括如下理由：1. 本专利权利要求保护含1—8摩尔水的Ⅰ型结晶阿托伐他汀水合物，其中包括8种Ⅰ型结晶，但是说明书没有验证这8种Ⅰ型结晶阿托伐他汀水合物具有相同的XPRD[（X射线粉末衍射）]和13C NMR[（核磁共振碳谱）]；2. 无论基于说明书的一般性公开还是基于实施例的公开，本领域技术人员都难以制备得到含1—8摩尔水的Ⅰ型结晶阿托伐他汀水合物。

[专利复审委员会宣告本专利全部无效。沃尼尔·朗伯公司不服该决定，向北京市一中院提起诉讼。北京市一中院维持该决定；北京高院撤销了一审判决。专利复审委员会不服上述二审判决，向最高人民法院申请再审。]

[本案二审时，专利权人沃尼尔·朗伯公司提交了天津大学实验报告，试图证明申请日之前的熟练技术人员按照说明书的指示就能够制造出上述水合物。本案的核心问题之一是，此类事后提交的实验数据证据是否可以用来回答专利复审委对充分公开问题的质疑。]

[最高人民法院认为：]

一、关于实验性证据。

---

① 本书作者注：列表内容为该物质在不同实验条件下的X射线衍射数据。为简洁起见，这里删除了部分XPRD（X—射线粉末衍射）的实验数据。更完整数据表格，请参见原始专利文献。如果你不明白这些数据有什么意义，也没有关系。不妨把它想象X光透射该物质粉末后形成的衍射数据。

② 本书作者注：列表内容为该物质在的核磁共振图谱数据。为简洁起见，这里删除了部分13C NMR（核磁共振碳谱）的实验数据。更完整数据表格，请参见原始专利文献。

专利法第二十六条第三款要求本领域技术人员在专利申请日之前就可以根据说明书充分公开的内容实现发明,而在申请日后补充的实验性证据一般以事后验证的方式来证明说明书达到了上述要求。本院认为,在专利申请日后提交的用于证明说明书充分公开的实验性证据,如果可以证明以本领域技术人员在申请日前的知识水平和认知能力,通过说明书公开的内容可以实现该发明,那么该实验性证据应当予以考虑,不宜仅仅因为该证据是申请日后提交而不予接受。

在考虑实验性证据是否采纳的时候应严格审查时间和主体两个条件。首先,实验性证据涉及的实验条件、方法等在时间上应该是申请日或优先权日前本领域技术人员通过阅读说明书直接得到或容易想到的;其次,在主体上,应立足于本领域技术人员的知识水平和认知能力。

本案中,沃尼尔·朗伯公司和嘉林公司均提交了这方面的证据,其中天津大学实验报告为沃尼尔·朗伯公司单方委托进行的实验,在二审开庭时提交给法庭。为反驳该证据,嘉林公司在申请再审时单方委托北京国威知识产权司法鉴定中心出具司法鉴定书,对天津大学实验报告的实验条件和结果提出质疑。沃尼尔·朗伯公司在再审程序中又提交证据7和8,进一步证明本领域技术人员根据本专利说明书公开的内容可以实现本发明。

对于上述几份证据能否证明根据本专利说明书公开的内容可以或不可以制备出本专利请求保护的I型结晶阿托伐他汀水合物,本院具体分析如下:

首先,关于天津大学实验报告和司法鉴定意见书,双方争议在于实验条件和方法是否与专利文件相符,主要涉及加热时间和冷却方式。关于加热时间,本专利实施例1方法A在加入晶种之后,记载为"将混合物在51℃—57℃下加热至少10分钟,再冷却到15℃—40℃"。天津大学实验报告实验1相应的加热时间为"17小时",实验2为在52℃—57℃"搅拌过夜";司法鉴定意见书鉴定事项中加热时间为15分钟—60分钟。天津大学实验报告中实验1选择加热17小时,已经远远超出了本专利说明书中加热至少10分钟的数量级;实验2为搅拌过夜,首先时间不确定,其次按照一般理解,过夜也应该至少为8小时,同样和本专利说明书记载的加热至少10分钟相距甚远。沃尼尔·朗伯公司对此的解释主要是:由于实验规模的不同,本专利说明书方法A属于大规模的工业方法,反应物超过1300升,虽然只是加热至少十分钟,但本领域技术人员会想到,在停止加热后进行自然冷却时,温度下降会非常缓慢,反应体系将在40℃以上维持相当长的时间;本专利说明书中存在晶化步骤优选在升温下进行的教导。基于以上信息,本领域技术人员会想到使反应物在较高的温度下保持较长的时间,以便更好地完成结晶。对此,本院认为,确实实验规模的不同可能会影响到降温速度,基于本专利说明书的教导,本领域技术人员也会想到升温有助于完成结晶,但从说明书中的大规模缩小到实验室规模后,要延长加热多长时间才能得到本专利请求保护的I型结晶阿托伐他汀水合物,并不是本领域技术人员在本专利优先权日之前从说明书中容易想到的。

关于冷却方式的问题,本专利说明书中只是说冷却到15℃—40℃,天津大学实验报告中从53℃左右冷却到室温是10个小时,显然该过程是受控冷却,司法鉴定意见书中采用自然冷却法降温,理由是本专利说明书对于冷却没有特别指明,本领域技术人员默认为是自然冷却。沃尼尔·朗伯公司认为根据本领域教科书的记载,结晶工艺中为了得到颗粒度好的晶体,通常不会选择自然冷却,而是要受控冷却。对此,本院认为,根据沃尼尔·朗伯公司提供的证据5、9、13、15和21,可以证明为了更好的获得结晶,冷却应该是受控的,但具体针对于Ⅰ型结晶阿托伐他汀如何具体控制降温速度,冷却到室温需要多长时间才能制备出Ⅰ型结晶阿托伐他汀水合物,并不是本领域技术人员在本专利优先权日之前从说明书中容易想到的。而且,上述加热和冷却时间均涉及到从本专利说明书中的大规模缩小到实验室规模后如何具体确定实验条件的问题,这也从侧面证明结晶需要受到多种因素的影响,规模大小的变化也会导致结晶条件的相应变化,从大规模缩小到实验室规模无疑进一步加大了本领域技术人员从本专利说明书中获取实验信息以选择具体实验条件的难度,从本案现有证据看仍不足以证明天津大学实验报告中选择的加热和冷却时间是本领域技术人员在本专利优先权日之前从说明书中容易想到的。

此外,天津大学实验报告的实验1是加晶种的方案,本专利说明书并没有披露晶种的来源和获得方法,本领域技术人员据此无法制备得到权利要求所保护的产品。

综上,天津大学实验报告不能用于证明本领域技术人员根据本专利说明书公开的内容是否可以实现本发明,本院对该证据不予采纳。

思考问题:

(1) 本案中,天津大学所做实验的部分实验条件在说明书中并没有明确交代。法院说这些条件对于熟练技术人员而言并不"直接得到或容易想到",因而超出了说明书的范围,无法起到证明作用。这里的"直接得到或容易想到"标准是专利法的"能够实现"标准的具体化吗?

(2) 在这里的"直接得到或容易想到"标准下,是否包含经过"合理实验尝试后的得到"?这与最高法院在本节前述案件中所采用的充分公开的具体标准能够协调吗?

(3) 在本案中,你觉得专利权人应该如何在事后证明该超出原始说明书明确交代范围的部分实验条件是熟练技术人员所"容易想到"的呢?

专利法上存在所谓的等同侵权制度,许可专利权人日后在侵权诉讼中对申请日当时可能无法预见,但事后随着技术进步而能够被实施的具体技术方案提出等同侵权指控。这些技术可能在申请日当时无法预见,更别说能够实施了。你觉得这是不是背离了"能够实现"原则呢?

考虑在先发明和从属发明之间的关系,既然在先发明需要"能够实现",保证普通技术人员能够实施其权利要求所覆盖的全部方案,又如何能够在此基础上产生在后的改进发明呢?换句话说,为什么会存在"改进发明已经被在先发明充分公开,但是又不是显而易见,从而可以获得从属专利授权"的情形呢?

2.4 生物领域的过宽权利要求

在有些场合,只要一个具体的实例,就可以揭示较大范围内的技术方案,比如在机械和电学领域。因为,根据该实例,其他人就能够结合既有知识完成其他发明。但是,在化学和生物学领域,存在着很大的不确定性,一项发明具体实施例所能揭示的范围在很大程度上依赖于不确定因素的多少。①

在美国 In re Goodman,11 F. 3d 1046(1993)案中,发明技术是将一段控制某一多肽表达的 DNA 序列植入植物细胞内,制造动物多肽。专利说明中,申请人只公开了一种实施例,即将该基因植入烟草细胞,但在其权利要求中却希望保护所有在植物细胞中植入该基因的技术方案。专利局认为在其申请中并没能使其他普通技术人员在专利申请时能够实现所有植物细胞的移植技术。Goodman 在其说明书中除了该实施例外,没有揭示其他植物的"功能调节区"(Functional Regulatory Regions)。缺了此项,其他人不通过创造性劳动,就不可能在其他植物上完成该项技术方案。另外,专利局还发现该发明所揭示的 DNA 移植方案只适用于双子叶植物细胞,而并非所有的植物细胞,在单子叶植物细胞方面,就存在诸多的问题。最终法院支持专利局的决定,驳回申请人的请求。

哈佛鼠案是另一个有名的与充分公开有关的案例。研究人员将一个基因植入老鼠受精卵内,培养出新的转基因鼠。发明人在其权利要求中不但要求保护其所使用的技术、他们创造的特殊基因老鼠,而且要求保护所有利用他们的技术培养的非人类的转基因哺乳动物。欧洲专利局一开始就否定了发明人在老鼠和啮齿动物以外的权利要求,认为普通技术人员在专利公开的技术的指导下,不通过创造性劳动和大量试验,无法获得其他类型的转基因哺乳动物。

Amgen Inc. v. Chugai Pharmacentical Co.

美国联邦巡回上诉法院

927 F. 2d 1200 (1991)

LOURIE 法官:

……

红细胞生成素(Erythropoietin, EPO)是由 165 个氨基酸组成的蛋白分子,可以刺激红细胞的产生。因此,它是治疗骨髓制造红细胞功能低下或存在缺陷所导致的贫血或血液系统紊乱疾病的有效制剂。

通常是通过对健康人和那些 EPO 水平高的个人的尿液进行富集和纯化来获得 EPO 制品。一种新的生产 EPO 的技术是 DNA 重组技术。利用基因工程技术将 EPO 基因引入生物载体,然后对该载体进行细胞培养生产 EPO。DNA 重组技术生产 EPO

---

① Robert P. Mergers & John F. Duffy, Patent Law and Policy:Cases and Materials, Third Edition, Lexis-Nexis, 2002, p.330.

时,需要利用 EPO 基因进行蛋白质表达,这与自然细胞中发生的过程一样。

美国专利商标局 1987 年 6 月 30 日向 Rodney Hewick 博士颁发了第 4,677,195 号专利,题目为"纯化红细胞生成素及其混合物的方法"(以下称第 195 号专利)。该专利对同质的 EPO 及其组合物,以及一种利用反相高效色谱法提纯人类 EPO 的方法提出权利要求……Hewick 博士后来将专利转让给了 GI 公司。

本诉讼涉及的另一专利是美国专利第 4,703,008 号,题为"表达红细胞生成素的 DNA 序列"(以下称第 008 号专利),于 1987 年 10 月 27 日颁发给了 Amgen 的雇员 Fu-Kuen Lin 博士。第 008 号专利的权利要求覆盖分离并纯化的表达红细胞生成素的 DNA 序列,以及经过 DNA 序列改造的宿主细胞。相关的权利要求如下:

……

7. 一种纯化并分离的 DNA 序列,由表达一种多肽所必要的 DNA 序列组成,该多肽的氨基酸序列与红细胞生成素足够相似,从而具有促使骨髓细胞增加网状红细胞和红细胞产量,并增加血红素的合成或铁元素吸收的生物特性。

8. 权利要求 7 所对应的 cDNA 序列。

……

1987 年 10 月 27 日,即第 008 号专利授权的当天,Amgen 起诉 Chugai 和 GI……对于 Amgen 的第 008 号专利,区法院认为,权利要求 7,8,23—27 和 29 无效,因为依据 35 U.S.C. § 112,它们不可实施(lack of enablement)。但是,如果专利有效,则 GI 侵权……

……

D. 权利要求 7,8,23—27 和 29 的可实现性(Enablement)

Amgen 辩称,区法院所谓 GI"提供了清楚而有说服力的证据证明专利说明书并不足以使得本领域的普通技术人员无须繁重试验就能够制造和使用第 008 号专利权利要求 7 所主张的发明"的判决构成法律上的错误……

权利要求 7 是一个概括性的权利要求(generic claim),涵盖所有可能的 DNA 序列,只要该序列所表达的多肽的氨基酸序列与红细胞生成素足够相似,从而具有红细胞增长的生物特性。权利要求 8,23—27 和 29 从属于权利要求 7,具有类似的范围,与权利要求 7 同进退,无须单独讨论。

"为了满足 § 112 的可实现要求,专利必须包含有使得本领域熟练技术人员能够制造和使用所主张发明的描述。"……需要进行一些试验,并不当然意味着不可实现;不过,试验工作的量不能过度繁重(unduly extensive)。这里的核心问题是,权利要求 7 能够实现的范围是否与其所主张的范围一样宽……

第 008 号专利的说明书指出:

技术人员可以很容易地设计并制造一个基因,使它所表达的微生物多肽与成熟的 EPO 大致相同,但是在一个或多个点位(residues,比如替换、两端或中间位置增加或删减)存在差异。

当前发明所提供的 DNA 序列被认为涵盖了所有适合用于在 procaryotic 或 eucaryotic 宿主细胞中表达多肽产品的 DNA 序列,该多肽至少与 EPO 主要结构一致,并具有 EPO 的一项或多项生物特性。同时,上述 DNA 选自:(a) 图5和6所列的 DNA 序列; (b) 与(a)中所定义的 DNA 序列或片段杂合(hybridize)的 DNA 序列;以及(c) 与(a) 和(b)中所定义的 DNA 序列杂合的 DNA 序列,但退化的基因代码除外。

区法院发现,仅仅替换一个氨基酸的位置就能制造出超过3600个不同的 EPO 同系物;替换三个氨基酸,则能够制造出超过一百万个不同的同系物。该专利显示,它涵盖了制造大量 EPO 的多肽同系物的方法。因此,潜在的能够产生与 EPO 相近似的物质的 DNA 序列的数量,是非常大的(enormous)。

在庭审前的证据交换程序(deposition)中,Amgen 的 EPO 同系物项目的主任 Elliott 博士作证说,他并不知道 Amgen 所制造的50到80个 EPO 同系物是否具有"促使骨髓细胞增加网状红细胞和红细胞产量,并增加血红素的合成或铁元素吸收的生物特性"。基于这一证据,初审法院认为"被告已经提供了清楚而有说服力的证据,证明专利说明书并不足以使得本领域的普通技术人员无须繁重试验就能够制造和使用第008号专利权利要求7所主张的发明"。在得出上述结论时,法院尤其依靠这一技术领域缺乏可预见性的事实。研究尿 EPO(uEPO)提纯方法的科学家 Goldwasser 博士和 Elliott 博士的证词都验证了这一点。该法院指出,经过五年的试验,"Amgen 仍然不能说明哪些同系物具有权利要求7所述的生物特性"。

我们相信,初审法院得出了正确的结论,尽管其理由是错误的。它将注意力集中在 EPO 同系物的生物活性上,没有考虑到权利要求7的客体,即 DNA 序列同系物的可实现性。而且,专利申请人并不需要测试他发明的全部实施例。真正需要的是,他所提供的说明应足以使得本领域熟练技术人员能够实现与其权利要求范围相一致的发明。对于 DNA 序列而言,这意味着要披露如何制作和使用足够多的序列,以证明其权利要求所主张范围的正当性。本案中,Amgen 并没有做到这一点。另外,法院在审查披露是否达到可以实现程度时,并不需要对所有的 Wands 要素(In re Wands 确定的审查要点)都进行审查。① 这些要素是参考性的,而非强制性的。哪些是相关的要素,取决于具体案件事实。本案的事实是,Amgen 并没有使得 DNA 序列的制备可以实现,从而足以支持它的无所不包的权利要求。

的确,当专利申请人的描述足以达到专利法第112条的要求时,他有权对发明提出概括性的权利要求⋯⋯这里,尽管说明书中有大量的陈述与所有的可制造的 EPO 基因同系物有关,但是关于特定的同系物却很少有达到可实现程度的披露,也没有说明如何制备这些同系物。只有一些 EPO 基因同系物的制备细节被披露。Amgen 辩称这足以支持其权利要求。我们不同意。这些披露或许可以支持一个涵盖这些或类似同系物的概括性的权利要求,但是这并不能为 Amgen 所希望主张的全部 EPO 基因同系物提供充分的支持。可能还有其他基因序列能够编码 EPO 型的产品。Amgen 仅仅说明如何制造和使用其中的一些序列,因此不能对全部序列主张权利。

---

① 本书作者注:关于 In re Wands 案所列的审查要点,参见本章第2.5.3节。

在维持区法院关于权利要求 7,8,23—27 和 29 违反第 112 条无效的判决时,我们并不试图暗示,基因序列的概括性权利要求的范围与申请人所披露的发明相适应时,它依然不可能有效。本案并非此类情形。Amgen 对一个含有大约 4000 个核苷酸的基因的所有可能的同系物提出权利要求,而他所披露的仅仅是如何制备 EPO 和非常有限的一些同系物。

……

考虑到 EPO 基因的结构复杂性,结构变换的多重可能性,以及这些同系物所具有的实用性方面的不确定性,我们认为需要披露更多的内容,比如权利要求的范围内各类同系物的识别与制备方法、制备具备 EPO 活性的化合物的结构要求等。制备该基因和一些同系物,却没有确认同系物的活性,这并不足以支持申请人对所有可能的具有 EPO 活性的基因序列主张权利。在这一背景下,我们认为区法院所谓"概括性 DNA 序列权利要求依据第 112 条无效"的结论并没有错误。

……

思考问题:

(1) 假设第一个用基因工程方法实现 EPO 制造的人,通过方法专利能够禁止任何人利用该方法制造 EPO 或类似的产品?

(2) 如果可以对方法申请专利,而方法专利可以延伸到产品。这是否与禁止宽泛的未经披露的产品权利要求相互矛盾?

(3) 结合本案思考,如何保证发明人能够有效地保护自己的发明?考虑专利法上抽象概念的概括范围与具体的实施例之间的关系。

(4) 法院承认专利权人可能无须一一披露可能的 DNA 序列,但是合理的标准是什么呢?

在上面的 Amgen Inc. v. Chugai Pharmacentical Co. 案中,专利权人实际上是担心他人变化一下 DNA 分子中的一两个核苷酸使其专利权落空,因此努力撰写更宽的权利要求。法院以"书面描述"否定了该权利要求。问题是,专利法上有没有机制来回应权利人的这一合理关切? 如果必要,联系后文的等同原则思考这一问题。理论上,等同原则可以阻止第三方采用与权利要求所要保护的发明不完全相同但是等同的发明。

2.5 表述错误导致"不可实现"

如果说明书或权利要求中存在"明显错误"导致权利要求的技术方案不可实现,申请人可以修改说明书或权利要求以消除这一缺陷。这在前文关于"修改超范围"一节已有讨论。依据现行《审查指南》,甚至审查员可以自行依职权修改此类明显错误。

不过,有时候说明书比较模糊,难以认定是文字错误。在刘玉宏 v. 专利复审委员会((2005)一中行初字第 542 号)案中,关于专利权利要求是否存在笔误,法院有如下意见:

根据《审查指南》的相关规定,能够称为笔误的应属于"明显错误",是指不正确的内容可以从原说明书、权利要求书的上下文中清楚地判断出来,没有作其他解释或者修改的可能。

本案中,本专利授权公告的说明书存在两种截然相反的记载,即在权利要求书及具体实施方式部分记载"设置显示与操作不面向服务区的自动存款机",而在发明内容及摘要部分又记载"设置显示与操作窗口面向服务区的自动存取款机"。此外,原告在无效程序及诉讼程序中,对此问题亦曾作出过两种完全不同的意思表示,即在口头审理前的意见陈述中明确表示"显示与操作区不一定非要面向客户",而在口头审理和本案诉讼过程中又表示"显示与操作不面向服务区"为笔误。由于说明书和权利要求书中均没有记载过"显示与操作部"这一技术名词,从上述记载和意思表示中也无法清楚地、毫无疑义地判断出哪一种表述是正确的,故不能将"显示与操作不面向服务区"唯一地解释为"显示与操作部面向服务区"。因此,原告关于权利要求1中存在笔误的主张不能成立,本院不予支持。

2.6 "能够实现"与"实用性的证明"

证明一个方案具有实用性或创造性,与一个方案是否可以由普通技术人员实施,是两个不同的问题,但又有关联性。比如,合成一种新的化合物,没有解释其用途,就可能被认为不具备实用性,也可能被视为没有充分公开其用途,因而不符合"能够实现"的要求。

对照:美国《专利法》第112条关于"能够实现"(enablement)的要求中,包含揭示如何使用(How to Use)的要求。因此,美国也存在"能够实现"要求与实用性要求重叠的可能。在 In re Gardner, Roe, and Willey, 427 F. 2d 786(1970),发明人揭示了一种具有抗抑郁效果的药物及利用此类药物治疗抑郁症的方法。但是,发明人只是模糊地揭示了剂量范围("about 10 mg. to about 450 mg."),法院认为普通技术人员不通过复杂试验,无法知道合理的使用方案。最终认为这一揭示无法满足美国《专利法》第112条"能够实现"要求,宣告所有的权利要求无效。

如我们所知,对于熟练技术人员而言,如果依据专利说明书无需复杂试验就能实现权利要求所述发明,则就满足了"能够实现"要求。对于实用性,是否也可以说:即便发明人自己在申请时并未提交证据证明该发明具有其所宣称的实用性,只要验证该实用性的试验不够复杂,实用性的要求就得到满足?

美国学者甚至认为,如果专利缺乏实用性(utility),则必然不能满足所谓"能够实现"(enabled)的要求,因为熟练技术人员根本就不能实施该发明。[①] 有道理吗?参考 In re Swartz, 232 F. 3d 862 (Fed. Cir. 2000)。

---

① Martin J. Adelman, Randall R. Rader and Gordon P. Klancnik, Patent Law in a Nutshell, Thomos West, 2008, p. 203.

3 书面描述:"以说明书为依据"

书面描述要求强调,申请人应通过原始申请文件的"书面描述"向社会公众表明,申请人的确已经完成并掌握了权利要求所界定的发明方案。《专利法》第26条第4款前半句所规定"权利要求书应当以说明书为依据"。换言之,说明书应该对权利要求所述技术方案有充分披露,使得熟练技术人员能够从该披露内容中"得到或概括出"该技术方案。该披露的标准应该是使得熟练技术人员相信发明人在申请专利之时自己已经实际完成了该发明,而不是在进行理论推测或假设。这一规则旨在防止申请人在没有完成发明活动并不掌握技术方案的情况下,直接基于理论的推测或假设而撰写权利要求,而赶到竞争对手的前面。这里隐含的要求自然是说明书的内容在熟练技术人员看来符合该领域的知识逻辑因而是真实可信。

3.1 判断标准:"得到或概括得出"

《专利审查指南》的要求

《专利审查指南》(2010)第二部分第二章
第3.2.1节"以说明书为依据"

权利要求书应当以说明书为依据,是指权利要求应当得到说明书的支持。权利要求书中的每一项权利要求所要求保护的技术方案应当是所属技术领域的技术人员能够从说明书充分公开的内容中得到或概括得出的技术方案,并且不得超出说明书公开的范围。

权利要求通常由说明书记载的一个或者多个实施方式或实施例概括而成。权利要求的概括应当不超出说明书公开的范围。如果所属技术领域的技术人员可以合理预测说明书给出的实施方式的所有等同替代方式或明显变型方式都具备相同的性能或用途,则应当允许申请人将权利要求的保护范围概括至覆盖其所有的等同替代或明显变型的方式。对于权利要求概括得是否恰当,审查员应当参照与之相关的现有技术进行判断。开拓性发明可以比改进性发明有更宽的概括范围。

对于用上位概念概括或用并列选择方式概括的权利要求,应当审查这种概括是否得到说明书的支持。如果权利要求的概括包含申请人推测的内容,而其效果又难于预先确定和评价,应当认为这种概括超出了说明书公开的范围。如果权利要求的概括使所属技术领域的技术人员有理由怀疑该上位概括或并列概括所包含的一种或多种下位概念或选择方式不能解决发明或者实用新型所要解决的技术问题,并达到相同的技术效果,则应当认为该权利要求没有得到说明书的支持。对于这些情况,审查员应当根据专利法第二十六条第四款的规定,以权利要求得不到说明书的支持为理由,要求申请人修改权利要求。

例如,对于"用高频电能影响物质的方法"这样一个概括较宽的权利要求,如果说明书中只给出一个"用高频电能从气体中除尘"的实施方式,对高频电能影响其他物质的方法未作说明,而且所属技术领域的技术人员也难以预先确定或评价高频电能影响其他物质的效果,则该权利要求被认为未得到说明书的支持。

再如,对于"控制冷冻时间和冷冻程度来处理植物种子的方法"这样一个概括较宽的权利要求,如果说明书中仅记载了适用于处理一种植物种子的方法,未涉及其他种类植物种子的处理方法,而且园艺技术人员也难以预先确定或评价处理其他种类植物种子的效果,则该权利要求也被认为未得到说明书的支持。除非说明书中还指出了这种植物种子和其他植物种子的一般关系,或者记载了足够多的实施例,使园艺技术人员能够明了如何使用这种方法处理植物种子,才可以认为该权利要求得到了说明书的支持。

对于一个概括较宽又与整类产品或者整类机械有关的权利要求,如果说明书中有较好的支持,并且也没有理由怀疑发明或者实用新型在权利要求范围内不可以实施,那么,即使这个权利要求范围较宽也是可以接受的。但是当说明书中给出的信息不充分,所属技术领域的技术人员用常规的实验或者分析方法不足以把说明书记载的内容扩展到权利要求所述的保护范围时,审查员应当要求申请人作出解释,说明所属技术领域的技术人员在说明书给出信息的基础上,能够容易地将发明或者实用新型扩展到权利要求的保护范围;否则,应当要求申请人限制权利要求。例如,对于"一种处理合成树脂成型物来改变其性质的方法"的权利要求,如果说明书中只涉及热塑性树脂的实施例,而且申请人又不能证明该方法也适用于热固性树脂,那么申请人就应当把权利要求限制在热塑性树脂的范围内。

……

在判断权利要求是否得到说明书的支持时,应当考虑说明书的全部内容,而不是仅限于具体实施方式部分的内容。如果说明书的其他部分也记载了有关具体实施方式或实施例的内容,从说明书的全部内容来看,能说明权利要求的概括是适当的,则应当认为权利要求得到了说明书的支持。

对于包括独立权利要求和从属权利要求或者不同类型权利要求的权利要求书,需要逐一判断各项权利要求是否都得到了说明书的支持。独立权利要求得到说明书支持并不意味着从属权利要求也必然得到支持;方法权利要求得到说明书支持也并不意味着产品权利要求必然得到支持。

当要求保护的技术方案的部分或全部内容在原始申请的权利要求书中已经记载而在说明书中没有记载时,允许申请人将其补入说明书。但是权利要求的技术方案在说明书中存在一致性的表述,并不意味着权利要求必然得到说明书的支持。只有当所属技术领域的技术人员能够从说明书充分公开的内容中得到或概括得出该项权利要求所要求保护的技术方案时,记载该技术方案的权利要求才被认为得到了说明书的支持。

书面描述要求还有一项作用就是限制申请人对说明书和权利要求进行修改。《专利法》第33条规定:"申请人可以对其专利申请文件进行修改,但是,对发明和实用新型专利申请文件的修改不得超出原说明书和权利要求书记载的范围,对外观设计专利申请文件的修改不得超出原图片或者照片表示的范围。"即,任何修改都不得超出申请文件的原始的书面描述的范围。之所以有这一限制,是因为一项专利申请的申请日一旦确定之后,申请人就不能在申请日以后将新的技术方案加入该申请中以享受该申请日所带来的时间利益。

在界定申请文件原始的书面描述的范围时,以原始的说明书和权利要求书为准。如果在说明书没有充分公开技术方案,但是参考原始的权利要求,能够清楚地了解并实施权利要求书中的方案,应该算是已经满足充分公开的要求。换句话说,原始权利要求书中的公开,应该也算是专利法意义上的公开。

武田药品工业株式会社 v. 专利复审委员会

最高人民法院(2012)知行字第4号

王永昌、李剑、宋淑华法官:

[本案中,诉争专利权利要求1和3是产品权利要求,分别对"熔点范围为20℃—90℃的氧化烯聚合物""分子量为1000—10000的聚乙二醇"提出主张。但是,专利说明书仅仅公开了这些区间内的一例聚合物——聚乙二醇6000。永宁公司认为,药物组合物必须依赖实验结果加以证明,仅由聚乙二醇6000一个具体实施方式不能使得涉案专利权利要求1、3中的"熔点范围为20℃—90℃的氧化烯聚合物""分子量为1000—10000的聚乙二醇"获得说明书的支持,专利权人必须首先对其专利权的保护范围向社会公众进行举证。北京高院终审宣告该专利权利要求无效。]

武田药品申请再审称:……根据谁主张谁举证的原则,应由永宁公司就氧化烯聚合物以及聚乙二醇间的差异足以导致权利要求1、3不符合《中华人民共和国专利法》(以下简称专利法)第二十六条第四款的规定举证……

被申请人专利复审委员会认为,涉案专利说明书中验证了聚乙二醇6000、硬质醇、蔗糖脂肪酸酯等均能实现发明目的,基于油性化合物在润滑方面的物理性质,可以初步判定熔点范围在20℃—90℃的氧化烯聚合物也能够实现发明目的,由此,永宁公司应对权利要求1、3得不到说明书支持的无效理由进行举证。

本院认为,本案的争议焦点在于:权利要求1、3是否得到说明书的支持以及对于专利法第二十六条第四款无效理由举证责任的分配。

首先,权利要求所要求保护的技术方案应当是所属技术领域的技术人员能够从说明书充分公开的内容中得到或概括得出的技术方案,并且不得超出说明书公开的范围。《审查指南》规定,当权利要求相对于背景技术的改进涉及数值范围时,通常应给出两端值附近(最好是两端值)的实施例,当数值范围较宽时,还应当给出至少一个中间值的实施例。由此可见,当涉及数值范围的改进时,公众期望能够获得至少包含两个端值的实施例。但是,上述规定并不意味着,凡是权利要求所记载的数值端点,说明书都必须给出该端点的实施例,也不意味着权利要求中的某个数值范围不因仅仅一个实施例而不能得到说明书的支持。只要本领域技术人员根据说明书中描述的实施例,能够毫无疑义地确定权利要求中的数值范围能够实现发明目的,也可以认为权利要求得到说明书的支持。

本案中,权利要求1请求保护一种由坎地沙坦酯和熔点范围为20℃—90℃的氧化烯聚合物构成的药物组合物;权利要求3请求保护包含坎地沙坦酯和分子量为1000—10000的聚乙二醇的片剂组合物。本专利说明书中记载了6个具体实施方式,其中具体实施方式5涉及氧化烯聚合物以外的其他类型的油性化合物,不涉及权利要求1、3的技术方案。具体实施方式1—4、6仅以聚乙二醇6000这种单一物质为例证明其能够实现本发明目的。

氧化烯是一个包含了不同分子量、氧原子数量以及碳键数量的极其宽泛的概念,同属于氧化烯的不同物质之间的理化性质差异较大。而同一种物质的聚合物因聚合形式和聚合程度的不同,其间的理化性质差异也很大。因此,本身数量、相互间性能差异较大的"氧化烯"与复杂的"聚合物"形式的组合而形成的物质范围,必然会包括更多复杂形态的"氧化烯聚合物"。

尽管权利要求1对于"氧化烯聚合物"进行了熔点范围的限制,然而仍不能否定其理化性质存在较大差异的事实。按照说明书的记载,上述"20℃—90℃的氧化烯聚合物"的共性在于均为"低熔点的油性化合物"。然而,本领域技术人员不能判断上述不同种类的"氧化烯聚合物"是否均为"油性化合物";即便是"油性化合物",但由于不同种类的聚合物在理化性质方面均存在较大差异,本领域技术人员也不能毫无疑义地确定权利要求1的技术方案仍能实现本专利的发明目的。

权利要求3的技术方案中,尽管均为聚乙二醇,但聚乙二醇1000—10000之间在物理形态、溶解度、吸湿性、凝固点、粘度以及与药物形成制剂后的溶出度等方面均存在较大差异。本领域技术人员即便根据"油性物质"这个共同的特点,也不能毫无疑义地确定权利要求3的技术方案仍能实现本专利的发明目的。

其次,由于化学、医药领域属于试验性学科,在多数情况下,化学、医药发明能否实施或实现发明目的难以预测,往往需借助于实验结果加以证实才能得到确认,因此权利要求应当是从众多的实验数据中归纳总结的技术方案。如果权利要求的概括包含了专利权人推测的内容,且其效果又难于预先确定和评价,则这种概括超出了说明书公开的范围。涉案专利的说明书中没有给出充分的试验数据证明除聚乙二醇6000以外的熔点范围为20—90℃的氧化烯聚合物或者分子量为1000—10000的聚乙二醇同样能够实现本发明目的。

最后,一件专利申请能够得到授权,该专利申请的申请人应当首先向专利权的相对人即社会公众清楚、有说服力地表明其权利要求的保护范围是以说明书为依据,能够得到说明书的支持。如果专利申请的说明书中不能提供相应的证据证明其权利要求能够得到说明书的支持,那么就不应当把举证责任不合理地倒置给社会公众。

综上,原二审判决中关于本专利不符合专利法第二十六条第四款规定的认定,并无不当。

思考问题：

本案证据证明，权利要求过宽部分的技术方案不能实现吗？利用本案事实，思考发明方案"是否能够实现"与"权利要求是否得到说明书支持"之间的差异。

方益民 v. 专利复审委员会

北京高院(2008)高行终字第335号

刘辉、岑宏宇、焦彦法官：

经审理查明，方益民于1999年10月19日向国家知识产权局提出名称为"双桶洗衣机"的发明专利申请，2002年11月20日被公告授权，专利权人为方益民，专利号为99121835.3。本专利授权公告文本载明的权利要求为：

"1．一种双桶洗衣机，包括上框1、波轮7、减速部件8、机座4等，其特征在于所述双桶洗衣机的外壳、洗涤桶和脱水桶为一体化注塑的整体式桶体，所述的桶体为外凸四角圆弧、四边弧形、大小圆弧平滑过度，所述的桶体的前圆角的圆弧半径为R80—90，桶体四边弧形的圆弧半径为R2500—6000；在桶体正面的外壳、洗涤桶和脱水桶的壁与壁之间的交点线处至少对应设有二条加强筋，桶体的直边（面）采用1：100—1：500的斜度。"

……

针对本专利权，顺达公司[等]向专利复审委员会提出无效宣告请求，无效理由均为本专利不符合专利法第二十六条第三、四款、专利法实施细则第二十条第一款和专利法第二十二条第三款的规定。

……

2007年10月8日，专利复审委员会作出第10594号决定，宣告本专利权全部无效。该决定认为：根据本专利说明书第4页第2段的记载，即"本发明的研究人员在桶壁一体化的设计中，将桶体的脱模问题和桶体的设计联系起来，主要直边（面）采用1：100—1：150的斜度"本领域的技术人员无法确定将该范围扩大到1：100—1：500时是否仍能解决桶体的脱模问题，并且由于脱模问题是和桶体设计相联系的，本领域的技术人员也无法确定如果斜度扩大到该范围是否和桶体的其他设计相冲突，因此本领域的技术人员从说明书中充分公开的内容中无法得到或概括得出上述包含斜度为1：100—1：500的技术方案，故包括上述斜度范围的本专利权利要求1和15得不到说明书的支持，不符合专利法第二十六条第四款的规定。

此外，上述数值范围是否能从说明书中概括得出和其与说明书公开的范围有多大的差别没有关系，而且尽管斜度的绝对值相差了千分之四，但其实际的斜度上限却比说明书中公开的上限增加了三倍以上。首先，虽然1：500的斜度在《塑料工业实用手册》中已经公开，但只能说明它是塑料工业中一般的脱模斜度，本领域的普通技术人员并不能确定它适用于本专利的双桶洗衣机桶体的脱模斜度。其次，由于权利要求书中其他位置未出现有斜度的其他内容以证明并得出斜度1∶500为笔误的结论,故也不能认为斜度1∶500为笔误……

[北京市一中院维持了专利复审委员会的决定。专利权人不服,上诉至北京高院。]

本院认为……专利法第二十六条第四款规定,权利要求书应当以说明书为依据,说明要求专利保护的范围。每一项权利要求所要求保护的技术方案在说明书中都应当有清楚、充分的记载,是所属技术领域的技术人员能够从说明书充分公开的内容中得到或概括得出的技术方案,并且不得超出说明书公开的范围。

本专利授权的权利要求1中记载了桶体的直边(面)采用1∶100—1∶500的斜度的技术特征,而在本专利说明书中记载的相关内容为主要直边(面)采用1∶100—1∶150的斜度。可以看出,本专利权利要求1的保护范围大于说明书公开的范围。由于本专利权利要求1设定桶体直边(面)的斜度是为了解决脱模的技术问题,本领域技术人员通过阅读本专利说明书不能确定当洗衣机桶体的脱模斜度小至1∶500时仍能实现发明的目的,因此,本专利权利要求1得不到说明书的支持,同时记载上述斜度比例范围的本专利权利要求15也得不到说明书的支持,不符合专利法第二十六条第四款的规定。

思考问题:

(1) 法院的理由是权利要求得不到说明书的支持。该案说明书所提到的比值与权利要求的比值对比很明显,因此不难得出说明书没有实际公开权利要求方案的结论。不过,法院的论证理由强调"本领域技术人员通过阅读本专利说明书不能确定"该权利要求方案是否可行。这一事实为什么和"书面描述"的判断有关?在这一案件中,如何区分"书面描述"与"能够实施"两项不同的要求?

(2) 这里法院强调"本领域技术人员无法确定"或"不能确定""当洗衣机桶体的脱模斜度小至1∶500时仍能实现发明的目的"。这与前文法院反复提到的"不通过创造性劳动"就能实现标准相比,有什么差异?何者更合理?

(3) 如果技术人员通过简单试验或者通过阅读说明书,发现或相信权利要求方案可行,则是否满足了"书面描述"的要求?

3.2 表述错误导致"不支持"

无论是专利说明书还是权利要求中出现表述错误,都很容易导致权利要求得不到说明书支持的情况出现。这是否违反专利法充分公开要求,取决于该错误是否能够为熟练技术人员所识别,错误背后的正确意思是否能够被推导和确定。如果答案是肯定的,则没有理由因为表述错误而惩罚专利申请人。

洪亮 v. 专利复审委员会

最高人民法院(2011)行提字第 13 号

金克胜、罗霞、杜微科法官：

洪亮是 200720128801.1 号"精密旋转补偿器"实用新型专利（以下简称本专利）的专利权人，授权公告的权利要求书为："1. 一种精密旋转补偿器，包括外套管、内管、压料法兰、延伸管和密封材料，内管(1)与外套管之间装有柔性石墨填料，柔性石墨填料的端面装有压料法兰，压料法兰与外套管一端的法兰之间由螺栓连接，外套管内凸环和内套管外凸环之间设有钢球；在所述的外套管的另一端与延伸管连接，两者之间留有间隙，其特征在于：所述的延伸管为与内套管内径相同的直管，两者同轴对应；所述的压料法兰的外侧与外套管的内侧为紧密配合。"在本专利说明书摘要和发明内容部分记载"……在所述的外套管的另一端与延伸管连接，两者之间留有间隙……"但在具体实施方式部分，记载："……外套管外侧是直通延伸管 5，与内管 1 内径相等，延伸管 5 与内管 1 之间留有适当间隙(1—10 mm)……"

[宋章根向专利复审委员会提出无效宣告请求。]在口头审理过程中，宋章根将无效理由明确为：1. 本专利说明书不符合专利法第二十六条第三款的规定，说明书第 2 页第 2 段描述压料法兰与外套管内侧依靠"精密加工"实行紧密配合，本专利没有给出精密加工的手段，因此本领域技术人员无法实现压料法兰与外套管的紧密配合；2. 权利要求 1 第 1 行提到"内管"，第 5 行却描述为"内套管"，互相矛盾，另外权利要求书第 4—5 行"外套管的另一端与延伸管连接，两者之间留有间隙"，外套管与延伸管之间是固定的连接，不可能有间隙，与说明书矛盾，导致了权利要求 1 保护不清楚的问题，不符合专利法实施细则第二十条第一款的规定；3. 权利要求 1 相对于证据 1 和 2 的结合不具备创造性。在口头审理过程中，宋章根认为本专利外套管与延伸管之间是固定的连接，不可能有间隙，但权利要求 1 的文字表述为两者之间留有间隙，这种表述没有得到说明书的支持……

2009 年 3 月 20 日，专利复审委员会作出第 13091 号无效宣告请求审查决定（以下简称第 13091 号无效决定），宣告本专利权全部无效。该决定认为：……关于专利法第二十六条第四款的问题。本专利权利要求 1 中的技术特征"外套管的另一端与延伸管连接，两者之间留有间隙"与说明书中的相应描述不一致，说明书中记载的是"外套管外侧是直通延伸管 5，…延伸管 5 与内管 1 之间留有适当间隙"，外套管和延伸管之间是固定连接的，不可能留有间隙，应该是延伸管 5 与内管 1 之间留有间隙，因此，该权利要求 1 的技术方案不能从说明书公开的内容得到或概括得出，从而得不到说明书的支持，不符合专利法第二十六条第四款的规定。

[洪亮不服无效决定，提起诉讼。北京市一中院和北京市高院维持专利复审委员会无效决定。洪亮申请再审称：]

……

3. 本领域的技术人员可以准确得出"间隙"是位于延伸管与内管之间,本领域技术人员对于间隙所在位置的理解与本专利说明书实施例的解释、说明书附图中的明确标示完全一致,应当认为权利要求1得到了说明书的实质性支持。4. 假设外套管和延伸管之间留有间隙的技术方案不能实施,也属于专利法第二十二条第四款的实用性问题,而不是专利法实施细则第二十条第一款或专利法第二十六条第四款的问题。5. 本专利权利要求1记载的"所属的外套管的另一端与延伸管连接,两者之间留有间隙"中的"两者",属于可以依据专利文件准确判断的允许确认纠正的明显错误……

[关于权利要求1是否符合专利法第二十六条第四款规定的问题,本院再审认为:]

专利法第二十六条第四款规定,权利要求书应当以说明书为依据,说明要求专利保护的范围。判断本专利权利要求1是否得到了说明书的支持,即是否符合专利法第二十六条第四款的规定,首先需要正确理解专利法二十六条第四款的立法宗旨。

1. 权利要求书的作用。专利法规定,发明或者实用新型专利权的保护范围以其权利要求的内容为准,说明书及附图可以用于解释权利要求的内容。权利要求书的作用在于界定专利权的保护范围。在授予专利权之前,该界线表明申请人请求获得保护的范围。如果该范围包括了已知的技术或者相对于已有技术而言显而易见的技术方案,则会因为违背专利法关于新颖性和创造性的规定,而被国家知识产权局驳回专利申请。在授予专利权后,该界线表明专利权依法受保护的范围。如果他人未经专利权人的许可而实施的技术方案落入权利要求的保护范围之内,则构成侵权行为。因此,权利要求既为专利权人提供了独占权的法律保护,又确保了公众享有使用已知技术的自由,使公众能够清楚知道实施什么样的行为会侵犯他人的专利权。无论对专利申请获得专利权,还是行使专利权而言,权利要求书的内容都至关重要。

2. 权利要求书与说明书的关系。权利要求书应当以说明书为依据,清楚、简要地限定要求专利保护的范围。之所以要求权利要求要得到说明书的支持,是由说明书与权利要求书的内在联系决定的。说明书是申请人必须向国家知识产权局提交的公开其发明或者实用新型的文件之一,专利法对专利说明书的基本要求是,说明书的撰写应该达到所属技术领域的技术人员能够实施发明的程度。为了对发明或者实用新型的技术方案作出清楚、完整的公开,使所属领域的技术人员能够实施该发明创造,说明书提供了大量的信息,包括技术领域、背景技术、发明内容、附图说明、具体实施方式等。这些信息是为了帮助理解和实施发明创造而撰写的,也是进行专利审查工作的基础。在专利权被授予后,特别是发生专利纠纷时,说明书可以用来解释权利要求书,因而有人称"说明书是权利要求的辞典"。而权利要求书则是对说明书记载的发明创造的实质和核心的"提炼总结",是在说明书记载的内容的基础上,用构成发明或者实用新型技术方案的技术特征来定义专利权的保护范围。虽然作为界定专利权保护范围的载体,其详细程度不同于为公众提供实施发明或者实用新型所需要的具体技术信息的说明书,但权利要求书的内容不能与说明书的内容相互脱节,权利要求应当以说明书为依据,要得到说明书的支持。

3. 权利要求书以说明书为依据的具体含义。作为以"公开换保护"的专利制度，获得专利权的前提是申请人必须向公众充分公开其发明创造的内容，专利权人所获得的权利必须与向公众公开的内容相适应。这样才能实现有利于发明创造的推广利用、促进科学技术进步和创新的立法宗旨。权利要求书以说明书为依据就是要求权利要求所要求保护的技术方案应当是所属技术领域的技术人员能够从说明书充分公开的内容中得到或概括得出的技术方案，并且不得超出说明书公开的范围。权利要求书作为界定专利独占权的范围，是让公众能够清楚知道实施什么样的行为会侵犯他人的专利权的一种法律文件，必须达到每一项权利要求所要求保护的技术方案都应当是在说明书中被清楚、充分地公开过的程度。如果权利要求书中某一项或者多项权利要求所要求保护的技术方案是所属技术领域的技术人员不能从说明书中充分公开的内容得到或概括得出的技术方案，或权利要求所要求保护的技术方案超出了说明书公开的范围时，就应当认为权利要求没有以说明书为依据。

由此可见，权利要求概括的范围应当与说明书公开的内容相适应，不能过大也不能过小。如果权利要求概括的范围过大，把属于公众的已知技术或者申请人尚未完成的技术方案记载在了权利要求的保护范围之内，这种权利要求将会损害公共利益，该专利申请或者专利权可能会因此被驳回或者被宣告无效。反之，如果权利要求记载的范围过小，则意味着申请人在说明书中公开的某些技术方案没有纳入到权利要求书中受到保护，亦即该技术方案被捐献给了公众，他人可以无偿使用该技术方案。这对申请人而言可能是不公平的。因此，专利法第二十六条第四款的立法宗旨在于，权利要求的概括范围应当与说明书公开的范围相适应，该范围既不能宽到超出了发明公开的范围，也不应当窄到有损于申请人因公开其发明而应当获得的权益。

其次，权利要求书存在错误是否必然导致该权利要求不符合专利法第二十六条第四款的规定。

1. 权利要求中的撰写错误在所难免。权利要求的内容和表述应当清楚、简要。如何将说明书中公开的技术方案写入权利要求书中予以保护，对于发明人本人以及专利代理人而言，由于语言表达的局限性以及撰写和代理水平的客观限制，权利要求书在撰写过程中难免出现用词不够严谨或者表达不够准确等缺陷，为提高专利申请文件质量，便于公众理解运用发明创造，专利法规定了申请人可以对其专利申请文件进行修改。

2. 权利要求中的撰写错误并不必然导致该权利要求不符合专利法第二十六条第四款的规定。

根据撰写缺陷的性质和程度不同，权利要求书中的撰写错误可以分为明显错误和非明显错误。所谓明显错误，是指这样的错误，即对于本领域技术人员来说，如果该技术人员根据所具有的普通技术知识在阅读权利要求后能够立即发现某一技术特征存在错误，同时，该技术人员结合其具有的普通技术知识，阅读说明书及说明书附图的相关内容后能够立即确定其唯一的正确答案。

权利要求书的作用在于界定专利权的保护范围，这种边界会随着专利权利要求中技术特征和技术术语含义的改变而发生变化。如果对本领域技术人员来说,权利要求中的技术特征和技术术语的含义是确定的,专利权人的私权与公有领域边界则是清晰的,公众知道实施什么样的行为会侵犯他人的专利权。反之,如果权利要求中的技术特征和技术术语的含义是模糊不清的,则对该技术特征和技术术语的不同理解势必会影响专利权的保护范围,损害权利要求的公示性、稳定性和权威性。

专利权的保护范围是界定在本领域技术人员对发明创造理解的范围之内。判断一项权利要求能否得到说明书的支持之前,首先需要确定权利要求所要保护的技术方案,对于权利要求中存在的明显错误,如上所述,由于该错误的存在对本领域技术人员而言是如此"明显",即在阅读权利要求时能够立即发现其存在错误,同时,更正该错误的答案也是如此"确定",结合其普通技术知识和说明书能够立即得出其唯一的正确答案,所以,本领域技术人员必然以该唯一的正确解释为基准理解技术方案,明显错误的存在并不会导致权利要求的边界模糊不清。这也是在专利授权之前专利申请人可以通过提交修改文本的方式对明显错误进行修正的原因。

然而,在审查实践中,常常出现明显错误未被审查员发现,而导致在授权公告的专利文件中也存在明显错误的现象,尤其是对于实用新型专利来说,我国实行初步审查制度,这种现象更加难以避免。根据专利法、专利法实施细则,尤其是《审查指南》的规定,在专利授权之后,专利权人发现其授权公告文件中存在明显错误的情形时,是没有机会再通过提交修改文本的方式进行更正的。此时,在无效宣告请求的审查过程中,如果不对权利要求中的明显错误作出更正性理解,而是"将错就错"地径行因明显错误的存在而一概以不符合专利法第二十六条第四款的规定为由将专利宣告无效,将会造成专利法第二十六条第四款成为一种对撰写权利要求不当的惩罚,导致专利权人获得的利益与其对社会作出的贡献明显不相适应,有悖于专利法第二十六条第四款的立法宗旨。不仅不利于鼓励发明创造,保护发明创造者的利益,而且会降低发明人以"公开换保护"制度申请专利的积极性。更何况,权利要求书记载达到何种程度才够清楚,能起到划界的作用,与阅读者的水平有关。无论是判断权利要求是否符合专利法第二十六条第四款的规定,还是判断权利要求中是否存在明显错误,判断主体都是本领域技术人员,而非一般的公众。由于本领域技术人员在阅读权利要求时能够立即发现该明显错误,并且能从说明书的整体及上下文立即看出其唯一的正确答案,此时,本领域技术人员在再现该发明或实用新型的技术方案时,不会教条地"照搬错误",而是必然会在自行纠正该明显错误的基础上,理解发明创造的技术方案。尤其是对该明显错误的更正性理解,并不会导致权利要求的技术方案在内容上发生变化,进而损害社会公众的利益和权利要求的公示性、稳定性和权威性。

因此,从保护发明创造专利权,鼓励发明创造的基本原则出发,一方面应当允许对授权后的专利权利要求中存在的明显错误予以正确解释;另一方面,也要防止专利权人对这一解释的滥用。要准确界定明显错误,在合理保护专利权人利益的同时,维护社会公众的利益,以适应专利法促进科技进步与创新的立法本意。

如果对明显错误进行更正性理解后的权利要求所保护的技术方案,能够从说明书充分公开的内容得到或者概括得出，没有超出说明书公开的范围，则应当认定权利要求能得到说明书的支持，符合专利法第二十六条第四款的规定。

最后，本专利权利要求1是否符合专利法第二十六条第四款规定。

就本案而言，本专利是一种具有扭转装置的涉及热网管道的旋转补偿器，背景技术中记载，通过旋转补偿器的内外套管的旋转来吸收热网管道的轴向推力和位移量。解决现有旋转补偿器的同心度不精确，补偿器本身对横向管道位移的定位问题，同时也解决内压力和冲击力引起的填料外泄的问题。作为压力管道元件的旋转补偿器，产品需要符合焊缝检验、耐压实验以及气密实验等检验要求。焊缝、密封填料处应无渗漏现象。因此，所属领域技术人员知晓外套管和延伸管之间必须是无间隙连接，且不允许出现导致传输介质外泄。本专利权利要求1记载，"在所述的外套管的另一端与延伸管连接，两者之间留有间隙，"对于"两者之间留有间隙"的"两者"是何所指各方当事人各持己见。由于本专利权利要求1保护的补偿器包括外套管、内管、压料法兰、延伸管和密封材料，其中，外套管的一端经由法兰与内管相连接，另一端与延伸管连接。该旋转补偿器通过内外套管的旋转来吸收热网管道的轴向推力和位移量。因此，内管与外套管之间、以及外套管与延伸管之间不可能既连接，又留有空隙，权利要求1中"两者之间留有间隙"的"两者"不可能是指外套管与延伸管，而只可能是内管与延伸管。这种解释也与本专利说明书公开的"外套管(4)外侧是直通延伸管5，与内管1内径相等，延伸管5与内管1之间留有适当间隙1—10 mm"相一致，而且，说明书附图亦明确标注了相符的位置。因此，本领域技术人员基于其具有的普通技术知识，能够知道权利要求1的撰写存在错误，通过阅读说明书及附图可以直接地、毫无疑义地确定"两者之间留有间隙"的"两者"应当是指延伸管与内管，不会误认为是外套管与延伸管之间留有间隙。"两者之间"应当属于明显错误。尽管本专利的撰写有可能使得一般读者根据阅读习惯，误认为"两者之间"留有间隙是指所述的外套管与延伸管之间留有间隙，但是，对"两者之间"的"两者"的理解主体是本领域的技术人员，而非不具有本领域普通知识的一般读者。由于本领域的技术人员能够清楚准确地得出唯一的正确解释，"两者之间留有间隙"是指内管和延伸管之间留有一定的间隙，这与说明书中公开的内容相一致。因此，本专利权利要求1所要求保护的技术方案能从说明书公开的内容中得出，得到了说明书的支持，符合专利法第二十六条第四款规定，洪亮关于"两者之间"的撰写属于明显错误以及权利要求1能得到说明书支持的申请再审理由，本院予以支持。

综上，原一、二审判决脱离了本领域技术人员的认知水平，对本专利权利要求记载的技术特征机械地从文字表述上进行理解，没有结合本专利的具体情况，将理解技术方案的主体与本领域技术人员的知识水平割裂开来，错误地认定本专利权利要求1记载的两者之间留有间隙是指外套管与延伸管之间留有间隙，以致于得出权利要求记载的内容与说明书记载的不一致，没有得到说明书的支持的结论，从而维持了专利复审委员会第13091号无效决定，适用法律有误，应予纠正。

思考问题：

（1）这里法院强调错误为"明显错误"。"明显"对于法院论证判决的合理性，有重要意义吗？

（2）如果审查员在审查过程中没有意识到错误的存在，而作出了授权的决定。权利人通过何种程序能够纠正这一错误？

在薛海清 v. 专利复审委员会（北京一中院（1998）一中知初字第 3 号，基本案情可以参考"实用性"一章同名案例）案中，法院处理了一个权利要求与说明书表述不一致的问题：

> 本案涉及的是一种"癌静注射剂的制作方法"发明专利，专利文件应当对制作该产品所用原料及其配方作出确切的说明和限定。在本案中，权利要求书中表明其配方含有"元寸、牛黄、蛇皮、水蛭、蜈蚣"这 5 种原料。而其说明书则表述为其配方含有"元寸、牛黄、蛇皮、水蛭、蜈蚣等药"。因此，权利要求书与说明书的表述不一致，其权利要求所要保护的技术方案属于一种开放式权利要求，而对于除上述 5 种原料之外，还有哪些原料，无论在权利要求书，还是说明书中均未公开，也未作出清楚的说明。因此，原告称该发明专利文件中所述"含有"意为"只有"上述 5 种原料，与事实不符。

本案中，权利要求和说明书中均未提及其他原料，法院依据什么认为存在其他未披露的原料成分呢？法院对说明书中"等"字、开放式或封闭式的解释，有道理吗？这里的"等"字究竟是不是一种表述错误？

3.3 "书面描述"与"能够实现"的关系

中国《专利法》在第二章所谓"授予专利权的条件"中，并没有将充分公开作为与实用性、新颖性和创造性等并列的条件提出来。《专利法》是在第三章"专利申请"中第 26 条第 3 款和第 4 款中对说明书和权利要求书作出要求：

> 说明书应当对发明或者实用新型作出清楚、完整的说明，以所属技术领域的技术人员能够实现为准；必要的时候，应当有附图。摘要应当简要说明发明或者实用新型的技术要点。

> 权利要求书应当以说明书为依据，清楚、简要地限定要求专利保护的范围。

整体而言，"能够实现"要求体现在第 3 款中，而"书面描述"要求则同时体现在第 3 款和第 4 款中。上述条文的结构似乎表明，立法者并没有将它们视为两个独立的要求，而是要求"书面描述"应足够清楚和完整，以至于熟练技术人员"能够实现"。不过，在操作层面上，"书面描述"和"能够实现"实际上有一定的分工，分别起到不同的作用。

书面描述要求与上述"能够实现"要求有关联甚至重叠，但侧重点稍有不同。通常情况下，如果技术方案的公开达到熟练技术人员"能够实现"的程度，申请人也自然完成了书面描述的要求。但是在一些极端情况下,存在这样的可能性:申请人并没有完成该发明方案,而是单纯基于理论假设而提出权利要求,熟练技术人员基于说明书公开的内容也并不相信发明人实际完成该发明;但是,如果该熟练技术人员愿意,却可能能够实现该方案。即,技术方案能够实现,但是却未满足书面描述的要求。

Ariad Pharmaceuticals, Inc. v. Eli Lilly and Co.

美国联邦巡回上诉法院 598 F.3d 1336(2010)

LOURIE 法官:

……

背　景

第516号专利与转录因子(transcription factor)NF-êB 控制基因表达有关。该专利的发明人是第一个识别出 NF-êB 并揭示了人体对细菌感染的免疫反应背后 NF-êB 激活基因表达的原理。发明人发现,NF-êB 通常以不活跃的综合体(complex)的形式存在于细胞中,它带有一种蛋白质抑制剂,被称作"IêB"(kappa B 抑制剂)。NF-êB 通过细胞外的刺激激活,比如细菌产生的 lipopolysaccha rides 通过一系列生化反应使得 NF-êB 脱离抑制剂 IêB 的控制。一旦脱离抑制剂,NF-êB 就进入细胞核并与之结合,在那里激活那些带有 NF-êB 识别点(recognition site)的基因的转录。被激活的基因(比如某些细胞因子(cytokines))反过来帮助人体抵抗细胞外的攻击。不过,如果细胞因子的产量过多,则会有害。发明人因此意识到,人为地干预 NF-êB 的活性能够降低某些疾病的症状。他们于1989年4月21日提出了专利申请,披露了他们的发现,对"降低细胞中 NF-êB 活性以控制细胞对外部刺激的反应"的方法提出权利要求。

2002年6月25日,即第516号专利的授权日,Ariad 起诉 Lilly。Araid 宣称 Lilly 的 Evista 和 Xigris 等药物产品侵害了该专利的权利要求 80,95,144 和 145。上述权利要求(在增加了它们原本所依赖的权利要求的内容之后改写而来)内容如下:

80. [一种修正真核细胞的外部干预(external influences)效果的方法,该外部干预引发 NF-êB 介导(NF-êB-mediated)的细胞内信号,该方法包括改变细胞内 NF-êB 的活性从而修正外部干预的 NF-êB 介导效果,降低 NF-êB 在细胞内的活性],其中,降低 NF-êB 活性的步骤中包括降低 NF-êB 与 NF-êB 所控制转录的基因上 NF-êB 识别位点(recognition sites)之间的约束力。

……

这些权利要求是类属性权利要求(genus claims),涵盖利用各种物质实现"降低 NF-êB 与 NF-êB 识别位点之间的约束力"这一效果的应用方法(use)。而且,这些权利要求虽然在申请过程中修改过,还是使用了与在先申请所用语言一致的语言。特别是,后来插入的权利要求(方括号内部分)引述了降低 NF-êB 活性的方法,而且更具体地指出在细胞对外部干预(比如 bacterial lipopolysaccha rides)作出反应时降低 NF-êB

与 NF-êB 识别位点之间的约束力。在 1989 年 4 月 21 日提交的说明书中同样提到在细胞对外部干预作出反应时降低 NF-êB 活性以及它和 NF-êB 识别位点之间约束力……该说明书也推测(hypothesizes)三种类型的分子具有降低细胞中 NF-êB 活性的潜力：诱饵型(decoy)分子、占优干预型(dominantly interfering)分子、特别的抑制剂(specific inhibitor)。

［区法院判决 Ariad 胜诉，本院二审部分维持、部分撤销。Ariad 申请本院全体法官出席进行审理(en banc)，对专利法第 112 条第 1 款中存在书面描述(written description requirement)和可以实现(the enablement requirement)两个互相独立的要求的结论提出挑战。］虽然这并非一个新问题，但是近几年它变得越来越重要。考虑到围绕书面描述要求的独立性和角色定位所发生的争议，我们批准了 Ariad 的请求，撤销本院先前的判决，让各方就下列两个问题发表意见：

(1) 35 U.S.C. § 112 的第 1 款是否含有一个独立于"可以实现要求"的书面描述要求？

(2) 如果该法律设置了独立的书面描述要求，那么该要求的范围和目的是什么？
……

讨 论

I

虽然双方对于本院的问题的回答并不相同，但是它们立场的重叠部分比一开始看上去的要多。Ariad 在回答本院的第一个问题时，辩称第 112 条第 1 款(内容见下文)并没有包含一个独立于可以实现要求的书面描述要求。但是，在回答本院的关于书面描述要求的范围和目的的第二个问题时，Ariad 声称专利法含有两个描述要求："准确地说，该法律要求说明书描述：(i) 发明是什么，以及(ii) 如何制造和使用它。"Ariad 在协调其看上去矛盾的说法时辩说，判断两项描述要求是否满足法律的要求是看它是否使得本领域熟练技术人员能够制造或使用所主张的发明。因此，对 Ariad 来说，为了使得发明可以实现，说明书必须首先明确"什么是发明，否则它将不能告诉本领域熟练技术人员去制造或使用什么"。但是，Ariad 认为，第一步"明确"(identifying)发明，仅仅适用于需要审查优先权的场合(即申请过程中修改了权利要求；35 U.S.C. §§ 119,120 下的优先权；抵触申请等情形)，因为原始的(或最初的)权利要求"构成其自身的描述"。

与之相对照，Lilly 对本院的第一个问题作出肯定的回答，认为两百年以来的先例支持法定的书面描述要求与可以实现要求相互分离。因此，Lilly 辩称专利法要求：首先，发明本身的书面描述；其次，关于如何制造和使用发明的书面描述，要达到使得本领域熟练技术人员能够制造和使用发明的程度；最后，Lilly 宣称这一单独的书面描述要求适用于所有的权利要求(原始的和修改过的)，以确保发明人事实上发明了(actually invented)他们所主张的客体。

因此，虽然双方在是否存在独立于可以实现要求的书面描述要求问题上持截然不同的立场,但是双方都同意说明书必须包含一个书面描述以说明什么是其发明。双方的分歧集中在这一要求的标准以及它是否适用于最初的权利要求描述。

A.

在任何情况下涉及法律解释,我们都从法律文本自身开始。第112条第1款内容如下:

"说明书应当包含一份书面[说明],描述该发明、制造和使用它的方式和方法,要使用完整、清楚、简洁和准确的术语,以至于与之相关的或最接近领域的任何熟练技术人员能够制造和使用该发明,同时应说明发明人在发明过程中所掌握的最佳实施例。"①

[关于上述条文的解释方法,双方有很大争议,法院有详细分析,这里从略]……

我们同意Lilly的意见,从上述条文语言读出这样的要求:说明书"应当含有该发明的书面描述"。同时,认为第112条第1款包含两个独立的描述要求:(i)关于发明的书面描述,和(ii)关于制造和使用发明的方式和方法的书面描述……

最后,对发明进行描述的这一单独要求是专利法上的基本要求。每一项专利都必须描述一项发明。这是专利对价的一部分。申请人描述一项发明,如果法律规定的其他条件得到满足,则他获得专利。当然,该说明书必须描述如何制造和使用该发明(即使之可以实现),但是这是一项不同的任务。对于所主张的发明的描述,使得美国专利商标局(PTO)可以有效审查该专利申请,法院可以有效理解该发明,判断其是否符合专利法,并对其权利要求进行解释;公众可以理解和改进该发明,并避免落入专利权人独占权的边界。

B.

……

独立的书面描述要求并不和权利要求的功能相冲突。U.S.C. § 112,2.权利要求对经过审查被认定为符合专利法要求的保护客体进行定义。因此,它的主要功能是公示独占权的边界并定义其限度。它不是用来描述发明,尽管[权利要求]最初的语言对描述发明有贡献,在某些情形下甚至满足了描述的要求。权利要求定义并划定边界(circumscribe),书面描述披露并教导(teaches)。

……

E.

在原始权利要求上适用书面描述要求,双方的分歧要大过在修改后的权利要求适用这一要求。Ariad认为,Regents of the University of California v. Eli Lilly & Co., 119 F.3d 1559 (Fed. Cir. 1997)使书面描述要求超越了它原本适当的角色范围(即作为"可以实现"要求的一部分,审查优先权),将它转化成一个强化的且不可预测的一般性披露要求,用以替代可以实现要求。但是,Ariad认为,描述"发明是什么"的要求并

---

① 本书作者注:为了保持条文语言本身的模糊性,这里尽量保持原文的语法结构,没有按照中文习惯调整。

不适用于原始的权利要求,因为原始的权利要求是原始披露的一部分,自身就构成对发明的书面描述。因此,在 Ariad 看来,只要权利要求的语言与申请时说明书的语言看起来是一样的(ipsis verbis),则该申请人就满足了对发明进行书面描述的要求。

Lilly 回应认为,书面描述要求适用于所有的权利要求,要求说明书客观地证明(demonstrate)申请人事实上发明了(actually invented),即掌握了(in possession of)他所主张保护的客体。Lilly 认为第 112 条没有对修改后的权利要求和原始权利要求适用不同标准的法律依据,对原始权利要求适用独立的书面描述要求可防止发明人超出其发明范围提出权利要求,从而为实际的发明保留专利保护,鼓励新技术领域的创新。

再一次,我们同意 Lilly 的意见。如果像本案所认定的那样,"第 112 条第 1 款包含有独立的对发明进行书面描述的要求"的解读是正确的,则 Ariad 并没有提供任何法律依据,以便将这一要求的适用限制在确立优先权的范围内。可以肯定的是,第 112 条没有任何文字支持此类限制。专利法并没有说"为了确定优先权,说明书应含有发明的书面描述"。尽管这一问题主要出现在那些涉及优先权的案例中,国会并没有将该法律限制在这一范围内,我们也不打算这么做。

另外,尽管有一点是肯定的,即原始权利要求是原始说明书的一部分,In re Gardner, 480 F. 2d 879, 879 (CCPA 1973),但是该原理并没有回答"原始权利要求的语言是否必然会披露它所主张的保护客体"这一问题。Ariad 相信答案是肯定的,它认为,无论原始权利要求说什么(比如一台永动机),该权利要求都明确(identify)了该内容,剩下的问题仅仅是"申请人是否使得任何人都能制造和使用这一发明"。我们并不认为事情永远是这样的。虽然很多原始权利要求会满足书面描述要求,但是有些权利要求则不能。比如,一个概括性权利要求(generic claim)或许定义了一大类化合物的边界,但是该说明书(包括原始权利要求的语言)是否证明该申请人已经发明了足够多的具体方案(species)以支持对该类属(genus)提出权利要求,依然是一个问题。在类属性权利要求使用功能性语言来定义其所主张的类属的边界时,这一问题变得尤其尖锐。在此类案件中,该功能性权利要求可能简单地对一项期待的结果(desired result)提出权利要求,却没有描述实现这一结果的具体方案。但是,该说明书必须证明,申请人已经获得了一个能够实现所主张结果的概括性发明(generic invention),即申请人已经发明了足够多的具体方案以支持对上述以功能定义的类属提出权利要求。

认识到这一点,我们在 Eli Lilly 案中指出,对一个类属权利要求的充分的书面描述,不能仅仅是对发明边界的一个概括性的陈述。Eli Lilly 案中的专利对一个很宽类别的 cDNA 提出权利要求,该 cDNA 编码多种不同的胰岛素分子。我们认定它的概括性权利要求中的语言"脊椎动物胰岛素 cDNA"或"哺乳动物胰岛素 cDNA"没有对其所主张的类属进行描述,因为除了通过功能(即该基因做什么)区分外,它并没有以任何方式将该类属与其他材料区分开来,因此[该权利要求]仅仅提供了一个有用结果的定义,而没有说明什么东西可以实现该结果。

我们曾经指出,对一个类属进行充分描述时,要求披露代表性数量的落入该类属的具体方案,或与该类属成员所具有的共同结构特征使得本领域的熟练技术人员能够直观地感觉到(visualize)或认识到该类属的成员[范围]。我们解释说,充分的书面描述要求对落入该类属的具体方案有一个准确的定义,比如通过结构、分子式、化学名称、物理特征或其他特征,足以将该类属与其他材料区分开来。我们还指出,当现有技术在结构和功能之间建立起关联关系(correlation)时,功能性权利要求的语言能够满足书面描述要求。但是,仅仅在拟议的类属外围竖起篱笆,并没有对构成该类属的众多材料(点)进行充分描述,也没有证明发明人已经发明了一个类别的发明,而不仅仅是一个具体的方案。

实际上,本案同样说明了概括性权利要求的问题。该权利要求描述的方法,涵盖了一大类材料。这些材料可以实现所述的有用结果,即降低细胞遇到外部干预时 NF-êB 与 NF-êB 识别位点的约束力。但是,该说明书并没有披露一系列不同的能够实现该结果的具体方案。参见 Eli Lilly, 119 F.3d at 1568("专利法的描述要求对一项发明进行描述,而不是说明一个人实施该发明所可能实现的结果。")因此,如下文所述,该说明书所描述的仅仅是一个概括性的发明,并未满足书面描述的要求。

我们先是在 Fiers, 984 F.2d at 1170 然后在 Enzo, 323 F.3d at 968 案中,特别回应并拒绝了 Ariad 关于原始权利要求的辩解。在 Fiers 案中,我们拒绝了所谓"只要和说明书或原始权利要求中的语言类似,就满足书面描述要求"的说法。相反,我们认为"一种编码干扰素活性的 DNA"(a DNA coding for interferon activity)的原始权利要求语言没有能够提供充分的书面描述,因为它只不过是将来要获取所主张的 DNA 的一种"愿望"或"计划",而不是对该 DNA 自身的一种描述……后来,在 Enzo 案中,我们认为概括性权利要求的语言如果它不对它所主张的类属提供支持,[即使]与原始说明书的语言一样,也不满足书面描述的要求。我们[当时]指出,"权利要求并不因为它的重复或长寿(longevity)而变得更有描述性"。

……

F.

从设立之初,本院就一直认为第 112 条第 1 款含有一个独立于可以实现要求的书面描述要求。我们已经说明了一个比较统一的标准,这里我们再次重申它。书面描述必须"很清楚地让本领域的普通技术人员认识到,发明人发明了他所主张的东西"。换句话说,是否充分的标准是,该申请所披露的内容是否向本领域的熟练技术人员传达这样的信息,即发明人在申请日已经掌握(had possession of)所主张的保护客体。

不过,"掌握"一词却一直不是十分明确(enlightening)。它暗示,只要一个人能够提供其所主张的发明的书面描述的文件,就证明他掌握了[该发明]。但是,书面描述的标志是披露。因此,"披露内容所显示的掌握"是更完整的说法。无论采用何种说法,该审查都要求从本领域熟练技术人员的角度对说明书的边界(four corners)进行客观审查。审查的标准是,说明书所描述的发明对于该熟练技术人员而言必须是可以理解的,同时该说明书表明发明人实际上发明了他所主张的发明方案。

就像我们早就认定的那样,这一审查是一个事实问题。因此,我们已经认识到,判断一项专利是否满足了书面描述要求应根据具体背景做必要变通。特别是,满足书面描述要求所需要的详细程度取决于权利要求的性质和范围,以及相关技术的复杂性和可预见性。对于概括性权利要求,我们已经确定了一系列要素用以衡量该披露是否充分,包括"特定领域的现存知识,在先技术的广度和深度,科学或技术的成熟程度,以及相关领域的可预见性"。

……

不过,还是有一些在所有案子中都适用的宽泛原则。我们已经明确地指出,书面描述要求并不强求具体的例子(examples)或实际实施(actual reduction to practice)。[如果]以明确的方式确定所主张的发明,推定实施(constructive reduction to practice)就可以满足书面描述的要求。① 不过,我们反复指出,在说明书之外的实际"掌握"(actual possession)或实际实施是不够的。如上所述,必须是说明书本身证明发明人已掌握。虽然书面描述要求并不强求任何披露形式,也不要求说明书逐字重复权利要求所主张的发明,但是,如果说明书只是使得该发明[看上去]显而易见,则并未满足该要求。

我们也拒绝 Ariad 所谓本院的书面描述原则是针对化学或生物技术发明的"超级可以实现"(super enablement,或者说"过高的可以实现标准")标准的说法。这一原则并没有提出对整个类属的基因材料进行逐个的核苷酸罗列的强化要求。它始终明确许可披露该类属成员的共同结构特征。它并非仅仅适用于化学和生物发明……

或许,在某些领域,描述一项发明与使熟练技术人员能够制造和使用它,没有什么差别。但是,在某些发明(包括化学或化学类的发明)上,这并不总是正确。因此,尽管书面描述和"可以实现"常常同进退,但是,发明的书面描述要求,在限制下面一类权利要求方面扮演着重要角色。此类权利要求无须过分的试验就可以制造和使用,因而满足所谓"可以实现"要求,但是它并未被发明因而也没能被描述。比如,丙基和丁基化合物或许可以通过一种与已披露的甲基化合物相类似的制备方法来制备,但是如果没有发明人已经发明丙基或丁基化合物的陈述,这些化合物依然没有被描述,因而不能被赋予专利权。参考 In re DiLeone, 58 C. C. P. A. 925, 436 F. 2d 1404, 1405 n. 1 (1971)("考虑下列情形,说明书只讨论了化合物 A,同时也没有包含任何更宽的语言。这可能足以使熟练技术人员能够制造和适用化合物 B 和 C。但是,包含 A、B 和 C 在内的类别并没有被描述")。

书面描述要求还确保,当一个专利通过功能或结果对一个类属主张权利时,说明书引述了足够多的材料来实现该功能。这一问题在生物技术领域特别突出……在 University of Rochester v. G. D. Searle & Co., Inc., 358 F. 3d 916 (Fed. Cir. 2004) 案中,我们判决"通过服用选择性地抑制 COX-2 酶的非固醇类化合物来选择性地抑制 COX-2 酶的方法"权利要求无效。我们理由是,该说明书并没有描述任何能够实现上

---

① 本书作者注:在美国专利法上,申请人提交专利申请的日子通常被推定为发明人已经实施(或实现)该发明。这一推定被称作 Constructive Reduction to Practice。当然,如果可能,申请人可以证明在申请之前就已经实现该发明,从而将 Reduction to Practice 的日期提前。

述方法的具体化合物,熟练技术人员也并不能根据说明书的功能性描述确定任何此类化合物,因此说明书并没有对所主张的发明进行充分的书面描述。这类权利要求仅仅重复描述了所要解决的问题,然后对它的所有解决方案主张权利,就像 Ariad 的权利要求一样,涵盖后来被实际发明出来并落入该权利要求的功能性范围的任何化合物。这实际上是将问题留给医药行业,让后者去完成一项并未完成的发明。

Ariad 抱怨说,这一原则导致基础研究不能获得专利保护,在这一意义上对大学不公平。但是,专利法一直关注的是实用技术,即具有实际用途的发明。很多大学从事基础研究,包括对科学原理和作用机理的研究。大学或许没有资源或意愿为所有的此类研究找到实际的应用方案,即发现并确认能够影响它所发现的机理的化合物。这并非法律解释的失败,而是法律的本意。科学理论不会被授予专利,不论该理论是多么的具有开创性,或对于后来他人的可获专利保护的发明是多么的重要。"专利并不是打猎许可证。它并不是对探索过程(search)本身的奖励,而是对成功的结果的补偿。"书面描述要求使得专利只会被授给那些实际从事了困难的"发明"工作的人。他构思了包括所有限制特征在内的完整发明,并且将这一努力的成果披露给公众。

研究上的假说不能获得专利保护,可能会导致激励机制方面的一些损失,尽管 Ariad 并没有提交任何证据证明这对创新步伐或大学所获得的专利数目有任何可识别的影响。不过,对于研究设想(或计划)主张权利也会增加后续研究的成本,打消后续发明的积极性。我们的目标是维持一种适当的平衡。书面描述要求实现了这一点,为现实的发明提供激励,同时,在发明实际出现之前并不试图独占未来。就像本院反复陈述的那样,书面描述要求的目的是"确保权利要求所确定的独占权的范围不会超出专利说明书所描述的发明人的技术贡献的范围"。它是专利授权的对价,以保证公众在付出一定时间内不得实施发明的代价之后,得到有意义的信息披露。

II

……

Ariad 解释说,研发第 516 号专利的客体需要多年的艰苦工作、高超的技能和非同寻常的创造力。作出发明的必要前提是,发明人需要第一个发现、命名并描述一些先前未知的细胞成分。Lilly 提供的没有争议的 David Latchman 的专家证词表明,发明所在领域具有特别的不可预见性。因此,该发明处在一个新的不可预见的领域,这里现有的知识和在先技术很少。

B.

Ariad 所主张的方法含有单一降低 NF-êB 活性的步骤。Lilly 辩称,该权利要求没有得到书面描述的支持,因为第 516 号专利说明书并没有充分披露如何降低 NF-êB 活性。双方同意,第 516 号专利推测了三类具有减低 NF-êB 活性潜力的分子:特别的抑制剂、占优干预型分子、诱饵型分子。Lilly 认为,这一披露只不过是一个研究计划,并没有满足 Rochester 案中所表述的专利权人的对价要求。Ariad 回应说,Lilly 的理由没有法律依据,因为 Ariad 并没有对上述分子提出实际权利要求。在 Ariad 看来,因为其权利要求中并没有术语指向那些分子,因此它有权对该方法提出权利要求,而无须描述那些分子。不过,Ariad 的法律主张有缺陷。

如上所述,在 Rochester 案中,我们判决类似的方法权利要求缺乏书面描述无效……Ariad 试图将 Rochester,Fiers 和 Eli Elly 等案作为一个类别加以排除,因为在这些案子中,权利要求明确地含有未被描述的组合物。比如,在 Rochester 案中,方法权利要求引述了很大一类化合物,我们认为该专利说明书中并没有充分描述:

"1. 一种在人体宿主内选择性地抑制 PGHS-2 活性的方法,含有下列步骤:让需要此类治疗的人体宿主服用选择性抑制 PGHS-2 基因产品活性的非固醇类化合物。"

Ariad 区分这些案例的企图并不成功。不论所述权利要求是否引述某一化合物,Ariad 依然必须描述实施所述方法的具体途径。Ariad 承认,说明书中仅仅建议使用三类分子以降低 NF-êB 活性。因此,为了满足书面描述的要求,说明书必须充分地披露那些能够降低 NF-êB 活性的分子,从而证明 Ariad 掌握了它所主张的方法,"履行了发明人披露其专利所依赖的技术知识的义务,并证明专利权人掌握了它所要求保护的发明。"

[接下来,法院仔细审查了说明书,认为发明人并没有对上述三类分子进行充分披露,从法律上直接认定披露不充分。]

……

第 516 号专利,就降低 NF-êB 活性的方法,没有披露任何可行的甚至预测性的例子。也没有提供完整合成其推测能降低 NF-êB 活性的分子的任何方法。在其提出专利申请之时,这一领域的技术很原始并且不确定,因此,在先技术知识的缺乏导致 Ariad 无法填补它的披露内容中存在的漏洞。

……

思考问题:

(1) 结合本案,思考"书面描述"与"能够实施"的区别。为什么要区别对待?可否举出能够实施却没有描述的例子?美国法院认为,专利法上"书面描述"和"能够实现"这两方面的要求相互关联,却相对独立。对照中国的法律条文和美国法院的判决,你觉得中国是否应该接受美国法院的思路?为什么?

(2) 本案是否可以以"不能实施"为由驳回?

在下面的著名案例中,专利权人辉瑞公司对著名的"万艾可"(伟哥)药物的有效成分申请专利。但是,在说明书中最接近的披露是包含该有效成分的 9 种化合物。通读说明书,熟练技术人员并不能确信发明人当时完成的就是诉争的有效成分,而不是其他 8 种化合物或它的可接受的盐。有意思的是,法院关注的是熟练技术人员是否"能够实现"该发明,而不是该权利要求是否得到了说明书的支持。这一认识的差异注定本案有可能成为专利法教科书上的经典案例。

辉瑞爱尔兰药品公司 v. 专利复审委员会

北京一中院(2004)一中行初字第 884 号

张广良、仪军、江建中法官：

[辉瑞公司拥有的名称为"用于治疗阳痿的吡唑并嘧啶酮类"的第 94192386.X 号发明专利(以下称本专利)。该申请的公开原始权利要求书中有 11 项权利要求，但是授权后的权利要求书中只剩下一项权利要求，范围大大缩小。]本专利授权权利要求为：

"1. 5—[2—乙氧基—5—(4—甲基—1—哌嗪基磺酰基)苯基]—1—甲基—3—正丙基—1,6—二氢—7H—吡唑并[4,3—d]嘧啶—7—酮或其药学上可接受的盐或含有它们中任何一种的药物组合物在制造药物中的用途,该药物用于治疗或预防包括人在内的雄性动物勃起机能障碍。"

本专利说明书记载：

关于男性的控制良好的临床试验报告很少,而口服药物的效力很低。虽然有很多不同的药物显示出能诱发阴茎勃起,但它们只是在直接注射到阴茎内(例如尿道内或阴茎海绵体内注射)之后才有效,未被批准用于勃起机能障碍。现时的医疗方法是基于向阴茎海绵体内注射作用于血管的物质,据称用苯氧基苯甲胺、吩妥拉明、罂粟碱和前列腺素 El(单独使用或组合使用)已获得良好结果。但是,这些药剂中有一些在用阴茎海绵体内注射法用药时会引起阴茎疼痛、异常勃起及纤维变形。钾通道开通剂(KCO)和作用于血管的肠多肽(VIP)也显示出阴茎海绵体内具有活性,但是成本和稳定性问题会限制后者的发展。替代在阴茎海绵体内用药的另一途径是对阴茎涂敷三硝酸甘油酯(GTN),它也显示出有效,但是对患者及配偶均有副作用。

[本发明的化合物已经被 EP-A-0463756 和 EP-A-0526004 等公开。这些化合物被用于治疗咽峡炎、高血压、中风、支气管炎、过敏性鼻炎等疾病。]

本书作者注:说明书中所说的式(I)化合物

出乎意料的是,现已发现,所公开的这些化合物在治疗勃起机能障碍方面的作用。另外,这些化合物可以口服,从而避免了在阴茎海绵体内用药的不便。因此,本发明涉及用式(I)化合物或其药学上可接受的盐或含有它们中存在的药物组合物制造用于治疗或预防雄性动物。包括人勃起机能障碍的药物,优选的一组式(I)化合物是其中的 R1 是 H、甲基或乙基;R2 是 C1—C3 烷基;R3 是 C2—C3 烷基或烯丙基;R4 是任选被 OH、NR5R6……

一组更优选的式(I)化合物中,R1 是甲基或乙基;R2 是 C1—C3 烷基;R3 是乙基、正丙基或烯丙基;R4 是 CH2 NR5R6、COCH2 NR5R6 ……

特别优选的式(I)化合物中,R1 是甲基或乙基,R2 是正丙基,R3 是乙基、正丙基或烯丙基,R4 是 COCH2NR5R6、CONR5R6、SO$_2$NR9R10 或 1—甲基—2—咪唑基,R5 和 R6 与它们所连接的 N 原子一起形成一个吗啉代或 4—N(R11)哌嗪基,R9 和 R10 与它们所连接的氮原子一起形成一个4—N(R12)—哌嗪基,R11是甲基或乙酰基,R12是H、甲基、2—丙基或2—羟乙基。

特别优选的个别的本发明化合物[(共计9个)]包括:

5—(2—乙氧基—5—吗啉代乙酰苯基)—1—甲基—3—正丙基—1,6—二氢—7H—吡唑并[4,3—d]嘧啶—7—酮;

5—(5—吗啉代乙酰基—2—正丙氧苯基)—1—甲基—3—正丙基—1,6—二氢—7H—吡唑并[4,3—d]嘧啶—7—酮;

<u>5—[2—乙氧基—5—(4—甲基—1—哌嗪基磺酰基)苯基]—1—甲基—3—正丙基—1,6—二氢—7H—吡唑并[4,3—d]嘧啶—7—酮;</u>

……

[本书省略了另外6个类似的化合物,下划线为本书作者所加,该化合物与权利要求1一致。]

[阴茎勃起由海绵体的舒张所致。而海绵体的舒张由其内cGMP含量调节。cGMP的含量受三种PDE酶(PDE II,PDE III,PDE V)影响。本发明化合物抑制或激发这些酶。]本发明化合物已在体外作为试验并发现它们是对cGMP有专一性的PDE V的很强的选择性抑制剂。例如,本发明的一种特别优选的化合物对PDE V酶的IC50 = 6.8 nMV,但对于PDE II和PDE III酶只显示很弱的抑制活性,IC50分别为 ≥100 μm 和 34 μm。于是,阴茎海绵体组织的舒张和随之发生的阴茎勃起会由于该组织内的cGMP含量的增高而得到调节,而这又是本发明化合物对于几种PDE的抑制特点造成的。

另外,在鼠和狗内试验的本发明化合物,在最高达3 mg/kg的静脉内(i.v.)和口服(p.o.)这两种情形,均未显示出任何不利的急性毒性的明显迹象。在小鼠的情形,在高达100 mg/kg的剂量(i.v.)下未发生死亡。某些特别优选的化合物在以最高达10 mg/kg的剂量对鼠和以高达20 mg/kg的剂量对狗长期口服时,无毒性作用。

对于人,按一次剂量和多次剂量对志愿者口服试验了某些特别优选的化合物。另外,至今为止对患者进行的研究已证实,一种特别优选的化合物诱发了阳痿男性的阴茎勃起。虽然本发明的化合物主要是设想用于治疗勃起机能障碍或男性性机能障碍,但它们也可以用来治疗女性性机能障碍,包括与阴蒂失调有关的性欲高潮机能障碍。一般来说,对于人类,口服本发明化合物是优选的途径,它最为方便,而且避免了在阴茎海绵体内用药时遇到的不便。对于代表性的男人,优选的剂量范围是每日3次5至75 mg化合物。在受体患者有吞咽障碍或口服后有药物吸收损伤时,可以非肠道用药,例如经舌下或经颊用药。

* * * *

[潘华平等十三个无效请求人对本专利提出无效宣告请求,]专利复审委员会作出第6228号决定,其认为:

……

对于已知化合物的第二医药用途发明而言,如果所属领域技术人员根据说明书记载的技术内容并结合现有技术知识,依然需要花费创造性劳动方可确信所述已知化合物具有所述第二医药用途,则不能认为该说明书对于权利要求书中要求保护的技术方案的公开是充分的。在说明书中没有记载,仅由申请人或者专利权人掌握的、不属于现有技术的技术资料,不能用于证明要求保护的技术方案已充分公开。

1. 关于本专利所涉及化合物的优选级别

根据本专利说明书的记载可以看出,本专利所述式(I)化合物依其优选程度分为:

(1)"式(I)化合物或其药学上可接受的盐或含有它们中存在的药物组合物……"下称第一级化合物;

(2)"优选的一组式(I)化合物",下称第二级化合物;

(3)"一组更优选的式(I)化合物",下称第三级化合物;

(4)"特别优选的式(I)化合物",下称第四级化合物;

(5)"特别优选的个别的本发明化合物",共包括9种化合物,下称第五级化合物。

2. "本发明化合物已在体外作为试验并发现它们是对cGMP有专一性的PDE V酶的很强的选择性抑制剂"。此处是对第一级化合物对cGMP PDE V酶选择抑制活性的表述。

"本发明的一种特别优选的化合物对PDE V酶的$IC_{50} = 6.8$ nMV,但对于PDE II和PDE III酶只显示很弱的抑制活性,IC_{50}分别为≥100 μM和34 μM。于是,阴茎海绵体组织的舒张和随之发生的阴茎勃起会由于该组织内的cGMP含量的增高而得到调节,而这又是本发明化合物对于几种PDE的抑制特点造成的。"此处记载的是第四级化合物之一对cGMP PDE V酶的体外选择抑制活性数据。

"在鼠和狗内试验的本发明化合物,在最高达3 mg/kg的静脉内(i.v.)和口服(p.o.)这两种情形,均未显示出任何不利的急性毒性的明显迹象。在小鼠的情形,在高达100 mg/kg的剂量(i.v.)下未发生死亡。某些特别优选的化合物在以最高达10 mg/kg的剂量对鼠和以高达20 mg/kg的剂量对狗长期口服时,无毒性作用。"此处描述的是第一级和第四级化合物的毒性试验数据。

"对于人,按一次剂量和多次剂量对志愿者口服试验了某些特别优选的化合物。另外,至今为止对患者进行的研究已证实,一种特别优选的化合物诱发了阳痿男性的阴茎勃起。"此处描述的是阳痿男性服用第四级化合物之一后取得的效果。

"一般来说,对于人类,口服本发明化合物是优选的途径,它最为方便,而且避免了在阴茎海绵体内用药时遇到的不便。对于代表性男人,优选的剂量范围是每日3次5至75mg化合物。"此处描述的是第一级化合物的优选服用方式。

根据本专利说明书的上述记载可以看出:

(1)本专利说明书中表述了第一级化合物对于cGMP PDE V酶的选择抑制作用和第四级化合物之一对cGMP PDE V酶的体外选择抑制活性数据。但没有记载对应于上述第五级化合物所包含的9种具体化合物的任何具体数据。因此,辉瑞公司关于"说明书中所记载的对cGMP PDEV酶的$IC_{50} = 6.8$ nMV的化合物就是上述第五级化合物中的9种具体化合物之一"的主张缺乏事实依据。据此,同样不能得出这些技术效果属于本专利化合物的结论。

(2) 本专利说明书只给出了(1)中所述的第四级化合物之一对 cGMP PDE V 的体外选择抑制性试验数据,但该说明书没有给出该化合物对于阳痿的预防或治疗的进一步的效果数据。

(3) 本专利说明书中与阳痿的治疗或预防效果有关的记载仅有一处,即,"至今为止对患者进行的研究已证明,一种特别优选的化合物诱发了阳痿男性的阴茎勃起"。从上述表述看,这一化合物为第四级化合物之一。但不能确定该化合物就是(1)中给出的体外选择性抑制活性的那一个第四级化合物。

3. 关于本专利的现有技术状况

在本专利申请日前,所属领域技术人员并不确认 cGMP PDE V 抑制剂可以治疗雄性动物勃起机能障碍且并非所有的 cGMP PDE V 抑制剂一定具有治疗雄性动物勃起机能障碍的医药用途。证明和筛选出有效的 cGMP PDE V 抑制剂治疗雄性动物勃起机能障碍,所属领域技术人员需付出创造性劳动。

4. 综上可知:

(1) 由于本专利说明书所记载的试验数据有限,而且说明书对于这些有限的数据也没有作出足以认定其具体归属的说明。在此情况下,即使将本专利说明书与本专利所属技术领域的现有技术所公开的内容结合考虑,也不能使所属技术领域的技术人员确信本发明的 cGMP PDE V 抑制剂具有本专利说明书所述的"诱发阳痿男性的阴茎勃起"的效果。

(2) 由于本专利说明书在给出了所述第四级化合物之一对 cGMP PDE V 的体外选择抑制活性数据后,没有给出关于该化合物对于阳痿的治疗或预防的进一步的效果,因此,即使结合考虑现有技术的教导,所属领域技术人员也同样不能确信该 cGMP PDE V 的选择性抑制剂具有"诱发阳痿男性的阴茎勃起"的效果。

(3) 以马库什通式形式表述的第一级化合物的数目巨大,即使是第四级化合物的数目亦超过了 100 种。在此情况下,对于所属领域技术人员而言,根据本专利说明书的教导,从这逾百种化合物中筛选和确认本专利化合物确实具有"诱发阳痿男性的阴茎勃起"的效果,不能被认为是无须付出创造性劳动的。

……

综上,根据本专利说明书中记载的技术内容并结合所属领域的现有技术,所属领域技术人员不花费创造性劳动,无法确信本专利化合物能够治疗或预防雄性动物勃起机能障碍。故不能认为本专利说明书对于权利要求书中技术方案的公开是充分的,本专利不符合专利法第二十六条第三款的规定。据此,专利复审委员会作出第 6228 号决定,宣告本专利全部无效。

辉瑞公司不服第 6228 号决定,在法定期限内向本院提起行政诉讼,其诉称:

一、专利复审委员会认定事实错误。本专利说明书中已经给出的具体化合物的数据或实验结果,应被认定为最高优选级别的化合物,即第五优选级别的化合物,而不是第四级化合物。

二、专利复审委员会适用法律不当。1. 专利复审委员会在第 6228 号决定中应用了与专利法第二十六条第三款规定不同的标准。其认定本专利不符合专利法第二十六条第三款规定的唯一理由是所属领域技术人员不经过创造性劳动无法确信本专利化合物能够治疗或预防雄性动物勃起机能障碍。而根据专利法第二十六条第三款的规定,只要说明书的内容和技术人员所掌握的现有技术知识、技术常识和常规实验手段的结合提供了实现发明所需的全部必要技术手段,说明书的公开就是充分的。除此之外,任何额外要求,都是对法律的不当扩大解释和错误解释。2. 专利复审委员会混淆了药品上市的标准和专利法第二十六条第三款关于公开充分的标准。3. 专利复审委员会作出第6228号决定违反了《与贸易有关的知识产权协议》。

三、专利复审委员会认定事实错误、适用法律不当导致其作出错误的行政决定。1. 专利复审委员会对本案争议焦点的认定是错误的。本案的争议焦点是所属领域技术人员能否不经过创造性劳动实现该发明,而不是技术人员是否需要花费创造性劳动方可相信本专利化合物的第二医药用途。2. 专利复审委员会对本专利说明书内容的分析及由此作出的结论是错误的。本专利说明书中给出的"特别优选的化合物"的试验数据和效果描述属于第五级化合物。普通技术人员完全能够认定属于同一优选级别的这9种化合物都具有大致相同的活性和效果,从而完全能够确信本专利的cGMP PDEV抑制剂具有"诱发阳痿男性的阴茎勃起"的效果,且不需要进行任何筛选。本专利说明书清楚、完整地公开了要求保护的技术方案,符合专利法第二十六条第三款的规定……

被告专利复审委员会在提交的书面答辩中除坚持其在第6228号决定中阐述的理由外,针对辉瑞公司的起诉辩称:

一、专利复审委员会充分考虑了本专利说明书对相关内容的记载,但说明书中没有任何记载表明说明书给出的有限的实验数据和相关技术效果是归属于第五级化合物的,因此,辉瑞公司关于专利复审委员会认定事实错误的主张不能成立。本专利在提交申请时要求保护的是一种通式化合物(即式 I 化合物)的医药用途,在接受原中华人民共和国专利局(简称原中国专利局)的实质审查时,辉瑞公司出于各种原因,将原来申请的式 I 化合物的医药用途修改为要求保护其中的某个具体化合物(即本专利化合物)的医药用途。因此,无论是公开说明书还是授权的公告说明书中记载的"本发明化合物"毫无疑问应当指"式 I 化合物",本专利说明书存在的几处对效果的描述也主要是针对式 I 化合物。鉴于本专利说明书在描述其技术效果时有许多不确切的描述,致使说明书所述的效果缺乏明确的指向及关联,导致本专利在要求保护一个具体的化合物的医药用途时缺乏与之对应的明确的效果描述。此外,在审查本专利说明书是否充分公开其要求保护的化合物时,专利复审委员会还考虑了本专利申请日之前的现有技术状况。因此,专利复审委员会在第6228号决定中所认定事实是清楚的。

二、专利复审委员会在第6228号决定中使用"确信"的表述,是对专利法第二十六条第三款的恰当的理解和适用。专利复审委员会在认定事实清楚的基础上,对法律的适用是正确的。

三、从相关法律条文可以看出,专利法第二十六条第三款的规定与 TRIPs 协议第

29条第1款的规定是一致的,对此,辉瑞公司也予以认可,其认为中国在加入WTO之后"对专利性问题适用更严格的标准"没有任何依据。专利复审委员会认为本专利不符合专利法第二十六条第三款的规定,是该法律规定在具体案件上的适用,而不是调整该法律规定本身。因此,在判断本专利是否有效时,专利复审委员会不仅正确适用了中国法律的有关规定,也完全符合TRIPs协议的规定……

第三人潘华平述称:

一、专利复审委员会在第6228号决定中对事实认定清楚。1. 辉瑞公司在本专利说明书中将该通式化合物分为5个级别,再分级别列举其体外试验数据及相关技术效果,但其体外试验数据及相关技术效果仅仅涉及了第一级化合物的一种或几种体外对PDE V的选择性抑制剂、急性毒性和人的口服剂量,第四级化合物的一种对PDE V酶的IC50,对于PDE II和PDE III酶的IC50,某些第四级化合物长期毒性以及第四级化合物的一种诱发了阳痿男性的阴茎勃起,但是,本专利说明书中没有明确记载包括授权化合物的五级化合物的任何效果或技术参数,也没有记载本专利保护的第二用途化合物与说明书记载的效果的任何关联。2. 本专利说明书中公开的具体化合物的效果等各种参数与所要保护的具体第二用途化合物没有明确的对应关系。辉瑞公司关于"说明书中具体列明的最后一个优选级别的具体化合物无疑是经过试验证明活性属于最高优选等级的化合物"的主张在本专利说明书中没有记载,为其主观臆测……

联想药业公司等其他第三人共同述称……专利复审委员会认定事实清楚。在专利文件中,使用通式概括一组化合物和把通式所概括的该组化合物全部逐一列出,二者所表示的具体化合物及其数目是一样的,在专利文献中所表达的技术特征也是等效的。辉瑞公司以对通式表示化合物和对系统命名表示化合物的错误认识作为其基本出发点,其主张不能成立。至于第五级的"特别优选的个别化合物",当然应该理解为"特别优选的式(I)的个别化合物"。这是因为,之所以能够称为第五级,其前提就是其主题必须与前四级一致。此外,辉瑞公司认为"用于活性、毒性、效果等试验的化合物肯定是一种具体化合物",但未在说明书中指明所试验的具体化合物名称,而是笼统地冠以"一种特别优选的化合物""某些特别优选的化合物"。辉瑞公司认为本专利化合物是"最高优选级别的化合物",但未在说明书中指出这一点并列出其名称。因此,辉瑞公司关于专利复审委员会认定事实错误的主张不能成立。三、本专利是一项具体化合物的医药用途发明,如所属技术领域的技术人员不能"确信"该化合物在治疗或预防雄性动物勃起机能障碍方面的效果,本专利就无法实现。因此,专利复审委员会采用"确信"的原则,是对专利法第二十六条第三款的适当理解和适用,不存在"高于法定标准的基准"的问题。四、中国在加入WTO时承诺继续承认专利权有效是针对"加入WTO前授予的、符合其加入WTO前的法律规定的专利权"而言的,不符合上述法律规定的专利权当然不能继续承认。在中国加入WTO前后,专利法第二十六条第三款的规定并没有改变,而且与TRIPs协议第29条第1款的规定是一致的……

* * * *

本院认为:

……

三、关于本专利是否符合专利法第二十六条第三款的规定

专利法第二十六条第三款规定,说明书应当对发明或者实用新型作出清楚、完整的说明,以所属技术领域的技术人员能够实现为准。

医药领域属于实验性科学领域,对其产生影响的因素是多方面、相互交叉、错综复杂的,仅以设计构思提出的技术方案不一定能够解决发明涉及的技术问题,而必须依靠试验数据予以说明。同时,技术效果在这类发明中占有十分突出的地位,故以试验数据定量地体现发明的效果,并将其与现有技术相比较是表明发明效果的最有效的方法之一。

从用途发明专利的特点看,用途发明是发现了产品新的性能,从而将其运用于一个新的用途,发明的重点在于应用,因此,在这类发明专利的说明书中必须明确该产品的新性能、用途、目的、适用范围、使用方式、用法以及使用的条件等,同时还应当在说明书中通过试验数据的形式充分公开该产品所达到的效果,使本领域技术人员相信其能够实现发明目的,并取得较好的技术效果。从第二医药用途发明专利的特点来看,在这类发明专利说明书中,应当说明药品的有效使用量、使用方法,并通过实验室试验、动物试验或临床试验数据详细描述该药品对第二适应症的治疗效果,并证明第二适应症与已知用途之间的区别是非显而易见的。否则,如果根据说明书的内容不能确信该药品具有并可以达到说明书所述的技术效果,则从实现该药品第二医药用途的角度出发,本领域技术人员无法实现该发明。综上,专利复审委员会确定的第二医药用途发明专利说明书公开是否充分的标准是适当的,并不是对专利法第二十六条第三款的不当解释。

本专利说明书是以递进的方式分别给出了第一级至第五级化合物范围,本领域技术人员可以自然地理解所谓优选级别的确定应当是与发明目的的实现密切相关的,标准应当是一致的,也就是说特别优选的个别的本发明化合物即第五级化合物的治疗效果是最佳的。本专利说明书中记载了一种特别优选的化合物的体外试验,并发现它们是对cGMP有专一性的PDE V的很强的选择性抑制剂,同时,说明书还记载了体内临床试验结果,即一种特别优选的化合物诱发了阳痿男性的阴茎勃起。尽管此级化合物有一百多种,而说明书在此并未明确是哪一个具体的化合物得出了上述结果,但是应当注意的是,一般情况下,说明书中给出的具体化合物的数据或试验结果是由效果较好的化合物得出的。由此可知,较优选的第四级化合物具有体外和体内活性。第五级化合物作为说明书给出的最优选级别,其中的9个化合物结构相似,其药理学活性应当是近似的,因此,本领域技术人员确认作为这9个化合物之一的本专利权利要求化合物具有说明书所述的治疗效果是合乎情理的,而无须进一步花费创造性劳动。专利复审委员会在第6228号决定中认为治疗效果与第五级化合物以及权利要求化合物缺乏关联,从第四级化合物中筛选和确认权利要求化合物具备治疗效果需要付出创造性劳动忽视了上述情况,理由不充分,本院不予支持,其在上述判断的基础上认为本专利不符合专利法第二十六条第三款的规定是错误的,故该决定应予撤销。

思考问题:

(1) 本专利的原始的申请书中没有权利要求1,最窄的权利要求覆盖第5级化合物。经过审查员的异议,删除了所有的权利要求,而增加了现在的权利要求1。这能够满足充分公开要求吗?或者说,修改超出范围吗?为什么?

(2) 申请人为什么能够从说明书中公布的9个特别优选化合物中选择一个化合物,并将它写进权利要求1呢?有证据表明,发明人实际试验了该特定化合物了吗?必要时,请查阅该申请原始公开申请书的权利要求。

(3) 结合本案,重点考虑"能够实现"与后文的"充分公开"之间的区别。有人认为,本案中"能够实现"或许不是问题,但"是否充分公开"则是问题。换句话说,熟练技术人员是否相信辉瑞已经实施了该权利要求1的方案。你同意吗?

(4) 有人认为,"能够实现"不包含主观上的判断因素,即熟练技术人员是否相信该方案能够达到预期效果,与是否能够实现的判断无关。有道理吗?

(5) 判断充分公开的标准,究竟是熟练技术人员能否不经过创造性劳动实现该发明,还是要求熟练技术人员是否需要花费创造性劳动方可相信该发明具有实际效果("实际能够实现"v."相信能够实现")。你觉得这两个标准究竟有什么差别?你觉得何者更有道理?"不能确信效果"与"不能确信何种物质有效果"是两个问题。二者都构成充分公开的障碍?

(6) 本案是否也存在实用性和"能够实现"重叠的可能性?

3.4 "创造性的证明"与"充分公开"的区别

充分公开通常是指要公开"发明是什么""如何制造和使用发明"等内容。《专利审查指南》(2010)第二部分第十章第3.4节278页:"判断说明书是否充分公开,以原说明书和权利要求书记载的内容为准,申请日之后补交的实施例和实验数据不予考虑。"先前《专利审查指南》(2001年)第二部分第十章第4.3节"关于实施例"第(2)项规定则更有弹性:"不能允许申请人将申请日之后补交的实施例写入说明书,尤其是其中与保护范围有关的内容,更不允许写进权利要求。后补交的实施例只能供审查员审查新颖性、创造性和实用性时参考"。

充分公开与发明的创造性审查似乎没有直接的关系。从专利审查程序中的举证责任分配的角度看,审查员需要证明,专利权利要求中的技术方案同现有技术相比,不具备创造性。通常,审查员会援引在先文献来证明不具备创造性。这时,申请人在不修改说明书和权利要求的情况下,可以举证对审查员的意见进行反驳。举证自然包括提交新试验数据。

如果一个发明为选择性发明,申请人在提交申请时,已经披露了最接近的在先文献,则申请人通常需要在申请中提交数据说明其选择发明具有意想不到的效果,否则审查员将推定该发明不具备创造性。如果申请人在原始申请中提供的数据有缺陷,没有能够证明该发明有意想不到的效果,在面对审查员的驳回威胁时,申请人是否还能补交数据证明发明具有意想不到的效果,从而具有创造性吗?最高法院在下面的"武田药品"(II)案、日本斯倍利亚社股份有限公司 v. 专利复审委员会(最高人民法院(2014)知行字第 84 号)、北京亚东生物制药有限公司 v. 专利复审委员会(最高人民法院(2013)知行字第 77 号)等案中,均拒绝接受申请人在申请人以后提交的证明发明创造性的证据。

武田药品工业株式会社 v. 专利复审委员会(II)

最高人民法院(2012)知行字第 41 号

金克胜、罗霞、郎贵梅法官:

本案涉及专利名称为"用于治疗糖尿病的药物组合物"的发明专利……专利号为 96111063.5,专利权人为武田药品工业株式会社。本专利授权公告的权利要求如下:

1. 用于预防或治疗糖尿病、糖尿病综合症、糖代谢紊乱或脂质代射紊乱的药物组合物,其含有选自吡格列酮或其药理学可接受的盐的胰岛素敏感性增强剂,和作为胰岛素分泌增强剂的磺酰脲。

……

针对上述专利权,海思科公司、重庆研究院分别[向专利复审委员会提出无效请求,认为本专利权利要求 1 不符合专利法第二十二条第三款的规定。核心证据是证据 1,是在日本发表的论文。即,"經口糖尿病藥—新藥と新しい治療フラソー",石田俊彦等,综合临床,第 43 卷第 11 期,1994 年。]

2008 年 8 月 11 日和 9 月 11 日,武田药品工业株式会社分别针对上述两个无效请求,提交了相同的意见陈述书和 7 份反证,其中反证 7 为实验数据(英文共 3 页,中文译文 3 页)。

……

专利复审委员会于 2008 年 10 月 31 日作出第 12712 号无效决定……关于创造性,该无效决定认为:……证据 1 公开了如下技术内容:胰岛素非依赖型糖尿病(NIDDM)是胰岛素分泌不足和胰岛素抵抗性增加两方面引起的。如果进入糖尿病状态,根据病状,针对分泌不足和抵抗性的平衡性程度尝试多种不同的用药组合,其中包括空腹时血糖 140 mg/dl 至 199 mg/dl 时,单独给予磺脲剂、并用磺脲剂和胰岛素敏感性增强剂(又称胰岛素增敏剂或胰岛素抵抗性改善剂)、与 α—糖苷酶抑制剂三者并用的疗法。其中对于胰岛素增敏剂,证据 1 第 III 部分列举了吡格列酮和曲格列酮,并且指出两种制剂具有相同的降血糖作用机制。证据 1 第 IV 部分指出,尽管糖吸收抑制剂和胰岛素敏感性增强剂等作为新型糖尿病药物而倍受关注,但是无论哪一种药物均因其血糖降低作用缓慢,与单独使用相比,与磺脲剂或胰岛素的并用效果更值得期待。该部分列举了作为胰岛素分泌刺激剂(或称为胰岛素分泌增强剂)的磺脲剂格列美脲和与磺脲剂完全不同的化合物 AG—EE 623 ZW(NN—623)。

本专利权利要求 1 的技术方案与证据 1 公开的内容相比,区别仅在于权利要求 1

选择了具体的胰岛素敏感性增强剂即吡格列酮或其药理学可接受的盐,并将其与作为胰岛素分泌增强剂的磺酰脲一起制成药物组合物用于预防或治疗糖尿病、糖尿病综合症、糖代谢紊乱或脂质代谢紊乱。然而,如上所述,证据1已指出吡格列酮与曲格列酮具有相同的降血糖作用机制,可以用作胰岛素敏感性增强剂,而且证据1明确教导了胰岛素敏感性增强剂与磺脲剂或胰岛素的并用效果更值得期待,在此教导下,选择吡格列酮作为胰岛素敏感性增强剂与磺脲剂一起制成药物组合物用于预防或治疗糖尿病对于本领域技术人员来说是显而易见的,不具备突出的实质性特点。并且从本专利说明书记载的内容也看不到这种选择相对于证据1取得了任何意料不到的技术效果。对于吡格列酮的药理学可接受的盐,本领域技术人员知晓其为吡格列酮在使用时的一种具体形式,与吡格列酮具有相同的药理活性。因此,使用吡格列酮的药理学可接受的盐的技术方案也是显而易见的,不具备突出的实质性特点。故权利要求1的技术方案相对于证据1公开的内容不具备创造性,不符合专利法第二十二条第三款的规定。

第12712号无效决定认为,虽然证据1未记载权利要求1所述组合具有更好的效果,但证据1给出了权利要求1所述组合可用于治疗糖尿病的启示……由于无法确认反证7的真实性,因此不能以反证7来证明本专利权利要求1的技术方案取得了预料不到的技术效果。

[北京一中院和北京高院维持了复审委的决定。]

本院审查认为:本案争议的焦点问题在于,第12712号无效决定对反证7不予采信是否错误;本专利权利要求1、2、4、5、9和10相对于证据1是否具有创造性……

1. 第12712号无效决定对反证7不予采信是否错误

本专利审查档案和欧洲同族专利审查档案是武田药品工业株式会社在一审诉讼程序中针对反证7而提交的补强性证据,用于进一步证明在无效行政程序中已经提交的反证7的真实性,对本专利审查档案和欧洲同族专利审查档案的证据,应当予以采纳。本案反证7涉及的两份对比试验材料记载了试验目的、所采用的试验方案和试验手段、试验设备,介绍了具体实验过程并给出了明确的实验结果,是武田药品工业株式会社单方提交,欲证明吡格列酮与格列美脲联用与它们单独使用相比,具有预料不到的协同作用;吡格列酮和格列美脲联用的治疗方案与环格列酮和格列美脲联用、曲格列酮和格列美脲联用、以及曲格列酮和优降糖联用的治疗方案相比具有预料不到的技术效果。

根据查明的事实,在国家知识产权局发出的第三次审查意见通知书中,审查员指出权利要求1中的"磺酰脲"概括了较大的范围,从而导致该权利要求不符合专利法第二十六条第四款的规定。针对这一意见,武田药品工业株式会社不仅提交了所述的反证7的第一组实验数据以证明吡格列酮与磺酰脲相比具有意想不到的技术效果,而且提交了附件证明磺酰脲是一类结构相似的化合物,并结合说明书的内容陈述了意见。国家知识产权局随后作出了授权决定,并无证据证明审查员是因为接受了反证7的试验数据而作出了授权决定。从武田药品工业株式会社提交文件的内容来看,无证据证明涉案专利的同族专利的申请过程中,欧洲专利局接受和认可了反证7中第二组实验数据和相应的意见陈述。况且,根据专利制度的地域性原则,国家知识产权局按照中国专利法、专利法实施细则以及专利审查指南的相关规定对专利申请进行审查,他国的专利审查实践对我国没有约束力。由于反证7存在于本专利审查档案和欧洲同族专利审查档案的事实仅能证明本专利在授予专利权的实质审查阶段,武田药品工业株式会社曾提交过上述材料,而由于反证7并非实验记录的原件,没有出处,其内容也没有显示是由哪一机构或个人作出的实验,也没有任何公证手续,且海思科公司以及重庆研究院对其真实性不予认可,一、二审法院对反证7未予采信,并无不当。

专利申请人在申请专利时提交的专利说明书中公开的技术内容,是国务院专利行政部门审查专利的基础和申请人对申请文件进行修改的依据,亦是社会公众了解、传播和利用专利技术的基础。说明书应当满足充分公开发明或者实用新型的要求。化学领域属于实验性科学领域,影响发明结果的因素是多方面、相互交叉且错综复杂的。说明书的撰写应该达到所属技术领域的技术人员能够实施发明的程度。根据现有技术,本领域技术人员无法预测请求保护的技术方案能够实现所述用途、技术效果时,说明书应当清楚、完整地记载相应的实验数据,以使所属技术领域的技术人员能够实现该技术方案,解决其技术问题,并且产生预期的技术效果。<u>凡是所属领域的技术人员不能从现有技术中直接、唯一地得出的有关内容,均应当在说明书中予以表述。如果所属领域的技术人员根据现有技术不能预期该技术方案所声称的治疗效果时,说明书还应当给出足以证明所述技术方案能够产生所声称效果的实验数据。</u>

没有在专利说明书中公开的技术方案、技术效果等,一般不得作为评价专利权是否符合法定授权确权标准的依据。申请日后补交的实验数据不属于专利原始申请文件记载和公开的内容,公众看不到这些信息,如果这些实验数据也不是本申请的现有技术内容,在专利申请日之前并不能被所属领域技术人员所获知,则以这些实验数据为依据认定技术方案能够达到所述技术效果,有违专利先申请制原则,也背离专利权以公开换保护的制度本质,在此基础上对申请授予专利权对于公众来说是不公平的。当专利申请人或专利权人欲通过提交对比试验数据证明其要求保护的技术方案相对于现有技术具备创造性时,接受该数据的前提必须是针对在原申请文件中明确记载的技术效果。

武田药品工业株式会社提供反证7欲证明吡格列酮与格列美脲的联合用药方案相对于单独用药方案以及其他联合用药方案均取得了意料不到的降血糖效果。但是,本专利说明书仅通过吡格列酮与伏格列波糖联用以及吡格列酮与优降糖联用的实验结果,证明胰岛素敏感性增强剂与胰岛素分泌增强剂联用相对于其中一类药物单独用药有更好的降血糖效果,并没有提及各种不同的药物联用方案之间效果的优劣。武田药品工业株式会社提交实验数据所要证明的技术效果是原始申请文件中未记载,也未证实的,不能以这样的实验数据作为评价专利创造性的依据。武田药品工业株式会社关于其在申请日后补交的实验证据是在证明客观存在的技术效果,该类证据应当予以采纳的申请再审理由,本院不予支持。

思考问题：

（1）《专利法》第 26 条是否要求专利说明书公开发明方案具有创造性的证据？

（2）法院显然认为许可事后补充证据证明发明具有创造性，"有违专利先申请制原则，也背离专利权以公开换保护的制度本质，在此基础上对申请授予专利权对于公众来说是不公平的。"更具体地说，危害是什么呢？

（3）一项专利获得授权后，是否应该推定其具有创造性，然后由无效宣告请求人举证证明它没有创造性？

专利法如果要求专利申请人必须在原始申请文件中以书面形式证明自己的发明相对所有现有技术（无论发明人是否掌握）有创造性，对于专利申请人而言可能过于严厉。申请人在提交申请时，不可能穷尽所有的在先文献，因而无法针对性地提供数据说明自己的发明方案相对所有的现有技术一定具有创造性。专利法禁止申请人事后补充数据证明创造性，实际上是在惩罚那些没有能够检索到在先文献的申请人。理论上，这可以防止申请人隐瞒部分对其发明创造性构成威胁的文献。不过，中国专利法的立法者显然不认为申请人刻意隐瞒在先文献对于公共利益有重大损害，否则早就应该在专利法中明确要求申请人披露他所知道的所有在先文献。

但是，如果轻易许可申请人事后补交证明创造性的证据，则对于那些基于现有技术的"选择发明"而言，可能出现制度漏洞：发明人在未知自己的技术方案相对在先发明有哪些突出特点的情况下，就可以先提交申请，然后再找证据证明自己的选择性发明具有创造性。

两害相权，本书依然倾向于认为，专利法应区别对待传统意义上的充分公开要求和"创造性的证明要求"。在后一问题上，专利法应该对专利申请人或权利人相对宽容。毕竟，发明人成功利用权利要求先画圈，再证明其有创造性的机会似乎微乎其微。

4 权利要求明确

依据中国《专利法》第 26 条第 4 款后半句，权利要求书应当"清楚、简要地限定专利保护的范围"。判断权利要求的语言是否明确，要看相同技术领域的普通技术人员是否能够从该描述中了解该权利要求的确切范围。申请人在权利要求中用词应当明确，一般不得使用那些在熟练技术人员看来模糊不清的术语，比如"大约""接近""等""或类似物""最好是""必要时""高温""高压"等。[①] 这一要求旨在保证申请人对专利的保护范围做明确披露，从而使得社会公众能够清楚地了解专利权的边界。法律如果许可权利人保持权利要求的模糊性，则权利人将乐此不疲，因为保持模糊，可以使得竞争对手不得不尽量保持较远的安全距离，以防止侵权指控。[②]

[①] 《专利审查指南》(2010)第二部分第二章，第 147 页。

[②] Robert P. Mergers & John F. Duffy, Patent Law and Policy: Cases and Materials, Third Edition, Lexis-Nexis, 2002, p.327.

安德鲁公司 v. 专利复审委员会

北京高院(2008)高行终字第682号

刘辉、岑宏宇、焦彦法官：

本院经审理查明，本案涉及中华人民共和国国家知识产权局于2002年11月13日授权公告、申请号为95196544.1、名称为"天线控制系统"的发明专利(即本专利)……其中权利要求14的内容为：

"一种天线系统，包括：天线，具有两个或两个以上的发射元件和用于移动至少一个相位移动元件的部件、以改变提供给所述发射元件的信号的相位、以改变天线波束下倾的机电装置；以及与所述天线不在一处的控制器，用于提供驱动信号给机电装置以调整天线波束的下倾。"

2006年11月29日，吴慧瑛……向专利复审委员会提出无效宣告请求……

在2007年4月24日进行的口头审理中，吴慧瑛明确其无效理由为：本专利权利要求14所包含的内容有多种各不相同且互相矛盾的解读方式，本领域技术人员看到该权利要求后不清楚哪部分是修饰部件的，哪部分是修饰机电装置的，机电装置是一个上位化程度较高的概念，说明书及附图中揭示了多个零部件，也导致难以根据已有的各零部件推导出构成"机电装置"或"部件"的具体技术特征，"不在一处"是笼统的概念，没有说清楚位置关系，因此，本专利权利要求14不符合专利法实施细则第二十条第一款的规定……

另查，本专利说明书第7页记载以下内容：

"按照本发明的另一方面，提供一天线系统，它包括：两个或更多个天线，各天线包括两个或更多个发射元件和相对移动一个或几个相位移动元件的零件、以改变提供给各发射元件的信号的相位、以改变天线波束下倾的机电装置；以及一控制器，提供驱动信号给机电装置以调整相互独立的各天线波束的下倾。"

2007年6月14日，专利复审委员会作出第10009号决定。专利复审委员会在该决定中认定……

1. 安德鲁公司明确表示本专利权利要求14中的"至少一个"限定的是相位移动元件，但参照说明书中的记载，相位移动元件和相位移动元件的部件均具有多个，根据说明书的记载不能够直接地、毫无疑义地导出本专利权利要求14中出现的"至少一个"是修饰相位移动元件而不是用来修饰相位移动元件的部件。

2. 参照说明书的记载，本专利权利要求14的技术方案是通过控制器控制天线中的机电装置从而实现远距离的控制，本专利对现有技术的改进在于机电装置和控制装置的结合，而本专利所述的机电装置也不同于现有技术中一般的机电装置，其包括移相器驱动机构和电动机，因此，本专利权利要求14应该对机电装置的构成、各构成之间以及它们与天线系统中其他组成元件之间的连接关系作出清楚、明确的限定。

3. 从属权利要求15至24均未清楚限定以上权利要求14中上述不清楚的内容，

因此均未克服本专利权利要求14存在的不清楚的缺陷……

[安德鲁公司不服专利复审委员会的审查决定,诉至北京市一中院。]

* * * *

北京市第一中级人民法院认为,本专利权利要求14中记载的"至少一个"应当理解为用于修饰"相位移动元件",该特征的描述是清楚的。根据本专利权利要求14记载的内容可知,机电装置"用于移动至少一个相位移动元件的部件",由控制器"提供驱动信号给机电装置",上述特征的记载限定了机电装置的功能及与相位移动单元、控制器的相互作用关系,结合说明书记载的内容,本领域技术人员可以清楚地确定本专利权利要求14保护的技术方案。由于专利复审委员会认定本专利权利要求14不清楚的理由均不成立,因此,其关于本专利权利要求14不符合专利法实施细则第二十条第一款规定的认定错误,其基于本专利权利要求14不清楚认定从属权利要求15至24也不符合专利法实施细则第二十条第一款的规定,亦没有事实和法律依据。

北京市第一中级人民法院……判决:一、撤销专利复审委员会作出的第10009号决定;二、专利复审委员会就本专利重新作出无效宣告请求审查决定。

专利复审委员会、吴慧瑛均不服原审判决,向本院提起上诉,请求撤销原审判决,维持专利复审委员会第10009号决定。专利复审委员会的上诉理由为:一、无论从技术角度还是语法角度,均不能确定"至少一个"限定的具体对象,原审判决对"至少一个"修饰的是紧跟其后的名词的认定缺乏依据;二、由于本专利权利要求14未将机电装置所包括的核心部件的物理关系及相互作用进行限定,因此,本领域普通技术人员无法实现发明目的。吴慧瑛的上诉理由为:一、原审判决对"至少一个"的解释是错误的。首先,本专利权利要求14中"用于移动至少一个相位移动元件的部件"从语法来讲是存在歧义的,基于一个有歧义的语句的权利要求显然是不符合有关规定的;其次,原审法院仅从语法上认为"至少一个"应当理解为修饰紧跟其后的词语,显然忽略了其中的技术成分的考虑;最后,就本专利整体技术方案而言,相位移动元件有多个,每个相位移动元件的部件也有多个,这样的说明书无法清楚地解释该权利要求。二、原审判决对"机电装置"是否清楚认定错误。"机电装置"可以用结构特征来表述,没有必要用界定其他部件来界定其自身,因而,仍然属于不清楚的范畴。安德鲁公司服从原审判决。

* * * *

本院认为,本案的焦点问题为:一、本专利权利要求14记载的"用于移动至少一个相位移动元件的部件"是否清楚;二、本专利权利要求14记载的"机电装置"是否清楚。

专利法实施细则第二十条第一款规定:权利要求书应当说明发明或者实用新型的技术特征,清楚、简要地表述请求保护的范围。专利法第五十六条第一款规定:发明或者实用新型专利权的保护范围以其权利要求的内容为准,说明书及附图可以用于解释权利要求。判断权利要求是否清楚的主体为本领域普通技术人员。在阅读了本专利权利要求书及说明书后,如果本领域普通技术人员能够清楚地认定本专利权利要求的保护范围，则本专利符合专利法实施细则第二十条第一款的规定。

关于本专利权利要求14记载的"用于移动至少一个相位移动元件的部件"是否清楚的问题，本院认为，从语法结构上讲，"至少一个"修饰的是"元件"而非"部件"，因为"元件"和"部件"均为名词，"至少一个"紧邻"元件"，应当是就近修饰，这符合汉语语法习惯。此外，如果"至少一个"用于修饰"部件"，则应当表述为"用于移动相位移动元件的至少一个部件"，因此，"至少一个"应当理解为用于修饰"相位移动元件"，该特征的描述是清楚的。从技术角度讲，本专利权利要求14提供的是一种机械驱动系统，它可用来调整机械移相器。虽然根据本专利说明书的记载可知，本专利权利要求14中的"相位移动元件"及其组成"部件"均为多个，但是，本领域普通技术人员通过阅读说明书特别是说明书第7页关于"相对移动一个或几个相位移动元件的零件"的记载后可知，"至少一个"是用于限定"相位移动元件"而不应当是用于限定"部件"。专利复审委员会、吴慧瑛关于本专利权利要求14中"至少一个"不清楚从而不符合专利法实施细则第二十条第一款规定的上诉主张没有事实和法律依据，本院不予支持。

关于本专利权利要求14记载的"机电装置"是否清楚的问题，本院认为，根据本专利权利要求14记载的内容可知，机电装置"用于移动至少一个相位移动元件的部件"，由控制器"提供驱动信号给机电装置"，上述特征的记载限定了机电装置的功能及与相位移动单元、控制器的相互作用关系，结合说明书记载的内容，本领域技术人员可以清楚地确定权利要求14保护的技术方案。此外，本专利权利要求14采用了功能性限定特征，该功能性限定技术特征所限定的功能、效果是清楚的，即该机电装置是用于移动至少一个相位移动元件的部件、以改变提供给所述发射元件的信号的相位、以改变天线波束下倾。采用功能性限定特征，其保护范围应当解释为仅仅涵盖了说明书中记载的具体实现方式及其等同方式。本专利说明书实施例对"机电装置"的结构、部件、连接关系作出了清楚的表述，本领域普通技术人员在阅读本专利说明书后对"机电装置"不会产生歧义或模糊认识。因此，专利复审委员会、吴慧瑛关于本专利权利要求14缺少对机电装置的进一步限定，故该权利要求不清楚的上诉主张没有事实和法律依据，本院不予支持。

专利法要求权利要求范围明确与禁止权利要求过分宽泛，并不完全互相重合。很多时候，权利要求范围很宽泛，却不一定不明确。比如，前面提到的包含多个物种的转基因发明（假定物种属于可专利客体）、利用马库什方式撰写涵盖大量化合物的权利要求等，就可能很明确，但范围过于宽泛。

5 实施例的披露

中国《专利法》（第26条）仅仅要求对发明进行"清楚、完整的说明"，并没有明确要求发明人披露实施例。《专利法实施细则》（2010）第17条则要求发明或实用新型的说明书中应当包含"具体实施方式"。申请人应当"详细写明申请人认为实现发明或者实用新型的优选方式；必要时，举例说明；有附图的，对照附图"。依据《专利法实施细则》,披露"优选方式"是必须的,但是它并没有仔细定义何谓优选方式,也没有明确要求申请人必须将其所知道的最佳的实施方式作为"优选方式"加以公布。

实践中,专利局实际上默许申请人自行决定公布实施例——即申请人"对发明或者实用新型的优选的具体实施方式的举例说明"。"实施例的数量应当根据发明或者实用新型的性质、所属技术领域、现有技术状况以及要求保护的范围来确定。"①具体而言,"当一个实施例足以支持权利要求所概括的技术方案时,说明书中可以只给出一个实施例。当权利要求(尤其是独立权利要求)覆盖的保护范围较宽,其概括不能从一个实施例中找到依据时,应当给出至少两个不同实施例,以支持要求保护的范围。当权利要求相对于背景技术的改进涉及数值范围时,通常应给出两端值附近(最好是两端值)的实施例,当数值范围较宽时,还应当给出至少一个中间值的实施例"②。

依据美国《专利法》第 112 条,申请人在专利说明书中必须披露他所知道的最佳实施例。换言之,申请人不能在申请专利时,仅仅披露效果一般的实施例,而将最佳实施例当作商业秘密隐藏起来。这一规则背后的基本指导思想是,发明人不能同时从专利与商业秘密的保护机制中获得保护。相反,申请人必须作出非此即彼的选择。这与美国在新颖性审查上拒绝承认"已经商业化使用的商业秘密"的新颖性的做法是一致的。当然,申请人只需在申请中披露最佳实施例,但并不需要指明自己披露的多个实施例中哪个是最佳实施例。③

这一规定执行起来有一定的难度。首先,事后很难证明申请人主观上知道哪个实施例会优于其他实施例。这纯粹是一个主观判断的过程。④ 其次,在诸多实施例效果接近的情况下,甚至客观上也很难证明哪一个是最佳实施例。

过去,依据《美国专利法》第 282 条,没有披露最佳实施例会成为侵权抗辩或导致该专利无法执行(unenforceable)。2011 年美国通过 AIA 法案修改专利法,第 112 条(a)款关于最佳实施例的披露要求依然存在,但是立法者修改了第 282 条规定,使得没有披露最佳实施例不再成为侵权抗辩或导致专利无法执行的理由。接下来的问题是,加入申请人选择隐藏最佳实施例,那会有什么后果?《美国专利法》没有明确的规定,存在很大的争议。可能的答案之一是,专利商标局可能会因为专利代理人的故意隐瞒而追究其违反职业道德的责任。⑤

---

① 《专利审查指南》(2010)第二部分第二章,第 137 页。
② 同上。
③ Ernsthausenv. Nakayama, 1 USPQ2d 1539 (Bd. Pat. App. & Inter. 1985).
④ Chemcast Corp. v. Arco Industries Corp., 913 F. 2d 923(1990).
⑤ Jason Rantanen, Because Inquiring Minds Wants to Know Best Mode: Why is it One-Sided? http://patentlyo.com/patent/best-mode, 2015 年 7 月 16 日访问。

第7章
专利程序

1 专利申请概述

1.1 申请文件

本章主要以发明专利为默认对象,介绍专利申请、复审和无效宣告等程序问题。发明专利、实用新型和外观设计专利所对应的程序安排不尽相同。必要时,请读者自行对比实用新型或外观设计专利的申请程序差异。

一项发明要获得专利法的保护,必须首先由发明人(或其他受让人)[①]向专利局提出专利申请。一份专利申请应当包含发明专利请求书、说明书及其摘要和权利要求书等文件。[②] 外观设计专利申请没有说明书和权利要求书,仅仅是专利请求书、外观设计的图片或者照片以及对该外观设计的简要说明等文件。[③] 外观设计专利的保护范围主要根据该图片或者照片确定,必要时结合该简要文字说明。

发明专利请求书记载特定专利申请的程序性信息,包括"发明或者实用新型的名称,发明人的姓名,申请人姓名或者名称、地址,以及其他事项"[④]。

专利说明书则是描述发明具体内容的技术性文件。说明书的格式已经高度八股化。专利局要求它包含如下几部分内容:"技术领域、背景技术、发明内容、附图说明、具体实施方式。"[⑤]发明人应该通过这一文件对发明"作出清楚、完整的说明,以所属技术领域的技术人员能够实现为准。"[⑥]

权利要求书是申请人提交的界定专利保护范围的核心文件。权利要求书中通常包含数个乃至数十个权利要求。每一个权利要求实际上都是在描述一项受保护的技

---

① 为了简洁起见,本章交替使用发明人、申请人、权利人等术语。未经特别说明,它们就具有相同的含义。
② 《专利法》(2008)第26条第1款。
③ 同上注,第27条第1款。
④ 同上注,第26条第2款。空白的表格,可以从知识产权局网站下载。http://www.sipo.gov.cn/bgxz,2011年8月9日访问。
⑤ 说明书中如果无附图,则可以不包含附图说明。专利局关于专利说明书格式的说明。http://www.sipo.gov.cn/bgxz,2011年8月9日访问。
⑥ 《专利法》(2008)第26条第3款。

术方案。专利法将权利要求分成两类,独立权利要求与从属权利要求。

所谓独立权利要求是指该权利要求没有引用其他权利要求,独自界定一项受保护的发明方案。对于独立权利要求,《专利法实施细则》(2010)第 21 条有明确的格式要求:

> 发明或者实用新型的独立权利要求应当包括前序部分和特征部分,按照下列规定撰写:
>
> (一)前序部分:写明要求保护的发明或者实用新型技术方案的主题名称和发明或者实用新型主题与最接近的现有技术共有的必要技术特征;
>
> (二)特征部分:使用"其特征是……"或者类似的用语,写明发明或者实用新型区别于最接近的现有技术的技术特征。这些特征和前序部分写明的特征合在一起,限定发明或者实用新型要求保护的范围。
>
> 发明或者实用新型的性质不适于用前款方式表达的,独立权利要求可以用其他方式撰写。
>
> 一项发明或者实用新型应当只有一个独立权利要求①,并写在同一发明或者实用新型的从属权利要求之前。

从属权利要求则通常会引用其他权利要求(可能是独立权利要求,也可能是其他从属权利要求),在被引用权利要求的基础上,引入新的附加技术特征(限制性特征),缩小被引用权利要求的保护范围。

独立权利要求和从属权利要求的搭配,在专利法实践上有重要意义。独立权利要求所涵盖的限制性特征最少,它所界定的范围是一项专利可能获得保护的最大范围。而从属权利要求在独立权利要求的基础上引入新的限制性特征,它所界定的保护范围肯定要比独立权利要求小。如果独立权利要求能够通过审查获得授权,则其他从属权利要求在界定保护范围上就不再有意义。不过,如果在专利无效诉讼过程中,独立权利要求不能经受考验,而被宣告无效。这时候,如果有从属权利要求,则权利人可以退而求其次,依据从属权利要求在更小的范围内主张权利。如果从属权利要求有很多层次,保护范围依次递减,则权利人可以步步为营,直到最后的也是保护范围最小的从属权利要求被无效,才算彻底失去专利权。在专利获得授权后,在无效宣告程序中,专利局仅仅许可权利人以删除或合并权利要求、删除权利要求中技术方案等有限的方式修改权利要求(参见下文),权利人不能重新撰写权利要求,因此"独立权利要求加从属权利要求"保护范围逐级递减的权利要求书撰写策略显得更为重要。如果独立权利要求过宽,而从属权利要求过窄,在独立权利要求被宣告无效后,落入独立权利要求和从属权利要求中间地带的方案进入公共领域。

1.2 申请日

发明专利的申请人在准备好申请文件之后,可以通过多种途径向专利局递交专利

---

① 特别提醒,这里并非是"一项专利申请应当只有一个独立权利要求"。

申请。如果专利局经过形式审查,认为专利申请符合专利局所规定的受理要件,则会依据受理程序给定申请日和申请号。① 《专利法》(2008)第28条规定,"国务院专利行政部门收到专利申请文件之日为申请日。如果申请文件是邮寄的,以寄出的邮戳日为申请日。"当然,专利申请必须符合专利局所规定的受理要件,专利局才会依据受理程序给定申请日。② 申请日在专利法上有重要意义。它是划定现有技术范围的时间界限,在确定权利归属、权利保护期限等方面也至关重要。

申请人提出专利申请后,就对该申请享有所谓的专利申请权。《专利法》多处条文提及专利申请权,但没有明确定义。结合条文语境,大致可以将其理解为申请人对已经提出的专利申请的处置权,这与技术成果的所有人就该技术"申请专利的权利"是不同的概念。《专利法》第10条规定,专利申请权可以转让,并规定转让时应当通过专利局进行登记和公告。

1.3 先申请原则

依据中国《专利法》,同样的发明创造只能授予一项专利权。③ "两个以上的申请人分别就同样的发明创造申请专利的,专利权授予最先申请的人。"④此即所谓的先申请原则。如果两个以上的申请人在同一日提出相同的申请,则"应当在收到国务院专利行政部门的通知后自行协商确定申请人"⑤。逾期没有答复的,视为撤回。如果协商不成,则会驳回专利申请。⑥

先申请原则有很多优点:首先,按照申请先后确定权属,避免对发明过程进行调查,比较容易操作,可以有效降低确定权属的制度成本;其次,可以促使申请人尽快公开其发明,减少重复研发的成本;最后,也让社会更早地从中获得好处(实际利用该发明或者从中获得有益启发)。不过,先申请原则可能导致率先作出发明的人却因申请动作较慢而得不到专利权,因此有失公平。一般认为先申请原则对于大企业比较有利,因为它们有足够的人力物力来及时处理专利申请事宜。小企业或个人在这一方面劣势明显,可能会发明在先但准备申请在后,从而失去专利法的保护。

相对先申请原则而言,先发明原则直觉上显得更公平一些。发明人在最先作出发明后可以比较从容地准备专利申请,而不担心别人赶在自己前面申请专利。但是,在这一制度下,确认专利权的归属常常变得非常复杂,导致很多无谓的诉讼。因此,即便在过去接受先发明原则的美国,对于在先发明人公开使用发明后申请专利也有一定的时间限制(宽限期)。美国从2013年3月16日开始(AIA法案生效日)已经正式放弃独一无二的先发明原则,采用所谓的发明人先申请制(first-inventor-to-file),在发明人之间按照申请先后来确定专利权归属。虽然一些具体的配套规则(比如宽限期、优先

---

① 具体细节,可以参考《专利审查指南》(2010)第五部分第三章"受理"第2.1—2.2节。
② 具体细节,可以参考《专利审查指南》第五部分第三章第2节2.1—2.2。
③ 《专利法》(2008)第9条第1款。
④ 同上注,第9条第2款。
⑤ 《专利法实施细则》(2010)第41条第1款。
⑥ 《专利审查指南》(2010)第6.2.1.2节,第168页。

权、公开的标准等)与中国法不尽相同,但整体原则与中国的先申请原则已经相当接近。

中国过去的《保障发明权与专利权暂行条例施行细则》(1950)第 15 条有如下规定:"二人以上有同一的发明,以申请的先后,决定其优先权;但为使发明者都得到应有的鼓励,得裁定前项发明权或专利权为共有,给予优先者以较大的比例。"这已经是一项过时的规定。不过,从中可以看出,当时中国决策者在先申请与先发明原则之间犹疑的矛盾心态。

1.4 申请的单一性

专利法要求,一件专利申请应当限于一项发明、实用新型或外观设计。[①] 此即专利申请的单一性要求。之所以设置这一要求,主要有两方面的原因:(1) 经济上,为了防止申请人只支付一件专利的费用而获得几项不同发明或者实用新型专利的保护。(2) 技术上,为了便于专利申请的分类、检索和审查。[②]

为了避免单一性要求过于僵化、过分加重申请人的负担,专利法对单一性原则作出了变通性的规定:属于一个总的发明构思的两项以上的发明或者实用新型,同一产品两项以上的相似外观设计,或者用于同一类别并且成套出售或者使用的产品的两项以上外观设计,可以作为一件申请提出。[③] 属于一个总的构思的发明的常见情形是产品、专用于制造该产品的方法、该产品的用途、实施特定方法的专门设备等发明之间互相组合的结果。[④]《专利法实施细则》第 34 条进一步规定,可以作为一件专利申请提出的属于一个总的发明构思的两项以上的发明或者实用新型,应当在技术上相互关联,包含一个或者多个相同或者相应的特定技术特征,其中特定技术特征是指每一项发明或者实用新型作为整体,对现有技术作出贡献的技术特征。"特定技术特征是专门为评定专利申请单一性而提出的一个概念,应当把它理解为体现发明对现有技术作出贡献的技术特征,也就是使发明相对于现有技术具有新颖性和创造性的技术特征,并且应当从每一项要求保护的发明的整体上考虑后加以确定。"[⑤]如果两个独立权利要求之间不存在共同的体现发明新颖性或创造性的技术特征,则不存在所谓的单一性。举例说明:假定一项申请含有三项权利要求,其中权利要求 1 由技术特征 A 和 B 组成,权利要求 2 由技术特征 B 和 C 组成,权利要求 3 由技术特征 C 和 D 组成。这时候,权利要求 1、2 和 3 之间,权利要求 1 和 3 之间,都不具备单一性,因为它们之间并不存在一项共同的技术特征。但是,权利要求 1 和 2 之间,或者,权利要求 2 和 3 之间,可能具有单一性,因为前者共享技术特征 B,后者共享技术特征 C。不过,如果 B 或者 C 特征并非体现发明新颖性或创造性的技术特征,则单一性也不存在。

[①] 《专利法》(2008) 第 31 条第 1 款。
[②] 《专利审查指南》(2010) 第二部分第六章第 2.1.1 节,第 189 页。
[③] 《专利法》(2008) 第 31 条。
[④] 具体情形可以参考《专利审查指南》(2010) 第二部分第六章第 2.2.1 节,第 191 页。
[⑤] 《专利审查指南》(2010) 第二部分第六章第 2.1.1 节,第 190 页。

如果一项申请不符合单一性的要求,包含两项以上发明、实用新型或外观设计,申请人可以在办理专利授权登记手续的期限届满之前①,申请分案。但是,专利申请已经被驳回、撤回或者视为撤回的,不能提出分案申请。②"分案的申请不得改变原申请的类别。"③分案申请可保留原申请日,但不得超出原申请记载的范围。④

一项专利申请被授权之后,就不能再以不符合单一性为由宣告该专利无效。同样,即便专利的一项独立权利要求被宣告无效,导致剩下的从属权利要求之间不具备单一性,权利人也无须再弥补这一缺陷。

1.5 PCT 申请

《专利合作条约》(Patent Cooperation Treaty, PCT)于 1970 年 6 月 19 日在华盛顿签署,于 1978 年 1 月 21 日生效。经过 1979、1984、2001 等年份的多次修改,PCT 逐步完善,程序逐步简便,受欢迎程度随之增加。⑤ 中国于 1994 年 1 月 1 日加入 PCT,国家知识产权局成为 PCT 的受理局、国际检索单位和国际初审单位。⑥

PCT 主要对国际专利申请的程序问题进行规范。依据该公约,任意缔约国的申请人可以按照公约规定的形式要件向公约确定的受理局提出国际申请,在国际申请中指定其希望获得专利权的国家(指定国)。这样,申请人就可以通过一份国际申请向多个国家提出专利申请要求。

国际申请的受理。受理局在收到国际申请后,按照 PCT 及其附属规则对国际申请的形式要件进行审查。比如,申请的资格、文件的格式、缴费情况等。⑦ 该申请至少要选定一个指定国。⑧ 受理局受理国际申请后,在一定的期限内,向世界知识产权组织(WIPO)的国际局和 PCT 确定的国际检索单位移送该国际申请的文本(其中向国际局移送的文本视为正式文本)。

国际检索。国际检索单位是特定几个国家的专利局和政府间组织的专利机构。它们是 PCT 大会在考虑到这些机构的人力、资料等因素后委任的。每一份国际申请都必须经过国际检索单位的国际检索。国际检索的目的是检索与发明主题有关的在先技术。国际检索单位须在规定的时间里完成国际检索报告,并尽快转交给专利申请人和国际局。申请人在收到检索报告后,在规定的时间里拥有向国际局提出修改专利申请和权利要求的一次机会。⑨ 当然,修改的范围不得超出国际申请先前所揭示的范

---

① 关于该授权登记期限为申请人接到授权通知后两个月。参见《专利法实施细则》(2010)第 54 条第 1 款。
② 《专利法实施细则》(2010)第 42 条第 1 款。
③ 同上注,第 42 条第 3 款。
④ 同上注,第 43 条第 1 款。
⑤ Romuald Singer, The European Patent Convention (Revised English Edition by Raph Lunzer), Sweet &Maxwell, London, 1995, p.853.
⑥ 国家知识产权局:《新专利法详解》,知识产权出版社 2001 年版,第 446—447 页。
⑦ PCT 第 11 条、第 14 条等。
⑧ PCT 第 11 条(1)iii(b)。
⑨ PCT 第 19 条。

围。国际申请和国际检索报告按照 PCT 及其附属规则,送达申请中所指定的每一个国家的专利局(指定局)。①

国际公布。国际局通常在国际申请的优先权日起满 18 个月后就对外公布该国际申请。② 申请人也可以在上述期限届满前请求国际局提前公开其专利申请。在指定国国内法律没有特殊规定的情况下,国际公布的效力与指定国国内未经审查的国内申请公布的效力是一致的。③

国际初步审查。经申请人的请求并交纳规定的费用后,由公约确定的国际初步审查单位对国际申请进行国际初步审查,并在规定的时间里完成国际初步审查报告。国际初步审查的目的是结合国际检索报告中的文件材料,对发明的新颖性、创造性和实用性提出初步的意见。此审查意见对指定局没有约束力。PCT 第 35 条第 2 款甚至直接规定初步审查报告不应对国际申请在某一特定国家的专利性问题发表意见。PCT 第 27 条第 5 款表述也很清楚,本条约的任何规定不得被解释为对成员国按照自己意志确定专利性的实质条件的自由进行任何限制。在初步审查报告定稿之前,申请人可以和审查单位进行联系,并按照规定对权利要求等进行修改。④ 国际初步审查报告将转交申请人和国际局,再由国际局送交每一指定局。

国家阶段。申请人应当在优先权日起届满 30 个月内,向每一指定局提供国际申请的文本(如果国际申请已经按照 PCT 第 20 条移送指定局,则不必要)和译文,并交付国家费用。⑤ 指定局在前述 30 个月的期限届满前,不得自动处理和审查该国际申请书。但是,如果申请人单独提出申请,则指定局可以随时处理或审查该国际申请。一般而言,申请人会在国际初步审查报告的基础上最后考虑在哪些国家启动国家阶段的专利申请程序。但这并非通例。启动国家申请程序后,申请人则依据各国的国内法申请专利。

以上仅仅对 PCT 程序作最为简要的描述,具体的细节,比如相关程序的时间期限、前后衔接关系等,不再赘述。要获得实务操作层面的知识,则需要进一步研读 PCT 及其附属规则。

PCT 的最大获益者是申请人,一种语言的申请文本可以在多个国家被视为合法申请。同时,PCT 将申请程序的期限大大延长,使得申请人有更长的时间来考虑是否在多个国家寻求专利保护,从而节省申请人早期的申请成本。申请人可以获得一份国际检索报告,基于该报告,申请人可以更好地了解自己发明所处的技术状态,并为下一步寻求合适的保护范围作准备。

---

① PCT 第 20 条。
② PCT 第 21 条(2)(a)。申请人也可以申请提前公开(第 21 条(2)(b))。
③ PCT 第 29 条。
④ PCT 第 34 条(2)(b)。
⑤ PCT 第 22 条(1)。在 2001 年 PCT 修改之前,这一期限是 20 个月。成员国也可以设置更长的期限。

各国的专利局也会从 PCT 程序中获益。过去各国专利局独自对国际申请进行检索①，重复劳动可能耗费大量人力物力。PCT 统一提供国际检索报告和初步审查报告，对专利性做初步的判断供各国专利局参考，可以在很大程度上消除重复劳动。对于那些检索能力有限的发展中国家而言，PCT 的检索报告和初步审查报告的重要性就更明显了。②

PCT 国际申请在优先权日起满 18 个月后就由国际局以原始申请文本对外出版公开，并提供英文的摘要和检索报告。这样，最新的技术信息在申请早期就得以公开，而不是要等到专利授权以后才公开。国际社会获取最新技术信息的速度大大加快。这自然会减少国际研究机构之间的重复研究工作，加快科学技术进步。③

2 专利申请的修改

中国《专利法》第 33 条规定："申请人可以对其专利申请文件进行修改，但是，对发明和实用新型专利申请文件的修改不得超出原说明书和权利要求书**记载**的范围，对外观设计专利申请文件的修改不得超出原图片或者照片**表示**的范围。"④既然修改不能超出原始的记载范围，那为什么还要许可修改呢？理论上，虽然原始的说明书或权利要求表达不够明确或规范，但是，如果经过法定程序我们能够探究明白需要修改的部分的真实含义，则补救性的修改并无必要。不过，在启动法定程序进行调查之前，公众或审查员可能会错误地理解专利权范围和并对专利权效力产生误解。许可申请人修改专利申请文件，可以提前消除这种误解，从而促进社会公益。

2.1 允许的修改

可修改的专利申请文件应涵盖说明书、摘要和权利要求。专利法对于申请文件修改的限制应该是针对与发明人的描述自己发明内容和权利要求有关的部分。发明人对于与发明内容无关的现有技术描述部分的文字修改，比如，增加或删除现有技术文献的引用，无论是否得当，通常不会对专利申请的时间利益和保护范围产生实质性影响。但这并不意味着专利局可以任意许可申请人增删现有技术描述的内容。从程序效率的角度看，即便增加这些与发明内容或保护范围无关的内容，也必然会引起审查员的关注，从而耗费审查资源。在特殊情况下，增删现有技术等看似与发明内容无关

---

① 依据《TRIPs 协议》第 29 条第 2 款，各国专利局实际上可以要求申请人提供国外申请的相关信息，但是，这仅仅限于国外专利局已经对申请进行审查并作出阶段性的决定。它依旧无法避免多国同时进行重复性的工作。

② Romuald Singer, The European Patent Convention (Revised English Edition by Raph Lunzer), Sweet &Maxwell, London, 1995, p. 853.

③ Ibid., p. 854.

④ 《专利法》(2008) 第 33 条在 2001 年修改前是这样规定的："申请人可以对其专利申请文件进行修改，但是不得超出原说明书记载的范围。"2001 年修改时，改为"申请人可以对其专利申请文件进行修改，但是，对发明和实用新型专利申请文件的修改不得超出原说明书和权利要求记载的范围"。这实际上拓宽了"修改超范围"审查的基础，对于申请人有利。

的背景内容也可能会导致熟练技术人员阅读专利申请文件时对发明内容的理解发生改变。因此,专利局对申请人的此类修改也应持限制态度。如果与公众理解发明内容无关,则很难理解为什么申请人要通过修改增加新信息。

依据《专利审查指南》,"原说明书和权利要求书记载的范围包括原说明书和权利要求书文字记载的内容和根据原说明书和权利要求书文字记载的内容以及说明书附图能直接地、毫无疑义地确定的内容。申请人在申请日提交的原说明书和权利要求书记载的范围,是审查上述修改是否符合《专利法》第33条规定的依据,申请人向专利局提交的申请文件的外文文本和优先权文件的内容,不能作为判断申请文件的修改是否符合《专利法》第33条规定的依据。"[1]《专利审查指南》对于原说明书和权利要求书记载范围的认定标准,比较严格,关键词是"直接地、毫无疑义地确定"。

《专利审查指南》许可的权利要求书修改

《专利审查指南》(2010)第二部分　第八章　实质审查程序
5. 答复和修改

5.2.2　允许的修改
5.2.2.1　对权利要求书的修改

对权利要求书的修改主要包括:通过增加或变更独立权利要求的技术特征,或者通过变更独立权利要求的主题类型或主题名称以及其相应的技术特征,来改变该独立权利要求请求保护的范围;增加或者删除一项或多项权利要求;修改独立权利要求,使其相对于最接近的现有技术重新划界;修改从属权利要求的引用部分,改正其引用关系,或者修改从属权利要求的限定部分,以清楚地限定该从属权利要求请求保护的范围。对于上述修改,只要经修改后的权利要求的技术方案已清楚地记载在原说明书和权利要求书中,就应该允许。

允许的对权利要求书的修改,包括下述各种情形:

(1) 在独立权利要求中增加技术特征,对独立权利要求作进一步的限定,以克服原独立权利要求无新颖性或创造性、缺少解决技术问题的必要技术特征、未以说明书为依据或者未清楚地限定要求专利保护的范围等缺陷。<u>只要增加了技术特征的独立权利要求所述的技术方案未超出原说明书和权利要求书记载的范围,这样的修改就应当被允许</u>。

(2) 变更独立权利要求中的技术特征,以克服原独立权利要求未以说明书为依据、未清楚地限定要求专利保护的范围或者无新颖性或创造性等缺陷。只要变更了技术特征的独立权利要求所述的技术方案未超出原说明书和权利要求书记载的范围,这种修改就应当被允许。

对于含有数值范围技术特征的权利要求中数值范围的修改,<u>只有在修改后数值范

---

[1] 《专利审查指南》(2010)第二部分第八章第5.2.1.1节,第243页。

围的两个端值在原说明书和/或权利要求书中已确实记载且修改后的数值范围在原数值范围之内的前提下,才是允许的。例如,权利要求的技术方案中,某温度为20℃~90℃,对比文件公开的技术内容与该技术方案的区别是其所公开的相应的温度范围为0℃~100℃,该文件还公开了该范围内的一个特定值40℃,因此,审查员在审查意见通知书中指出该权利要求无新颖性。如果发明专利申请的说明书或者权利要求书还记载了20℃~90℃范围内的特定值40℃、60℃和80℃,则允许申请人将权利要求中该温度范围修改成60℃~80℃或者60℃~90℃。

......

5.2.2.2 对说明书及其摘要的修改

对于说明书的修改,主要有两种情况,一种是针对说明书中本身存在的不符合专利法及其实施细则规定的缺陷作出的修改,另一种是根据修改后的权利要求书作出的适应性修改,上述两种修改只要不超出原说明书和权利要求书记载的范围,则都是允许的。

允许的说明书及其摘要的修改包括下述各种情形。

......

(3) 修改背景技术部分,使其与要求保护的主题相适应。

独立权利要求按照专利法实施细则第二十一条的规定撰写的,说明书背景技术部分应当记载与该独立权利要求前序部分所述的现有技术相关的内容,并引证反映这些背景技术的文件。如果审查员通过检索发现了比申请人在原说明书中引用的现有技术更接近所要求保护的主题的对比文件,则应当允许申请人修改说明书,将该文件的内容补入这部分,并引证该文件,同时删除描述不相关的现有技术的内容。应当指出,这种修改实际上使说明书增加了原申请的权利要求书和说明书未曾记载的内容,但由于修改仅涉及背景技术而不涉及发明本身,且增加的内容是申请日前已经公知的现有技术,因此是允许的。

......

(8) 修改最佳实施方式或者实施例。这种修改中允许增加的内容一般限于补入原实施方式或者实施例中具体内容的出处以及已记载的反映发明的有益效果数据的标准测量方法(包括所使用的标准设备、器具)。如果由检索结果得知原申请要求保护的部分主题已成为现有技术的一部分,则申请人应当将反映这部分主题的内容删除,或者明确写明其为现有技术。

......

(11) 修改由所属技术领域的技术人员能够识别出的明显错误,即语法错误、文字错误和打印错误。对这些错误的修改必须是所属技术领域的技术人员能从说明书的整体及上下文看出的唯一的正确答案。

作为一个原则,凡是对说明书(及其附图)和权利要求书作出不符合专利法第三十三条规定的修改,均是不允许的。

具体地说,如果申请的内容通过增加、改变和/或删除其中的一部分,致使所属技术领域的技术人员看到的信息与原申请记载的信息不同,而且又不能从原申请记载的信息中直接地、毫无疑义地确定,那么,这种修改就是不允许的。

这里所说的申请内容,是指原说明书(及其附图)和权利要求书记载的内容,不包括任何优先权文件的内容。

5.2.3.1 不允许的增加

不能允许的增加内容的修改,包括下述几种。

(1) 将某些不能从原说明书(包括附图)和/或权利要求书中直接明确认定的技术特征写入权利要求和/或说明书。

(2) 为使公开的发明清楚或者使权利要求完整而补入不能从原说明书(包括附图)和/或权利要求书中直接地、毫无疑义地确定的信息。

(3) 增加的内容是通过测量附图得出的尺寸参数技术特征。

(4) 引入原申请文件中未提及的附加组分,导致出现原申请没有的特殊效果。

(5) 补入了所属技术领域的技术人员不能直接从原始申请中导出的有益效果。

(6) 补入实验数据以说明发明的有益效果,和/或补入实施方式和实施例以说明在权利要求请求保护的范围内发明能够实施。

(7) 增补原说明书中未提及的附图,一般是不允许的;如果增补背景技术的附图,或者将原附图中的公知技术附图更换为最接近现有技术的附图,则应当允许。

5.2.3.2 不允许的改变

不能允许的改变内容的修改,包括下述几种。

(1) 改变权利要求中的技术特征,超出了原权利要求书和说明书记载的范围。

【例1】 原权利要求限定了一种在一边开口的唱片套。附图中也只给出了一幅三边胶接在一起、一边开口的套子视图。如果申请人后来把权利要求修改成"至少在一边开口的套子",而原说明书中又没有任何地方提到过"一个以上的边可以开口",那么,这种改变超出了原权利要求书和说明书记载的范围。

……

(2) 由不明确的内容改成明确具体的内容而引入原申请文件中没有的新的内容。

【例如】 一件有关合成高分子化合物的发明专利申请,原申请文件中只记载在"较高的温度"下进行聚合反应。当申请人看到审查员引证的一份对比文件中记载了在40℃下进行同样的聚合反应后,将原说明书中"较高的温度"改成"高于40℃的温度"。虽然"高于40℃的温度"的提法包括在"较高的温度"范围内,但是,所属技术领域的技术人员,并不能从原申请文件中理解到"较高的温度"是指"高于40℃的温度"。因此,这种修改引入了新内容。

(3) 将原申请文件中的几个分离的特征,改变成一种新的组合,而原申请文件没有明确提及这些分离的特征彼此间的关联。

(4) 改变说明书中的某些特征,使得改变后反映的技术内容不同于原申请文件记载的内容,超出了原说明书和权利要求书记载的范围。

……

【例2】 原申请文件中记载了"例如螺旋弹簧支持物"的内容,说明书经修改后改变为"弹性支持物",导致将一个具体的螺旋弹簧支持方式,扩大到一切可能的弹性支持方式,使所反映的技术内容超出了原说明书和权利要求书记载的范围。

【例3】 原申请文件中限定温度条件为10℃或者300℃,后来说明书中修改为10℃~300℃,如果根据原申请文件记载的内容不能直接地、毫无疑义地得到该温度范围,则该修改超出了原说明书和权利要求书记载的范围。

......

5.2.3.3 不允许的删除

不能允许删除某些内容的修改,包括下述几种。

(1) 从独立权利要求中删除在原申请中明确认定为发明的必要技术特征的那些技术特征,即删除在原说明书中始终作为发明的必要技术特征加以描述的那些技术特征;或者从权利要求中删除一个与说明书记载的技术方案有关的技术术语;或者从权利要求中删除在说明书中明确认定的关于具体应用范围的技术特征。

例如,将"有肋条的侧壁"改成"侧壁"。又例如,原权利要求是"用于泵的旋转轴密封……",修改后的权利要求是"旋转轴密封"。上述修改都是不允许的,因为在原说明书中找不到依据。

(2) 从说明书中删除某些内容而导致修改后的说明书超出了原说明书和权利要求书记载的范围。

例如,一件有关多层层压板的发明专利申请,其说明书中描述了几种不同的层状安排的实施方式,其中一种结构是外层为聚乙烯。如果申请人修改说明书,将外层的聚乙烯这一层去掉,那么,这种修改是不允许的。因为修改后的层压板完全不同于原来记载的层压板。

(3) 如果在原说明书和权利要求书中没有记载某特征的原数值范围的其他中间数值,而鉴于对比文件公开的内容影响发明的新颖性和创造性,或者鉴于当该特征取原数值范围的某部分时发明不可能实施,申请人采用具体"放弃"的方式,从上述原数值范围中排除该部分,使得要求保护的技术方案中的数值范围从整体上看来明显不包括该部分,由于这样的修改超出了原说明书和权利要求书记载的范围,因此除非申请人能够根据申请原始记载的内容证明该特征取被"放弃"的数值时,本发明不可能实施,或者该特征取经"放弃"后的数值时,本发明具有新颖性和创造性,否则这样的修改不能被允许。

例如,要求保护的技术方案中某一数值范围为 $X1 = 600 \sim 10000$,对比文件公开的技术内容与该技术方案的区别仅在于其所述的数值范围为 $X2 = 240 \sim 1500$,因为 $X1$ 与 $X2$ 部分重迭,故该权利要求无新颖性。申请人采用具体"放弃"的方式对 $X1$ 进行修改,排除 $X1$ 中与 $X2$ 相重迭的部分,即 $600 \sim 1500$,将要求保护的技术方案中该数值范围修改为 $X1 > 1500$ 至 $X1 = 10000$。如果申请人不能根据原始记载的内容和现有技术证明本发明在 $X1 > 1500$ 至 $X1 = 10000$ 的数值范围相对于对比文件公开的 $X2 = 240 \sim 1500$ 具有创造性,也不能证明 $X1$ 取 $600 \sim 1500$ 时,本发明不可能实施,则这样的修改不能被允许。

思考问题：

（1）假定原始的权利要求没有超出说明书记载的范围。修改权利要求时增加技术特征，总是会限缩该权利要求的保护范围。在什么情况下，这一修改会超出说明书的记载范围？

（2）上述最后一段中关于说明书中数值范围修改的例子，有道理吗？是否可以修改应该与修改后结果是否具有创造性有关吗？你认为在什么情况下，申请人可以进行上述修改？

在司法实践中，法院所采取的标准与《审查指南》的标准有些出入。最高人民法院在最近的判决中则采用所谓"可以直接、明确推导出"标准[1]，而在更早的案件中最高人民法院采用更为宽松的表述，即"所推导出的内容对于所属领域普通技术人员是显而易见"标准。[2] 后一标准在理论界引发很大的争议。它可能使得申请人通过修改能够将相对已经公开方案而言显而易见的新内容写入说明书或权利要求，具有很大的弹性或不确定性。最高人民法院后来应该是放弃了这一标准。

精工爱普生株式会社 v. 专利复审委员会等（墨盒案 II）

最高人民法院（2010）知行字第 53-1 号

金克胜、朱理、郎贵梅法官：

……

[本案诉争专利]于 2004 年 6 月 23 日授权公告、名称为"墨盒"的 00131800.4 号发明专利（以下简称本专利）。本专利是 99800780.3 号发明专利申请的分案申请，其申请日为 1999 年 5 月 18 日，最早的优先权日为 1998 年 5 月 18 日，专利权人为精工爱普生。本专利授权公告的权利要求书包括 42 项权利要求……

本院审查查明：

本专利是 99800780.3 号发明专利申请的分案申请，而 99800780.3 号发明专利申请是进入中国国家阶段的国际申请（PCT/JP99/02579）……99800780.3 号发明专利申请公开文本的权利要求书共有 75 项权利要求，其中没有出现"记忆装置"的用语；在该专利申请公开文本的说明书中，亦未出现"记忆装置"的用语。但在 PCT/JP99/02579 号国际专利申请文件的权利要求书中出现过"半導體記憶手段"的日文用语，在说明书中则分别出现过"半導體記憶手段"和"記憶手段"的用语，上述用语在 99800780.3 号发明专利申请公开文本中分别被翻译为"半导体存储装置"和"存储装置"。

2000 年 10 月 30 日，精工爱普生以 99800780.3 号发明专利申请为母案，提出了一

---

[1] 精工爱普生株式会社 v. 专利复审委员会等（墨盒案 II）最高人民法院（2010）知行字第 53-1 号。
[2] 郑亚俐 v. 专利复审委员会等（墨盒案 I）最高人民法院（2010）知行字第 53 号。

项分案申请,即本专利申请。本专利申请公开文本的权利要求书共计12项权利要求,其中权利要求6、7和8中出现了"记忆装置安装部分"的用语。

权利要求6记载:"如权利要求1所述的墨盒,还包括一形成在所述第一壁外表面上的记忆装置安装部分,所述记忆装置安装部分沿所述第一壁的宽度方向形成在大体中心的位置。"

……

2002年1月28日,精工爱普生对本专利申请进行了第三次主动修改,该次修改主要针对权利要求书,将原来的12项权利要求修改为66项权利要求。该次修改后的权利要求书中权利要求1、23、31、35、55和66为独立权利要求,均使用了"记忆装置"的用语,仅从属权利要求10、11、21、22、30、39—47、50、53中未直接出现"记忆装置"的用语;在从属权利要求19、36、37中,还同时出现了"存储装置"的用语。

[2003年5月9日,精工爱普生对申请文件进行了第四次修改,]精工爱普生将权利要求1(即第三次修改后的权利要求23)中的"记忆装置"修改为"存储装置",对于其他独立权利要求则均保留了"记忆装置"的用语。对于重新编号后的权利要求8中的"记忆装置",精工爱普生在上述意见陈述中作出了如下说明:"申请人首先希望解释,该权利要求及其后的权利要求中所述的'记忆装置'是指说明书及附图中记载的电路板及设置在其上的半导体存储装置。"

[本专利于2004年6月23获得授权。]

针对本专利权,郑亚俐于2007年6月15日向专利复审委员会提出了无效宣告请求,其理由是本专利不符合专利法第三十三条和第二十六条第四款的规定,请求宣告本专利全部无效,并提交了本专利的分案原申请99800780.3的公开说明书作为证据……

专利复审委员会认为:

1. …… 本专利权利要求1和40中的"存储装置"以及权利要求8、12和29中的"记忆装置"均由实质审查阶段修改而来。在申请日提交的PCT/JP99/02579号国际申请文件及99800780.3号发明专利申请的说明书和权利要求书中并没有"存储装置"和"记忆装置"的文字记载,而仅有"半导体存储装置"的文字记载。因此,判断本专利在实质审查阶段所进行的上述修改是否超范围的关键在于:"存储装置"和"记忆装置"是否属于可根据原说明书和权利要求书中记载的"半导体存储装置"直接且毫无疑义地确定的内容。

"存储装置"是用于保存信息数据的装置,除半导体存储装置外,其还包括磁泡存储装置、铁电存储装置等多种不同的类型。根据原说明书第1页第29—32行的记载,本发明专利是为了解决拆装墨盒时由于托架与墨盒之间存在间隙使半导体存储装置接触不好,信号可能在不适当的时候充电或施加,数据无法读出或丢失的问题。因此,包括实施例在内的整个说明书都始终在围绕着上述问题描述发明,即包括实施例在内的整个说明书都始终是针对半导体存储装置来描述发明的。同样,原权利要求书要求保护的技术方案中亦针对的是半导体存储装置,原说明书和权利要求书中均不涉及其他类型的存储装置,也不能直接且毫无疑义地得出墨盒装有其他类型的存储装置。因此,"存储装置"并非确定无疑就是原说明书和权利要求书中记载的"半导体存储装置",本领域技术人员并不能从原说明书和权利要求书记载的"半导体存储装置"直接且毫无疑义地确定出"存储装置"。同理,"记忆装置"也不能从原说明书和权利要求书记载的"半导体存储装置"直接且毫无疑义地确定。专利权人在实质审查程序中将"半导体存储装置"修改为"存储装置"或"记忆装置"超出了原说明书和权利要求书记载的范围。因此,独立权利要求1、8、12、29和40不符合专利法第三十三条的规定。

原说明书的[有下列表述:]"这是因为,打印设备必需带到厂家,并且记录控制数据的存储装置必须更换"及"其中在一个墨盒上设置了半导体存储装置和连接到存储装置的一个电极"[。不过,这]两部分内容均记载在背景技术部分中,且[前一句]("这是因为,打印设备必需带到厂家,并且记录控制数据的存储装置必须更换")针对的是现有技术中的打印设备,[后一句]("其中在一个墨盒上设置了半导体存储装置和连接到存储装置的一个电极)中的"存储装置"应当是"半导体存储装置"的简称,并非是指另外的技术特征。

本专利是针对安装有半导体存储装置的墨盒作出的改进,针对的是"半导体存储装置",而非"存储装置"和除"半导体存储装置"以外的其他存储装置。"记忆装置"本身并无"半导体存储装置"与"电路板"的组合这一含义。而且,根据本专利的权利要求书,权利要求12中记载的是"记忆装置",其从属权利要求13和14才分别对"记忆装置"作出了限定,即"所述记忆装置包括一个基片,在所述基片的一个面上设置有一个存储装置,在与所述基片的另外面上设置有多个端子""所述记忆装置包括一个基片,在所述基片的一个面上设置有一个存储装置,在与所述存储装置所在的面相同的面上设置所述多个端子"。可见,"记忆装置"并非是指"'半导体存储装置'与'电路板'的组合"。由于上述独立权利要求中所包含的超出原说明书和权利要求书记载范围的技术特征"存储装置"或"记忆装置"同样也包含在相应的从属权利要求中,因此,相应的从属权利要求也不符合专利法第三十三条的规定……据此,专利复审委员会于2008年4月15日作出第11291号决定,宣告本专利全部无效。

[北京市第一中级人民法维持专利复审委员会第11291号决定。]北京市高级人民法院认为:

确定修改是否超范围的标准在于该修改是否"超出原说明书和权利要求书记载的范围"以及是否"超出原申请公开的范围",即本领域普通技术人员在阅读了原说明书和权利要求书后,是否能够从该文件记载的内容中毫无疑义地确定所修改的内容。在判断修改是否超范围时,还要关注修改后的技术方案是否构成新的技术方案。此外,申请人在专利授权过程中的意见陈述可以作为其修改是否超范围的参考,但该意见陈述不能作为修改是否超范围唯一的判断依据。

(一)关于本专利权利要求1、40中"存储装置"的修改是否违反专利法第三十三条规定的问题

技术术语及特征的理解应当以本领域技术人员的角度,考虑该技术术语或特征所

使用的特定语境。本案中,本专利权利要求1、40中"存储装置"和权利要求8、12、29中"记忆装置"均由实质审查阶段修改而来。本专利原始公开文本中相关权利要求记载有"半导体存储装置"及"存储装置"的内容。本专利原说明书已经载明本专利所解决的技术问题在于"打印设备必需带到厂家,并且记录控制数据的存储装置必须更换",而且背景技术也记载了"其中在一个墨盒上设置了半导体存储装置和连接到存储装置的一个电极"。此外,原说明书其他部分均使用"半导体存储装置"。本领域技术人员通过阅读原权利要求书及说明书是可以毫无疑义地确定本专利申请人在说明书中是在"半导体存储装置"意义上使用"存储装置"的。另外,无论是修改前还是修改后的技术方案,"存储装置"实际上是在"半导体存储装置"意义上使用,并未形成新的技术方案,本领域技术人员也不会将其理解为新的技术方案。本专利权利人在实质审查阶段答复通知书的意见陈述书中对"存储装置"作出明确限定,即对于"存储装置",意见陈述书记载"申请人解释,'存储装置'是指图7(b)所示的'半导体存储装置61'",且原说明书第1页倒数第2段记载"其中在一个墨盒上设置了半导体存储装置和连接到存储装置的一个电极",表明"存储装置"为"半导体存储装置"的简称。

判断修改是否超范围的主体是本领域技术人员,他应当是具备专业知识背景的普通技术人员,能够理解所属领域的技术内容。"存储装置"虽然有其普遍的含义,不仅包括半导体存储装置,还包括磁泡存储装置、铁电存储装置等多种不同类型,但在本专利所属特定的打印机墨盒领域,在背景技术中已经明确其所指的为"半导体存储装置"的前提下,本领域技术人员不会将其理解为作为上位概念的"存储装置"。一审判决及第11291号决定关于"存储装置"的理解有误,予以纠正。精工爱普生关于"存储装置"的修改符合专利法第三十三条的规定的上诉主张有事实和法律依据,应予支持,专利复审委员会应当就此重新作出审查决定。

(二)关于本专利权利要求8、12、29中"记忆装置"的修改是否违反专利法第三十三条规定的问题

本专利"记忆装置"的修改虽然也是由实质审查阶段修改而来,但其不同于"存储装置"的修改。本专利原权利要求书及说明书中从未有"记忆装置"的记载,该术语系专利申请人新增加的内容。没有记载而新增加的内容不符合专利法第三十三条的规定。此外,虽然专利申请人在实质审查阶段答复通知书的意见陈述书中对"记忆装置"作出明确限定,但如上述认定,仅仅在意见陈述中作出说明不能作为允许修改的依据。据此,一审判决及第11291号决定关于"记忆装置"在原说明书和权利要求书并未记载,本领域技术人员不能从原说明书和权利要求书中明确认定"记忆装置"为"电路板及设置在其上的半导体存储装置"的认定正确。精工爱普生关于"记忆装置"的修改符合专利法第三十三条的上诉主张不能成立,予以驳回。

[北京市高院在(2009)高行终字第327号行政判决书中作出上述判决。针对这一判决,本案原审第三人郑亚俐曾向最高法院提出再审申请,其申请再审的主要理由是二审判决关于"存储装置"的修改符合专利法第三十三条规定的认定错误。最高法院再审该案,于2011年11月25日作出(2010)知行字第53号行政裁定书,驳回了郑

亚俐的再审申请。该裁定书摘录内容附在本案后面。]

[本案同样基于北京市高院上述第327号行政裁决书。不过,申请再审者是精工爱普生,而不是郑亚俐。最高法院以先前裁定书处理了"存储装置"的修改问题,而没有处理"记忆装置"的修改问题为由,反驳"一事再理"的指控。]①

精工爱普生……请求[最高法院]依法纠正[北京高院]二审判决关于本专利权利要求8、12、29中"记忆装置"的修改违反专利法第三十三条规定的结论,并在此基础上维持二审判决。其主要理由为:

(一)专利法第三十三条并不禁止专利申请人通过修改专利申请文件而使修改文本在形式上不同于修改前的原始公开文本,所禁止的是专利申请人通过修改行为引入新的技术方案或技术内容。虽然本专利权利要求8、12和29中记载的"记忆装置"属于一个在原始公开文本中没有出现过而在实审程序修改中新提出的术语,但该术语所指称的技术方案却是在原说明书及附图中已有记载的"电路板及设置在其上的半导体存储装置"。精工爱普生在实审程序的修改中提出该新术语时,已在答复审查意见通知书的意见陈述书中将"记忆装置"所指代的技术方案明确限定为原始公开文本中已记载的技术方案。在判断对"记忆装置"这个术语的修改是否超出原权利要求书和说明书记载的范围时,不应当简单地以该术语本身是否在原权利要求书和说明书中有过记载作为判断基准,而应以该术语所指代的技术方案是否超出原权利要求书和说明书所记载的技术方案的范围作为判断基准。权利要求8、12和29中的"记忆装置"虽然是在修改中引入的新术语,但并未通过引入新术语而请求保护一个在原权利要求书和说明书中没有记载过的新的技术方案。

(二)权利要求8、12和29在修改中新增加的"记忆装置"术语的含义,应当按照精工爱普生在专利审查档案中对该术语所作的限制性解释来理解。就同一项专利权而言,无论在侵权程序还是在无效程序中,对权利要求的解释标准应当是统一的。侵权程序中关于专利审查档案可以用作解释权利要求的依据,这一原则同样应当适用于专利无效程序。"记忆装置"并非本领域现有技术中已经存在的通用术语,本领域技术人员无法从现有技术中直接获知该术语的字面含义。本专利的原权利要求书和说明书均未记载有该术语,本领域技术人员亦不能从本专利说明书中直接得到该术语在本专利中的含义。精工爱普生在实审程序的修改中引入该术语时,在答复审查员的书面意见陈述中明确限定了"记忆装置"这个新增术语的具体含义,即"电路板及设置在其上的半导体存储装置"。除了上述专利审查档案,客观上并不存在可以用来解释该术语的其他事实依据。如果在本案中排除上述专利审查档案对该术语的解释作用,则会使该术语陷入无从解释且其含义不可知的境地。因此,权利要求8、12和29中记载的"记忆装置"系指"电路板及设置在其上的半导体存储装置"。

(三)在将权利要求8、12和29中记载的"记忆装置"解释为"电路板及设置在其

---

① 本书作者注:最高人民法院上述第53号行政裁决书引发很多争议,最高人民法院接受精工爱普生的再审申请,似乎是要对第53号行政裁决书引发的争议作出回应。

上的半导体存储装置"的情况下,"记忆装置"这个术语所指代的技术方案已被记载在本专利的原始公开文本中,该项修改特征不存在修改超范围的情形。本领域技术人员能够从原始公开文本的图7(a)至图7(c)、说明书第5页第1段第4行记载的"半导体存储装置61可以安装在电路板31的后面"以及第3段第1行所记载的"在如以上所述安装了半导体存储装置61的电路板31上"等项内容中,毫无疑义地得出"记忆装置"这个术语所指代的是"电路板及设置在其上的半导体存储装置",因而"记忆装置"这项修改特征实质上已记载在原始公开文本中。原始公开文本既记载了半导体存储装置和电路板这两个独立部件,也记载了将半导体存储装置安装在电路板上进行使用的技术方案。

(四)第11291号决定依据本专利授权公告文本从属专利要求13和14对"记忆装置"所作的附加限定,认定"记忆装置"并非"半导体存储装置"与"电路板"的组合,与事实不符。根据本专利授权公告文本的独立权利要求12对"记忆装置"的有关记载内容,结合其从属权利要求13和14对"记忆装置"所作出的进一步限定,进行基本的逻辑分析之后,恰恰可以印证,独立权利要求12中记载的"记忆装置",其含义就是指"电路板及设置在其上的半导体存储装置"。第11291号决定用以否定该含义的理由违反权利要求书的解读逻辑。

(五)第11291号决定以及原审判决在没有确定"记忆装置"含义的情况下,仅因该术语在原权利要求书和说明书中未曾出现过就直接认定其存在修改超范围情形,缺乏事实基础和法律依据。第11291号决定及原审判决始终没有指出应当如何理解独立权利要求8、12和29中记载的"记忆装置"术语的含义,更没有结合该术语的含义来判断其指代的技术方案是否已被记载在原权利要求书和说明书中。依据第11291号决定和原审判决,"记忆装置"术语的含义是不明确的和未知的……

在本案听证过程中,为说明"记忆装置"的含义,精工爱普生和专利复审委员会分别提交了有关网络检索材料的网页打印件。精工爱普生提交的是其于2012年10月23日在"百度百科"中分别输入"记忆装置"和"存储装置"进行词条检索的检索结果网页打印件以及在"互动百科"中输入"记忆装置"所检索到的相应词条的网页打印件,用以证明"记忆装置"一语在我国大陆地区并非通用术语,不具有通常含义。

专利复审委员会提交的是其于2012年10月24日通过网络检索到的我国台湾地区出版的"中华百科全书"中"电脑记忆系统"词条解释网页打印件、在"谷歌"搜索引擎的搜索框中输入"记忆装置"进行检索的检索结果打印件以及在"百度文库"中搜索到的日文《计算机日语词汇》相关网页的打印件,用以证明"记忆装置"在计算机领域是通用术语,与"存储装置"具有相同含义。

双方当事人对于对方提交的网页打印件的真实性均无异议,但对关联性和证明目的有异议。对于精工爱普生提交的网页打印材料,专利复审委员会认为,"百度百科"是百度公司自己建立的,其内容以网友上传为主,很多常用词条尚未创建,在"百度百科"中未检索到"记忆装置"词条并不能证明该词条不是所属领域通用术语;而"互动百科"中对"记忆装置"词条的解释恰好可以证明"记忆装置"就是常用的存储器。对于专利复审委员会提交的网页打印件,精工爱普生认为,上述材料形成时间是2012年10月24日,不能证明本专利申请日时"记忆装置"一语的使用情况;同时,上述材料均非来自我国大陆地区,不能证明"记忆装置"在我国大陆地区的使用情况。

……

[本院审查认为,本案的争议焦点在于:]……本案专利申请人是否可基于其修改在专利授权过程中得到审查员认可而享有信赖利益保护;专利授权确权程序中权利要求的解释时机与方法;本专利权利要求8、12、29中"记忆装置"的含义解释;本专利权利要求8、12、29中关于"记忆装置"的修改是否违反法律规定。

[最高法院确认,本专利原申请的优先权日早于2000年修订的专利法施行日(2001年7月1日),在判断该专利申请文件的修改是否合乎法律规定时,应适用当时施行的1992年修订的专利法及其实施细则的规定。]

……

(三)本案专利申请人是否可基于其修改在专利授权过程中得到审查员认可而享有信赖利益保护

根据1992年修订的专利法第三十三条的规定,申请人有权对发明专利申请文件进行修改,只要其修改不得超出原说明书和权利要求书记载的范围即可。同时1992年修订的专利法实施细则对修改的时机和方式作了规定。根据上述规定,是否对专利申请文件进行修改原则上是申请人的一项权利,只是该项权利的行使方式和范围受到专利法及其实施细则的限制。在主动修改的情况下,只要遵守专利法及其实施细则的相关规定,是否修改专利申请文件以及如何修改很大程度上由申请人自主决定。即使在被动修改的情况下,申请人对于如何修改仍有自主决定的权利。国家知识产权局依法行使对专利申请进行审查的职权,但并不负有也不可能负有保证专利授权正确无误的责任。申请人对其修改行为所造成的一切后果应自负其责。本案中,精工爱普生针对记忆装置的修改属于主动修改,并非应审查员的要求进行的被动修改,当然应该对其修改行为的后果自行负责。精工爱普生关于其修改行为在实审程序中已经得到审查员认可,其基于信赖该审查结论而产生的信赖利益在后续无效程序中应得到保障的主张没有法律依据,本院不予支持。

(四)关于应如何理解专利授权确权程序中权利要求的解释时机与方法对此问题,本院分析如下:

第一,关于权利要求用语含义的解释时机。权利要求由语言文字表达形成,通过记载解决技术问题的必要技术特征的方式来描述和反映发明的技术方案,清楚、简要地表述请求保护的范围。任何语言只有置于特定语境中才能得到理解。同时,基于语言表达的局限性和文字篇幅的限制,权利要求不可能对发明所涉及的全部问题表述无遗,需要通过说明书对要求保护的技术方案的技术领域、背景技术、发明内容、附图及具体实施方式等加以说明。为此,专利法明确规定了权利要求书和说明书之间的关系,要求说明书应该充分公开发明的技术方案,使得所属技术领域的技术人员能够实现;权利要求书应当以说明书为依据,清楚、简要地限定要求专利保护的范围。在专利法的上述法定要求下,说明书记载的上述内容对于理解权利要求含义更是不可或缺,两者具有法律意义上的密切关联性。说明书的上述内容构成权利要求所处的语境或者上下文,只有结合说明书的记载,才能正确理解权利要求的含义。在这一意义上,说明书乃权利要求之母,不参考说明书及其附图,仅仅通过阅读权利要求书即可正确理解权利要求及其用语的含义,在通常情况下是不可能的。权利要求的解释就是理解和确定权利要求含义的过程。在这个过程中,必须结合说明书及其附图才能正确解释权利要求。专利复审委员会关于权利要求的解释应严格把握解释时机,以权利要求不清楚或者没有明确的唯一含义为前提的主张,既违背文本解释的逻辑,又不符合权利要求解释的实践,本院无法赞同。

第二,关于专利授权确权程序中权利要求用语含义的解释方法。精工爱普生主张,无论在专利侵权程序还是在授权确权程序中,对权利要求的解释标准应当是统一的;在专利授权确权程序中,专利审查档案中当事人的意见陈述可以用作解释权利要求的依据。专利复审委员会主张,在授权确权程序中解释权利要求用语的含义时,一般应当解释为申请日时所属技术领域中通常具有的含义;说明书、附图对该技术术语另有定义或者描述的,应当根据说明书、附图对该技术术语进行解释;说明书及其附图中没有定义或者描述的,不应根据当事人的意见陈述进行解释。郑亚俐则主张,专利申请过程中的意见陈述只起过程记录和提醒作用,不能作为授权确权程序中解释权利要求术语含义的依据。可见,各方争议的核心在于,在专利授权确权程序中,应当如何解释权利要求用语的含义以及能否利用当事人的意见陈述进行解释。对此分析如下:

首先,关于专利授权确权程序与专利民事侵权程序中权利要求解释方法的一致性与差异性。无论在专利授权确权程序还是在专利民事侵权程序中,客观上都需要明确权利要求的含义及其保护范围,因而需要对权利要求进行解释。在上述两个程序中,权利要求的解释方法既存在很强的一致性,又存在一定的差异性。其一致性至少体现在如下两个方面:一是,权利要求的解释属于文本解释的一种,无论是专利授权确权程序还是专利民事侵权程序中对权利要求的解释,均需遵循文本解释的一般规则;二是,无论是专利授权确权程序还是专利民事侵权程序中对权利要求的解释,均应遵循权利要求解释的一般规则。例如均应遵循专利说明书及附图、专利审查档案等内部证据优先、专利申请人自己的解释优先等解释规则。但是,由于专利授权确权程序与专利民事侵权程序中权利要求解释的目的不同,两者在特殊的个别场合又存在一定的差异。在专利授权确权程序中,解释权利要求的目的在于通过明确权利要求的含义及其保护范围,对专利权利要求是否符合专利授权条件或者其效力如何作出判断。基于此目的,在解释权利要求用语的含义时,必须顾及专利法关于说明书应该充分公开发明的技术方案、权利要求书应当得到说明书支持、专利申请文件的修改不得超出原说明书和权利要求书记载的范围等法定要求。若说明书对该用语的含义未作特别界定,原则上应采本领域普通技术人员在阅读权利要求书、说明书和附图之后对该术语所能理解的通常含义,尽量避免利用说明书或者审查档案对该术语作不适当的限制,以便对权利要求是否符合授权条件和效力问题作出更清晰的结论,从而促使申请人修改和完善专利申请文件,提高专利授权确权质量。在专利民事侵权程序中,解释权利要求的目的在于通过明确权利要求的含义及其保护范围,对被诉侵权技术方案是否落入专利保护范围作出认定。在这一程序中,如果专利保护范围字面含义界定过宽,出现权利要求得不到说明书支持、将现有技术包含在内或者专利审查档案对该术语的含义作出过限制解释因而可能导致适用禁止反悔原则等情形时,可以利用说明书、审查档案等对保护范围予以限制,从而对被诉侵权技术方案是否落入保护范围作出更客观公正的结论。因此,专利权利要求的解释方法在专利授权确权程序与专利民事侵权程序中既有根本的一致性,又在特殊场合下体现出一定的差异性。当然,这种差异仅仅局限于个别场合,在通常情况下其解释方法和结果是一致的。

其次,关于专利授权确权程序与专利民事侵权程序中权利要求解释方法的具体差异。前述两个程序中权利要求解释方法的差异突出体现在当事人意见陈述的作用上。在专利授权确权程序中,意见陈述书是申请人与专利审查机关进行意见交换的重要形式,是专利审查档案的重要内容之一。尽管如此,在专利授权确权程序中解释权利要求时,意见陈述书的作用在特定的场合下要受到专利法明文规定的限制。例如,我国专利法规定了说明书应当对发明作出清楚完整的说明、权利要求书应当得到说明书的支持、专利申请文件的修改不得超出原说明书和权利要求书记载的范围等法定要求。在审查某项专利或者专利申请是否符合上述法定要求时,当然应该以说明书或者原说明书和权利要求书为依据,当事人意见陈述不能也不应该起到决定作用。相反,如果将当事人的意见陈述作为判断某项专利或者专利申请是否符合上述法定要求的决定性依据,则无法促使专利申请人将相关内容尽量写入说明书,专利法关于说明书应当对发明作出清楚完整的说明、权利要求书应当得到说明书的支持、专利申请文件的修改不得超出原说明书和权利要求书记载的范围等法定要求也将无法得到实现。因此,在专利授权确权程序中,申请人在审查档案中的意见陈述在通常情况下只能作为理解说明书以及权利要求书含义的参考,而不是决定性依据。而在专利民事侵权程序中解释权利要求的保护范围时,只要当事人在专利申请或者授权程序中通过意见陈述放弃了某个技术方案,一般情况下应该根据当事人的意见陈述对专利保护范围进行限缩解释。

最后,关于判断专利申请文件的修改是否超出原说明书和权利要求书记载的范围时当事人意见陈述的作用。根据1992年修订的专利法第三十三条的规定,对发明和实用新型专利申请文件的修改不得超出原说明书和权利要求书记载的范围。判断专利申请文件的修改是否符合这一规定,其基本依据是原说明书和权利要求书记载的范围。前已述及,在判断专利申请文件的修改是否超出原说明书和权利要求书记载的范围时,当事人的意见陈述在通常情况下只能作为理解说明书以及权利要求书含义的参考,而不是决定性依据。至于其参考价值的大小,则取决于该意见陈述的具体内容及其与说明书和权利要求书的关系。尤其需要注意的是,如果当事人意见陈述的内容超出了原说明书和权利要求书中记载的范围,则该意见陈述将完全丧失参考作用,不能参考该意见陈述对说明书或者权利要求书进行解释。

（五）关于本专利权利要求8、12、29中"记忆装置"的含义解释

确定本专利权利要求8、12、29中"记忆装置"的含义，是判断"记忆装置"的修改是否符合1992年修订的专利法第三十三条规定的基础和关键。对此分析如下：

第一，"记忆装置"在本专利所属技术领域的通常含义。首先，"记忆装置"在本案专利所属技术领域是否属于通用术语。我国台湾地区出版的《中华百科全书》的出版时间在本案申请日前，其对"电脑记忆系统"的解释对于确定本专利中"记忆装置"的含义具有重要参考价值。根据《中华百科全书》的解释，"记忆装置"与"存储装置"的含义基本相同。此外，虽然解释专利申请文件中术语的含义需要运用外部证据时，原则上只能参考申请日前的工具书、教科书等外部证据，但由于语言含义的形成是社会公众在持续使用中逐渐稳定化的过程，除非时间过于久远或者其他特殊原因，申请日后该术语的含义对于理解申请日前该术语的含义可以起到一定程度的佐证作用。尽管本案中"互动百科"对"记忆装置"词条的解释的形成时间尚未确定且很可能在本专利申请日后，但是一定程度上仍可以验证或者佐证结论的正确性。根据"互动百科"对"记忆装置"词条的解释，"记忆装置"在打印机领域属于通用术语，其含义与"存储装置"基本相同。这进一步佐证了《中华百科全书》的解释具有相当的可信性。其次，"记忆装置"在日文中的通常含义。尽管"百度文库"的日文《计算机日语词汇》的形成时间无法确定是否在本专利申请日前，但基于前述相同理由，该文仍可以起到一定程度的参考作用。加之本专利原申请文件系日文，更应重视日文文献的解释。根据《计算机日语词汇》的记载，日文"記憶装置"的相应英文翻译为"storage"或者"memory"，即"存储"或者"记忆"。可见，在日文中，"記憶装置"的通常含义是"存储装置"。最后，本专利原申请文件关于"记忆装置"的记载。本专利原国际申请文件中出现过"半導体記憶手段"和"記憶手段"的日文用语，在申请公开文本中"記憶手段"被翻译为"存储装置"。可见，申请人在本专利申请日时亦认为"记忆手段"意为"存储装置"。因此，可以认为，在本专利所属技术领域，"记忆装置"一词的通常含义应为"存储装置"。

第二，本专利授权文本中对"记忆装置"和"存储装置"用语的使用情况。本专利原申请文件和授权文本的说明书中均无"记忆装置"的记载，但是本专利授权文本的权利要求书既使用了"记忆装置"的用语，又同时使用了"存储装置"的用语。其中，独立权利要求1和40均单独使用了"存储装置"的用语；独立权利要求8和29及该两个独立权利要求的从属权利要求均单独使用了"记忆装置"的用语；独立权利要求12单独使用了"记忆装置"的用语，但是其从属权利要求13、14和15均又使用了"存储装置"的用语；而且，在从属权利要求13和14中，"记忆装置"和"存储装置"在一句话中同时出现。在同一权利要求中甚至在同一句话中出现两个不同的术语，应认为申请人在修改过程中刻意对该两个术语进行区分，在无其他证据表明该两个术语具有相同含义的情况下，对该两个术语的含义原则上应作不同解释。因此，本专利授权文本中权利要求8、12和29中的"记忆装置"不应解释为与"存储装置"具有同一含义。可见，基于本专利授权文本权利要求的特定情况，对于本专利授权文本权利要求8、12、29中

的"记忆装置",已经不能根据其通常含义进行解释。

第三,精工爱普生的意见陈述对于确定本专利授权文本中"记忆装置"含义的作用。本案中,精工爱普生在意见陈述中指出,"记忆装置"是指说明书及附图中记载的电路板及设置在其上的半导体存储装置。关于精工爱普生在意见陈述中的这一解释对于确定"记忆装置"的含义的作用,分析如下:首先,前已述及,申请人的意见陈述在通常情况下可以作为理解说明书以及权利要求书含义的参考,而不是决定性依据,其参考价值的大小则取决于该意见陈述的具体内容及其与说明书和权利要求书的关系。其次,从该意见陈述的内容看,精工爱普生结合说明书和附图,将"记忆装置"这一抽象概念解释为"电路板及设置在其上的半导体存储装置"这一具体概念。"记忆装置"本身并无"电路板及设置在其上的半导体存储装置"的含义,这一解释在说明书中也找不到有说服力的根据。在这种情况下,不宜将精工爱普生的意见陈述作为确定"记忆装置"含义的决定性依据。最后,该意见陈述的内容与专利授权文本的权利要求书的记载存在不和谐之处。根据本专利授权文本独立权利要求12的记载,"记忆装置"与"设于所述壳体上的端子"是相互独立的,彼此之间不存在包含关系。而独立权利要求12的从属权利要求13和14中,"记忆装置"则不仅包括基片和存储装置,还包括设于基片上的端子。可见,如果采用精工爱普生在意见陈述中对"记忆装置"的解释,将记忆装置理解为说明书及附图中记载的电路板及设置在其上的半导体存储装置,该解释虽与独立权利要求12的记载可以相互契合,但与引用独立权利要求12的从属权利要求13和14形成冲突。因此,根据本案具体情况,不宜采用精工爱普生的意见陈述作为解释本专利授权文本中"记忆装置"含义的依据。

综上,本专利权利要求8、12、29中"记忆装置"既不能解释为存储装置,又不能解释为精工爱普生在意见陈述中所谓的"电路板及设置在其上的半导体存储装置",本领域普通技术人员在客观上无法确定其含义。精工爱普生关于"记忆装置"应该根据其意见陈述对该术语所作的限制性解释来理解的申请再审理由不能成立,本院不予支持。

(六)关于本专利权利要求8、12、29中"记忆装置"的修改是否违反法律规定

1992年修订的专利法第三十三条规定:"申请人可以对其专利申请文件进行修改,但是,对发明和实用新型专利申请文件的修改不得超出原说明书和权利要求书记载的范围,对外观设计专利申请文件的修改不得超出原图片或者照片表示的范围。"根据这一规定,本院分析如下:

第一,关于"修改不得超出原说明书和权利要求书记载的范围"的理解。"原说明书和权利要求书记载的范围",应该从所属领域普通技术人员角度出发,以原说明书和权利要求书所公开的技术内容来确定。凡是原说明书和权利要求书已经披露的技术内容,都应理解为属于原说明书和权利要求书记载的范围。既要防止对记载的范围作过宽解释,乃至涵盖了申请人在原说明书和权利要求书中未公开的技术内容,又要防止对记载的范围作过窄解释,对申请人在原说明书和权利要求书中已披露的技术内容置之不顾。从这一角度出发,原说明书和权利要求书记载的范围应该包括如下内容:

一是原说明书及其附图和权利要求书以文字或者图形等明确表达的内容;二是所属领域普通技术人员通过综合原说明书及其附图和权利要求书可以直接、明确推导出的内容。与上述内容相比,如果修改后的专利申请文件未引入新的技术内容,则可认定对该专利申请文件的修改未超出原说明书和权利要求书记载的范围。

第二,关于本案"记忆装置"的修改是否违反专利法第三十三条的规定的具体判断……在本专利申请过程中,精工爱普生在分案申请中通过主动修改的方式引入了"记忆装置"的这一新术语。这一新术语在专利说明书中并未作特别限定,其所指代的技术内容在原申请文件中无法确定,既不能理解为原申请文件中提及的存储装置,又不能理解为精工爱普生在意见陈述中所谓的"电路板及设置在其上的半导体存储装置"。可见,修改后授权文本中"记忆装置"的内容既非原申请文件明确表达的内容,又非本领域普通技术人员在阅读原申请文件后通过综合原说明书及其附图和权利要求书可以直接、明确推导出来的内容。因此,关于"记忆装置"的修改违反了1992年修订的专利法三十三条的规定。精工爱普生的相应申请再审理由不能成立,本院不予支持。(2013.9.23)

郑亚俐 v. 专利复审委员会等(墨盒案 I)

最高人民法院(2010)知行字第 53 号

郃中林、朱理、秦元明法官:

[案件基本事实同墨盒案 II。]

……

(二)本专利权利要求 1 和 40 中关于"存储装置"的修改是否违反专利法第三十三条的规定

专利法第三十三条规定:"申请人可以对其专利申请文件进行修改,但是,对发明和实用新型专利申请文件的修改不得超出原说明书和权利要求书记载的范围,对外观设计专利申请文件的修改不得超出原图片或者照片表示的范围。"判断本专利权利要求 1 和 40 中关于"存储装置"的修改是否违反专利法第三十三条的规定,需要正确理解专利法第三十三条的含义。

第一,关于专利法第三十三条的立法目的。正确理解专利法第三十三条的含义,需要结合该条的立法目的。专利法第三十三条包括两层含义:一是允许申请人对专利申请文件进行修改,二是对专利申请文件的修改进行限制。

之所以允许申请人对专利申请文件进行修改,其主要理由在于:一是申请人的表达和认知能力的局限性。申请人将自己抽象的技术构思形诸于语言文字,体现为具体的技术方案时,由于语言表达的局限,往往有词不达意或者言不尽意之处。同时,申请人在撰写专利申请文件时,由于对现有技术以及发明创造等的认知局限,可能错误理解发明创造。在专利申请过程中,随着对现有技术和发明创造等的理解程度的提高,特别是审查员发出审查意见通知书之后,申请人往往需要根据对发明创造和现有技术的新的理解对权利要求书和说明书进行修正。二是提高专利申请文件质量的要求。专利申请文件是向公众传递专利信息的重要载体,为了便于公众理解和运用发明创造,促进发明创造成果的运用和传播,客观上需要通过修改提高专利申请文件的准确性。

在允许申请人对专利申请文件进行修改的同时,专利法第三十三条也对专利申请文件的修改进行了限制,即发明和实用新型专利申请文件的修改不得超出原说明书和权利要求书记载的范围。这一限制的理由在于:一是通过将修改限制在原说明书和权利要求书记载的范围之内,促使申请人在申请阶段充分公开其发明,保证授权程序顺利开展。二是防止申请人将申请时未完成的发明内容随后补入专利申请文件中,从而就该部分发明内容不正当地取得先申请的利益,保证先申请原则的实现。三是保障社会公众对专利信息的信赖,避免给信赖原申请文件并以此开展行动的第三人造成不必要的损害。可见,专利法第三十三条的立法目的在于实现专利申请人的利益与社会公众利益之间的平衡,一方面使申请人拥有修改和补正专利申请文件的机会,尽可能保证真正有创造性的发明创造能够取得授权和获得保护,另一方面又防止申请人对其在申请日时未公开的发明内容获得不正当利益,损害社会公众对原专利申请文件的信赖。对专利法第三十三条含义的理解,必须符合这一立法目的。

第二,关于"修改不得超出原说明书和权利要求书记载的范围"的理解。基于前述立法目的,对于"原说明书和权利要求书记载的范围",应该从所属领域普通技术人员角度出发,以原说明书和权利要求书所公开的技术内容来确定。凡是原说明书和权利要求书已经披露的技术内容,都应理解为属于原说明书和权利要求书记载的范围。既要防止对记载的范围作过宽解释,乃至涵盖了申请人在原说明书和权利要求书中未公开的技术内容,又要防止对记载的范围作过窄解释,对申请人在原说明书和权利要求书中已披露的技术内容置之不顾。从这一角度出发,原说明书和权利要求书记载的范围应该包括如下内容:一是原说明书及其附图和权利要求书以文字或者图形等明确表达的内容;<u>二是所属领域普通技术人员通过综合原说明书及其附图和权利要求书可以直接、明确推导出的内容。只要所推导出的内容对于所属领域普通技术人员是显而易见的</u>,就可认定该内容属于原说明书和权利要求书记载的范围。与上述内容相比,如果修改后的专利申请文件未引入新的技术内容,则可认定对该专利申请文件的修改未超出原说明书和权利要求书记载的范围。由此可见,判断对专利申请文件的修改是否超出原说明书和权利要求书记载的范围,不仅应考虑原说明书及其附图和权利要求书以文字或者图形表达的内容,<u>还应考虑所属领域普通技术人员综合上述内容后显而易见的内容。在这个过程中,不能仅仅注重前者,对修改前后的文字进行字面对比即轻易得出结论</u>;也不能对后者作机械理解,将所属领域普通技术人员可以直接、明确推导出的内容理解为数理逻辑上唯一确定的内容。

第三,关于本案"存储装置"的修改是否违反专利法第三十三条的规定的具体判断。专利法第三十三条所称的原说明书和权利要求书是指申请日提交的说明书和权利要求书……根据PCT/JP99/02579号国际申请及其中文翻译件(99800780.3号发明专利申请公开说明书)的记载,既改善油墨特性又改善打印头的驱动方法可以提高打印设备的打印质量,但是这个成果难以应用到从厂家运输的打印设备上,因为打印设备必须带到厂家,而且记录控制数据的存储装置必须更换。为此,现有技术提出了在墨盒上设置半导体存储装置和连接到它的一个电极,同时在打印设备的主体上设置一组电极,读出存储在半导体存储装置中的数据,并且按照这些数据控制记录操作的技术方案。由于该打印设备存在接触不好、数据丢失等技术问题,本专利申请提出在墨盒侧壁安装电路板,电路板外面设置触点,触点可以连接到外部控制装置,从而实现外部控制装置通过触点访问半导体存储装置的技术效果。对所属领域普通技术人员而言,通过综合该原始专利申请公开说明书、权利要求书和附图,很容易联想到可以用其他存储装置替换半导体存储装置,并推导出该技术方案同样可以应用于使用非半导体存储装置的墨盒。精工爱普生在提出分案申请时主动将原权利要求书中的"半导体存储装置"修改为"存储装置"。<u>修改后,新的独立权利要求1和40与所属领域普通技术人员综合该原始专利申请公开说明书、权利要求书和附图的记载能够直接、明确推导出的内容相比,并未引入新的技术内容。</u>因此,关于本专利独立权利要求1和40中"存储装置"的修改并未超出原专利申请文件记载的范围,符合专利法第三十三条的规定。

(三) 专利申请文件的修改限制与专利保护范围的关系

申请再审人认为,本专利的修改因扩大了保护范围应予无效。这涉及到专利申请文件的修改限制与专利保护范围的关系。

专利法实施细则第五十一条规定,发明专利申请人在提出实质审查请求时以及在收到国务院专利行政部门发出的发明专利申请进入实质审查阶段通知书之日起的3个月内,可以对发明专利申请主动提出修改。实用新型或者外观设计专利申请人自申请日起2个月内,可以对实用新型或者外观设计专利申请主动提出修改。申请人在收到国务院专利行政部门发出的审查意见通知书后对专利申请文件进行修改的,应当按照通知书的要求进行修改。专利法实施细则第六十条规定,请求人在提出复审请求或者在对专利复审委员会的复审通知书作出答复时,可以修改专利申请文件;但是,修改应当仅限于消除驳回决定或者复审通知书指出的缺陷。专利法实施细则第六十八条规定,在无效宣告请求的审查过程中,发明或者实用新型专利的专利权人可以修改其权利要求书,但是不得扩大原专利的保护范围。发明或者实用新型专利的专利权人不得修改专利说明书和附图,外观设计专利的专利权人不得修改图片、照片和简要说明。专利法第五十六条第一款规定,发明或者实用新型专利权的保护范围以其权利要求的内容为准,说明书及附图可以用于解释权利要求。根据上述规定,结合专利法第三十三条的规定,可知专利申请文件的修改限制与专利保护范围之间既存在一定的联系,又具有明显差异。其主要差异在于,专利申请文件的修改以原说明书和权利要求书记载的范围为界,其记载的范围越广,披露的技术内容越多,允许的修改范围就越大,而发明或者实用新型专利权的保护范围以其权利要求的内容为准,说明书及附图可以用于解释权利要求,其权利要求记载的技术特征越多,其保护范围就越小。

同时,专利申请人根据专利法实施细则第五十一条的规定进行主动修改时,只要不超出原说明书和权利要求书记载的范围,在修改原权利要求书时既可以扩大其请求保护的范围,也可以缩小其请求保护的范围。专利申请文件的修改限制与专利保护范围的联系在于,根据专利法实施细则第六十八条的规定,在无效宣告请求的审查过程中,发明或者实用新型专利的专利权人修改其权利要求书时要受原专利的保护范围的限制,不得扩大原专利的保护范围。本案中,精工爱普生对原权利要求书中的"半导体存储装置"的修改发生于提出分案申请之时,并非无效宣告请求审查之时,相应的修改是否合法与原专利申请文件请求保护的范围没有关联性。申请再审人有关本专利的修改因扩大了保护范围应予无效的申请再审理由不能成立,不予支持。

思考问题:

(1) 北京高院认为,"确定修改是否超范围的标准在于该修改是否'超出原说明书和权利要求书记载的范围'以及是否'超出原申请公开的范围',即本领域普通技术人员在阅读了原说明书和权利要求书后,<u>是否能够从该文件记载的内容中毫无疑义地确定所修改的内容</u>。"在墨盒案 I 中,最高人民法院认为,原始说明书和权利要求所涵盖的范围应包括"<u>直接、明确推导出的内容</u>"。在判断修改是否超范围时,"<u>还应考虑所属领域普通技术人员综合上述内容后显而易见的内容。在这个过程中,不能仅仅注重前者,对修改前后的文字进行字面对比即轻易得出结论</u>"。在墨盒案 II 中,最高人民法院再次强调"直接、明确推导出的内容"标准,但是没有再重复"显而易见的内容"标准。最高人民法院在这两个案子中的标准有什么区别?"明确推导"与"显而易见"的差别在哪?最高人民法院的标准与北京高院的标准有差别吗?

(2) 在判断修改权利要求中的术语是否"超出原说明书记载的范围"时,权利要求术语的含义究竟是依据熟练技术人员阅读说明书和权利要求书后所理解的含义,还是要依据该术语本来的最宽泛意义上的范围?以本案为例,假定熟练技术人员阅读说明书后,认为权利要求中的术语"存储装置"应该是指"半导体存储装置",但说明书也没有完全排除包涵其他类型存储装置的可能性。这时候,审查员应该许可该修改吗?想象一下,在侵权诉讼中,如果说明书仅仅提到"半导体存储装置",而权利要求书中采用的则是"存储装置",这时候如何解释该"存储装置"的范围?这一问题与你思考专利审查过程中的修改超范围问题有关吗?

(3) 在专利申请程序中,许可申请人修改权利要求以涵盖那些在熟练技术人员基于说明书或原始权利要求看来"显而易见"的内容,有什么负面后果吗?会事实上拓宽专利权的保护范围吗?

(4) 申请人最初撰写权利要求时,能够使之涵盖那些说明书中没有直接公开,但是相对说明书公开方案而言显而易见的内容吗?申请人最初的选择与修改时的选择应该有差别吗?

(5) 最高人民法院认为,在审查程序中确定权利要求中相关术语的含义与在侵权诉讼中确定该术语的含义,在解释方法方面有些差别,但表述得不够明确。有意见认为,在审查程序中,应该按照相关术语最大可能的含义范围(前提是以申请文件为基础)加以解释;而在侵权诉讼中对权利要求的解释则应该朝着发明能够获得专利授权的方向加以解释。你觉得有道理吗?

曾关生 v. 专利复审委员会

最高人民法院(2011)知行字第 54 号

王胜俊院长:

北京市第一中级人民法院审理查明,2000 年 9 月 8 日,曾关生向国家知识产权局提出了名称为"一种既可外用又可内服的矿物类中药"的涉案专利申请。2009 年 1 月 9 日,国家知识产权局以曾关生对说明书和权利要求书的修改不符合《中华人民共和国专利法》(2000 年修正)(以下简称专利法)第三十三条的规定为由,驳回了涉案专利申请。曾关生不服该驳回决定,向专利复审委员会提出复审请求。2009 年 12 月 9 日,专利复审委员会作出第 20574 号决定,维持国家知识产权局作出的驳回决定。

北京市第一中级人民法院认为,曾关生在其于 2009 年 8 月 13 日提交的权利要求书和说明书的修改替换页中,将配方中的水银、明矾、牙硝、硼砂分别由八两、八两、十两、五分修改为 240 g、240 g、300—330 g、1.5 g,这种修改导致专利申请文件中的内容前后不一致,本领域技术人员也不能从原始申请文件中直接地、毫无疑义地确定修改前后的内容是相同的,构成修改超范围。据此判决:维持第 20574 号决定。

曾关生不服该一审判决,向北京市高级人民提起上诉……北京市高级人民法院认为,目前"两"与"g"的换算关系为一两合 50 g,我国旧制也有一两合 31.25 g 的换算方式,但涉案专利申请原说明书中并没有明确所述的"两"采用的是新制还是旧制,因此,从原申请文件中不能唯一确定涉案专利申请中所用的"两"为旧制。即使能够确定曾关生所采用的是旧制的"两",曾关生提交的证据表明"一两 = 31.25 g(换算时尾数可以舍去)",在尾数可以舍去,也可以不舍去的情况下,旧制的一两也不必然等于 30 g。曾关生所提交的证据中虽然有部分证据采用了一两等于 30 g 的尾数省略法,但涉案专利申请是否采用的是与之相同的尾数省略法,原始说明书和权利要求书中并没有记载。因此,曾关生对涉案专利申请的权利要求书和说明书进行修改时所使用的换算方式无法从原始申请文件中找到依据,或者从现有技术中明确地、毫无疑义地找到依据,致使修改前后的专利申请文件中的内容不能对应。据此判决:驳回上诉,维持原判。

本院审查查明以下事实:

(一)涉案专利申请公开说明书中记载的有关事实

涉案专利申请公开说明书中记载:"炼丹术在我国已有两千多年的历史,……至明代陈实功《外科正宗》中对其丹药之组方,炼制及临床应用等有较详细的论述,为祖国医药应用化学药品奠定了基础。但是,时至今日,世界上均认为丹药对心、肾、脑等内脏组织有较强的毒性,只能外用,不可内服。其实,我们的炼丹家早已掌握了炼丹术的精髓所在,他所炼的丹药可以口服,而且对心、肾等内脏组织疾病,有意想不到的治疗作用,只不过是秘而不露的已。我有幸获得了部分炼丹术的精髓所在,经过最近几年的反复炼丹实践,终于完全掌握了古人的秘密。""该中药与传统的三仙丹相比有如下优点:由于该中药配方中加入了硼砂,从而改变了三仙丹的药性,……提高了临床用三仙丹治病的疗效,扩大了治病的范围。"

(二)国家知识产权局相关审查意见通知书中记载的有关内容

在涉案专利申请的实质审查过程中,国家知识产权局于2004年8月6日向曾关生发出第二次审查意见通知书。通知书指出:"此外'水银八两……'属于未使用本领域的标准国际计量单位"。

2008年7月11日,国家知识产权局向曾关生发出第六次审查意见通知书。通知书指出:"为加快审查程序,建议申请人作如下修改:一、为避免修改超范围,请将说明书恢复至原始的说明书文本。二、权利要求:1. 治疗肾病的矿物中药,由水银240 g,明矾240 g,硝石300—330 g和硼砂1.5 g经如下工艺制成:(原始文本具体工艺)。"

(三)涉案专利申请日之前相关命令、文件中记载的有关内容

1959年6月25日发布的《中华人民共和国国务院关于统一我国计量制度的命令》中记载:"市制原定16两为一斤,因为折算麻烦,应当一律改成10两为一斤;……中药处方用药,为了防止计算差错,可以继续使用原有的计量单位,不予改革。"

1977年4月5日下发的《国务院批转国家标准计量局等单位关于改革中医处方用药计量单位的请示报告》中记载:"目前,医院和药店进货,用十两为一斤的市制;大多数地区的中医处方、中药零售和中成药生产投料,用十六两为一斤的旧制。""经这次会议讨论,大家一致同意将中医处方用药现用的十六两为一斤的旧制改为米制,计量单位用'克'、'毫克''升''毫升'。""……中药计量单位的换算,按十两为一斤的市制的'一钱'等于'5 g';十六两为一斤的旧制的'一钱'等于'3 g',尾数不记。""国务院批准改革后,新出版的和修订再版的中医中药书刊、药典、规范和教材,一律采用米制计量单位。"

(四)涉案专利申请日之前相关科技文献中记载的有关内容

1998年5月印刷的《方剂学》第17页"古方药量考证"中记载:"由于历代度量衡制度的改变和地区的不同,所以古今用量差别很大,计量单位的名称亦不一致。……及至宋代,遂立两、钱、分、厘之目,即十厘为一分,十分为一钱,十钱为一两,十六两为一斤。元、明以及清代,沿用宋制,很少变异。""根据国务院的指示,从1979年1月1日起,全国中药处方用药计量单位一律采用'g'为单位的公制。兹附十六进制与公制计量单位换算率如下:一斤(16两) = 0.5 kg = 500 g;一两 = 31.25 g;一钱 = 3.125 g……(注:换算时尾数可以舍去)。"

1989年4月印刷的《中药学》第13页5.3"剂量"中记载:"明清以来,采用16进制,即1斤=16两=160钱。现在我国对中药生药计量采用公制,即1 kg=1000 g。为了处方和配药特别是古方的配用需要进行换算时的方便,按规定以下的近似值进行计算:一两(十六进制) = 30 g;一钱 = 3 g。"

1995年10月印刷的《矿物本草》中记载了三仙丹(《疡医大全》)的配方及采集炮制方法。1987年10月印刷的《中药药剂学》中引述了包括《疡医大全》以及涉案专利申请说明书中提及的《外科正宗》在内的有关医学文献中记载的三仙丹的配方。从上述文献记载的相关配方的计量单位来看,均系采用"一两＝30g"的换算关系。

本院认为,本案焦点在于:1. 曾关生对涉案专利申请文件的修改是否超出原始说明书和权利要求书记载的范围。2. 曾关生向本院提交的有关证据是否应当采纳。

(一)关于曾关生对涉案专利申请文件的修改是否超出原始说明书和权利要求书记载的范围

在审查专利申请人对专利申请文件的修改是否超出原始说明书和权利要求书记载的范围时,应当充分考虑专利申请所属技术领域的特点,不能脱离本领域技术人员的知识水平。就一般情况而言,虽然"两"与"g"的换算关系确实存在新、旧制的不同,但是从本院查明的相关事实来看,在传统中药配方尤其是古方技术领域中,在进行"两"与"g"的换算时均是遵循"一斤＝十六两"的旧制。根据涉案专利申请说明书记载的有关内容,涉案专利申请系在古方三仙丹的配方的基础上改进而成,因此,虽然说明书中没有明确记载"两"与"g"的换算是采用何种换算关系,但本领域技术人员结合涉案专利申请的背景技术、发明内容以及本领域的常识,均能够确定在涉案专利申请中"两"与"g"的换算应当采用旧制,不应当采用"一斤＝十两"的新制。

根据《国务院批转国家标准计量局等单位关于改革中医处方用药计量单位的请示报告》的规定,在以旧制进行"钱"与"g"的换算时,旧制的"一钱"等于"3g"。由于旧制中"一两＝十钱",因此,在依据旧制进行换算时,旧制的一两显然应当换算为30g。从《中药学》《矿物本草》《中药药剂学》等教科书、技术手册中记载的相关内容来看,亦均是采用"一两＝30g"的换算关系。因此,对于《方剂学》中所称的"换算时尾数可以舍去",本领域技术人员应当理解此处所指的尾数是指"31.25g"中的"1.25",即采用"一两＝30g"的换算关系。专利复审委员会虽主张实践中还存在以其他方式舍去尾数的情形,但并没有提供证据予以证明,因此,对于专利复审委员会的主张,本院不予支持。

应当指出的是,即使在以旧制进行换算时还存在以其他方式舍去尾数,或者不舍去尾数的情形,亦应认识到这种尾数省略方式的不唯一性是由于中药配方领域的技术特点所决定的。不同的省略方式之间仅有细微区别,采用不同的省略方式并不会导致技术方案发生实质性的改变。在实践中,本领域技术人员可以根据具体的情况和要求,选择特定的尾数省略方式,而且一旦选择了特定的省略方式,本领域技术人员即会在一项中药配方中予以统一适用,不会也不应出现在同一配方中适用不同省略方式的情形。因此,在旧制的基础上选择不同的尾数省略方式,均属于本领域技术人员能够直接、毫无疑义地确定的内容,并不会引入新的技术内容,损害社会公众的利益;亦不会出现专利复审委员会所担心的"有可能实质上改变本发明的技术方案,将不能实施的技术方案改为可以实施的技术方案"的情形。

事实上,在涉案专利申请的实质审查程序中,国家知识产权局曾先后在第二、六次审查意见通知书中就涉案专利申请文件的修改给出了明确指引,其中第二次审查意见通知书中指出"'水银八两……'属于未使用本领域的标准国际计量单位",明确要求曾关生对计量单位"两"进行修改;第六次审查意见通知书则对曾关生采用"一两 = 30 g"的换算关系明确予以认可。

第 20574 号决定以及一、二审判决既未能充分考虑涉案专利申请的技术领域特点和本领域技术人员应当具有的知识水平,也未能充分考虑曾关生对涉案专利申请进行相应修改的缘由以及相应修改方式已获国家知识产权局认可的事实,在相关审查意见通知书的意见并无明显不当的情况下,认定曾关生对涉案专利申请文件的修改超出原始说明书和权利要求书记载的范围,认定事实和适用法律均有错误。

……

思考问题:

(1) 申请人接受审查员的指引进行修改这一事实,在何种意义上或多大程度上帮助申请人对抗他人提出的"修改超范围"指控?假定最后证明,原始申请文件中并没有"舍了尾数"的披露,导致修改超范围,专利局需要承担责任吗?

(2) 法院说,"在旧制的基础上选择不同的尾数省略方式,均属于本领域技术人员能够直接、毫无疑义地确定的内容"。尾数可以舍也可以不舍,这应该是熟练技术人员人所共知的做法。问题是,通过阅读专利申请文件,能够"直接、毫无疑义地确定"申请人最初想过"舍了尾数"还是"没舍"吗?如果没有说"舍了尾数",那合理的推论应该是什么?

(3) 假如熟练技术人员确信本案配方中成分含量"舍和不舍尾数都无所谓",这意味着申请人在修改计量单位时,无论选择舍或不舍,修改都不超范围吗?

2.2 修改的时机

实践中,专利局对于申请人主动修改申请文件的时机有明确的限制:

对于发明专利申请,申请人"在提出实质审查请求时以及在收到国务院专利行政部门发出的发明专利申请进入实质审查阶段通知书之日起的 3 个月内,可以对发明专利申请主动提出修改"[①]。从减低成本的角度看,将主动修改与实质审查关联是合理的选择。在这两次修改机会中,申请人有较大的自由度,只要没有超出原始的记载范围,可以重新撰写权利要求。对于实用新型和外观设计,由于没有实质审查这一环节,所以主动修改只有一个时间限制——"自申请日起 2 个月内"。[②]

除了主动的修改之外,申请人更多的可能是被动的修改。即,申请人因应审查员或复审委员会的要而被动地修改申请文件。首先,申请人在收到专利局的实质审查意见后,可以根据该审查意见对申请进行修改。[③] 这时候,申请人不能主动修改审查意

[①] 《专利法实施细则》(2010)第 51 条第 1 款。
[②] 《专利法实施细则》(2010)第 51 条第 2 款。
[③] 《专利法》(2008)第 33 条。

见未指出的其他内容。① 有限的例外是,"经修改的文件消除了原申请文件存在的缺陷,并且具有被授权的前景,这种修改就可以被视为是针对通知书指出的缺陷进行的修改,因而经此修改的申请文件可以接受"②。这些例外的情形下,申请人并不能扩大权利要求的范围,或增加新的从属权利要求。③ 其次,申请人还可以在复审环节针对审查员的驳回决定或复审通知书的意见对申请进行修改。不过,这时"修改应当仅限于消除驳回决定或者复审通知书指出的缺陷"④。最后,权利人在专利无效宣告程序中,也可以以非常有限的方式修改其权利要求书,比如删除、合并权利要求。但是,这时权利人已经不能修改专利说明书及附图了。外观设计的权利人则没有修改机会。⑤

针对现有的修改限制,有专利律师认为它妨碍申请人根据进入实质审查阶段的形势变化,并参考第一次审查意见,主动对申请文件进行修改。因此,有代理人建议应该取消这一限制,许可申请人在收到第一次审查意见之前和答复第一次审查意见时,都可以主动对申请文件进行修改(前提是不妨碍正常的审查工作)。这样可以避免审查员审查申请人无意继续维持的权利要求书,也使得申请人可以根据形势修正权利要求。另外,如果后续的审查意见引述了新的在先文献,也应该许可申请人主动修改权利要求。⑥ 你觉得这样的建议有道理吗?

2.3 对比无效程序中的修改

《专利审查指南》对于无效宣告程序中权利要求的修改有严格限制,禁止权利人通过修改拓宽专利权的保护范围。这与申请程序中的权利要求修改有显著差别。授权前,申请人只要保证修改后的技术方案能够被原始申请文件充分公开就可以了,即便比原始权利要求扩大保护范围,也不存在法律障碍。无效宣告程序中限制修改,可以促使申请人尽可能认真地对待申请过程中的权利要求撰写,尽可能在授权前就争取足够宽并且合理的权利要求范围,而不要指望授权后拓宽权利要求重启专利审查程序,降低专利局的审查效率。同时,这一规则也能够最大限度地保护社会公众对于授权专利的保护范围的预期,不用当心权利人事后拓宽保护范围,威胁到自己的行动自由。当然,专利法区别对待专利申请程序和无效程序中的权利要求书的修改,是一种政策性的选择,而非逻辑的必然要求。专利授权后,如果决策者愿意,许可权利人自由修改权利要求,重新启动实质审查程序也是可能的选项。后文将有进一步的讨论。

2.4 "修改超范围"与充分公开

如前所述,专利法上的充分公开要求源自该法第 26 条第 3 款和第 4 款:"说明书应当对发明或者实用新型作出清楚、完整的说明,以所属技术领域的技术人员能够实

---

① 《专利审查指南》(2010)第二部分第八章第 5.2.1.2 节。
② 同上。
③ 具体细节,参考《专利审查指南》(2010)第二部分第八章第 5.2.1.2 节,第 244 页。
④ 《专利法实施细则》(2010)第 61 条第 1 款。
⑤ 同上注,第 69 条。
⑥ 李翔:《对专利申请文件修改规定的一些思考》,载《中国发明与专利》2009 年第 9 期,第 60 页。

现为准……""权利要求书应当以说明书为依据,清楚、简要地限定要求专利保护的范围。"

对专利申请修改的限制源自专利法第33条:"申请人可以对其专利申请文件进行修改,但是,对发明和实用新型专利申请文件的修改不得超出原说明书和权利要求书记载的范围,对外观设计专利申请文件的修改不得超出原图片或者照片表示的范围。"

充分公开的要求是要保证权利要求所描述的发明方案能够为熟练技术人员所实现。这一要求更多关注的是权利要求和说明书之间的关系。申请人主张申请文件已"充分公开"权利要求中的发明时,实际上是在宣称说明书的文本的实际含义很清楚,无须添加诉争的文字说明,熟练技术人员无需复杂实验就能够实现该发明。而申请修改限制是为了防止申请人事后将新的内容加入申请,而沿用先前的申请日。这一限制所关注的是修改前后的两份申请之间的关系。后者同样主张申请的文本的实际含义很清楚,添加诉争文字不过是使之更明确。

在中国的司法实践中,法院对专利申请修改限制采用下列标准:如果熟练技术人员基于先前申请能够"毫无疑义地确定"(北京高院)或"直接、明确推导出"(最高人民法院)修改后的内容,则申请人可以在修改申请时加入该内容。显然,这里并不能接受要经过简单实验验证才能确定的内容。在这一意义上,充分公开与申请修改限制所采用的判断标准并不完全一致。

3 专利审查

3.1 专利审查概述

3.1.1 审查制与登记制的对比

专利授权机制大致有审查制和登记制两种。所谓审查制,是指专利局在授予专利权之前,对专利申请进行实质审查,确认申请的技术方案满足专利法的要求之后,才授予专利权。中国对发明专利申请实行审查制。所谓登记制,是指专利局事先并不对专利申请进行实质审查,只要申请人提交了符合形式要求的专利申请,专利局就直接登记并授予专利权。中国对实用新型和外观设计就实行登记制。

两种授权制度各有优缺点,有不同的适用范围。审查制的优点是经过这一程序产生的专利权的可靠性较大,权利人和社会公众能够在此之上建立合理的预期。缺点是这一程序费时费力,会实质性地延缓发明获得专利保护的时间,同时也耗费申请人和专利局的大量资源。对照发明专利商业化比例很低这一事实,审查制所造成的资源浪费就显得非常突出。总体而言,审查制适用于那些可替代性较低、相对重要的发明专利申请。在这种情况下,社会对发明专利权利状态的确定性有较高要求,因而能够容忍相对较高的审查成本。

登记制的优缺点正好与审查制相反。在登记制下,申请人和专利局无须花费过多的资源用于专利的事先审查。只有在实际交易或者纠纷出现之后,相关主体才会认真检索以确认该专利权权利状态。出现此类交易或纠纷的专利仅仅占实际专利申请的很小一部分。因此,登记制所节省的资源是非常可观的。同时,登记制使得申请人能够在较短时间内就获得专利授权,从而及时获得保护。登记制节省成本,自然会有负面影响——专利权的效力极度不可靠,权利人和社会公众难易建立合理预期。因此,登记制适合那些可替代性较大、数量较多而价值相对较小的专利申请。

3.1.2 初步审查

专利局在收到专利申请后,首先对其进行初步审查。[1] 依据《专利法实施细则》(2010)第44条,以发明专利的初步审查为例(其他类型申请略有不同),专利局审查的主要内容如下:

(1) 申请文件是否齐备、是否符合格式要求(专利法第26、27条,专利法实施细则第2条、第3条第1款、第16、17—21条);

(2) 发明主题是否明显属于违法或违反公德的发明(专利法第5条)和法定排除的客体(专利法第25条),或者是否明显不属于专利法意义上的发明(专利法第2条第2款);

(3) 外国的申请人的主体资格或其委托代理人的资格是否存在问题(专利法第18条、第19条第1款);

(4) 申请人向境外申请专利是否履行了保密审查的手续(专利法第20条第1款);

(5) 涉及遗传资源的专利申请是否履行了披露手续(专利法第26条第5款、专利法实施细则第26条第2款);

(6) 专利申请是否违反单一性原则(专利法第31条第1款);

(7) 修改申请文件是否超出原申请文件公布的范围(专利法第33条)等。

初步审查的内容众多,绝大部分为形式方面的要求,但也的确包含部分实体方面的要求。比如,上述(2)、(7)两项内容的审查,直接涉及专利申请中的实体内容。因此,毫不奇怪,这些内容在后面的实质审查环节同样涉及。[2] 只是在初步审查环节,审查员对于实体内容的审查仅限于"明显"不符合相关法律规定的情形。显然,在定义何为"明显"时,审查员有一定的裁量权。其实,对于发明专利申请,专利局并没有必要在初步审查环节对实体内容进行审查,因为申请人自己在专利局进行实质审查之前可能就放弃该申请了。对于实用新型和外观设计,有限的实体内容的审查则能够排除那些明显不合专利法要求的申请,有一定的积极意义。

对于发明专利申请,经过初步审查,如果专利局认为它符合专利法要求的,则自申请日起满18个月后,专利局将公布该申请。[3] 申请公开之后,该发明内容就不可逆转地进入公开状态。在此之前,如果申请人申请撤回其申请[4],该申请将不被公开。如

---

[1] 《专利法》(2008)第34条。
[2] 《专利法实施细则》(2010)第53条。
[3] 《专利法》(2008)第34条。
[4] 《专利法》(2008)第32条:"申请人可以在被授予专利权之前随时撤回其专利申请。"

果申请含有技术秘密,则权利人依然可以享有商业秘密的保护。因此,《专利法》第21条第3款规定:"在专利申请公布或者公告前,国务院专利行政部门的工作人员及有关人员对其内容负有保密责任。"当然,国务院专利行政部门可以根据申请人的请求早日公布其申请。① 发明的早日公布,对于申请人而言,可以获得所谓的临时保护:"发明专利申请公布后,申请人可以要求实施其发明的单位或者个人支付适当的费用。"②如果实施者拒绝支付,则申请人只有等到专利授权之后依据专利权起诉该实施者。

对于实用新型和外观设计专利,一旦通过初步审查,专利局就会作出授予专利权的决定。专利权自授权公告之日生效。③

如果专利局认为发明、实用新型或外观设计专利申请不符合专利法要求,会要求申请人陈述意见或补正。如果申请人的陈述或补正没有达到专利局的要求,专利局会驳回该申请。④ 在初步审查阶段,通常不会审查专利申请的技术内容,而申请人修改申请时"应当针对通知书指出的缺陷进行"。⑤ 因此,在这一环节,申请人通常不能主动对申请文件的技术内容进行修改。⑥

3.1.3 实质审查

发明专利申请通过初步审查被受理之后,专利局一般并不主动对其进行实质审查。申请人应当在申请日起3年内请求专利局进行实质审查。如果逾期没有提出请求,则申请将被视为撤回。专利局如果认为有必要,也可以自行决定对一项申请进行实质审查。⑦ 理论上,在技术密集领域,悬而未决的专利申请可能是一种公害。

申请人在提出实质审查申请时,需要提交申请日前与其发明有关的参考资料。⑧ 如果发明在国外提出过申请,则专利局可以要求申请人在指定的期限内提交外国的检索或审查结果。申请人不得拒绝,否则会导致申请被视为撤回。⑨

实质审查主要是看该专利申请是否符合专利法上实体性规定。比如,是否是专利法意义上的保护客体(《专利法》第2条第2款、第5条、第25条),是否具有实用性、新颖性、创造性(《专利法》第22条),是否充分公开(《专利法》第26条第3—5款),修改内容是否超出申请范围(《专利法》第33条)等等。⑩ 在这一环节审查员也会对一些形式性的内容进行审查。比如,是否遵守了保密审查的规定(《专利法》第20条第1款)、是否履行了遗传资源来源披露义务(《专利法》第26条第5款)、是否具有单一性

---

① 《专利法》(2008)第34条。
② 同上注,第13条。
③ 同上注,第40条。
④ 同上注,第38条;《专利法实施细则》(2010)第44条。
⑤ 《专利审查指南》(2010)第1章第3节。
⑥ 李翔:《对专利申请文件修改规定的一些思考》,载《中国发明与专利》2009年第9期,第59页。
⑦ 《专利法》(2008)第35条。
⑧ 同上注,第36条第1款。
⑨ 同上注,第36条第2款。
⑩ 同上注,第53条。

(《专利法》第 31 条第 1 款)、是否重复授权(《专利法》第 9 条)等。①

依据《专利审查指南》关于实质审查的"程序节约原则",审查员应当尽可能在第一次审查意见中指出专利申请存在的全部问题:"除该申请因存在严重实质性缺陷而无授权前景或者审查员因申请缺乏单一性而暂缓继续审查之外,第一次审查意见通知书应当写明审查员对申请的实质方面和形式方面的全部意见。"②

在经过实质审查之后,如果专利局认为该申请符合《专利法》的规定,将作出授予专利权的决定,专利权自公告之日生效。③ 反之,专利局则要求申请人陈述理由或修改专利申请。如果所述理由或所做修改依然不符合要求,则专利局驳回该专利申请。④

3.1.4 专利复审

如果申请人不服专利局在初步审查或实质审查过程中所作出的驳回申请的决定,可以在收到通知后 3 个月内向专利复审委员会请求复审。

专利复审委员会由专利局设立。⑤ 它由专利局指定的技术专家和法律专家组成,主任委员由专利局负责人兼任。⑥ 职责主要有两部分,其一,是依申请人的请求,对专利局的驳回申请的决定进行复审⑦;其二,是对社会公众的专利无效宣告请求进行审查。⑧ 专利局设立专利复审委员会,旨在利用专利局内的专家资源,通过行政程序快捷地消除争议,减少诉讼。

在受理专利复审请求之后,专利复审委员会首先将复审请求书转交专利局原审查部门进行审查。原审查部门如果同意撤销原决定,专利复审委员会应当据此作出复审决定,并通知复审请求人。⑨ 如果原审查部门不同意撤销,专利复审委员则会对该决定进行复审。

专利法的立法者并没有明确这里"复审"的确切含义。不过,"复审"作为普通的法律术语,字面意思还是相对明确的,"复审"意味着对于已经作出决定的重新审查。如果专利复审委在审查过程中引入新的理由和证据(或者说依职权审查),似乎并不是对已有决定的重新审查,而是从头开始作出一个新的决定。因此,单从法律的字面意思看,复审似乎更像一个准司法程序,而非实质审查的延续。

不过,问题并不如此简单。《专利法实施细则》为专利复审程序制定了更详细的操作规则。这些操作规则表明,立法者并没有真正将专利复审程序塑造为单纯的由复审委进行居中裁决的准司法程序。相反,复审程序中被融入明显的实质审查延续的色

---

① 《专利法实施细则》(2010)第 53 条。
② 《专利审查指南》(2010)第二部分第八章 第 4.10.1 节 第 232 页。
③ 《专利法》(2008)第 39 条。
④ 同上注,第 38 条。
⑤ 同上注,第 41 条。
⑥ 《专利法实施细则》(2010)第 59 条。
⑦ 《专利法》(2008)第 41 条。
⑧ 同上注,第 45 条。
⑨ 《专利法实施细则》(2010)第 62 条。

彩。比如,《专利法实施细则》(2010)第61条第1款:"请求人在提出复审请求或者在对专利复审委员会的复审通知书作出答复时,可以修改专利申请文件;但是,修改应当仅限于消除驳回决定或者复审通知书指出的缺陷。"依据这一规定,复审请求人可以针对驳回决定或复审通知书指出的缺陷,修改专利申请文件。而依据《专利法实施细则》第63条,在请求人修改专利申请文件后,复审委认为"经过修改的专利申请文件消除了原驳回决定指出的缺陷的,应当撤销原驳回决定";如果认为修改后的专利申请文件"经过修改的专利申请文件消除了原驳回决定指出的缺陷的,应当撤销原驳回决定"。这里,无论复审委是维持还是驳回原来的决定,它所做决定的事实和理由都与审查员原始决定不同,因为请求人已经修改专利申请文件了。换句话说,在这种情形下,从法律意义上讲,复审委必然是从头开始做一个新的审查决定,是实质审查程序的延续,而不是简单地复审审查员已经作出的决定。

理论上讲,《专利法实施细则》对于复审程序的塑造未必符合"复审"字面含义,不过专利法的立法者多次修改专利法时,并未对《专利法实施细则》的规定提出质疑。因此,部分情形下,赋予专利复审以"实质审查延续"的功能,并不一定违反立法者的本意。

不过,《专利法》的立法者许可复审请求人在复审程序中修改程序文件,然后由复审委修改后的文件进行审查,并不当然意味着立法者就一定会进一步许可复审委依职权引入新的理由和证据。理论上,立法者可能只是要求复审委审查该修改是否克服了审查员原始驳回决定中所指出的缺陷,而并没有许可复审委援引新的证据或理由来维持该驳回决定。

总之,基于现有专利法和《实施细则》的条文分析,并不能得出立法者支持或反对复审委引入新的驳回理由的结论。在立法相对模糊的情况下,专利行政部门在解释相关条文时,有一定的活动空间。

复审的结果无非是撤销或维持原审查部门的驳回决定。如果是撤销,则原审查部门将继续进行审查程序。① 如果是维持,则申请人可以在收到通知后3个月内向法院起诉。② 如果法院最终撤销复审决定,专利复审委员会则应当依据该判决重新作出审查决定。③

3.2 重复授权禁止

中国法上实用新型与发明专利两种制度并存,前者能够迅速地获得保护,但保护期较短(10年),后者获得保护的程序较长,但保护期较长(20年)。部分申请人为了同时利用两种制度的优点,同时提出实用新型和发明专利的申请,等后者获得授权后再放弃前者。实践中,的确有同一发明重复获得授权的情况发生。如果实用新型已经过了保护期,而发明专利还没有,则该发明专利是否依然有效,会引发争议。

---

① 《专利法实施细则》(2010)第63条第2款。
② 《专利法》(2008)第41条。
③ 《专利审查指南》(2010)第四部分第一章,第365页。

同一申请人在先的申请一旦公开,就会被视为在后申请的在先文献。这在中国法上并没有疑问。比如:在张全乐 v. 专利复审委员会(北京一中院(1995)一中知初字第75号)案中,法院认为:

> CN2058549U 所载的技术内容[同一发明人在先的实用新型申请]在本案所涉及的发明专利申请日以前,已经作为现有技术公之于众,且其所载明的内容与本案申请的技术方案完全一致,已将本案的发明专利申请清楚、完整地予以披露,故专利复审委员会以此为对比文件否定该申请的新颖性,证据充分,符合法律规定。原告张全乐认为其自己的实用新型不能否定自己的发明专利的新颖性,是将本案的现有技术与抵触申请混为一谈。根据法律规定,由他人向专利局提出过申请并且记载在申请日以后公布的专利申请文件中的同样的发明或者实用新型是抵触申请,而本案对此并不涉及。

依据《专利审查指南》(2010),如果同一专利权人就具有相同申请日(含优先权日)的相同内容获得专利权,则在无效宣告程序中,可被宣告无效的是授权在后的专利,而不是授权在先的专利。① 如果两项专利分别为发明和实用新型(仅限同一申请日,而不含优先权日),申请人在申请时对同时申请作出说明,并且,在发明专利授权时实用新型专利尚未终止,则专利局许可申请人放弃实用新型专利而保留保护期更长的发明专利。②

如果上述同一专利权人在相同申请日(含优先权日)的相同申请的授权时间也在同一日(应该很罕见),则公众可以任选一个专利宣告无效。如果同时对两个宣告无效,则许可权利人选择其中之一加以保留。③

如果不同专利权人在相同申请日(含优先权日)的相同内容获得专利权,则均可被宣告无效。同时对两项专利提出无效宣告的,许可专利权人进行协商,保留其中一个。协商不成的,一并宣告无效。④ 不过,这样的情形基本不太可能发生。

济宁无压锅炉厂 v. 专利复审委员会

最高人民法院(2007)行提字第 4 号

蒋志培、王永昌、郃中林法官:

……

北京市高级人民法院经审理查明:舒学章于 1992 年 2 月 22 日申请了"一种高效节能双层炉排反烧锅炉"发明专利,该发明专利的颁证日为 1999 年 8 月 14 日,授权公告日为 1999 年 10 月 13 日,专利号为 92106401.2。授权公告的权利要求书为:"一种

---

① 《专利审查指南》(2010)第七章第 2.1 节。
② 同上。
③ 同上。
④ 同上。

立式或卧式双层炉排平面波浪型反烧炉排锅炉,其特征是上层水管反烧炉排是平面波浪型布置。"

针对该发明专利,济宁无压锅炉厂于2000年12月22日向专利复审委员会提出无效宣告请求,其理由是本发明专利不符合修改前的专利法实施细则第十二条第一款的规定①,所提交的对比文件为1992年2月26日公告的公告号为CN2097376U的实用新型专利申请说明书,专利申请号为91211222.0,设计人、申请人均为舒学章。该实用新型专利的申请日为1991年2月7日,颁证日为1992年6月17日,授权公告日为1992年9月30日,其公告的权利要求书内容为:"1. 一种主要由反烧炉排[2]、正烧炉排[1]和炉体[3]构成的高效节能双层炉排反烧锅炉,本实用新型的特征在于正烧炉排[1]和反烧炉排[2]的各个炉条是间隔的一上、一下分两层构成波浪形排列"。该实用新型专利的权利期限届满前,专利权人请求了续展,该专利权至1999年2月8日由于有效期届满而终止。②

[舒学章认为本发明专利的申请日在实用新型专利公开日之前,本发明专利的颁证日及授权公告日均是在实用新型专利8年有效期限届满、权利终止之后,不存在两个相同专利同时有效的问题。专利复审委员会维持92106401.2号发明专利权有效。济宁无压锅炉厂不服专利复审委员会审查决定,提起诉讼。]

北京市第一中级人民法院经审理认为……从独立权利要求书所载明的内容来看,第三人舒学章在后申请的发明专利的必要技术特征只涉及上层炉排的技术特征,而其在先申请并被授权的实用新型专利的必要技术特征涉及上、下两层炉排的技术特征。发明专利技术特征包含在实用新型专利技术特征中,故舒学章的发明专利与实用新型专利属于相同的发明主题,是同样的发明创造。

我国专利法及其实施细则均没有禁止申请人同时或先后就同样的发明创造分别提出发明申请和实用新型申请。由于发明申请和实用新型申请的法定审查程序不同,相对而言,实用新型授权快,审查周期短,申请人可以更快更早地获得专利保护,因此有些申请人采用了同时或先后递交两种专利申请的方式。修改前的专利法实施细则第十二条第一款的规定正是为了避免对同样的发明创造予以重复授权的情况出现而制定的。该条规定:"就同样的发明创造只能被授予一项专利",应理解为同样的发明创造不能同时有两项或者两项以上处于有效状态的授权专利存在,否则即构成法律所禁止的重复授权。本案所涉92106401.2号发明专利与91211222.0号实用新型专利在保护期上有间断,没有同时存在,故不属于重复授权的情况。

---

① 本书作者注:《专利法实施细则》(2010)删除了上述第12条(实际为第13条),该内容为《专利法》(2008)第9条第1款所吸收——"同样的发明创造只能授予一项专利权。但是,同一申请人同日对同样的发明创造既申请实用新型专利又申请发明专利,先获得的实用新型专利权尚未终止,且申请人声明放弃该实用新型专利权的,可以授予发明专利权。"

② 本书作者注:依据1984年《专利法》第45条:"发明专利权的期限为15年,自申请日起计算。实用新型和外观设计专利权的期限为5年,自申请日起计算,期满前专利权人可以申请续展3年。"1992年,《专利法》第一次修订,这一条被修正成今天的模样。

针对实际中发生的有关情况，原中国专利局《审查指南公报》第6号对修改前专利法实施细则第十二条第一款的适用进行了具体规定。由于本案所涉发明专利在授权时，已授权的实用新型专利权的期限经续展后已经届满，不存在权利人选择的问题，因此发明专利权的授予并不违反上述规定及修改前专利法实施细则第十二条第一款的规定。

[北京市第一中级人民法院维持专利复审委员会审查决定。]

济宁无压锅炉厂不服一审判决，在法定期限内向北京市高级人民法院提起上诉。其上诉理由为：一审判决对修改前的专利法实施细则第十二条第一款的理解是错误的；一审判决引用原中国专利局《审查指南公报》第6号规定，认为"由于本案所涉发明专利在授权时，已授权的实用新型专利权的期限经续展后已经届满，不存在权利人的选择问题"是错误的。本案的问题是，国家知识产权局专利局在对92106401.2号发明专利审查过程中，应发现该申请不符合原专利法实施细则第十二条第一款规定，进而通知权利人进行选择，由于其错误没有检索到91211222.0号实用新型专利文献，造成权利人没有选择，导致92106401.2号发明专利授权，形成重复授权，这显然对社会公众来说是不公平的……

北京市高级人民法院经审理认为：……

重复授权是指同样的发明创造被授予两次专利权，基于同样的发明创造的两项专利权同时存在并不是构成重复授权的必要条件。一审判决中确认的"只要基于同样的发明创造的两项有效专利不同时存在，即不构成重复授权"于法无据，且有悖于立法本意。我国专利制度的建立，不仅是为了保护专利权人的合法权益，同时也要保护社会公众的利益。一项专利一旦权利终止，从终止日起就进入了公有领域，任何人都可以对该公有技术加以利用。本案中，舒学章在先申请并被授权的91211222.0号实用新型专利已于1999年2月8日因权利期限届满而终止，该专利技术遂已进入公有领域。舒学章在后申请的92106401.2号发明专利因与91211222.0号实用新型专利系相同主题发明创造，故在该发明专利于1999年10月13日被授权公告时，相当于把已进入公有领域的技术又赋予了专利权人以专利权，应属重复授权，违反了专利法实施细则中关于同样的发明创造只能被授予一项专利的规定。对济宁无压锅炉厂关于92106401.2号发明专利的授权违反1992年专利法实施细则第十二条第一款的规定，请求撤销专利复审委员会第3209号无效宣告请求审查决定的上诉请求，应予支持。

[舒学章与专利复审委员均不服二审判决，向本院申请再审。]

本院经审理查明：原审审理查明的事实属实。另查明：本案92106401.2号发明专利说明书……结合以立式双层炉排反烧锅炉为例的附图，对于采用上层平面波浪型水管炉排结构的燃烧机理予以说明。说明书并未对下层炉排的具体结构作出任何限定或者说明，但在说明书的唯一附图中显示的双层炉排的结构是，上层为平面波浪型水管炉排，下层则为平面一字排开的炉条……

还查明：20世纪90年代中期，原中国专利局的发明专利申请待审案积压严重，相当数量发明专利申请需要等待七、八年甚至更长的时间才能得到授权。由于对发明专利申请实行早期公开延迟审查制,实质审查周期相对较长,只申请发明专利不利于发明创造尽快得到保护。而实用新型专利的法律稳定性虽然较差,但是对其申请实行初步审查制,审查周期短、授权快。因此,不少申请人采取了同时或者先后递交发明和实用新型两种类型的专利申请的方式,以期先获得实用新型专利的快速授权和保护;同时,那些发明创造技术创新水平较高的,也不影响其获得发明专利的保护。由于专利法及其实施细则并没有明文禁止同一申请人就同样的发明创造提出两份申请,基于当时的申请积压状况,为鼓励和及时保护发明创造,原中国专利局于1995年9月28日发布了《审查指南公报》第6号,对1992年专利法实施细则第十二条第一款的具体适用作出了规定,首次明确了对同一申请人就同样的发明创造既申请实用新型专利又申请发明专利的处理原则。即在对专利申请或者无效宣告请求的审查过程中,发现同一申请人就同样的发明创造既申请实用新型专利又申请发明专利,且两件申请均符合授予专利权的其他条件时,应通知申请人在二者之间任择其一;如果申请人书面声明放弃其在先获得的实用新型专利权的,则可以对发明专利申请予以授权或者维持该发明专利权有效。有关的基本处理原则也被2001年和2006年发布的《专利审查指南》所采纳。

本院经审理认为,本案讼争主要涉及以下两个问题:一是,本案中92106401.2号发明专利与91211222.0号实用新型专利是否属于同样的发明创造;二是,如果涉案两个专利属于同样的发明创造,本案发明专利的授权是否违反了禁止重复授权原则,即在同一申请人就同样的发明创造既申请实用新型专利又申请发明专利时,如何理解和适用专利法上的禁止重复授权原则。

(一)关于涉案两个专利是否属于同样的发明创造

涉案发明专利与实用新型专利是否属于1992年专利法实施细则第十二条第一款规定的同样的发明创造,是本案应否适用禁止重复授权原则的事实基础。

1992年专利法实施细则第十二条第一款和现行专利法实施细则第十三条第一款均规定了禁止重复授权原则,即"同样的发明创造只能被授予一项专利。"禁止重复授权的目的在于防止对于同样的发明创造有两项或者两项以上的专利权同时存在而导致专利权之间的冲突或者不必要的重叠,只要两项专利申请或者专利要求保护的内容不同,即可以达到防止重复授权的目的。因此,1992年专利法实施细则第十二条第一款和现行专利法实施细则第十三条第一款所称的同样的发明创造,应当是指保护范围相同的专利申请或者专利;在判断方法上,应当仅就各自请求保护的内容进行比较即可。对于发明和实用新型而言,应当将两件发明或者实用新型专利申请或专利的权利要求书的内容进行比较,而不是将权利要求书与专利申请或专利文件的全部内容进行比较。被比对的两项权利要求所要求保护的范围相同的,应当认为是同样的发明创造;要求保护的范围不同的,不论二者的说明书内容是否相同,均不属于同样的发明创造。对于一个专利申请或者专利要求保护的范围完全落入并小于另一专利申请要求保护的范围的情形,即权利要求保护范围部分重叠的,也不能认为属于同样的发明创造而依据禁止重复授权原则拒绝授予其中一项申请以专利权,而是应当根据对新颖性、创造性等其他专利授权条件的审查来决定是否授予专利权。《审查指南公报》第6号以及之后的《专利审查指南》对于同样的发明创造的概念界定和判断方法逐渐清晰，现行《专利审查指南》的相关规定更加明确。

就本案而言，涉案两个专利分别只有一项权利要求。按照前述的判断方法，应当通过对这两项权利要求所确定的保护范围的比较来判断两个专利是否属于同样的发明创造。对于发明或者实用新型专利权的保护范围的确定，按照我国专利法的规定，应当以其权利要求的内容为准，说明书及附图可以用于解释权利要求。在使用说明书及附图解释权利要求时，不应当将仅反映在说明书及附图中而未记载在权利要求书中的技术特征读入到权利要求之中，用于限制专利权的保护范围；也不能直接以仅在说明书附图中所反映出的具体结构来限定权利要求中相应技术特征的含义。

本案发明专利权利要求为："一种立式或卧式双层炉排平面波浪型反烧炉排锅炉，其特征是上层水管反烧炉排是平面波浪型布置。"涉案实用新型专利权利要求为："1. 一种主要由反烧炉排[2]、正烧炉排[1]和炉体[3]构成的高效节能双层炉排反烧锅炉，本实用新型的特征在于正烧炉排[1]和反烧炉排[2]的各个炉条是间隔的一上、一下分两层构成波浪形排列。"发明专利不论在其权利要求书还是在说明书中，均并未对下层炉排的具体结构作出特别的限定或者说明，只是在说明书中唯一一个附图中显示的下层炉排是平面一字排开的炉条。

根据涉案两个专利的权利要求，结合各自的说明书及附图，可以看出，两个专利所要求保护的技术方案均涉及一种由反烧炉排（上层炉排）、正烧炉排（下层炉排）和炉体构成的双层炉排反烧锅炉，二者只是在对上下层炉排结构的限定上有所不同。发明专利要求保护的是上层炉排为平面波浪形排列的双层炉排反烧锅炉；实用新型专利要求保护的是上下层炉排均为波浪形排列的双层炉排反烧锅炉。按照前述权利要求的解释方法，在该发明专利权利要求并未对下层炉排的具体结构作出特别限定的情况下，不能仅依据说明书附图中有关下层炉排的表示来限定其具体结构，该发明专利的下层炉排不排除也可以是平面波浪形排列的炉排。由此可见，本案中发明专利在保护范围上不仅包含了实用新型专利，而且大于实用新型专利的保护范围。相对而言，可以将实用新型专利看做是发明专利的一种具体实施方式，实用新型专利在保护范围上完全落入了发明专利的保护范围之内，并且小于发明专利的保护范围。按照前述关于同样的发明创造的判断原则和方法，涉案两个专利的保护范围并不相同，二者不属于同样的发明创造。

需要指出的是，同样的发明创造与相同主题的发明创造是两个不同的概念，本案中无效请求人和一、二审法院均混淆使用了这两个概念。我国专利法在禁止重复授权问题上使用"同样的发明创造"的概念，在优先权问题上使用了"相同主题"的发明创造的概念。应当说，就发明和实用新型而言，这两个概念在本质上都是指比对对象之间在技术领域、所解决的技术问题、技术方案和预期效果上相同。《专利审查指南》对有关概念的界定在不同时期的文字表述上略有不同，实质上均体现了这一基本含义。但是基于不同的立法目的和操作需要，两个概念分别具有不同的法律意义，各自的对比判断方式因比对对象不同而有所不同,不能混同或者替换使用。优先权制度的目的在于为同一申请人的国际或国内专利申请提供便利,将在优先权期限内提出的相同主题的在后申请看做在首次申请的申请日提出。在判断方式上,"相同主题"的发明或者实用新型是以在后申请的权利要求所要求保护的技术方案与首次申请中的全部内容(包括权利要求书和说明书)进行对比。这与新颖性的判断方式基本相同,但与同样的发明创造仅就权利要求书进行比对的方式明显不同。

本案中,济宁无压锅炉厂的无效理由是本案发明专利不符合1992年专利法实施细则第十二条第一款的规定,但其在专利复审委员会审查程序中陈述意见时却认为本案所涉两个专利属于相同主题的发明创造,这属于概念不清。一审法院对此认为,"从独立权利要求书所载明的内容来看,第三人舒学章在后申请的发明专利的必要技术特征只涉及上层炉排的技术特征,而其在先申请并被授权的实用新型专利的必要技术特征涉及上、下两层炉排的技术特征。发明专利技术特征包含在实用新型专利技术特征中,故舒学章的发明专利与实用新型专利属于相同的发明主题,是同样的发明创造"。一审法院关于"发明专利技术特征包含在实用新型专利技术特征中"的表述,本身语义不清,甚至错误,不能因为有共同的技术特征就认定技术特征之间有包含关系,而应当是对要求保护的技术方案之间有无包含关系作出认定。同时,以两个专利属于相同的发明主题进而认定二者属于同样的发明创造,属于概念混淆。而且,"相同的发明主题"本身不是一个规范用语,应当是指"相同主题"的发明创造。二审法院对此认为,"同样的发明创造是指技术领域、所要解决的技术问题和技术方案实质上相同的发明创造……"同时又认为,"舒学章在先申请并被授权的实用新型专利与其在后申请的发明专利符合上述相同主题的发明或者实用新型的定义,故原审判决认定舒学章的发明专利与实用新型专利属于相同主题的发明创造是正确的";"舒学章在后申请的92106401.2号发明专利因与91211222.0号实用新型专利系相同主题的发明创造……"该院复查驳回再审申请的有关理由与一审法院相同。可见,二审法院也未对同样的发明创造与相同主题的发明创造的概念作出严格区分,亦属概念混淆。

本案无效请求人和一、二审法院虽然均混淆了同样的发明创造与相同主题的发明创造的概念,但实质上均认为涉案两个专利属于同样的发明创造。专利复审委员会第3209号无效宣告请求审查决定虽然没有明确认定涉案两个专利属于同样的发明创造,但其结论却是两个专利并非共同存在,不违反禁止重复授权的法律规定。其逻辑起点实际上也是认可两个专利属于同样的发明创造。否则,就无须判定是否违反禁止重复授权规定的问题。根据以上分析,通过对涉案两个专利的权利要求的比对,涉案两个专利并不属于同样的发明创造,无效请求人济宁无压锅炉厂的有关主张不能成立,一、二审法院的有关认定有误;专利复审委员会和舒学章在本案再审中提出的涉案两个专利不属于同样的发明创造的意见应予支持,有关申请再审理由基本成立。

……

(二)关于禁止重复授权原则的理解

本案涉案两个专利本不属于同样的发明创造,即不存在适用禁止重复授权原则的前提事实。但同一申请人就同样的发明创造既申请实用新型专利又申请发明专利的做法是否符合专利法上的禁止重复授权原则,始终是本案当事人争议的焦点之一,一、二审判决对此也各执一词,引起了社会上的普遍关注。

本案一审判决认为,禁止重复授权应理解为,"同样的发明创造不能同时有两项或两项以上处于有效状态的授权专利存在"。二审判决认为,"重复授权是指同样的发明创造被授予两次专利权,基于同样的发明创造的两项专利权同时存在并不是构成重复授权的必要条件"。二审判决实际上是认为同样的发明创造只能被授予一次专利权。

1992年专利法实施细则第十二条第一款和现行2001年专利法实施细则第十三条第一款规定的"同样的发明创造只能被授予一项专利",可以理解为是指同样的发明创造不能有两项或者两项以上的处于有效状态的专利权同时存在;在现行的制度安排下,同一申请人就同样的发明创造既申请实用新型专利又申请发明专利的,只要两项专利权不同时存在,就不违反禁止重复授权原则。首先,《专利审查指南》允许同一申请人同时或先后就同样的发明创造既申请实用新型专利又申请发明专利,这种做法的形成有其历史原因,虽不尽完善,但客观上有利于申请人选择对其发明创造最为有利的保护方式。其次,专利法关于先申请原则和新颖性判断中的抵触申请制度的规定,可以解决不同申请人就同样的发明创造分别提出专利申请的冲突问题。但对同一申请人就同样的发明创造分别提出实用新型和发明专利申请的情形未作规定,立法上为同一申请人保留了一个比较宽松和方便的专利申请选择途径。应当说,《专利审查指南》对于禁止重复授权原则的解释和国务院专利行政部门过去十多年来的有关做法,未违背专利法的基本立法精神,未造成专利权人和社会公众利益的重大失衡。相反,这有利于鼓励发明人尽早公开有关发明创造,有利于及时保护有关发明创造,有利于他人避免重复研究和在此基础上及时进行改进创新。再次,这种做法在我国已经实际执行了十多年,如果简单地否定其合法性和合理性,涉及众多的相关专利的效力,显然不利于对已有的专利或者专利申请的保护。

此外,如果把重复授权理解为是指同样的发明创造被授予两次专利权,也会造成专利审查与授权的实践操作困难。如在一项发明专利申请提出后公布前的时间段内,他人若就同样的发明创造提出实用新型专利申请并获得授权,此时,如果简单地认为同样的发明创造只能被授予一次专利权,则该发明专利申请就不能被授权,这显然违背了专利授予的先申请原则;如果必须将实用新型专利无效后再授予发明专利权,也会造成实际操作上的困难。

允许同一申请人就同样的发明创造既申请实用新型专利又申请发明专利的做法也存在一些有待完善的问题。如按照《审查指南公报》第6号的规定,沿用在后申请本身的申请日计算专利保护期,将可能导致对同一技术的专利保护期限变相延长。又如现行《专利审查指南》要求前一专利权自申请日起予以放弃,该专利权视为自始不存在,这在实际上产生了相当于前一专利权被无效的后果,将导致曾依据被放弃的专利权而行使权利行为的法律效力的确认等复杂问题,可能会造成当事人的诉累和权利保护上的实际困难。这些问题,应当通过修改有关规定和进一步明确有关规则加以解决。

在多数情况下专利权的终止会导致该技术进入公有领域,但作为一种排他权的专利权,其终止仅表明权利人不能再就该技术向他人行使该专利权,并不表示在该技术上已经不存在任何其他权利,不能得出一项专利权一旦终止有关技术就进入了公有领域的结论。如从属专利在期限届满前的终止并不意味着从属专利技术就当然进入公有领域,如果基本专利仍然有效存在,他人仍然不能自由实施该从属专利技术。在允许同一申请人对同样的发明创造既申请实用新型专利又申请发明专利的情况下,申请人应审查要求放弃一项在先的实用新型专利权时,该发明专利申请处于临时保护期,也不能认为有关技术已经进入公有领域。因此,二审判决关于"一项专利一旦权利终止,从终止日起就进入了公有领域,任何人都可以对该公有技术加以利用"的结论,过于武断。即使本案两个专利属于同样的发明创造,则情况亦与前述分析的情形类似,只是在本案发明专利授权时,实用新型专利已经过期,按照当时的《审查指南公报》第6号的操作规定,不存在由申请人选择放弃实用新型专利的可能和必要,但该发明专利申请在实用新型专利过期前已经处于临时保护期,不能认为有关技术已经进入公有领域。

造成本案实用新型专利过期后发明专利申请才授权的主要原因在于对专利申请的审查周期过长。从这一点上看,也不宜让申请人承担由于专利局的审查原因而造成的不利后果。同时,这也不会对社会公众造成不公。任何理性的市场经营者不仅应当认识到某一项专利权的终止并不当然意味着其可以自由使用所涉及的专利技术,而且应当能够注意到本领域所有已经公开的专利文件,而不能仅关注某一份文件即下结论并据此鲁莽行事。

专利申请人确实可以利用本国优先权制度在优先权期限内实现发明和实用新型专利申请的转换,这与允许同一申请人就同样的发明创造既申请实用新型专利又申请发明专利的做法在功能上存在一定的重合,但二者所针对的问题和功能并不完全相同,如前所述在判断方式上的比对对象不同,其他一些具体条件的操作也不同,相互不能够完全替代。优先权制度主要解决在后申请使用在先申请的申请日问题,即将判断在后申请的新颖性和创造性的时间标准提前。当申请人要求本国优先权时,作为本国优先权基础的中国首次申请,自中国在后申请提出之日起即被视为撤回。此外,优先权制度有优先权期间的限制以及在申请时即应提出要求优先权的书面声明的手续要求。

允许同一申请人就同样的发明创造既申请实用新型专利又申请发明专利,主要是考虑为发明创造提供及时的专利保护。两份申请可以具有各自不同的判断新颖性和创造性的申请日;不存在前一申请被自动视为撤回的问题,而是由申请人或专利权人选择放弃其一;在后申请的提出时间以在先申请未公开为限;尚未规定申请人的声明义务。根据上述分析,济宁无压锅炉厂提出将重复授权理解为"同样发明创造不能同时有两项或者两项以上处于有效状态的授权专利存在"将会削弱我国专利法规定的本国优先权制度的主张,理由并不充分。申请人可以自由选择其认为最为有利的制度或者做法,不能因为有本国优先权制度的存在,而否定允许同一申请人就同样的发明创造既申请实用新型专利又申请发明专利这一做法存在的意义。

综上所述,本案92106401.2号发明专利与作为对比文件的91211222.0号实用新型专利并不属于同样的发明创造;专利法上的禁止重复授权,是指同样的发明创造不能有两项或者两项以上的处于有效状态的专利权同时存在,而不是指同样的发明创造只能被授予一次专利权。本案原审认定事实和适用法律均有错误,原判依法应予撤销。

……

思考问题:

（1）为什么要禁止重复授权？在现有的新颖性规则下,这一限制还有多大的适用空间？

（2）为什么"同样的发明创造"是指权利要求范围完全一致的发明创造？能够变通为:两个权利要求中涵盖相同的发明创造,则禁止重复授权吗？本案的两个发明是否有从属关系？如果有,还算是重复授权吗？"同样的发明创造"是否可以理解为是前一申请原本可能破坏后一申请新颖性的发明创造？

（3）判断新颖性时的"相同发明"与禁止重复授权时的"同样的发明创造",是否有不同的标准？

在上述济宁无压锅炉厂v.专利复审委员会案走向最高人民法院之前,产生了另外一个程序问题。2002年,北京高院的(2002)高民终字第33号判决生效。随后,专利复审委员会于2003年2月3日另行组成合议组,对济宁锅炉厂针对"一种高效节能双层炉排反烧锅炉"发明专利提出的无效宣告请求进行审查,并宣告"一种高效节能双层炉排反烧锅炉"发明专利权无效。专利权人不服,又对该决定提起诉讼,即舒学章v.专利复审委员会((2005)高行终字第231号)案。北京高院最终判决指出:

> 本院作出的(2002)高民终字第33号行政判决属于发生法律效力的判决,该判决已经认定"一种高效节能双层炉排反烧锅炉"发明专利是1993年1月1日起实施的专利法实施细则规定的重复授权,专利复审委员会根据该判决认定本案涉及的"一种高效节能双层炉排反烧锅炉"发明专利权的授予违反了专利法实施细则第十二条第一款的规定,属于重复授权,从而作出第6229号无效决定的具体行政行为并无不当。本院作出的(2002)高民终字第33号行政判决是否正确,专利复审委员会无权予以审查,亦不是本案审理范围。

这里有一个问题:专利复审委员会依据一个已经生效的判决宣告专利权无效,而该决定依然可诉。而在后续的诉讼中,法院所要考虑的问题几乎一模一样。这种程序安排是否存在问题呢？

济宁无压锅炉厂v.专利复审委员会案所揭示的重复授权情形,在《专利法》第三次修改之后,将不再是问题。申请人只有在同日提出发明专利和实用新型专利申请后,事后才能够获得选择权:"先获得的实用新型专利权尚未终止,且申请人声明放弃该实用新型专利权的,可以授予发明专利权。"①否则,申请人自己的在先申请将构成在后申请的抵触申请,导致在后申请无法获得授权。②

在申请人就同一技术方案同时申请发明与实用新型专利时,为了方便专利局跟踪此类重复申请,严格执行专利法关于"一发明一专利"的规定,国家知识产权局制定了《同日申请发明专利和实用新型专利的声明》表格。2009 年 10 月 1 日以后(含该日),同一申请人同日对同样的发明创造既申请实用新型专利又申请发明专利的,应当按要求填写两份对应的《声明》表格,即提交发明专利申请请求书时填写一份表格,提交实用新型专利申请请求书时填写另一份表格,分别说明对同样的发明创造已申请了另一专利。当实用新型专利申请获得专利授权后,国家知识产权局将在专利公报中予以公告,并一并公告上述声明。

4 专利无效宣告

4.1 专利无效宣告概述

专利审查是一项复杂的技术活动。在资源有限的情况下,专利局不可能保证审查结果不出差错。从经济的角度看,专利局甚至应该容忍合理的错误率。因为真正具有商业化价值的专利在所有授权专利中只占很少的比例,专利局没有必要为保证这些可能引发争议的少数专利的可靠性而无节制地将有限的审查资源花费在那些没有商业价值的专利申请的审查上。

专利无效宣告程序就是为错误的专利授权而设置的一种纠正程序。在专利公告授权日之后,"任何单位或者个人认为该专利权的授予不符合本法有关规定的,可以请求专利复审委员会宣告该专利权无效"③。

4.1.1 无效宣告的理由

无效宣告的理由由《专利法》(个别情况下是《专利法实施细则》)作出明确规定。其中,主要是专利不符合专利授权实质要件,比如非法定的保护客体(《专利法》第 2 条、5 条第 1 款、25 条)、不具备三性(《专利法》第 22 条、23 条)、未充分公开(《专利法》第 26 条第 3 款、4 款)、修改超出范围(《专利法》第 33 条);也有部分无效理由是违反程序性义务,比如违反保密审查的规定(《专利法》第 20 条第 1 款)、违反遗传资源的披露义务(《专利法》第 5 条第 2 款)、重复授权(《专利法》第 9 条)等。④

4.1.2 请求人资格限制

原则上,任何人都可以对专利提出无效宣告请求。鼓励他人对不应获得授权的专

---

① 《专利法》(2008)第 9 条第 1 款。
② 《专利法》(2008)第 22 条第 2 款。
③ 同上注,第 45 条。
④ 《专利法实施细则》(2010)第 65 条。

利提出挑战,有利于清除技术进步的障碍,符合社会公共利益。不过,在一些极端情况下,《专利审查指南》还是对无效宣告请求人的资格进行了一些限制:

> 请求人属于下列情形之一的,其无效宣告请求不予受理:
> (1) 请求人不具备民事诉讼主体资格的。
> (2) 以授予专利权的外观设计与他人在申请日以前已经取得的合法权利相冲突为理由请求宣告外观设计专利权无效,但请求人不能证明是在先权利人或者利害关系人的。
> 其中,利害关系人是指有权根据相关法律规定就侵犯在先权利的纠纷向人民法院起诉或者请求相关行政管理部门处理的人。
> (3) 专利权人针对其专利权提出无效宣告请求且请求宣告专利权全部无效、所提交的证据不是公开出版物或者请求人不是共有专利权的所有专利权人的。
> (4) 多个请求人共同提出一件无效宣告请求的,但属于所有专利权人针对其共有的专利权提出的除外。①

《专利审查指南》并没有直接禁止专利权人自己提出无效宣告请求,但是禁止专利权人请求宣告专利权全部无效。许可权利人自己提出无效请求,主要目的在于给专利权人一个机会,在无效程序中修改其权利要求。如果单纯就是要宣告专利无效,则权利人通常可以简单地放弃专利权,而无须请求专利无效。

如果专利权人试图通过宣告无效而获得额外的利益,则需要考虑更多的因素。比如,名义上的专利权人实际上并非该专利的真正所有人,在面临诉讼或其他威胁时选择宣告专利无效;在基础专利共有,而改进专利独有的情况下,改进专利的所有人如果也是基础专利的共有人,他就有可能有动机去宣告基础专利无效;已经发放独占许可的专利权人也可能会因为许可合同纠纷而有宣告专利无效的动机;职务发明的所有人为了逃避向发明人支付报酬的义务,而主动请求宣告职务发明无效等等。在这些情况下,是否许可专利权人提出此类请求,可能存在争议。

在陈博 v. 西安石油勘探仪器总厂一案中,原告在专利期满后向被告索要职务发明的报酬。被告作为专利权人,为了避免支付报酬,以检索报告为据,认为其专利不具有创造性,属无效专利,程博不应提取专利报酬。专利权人自己向专利复审委员会提出专利无效请求。学者有如下评论:

> 依据我国专利法第45条规定,公众当中的任何单位和个人都可以请求宣告专利权无效,但结合专利法第46条"专利复审委员会对宣告专利权无效的请求应当及时审查和作出决定,并通知请求人和专利权人"的规定:请求人不包括专利权人,对此专利审查指南已经明确。②

---

① 《专利法实施细则》(2010),第四部分第三章第3.2节,第376—377页。
② 孙海龙、姚建军:《职务发明人提取专利报酬的条件——评程博与仪器总厂职务发明创造设计人专利报酬纠纷案》,载《中国知识产权报》2009年6月10日第006版。

对照上述《专利审查指南》的规定,你觉得该评论意见有道理吗?本案还涉及一个有意思的问题:在专利真的被宣告无效后,单位是否需要向发明人支付专利被无效前那一段时间的报酬或奖励?

4.1.3 无效程序的中止

在专利复审委员会的专利无效程序中,如果有人对专利的权属发生争议,依据1991年5月1日施行的中国专利局第31号公告,应当先中止无效程序。

在国家海洋局天津海水淡化与综合利用研究所 v. 牛自得((1996)高知终字第9号)案中,法院披露了一个有趣的情形:在法院对权属问题作出不利于专利权人的决定的情况下,专利权人单方面接受无效程序中对方的质疑,承认"请求人提供的对比文献充足;请求人指出的专利中存在的缺陷,我们在实施中已经发现……我们服从专利复审委员会的裁决。"这最终导致专利权被宣告无效。

在实践中,也有人滥用上述中止程序,用以拖延专利被宣告无效的时间。专利人在他人提出专利权无效宣告请求后,可能找一个第三方充当"稻草人"提出所谓的专利权属争议,从而导致专利复审委中止无效宣告程序,等待权属争议的结果。而这一争议诉讼程序可能持续很多年,为专利权人实现自己的商业盘算赢得时间。如何有效防止权利人滥用这一诉讼程序,到目前为止依然是一道难题。

4.1.4 专利无效诉讼

专利复审委员会对无效宣告请求进行审查之后,会宣告专利无效或维持专利效力。如果请求人或专利权人对复审委员会的决定不服,可以在收到通知之后3个月内向法院起诉。[①] 这与专利复审程序的安排相同。

不过,在法院受理了以专利复审委员会为被告的专利无效宣告案件之后,"应当通知无效宣告请求程序的对方当事人作为第三人参加诉讼"[②]。这是专利无效宣告程序中的一项非常特别的程序安排。它保证真正关心专利权效力的两个主体,即无效宣告的请求人和专利权人,成为诉讼中的主角。这在一定程度上减轻了专利复审委员会的诉讼压力。

在法院最终撤销专利复审委员会决定情况下,专利复审委员会将重新作出决定。[③] 这里涉及法院和行政机关的职权划分。法院并不能直接代替专利复审委员会作出具体的审查决定。正是这一分工可能导致马拉松式的专利无效诉讼——请求人提出无效宣告请求,专利复审委员复审决定,起诉,一审,二审,专利复审委员会重新决定,再起诉,一审,二审,专利复审委员会再重新决定……理论上,这一循环可以无休无止。

实践中,无效宣告的请求人常常是侵权诉讼中的被控侵权者。在被控侵权者对专利提出无效宣告之后,审理侵权案件的法院是否中止审理,要视具体情况由法院自行

---

① 《专利法》(2008)第46条第2款。
② 《专利法》(2008)第46条第2款。
③ 《专利审查指南》(2010)第四部分第一章,第365页。

决定。如果诉争专利为发明专利或经专利复审委员会审查维持的实用新型、外观设计专利,则法院可以不中止诉讼。① 对于普通的实用新型与外观设计专利,在被控侵权者(被告)提出无效宣告请求之后,法院应当中止诉讼程序。② 但是,在下列情况下,法院可以不中止诉讼:

(1) 原告出具的检索报告未发现导致实用新型专利丧失新颖性、创造性的技术文献;

(2) 被告提供的证据足以证明其使用的技术已经公知;

(3) 被告请求宣告该项专利权无效所提供的证据或者依据的理由明显不充分。③

现在,在是否中止诉讼程序问题上,法院有很大的裁量权。从上述规定看,即便是发明专利,被告人提出无效宣告后,法院依然可以决定中止诉讼程序。毕竟,发明专利最终被宣告无效的案例比比皆是。

4.1.5 专利无效的后果

原则上,专利一旦被宣告无效,则专利权自始无效。④ 这意味着在侵权诉讼中,一旦专利被宣告无效,专利权人对专利被宣告无效前发生的侵权行为的指控就失去法律基础。《专利法》在规定专利无效的后果时,采取了折中的态度。

专利被宣告无效后,对于已经执行的判决或履行的交易通常不再追溯。⑤ 这一方面是为了维持法律秩序的稳定性;另一方面,也考虑到在专利权存续期间,专利权也的确为相关主体带来利益,完全要求专利权人单方面承担不利风险也是不公平的。如果专利侵权的生效判决尚未执行而专利权被宣告无效,则该无效决定或判决对于生效的侵权判决具有追溯力。该侵权判决不再执行。⑥

不过,在特殊情况下,专利法还是支持追溯。其一,专利权人的恶意给他人造成的损失,则专利权人应该给予赔偿。⑦ 这里专利权人可能要承担权利滥用的侵权责任,而不仅仅限于退还相对方先前支付的钱款。其二,如果"不返还专利侵权赔偿金、专利使用费、专利权转让费,明显违反公平原则",则专利权人应当全部或部分返还。⑧

4.1.6 无效宣告与侵权程序的衔接

依据中国专利法,专利一经授权,只能通过无效宣告程序消灭该专利权。因此,只有专利复审委员会能够宣告专利权无效,法院并不能在侵权诉讼中越粗代庖。因此,在侵权诉讼中,被告并不能提出所谓的专利权无效抗辩。一般认为,这一制度安排的背离理论基础是行政行为公定力原理,即"行政机关作出管理决定后,不管其是否合

---

① 《最高人民法院关于审理专利纠纷案件适用法律问题的若干规定》(2001)第11条。
② 同上注,第9条。
③ 同上。
④ 《专利法》(2008)第47条第1款。
⑤ 同上注,第47条第2款。
⑥ 贵阳黔江航空电热电器厂 v. 张保忠等,最高人民法院(2012)民提字第126号。
⑦ 《专利法》(2008)第47条第1款。
⑧ 同上注,第47条第3款。

法,都产生一种法律上的拘束力,行政管理相对方应当首先尊重与服从,如果认为该决定或措施侵犯其合法权益,只有通过事后途径加以矫正。"①由于《专利法》规定了无效宣告的行政救济程序,这就自然被理解为唯一的纠正行政机关错误决定的机会。在依据这一程序宣告专利无效前,被控侵权者不能在侵权诉讼中主张专利权无效抗辩。客观的效果就是,法院则不能在侵权诉讼中直接宣告专利权无效。

有学者认为行政行为公定力原理并不完全排斥侵权诉讼中的无效抗辩:

> 按照行政行为无效法理,行政行为公定力原理并非绝对普适的,如果行政管理行为有重大、明显的违法情形,则自其成立开始,就无任何法律约束力可言,被管理者有权不服从。将行政行为无效法理应用到专利侵权诉讼中,可以很容易地得出如下结论:既然国家专利局违反专利法的规定,授予了本不该授予的专利权,则该授权行为从一开始就没有任何法律拘束力,其授予的专利权理所当然无效(即"当然无效"),受该授权行为及其结果(专利权)拘束的行为人在诉讼阶段应当有权进行不侵权的抗辩,即当然无效的抗辩。②

专利无效程序与侵权诉讼程序分离,使得专利侵权诉讼的受理法院不能直接对专利权的效力作出评判。如果侵权人对专利权效力提出异议,必须通过单独的专利无效程序提出。在侵权人启动无效宣告程序之后,如果侵权诉讼程序被中止,则侵权人可能竭尽所能拖延专利无效宣告程序,使得专利权人长期得不到有效救济,从而严重损害公众对于专利制度的信心。如果侵权诉讼不中止,则很可能出现上文所说的判决侵权之后专利被宣告无效的情况。有时候,甚至侵权判决被执行之后,专利无效程序才有了专利无效的结果。

现行《专利法》在维持两个程序分离的前提下,许可被控侵权者在侵权诉讼中提出现有技术抗辩,即间接地对专利权的效力(或者说新颖性)提出质疑。这在一定程度上减轻了被控侵权者发动单独的专利无效宣告程序的压力。

4.2 无效宣告程序中专利要求书修改

如果专利权人发现无效宣告请求的理由有可能成立时,可以在专利复审委作出无效宣告决定之前,对权利要求书进行修改。除了权利要求书之外,其他专利文件并不许可修改。③《专利法实施细则》(2010)第 69 条第 1 款规定:"在无效宣告请求的审查过程中,发明或者实用新型专利的专利权人可以修改其权利要求书,但是不得扩大原专利的保护范围。"不得扩大专利权保护范围的限制,是此类修改与专利申请程序中修改的最大差别。如前所述,在申请过程中,只要原始的申请文件已经充分公开一项技术方案,申请人可以修改权利要求以拓宽权利要求范围。在无效程序中,则没有这

---

① 李扬:《日本专利权当然无效抗辩原则及其启示》,载《法律科学》(西北政法大学学报)2012 年第 1 期,第 169 页。
② 同上。
③ 《专利审查指南》(2010)第四部分第三章 第 4.6.1 节,第 385 页。

样的机会。对于专利权人而言,这是一项非常严厉的限制。将来,立法者应该在《专利法》中直接作出规定,而不应将它留给行政部门在《实施细则》或《专利审查指南》中随意作出规定。

《实施细则》本身并没有对修改权利要求的方式作出明确的限制。《专利审查指南》(2010)对修改的方式作了明确的限制:

> 修改权利要求书的具体方式一般限于权利要求的删除、合并和技术方案的删除。
>
> 权利要求的删除是指从权利要求书中去掉某项或者某些项权利要求,例如独立权利要求或者从属权利要求。
>
> 权利要求的合并是指两项或者两项以上相互无从属关系但在授权公告文本中从属于同一独立权利要求的权利要求的合并。在此情况下,所合并的从属权利要求的技术特征组合在一起形成新的权利要求。该新的权利要求应当包含被合并的从属权利要求中的全部技术特征。在独立权利要求未作修改的情况下,不允许对其从属权利要求进行合并式修改。
>
> 技术方案的删除是指从同一权利要求中并列的两种以上技术方案中删除一种或者一种以上技术方案。[①]

显然,《专利审查指南》对于修改方式的限制非常严厉。这导致专利权人事后直接限缩权利要求中关键词范围的修改方式(在上述删除或合并方式之外),可能不被许可。比如,假定权利要求对一定的温度区间提出权利要求,而且没有从属权利要求对该温度区间进行限缩。在无效程序中有人认为该温度区间过于宽泛。这时候,专利权人不能直接修改限缩该温度区间以避免该无效宣告指控。

江苏先声药物研究有限公司 v. 专利复审委员会

最高人民法院 (2011) 知行字第 17 号

夏君丽、殷少平、周云川法官:

经审理查明:本案涉及家化公司于 2003 年 9 月 19 日向国家知识产权局申请的名称为"氨氯地平、厄贝沙坦复方制剂"的发明专利权(即本专利)。本专利于 2006 年 8 月 23 日被授权公告,授权公告号为 03150996.7。

本专利授权公告的权利要求书如下:

"1. 一种复方制剂,其特征在于该制剂是以重量比组成为 1∶10—30 的氨氯地平或氨氯地平生理上可接受的盐和厄贝沙坦为活性成份组成的药物组合物。

……

另查,本专利原始权利要求书为:"……2. 根据权利要求 1 所述的复方制剂,其特征在于其中活性成分氨氯地平和厄贝沙坦优选的重量比组成为 1∶10—50。"

[①] 《专利审查指南》(2010)第四部分第三章第 4.6.2 节,第 385 页。

针对本专利权,李平于2009年6月19日向专利复审委员会提出无效宣告请求,理由包括本专利权利要求1—4不符合《专利法》第二十六条第四款的规定。

2009年9月29日,专利复审委员会进行口头审理,家化公司当庭提交了权利要求书的修改文本,其中将本专利权利要求1中的比例"1∶10—30"修改为"1∶30"。专利复审委员会当庭告知该修改文本不符合《审查指南》第四部分第三章第4.6节的规定,不予接受。

2009年12月14日,专利复审委员会作出第14275号无效宣告请求审查决定(简称第14275号决定)。该决定认为:

(一)依据的文本

家化公司曾于口头审理时提交了经修改的权利要求书,其中将本专利权利要求1中的比例"1∶10—30"修改为"1∶30"。该修改从连续的比例范围中选择了一个特定的比例请求保护,而原权利要求书和说明书中均未明确记载过该比例关系,也没有教导要在原有的比例范围之中进行这样的选择,尽管本专利的说明书中记载了氨氯地平1 mg/kg与厄贝沙坦30 mg/kg的组合,但这仅表示药物具体剂量的组合,不能反映整个比例关系,此外,本专利说明书第10页曾对药物具体剂量作出明确限定"本发明可应用的氨氯地平与厄贝沙坦复方剂量范围为:氨氯地平∶厄贝沙坦 = 2—10 mg∶50—300 mg",故无法确定是否任意满足1∶30这个比例的组合均能达到与该组合相同的效果,因此,修改后的技术方案超出原权利要求书和说明书记载的范围,也不能从原权利要求书和说明书中毫无疑义地确定,并且对该反映比例关系的技术特征进行修改也不属于无效宣告程序中允许的修改方式。

故专利复审委员会对该修改文本不予接受。本无效宣告请求审查决定依据的文本为本专利的授权公告文本。

(二)关于《专利法》第二十六条第四款

本案中,权利要求1请求保护一种复方制剂,其中氨氯地平或氨氯地平生理上可接受的盐和厄贝沙坦的重量比为1∶10—30。根据本专利说明书的记载及专利权人在口头审理时所述,其技术方案具有降压效果显著,降压疗效稳定持久的作用。因而满足氨氯地平与厄贝沙坦重量比为1∶10—30的复方制剂及其应用均应有上述作用。但是,本专利说明书在具体的实验例中记载了"用药后除A1I10组合降压作用不明显,A2I10组合和A1I20组合物降压作用维持不足12小时外,其余6种……""氨氯地平1 mg/kg与不同剂量的厄贝沙坦组合,仅在厄贝沙坦为30 mg/kg时才呈现稳定持续的降压效应"(说明书第7页倒数3—11行)。该实验结果显示:氨氯地平1 mg/kg与厄贝沙坦10 mg/kg的组合降压效果不明显,氨氯地平1 mg/kg与不同剂量的厄贝沙坦组合时,仅厄贝沙坦为30 mg/kg时才具有稳定持续的降压效果。因而,氨氯地平1 mg/kg与厄贝沙坦10 mg/kg的组合不仅降压效果不明显,而且不具有稳定持续的降压效果。由此可见,说明书记载的技术方案落在1∶10—30的范围内,但却不能具有本专利技术方案所要起到的技术效果。因此,本领域技术人员不能从说明书的内容中得到或概括得出权利要求1的技术方案,本专利权利要求1不符合《专利法》第二十六条第四款的规定。

......

北京市第一中级人民法院认为：家化公司将原授权权利要求1中的比例"1∶10—30"修改为"1∶30"，而该"1∶30"的比例关系在原始权利要求书和说明书中均未明确记载(原始权利要求的范围为1∶10—50)。尽管本专利的说明书中记载了氨氯地平1 mg/kg与厄贝沙坦30 mg/kg的组合，但这仅表示药物具体剂量的组合，而不能反映整个比例关系，无法确定是否任意满足1∶30这个比例关系的组合均能达到与该组合相同的效果。因此，家化公司将原权利要求1中的比例"1∶10—50"仅保留一个点值1∶30，且该点值1∶30并未记载在原权利要求书和说明书中，故家化公司对该反映比例关系的技术特征进行修改，超出了原权利要求书和说明书记载的范围，也不能从原权利要求书和说明书中毫无疑义地确定。专利复审委员会第14275号决定对此所作认定并无不妥之处，应予维持。

......

北京市高级人民法院认为：家化公司在无效宣告程序的口头审理中曾提交本专利权利要求的修改文本，将本专利权利要求1中的"1∶10—30"修改为"1∶30"。这种修改没有扩大本专利的保护范围，也没有超出原权利要求书记载的范围，更没有增加未包含在本专利授权的权利要求中的技术特征。专利复审委员会和一审法院关于原说明书中没有记载所有符合"1∶30"比例关系的氨氯地平和厄贝沙坦的组合都能达到相同的技术效果的认定，属于修改后的权利要求能否得到说明书支持的问题，即是否符合《专利法》第二十六条第四款的问题，而非家化公司关于本专利权利要求的修改是否扩大原专利的保护范围的问题，因此专利复审委员会第14275号决定和一审判决对家化公司关于本专利权利要求的修改不予接受的认定，缺乏依据，专利复审委员会应当根据家化公司在口头审理中所提出的本专利修改文本对李平所提宣告本专利权无效的相应理由予以审查。综上，判决撤销一审判决及第14275号决定，并判决专利复审委员会就本专利重新作出无效宣告请求审查决定。

* * * *

专利复审委员会申请再审称：1. 二审判决错误适用《中华人民共和国专利法实施细则》(简称《专利法实施细则》)第六十八条及《审查指南》关于修改原则的规定。《审查指南》规定无效宣告程序中对权利要求书的修改不得超出原说明书和权利要求书记载的范围，比较对象应是原申请文本，而非原授权文本。本专利申请时的原始文本记载的比值范围为"1∶10—50"，授权文本中的"1∶10—30"本身就是超范围的。二审法院直接将授权文本作为比较对象是错误的。2. 二审法院错误适用《审查指南》关于修改方式的规定。本专利授权文本中"1∶10—30"是一个技术方案，并非"并列的两种以上技术方案"，在无效阶段将其修改为"1∶30"不符合无效程序中修改方式的规定。综上，请求撤销二审判决，维持专利复审委员会第14275号无效宣告请求审查决定。

江苏先声公司、南京先声公司答辩称：1. 二审判决适用的修改原则正确。二审判决并未将原授权文本等同为"原说明书和权利要求书"。本专利原说明书明确有"氨氯地平 1 mg/kg 与厄贝沙坦 30 mg/kg 的组方因降压效果稳定持久,用药量较小,推荐为最佳剂量组合"的记载,本专利授权文本将"1∶10—50"修改为"1∶10—30"符合《中华人民共和国专利法》(简称《专利法》)及《审查指南》的规定,未超出原说明书和权利要求书记载的范围,且该问题在无效决定及原审中从未提及,不属于本案审理范围。无效过程中将"1∶10—30"再次修改为"1∶30"同样未超出原说明书和权利要求书的范围。2. 二审判决适用的修改方式正确。对于连续数值范围的权利要求而言,至少包括了与两个端点对应的两个并列的技术方案,本专利进行的修改属于"从同一权利要求中并列的两种以上技术方案中删除一种"的修改方式,符合《审查指南》对于修改方式的要求。专利复审委员会将专利权人在原始申请文件中作为实施例具体说明,并明确指出其效果最佳,且明确包含在授权权利要求范围内的技术方案以不符合修改方式而拒绝给予保护,对权利人显失公平,亦有违专利法"保护专利权人合法权益""鼓励发明创造"这一立法宗旨。综上,二审判决程序合法,认定事实清楚、适用法律正确,请求维持二审判决。

李平提交答辩意见称:……本专利授权文本中记载的比值范围为"1∶10—30",但实际上,在原始提交的权利要求书和说明书中,从未具体公开过这一重量比,也从未记载任何剂量下的 1∶30 这一具体比值。根据说明书实施例中具体公开的"氨氯地平 1 mg/kg 与厄贝沙坦 30 mg/kg"的技术内容并不能概括出两者重量比为"1∶30",这样的概括可能会包含一些未曾公开的技术方案,使得这种修改超出原始权利要求书和说明书的记载,不符合《专利法》第三十三条的规定。专利复审委员会及一审法院对此问题的认定正确,二审判决适用法律不当,请求予以纠正。

* * * *

本院另查明,本专利说明书中有如下相关内容:说明书第三部分"试验结果"表 5(第 9 页):"9 种剂量组合及相应的剂量比"中有 A1I30(1∶30)的内容。该部分"复方对血压的影响"中有如下描述:"9 种组合……用药后除 A1I10 组合降压作用不明显,A2I20 和 A1I20 组合降压作用维持不足 12 小时外,其余 6 种组合均有显著降压作用,且降压作用维持 24 小时以上。……氨氯地平 1 mg/kg 与不同剂量的厄贝沙坦组合,仅在厄贝沙坦为 30 mg/kg 时才呈现稳定持续的降压效应。"说明书第四部分"分析与结论"(第 10 页)中有"氨氯地平 1 mg/kg 与厄贝沙坦 30 mg/kg 的组方因降压效果稳定持久,用药剂量较小,故推荐为最佳剂量组合"以及"本发明可应用的氨氯地平与厄贝沙坦复方剂量范围为:氨氯地平∶厄贝沙坦 = 2—10 mg∶50—300 mg"的内容。第 10 页及第 11 页片剂制备实施例 1 和实施例 2 分别公开了氨氯地平 2.500 mg 与厄贝沙坦 75.000 mg 的组合以及氨氯地平 5.000 mg 与厄贝沙坦 150.000 mg 的组合。

本院经审查认为:根据当事人申诉及答辩的事由,本案争议焦点在于家化公司在无效程序中修改的权利要求是否应被接受,即该修改是否符合《专利法实施细则》及《审查指南》的相关规定。

《专利法实施细则》第六十八条第一款规定,在无效宣告请求的审查过程中,发明或者实用新型的专利权人可以修改其权利要求书,但是不得扩大原专利的保护范围。《审查指南》第四部分第三章第4.6节"关于无效宣告程序中专利文件的修改"中规定,发明或者实用新型专利文件的修改仅限于权利要求书,其修改原则是:(1) 不得改变原权利要求的主题名称。(2) 与授权的权利要求相比,不得扩大原专利的保护范围。(3) 不得超出原说明书和权利要求书记载的范围。(4) 一般不得增加未包含在授权的权利要求中的技术特征。在满足上述修改原则的前提下,修改权利要求书的具体方式一般限于权利要求的删除、合并和技术方案的删除。其中技术方案的删除是指,从同一权利要求中并列的两种以上技术方案中删除一种或者一种以上技术方案。可见,对于无效程序中权利要求的修改,《审查指南》在《专利法实施细则》规定基础上进行了进一步的细化,从修改原则和修改方式两个层面进行了限制。根据本案争议焦点,本案涉及以下问题:

一、关于修改原则

《审查指南》规定无效宣告程序中对权利要求书的修改不得超出原说明书和权利要求书记载的范围。专利复审委员会称,二审法院错误地将比较对象认定为原授权文本,而非原申请文本。二审判决中并未出现上述陈述,关于比较对象的问题并无争议。本专利申请时的原始文本记载的比值范围为1:10—50,授权文本为1:10—30,无效程序中再次修改为1:30,所涉及的问题均是1:30的比值是否在原说明书中有记载,这样的修改是否超出了原说明书和权利要求书记载的范围。根据查明的事实可知,本专利说明书中明确公开了氨氯地平1 mg 与厄贝沙坦30 mg 的组合,并将氨氯地平1 mg/kg 与厄贝沙坦30 mg/kg 作为最佳剂量比,在片剂制备实施例中也有相应符合1:30 比例关系的组合,可见1:30的比值在说明书中已经公开。对于比值关系的权利要求而言,说明书中具体实施例只能记载具体的数值,而无法公开一个抽象的比值关系,而且本专利说明书中披露的是在大鼠身上进行试验所得到的结果,本专利说明书明确记载可应用的剂量范围是氨氯地平2—10 mg,厄贝沙坦50—300 mg,如果认定其披露的最佳组方仅为1 mg:30mg 这一具体剂量而非比值,则该最佳组方根本不包含在上述可应用的范围内,显然不符合常理。对于本领域普通技术人员来说,1 mg/kg 和30 mg/kg 表明的是两种成分的比值而非一个固定的剂量,故本案中应认为1:30的比值关系在说明书已有记载,该修改没有超出原说明书和权利要求书的范围。另外,对于是否符合该比值关系的所有技术方案均能够实现本专利发明目的,是属于权利要求是否能得到说明书的支持,即专利法第二十六条第四款的问题,不宜以该理由认定修改是否超出范围。

二、关于修改方式

《审查指南》规定无效过程中权利要求的修改方式限于三种:权利要求的删除、合并和技术方案的删除。专利复审委员会认为,即使认定本案中对权利要求的修改符合上述修改原则,但其仍然因不符合《审查指南》对修改方式的要求而不能被接受。本案中,尽管原权利要求中1:10—30 的技术方案不属于典型的并列技术方案,但鉴于1:30 这一具体比值在原说明书中有明确记载,且是其推荐的最佳剂量比,本领域普通技术人员在阅读原说明书后会得出本专利包含1∶30的技术方案这一结论,且本专利权利要求仅有该一个变量,此种修改使本专利保护范围更加明确,不会造成其他诸如有若干变量的情况下修改可能造成的保护范围模糊不清等不利后果,允许其进行修改更加公平。《专利法实施细则》及《审查指南》对无效过程中权利要求的修改进行限制,其原因一方面在于维护专利保护范围的稳定性,保证专利权利要求的公示作用;另一方面在于防止专利权人通过事后修改的方式把申请日时尚未发现、至少从说明书中无法体现的技术方案纳入到本专利的权利要求中,从而为在后发明抢占一个在先的申请日。本案中显然不存在上述情况,1∶30的比值是专利权人在原说明书中明确推荐的最佳剂量比,将权利要求修改为1∶30既未超出原说明书和权利要求书记载的范围,更未扩大原专利的保护范围,不属于相关法律对于修改进行限制所考虑的要避免的情况。如果按照专利复审委员会的观点,仅以不符合修改方式的要求而不允许此种修改,使得在本案中对修改的限制纯粹成为对专利权人权利要求撰写不当的惩罚,缺乏合理性。况且,《审查指南》规定在满足修改原则的前提下,修改方式一般情况下限于前述三种,并未绝对排除其他修改方式。故本院认为,本案中,二审判决认定修改符合《审查指南》的规定并无不当,专利复审委员会对《审查指南》中关于无效过程中修改的要求解释过于严格,其申诉理由不予支持。

思考问题:

(1)专利局为什么要严格限制权利人在授权后修改权利要求的方式?这里暗含着那些制度效率方面的考虑?

(2)专利说明书中所描述的"10 mg/kg""30 mg/kg"等是指特定氨氯地平与厄贝沙坦两种药物的服用量分别是每公斤体重服用10 mg和30 mg。这是否意味这两种药物就按照重量比配对(10∶30)都可以呢?不同法院意见不一,如何才能得到正确答案?经本作者查阅,原始说明书中的确提到"氨氯地平和厄贝沙坦优选的重量比组成为1∶10—50"。在进行药效实验时,分别尝试了氨氯地平(1、2、5 mg/kg)和厄贝沙坦(10、20、30 mg/kg)相互组合形成的9种组合方式服药,以测试最佳的降压效果。最后发现,氨氯地平(1 mg/kg)与厄贝沙坦(30 mg/kg 效果最好)的组合在制作片剂时,则披露了氨氯地平和厄贝沙坦重量比分别为2.5 mg与75 mg、5 mg与150 mg、2.5 mg与50 mg、2.5 mg与100 mg的实施例。

(3)假定说明书能够支持1∶10—50的重量比区间范围,专利权人将该区间修改为1∶30这一点,是否符合《专利审查指南》的要求?

(4)法院是否应该适当尊重专利局为实现审查效率而作出的修改方式限制规则?如果许可专利权人在专利无效程序中更自由地修改权利要求,会有什么负面后果?

4.3 复审委的依职权审查

为了避免不必要的重复,本节一并讨论复审和无效程序中复审委的依职权审查问题,而不是在复审和无效环节分别讨论。依据现有的《专利审查指南》,无论是在专利复审程序还是在专利无效宣告程序中,专利复审委都遵循"请求原则"审查请求人要求审查的驳回理由或无效理由。但是,在例外情况下,复审委在这两类程序中又都能够依职权审查请求人并未提出的可能导致专利申请被驳回或专利权被宣告无效的一些理由。

许可复审委依职权进行审查,主要出于程序效率和保证专利授权质量的双重考虑。如果复审委发现存在明显的缺陷而不主动干预,可能导致专利申请实质审查和复审环节来回震荡,或者无效程序被反复提起,浪费社会的资源。复审委不主动干预,也可能导致原本不应被授权的专利被授权,从而增加社会成本。

不过,复审委的依职权审查可能超出当事人的正常预期,会其程序利益带来负面影响。以复审程序为例。申请人原本会预期自己在遇到任何驳回理由之前,都有足够的时间和审查员交涉,实在不能说服审查员时导致驳回时,可以在复审环节修改申请文件以让步。如果复审委依职权进行审查,则申请人就会失去此种程序利益,被迫面对"突然死亡"的可能性。剩下的,就只能通过耗时费力的司法程序来挑战复审委的决定了。

正因为依职权审查制度是一柄双刃剑,决策者必须在"依请求"和"依职权"原则之间小心地维持一种平衡——多数时候强调"依请求",例外场合接受"依职权"。

4.3.1 《专利审查指南》关于依职权审查的规定

《专利审查指南》(2010)关于依职权审查的规定

第一部分 初步审查 第一章 发明专利申请的初步审查

……

发明专利申请初步审查的范围是:……

(2) 申请文件的明显实质性缺陷审查,包括专利申请是否明显属于专利法第五条[(违法)]、第二十五条规定的情形[(客体排除情形)],是否不符合专利法第十八条[(外国人)]、第十九条第一款[(外国人)]、第二十条第一款的规定[(保密审查)],是否明显不符合专利法第二条第二款[(发明定义)]、第二十六条第五款[(遗传资源披露)]、第三十一条第一款[(发明单一性)]、第三十三条[(修改超范围)]或者专利法实施细则第十七条[(申请文件要求)]、第十九条[(申请文件要求)]的规定。①

……

第四部分 复审与无效请求的审查 第二章 复审请求的审查

……

复审程序是因申请人对驳回决定不服而启动的救济程序,同时也是专利审批程序的延续。因此,一方面,专利复审委员会一般仅针对驳回决定所依据的理由和证据进行审查,不承担对专利申请全面审查的义务;另一方面,为了提高专利授权的质量,避免不合理地延长审批程序,专利复审委员会可以依职权对驳回决定未提及的明显实质

---

① 为方便阅读,本书作者在括号内增加了相关法条内容的注释,特此说明。

性缺陷进行审查。

……

4　复审请求的合议审查

4.1　理由和证据的审查

在复审程序中，合议组一般仅针对驳回决定所依据的理由和证据进行审查。

除驳回决定所依据的理由和证据外，合议组发现审查文本中存在下列缺陷的，可以对与之相关的理由及其证据进行审查，并且经审查认定后，应当依据该理由及其证据作出维持驳回决定的审查决定：

（1）足以用在驳回决定作出前已告知过申请人的其他理由及其证据予以驳回的缺陷。

（2）驳回决定未指出的明显实质性缺陷或者与驳回决定所指出缺陷性质相同的缺陷。

例如，驳回决定指出权利要求1不具备创造性，经审查认定该权利要求请求保护的明显是永动机时，合议组应当以该权利要求不符合专利法第二十二条第四款的规定为由作出维持驳回决定的复审决定。

又如，驳回决定指出权利要求1因存在含义不确定的用语，导致保护范围不清楚，合议组发现权利要求2同样因存在此类用语而导致保护范围不清楚时，应当在复审程序中一并告知复审请求人；复审请求人的答复未使权利要求2的缺陷被克服的，合议组应当以不符合专利法第二十六条第四款的规定为由作出维持驳回决定的复审决定。

在合议审查中，合议组可以引入所属技术领域的公知常识，或者补充相应的技术词典、技术手册、教科书等所属技术领域中的公知常识性证据……

第三章　无效宣告请求的审查

……

4　无效宣告请求的合议审查

4.1　审查范围

在无效宣告程序中，专利复审委员会通常仅针对当事人提出的无效宣告请求的范围、理由和提交的证据进行审查，不承担全面审查专利有效性的义务……

专利复审委员会在下列情形可以依职权进行审查：

（1）请求人提出的无效宣告理由明显与其提交的证据不相对应的，专利复审委员会可以告知其有关法律规定的含义，允许其变更或者依职权变更为相对应的无效宣告理由。例如，请求人提交的证据为同一专利权人在专利申请日前申请并在专利申请日后公开的中国发明专利文件，而无效宣告理由为不符合专利法第九条第一款的，专利复审委员会可以告知请求人专利法第九条第一款和第二十二条第二款的含义，允许其将无效宣告理由变更为该专利不符合专利法第二十二条第二款，或者依职权将无效宣告理由变更为该专利不符合专利法第二十二条第二款。

（2）专利权存在请求人未提及的明显不属于专利保护客体的缺陷，专利复审委员会可以引入相关的无效宣告理由进行审查。

(3) 专利权存在请求人未提及的缺陷而导致无法针对请求人提出的无效宣告理由进行审查的,专利复审委员会可以依职权针对专利权的上述缺陷引入相关无效宣告理由并进行审查。

例如,无效宣告理由为独立权利要求1不具备创造性,但该权利要求因不清楚而无法确定其保护范围,从而不存在审查创造性的基础的情形下,专利复审委员会可以引入涉及专利法第二十六条第四款的无效宣告理由并进行审查。

(4) 请求人请求宣告权利要求之间存在引用关系的某些权利要求无效,而未以同样的理由请求宣告其他权利要求无效,不引入该无效宣告理由将会得出不合理的审查结论的,专利复审委员会可以依职权引入该无效宣告理由对其他权利要求进行审查。例如,请求人以权利要求1不具备新颖性、从属权利要求2不具备创造性为由请求宣告专利权无效,如果专利复审委员会认定权利要求1具有新颖性,而从属权利要求2不具备创造性,则可以依职权对权利要求1的创造性进行审查。

(5) 请求人以权利要求之间存在引用关系的某些权利要求存在缺陷为由请求宣告其无效,而未指出其他权利要求也存在相同性质的缺陷,专利复审委员会可以引入与该缺陷相对应的无效宣告理由对其他权利要求进行审查。例如,请求人以权利要求1增加了技术特征而导致其不符合专利法第三十三条的规定为由请求宣告权利要求1无效,而未指出从属权利要求2也存在同样的缺陷,专利复审委员会可以引入专利法第三十三条的无效宣告理由对从属权利要求2进行审查。

(6) 请求人以不符合专利法第三十三条或者专利法实施细则第四十三条第一款的规定为由请求宣告专利权无效,且对修改超出原申请文件记载范围的事实进行了具体的分析和说明,但未提交原申请文件的,专利复审委员会可以引入该专利的原申请文件作为证据。

(7) 专利复审委员会可以依职权认定技术手段是否为公知常识,并可以引入技术词典、技术手册、教科书等所属技术领域中的公知常识性证据。

4.3.2 复审程序中"明显的实质性缺陷"的理解

《专利审查指南》并没有进一步定义复审程序中的"明显实质性缺陷",也没有系统列举属于"明显实质性缺陷"的情形。《指南》中提及的属于复审程序中所谓"明显实质性缺陷"的例子只有一项,即驳回决定认为没有创造性,而复审委认为申请方案不属于保护客体(是永动机)。

理论上,复审程序中的"明显的实质性缺陷"至少有两种理解:其一,它涵盖所有类型的实质性缺陷,只要该缺陷"明显实质性"即可;其二,它只涵盖某些"明显"类别的"实质性缺陷"。二者的差别在于,后者可能将部分类别的缺陷推定为"非明显实质性缺陷",从而复审委不能将它们作为新的理由提出来。比如,"新颖性""创造性"缺陷。而依据前一种理解,这并不是问题。创造性缺陷也有明显和不明显的区分问题。对于明显的创造性缺陷,依然可以在复审决定中提出。

本书认为,"明显实质性缺陷"应该被限于特定类别,而不是涉及所有类别,任由复审委自由决定。否则,复审委只要愿意,就可以给任何理由贴上"明显的实质性缺陷"的标签,就可以将复审"一般仅针对驳回决定所依据的理由"这一原则架空。这会扰乱公众基于《专利审查指南》规则所建立起来的程序预期。在《专利审查指南》未明确否定"依请求原则"的主导地位时(虽然废除这一原则也是可选方案,后文有进一步讨论),应该按照公众的一般理解,将"明显的实质性缺陷"限制在特定类别范围内以增加复审程序的确定性。

当然,采用类别限定的方法也有自身的巨大难题,那就是难以有效识别出那些不属于"明显实质性缺陷"的类别。导致专利申请被驳回的形式和实质要件众多,很难说哪一类别的缺陷一定会明显,哪一些一定不会很明显。即使是"修改超出原申请文件记载的范围"这一人们普遍认为比较容易识别的缺陷,在很多案件中也都是非常复杂的问题。最高人民法院就处理过多起此类案件。对于多数人而言,全类别缺陷均属于或者大多数属于"非明显实质性缺陷"的,大概就是"创造性缺陷"这一类别了。其他缺陷,比如是否为保护客体、新颖性、实用性、充分公开、优先权基础等等,就很难形成比较一致的意见了。

赢创德固赛有限责任公司 v. 专利复审委员会

北京市高院(2012)高行终字第 1486 号

刘辉、陶钧、石必胜法官:

本申请是申请日为 2004 年 5 月 13 日、名称为"表面改性的沉淀二氧化硅"的发明专利申请,其申请号为 200410047791.X ……

2009 年 6 月 26 日,国家知识产权局专利局实质审查部门发出第二次审查意见通知书,指出修改后的权利要求 1—31 超出了原始提交的说明书和权利要求书所记载的范围,不符合《专利法》第三十三条的规定。2009 年 9 月 11 日,德古萨公司针对第二次审查意见通知书提交了意见陈述书和权利要求书第 6 页的替换页(该替换仅涉及权利要求 26—27 项)。2009 年 12 月 4 日,国家知识产权局原审查部门发出驳回决定,驳回了本申请,其理由是:权利要求 1—31 不符合《专利法》第三十三条的规定……

德古萨公司对上述驳回决定不服,于 2010 年 3 月 18 日向专利复审委员会提出了复审请求,同时修改了权利要求书,删除了驳回决定所针对的权利要求 1—13,适应性地修改了权利要求 14—31 的编号。

经形式审查合格,专利复审委员会于 2010 年 5 月 11 日依法受理了该复审请求,并将其转送至原审查部门进行前置审查。原审查部门在前置审查意见书中坚持驳回决定。随后,专利复审委员会成立合议组对本案进行审理。2010 年 11 月 22 日,专利复审委员会向德古萨公司发出的复审通知书中指出:权利要求 1 相对于对比文件 1 不具备创造性,权利要求 2—13 亦不具备创造性。德固赛公司于 2011 年 1 月 6 日提交了意见陈述书,未修改申请文件。

2011 年 3 月 15 日,专利复审委员会作出第 30895 号决定,认定:

......

权利要求1请求保护一种包含表面改性的沉淀二氧化硅的漆,对比文件1公开了一种高白度、非热处理的疏水性沉淀硅石,其中的硅石即为二氧化硅,该沉淀硅石表面用有机聚硅氧烷改性(参见其说明书第5页第3—15行)。

权利要求1与对比文件1的区别在于:权利要求1请求保护的是"包含沉淀二氧化硅的漆",并且权利要求1的漆与含有用5重量%聚乙烯蜡处理的对比沉淀二氧化硅的所述请漆相比,所述表面改性的沉淀二氧化硅使其折射指数 $nD20 = 1.4492$ 并含有5重量%所述二氧化硅的清漆的透射性改善至少20%。

对此,专利复审委员会认为,对比文件1公开了该疏水性沉淀硅石可以很好地在硅橡胶配方中起作用以及在硅硫化橡胶中表现出高的增强作用,并且对于本领域技术人员来说,沉淀二氧化硅的用途很广,其用作合成橡胶的良好补强剂、漆的退光剂、电子元件包封材料的触变剂、铸造的脱模剂等等都是本领域技术人员的公知常识,因此由对比文件1公开的疏水性沉淀硅石用在橡胶配方中而想到将其用在漆中从而得到包含对比文件1的疏水性沉淀硅石的漆,对本领域技术人员来说是显而易见的。至于技术特征"与含有用5重量%聚乙烯蜡处理的对比沉淀二氧化硅的所述请漆相比,所述表面改性的沉淀二氧化硅使其折射指数 $nD20 = 1.4492$ 并含有5重量%所述二氧化硅的清漆的透射性改善至少20%"是权利要求1请求保护的漆的性能参数,所属技术领域的技术人员根据该性能参数无法将要求保护的漆与放入对比文件1公开的疏水性沉淀硅石的漆区分开。因此,在对比文件1的基础上结合本领域公知常识得到权利要求1所要求保护的技术方案,对所属领域的技术人员来说是显而易见的,权利要求1所要求保护的技术方案不具备突出的实质性特点,不具备《专利法》第二十二条第三款规定的创造性……

[基于上述理由,专利复审委员会决定维持了前述驳回决定。]

* * * *

北京市第一中级人民法院认为[专利复审委员会]在审查驳回决定是否合法时,主动审查本申请是否具备创造性的问题属于"明显实质性缺陷"没有法律依据,不应予以支持。[北京市一中院判决撤销专利复审委员会的原决定,要求它重新作出复审决定。专利复审委员会不服一审判决,向本院提起上诉。]其上诉理由为:第一,《审查指南》中并未对"明显实质性缺陷"作出明确定义,并且其第一部分第一章的规定只是对"明显实质性缺陷"的列举而非穷举;同时《审查指南》第一部分第一章的规定均是对发明专利申请的初步审查,并不涉及《专利法》第二十二条第三款的问题;而且《审查指南》并未规定"明显实质性性缺陷"不包括创造性问题,故一审判决相关认定缺乏依据。第二,《审查指南》第四部分第二章第4.1节对复审程序中合议组的审查范围进行了规定,并未禁止对驳回理由之外的理由进行审查,本案符合"依职权审查原则"。第三,本案的处理方式能够节约当事人的时间,避免案件在实审程序和复审程序之间来回振荡。

* * * *

本院认为:

一、专利复审委员会在复审程序中是否可以超出驳回决定所依据的理由和证据的范围进行审理

根据《专利法》第四十一条第一款的规定,国务院专利行政部门设立专利复审委员会。专利申请人对国务院专利行政部门驳回申请的决定不服的,可以自收到通知之日起3个月内,向专利复审委员会请求复审。专利复审委员会复审后,作出决定,并通知专利申请人。《专利法实施细则》第六十二条第一款规定,专利复审委员会进行复审后,认为复审请求不符合专利法和实施细则有关规定的,应当通知复审请求人,要求其在指定期限内陈述意见。期满未答复的,该复审请求视为撤回;经陈述意见或者进行修改后,专利复审委员会认为仍不符合专利法和实施细则有关规定的,应当作出维持原驳回决定的复审决定。第六十二条第二款规定,专利复审委员会进行复审后,认为原驳回决定不符合专利法和实施细则有关规定的,或者认为经过修改的专利申请文件消除了原驳回决定指出的缺陷的,应当撤销原驳回决定,由原审查部门继续进行审查程序。

根据前述法律、法规的规定,复审程序系因专利申请人对驳回决定不服而启动的行政救济程序,即基于专利申请人提出而启动,专利复审委员会以审查驳回决定合法性为其基本审查范围。在复审程序中,专利复审委员会一般应仅针对驳回决定所依据的理由和证据进行审查,而不能超出驳回决定所依据的理由和证据范围之外进行审查;但是,为了提高授权专利的质量,提升行政效率,节约成本,避免不合理地延长审查程序,专利复审委员会可以在特定情况下依职权对驳回决定未提及的明显实质性缺陷等进行相应审查。因此,复审程序中专利复审委员会以驳回决定所依据的事实和理由为其审查的基本范围,以依职权引入新的理由进行审查为其例外情形。这样才能有效保障行政相对方即专利申请人的合法权益。同时,根据专利法和实施细则对专利文本修改的相关规定,专利申请人可能因专利复审委员会审查范围的不当扩大,导致其丧失通过修改专利文本克服申请文本中缺陷的机会,从而直接损害专利申请人的合法权利。《审查指南》第四部分第二章第4.1节规定:在复审程序中,合议组一般仅针对驳回决定所依据的理由和证据进行审查。除驳回决定所依据的理由和证据外,合议组发现审查文本中存在下列缺陷的,可以对与之相关的理由及其证据进行审查,并且经审查认定后,应当依据该理由及其证据作出维持驳回决定的审查决定:(1)足以用在驳回决定作出前已告知过申请人的其他理由及其证据予以驳回的缺陷。(2)驳回决定未指出的明显实质性缺陷或者与驳回决定所指出的缺陷性质相同的缺陷。前述规定即是对专利复审委员会在复审程序中引入依职权审查原则的具体限定。

《审查指南》是专利复审委员会在复审程序中应当遵循的部门规章。因此在复审程序中,专利复审委员会一般应当针对驳回决定的理由及证据进行审查,对驳回决定不符合专利法和实施细则有关规定的,或者认为经过修改的专利申请文件消除了原驳回决定指出的缺陷的,则应当撤销原驳回决定,但当存在前述《审查指南》所规定的两种情形时,专利复审委员会可以在告知专利申请人并给予其陈述意见机会的前提下,

超出驳回决定所依据的理由和证据而作出维持驳回决定的审查决定。

二、在复审程序中的"明显实质性缺陷的审查"应当如何界定

《审查指南》中未明确规定"明显实质性缺陷的审查"的适用范围,但是由于其作为专利复审委员会在复审程序中可以进行依职权原则超出驳回决定所依据的理由和证据范围进行审查的例外情形,故有必要对"明显实质性缺陷的审查"进行相应界定。由于复审程序系基于专利申请人对驳回决定不服而启动,同时在发明专利申请过程中,国务院专利行政部门对发明专利申请将进行初步审查和实质审查,而在前述二个审查阶段均可能出现由于发明专利申请不符合相关法律、法规规定而予以驳回的情形,专利申请人亦可以因不服驳回决定而申请复审,因此"明显实质性缺陷的审查"具体的适用范围必然会因驳回决定审查范围的不同而产生差异。

在发明专利申请中设定初步审查,主要是因为发明专利申请在进行实质审查过程中周期相对较长,如果在实质审查结束后再行公布发明专利申请的内容,可能会造成对同一领域、同一技术问题的重复研究、投资与申请的机率增大,不利于经济整体的发展,也不能有效发挥专利制度的作用,因此需要在授予发明专利之前公布发明专利申请内容。由此,发明专利申请初步审查主要是对其申请文件形式是否符合《专利法》及《专利法实施细则》、所提交的其他与发明专利申请有关的其他文件形式、是否履行相关缴费义务等进行审查,原则上并不涉及实质问题的审查。另一方面,发明专利申请的实质性审查是在初步审查的基础上,对发明专利申请文件进行更为深入和全面的审查,特别是就申请保护的发明进行现有技术检索,并审查要求保护的发明是否具备新颖性、创造性和实用性等,最终决定是否授予专利权,当然在此审查过程中对初步审查的内容也必然会予以涉及。正是基于初步审查与实质审查本身的审查范围、方式、内容的差异,其所对应的复审程序也必然存在区别,由此基于上述不同所涉及的"明显实质性缺陷的审查"范围也必然存在差异。

虽然一审判决试图对"明显实质性缺陷的审查"范围进行界定,但是其所引述《审查指南》第一部分第一章第1节和第7节的内容均系以初步审查为基础的"明显实质性缺陷的审查"的规定,而本案所涉及的系在实质性审查阶段不服驳回决定而产生的复审程序,应当以实质性审查阶段的"明显实质性缺陷的审查"进行界定,一审判决将发明专利初步审查与实质审查中的"明显实质性缺陷的审查"范围进行等同界定缺乏依据,专利复审委员会此部分上诉请求具有事实及法律依据,本院予以采纳。

发明专利申请实质审查中应当予以驳回的情形由《专利法实施细则》第五十三条进行了规定,但是专利复审委员会在复审程序中不能简单以上述规定为依据而随意对"明显实质性缺陷的审查"范围进行界定;而应当依据个案的具体情况,以避免审级损失、遵循当事人请求为其基本原则,以依职权审查为例外,对"明显实质性缺陷的审查"适用进行严格限定,从而保障专利申请人的合法权益,确保复审程序的基本属性。

三、本案中专利复审委员会作出的第30895号决定是否具有事实及法律依据

在本院审理过程中,专利复审委员会明确表示德固赛公司在复审程序中所修改的本申请权利要求书符合《专利法》第三十三条和《专利法实施细则》第六十条第一款的

有关规定,消除了驳回决定所指出的缺陷,但认为修改后的权利要求1不具备创造性,并且认为其属于明显实质性缺陷的范畴,故作出第30895号决定维持了驳回决定。由于涉案驳回决定系针对本申请权利要求1—31不符合《专利法》第三十三条和《专利法实施细则》第六十条第一款的有关规定所作出,德固赛公司不服提出复审请求,其进行修改后的本申请权利要求书系针对驳回决定所提出的缺陷所完成,专利复审委员会在第30895号决定中根据《专利法》第二十二条第三款的创造性进行评述,该理由并非专利复审委员会在审查驳回决定时所必然涉及的事由;同时在本案中对于创造性的认定并非属于以本领域技术人员的知识水平无需深入调查证实即可得出的事由,因此专利复审委员会在本案中直接引入创造性问题不应属于"明显实质性缺陷"的范畴。同时,专利复审委员会关于节约当事人时间、避免案件在实审程序和复审程序之间来回振荡的上诉主张,亦不能作为其作出第30895号决定具有合法性的依据。因此,一审判决认定第30895号决定程序违法,并予以纠正并无不当。专利复审委员会此部分上诉理由缺乏事实及法律依据,本院不予支持。

《审查指南》第四部分第一章第2.4节中规定,专利复审委员会可以对所审查的案件依职权进行审查,而不受当事人提出的理由、证据的限制,但这并不意味着专利复审委员会对案件依职权进行审查的范围不受任何限制。根据本案的上述认定,专利复审委员会在第30895号决定中引入新理由显然不属于其可以适用依职权原则的范围,故专利复审委员会此部分上诉理由缺乏法律依据,本院不予采纳。

赢创德固赛有限责任公司 v. 专利复审委员会

最高人民法院(2014)知行字第2号

李剑、秦元明、吴蓉法官:

[专利复审委员会不服北京市高院(2012)高行终字第1486号判决书关于复审委依职权审查的判决,向最高法院申请再审。最高法院的核心意见如下:]

一、关于涉案专利权利要求1的创造性判断是否属于"明显实质性缺陷"情形的问题

《专利审查指南》在"发明专利申请的初步审查"部分列举了属于"明显实质性缺陷"的各种情形,包括是否属于完整的技术方案是否违反法律或社会公德等情形,都属于本领域技术人员无需深入调查证实或无需技术比对即可判定的情形,但是发明创造的创造性评价并不包括其中。《专利审查指南》在"实质审查"以及复审与无效请求的审查"部分并未对"明显实质性缺陷"的情形作出具体规定。虽然初步审查与实质审查、复审无效审查阶段的明显实质性缺陷"的审查范围不应当完全一致,但在上述三个阶段中的"明显实质性缺陷"情形的性质应当相同。因此,在"实质审查"以及"复审与无效请求的审查"阶段对"明显实质性缺陷"的审查应当依照《专利审查指南》在初步审查部分列举情形的性质,根据个案的具体情形判断《专利审查指南》所列举的初审阶段"明显实质性缺陷"在"实质审查"以及"复审与无效请求的审查"阶段当然也属于

"明显实质性缺陷"。

对本技术领域的技术人员来说,发明创造的创造性是指其相对于现有技术是非显而易见的,是否具备创造性是授予发明创造思专利权的必要条件。评价创造性时不仅要考虑发明创造的技术方案本身,而且还要考虑发明创造所属的技术领域以及所解决的技术问题和所产生的技术效果,因此,不宜将《专利审查指南》列明的"明显实质性缺陷"扩大解释到创造性。专利复审委员会的再审申请理由不成立本院不予支持。

二、关于本案是否属于专利复审委员会依职权审查的情形的问题

依据《专利审查指南》,专利复审委员会一般仅针对驳回决定所依据的理由和证据进行审查,也可以不受当事人请求的范围和提出的理由、证据的限制而依职权审查。《专利审查指南》同时明确规定了可以依职权审查的情形,即足以用在驳回决定作出前已告知过申请人的其他理由及其证据予以驳回的缺陷;驳回决定未指出的明显实质性缺陷或者与驳回决定所指出的缺陷性质相同的缺陷。可见,专利复审委员会依职权审查专利申请属于例外,应当严格依据法律法规及规章的相关规定进行。涉案申请的创造性评价在此前的驳回决定中并未涉及,同时也不属于"明显实质性缺陷",因此本案显然不属于专利复审委员会可以依职权审查的情形。专利复审委员会的再审申请理由不成立,本院不予支持。

思考问题:

(1) 复审委的依职权审查在多大程度上损害申请人的程序利益?如果在复审环节给予申请人足够的答辩时间和机会,是否足以保障申请人的程序利益?为什么?

(2) 在初步审查环节,审查员并不进行文献检索,而在实质审查环节,有大量的在先技术文献被披露。可能出现这样的情形:一开始无法判断创造性的问题,但在复审时创造性缺陷显得很明显。在这种背景下,坚持初审和复审环节的"明显的实质性缺陷"属相同类型缺陷,有道理吗?

(3) 赋予申请人在依职权审查问题上一定的程序选择权如何?比如,由申请人决定是否接受复审委的依职权审查?

(4) 如果要完全放弃依职权审查,有能够保证程序效率的替代性安排吗?

洪亮 v. 专利复审委员会

最高人民法院(2011)行提字第 13 号

金克胜、罗霞、杜微科法官:

[关于本案的相关事实,可以参见上一章同名案例。这里关注的焦点问题是,专利复审委员会依职权引入专利法第二十六条第四款是否违背"请求原则"。]

专利复审委员会在无效宣告程序中通常仅针对当事人提出的无效宣告请求的范围、理由和提交的证据进行审查,不承担全面审查专利有效性的义务,但在有些情形下,可以依职权进行审查。如果请求人提出的无效宣告理由明显与其提交的证据不相

对应,专利复审委员会可以告知其有关法律规定的含义,并允许其变更为相对应的无效宣告理由或者在请求人未变更的情况下,依职权变更为相对应的无效宣告理由。本案中,宋章根作为无效宣告的请求人在提出无效宣告请求时的无效理由之一是本专利不符合专利法实施细则第二十条第一款的规定,该条款涉及权利要求本身保护范围是否清楚的问题,而宋章根提出的具体事实是权利要求书的内容与说明书公开的内容不一致,属于权利要求是否能得到说明书支持,涉及专利法第二十六条第四款的问题。鉴于请求人所提出的无效宣告理由与其提交的证据不相对应,专利复审委员会在口头审理当庭告知双方当事人有关法律规定的含义后,在无相反意见的情况下,依职权引入了专利法第二十六条第四款,并无不当。洪亮关于专利复审委员会违法进行依职权审查的主张,本院不予支持。

专利复审委员会在口头审理时已将依职权引入专利法第二十六条第四款的理由告知双方当事人,洪亮对此未表示异议,同时要求口头审理后对专利法第二十六条第四款进行书面答辩。上述事实已表明洪亮了解和同意专利复审委员会依职权引入专利法第二十六条第四款作为无效理由。专利法实施细则第六十六条规定"在专利复审委员会受理无效宣告请求后,请求人可以在提出无效宣告请求之日起一个月内增加理由或者补充证据。逾期增加理由或者补充证据的,专利复审委员会可以不予考虑。"该条款是对无效请求人增加理由或补充证据的约束,防止请求人进行突然袭击,专利复审委员会依职权引入新理由不受此限。况且,本案中专利复审委员会仅是在具体事实未发生变化的基础上,采用更为恰当的法律条款,依职权变更了无效理由,而不是引入新理由。因此,不属于专利法实施细则第六十六条规范的情形。专利复审委员会在口头审理后给予了当事人答辩期限,未对当事人的实体权利造成损害。洪亮申请再审关于专利复审委员会存在逾期引入无效理由以及变相延长无效请求人增加理由期限的主张,本院不予支持。

左生华 v. 专利复审委员会

北京高院(2010)高行终字第283号

张雪松、张冬梅、李燕蓉法官:

本案涉及国家知识产权局于2003年1月8日授权公告、名称为"稀土金属丝"的发明专利(即本专利)……针对本专利,长河公司于2007年1月4日向专利复审委员会提出无效宣告请求……2009年3月31日,专利复审委员会对本案进行了口头审理,长河公司及左生华参加了口头审理……长河公司明确:1. 从附件2、3或4可以说明本专利不符合《专利法》第二十二条第二款有关新颖性的规定;2. 以附件1评述本专利的创造性。

合议组当庭告知:根据《审查指南》第四部分第三章第4.1第3段的规定,无效请求书中没有提到有关本专利创造性的评述方式,合议组对长河公司主张本专利相对于附件1不具备创造性的理由不予考虑……

2009年6月18日,专利复审委员会向左生华及长河公司发出无效宣告请求口头审理通知书,称:本案合议组定于2009年7月23日9时,对本专利的无效宣告请求进行口头审理。口头审理涉及的主要问题是:本专利权利要求1、2相对于附件2第210页的图14-6中的99.99%的铽或者附件6第235页的表151页纯度为99.99%的稀土金属产品是否具备新颖性和创造性。

2009年7月23日,专利复审委员会进行了口头审理,长河公司及左生华参加了口头审理。合议组首先明确,本次口头审理的范围即为2009年6月18日通知书中载明的口头审理涉及的主要问题。长河公司及左生华均发表了意见。

……

在本案二审审理过程中,专利复审委员会认可长河公司在无效审查阶段主张用附件2评述新颖性,[而]专利复审委员会依职权用附件2、附件6对本专利的创造性进行了评述。专利复审委员会之所以没有评述新颖性而是评述创造性,是因为其认为本专利是具有新颖性的。专利复审委员会亦认可,在2009年7月23日的口头审理过程中,左生华就专利复审委员会依职权引入本专利相对于附件6不具备新颖性以及相对于附件2、6不具备创造性的无效理由的做法持有异议,但专利复审委员会已经允许双方当事人发表了意见,其做法符合《审查指南》规定的"听证原则",且在无效请求人已经提出新颖性的无效理由的情况下,其引入相关证据评述创造性并未超越职权。长河公司对专利复审委员会在二审开庭过程中关于本专利具有新颖性的陈述未持异议。

在二审审理过程中,专利复审委员会对于长河公司关于"专利复审委员会依职权审查,也符合《审查指南》关于专利复审委员会可以依职权审查的三种情形中的'认定技术手段是否为公知常识,并可以引入技术词典、技术手册、教科书等所属技术领域中的公知常识性证据'之情形"的主张不予认可,而是主张其依职权审查的依据是:一、《审查指南》第四部分第一章第2.4部分规定的"依职权审查原则",即"专利复审委员会可以对所审查的案件依职权进行审查,而不受当事人请求的范围和提出的理由、证据的限制";二、《审查指南》第四部分第三章第4.1部分所规定的"请求人提出的无效宣告理由明显与其提交的证据不相对应的,专利复审委员会可以告知其有关法律规定的含义,允许其变更或者依职权变更为相对应的无效宣告理由。"

另查:2003年8月19日,包头市长河稀土有限公司针对本专利向专利复审委员会提出无效宣告请求,其理由包括本专利不符合《专利法》第二十二条第一、二、三款的规定,但其向专利复审委员会提交的相关证据,不包括本案涉及的附件2和附件6……

本院认为:

根据《专利法》第四十五条和第四十六条第一款的规定,专利复审委员会对宣告专利权无效的请求进行受理和审查,并作出决定。国家知识产权局根据《专利法实施细则》第一百二十二条的规定制定的《审查指南》属于行政规章,是《专利法》及《专利法实施细则》的具体化。在《审查指南》的相关规定与法律、法规不相冲突的情况下,应当作为专利复审委员会依法行政的依据和标准。

《审查指南》第四部分第一章第2.3节"请求原则"规定,无效宣告程序应当基于当事人的请求启动;第2.4节"依职权审查原则"规定,专利复审委员会可以对所审查的案件依职权进行审查,而不受当事人请求的范围和提出的理由、证据的限制。《审查指南》第四部分第三章第4.1节"审查范围"规定,在无效宣告程序中,专利复审委员会通常仅针对当事人提出的无效宣告请求的范围、理由和提交的证据进行审查,不承担全面审查专利有效性的义务;请求人在提出无效宣告请求时没有具体说明的无效宣告理由以及没有用于具体说明相关无效宣告理由的证据,且在提出无效宣告请求之日起一个月内也未补充具体说明的,专利复审委员会不予考虑。同时具体规定了专利复审委员会可以依职权进行审查的三种情形,包括:一是请求人提出的无效宣告理由明显与其提交的证据不相对应的;二是专利权存在请求人未提及的缺陷而导致无法针对请求人提出的无效宣告理由进行审查的;三是认定技术手段是否为公知常识,引入公知常识性证据。专利复审委员会在对无效宣告请求进行审查时,应当依据《审查指南》规定的"请求原则""依职权审查原则",遵守《审查指南》关于"审理范围"的规定。

本案的审理焦点在于,在无效宣告程序中,针对专利复审委员会的审查范围,应如何理解《审查指南》规定的"依职权审查原则"及其与"请求原则"的关系。本院认为,在《审查指南》同时规定了"请求原则"和"依职权审查原则"的情况下,专利复审委员会依职权审查应遵循"请求原则",依职权审查的情形原则上应是特定的、明确的,原则上应限于《审查指南》"审理范围"列明的可以依职权审查的具体情形。即使在上述具体情形之外,也应属于与其性质相同或相近的情形,而不能对依职权审查原则任意做扩大解释。

本案中,长河公司在2007年1月4日向专利复审委员会提出的无效宣告请求中,并没有明确以哪个附件评价本专利的创造性;在2009年3月31日的口头审理中,长河公司虽然提出以附件1评价本专利的创造性,但因其并没有提到有关本专利创造性的评述方式,故专利复审委员会以不符合《审查指南》第四部分第三章第4.1节"审查范围"的相关规定为由,当庭告知对长河公司主张本专利相对于附件1不具备创造性的理由不予考虑。专利复审委员会的上述行为并无不当。但是,该次口头审理结束后,专利复审委员会却依职权引入本专利相对于附件6不具备新颖性以及相对于附件2、6不具备创造性的无效理由,并于2009年7月23日再次就上述无效理由进行了口头审理。对此,本院认为,在长河公司未提出本专利相对于附件6不具备新颖性以及相对于附件2、6不具备创造性的无效理由的情况下,专利复审委员依职权引入上述无效理由的行为违反了《审查指南》第四部分第一章第2.3节规定的"请求原则";亦不属于《审查指南》第四部分第三章第4.1节"审查范围"规定的可以依职权审查的三种具体情形,或者与上述列举的具体情形性质接近的所谓"明显"情形。因此,专利复审委员会依职权引入上述无效理由属于超越职权的行政行为。专利复审委员会据此进行审查并作出第13676号决定的程序违法,依法应当予以撤销。鉴于专利复审委员会在第13676号决定中没有对长河公司提出的本专利相对于附件2、3或4不具备新颖性的无效理由进行评述,考虑到本案具体情况,专利复审委员会应当重新作出行政决定。本案中,专利复审委员会和长河公司关于专利复审委员会对所审查的案件依职权进行审查,不受当事人提出的理由、证据限制的上诉主张,违背了《审查指南》规定的"请求原则",其脱离"请求原则"对"依职权审查原则"进行的解释是错误的,故本院对其相关主张不予支持。

专利复审委员会还主张,对于其依职权引入的相关无效理由和证据,双方当事人均发表了意见,故其程序上并无不当。对此,本院认为,专利复审委员会的上述主张涉及到《审查指南》规定的"请求原则""依职权审查原则"与"听证原则"的关系问题。根据《审查指南》第四部分第一章第2.5节"听证原则"的规定,专利复审委员会在作出审查决定之前,应当给予审查决定对其不利的当事人针对审查决定所依据的理由、证据和认定的事实陈述意见的机会。但是,满足上述"听证原则"不能违背"请求原则"或"依职权审查原则"的相关规定,故本院对专利复审委员会的此项主张不予支持。

长河公司主张,适用程序法应考虑实体权利也涉及整个社会不特定多数人的共同利益,对此,本院认为,程序公正是实体公正的前提,没有程序公正,就谈不上依法保障专利权人和社会公众的利益。虽然本案二审的焦点问题属于程序问题,但本院也注意到,专利复审委员会已经生效的第8729号决定所认定的相关事实与本案具有一定关联性,专利复审委员会在本案中依职权引入附件2和附件6评价本专利创造性,可能对本案结果具有重大影响,故对长河公司相关诉讼主张不予支持。

在本院审理过程中,专利复审委员会主张,《审查指南》第四部分第三章第4.1部分所规定的"请求人提出的无效宣告理由明显与其提交的证据不相对应的,专利复审委员会可以告知其有关法律规定的含义,允许其变更或者依职权变更为相对应的无效宣告理由",亦是其作出行政决定的依据之一。对此,本院认为,本案并不涉及任何对相关证据和无效宣告理由是否具有对应性的判断问题,专利复审委员会所主张的作出行政决定的依据不具有合法性,本院对其此项主张亦不予支持。

思考问题:

在专利复审和无效宣告程序中,复审委依职权审查的范围是否应当完全相同?

4.4 "一事不再理"原则

《专利法实施细则》(2010)第66条第2款规定:"在专利复审委员会就无效宣告请求作出决定之后,又以同样的理由和证据请求无效宣告的,专利复审委员会不予受理。"此即所谓"一事不再理"原则。

《专利审查指南》对无效宣告程序中的"一事不再理"原则有更具体的规定:"对已经作出审查决定的无效宣告案件涉及的专利权,以同样的理由和证据再次提起无效宣告请求的,不予受理和审理。如果再次提起的无效宣告请求的理由或者证据因时限等原因未被在先的无效宣告请求审查决定所考虑,则该请求不属于上述不予受理和审理的情形。"①这一规定没有明确"一事不再理"原则是否具有对世效力。不过,在实践中专利复审委认为,"一事不再理"原则的效力不仅及于先前无效宣告程序的请求人,也及于任何第三方。法院也接受这一做法。这与一般民事诉讼中"一事不再理"原则的适用有明显差异。本书认为,这一规则可能导致没有参与诉讼的第三方被迫接受先前很失败的诉讼结果的约束,并非合理的制度安排。过去,日本有类似中国的规则,赋予专利无效诉讼中"一事不再理"原则的对世效力,现在已经修改为仅仅对当事人与诉讼参与人有约束力。②

"一事不再理"原则适用的前提是,复审委已经就相同的理由和证据作出了决定。如上述《专利审查指南》所述,如果由于当事人超过举证期限或主动放弃等原因导致复审委并没有就该证据作出审查决定,则并不导致这一原则的适用。这里的证据相同,不仅仅是证据内容整体上(或者形式上)相同,而要求请求人利用证据中的局部内容相同。如果后来者利用的是同一份证据中的不同内容,则不应视为相同证据。理由相同也要具体到理由类别及说理方式的相同。比如,在创造性判断的过程中,基于相同的两份在先文献,选择其中之一作为最接近的现有技术,就可能得出不同的结论。

在相同证据之外,如果有其他不同证据,"一事不再理"原则也就不再适用。比如,在广东妇健企业有限公司 v. 专利复审委员会((2003)一中行初字第91号)案中,法院指出:

> 针对本案专利,黄韬与侨凤公司虽然分别以本案专利不具备创造性为由向被告提出无效宣告请求,而且他们向被告提供的证据均包括对比文件1和2,但是,黄韬与侨凤公司除对比文件1和2外还分别提供了其他不相同的对比文件。也就是说,黄韬与侨凤公司针对本案专利提出的无效宣告请求虽然基于相同的理由,但并非依据相同的证据,因此,被告作出第3328号决定后,对侨凤公司的无效宣告请求予以受理,并无不当。原告关于第3039号决定违反"一事不再理"原则的主张,本院不予支持。

4.5 法院对专利效力的判决

如皋市爱吉科纺织机械有限公司 v. 专利复审委员会

最高人民法院(2007)行提字第3号

蒋志培、王永昌、郃中林法官:

北京市高级人民法院经审理查明:本案涉及原中国专利局授予的名称为"清洁器吸棉管废棉截留装置"的第98248629.4号实用新型专利(以下简称本专利)……

[爱吉科公司向专利复审委员会提出无效宣告请求。专利复审委员会宣告98248629.4号实用新型专利权的权利要求1—9无效,维持权利要求10有效。爱吉科

---

① 《专利审查指南》(2010)第四部分第三章第2.1节。
② 〔日〕青山纮一:《日本专利法概论》,聂宁乐译,知识产权出版社2014年版,第205页。

公司不服,提起诉讼。北京市第一中级人民法院维持专利复审委员会的审查决定。爱吉科公司提出上诉。]

北京市高级人民法院经审理认为……一审判决和专利复审委员会作出的第4988号无效决定,认定事实有误,予以纠正。该院依照《中华人民共和国行政诉讼法》第六十一条第(三)项、《最高人民法院关于执行〈中华人民共和国行政诉讼法〉若干问题的解释》第七十条之规定,于2004年9月29日以(2004)高行终字第95号行政判决书判决:一、撤销北京市第一中级人民法院(2003)一中行初字第522号行政判决;二、撤销国家知识产权局专利复审委员会作出的第4988号无效宣告请求审查决定;三、<u>第98248629.4号"清洁器吸棉管废棉截留装置"实用新型专利权无效</u>……

专利复审委员会不服二审判决,向本院提出再审申请称,二审判决认定事实和适用法律均有错误,将对今后一系列涉及企业标准的专利案件造成影响,请求依法撤销本案二审判决,维持一审判决。主要理由是……3. 二审判决直接判决本专利无效没有法律依据。对于专利无效纠纷案件的判决方式不能超越行政诉讼法及其司法解释的规定。维持专利权有效或者宣告专利权无效是法律赋予专利复审委员会的专有职权。二审法院的这种判决方式也导致专利复审委员会执行判决时在登记和公告环节上的实际操作困难。

爱吉科公司答辩称,二审判决认定事实清楚,适用法律正确,应予维持。主要理由是……二审法院直接判定本专利无效并无不妥。对专利无效案件的司法复审,依法实行全面审查原则,法院应当有权对专利权是否有效作出认定。这有利于解决纠纷,维护当事人利益,维护司法判决的权威性,也符合司法救济的效益原则……

[本案的焦点问题之一是法院直接判决宣告专利权的效力是否具有法律依据。最高人民法院认为:]

现行专利法第四十六条第二款规定:"对专利复审委员会宣告专利权无效或者维持专利权的决定不服的,可以自收到通知之日起3个月内向人民法院起诉。人民法院应当通知无效宣告请求程序的对方当事人作为第三人参加诉讼。"据此规定,人民法院对这类案件作为行政案件受理并依据行政诉讼程序进行审理。

根据我国行政诉讼法的规定,即使专利复审委员会的决定错误,法院也不能直接予以变更,只能判决撤销或者一并要求重作决定。在判决主文中直接对涉案专利权的效力作出宣告判决,超出了行政诉讼法及其司法解释有关裁判方式的规定,缺乏充分的法律依据。在现行的行政诉讼法律框架下,人民法院审理专利无效纠纷案件,应当依法按照合法性审查原则,对所争议专利是否符合专利法规定的专利授权实质性条件等问题作出判断。但对于宣告专利权有效性问题,仍应遵循现行法律规定的裁判方式进行。专利复审委员会有关本案二审法院直接判决本专利无效缺乏法律依据的申请再审理由,应予支持。

思考问题:

(1) 不考虑行政与司法的分权,在侵权诉讼中让法院直接对专利的效力作出判断,会有哪些负面后果?

(2) 在现有的法律框架下,有变通措施解决法院无法直接对专利权效力作出判断所导致的困难吗?

5 比较法上专利授权后的程序

5.1.1 日本侵权诉讼中的专利无效抗辩

日本将全国的专利侵权案件的管辖区域分成两部分,一部分归东京地方法院,一部分归大阪地方法院。因此,一般情况下,全国只有上述两个法院接受专利侵权案件。例外情况是上述法院对应当审理的专业技术缺乏能力、对当事人不利或导致诉讼延迟。这时候可以依据当事人申请或者法院依职权将案件移送其他地方法院。上述法院作出一审判决后,上诉审由东京高等法院专属管辖。在出现类似上述例外情况时,可以依据当事人申请或者依职权移送大阪高等法院管辖。①

在专利侵权诉讼中,如果专利权属于应当依法被宣告无效的,专利权人或专有实施权人不得向对方行使权利。② 即,被告可以直接提出专利权无效的侵权抗辩。过去,被告在侵权诉讼中不能提出此类抗辩,也要走类似中国的专利无效宣告程序。③ 但是,在该侵权诉讼之外,专利局的专利名义上还是有效的。过去有两个地方法院对同一专利的效力作出不同判决的情形存在。现在两个地方法院实际上有联系,不同判决的可能性较低。

日本特许厅公布的数据显示,在侵权案件中,法院对于无效抗辩的支持率约50%。律师对于这一高比例有意见,认为这可能会损害权利人的利用专利制度的积极性。日本现在正在考虑改变现有的法院与专利局分别认定专利权效力的状态,可能的选项是逐步集中。

5.1.2 美国专利重新颁发制度

在美国专利法下,专利权人可以请求专利局更正已授权专利中的错误,重新颁发(reissue)修改后的专利。第三方则不可以提出重新颁发申请。④ 对于重新颁发申请,专利局比照一份新的专利申请进行审查。有意见指出,一旦提出再颁申请,原先的专利不再被推定为有效。因此,这一程序对于申请人而言,要冒再颁专利申请无法获得授权的风险。⑤ 重新颁发的专利的保护期是原始专利剩余的期限。同时,除非重新颁发申请在原始专利授权后两年内提出,否则该重新颁发的专利不能扩大原始专利的保护范围。⑥

---

① 〔日〕青山纮一:《日本专利法概论》,聂宁乐译,知识产权出版社2014年版,第54页。
② 《日本专利法》第104条之3。
③ 李扬:《日本专利权当然无效抗辩原则及其启示》,载《法律科学》(西北政法大学学报)2012年第1期,第169页。
④ 〔美〕J. M. 穆勒:《专利法》(第3版),沈超、李华等译,知识产权出版社2013年版,第292页。
⑤ 同上书,第291页。
⑥ 35 U.S.C. § 251.

重新颁发的专利不能妨碍公众在重新颁发之前已经从事的行为,除非该重新颁发的专利中含有与原始专利相同的权利要求,而该权利要求被上述行为侵害。① 公众所享有的这一权利被称作"Intervening right",有点类似于中国法意义上的"先用权"。公众如果还没有实施专利,但已经做好实施准备,也可以主张此类权利。②

专利权人申请重新颁发专利通常是因为说明书中存在缺陷、权利要求过于宽泛或过窄、没有正确地引用在先技术等。在 2011 年 AIA 法案通过之前,专利法要求这些缺陷不能是出于欺骗意图(decetpive intention),否则不能申请重新颁发。③ AIA 法案则删除了这一限制条件④,从而避免了判断申请人主观状态所带来的不确定性。

在重新颁发过程中,专利权人不能重新要求保护(recapture)他先前在原始专利的申请过程中已经放弃的技术方案。⑤ 联邦巡回上诉法院利用下列三步测试法来判断申请人是否是在重新要求保护:首先,判断重新颁发的权利要求是否比原始专利的权利要求要宽,以及在什么方面要宽。其次,判断重新颁发的权利要求中增加的内容是否与原始专利申请过程中放弃的客体相关。最后,判断重新颁发的权利要求在其他方面是否被实质性地限缩,以至于权利要求没有被扩张,从而避免了重新要求保护规则的适用。⑥ 美国专利审查指南对此有非常详细的介绍。⑦

如果专利文件中存在文字错误或其他细小的错误,明显是无意(good faith)所致,对其作出修改并不会使得专利涵盖新的客体内容,也无须重新审查,则专利局可以直接发给专利权人一个更正证明(certificate of correction)。⑧ 申请人无须申请重新颁发专利。

中国专利法上没有类似的专利重新颁发制度。对于专利申请人而言,从一开始保证专利文件的撰写质量就显得更加重要。权利要求的撰写,尤其如此。如果仅仅撰写比较宽泛的权利要求,而没有撰写足够多的从属权利要求,则将来可能会面临宽泛的权利要求被宣告无效,而又没有较窄的从属权利要求可替代的尴尬局面。反之,如果权利要求一开始写得太窄,事后可能发现该专利实际上并不能有效对抗竞争对手而失去价值。

面对上述尴尬局面,专利权人可能的补救措施是自行提出无效宣告请求,然后在无效程序中缩小权利要求的范围,以维持专利权的效力。不过,对于具体的侵权诉讼而言,这一补救措施可能是缓不济急。同时,中国《专利审查指南》对无效宣告程序中权利要求的修改作出严格限制,如前所述,一般限于所谓的"权利要求的删除、合并和

---

① 35 U.S.C. § 252.
② 35 U.S.C. § 252.
③ 35 U.S.C. § 251(a) (Pre-AIA).
④ 35 U.S.C. § 251(a).
⑤ MPEP § 1412.02 Recapture of Canceled Subject Matter.
⑥ North American Container, Inc. v. Plastipak, Inc., 415 F.3d 1335, 1349(Fed. Cir. 2005).
⑦ MPEP § 1412.02 Recapture of Canceled Subject Matter.
⑧ 35 U.S.C. § 255.

技术方案的删除"。这进一步导致事后补救措施的作用非常有限。从授权后的程序看,中国专利制度远没有美国对专利权人友好。

5.1.3 美国的授权后复审制度

2011 年,美国 AIA 创设了新的授权后复审制度(Post-grant Review),自 2012 年 9 月 16 日生效。这一程序类似于欧洲专利局(EPO)的异议程序(oppsition)。在专利授权(含重新颁发)后 9 个月的窗口期内,第三方可以请求启动此程序。设置 9 个月的时间限制,可能是立法者希望受影响的公众尽早提出挑战,从而尽快清除效力可能有瑕疵的专利权。请求人提出请求的另一项前提,该请求者未对该专利提出无效宣告请求。① 只有请求人提供的证据表明,至少有一项权利要求很有可能(more likely than not)不应被授权时,专利局才可以启动此项程序。② 这里的"很有可能标准"要求较高,比后文所说的双方复审程序(IPR)中的"合理可能性(a reasonable likelihood)"标准要严格。专利局(局长)的关于是否启动授权后复审程序的决定,不可上诉。

请求授权后复审的理由比较宽泛,可以是导致专利权无效的各种缺陷(不含最佳实施例披露方面的缺陷)。③

除了请求时间窗口限制、复审理由等方面的差异外,这一程序在其他方面与下面要介绍的双方重新审查程序大致类似。**在授权后复审程序中,专利权人可以提出一次请求以修改诉争的权利要求。**④ 如果需要额外的修改机会,则需要专利权人和请求人共同提出,或专利权人基于合理理由提出申请,并经过专利局许可。修改权利要求时,**不得扩大权利要求范围或增加新的客体**。⑤

对于专利审查和上诉委员会(PTAB)的决定,请求人可以提起诉讼。公众对于修改后的权利要求,也有所谓的 Intervening Right。⑥ 即,该修改后的专利权利要求不能妨碍公众在权利要求修改前已经从事的行为,即便该权利要求依然覆盖诉争的专利实施行为。公众如果还没有实施专利,但已经做好实施准备,也可以主张此类权利。⑦ 这有点类似于中国法意义上的"先用权"。

5.1.4 美国法上的专利重新审查制度

美国的专利再审查程序,是在专利授权后出现新的可专利性疑问后对专利进行重新审查的制度。它分为单方程序(*Ex Parte Reexamination*)和双方程序(*Inter Partes Reexamination*)两种。前者是主要在专利权人和专利局之间展开,第三方参与有限,所以称单方程序。而后者则是前者的补充,第三方能够更多地参与重新审查程序。

---

① 35 U.S.C. § 321.
② 35 U.S.C. § 324.
③ 35 U.S.C. § 321;§ 282.
④ 35 U.S.C. § 326(d).
⑤ 35 U.S.C. § 326(d).
⑥ 35 U.S.C. § 328.
⑦ 关于 intervening right 的具体规定,可以参考 35 U.S.C. § 252.

(1) 单方重新审查程序(Ex Parte Reexamination)

在单方程序中,美国专利法许可专利权人或第三方在专利有效期内任何时间对专利权的效力提出质疑,从而启动重新审查(reexamination)程序。第三方可以匿名提出再审查要求。对于专利权效力的质疑,只能基于专利文献、书面出版物或专利权人在司法或专利申请程序中关于争议权利要求范围的陈述。① 专利局决定是否启动重新审查程序的标准是看申请者所提交的证据是否对可专利性提出新的实质性的质疑("a substantial new question of patentability")。② 专利局对于重新审查请求的决定是终局的,不可上诉。③ 专利局作出启动重新审查程序的决定后,专利权人可以在合理时间内提交书面陈述意见并提出权利要求修改建议。专利局将该意见和修改意见转交给提出重新审查请求的第三方,第三方可以据此提出答复意见(reply)。④ 此后,第三方不再参与重新审查程序。在最终的审查程序文件公开前,第三方无法了解中间发生的事情。

在重新审查程序中,审查员按照当初的审查程序对专利权利要求进行审查。专利权利要求可以被修改或删除,但是权利要求不能被拓宽。⑤ 专利权人可以就重新审查的决定请求"专利审查和上诉委员会"(the Patent Trial and Appeal Board)复审,并最终提出司法救济。

重新审查决定最终生效后,专利局会公告撤销(canceling)的那些不应获得授权的专利权利要求,以及公布那些新修改获得授权的权利要求。对于那些新获得授权的权利要求,其法律效果与重新颁发专利权利要求法律效果相同。⑥ 也就是说,第三方享有类似的在先使用权。

(2) 双方再审查程序(Inter Partes Reexamination)

双方重新审查程序顾名思义,只能由第三方提出请求发动,而且不能匿名。专利局决定是否启动重新审查程序的标准与单方程序相同,即请求人就专利性提出新的实质性的质疑。专利局拒绝重新审查的决定是终局的,请求人不能寻求司法救济。⑦

重新审查程序与当初的审查程序大致相当,但是专利局向双方转达各自提交的文件。专利局向第三方提供专利局与专利权人之间的通讯文件。针对专利权人提交给专利局的答复意见,第三方也可以提交评论意见。⑧ 双方对于专利局的最终决定不服的,可以请求专利上诉与争议委员会(the Board Patent Appeals and Interferences)复审,并最终请求司法救济。⑨

AIA法案对双方再审查程序进行了改革,代之以所谓的双方复审程序(Inter Partes

---

① 35 U.S.C. § 301.
② 35 U.S.C. § 303(a).
③ 35 U.S.C. § 303(c).
④ 35 U.S.C. § 304.
⑤ 35 U.S.C. § 305.
⑥ 35 U.S.C. § 307.
⑦ 35 U.S.C. § 312 (Pre-AIA).
⑧ 35 U.S.C. § 314 (Pre-AIA).
⑨ 35 U.S.C. § 315 (Pre-AIA).

Review)程序。自2012年9月16日以后,双方重新审查程序(Inter Partes Reexamination)退出历史舞台。① 这里Reexamination与Review看似一词之差,实际上代表着程序的定位差异。Reexamination是一种实质审查程序。而Review则意味该程序更接近准司法的复审程序。

5.1.5 美国法上的双方复审程序

双方复审程序(Inter Partes Review, IPR),顾名思义,只能由第三方提出请求发动,而且不能匿名。② 请求的理由比单方重新审查程序(Ex Parte Reexamination)窄,只能是利用专利文献或印刷物证明诉争的权利要求存在《专利法》上第102条(新颖性)、第103条(创造性)缺陷。③ 只能在专利授权满9个月后向"专利审查和上诉委员会"(the Patent Trial and Appeal Board)提出。如果有悬而未决的"授权后复审程序"(Post-grant Review),则要等该程序结束,从而避免与已经存在的"授权后复审程序"重叠。④

专利局决定是否启动这一程序的标准是,请求人有合理可能性("a reasonable likelihood")挑战成功至少一个权利要求。如前所述,这一证明标准比前文的授权后复审(PGR)程序的"很有可能(more likely than not)"证明标准要低。专利局关于是否启动程序的决定是终局,请求人不能提起诉讼。⑤

在这一程序中,专利权人有一次机会修改诉争的权利要求。如果需要额外的修改机会,则需要在专利权人和请求人共同提出或在专利局许可的例外情形下才可以。修改不得扩大原有权利要求范围,或引入新的客体内容。⑥ 专利审查和上诉委员会(PTAB)作出决定后,对于该决定不服的一方可以提起诉讼,寻求司法救济。⑦ 该委员会的决定最终生效后,专利局将公告决定内容。

对于新修改的权利要求,公众也享有"Intervening right"。这与专利再审程序中引入的新权利要求类似。⑧

在本书作者看来,除了适用的申请理由范围显著不同外,双方复审程序(IPR)与前面提到的授权后复审程序(PGR)之间的差别很细微。大致可以理解为,在授权后9个月内,专利局审查和上诉委员会更愿意应请求比较全面地审查授权专利(PGR);在9个月期满后,则选择只接受有限的复审理由(IPR)。从这一意义上讲,IPR与PGR并不像并列或竞争的程序,而更像是在时间顺序上衔接的程序。如果适用范围有限的IPR程序无法满足第三方挑战专利权的需要,第三方依然可以直接通过民事程序请求法院宣告专利无效。

---

① AIA Section 6.
② 35 U.S.C. § 312.
③ 35 U.S.C. § 311(b).
④ 35 U.S.C. § 311(c).
⑤ 35 U.S.C. § 314.
⑥ 35 U.S.C. § 316.
⑦ 35 U.S.C. § 319.
⑧ 35 U.S.C. § 318.

第 8 章
发明(专利)权属

1 概述

1.1 发明权属的制度框架

一项发明完成后,在提出专利申请之前,法律意义上的归属问题就会浮上水面。最初,该发明以技术秘密(技术成果)的形式存在,法律需要解决它的原始归属问题。随后,如果相关主体要提出专利申请,则进入专利法的视野。专利法大致要明确三点:首先,"谁有权利提出专利申请",即所谓"申请专利的权利"的归属;其次,在专利申请提出后、授权前,所谓"专利申请权"的行使;最后,在专利申请获得授权后,该专利权的归属。技术成果的原始归属与专利法意义上的权利归属有着密切的对应关系。在合同没有作出相反约定的情况下,技术成果的原始归属与"申请专利的权利"(专利申请权)及专利权的归属是一致的。

在讨论发明的权属问题时,本书并不仅仅局限于专利法意义上的"申请专利的权利""专利申请权"或专利权的归属;相反,它将在更一般意义上讨论发明的原始归属,并以此作为讨论"申请专利的权利""专利申请权"与专利权归属的基础。

与发明过程有关的要素无非是人和物,可能对发明成果提出权利要求的自然是参与发明过程的人和提供物质帮助的人。如何在参与发明过程的人之间分配发明成果,是"共同发明"(合作开发)制度要解决的问题;如何在发明人和提供物质帮助的人之间分配发明成果,则是职务发明(职务技术成果)、委托发明(委托开发技术成果)、政府资助发明制度所要解决的问题。本书在下文中将按照这一分类逐一讨论上述各类发明的归属问题。

1.2 发明(技术成果)权属的法律衔接

在中国,技术成果的原始归属和权益分配涉及诸多的法律,包括《民法通则》[①]、

[①] 《民法通则》(1986)第 97 条第 2 款规定:"公民对自己的发明或者其他科技成果,有权申请领取荣誉证书、奖金或者其他奖励。"

《科技成果转化法》①和《合同法》(第18章技术合同部分)②等。本章在讨论发明的归属问题时,放眼所有相关法律,而不仅仅局限于《专利法》上关于专利申请权和专利权归属的规定。

理论上讲,专利法可以将确定技术成果权属的任务交给上述专门立法,然后简单地将专利申请权与专利权归属与技术成果的原始所有权挂钩。不过,《专利法》并没有选择这么做。《专利法》选择从所谓的"申请专利的权利"入手,对有关的权属作出规定。这主要体现在《专利法》第6条(职务发明)和第8条(共同发明和委托发明)的规定中。这两条规定分别对职务发明和共同发明的实质构成要件作出规定,然后在此基础上确定"申请专利的权利"的归属。

不过,在多个法律对同一主题进行规范的情况下,立法者需要解决法律之间的衔接问题,避免不必要的矛盾冲突。比如,发明人对于职务发明(专利法)或职务技术成果(合同法)所享有的权利,《专利法》与《合同法》的规定就有些出入。《合同法》赋予发明人回购职务技术成果的优先权——"法人或者其他组织订立技术合同转让职务技术成果时,职务技术成果的完成人享有以同等条件优先受让的权利。"③而《专利法》上并没有相应的规定。再对比《专利法》与《促进科技成果转化法》,二者对发明人的奖励要求也同样存在差别。《专利法》没有量化的奖励要求,但是,《专利法实施细则》(2010)第76—78条中则有量化的奖励要求(比如实施发明或实用新型专利每年营业利润2%以上,更多细节参见下文)。《促进科技成果转化法》(2015)的奖励要求比前者要激进得多。该法第45条规定:

> 科技成果完成单位未规定、也未与科技人员约定奖励和报酬的方式和数额的,按照下列标准对完成、转化职务科技成果作出重要贡献的人员给予奖励和报酬:
>
> (一)将该项职务科技成果转让、许可给他人实施的,从该项科技成果转让净收入或者许可净收入中提取不低于百分之五十的比例;
>
> (二)利用该项职务科技成果作价投资的,从该项科技成果形成的股份或者出资比例中提取不低于百分之五十的比例;
>
> (三)将该项职务科技成果自行实施或者与他人合作实施的,应当在实施转化成功投产后连续三至五年,每年从实施该项科技成果的营业利润中提取不低于百分之五的比例。

---

① 《促进科技成果转化法》(2015)第2条、第42—45条等。
② 《合同法》(1999)第339—341条对委托开发或合作开发技术成果的归属作出规定。关于职务技术成果,《合同法》没有直接规定权属规则。不过,第326条规定:职务技术成果的使用权、转让权属于法人或者其他组织的,法人或者其他组织可以就该项职务技术成果订立技术合同。法人或者其他组织应当从使用和转让该项职务技术成果所取得的收益中提取一定比例,对完成该项职务技术成果的个人给予奖励或者报酬。法人或者其他组织订立技术合同转让职务技术成果时,职务技术成果的完成人享有以同等条件优先受让的权利。
③ 《合同法》(1999)第326条。

国家设立的研究开发机构、高等院校规定或者与科技人员约定奖励和报酬的方式和数额应当符合前款第一项至第三项规定的标准。

国有企业、事业单位依照本法规定对完成、转化职务科技成果作出重要贡献的人员给予奖励和报酬的支出计入当年本单位工资总额,但不受当年本单位工资总额限制、不纳入本单位工资总额基数。

这些法律之间的一致性很差,在操作层面上必然会带来明显荒谬的结果。比如,依据《促进科技成果转化法》(2015)第45条,在没有实现合同约定的情况下,如果企业转让技术秘密,需要将高达50%的净收入作为奖励;而依据《专利法实施细则》(2010)第78条,企业许可专利,则只需以10%的税后所得作为奖励。在立法者消除这些法律差异之前,利用所谓特别法优于一般法的原则能够将这一荒谬的结果合理化——假定立法者对不同类型的技术成果有不同的奖励要求,尽管这一政策可能完全没有正当性。

1.3 申请专利的权利与"专利申请权"

《专利法》对所谓的"申请专利的权利"作出规定,从而从侧面对发明(技术成果)的归属进行规范。"申请专利的权利",顾名思义,是指就特定发明提出专利申请的权利。通常情况下,申请专利的权利是发明(技术成果)所有权内容的一部分。《专利法》第6条和第8条将之作为一种单独的权利加以规定,难免引发争议。

《专利法》上多处条文使用了所谓"专利申请权"说法,比如第10条(专利申请权和专利权可以转让)、第15条(共有权的行使)以及第72条(剥夺非职务发明的专利申请权)。不过,《专利法》并没有定义何谓"专利申请权"。从字面上看,专利申请权可能包括两部分内容:其一,是上文所述的提出专利申请的权利;其二,是申请人对已提出但尚未授权的专利申请的权利。结合各条使用这一概念的背景,本书倾向于后者。

2 共同发明

2.1 共同发明的构成要件

《专利法》(2008)第8条:两个以上单位或者个人合作完成的发明创造、一个单位或者个人接受其他单位或者个人委托所完成的发明创造,除另有协议的以外,申请专利的权利属于完成或者共同完成的单位或者个人;申请被批准后,申请的单位或者个人为专利权人。

《专利法实施细则》(2010)第13条:专利法所称发明人或者设计人,是指对发明创造的实质性特点作出创造性贡献的人。在完成发明创造过程中,只负责组织工作的人、为物质技术条件的利用提供方便的人或者从事其他辅助工作的人,不是发明人或者设计人。

依据中国《专利法》第8条,合作完成的发明,在没有约定的情况下,合作完成者为共同发明人。判断一项发明是否为共同发明,关键是看发明人之间是否存在"合作"以及合作者是否作出"创造性贡献"。两项要素,缺一不可。

2.1.1 合作的合意

发明人之间法律意义上的合作,自然包含着相关主体的合意。所谓合意,应该是指双方有成为共同发明人的主观意愿。共同发明人之间必须存在最低限度的合作。所谓最低限度,应该是发明人至少要就发明方案中的部分问题进行私下的思想交流。对部分发明方案作出贡献的一方应该是在自觉的情况下作出的,他应该知道自己提供的知识解决了正在进行的发明方案中的部分问题。他可以对整体的技术方案一无所知①,但是必须清楚自己正在和其他人一道从事开发研究活动,自己的工作肯定是整体技术方案中的一部分。这也就意味着他主动配合,作出自己的贡献。

比如,在 Kimberly-Clark Corp. v. The Procter & Gamble Distributing Co. 案中②,美国联邦法院通过回顾立法历史和相关的司法判决,认为美国《专利法》第 116 条要求发明人之间存在一定的合作行为。"合作"(Jointly)并非可有可无的附加词汇,它要求多个发明人之间必须存在一定的联合行为(Joint behavior),比如在共同的指导下一道工作、基于合作者的内部报告进一步研究、在会议上倾听合作者的建议等等。如果相互之间完全不了解对方所做的工作,则不能成为共同发明人。

如果没有合意,即便一方对发明作出了实质性的贡献,也无法成为共同发明人。当然,这时候如何在共同发明制度之外定性该贡献方,需要看个案的事实背景。该贡献方可能是无偿提供帮助,而无需得到任何产权保护;也可能对自己贡献的内容享有商业秘密保护,但是向另一方发放默示的使用许可;也可能只是向对方披露技术秘密,而无许可使用的意思等等。在具体个案中,法院显然有相当的自由裁量权。

李禄卿 v. 王书镇

北京高院(1995)高知终字第 9 号

魏湘玲、刘继祥、孙苏理法官:

1992 年 4 月 7 日李禄卿将其设计的自动离合传动器向中国专利局申请了实用新

---

① 在团队合作的情况下,假若一个技术方案被分解成多个次级技术方案,然后由不同的研究人员各自承担。这时候,只有少数负责综合工作的人才知道每一个人所做的工作在整体方案中的位置和作用。而每一个次级方案的研究人员是按照别人的要求进行工作,或许并不知道自己的工作在整体方案中的位置。这并不妨碍这些研究成员一道成为共同的发明人。

② Kimberly-Clark Corp. v. The Procter & Gamble Distributing Co. , 973 F. 2d 911(1992)。该案中 K-C 和 P&G 是两个儿童尿布市场上的主要竞争者。1982 年 K-C 公司的雇员 Kenneth Enloe 发明了一种新的纸尿布,并申请了专利。1985 年 P&G 公司的 Michael Lawson 发明了另外一种纸尿布,也申请了专利。K-C 后来指控 P&G 公司的产品侵犯 K-C 的上述专利,并认为 K-C 的上述专利早于 P&G 的上述专利。而 P&G 则指出 Lawson 的发明是由 Lawson 和 Buell、Blevins 一道合作完成的。而 Buell 的工作早在 1979 年 3 月就开始了,因此 P&C 发明的时间反而应该早于 K-C 的发明。法院最终查明,Buell 和 Blevins 先前的方案并没有公开,Lawson 是在完全不知晓 Buell 和 Blevins 先前研究工作的情况下作出自己的发明。一审法院认为 P&G 无权要求增加新的发明人。

型专利,专利号为92206590(即所谓的"后置式"专利),该实用新型专利涉及一种机动车辆上使用的自动离合传动器……

1992年10月6日李禄卿携自动离合传动器参加了"92北京国际发明展览会",并在这次展览会上结识了王书镇。1992年10月16日经王书镇介绍,李禄卿与北京海淀比特车辆新技术开发公司签订了转让自动离合传动器实用新型专利技术的合同,并于同日将专利产品图纸共10张交给了王书镇。应王书镇请求,1992年10月21日,李禄卿向王书镇出示了星轮与变速箱输入轴配合安装的自动离合传动器方案草图(即所谓的"前置式"方案草图),并将该草图交给了王书镇。该图是一张总体设计图,包括有前置式方案的结构示意图和工作原理图,并已标明了齿轮参数、接合齿圈参数、各部件尺寸等,总体设计图的完成时间为1992年3月28日。王书镇看过该草图后认为,星轮与变速箱输入轴配合安装的技术方案,在92206950号自动离合传动器实用新型专利中难以保护,建议李禄卿另外再申请一项专利,李表示同意,其后王书镇主动要求并撰写了有关的专利申请文件,在此过程中王书镇还对前置式方案总体设计图的局部和细节做了必要的完善和修改。

1992年11月30日,李禄卿、王书镇一起去中国专利局递交了"半自动换挡方便滑行节油型变速器"专利申请,由王书镇办理有关申请手续,专利申请号为92242164(即所谓的"前置式"专利),该专利涉及一种机动车辆使用的半自动换挡方便滑行节油型变速器,在固定轴变速器输入轴前加装一个整体的、联锁机构可操纵的、装有镶块和镶套的滚柱式单向自动离合器……

李禄卿从王书镇处得到专利证书后,得知其与王书镇为92242164号实用新型专利共同的设计人和专利权人,随后李禄卿就王书镇是否有资格成为共同的设计人、专利权人问题与王书镇进行了协商,但未达成一致意见。1994年1月24日李禄卿向北京市中级人民法院提起了专利权属纠纷诉讼。

* * * *

北京市中级人民法院判决认定,李禄卿与王书镇争议的92242164号实用新型专利所揭示的发明主题是"半自动换挡方便滑行节油型变速器",这一技术方案已由李禄卿在1992年11月30日申报专利前完成,王书镇为该专利所做的工作,即在技术上增加内容及修改技术设计图中的错误,只是辅助性工作,王书镇不应成为该专利的设计人及专利权人。但是王书镇从事了修改图纸、代办申请专利等工作,理应得到一定的经济补偿。依据《中华人民共和国专利法》第10条第4款、《中华人民共和国诉讼实施细则》第11条的规定,北京市中级人民法院判决:1. 92242164号"半自动换挡方便滑行节油型变速器"实用新型专利的设计人、专利权人为李禄卿一人。2. 判决生效后7日内李禄卿支付王书镇申请实用新型专利的经济补偿1000元。

李禄卿、王书镇均不服,分别在法定期间内上诉至本院,请求本院依法改判,保护其合法权益。李禄卿上诉称:在一审审理中,王书镇并未就经济补偿提出任何请求,一审法院不应就此判决我支付王书镇1000元,而且1000元远远高出了国家规定的专利代理收费标准。

王书镇上诉称：我对92242164号专利的实质性特点作出了创造性贡献，该专利说明书的三个附图都是由我绘制的，而且在李禄卿于1992年10月21日将该专利方案草图交给我之前两天，我已独立构思、计算、绘制完成了与该专利方案相同的设计总图，一审法院却认为是辅助性的工作。另外在申请专利过程中我与李禄卿是平等合作的伙伴关系，并不是委托关系。一审判决在认定事实和适用法律方面均有错误，请求二审法院依法改判，驳回李禄卿的诉讼请求。

* * * *

本院认为，本案争议涉及的是1992年11月30日申请、1993年9月26日授权的"半自动换挡方便滑行节油型变速器"实用新型专利权利归属问题。该专利技术方案是在李禄卿、王书镇的共同努力下完成的，其中王书镇对李禄卿完成于1992年3月28日的前置式方案草图进行了完善和修改，并且撰写了92242164号实用新型专利的全部申请文件。但王书镇并未对该专利技术方案的实质性特点作出创造性贡献，其所做的工作是辅助性的。原因在于：第一，"后置式"专利[（现有技术）]与"前置式"专利工作原理相同，虽然后者外部增加了一个箱体，但结构上并无实质性差异，二者的实质不同仅在于滚柱式单向自动离合器的安装位置不同；第二，在李禄卿交给王书镇的"前置式"方案草图中已包括了结构示意图，经对比该图与"前置式"专利中的说明书附图3相同；第三，"前置式"专利中的附图1和2分别是汽车传动示意图和变速器工作原理图，此二图与"后置式"专利中的相应附图虽有一定区别，但这是由整个装置的工作原理决定的，并不构成实质性区别。

总之，"前置式"专利技术方案是对"后置式"专利与"前置式"方案草图的综合，本领域普通技术人员以其为基础，无须创造性劳动即可完成，王书镇不应成为"前置式"实用新型专利的共同发明人和专利权人。但是王书镇为"前置式"专利所付出的劳动应当得到承认，王书镇理应得到一定的经济补偿，一审法院判决李禄卿补偿王书镇1000元并无不当。

附件：李禄卿 v. 王书镇（一审）

北京市中院（1994）中经知初字第90号

孙健、罗东川、董建中法官：

审理查明，双方在申报"前置式"专利一事上，并未达成任何书面协议，对于口头约定也说法不一。另查，双方争议的前置式专利技术，已经中国专利局正式授予实用新型专利权……其权利要求书为：

一、一种机动车辆使用的半自动换挡方便滑行节油型变速器，其特征在于在固定轴变速器输入轴前加装一个整体的、联锁机构可操纵的，装有镶块镶套的滚柱式单向自动离合器。

二、如权利要求1所述的半自动换挡方便滑行节油型变速器，其特征是：套筒2与离合器被动轴1相连，其上有外齿圈6，它经常与内齿套8相啮合，星形轮3通过花键与变速器输入轴4相连,其上有外齿圈7,其齿数、齿形与外齿圈6相同,内齿套8可通过拨叉18由手柄19操纵向左、右移动,以实施套筒2与星形轮联锁或分离。

三、如权利要求1所述的半自动换挡方便滑行节油型变速器,其特征是:星形轮3的周边设有多个间距相等的凹槽,凹槽内嵌装有镶块29,套筒2内圆上装镶套28,它和镶块29之间设有多个滚柱5,星形轮3体上钻有多个安装弹簧13的孔,弹簧13一端套有顶帽14,靠弹簧13的推力使滚柱5经常和镶块29、镶套28相接触。

四、如权利要求1所述的半自动换挡方便滑行节油型变速器,其特征是:滚柱式单向自动离合器是装在箱体27上作为一个总成再装在发动机、离合器和固定轴变速箱之间。

该专利的说明书中,描述了此技术的背景资料,载明"本发明人在实用新型专利自动离合传动器(专利号92206590.x)公开了一种在固定轴变速器的输出轴(二轴)上加装一个联锁机构可操纵的、嵌装有镶块、镶套的滚柱式单向自动离合器……"。进而表明了本专利的发明主题,是为机动车辆提供一种半自动换挡方便滑行的节油型变速器。它克服了上述"自动离合器"专利技术的缺点,其实现是在车辆固定轴变速器输入轴之前加装一个整体的、联锁机构可操纵的、装有镶块、镶套的滚柱式,单向自动离合器。

……

审理中,王书镇在陈述其为本专利技术所做工作时,称做了如下工作,首先,增加了三处内容:1.总设计图中没有标明专利的第一技术特征—前置式(放在变速器的前方)它在汽车中的部位,它与前后相邻部件的关系。2.总设计图中没有标出专利的第二技术特征—滚柱式单向离合器的结构,滚柱、弹簧、顶肖、镶块结构,侧视图少了一个剖面图。3.设计图中套筒内孔没有设置衬套、易磨损、影响使用寿命。

王书镇称还就总设计图中存在的4处错误做了修改。1.图中第一轴滚动轴承(50213)的内座圈、第一轴均与箱体靠紧,汽车正常行驶时,内座圈和第一轴转速均在1000转份以上,而后者是静止的,这是设计的原则错误,如不改正,申报专利就不能成立。2.当拨叉5带动齿套10向右移动距离S,实现联锁时,拨叉5、拨叉6也相应移动同样距离s,操纵手柄下部和箱体盖8的右部阴影地区相干涉,即手柄9不能转动Q角,拨叉和齿套10也不能向右移动距离s,即不能实现单向离合器的联锁;齿轮和齿套也不能全长啮合,这明显是设计错误。3.为保证第一轴15左端花键有足够的有效长度和花键孔相配合,当花键铣刀直径为φ80,铣刀会切掉,第一轴与滚动轴承14与座圈相配合的左端,和安装弹性卡环的凹槽部分,(即阴影线表出的部分),这也是设计的错误。4.箱体左、右两个安装滚动轴承的内孔左边为φ125 mm,右边为φ120 mm,两者尺寸不同,镗刀不能一次走刀完成,工艺不理想对保证两孔要求较高的同轴度不利,原告李禄卿对上述王书镇所做完善及修改本专利技术工作持有异议,其认为王所称的增加的技术内容,在其前置式设计图中及后置式专利技术中都有描述,前置式与后置式专利技术的区别只在于前者加了一个箱体,而原理及结构是相同的,至于总设计图中的错误,只是疏忽所至,但不影响该技术的实施。

经查,将李禄卿的后置式专利技术与其绘制的解放汽车前置式方案草图与前置式专利技术进行比较,从前置式专利说明书所述技术背景来看,前置式较后置式技术而言,外部增加了一个箱体,就前置式专利附图 1 看,是一张传动示意图,普通技术人员只要看过前置式的设计图和后置式的传动示意图即可绘制此图。而本案的被告有前置式技术总设计图,又参与了后置式专利实施工作,即使原告没有提供示意图,绘制此图也不应认为是对本专利技术的实质贡献,就本专利附图 2 看,表明了星形轮缺口、滚柱、弹簧、顶套的结构和工作原理,虽然前置式中星形轮缺口方向与后置式的完全相反,这是由整个装置的工作原理决定的,且在原告后置式专利权利要求 2 中已描述过:"缺槽内与滚柱转动方向相对的一侧开安装弹簧的孔"确定了弹簧安装的位置。而由于后置式转变为前置式后,星形轮由主动变为被动,使滚柱的受力方向亦发生了变化,相应的,星形轮缺口的方向也必然与后置式相反,这也是本专业普通技术人员即可完成的。至于附图 3 则与原告的总设计图相同。另外,被告对原告前置式方案草图中错处的修改,并不影响该专利的总体设计的合理性,所提出的尺寸的差误,只是工艺操作的误差,一般称作工差。

思考问题:

(1) 本案中,原告和被告之间存在所谓的合作发明的合意吗?如果没有,各方均有创造性贡献,如何确定成果的归属?

(2) 法院认为,潜在的共同发明人没有对发明的实质性特点作出创造性贡献。问题在于,何谓发明的实质性特点?发明不同于现有技术的地方,是否就是发明的实质性特点?或者说,能否说,写入权利要求区别特征部分的特点,就是发明的实质性特点?按照这一标准,上述法官的判断方法经得住考验吗?

(3) 对发明的技术方案的辅助性特征作出了贡献,就是说潜在的共同发明人的贡献是"辅助性"的吗?联系后文的第 2.4 节 Ethicon 案,能够采用类似的逻辑吗?

(4) 判断是否为共同发明人时,"实质性特点"是相对现有技术还是发明草案而言的?

2.1.2 创造性贡献

合作者的创造性贡献要求源于《专利法实施细则》第 13 条对"发明人"的要求:只有"对发明创造的实质性特点作出创造性贡献的人"才能成为发明人。这一要求显然也适用于所谓的共同发明人。美国《专利法》规定,对于多个人合作研发而共有专利技术时,合作发明人并不一定要亲自在同一时间一起工作,也不一定要求各合作人作出同类的或者数量相同的贡献,也不要求合作者对每一个权利要求都作出贡献。① 但是,依据判例法所确定的原则,作为合作者,该合作者必须:(1)每一个合作者必须对发明的创新点(inventive concept)作出贡献;(2)合作者之间必须存在相互的合作。② 这些要求同中国法上的理念基本一致。这里的创新点大致可以理解为是特定权利要求所描述的技术方案区别于现有技术的一个或数个技术特征。

在 Monsanto v. Ernst Kamp 案中,法官指出,共同发明是两个和两个以上的本着共同目的的发明人共同的创造性劳动的结晶。所有的发明人必须都对最终的创造性思想有着自己的贡献。但是,并不要求所有的发明人都独立构思出整个的发明方案,也不要求发明人存在物理上的工作接触。一个人可以在这一时间从事这一工作,而另外一些人可能在另外的时间以另外的方式工作。一个人可以承担更多的试验工作,而另外一些人只是不时地提供指导意见。每个发明人充当不同的角色、贡献的大小不尽相同,并不妨碍他们成为共同的发明人,只要他们对最终的解决方案提供创造性贡献。③

准确定义"创造性贡献"的判断标准是非常困难的一件事情。它是专利法形而上学中的困扰人们的概念之一。理论上,发明人必须对发明的构思作出创造性贡献。发明构思通常体现为专利权利要求所界定的技术方案。也就是说,要成为共同发明人,该发明者必须在获取该发明过程中,对该构思区别于现有技术的特征(创新点)作出自己的贡献。如果发明过程中,原始的构思方案并非他提出,也没有因为他的参与而发生改变,则他没有作出创造性贡献。共同发明必须起到这样的作用:如果没有他,那么最后的发明方案将不够有效、不够简单、不够经济或者存在其他缺陷。④

实践中,"人民法院在对创造性贡献进行认定时,应当分解所涉及技术成果的实质性技术构成。提出实质性技术构成并由此实现技术方案的人,是作出创造性贡献的人。"⑤最高人民法院这一解释对于专利法上认定何谓发明人或共同发明人也有积极的指导意义。这里的"实质性技术构成"应该是指发明构思中的实质性技术要素。上述司法解释明确,完成构思并"实现技术方案",是成为发明人的充分条件。至于这一要求是否为必要条件,则存在疑问。发明人完成发明构思后,委托他人完成验证构思可行的后续过程,依然是发明人。

在孙震方 v. 辽河石油勘探局钻采工艺研究院(辽宁沈阳中院(1994)沈经初字

---

① 35 U.S.C.A. §116. Inventors。美国1952年《专利法》中规定如果申请人没有正确地指出发明人,则可能导致该专利权无法得到执行。这一规定除了防止篡夺别人的技术申请专利以外,在美国专利法上,专利申请中的发明人身份对于确定在先技术的范围、优先权时间等有着重要意义。在现代团队合作的研究模式下,要确定谁可以算作发明人,并不是一件容易的事情。因此美国国会1984年修改了关于合作作者的规定。

② 在如何确定因为合作而共有的专利权的问题上,美国法院所作出的指导性的判决有 Monsanto Company v. Ernst Kamp, 269 F. Supp. 818(1967)(1984年专利法的修改条文显然借用了该判决中的表述); General Motors Corporation v. Toyota Motor Company, Ltd. 667 F. 2d. 504(1981)。

③ Monsanto Company v. Ernst Kamp, 269 F. Supp. 818, 824(1967)。

④ Mueller Brass Co. v. Reading Indus., 352 F. Supp. 1357,1372 (1973)。

⑤ 《最高人民法院关于审理技术合同纠纷案件适用法律若干问题的解释》(2004)第6条。

202号)案中,法院认为"原告孙震方单独完成了高温双参数测温仪的构思和设计,并组织了样机加工谈判和部分加工工作,完成了发明创造的主要过程,为该发明创造作出了实质性贡献,是该专利的唯一设计人。第三人马明在设计高温双参数测温仪图纸期间进行了部分零部件的制图工作,在原告孙震方调离工作后,担任该项目负责人时,对技术方案的样机制作、改进、室内标定、现场试验等做了大量实际工作,但上述工作,均属技术方案的具体实施和操作,因此,尚不具备专利设计人资格,其他设计人也同样作了一些辅助工作,但与专利法所称设计人有本质上的区别"。"方案的具体实施和操作"与抽象方案的具体化设计,界限似乎很难把握。对比下文的 Ethicon Inc. 案,你有什么看法?

正面准确定义发明人的范围,比较困难。从反面将一些主体排除出共同发明人的范围,则相对容易。依据最高人民法院的司法解释,"提供资金、设备、材料、试验条件,进行组织管理,协助绘制图纸、整理资料、翻译文献等人员,不属于完成技术成果的个人。"① 美国的法官和学者在不同的场合,罗列了多种不视为共同发明人的情况,也可以参考:(1)仅仅提出一个需要解决的问题(而不是提供可能的解决方案);(2)仅仅提供微不足道的贡献和建议;(3)仅仅参与将发明方案付诸实施或者试验某个实施例;(4)仅仅发现了该发明人提供的方案的某些新的突出的特点等。②

Ethicon, Inc. v. United States Surgical Corp.

美国联邦巡回上诉法院
135 F.3d 1456(1998)

RADER 法官:

在本专利侵权诉讼中,InBae Yoon(Yoon)和独占性许可的被许可人 Ethicon 公司(Ethicon)对美国康州区法院的判决提出上诉。1989 年,Yoon 和 Ethicon 起诉 United States Surgical Corporation(U.S. Surgical)侵害第 4535773 号(第 773 号专利)美国专利。1993 年双方将 Young Jae Choi(Choi)追加为被告。Choi 据称是第 773 号专利的被遗漏的共同发明人,他向 U.S. Surgical 发放了一个具有追溯效力的专利许可(retroactive license)。U.S. Surgical 请求依据[专利法]35 U.S.C. §256 更正第 773 号专利的发明人身份。区法院认定 Choi 是该专利中两个权利要求的被遗漏的共同发明人,随后核准了 U.S. Surgical 请求驳回侵权指控的动议。因为区法院关于共有发明人身份的判决是正确的,同时由于 Choi 作为第 773 号专利的共有人拒绝起诉 U.S. Surgical,本院维持一审判决。

---

① 《最高人民法院关于审理技术合同纠纷案件适用法律若干问题的解释》(2004)第6条。
② Donald S. Chisum, Michael A. Jacobs, Understanding Intellectual Property Law, Matthew Bender & Co., Inc. 1992, §2D[3][e], pp.2-172.

I 背 景

第773号专利涉及套管针(Trocars)，是内窥镜(endoscopic)手术的必备工具。套管针在体腔上(通常是腹部)进行很小的切割，以便让内窥镜设备能够被引入……

Yoon是一个医生，是很多用于内窥镜手术的专利装置的发明人。在1970年代末期，Yoon开始构思一种防止套管针切割产生意外伤害的安全装置。Yoon还构思出一种能够在切割结束时提醒医生的装置。1980年Yoon遇上Choi。后者是一个电子技术员，在大学里接受过物理、化学和电子工程的训练，但是没有大学学位。Choi在电子装置的研发方面有工作经历。在Choi向Yoon展示了他所发明的一些装置之后，Yoon请Choi和他一道参与一些项目，包括安全的套管针项目。Choi的工作是无偿的。

1982年，在合作了差不多18个月后，双方的关系结束。Choi觉得，Yoon发现他的工作不够令人满意，不太可能产生任何可以市场化的产品。基于这些考虑，Choi中断了与Yoon的合作。

不过，在同一年，Yoon提交了一份专利申请，披露了一种套管针的多种实施例。Yoon没有告诉Choi，将自己列为唯一发明人。1985年，专利商标局向Yoon颁发了第773号专利。该专利有55项权利要求。随后，Yoon授予Ethicon公司该专利的独占许可。Yoon后来也没有告诉Choi关于专利申请和授权的情况。

1989年，Ethicon起诉U.S. Surgical侵害第773号专利的权利要求34和50。1992年，本诉讼悬而未决，U.S. Surgical得知Choi并就他参与Yoon的安全套管针项目一事和他联系。当Choi确认他在安全套管针项目中的角色之后，U.S. Surgical从Choi那里获得一项具有追溯力的许可以实施Choi的与套管针有关的发明。依据该许可协议，Choi同意在任何针对第773号专利的诉讼中协助U.S. Surgical。为此，U.S. Surgical同意，如果最终它能够继续制造和销售该发明，将向Choi支付酬金(contingent)。手里有了该协议之后，U.S. Surgical依据[专利法]35 U.S.C. §256请求更正第773号专利的发明人身份，宣称Choi是权利要求23,33和46的共同发明人。经过深入审理，区法院批准了U.S. Surgical的请求，认定Choi对权利要求33和47的客体作出了贡献。

随后，U.S.请求驳回侵权诉讼，宣称Choi作为专利的共有人已经授予它一个有效的专利许可。根据其条款，该许可所授予的专利使用权一直回溯到专利颁发之时。区法院支持了U.S. Surgical的请求，驳回了诉讼。

Ethicon对区法院认定合作发明并驳回原告请求的判决提出上诉……

II 共同发明

专利授权本身导致这样的推定，即专利所列的发明人是真实而且唯一的。发明人身份的认定是一个法律问题，本院在审查时无须尊重区法院的决定(without deference)。但是，对于区法院赖以认定发明人身份的事实发现，本院按照明显错误(clear error)标准进行审查。

一项专利发明可能是两个或多个共同发明人努力的结果。因为构思(conception)是确定发明人身份的基石,所以每个共同发明人通常必须对发明的构思作出贡献。构思是指关于完整而且可操作的发明的具体而固定(permanent)的想法(idea)在发明人的脑海中形成。构思之后,该发明随后就可以实际应用。当仅仅需要普通技能(ordinary skill)而无须广泛的研究和试验,就能够将发明付诸实施(reduce the invention to practice),一项想法就算足够的具体和固定。

该构思完成的发明必须含有专利权利要求所主张的客体的每一个特征。但是,在构思一个共同发明的过程中,每个共同发明人并不需要对发明作出相同类型或相同数量的贡献([专利法]35 U.S.C. §116)。相反,每个人仅仅需要承担一部分发明任务。另一方面,在实际发明人构思完成所主张的发明之后仅仅提供协助的人,并不是合格的共同发明人("发明人在完善其发明的过程中可以利用他人的服务、主意和帮助,而不会丢失其专利权")。仅仅向发明人提供众所周知的原理或向其解释现有技术状况,而对于所主张的作为一个整体的知识组合(combinations)没有"坚定而明确"的想法,并不是合格的共同发明人。而且,取决于专利权利要求的范围①,本领域熟练技术人员仅仅将发明人的想法付诸实施,并不当然是共同发明人,即使说明书中披露的他的实施例满足最佳实施例的要求。

另外,共同发明人并不需要对专利的每一项权利要求作出贡献([专利法]35 U.S.C. §116)。对于一个权利要求作出贡献就足够了。因此,共同构思的关键问题是,谁在专利法意义上构思了诉争权利要求所主张的客体。

[专利法]35 U.S.C. §256规定,被专利所遗漏的共同发明人可以由处理诉争问题的法院追加到该专利上。为了证明其共同发明人身份,共同发明人必须通过清楚而有说服力的证据证明,他(他们)对权利要求构思的贡献。但是,"发明人关于发明起源与优先权的主张的证词本身,并不构成清楚而有说服力的证据"。对于宣称自己是共同发明人的证词也适用同样的规则。因此,宣称共同发明的人必须提供证据印证(corroborate)其证词。至于发明人的证词是否得到充分印证,按照合理规则(rule of reason)进行分析。分析时,"应当评估所有相关证据,从而能够对发明人的故事的可信性作出合理的判断"。

印证的证据可以有多种形式。一般来说,发明人在发明过程中同步准备的文件能够印证发明人的证词。关于发明过程的间接证据也可能起到印证作用。另外,提出主张的发明人之外的一些人的口头证词也可能印证。

A. 权利要求33

……

要判断Choi是否对权利要求33的客体的构思有贡献,本院必须判断Choi的贡献是什么,然后看该贡献是否出现在所主张的发明中。如果Choi事实上对权利要求33

---

① 本书作者注:本句含义不是很清楚。应该是指,如果权利要求范围中含有实施者自己的贡献,则该实施者还是有可能是共同发明人。

所定义的发明作出贡献,则他是该权利要求的共同发明人。

第773号专利的图18和图19描述了权利要求33的实施例……区法院发现,Choi构思因而贡献了图18和19中所示的实施例中的两个特征:首先,Choi构思了套管针手柄中钝头探子(blunt probe)的安放位置,让它可以通过刀片表面的一个孔隙;其次,Choi构思了产生可感知信号的装置。

……

在作出这一认定时,区法院大量采信了Choi的证词。Choi作证说,将钝头探子从套管针刀片的孔隙中伸出,是他的主意。为了验证这一点,Choi提供了他当初和Yoon一起工作时回执的一系列草图。一个草图显示,套管针刀片手柄内的探子从该刀片末端的一个开口中伸出。

为了反驳Choi的证据,Yoon提交了标示日期为1973年7月的一份图纸,它披露了权利要求33的要素。但是,区法院认定Yoon博士修改了该图纸。事实上,区法院认为,该图纸原本描绘了一个完全不同于专利方案的装置。由于对其来源产生怀疑,初审法院认为它不可靠,因而拒绝采信。

区法院同样因为缺少可信度而拒绝采信Yoon的证词。的确,案卷记录支持初审法院的结论,即Yoon修改文件并倒签日期,使之看起来[能够证明]他独立发明了套管针、护罩和电子装置。此外,Yoon的初审证词与他在审前作证程序(deposition)中的证词相互矛盾。比如,在了解Choi在本案中的角色之前,Yoon在审前作证程序中错误地宣称(1)他和Choi早在1975年就开始一起工作;(2)本案诉争的草图完全由他自己绘制。可是,他们两人直到1980年才相遇。后来被问到文件的作者身份时,Yoon回答说:"如果我那时候说过那样的话,那我可能是搞混了"。区法院合理地排除了Yoon的证词。

总之,在充分考虑相关证据后,区法院认定Choi构思出了权利要求33所述发明的一部分。本院没有发现推翻这一认定的理由。

B. 权利要求47

区法院还认定,Choi对权利要求47的客体的构思有贡献……

区法院认为,总体而言Yoon发明了可收缩套管针,但是Choi发明了说明书中阻挡装置(detaining means)。除了双方的证词之外,区法院还引用了Choi的草图,其中有一份清楚地显示了该杆状阻挡装置(rod detaining means)……

不过,在本案中,权利要求47的用语是一种"用于阻挡的……装置"。使用"装置(means)"一词,将导致这样的推定:"发明人使用该术语旨在适用'装置+功能'条款(means-plus-function)的法律规定"。

Choi证明他对其中的一个替代性结构作出了贡献。"装置+功能"权利要求要素的任一已被披露的装置的贡献者,都是该权利要求的共同发明人,除非主张独自发明的人能够证明,对该装置的贡献仅仅是将发明人的更宽的概念付诸实施。虽然区法院发现,Yoon总体上最先构思了可收缩套管针,Yoon并没有证明Choi的贡献只是将"权利要求47范围内的任何阻挡装置"的更宽泛的概念付诸实施。因此,Choi同样证明了他对这一权利要求的发明人身份。

C. 印证（Corroboration）

作为他对共同发明的证词的印证，Choi 提交了他的工作草图。这些草图创造完成之后，就处在 Yoon 的控制之下。不过，双方对于 Choi 创作这些草图的事实并没有争议。但是，Yoon 辩称他最先向 Choi 披露该发明，然后 Choi 绘制该草图以说明他从 Yoon 那里所学到的内容。如果没有充分的证据印证，发明人身份的确认将完全取决于 Yoon 和 Choi 之间的可信度的竞争。但是，区法院发现了充分的印证。

潜在的共同发明人的证词与印证证据放在一起，必须对发明人身份作出清楚而令人信服的证明。这一要求并非轻易就能满足。依据印证证据的"合理规则"标准，初审法院必须考虑印证证据的背景，对证据的可信度作出判断，并给予证据以合理的证明力，从而决定是否有清楚而令人信服的证据证明共有发明人身份的主张。

相应地，这里并不需要对双方争议的所有事实问题都存在印证证据。比如，在 Price 案中，在争议程序（interference proceeding）中后来的一方提供了他所构思发明的示意图，他的证词宣称他在诉争专利的关键日（专利申请日之前一年的日子，在美国法上具有关键作用）之前构思出了该发明，同时一份第三方的证词宣称她在该时间之前看到过其中的一个示意图。但是，后来的一方没有印证证据证明他自己绘制了那些示意图，因为第三方不能将他和该绘图联系起来。本院认为，所有提供的证据都应被考虑，并确认"尽管没有一份证据本身证据证明在先完成构思，发明人依然可以用清楚而令人信服的证据，以可以理解的方式（conceivably）证明存在在先的构思。"

在本案中，Choi 的草图揭示了该发明。双方同意，Choi 绘制了这些草图。争议的问题是究竟 Choi 构思了草图中的内容，还是他仅仅绘制了 Yoon 所构思的内容。区法院罗列了多项证明 Choi 的构思主张的间接因素：（1）Yoon 需要一个具有电子学技能的人；（2）Choi 的专业背景是电子学；（3）Yoon 建议他和 Choi 应一起工作以研发新产品，包括安全套管针；（4）他们之间的非正式的商业关系；（5）他们一起工作的时间长度；（6）Choi 没有为他的工作获得任何报酬；（7）Choi 的草图和专利示意图之间的相似程度；（8）Choi 宣称他再不能做 Yoon 生意的一个成员的那封信。另外，U. S. Surgical 提供的专家证词表明，有些草图涉及只有电子工程师或技术员才能理解的复杂概念。因此，区法院认定 Choi 在绘制草图时向 Yoon 传达了他[自己]的思想，而不是倒过来（即只是表达 Yoon 的思想）。

上诉审理过程中，本院不愿意重新评估证据。相反，本院认为记录表明本案的印证证据符合"合理规则"。因此，本院所要做的仅仅是看在清楚并且令人信服证据标准下，区法院的事实认定是否明显错误。考虑到那些草图，Choi 的证词以及相关情景，同时，与之对比的是区法院明确指出 Yoon 的证词缺乏可信度，本院没有发现明显错误。

……

Ⅳ Choi 与 U.S. Surgical 的许可协议范围

专利的所有权问题与发明人的身份问题相互不同。在这一原则下,本院还是指出,"发明推定属于其发明人"。的确,在共同发明的背景下,每一个共同发明人都推定按比例对整个专利拥有不可分割的利益,不论他们各自作出什么贡献。专利法的数个条款结合起来表达了这一规则。1984 年修订的[专利法]35 U.S.C. §116 规定,共同发明人无须对专利的每一个权利要求作出贡献。在修订第 116 条关于共同发明人身份的规定时,国会并没有对共同所有权(joint ownership)的条款作出相应的修订。比如,第 261 条依旧规定"专利权应当具有动产(personal property)的性质"。这一条款表明,专利作为一个整体被赋予财产权,包括所有权,一个整体被赋予专利,而不是单个的权利要求被赋予此类权利。而且,第 262 条依旧采用"专利的共同所有人"的说法,而不是说一项权利要求的共同所有人。因此,即便是一个权利要求的共同发明人也推定享有整个专利的所有权。这一规则意味着,一个权利要求的共同发明人依然可能获得一项含有数十个权利要求的专利的所有权。如上所述,专利法导致这一结果:"发明人可以共同申请专利,即使单个发明人并没有对每个权利要求都作出贡献。"[专利法]35 U.S.C. §116。因此,当发明人选择在发明过程中合作时,如果没有相反的约定,他们的共同发明将成为共同财产。在本案中,Yoon 现在必须与 Choi 有效地分享所有权利要求的所有权,即使该权利要求是他自己发明的。因此,Choi 有权就整个专利发放许可。

……

Ⅴ 追溯性许可(Retroactive Licensure)

最后,Ethicon 辩称,即使对整个专利的许可协议有效,它依然可以对 U.S. Surgical 追究责任索要许可协议签署前的侵权损失。Ethicon 认为,如果做不同的判决将违背 Schering Corp. v. Roussel-UCLAF SA, 104 F.3d 341(Fed. Cir. 1997)案的判决。本院支持 Ethicon 对 Choi 协议的追溯效果的挑战,但是依然必须驳回本案,因为 Choi 拒绝作为原告加入本诉讼。

在 Schering 案中,Roussel 和 Schering 作为诉争专利的共有人,达成协议,授予对方单方面起诉第三方专利侵权的权利。Schering 随后起诉 Zeneca 公司,阻止其销售被控侵权的产品。Schering 在诉讼中将 Roussel 追加为非自愿的原告。两周以后,Roussel 授予 Zeneca 一项实施该发明的许可。区法院驳回了 Schering 的诉讼,Schering 提出上诉。

上诉时,Schering 辩称,因为 Roussel 已经授予 Schering 单方面提起诉讼的权利,因此 Roussel 现在不能授予 Zeneca 以许可。Schering 认为两项授权互相矛盾。法院拒绝了 Schering 的理由,指出"发放许可的权利和单方面起诉的权利并非互不兼容,授予一项权利并不当然意味着同时消灭另外一项权利"。本院认识到的关键的差别是,对于第三方的许可仅仅能够对将来有效。在没有相反约定的情况下,一个共有人不能免除另一共有人对于已经发生的侵权损害所享有的权利。因此,一个共有人在授权另一共有人单方面起诉的权利之后,也可以向第三方发放许可。但是,由于具有了单方面起诉的权利,第二个共有人依然可以强制要求第一个共有人参加侵权诉讼,向该被许可人索要过去的侵权行为给第二个共有人造成的损失。因此,面向未来的许可并不当然地与单方面起诉的权利互相冲突。在没有合同约定的情况下,Schering 不能阻止 Roussel 对 Zeneca 发放许可……

因此,Choi 对 U. S. Surgical 的追溯性许可试图具备双重效果,即免除其侵权责任并授予一项面向未来的许可。不过,Choi 不能免除 U. S. Surgical 对于 Ethicon 过去已经遭受的损失的侵权责任,而只能免除 U. S. Surgical 对自己的责任。

然而,另一项既定规则适用于本案。侵权诉讼中必须将全部的所有权人追加为原告。依据专利实体法的规则,所有的共有人通常同意作为原告加入侵权诉讼。① 因此,"一个共有人有权以拒绝主动加入诉讼的方式阻止其他共有人起诉侵权者。"这一规则的依据是专利法第 262 条:"在缺乏相反规定的情况下,每个专利共有人都可以在美国制造、使用、许诺销售或销售专利发明,或者经专利发明进口到美国,而无须其他所有人的同意,也无须与之分享所得。"

利用专利而无须与其他共有人分享所得的自由,也使得共有人无须经过其他共有人的同意就可以自由许可其他人利用该专利。因此,第 262 条所表达的国会的政策是,专利共有人可以任意摆布对方。

尽管本案的结果,与 Choi 能够免除 U. S. Surgical 对 Ethicon 的任何责任,在效果上并没有差别,我们依然要强调,本案所使用的原则与 Schering 案所述的原则并不冲突。在 Schering 案中,本院指出,授予单方面起诉的权利与发放许可的权利并不冲突。同样地,本院指出,不能免除侵权责任与有权拒绝同意侵权诉讼也不矛盾。的确,在某些情况下,共有人不参加侵权诉讼的决定,与免除侵权责任可能有相同的效果,但是,并不是在所有的案子中都是如此。比如,当共有人授予对方单面起诉的权利后,每一个共有人就放弃了不参加侵权诉讼的权利,这样每一个人都能够强迫其他人参加诉讼以索要已经发生的侵权损失。

由于 Choi 不同意参加针对 U. S. Surgical 侵权诉讼,同时也不能同意这么做,因为他已经发放了独家许可,与之相伴的是"起诉的权利",Ethicon 的请求缺乏专利共有人的支持。因此,本院必须驳回本诉。

……

[Newman 法官提出异议意见,认为专利法 1984 年修改时只是修订了关于共同发明人身份的规则,而没有修改关于专利权共有的规则。她认为需要按照专利共有人的

---

① 存在两项例外:其一,当专利权人发放独占许可后,他必须站在被许可人的信托人的立场上,必须许可被许可人以他的名义诉讼。See Independent Wireless Telegraph Co. v. Radio Corp. of Am., 269 U.S. 459, 469 (1926). 其二,共有人之间的合同可能赋予此项义务。如果协议约定,一个共有人放弃了拒绝参加诉讼的权利,则其他共有人后来可以强迫其参加诉讼指控侵权者。See Willingham v. Lawton, 555 F.2d 1340, 1344-45 (6th Cir. 1977).

贡献来决定是否共有一项权利要求。具体从略。]

思考问题：

（1）共有发明人是否需要对每一个权利要求都作出贡献？共同发明人的身份＝专利权共同所有人？

（2）依据本案的结论，如果申请人不愿意与只对专利部分权利要求作出贡献的人分享专利权，应如何处理？专利法应该许可当事人利用合同约定分别享有不同权利要求的所有权吗？

（3）异议意见认为，美国《专利法》过去要求共同发明人对每一个权利要求都作出贡献，才能被列为共同发明人。1984年《专利法》修正，放弃这一做法。这能说明国会没有考虑过共同发明的所有权归属问题吗？

（4）追溯性的许可能够免去被许可人获得许可前的侵权责任吗？

中国《专利法》对是否要求共同发明人必须对每一个权利要求都作出贡献，并无明确规定。实际操作中，申请人没有正确地列举发明人，并没有显著的法律后果。因此，似乎可以认为中国《专利法》也会像美国《专利法》那样，不要求发明人对每一个权利要求都作出贡献。

他人所做的非创造性贡献，对于发明创造依然具有重要的价值，有时候甚至是决定性的（比如物质资助）。专利法否认拒绝承认贡献者为共同发明人，并不表示这些贡献就不能通过其他方式得到承认。实际上，现代合同制度甚至使得物质性贡献的提供者具备了左右真正的"创造性贡献"的能力。比如那些为研究人员提供物质资料的雇主，通常可以借助合同约定直接获得相关发明的所有权（无须取得发明人的身份）。其实，法律也隐含着一个逻辑，如果这些物质性贡献或非创造性贡献的提供方，没有获得足够的回报，那他们可以拒绝合作。

Burroughs Wellcome Co. v. Barr Laboratories, Inc.

美国联邦巡回上诉法院
40 F.3d 1223(1994)

MAYER 法官：
……

背 景

Burroughs Wellcome Co. 是六项美国专利的所有人。这些专利涵盖3—叠氮胸苷（3—azidothymidine, AZT）的各种制剂以及利用该药物治疗人类免疫缺陷病毒（HIV）感染病人的方法。这些专利每一个都列了五个发明人——Janet Rideout, David Barry, Sandra Lehrman, Martha St. Clair 和 Phillip Furman（以下称 Burroughs Wellcome 发明人）。在发明构思完成之时，他们都是 Burroughs Wellcome 的雇员。被告/上诉人承认，专利将所有的五个人列为发明人是合适的。

Burroughs Wellcome 的专利源自 1987 年 9 月 17 日的同一份专利申请。该五个专利涉及 AZT 治疗感染了 HIV 病毒或那些具有获得性免疫缺陷综合征(Acquired immunodeficiency syndrome,AIDS)的病人的用途。另外一项专利,即第 750 号专利,涵盖一种利用 AZT 增加 HIV 感染者 T—淋巴细胞数量的方法……

1984 年,科学家发现 AIDS 是由逆转录病毒(retrovirus)即 HTLVIII 或今天更普通的说法 HIV 病毒引起的。在确定 HIV 病毒后,Burroughs Wellcome 开始寻找治疗方法,利用两种鼠科逆转录病毒,即 Fridend leukemia 病毒和 Harvery sarcoma 病毒,筛选具有抗逆转录病毒活性的化合物。

大约在这个时候,国立卫生研究院(National Institutes of Health,NIH)的科学家在 Samuel Broder 的带领下,也正在寻找有效的 AIDS 治疗方法。与 Burroughs Wellcome 不同,Broder 和他的同事使用活的 HIV 病毒,发展出一种测试方法,能够用一种特别的 T 细胞克隆细胞系(ATH8 细胞系)测试出一个化合物对抗人体内 HIV 病毒的效果。NIH 的科学家开始从私人制药公司那里寻找化合物,然后使用他们的细胞系进行筛选。1984 年秋天,在 Burroughs Wellcome 与 Broder 联系之后,Broder 同意从 Burroughs Wellcome 那里接收被编号的化合物来测试其抗活的 HIV 病毒的效果。

在 1984 年 10 月 29 日,Burroughs Wellcome 的 Rideout 选择了 AZT 和其他一些化合物进行鼠科筛选(murine screens)。该测试在 Burroughs Wellcome 位于 St. Clair 的实验室进行。试验表明 AZT 在低浓度时具有显著的抗鼠科逆转录病毒活性。鉴于这一积极的测试结果,Burroughs Wellcome 的发明人于 1984 年 12 月 5 日开会讨论就 AZT 在治疗 AIDS 方面的应用申请专利。Burroughs Wellcome 的专利委员会随后建议该公司为将来的申请准备一份专利申请文件。1985 年 2 月 6 日,该公司准备了一份用于在英国申请的申请文件草案。该草案披露用 AZT 治疗感染了 HIV 病毒的病人,并设定了在有效剂量范围内治疗 HIV 感染的各种药物配方。

1985 年 2 月 4 日,Burroughs Wellcome 将一份 AZT 样品(只是称作化合物 S)送到 NIH 的 Broder 那里。在附带的一份信中,Lehrman 告诉 Broder[此前]鼠科逆转录病毒测试的结果,并请他利用 ATH8 细胞系筛选具有抗 HIV 活性的化合物。另一个 NIH 科学家,Hiroaka Mitsuya 在 1985 年 2 月中进行了测试,发现化合物 S 能有效对抗 HIV。Broder 于 1985 年 2 月 20 日通过电话告诉了 Lehrman 测试结果。Burroughs Wellcome 于 1985 年 3 月 16 日在英国提出了它的专利申请。

在 Burroughs Wellcome 得知 AZT 对抵抗 HIV 有效之后,它开始了寻求美国食品药品管理局(FDA)批准将 AZT 作为 AIDS 治疗药物的程序。作为寻求 FDA 批准的临床试验的一部分,Broder 和另外一位 NIH 科学家 Robert Yarchoan 进行 Phase I 病人试验,证明利用 AZT 治疗可以导致病人的 T 细胞数量增加。Broder 于 1985 年 7 月 23 日将这一结果报告给了 Lehrman。1987 年 FDA 批准 Burroughs Wellcome 销售 AZT。Burroughs Wellcome 使用 Retrovir 商标销售用于 HIV 感染治疗的药物。

1991 年 3 月 19 日,Barr Laboratories 公司(Barr)依据 21 U.S.C. §355(j)(1988)

提出简化新药申请（Abbreviated New Drug Application，ANDA），寻求 FDA 批准制造和销售普通版（generic version，非专利版）的 AZT。作为该程序的一部分，Barr 向 FDA 证明，Burroughs Wellcome 的专利要么无效，要么该专利没有受到 ANDA 所描述产品的侵害。在 Barr 告知 Burroughs Wellcome 它的行动之后，Burroughs Wellcome 于 1991 年 5 月 14 日开始了本案针对 Barr 的专利侵权诉讼，依据 35 U.S.C. §271(e)(2)(A)(1988) 指控 Barr 的行为侵害专利权。

Barr 依据 35 U.S.C. §256 (1988) 提出反请求，寻求更正专利著录事项，将 Broder 和 Mitsuya 列为共同发明人。Barr 承认它的 AZT 产品原本会侵害专利，但是由于 Barr 已经从政府那里获得了制造和销售 AZT 的许可，因此不会侵权。政府之所以能够发放许可，是因为它被视为 AZT 专利的共同发明人 Broder 和 Mitsuya 的利益承受者。Burroughs Wellcome 拒绝承认 Broder 和 Mitsuya 是共同发明人……

随后，Novopharm 公司也提交了它自己的 ANDA，寻求 FDA 批准其制造和销售普通版的 AZT。Burroughs Wellcome 同样对 Novopharm 公司和它的美国子公司提出专利侵权诉讼。该案最终并入 Barr 案一并处理……

[区法院最终支持了 Burroughs Wellcome 的主张。]

讨　论

Barr 和 Novopharm 的争论都是关系何时发明人构思完成该发明。Burroughs Wellcome 说这是在他们了解到 NIH 的测试结果之前；Barr 和 Novopharm 说，NIH 的测试对发明的可行性的证实，是发明过程（inventive process）的一个必不可少的步骤。如果 Burroughs Wellcome 是对的，则专利正确地列举了发明人，不应被无效。上诉人须承担侵权责任。如果 Barr 和 Novopharm 是正确的，则 Broder，Mitsuya 和 Yarchoan 应该被列为共同发明人，对 Burroughs Wellcome 的侵权诉讼的处理时机尚未成熟。

……

共同发明是两个或更多的人一道努力解决所面对问题的合作成果。人们即使没有在物理上一道从事发明工作（physically work）或者在同一时间工作，即使没有作出相同类型或相同数量的贡献，依然可能是共同发明人。专利法并没有为认定共同发明人身份设定最低数量或最低质量的贡献要求。

构思，即完成发明的思维部分（mental part），是确定发明人身份的基石。构思是指关于完整而且可操作的发明的具体而固定（permanent）的想法（idea）在发明人的脑海中形成。构思之后，该发明随后就可以实际应用。只有想法在发明人的脑海中得到清楚的定义，仅仅需要普通技能（ordinary skill）而无须广泛的研究和试验，就能够实际实现发明（reduce the invention to practice）时，该构思才算完成。因为这是一个思维步骤，法院需要印证证据，以证明同步披露的内容能够使得熟练技术人员实施该发明的……

因此，判断构思的标准是看发明人是否有了一个想法，足够的明确而固定以至于本领域熟练技术人员能够理解该发明。发明人必须通过印证证据（corroborating evidence）证明它的构思，最好出示[当时]同步披露的内容。当发明人有了具体的、稳定的(settled)想法,对手头问题有特定的解决方案,而不仅仅是他希望进行的一个抽象目标或研究计划时,该想法就算是明确而固定(definite and permanent)。关于构思的分析必然取决于发明人详细描述其发明的能力。除非他能够这么做,否则他不可能掌握该发明完整的思维图景(mental picture)。这些规则确保,只有一项想法发展到发明人能够指向明确而特定的发明时,才能被授予专利权。

但是,完成一项构思,发明人并不需要知道他的发明将是可行的。他仅仅需要证明他已经有了该主意。发现该发明实际可行(actually works),是将发明实际实现(reduction to practice)行为的一部分。

Barr 和 Novopharm 建议,发明人的明确而固定的主意应当含有对该发明可以实现预期目的的合理预期。他们辩称,当发明所属的学科具有不确定或实验性时,在获得试验结果的支持之前,发明人并不能合理地相信一项主意可行,这时[对于发明可行性的]预期就非常重要。他们认为,在没有试验证实的情况下,发明人仅仅有一种愿望或预期,并没有以足够明确和固定的形式构思出发明。但是,法律并非如此。发明人是否相信他的发明可行,或他选择特定方法的理由,与发明构思无关。

为了支持他们的合理预期规则,Barr 和 Novopharm 援引了一系列案例。最初的是 Smith v. Bousquet 111 F. 2d 157(CCPA 1940)案,它确立了所谓"构思与实际实现同步"的学说。Smith 涉及发明人之间优先权抵触争议,[诉争的发明是]两种已知化合物用作杀虫剂的用途。争议双方均基于化合物的昆虫试验主张优先权。注意到化学和生物此类试验科学领域的不可预见性,特别是化学结构与生物活性之间的不确定关系,Smith 案法官在[发明人]通过提交第一份专利申请[证明(或者说推定)]实际实现发明之前,拒绝确认构思完成。Barr 和 Novopharm 将该案以及后来的一些案子解读为,它们确立或者说至少支持这样的规则——在不可预见领域,只有发明人有合理理由相信发明的可行性时,发明的构思才算完成。

但是,这些案例并不意味着,在不可预测或实验性领域,发明人在实际实现发明之前就一定不能构思一项发明。在拒绝所谓的构思证据时,Smith 案法官对其中的一个化合物有如下评论:

"记录清楚地显示,在建议最初被提出时或由此往后到成功测试之前的任何时间里,任何一方脑子里都没有概念:它究竟可能有效地对抗何种昆虫(如果有的话);或者如何使用才能达到预期的结果。相应地,任何一方对于本案所涉的'完整的可行的发明',在成功地实现(实际实现或推定实现)发明之前,都没有一个明确的概念。"

因此,在基于推定实际实现(constructive reduction to practice,这里应该是指提出实际申请)而赋予 Smith 优先权时,法院并没有依赖该技术领域内在的不可预见性,而是基于任何一方都没有证据印证存在更早的构思的事实。

有一点无疑是正确的,即"在某些场合,除非发明人通过成功的试验实际实现了发明,否则发明人不能证明构思完成"。参考… Alpert v. Slatin, 49 C. C. P. A. 1343,(CCPA 1962)(如果每一步的结果都不符合预期,发明是通过经验性的试错过程实现的,则不存在构思)。但是,在此类案件中,这并非仅仅因为该领域是不可预知的;所谓的构思未被确认,是因为它并不完整(incomplete),就像 Smith 案一样。因此,实现发明的事实(event),在效果上只是提供证据印证发明构思完成。

在这些案例中,当发明主意不断变化、不明确和不固定时,实现发明(reduction to practice)能够成为构思完成的最具决定性的印证。如果后来的试验过程,特别是试验失败,揭示出发明的不确定性,从而破坏了发明人主意的具体性(specificity),即它没有确切而固定地反映实际使用时该发明的完整方案,则该发明构思是不完整的。对构思问题有影响的是,事实本身的不确定性,而不是围绕实验性科学的一般性的不确定性。

Barr 和 Novopharm 试图从宽解读 Amgen 和 Fiers 案以支持它们的"合理预期"规则。这些案子都涉及编码人类蛋白质的 DNA 序列的构思。对于化学物质的构思,包括该具体化合物的结构和可行的制造方法的知识。Fiers 和 Amgen 案中的发明人主张在他们知道相关的化学结构——核苷酸序列——之前就完成构思。法院则认定在试验最终揭示结构之前,没有完成构思。不过,本案中,Burroughs Wellcome 的发明所使用的化合物的结构是已知的,制造它的方法也是众所周知的。

我们强调,我们并不认为一个人会仅仅因为他的合作贡献是实验性的[工作],就被排除出共同发明人的范围。相反,每个合作者的质的贡献是关键——每一个发明人必须对共同获取与"将来实际应用的发明"相一致的明确而固定的主意作出贡献。

我们并不认为一个空泛的主意(bare idea)就是构思的全部要求。该主意必须明确且固定,它提供了解决手头特定问题的具体手段。它还必须足够的准确,熟练技术人员无须过度试验就能够实现该发明(carry out the invention)。当然,所宣称的构思必须得到印证证据的支持。基于我们面前的事实,区法院显然正确地就该五项专利作出对 Barr 和 Novopharm 不利的判决,但是该法院对于第 6 项专利,即第 750 号专利的判决有些草率。

第 232、838、130、208 和 538 号专利涵盖 AZT 组合物以及利用 AZT 治疗 AIDS 的方法。Burroughs Wellcome 的发明人主张在 NIH 试验之前就完成了发明的构思,依据是它们的英国专利申请的草稿。该文件本身并不是一项构思,因为构思发生在发明人脑海中,而不是在纸上。该草稿只是印证了他们在准备该文件时对该发明已经形成了一个明确而固定的主意。

Burroughs Wellcome 的发明人设置了寻找治疗 AIDS 的方法的一般目标,但是在 Border 证实 AZT 可以有效对抗 HIV 时,他们[所掌握的内容]已经超出了一般性希望和期望的程度。他们有了用特定的抗病毒制剂来解决该问题的想法,他们已经形成了发明主意,达到了能够用专利申请草稿的形式清楚地表述该主意的程度。Barr 和 Novopharm 承认,该申请草稿能够教导熟练技术人员实施该发明(practice the invention)。该草案明确地披露使用 AZT 治疗 AIDS 意图。它描述了该化合物的结构,同时至少有一种制备方法已经是众所周知的。该草案还披露了如何准备 AZT 配方药及如何使用它治疗 HIV 感染者的详细信息。所列的剂量、剂型和服用途径与 FDA 最终批准的一致。该草案表明,该主意在发明人的脑海中已经被清楚地定义;剩下的只是去实际实现它(reduce it to practice)——去验证它的可行性并将它引入市场。

对 Burroughs Wellcome 准备申请草稿之后发生的事情的审查,进一步确认了该构思的合理性。Broder 和 Mitsuya 从 Burroughs Wellcome 那里收到一组化合物,该化合物由 Burroughs Wellcome 的发明人选定用于测试,Border 和 Mitsuya 仅仅知道它们的代号。他们利用自己的专利细胞系测试了这些化合物的抗 HIV 活性。该测试结果第一次揭示其中的一个化合物,后来表明是 AZT,具有特别的抗病毒活性。

这里,该测试很简洁,只是简单确认了该申请草稿所披露的发明的可行性。的确,在 Burroughs Wellcome 的科学家作出该发明时,围绕 HIV 和 AIDS 的科学依然是不可预见的,具有很高的实验性。但是,对于构思而言,重要的是发明人是否对一项可行的发明有一项明确而固定的想法。本案中,在上述构思完成之后,并没有长期而广泛的研究、试验和修正工作。后续的不过是任何药物走向市场都必经的正常的临床试验过程。

不过,这并不是说 NIH 的科学家仅仅是 Burroughs Wellcome 的发明人的一双手而已。Broder 和 Mitsuya 利用他们的专利细胞系模拟感染 HIV 的人体细胞的反应,在测试过程中展现出了相当的技能。Lehrman 的确告诉了 Broder 最初的关注范围,但是她并不能控制测试行为。该测试必然涉及对相关结果的解释,而只有 Broder、Mitsuya 和很少的其他人有这一独特的能力。但是,因为测试证实了发明的可行性,从而表明 Burroughs Wellcome 的发明人对于发明已经有了明确而固定的想法。它(该测试)是实际实现发明行为的一部分,Burroughs Wellcome 因此受益。

Barr 和 Novopharm 宣称,区法院拒绝考虑他们关于"鼠科逆转录病毒在筛查抗 HIV 活性方面的预测价值很低"的证据,是错误的。但是,不论鼠科测试的预测价值有多大,记录表明,发明人在这些测试之后不知出于何种原因,还是决定利用 AZT 治疗 AIDS,并准备了仔细描述该发明的专利申请草案,其中含有可以实现的内容(enabling disclosure)。显然,可以实现(enablement)与构思是两个不同的问题,在证明构思完成时,发明人并不需要满足[专利法]35 U.S.C. §112 的可以实现标准。但是,在本案中,该可以实现的披露的确足以确认发明人已经完成了发明过程的思维部分——他们已经到达了终点,关于发明的明确主意,剩下的任务是实现该发明,使之结出果实。

这里的问题不是 Burroughs Wellcome 是否合理地相信该发明能够实现预期的目的(这是 Barr 和 Novopharm 提交证据的证明焦点),而是发明人关于该发明用途的想法,是否已经具备了足够完整的形式,以至于利用熟练技能就可以将之实现。Burroughs Wellcome 基于鼠科筛选的结果,是否相信该发明事实上可行,与本问题无关。

我们并不确切地知道发明人何时完成其发明的构思,但是记录表明他们在准备申请草案对他们后来要用的发明作出完整而具体的描述时,就已经完成了这一点。区法院在这一点上作出了正确的判决,NIH 的科学家并非这些发明的共同发明人。

……

思考问题:

(1) 本案中法院拒绝承认"NIH 的科学家仅仅是 Burroughs Wellcome 的发明人的一双手而已"。为什么不承认呢？本案是否可以以没有合作合意为由，拒绝 NIH 科学家的要求？

(2) 本案中如果约定合作，但没有约定共有，如何处理？承认 NIH 科学家的贡献为创造性贡献吗？

(3) 很多发明过程都要借助于外力。单向的咨询是否属于创造性贡献？

(4) 结合本案，考虑美国法上确定共同发明人的思路，与中国专利法上要求发明人对发明的"实质性特点作出创造性贡献"的思路相比，优劣何在？

(5) 在判断"构思是否完成"（共同发明人）与是否构成"现有技术"时，采用不同的标准，为什么？如果发明人和熟练技术人员自己都不确定一个方案是否可行，能说该发明方案已经完成吗？如果这时发明人将该方案公布，该公开方案能够视为专利法意义上的在先技术吗？

(6) 一项构思完成之后，后来加入研发过程的其他人就不可能被认定为共同发明人了吗？

(7) 在化学领域，研究人员依据理论设想公布一种新的化学分子结构，但没有实际合成或分离出该物质，能算是完成了一项发明或公开了一项在先技术吗？如果上述答案是否定的，不妨进一步考虑：第三方事后经过复杂（未必是创造性的）的试验，验证已经公布的方案可行，则谁是发明人？请对比：在 The Board of Education v. American Bioscience Inc., 333 F.3d 1330 (2003) 案中，Lourie 法官指出"如果 Tao、Soon-Shiong 和 Desai 构思出该化合物的结构，但是没有 Nadizadeh 的帮助，他们不能合成该化合物，则 Nadizadeh 可能是共同发明人"。

在 Burroughs Wellcome Co. 案中，法院明确要求共同发明人必须对发明的构思作出贡献。如果某一发明人单独构思整个技术方案，即使并不确定该技术方案是否可行，也并不妨碍其成为专利法意义上的发明人。其他人如果仅仅是按照构思者的要求，验证该发明方案的可行性，则该验证者并不能够成为共同发明人。但是，法院又认为"我们并不认为一个空泛的主意(bare idea)就是构思的全部要求。该主意必须明确且固定，它提供了解决手头特定问题的具体手段。它还必须足够的准确，熟练技术人员无须过度试验就能够实现该发明(carry out the invention)"。这与"确定其可行"的区别究竟在哪里呢？

在 Burroughs Wellcome Co. 案中，我们是否可以尝试该案法官所不愿意接受的解释思路：判断是否为发明作出创造性贡献的标准是看潜在的发明人是否对发明的构思作出了自己的贡献，而不在于何时构思完成。换句话说，即便构思在潜在发明人按照要求完成既定的工作之后才完成，也不一定能够证明该潜在的发明人对发明构思的形成有贡献。依据这一标准，可能 NIH 的科学家都不被认为对于发明方案的构思有贡献，他们更接近"发明人双手"的角色。

考虑上述问题时,对照北京市思达尔化工新技术公司 v. 张克旭(北京市一中院(1996)一中知初字第 52 号)案。该案法院指出:"津安工贸公司虽为与该技术方案(俗称高效棉铃宝,或称增果灵)有关的大田试验进行了物质投入,但其所进行的工作是否具有创造性,其所进行的物质投入是否用于该技术方案的研制开发是确定其能否成为权利人的法定条件。在化学方面的发明创造中,技术方案的完成确实不是仅仅依靠设想就能完成的,必须付诸试验,但是通过对实施例的审查,得知在河南省延津县所作的并不是化学技术方案的优选,而是化学产品产生以后直接在大田上测试结果,与技术方案的完成无关。据此可以认定,津安工贸公司不是该技术方案的完成人,也不是共同完成人,故其要求与思达尔公司共同享有该专利申请权的请求不予以支持。"北京法院似乎也认为化学技术方案需要经过试验验证才能视为已经完成。

专利法是否要应当采用不同的标准来判断一个人是否为共同发明人和一项技术是否为在先技术?

依据《专利法》(2008)第 8 条,两个以上单位或个人合作完成发明的,可以约定发明的归属。假若两人事先约定合作完成发明由各方共有,但是事后,仅仅一方对发明作出了创造性贡献。在这种情况下,该发明人是否可以以另外一方没有作出创造性贡献为由,否定其共同发明人的身份?

由于法律很难对何谓"合意""最低限度的合作关系""创造性贡献"等设定明确的标准,不同国家关于发明人的判断标准可能存在差异:一个人在美国是独立的发明人,在其他国家则可能被认为应该和他人一起成为共同发明人。[1] 一些国际公约刻意回避这一问题。比如,《欧洲专利公约》就没有规定个人对发明的贡献达到什么程度以后才可以被确定为共同发明人,而是由各国国内的专利法决定。[2] 专利法许可发明人转让专利权和专利申请权,是缓和各国在发明人认定标准上可能存在的冲突的有效途径。

2.2 共同发明人身份的推定

在共同发明的发明人身份纠纷中,申请文件中的发明人署名构成对发明人身份的初步推定。如果有人对这一署名提出异议,则应当举证推翻。如果被异议的一方在申请文件上的署名是由异议方或非利害相关的第三方自主决定的,则法院通常会给予这一署名以很强的法律推定效力。异议方只有提供了非常可信的证据证明被异议方没有作出创造性贡献之后,法院才可能推翻这一推定。法院这么做是合理的。在没有争议之时,各方决定的署名情况通常是值得信任的。时过境迁,要求法院再根据事后证据重建发明的过程,探求某个人是否作出创造性贡献,非常困难,结论也不是很可靠。

---

[1] Donald S. Chisum, Michael A. Jacobs, Understanding Intellectual Property Law, Matthew Bender & Co., Inc. 1992, §2D[3][e], pp. 2-172, note 385.

[2] Romuald Singer, Margarete Singer, The European Patent Convention (Enlish edition by Raph Lunzer), Sweet & Maxwell, London 1995, p. 220.

因此，法院这时候要给予专利文件上的署名相当强的推定效力。

以下是法院关于专利申请文件上署名的推定效力的诸多案例：

陈兴仲 v. 黄君华（浙江温州中院（2008）温民三初字第6号）案：

> 本案中，原、被告是作为共同申请人和设计人于2005年12月24日向国家知识产权局申请名称为"调速器"外观设计专利的，据此可以认定该专利是由原、被告共同完成的，如该专利申请被批准，原、被告就是专利权人。被告辩称，其是因原告称对专利申请比较熟悉，才委托原告办理申请手续，但被告并没有提供相应的证据予以佐证，原告亦不认可这一说法，故本院对被告的这一辩解不予采纳。

陈宏远 v. 顾弘光及徐骏（上海二中院（2004）沪二中民五（知）初字第39号）案：

> 鉴于专利局颁发的《实用新型专利证书》上已载明涉案专利的设计人系顾弘光、陈宏远及徐骏，且上述署名系原专利权人交通厂所确定，亦经后专利权人交运公司予以确认。原告陈宏远要求确认其系涉案专利的设计人，两被告不具有设计人资格，其应对上述诉讼请求所依据的事实首先负有举证责任，只有原告完成了上述举证责任，才能将相应的举证责任转移至两被告。

在吴佩刚、郭玉顺诉赵若鹏（（2006）一中民初字第5507号）一案中，法院根据记载一项专利技术的论文的署名，推定共同署名者为共同发明人。法院指出：

> 本案中，原告吴佩刚唯一证明自己为发明人的证据仅为在《混凝土快硬填补无机复合胶凝材料试验研究》一文中有其署名。根据相关法律规定，如无相反的证据，在作品上署名的人即为著作权人，并以此享有相关的权利。在该文中极为详细记载了涉案发明专利申请的技术方案中关于减水组分、缓凝组分、调节组分的构成和对已知的化学物质进行选择、配比的数据及根据试验数据进行筛选、计算，并确定的最佳配比。赵若鹏作为该文的作者之一，对在双方纠纷发生之前的署名排序并未提出异议，而且亦作为专家出席了对该文所涉及产品的鉴定会。该行为系其自认的事实，已成为当事人自认原则认定的依据，形成不争的法律事实。由此可推定吴佩刚参与文章所涉研究。在赵若鹏没有相反的证据证明该自认事实不真实的情况下，对其抗辩理由本院不予采信，对吴佩刚主张涉案发明专利申请的发明人资格的诉讼请求，本院予以支持。

2.3 共有专利权的行使

《专利法》（2008）第15条：

> 专利申请权或者专利权的共有人对权利的行使有约定的，从其约定。没有约定的，共有人可以单独实施或者以普通许可方式许可他人实施该专利；许可他人实施该专利的，收取的使用费应当在共有人之间分配。
>
> 除前款规定的情形外，行使共有的专利申请权或者专利权应当取得全体共有人的同意。

中国对共有专利权的行使的规定,与美国有着很大的差异。如前文 Ethicon 案所述,在美国法下,在没有约定的情况下,每个共有人拥有不受约束的实施专利和对外发放许可的权利。而在中国专利法下,在没有约定的情况下,共有人可以对外发放普通许可,但是应当和其他共有人分享许可费的收益。以下是本书作者发表过的一篇论文摘录,比较系统地介绍了中国专利共有制度的基本内容。

中国专利共有制度述评

崔国斌　电子知识产权2010年第6期和第7期(脚注省略)

……

3　共有专利申请的提出

所谓申请专利的权利,是指就特定技术成果提出专利申请的权利。技术成果共有人在申请专利时,是否需要取得全体共有人的一致同意,专利法并没有明确规定。专利法第8条只是规定,对于合作完成的技术成果,申请专利的权利属于共同完成发明的单位或个人。这里并没有明确共有人应如何决定是否申请专利(比如是否需要一致决)。

不过,对于因合作开发而导致的共有技术成果,《合同法》的规则是一致决:"合作开发的当事人一方不同意申请专利的,另一方或者其他各方不得申请专利。"在专利申请程序中,专利局要求"直接涉及共有权利的手续(提出专利申请,委托专利代理,转让专利申请权、优先权或者专利权,撤回专利申请,撤回优先权要求,放弃专利权等)应当由全体权利人签字或者盖章。"《审查指南》虽然是效力层级较低的规范性文件,不过它与最接近的《合同法》上的规则保持一致,应该具有一定的权威性。因此,基本上可以得出这样的结论:不论共有技术成果是否源于合作开发关系,共有人提出专利申请时,应当取得全体共有人的一致同意。

共有人一旦提出专利申请后,就产生了所谓的"专利申请权"。专利法多处条文提及专利申请权,但没有明确定义。结合条文语境,大致可以将其理解为申请人对已经提出的专利申请的处置权,这与上面所说的"申请专利的权利"是两回事。

《专利法》第15条对共有人行使专利申请权作出了规定,但条文的字面含义并不严密。该条第1款说"专利申请权或者专利权的共有人对权利的行使有约定的,从其约定。没有约定的,共有人可以单独实施或者以普通许可方式许可他人实施该专利;许可他人实施该专利的,收取的使用费应当在共有人之间分配"。实际上,从提出专利申请到专利授权之间还有相当长的时间间隔。这条是否意味着,在专利申请获得授权之前,共有人单独实施或以普通许可方式许可他人实施该技术方案(还不是专利)是否也适用相同的规则?答案并不明确。

对比《专利法》与《合同法》,这一模糊点背后的缺陷就更清楚了。最高[人民]法院的合同法司法解释认为,合作开发所得的技术秘密的共有人"均有不经对方同意而自己使用或者以普通使用许可的方式许可他人使用技术秘密,并独占由此所获利益的权利"。如果共有人转让、发放独占或者排他许可,则"未经对方当事人同意或者追认的,应当认定该让与或者许可行为无效"①。这一规则与专利法第15条的规定并不一致。这样,一项共有技术在申请专利前适用《合同法》规则,在专利授权后适用专利法规则,均没有疑义。但是,在提出专利申请后,获得授权前究竟适用《合同法》还是专利法规则呢?还需要进一步区分申请是否已经公开,比如公开前适用《合同法》,公开后适用专利法吗?如果立法者在专利法上选择和《合同法》上相同的规则,则这一问题不复存在。遗憾的是,立法者没有这么做。在立法或司法机关作出进一步的澄清之前,这一问题似乎没有明确答案。

所幸的是,除了许可他人实施专利申请中的技术方案的法律规则存在不确定性外,依据专利法第15条第2款,共有人行使专利申请权的规则还是比较清楚的,即"应当取得全体共有人的同意"。这意味着共有人转让专利申请权、优先权,撤回专利申请,撤回优先权要求等,均需要经过全体共有人的一致同意。专利法这一规定也算是上述《审查指南》的规定提供了法律依据。专利法没有考虑共有方下落不明而无法联系的特殊情况,学者建议为了避免贻误申请时机,可以参考美国专利法第116条的规定,允许其他共有人在提供证明的情况下,提出申请,并将无法联系的共有人列为共同申请人。值得考虑。

不过,专利法对于专利申请权的规定又引发新的问题。《合同法》(1999)第340条第1款规定,在没有相反约定的情况下,共有人可以对外转让专利申请权,其他共有人享有同等条件优先受让的权利。言下之意,在保证其他共有人优先受让权的情况下,可以自由转让。可是,如果转让申请权的份额(如果有的话)被视为专利法第15条第2款意义上的"行使专利申请权"的行为,则需要经过全体共有人一致同意。诚如此,专利法现在的规定与前述《合同法》的相对自由的规定就有冲突,让权利人无所适从。

《合同法》(第340条第2款)还规定,共有人可以声明放弃其共有的专利申请权,然后其余的共有人可以提出专利申请。如果获得专利授权,则放弃专利申请权的一方可以免费实施该专利。技术成果的共有人在放弃专利申请权之后所获得免费实施专利的权利的法律属性,《合同法》上没有明确规定。比如,放弃专利申请权的共有人,是否可以对外转让其免费实施该专利的权利?《专利法》第15条的规定,对回答这一问题也没有帮助。

4 共有专利权的权益处分

    4.1 专利权共有类别:共同共有 v. 按份共有

中国《民法通则》将共有分为按份共有和共同共有,并且为共有人处分共有权益设定了不同的法律规则。按份共有的共有人在保证其他共有人同等条件有限购买权的情况下可以自由出让其份额。《物权法》(2007)第101条也接受了这一规则。不过,如果多个共有人欲行使优先购买权,究竟是由出卖人决定还是购买者按比例分配,

---

① 《最高人民法院关于审理技术合同纠纷案件适用法律若干问题的解释》(2004)第20条。

则没有明确。相对权威的意见认为应该由转让份额的共有人决定出售给哪一个共有人。

对于共同共有,《民法通则》没有明确规定共有利益的处分规则,最高[人民]法院的司法解释的对此有比较模糊的表述:"在共同共有关系存续期间,部分共有人擅自处分共有财产的,一般认定无效。但第三人善意、有偿取得该财产的,应当维护第三人的合法权益;对其他共有人的损失,由擅自处分共有财产的人赔偿。"学理上一般认为共同共有是基于特定的社会关系(比如合伙、继承、婚姻等)产生的,在这些社会关系解除之前,共有人是不能处分其所共有权益的。换句话说,在共有关系存续期间,未经其他共有人的同意,是不能向外转让共有权益的。因此,在共有人是否可以处分共有权益的方面,共同共有人比按份共有的共有人受到的限制要严厉一些。

在专利法第15条出台之前,没有法律明确说明专利共有的性质,理论上存在很大的分歧。《合同法》第340条规定,在没有约定的情况下,基于合作开发而共有技术成果的共有人一方转让其共有的专利申请权的,其他各方享有以同等条件优先受让的权利。同样,2004年司法解释针对技术成果出资,技术成果所有人与企业"当事人对技术成果的权属约定有比例的,视为共同所有……当事人对技术成果的使用权约定有比例的,人民法院可以视为当事人对实施该项技术成果所获收益的分配比例……"《合同法》和司法解释均没有明确是否必须按照按份共有来处理技术共有问题,但是它们所具体揭示的规则比较接近《民法通则》意义上按份共有规则。

在面对上述模棱两可的条文时,有人却明确表达了支持共同共有的意见。原最高[人民]法院蒋志培法官认为:"技术成果作为无形财产,不可能实行按份共有,但可以在利益分配上体现当事人关于比例约定的真实意思表示。"也就是说,如果共有人有所谓的比例的约定,也不能改变共同共有的性质,该约定比例应该理解为是对技术成果收益分配比例,而不是技术成果或者专利权份额的比例。无独有偶,中国知识产权局在对共有的集成电路布图设计进行规范时,似乎和这一思路一致。《集成电路布图设计保护条例实施细则》规定,在没有约定的情况下,共有人在"在没有征得其他共同布图设计权利人同意的情况下,不得将其所持有的那一部分权利进行转让、出质或者与他人订立独占许可合同或者排他许可合同"。这里对于共有人"所持有的那一部分权利"的转让的限制,似乎是沿着《民法通则》上的"共同共有"的思路进行的,没有考虑"按份共有"的可能性。

不过,部分法院和学者并不认为专利共有仅仅限于共同共有。比如,安徽高院有判决明确指出"专利权共有的法律特征应具备权利处分上的协同性和按份共有。"广西高院也有类似判决。部分学者明确指出专利共有分共同共有和按份共有两种形态。

专利法第15条的出台,并没有为这场争论画上句号。该条没有对专利权共有的性质做明确的规定,因此无从得知专利权共有适用按份共有还是共同共有的规则。从字面意思看,如果处分共有权益的行为属于行使共有专利权的行为,则依据该条第2款,共有人要得到所有共有人的一致同意。这大致接近共同共有的处分规则。不过,这一解释缺乏足够的反映立法意图的证据支持。

在进一步的立法澄清之前,专利共有的共同共有与按份共有之争似乎没有可靠的答案。本文认为,仅仅依据所谓技术成果属于无形物,就认定其不能成立按份共有,没有太大的说服力。正如王泽鉴教授所言:"应有部分系抽象地存在于共有物的任何一部分,而非具体特定于共有物的某一部分。"区分共同共有抑或按份共有,是对财产权处分规则的区分,与物的物理处分应该没有直接联系。在法律没有明确作出相反规定之前,本文倾向于接受两种共有形态共存的现实,由法院在具体案件中参照一般的民法规则判断该共有究竟是共同共有还是按份共有,然后据此决定共有权益的处分规则。比如,婚姻家庭关系导致的专利权共有,或许可以按照共同共有处理,而合作开发导致的专利权共有,或许可以按照按份共有处理。当然,如果立法者觉得这一规则过于复杂,决定选择其中的一个规则,也是可以理解的。

4.2 共有专利权的权益分割

专利法在讨论共有专利时,实际上是将单个专利看做共有权存在的基本单元。专利法并未考虑到共有人对同一专利中的不同权利要求分别享有独立的所有权或者仅对部分权利要求共有的可能性。在操作层面,专利申请的审查与公告程序也没有考虑到此类分割权利要求的可能性。比如,《发明专利请求书》并不要求说明发明人或者申请人与特定权利要求之间的关系,《审查指南》也明确规定"放弃专利权只能放弃一件专利的全部,放弃部分专利权的声明视为未提出"。

尽管实践中可能会出现发明人对同一专利的不同权利要求分别作出贡献的情形,改变专利法现有做法,从制度上为专利共有人分割权利要求分别共有提供方便,似乎并是不明智的政策选择。这样做,就意味着所有申请人在提交专利申请时要提供更多的信息,后续的转让和许可规则也要随之改变,这会显著增加专利行政程序的成本;同时,在纠纷发生后法院也被迫要对共有人对每个权利要求的真实贡献进行审查。支付这样的社会成本所带来的收益,不过是很少一部分共有发明人的权益归属更明确。因此,本文认为专利法没有必要从制度上满足专利共有人进一步分割专利权利要求的需求。当然,共有人利用合同对同一专利下的不同权利要求(即不同技术方案)进行更细致的权属约定,并不违反公共政策,应该是有效的。不过,该约定仅仅在当事人之间有效,不对善意第三方发生影响。

既然不能对专利权利要求进行分割,共有权益的分割更多表现为对抽象的专利权整体权益的分割。在没有约定所谓的权益份额的情况下,究竟应当简单地推定为共有人平均的分配,还是要考虑各自的贡献(包括智力或者资本的投入等)以确定相应的份额,专利法并无明确规定。

在传统民法领域,在分割共有财产时,如果没有约定的份额,原则上等额分配。比如,《物权法》(2007)第104条规定:"按份共有人对共有的不动产或者动产享有的份额,没有约定或者约定不明确的,按照出资额确定;不能确定出资额的,视为等额享有。"不过,学理上有意见认为,在分割共有财产还可能要考虑具体的情况,比如共有人对共有财产的贡献大小、共有人的相对经济能力等,进行实物分割或者变价分割。

在实践中,公众可能会支持执法或司法机构权衡相关因素确定专利共有人各自份额的做法。在科技部的《关于国际科技合作项目知识产权管理的暂行规定》中,政府部门就流露出按照贡献大小确定名次或许可费比例的态度:"申请专利时成果完成人的名次排列,应当按照成果完成者的贡献大小确定……确定专利使用费分享的比例时,应当考虑各方在合作中所提供的人力、资金、仪器、设备、情报资料等物质条件多少等因素。"

法院在事后依据双方提供的证据来还原共同发明者、出资者各自贡献大小,并依此来确定各自的份额,是非常困难的和具有不确定性的。从节约社会成本的角度看,不论贡献,默认平等共有是比较具有操作性的方案。正如美国法院在 Ethicon v. U. S. Surgical 案中的主流意见所说的那样:共有关系是当事人的自主选择的结果,默认的平等分享规则如果带来不公平的后果,那也是当事人的自愿选择的结果,否则他们会以协议明确作出相反的约定。英国专利法上也采用类似的规则,在专利共有人没有约定的情况下,就直接推定共有人对专利权或相关利益享有相同的份额。本文认为,中国法院也应该采用此类规则。

关于共有人权益转让的问题,前一节已经有了具体介绍,这里不再赘述。接下来,仅仅对共有人对共有权益进一步分割转让的问题做简要讨论。

现有专利法没有明确规定,共有人是否可以将自己的共有权益进一步分割,分多次转让。与此相对照,美国法上专利共有人就可以通过出让任意小的份额的方式使得新的受让人获得完整的实施专利的权利。这与美国专利法许可共有人自由对外发放许可的做法是互相呼应的。依据中国传统民法规则,按份共有人处分个人拥有的全部共有份额与处分个人拥有的部分共有份额,并没有什么质的不同。但是,在专利法上,许可共有人随意分割转让共有权益,则有意想不到的后果。

依据专利法第 15 条,专利共有人许可第三方实施专利需要和其他共有人分享许可费收入,但是许可人自行实施专利在无须要与他人分享所得。如果共有人可以对外出让自己共有份额的一部分(比如百分之一),就可以让第三方因此成为新的共有人,从而使第三方获得自由实施专利的权利。这一策略显然会使得现有法律要求共有人分享许可费的初衷落空。为了避免这一结果,可选择法律方案至少有两个:其一,是禁止共有人对共有权益进一步分割并分别转让。也就是说,如果要出让,只能一次性出让。其二,是许可进一步分割并分别转让,但是需要经过其他共有人的一致同意或需要保证其他共有人的优先购买权。第二个方案相对来说比较的有弹性,可能更容易被共有人所接受。

在实际操作层面,专利局走在了专利法的前面。专利共有人出让自己的共享份额时,需要通过专利局办理"著录项目变更"以达到公示目的。这时,专利局通常要求变更申请人"提交全体权利人同意转让或者赠与的证明材料。"因此,共有人可以从程序上对其他共有人转让份额进行牵制。不过,这并不意味着单个共有人可以以拒绝提供证明材料的方式来阻止其他共有人转让份额。在共有人按照实体法转让共享份额时,如果单个共有人拒绝合作,则该共有人可以寻求司法救济,并强制办理"著录项目变更"手续。

共有人对专利权共有份额的放弃,理论上并没有障碍。实务中,同样可以通过"著录项目变更"程序对外公示。专利法对于专利共有人放弃共有份额后的后果也没有明确规定,从理论上推测应该与放弃专利申请权的法律后果大致相当:共有人不再主张共有份额,同时获得免费的不可转让的自行实施的权利。

4.3 共有专利权的整体处分

共有专利权的整体处分,包括转让、放弃和质押等,应该直接适用专利法第15条第2款,需要经过所有共有人的一致同意。这与先前的司法实践是一致的。依据中国最高法院在传统财权领域的判例,共有权利的整体转让应当由全体共有人一致同意。在现有的知识产权案例中,法院基本按照这一规则判决案件。比如,在苏玉英诉国家知识产权局案中,法院通过援引《审查指南》,明确指出"专利权进行转让时,应当经全体专利权人同意,专利权利人之一无权处分该共有专利权"。又如,任沙力诉张芃芃案确认共有人之一假冒其他共有人转让专利权的行为无效。由于专利权的转让必须经过专利局的登记公告后才生效。因此,专利法从制度上保证单个共有人未经其他共有人的一致同意单独转让专利权的行为,无法具备法律效力。

共有专利权人对整个专利权的放弃,必须由全体共有人共同作出。实际办理放弃权利声明时,专利局会要求申请办理者提交"全体专利权人签字或者盖章同意放弃专利权的证明材料,或者仅提交由全体专利权人签字或者盖章的放弃专利权声明"。

专利权质押在法律上是可行的,但必须保证该专利权是可转让的。由于质押权实现的结果通常是导致专利权的转让,因此与共有权利的转让有着类似的考虑。《担保法》要求出质人与质权人应当订立书面合同,并向专利局办理出质登记。质押合同自登记之日起生效。依据《担保法》,共有人是否可以以共有份额出质,并不清楚。但是,专利局在其部门规章中要求:"如果一项专利有两个以上的共同专利权人,则出质人为全体专利权人。"这实际上否定了部分共有人以共有份额出质的可能性。《专利法》第三次修改的征求意见稿也明确建议质押需要经过全体共有人的一致同意。专利法最终没有直接采用建议稿中的表述模式,而是代之以第15条第2款。不过,依据该条款,质押应当经过全体共有人一致同意并无疑义。

5 共有专利的实施与许可

依据专利法第15条,专利共有人可以单独实施共有专利。联系上下文,共有人无须同其他共有人分享单独实施所获利益是不言而喻的。专利法的这一规定与过去法院在实践中的做法是一致的。最高[人民]法院2001年在一份名为《全国法院知识产权审判工作会议关于审理技术合同纠纷案件若干问题的纪要》,实际上具有法律约束力的文件中指出,共有专利的专利权人在没有相反约定的情况下,专利权人自己可以自行实施该专利,由此所获得的利益归实施人。

与共有专利实施有关的另外一个问题是共有人是否可以单独许可第三方实施该专利。在中国民法的传统观念中,单个共有人所享有的权益并非一个完整的所有权,认为"如果按份共有人的份额形成单个的完整的所有权,将会使共有形成为多重所有"。因此,专利法没有接受美国法的激进观念:每个共有人享有完整的实施权利,可以让被许可人'踩着自己的脚印'获得相同的权利,从而支持共有人无限制地向第三方发放许可。中国专利法第15条采取了一个折中方案:"没有约定的,共有人可以……以普通许可方式许可他人实施该专利;许可他人实施该专利的,收取的使用费应当在共有人之间分配。"

专利法第15条的规定实际上抛弃了中国过去法律实践中的做法。中国原先的《技术合同法实施条例》规定,当事人就共有专利订立专利实施许可合同,应当征得共有专利权人的同意,由此获得的利益由各方等额分享。后来,统一《合同法》出台,《技术合同实施条例》被废止。上述规定并没有被收入统一《合同法》。不过,法院在处理具体案件时,还是依据《技术合同法实施条例》中的规则。对此,原最高[人民]法院的蒋志培法官指出:"对共有专利的实施,应当经过所有共有人同意并协商收益等问题,是法律的本意,并被我国民法等多部法律所肯定,是基本的法律常识问题。"科技部在2006年的行政规章中持相同立场。2006年专利法征求意见稿中,也规定对外发放许可须经过全体共有人一致同意。在法院内部,有意见人为:如果专利共有人未经其他共有人的同意而许可他人实施专利,则该共有人和被许可方甚至可能构成共同侵权。

正因为禁止共有人单独发放许可被视为一般规则,最高[人民]法院还特意为这一规则创设了一个例外:在共有人自己有实施专利的权利,而又没有实施条件的情况下,可以"以一个普通许可方式许可他人实施或者使用"。最高[人民]法院从宽解释的主要原因是"技术开发市场中确有一些当事人虽享有实施权却不具备自己独立实施的条件,导致当事人之间利益失衡,也影响到技术的转化、应用和推广,故将发放一个普通实施许可证视为当事人自己实施"。这一类不具备实施条件的共有人通常是中国的大学或者科研院所,它们一方面没有对技术进行商业化的能力,另一方面也缺乏技术转让和许可的实际经验,容易陷入"共有却无法获利"的困境。

专利法第15条在共有人许可第三方实施问题上背离传统做法的原因,可能是立法者觉得这样会促进专利的实施。比如,比较权威的意见认为:"发明创造价值的体现有赖于其实施应用,《专利法》第1条明确规定其立法宗旨之一在于推动发明创造的应用。因此,尽可能为合法实施专利创造有利条件,是专利法应当遵循的原则。在专利权共有的情况下,如果规定在任何情况下共有人之一实施该专利都必须获得其他共有人的同意,就会阻碍专利的实施。"不过,如果专利法规定共有人在发放许可后无须和其他共有人分享许可费,似乎更能促进该专利的实施。

作为对比,中国法对共有技术秘密许可的处理,与共有专利权的许可显著不同。《合同法》第341条规定:"合作开发完成的技术秘密成果的使用权、转让权以及利益的分配办法,由当事人约定。没有约定或者约定不明确……当事人均有使用和转让的权利……"依据最高[人民]法院的司法解释,这意味着技术秘密的共有人"均有不经对方同意而自己使用或者以普通使用许可的方式许可他人使用技术秘密,并独占由此所获利益的权利"。这一规定或许考虑到技术秘密本身的特殊性,在共有人没有明确约定禁止共有人未经同意对外披露或许可的情况下,通常意味着共有人没有共同采取切实的保密措施,因此每个共有人不承担所谓的默示保密义务,可以自由对外披露或许可。两相对照,本文倾向于认为专利法和《合同法》采用不同的规则,人为地增加了混乱,却没有带来实质性的政策利益。

6 相关的行政与诉讼程序

6.1 行政程序

专利法对专利申请共有人对共有事项的决策程序并没有明确的规定。在操作层面,主要依据是专利局的《审查指南》。《审查指南》中明确指出:"凡办理涉及共有权利的手续(如:提出专利申请、委托专利代理、转让专利申请权或专利权、撤回专利申请和放弃专利权等)时,均应当由全体共有人在文件上签字和盖章,并由全体共有人的代表或者共同委托的专利代理机构办理。对不符合规定的,专利局将视情况分别作出视为未提出该手续或者通知当事人在规定期限之内补正的处理。'如果共同申请人'对涉及共有权利的具体行政行为不服申请复议的,应当由共有人共同提出复议申请。"显然,在专利申请过程中,共同申请人通常需要共同对相关事项作出一致决定。

在海关保护方面,过去的规则是"共有知识产权的权利人中任何一个权利人已向海关总署提出备案申请后,其他权利人无须再提出申请"。这似乎意味着单个的共有人就可以启动海关程序禁止第三方的进口侵权产品。不过,修订后的《知识产权海关保护条例》删除了这一规定,背后具体的考虑不得而知。

6.2 诉讼程序

在专利法第三次修改之前,专利共有人对第三方提起专利侵权诉讼是否需要经过全体共有人的一致同意并作为诉讼参与人参加诉讼,是一个存在争议的问题。共有专利权人典型的诉讼的请求主要有两类:其一是停止侵害;其二是损害赔偿。这两类诉讼请求对诉讼主体的资格要求有所不同,以下分别加以介绍。

首先,关于停止侵害的诉讼请求。在传统的民法领域,当共有物受到第三方妨害时,各共有人的权利及于整个共有物,各个共有人可以为共有人全体的利益而行使物上请求权。一般认可共有人的任何一人代表全体共有者可以提起物上请求权的诉讼以排除妨害。依这一立法精神与法理旨意,"对于专利侵权诉前禁令、诉前财产保全和诉前证据保全等与行使诉权密切相关的程序性权利,任何一方都可以单独提出请求"。

其次,关于损害赔偿的诉讼请求。中国学术界对于共有人单独是否可以提起损害赔偿之诉,存在争议。另外,即便支持单独提起诉讼学者对于共有人是否只能对个人的份额提起诉讼,也存在争议。但是,知识产权司法实践已经超越争议,形成固定的程序规则。比如,北京高院对于合作作品采用下列规则:"涉及争议作品是合作作品的诉讼是必要共同诉讼,合作作品的作者均为必要的共同诉讼的当事人;合作作品作者没有参加诉讼的,应当通知其参加诉讼;作者下落不明,或者利用直接送达等方式无法送达的,可以依照民事诉讼法第84条的规定公告送达。"从这一规定看,某个共有人单独发动诉讼并不存在实质性的障碍,只不过需要将其他共有人列为共同原告,即使其他共有人不同意参加诉讼。实践中已经出现共有人不参加诉讼、法院依职权追加其为共同原告的著作权侵权案例。法院甚至可以在共有人缺席的情况下进行缺席判决,判决被告向包括缺席原告在内的所有共有人支付损害赔偿。对此,也有权威法官持不同意见,认为共有人在法院正式通知后不愿意参加诉讼的,应作为放弃专利诉讼权利处理,其应当得到的侵权损害赔偿也应属于其他共有人。不论赔偿的对象范围确切如何,有一点似乎是肯定的:法院虽然要求共有人都要参加诉讼,但并不会出现因为个别共有人拒绝参加诉讼而导致其他共有人无法追究第三方侵权责任的情形。在美国法上,这倒是可能的。

当然,将合作作品的规则直接套用在共有专利上,未必可靠。因为共有著作权人发动诉讼,通常不会对合作作品的法律效力构成威胁,其他共有人一般不用担心著作权被宣告无效。但是,共有专利则不一样。单个共有人发动侵权诉讼,会对专利权效力提出挑战,从而威胁其他共有人的利益。其他共有人为了维护专利权的效力,可能要支付相当的诉讼成本。

专利法第15条并没有对共有专利侵权诉讼的问题作出具体规定。如果我们将提起诉讼视为行使共有专利权的情形之一,则依据该条第2款应当取得全体共有人的同意。诚如此,则共有人似乎可以通过拒绝参加诉讼的方式来阻止其他共有人追究第三方的专利侵权责任。这也就否定了司法实践中法院的上述做法。立法者在制定第15条时,是否真的预见到这一意想不到的效果,并不清楚。

在共有人没有约定利益分配比例的情况下,法律应推定为平均分配,而无须考虑双方的贡献大小来确定具体的比例。如上文所述,这样的制度安排可以节省社会成本。不过,在历史上,中国的确有制度主张在没有约定的情况下,根据发明人贡献的大小来决定利益的分配比例。比如,1950年《保障发明权与专利权暂行条例》第21条规定:"两人以上共同作成之发明,其发明权或专利权为共有;共有权之分配比例,由共有人协议定之。如不得协议时,得提供各个人对该项发明所贡献之材料,报请中央主管机关裁定之。"

邓先登等 v. 重庆千弘电器有限公司

重庆市高院 (2005) 渝高法民终字第154号

张勤、李佳、黑小兵法官:

由邓先登提供研制费用,毛世伦负责技术设计,共同开发并取得专利授权,专利号为ZL98202143.7的"起动磁电机"实用新型专利。[毛世伦、邓先登是共同权利人,双方约定:]对该专利的申请、转让和许需,经双方共同确定,非经对方许可,任何一方均不得单独实施或向第三方转让。[双方均应对上述技术保密;该项目的具体实施,技术转让及利益分配等问题,待项目研制完成后,由双方协商解决。]

[1998年6月20日,毛世伦、邓先登与重庆恒达磁性材料有限公司签订《专利产品生产权转让协议书》,约定毛世伦、邓先登将其专利产品"毛邓起动磁电机"(专利号为98202143.7)有偿转让给重庆恒达磁性材料有限公司生产经营,毛世伦、邓先登保证该产品的技术可靠性、适用性;重庆恒达磁性材料有限公司付给毛世伦、邓先登许可权转让费20万元等。1998年7月20日毛世伦收到重庆恒达磁性材料有限公司"起动

磁电机"专利使用费5万元。]

[上述协议表明,]该专利产品的生产已独家许可给重庆恒达磁性材料有限公司。因此,重庆海泉工贸有限公司、重庆千弘电器有限公司是否未经专利权人许可而生产、销售了专利产品并构成侵权,是本案争议的焦点。

……

重庆千弘电器有限公司未经许可生产、销售了与专利号为 ZL98202143.7 的"起动磁电机"实用新型专利产品相同的"起动磁电机"。在一审中,重庆千弘电器有限公司以其工商档案登记的经营范围,证明该公司由毛世伦投资设立、经毛世伦授权生产和销售专利产品。在二审答辩中重庆千弘电器有限公司法定代表人毛世伦陈述,重庆千弘电器有限公司是[他]自己实施自己的专利 ZL98202143.7 的载体。如果生产涉及专利 ZL98202143.7 的产品无需经过授权或许可,[他]自己实施自己的专利根本不存在侵权问题。据此,重庆千弘电器有限公司生产、销售了 ZL98202143.7 专利的"起动磁电机"。

另因毛世伦、邓先登与重庆恒达磁性材料有限公司的有关协议已约定,对"起动磁电机"专利的生产、许可等需经毛世伦、邓先登共同确定,非经对方许可,任何一方均不得单独实施或向第三方转让。因此,毛世伦单方许可重庆千弘电器有限公司实施其专利,不符合约定的内容,该许可不能作为重庆千弘电器有限公司生产、销售"起动磁电机"的合法依据。重庆千弘电器有限公司的抗辩理由不能成立。

综上所述,重庆海泉工贸有限公司生产、重庆千弘电器有限公司未经许可生产、销售专利号为 ZL98202143.7 的"起动磁电机"实用新型专利产品,构成了对该专利的共同侵权,应当承担停止侵权,赔偿经济损失的民事责任。一审判决基于毛世伦已书面表示放弃在本案中请求侵权人承担侵权实体责任,而判决侵权人对邓先登承担侵权责任,并根据侵权的性质、时间等因素,酌情确定其赔偿金额的认定正确。(原审法院指出,由于专利共有权人毛世伦放弃其在本案中的诉讼实体权,故不再追加毛世伦为本案必要共同诉讼原告。)

思考问题:

(1) 本案中,如果共有人约定各自可以实施专利,则被告千弘公司的制造行为是否可以被视为是毛世伦的实施行为?

(2) 假若本案适用现行专利法关于共有专利的规则,在毛世伦拒绝提起诉讼的情况下,法院应如何处理?

2.4 剽窃发明申请专利的处理[①]

在徐荣基、凯鸿公司诉欧耀多等(广东中院(2005)深中法民三初字第 650 号)案,法院有下列意见:

---

① 此类案例与共同发明无关,严格说来放在这里并不合适。不过,在本书的整个章节安排中似乎没有更合适的地方来讨论这一问题了,所以勉强放在这里。

欧耀多先后在光联公司和凯鸿公司的工程、业务部门工作，虽然没有参与争议专利技术的研究开发，但通过参加公司业务会议、开展市场客户调查等工作，欧耀多有条件了解公司有关技术成果的具体情况。原告认为其"铠装型光纤跳接线"的技术属于凯鸿公司的商业秘密，但其只提供了光联公司《员工守则》中的保密条款，没有在凯鸿公司成立后重新制订保密规定，也没有与欧耀多签订保密协议，而且凯鸿公司生产销售的光纤线缆结构通过解剖等反向工程方法可以容易知悉和公开，因此原告的该项技术成果不具备商业秘密的法定构成要件，不属于原告的商业技术秘密。但在徐荣基申请专利之前，原告称未生产有关光缆产品，也没有证据证明原告该项技术已经公开。

虽然原告的技术成果不属于技术秘密，但原告有权就该技术成果向国家专利局申请专利，以专利而非商业秘密的形式获得保护。包括原告员工在内的其他民事主体，未经过独立的研究开发，不应将原告的技术成果据为己有，在原告的技术方案公开之前，不应将原告的技术成果、技术方案中的核心部分，或者将该技术方案中的主要技术特征简单组合后申请专利，从而垄断技术和产品市场……

欧耀多和欧耀好利用欧耀多的工作之便，将原告的技术成果据为己有，违反了有关法律规定，应该承担相应的法律责任，适当赔偿原告为主张权利而支出的必要费用。

法院最终依据《专利法》第6条第1款关于职务发明的规定，判决专利归原告徐荣基、凯鸿公司所有。除此之外，有没有更合适的法律依据呢？附带的问题：一个人在不负保密义务的情况下，获得某技术方案后，似乎可以自由使用该技术方案，包括对外披露，使之丧失专利法意义上的新颖性。他为何没有申请专利的权利呢？

3 职务发明

职务发明的有关问题至少涉及两部重要的法律——《合同法》和《专利法》。两个法律分别使用"职务技术成果"和"职务发明"两个不同的概念。依据《合同法》（1999）第326条第2款："职务技术成果是执行法人或者其他组织的工作任务，或者主要是利用法人或者其他组织的物质技术条件所完成的技术成果。"《专利法》（2008）第6条则规定：执行本单位的任务或者主要是利用本单位的物质技术条件所完成的发明创造为职务发明创造。二者并没有本质的差异。因此，本书交替使用"职务技术成果"和"职务发明"这两个概念。单从适用范围看，《合同法》关于职务技术成果归属的重要性甚至超过了《专利法》，因为前者在技术成果完成时就开始适用，而《专利法》的规定仅仅在后续的环节才适用，即只有在申请专利时才会涉及所谓的申请专利的权利以及专利权的归属与行使问题。

3.1 职务发明的构成要件

一项发明要成为职务发明，要满足如下条件：首先，发明人和单位（《专利法》上的术语,《合同法》使用"法人或非法人组织")之间存在一定的雇佣关系(**劳动关系**)①;其次,该发明是发明人执行本单位的任务或主要是利用本单位的物质条件完成的。

3.1.1 雇佣关系(劳动关系)

专利法并没有明确规定职务发明的发明人和单位之间的雇佣关系的性质,比如二者之间是否一定要存在正式的劳动合同关系,就不够清楚。本书认为,认定职务发明的前提应该是单位和发明人之间有劳动关系。在劳动或雇佣关系中,单位为发明支付了实质性的成本,取得发明人的劳动成果(发明)的所有权,有合理性。强调劳动关系,能够有效地将职务发明关系和委托发明或合作开发关系区分开来。

在司法实践中,大部分法院很早就开始采用比较严格劳动关系标准,比如在北京市东城区燕南技术经济研究所 v. 北京市专利管理局案(北京高院(1994)高知终字第85号)中,二审法院就强调"郑平与燕南研究所之间并无聘用合同,燕南研究所无法证明在专利申请日之前郑平是其单位所聘用的从业人员"。这里的聘用合同所建立的应该就是这里所说的劳动关系。在下面的联合收割机案中,法院在认定职务发明时也强调劳动关系。

李土华 v. 汉森公司

广西高院(2009)桂民三终字第56号

刘拥建、周冕、刘明明法官:

2004年12月,李土华、黄建宁与汉森公司经协商,就合作开发、生产《年产500台甘蔗联合收割机项目》达成了一致意见,并于当月20日签订了一份《协议书》,主要约定:

一、合作内容:甘蔗联合收割机的技术、设计图纸由李土华、黄建宁提供,生产所需的设备、厂房及流动资金由汉森公司提供,生产所需的技术工人由双方共同考试招聘,考试内容及技术把关由李土华、黄建宁负责,其他由汉森公司负责;

二、汉森公司承担的责任:每月按时向李土华支付4000元的月工资,向黄建宁支付3000元的月工资,每年年终按时向李土华、黄建宁支付工厂当年甘蔗联合收割机销售总额百分之三的提成,负责建设厂房及安装设备,按李土华、黄建宁的质量要求进行产品原材料的采购,负责产品的定价、销售、市场运作及所需的流动资金;

三、李土华、黄建宁承担的责任:负责甘蔗联合收割机设计及生产工艺,保证该联合收割机能够用,各项性能达到国家标准,负责甘蔗联合收割机生产技术管理、使用说明书的编写,技术的改进创新;

四、技术保密:甘蔗联合收割机生产的技术、图纸归双方所有,双方均不能单独转让给第三方,产品在投放市场前应申请专利,专利权归汉森公司所拥有,发明人填写李土华,专利申请费和以后的维护费由汉森公司负责支付。

---

① 《合同法》(第326条)和《专利法》均没有明确提出这一要求,不过这应该是不言而喻的;否则,就无法将职务发明和所谓的委托发明(《专利法》第8条)相区分了。

......

该协议签订后,李土华、黄建宁即到汉森公司处进行甘蔗联合收割机技术的开发和生产,于2005年3月出样机,7月开始生产,随后生产不少于14台甘蔗联合收割机。

至2006年1月,双方发生矛盾,黄建宁离开汉森公司,李土华则继续留在汉森公司合作开发生产甘蔗联合收割机。

2007年1月21日,汉森公司以李土华涉嫌将双方共同研发的甘蔗联合收割机技术泄露给广东佛山科泰机电设备有限公司,造成汉森公司经济损失,李土华有侵犯商业秘密的重大嫌疑为由,向柳州市公安局经侦支队报案。2008年4月17日柳州市中级人民法院就李土华涉嫌侵犯商业秘密罪刑事一案作出终审裁定,以李土华的行为构成侵犯商业秘密罪及构成非国家工作人员受贿罪为由,判处李土华有期徒刑七年,追缴其非法所得人民币394017元。现李土华在柳州鹿州监狱服刑。

就甘蔗联合收割机技术,汉森公司申请了多项专利,其中本案专利为"甘蔗联合收割机"实用新型专利,专利号为ZL200520200253.X,记载的专利权人为汉森公司,设计人为李土华,申请日为2005年4月6日。

<u>李土华、黄建宁与汉森公司未签订有劳动合同,汉森公司亦没有为李土华、黄建宁交纳过劳动保险费用。</u>

一审法院认为:李土华、黄建宁与汉森公司于2004年12月20日签订的协议属于技术合作开发协议……既然涉案专利技术为双方合作开发的技术,且协议已明确权属,就不存在职务或非职务发明问题,因而李土华、黄建宁提出确认涉案专利技术为非职务发明的主张不应支持。汉森公司提出李土华、黄建宁的行为与其是合作中的职务行为,涉案专利是职务发明的主张,亦无事实和法律依据,不予支持。本案中,双方签署的协议对合作开发的技术即涉案专利技术的权属进行了约定,即李土华、黄建宁放弃其对甘蔗收割机技术共有的专利权,由汉森公司申请专利并为专利权人,《合同法》第三百四十条第二款规定"合作开发的当事人一方声明放弃其共有的专利申请权的,可以由另一方单独申请或者由其他各方共同申请。申请人取得专利权的,放弃专利申请权的一方可以免费实施该专利",因此,李土华、黄建宁可以免费使用涉案专利技术,但不享有对涉案专利许可、转让的权利。

......

本院认为:(一)关于2004年12月20日汉森公司与李土华、黄建宁签订的《协议书》性质及法律效力问题。

我国合同法第三百三十条第一款、第四款分别规定:"技术开发合同是指当事人之间就新技术、新产品、新工艺或者新材料及其系统的研究开发所订立的合同。""当事人之间就具有产业应用价值的科技成果实施转化订立的合同,参照技术开发合同的规定。"最高人民法院法释[2004]20号《关于审理技术合同纠纷案件适用法律若干问题的解释》第十八条规定:"合同法第三百三十条第四款规定的'当事人之间就具有产业应用价值的科技成果实施转化订立的'技术转化合同,是指当事人之间就具有产业实用价值但尚未实现工业化应用的科技成果包括阶段性技术成果,以实现该科技成果工业化应用为目标,约定后续试验、开发和应用等内容的合同。"技术转化合同具有以下几个法律特征:(1) 技术转化合同的目的是实现科技成果的商品化、产业化应用,即通常所说的工业化生产。(2) 技术转化合同的对象是具有实用价值但尚未能够实现商品化、产业化应用的科技成果。技术转化合同是以已有技术成果为基础,只是由于这种技术成果还达不到工业化生产的程度,没有形成现实的生产力。(3) 技术转化合同必须具有对已有科技成果进行后续试验、开发和应用等内容。本案当事人签订的《协议书》约定,作为乙方的李土华、黄建宁提供甘蔗联合收割机的技术、设计图纸,并负责甘蔗联合收割机设计及生产工艺,不断改进与创新甘蔗联合收割机的技术,使各项性能均达到国家标准,保证甘蔗联合收割机具有实用性,并规定了相应的具体技术指标。作为甲方的汉森公司提供生产所需的设备、厂房及流动资金,负责厂房建设、设备安装,采购产品原材料,负责产品的定价、销售及市场运作等。双方订立本协议的目的就是实现甘蔗联合收割机的工业化生产,即达到协议书序言部分所称的年产500台甘蔗联合收割机;协议的对象是李土华、黄建宁提供的具有实用价值但尚未能够实现工业化生产的阶段性技术成果甘蔗联合收割机技术;协议的内容就是对李土华、黄建宁已有的甘蔗联合收割机技术进行后续开发和应用,实现工业化生产的目的。因此,当事人签订《协议书》所约定的权利和义务的内容符合技术转化合同的法律特征,其性质应认定为技术转化合同。

根据我国合同法第三百三十条第二款、第四款之规定,技术开发合同包括委托开发合同和合作开发合同,而技术转化合同则应参照技术开发合同的规定处理。我国合同法第三百三十五条规定,合作开发合同当事人的主要义务是按照约定进行投资,包括以技术进行投资;分工参与研究开发工作;协作配合研究开发工作。最高人民法院法释[2004]20号《关于审理技术合同纠纷案件适用法律若干问题的解释》第十九条规定:"合同法第三百三十五条所称'分工参与研究开发工作',包括当事人按照约定的计划和分工,共同或者分别承担设计、工艺、试验、试制等工作。技术开发合同当事人一方仅提供资金、设备、材料等物质条件或者承担辅助协作事项,另一方进行研究开发工作的,属于委托开发合同。"根据协议的约定,汉森公司仅提供生产所需的设备、厂房及流动资金等,但并没有共同或者分别承担设计、工艺、试验、试制等工作,因此,一审判决认定涉案协议的性质为合作开发合同不当,本院予以纠正。本案当事人签订的《协议书》为技术转化合同,应参照委托开发合同的规定处理。上述协议是当事人真实意思表示,内容没有违反国家法律、行政法规的强制性规定,一审判决认定为合法有效并无不当。

(二) 关于涉案专利 ZL200520200253.X "甘蔗联合收割机"实用新型专利的权属及是职务发明还是非职务发明的问题。如上所述,本案当事人签订的《协议书》为技术转化合同,应参照委托开发合同的规定处理。合同法第三百三十九条第一款规定:"委托开发完成的发明创造,除当事人另有约定的以外,申请专利的权利属于研究开发人。研究开发人取得专利权的,委托人可以免费实施该专利。"上述规定表明,如果当事人对委托开发完成的发明创造的权属有约定,当事人的约定具有优先法律效力,即按照当事人的约定处理。《协议书》第四条约定:"甘蔗联合收割机生产的技术、图纸归双方所有,双方均不能单独转让给第三方,产品在投放市场前应申请专利,专利权归汉森公司所拥有,发明人填写李土华,专利申请费和以后的维护费由汉森公司负责支付。"根据上述约定,甘蔗联合收割机生产技术申请为专利的,专利权属于汉森公司,其余部分的技术成果则归李土华、黄建宁与汉森公司共有。因此,在双方签订的协议书未经法定程序解除前,涉案专利 ZL200520200253.X"甘蔗联合收割机"实用新型专利权应依协议约定归汉森公司所有。李土华、黄建宁上诉称其是涉案实用新型专利共有人的理由没有事实和法律依据,本院不予支持。汉森公司主张李土华、黄建宁已将甘蔗联合收割机生产技术转让给汉森公司的抗辩意见,同样与本案查明的事实不符,本院不予支持。

所谓职务技术成果,依照合同法第三百二十六条第二款之规定,是指执行法人或者其他组织的工作任务,或者主要是利用法人或者其他组织的物质技术条件所完成的技术成果。最高人民法院法释[2004]20号《关于审理技术合同纠纷案件适用法律若干问题的解释》第二条、第四条分别规定:"合同法第三百二十六条第二款所称'执行法人或者其他组织的工作任务'包括:(一)履行法人或者其他组织的岗位职责或者承担其交付的其他技术开发任务;(二)离职后一年内继续从事与其原所在法人或者其他组织的岗位职责或者交付的任务有关的技术开发工作,但法律、行政法规另有规定的除外。""合同法第三百二十六条第二款所称'主要利用法人或者其他组织的物质技术条件',包括职工在技术成果的研究开发过程中,全部或者大部分利用了法人或者其他组织的资金、设备、器材或原材料等物质条件,并且这些物质条件对形成该技术成果具有实质性的影响;还包括该技术成果实质性内容是在法人或者其他组织尚未公开的技术成果、阶段性技术成果基础上完成的情形。"从上述规定可以看出,认定职务技术成果要求当事人之间必须存在双重法律关系,即劳动法律关系和职务发明创造法律关系,劳动法律关系是职务发明创造法律关系的基础和前提,如果当事人之间不存在劳动法律关系,则不涉及认定职务技术成果的问题,而是其他技术成果权属的争议。如前所述,当事人签订的《协议书》性质为技术转化合同,合同中并没有约定李土华、黄建宁必须作为汉森公司的职工加入到汉森公司,双方也没有另行签订劳动合同,汉森公司在履行协议期间,也没有为李土华、黄建宁交纳养老保险、医疗保险等社会保险金,因此,李土华、黄建宁与汉森公司之间既没有劳动合同关系,又不存在事实上的劳动法律关系。《协议书》第二条约定的汉森公司每月按时分别向李土华、黄建宁支付4000元、3000元月工资及每年年终按时向李土华、黄建宁支付当年甘蔗联合收割机销售总额百分之三的提成,是技术转化合同的报酬条款,即汉森公司作为委托人向研究开发人李土华、黄建宁支付报酬的计算方法,协议中"月工资"的表述并不意味着双方存在劳动法律关系。由于当事人之间不存在劳动法律关系,故汉森公司主张涉案实用新型专利为职务技术成果的上诉理由不能成立,本院不予支持。本案实用新型专利权属纠纷不涉及认定职务技术成果的问题,而是技术转化合同技术成果权的归属问题。

思考问题:

（1）判断双方之间存在合作或雇佣关系的目的是确定发明权利的归属。本案中，合同对成果的归属有约定，为什么还要区分合作或雇佣？

（2）本案中，当事人关于发明的权属约定清楚吗？依据协议，应该由谁来决定是否申请专利？

（3）从本案的协议内容看，当事人之间的关系究竟是雇佣、委托开发还是合作开发？

《专利法实施细则》（2010）第12条第2款强调"临时工作单位"属于专利法意义上的"本单位"。这一调整，增加了认定职务发明时的单位范围。问题是：究竟什么是"临时工作单位"呢？如何区分此类临时雇佣关系和委托开发之间的关系，在中国法上无疑是一个非常棘手的问题。另外，在劳务派遣性质的工作关系中，与发明人有联系的单位有两个：实际工作的单位和派遣单位。在法律上，发明人与后者有劳动关系；而实际上，他接受前者直接分配的工作任务。这是否实际工作单位属于这里所说的"临时单位"吗？目前似乎没有明确答案。这一不确定性会导致后续的发明报酬与奖励的难以落实——究竟哪一单位有义务提供报酬和奖励？

3.1.2 工作任务

关于职务发明人的工作任务的认定标准，《专利法实施细则》（2010）第12条有更仔细的规定：

> 专利法第六条所称执行本单位的任务所完成的职务发明创造，是指：
> （一）在本职工作中作出的发明创造；
> （二）履行本单位交付的本职工作之外的任务所作出的发明创造；
> （三）退休、调离原单位后或者劳动、人事关系终止后1年内作出的，与其在原单位承担的本职工作或者原单位分配的任务有关的发明创造。

确定雇员的工作任务，通常依据雇佣合同、单位任务书、岗位责任书等。[①] 比如，北京路翔技术发展有限责任公司诉苟卉专利权权属纠纷案（北京一中院（2004）一中民初字第218号）中，就是依据原告公司"关于下发'公司机构设置及工作任务、岗位职责'的通知"中确定的内容来确定被告的工作任务。

陶义 v. 北京市地铁地基工程公司

北京市高院（1992）高经终字第15号

张鲁民、程永顺、金凤菊法官：

1988年12月25日，北京市地铁地基工程公司以原告陶义的"钻孔压浆成桩法"

[①] 比如，北京路翔技术发展有限责任公司诉苟卉专利权权属纠纷案（北京一中院（2004）一中民初字第218号）中，就是依据原告公司"关于下发'公司机构设置及工作任务、岗位职责'的通知"中确定的内容来确定被告的工作任务。

是职务发明为由,请求北京市专利管理局将"钻孔压浆成桩法"的发明专利权确认为本单位所有。北京市专利管理局于 1989 年 8 月 1 日确认"钻孔压浆成桩法"发明为职务发明,专利权归北京市地铁地基工程公司所有。

原告陶义对北京市专利管理机关的确认不服,以"钻孔压浆成桩法"发明专利技术方案的完成,既不是执行本单位的任务,也不是履行本岗位职责,更没有利用本单位的物质条件为由,向北京市中级人民法院起诉,请求将该发明专利权判决归其个人所有。被告北京市地铁地基工程公司答辩认为,"钻孔压浆成桩法"发明专利是原告在履行本职工作中完成的,是执行上级和本单位交付的科研和生产任务的结果,并且利用了本单位的资金、设备和技术资料,因此,原告的发明属于职务发明,专利权应属被告所有。

北京市中级人民法院根据最高人民法院《关于开展专利审判工作的几个问题的通知》规定的诉讼程序,以在专利管理机关处理时的争议双方为诉讼当事人,经公开审理,查明:

1983 年 1 月,原告陶义从中国人民解放军基建工程兵六支队副总工程师岗位调至基建工程兵北京指挥部预制构件厂任厂长。1983 年 7 月 1 日,中国人民解放军基建工程兵集体转业,陶义所在单位改为北京市城市建设总公司构件厂(以下简称构件厂),陶义仍任厂长。1984 年 2 月 13 日,北京市海淀区工商行政管理局核准构件厂生产经营范围为建筑构件。在此前后,构件厂由于经营不景气,在主要生产建筑构件的同时,运用"小桩技术",从事一些地基施工方面的经营活动。1984 年 4 月 2 日,北京市城建总公司将"小桩技术的试验及应用"编入总公司科研、技术革新计划,下达给下属设计院和构件厂,并拨给科研补助费 5000 元。1984 年 4 月 16 日,陶义根据自己在基建工程兵六支队多年从事地基工程施工的经验积累,完成了"在流砂、地下水、坍孔等地质条件下成孔成桩工艺的方案"(即后来申请专利的"钻孔压浆成桩法"),并将该技术方案完整汇集在自己几十年来专门记载技术资料的笔记本上。该技术方案虽未经试验,但已经具备专利法所要求的实用性。此后,陶义曾多次向构件厂的其他几位领导讲解和演示该技术方案。1984 年 6 月,经上级批准,构件厂内部成立了北京长城地基公司,陶义兼任经理。1984 年 9 月,北京科技活动中心大楼地基工程施工遇到困难,委托单位请陶义帮助解决。陶义代表构件厂承接了此项地基施工工程后,在用小桩技术打了五根桩均告失败的情况下,将自己已经构思完成的技术方案,即"钻孔压浆成桩法"向委托单位进行了讲解,委托单位同意使用此方案。1985 年 1 月 15 日,构件厂为了按照陶义的技术方案,完成承接的地基施工任务,将从河南省郑州勘察机械厂购买的 Z400 型长螺旋钻孔机,运至北京科技活动中心大楼施工工地。根据国家《工业与民用建筑灌注桩基础设计与施工规程》中关于"施工前必须试成孔,数量不得少于两个"的规定,1985 年 3 月 16 日和 17 日,构件厂的施工队按陶义的技术方案打了两根桩,经检验完全合格。陶义的技术方案首次应用成功。之后,该技术方案在保密的情况下多次被应用。1986 年 1 月 25 日,经构件厂的几位主要领导多次催促,陶义将发明名称为"钻孔压浆成桩法"的技术方案,向中国专利局申请了非职务发明专利。1986

年7月,构件厂扩大了经营范围,增加了"地基处理工程"项目。1986年10月3日,北京长城地基公司与构件厂脱离,改编为北京地铁地基工程公司(即现在的被告,以下简称地基公司)。陶义任地基公司经理。1988年2月11日,陶义获得"钻孔压浆成桩法"非职务发明专利权。

北京市中级人民法院认为:原告陶义因长期从事地基施工方面的工作,虽然对"钻孔压浆成桩法"的构思并完成专利技术内容起了决定性作用,但在该项专利技术的试验过程中,使用了被告专门为此购买的设备。据此,该院于1991年12月23日判决:"钻孔压浆成桩法"发明专利权属原告陶义和被告地铁地基工程公司共有。

第一审宣判后,原告陶义不服,以判决认定事实基本准确,但结论与认定事实相矛盾,适用法律错误为由,上诉至北京市高级人民法院,要求将"钻孔压浆成桩法"技术发明专利确认为非职务发明,专利权归其个人所有。被告地基公司答辩认为,该发明专利应为职务发明,理由是:陶义长期从事桩基施工技术的研究与应用工程,且从1983年起,构件厂承接了大量的桩基施工任务,北京市城市建设总公司也对构件厂正式下达了桩基工程的科研任务。陶义作为厂长,一直主持桩基工程的研究、应用与推广工作。因此,陶义的构思是在履行本职工作中形式的,是在单位提供的工作任务、环境和设备、奖金、人员的条件下产生的。

北京市高级人民法院审理认为:上诉人陶义提供的"在流砂、地下水、坍孔等地质条件下成孔成桩工艺的方案"与其后来申请专利的"钻孔压浆成桩法"技术方案相同。该技术方案的完成时间为1984年4月16日,被上诉人地基公司对此无异议。根据本案事实,在确认该发明专利权的归属时,应当以该技术方案完成的时间为界限,看其是否符合专利法规定的职务发明的要件。

第一,当时,陶义作为构件厂厂长,其职责范围应当是领导和管理建筑构件的生产经营活动。地基施工不属于构件厂的经营范围,地基施工方面的研究和发明也不应认为是构件厂厂长的本职工作。

第二,"钻孔压浆成桩法"这一技术方案是陶义在其多年从事地基工程方面的工作经验积累的基础上研究出来的,不属于单位交付的任务。1984年4月2日,城建总公司下达给设计院和构件厂的具体科研任务是"小桩技术的试验与应用",它是将国际上已有的小桩技术在国内推广应用,而不是在小桩技术的基础上研究新的成桩方法课题。陶义发明的"钻孔压浆成桩法"与已有的"小桩技术"相比,两者虽然都属于地基施工方面的技术方案,但经专家论证,证实两个技术方案之间有本质区别。况且,中国专利局经过实质性审查,已经授予"钻孔压浆成桩法"发明专利权的事实,也说明该技术方案与已有技术不同而具有专利性。这些事实说明,城建总公司下达的科研任务与上诉人的发明无关,不属于《中华人民共和国专利法》第六条和《中华人民共和国专利法实施细则》第十条所规定的"执行本单位的任务"这一情况。

第三,依照专利法第六条第一款的规定,只有当发明人主要是利用了本单位的物质条件得以完成发明时,该发明创造才属职务发明创造。陶义的"钻孔压浆成桩法"技术方案完成的时间是1984年4月16日。陶义在完成发明过程中,主要依靠自己几十年从事地基工程施工的经验积累,并非主要利用本单位的物质条件。陶义的技术方案完成后,首次实施是1985年3月16日和17日在北京科技活动中心工地。当时打的两根试桩,根据国家有关规定,属于这一工程必要的施工准备。因此,这两根试桩,是对"钻孔压浆成桩法"技术方案的实施,显然不同于技术方案完成前对技术构思的试验。这两根试桩的经费已打入工程总费用中,没有动用过科研经费。施工所用Z400型长螺旋钻机,是陶义在其技术方案完成之后,为了实施该技术给企业创利而批准购买的,与技术方案的完成无关。

综上所述,"钻孔压浆成桩法"发明专利,既不是陶义执行本单位任务完成的发明创造,也不是主要利用本单位的物质条件所完成的发明创造。所以,不属于专利法规定的职务发明创造。陶义的上诉有理,应予支持。原审法院判决将"钻孔压浆成桩法"发明专利权归陶义和地基公司共有,缺乏事实和法律依据,应予改判。据此,北京市高级人民法院依照《中华人民共和国民事诉讼法》第一百五十三条第一款第(二)项的规定,于1992年5月8日判决如下:

一、撤销北京市中级人民法院(1991)中经字第724号民事判决;
二、"钻孔压浆成桩法"发明专利权归上诉人陶义所有。

【说明:本判决于《最高人民法院公报》1993年第3期公布,判决原文参见程永顺主编:《知识产权裁判文书集》(第一卷),第305—308页】

思考问题:

(1) 法院认为陶义在单位承担的科研任务是"小桩技术的试验与应用",而陶义的技术是在小桩技术之上的改进技术,前后技术有本质区别。这种对比技术方案的方式对于确定工作任务有道理吗?

(2) 如果单位初步拟定从一个技术方向努力,经过努力结果获得了一种不同思路的解决方案,是否就因此能够说所获方案不是为完成单位的任务而发明的呢?本案中,是否有可能将单位下达给陶义的科研任务作相对抽象的概括:研究"地基施工过程中的成桩方法",也就是说公司的目的是寻求到一种符合实际应用的成桩技术方案?

(3) 本案的诉争发明在什么时候算是完成了?利用本单位的物质条件"所完成的发明",究竟是指在发明过程中还是验证发明过程中利用单位的物质条件?

(4) 在单位的工作机会让发明人想到要作出该发明。这种工作机会是所谓"单位的物质条件"吗?

(5) 本案专利申请有没有新颖性的疑问?

3.1.3 主要利用单位物质条件

依据《专利法实施细则》(2010)第12条第2款,"专利法第6条所称本单位的物质技术条件,是指本单位的资金、设备、零部件、原材料或者不对外公开的技术资料等。"《最高人民法院关于审理技术合同纠纷案件适用法律若干问题的解释》(2004)第2—5条对《合同法》意义上的职务技术成果的认定标准也有比较详细的解释,大致与

《专利法实施细则》的上述规定的精神一致。不过,对于何谓主要利用物质条件,该司法解释第4条有更进一步的说明:

> 合同法第三百二十六条第二款所称"主要利用法人或者其他组织的物质技术条件",包括职工在技术成果的研究开发过程中,全部或者大部分利用了法人或者其他组织的资金、设备、器材或者原材料等物质条件,并且这些物质条件对形成该技术成果具有实质性的影响;还包括该技术成果实质性内容是在法人或者其他组织尚未公开的技术成果、阶段性技术成果基础上完成的情形。但下列情况除外:
> (一)对利用法人或者其他组织提供的物质技术条件,约定返还资金或者交纳使用费的;
> (二)在技术成果完成后利用法人或者其他组织的物质技术条件对技术方案进行验证、测试的。

如果一项技术的完成,既是由于一个单位的任务要求,又主要使用了另一单位的物质条件,则该司法解释要求"应当按照该自然人原所在和现所在法人或者其他组织达成的协议确认权益。不能达成协议的,根据对完成该项技术成果的贡献大小由双方合理分享"①。

对于何谓主要利用单位的物质条件,法院通常强调该物质条件对于发明过程的重要性,该物质条件本身的价值等,参考浙江乐吉化工股份有限公司 v. 吴应多(浙江省高院(2001)浙经三终字第99号)案法院意见:

> 原判依据乐吉公司在1996年3月曾购入苄嘧磺隆、扫弗特(除草剂),结合吴应多是厂级领导,具有接触并掌握新技术的便利条件,以及具有利用乐吉公司原材料的便利条件,得出吴应多完成发明创造利用了单位的物质条件的结论。本院认为,有无主要利用本单位的物质条件的举证责任在于乐吉公司;所谓主要利用是指利用本单位的物质条件费用较大或者该物质条件在发明创造完成过程中起了主要作用,缺少这种物质条件,该发明创造就可能完不成。本案中,乐吉公司未能举证证明涉案发明创造主要利用了其物质条件;从逻辑上也得不出有利用的便利条件就等于利用了结论,更得不出购入了苄嘧磺隆、扫弗特,就等于乐吉公司开始了对该两种物质的混配进行研究的结论,故原判的这一认定不当。

一些单位常常强调发明人在实际工作中所接触的职业技能、背景知识等在发明创造中的作用,认为如果没有单位提供的上述技能和背景知识,发明人可能根本就不会作出发明创造来。此类非直接的物质条件,是否能属于专利法意义上的单位的物质条件呢?

在陶义 v. 北京市地铁地基工程公司案中,陶义利用单位工作的机会,首次实施其

---

① 《最高人民法院关于审理技术合同纠纷案件适用法律若干问题的解释》(2004)第5条。

技术方案,从而验证该方案的可行性。法院认为这仅仅是实施方案,而不是发明完成过程中的一个环节。结合本案,请思考,专利法是否考虑过利用单位的物质条件的时间阶段?在发明构成完成前和完成后(比如试验验证阶段)利用单位的物质条件,应当区别对待吗?郭学亮诉陕西中医学院案中,郭学亮在构思完成配方之后,利用单位的研究资源验证该配方,这时候依然属于在发明过程中利用了单位的物质条件吗?

3.2 职务发明的权属

3.2.1 职务发明权属的一般规则

《合同法》第326条对于"职务技术成果"的归属,并没有作出明确的强制性的规定。在职务技术成果的使用权和转让权属于法人或其他组织的情况下,则确认了"法人或者其他组织可以就该项职务技术成果订立技术合同",并为法人或其他组织设定了下列义务:

> 法人或者其他组织应当从使用和转让该项职务技术成果所取得的收益中提取一定比例,对完成该项职务技术成果的个人给予奖励或者报酬。法人或者其他组织订立技术合同转让职务技术成果时,职务技术成果的完成人享有以同等条件优先受让的权利。①

与《合同法》不同,《专利法》(2008)第6条对职务发明的权利归属有明确的规定:职务发明创造申请专利的权利属于该单位;申请被批准后,该单位为专利权人。发明人则依法享有获得奖励和报酬的权利。《专利法》(2008)第16条规定:"被授予专利权的单位应当对职务发明创造的发明人或者设计人给予奖励;发明创造专利实施后,根据其推广应用的范围和取得的经济效益,对发明人或者设计人给予合理的报酬。"这里的奖励和报酬有着不同含义。具体地说,在发明获得专利授权时,有权获得奖励。在专利商业化获得成功之后,则有权从单位获得报酬。

3.2.2 职务发明权属的合同约定

《专利法》(2008)第6条第2款规定:"利用本单位的物质技术条件所完成的发明创造,单位与发明人或者设计人订有合同,对申请专利的权利和专利权的归属作出约定的,从其约定。"初一看,这一条应该是确立了合同优先规则,许可当事人对利用单位物质条件所完成的发明,进行合同约定。但是,将之与前一款——"执行本单位的任务或者主要是利用本单位的物质技术条件所完成的发明创造为职务发明创造。职务发明创造申请专利的权利属于该单位;申请被批准后,该单位为专利权人"——对照,就会产生疑问:"主要利用本单位的物质条件"所完成的发明创造,是否也可以约定归属呢?因为职务发明制度本来就是一种父爱主义的立法安排,立法排除约定的可能性,也是可以理解的。问题是,这里立法者为什么没有使用"主要利用本单位的物质条件"的说法呢?

在下面的案例中,法院几乎是没有保留地支持企业和雇员之间就职务成果的归属

---

① 《合同法》(1999)第326条第1款。

作出约定。马万潇 v. 兵器工业卫生研究所(陕西高院(2008)陕民三终字第3号)案:

> 本案中,合同约定马万潇的主要职责是供氧药柱的研制,这属于执行研究所的工作任务;其研究的技术成果本应归属于职务技术成果;但因马万潇与研究所签订的合同约定,该项目完成后,供氧装置的总技术成果与分配比例为:药柱研制技术47%,包装技术8%,总体设计与车辆的总体匹配及自动化控制等相关技术45%;其中药柱研制技术和包装技术的知识产权归双方共同所有,药柱研制技术研究所、马万潇分别享有40%和60%的比例;包装技术研究所、马万潇分别享有75%和25%的比例。因军品项目的保密原因,马万潇若转让知识产权,必须转让给研究所,并不得向任何第三方转让;研究所若转让知识产权,应优先转让给马万潇。研究所聘用马万潇后所涉及的知识产权纠纷按合同比例分担责任,不涉及第三方;马万潇在合作前的知识产权与第三方发生的纠纷责任自负。参照最高人民法院《关于审理技术合同纠纷案件适用法律若干问题的解释》第二条第二款"法人或者其他组织与其职工就职工在职期间或者离职以后所完成的技术成果的权益有约定的,人民法院应当依约定确认"之规定,本院确认马万潇与研究所合同约定的技术成果归属有效。研究所认为履行《212工程供氧装置评审内容与分工及进度计划》《212工程设计文件编写规定》义务的主体是盐湖研究所,马万潇的行为是盐湖研究所的职务行为,与事实不符,本院依法不予支持。

在部分案例中,单位常常先为申请人出具了非职务发明的证明,事后由于种种原因而反悔。在这种情况下,法院通常会将该证明视为对单位相当不利的证据。这实际上法院是变相地支持单位与个人就职务成果的归属进行合同约定。比如在上述广州市水质净化科研技术开发公司 v. 梁克诚案中,单位甚至与发明人签署了专利实施许可合同,事后又对该发明归属提出异议。法院指出:

> 1989年1月1日和1990年7月18日,水质公司先后与梁克诚签订《实施许可合同》,水质公司在合同中均明确确认本案所涉专利的权利属于梁克诚,现也没有证据可证明水质公司当时的表示违背其真实意思。因而在事隔多年以后,水质公司否认这些意思表示的真实性,是缺乏依据的,因而也是难以支持的。

结合职务发明制度的立法目的,请思考:法院究竟是否应该无保留地支持雇主和雇员之间就发明的权益的归属进行约定?这种约定是否影响到专利法上所谓的奖励和报酬规则的适用?为什么?

3.2.3 职务发明争议的举证责任

一项发明作为非职务发明获得授权之后,利益受损的单位如果事后要证明该发明属于职务发明,则通常要承担很大的举证责任。在广州市水质净化科研技术开发公司 v. 梁克诚案[1]中,法院指出:

---

[1] 邱文宽主编:《广东知识产权案例精选》,法律出版社2002年版,第186—194页。

本案双方当事人争议的焦点在于梁克诚是否是在执行本单位的任务过程中或者主要利用本单位的物质条件完成该项发明的。此点,应由对专利权属提出争议的水质公司举证。水质公司的业务范围是承担水质净化技术的研究和开发,梁克诚作为经理和总工程师,理应负有主持水质净化技术研究开发之责。但并不能据此推定梁克诚完成的水质净化方面的所有发明创造都是为了完成单位的任务而属于职务发明创造。是否职务发明创造,还应根据具体事实来确定。其中,比如该发明创造实际完成的时间,即是否在梁履职期间完成的,就具有至关重要的影响。对实际完成的时间,双方当事人说法不一,但却未提供充分的证据,难以确定。因而也就难以确定梁是否是执行单位的任务完成的,或者是否是主要利用单位的物质技术条件的。对此,对专利证书确认的专利权提出争议的一方,应负担举证不力的后果。

在深圳市明佳实业发展有限公司 v. 李伟红、王庆锋(深圳中院 (2005) 深中法民三初字第 481 号)案中,被告的妻子申请了一件与被告本职工作有关的发明专利(与电热水器产品有关)。尽管被告妻子并不具备该发明领域的基本知识,但是凭借她和第三方的《合作开发协议书》,被告还是说服法院,该发明与被告无关。本案所揭示的问题是,雇员的亲属(妻子)申请的专利,被指控为雇员的职务发明,如何举证?是否应该从程序上作出更不利于雇员的推定?

3.2.4 发明完成时间的确定

发明的完成时间,在确定发明权属或者是否为职务发明时常常有着极其重要的意义。陶义案确定陶义完成发明的时间标准是"1984 年 4 月 16 日,陶义根据自己在基建工程兵六支队时多年的从事地基工程工作的经验几类,完成了'在流砂、地下水、坍孔等地址条件下成功成桩工艺的方案',并将该技术方案完成汇集记录在自己几十年来专门记载技术资料的笔记本上。"另外一个重要事实是"1985 年 3 月 16 日和 17 日,构件厂的施工队按照陶义的技术方案打了两根桩,经检验完全合格,陶义的技术方案首次应用成功"[①]。也就是说,在 1984 年 4 月 16 日,陶义已经构思出技术的整体方案,但还没有应用成功的实例。如何判断陶义的构思方案是否是一个完整的技术方案?陶义自己的主观状态是否很重要——比如对技术方案的确信程度等?

发明人为了避免一项发明被视为职务发明,常见的一项理由就是在雇佣关系开始之前,发明已经完成。在北京市思达尔化工新技术公司 v. 张克旭(北京市一中院 (1996) 一中知初字第 52 号)案中,法院明确指出:"在没有其他证据相佐证的情况下,技术方案的完成日应当最迟推定为专利申请日。张克旭提出该技术方案完成于 1991 年 4 月,即在到思达尔公司之前就完成了该专利申请的技术方案的研制,其应对该主张举证。"也就是说,如果申请日在雇佣期间,而申请人想否定该完成日的推定,将实际完成发明的日期提前,则需要提供具体的证据。

---

① 北京高院知产庭:《北京知识产权审判案例研究》,法律出版社 2000 年版,第 321 页。

郭学亮 v. 陕西中医学院

陕西省高院(2002)陕民三终字第20号

贾治国、魏西霞、同惠法官：

郭学亮与陕西中医学院技术成果权属纠纷一案，双方不服咸阳市中级人民法院作出的(2001)咸经一初字第12号民事判决，向本院提起上诉。……本案现已审理终结。

经审理查明：1976年，郭学亮从陕西中医学院毕业留校从事临床及教学研究工作，专业为针灸。不久身患结肠炎，经反复筛选，用六味中药服用后治好自己的病，后郭学亮与中医学院药厂协商按原配方制成丸剂给临床患者处方服用，继续临床的初步观察。自1980年5月至1983年11月29日，郭学亮为多位患者开"结肠炎丸"处方，服药剂量有6瓶、4瓶不等，治疗效果较好。1983年12月，"结肠炎丸"在陕西中医学院正式立项，该项目计划任务书对"结肠炎丸"的研究、试验等作出了安排，其中对承担单位和主要协作单位及分工一栏写的内容是：陕西中医学院针灸科郭学亮负责制定"结肠炎丸"处方，并具体观察，总结临床病例。陕西中医学院药厂负责"结肠炎丸"的药材采购和药品生产；陕西中医学院附属医院肿瘤科负责乙状结肠镜检；其他检验项目归属陕西中医学院附属医院各有关附属科室承担。临床观察所需做的肝功、心电图、血常规以及大便常规、大便细菌培养、直肠镜检、下消化道镜透等检查已与陕西中医学院附属医院各相关科室达成协作协议。1984年，省高教局、省卫生厅下达了结肠炎丸研究计划及科研费用。1984年4月，陕西中医学院举办中药结肠炎丸论证会，此时已系统观察125例患者。在鉴定前，郭学亮、陈光伟（负责结肠镜检）、张永兴三人和解放军三〇医院共完成了256例患者的临床观察。郭学亮、陈光伟、张永兴三人还对69例患者服药后两年以上的疗效随访观察，中医学院药理教研室完成了结肠炎丸的毒性测试、有醇提取物测试、水提取物试验、2%羧甲基纤维素钠测试等。1985年6月19日，由陕西省卫生厅、陕西省高教局、陕西省医药局组织，"结肠炎丸"通过了技术鉴定。陕高教科鉴字(1985)23号技术鉴定证书中鉴定意见载明：1. 结肠炎丸是根据中医"寒热并用，涩肠止痛"法，选黄连、乌梅等六味中药处方制成水泛丸，经陕西中医学院附属医院、解放军三〇医院等单位临床观察256例患者，治疗慢性非特异性溃疡性结肠炎，疗效显著，治愈率为56%，总有效率达98%，经对69例患者服药后二年以上的远期疗效随访观察，治愈率仍达52%，未发现明显不良反应。2. 急性毒性试验结果，醇提取物LD50相当原生药量43.3 g/kg，说明该药毒副作用很小。3. 结肠炎丸处方合理，工艺可行，质量标准基本可行，符合中国药典(1977年版)附录丸剂项下有关规定。以上研制结果已达到省内先进水平。建议：批量生产，满足临床需要。结肠炎丸鉴定费用3224.30元由西安中药厂支付。鉴定通过后，陕西中医学院1985年12月16日填报的"科学技术研究成果报告表"上，明确表明：完成单位为陕西中医学院。主要研究人员：郭学亮、陈光伟、张永兴。由于结肠炎丸疗效可靠，该药的生产给药厂带来可观利润。除陕西中医学院药厂外，1986年9月10日，郭学亮代表陕西中医学院与西安中药厂订立《结肠炎丸技术转让合同书》,约定:结肠炎丸是陕西中医学院科研成果,在陕西中医学院药厂生产销售的同时,陕西中医学院同意将该成果转让给西安中药厂进行生产、销售,并向西安中药厂提供生产该成果的必须技术资料;西安中药厂对陕西中医学院所提供的技术资料严守秘密,不经学院同意不得转让给他人生产,并负责按照技术资料的要求立即组织生产,确保产品质量。西安中药厂在合同生效后3年内向学院共支付技术转让费5万元;西安中药厂是学院药厂以外唯一生产该产品的厂家。学院不得转让给其他厂家生产等。其间,陕西中医学院学报及陕西日报均载明郭学亮为"结肠炎丸"研制者。1991年10月4日,陕西中医学院药厂在咸阳市工商局登记为企业法人。

另查,1984年4月10日,陕西中医学院预拨200元经费给研制组从事结肠炎丸研究。1984年6月16日,陕西省高教局以陕高教科(84)第25号文件下达"结肠炎丸"研究计划及经费安排,经费预算为2000元。1984年9月4日,省卫生厅又以(84)陕卫科发23号文件划拨结肠炎丸科研经费及附设性医学科研机构装备补助费2000元。同年11月22日,陕西中医学院向科研处拨1984年经费指标1160元用于结肠炎丸研究。1988年11月16日,郭学亮从陕西中医学院领到结肠炎丸劳务费3492元,课题组成员陈光伟从郭学亮处领取600元,张永兴领取400元。1993年4月8日,学院根据陕中院办字(1990)第38号文件,从转让费中分给课题组15000元。

陕西中医学院药厂在立项前按郭学亮提供的配方小量生产"结肠炎丸",并于1985年6月12日委托咸阳市药品检验所对4瓶结肠炎丸进行了检验,性状等均符合规定。正式鉴定后,制药厂批量生产结肠炎丸,并对结肠炎丸进行进一步补充完善了临床试验资料,考察疗效,提高质量标准,改进生产工艺,建立了含量测定项。1998年5月13日,制药厂以陕中药厂发(1998)006号文件向卫生部药典委员会申请将"结肠炎丸"更名为"固肠止泻丸",同年6月9日,卫生部卫药发(1998)第45号文件批准"结肠炎丸"更名为"固肠止泻丸",编号为ZZ-5844。

另据陕西中医学院原党委书记朱思杰陈述,他在任的5年间(1985.3—1990.2),其中1985年3月至1989年4月,郭学亮曾找他谈过关于结肠炎丸问题,具体内容已记不清。另据陕西中医学院原副院长赵忠信陈述,1989年至1996年,郭学亮一直找他反映结肠炎丸所有权问题,但自1996年至1999年10月他不主管药厂后,郭只向他提过此问题。据陕西中医学院原副院长、副书记蒲俊崇陈述,1994年9月至1996年8月,郭学亮找他谈结肠炎丸问题,有"打招呼"之意,但并没有要求解决此问题。以上三人都知道郭学亮因结肠炎丸与学院有争议,但始终未上会研究。

……

原审认为:1983年12月被告就"结肠炎丸"中药课题立项之前,原告为治自己疾病已筛选出该药处方。被告在正式立项之后做了进一步研制,但该药配方并未发生变化。"结肠炎丸"技术成果非在执行被告任务后全部完成,也并非全部利用被告物质条件完成,并不是单纯的职务技术成果。故原告请求确认"结肠炎丸"技术成果为原、被告双方共同所有符合有关法律规定,应予支持。被告辩称其为职务技术成果不能成立,应予驳回。作为技术成果的共同所有人,原、被告均有使用、收益的权利,故原告请求被告给付部分收益及奖励金的请求不能成立,被告辩称原告诉讼已超时效,但原告一直就该技术成果相关问题在找被告有关人员,且其请求并非超过法律规定的诉讼时效,故此理由不能成立。依照《中华人民共和国合同法》第二百二十六条第二项、第三百四十条之规定,判决:一、"结肠炎丸"技术成果为原、被告双方共同所有;二、驳回原告其余诉讼请求。……

宣判后,双方均不服提起上诉。

郭学亮上诉称:(1) 早在1983年,"结肠炎丸"已由本人单独研制成功,且已公开用于众多患者。只是在成果的后续开发、推向市场过程中,上诉人才与被上诉人合作;既然上诉人为该项技术成果的独立研制者,那么上诉人应为该项技术成果的主要权利人。(2) 一审既然认定技术成果为双方共同所有,那么因该项成果所获的收益理应按贡献大小分享。

被上诉人陕西中医学院答辩称:中药结肠炎丸技术成果是职务技术成果,应属陕西中医学院所有。因而中药结肠炎丸技术成果的收益完全归陕西中医学院,不应与郭分享。

上诉人陕西中医学院上诉称:(1) 1983年12月立项前,技术成果尚未产生,"药方"不是技术成果,被上诉人利用了中医学院的物质技术条件,应属职务技术成果。本案的技术成果权属中医学院。(2) 被上诉人的诉讼请求超过诉讼时效。1986年9月10日,郭学亮代表上诉人与西安中药厂签订"结肠炎丸技术转让合同",该合同第一条明确指出,"结肠炎丸是甲方(即陕西中医学院)的科研成果",对此被上诉人是明知的。因此,被上诉人的诉讼请求超过2年诉讼时效,应当依法驳回被上诉人的诉讼请求。

被上诉人郭学亮答辩称:1. (1) 1983年12月立项前,"结肠炎丸"的配方已经成熟,故进行小批量生成以满足部分患者的需求,此时"结肠炎丸"作为一项技术方案已经成熟,因此,不存在技术成果未产生。(2) "主要利用本单位的物质技术条件",答辩人多是在业余时间独自摸索研制,并未主要利用职务上的便利,至于答辩人做药理试验利用了陕西中医学院的实验室,小批量生产药品利用陕西中医学院制药厂等条件,均是有偿使用,至于上诉人制作课题、核拨科研经费,则是在该技术成果已经成熟以后,谈不上是利用了上诉人的物质技术条件;2. 答辩人主张权利并未超过诉讼时效。自1986年9月10日答辩人代表陕西中医学院与西安中药厂签订转让合同时起,1988年,答辩人多次找到当时的陕西中医学院党委书记朱思杰及继任副院长赵中信,要求分享该技术成果的股权及收益。后又多次找上诉人单位副院长蒲俊崇同志。因此,答辩人一直在找陕西中医学院主张自己的权利,诉讼时效应中断,答辩人主张权利并未超过诉讼时效。

本院认为:在结肠炎丸立项前郭学亮为治疗本人病痛,筛选六味中药组合治愈了疾病,由此产生结肠炎丸处方。后来他一边从事临床工作,一边从事教学科研,依职权给病人开结肠炎丸处方,并利用学院药厂生产条件小批量生产结肠炎丸。在其本人将处方交学院作为科研课题立项后,学院安排郭学亮为负责人,与陈光伟、张永兴三人组成课题组,与解放军三〇医院共同完成了256例患者的临床观察工作。中医学院药厂负责药材采购核药品生产,肿瘤科负责乙状结肠镜检,临床需做的肝功、心电图、血常规以及大便常规、大便细菌培养、直肠镜检、下消化道镜透等检查由陕西中医学院附属医院各有关科室负责完成。在鉴定前,该药的毒性测试由陕西中医学院药理教研室完成,药品检验由学院药厂委托咸阳市药品检验所完成。这些工作是完成结肠炎丸这一成果的中药组成部分。且中医学院先后拨款1360元用于科研,1985年6月19日,结肠炎丸通过省高教局、省卫生厅、省医药局组织的技术鉴定,由学院药厂开始批量生成,该药治疗效果稳定。根据1979年卫生部发布的《新药审批办法》第七条:"新药研究的内容,包括工艺路线、质量标准、临床前药理及临床研究。研制单位在研制新药工艺的同时,必须研究该药的物理、化学性能、纯度及检验方法,药理、毒理、动物药代动力学,临床药理,处方、剂量、剂型、生物利用度、稳定性等,并提出药品质量标准草案"的规定,本案设计的结肠炎丸作为技术成果首先要符合国家新药审批办法。一种新药其内涵与处方的内涵有质的区别。如果认为处方即是技术成果,有失偏颇,处方不可能作为一种新药推向市场。其次,鉴于当时的法律对技术成果归属没有具体规定,因此,只能适用1987年11月1日施行的《技术合同法》。《技术合同法》第六条第一款的规定:"执行本单位的任务或者主要利用本单位的物质技术条件所完成的技术成果,是职务技术成果。职务技术成果的使用权、转让权属于单位,单位有权就该项技术成果订立技术合同。"根据本院查明的事实,郭学亮主要是利用学院提供的物质技术条件研究试验而完成了结肠炎丸的面世工作。因此,本院认为,该成果的使用权、转让权应属于陕西中医学院。郭学亮提供的处方为该药品研制成功奠定了基础,他应为结肠炎处方的研制者。郭学亮认为该技术成果应属于其个人与中医学院共有,但在诉讼中没有提供其与中医学院合作开发的证据,且其本人代表陕西中医学院与西安中药厂订立转让合同时,明确约定结肠炎丸是陕西中医学院科研成果。因此该主张没有事实依据,不予支持,应驳回郭学亮关于结肠炎丸共有的诉讼请求及其他诉讼请求。《技术合同法》第六条第一款还规定:"职务技术成果的使用权、转让权属于单位,单位应当依据使用和转让该项职务技术成果所取得的收益,对完成该项职务技术成果的个人给予奖励。"本案中郭学亮精心研制完成结肠炎丸处方,对结肠炎丸的成功问世作出了贡献,作为陕西中医学院应依《技术合同法》给其个人予以奖励。中医学院虽然给课题组发了一些劳务费、转让费,当对郭学亮本人没有明确给予奖励,本院认为陕西中医学院应当给郭学亮酌情奖励,较为合理。关于诉讼时效,根据本院查证情况,自1985年至1999年10月,郭学亮一直就结肠炎丸问题项陕西中医学院党委书记、副院长等反映情况,应视为诉讼时效中断。原审法院认定未超过诉讼时效是正确的。上诉人陕西中医学院认为该案已超过诉讼时效之理由不予支持。依照《中华人民共和国民事诉讼法》第一百五十三条一款(二)项之规定,判决如下:

一、撤销咸阳市中级人民法院(2001)咸经一初字第12号民事判决;

二、由陕西中医学院奖励郭学亮10万元,在本判决生效后十五日内给付;

三、驳回郭学亮其他诉讼请求。

思考问题:

(1) 本案诉争发明何时完成?"结肠炎丸"在陕西中医学院立项,意味着什么呢?

(2) "在鉴定前,该药的毒性测试由陕西中医学院药理教研室完成,药品检验由学院药厂委托咸阳市药品检验所完成。这些工作是完成结肠炎丸这一成果的中药组成部分。"你同意吗?

(3) "一种新药其内涵与处方的内涵有质的区别。如果认为处方即是技术成果,有失偏颇,处方不可能作为一种新药推向市场。"其实,大部分药物专利在申请专利时都不能达到直接能够推向市场的程度。处方的产生在法律上意味着什么?与作为成果的新药是什么关系?法院区别新药与配方,有道理么?

(4) 郭学亮 v. 陕西中医学院案终审判决之后,原告郭学亮认为该判决认定事实错误,一直寻求再审。以下摘要引述郭学亮的观点①,供大家阅读前述案例时参考:

> 事实上在结肠炎丸的研制过程中,陕西中医学院并未支付任何费用。在结肠炎丸鉴定半年后,陕西中医院于 1985 年 11 月 12 日才给我报销了 1160 元,该费用在结肠炎丸的研制过程中未起到实质性作用,而且在成果转让费中陕西中医学院扣除了 2000 元。
>
> 1984 年省高教局、省卫生厅下达了结肠炎丸研究计划及科研经费,但陕西中医学院并未履行计划任务书中所需要研制经费 15000 元,并需要一台纤维结肠镜。这是一种严重的违约行为,造成了研制结肠炎丸的全部经费由我本人承担,说明在结肠炎丸的研制过程中,没有使用陕西中医学院的物质条件。1984 年 9 月 4 日省卫生厅下达经费 2000 元,但我未拿到该经费。陕西中医学院拒绝支付结肠炎丸鉴定费用,压低科研成果转让费用,致使我连搞科研的本钱都没有收回。
>
> 结肠炎丸的毒性测试是由陕西中医学院药理教研室完成的,但是我本人已支付毒性测试费用 500 元,是有偿使用。
>
> 我从事的工作和研究一直是针灸,研究结肠炎不是自己的本职工作。中医学院立项,仅是对结肠炎的后续观察,而非研制,故陕西中医学院立项并不能必然的得出该成果为职务技术成果。
>
> 陕西高院判决陕西中医学院奖励我 10 万元,一、二审诉讼费全部由我承担的法律依据又是什么?

如果以上内容属实,会对该案的判决结果有什么影响吗?本案判决的奖励是一次性的吗?原告还可以就将来被告的获利主张新的奖励吗?

3.2.5 权属争议的时效

对于职务发明权属争议的时效,存在一定的争议。有观点认为在该专利授权公告

---

① 从原告申诉状中摘录,不一定准确,特此说明。

后,单位就应当知道。比如上述广州市水质净化科研技术开发公司 v. 梁克诚案中,法院就认为:"'高效水质净化装置'专利的公告日是 1989 年 7 月 3 日,公告中记载的发明人和专利权人是梁克诚,依照法律规定,水质公司此时就应当知道该专利已经由梁克诚申请并获得授权。"当然,这一标准可能对单位来说过于严厉,很多单位根本就没有跟踪专利申请的习惯。

在北京锅炉厂 v. 潘代明((1994)高经知终字第 12 号)案中,法院认为:

> 根据《民法通则》的规定,当事人向人民法院请求保护民事权利的诉讼时效为 2 年,法律另有规定的除外。诉讼时效期间从知道或者应当知道权利被侵害时起计算。本案系专利权归属纠纷,不属法院另有规定的情况。故北京锅炉厂要求法院确认 85102032 号专利为职务发明专利权归该厂持有的请求诉讼时效应为二年,从 1988 年 3 月 3 日专利授权日起算。1990 年 3 月 2 日,北京锅炉厂在专利侵权诉讼中提出"新的诉讼请求",但其请求事项并非要求法院将潘代明的非职务发明专利权确认为职务发明专利。1990 年 3 月 8 日,北京锅炉厂正式向法院提出权利主张,要求确认潘代明的非职务发明专利为该厂的职务发明成果时,诉讼请求内容仍不确切,而且已经超过法定诉讼时效。1992 年 10 月 20 日,在北京锅炉厂向法院提交的增加民事诉讼请求书中,才明确要求将潘代明的非职务发明专利权判归北京锅炉厂职务发明专利,但在时间上已经超过了法定诉讼时效长达 7 个月之久。故对北京锅炉厂所提诉讼请求本院不予支持。

与上述意见不同的观点认为,权属争议是绝对权的确认之诉,不受时效限制。比如,前文的王守军 v. 王纪三(广东珠海中院 (2006)珠中法民三初字第 14 号)案的法院就持这一观点。对两种不同观点,你觉得究竟何者更有道理?

3.3 职务发明人的奖励和报酬
3.3.1 专利法下的相关制度

《专利法》(2008)第 16 条规定:"被授予专利权的单位应当对职务发明创造的发明人或者设计人给予奖励;发明创造专利实施后,根据其推广应用的范围和取得的经济效益,对发明人或者设计人给予合理的报酬。"《专利法实施细则》(2010)第 76—78 条对《专利法》第 16 条的职务发明奖励和报酬的制度作了进一步的规定。

> 第七十六条 被授予专利权的单位可以与发明人、设计人约定或者在其依法制定的规章制度中规定专利法第十六条规定的奖励、报酬的方式和数额。
> 企业、事业单位给予发明人或者设计人的奖励、报酬,按照国家有关财务、会计制度的规定进行处理。
> 第七十七条 被授予专利权的单位未与发明人、设计人约定也未在其依法制定的规章制度中规定专利法第十六条规定的奖励的方式和数额的,应当自专利权公告之日起 3 个月内发给发明人或者设计人奖金。一项发明专利的奖金最低不少于 3000 元;一项实用新型专利或者外观设计专利的奖金最低不少于 1000 元。

由于发明人或者设计人的建议被其所属单位采纳而完成的发明创造,被授予专利权的单位应当从优发给奖金。

第七十八条 被授予专利权的单位未与发明人、设计人约定也未在其依法制定的规章制度中规定专利法第十六条规定的报酬的方式和数额的,在专利权有效期限内,实施发明创造专利后,每年应当从实施该项发明或者实用新型专利的营业利润中提取不低于2%或者从实施该项外观设计专利的营业利润中提取不低于0.2%,作为报酬给予发明人或者设计人,或者参照上述比例,给予发明人或者设计人一次性报酬;被授予专利权的单位许可其他单位或者个人实施其专利的,应当从收取的使用费中提取不低于10%,作为报酬给予发明人或者设计人。

《专利法实施细则》2010年修订时,对于职务发明的奖励与报酬制度实际上作了相当大的修改。上述第76条实际上确认了所谓"约定优先"原则,许可当事人就奖励与报酬事项进行约定。约定的标准显然优先于法定标准的适用。当然,这里的"约定"是否公平,还是要接受司法审查。否则,雇主可以轻易利用自己的谈判优势压低职务发明人所能获得的奖励或报酬。这样,所谓的"约定优先"原则差不多等于架空了专利法给予职务发明人以特殊保护的立法目的。在不同行业、不同地区,针对不同产品的专利价值差异很大,职务发明的合理的奖励数额应该有很大的差异。因此,即便有单位与员工约定的奖励和报酬标准低于法定标准,可能依然是合理的。

此外,《细则》还将奖励与报酬制度的适用范围从先前的"国有企事业单位"明确扩展到全部单位(此前,《细则》(2002)第77条规定,"中国其他单位可以参照执行")。对专利的奖励幅度也有所提高,发明从2000元提高到3000元,外观设计和实用新型从500元提高到1000元。另外,报酬的计算也有所改变:报酬的计算基数从先前的税后所得利润改为营业利润。

《专利法实施细则》(2010)中对发明人的奖励和报酬的规定看似具体,实际上还是存在着很大的不确定性。比如,"实施该项发明或者实用新型专利的营业利润"就是一个非常模糊的概念。一个商品中可能包含多项专利和非专利技术,所得利润中技术所作的贡献也千差万别,笼统的规定一个2%的比例,并不具有操作性,对企业而言也不一定是公正的。很多时候,一项专利产品的成功甚至主要依靠品牌塑造、营销策略、政府补贴等非技术性的因素。比如,中国最近很多城市采用高额的政府补贴来改变电动车无人问津的现状。此类汽车当然涉及专利技术,原本并无市场机会。在政府补贴之后,如果专利权人坚持要从制造商突然增加的营业利润中拿走固定的比例,肯定会引发社会争议。

有时候,企业可能以整体亏损为由,拒绝支付合理的报酬。在薛利民 v. 武汉一枝花实业股份有限公司(湖北高院(2004)鄂民三终字第10号)案中,法院就拒绝了企业的上述抗辩,判决支付一次性的报酬:"一枝花公司未缴纳所得税虽是事实,但一枝花公司在使用本专利设备生产高附加值的浓缩洗衣粉这一产品时应是获利的,一枝花公司将原企业的巨额银行呆账产生的利息作为财务费用摊入洗衣粉产品利润中和将管理费用分摊的做法本身虽无不妥,但这种做法损害了本专利权的设计人的权益,也不利于鼓励科技人员为企业的发展而积极进行技术创新的积极性,因此对一枝花公司的辩称不予支持。"

在2010年之前,《专利法实施细则》只是规定非国有单位可以参考适用其规定的奖励和报酬制度。这使得发明人在一项包含专利技术的产品商业化后向该单位索要合理报酬时,无论是企业还是发明人都缺乏合理的预期。不过,在司法实践中,有法院直接依据国有企事业单位的标准来处理私有企业的奖励问题。比如,在方长明v.山东淄博新华肯孚制药有限公司(山东高院(2005)鲁民三终字第26号)案中,法院就持此类意见。

在徐吉浣等诉上海同济三星燃气设备公司(上海市二中院(2004)沪二中民五(知)初字第94号)案中,单位对外转让技术方案,法院计算报酬基数时,选择以技术转让许可费为依据。尽管企业认为该技术转让协议并未履行完毕,法院依然认为以合同确定的技术许可费额度作为基数是合适的。实际上,如果企业对外签署的是一揽子的技术许可与技术服务协议,则特定的职务发明人很难证明,特定的专利在该许可费收益中所占的比例。这无疑也是发明奖励与报酬制度的一个不确定性的渊源。

在中国,过去还发生过单位为了避免支付奖励,甚至宣称专利本身没有创造性的例子。比如,在程博与仪器总厂案中,专利权人自己要提专利无效:"程博与仪器总厂在第一次专利报酬纠纷案审理期间,仪器总厂作为专利权人以检索报告为据,认为其专利不具有创造性,属无效专利,程博不应提取专利报酬。"①你觉得法院应该如何处理这一主张?

单位对外转让或许可他人使用职务发明时,合同的价款直接影响到发明人的利益,因为发明人获得报酬的大小与发明"推广应用的范围和取得的经济效益"直接挂钩。但是,专利法并没有赋予发明人对单位合同行为的合理性进行直接干预权利。比如,在下面的唐开平v.中国嘉陵工业股份有限公司(集团)案中,重庆高院明确指出:"嘉陵公司等专利权人在处分专利时,可能会影响到唐开平获得报酬的权利,但这一权利实现与否本来就取决于专利权人实施专利的情况与处分专利的方式,处分专利权是专利权人固有的权利,职务发明创造的设计人无权干涉。"②不过,如果单位通过虚假合同刻意掩盖专利技术带来的经济效益,则法院可以酌情重估专利技术的真实收益。这在后文的案件中已有体现。

张伟锋v.3M中国有限公司

上海市高院(2014)沪高民三(知)终字第120号

马剑峰、徐卓斌、陶冶法官:

原审法院经审理查明:

2003年4月21日,原告与被告3M中国公司签订《个人聘用合同》。合同约定,该

---

① 孙海龙、姚建军:《职务发明人提取专利报酬的条件——评程博与仪器总厂职务发明创造设计人专利报酬纠纷案》,载《中国知识产权报》2009年6月10日第006版。
② 唐开平v.中国嘉陵工业股份有限公司(集团),重庆市高院(2008)渝高法民终字第246号。案例载奚晓明主编:《中国知识产权知道案例评注》(上卷),中国法制出版社2011年版,第188—193页。

聘用合同无固定期限,但可根据双方书面协议及合同约定随时进行修改;3M中国公司可自行决定奖励方案,以鼓励雇员良好表现,奖金将根据具体奖励方案定期发给;雇员已被告知并保证遵守3M的政策和有关规章制度等。原告在被告3M中国公司工作期间,2003年4月21日至2006年9月30日担任工程师,2006年10月1日至2010年10月29日担任知识产权专员,后离职。

……

2006年1月1日,3M公司、3M中国公司、3M创新公司签订《合同研究协议》。协议主要内容:

"事实陈述"部分:

3M公司是设在美国的创新性多国公司,3M创新公司是3M公司的全资子公司,其拥有或被排他许可了知识产权的国际组合,其持续地从3M公司、全球3M公司族的其他成员和第三方获取新的知识产权权利,并且许可给3M公司、全球3M公司族的其他成员和第三方以交换许可费等;3M公司进行产品修改、产品开发、工艺修改、工艺开发等,3M公司可以让全球3M公司族其他成员参与,3M中国公司有能力进行这样的项目,并愿意给予3M公司、3M创新公司从这些项目中取得的知识产权权利,以交换适当的对价。

……

"知识产权"部分:

3.1条、3M中国公司获取的知识产权。各方预计3M中国公司作为实施研发项目或其他的结果,可以开发或以其他方式占有获取的知识产权,3M中国公司应按照本条款Ⅲ将获取的知识产权转移其权利给3M公司、3M创新公司,并应根据3M公司、3M创新公司的要求,准备和执行记录,以及采用类似其他必要或需要的步骤使3M公司、3M创新公司对获取的知识产权的拥有得到备忘和生效。

3.2条、转移机制。3M中国公司转让所有获取的知识产权给3M创新公司……。

3.3条、获取的知识产权责任。3M创新公司为了全球3M公司族的利益协调知识产权的转移和管理。相应地,在考虑了全球3M公司族的利益后,3M创新公司应具有独家排他权利(但非义务)对获取的知识产权依本协议转移给3M公司、3M创新公司采取其认为必要或希望的任何措施,包括而不限于获取、发放、终止、许可、和解相关争议,或注册此知识产权的转移。3M中国公司应当在3M公司、3M创新公司要求时,不由3M公司、3M创新公司付费地做任何必要事务,以协助其进行这些活动;……。

"补偿"部分:

4.1条、3M中国公司实验室成本的报销。3M公司应为3M中国公司实施的,或根据3M中国公司要求除3M公司、3M创新公司以外的一个单位为3M中国公司执行的,报销实验室工作发生的,涉及产品修改或开发、工艺修改或开发和其他研发活动,包括基础研究和应用研究成本……。

同日,三方签订《知识产权协议》。协议中"事实陈述"部分与前述协议中基本一致。在"知识产权"部分,就3M公司、3M创新公司作为许可方向作为被许可方的3M

中国公司许可使用知识产权,进行了具体约定。

在"补偿"部分,约定了包括3M中国公司的被许可方应支付3M创新公司等于下列值的许可费:(a)销售净值(生产的产品)的6%,作为尤其考虑了被许可方在生产产品的制造中使用生产无形物;(b)销售净值(3M服务)的6%,作为尤其考虑了被许可方提供3M服务中使用生产无形物;……。所有应付许可费每月由被许可方支付。上述两份协议均于2006年1月1日生效,失效日为2008年12月31日,但除非终止,自动延长一年。

2006年6月1日,被告3M创新公司向中华人民共和国国家知识产权局申请名称为"反射偏振片和具有该反射偏振片的显示装置"的发明专利,授权公告日为2010年3月17日,专利号为XXXXXXXXXXXX.5。该发明专利说明书记载:优先权分别是:2005.6.3,US60/687,213,2006.5.16,US11/383,672;国际申请:PCT/US2006/XXXXXXXXXX.6.1;国际公布:WO2006/132912、英2006.12.14;专利权人:3M创新公司;发明人:伊莉萨·M.克罗斯、埃里克·W.纳尔逊、张伟锋、朱迪思·M.因维埃。该发明公开了一种适用于显示装置的反射偏振片……

2010年1月起,被告3M中国公司开始起草发明奖励的相关政策,原告亦参与其中。同年7月,被告3M中国公司设立"Dialogue with LOC"会议,旨在为员工和管理层提供更多的沟通、交流渠道。同年7月14日,原告向被告3M中国公司的管理层人员发送邮件,称其参与讨论了发明人补偿条例,尤其是贡献部分(专利产品的销售额的0.01%)认为提升一个数量级将更合理,更能够鼓励发明创造。

2010年9月2日,被告3M中国公司向员工发布邮件,宣布"3M中国职务发明奖金计划"于2010年9月1日正式实施。该计划旨在鼓励所有3M中国员工在工作中的创新活动,发明奖金计划包括专利固定奖金和与发明相关产品的销售提成。此政策涉及到发明创造时间在职员雇佣期的、3M中国关联公司雇佣职员的职务发明。其中,补偿仅针对向中国国家知识产权局递交的专利申请或由中国国家知识产权局颁布的专利。国外的专利申请或销售不包括在此补偿中。

用于产品的职务发明的补偿分为固定部分及提成部分。固定部分的补偿包括用于支付向3M公司知识产权系统或其他3M关联公司提交发明,向中国国家知识产权局递交的专利申请,以及中国国家知识产权局授权的专利申请。(1)固定部分:递交一项发明500元;递交一项发明专利申请1000元;递交一项实用新型专利申请750元;递交一项外观设计专利申请500元;授予一项发明专利权2000元;授予一项实用新型专利权1500元;授予一项外观设计专利权1000元;决定一项"商业机密"1000元。(2)提成部分:对于产品在中国的年销售量超过3500000元的,提成部分可以根据以下公式计算:年销售×0.01%×产品系数×专利分配系数×发明人分配系数。备注:(A)产品系数:若发明覆盖整个产品则百分比为100%,原则上该百分比应基于有专利权保护部分的价值相对整个产品的比例来计算衡量;(B)专利分配系数:补偿将按为产品销量作出贡献的专利数量来划分;(C)发明人分配系数:补偿将按一项专利的发明人数来划分。

补偿的固定部分及提成部分将由3M中国关联公司每年支付。当职员完成一项发明时,应立即填写规定的表格,并根据公司发明提交系统及规定步骤在尽可能早的时间提交给公司。职员应认识到任一向公司提交的发明都属于保密信息。对于职员完成的职务发明,职员应该提供给公司所有需要的材料及信息以便获取知识产权。

2011年11月26日,被告3M中国公司向原告寄发"2010年提成部分的发明补偿"通知,记载原告2010年提成部分的发明补偿为20384.16元。原告确认已收到该补偿的税后款17168.12元。

原审法院另查明,涉案专利的另三位发明人在3M公司工作。2006年5月,包括原告在内的四位涉案专利的发明人就PCT/US2006/021255国际申请所依据的申请号分别为11/383672、60/687213、发明名称均为"反射偏振片和具有该反射偏振片的显示装置"的美国专利申请,签署"申请转让"声明,称基于合理及有价值的对价,并且在确认收到上述对价的前提下,同意将上述发明及申请的所有权利包括上述申请的部分及延续等转让至3M创新公司,并要求专利审查员对上述可能获准的申请颁发任何和所有专利证书至3M创新公司,3M创新公司是享有全部权利、所有权及利益的受让人。

* * * *

原审原告张伟锋诉称:3M公司系生产、销售包括显示与图像设备等多领域高科技产品的全球著名跨国公司,被告3M中国公司系3M公司的关联投资公司在中国设立的全资子公司,被告3M创新公司系3M公司的全资子公司,是本案职务发明专利的专利权人。根据3M公司与两被告之间的协议,被告3M中国公司等集团成员的知识产权统一转让给3M公司或被告3M创新公司进行管理,再由3M公司或被告3M创新公司统一许可给被告3M中国公司等3M集团成员使用。原告在3M中国公司任职期间,对DBEF-D反射偏振片产品在液晶电视应用中遇到的黄化问题率先提出解决技术方案,并因此被吸入专家组。被告3M创新公司于2006年6月1日提出"反射偏振片和具有该反射偏振片的显示装置"的PCT专利申请,该PCT专利申请于2007年12月3日进入中国,并于2010年3月17日被授予发明专利权。该发明专利的主要部分即原告发明的上述技术方案,原告被列为第三发明人。

2010年9月2日,被告3M中国公司通知原告"3M中国职务发明奖金计划"于2010年9月1日正式实施,按此计划原告仅能获得极少报酬,原告不满该规定,后提出辞职。后被告3M中国公司曾支付原告奖励人民币500元(以下币种同),并于2011年12月29日向原告汇付17168.12元。

原告认为,自2006年起,包括被告3M中国公司在内的3M集团成员在全球范围实施该职务发明成果,大量生产使用该技术改进后的DBEF-D2系列产品,取得巨大成功和经济效益。据原告所知,2010年3M集团采用涉案专利制造、销售有关产品在中国境内的销售额至少有上亿美元。被告3M中国公司作为原告的雇主,转让并实施了原告的职务发明成果,根据《促进科技成果转化法》和《中华人民共和国专利法》(以下称《专利法》)及相关法律法规,理应向原告支付合理的报酬。被告3M创新公司作为与3M公司和被告3M中国公司签订的协议受让原告职务发明成果和被授予专利权的单位,也未向原告支付合理的职务发明报酬,两被告的行为共同侵犯了原告获得职务发明报酬的权利。

为此,原告请求判令:1. 确认两被告共同侵犯了原告的职务发明报酬权;2. 两被告共同支付原告2010年职务发明报酬200万元,2011年、2012年职务发明报酬共计240万元;3. 两被告共同支付原告上述职务发明报酬延迟支付的同期银行贷款利息暂计236827.58元(自2011年1月4日至2013年10月15日止);4. 两被告共同支付原告因本案支出的律师费及合理调查费用计1万元。

* * * *

原审法院认为,综合原告张伟锋的诉讼请求和理由以及被告3M中国公司、3M创新公司的答辩意见,并结合原审法院已查明的案件事实,本案主要存在以下争议:

一、本案审理是否适用中国法律

涉案发明创造系原告在被告3M中国公司工作期间与3M公司的另三位发明人共同完成,故中国大陆系涉案发明创造实施地之一,现该发明创造在中国申请发明专利并已获得授权,故原告张伟锋作为发明人,有权根据《专利法》及《实施细则》的规定,要求获得相应的奖励和报酬。两被告主张本案应适用美国法律的辩解理由缺乏法律依据,原审法院不予采纳。

二、原告是否有权向两被告主张涉案发明专利的报酬

首先,原告张伟锋系涉案专利的发明人。1. 中华人民共和国国家知识产权局颁发的涉案专利的授权文本记载,原告系涉案专利的发明人之一,原告在本案中亦已提供了与涉案发明创造有关的技术笔记本和发明交底材料。2. 该发明由3M创新公司在美国申请专利时,与包括原告在内的四位发明人签署"申请转让"声明,称基于合理及有价值的对价,并且在确认收到上述对价的前提下,同意将上述发明及申请的所有权利包括上述申请的部分及延续等转让至3M创新公司。3. 被告3M中国公司于2011年11月26日就涉案发明专利曾支付原告2010年度"提成部分"的发明报酬20384.16元。上述事实表明,原告系涉案发明专利的发明人之一,两被告关于原告诉称的由其实施的发明创造实际是现有技术,不具有新颖性,原告仅从事辅助性工作的辩解,与事实不符,况且本案系职务发明创造发明人报酬纠纷,并非发明人署名权纠纷,故原审法院对两被告的该项辩解不予采纳。

其次,《专利法》第十六条规定,被授予专利权的单位应当对职务发明创造的发明人或者设计人给予奖励;发明创造专利实施后,根据其推广应用的范围和取得的经济效益,对发明人或者设计人给予合理的报酬。就本案而言,涉案发明创造并未由原告所在的被告3M中国公司申请专利,亦未在另三名发明人所在的3M公司申请专利,而是由被告3M创新公司在中国申请专利并获得授权。而根据前述《专利法》第十六条的规定,给予发明人奖励、报酬的义务主体是被授予专利权的单位,在本案中应为3M创新公司,而原告与3M创新公司又不存在用工关系,似乎不符合该条规定。对此原审法院认为,3M公司、3M中国公司及3M创新公司三方于2006年签订的《合同研究协议》及《知识产权协议》表明,3M的研发工作及相关知识产权管理均采用高度统一

的"中央集权"模式,包括被告3M中国公司在内的全球3M公司族成员研发、获取的知识产权向3M公司的子公司即被告3M创新公司转移,再由3M创新公司许可给3M全球公司族成员使用。由此可见,涉案发明创造实际在中国申请专利之前已将专利申请权转让给3M创新公司,3M创新公司最终在中国申请并获得发明专利权。虽然《专利法》及《实施细则》对转让专利权应否给予发明人或者设计人报酬未有明确规定,但根据《实施细则》第七十八条规定,被授予专利权的单位许可其他单位或者个人实施其专利的,应当从收取的使用费中提取不低于10%,作为报酬给予发明人或者设计人。从该法条的立法本意看,就是要给予知识产权的职务发明人或者设计人与其实际贡献相当的报酬,该报酬的实质是发明人或者设计人应当获得的劳动报酬。<u>因此,职务发明人或者设计人获得报酬的范围除了从被授予专利权的单位许可其他单位或者个人实施其专利而收取的使用费中提取之外,还应当包括转让专利权(包括转让专利申请权并已实际获得授权)后由该受让人实施或者许可他人实施该专利取得经济效益后应支付的报酬的情形,这也符合科技成果转化实施的目的。</u>

综上,原告张伟锋依法可以向被告3M中国公司主张职务发明报酬,被告3M中国公司关于其不是涉案发明的专利权人,故不应支付职务发明报酬的辩解不能成立,原审法院不予采纳。原告张伟锋向被告3M创新公司主张职务发明报酬,没有事实和法律依据,故原审法院不予支持。

三、原告张伟锋主张的职务发明报酬数额的确定

原告张伟锋主张由两被告共同支付其2010年职务发明报酬200万元及2011年至2012年的职务发明报酬计240万元。原告的计算依据是根据被告3M中国公司颁布的"3M中国职务发明奖金计划"中的计算公式即年销售×0.01%×产品系数×专利分配系数×发明人分配系数,结合被告3M中国公司2010年度支付原告张伟锋的职务发明报酬20384.16元,计算出"2010年销售额×产品系数×专利分配系数×发明人分配系数"为203841600元,再乘以50%的利润率以及《实施细则》规定的2%的法定系数,从而计算出2038416元。现原告主张其中的200万元,2011年、2012年各按前一年主张的职务发明报酬的60%计算,每年为120万元,合计240万元。被告3M中国公司则不同意原告的上述计算结果,认为其虽然是根据该计算公式来支付原告2010年度2万余元的职务发明报酬,但其中的销售额是全球统计的,并未对中国大陆地区进行区分,而且现在也无法提供计算的相关数据。对此原审法院认为,"3M中国职务发明奖金计划"系被告3M中国公司制定的规章制度。《实施细则》第七十六条规定,被授予专利权的单位可以与发明人或者设计人约定或者在其依法制定的规章制度中规定专利法第十六条规定的奖励、报酬的方式和数额。本案中,被告3M中国公司在"3M中国职务发明奖金计划"出台前,与公司相关员工进行了较广泛的沟通和讨论,并在此基础上于2010年9月2日宣布正式实施。根据《实施细则》的规定,该奖金计划属于被告3M中国公司制定并颁布的规章制度。原告张伟锋认为涉案发明创造的完成日、专利申请日和授权日均早于该奖金计划的发布日,故本案不适用该奖金计划,该奖金计划因制定不公开、不透明、未协商,故缺乏效力,原告的上述主张缺乏事实

和法律依据。但是,该奖金计划中关于职务发明报酬的计算公式,尽管是以年销售额而不是以营业利润作为计算基数,但不管如何,其0.01%的系数与《实施细则》第七十八条规定的每年应当从实施该项发明或者实用新型专利的营业利润中提取不低于2%的系数还是相差悬殊,可见该奖金计划确实存在不尽合理之处。另外,被告3M中国公司陈述其系根据该奖金计划来计算并支付原告张伟锋2010年度职务发明报酬,但其并未提供计算该报酬所依据的年销售额等相关数据,也未向原审法院说明其具体的计算方法,故原审法院难以采信被告3M中国公司关于其系根据该奖金计划中的计算公式计算原告2010年职务发明报酬的陈述。当然,原告关于职务发明报酬的计算方法亦缺乏法律依据,其主张被告实施涉案发明专利所制造的产品的利润率为50%,缺乏事实依据,故原审法院不能按照原告的计算依据支持其诉讼请求。基于上述因素,原审法院结合本案实际情况,酌情确定被告3M中国公司应支付原告张伟锋涉案职务发明报酬20万元。

[一审判决后,张伟锋、3M中国公司均不服,分别提起上诉。]

3M中国公司答辩称:一、"3M中国职务发明奖金计划"经过公司员工广泛沟通讨论,合法有效。该计划是公司规章制度,不属于法律,不适用不溯及既往原则,且该计划明确写明"此政策涉及到发明创造时间在职员雇用期的、3M中国关联公司雇用职员的职务发明"。涉案发明创造并非完成于中国境内,不适用《专利法》及《实施细则》的规定……

[3M中国公司的主要上诉理由为:]一、原审判决适用中国专利法属适用法律错误。涉案发明的实质部分和发明点并非张伟锋作出,而是由其他发明人在美国完成,因此涉案发明的完成地为美国,应排除中国专利法的适用。二、3M中国公司并非涉案专利的专利权人,也不存在3M中国公司将涉案发明的专利申请权转让给3M创新公司的情形,原审判决参照《实施细则》第七十八条的规定认定3M中国公司应当向张伟锋支付职务发明报酬,无事实和法律依据。三、原审判决遗漏案件争议焦点并将非法证据作为定案证据。原判对中国是否为涉案发明的完成地未进行分析回应,以中国是涉案发明创造实施地之一为由确定适用中国法律,并无事实和法律依据……

本院认为,本案争议焦点为:一、本案是否适用中国法;二、张伟锋是否有权请求支付职务发明报酬;三、如张伟锋有权请求支付职务发明报酬,其数额如何计算。

本院认为:

关于本案是否适用中国法。《专利法》及《实施细则》关于职务发明创造奖励与报酬制度的规定,适用于在中国大陆完成的发明创造。跨地域合作开展发明创造活动是跨国公司研发中的常见现象,所谓发明创造的完成地,并非要求该发明的整体技术方案及其各个部分均在某地完成,其中部分技术贡献的完成地,也应当认定为发明完成地之一。3M公司与3M中国公司是关联公司,涉案发明创造由张伟锋和3M公司的另三位发明人共同完成,张伟锋的发明人地位亦获得3M中国公司、3M创新公司的认可,这表明张伟锋对涉案发明创造是作出实质性技术贡献的。<u>张伟锋在参与涉案发明创造活动期间,一直在中国境内工作,并且涉案发明在中国申请专利并获得专利权,因</u>

此中国当然是发明完成地之一。现张伟锋就涉案发明提出职务发明报酬之诉讼请求，本案诉讼应当适用中国法。本院认为原审法院在本案审理中适用中国法，并无不当。

关于张伟锋是否有权请求职务发明报酬。

（一）3M公司、3M中国公司、3M创新公司系关联企业，根据3M公司、3M中国公司、3M创新公司签订的《合同研究协议》《知识产权协议》，上述三者对知识产权采取"中央集权"的管理模式，3M中国公司所获取的知识产权，均应向3M创新公司转移，如需使用则应获得3M创新公司的许可。本案中张伟锋在中国境内参与了涉案发明的研发工作且作出了实质性贡献，3M中国公司本应享有该部分发明的专利申请权，但基于3M公司的知识产权管理模式，该专利申请权实际转移至3M创新公司，原审法院关于涉案发明创造的专利申请权在申请专利之前已转移至3M创新公司的认定，并不违背客观事实和法律规定。3M公司所采取的"中央集权"的知识产权管理模式，是基于其关联企业之间的协议产生，并不能否定发明人依据法律规定而享有的相关权利。

（二）根据法律规定，发明创造专利实施后，单位应根据推广应用的范围和取得的经济效益，给予发明人合理报酬。本案中由于3M公司及其关联企业之间的协议，涉案发明由3M创新公司申请并获得专利权，但专利法关于对发明人给予报酬的规定，其立法本意是给予发明人应得的劳动报酬，该获得报酬的合法权利不应由于跨国企业内部的协议安排而受到损害，因此，即使3M中国公司并非涉案发明的专利权人，但其系张伟锋的雇主，仍应当向张伟锋支付职务发明报酬。

（三）本案中3M创新公司并非张伟锋的雇主，3M创新公司由于3M公司关联企业之间的协议而成为涉案发明专利权人，鉴于法院已认定3M中国公司应向张伟锋支付职务发明报酬，张伟锋向3M创新公司请求支付职务发明报酬，并无事实和法律依据。综上，本院认为，原审法院认定张伟锋有权向3M中国公司主张职务发明报酬、不支持张伟锋要求3M创新公司支付职务发明报酬的主张，并无不当。

关于职务发明报酬数额如何计算。

（一）从本案查明的张伟锋参与起草3M中国公司发明奖励政策、3M中国公司设立"DialoguewithLOC"会议、张伟锋向3M中国公司管理层人员发送邮件称其参与讨论了发明人补偿条例等事实看，3M中国公司在制定"3M中国职务发明奖金计划"过程中，已与员工进行过协商，该"3M中国职务发明奖金计划"属于《实施细则》所称的规定职务发明报酬的单位规章制度。该"3M中国职务发明奖金计划"明确其适用范围为"发明创造时间在职员雇用期的、3M中国关联公司雇用职员的职务发明"。"3M中国职务发明奖金计划"实质上是3M中国公司与其员工之间关于如何计算职务发明报酬的约定，此种约定就"3M中国职务发明奖金计划"发布之前的职务发明的报酬如何计算作出安排，并不违法。

（二）张伟锋所主张的职务发明报酬的计算方式中，其认为实施涉案发明专利制造产品的利润率为50%，但并无证据支持，因此其计算方式并无依据。"3M中国职务发明奖金计划"可以适用于涉案发明，既然当事各方对于职务发明报酬的计算发生纠纷，作为报酬支付方的3M中国公司本应在本案审理中提供具体的计算依据和计算过程,但是3M中国公司未提供其向张伟锋支付的2010年职务发明报酬20384.16元的计算过程,其中作为计算依据的各项数据如年销售额、产品系数、专利分配系数、发明人分配系数等并不明确,因此该职务发明报酬数额的真实性、合法性均难以确认,亦难言于张伟锋公平合理。本案中,3M中国公司将涉案发明的权利转移给3M创新公司所获得的对价、实施涉案发明专利所获取的利润、专利权人对外许可所收取的使用费等,均难以查明,在双方关于职务发明报酬计算的主张均难以支持的情形下,原审法院综合全案情况,酌情确定3M中国公司向张伟锋支付20万元职务发明报酬,本院认为于法不悖。

[驳回上诉,维持原判。]

思考问题:

(1) 在本案中,一审法院认为,专利权的受让人实施专利取得商业利益后也有义务奖励发明人。具体的法律依据何在?本案中,如果不存在所谓的"中央集权模式",也就是说,专利的受让方并非关联公司,结果还应该一样吗?

(2) 该发明的其他发明人可以依据中国法主张类似的获得报酬和奖励的权利吗?本案如何处理多个发明人所应获得的份额问题?

(3) 在何种情况下,企业与员工之间关于报酬和奖励的约定能优先适用?

唐开平 v. 中国嘉陵工业股份有限公司(集团)

重庆市高院(2008)渝高法民终字第246号

张勤、周敏、易健雄法官:

一审法院审理查明:唐开平原为嘉陵公司职工。2004年7月15日,嘉陵公司与其配套企业重庆力华自动化技术有限责任公司(以下简称力华公司)、重庆吉力芸峰实业(集团)有限公司(以下简称吉力公司)共同申请了名为"一种摩托车用高能点火系统"的实用新型专利,并于2006年1月25日获得授权。该专利的共同专利权人为上述三家单位,并以嘉陵公司的职工刘建国、唐开平,力华公司的职工陈兵以及吉力公司的职工周申林为共同设计人。该专利的权利要求书载明,高能点火系统包括顺序电连接的磁电机、点火器、点火线圈与火花塞,其特征是将磁电机点火绕阻串联或并联后并联在点火器的两个不接地的输入端上,串联或并联后的磁电机点火绕阻的阻值为$12\pm2\Omega$。

2006年起,嘉陵公司开始在415摩托车上使用"摩托车用高能点火系统"。2006年至2007年,嘉陵公司从配套厂家购进的007点火器扣除退货数量后总计为75698个。2007年3月29日,嘉陵公司又申请了名为"一种摩托车用磁电机"的实用新型专利,嘉陵公司的职工刘建国、唐开平为设计人。根据该专利的权利要求书、说明书记载以及原被告双方的庭审陈述,该专利系针对"摩托车用高能点火系统"的关键部件磁电机的技术缺陷而改进技术申请的专利。嘉陵公司使用"摩托车用高能点火系统"生产摩托车以来，未向职务设计人支付报酬。

一审法院将案件争议焦点归纳为四个方面：1. 唐开平在职务设计过程中的贡献大小问题；2. 嘉陵公司是否实施了涉案专利；3. 嘉陵公司是否应当向唐开平支付报酬以及报酬的计算方式；4. 唐开平要求在涉案专利权的放弃、终止、无效纠纷时嘉陵公司通知其共同维护专利权的主张是否成立。

就第1项争议焦点，一审法院认为，嘉陵公司、刘建国以专利证书上的设计人排序以及相关技术资料的签章为由，认为唐开平在专利设计中仅起辅助作用，不应当平分报酬的主张不能成立。因为嘉陵公司所提相关技术资料系专利申请后的一些会议记录、技术检测记录等，其中唐开平虽未参与或者仅在"校核"处签章，但不能直接反映唐开平在该专利设计过程中所作的具体工作和业绩；设计人排名在后也不必然表明其贡献较小；此外，嘉陵公司及刘建国在庭审中陈述唐开平在嘉陵公司的职务较刘建国低、立项由刘建国提出等事实，均不足以表明唐开平在专利设计过程中的实际工作情况。在没有足够证据证明嘉陵公司及刘建国的主张，亦无法查明唐开平在涉案专利设计过程中的具体贡献大小的情况下，应依法推定唐开平关于与刘建国平分专利报酬的主张成立。

就第2项争议焦点，一审法院认为，根据"一种摩托车用高能点火系统"专利的权利要求书和说明书的记载，该专利涉及一种由点火器、磁电机、点火线圈、火花塞组合而成的摩托车用高能量的点火系统，其保护范围涵盖了包括上述四项组成要素及其联接方式的完整系统，而非其中任何一项或几项单独的部件。嘉陵公司作为整车生产厂，从其配套企业力华公司、吉力公司分别购进专供该厂的、按照专利技术要求改进的点火器和磁电机，按照专利技术特征所述方式将其与点火线圈、火花塞联接，并将联接后的高能点火系统安装于摩托车，其行为属制造、销售专利产品，显系专利实施行为。该实施行为的特殊性仅在于其并非直接制造销售专利产品高能点火系统，而是组装完成高能点火系统并再组装于摩托车整车，专利产品的市场价值是通过整车的市场价值而最终实现的。对嘉陵公司关于专利保护范围为磁电机和点火器、其非涉案专利实施人的主张，不应支持。此外，嘉陵公司还辩称高能点火系统专利存在技术缺陷而在使用后不久进行了重大改进，但这只能证明嘉陵公司在实施专利过程中曾因技术的不完善而影响效益，不能证明嘉陵公司已停止实施涉案专利。

就第3项争议焦点，嘉陵公司以大信会计师事务所出具的大信京审字（2008）第0409号审计报告及部分附表、自制的《041590摩托车成本利润统计表》为依据，认为其2006年、2007年生产041590摩托车的税后利润为负，从而不具备向唐开平支付报酬的法定条件。一审法院认为嘉陵公司的这一主张不能成立。因为大信会计师事务所出具的审计报告不能直接反映涉案摩托车的税后利润；《041590摩托车成本利润统计表》系嘉陵公司单方制作，又无法与审计报告对应佐证，且不能完整反映所有专利摩托车的税后利润。

唐开平则以嘉陵公司的销售商提供的"增值税应税货物或劳务销货清单"、从嘉陵公司工程技术研究院规格管理室取得的《415（90）产品全点部品表》《007F产品全点部品表》《410M(90)产品全点部品表》《M31M产品全点部品表》、由力华公司提供的《2005年11月—2007年6月嘉陵007点火器总供、退货汇总一览表》《嘉陵007点火器供、退货情况一览表》及从嘉陵公司工程设计研究院电器设计室取得的关于007磁电机质量的分析报告、整改报告、市场返回品解析统计表为依据,分两个时间段计算其应得报酬数额:1. 2006年2月至2007年12月嘉陵公司007点火器总供货数量扣除总退货数量为75698个,以此作为专利摩托车生产数量;专利摩托车(以041590型为例)与其他摩托车(以410K92型为例)不含税价差为717.95元,以此作为利润差额;根据《重庆市专利促进与保护条例》,实用新型职务专利报酬提取比例不得低于税后利润的5%,按照6%计算,则每辆专利摩托车原告应得报酬为717.95×6%÷2=21.54元,2006年2月至2007年12月应得报酬为21.54×75698=1630421元。2. 由于高能点火系统的磁电机存在质量问题,嘉陵公司于2007年5—7月进行了集中整改,该期间的产品生产销售属于非正常时期,选择2007年9—12月的点火器平均数5146作为专利摩托车月均产量,则嘉陵公司2008年1月至5月每月应付报酬为21.54×5146=110845元。对此,一审法院认为:

1. 理论上,由于嘉陵公司实施高能点火系统专利是以生产销售采用该点火系统的摩托车的方式实现的,其实施专利所得利润应当体现在整车利润中,但唐开平以不同摩托车的价差确定专利为整车所带来的利润,缺乏事实依据。因为不同摩托车价差受多方面因素的综合影响制约,如多种专利的组合应用、不同的功能配置、消费者对产品的偏好、产品在不同时期的价格策略、广告投入等,唐开平与嘉陵公司提交的证据均表明两种对比摩托车的差异不仅仅体现在高能点火系统的运用上。故对唐开平关于专利摩托车的利润估算不应支持。由于涉案专利摩托车及专利点火系统的利润无法通过审计评估确定,考虑到该专利点火系统虽非市场通用产品但其所实现的功能仍为点火器的功能,可以参照摩托车行业整体情况及摩托车点火器的市场平均利润率,以高能点火系统本身为基础估算报酬。

2. 嘉陵公司与吉力、力华公司的产品购销合同及价格协议等证明,高能点火系统所用磁电机、点火器部件等总共价值不足百元,唐开平与刘建国在庭审中亦陈述高能点火系统价值在90元到100元左右。根据一审法院调查走访的情况,目前市场较好的数字点火器价格在80、90元左右,点火器的行业平均利润率在3%—5%左右。高能点火系统的利润率应当在此基础上参考其技术的先进性及对整车的价值提升而酌情确定。关于专利产品数量,唐开平与刘建国对嘉陵公司提交的415摩托车生产数量统计的真实性均不予确认,并要求以007点火器数量作为专利产品数量。一审法院认为,根据唐开平与嘉陵公司提交的技术资料证据,007点火器为高能点火系统专用点火器,两者在数量上存在一一对应关系,且唐开平在计算时已扣除退货数量,而嘉陵公司提交的415摩托车生产数量统计无其他证据佐证,对唐开平关于数量的主张应予支持,并以之前的平均数量估算2008年1月至5月的产量。关于应付报酬比例,专利法实施细则规定实用新型专利应当以实施专利税后利润提取不低于2%支付给职务设计人,唐开平按照6%计算并要求其中的一半并无明显不当,应予支持。一审法院以上述查明的情况为依据,按照"价格×利润率×数量×报酬比例"的公式进行估算,综合确定被告嘉陵公司应付给唐开平报酬2万元。

就第4项争议焦点,一审法院认为,涉及专利权的放弃、终止、无效纠纷的处理,系专利权人对其知识产权所享有的处分权问题,唐开平作为职务设计人,对该专利所享有的权利限于法律规定的获得奖励和报酬的权利,除非双方另有约定,唐开平无权就专利权的处分对嘉陵公司及其他专利权共有人提出任何要求或施加干涉和影响。对唐开平关于与嘉陵公司共同维护专利权的主张,不应支持。

综上,一审法院认为,唐开平作为"一种摩托车用高能点火系统"专利的职务设计人,依法享有从本单位获得报酬的权利。嘉陵公司应依其实施职务专利技术所得的利润,按照法律规定比例支付相应报酬给唐开平。根据《中华人民共和国专利法》第十六条、第五十六条第一款,《中华人民共和国专利法实施细则》第七十五条,《中华人民共和国民事诉讼法》第一百二十八条之规定,一审法院判决如下:一、中国嘉陵工业股份有限公司(集团)于本判决生效之日起5日内支付唐开平2008年5月前的职务专利报酬2万元;二、驳回原告唐开平的其他诉讼请求。案件受理费20471元,由唐开平承担4094.2元,中国嘉陵工业股份有限公司(集团)负担16376.8元。

嘉陵公司与唐开平均不服一审判决,向本院提起上诉。嘉陵公司请求撤销一审判决,驳回唐开平的诉讼请求,由唐开平承担本案一、二审的诉讼费用。其上诉理由如下:1.嘉陵公司仅是专利产品使用人,而不是专利实施人;2.嘉陵公司近三年生产销售涉案摩托车税后利润为负数,即使认定嘉陵公司为实施人,也不符合支付职务报酬的法定条件;3.一审法院以唐开平提交的点火器零部件采购数量来计算摩托车生产数量,显然与事实和常理不符;4.一审法院认定的"实施专利所得利润应当体现在整车利润中"与判决根据的"报酬计算依据"前后矛盾,违背法律逻辑,且以与本案无关联的调查笔录估算报酬无法律依据;5."摩托车用高能点火系统"在生产转化过程中被证明存在重大技术瑕疵,专利产品生产者实际未按涉及专利的权利要求实施,职务专利报酬纠纷亦失去审理根据;6.唐开平起诉日为2008年1月22日,其诉讼请求跨越的时间范围是2006、2007两年,一审法院审理和判决的结论却是截至2008年5月,这明显超越了诉讼请求范围,违背了不诉不理的原则。唐开平答辩称,嘉陵公司的上诉请求没有事实和法律依据,应予驳回。

唐开平向本院请求撤销原审判决,改判:1.嘉陵公司向唐开平支付2006—2007两年拖欠的专利设计人报酬1630421元;2.嘉陵公司从2008年1月起按月向唐开平支付专利设计人报酬110845元;3.在涉案专利权的放弃、终止或无效纠纷时,嘉陵公司有义务事先告知唐开平,并指定唐开平与专利权代表人一起共同维护涉案专利权。在二审庭审中,唐开平申请将第1项上诉请求的数额从1630421元减至80万元,将第2项上诉请求的数额从每月110845元减至5万元。嘉陵公司答辩称,唐开平的上诉请求没有事实和法律依据,应予驳回。

本院二审查明的事实与一审查明的事实相同。

……

一、嘉陵公司是否实施了涉案专利

嘉陵公司认为,涉案专利"一种摩托车用高能点火系统"只是个理想化的名称,其核心为磁电机和点火器,点火线圈和火花塞只是摩托车点火系统的常规部件,不涉及技术创新。而磁电机和点火器均非嘉陵公司生产,嘉陵公司只是按市场价采购了零部件磁电机和点火器后,安装于涉案摩托车上,安装程序及方式均为固有程序,不涉及专利权利要求书中所述的技术特征。故嘉陵公司并未实施涉案专利。本院认为,实用新型专利权的保护范围以其权利要求的内容为准,判断是否实施了该专利也应以其权利要求的内容为准。根据权利要求书的记载,涉案专利的独立权利要求为:顺序电连接的磁电机、点火器、点火线圈与火花塞,其特征是将磁电机点火绕阻串联或并联后并联在点火器的两个不接地的输入端上。故涉案专利并非仅包括磁电机和点火器,而应指由上述四项组成要素联接成的整体。嘉陵公司按照专利技术所述方式将磁电机、点火器与点火线圈、火花塞联接成高能点火系统后安装于摩托车的行为涉及制造、使用涉案专利产品,明显属于实施专利的行为。嘉陵公司关于其并未实施涉案专利的主张不能成立。此外,嘉陵公司还以涉案专利"存在重大技术瑕疵"为由,主张"专利产品生产者实际未按涉案专利的权利要求实施"。一审法院认为涉案专利存在技术缺陷的事实仅证明嘉陵公司实施专利过程中曾因技术的不完善而影响效益,但不能证明嘉陵公司未实施涉案专利。一审法院这一认定并无不当,本院予以确认。

二、嘉陵公司是否应当向唐开平支付报酬

嘉陵公司以其近三年生产销售涉案摩托车税后利润为负数为由,主张其不应向唐开平支付报酬。一审法院认为嘉陵公司提交的会计师事务所审计报告不能直接反映涉案摩托车的税后利润,《041590摩托车成本利润统计表》系嘉陵公司单方制作,又无法与审计报告对应佐证,且不能完整反映所有专利摩托车的税后利润,故不确认涉案专利摩托车税后利润为负。本院认为,当嘉陵公司主张其生产销售涉案摩托车税后利润为负时,其应提供确切的证据以证明该主张,但其所实际提供的证据不足以证明该主张,一审法院不确认涉案专利摩托车税后利润为负并无不妥,应予支持。

三、应该采用何种方式计算报酬

唐开平主张将使用了涉案专利的摩托车与未使用涉案专利的摩托车的价差作为涉案专利为整车所带来的利润,该主张明显不能成立。一审法院认为不同摩托车价差受多方面因素的综合影响制约,涉案专利只是其中的影响因素之一,该认识并不无当。在无法通过审计评估确定涉案专利摩托车及点火系统利润的情况下,一审法院以高能点火系统本身的利润率为基础,再参考其技术的先进性及对整车价值的提升而酌情确定职务专利报酬的思路并无明显不当。在确定专利产品数量时,唐开平及刘建国对嘉陵公司提交的415摩托车生产数量统计的真实性均不予确认,并要求以007点火器数量作为专利产品数量。因007点火器为高能点火系统的专用点火器,二者在数量上存在一一对应关系,且唐开平在计算时已扣除了退货数量,一审法院支持了唐开平以007点火器为基础计算使用了涉案专利的摩托车数量的方法,并以之前的平均数量估算 2008 年 1 月至 5 月的产量。在没有确切的证据直接证明使用了涉案专利的摩托车数量的情况下,一审法院的这一计算方式有其合理性。关于应付报酬比例,唐开平主张按照 6% 计算并要求其中的一半,该主张并不违反专利法实施细则的相关规定,一审法院予以了支持,本院亦予以确认。根据以上思路及计算方式,一审法院综合确定嘉陵公司应付给唐开平报酬 2 万元。这一认定并无明显不当,本院予以支持。

四、唐开平有无权利与嘉陵公司共同维护涉案专利

本院认为,唐开平是涉案专利的设计人之一,但并非专利权人,其依法只能请求嘉陵公司就涉案专利给予一定的奖励与报酬。嘉陵公司等专利权人在处分专利权时,可能会影响到唐开平获得报酬的权利,但这一权利实现与否本来就取决于专利权人实施专利的情况与处分专利的方式,处分专利权是专利人固有的权利,职务发明创造的发明人或设计人无权干涉。

……

思考问题:

(1) 本案中,专利权的权利要求指向"高能点火系统"与指向"带有高能点火系统的摩托车",会导致法院计算报酬的结果发生变化吗?

(2) 在没有约定的情况下,专利法应该直接规定所有共同发明人平等地分配报酬还是许可举证推翻地推定所有共同发明人平等分配报酬?你认为何种制度更有效率?对比前文关于共同发明的讨论。

(3) 单位放弃发明专利权后继续实施发明技术方案,需要遵守专利法关于职务发明的奖励和报酬规则吗?

3.3.2 其他法律上的奖励机制

除《专利法》外,还有其他众多的法律中设置了职务发明的奖励与报酬制度。比如,《民法通则》第 97 条第 2 款规定:"公民对自己的发明或者其他科技成果,有权申请领取荣誉证书、奖金或者其他奖励"。《合同法》(1999) 第 326 条规定:法人或者其他组织应当从使用和转让该项职务技术成果所取得的收益中提取一定比例,对完成该项职务技术成果的个人给予奖励或者报酬。如前所述,《促进科技成果转化法》(2015) 第 45 条也有更具体的规定:

> 科技成果完成单位未规定、也未与科技人员约定奖励和报酬的方式和数额的,按照下列标准对完成、转化职务科技成果作出重要贡献的人员给予奖励和报酬:
>
> (一) 将该项职务科技成果转让、许可给他人实施的,从该项科技成果转让净收入或者许可净收入中提取不低于百分之五十的比例;
>
> (二) 利用该项职务科技成果作价投资的,从该项科技成果形成的股份或者出资比例中提取不低于百分之五十的比例;
>
> (三) 将该项职务科技成果自行实施或者与他人合作实施的,应当在实施转

化成功投产后连续三至五年,每年从实施该项科技成果的营业利润中提取不低于百分之五的比例。

国家设立的研究开发机构、高等院校规定或者与科技人员约定奖励和报酬的方式和数额应当符合前款第一项至第三项规定的标准。

国有企业、事业单位依照本法规定对完成、转化职务科技成果作出重要贡献的人员给予奖励和报酬的支出计入当年本单位工资总额,但不受当年本单位工资总额限制、不纳入本单位工资总额基数。

过去,国务院为了落实《科学技术进步法》和《促进科技成果转化法》,促进科研机构和高校的技术成果转化,专门出台了《关于促进科技成果转化若干规定》(国办发[1999]29号),向职务科技成果的完成人和成果转化的作出贡献的其他人员提供更慷慨更多样化的奖励:

1. 科研结构、高等学校及其科研人员可以采取多种方式转化高新技术成果,创办高新技术企业。以高新技术成果向有限责任公司或非公司制企业出资入股的,高新技术成果的作价金额可达到公司或企业注册资本的百分之三十五,另有约定的除外。

2. 科研结构、高等学校转化职务科技成果,应当依法对研究开发该项科技成果的职务科技成果完成人和为成果转化作出重要贡献的其他人员给予奖励。其中,以技术转让方式将职务科研成果提供给他人实施的,应当从技术转让所取得的净收入中提取不抵于百分之二十的比例用于一次性奖励;自行实施转化或与他人合作实施转化的,科研结构或高等学校应在项目成功投产后,连续在3—5年内,从实施该科技成果的年净收入中提取不低于百分之五的比例用于奖励,或者参照次比例,给予一次性奖励;采用股份形式的企业实施转化的,也可以用不低于科技成果入股时作价金额百分之二十的股份给予奖励,该持股人依据其所持股份分享收益。在科技开发和成果转让中作出主要贡献的人员,所得奖励份额应不低于奖励总额的百分之五十。

上述奖励总额超过技术转让净收入或科研成果作价金额百分之五十,以及超过实施转化年净收入百分之二十的,由该单位职工代表大会讨论决定。

……

3. 国有科研结构、高等学校持有的高新技术成果在成果完成后一年未实施转化的,科研成果完成人和参加人在不变更职务科技成果权属的前提下,可以根据与本单位的协议进行该项技术成果的转化,并享有协议约定的权益。科研成果完成人自行创办企业实施转化该项成果的,本单位可依法约定在该企业中享有股权或出资比例,也可以依法以技术转让的方式取得技术转让收入。

2015年,《促进科技成果转化法》修订后,上述规定也面临修订的问题。

陈兆星 v. 常州市卓云精细化工有限公司

江苏省高院(2004)苏民三终字第 123 号

宋健、施国伟、顾韬法官：

［陈兆星作为多项职务科技成果完成人，对卓云公司提出奖励要求。陈兆星从 1986 年开始在卓云公司的前身小河化工厂工作。陈兆星诉称：卓云公司实施了上述三项科技成果却一直未向其支付相应的奖励报酬。依照我国《民法通则》《科学技术进步法》及《促进科技成果转化法》的有关规定，请求判令卓云公司、庙边村委立即支付 25 万元奖金或参股折算成卓云公司 6% 的股份。关于本案应否适用《促进科技成果转化法》问题，法院的意见如下：］

首先，本案系科技成果完成人向成果实施单位主张科技成果奖金的纠纷。个案特点是时间跨度大、在涉案成果的实施过程中先后有《民法通则》《科学技术进步法》《促进科技成果转化法》等三部法律予以调整。在考虑此类案件的法律适用时须先行解决的问题是：实施单位在科技成果实施过程中是否已依据当时的法律合理履行了给付奖金的义务？如果答案是肯定的，因义务人已依当时法律合理履行了奖金给付义务，则不存在另行适用其他法律的问题。反之，则应从立法的延续、法律的精神及成果实施的跨越时间等因素来考虑适用何部法律。

其次，就本案事实而言，现并无证据表明卓云公司曾履行过合理给付奖金的义务。虽然一审中陈兆星关于可将其 1994 年建房时的 3 万元借款视为奖金的自述内容得到对方认可，但这仅是当事人之间就互负债务的约定抵销，并不代表卓云公司本身已经履行了给付奖金的义务，更不能因此而免除卓云公司应承担的责任。

再次，从立法的沿革看，《民法通则》［第］九十七条第二款规定："公民对自己的发明或者其他科技成果，有权申请领取荣誉证书、奖金或者其他奖励"。《科学技术进步法》第五十五条规定："企业事业组织应当按照国家有关规定从实施科学技术成果新增留利中提取一定比例，奖励完成技术成果的个人。"《促进科技成果转化法》第三十条第一款规定："企业、事业单位独立研究开发或者与其他单位合作研究开发的科技成果实施转化成功投产后，单位应当连续三至五年从实施该科技成果新增留利中提取不低于 5% 的比例，对完成该项科技成果及其转化作出重要贡献的人员给予奖励。"第二款规定："采用股份形式的企业，可以对在科技成果的研究开发、实施转化中作出重要贡献的有关人员的报酬或者奖励，按照国家有关规定将其折算为股份或者出资比例。该持股人依据其所持股份或者出资比例分享收益。"从以上规定看，我国法律对于科技成果完成人的奖励立法有一个逐步明晰的过程。《民法通则》仅规定应予奖励而未明确奖励的基准及计算方法；《科学技术进步法》虽规定了奖励的基准和计算方法，但比例不明；《促进科技成果转化法》则明确规定了奖励基准、奖励提成时间及比例，具有一定的可操作性且对权利保护最为有利。

本案中卓云公司的成果实施行为是一个持续的过程，其实施时间跨越了《促进科技成果转化法》的实施前后。从这一角度而言,只要在《促进科技成果转化法》实施后,企业仍在实施涉案科技成果,则成果完成人就可以依据现行的,同时也是对其权利保护最为有利的法律主张权利。因此,本案应适用《促进科技成果转化法》。但是,根据现有证据无法依据《促进科技成果转化法》的有关规定准确计算卓云公司的新增留利及陈兆星应得之奖金数额。对此,本院认为,在此情形下,可考虑适用江苏省人大常委会 2000 年 10 月 17 日通过的《江苏省促进科技成果转化条例》的相关规定。理由是:1.《江苏省促进科技成果转化条例》系江苏省根据《促进科技成果转化法》,结合本省实际,制定的地方性法规。该地方性法规与《促进科技成果转化法》的宗旨是一致的,均体现了鼓励科技创新、推动技术进步的立法精神。2. 本案双方当事人为位于江苏省的自然人和法人,适用本省地方性法规调整双方间的权利义务,并不致发生冲突。3.《江苏省促进科技成果转化条例》第二十三条规定"法人或者其他组织实施其职务科技成果的,应当在项目成功投产后,连续 3—5 年内从其实施该项职务科技成果的销售额中提取不低于 0.5% 的金额,奖励给职务科技成果的完成人和为成果转化作出重要贡献的其他人员。……"本案已查明卓云公司部分年份的销售额,具备适用该地方性法规的条件。

……

综上,本案中陈兆星作为涉案职务科技成果完成人之一,要求依据《促进科技成果转化法》给予相应科技成果奖励的请求应予支持。一审法院以本案不适用《促进科技成果转化法》、2.5 万元工资中已包含科技成果奖金、陈兆星已实际领取了 3 万元奖金为由,认定卓云公司已履行了给付成果完成人相应合理奖励的义务,依据不足。根据《促进科技成果转化法》《江苏省促进科技成果转化条例》的有关规定,考虑已查明的 1998—2000 年间卓云公司的年平均销售额、陈兆星作为成果完成人之一对涉案成果所作出的实际贡献的大小、双方当事人均同意将 1994 年陈兆星的 3 万元借款转为奖金等因素,本院酌情确定陈兆星应得的成果奖金报酬数额为人民币 10 万元。

至于陈兆星主张的 6% 的股份问题。因《促进科技成果转化法》第三十条第二款规定企业"可以"以股份形式奖励成果完成人,并非第一款规定的"应当",综合考虑本案实际情况,根据公平原则,在已适用奖金奖励的情况下,本院对陈兆星要求股份奖励的诉讼请求不予支持。

思考问题:

(1) 如何从法律上看待小试、中试的成果之间的关系?如果企业受让小试的技术秘密,并在这一基础上改进形成中试技术,然后取得商业化的成功。这时候要奖励的人员范围有哪些?原始的发明人、后续的改进者?是否要考虑不同阶段的发明人各自的贡献?

(2) 法院提到《江苏省促进科技成果转化条例》第 23 条的规定并暗示,对于企业而言,越早奖励,企业需要支付的奖励(报酬)可能会越低,因而对企业越有利。这是明显的立法漏洞吗?

(3) 考虑《专利法》与其他关于技术成果归属及奖励的法律法规的协调问题。地方人大在提出更高的奖励要求方面受到法律限制吗？

(4) 如何规定发明人奖励请求权的时效规则？

3.3.3 地方政府的奖励规则

职务发明奖励制度的另外一个问题是，地方政府还可能出台各种各样的规则，对奖励的人员范围和奖励的幅度提出要求。前文的陈兆星 v. 常州市卓云精细化工有限公司案就提及江苏省内的奖励制度。再比如，在刘法新 v. 济源市农业科学研究所（河南省高院（2009）豫法民三终字第75号）案中，法院就适用了地方政府的奖励规则：

> 2000年6月8日，河南省政府办公厅转发省科委等部门《关于贯彻落实〈关于促进科技成果转化若干规定〉的实施意见》（以下简称七委局文件），该实施意见第二十条规定：依法对研究开发科技成果的职务科技成果完成人和为成果转化作出贡献的其他人员给予奖励；以技术转让方式将职务科技成果提供给他人实施的，应当从技术转让所得的净收入中提取不低于25%的比例用于一次性奖励，并在转让资金到位后1个月内付清。
>
> ……
>
> 刘法新主张本案奖励款系依据七委局文件有关规定，七委局文件第二十条明确规定，奖励的金额是从技术转让所得的净收入中提取不低于25%的比例；奖励的对象是职务科技成果完成人和为成果转化作出贡献的其他人员。《中华人民共和国促进科技成果转化法》第二十九条规定："科技成果完成单位将其职务科技成果转让给他人的，单位应当从转让该项职务科技成果所取得的净收入中，提取不低于百分之二十的比例，对完成该项科技成果及其转化作出重要贡献的人员给予奖励。"根据上述规定，奖励金额提取的对象是技术转让所得的净收入，技术转让净收入应指转让方依据技术转让合同取得的技术转让收入扣除所支付的试验、交通、劳务、文件制作等开支后所剩余的纯技术所得。而农科所2004年1月24日与合肥丰乐公司协议约定获得的450万元款项是农科所与合肥丰乐公司就解散济源丰乐公司时权衡双方各项利益之后的结果，并不仅仅涉及两个玉米品种的价值因素，还涉及济源丰乐公司经营时的情况以及解散时的资产、债权、债务等，故不能认定这450万元就全部是技术转让收入，亦不能以此确定技术所得净收入。同时，参与技术转让净收入奖励分配人员是包括职务科技成果完成人和为成果转化作出贡献的其他人员，而刘法新仅为技术成果完成人，其他人员并不明确。因此，无论是具体奖励数额还是参与奖励分配人员均无法确定。故，原审法院参照有关因素酌定奖励款并无不妥。

在上述案例中，地方政府的奖励规则提高了奖励力度，是否和上位的法律发生冲突呢？另外，地方规则可能导致法出多门，让企业觉得无所适从。

3.3.4 外国发明的独立性

在实践中，职务发明的开发利用可能跨越国界。依据所谓的专利独立性原则，中国《专利法》并不适用外国专利,因此,发明人似乎并不能基于中国《专利法》要求雇主就境外的商业行为对发明人进行奖励。

但是,从专利法职务发明制度的立法初衷出发,如果雇主和雇员均在国内,雇主在海外利用雇员的发明取得巨大的商业成功,却无须给予雇员奖励或报酬,似乎是难以接受的。因此,并不奇怪,有研究称,日本、英国和德国均许可发明人对自己的发明在外国所获得的专利主张获取报酬的权利。① 这一实践如何从理论上与所谓的专利独立性原则相协调呢?

3.3.5 职务发明奖励制度合理性的反思

专利法上职务发明奖励制度的指导思想中或多或少包含着对发明人天才式的创造力的崇拜,将发明人看做非同寻常的企业雇员,因此需要在法律上加以特殊保护。实际上,随着社会化和工业化程度的增加,发明的过程越来越接近一个社会集体组织的自发过程,个人在其中扮演的角色越来越不重要。以下的论文片段就描述了这一趋势(杨利华:《专利激励论的理性思考》,载《知识产权》2009年第一期,第59—60页):

> 当代专利活动由企业主导是由专利的技术与经济特点决定的。技术上,当代科技经济条件下,有市场影响力的发明往往需要集中多方面的专业技术人员和大量的资金设备才能完成,个人的力量难以企及;经济上,复杂的市场环境使个人的市场影响力和经济力量往往难以抵御市场风险,只有具有较强实力并把握相关技术市场的企业,才更有力量综合各方面的资源实现专利化技术的价值,并使该价值多样化、最大化。
>
> 现代企业如同一台精密的大机器,有着自身的运行目的和服务于该目的的运行程序。企业的每个部门、每个雇员通过契约成为该机器的某个部件或零件,发明人也不例外。企业根据其经营目标进行分工、规划、研发、设计、施工、营销、管理,每个人按照契约提供相应的劳务,完成其职责范围内的工作,获得约定的报酬。此时,发明创造不再是体现发明人天才之火的富有个性的智力活动,而是根据企业经营需要进行的一种生产活动——生产能够为企业带来利益的专利化技术。发明人与专利与专利市场的距离越来越远,专利制度对发明创造的激励作用也越来越小。

当社会对发明的过程的看法发生转变,是否对职务发明的奖励制度也就有了重新检讨的必要?

3.4 职务发明制度改革

3.4.1 职务发明条例草案(送审稿)(2014.4)

第一章 总则

……

---

① Harold C. Wegner, The 2004 Japan Employed Inventor Law Amendments, http://www.foley.com/files/tbl_s31Publications/FileUpload137/1993/whitepaper2.pdf,2011年8月9日访问。

第四条　本条例所称发明,是指在中华人民共和国境内完成的,属于专利权、植物新品种权、集成电路布图设计专有权或者技术秘密保护客体的智力创造成果。

……

第二章　发明的权利归属

第七条　下列发明属于职务发明:
（一）在本职工作中完成的发明;
（二）履行单位在本职工作之外分配的任务所完成的发明;
（三）退休、调离原单位后或者劳动、人事关系终止后一年内作出的,与其在原单位承担的本职工作或者原单位分配的任务有关的发明,但国家对植物新品种另有规定的从其规定;
（四）主要利用本单位的资金、设备、零部件、原材料、繁殖材料或者不对外公开的技术资料等物质技术条件完成的发明,但约定返还资金或者支付使用费,或者仅在完成后利用单位的物质技术条件验证或者测试的除外。

第八条　对于职务发明,单位享有申请知识产权、作为技术秘密保护或者公开的权利,发明人享有署名权以及获得奖励和报酬的权利。

对于非职务发明,发明人享有署名权和申请知识产权或者作为技术秘密保护或者公开的权利。

第九条　单位可以在依法制定的规章制度中规定或者与发明人约定利用单位物质技术条件完成的发明的权利归属;未与发明人约定也未在规章制度中规定的,适用本章的规定。

第三章　发明的报告和申请知识产权

第十条　除单位另有规定或者与发明人另有约定外,发明人完成与单位业务有关的发明的,应当自完成发明之日起两个月内向单位报告该发明。

发明由两个以上发明人完成的,由全体发明人或者发明人代表向单位报告。

第十一条　发明报告应当包括下列内容:
（一）全体发明人的姓名;
（二）发明的名称和内容;
（三）发明为职务发明还是非职务发明的意见及理由;
（四）单位或者发明人认为需要说明的其他事项。

单位与发明人对发明报告的内容另有约定的,从其约定。

第十二条　发明人主张其报告的发明属于非职务发明的,单位应当自收到符合本条例第十一条规定的报告之日起两个月内给予书面答复;单位未在前述期限内答复的,视为同意发明人的意见。单位与发明人对前述期限另有约定的,从其约定。

单位在书面答复中主张报告的非职务发明属于职务发明的,应当说明理由。

发明人在收到单位的答复之日起两个月内提出书面反对意见,双方可以按照本条例第四十条的规定解决争议;未提出反对意见的,视为同意单位的意见。

第十三条　发明人主张其报告的发明属于职务发明的,单位应当自收到符合本条例第十一条规定的报告之日起六个月内决定是否在国内申请知识产权、作为技术秘密保护或者予以公开,并将决定书面通知发明人。单位与发明人对前述期限另有约定的,从其约定。

单位未在前款规定期限内通知发明人的,发明人可以书面催告单位予以答复;经发明人书面催告后一个月内单位仍未答复的,视为单位已将该发明作为技术秘密保护,发明人有权根据本条例第二十四条的规定获得补偿。单位此后又就该发明在国内申请并获得知识产权的,发明人有权获得本条例规定的奖励和报酬。

第十四条 单位就职务发明申请知识产权的,可以就拟提交的申请文件征求发明人的意见。发明人应当积极配合单位申请知识产权。

申请知识产权过程中,发明人有权向单位了解申请的进展情况。

第十五条 单位拟停止职务发明的知识产权申请程序或者放弃职务发明的知识产权的,应当提前一个月通知发明人。发明人可以通过与单位协商获得该职务发明的知识产权申请或者知识产权,单位应当积极协助办理权利转移手续。

发明人依照前款规定无偿获得有关权利后,单位享有免费实施该职务发明或者其知识产权的权利。

第十六条 发明人对其完成的职务发明负有保密义务,未经单位同意不得公开该发明,也不得私自申请知识产权或者向第三人转让。

单位对向其报告的非职务发明负有保密义务,未经发明人同意不得公开该发明,也不得以自己的名义申请知识产权或者向第三人转让。

第四章 职务发明人的奖励和报酬

第十七条 单位就职务发明获得知识产权的,应当及时给予发明人奖励。

单位转让、许可他人实施或者自行实施获得知识产权的职务发明的,应当根据该发明取得的经济效益、发明人的贡献程度等及时给予发明人合理的报酬。

第十八条 单位可以在其依法制定的规章制度中规定或者与发明人约定给予奖励、报酬的程序、方式和数额。该规章制度或者约定应当告知发明人享有的权利、请求救济的途径,并符合本条例第十九条和第二十二条的规定。

<u>任何取消发明人根据本条例享有的权利或者对前述权利的享有或者行使附加不合理条件的约定或者规定无效。</u>

第十九条 单位在确定给予职务发明人的奖励和报酬的方式和数额时,应当听取职务发明人的意见。

单位自行实施、转让或者许可他人实施职务发明获得经济效益的,发明人有权了解单位所获得经济效益的有关情况。

第二十条 单位未与发明人约定也未在其依法制定的规章制度中规定对职务发明人的奖励的,对获得发明专利权或者植物新品种权的职务发明,给予全体发明人的奖金总额最低不少于该单位在岗职工月平均工资的两倍;对获得其他知识产权的职务发明,给予全体发明人的奖金总额最低不少于该单位在岗职工的月平均工资。

第二十一条 单位未与发明人约定也未在其依法制定的规章制度中规定对职务

发明人的报酬的，单位实施获得知识产权的职务发明后，应当向涉及的所有知识产权的全体发明人以下列方式之一支付报酬：

（一）在知识产权有效期限内，每年从实施发明专利权或者植物新品种权的营业利润中提取不低于5%；实施其他知识产权的，从其营业利润中提取不低于3%；

（二）在知识产权有效期限内，每年从实施发明专利权

或者植物新品种权的销售收入中提取不低于0.5%；实施其他知识产权的，从其销售收入中提取不低于0.3%；

（三）在知识产权有效期限内，参照前两项计算的数额，根据发明人个人工资的合理倍数确定每年应提取的报酬数额；

（四）参照第一、二项计算的数额的合理倍数，确定一次性给予发明人报酬的数额。

上述报酬累计不超过实施该知识产权的累计营业利润的50%。

单位未与发明人约定也未在其依法制定的规章制度中规定对职务发明人的报酬的，单位转让或者许可他人实施其知识产权后，应当从转让或者许可所得的净收入中提取不低于20%，作为报酬给予发明人。

第二十二条 单位在确定报酬数额时，应当考虑每项职务发明对整个产品或者工艺经济效益的贡献，以及每位职务发明人对每项职务发明的贡献等因素。

……

第二十四条 单位决定对职务发明作为技术秘密予以保护的，应当根据该技术秘密对本单位经济效益的贡献参照本章关于发明专利权的规定向发明人支付合理的补偿。

第二十五条 发明人与单位的劳动、人事关系终止的，对在终止前完成的与单位业务有关的发明，发明人应当继续履行本条例第十条、第十四条、第十六条规定的义务，并继续享有署名权以及获得奖励和报酬的权利。

发明人死亡的，其继承人或者受遗赠人有权继承获得奖励和报酬的权利。

……

第五章 促进职务发明知识产权的运用实施

第二十八条 国家设立的研究开发机构、高等院校自职务发明获得知识产权之后合理期限内，无正当理由既未自行实施或者作好实施的必要准备，也未转让和许可他人实施的，发明人在不变更职务发明权利归属的前提下，可以根据与单位的协议自行实施或者许可他人实施该知识产权，并按照协议享有相应的权益。

……

第六章 监督检查和法律责任

……

第三十四条 发明人违反本条例的规定，对职务发明申请知识产权的，该申请产生的权利由单位享有，发明人获得的收益应当全部返还单位。

单位违反本条例的规定，对非职务发明申请知识产权的，该申请产生的权利由发

明人享有,单位获得的收益应当全部返还发明人。

第三十五条 下列属于侵犯发明人署名权的行为:

(一)未将发明人作为发明人署名的;

(二)将不是发明人的人署名为发明人的。

……

3.4.2 关于《职务发明条例草案(送审稿)》的说明

一、关于《职务发明条例草案》的起草背景

……

我国《专利法》《植物新品种保护条例》等法律法规建立了职务发明的基本制度。在这一制度框架下,企事业单位研发人员从事技术创新及其运用实施的积极性不断提高,职务发明在我国经济社会发展中的作用日益突出。但从总体看,职务发明制度在实践中还存在突出问题,主要表现在以下两方面:

(一)职务发明立法和制度还很原则,缺乏可操作性

目前相关知识产权法律法规中,《专利法》及《专利法实施细则》规定了职务发明与非职务发明的划分、权利归属以及对职务发明人的奖励和报酬,而其他法律法规的规定较为原则,缺乏可操作性,有的甚至对奖励、报酬等基本制度未作规定。例如,《植物新品种条例》规定了职务育种与非职务育种的划分,但未规定育种完成人的奖励和报酬。《专利法》及《专利法实施细则》的规定虽然相对比较全面,但对发明人署名权、获得奖励报酬权落实的有关程序未作规定。例如,发明完成后如何从程序上确认发明的性质和归属,发明人对单位申请知识产权的情况以及与奖励报酬有关的事项是否享有知情权,奖励报酬如何计算,发明人流动的情况下权益如何保障等。因此需要从立法上设定一些程序,赋予单位和发明人一些程序性权利,保障单位和发明人对职务发明各自享有的实体权利得以实现。

(二)现实中单位忽视和侵害发明人权益的现象时有发生,挫伤了发明人的积极性

职务发明的知识产权属于单位,发明人仅享有署名权和获得奖励报酬的权利。这一制度设计使单位在落实职务发明制度中占有优势地位。从大量调研的情况来看,单位在合同或者规章制度中仅规定发明人的义务而很少规定其权利,不依法支付奖励、报酬,侵害发明人署名权等现象时有发生。例如,在一些民营企业,每年数百件专利的发明人均署名为该企业的负责人。由于侵害署名权等行为举证困难,发明人通过司法途径维权成本较高,加上目前就业市场中单位仍具有优势地位,许多发明人往往不敢也不愿选择维权。这些现象挫伤了发明人从事发明创造及转化运用的积极性。

为了解决前述问题,有必要完善立法,对职务发明制度进一步细化,增强可操作性并补充程序性规定,明确发明人权利救济措施和途径,确保发明人的合法权益落到实处,充分激发研发人员的创新活力,从而激励更多的职务发明产生和运用,实现创新驱动发展。

二、关于《职务发明条例草案》的起草过程

《中央人才工作协调小组实施〈国家中长期人才发展规划纲要(2010—2020年)〉任务分工方案》明确国家知识产权局牵头落实"实施知识产权保护政策"。据此,国家知识产权局启动了职务发明条例的起草工作。2010年11月,知识产权局联合相关部门和行业协会成立工作组,制定了工作计划,开展了前期调查研究。2011年10月,工作组形成《职务发明条例草案(讨论稿)》,并进行了多次讨论和完善……

三、草案起草遵循的基本原则

(一)鼓励职务发明的原则

知识产权制度的宗旨之一是促进发明创造的产生与应用。随着科学技术水平的提高,发明本身的复杂程度增加,完成一项先进的技术不仅需要知识和技巧,而且更多地依赖于团队合作、有效的组织管理以及仪器设备、材料、资金、情报资料、实验室等物质技术条件的支撑。这使研发人员独自进行发明创造的可能性大为降低,而执行单位的任务或者利用单位的物质技术条件完成的发明创造则大幅度增长。因此,要进行具有现代意义的发明创造,尤其是高科技发明,远不是发明人个人的事。我国职务发明所占比例虽然近年来逐年增长,但所占比例仍很低。例如,2005年,国内三种专利申请中,职务发明约占41%左右,到2011年,国内三种专利申请中,职务发明占65%左右,而发达国家职务发明所占比例高达90%以上。有鉴于此,草案借鉴国外立法,并结合我国实际,明确发明的权利归属以及当事人所享有的权利和应当承担的义务,完善发明人权益保护的程序和实体内容,从而充分激励单位与发明人投入技术创新活动,鼓励职务发明的产生和运用。

(二)权利义务平衡原则

考虑到职务发明是单位的物质投入、有效的组织管理和发明人智力投入共同的结果,必须兼顾双方的利益、调动双方的积极性才能起到鼓励创新的作用。因此,草案注重实现单位与发明人之间权利义务的平衡。首先,在权利归属的划分上,草案按照现行《专利法》等法律法规的规定,明确职务发明获得知识产权、作为技术秘密保护或者公开的权利归单位,单位根据需要可以就该发明进行相应处理。同时,考虑到发明人的智力劳动是职务发明产生的必要条件,草案明确规定发明人享有署名权和获得奖励报酬的权利。其次,在权利保障上,草案既规定了发明人向单位报告与单位业务有关的发明以及配合单位申请知识产权的义务,也规定了单位拟放弃或者转让与职务发明有关的知识产权时,发明人享有的权利。最后,在法律责任上,既规定了发明人私自将职务发明以自己名义申请知识产权的法律责任,也规定了单位违反条例规定对非职务发明申请知识产权的法律责任,同时对相关知识产权程序的中止和恢复作了明确规定。

知情权是行使实体权利的前提。为了保障发明人的署名权和获得奖励报酬的权利得以实现,草案规定了发明人对单位职务发明申请知识产权、实施转让许可等有关情况的知情权,单位的奖励报酬制度和确定具体发明人奖励报酬应当听取发明人意见并告知发明人等。

（三）约定优先原则和最低保障原则

考虑到单位与发明人之间的关系首先是民事关系，应当遵循平等、自愿、公平等民法基本原则。因此，草案充分尊重当事人的意思自治，在权利归属和奖励报酬方面采取约定优先的原则，即当事人依法达成的协议对权利归属和奖励报酬有约定的，首先适用其约定。同时，为了防止单位变相剥夺或者限制发明人的权利，草案对约定优先原则进行了一定限制，规定：任何取消发明人依据条例享有的权利或者对前述权利的享有和行使附加不合理条件的约定或者规定无效；发明人对单位申请知识产权、获得经济效益和奖励报酬的有关情况享有知情权。

由于单位性质、规模等原因，并非所有单位都能就职务发明奖励报酬等建立完善的规章制度或者与发明人进行约定。为了防止一些单位不依法给予发明人奖励报酬，草案就单位与发明人没有约定的情况下奖励报酬的最低标准作了规定，以使发明人的权利获得基本保障。这一制度也能促使单位完善内部规章制度。此外，为了保障发明人的权利得以实现，防止单位在规章制度或者合同中仅规定发明人的义务而不说明其权利，草案还明确要求单位在规定或者约定中告知发明人的权利、请求救济的途径等。

四、草案的主要内容

......

（三）关于发明的报告和申请知识产权

为了保护单位对职务发明的合法权益，并预防权利归属纠纷的发生，草案借鉴德国、法国等国的发明申报制度，并结合我国国情，规定了发明的报告制度。发明人作出与单位业务有关的发明后应当向单位报告，并提出该发明是职务发明还是非职务发明的意见。如果发明人认为属于非职务发明的，单位应当在规定期限内进行答复，否则视为同意发明人的意见；如果发明人认为属于职务发明的，单位应当自发明人报告职务发明之日起六个月内决定是否在国内申请知识产权、作为技术秘密保护或者予以公开，并将决定书面通知发明人。单位未在该期限内通知发明人的，发明人可以书面催告单位予以答复；经发明人书面催告后一个月内单位仍未答复的，视为单位已将该发明作为技术秘密保护，发明人有权按照草案有关技术秘密的规定获得补偿。如果单位此后又就该发明申请并获得知识产权的，发明人有权获得草案规定的奖励和报酬。

为了保障发明人的权益，单位拟停止职务发明的知识产权申请程序或者放弃已获得的知识产权的，应当事先通知发明人；发明人可以通过与单位协商获得该职务发明的知识产权申请或者知识产权。

（四）关于职务发明人的奖励报酬

奖励和报酬是激励发明人从事技术创新的重要措施，也是发明人对职务发明享有的主要权利。为了保障职务发明人获得奖励报酬权的实现，激励其从事技术创新的积极性，草案第四章规定了奖励报酬的基本原则、确定奖励报酬的因素、支付期限、发明人的知情权、无约定情况下奖励报酬的最低标准、特殊情况下的权益保障。

草案规定，单位就职务发明获得知识产权和实施该职务发明后，应当给予发明人或者设计人奖励和报酬。草案对职务发明的奖励和报酬采取"约定优先"原则，即单位可以在其依法制定的规章制度中规定或者与发明人约定给予奖励、报酬的程序、方式和数额。同时为了防止单位利用约定制度侵害发明人获得奖励和报酬的权利,草案要求单位与发明人的约定或者规章制度应当告知发明人享有的权利、请求救济的途径,并明确规定任何取消发明人权利或者对该权利的享有或者行使附加不合理条件的约定或者规定无效。考虑到实践中职务发明的奖励和报酬数额难以确定,草案规定了一些确定奖励报酬时应当予以考虑的因素以及发明人的知情权。草案对未在规章制度中规定也未约定的情况下奖励和报酬的最低额、支付期限作了规定。由于不同地区收入差距很大,不同企业情况也有较大差别,草案规定将发明人所在单位的在岗职工月平均工资作为基数来计算奖金的最低数额。草案规定的标准与现行法律法规相比作了适当提高。由于报酬的计算更为复杂,草案规定了四种报酬的计算方式,未在规章制度中规定也未约定的情况下,单位应当根据具体情况选择其中之一向发明人支付报酬。草案对劳动、人事关系终止或者发明人死亡等特殊情况下权利义务的延续作了规定。此外,由于知识产权存在被无效或撤销的可能,为了充分保障发明人的权益,草案明确规定,除另有约定或者在规章制度中规定外,宣告无效或撤销的决定对在宣告无效或撤销决定生效前发明人已获得的奖励和报酬不具有追溯力。

(五) 关于促进职务发明及其知识产权的运用实施

发明创造得到有效的运用实施才能起到促进经济社会进步的作用。因此,促进职务发明及其知识产权的运用实施,防止知识财产"闲置",是职务发明制度的重要任务之一。

由于研发机构及高等院校一般不具备实施发明的条件,为了防止其"闲置"职务发明,导致发明人获得报酬的权利难以实现,草案借鉴国务院办公厅转发科技部等七部门《关于促进科技成果转化的若干规定》,规定国家设立的研究开发机构、高等院校自职务发明获得知识产权之后合理期限内,无正当理由既未自行实施或者作好实施的必要准备,也未转让和许可他人实施的,发明人在不变更职务发明权属的前提下,可以根据与单位的协议自行实施或者许可他人实施该知识产权,并按照协议享有相应的权益。

为了更好地鼓励职务发明的产生和实施,草案规定,单位转化实施职务发明及其知识产权取得的收益以及发明人获得的奖励、报酬可以按照国家有关规定享受税收优惠政策。为了提高单位对职务发明的重视程度并贯彻执行奖励报酬制度,草案规定,国家有关主管部门在制定以单位的知识产权管理作为考核或者评定标准的政策和措施时,应当将单位落实职务发明制度的情况作为考评因素,并将单位落实职务发明制度的情况纳入其负责人相关考核的范围。为了促进国家财性资金项目获得的知识产权的运用实施,草案规定,国家设立基金,促进利用财政资金设立的科学技术基金项目和科学技术计划项目形成的职务发明的运用实施。

(六) 关于监督检查和法律责任

为了确保草案规定的有关制度和措施得到贯彻落实,保障当事人的合法权益,草案用专章规定了监督检查和法律责任。草案首先规定了监督检查制度,由知识产权主管部门、科学技术行政部门、人力资源社会保障行政部门共同负责职务发明制度实施的监督管理,有权依当事人申请或者根据举报信息对单位落实职务发明制度的情况进行监督检查。同时为了规范监督检查,草案规定了监督检查机关的有关义务。草案对发明人以其名义对职务发明非法申请知识产权的法律责任作了规定,同时对单位侵害发明人的非职务发明的法律责任也作了类似规定。针对实践中出现较多的侵犯发明人署名权的现象,草案定义了侵犯署名权的行为,并规定了救济途径、行政处理和行政处罚等,同时规定任何组织或者个人对侵犯署名权的行为都有权举报。此外,草案对单位通过规章制度或者约定侵犯发明人获得奖励和报酬的权利以及不及时足额支付奖励和报酬的法律责任作了规定。草案规定了职务发明纠纷的解决途径,即可以由当事人协商解决或者请求县级以上人民政府知识产权主管部门调解,也可以直接向人民法院起诉或者依法申请仲裁。草案对知识产权有关程序的中止作了规定。

……

五、公众主要意见及采纳情况

(一)采纳及部分采纳的主要意见

1. 关于制定条例的必要性

在起草过程中有专家提出,专利法及其实施细则等现行法律法规对职务发明制度已经作出了较为完善的规定,目前实践中存在的问题属于单位内部管理问题,不宜出台强制性规定,德国、法国等国家法律规定的职务发明制度因其实施成本高昂,在其本国也存在较大争议。因此,建议制定一部原则性的指导意见对国内企事业单位完善内部职务发明管理制度给予指导。

同时,有专家和个别单位提出,条例草案在现行法律法规之外,给单位增加了许多管理义务,很多中小企业可能无法做到,从而引起纠纷,不利于建立和谐的劳资关系,也不利于调动单位从事创新的积极性。因此,对于条例的规定可能对不同类型、不同规模的单位带来的影响及其风险,建议进行充分论证。

我们认为,制定职务发明条例是《国家中长期人才规划纲要(2010—2020)》规定的任务,调研结果也反映出我国职务发明制度存在可操作性差、单位侵害发明人权益的现象较为突出的问题,制定条例具有必要性。同时,针对专家意见,条例草案进行了调整,在保障发明人基本权益的基础上尽可能地采用了约定优先原则,即单位可以在其内部规章制度中规定或者与发明人约定发明的权属、报告的程序、奖励报酬的程序、方式和数额,只有在单位未在规章制度中规定也未约定的情况下,才适用条例的规定,从而尽可能尊重单位的经营自主权,同时也能促使单位完善内部职务发明管理制度。

对于条例草案可能对中小企业产生的影响,我们也专门作了调研。从调研情况来看,多数企业都建立了自己的职务发明管理制度,只不过有些环节不够规范,对发明人权益保护还不够。同时,受访中小企业也表示建立完善的职务发明制度符合其长远利益,自己能够不断完善知识产权管理制度,适应条例草案的规定。我们在条例调研和征求意见过程中,也一直在积极宣传条例草案的相关内容,引导企业了解草案的规定,向那些管理比较优秀的企业学习,逐步建立规范的管理制度。条例草案制定过程中以及将来颁布后我们也将积极宣传和普及,帮助中小企业建立规范的职务发明管理制度,将对中小企业可能产生的不利影响降低到最低。

2. 关于发明报告的主体

为了保障全体发明人的合法权益,征求意见稿规定,发明由两个以上发明人完成的,由全体发明人共同向单位报告。征求意见过程中,有意见指出,有些发明属于单位交办的任务且发明人数量众多,不必由所有的发明人共同报告,可由其代表向单位报告即可。经过讨论我们采纳了该意见,改为"由全体发明人或者发明人代表向单位报告"。

3. 关于计算机软件职务作品和技术秘密是否纳入条例调整范围

征求意见稿规定,计算机软件职务作品参照适用条例的规定。在征求意见过程中,很多意见认为,计算机软件有不同于专利、植物新品种等发明的特性,软件中的计算机程序及其有关文档件往往是由很多编程人员按照模块式的方式共同完成,其创造性并不像完成专利或者植物新品种等发明那样高。而其权利又有其自身的特性,例如权利自作品创作完成后自动产生,不需要经过行政审批或者注册程序,也不存在权利被宣告无效或者被撤销的情况,草案的很多规定并不能直接适用于计算机软件。同时考虑到,根据专利法的有关规定,涉及计算机程序的发明创造可以获得专利权的保护,这样的职务发明当然属于本条例调整的范围,其职务发明人依本条例享有相应的权利。因此,我们采纳了这一意见,删除了有关计算机软件职务作品参照适用本条例的规定。

有单位建议不将"技术秘密"列入本条例调整的范围。原因是技术秘密有不同于专利、植物新品种等技术成果的特性,例如无需进行审查和注册,包含了大量不构成技术方案的技术信息、实验数据等,其范围和价值难以量化评估,如果都参照给予补偿将难以操作。而发明人的意见认为,很多技术秘密是单位的核心技术,往往比专利的经济价值更大,而是否将发明作为技术秘密保护完全由单位决定,单位在采用技术秘密方式保护发明后,发明人获得奖励报酬权将无法实现,立法应当明确此时发明人的合法权益。综合两方面的意见,我们建议将技术秘密条款修改为:单位决定对职务发明作为技术秘密予以保护的,应当根据该技术秘密对本单位经济效益的贡献参照本章的规定向发明人支付合理的补偿。

4. 关于单位转让职务发明时发明人的优先受让权

征求意见稿参照《合同法》第 326 条规定,单位拟转让职务发明的知识产权的,发明人享有在同等条件下优先受让的权利。有意见认为,合同法已有明确规定,条例草案所规定的职务发明应当属于合同法该条的调整范围,建议删除该条规定。我们经过讨论采纳了这一建议。

5. 关于"限制"发明人权利的约定无效的规定

条例草案第十八条第二款规定,任何取消或者限制发明人根据本条例享有的权利的约定和规定无效。有单位建议删除"限制"一词,认为其含义不够明确,容易使人理解为单位与发明人约定的奖励报酬数额低于法定最低标准的就属于"限制"了发明人的权利。我们经过讨论认为,"限制"是对权利的享有或者行使附加额外条件,例如要求发明人必须工作满一定年限才有获得奖励报酬的权利,或者获得奖励报酬之后必须在单位工作一定年限等。对于奖励报酬方式、数额高低的约定是对权利的享有或者行使在法定范围内的细化和明确,不应理解为对权利的限制。为了使意思表达更为准确,我们部分采纳了该意见,将该款修改为"任何取消发明人根据本条例享有的权利或者对前述权利的享有或者行使附加不合理条件的约定或者规定无效"。

6. 关于监督检查

有个别部门和少数专家提出,知识产权制度属于民事法律制度,行政机关应避免过多介入民事权利的行使。围绕职务发明产生的纠纷不会对公共利益和管理秩序造成重大的影响,没有行政机关介入的法理基础和迫切需求。因此,建议删除关于行政机关监督检查和解决职务发明争议的规定。

我们认为,由于发明人在职务发明法律关系中处于相对弱势,为了保障当事人的合法权益,确保草案规定的有关制度和措施得到贯彻落实,必要时监督管理部门应有权依法对单位落实职务发明制度的情况进行监督检查。但为了避免监督管理部门对单位正常经营造成干扰,降低行政机关的负担,我们部分采纳了上述意见,将原规定中监督管理部门有权依法主动进行监督检查改为依当事人申请或者根据举报信息有权对单位进行监督检查。

(二)未采纳的主要意见

1. 关于约定优先原则的位置

有意见建议在总则中写入约定优先原则,明确单位与发明人可以就发明的权属划分、发明报告、署名权和奖励报酬等进行约定。我们经讨论认为,条例草案在权属划分、发明报告和奖励报酬等可以适用约定的条款中都已明确了约定优先,不必在总则中再明确约定优先的原则。发明人的署名权、获得奖励报酬的权利、知情权等基本权利是不能通过约定取消或者限制的,如果在总则中写入约定优先原则,容易误解为所有的内容都可以由单位与发明人约定,可能导致单位通过约定剥夺发明人的基本权利。因此,我们没有采纳这一建议。

2. 关于发明人的知情权条例草案第十九条第二款规定"单位自行实施、转让或者许可他人实施职务发明获得经济效益的,应当将所获得经济效益的有关情况通知发明人。"有单位认为,单位有关经济效益的情况属于商业秘密,不宜让员工知悉。而发明人的意见认为,在计算发明人应得报酬时,单位完全掌握主动,发明人不掌握单位的财务状况,有些单位故意减少职务发明所获利润的数额,以此来减少发明人获得报酬的数额,甚至将某项职务发明的利润改为零,拒绝支付发明人应得的报酬,因此应当从立法上保障发明人对单位实施职务发明获益情况的知情权。我们经过讨论认为,发明人对单位实施职务发明获得经济效益情况的了解,是对其获得报酬权利的基本保障。综合两方面的意见,我们没有采纳单位的意见,维持了草案的规定。但顾及单位的顾虑,草案并没有规定单位将所有职务发明的经济效益情况都通知给发明人,而是规定在必要时,发明人有权了解单位所获得经济效益的有关情况。

思考问题：

(1) 你觉得《职务发明条例(草案)》适用的智力成果的范围是否适当？计算机软件是否应该涵盖在内？能纳入现有目录中的"技术秘密"的范围吗？

(2) 上述说明文件指出，现行法下，发明人的署名权没有得到单位的充分尊重。《条例(草案)》有助于解决这一问题吗？

(3) 《条例(草案)》试图建立所谓的雇员发明报告制度。为什么要求发明人报告"与单位业务相关的发明"，而不是"可能成为职务发明的发明"？

(4) 《条例(草案)》所谓的"约定优先"条款完全解决了最低法定标准与合同约定自由之间的冲突了吗？

3.4.3 《专利法》第四次修改关于职务发明的建议条款

《专利法修改草案(征求意见稿)》(2015.04)

第六条 执行本单位任务所完成的发明创造为职务发明创造。

职务发明创造申请专利的权利属于该单位；申请被批准后，该单位为专利权人。

非职务发明创造，申请专利的权利属于发明人或者设计人；申请被批准后，该发明人或者设计人为专利权人。

利用本单位的物质技术条件所完成的发明创造，单位与发明人或者设计人订有合同，对申请专利的权利和专利权的归属作出约定的，从其约定；没有约定的，申请专利的权利属于发明人或者设计人。

第十六条 职务发明创造被授予专利权后，单位应当对其发明人或者设计人给予奖励；发明创造专利实施后，单位应当根据其推广应用的范围和取得的经济效益，对发明人或者设计人给予合理的报酬。

单位与发明人或者设计人根据本法第六条第四款的规定，约定发明创造申请专利的权利属于单位的，单位应当根据前款规定对发明人或者设计人给予奖励和报酬。

上述专利法修改建议稿偏离了《职务发明条例草案》的立场，限缩了职务发明的范围，使之仅仅涵盖完成单位任务的发明创造。对于那些利用单位物质条件完成的发明创造，则由双方利用合同约定。过去的实践表明，法院对于物质条件认定，缺乏明确而一致的标准。利用单位工作中接触的专业知识都可能被解释为专利法意义上的物质条件，从而导致发明人的成果被剥夺。这一修订将使得职务发明规则更加确定，朝着对发明人有利的方向发展，值得肯定。有部分企业担心，在企业疏于管理未和发明人事先约定的情况下，这样职务发明规则可能会鼓励发明人更肆无忌惮地利用单位物质条件、损害单位利益。你觉得有道理吗？

3.5 外国职务发明制度

3.5.1 美国法上的雇佣发明归属的历史演变

Catherine L. Fisk, Removing the 'Fuel of Interest' from the 'Fire of Genius': Law and the Employee-Inventor, 1830—1930, 65 U. Chi. L. Rev. 1127, 1132—33(1998):

> 在二十世纪初,法院在雇佣发明的法律推理模式上有了深刻的变化。在十九世纪中期,法院强调发明人的财产权,但是在该世纪末期,法院强调雇佣合同。相应的变化是,法院较少强调发明人的雇员地位,而是更多地强调雇佣合同中的条款。在早期的案件中,法律的结论取决于法院对于雇员的描述:一边是具有创造力的天才,另一边仅仅是一个技工。在1933年,最高法院认为雇主和雇员就后者所构思的发明所享有权利义务源于雇佣合同。
>
> 关于受雇发明人的法律发展在观念上大概经历了三个有所重叠的阶段。首先是1840年前后到1880年代中期,那时发明人作为雇员的身份与发明的所有权无关。雇主实施权(shop right)实际上是衡平法上禁止反悔原则的变种,而不是雇佣关系法上的学说。尽管现代的雇主实施权直接源自雇佣关系中雇员在发明的过程中使用了雇主的材料和设备的事实,刚开始时实施权则仅仅是以雇员的默示许可为基础。在很多案例中,存在雇佣关系的事实与法院的推理并无直接关系。
>
> 第二阶段开始于1880年代。当时,法院在决定发明的所有权时,开始更多关注雇佣关系的事实和本质。在这一时期,雇主基于雇佣关系能够主张实施权(shop right),甚至对雇员的发明享有完整的所有权。法院更频繁地认为,雇主雇佣雇员来发明,因此通过支付工资或薪水购买了发明人的发明活动。不过,这一时期法院[整体上]还是对雇员自身的发明主张持保护态度,非常小心地授予雇主实施权。
>
> 第三阶段则开始于二十世纪初,合同对于发明所有权的分析有着支配性的影响。涵盖雇佣关系各个方面的雇佣合同法的发展,使得法院更容易认定,雇主可以和已经有效地就雇员的发明进行合同约定。

3.5.2 美国专利法上的权利归属

Steven Cherensky, A Penny for Their Thoughts: Employee-Inventors, Preinvention Assignment Agreements, Property, and Personhood, 81 Calif. L. Rev. 595, 616—17(1993):

> 在当事人之间缺乏明确约定的情况下,法院适用普通法上的衡平规则在发明人和雇主之间分配发明的所有权,主要考虑雇佣关系的性质、发明的客体内容和雇主资源的贡献等。普通法规则区分三种不同的雇佣关系:(1) 有具体发明目的的雇佣(specific inventive employment),即雇佣时明确表达了研发雇主所指出的发明的目的;(2) 一般性的以发明为目的的雇佣(general inventive employment),典型的例子是今天所说的研究、设计或研发目的的雇佣;(3) 一般雇佣(general em-

ployment)。具体的发明(specific inventions,前述第一类)是雇主的财产。一般性的发明(general inventions),包括有具体发明目的的雇员的非雇主具体要求的发明,一般性发明目的的雇员的发明,以及普通雇员的发明,是受雇佣发明人的财产,但是如果该发明是在公司事件内或者利用了公司资源获得的,则雇主有一个实施权(shop right)或非独占性实施权。其他的发明是受雇佣发明人自己的独占性财产。

今天,受雇佣发明人与雇主之间的财产权的分配规则的实际意义已经很小了,因为发明产生前的转让规则非常流行。这些协议本质上属于私人协议,无须遵守普通法的默认分配规则。

美国法院在判断究竟是一般性雇佣(General Employment),还是"专门受雇来发明"(Employment to invent)时,最关键的是看雇用者所接受的任务的目的。除此之外,Chisum列举了下列各项参考因素:

(1)雇员先前对其他专利的转让行为;(2)公司对于其他类似处境的雇员的专利权转让做法;(3)发明是否在雇佣期间构思完成;(4)谁最先提出发明所要解决的问题;(5)雇员在公司内部决定让谁负责所要解决问题的权利;(6)该发明对于雇主生意的相对重要性大小;(7)雇主先前在发明归属问题上所表现出的不一致的立场;(8)雇主答应向雇员支付许可费的协议;(9)雇主或雇员支付专利申请开支;(10)在雇员最初披露其发明时,雇主最初没有兴趣等。①

3.5.3 日本专利法上的职务发明

日本《专利法》(2006,平成十八年)第35条关于职务发明有比较详细的规定。该条的5款规定要点如下:

(1)雇主对职务发明(在雇主业务范围内,雇员履行职务完成的发明)享有非独占的实施权(职务发明所有权并不直接属于雇主)。

(2)除非一项发明为职务发明,雇主和雇员之间事先约定雇员所为发明归雇主所有或雇主享有独占许可的条款,无效。

(3)如果合同约定或企业规章制度规定,雇主获得职务发明的专利申请权、受让专利权,或雇主享有独占性许可,则雇员有权获得合理的补偿。

(4)如果合同或企业规章制度中确定了前款所述补偿标准,制定该标准时雇主和雇员事先就这一标准进行了协商,相关标准事先被披露,雇主听取了雇员关于补偿数目计算的意见等,则该标准不应被认为是不合理的。

(5)在没有约定补偿标准,或者该补偿标准不合理的情况下,应当依据雇主从发明中所获得的利润、雇主本身的负担、雇员的贡献、雇员待遇、以及其他相关情况来

---

① Chisum on Patents, vol. 8, Section 22.3[2].

决定。

日本最高法院在 Olympus Optical Co., Ltd. v. Tanaka(Supreme Court, 3rd Petty Bench / Decided April 22, 2003 / Case No. Hei 13(uke)1256)案中,宣布 Olympus 公司规章所确定的报酬标准不合理。这一判决表明,很多日本公司事先制定的过低的发明补偿标准都没有法律的约束力。

2015 年,日本修改专利法,许可企业直接获得职务发明的所有权,而发明人保留有获得合理补偿的权利。

4 委托发明

这里所谓的委托发明,是指单位或个人接受他人的委托所完成的发明创造。专利法没有专门对委托作出定义。《合同法》上对委托开发合同有更为详细的规定。"委托开发合同的委托人应当按照约定支付研究开发经费和报酬;提供技术资料、原始数据;完成协作事项;接受研究开发成果。"①"委托开发合同的研究开发人应当按照约定制定和实施研究开发计划;合理使用研究开发经费;按期完成研究开发工作,交付研究开发成果,提供有关的技术资料和必要的技术指导,帮助委托人掌握研究开发成果。"②

对于委托开发的技术风险,即"因出现无法克服的技术困难,致使研究开发失败或者部分失败"③,《合同法》确立的分担原则同样是约定优先。在没有约定的情况下,可事后协议补充,不能达成协议,则可能从交易习惯。④ 如果还不能解决,则依据《合同法》第 338 条,"风险责任由当事人合理分担。"

委托发明的权利归属,遵守一般的原则,即合同约定优先。在没有约定的情况下,依据《合同法》(1999)第 341 条,双方当事人可以事后就"技术秘密成果的使用权、转让权以及利益分配的办法"进行补充约定;约定不成,可能从交易习惯。如果还不能解决,则"当事人均有使用和转让的权利,但委托开发的研究开发人不得在向委托人交付研究开发成果之前,将研究开发成果转让给第三人。"在开发方交付研究成果之后,双方可以不受约束地使用和转让该技术成果。

不过,如果就委托开发完成的发明申请专利,则有更具体的规则要遵守。《合同法》和《专利法》均规定,在没有约定的情况下,申请专利的权利属于完成发明的单位或个人(即受委托方)。⑤ 专利被授权后,自然归申请人所有。值得注意的是,《合同法》第 339 条还特别规定,委托方可以免费实施该专利。研究开发人转让专利申请权

---

① 《合同法》(1999)第 331 条。
② 《合同法》(1999)第 332 条。
③ 《合同法》(1999)第 338 条。
④ 《合同法》(1999)第 61 条。
⑤ 《专利法》(2008)第 8 条;《合同法》(1999)第 339 条。

的,委托人享有以同等条件优先受让的权利。

在没有合同约定的情况下,开发方是否申请专利,对于委托人和开发方的利益分配有重大的影响。如果不申请专利,则双方可以自由行使,实际上等于谁也没有控制权。可一旦开发方申请专利(也只有开发方有权提出申请)并获得授权后,则委托人的行动自由将大大缩减,不能再授权第三方使用了,只剩下所谓的免费实施专利的权利了。《合同法》上的上述制度安排,在客观上可能起到鼓励开发方申请专利的作用。

第 9 章
专利权能

《专利法》(2008)第 11 条：

> 发明和实用新型专利权被授予后，除本法另有规定的以外，任何单位或者个人未经专利权人许可，都不得实施其专利，即不得为生产经营目的制造、使用、许诺销售、销售、进口其专利产品，或者使用其专利方法以及使用、许诺销售、销售、进口依照该专利方法直接获得的产品。
>
> 外观设计专利权被授予后，任何单位或者个人未经专利权人许可，都不得实施其专利，即不得为生产经营目的制造、许诺销售、销售、进口其外观设计专利产品。

1 生产经营目的

《专利法》第 11 条设定专利权权利内容的条款，将专利权人可以禁止的行为限制在以生产经营为目的的范围内，从而排除了部分对专利权人利益不构成实质性威胁的行为，免除了社会公众为部分实施行为寻求专利许可的成本。

不过，《专利法》和相关司法解释并没有对"生产经营目的"做更进一步的说明。以出售产品或服务为目的的制造（制造专利产品或者以专利方法制造产品）、销售以及许诺销售等行为，属于典型而直接的经营或营利行为。确认此类行为具有"生产经营目的"，并没有什么实质性的困难。一般而言，"生产经营为目的"与"营利为目的"通常是重叠的，但并不总是如此。在某些情况下，行为人无偿因而可能被认为是非营利目的对外提供专利产品，依然可能落入"生产经营为目的"的范围。

1.1 常见的引发争议的行为

在实践中，容易引发争议的是下列几类行为：

（1）企业内部以研究开发新产品、新工艺为目的，制造、使用和进口专利产品（或使用专利方法）。这与典型的以出售产品或服务为目的的制造或使用专利技术的行为有些差异。《专利法》第 69 条规定"专为科学研究和实验而使用有关专利"的行为"不视为侵犯专利权"。关于这一例外的合理性，有两种解释：其一，它本来就不是以生产经营为目的，不为专利权所控制；其二，它有可能属于生产经营为目的，但立法者豁免行为人专利侵权责任。究竟何者符合立法者的本意,并不十分清楚。从法律条文的逻辑看,后一解释似乎更合理。不然,专利法应该直接明确此类行为不属于"生产经营目的",而不是宣称"不视为侵犯专利权"。当然,在立法者最终澄清之前,第69条例外的存在并不能帮助消除"生产经营目的"解释方面的模糊性。

(2)经营者作为消费者消费或使用专利产品的行为。比如,企业装修办公室购买并使用了专利建筑构件、企业在办公场所安装员工生活所需电器(如饮水机)等。这与企业直接在生产线上使用专利工具或使用专利原材料制造产品等行为相比,有明显的差别。权威学者认为:"一些单位的消费行为实际上也是一种经营行为,如果在消费过程中实施了他人的专利,也属于以经营为目的,也可能会构成侵害他人专利权。"①

(3)政府或事业单位的使用专利产品的行为。政府或事业单位的正常运作通常并不被称作"生产经营",因此它们使用专利产品的行为是否落入专利权范围就存在疑问。依据TRIPs协议,政府使用专利产品(use by government)被视为该协议第30条所述的合理例外(limited exceptions)之外的行为,如果未经权利人许可,则要满足强制许可的诸多要件。② 这表明,政府使用行为落入了专利权的控制范围。这样,中国的决策者在解释专利法时几乎没有选择余地了。

1.2 商业主体自身的消费行为

中国法院对于法人或单位实施专利的行为,是否一律应该视为"生产经营目的",摇摆不定。

过去,北京高院《专利侵权判定若干问题的意见(试行)》(2001)第94条规定:"个人非经营目的的制造、使用行为,不构成侵犯专利权。但是,单位未经许可制造、使用他人的专利产品,则不能以'非经营目的'进行侵权抗辩,而应当承担侵权责任。"最高人民法院的《关于处理专利侵权纠纷案件有关问题解决方案草稿(征求意见稿)》(2003)第92条也规定:"自然人非以生产经营为目的制造、使用、进口专利产品的或者使用专利方法的,不视为侵犯专利权。法人或者其他组织未经许可制造、使用他人专利产品,以非生产经营目的进行不侵权抗辩的,人民法院不予支持。"显然,北京高院和最高人民法院当初都试图完全排除单位以"非生产经营目的"进行侵权抗辩的可能性。

北京高院在最近的《专利侵权判定指南》(2013)第118条中放弃初衷,将单位纳入可以进行"非生产经营目的"抗辩的主体范围——"任何单位或个人非生产经营目的的制造、使用、进口专利产品的,不构成侵犯专利权"。不过,单位在何种情况下实施专利的行为会被认为非以"生产经营为目的",仍然是一团迷雾。

在最高人民法院在起草《关于审理侵犯专利权纠纷案件应用法律若干问题的解释(二)(征求意见稿)》(2015)的过程中,曾经计划对"生产经营目的"进行进一步解释,规定"被诉侵权人为私人消费目的实施发明创造的,人民法院应当认定不属于《专利法》第11条、第70条所称的为生产经营目的"。不过,这一建议条款从征求意见稿

---

① 程永顺:《中国专利诉讼》,知识产权出版社2005年版,第206页。
② TRIPs Article 31.

中消失。这表明相关的分歧还继续存在。

思考问题：

法院将所有单位组织的行为都纳入"生产经营目的"，会直接违反专利法的字面意思吗？为什么？

王征宇 v. 武汉市小山城餐饮有限公司①

湖北高院(2013)鄂民三终字第145号

原告王征宇系餐饮行业从业者，在武汉等地开设有多个名为"东北人烤肉"的餐饮店。2009年8月24日，其提出1件有关店面招牌的外观设计专利申请，并于2010年10月6日获得授权(专利号 ZL200930205735.8)。该招牌设计整体呈长方形，中间自左向右横向排列"东北人烤肉"五个行楷字，其中"东北人"三个字为白色，"烤肉"两个字为红色，"东北"和"烤肉"两个字的大小相当，中间的"人"字字体稍大；招牌的边框为红色，底色为黑色。被告武汉市小山城餐饮有限公司(下称小山城公司)也从事餐饮服务，该公司位于武汉市江汉区武商路的店面于2011年8月开始装修，装修后的店面门头安装有"东北人烤肉"的招牌。该招牌与王征宇获得专利授权的设计相比，该招牌除将"东北"两个字变为红色，招牌底色变为咖啡色外，其他的设计特征基本相同。

王征宇认为，小山城公司在未经授权的情况下，制作、使用"东北人烤肉"的店面招牌经营烤肉，给其造成了极大的经济损失和声誉影响，请求法院判令小山城公司：1. 立即拆除"东北人烤肉"店面招牌，不得再使用与授权设计相同或近似的店面招牌，并赔礼道歉，消除影响，恢复名誉；2. 赔偿经济损失10万元；3. 承担诉讼费、公证费、律师费等维权费用。

武汉市中级人民法院一审认为：从整体视觉效果上判断，小山城公司制作使用的招牌与王征宇获得授权的外观设计无实质性差异，落入涉案专利权保护范围。但在进行专利侵权判定时，还需结合侵权行为人实施专利的目的来进行判断。小山城公司并非专门生产制作招牌的企业，其制作招牌系以自用为目的，明显不具有营利性。同时，外观设计专利权在性质上属于创新成果类型的知识产权，而非识别标记类型的知识产权，是否导致相关消费者对产品或服务的来源产生混淆和误认不属于判定外观设计专利侵权时应予考虑的因素。小山城公司制作、使用"东北人烤肉"招牌并未违反专利法的规定，不构成专利侵权。遂判决：驳回王征宇的全部诉讼请求。

一审宣判后，王征宇不服向湖北省高级人民法院提起上诉。

湖北省高院二审认为：小山城公司虽非生产制作招牌的企业，但其委托他人制作侵权的"东北人烤肉"招牌，在其与制作者之间形成委托合同关系，而委托事务造成的

---

① 本案例摘录了武汉中院赵千喜法官撰写的案件综述。更多内容参见赵千喜：《为自用目的的制作招牌是否侵犯外观设计专利权——评王征宇诉武汉市小山城餐饮有限公司侵犯外观设计专利权纠纷案》，http://www.iprchn.com/Index_NewsContent.aspx? newsId=67941, 2015年5月1日访问。

法律后果应由作为委托人的小山城公司承担。虽然外观设计专利权并不具有禁止他人使用外观设计专利产品的效力,但并不能阻却小山城公司委托他人制作被控侵权招牌的行为侵权的认定。而且小山城公司制作招牌的目的是为其经营中餐类制售活动服务,对小山城公司主张的并非出于生产经营目的实施专利因而不构成侵权的抗辩理由不予支持。

二审法院遂改判:1. 撤销一审判决;2. 小山城公司停止制作侵权招牌,并拆除店面正使用的"东北人烤肉"招牌;3. 小山城公司赔偿王征宇经济损失1万元并负担其维权合理开支1.5万元。

思考问题:

(1)一审法院似乎认为,专门制作招聘的受托人是在以生产经营目的制造专利产品,而委托方不是。这一逻辑在任何情况下都没有道理吗?

(2)假定小城公司和实际制作招聘的企业之间签订买卖协议而不是委托加工协议,则二审法院的理由还能成立吗?

(3)外观设计专利的权利人并不能阻止他人使用该外观设计产品。这意味着餐饮公司的行为一旦不被认定为制造,则无需承担任何法律责任吗?

在广州金鹏实业有限公司 v. 重庆铠恩国际家居名都有限公司(重庆市一中院(2005)渝一中民初字第119号)案中,商业公司装修营业场所时利用专利建材产品,法院认定其为生产经营目的:

> 被告重庆铠恩公司的企业法人营业执照记载其经营范围:研究、设计、生产、销售家具产品及材料、销售装饰材料、化工产品(不含化学危险品)、电器、五金交电、建筑机械、家居用品、物业管理(凭资质证书执业)。结合被告重庆铠恩公司的经营范围,本院认为,重庆家具市场铠恩国际家居名都A幢装修工程完工后,被告重庆铠恩公司将从事经营活动,使用了侵权龙骨的重庆家具市场铠恩国际家居名都A幢将会给其带来经济利益。本院认为,被告重庆铠恩公司的行为应界定为以生产经营为目的使用侵权产品的行为。前面已经查明,重庆家具市场铠恩国际家居名都A幢装修工程是整体发包给装修公司的。此外,被告重庆九府四达公司出具的证明材料证明在其使用被控侵权龙骨产品的过程中,重庆铠恩国际家居名都有限公司并不知情。庭审中,原告也没有足够证据证明被告重庆铠恩公司明知是侵权产品,仍然使用的相关证据。本院认为,被告重庆铠恩公司不知道其使用的龙骨产品是侵权产品,并能够证明其使用侵权龙骨产品的合法来源,依法应承担侵权责任,但可以免除其民事赔偿责任。原告要求被告重庆铠恩公司赔偿经济损失3万元缺乏相应的证据支持,应当予以驳回。

上述案例中,原告在审理过程中放弃了销毁侵权产品的主张,法院因此避免对这一棘手的主张作出判决。你觉得在这种情况下,原告如果坚持自己的主张,法院能够支持吗?

1.3 非营利性机构的使用行为

莫文彩 v. 贵阳棋院

贵州省高院(2007)黔高民二终字第97号

罗朝国、李丽、游小兰法官：

原审法院查明：莫文彩拥有"前沿感应限流尖端放电灭雷"发明专利权，该发明涉及避雷设备，特别是前沿感应限流尖端放电灭雷……贵阳棋院又名贵阳市棋牌管理中心，属事业单位法人，其使用的房屋顶端安装有避雷设备。该房屋是贵阳市体育运动委员会委托贵阳棋院管理使用的，其建设单位是贵阳市体育运动委员会和贵阳新世纪经济适用住房建设有限公司，设计单位是贵州建新建筑设计有限责任公司。雅园公司租用了该房屋的部分场所用于酒店经营。莫文彩认为该房屋上使用的避雷设备侵犯其发明专利，遂诉至原审本院，要求贵阳棋院和雅园公司赔偿经济损失23288元及因调查取证和维权而支出的费用1500元。

原审法院认为：……"为生产经营目的"而使用是指使用的行为与其生产经营的目的有直接联系，专利产品或专利方法的使用，是其生产经营行为的一个组成部分。贵阳棋院和雅园公司使用避雷设备均不是为了生产经营目的，故不构成专利侵权行为……一审宣判后，莫文彩不服，以贵阳棋院和雅园公司为被上诉人，向本院提起上诉。

二审审理中，其申请撤回对雅园公司的上诉，本院裁定予以准许。莫文彩的上诉理由为：1. 原判以"未为生产经营目的"为由，认定贵阳棋院使用避雷设备不构成专利侵权，属适用法律错误；应依照《中华人民共和国专利法》第五十七条第一款"未经专利权人许可，实施其专利，即侵犯其专利权，引起纠纷的"规定，认定贵阳棋院未经莫文彩许可而使用侵权的避雷设备即构成专利侵权，而不应以"为生产经营目的"为要件……

本院经审理，原审法院查明的事实基本属实，予以确认。

本院认为：贵阳棋院所使用的房屋，产权属贵阳市体育运动委员会，该房屋顶端安装有避雷设备，贵阳棋院系合法取得对该避雷设备的使用权。作为事业单位法人，贵阳棋院对该避雷设备的使用，系为保护建筑物的安全，并非将其用于生产经营。依照《专利法》第十一条第一款"发明和实用新型专利权被授予后，除本法另有规定的以外，任何单位或者个人未经专利权人许可，都不得实施其专利，即不得为生产经营目的制造、使用、许诺销售、销售、进口其专利产品，或者使用其专利方法以及使用、许诺销售、销售、进口依照该专利方法直接获得的产品"规定，专利侵权，即侵犯专利权的行为，是指在专利权有效期间内，未经专利权人同意，为生产经营目的而制造、使用、销售或进口其专利产品，使用其专利方法或者使用、销售依该专利方法直接获得的产品，以及假冒他人专利的行为。贵阳棋院不是为生产经营目的而使用被诉侵权的避雷设备，因此不构成专利侵权的必要条件，亦不应承担赔偿责任。

思考问题：

在法院的推理中，贵阳棋院的事业单位法人属性，起决定性作用吗？该房屋部分被用于酒店出租，对于法院的分析结论没有影响吗？

除了前文的贵阳棋院案外，还有其他一些法院因为使用专利产品的主体为政府机关或事业单位而认定该行为非"生产经营目的"。比如，山西博物院的博物院主馆的石材幕墙板块安装工程使用了专利产品"紧固件"。法院认为，博物院虽然使用了含有侵权产品的建筑物，但该使用行为并非生产经营目的。[①]

不过，也有法院强调政府机构的使用具有经营性质，从而作出相反的判决。比如，在张建军 v. 济宁市公安局交通警察支队等一案中，法院指出：

康嘉广告和济宁交警支队协议建造的广告牌，其设计与张建军的"宣传柜橱"外观设计专利构成近似，落入了张建军该专利权的保护范围。从协议可看出，济宁交警支队提供济宁市委岗楼建造位置及规格、式样，负责办理设置服务板所需的一切手续及有关单位的审批手续，并对施工质量进行监督，康嘉广告按照济宁交警支队提供图样和地点进行投资建造，两者为涉案广告牌的共同制造者，在上述前提下，康嘉广告、济宁交警支队未经张建军许可，实施其专利的行为，是否出于生产经营目的，是判定两被告是否构成侵权的关键。从两被告的协议看，三面翻广告牌有两面可由康嘉广告发布商业广告，故康嘉广告商业经营获利目的明显。对于济宁交警支队，其发布公益广告的行为，虽不具有经营目的，但依照济宁交警支队和康嘉广告的协议，济宁交警支队为广告牌图样的提供方、广告牌的制作委托方和广告牌产权的所有者，济宁交警支队并未实际出资或支付建造费用，却成为广告牌的产权人，实际上是以一定期间广告牌的免费使用，来换取广告牌的建造费用。广告牌建成后，康嘉广告仅在约定的期间内免费使用，期限届满后，该广告牌即变为有偿使用，只不过享有优先使用权。由此可见，济宁交警支队的行为亦具有商业经营性质。基于上述分析，济宁交警支队、康嘉广告的行为均具备经营目的，共同侵犯了张建军的专利权。[②]

1.4 "私人非商业"：相对明确的替代标准

在欧洲，专利法上豁免私人非商业的实施专利的行为。比如，《欧共体专利公约》

[①] 阿图尔—菲舍尔工厂有限 v. 上海绿明建筑材料有限公司等，上海市二中院(2006)沪二中民五(知)初字第186号。

[②] 张建军 v. 济宁市公安局交通警察支队等，山东省中院(2002)济民三初字第39号。

第 27 条规定,专利权不得延及非商业目的的私人行为。① 德国②、法国③、英国④等也有类似规定。这里要求该行为同时符合"私人"和"非商业"两项要求。"私人"限于个人及家庭范围内。按照前述两项限制条件,这一例外的范围比较窄,边界也比较明确。本章第一节提到的在中国有争议的一些行为,在这一标准下都没有争议地落入到专利权控制的范围。

美国专利法上没有直接的个人非商业的排除条款,不过案例法将个人的事实行为如果出于娱乐、满足个人好奇心或严肃的科学研究目的(for amusement, to satisfy idle curiosity, or for strictly philosophical inquiry),也会被排除在外。⑤ 这一标准可能比欧洲的个人非商业更窄。

现在,逐步强化专利权的保护已经成为我国的社会共识。我们的立法者可以考虑放弃模糊的"生产经营目的"标准,按照欧洲的"个人非商业"的思路修订专利法。

2 制造

禁止他人制造专利产品是专利权最为核心的一项权能。"制造发明或者实用新型专利产品,是指权利要求中所记载的产品技术方案被实现。"⑥"制造外观设计专利产品,是指专利权人向国务院专利行政部门申请专利时提交的图片或者照片中的该外观专利产品被实现。"⑦在实务中,制造权所引发的争议中最引人关注的是制造行为主体的确定、制造与修理的区分等问题。

2.1 制造行为的主体

在现代社会,一项制造行为可能被分割成图纸设计、原材料提供、实际加工、包装贴牌等多个环节。多个主体按照分工分别参与这些环节时,如何认定哪一主体是法律意义上的制造者,就有了一定的复杂性。比如,甲公司接受委托,为乙公司设计产品图纸;乙公司再委托丙公司异地加工制造该产品。在这一过程中,究竟谁在实施专利法意义上的制造行为?依据日常生活的经验,我们大概不会认为甲公司是制造者,但究竟应当认定甲公司还是乙公司制造,则没有明确答案。在一个高度分工协作的社会里,人和人之间的合作是常态。为了避免无辜的主体过度担心自己卷入侵权风险,降低社会协作的成本,专利法在区分直接行为和间接行为时,强调行为人的主观意志。在上述假想案例中,从主观上触发启动制造行为的行为人是乙公司,他人则更多地是乙公司落实其制造意图的辅助者。因此,乙公司通常被视为专利法意义上的直接制造

---

① Community Patent Act, Article 27: The rights conferred by a Community patent shall not extend to: (a) acts done privately and for non-commercial purposes⋯
② 《德国专利法》(2009)第 11 条。
③ 《法国知识产权法》第 L613-5 条。
④ 《英国专利法》(2004)第 60 条。
⑤ Madey v. Duke Univ., 307 F.3d 1351, 1362 (Fed. Cir. 2002).
⑥ 《北京市高级人民法院专利侵权判定指南》(2013)第 89 条。
⑦ 《北京市高级人民法院专利侵权判定指南》(2013)第 90 条。

者,需要直接为制造行为承担法律责任。其他主体虽然并非直接的制造者,但依然可能要承当引诱或帮助侵权的法律责任。进一步的讨论,参见后文间接侵权一章。

关于制造行为主体的认定,北京高院在《专利侵权判定指南》中指出,下列行为属于制造专利产品的行为:

(1) 以不同制造方法制造产品的行为,但以方法限定的产品权利要求除外;
(2) 委托他人制造或者在产品上标明"监制"等类似参与行为;
(3) 将部件组装成专利产品的行为。①

制造主体的确定,不仅仅是专利侵权案件中的常见问题,在专利许可案件中也常常成为争议焦点。最为典型的场景是,专利权人许可被许可人制造专利产品,但没有明确约定何谓"被许可人制造"。而被许可人为了扩大制造规模,常常委托第三方替自己制造。这时候,双方对第三方受托所为之制造行为是否落入专利许可的范围产生争议。在此类争议中,法院除了参考侵权案件中的考虑因素外,还要引入合同解释的因素。存在这种可能性:按照侵权规则认定第三方的制造行为属于被许可人的制造行为,而许可合同本身却排除了被许可人委托第三方制造的可能性。因此,在许可合同案件中,谁是制造主体的争议同样有很大的不确定性。为了消除这种不确定风险,专利权人通常要在许可合同中明确约定"被许可人制造"的确切含义,明确被许可人是否可以委托第三方帮助自己制造。在英语世界的专利许可实践里,被许可人自己制造和委托他人制造通常在许可合同中被明确区分为"make"和"have made"。

Intel Corporation v. U. S. International Trade Commission

946 F. 2d 821(1991)

Archer 法官:

Intel 和 Sanyo 之间有专利交叉许可协议。依据该协议第3.5条②,对于 Sanyo 半导体材料、半导体装置、磁泡存储器(Magnetic Bubble Memory Device)、集成电路和电子电路所涉及的 Intel 的专利,Intel 授予 Sanyo 一个制造、使用和销售此类产品的非独占的、全球的、免费的许可。但是,除了许可 Sanyo 的附属公司(subsidiaries)实施外,Sanyo 无权发放分许可。

Amtel 设计了可擦写可编程只读存储器(Erasable Programmable Read-Only Memories,EPROMs),然后让 Sanyo 为其代工生产。该产品贴着 Amtel 的名称,出售给 Amtel,由 Amtel 作为 Amtel 的产品对外出售。Intel 指控 Amtel 侵害其专利权。

Amtel 认为,上述协议中限制,只是防止 Sanyo 获得所谓的"指使制造"(have

---

① 《北京市高级人民法院专利侵权判定指南》(2013)第89条。
② 3.5 Intel hereby grants and will grant to Sanyo an [sic] non-exclusive, world-wide royalty-free license without the right to sublicense except to its Subsidiaries, under Intel Patents which read on any Sanyo Semiconductor Material, Semiconductor Device, Magnetic Bubble Memory Device, Integrated Circuit and Electronic Circuit products, for the lives of such patents, to make, use and sell such products.

made)的权利,即 Sanyo 不得雇佣其他公司为 Sanyo 制造产品。Amtel 的依据是,后来 Intel 的谈判小组的一封信中,确认该协议没有授予 Sanyo 所谓的指使制造的权利。而除了上述第3.5条外,没有其他条款明确排除 Sanyo 享有指使制造权利。因此,Amtel 认为,第3.5条的真实含义是排除指使制造权,而不是禁止 Sanyo 替别人代工。

法院认为,协议的第3.8条已经暗示,①Sanyo 没有指使制造的权利。因此,第3.5条中将许可限于 Sanyo 产品,应该是对 Sanyo 替他人制造产品的限制。即,依据协议条款,Intel 的授权范围仅限于 Sanyo 制造自己的产品,而不许可 Sanyo 作为代工商(foundry),替 Amtel 生产。法院接受了行政法官(administrative law judge)的意见,即如果将协议解释为许可 Sanyo 为 Amtel 代工生产,将导致限制 Sanyo 发放分许可的约定毫无意义,因为任何无法得到 Intel 授权的第三方都可以按照 Amtel 的代工模式,让 Sanyo 代工,从而实际上获得实施该专利的机会。法院认为,没有证据表明,Intel 意图让 Sanyo 自由为世界上的任何需要实施 Intel 专利的人代工,而 Intel 不授权任何专利许可费。法院最终认定,Amtel 侵害了 Intel 专利权。[以上为本书作者对判决原文的摘录翻译,特此说明。]

思考问题:

(1)假如 Sanyo 出售该 Amtel 的产品上没有商标,Amtel 购买后贴上自己的标签对外出售,则法院的结论还会相同吗?

(2)如果协议双方同意 Sanyo 的制造行为仅仅限于自己的产品,则应如何定义"Sanyo 的产品"?

在有些情况下,出售专利产品的人,可能和专利权人之间有一定的许可协议。但是,为第三方制造并向第三方出售(代工)的行为,可能超出许可协议的范围。在这种情况下,被许可人的制造和出售行为,均未经过专利权人的许可。这时候,第三方可能无法以权利穷竭作为侵权抗辩的理由。

敖谦平 v. 飞利浦(中国)投资有限公司(Ⅰ)

浙江省高院(2011)浙知终字第172号

王亦非、周卓华、李臻法官:

原判认定:

敖谦平于1996年7月15日向国家知识产权局申请名称为"安全插座"的发明专利,并于2001年10月31日获得公告授权,专利号为 ZL96 1 07072.2……

敖谦平于2005年8月22日与和宏公司签订专利实施许可合同一份,许可由和宏公司实施该专利,许可年限至专利保护期限届满时止,许可费以专利产品销售额提成

---

① 3.8 Except as expressly provided herein there are no other licenses, by implication, estoppel or otherwise granted by Intel to Sanyo.

方式计付,并约定:专利许可使用范围是在全国范围内使用其专利制造专利产品,并对外进行销售(包括出口销售);敖谦平不得干涉和宏公司对专利产品的定价、推广等销售行为;敖谦平同意和宏公司在许可期限与产品范围内将专利技术许可给第三方以OEM、ODM委托加工的方式使用,和宏公司应及时将第三方使用的情况告诉敖谦平;和宏公司可以用获得的专利技术独家使用权折价入股,与第三方合作等。

合同签订后,和宏公司以提成方式按期支付了敖谦平专利许可使用费,2008年因全年销售额未达300万元,按合同约定独占许可改为一般实施许可。2008年1月31日,敖谦平从就职的和宏公司离职,敖谦平自述和宏公司并无生产厂区,电源转换器产品一般由其子公司生产。

敖谦平于2010年7月23日在新亚文公司处公证购买了三款型号为SPN2342WA/93、SPN2243WA/93、SPN2353WA/93的"PHILIPS"牌电源转换器……三款电源转换器均由和宏公司销售给新亚文公司,均标有"PHILIPS"商标,在外包装上注明"飞利浦(中国)投资有限公司,中国上海天目西路218号第1座1602—1605室,邮编200070服务热线4008-800-008,生产地中国惠州",外包装条形码中厂商识别代码为8712581代表飞利浦公司产品,三款电源转换器实物背面均印有涉案专利号,庭审中双方确认该三款产品均落入敖谦平专利保护范围。

原审另查明,飞利浦公司于2008年授权和宏公司为飞利浦品牌代理商,为飞利浦品牌的插座板产品提供生产、销售及售后服务。之后,和宏公司在原有模具基础上改模刻字交由其全资子公司惠州和宏电线电缆有限公司(以下简称惠州和宏)生产涉案三款电源转换器。

2010年12月1日,敖谦平向原审法院起诉,请求判令飞利浦公司、和宏公司、新亚文公司、亚明公司:1. 停止对涉案专利的侵犯,销毁国内市场上流通的和库存的被控侵权产品以及用以制造被控侵权产品的模具;2. 共同赔偿经济损失100万元(包括敖谦平为制止侵权的合理费用)。

原审法院认为,敖谦平依法享有名称为"安全插座"的发明专利,该发明专利现处有效期内,专利权受法律保护。被控侵权产品三款电源转换器经庭审比对,各方均确认落入涉案专利保护范围。

本案的争议焦点之一是飞利浦公司、和宏公司是否构成侵害敖谦平的涉案发明专利权。本案中,被控侵权产品标示的商标、厂商名称及其地址、邮编、服务电话、条形码等识别性标识均证明飞利浦公司是该产品的制造商,外包装标注的"生产地中国惠州"也不能排除飞利浦公司制造商的地位。另一方面,据已查明事实,被控侵权产品实际由和宏公司接受飞利浦公司品牌授权后,在原有模具基础上改模刻字交由子公司惠州和宏公司生产,此种承揽合同关系属于ODM的关系。和宏公司与飞利浦公司据此抗辩,和宏公司与敖谦平之间有涉案专利实施许可协议,和宏公司有权生产、销售专利产品,依据"专利权用尽"原则,飞利浦公司不构成专利侵权。该院认为,和宏公司与敖谦平之间的涉案专利实施许可协议,约定由和宏公司在全国范围内使用其专利制造专利产品,并对外进行销售(包括出口销售),敖谦平同意和宏公司在许可期限与产品范围内将专利技术许可给第三方以 OEM、ODM 委托加工的方式使用等,上述约定的许可对象是和宏公司,其制造、销售的产品亦对应的是和宏公司自己的产品而非其他公司产品,协议约定的 OEM、ODM 亦是和宏公司委托第三方加工的方式,显然并不包含本案飞利浦公司委托和宏公司定牌生产这种 ODM 关系。依据专利法的规定,被许可人无权允许实施许可合同规定以外的任何单位或者个人实施该专利。故飞利浦公司通过和宏公司定牌生产被控侵权产品的行为,并未获得专利权人敖谦平的许可,已构成侵权;因被控侵权产品的模具由和宏公司在原有模具基础上改模刻字加上飞利浦公司的品牌信息后提供给子公司惠州和宏公司实施生产,和宏公司还有相应的销售被控侵权产品的行为,故和宏公司对被控侵权产品的制造、销售行为,也已构成侵权。

关于知识产权中的权利用尽原则,是指专利权人、商标权人或著作权人等知识产权权利人自行生产、制造或者许可他人生产、制造的权利产品售出后,第三人使用或销售该产品的行为不视为侵权。这种情况下经首次销售,相应知识产权已合法地转化为产品进入流通领域,不再构成侵权。权利用尽原则是对知识产权权利行使的一种限制制度,目的在于避免形成过度垄断,阻碍产品的自由市场流通,同时也是对他人依法行使自己合法所有的财产权利的保护。而所谓权利用尽并不是知识产权的权利用尽,而是知识产权权利人对有形物销售、使用等权利的用尽。本案中,因涉案专利在未经专利权人许可的情况下被实施,故并不属于合法转化为有形产品,权利用尽的抗辩不能成立。

……

宣判后,飞利浦公司、和宏公司均不服,提起上诉称:

(一)原判未正确理解敖谦平与飞利浦公司、和宏公司之间的法律关系:和宏公司与飞利浦公司之间是 ODM 关系,即由和宏公司提供产品所涉的主要技术,而和宏公司实施涉案专利是获得专利权人敖谦平许可,至于其使用何种商标与制造专利产品本身无关。原判以涉案产品上使用了飞利浦公司的商标就认定系飞利浦公司实施涉案专利错误。

(二)敖谦平在本案中专利权已经用尽,无权再对涉案产品进一步行使专利权:敖谦平将涉案专利许可和宏公司实施并收取许可费,其专利权已经用尽,和宏公司作为被许可人制造、销售、使用专利产品不会给其利益造成损害;

(三)和宏公司与飞利浦公司采取 ODM 方式生产涉案产品是得到敖谦平许可的:1. 专利产品上标示飞利浦公司的商标和名称属于涉案专利实施许可合同中约定的和宏公司对专利产品的推广销售行为;2. 专利实施许可合同约定敖谦平同意和宏公司在许可期限与产品范围内将专利技术许可给第三方以 OEM、ODM 委托加工方式使用,因此敖谦平是同意以 ODM 方式制造涉案产品的。

(四)涉案产品已经表明制造者是和宏公司的全资子公司惠州和宏公司,飞利浦公司不是涉案产品的制造者,不应承担专利法规定的被控侵权产品制造行为的法律责任;

……

敖谦平答辩称：

（一）从二审证据看，飞利浦公司委托和宏公司定牌加工被控侵权产品的性质不是商标许可合同和买卖合同，而是制造和销售被控侵权产品：1. ODM 定牌加工的法律性质是承揽合同，与商标许可合同和买卖合同存在本质区别，且 ODM 与技术由谁提供无关；2. 被控侵权产品的识别性标志均证明飞利浦公司是被控侵权产品的制造者，和宏公司是被控侵权产品的销售者，均应承担侵权责任。

（二）专利实施许可合同不侵权是基于合同约定，而非专利权用尽原则；专利权用尽原则是指首次出售穷尽原则，并不适用本案。

（三）惠州和宏公司为飞利浦公司定牌加工被控侵权产品并未得到敖谦平的许可，不属于双方专利实施许可合同约定的推广销售行为以及敖谦平同意和宏公司将专利许可给第三方以 ODM 委托加工方式的使用行为：1. 和宏公司的涉案行为并非专利产品的推广销售行为；2. 专利实施许可合同约定同意和宏公司许可第三方以 OEM、ODM 委托加工方式使用专利的委托人只能是和宏公司，和宏公司不能作为受托人；3. 敖谦平并不知道被控侵权产品是惠州和宏公司为飞利浦公司定牌加工，起诉时也未将和宏公司列为被告。

（四）飞利浦公司是被控侵权产品的法定制造商，其在委托惠州和宏公司为其定牌加工的被控侵权产品上擅自使用专利技术属于和宏公司与飞利浦公司的共同侵权行为。

……

二审期间，敖谦平没有提供新的证据。和宏公司与飞利浦公司提供了以下证据：第一组：飞利浦公司的采购单（代合同）及增值税发票，用以证明飞利浦公司向惠州和宏公司购买涉案专利产品时均是以采购的形式，同时许可惠州和宏公司在产品上使用飞利浦公司的商标，飞利浦公司和惠州和宏公司之间实际上就是商标许可和买卖关系；第二组：增值税发票和销售货物税务清单，用以证明飞利浦公司从惠州和宏公司购买上述涉案专利产品后，又卖给和宏公司，由和宏公司自行进行市场销售和售后服务，飞利浦公司与和宏公司之间也是买卖关系，在买卖关系中专利权已经用尽；第三组：2009 年和 2010 年飞利浦公司授权和宏公司为涉案专利产品指定经销商的经销商协议书，用以证明和宏公司与飞利浦公司增值税发票所对应的买卖合同关系，飞利浦公司通过与惠州和宏公司、和宏公司的两次买卖赚取商标许可费；经销商授权书用于证明飞利浦公司许可和宏公司使用其商标的事实。

敖谦平质证后认为：第一、二、三组证据真实性没有异议，但均不属于二审新的证据。即使属于新证据，第一组证据中惠州和宏公司无效销售专利产品，也无权为飞利浦公司定牌加工标贴"PHILIPS"商标的产品，因为根据专利实施许可合同的约定，惠州和宏公司只能接受和宏公司委托定牌加工和宏公司商标的专利产品；第二组证据只能证明和宏公司向飞利浦公司采购了被控侵权产品，飞利浦公司从事了销售被控侵权产品的行为，因此并不能说明专利权已经用尽；第三组证据表明和宏公司仅是经销商，被控侵权产品是由飞利浦公司设计开发和生产的，且飞利浦公司对和宏公司的商标许可范围是产品展台等经销领域,而不是制造。这组证据恰恰证明了飞利浦公司是委托惠州和宏公司制造被控侵权产品,再由其销售给和宏公司,由和宏公司在全国范围销售的事实。

经审查,本院认为,和宏公司与飞利浦公司提供的上述证据均属于对其一审提供的其并非被控侵权产品的制造者以及其与和宏公司之间关系的证据的进一步补强,敖谦平对其真实性没有异议,且该些证据均可以证明涉案被控侵权产品的生产、销售环节以及飞利浦公司与和宏公司、惠州和宏公司之间的法律关系,故本院予以确认。

对原判查明的事实,当事人无异议的,本院予以确认。本院二审另查明:和宏公司的经营范围为货物进出口、技术进出口、国内商业、物资供销业,并不包括产品制造。惠州和宏公司系和宏公司投资2657万元人民币设立的有限责任公司(法人独资),经营范围为:各种音频电线、视频电缆、通信电缆、电子接插件、五金接插件、电器配件及其他电子配件制造;货物进出口贸易。由于和宏公司自身无生产厂区,因此在其与敖谦平签订专利实施许可合同后,均由其全资子公司惠州和宏公司生产专利产品。和宏公司在接受飞利浦公司的授权,成为飞利浦品牌的总代理后,在原模具基础上改模刻字,仍由惠州和宏公司使用原专利技术为飞利浦公司生产标注"PHILIPS"商标的产品。飞利浦公司以采购单(代合同)的形式向惠州和宏公司购买已经标注了"PHILIPS"商标的产品后,再销售给和宏公司,由和宏公司依据双方签订的经销商协议完成产品的销售及售后服务。飞利浦公司以两次买卖合同之间的差价获取商标许可费。在被控侵权产品的接线板上标注有涉案专利号,早期的产品外包装上标注产地中国惠州,之后外包装上注明制造商惠州和宏公司。自2005年8月敖谦平与和宏公司签订专利实施许可合同起至2010年12月止,和宏公司共计支付敖谦平专利实施许可费1211595.5元(扣除个人所得税后)。

根据和宏公司与飞利浦公司陈述的上诉请求和理由以及敖谦平的答辩意见,本院认为本案二审的争议焦点为:1. 和宏公司与飞利浦公司在本案中是否构成专利侵权以及侵权形态的认定;2. 如果和宏公司与飞利浦公司构成专利侵权,原判确定的赔偿数额是否合理。分析认定如下:

关于争议焦点1,根据二审中和宏公司与飞利浦公司提供的证据,敖谦平指控飞利浦公司在本案中的侵权行为为未经专利权人许可,制造、销售被控侵权产品,和宏公司则为飞利浦公司销售了被控侵权产品,两者需承担共同赔偿责任。本院认为,和宏公司与飞利浦公司在本案中均无需承担侵权责任,理由是:1. 从敖谦平与和宏公司签订的专利实施许可合同的约定看:主要内容有:许可方式为移动插座、转换器范围内的独占实施许可;许可使用范围为和宏公司可以在全国范围内使用专利技术制造专利产品并进行销售(包括出口销售);许可期限至专利保护期届满;敖谦平同意和宏公司可以将专利技术许可第三方以OEM、ODM委托加工的方式使用,和宏公司应将第三方使用情况告知敖谦平;和宏公司可以专利技术独家使用权折价入股,与第三方合作,本合同内容适用于合作后的企业。从上述约定的内容看,许可方式和范围是比较广泛的。其中许可方式第五条涉及到了OEM与ODM的概念。所谓OEM为"Original Equipment Manufactures"的缩写,直译为原始设备制造商,是指定作方利用其自身技术负责设计和开发新产品,通过合同订购的方式委托生产厂商使用自己品牌或商标生产产品,并根据约定支付加工费或将所订产品买断的生产模式。而 ODM 为"Original Design Manufactures"的缩写,直译为原始设计制造商,是指生产厂商受定作方委托,运用其自身生产技术或产品设计,使用定作方的商标生产产品的生产模式。本案中,被控侵权产品的技术提供者是和宏公司,飞利浦公司仅授权和宏公司在涉案产品上使用其商标和名称,对于产品的技术来源、技术特征、制造、销售以及售后服务等均由和宏公司及惠州和宏公司负责完成。因此,本案的生产模式应当属于 ODM 方式,承接设计制造业务的制造商惠州和宏公司称为 ODM 厂商,所生产的产品为 ODM 产品。专利实施许可合同约定和宏公司可以许可第三方以 OEM、ODM 委托加工的方式使用专利技术,从该条款字面意思看,并没有对第三方作限定,也没有限定 OEM 或 ODM 委托加工的定作方只能是和宏公司。同时合同第一条对"专利产品"定义为和宏公司使用专利技术制造的移动插座、转换器产品,也未限定必须是使用和宏公司商标的专利产品。且根据一、二审查明的事实,专利产品系由惠州和宏公司进行生产,对这一事实作为当时和宏公司员工的敖谦平是知晓并在一审中予以认可的。因此,和宏公司在获得飞利浦公司授权后,仍许可惠州和宏公司作为加工方,接受飞利浦公司的委托,使用被许可的专利技术,以 ODM 方式生产标注"PHILIPS"商标的专利产品,且在该产品上标注了涉案专利号,该行为符合和宏公司将专利技术许可惠州和宏公司以 OEM、ODM 委托加工方式生产专利产品的约定,应当属于双方专利实施许可合同中认可的许可方式。即使和宏公司没有将第三方使用情况告知敖谦平,敖谦平作为合同相对方可以追究和宏公司的其他责任,而不是侵权责任。

2. 从贴牌生产的法律属性看:虽然本案中飞利浦公司与和宏公司、惠州和宏公司之间没有明确的贴牌生产合同,但从实际操作看,通过三方两次购买行为,完成了惠州和宏公司作为加工方为定作方飞利浦公司加工使用特定商标的商品的生产模式,也符合贴牌生产作为一种加工承揽行为的法律属性。而在加工承揽合同下,定作方和加工方的行为是各自独立的,并不能将加工方的法律责任直接归属于定作方,尤其加工承揽中的对外侵权责任。在本案 ODM 生产模式下,被控侵权产品的技术由和宏公司提供,制造由惠州和宏公司负责完成。飞利浦公司作为定作方并不存在故意诱导、怂恿、教唆加工方侵犯他人的专利权的情形,因此其所实施的行为未侵犯专利权。

3. 从商标的功能看,商标最基本的功能是识别功能,即标示商品或服务的来源,区别相同商品或服务的不同经营者,使消费者凭借商标就能够识别到某种商品或服务以及该商品或服务的提供者。在本案的被控侵权产品上,虽然标注的是"PHILIPS"商标,但在敖谦平提供的产品包装上写明产地中国惠州,飞利浦公司之后的产品包装上均标注制造商惠州和宏公司,这与前述查明的双方系 ODM 生产关系、惠州和宏公司系 ODM 厂商相互印证。因此,在二审证据明确表明且各方当事人确认惠州和宏公司为被控侵权产品实际制造者的情况下,飞利浦公司作为商标持有人,仅起到标示该商品提供者的作用,不应认定其为专利法意义上的被控侵权产品实际制造者,这也与其在

ODM 中作为定作方的法律地位相符合。

4. 从涉案专利实施许可合同的履行情况看,根据合同约定,敖谦平的专利实施许可费是采用专利产品销售额提成方式支付。一审中和宏公司提供了 2005—2010 年专利提成支付明细表以及款项支付单,其中在部分凭证上标注"敖谦平智能防电芯飞利浦产品提成"等字样,和宏公司陈述其支付的许可费已经包括了为飞利浦公司贴牌生产的产品提成,敖谦平表示许可费是收到的,但对具体数额以及明细不清楚。本院认为,敖谦平与和宏公司签订专利实施许可合同后,和宏公司按照合同约定的提成比例陆续支付了相应的许可费,敖谦平对此从未提出过异议,现从和宏公司提供的明细单看,该许可费已经包括了为飞利浦公司贴牌生产的产品提成。因此,敖谦平在根据专利许可合同收取了相应的专利许可费后,再行要求和宏公司和飞利浦公司承担专利侵权责任没有法律依据。

关于争议焦点 2,由于前述认定和宏公司与飞利浦公司无需承担侵权责任,故对该争议焦点不再评述。

综上,本院认为,敖谦平享有的涉案发明专利权应受法律保护,其作为专利权人与和宏公司签订的专利实施许可合同系双方真实意思表示,亦应认定合法有效。涉案专利实施许可合同中对许可方式、范围作了明确约定,和宏公司在约定的范畴内许可惠州和宏公司使用专利技术以 ODM 方式为飞利浦公司生产专利产品符合双方合同约定;飞利浦公司作为贴牌生产的定作方,不存在故意诱导、怂恿、教唆加工方侵犯他人的专利权的情形;和宏公司作为专利实施许可合同的被许可人以及飞利浦公司的经销商亦不构成专利侵权。综上,和宏公司与飞利浦公司提出的上诉理由成立,依法予以支持。

敖谦平 v. 飞利浦(中国)投资有限公司(II)

最高人民法院(2012)民申字第 197 号

金克胜、郎贵梅、罗霞法官:

申请再审人敖谦平申请再审称:

1. 二审判决对敖谦平与和宏公司签订的涉案专利实施许可合同第二条之 5 关于敖谦平同意和宏公司将涉案专利技术许可给第三方以 OEM、ODM 委托加工的方式使用的约定的解释存在错误。该约定的真实意思是指作为 OEM 或 ODM 委托加工的委托人即定作人只能是和宏公司。二审判决认定和宏公司支付给敖谦平的专利许可费达 121 万多元,违背了敖谦平实际只收到 12.1 万多元的事实,误导公众。

2. 二审判决认定,和宏公司在接受飞利浦公司的授权、成为飞利浦品牌的总代理后,在原模具基础上改模刻字,仍由和宏公司的全资子公司惠州和宏电线电缆有限公司(以下简称惠州和宏)使用原专利技术为飞利浦公司生产标注"PHILIPS"商标的产品,本案的生产模式属于 ODM 方式,承接设计制造业务的制造商惠州和宏公司称为 ODM 厂商,所生产的产品为 ODM 产品。二审判决查明的上述关于飞利浦公司、和宏公司、惠州和宏公司之间的法律关系的事实没有证据证明。被诉侵权产品包含了飞利浦公司的许多产品技术机密,这些都不是和宏公司与惠州和宏公司所能知道并独立完成的。从本案被诉侵权产品的制造与销售过程来看,飞利浦公司完全主导并控制着被诉侵权产品的设计开发、生产和销售,是在独立自主地实施涉案专利。

3. 二审判决认定,飞利浦公司作为商标持有人,不应认定其为专利法意义上的被诉侵权产品的实际制造者,飞利浦公司作为贴牌生产被诉侵权产品的定作方,不存在故意诱导、怂恿、教唆加工方故意侵犯他人专利权的情形而不构成侵犯专利权。上述认定没有事实依据和法律依据。本案中,被诉侵权产品标注了飞利浦公司的商标、企业名称等商业标识的事实,足以认定飞利浦公司是被诉侵权产品的生产制造商,从事了专利法第十一条规定的制造行为,构成专利侵权。

4. 二审判决关于飞利浦公司作为商标持有人、仅起到标示该商标提供者的作用等观点没有证据证明。本案中,飞利浦公司是贴牌生产被诉侵权产品的定作人兼商标权人,是生产制造者,是在自己的产品上使用"PHILIPS"商标,不是商标许可合同中的商标许可人,飞利浦公司与和宏公司、惠州和宏公司之间不是商标使用许可关系。

5. 二审判决的认定不符合国家公共政策,涉案专利实施许可合同的被许可人等于取得了专利权人的地位,导致敖谦平投资的公司生产的涉案专利产品的市场份额受到了"PHILIPS"牌被诉侵权产品的严重压制,打击了专利权人创立的自主品牌的影响力。敖谦平依照《中华人民共和国民事诉讼法》第一百七十九条第一款第(二)项和第(六)项之规定,向本院申请再审。

被申请人和宏公司、飞利浦公司提交意见认为:1. 二审判决关于涉案专利实施许可合同第二条之5的解释是正确的,二审判决查明的关于飞利浦公司、和宏公司、惠州和宏公司之间的关系事实清楚。2. 本案中,和宏公司让惠州和宏公司生产被诉侵权产品并根据涉案专利实施许可合同的约定提供专利技术,是和宏公司、惠州和宏公司实施了涉案专利。飞利浦公司根本不知道被诉侵权产品的技术方案,其没有实施涉案专利。3. 专利法第十一条中的制造是指实际的制造行为。被诉侵权产品并没有表示飞利浦公司是制造者,因此,飞利浦公司不是名义制造者。在实际制造人没有得到专利权人许可的情况下,名义制造人委托实际制造人制造专利产品,并以制造人的身份销售,法院一般基于名义制造人的教唆行为,而认定其与实际制造人构成共同侵权。本案中,由于和宏公司已经得到敖谦平的合法授权,所以不构成侵权。4. 和宏公司经敖谦平的许可实施专利的行为,不涉及国家公共政策问题。请求驳回再审申请。

……

本院认为,本案的争议焦点是:1. 如何解释涉案专利实施许可合同关于敖谦平同意和宏公司将涉案专利技术许可给第三方以OEM、ODM委托加工的方式使用的约定,和宏公司是否违反上述约定。2. 飞利浦公司是否属于专利法意义上的被诉侵权产品的制造者。

关于争议焦点1。专利权人敖谦平与被许可人和宏公司签订的涉案专利实施许可合同第二条之2约定:"该专利的许可使用范围是在全国范围内使用其专利制造专利产品,并对外进行销售。"根据该约定,被许可人和宏公司有权使用涉案专利制造专利产品。涉案专利实施许可合同没有对和宏公司在其制造的专利产品上是否必须标注和宏公司的企业名称、商标等商业标识作出约定;专利法规定的专利权本身只赋予专利权人排除他人未经许可实施其专利的权利,并没有赋予专利权人排除被许可人在经其许可制造的专利产品上标注其他厂商的商业标识的权利,因此,敖谦平无权限制涉案专利被许可人和宏公司在其制造的专利产品上标注其他厂商的名称等商业标识。涉案专利实施许可合同第二条之5约定:"甲方(指敖谦平)同意乙方(指和宏公司)在许可期限与产品范围内将专利技术许可给第三方以OEM、ODM委托加工的方式使用"。敖谦平主张上述约定是为了解决和宏公司没有制造能力的问题,和宏公司也承认自己没有制造能力。从上述约定的目的和字面含义来看,并没有限定以OEM、ODM方式委托加工的定作方只能是和宏公司。和宏公司作为涉案专利被许可人,在自己没有制造能力的情况下,委托惠州和宏公司为自己制造专利产品,并在专利产品上标注飞利浦公司的企业名称、商标等商业标识,并不违反上述合同约定,不构成侵害涉案专利权。敖谦平关于二审判决对涉案专利实施许可合同第二条之5的解释存在错误、二审判决的认定不符合国家公共政策的申请再审理由不能成立。

关于争议焦点2。根据专利法第十一条规定,未经专利权人许可而为生产经营目的制造、使用、许诺销售、销售、进口专利产品的,属于侵犯专利权行为。这里的"制造专利产品",对于发明或者实用新型来说,是指作出或者形成覆盖专利权利要求所记载的全部技术特征的产品。上述理解综合考虑了"制造"一词本身的含义和专利法第十一条的立法目的。在委托加工专利产品的情况下,如果委托方要求加工方根据其提供的技术方案制造专利产品,或者专利产品的形成中体现了委托方提出的技术要求,则可以认定是双方共同实施了制造专利产品的行为。本案中,被诉侵权产品是和宏公司在原有模具基础上改模刻字交由惠州和宏公司生产,被诉侵权产品的技术方案完全来源于和宏公司,飞利浦公司没有向惠州和宏公司就被诉侵权产品的生产提供技术方案或者提出技术要求,飞利浦公司不是专利法意义上的制造者,其行为并不构成侵害涉案专利权。敖谦平关于飞利浦公司是被诉侵权产品的制造者、独立实施了涉案专利的申请再审理由不能成立。

附图:诉争产品的销售广告图片

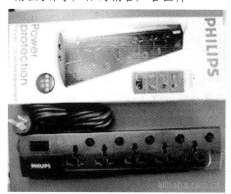
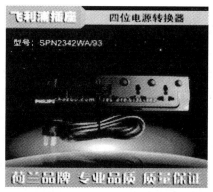

思考问题:

(1) 接受第三方委托,制造贴有第三方商业标志的专利产品,究竟是哪一方在制造专利产品?受托方是否获得专利许可,会影响前一问题的答案吗?

(2) 侵权的专利产品由谁设计这一事实会影响法院认定谁在制造吗?

(3) "自行制造加商标许可"的模式与"商标权人他人代工替自己制造"的模式有差别吗?二者与本案被告的商业模式有差别吗?这些差别在专利法下有意义吗?

(4) 产品质量法或产品责任法意义上的制造者的认定,与专利法意义上的制造者认定是否应该存在差别?

卢福同 v. 江苏大成羽绒制品有限公司等

江苏省高院(2012)苏知民终字第 0256 号

王天红、陈芳华、罗伟明法官:

大成公司系接受多喜爱公司委托生产涉案蚊帐,而多喜爱公司生产销售涉案蚊帐得到了卢福同的授权,因此,大成公司接受多喜爱公司委托生产涉案蚊帐不构成侵权。理由如下:

大成公司系接受多喜爱公司委托生产涉案蚊帐。首先,大成公司提供了其与多喜爱公司之间的贴牌加工购销合同用以证明其与多喜爱公司之间是加工承揽关系,多喜爱公司虽然对该合同不予认可,但却明确表示涉案产品系其委托大成公司生产。其次,产品包装上贴附了多喜爱公司商标和标识,亦表明该产品并非大成公司自行生产、销售的通用产品,系为多喜爱公司定制。第三,涉案产品系通过多喜爱公司加盟店销售,并由多喜爱公司负责售后服务,亦表明该产品系为多喜爱公司定制。第四,产品上虽然标明大成公司为生产厂家,但同时标明多喜爱公司监制,因此,不能仅依产品上标明大成公司为生产厂家为由否认多喜爱公司与大成公司系委托加工关系。第五,卢福同认为大成公司与多喜爱公司之间系买卖关系的主要依据是上海市卢湾公证处的涉案公证书;该公证书表明大成公司除将涉案被控侵权产品卖给多喜爱公司,还另行生产并向其他客户销售。对此,本院认为,大成公司网站上没有显示其生产、销售了被控侵权产品。虽然网站上有无底蚊帐的安装方法,但并无清楚反映产品全部技术特征的图片可供对比,卢福同对此亦予以确认。因此,不能根据网站上的图片和安装说明书认定大成公司在接受多喜爱公司定作之外另行生产、销售了被控侵权产品。综上,卢福同关于大成公司与多喜爱公司之间系买卖合同关系的主张没有依据,本院不予支持。

2.2 修理与再造

关于制造的另一类常见争议是制造与修理的区分。所谓修理,通常是指专利产品的局部被损坏或耗费时,该产品的所有人自行或通过第三方使它回复正常使用状态的行为。正常的修理行为一般并不被视为专利法意义上的制造,因而是合法的。但是,如果专利产品实质性损毁,利用其残存部件重新制造一个新的专利产品,则可能被视为专利意义上的制造行为(再造),构成侵权。当然,在具体的个案中,区分修理和再造并非易事。法院可能的考虑因素包括:损毁部分是否为专利产品的核心部件;损毁部分与专利产品的预期寿命对比;存留部分剩余的市场价值;修理本身的难度与成本;专利权人的合理预期和相关行业的通常习惯等等。显然,这是一个综合权衡的过程,也涉及重要的产业政策。因此,在修理和再造之间,并不存在一条特别分明的界限。

2007年,日本最高法院判决了著名的佳能v. SA案,认定给打印机墨盒重新装填墨水的行为,不构成对墨盒的修理,而是重新制造。法院指出:

> 在考虑是否有新的专利产品被制造出来时,要综合考虑下列因素:专利产品本身的特点、发明专利的内容、改动产品的方式、部件的流通以及交易背景等。评估产品本身的特点,需要考虑产品的功能、结构、材料、应用、使用寿命、使用方式、修改或替换部件的方式、修改时产品状态、修改的幅度、被替换部件的使用寿命、专利产品中该部件的技术功能和经济价值等。
>
> ……
>
> 在本案中,如果使用重新填墨的墨盒,打印的质量较差,甚至会导致打印机出故障。因此,被上诉人并不重复利用自己的墨盒,只用一次就用新的替代。在被上诉人的产品上,没有用来重新填墨的孔洞。为了重新填墨,就必须在墨盒上打洞。上诉人在被上诉人的墨盒上面打洞并注入墨水,然后将孔洞封住。这一过程并非仅仅添加墨水,而是修改了墨盒本身,使之能够重新添加墨水。
>
> 如上所述,在被上诉人的墨盒产品中,墨水本身也扮演一定的技术角色,阻止空气在两个压在一起的触点的表面流动。墨水使用到一定程度后,部分或全部的触点表面就不再沾有墨水。用过并从打印机中移除的墨盒,经过7—10天,墨水就会变干枯并剩下残留物在墨盒里。这时候,阻止空气在两个触点表面流动的技术功能不复存在。上诉人洗净墨盒,重新填入墨水的过程,并非简单地重填墨水,还重新恢复了发明所谓阻止空气在两个触点之间流动的功能。这是让原本停止工作的核心功能得以恢复,而这可以被视为恢复了发明的实质价值。

日本最高法院对于所谓发明核心功能的强调,多少有点贴标签或循环论证的意味。

在美国法上也有诸多的关于修理与再造的案例。美国最高法院在 Aro Mfg. Co v. Convertible Top Co., 365 U.S. 336 (1961) (Aro I) 和 Aro Mfg. Co. v. Convertible Top Co., 377 U.S. 476 (1964) (Aro II) 案中对所谓修理和再造(Repair-Reconstruction)的区别及间接侵权的认定作了阐述。这两个案件均涉及一种汽车的可折叠顶部(Convertible Top)的组合发明专利。General Motors 和 Ford 生产利用该发明的汽车,但是前者经过专利权人许可,后者没有。在 Aro I 中,法院认为购买经过特殊裁剪的帆布,用来修复(而不是再造)General Motors 汽车的组合发明装置,并不侵犯专利权。但是,在

Aro II 中,法院认为提供上述特殊帆布,用来修理 Ford 生产的汽车的组合部件,则构成专利侵权。法院认为,该特殊裁剪的帆布安装在侵权装置中,是专利法 271(d)中的非通用产品。

在 Sandvik Aktiebolag v. E. J. Co., 121 F. 3d 669 (Fed. Cir. 1997)案中,法院在认定修理钻头的行为构成再造侵权(reconstruction)时,指出:(1) 钻头的头部设计并非可拆换(虽然可以利用锉刀磨若干次);(2) 从设计的时候也没有期待着钻头和钻身保持同样的寿命;(3) 制造商也从没有想过替换该钻头钻尖部位,没有制造和销售钻尖部分(法院认为制造者的主观意愿虽然并非唯一的决定因素,但是很重要)。在 Sage Products, Inc. v. Devon Industries, Inc. 45 F. 3d 1575(Fed. Cir. 1995)案中,法院拒绝确认对一个医疗垃圾收集容器的内盒进行替换构成所谓的再造。代表美国法院关于修理和再造见解的较近案例是 Jazz Photo Corp. v. United States International Trade Commission, 264 F. 3d 1094 (2001)。

Sage Products, Inc. v. Devon Industries, Inc.

美国联邦巡回上诉法院
45 F. 3d 1575(1995)

MAYER 法官:
……

背 景

Sage Products 是重新颁发的名为"Sharps 处理系统"美国专利第 33,413 号(第 413 号)。第 413 号专利所要求保护的处理系统包括一个可以固定在墙上的外壳(outer enclosure),以及一个配套的可移除(removable)的内容器(inner container)。外壳上有一个细长缝隙,通过它可以进入外罩的内部。可移除的内容器在与外壳上的细长缝隙对应的位置上有一个开口。内容器放置在外壳里面,以接受丢弃的物品。当内容器满了以后,就将其从外壳中移除。可移除的内容器是第 413 号专利组合物的一个非专利部件。

……

如第 413 号专利的说明书所述,Sage 想让它的客户在内容器满了以后移除并丢弃内容器。它在外壳上标注了"生物有害物——仅供一次性使用(BIOHAZARD-SINGLE USE ONLY)",Sage 手册也告诉客户丢弃装满的内容器。Sage 还积极地宣传反对对内容器的重复利用,甚至拒绝直接向那些重复使用内容器的买主出售内容器。

虽然第 413 号专利劝阻重复使用,物理上清空、洗净和重新使用 Sage 的内容器产品是可能的。不过,这一做法比较困难,经常会损害内容器。

因为 Sage 倾向于它的内容器是可移除、可丢弃,所以并不奇怪——Sage 在销售它的专利组合产品之外,还销售供替换的内容器。因为外壳在正常使用过程中可以持续很久，Sage 所出售的内容器的数量远比其出售的内容器和外壳的组合产品要多。供替换的内容器的销售是一个很大的市场。Sage 宣称它的 Sharps 处理系统在美国超过半数的医院里使用。

Devon 制造和销售内容器，它可以和 Devon 所制造的墙上托架（wall bracket）一道使用，或者与 Sage 系统的外壳一道使用。Devon 并不制造与 Devon 内容器组合在一起会侵害第 413 号专利的外壳。

Sage 提起本诉讼，宣称医院将 Devon 的替换内容器与 Sage 的外壳一道使用，直接侵害了第 413 号专利，因此 Devon 对第 413 号专利构成引诱侵权和/或辅助侵权……区法院认为……替换容器属于对 Sage 系统的可容许的修理（permissible repair）。既然医院没有直接侵害第 413 号专利，区法院判决 Devon 并不需要为帮助或引诱侵权承担责任。Sage 提出上诉。

讨 论

……

为了证明引诱或帮助侵权，Sage 必须证明 Devon 替换内容器的使用者直接侵害了第 413 号专利。Sage 因此宣称，那些将专利组合物中可移除内容器替换为 Devon 的内容器的医院，未经许可重造（reconstructing）第 413 号专利组合物。作为抗辩，Devon 坚持认为，一旦未受专利保护的内容器充满医疗垃圾后，对其进行替换，是对该组合物的可容许的修理，因为该内容器本质上是该组合物专利的一个可丢弃（disposable，或一次性的）替换件。

最高法院对于何种行为构成对专利组合物非专利部件的可容许的修理，持开放态度。在 Aro Manufacturing Co. v. Convertible Top Replacement Co., 365 U.S. at 346 案中，最高法院指出"每次仅仅替换一个单独的非专利部件（individual unpatented parts），无论是对同一部件反复替换，还是每次对不同部件分别替换，不过是所有人修理其财产的合法权利"。在决定行为是否构成修理或替换时，专利组合物中的替换部件的尺寸或相对重要性，并不相关（not relevant）。"组合专利的一个非专利的部件，可能是该发明的区别特征，但是这并不使得该部件获得专利特权。不论它多么有价值，也不论它对于发明多么重要（essential），组合专利的非专利部件并不会比其他任何非专利装置更有权获得垄断保护。"最高法院因此回避了下列建议：重造（reconstruction）和修理的法律区分，应受到"被替换的组合物部件是否是发明的必要（essential）或区别性（distinguishing）部件"这一事实的影响。

修理规则也并不仅仅限于临时的或细微的（temporary or minor）修理。通过替换一个耗尽的非专利部件维持对整个专利组合物的使用时，所需要的任何修理都包括在内。本院一直采用对这一规则的上述宽泛解释。

Sage 并没有表明"替换受损的内容器是重造"。相反，它争辩说争议在于，未损坏的内容器，在充满医疗废物之后，是否事实上耗尽（spent）、用到头（used up）或者需要修理。它认为，因为重复使用与组合物一起提供的内容器，虽然很困难，但是在物理上还是可能的,所以替换它们就是重造。为了支持这一点,Sage 提供证据证明,内容器能够重复使用,而且事实上的确有少数医院在重复使用。因此,它认为区法院不适当地批准了 Devon 的即决判决请求,因为对于实体事实(material fact)存在真实争议。

对照第 413 号专利的说明书和 Sage 对该 Sharps 处理系统的销售情况,上述争论显得空泛无力。第 413 号专利披露对一次性内容器进行替换,并指出它最好易于焚化。Sage 自己的内容器上的标签警告说,它们用于"生物有害物——仅供一次性使用。"Sage 承认,它希望它的客户不重复使用它的内容器,并且拒绝直接和那些重复使用内容器的分销商和用户交易。显然,该公司并不认为重复使用内容器是明知或合理的。一个医院可能在完全填满之前替换部分内容器这一事实,没有什么意义。在某一耗材(expendable element)完全用尽之前对之进行替换,或许是一种审慎的做法。

本院从未说过一个部件只有在无法重复使用时才算耗尽(spent)。与区法院一样,我们相信,当继续使用一个可替换的部件变得不实际或不可行时,该部件就事实上耗尽了。当 Sage 所销售的内容器被填满后,它就事实上耗尽了,用户可以替换它而不侵害第 413 号专利。这里并没有未决的事实问题。

Sage 说第 413 号专利的权利要求所主张的不是可抛弃(disposable)的内容器,而仅仅是"可移除的"(removable)的内容器。因此,敦促我们从宽解释该权利要求,并认定将来它可以将该专利组合物发展成非危险垃圾的处理系统。Sage 认为,在上述情形下,就没有理由要抛弃内容器,替换就构成不被容许的重造。如果上述内容属实,则我们或许不会得出"这是可允许的修理"结论。但是,本案中,依据第 413[号]专利的说明,Sage 所商业化的是用于安全移除和抛弃有害废物的装置。它希望客户抛弃内容器,并很努力地确保客户这么做。

本案的事实与 Everpure, 875 F. 2d 300 案和 Porter, 790 F. 2d 882 案类似。与那些案子中的事实一样,Sage 对非专利部件的组合物持有专利。至少,它知道组合物的购买者在使用组合物的过程中,会很审慎地不定期地替换组合物中的非专利部件——这里是内容器。Sage 自身制造该替换部件并且努力敦促组合物的所有人不定期地购买这些替换部件。Sage 希望本法院判定,利用其他公司的类似部件来替换该非专利部件是不被容许的重造专利组合物的行为。

在类似情形下,Everpure 和 Porter 案认为,用户替换耗尽的部件并不直接侵害组合发明。我们认为这里也必须得出相同的结论。在 Sage 自己销售和建议替换非专利配件的情况下,Sage 却想判定 Devon 提供可替换的非专利部件的行为构成帮助或引诱侵权。它希望[用户]不定期替换的部件,并且想独占这一部件的市场。这无异于试图将专利权延伸到非专利产品。这里至少很难接受这样的观念:一个产品的可抛弃部件的购买者,依据产品说明要对该部件不时进行替换,可是他真的这么做了之后,却要承担侵权责任。

结　论

因此,维持美国加州中央区区法院的判决。

思考问题：

（1）原告能够主张"该内容器除了侵权用途之外，没有非侵权用途"吗？你觉得被告为什么没有利用这一抗辩理由呢？

（2）如何区分修理与再造？用户的行为究竟是修理还是再造，与被告的行为是否为间接侵权，如何相关？

（3）专利权人（原告）能够通过许可合同限制用户的"修理"行为吗？如果可以，"生物有害物——仅供一次性使用"的限制对本案的结论是否有影响？

（4）本案中，假若专利权人在销售专利产品时，明确要求所有使用该产品的用户必须从专利权人那里购买一次性的内部垃圾盒，否则将终止发放专利产品使用许可。存在这一约定，会改变本案中法院的结论吗？

在国内法上，涉及修理和再造区分的案例并不多见。在贵州省新材料研究开发基地 v. 贵州省凯里市化冶总厂（贵州高院（1996）黔经终字第 16 号）案中，有所涉及。该案中原告拥有"电解用铅银钙稀土多元不溶性合金阳极及其制法"的专利权。原告"利用使用过的专利产品阳极板的废料进行再生产，但凯里化冶厂生长的阳极板的技术特征全部与省材料的专利产品阳极板相一致，且凯里化冶厂不能举证证明其生产阳极板的方法未被省材料基地专利权的权利要求所涵盖，凯里化冶厂生产阳极板的行为，已构成对省材料基地专利权的侵害，并给省材料基地造成了经济损失，应承担相应的民事责任"。本案法院没有仔细论述修理与再造之间的区别。你觉得在中国法上可能要采用什么样的区分标准？

后文在间接侵权一章，对修理和再造也有涉及，请参考。

2.3 雇佣他人制造

个人或经营者雇佣他人来制造专利产品，是谁在制造？尹新天教授在其著作中提到欧洲一位学者的意见：

> 对《欧共体专利公约》进行解释的有关著作指出，"以私人方式进行"不包括雇佣他人来实施专利的行为。按照这一观点，如果有人为了供其家庭使用而雇佣他人（例如木匠）来制造这种家具，则受雇者制造家具的行为构成了侵犯专利权的行为，其理由在于：对于雇佣者而言，制造该家具是为其家庭所有，可以承认是以私人方式进行并且不是为商业目的；但是对受雇者而言，受雇为他人制造该家具显然是为了商业目的，因而不能免除其侵犯专利权的责任。

为什么不能将受雇者视为雇主手足的延伸，从而将制造行为视为雇主的制造行为呢？对比后文提到的出租与使用的关系，思考法律有没有必要在认定"制造者"或"使用者"方面采用统一的标准。

3 使用

发明或实用新型专利权的第二项权能是禁止他人未经许可使用专利产品或专利方法。对于专利方法的使用,是指"权利要求记载的专利方法技术方案的每一个步骤均被实现"。① 如果只是实现了专利法方法中的部分步骤,则没有落入专利权的保护范围。这在后文专利侵权章节还有进一步的讨论。这里特别提示,外观设计专利权不含禁止他人使用外观设计专利产品的权利。这是外观设计与发明或实用新型保护的重大差别。一般认为,外观设计专利保护的是产品设计的美学功能,更接近版权意义上的禁止复制的保护,因而没有引入对使用行为的控制权。理论上,立法者如果要为外观设计专利权设置使用权权能,并没有不可逾越的障碍。

北京高院在《专利侵权判定指南》中指出,"将侵犯发明或者实用新型专利权的产品作为零部件或中间产品,制造另一产品"②"将侵犯他人专利权的产品用于出租"等③,应当认定属于对专利产品的使用。该《指南》显然暗示,在出租专利产品的场合,使用者应该是出租者而不是产品的承租人。

昆明市万变窗墙有限责任公司 v. 王欣

贵州省高院(2014)黔高民三终字第 32 号

雷蕾、郭民、黄瑶法官:

[王及伟为名为"全玻璃窗墙"实用新型专利(ZL200520022484.6)的权利人。该专利的权利要求 1 为:"一种全玻璃窗墙,其特征在于由墙用玻璃、玻璃百页窗和玻璃筋构成,墙用玻璃和玻璃百页窗之间由玻璃筋连接,玻璃筋分别与墙用玻璃和玻璃百页窗粘结"。2010 年 9 月 16 日,王及伟以普通许可方式授权万变窗墙公司实施该专利,并负责维权。被告王欣承租了贵州源茂房地产开发有限公司的房屋用于餐厅经营。法院认定该房屋墙面使用的玻璃侵犯上述专利权利要求 1。万变窗墙公司指控王欣侵害涉案专利的权利要求 1 的必要技术特征。起诉至法院,请求判令王欣停止侵权、拆除侵权产品,赔偿经济损失 2 万元,并负担本案的诉讼费用。]

[原审法院查明,贵阳市安装涉案玻璃窗的市场价格在 100 元—300 元不等。]

[原审法院认为:]

根据王欣提供的贵州源茂房地产开发有限公司与其签订的租赁合同,明确载明王欣系涉案场所的承租人,且合同载明承租人不能擅自改变门面结构……贵州源茂房地产开发有限公司是涉案玻璃的实际安装用户,王欣作为房屋承租人未安装涉案玻璃窗墙。王欣基于租赁合同而合法使用房屋,其目的是为了获得房屋的整体使用权,其中

---

① 《北京市高级人民法院专利侵权判定指南》(2013)第 93 条。
② 《北京市高级人民法院专利侵权判定指南》(2013)第 92 条。
③ 《北京市高级人民法院专利侵权判定指南》(2013)第 95 条。

的房屋窗户无论使用何种方案安装而成,所起的作用均为通风、采光,对其租赁房屋并无实质影响。王欣承租房屋经营饭馆,无从知晓也没有义务审查房屋组成部分的玻璃窗墙是否存在侵害第三人的专利权,其对被控侵权的玻璃窗墙侵害涉案实用新型专利权没有主观过错。客观上,王欣并不单独使用被控侵权的玻璃窗墙,而被控侵权的玻璃窗墙只是房屋的组成部分,其包含的相应技术特征尽管落入了涉案专利的保护范围,但是这些技术特征对房屋的使用并不产生实质影响。因此,在被控侵权的玻璃窗墙仅为房屋的组成部分,且其包含的相应技术特征对房屋的使用不产生实质影响的情况下,王欣合法使用房屋的行为不构成侵权,其不应承担侵权责任,对万变窗墙公司要求王欣承担侵权责任的诉讼请求,不予支持……

本院认为,根据《中华人民共和国专利法》第七十条的规定,为生产经营的目的使用未经专利权人许可而制造并售出的专利侵权产品,能证明该产品合法来源的,不承担赔偿责任,本案中鉴于王欣已证明其所使用的房屋系从他人租赁而来的,故不应承担赔偿责任。

本案的焦点问题是王欣应否承担停止侵权的责任。王欣通过租赁合同取得了房屋的使用权,在王欣租赁房屋时侵权的玻璃窗墙就已经存在,根据租赁合同的约定,王欣不能对自行改变房屋的结构,也就是说王欣不能决定使用何种窗户,也不能决定是否将侵权的玻璃窗墙拆除,即使判令停止侵权,王欣也不能执行判决。因此承担停止侵权责任的主体应当是安装侵权玻璃窗墙的房屋所有人或其他使用人,王欣在没有过错的情况下不应当承担停止使用侵权产品的责任。

思考问题:

(1) 这里的承租人究竟是否应该是专利法意义上的使用人?

(2) 假定在本案中涉及侵权产品的建设单位(开发商)、施工单位、最终业主和承租人四个角色,谁是诉争专利产品的使用者?

(3) 建筑物所有权的转移会影响专利法以上的"使用"主体的认定吗?

李宪奎 v. 拱北海关

广东省高院(2004)粤高法民三终字第288号

欧修平、孙明飞、高静法官:

原审法院审理查明:

李宪奎是三项方法专利的专利权人。李宪奎的三项施工方法专利分别是:"土体支护及其施工方法",专利号 ZL95117076.7(以下简称95专利);"建筑物基坑边坡支护的施工方法",专利号 ZL97112023.4(以下简称97专利);"挡土墙的成形方法",专利号 ZL98125100.5(以下简称98专利)。拱北海关的"业务技术综合楼"经政府有关机关批准开工建设。工程由案外人江苏省建筑安装工程股份有限公司珠海分公司(以下简称江苏公司)中标承建。拱北海关与江苏公司签订有《建设工程施工合同》。综合楼的基坑支护工程由第三人设计。第三人与拱北海关签订有《建设工程设计合同》。该合同就因"工程使用和准备采用设计人设备、技术、工艺、材料等"导致侵犯专利权的责任作出约定。第三人提交的基坑支护工程的设计方案,通过珠海市建设行政主管机关组织的评审后,施工图纸由拱北海关交给江苏公司进行施工。

原审法院审理认为:《专利法》第五十七条规定:"未经专利权人许可,实施其专利,即侵犯其专利权……"。所谓实施专利,根据专利法第十一条规定,是指"未经专利权人许可,……为生产经营目的制造、使用、许诺销售、销售、进口其专利产品,或者使用其专利方法……"。按上述法律规定,认定侵犯方法专利应同时具备三项要件,即"未经专利权人许可""为生产经营目的""使用其专利方法"。其中,"使用他人专利"是指被控行为人直接将他人专利技术付诸实现的过程。由于在专利权侵权诉讼中,需要承担责任的是实施专利之人,不是采用了专利技术的"物"的所有人或使用人。因此,"使用专利"只能解释为"人"使用专利,不能解释成"物"(例如某工程)使用专利。

本案中,国家批准拱北海关建设海关业务技术综合楼,目的是保障其更好地履行法定职责。拱北海关建设业务技术综合楼不是进行工农业生产和从事商业活动,拱北海关的行为没有生产经营目的。另外,拱北海关作为国家行政机关,不能自行完成其业务技术综合楼的建筑,而是遵守国家规定,委托有该领域技术资质的单位进行设计和施工。在这一过程中,拱北海关委托第三人进行设计,并将第三人设计的图纸交给施工单位施工,该行为不具有"实施专利行为"所具有的法律特征。李宪奎认为拱北海关的行为侵权其专利,没有法律依据,其诉讼请求不予支持。受诉讼程序所限,在拱北海关不构成侵权的情况,第三人是否应向李宪奎承担责任,本案不作审理。

[李宪奎不服原审判决,提起上诉。主要理由如下:]

事实上,建设单位作为建设工程的所有人,采用有上诉人专利技术的工程设计并将该设计交由施工单位施工,其行为即直接实施了上诉人的专利技术;建设单位作为工程的所有人,在工程建设中未经许可直接或间接使用他人的专利技术获取了不正当的利益(因实施专利技术节省了建设费)。

三、建设单位承担专利侵权赔偿责任已有判决建设单位承担专利侵权赔偿责任的一审判决,且得到省高院终审判决的支持,如珠海中院判决的珠海宝昌盛房地产开发有限公司(2001珠法知初字第012号)专利侵权案和珠海东方海天置业公司(2001珠法知初字第11号)专利侵权案。珠海中院一审的判决不应与已发生法律效力的判决相抵触。

四、国家机关未经专利权人许可使用专利技术也构成侵权。《中华人民共和国专利法》第十一条第一款、第二款都明确规定:"任何单位或者个人"未经专利权人许可,不得实施其专利;第十二条也明确规定:"任何单位或者个人"实施他人专利的,应当与专利权人订立书面实施许可合同,向专利权人支付专利使用费。上述规定并没有将国家机关实施他人专利的情况排除在外。《中华人民共和国专利法》第六十三条明确规定了不视为侵犯专利权的四种行为,本案被上诉人所实施的行为并不包括在内。

……

本院经审理查明：

……

2002年4月，拱北海关与深圳市勘察测绘院签订了《建设工程设计合同》，拱北海关将其"业务技术综合楼"发包给深圳市勘察测绘院设计。深圳市勘察测绘院先后于2002年1月6日、2月14日设计了两份《岩土工程设计图纸》。拱北海关在上述《建设工程设计合同》中，并未指定或授意深圳市勘察测绘院采用被控侵权的施工方法进行设计。2001年11月8日，拱北海关业务技术综合楼工程由江苏省建筑安装股份有限公司珠海分公司（下称江苏公司）中标承建。

李宪奎95专利的说明书中载明：本发明的目的在于提供一种新型的土体支护结构，该结构不但刚性大，抗弯性能好，而且成本低。李宪奎97专利的说明书中载明：本发明的目的在于提供一种新的建筑物基坑边坡支护的施工方法，该方法可在确保质量的同时，使造价大大降低，并且施工简单。李宪奎98专利的说明书中载明：本发明的目的在于提供一种挡土墙的成形方法，该方法可以较低的成本形成具有较高抗剪、抗弯强度的挡土墙。

……本案的争议焦点为：拱北海关将其"业务技术综合楼基坑支护工程"发包给深圳市勘察测绘院进行设计，并由案外人江苏公司实际施工，如果被控侵权的施工方法覆盖涉案专利的技术方案，拱北海关是否构成侵权，应否承担相应的侵权责任？

根据我国《专利法》第十一条第一款关于专利侵权的规定，即发明和实用新型专利权被授予后，除本法另有规定的以外，任何单位或者个人未经专利权人许可，都不得实施其专利，即不得为生产经营为目的制造、使用、许诺销售、销售、进口其专利产品，或者使用其专利方法以及使用、许诺销售、销售、进口依照该专利方法直接获得的产品。李宪奎以拱北海关在建设基坑支护工程中涉嫌使用其专利方法为由提起本案诉讼的，理由是拱北海关发包、深圳市勘察测绘院设计的技术方案与其专利方法相同，拱北海关是实施涉案专利方法的直接受益者，应当承担相应的法律责任。

对此，本院认为：拱北海关在本案中并没有实施被控侵权的施工方法，直接实施被控侵权的施工方法是案外人江苏公司。拱北海关将其"业务技术综合楼基坑支护工程"发包给深圳市勘察测绘院设计并由案外人江苏公司承建，此行为并不属于我国《专利法》第十一条第一款规定中的"使用其专利方法以及使用、许诺销售、销售、进口依照该专利方法直接获得的产品"的情形。涉案专利均是施工方法的专利，采用这些施工方法并没有使本案的施工对象（即拱北海关的业务技术综合楼）在物理、化学等方面产生任何实质性变化，而本案的施工对象也不宜看成是实施施工方法所直接获得的产品。而且，李宪奎并无证据证明拱北海关在发包的过程中，授意或指定设计单位深圳市勘察测绘院、施工单位江苏公司使用涉嫌侵犯涉案专利权的技术方案，因此，设计单位、施工单位是否存在侵犯涉案专利权的情况以及应当承担何种法律责任均与拱北海关无关。故李宪奎指控拱北海关侵犯其专利权并承担相应法律责任的请求不能成立，本院予以驳回。如前所述，拱北海关无须承担专利侵权法律责任，是由于拱北海关在本案中不存在实施专利方法的侵权行为，并不取决于拱北海关作为国家行政机关的地位,也不取决于其行为不具备"以生产经营为目的"的要件。

至于原审第三人深勘公司的主体资格以及应否承担法律责任的问题,因李宪奎在起诉时并未对深勘公司提出任何诉讼请求,也未对深勘公司的主体资格问题提出上诉请求,故本院不再对上述问题进行审查。

综上所述,原审判决认定事实清楚,判决所持理由虽然存在一些欠缺,但是案件的判决结果仍然正确,本院应予以纠正……驳回上诉,维持原判。

思考问题:

(1) 施工单位对施工方法的使用,在什么情况下会被视为委托方在使用?施工方法的设计者在这一过程中承担什么法律责任?

(2) 本案中,二审法院暗示拱北海关如果使用了相关施工方法,则属于专利法意义上的"生产经营目的"使用吗?

4 销售与许诺销售

禁止他人未经许可销售专利产品(或依照专利方法直接获得的产品),是专利权第三项基本权能。这里的销售通常要求销售方有交付产品并转让产品所有权的行为。与之相关联的是所谓"禁止许诺销售"的权能。这里的许诺销售是指"做广告、在商店橱窗中陈列或者在展销会上展出等方式作出销售商品的意思表示"[1]。当初,中国立法者在引入此类权能时,主要是为了和 WTO 的 TRIPs 协议的要求一致,其次是及时制止各种商业展销会上的侵权展品推销行为。[2]

许诺销售这一术语并非中国公众所熟悉的日常词汇,而是从国际公约(TRIPs 协议)中的"offering for sale"翻译而来。[3] 更准确的翻译可能是销售要约。当然,这里的要约与合同法上的要约没有必然联系。专利法上这一权能旨在尽可能早地阻止那些为最终销售做准备的行为,带有明显的预防性质。因此,认真地讨论一项行为是否构成合同法上的"要约"或"要约邀请",没有意义。一项行为只要让社会公众明确感知到行为人正在试图招揽侵权产品的潜在买主,就应该落入"许诺销售"的控制范围。"许诺销售"如果不作为一项单独的权能对待,则可能会被视为广义上的"销售"行为,或者是在为销售行为做准备。2000 年《专利法》修订过程中,实际上就有人建议拓宽解释"销售"以覆盖"许诺销售"行为,从而无需单独创设一项权能。

许诺销售仅限于专利产品或依照专利方法直接获得的产品。对于专利方法本身,没有许诺销售的问题。

专利法并没有明确销售行为完成的认定标准,这可能导致法院对特定"销售"行为的定性困难。比如,被控侵权人与第三方签署了侵权产品的销售合同,但未实际交

---

[1] 《最高人民法院关于审理专利纠纷案件适用法律问题的若干规定》(2015)第 24 条。
[2] 尹新天:《中国专利法详解》,知识产权出版社 2011 年版,第 136 页。
[3] TRIPs Article 28.

付侵权产品,也未收取合同价款,该签约是否是导致销售行为完成?签署合同并收取价款,但尚未交付侵权产品?或者,签署合同交付侵权产品,但尚未收取价款呢?最高人民法院在《关于审理侵犯专利权纠纷案件应用法律若干问题的解释(二)(征求意见稿)》(2015)第19条中建议:"产品销售合同依法成立的,人民法院应当认定属于专利法第十一条所称的销售。"它对此的进一步解释是:"对于销售行为的界定,存在两种意见:一种是合同成立说,另一种是标的物交付说。为厘清销售与许诺销售的法律界限,本条采合同成立说。若合同成立后未交付产品,则不产生应赔偿的损失,但不影响已构成销售的定性。"①

对照尹新天教授主张,思考上述最高人民法院解释的合理性:

> 从既要便于判断,同时又要合理、可行的角度出发,笔者主张对销售行为时间起点的判断采用一种主要以买卖合同成立与否为主,合理考虑实际交付因素的混合型判断方式,即在一般情况下以订立买卖合同的日期作为销售行为发生的时间起点……如果有证据表明买卖合同的出卖人实际上未履行其合同,即从未交付过任何产品;或者虽然交付了产品,但已交付的产品与买卖的合同约定的产品不同,未落入专利权的保护范围之内,则可以认定没有发生销售专利产品的行为。②

思考问题:

采用不同的认定标准,需要如何协调后续的侵权救济制度?

在实务中,另一类争议是商业赠送专利侵权产品的行为的定性。有部分意见认为,如果赠送样品旨在招揽买家购买该侵权产品,则该赠送行为应视为许诺销售。本书倾向于认为该赠送行为应视为销售行为。它与传统意义上的销售行为的唯一差别就是赠与方没有直接收取侵权产品的价款,而是以间接方式获得回报,比如企业商誉的提升或将来交易机会的增加等等。这与直接收取价款并无本质差别。

5 进口

"进口专利产品,是指将落入产品专利权利要求保护范围的产品、依照专利方法直接获得的产品或者含有外观设计专利的产品在空间上从境外越过边界运进境内的行为。"③在大多数情况下,进口的后续行为是国内销售或使用。如果没有单独的禁止进口权能,权利人有可能将进口行为解释为销售或使用的前奏,通过间接侵权制度阻止进口行为。设置单独的禁止进口权能,则避免了间接侵权制度本身的不确定性,强化了专利权人的控制能力。

---

① 最高人民法院在《关于审理侵犯专利权纠纷案件应用法律若干问题的解释(二)及说明(征求意见稿)》(2015),第15页。
② 尹新天:《中国专利法详解》,知识产权出版社2011年版,第151页。
③ 《北京市高级人民法院专利侵权判定指南》(2013)第99条。

如前所述,专利权人只能控制"生产经营目的"的进口行为。这导致个人自用目的的进口行为定性产生困难。TRIPs协议第60条规定,缔约方可以将旅行者个人行李中的少量的非商业货物、以及托运的少量产品(small consignments)排除在边境保护措施之外。① 这意味着缔约方的专利法可以此类个人少量非商业的进口行为排除在外。《知识产权海关保护条例》第31条则规定:"个人携带或者邮寄进出境的物品,超出自用、合理数量,并侵犯本条例第二条规定的知识产权的,按照侵权货物处理。"

专利权人的禁止进口的专利产品仅限于那些未经专利权人许可制造的产品。如果同一专利在多国获得专利,这时,"专利权人"的确切所指就可能显得很模糊。依据《巴黎公约》,各国的专利权相互独立。② 我们是否能够进一步推断,同一专利在各国的"专利权人"也被视为相互独立呢?《专利法》第11条所说的"专利权人"仅仅限于中国专利的专利权人吗?以经典的平行进口的情形来说明这一问题的法律意义:假设A拥有在中国和美国的同一技术的专利权,专利产品在美国经A授权制造和销售。第三方未经A许可将该专利产品从美国进口到中国销售。A在中国挑战第三方的进口和销售行为时,第三方必然要说明:A作为"美国专利权"的权利人在美国所发放的许可,是否属于《专利法》上第11条意义上的"经专利权人许可",从而导致A所拥有的"中国专利权"的穷竭?

这一问题在国际公约上并没有明确的答案。TRIPs协议第28条规定了专利权人所享有的专有权,类似于中国《专利法》(2008)上第11条的规定。但是,TRIPs协议第6条明确指出它在权利用尽问题上没有明确立场——在处理本协议引发的争议时,在接受第3条和第4条的前提下,该协议的任何规定均不得用于处理知识产权的权利用尽问题。③《多哈宣言》中进一步确认,知识产权穷竭上的弹性是刻意保留的,成员国可以确立自己的权利穷竭规则而不受挑战。④

在国际公约没有限制的情况下,中国的国内法有很大的选择余地。中国事实上已经将外国发生的专利产品出售行为作为本国专利权穷竭的依据。比如,《涉及公共健康问题的专利实施强制许可办法》(2005)第8条规定:"治疗某种传染病的药品在我国被授予专利权,任何单位或者个人在其他国家或者地区购买专利权人制造并售出的

---

① TRIPs Article 61: Members may exclude from the application of the above provisions small quantities of goods of a non-commercial nature contained in travelers' personal luggage or sent in small consignments.

② 《巴黎公约》第4条之二规定:(1)本联盟国家的国民在本联盟各国申请的专利,与在其他国家(不论是否为本联盟的成员)就同一发明所取得的专利是相互独立的。(2)上述规定应当以不受限制的意义来理解,尤其是指在优先权期间申请的各项专利,就其无效和丧失权利的理由以及其正常的期间而言,是相互独立的……

③ TRIPs Art. 6: For the purpose of dispute settlement under this Agreement, subject to the provisions of Article 3 and 5 nothing in this Agreement shall be used to address the issue of the exhaustion of intellectual property rights. TRIPs协议的第3条和第4条是关于国民待遇和最惠国待遇的规定。依据这一规定,WTO的争端处理机构是否能够受理权利穷竭争议,都存在争议。参见UNCTAD-ICTSD, Resource Book on TRIPs and Development, Cambridge University Press, 2005, p.105.

④ Paragraph 5(d) of the Doha Declaration on the TRIPs Agreement and Public Health, WT/MIN(01)/DEC/W/2 of 14 November 2001.

或者经专利权人许可而制造并售出的该种药品,将其进口到我国的,无需请求国家知识产权局授予强制许可。"

从这一规定看,专利局显然认为,专利权人在外国的许可行为,也会导致他在中国专利权的穷竭,因而无需请求强制许可就可以进口相关专利产品。关于专利权穷竭背后的产业政策,尹新天教授指出,中国现在的制造业在很大程度上受制于外国的专利权人,"无论从产品的进口和产品的出口来看,都存在采用专利权国际用尽原则的现实需要"①。

6 其他问题

6.1 依照专利方法直接获得的产品

方法专利原本只能直接限制他人未经许可使用该方法。这意味着权利人只能从源头上制止使用该方法的侵权行为,对于市场上的销售、使用、进口等环节缺乏干预手段。很多时候,权利人并不能够轻易找到产品的制造源头,或者制造源头在国外不受专利权人控制,这可能导致专利权的保护落空。为此,专利法将方法专利保护延伸到依照该方法直接获得的产品,使得权利人能够直接阻止他人未经许可销售、许诺销售、使用、进口依照专利方法直接获得产品。

将专利方法的保护延伸到直接获得的产品,则必然产生两个问题:何谓"产品"? 何谓"直接"? 专利法没有明确产品的范围,甚至没有采用具有一定能够限制作用的"加工制造"之类的词语,而是采用更模糊的"获得",于是争议不可避免。比如,依据特定施工方法建造的房屋、依据特定发电方法发出的电能是否属于这里所说的"产品"? 一种新方法开采的矿石? 一种新方法清洗的衣物? 尹新天教授认为,"概括起来,能够获得本条规定的延伸保护的方法专利权一般应当仅仅限于制造加工类型的方法专利权。"②他赞同德国法上要求"标的物经过专利方法的处理加工之后,应当在结构上或者物理化学特性上产生足够大的变化,使之从公众的眼光看来已经成为一种与处理之前的物品不相同的物品"。③ 在立法者作出澄清之前,按照"方法导致产品"的语境来解释"产品"的范围,将之限制在传统工业加工制造的用于出售的有形产品的范围内,是勉强能够接受的做法。贸然将"延伸保护"的"产品"扩大到电能、电子文档、不动产、服务产品等,可能会超出公众预期,引发混乱。

关于"直接获得",司法解释只是指出,"使用专利方法获得的原始产品"属于"直接获得的产品"④,除此之外,没有提供更具体的标准。从字面意思看,应该是专利方法被执行完毕后即刻产生的产品。比如,化工合成方法合成的产品就是该合成方法最后一步结束时所产生的产品。如果法律接受如此严格的标准,制造者可能会对该产品

---

① 尹新天:《中国专利法详解》,知识产权出版社2011年版,第121—125页。
② 同上书,第161页。
③ 同上书,第160页。
④ 《最高人民法院关于审理侵犯专利权纠纷案件应用法律若干问题的解释》(2009)第13条。

进行象征性地再加工,使之与严格意义上的"直接获得"的产品区别开来,从而架空延伸保护。于是,专利法不可避免地要依赖法官的自由裁量,许可法官将那些与严格意义上直接获得的产品没有实质性差别的产品也纳入延伸保护的范围。法官在考虑实质性差别的时候,应当考虑专利法的立法目的、延伸保护规则的可预见性、善意第三方的投入成本等等。

当然,上述制造者利用原始产品"进一步加工、处理而获得后续产品的行为"属于使用"依照专利方法直接获得的产品",构成侵权,并不疑义。① 但是,专利权人是否可以控制对该加工后产品的后续使用、销售行为,则有了模糊性。

张喜田 v. 石家庄制药集团欧意药业有限公司等

最高人民法院(2009)民提字第 84 号

王永昌、李剑、罗霞法官:

根据涉案专利的权利要求 1,虽然其主题名称是"一种从混合物中分离出氨氯地平的(R)—(+)—和(S)—(−)—异构体的方法",但从权利要求 1 记载的内容看,依照涉案专利方法直接获得的产品是"结合一个 DMSO-d6 的(S)—(−)—氨氯地平的 D—酒石酸盐",或"结合一个 DMSO—d6 的(R)—(+)—氨氯地平的 L—酒石酸盐",其中前者即为制造左旋氨氯地平的中间产物,而非左旋氨氯地平本身;而后者即为制造右旋氨氯地平的中间产物,亦非右旋氨氯地平本身。

……

根据《中华人民共和国专利法》第十一条的规定,方法专利权的保护范围只能延及依照该专利方法直接获得的产品,即使用专利方法获得的原始产品,而不能延及对原始产品作进一步处理后获得的后续产品。如前所述,实施涉案专利权利要求 1 限定的方法后,直接获得的是"结合一个 DMSO—d6 的(S)—(−)—氨氯地平的 D—酒石酸盐",或"结合一个 DMSO—d6 的(R)—(+)—氨氯地平的 L—酒石酸盐",华盛公司、欧意公司生产的马来酸左旋氨氯地平、马来酸左旋氨氯地平片以及左旋氨氯地平,均属于对上述产品作进一步处理后获得的后续产品,不属于依照涉案专利方法直接获得的产品。因此,涉案专利权的保护范围不能延及左旋氨氯地平、马来酸左旋氨氯地平及其片剂。"依照该专利方法直接获得的产品"的认定与该产品能否直接供消费者使用无关,一审法院以"左旋氨氯地平作为一种化合物,本身并不能成为直接供消费者消费的产品,……涉案专利为左旋氨氯地平的拆分方法,依据该方法不能直接得到产品,而左旋氨氯地平化合物与马来酸、苯磺酸等经过成盐工艺成为马来酸左旋氨氯地平、苯磺酸左旋氨氯地平后,才真正成为产品"为由,将涉案专利权的保护范围延及华盛公司、欧意公司生产的马来酸左旋氨氯地平及其片剂,适用法律亦显然不当。

---

① 《最高人民法院关于审理侵犯专利权纠纷案件应用法律若干问题的解释》(2009)第 13 条。

值得一提的是,美国专利法为延伸保护规定了两类例外情形:其一,按照专利方法制造的产品经过后续的加工处理有了实质性变化(materially changed by subsequent processes);其二,该产品成为另一产品的微小而不重要的组成部分(a trivial and nonessential component of another product)。① 第一类例外是不言而喻的。第二类实际上避免了专利权人挟持他人后续的投入,值得肯定。

此外,美国《专利法》第271(g)还规定向美国进口、在美国销售、使用利用美国专利权人专利方法所获得的产品,也侵犯该专利权。早期,美国法院认为从海外进口利用专利方法获得的产品并不侵权。1988年国会立法改变了这一立场,规定权利人可以通过国际贸易委员会(International Trade Commission)提供的程序禁止此类产品入境。但是,该条对这一救济进行了比较严格的限制:对该产品的非商业使用和零售不能被认定为侵权,除非因此对此类进口、使用、许诺销售和销售等行为无法提供有效救济。出现下面的两种情况,则不构成专利侵权:(1)该产品已经在后来的方法下被实质性地改变;(2)该产品成为其他产品的无足轻重的非专用的部件。

6.2 临时保护

专利申请授权前有一段时间,专利权人的权利处在相对模糊状态。其中,从申请日到申请公开日是第一阶段,从申请公开日到授权则是第二阶段。对于第一阶段,国内法不够明确,有司法判例认为不应该得到保护。比如,在李晨 v. 黑龙集团富裕包装材料有限责任公司(黑龙江高院(2000)黑经一终字第10号)案中,原告1998年2月申请实用新型专利,1999年3月获得授权。法院认为"按照《专利法》的规定,该专利权自授予之日起生效。富裕包装公司于1998年7月为巴特军酒业公司加工贴面纸箱的行为发生在专利授权前,因此不构成专利侵权。"

所谓临时保护是指专利申请公布之后、授权之前这段时间内专利申请人所享有的保护。在专利申请日之后,专利申请公布之前,专利申请人无法获得法律保护。依据《专利法》(2008)第13条:"发明专利申请公布后,申请人可以要求实施其发明的单位或者个人支付适当的费用。"如果技术方案的实施者拒绝支付费用,申请人只能等到专利授权之后,才能够提起诉讼要求对方支付上述费用。这是因为专利申请在获得授权之前,有很大的不确定性,如果强制要求支付费用,则一旦专利申请被驳回,实施者又会追讨该费用。如此设计制度,徒耗社会成本。

在实务层面,专利法上的临时保护制度还缺乏一些操作性的规则。比如,授权前后专利权利要求变化对于专利实施者的影响、临时保护期内制造尚未售出的专利产品的在授权后的处理、适当费用的计算方法等。最高人民法院的司法解释征求意见稿正试图解决这些问题。

---

① 35 U.S.C. §271(g).

司法解释征求意见稿中的临时保护条款(2015)①

第18条 权利人依据专利法第十三条诉请在发明专利申请公布日至授权公告日期间实施该发明的单位或者个人支付适当费用的,人民法院可以参照专利法第六十五条的规定合理确定。②

发明专利申请公布时申请人请求保护的范围与发明专利公告授权时的专利权保护范围不一致,被诉技术方案均落入上述两种范围的,人民法院应当认定被告在前款所称期间内实施了该发明;被诉侵权技术方案仅落入其中一种范围的,人民法院应当认定被告在前款所称期间内未实施该发明。

在发明专利授权公告日以后,未经专利权人许可,使用、许诺销售、销售在本条第一款所称期间内已制造、进口的产品,且该制造者、进口者已支付或者书面承诺支付专利法第十三条所称适当费用,权利人主张上述使用、许诺销售、销售行为侵犯其专利权的,人民法院不予支持。当事人将作出上述书面承诺的制造者、进口者列为民事诉讼法第五十二条第一款所称的共同被告或者民事诉讼法第五十六条第二款所称的第三人的,人民法院应当依法处理。

【说明】

本条是关于发明专利临时保护期的规定。临时保护期内实施发明在性质上不属于侵权行为,但与专利授权后的侵权行为又有紧密关联。因此,可以参照专利法第六十五条有关侵权赔偿的规定处理。

发明专利采"早期公开、延迟审查"制,故存在专利申请公布日与授权公告日之间的临时保护期。上述两时间点的保护范围不一致的情形包括:一是被诉侵权技术方案落入申请公布的范围,但未落入授权公告的范围。因未落入授权公告的范围,则不构成专利侵权,故没有给予临时保护之必要;二是被诉侵权技术方案未落入申请公布的范围,但落入授权公告的范围。因临时保护期内公开的技术方案只能是申请公布的技术方案,而被诉侵权技术方案又未落入该范围,故不应认为在临时保护期内实施了该发明。因此,第二款规定,在临时保护期内实施发明应以同时落入上述两种范围为构成要件。

对于临时保护期内已制造、进口的产品能否在专利授权公告日后销售、许诺销售或者使用的问题,存在两种意见:第一种意见认为,临时保护期内制造、进口的产品不是侵权产品,专利权人无权在授权公告日之后禁止非侵权产品的后续销售等行为;第二种意见认为,根据专利法第十一条的规定,专利权被授予后,专利权人得禁止他人未经其许可的实施行为。除了专利法第六十九条规定的不视为侵权的情形,包括销售临

---

① 最高人民法院在《关于审理侵犯专利权纠纷案件应用法律若干问题的解释(二)及说明(征求意见稿)》(2015)第18条及其说明。本征求意见稿的主要执笔人为李剑法官。

② 本书作者注:《专利法》(2008)第65条是关于专利侵权损害赔偿的一般条款。

时保护期内已制造的产品等其他行为均在禁止之列。若采第一种意见,则会导致临时保护期内囤积产品、待授权公告日后再销售的情况。本条予以折衷:临时保护期实施制造、进口行为的人按照专利法第十三条的规定向权利人支付适当费用的,则将该临时保护期已制造、进口的产品不视为侵权产品,则其后续的使用、销售、许诺销售不属于专利法第十一条规定的侵权行为。此源于作为最高人民法院指导性案例的深圳自来水公司案。

实践中,权利人可能在起诉时将制造者、使用者、销售者均作为民事诉讼法第五十二条第一款所称的共同被告,也可能仅起诉销售者,当销售者提出制造者已书面承诺支付适当费用的抗辩时,权利人才申请将制造者追加为民事诉讼法第五十六条第二款所称的第三人。为减少当事人的诉累,本条明确人民法院应当依照民事诉讼法及其司法解释的相应规定处理。

上述司法解释条款在公开征求意见过程中,最大的争议是临时保护期内制造的产品,在专利授权后未经专利权人许可,是否可以继续销售。当然,专利权人可以要求制造者支付费用,并无疑义。专利权人如果可以在专利授权后阻止他人出售临时保护期内制造的产品,则制造者以禁令相威胁,可以单方面决定制造者应支付的费用标准。这显然对制造者是非常不利的。面对被专利权人挟持的风险,制造者在临时保护期内可能会收敛自己的制造行为。在专利授权范围和授权前景均未明的情况下,要求制造者如此谨慎地对待一份专利申请,未必是一项明智的政策选择。因此,本文倾向于支持司法解释建议稿中的折中方案。

临时保护的案例不是很多,但还是有。比如,在孙寅贵 v. 唐山富豪集团公司(北京高院(1995)高知终字第 24 号)案中,法院就支持临时保护期间内的合理使用费请求。下面的案例则更为经典。

深圳市斯瑞曼精细化工有限公司 v. 深圳市坑梓自来水有限公司等

最高人法院指导案例第 20 号
最高人民院审判委员会讨论通过 2013 年 11 月 8 日发布

裁判要点

在发明专利申请公布后至专利权授予前的临时保护期内制造、销售、进口的被诉专利侵权产品不为专利法禁止的情况下,其后续的使用、许诺销售、销售,即使未经专利权人许可,也不视为侵害专利权,但专利权人可以依法要求临时保护期内实施其发明的单位或者个人支付适当的费用。

基本案情

深圳市斯瑞曼精细化工有限公司(以下简称斯瑞曼公司)于 2006 年 1 月 19 日向国家知识产权局申请发明专利,该专利于 2006 年 7 月 19 日公开,2009 年 1 月 21 日授权公告,授权的发明名称为"制备高纯度二氧化氯的设备",专利权人为斯瑞曼公司。

该专利最近一次年费缴纳时间为 2008 年 11 月 28 日。2008 年 10 月 20 日,深圳市坑梓自来水有限公司(以下简称坑梓自来水公司)与深圳市康泰蓝水处理设备有限公司(以下简称康泰蓝公司)签订《购销合同》一份,坑梓自来水公司向康泰蓝公司购买康泰蓝二氧化氯发生器一套,价款 26 万元。康泰蓝公司已于 2008 年 12 月 30 日就上述产品销售款要求税务机关代开统一发票。在上述《购销合同》中,约定坑梓自来水公司分期向康泰蓝公司支付设备款项,康泰蓝公司为坑梓自来水公司提供安装、调试、维修、保养等技术支持及售后服务。

2009 年 3 月 16 日,斯瑞曼公司向广东省深圳市中级人民法院诉称:其拥有名称为"制备高纯度二氧化氯的设备"的发明专利(以下简称涉案发明专利),康泰蓝公司生产、销售和坑梓自来水公司使用的二氧化氯生产设备落入涉案发明专利保护范围。请求判令二被告停止侵权并赔偿经济损失 30 万元、承担诉讼费等费用。在本案中,斯瑞曼公司没有提出支付发明专利临时保护期使用费的诉讼请求,在一审法院已作释明的情况下,斯瑞曼公司仍坚持原诉讼请求。

裁判结果

广东省深圳市中级人民法院于 2010 年 1 月 6 日作出(2009)深中法民三初字第 94 号民事判决:康泰蓝公司停止侵权,康泰蓝公司和坑梓自来水公司连带赔偿斯瑞曼公司经济损失 8 万元。康泰蓝公司、坑梓自来水公司均提起上诉,广东省高级人民法院于 2010 年 11 月 15 日作出(2010)粤高法民三终字第 444 号民事判决:驳回上诉,维持原判。坑梓自来水公司不服二审判决,向最高人民法院申请再审。最高人民法院于 2011 年 12 月 20 日作出(2011)民提字第 259 号民事判决:撤销原一、二审判决,驳回斯瑞曼公司的诉讼请求。

裁判理由

最高人民法院认为:斯瑞曼公司在本案中没有提出支付发明专利临时保护期使用费的诉讼请求,因此本案的主要争议焦点在于,坑梓自来水公司在涉案发明专利授权后使用其在涉案发明专利临时保护期内向康泰蓝公司购买的被诉专利侵权产品是否侵犯涉案发明专利权,康泰蓝公司在涉案发明专利授权后为坑梓自来水公司使用被诉专利侵权产品提供售后服务是否侵犯涉案发明专利权。

对于侵犯专利权行为的认定,应当全面综合考虑专利法的相关规定。根据本案被诉侵权行为时间,本案应当适用 2000 年修改的《中华人民共和国专利法》。专利法第十一条第一款规定:"发明和实用新型专利权被授予后,除本法另有规定的以外,任何单位或者个人未经专利权人许可,都不得实施其专利,即不得为生产经营目的制造、使用、许诺销售、销售、进口其专利产品,或者使用其专利方法以及使用、许诺销售、销售、进口依照该专利方法直接获得的产品。"第十三条规定:"发明专利申请公布后,申请人可以要求实施其发明的单位或者个人支付适当的费用。"第六十二条规定:"侵犯专利权的诉讼时效为二年,自专利权人或者利害关系人得知或者应当得知侵权行为之日起计算。发明专利申请公布后至专利权授予前使用该发明未支付适当使用费的,专利权人要求支付使用费的诉讼时效为二年,自专利权人得知或者应当得知他人使用其发明之日起计算,但是,专利权人于专利权授予之日前即已得知或者应当得知的,自专利权授予之日起计算。"

综合考虑上述规定,专利法虽然规定了申请人可以要求在发明专利申请公布后至专利权授予之前(即专利临时保护期内)实施其发明的单位或者个人支付适当的费用,即享有请求给付发明专利临时保护期使用费的权利,但对于专利临时保护期内实施其发明的行为并不享有请求停止实施的权利。因此,在发明专利临时保护期内实施相关发明的,不属于专利法禁止的行为。在专利临时保护期内制造、销售、进口被诉专利侵权产品不为专利法禁止的情况下,其后续的使用、许诺销售、销售该产品的行为,即使未经专利权人许可,也应当得到允许。也就是说,专利权人无权禁止他人对专利临时保护期内制造、销售、进口的被诉专利侵权产品的后续使用、许诺销售、销售。当然,这并不否定专利权人根据专利法第十三条规定行使要求实施其发明者支付适当费用的权利。对于在专利临时保护期内制造、销售、进口的被诉专利侵权产品,在销售者、使用者提供了合法来源的情况下,销售者、使用者不应承担支付适当费用的责任。

认定在发明专利授权后针对发明专利临时保护期内实施发明得到的产品的后续使用、许诺销售、销售等实施行为不构成侵权,符合专利法的立法宗旨。一方面,专利制度的设计初衷是"以公开换保护",且是在授权之后才能请求予以保护。对于发明专利申请来说,在公开日之前实施相关发明,不构成侵权,在公开日后也应当允许此前实施发明得到的产品的后续实施行为;在公开日到授权日之间,为发明专利申请提供的是临时保护,在此期间实施相关发明,不为专利法所禁止,同样也应当允许实施发明得到的产品在此期间之后的后续实施行为,但申请人在获得专利权后有权要求在临时保护期内实施其发明者支付适当费用。由于专利法没有禁止发明专利授权前的实施行为,则专利授权前制造出来的产品的后续实施也不构成侵权。否则就违背了专利法的立法初衷,为尚未公开或者授权的技术方案提供了保护。

另一方面,专利法规定了先用权,虽然仅规定了先用权人在原有范围内继续制造相同产品、使用相同方法不视为侵权,没有规定制造的相同产品或者使用相同方法制造的产品的后续实施行为是否构成侵权,但是不能因为专利法没有明确规定就认定上述后续实施行为构成侵权,否则,专利法规定的先用权没有任何意义。

本案中,康泰蓝公司销售被诉专利侵权产品是在涉案发明专利临时保护期内,该行为不为专利法所禁止。在此情况下,后续的坑梓自来水公司使用所购买的被诉专利侵权产品的行为也应当得到允许。因此,坑梓自来水公司后续的使用行为不侵犯涉案发明专利权。同理,康泰蓝公司在涉案发明专利授权后为坑梓自来水公司使用被诉专利侵权产品提供售后服务也不侵犯涉案发明专利权。

思考问题：

（1）法院认为，对于在临时保护期内制造的产品，专利权人在专利授权后无权阻止后续的销售和使用。作为一种政策选择，这是可以理解的。作为一种司法解释，你觉得其法律依据何在？这是专利法逻辑的必然结果吗？

（2）法院认为，先用权人制造的产品如果不适用专利权穷竭规则，则先用权就没有意义了。同样的逻辑也适用于临时保护。即，如果临时保护期内制造的产品不适用权利穷竭规则，则临时保护期内的例外对于公众而言就失去意义。法院将临时保护与先用权制度类比，你觉得有可比性吗？关于先用权和专利权穷竭的一般规则，可以参考本书"专利侵权"一章。

第 10 章
专利侵权

1 基本原理

《专利法》(2008)第 11 条:

> 发明和实用新型专利权被授予后,除本法另有规定的以外,任何单位或者个人未经专利权人许可,都不得实施其专利,即不得为生产经营目的制造、使用、许诺销售、销售、进口其专利产品,或者使用其专利方法以及使用、许诺销售、销售、进口依照该专利方法直接获得的产品。
>
> 外观设计专利权被授予后,任何单位或者个人未经专利权人许可,都不得实施其专利,即不得为生产经营目的制造、许诺销售、销售、进口其外观设计专利产品。

1.1 侵权行为分类

专利侵权行为从理论上分为两大类别,直接侵权行为和间接侵权行为。直接侵权行为通常是指行为人从事《专利法》第 11 条所禁止的直接侵害专利权的违法行为,比如制造、使用或销售专利产品。间接侵权行为,则通常是指行为人没有直接侵害专利权,但是诱使直接侵权行为发生,或者在明知或者应知的情况下为直接侵权行为提供实质性的帮助。司法实践中,法院偶尔也会直接确认间接侵权行为,但更多的时候是依据所谓的共同侵权的规则来处理间接侵权案件。对于间接侵权,后文有专章讨论。

专利直接侵权又可以分成两种类型:字面侵权(Literal Infringement)和等同侵权。所谓字面侵权,也被称作相同侵权,是指被控侵权的产品或方法直接落入该专利权利要求字面描述的范围。等同侵权则是指被控侵权的产品或方法并没有落入该专利权利要求字面描述的范围,但是该产品或方法与权利要求所描述的技术方案实质等同。

中国专利法接受字面侵权,没有争议。中国专利法是否应该承认等同侵权,理论上存在一定的争论。因为等同侵权实际上是在一定程度上扩大了专利权的保护范围,同时也给专利权保护范围带来较大的不确定性。它是否符合中国现阶段的产业利益,在有些人看来值得怀疑。不过,在中国司法实践中,法院已经判决了大量的等同侵权的案例,尽管这些案例判决标准不一,有些甚至存在明显的错误。对于等同侵权,后文也将专章讨论。在没有特别说明的情况下,本章所谓的侵权行为都是指直接侵权中的字面侵权。

1.2 侵权判断的步骤

判断一项行为是否构成专利侵权,大致要经过下面的步骤:首先,判断该行为是否以生产经营为目的。如果答案是否定的,则不构成侵权,后续的审查就是多余的了。关于"生产经营目的"的讨论,可以参考前文专利权能一章,这里从略。其次,对权利要求进行解释,以明确专利权的保护范围。再次,对比被控侵权方案和权利要求,看前者是否落入后者所主张的字面或等同范围。最后,看被控侵权者是否具有法定的抗辩或免责事由。当然,上述步骤只是理论上的概括,并非法定要求。在实践中,如果被控侵权者有法定的抗辩事由,侵权审查可能直接终止,而无须考虑其是否以生产经营为目的,更无须进行复杂的权利要求解释和比对。接下来逐一介绍上述判断过程中的一些重要问题。

1.3 技术方案对比

在确定被控侵权的技术方案是否落入权利要求的保护范围时,专利法采用所谓的全部要素规则(也称全面覆盖原则)。即,只有被控侵权的技术方案包含权利要求所描述的全部技术特征时,才能够认定专利侵权。比如,在柏绿山等 v. 北京丹侬霍兰德日用化工有限公司一案中,原告的发明涉及"浓缩型高效无磷杀菌洗衣粉及其制造方法",其中一个独立权利要求被确定含有6个技术特征,(1) 偏硅酸钠:15%—30%,(2) 阴离子和/或非离子表面活性剂6%—15%,(3) 羧甲基纤维素:0.5%—2%,(4) 氯化钠杀菌剂:1%—6%,(5) 荧光增白剂:0.5%—3%,(6) 碳酸氢钠、碳酸钠、硅酸钠、香料适量。被告的产品中缺少原告的技术特征(4)和(5)。法院因此认定被告的产品缺少部分技术特征,没有落入保护范围。①

在早期的司法解释中,最高人民法院还区分所谓的必要技术特征和非必要技术特征。全部要素覆盖原则要求被控侵权方案覆盖专利权利要求的全部必要技术特征。②现在,最高人民法院已经正式放弃了这一区分。在《最高人民法院关于审理侵犯专利权纠纷案件应用法律若干问题的解释》(2009)第7条对全面覆盖原则有了更清楚的表述:

> 人民法院判定被诉侵权技术方案是否落入专利权的保护范围,应当审查权利人主张的权利要求所记载的全部技术特征。
>
> 被诉侵权技术方案包含与权利要求记载的全部技术特征相同或者等同的技术特征的,人民法院应当认定其落入专利权的保护范围;被诉侵权技术方案的技术特征与权利要求记载的全部技术特征相比,缺少权利要求记载的一个以上的技

---

① 孙建、罗东川:《知识产权名案评析(2)》,中国法制出版社1998年版,第395页。
② 《最高人民法院对"处理专利侵权纠纷可否认定部分侵权"问题的答复》([2004]行他字第8号,2004年7月26日)针对辽宁高院的请示,明确指出:"判断专利侵权通常适用'全面覆盖'原则,即被控侵权产品要具有专利独立权利要求记载的全部必要技术特征,方能认定侵权成立,不存在部分侵权的问题"。

术特征,或者有一个以上技术特征不相同也不等同的,人民法院应当认定其没有落入专利权的保护范围。

最高人民法院放弃区分所谓必要技术特征与非必要技术特征,也就意味着过去引发很多争议的"多余指定规则"寿终正寝了。所谓多余指定是指法院在解释权利要求的时候,将某些与发明核心功能关系不大、明显系"多余"的技术特征视为非必要技术特征,从而扩充专利权保护范围的做法。这一规则最初是为了在某些极端的情况下,为申请人提供救济。比如,申请人自己缺乏足够的撰写知识和技巧,在权利要求中引入明显不必要的限制条件,导致专利权的保护范围被过度限缩;他人只要不实施非必要技术特征,可以轻易规避该权利要求,依然能够从该发明中获得实际利益。但是,"多余指定"规则在实际应用过程中,很容易被法院滥用——法院可能很武断地确定发明的核心功能,然后将那些与核心功能联系不大的因而被视为多余的技术特征忽略。这会大大增加权利要求解释的不确定性,损害权利要求的公共通知功能。

全要素规则适用的前提是能够对侵权方案与权利要求所覆盖的技术方案进行比较准确的要素提炼和概括。显然,在这一过程中判断者有很大的主观裁量的空间。在概括权利要求和侵权技术方案的技术特征时,法院所使用语言的概括程度和概括方式,对法院所认定的技术特征的数量和范围有直接影响。只不过,法院不能直接忽略权利要求中的限制性特征。以下有一个实际案例,从中可以看出对技术特征的概括和提炼过程中的不确定性。在天津市东郊农牧场 v. 中国人民解放军 3608 工厂(北京高院(1992)高经终字第 16 号)一案中,法院认为:

> 被上诉人东郊农牧场的"充氧动态发酵机"实用新型专利和上诉人 3608 工厂的 9FJ—500 型鸡粪再生饲料发酵机都是将已知技术组合在一起而形成的组合发明。总的发明目的均是为了解决鸡粪发酵问题,但采取了不同的技术方案。经过将被控侵权物"9FJ—500 型鸡粪再生饲料发酵机"的技术特征与被上诉人东郊农牧场的"充氧动态发酵机"实用新型专利的独立权利要求中记载的必要技术特征对比,[可见,]"侵权物"与专利的加热系统不同。被上诉人的"充氧动态发酵机"采用的是水供热系统,它由暖风机、热水管道、发酵釜夹套和管道泵等组成,而上诉人的"9FJ—500 型鸡粪再生饲料发酵机"则是采取低温电阻式加热装置(即"电加热装置"),它是由沿发酵罐筒缠绕的电热丝、电源和自动温控电路组成,并有绝缘层、低温层。在发酵机中,水加热装置和电加热装置虽都是为了加热,但它们是两种不同的技术手段,其产生的效果也不相同。由于被上诉人东郊农牧场在申请专利时,将供热系统的具体构成均作为必要技术特征写入独立权利要求,因此,当被控侵权产品与其记载在独立权利要求中的必要技术特征不相同时,不能简单地用等同手段替换的理论认定侵权。

这里,如果法院将技术特征作相对抽象的概括,忽略其中的一些细节,则可能将相互对比的两个技术特征视为相同或者等同;如果法院强调每一个技术特征的细节,则可能得出二者不同的结论。比如,上面提到的水加热和电加热装置的不同,在其他场合(比如室内供暖),完全可能忽略二者之间的细节差别,被视为相同或者等同的加热装置。同样,在后文"等同侵权"一章的**张强 v. 烟台市栖霞大易工贸有限公司案中,**也存在类似的技术特征的概括问题。你觉得专利法上究竟存在什么样的机制来保证法院在技术特征的概括或提炼上具有可预见性或确定性呢？另外,在对每一个技术特征进行比较时,究竟如何认定两个技术特征是相同呢？

延伸阅读：Dan L. Burk and Mark A. Lemley, Quantum Patent Mechanics, 9 Lewis & Clark L Rev 29 (2005); Mark A. Lemley, The Changing Meaning of Patent Claim Terms, 104 Mich L Rev 101 (2005)。

1.4 逆向等同原则

在美国法上,侵权方案从字面上具备了权利要求所描述的全部特征之后,并不必然构成侵权。法院还有可能要看该侵权方案是否只是落入了该字面描述的范围,但实际上工作原理却相差甚远。换句话说,在落入字面范围后,还要保证被控侵权的方案与发明方案相比,"以实质相同的方式,做相同的工作,实现实质相同的结果"。否则,依然可能被认为不侵权。这一规则被称作反向等同规则(Reverse Doctrine of Equivalents)。

美国法上的逆向等同

崔国斌 专利技术的等同比较   原载《北大知识产权评论》
2002年第1期,第90—110页

所谓的逆向等同原则(Reverse Doctrine of Equivalents,也有人称作相反等同原则)是指在被控侵权的技术方案虽然直接落入权利人权利要求的字面范围,但是实际上该技术方案同专利方案的发明意图和中心思想有着质的不同的情况下,专利法将否认侵权指控的一种规则。显然,逆向等同原则的基本原理同等同原则是一致的：被控的技术方案没有落入权利要求的范围,但是如果实质上等同,依然可能被认定侵权。相反,如果被控的技术方案表面上落入权利要求的范围,但是实质上二者并不等同,则可能获得豁免。逆向等同原则揭示出专利制度对于权利要求语言描述的"矛盾"态度。一方面,专利法已经接受了这样的理念：权利人在权利要求的文字表述中可以适当使用具体方案名词的上位概念,用以拓宽发明人的垄断范围。另一方面,专利法也承认,社会对于上位概念范围的理解可能会随着技术的更新发生急剧的变化,这样可能导致权利要求字面意思所覆盖的范围中的某些部分已经完全偏离了发明人发明方案的基本原则和中心。这时候,再从法律上支持权利人对于语义上相同但实质不同的发明法案拥有垄断权,这将严重损害后续创新者的积极性,阻碍技术进步。反向等同原则就是对这种可能出现的扭曲情况进行矫正。

法律的干涉有两种选择,其一是许可所谓的从属专利,其二是利用反向等同原则,彻底否定二者间的从属联系。从属专利,是指发明人在先发明的基础上进一步改进所作出的新的发明,该发明方案一般包含了原有专利的全部技术特征,同时增加了新的限制或者改进技术特征。该改进方案的实施必然会侵犯原始专利,而原始专利也不能在改进方案的范围内实施,这样原始专利和从属专利就形成一种制约关系,起到限制原始专利权人垄断的作用。当然,如果改进者不申请从属专利,那就失去同原始权利人谈判的筹码了。法律预期的解决方案是双方达成交叉许可协议,必要时可以通过强制许可解决。而反向等同原则认为在改进发明中的技术特征替换已经导致方案的实质发生变化后,就不再接受字面意思上的所描述的从属关系,认为改进方案是一个独立的方案。

比较起来,从属专利的解决方案比较温和、比较符合人们对于认识上依存关系的理解,因为在普通人看来,在先发明如果字面上覆盖了改进方案,那至少可以说明前者在后者的整体概念的形成过程中是有着帮助作用的,因而不论这种联系的强弱,始终是存在的,完全从事实上的否定是不可能的。当然,面对这种联系,从法律上考虑,则需要引入其他的判断因素。首先,这种事实联系本质上属于法律上常见的因果关系——在先专利对于在后的专利提供了某种智力上的帮助或者准备。法律上的因果链条本身就是一个非常复杂的问题,但有一点是明确的,对于决定权利、义务以及法律责任的因果链条必须在合适的环节阶段,否则这种链条将牵引出无数法律上的人和事,所谓的权利、义务、责任的划分就失去起码的界限。对于发明来说,在适当的场合下切断这种依存联系也是可以理解和接受的。比如,在先发明如果价值100并不具备什么市场价值,而往后的重大脱胎换骨式的改进发明的价值为1000,则我们是否还应当给予原始的发明人以足够的控制权,控制改进发明的实施呢?如果赋予原始发明人以控制权,必然会出现延缓发明实施的消极后果,尤其是在改进发明同在先发明期限接近的场合。但是,在这一过程中如何对创造的价值进行分配,是非常困难的问题。我们实际上又回到了非常古老的问题上来——事实上的价值区分,几乎是不可能的。但是,在法律上我们又必须为此类价值区分设置一道界限。专利法上所谓的开创性的发明能够获得相对较宽的保护,但是真正具备开创性的发明,数目极其有限。大多数专利技术不可避免地同在先的技术保持一定的继承关系,在授予专利权的时候从法律上认定为独立发明,也只是一种相对的结论。同样的道理,在后的改进发明在一定程度上也可能获得这种相对的独立性的认定,不再受该字面范围覆盖的影响。另外,从专利法鼓励技术进步的竞争模式出发,在改进发明对原始发明作出脱胎换骨式的替换后赋予其独立性是必要的。获取发明专利的过程好比一场阶段性的比赛,比如50、100、1000米系列跑步。我们在3个阶段设置3个不同的互相独立的奖项,这样可以保证在这1000米的竞赛过程中,所有的参加人能够保持充分的积极性,即使失去50米阶段的比赛,其他人对于100米与1000米的独立奖项依然有着充分的竞争积极性,而不能让前50米的比赛结果对于后面的比赛产生太多的影响。因为,对发明人来说,获得独立专利权或者自由使用技术显然比获得改进专利技术的激励作用要大很多。专利法需要对开创性的发明所赋予的宽泛的保护范围保持一定的警惕,注意为改进技术的自由流通与发展创造一个相对宽松的环境。

等同原则是为了防止他人规避权利人的权利要求的文字描述,而反向等同原则是在支持他人对权利要求的书面描述提出挑战。显然,反向等同原则适用范围应该受到严格的限制,不能以之轻易否定权利要求字面描述范围的合理性,否则发明人对于自己发明保护的范围就失去合理预期,从而违背立法上一贯强调的权利要求范围确定性的立场。该原则的适用条件是:在后方案落入专利权利要求书面描述的范围,但是在后方案已经改变了方案中的核心原则,从而背离了该文字描述所限定的发明方案的发明意图和精神实质,则可以避免专利侵权。显然,关键在于认定何谓以"实质不同的方式实现相同或者近似的功能"(Substantially different way)。具体的标准,其实同关于等同的认定是一致的,只是肯定和否定的区别而已。于是,有关等同原则的所有争论又不可避免地在逆向等同原则的适用过程中重演。

在中国《专利法》上,我们利用强制性的交叉许可来解决类似的问题。《专利法》(2008)第51条:

> 一项取得专利权的发明或者实用新型比前已经取得专利权的发明或者实用新型具有显著经济意义的重大技术进步,其实施又有赖于前一发明或者实用新型的实施的,国务院专利行政部门根据后一专利权人的申请,可以给予实施前一发明或者实用新型的强制许可。
>
> 在依照前款规定给予实施强制许可的情形下,国务院专利行政部门根据前一专利权人的申请,也可以给予实施后一发明或者实用新型的强制许可。

思考问题:

在存上述交叉许可条款的情况下,中国专利法是否还需要引入逆向等同原则?

2 侵权者的主观过错

2.1 关于专利侵权归责原则的争议

中国《专利法》对于认定直接侵权行为,是否需要存在主观过错,并没有非常具体的规定。在民法和侵权法的大背景下,知识产权学术界对于专利侵权的主观过错要求的认识存在分歧。

一部分意见认为,既然专利法没有明确规定为专利侵权责任为严格责任,那么只能适用侵权法上的默认规则,即过错责任规则。这一意见比较容易找到《民法通则》或《侵权责任法》上基础理论的支持。著名的程永顺法官就主张专利侵权的前提是行为人必须有过错。在他看来,"一项专利的权利要求书和说明书公布后,侵害人没有查阅这些文件,自己独立研制出了与专利产品相同的产品,一旦生产或者销售该产品则属于过失侵权。国务院专利行政部门公开了专利权利要求书和专利说明书,并在专利公报上公告,侵害人既然是工商业者,既然要搞发明创造,其在研制开发新产品之前就应当查阅,有义务进行检索,而且只要其想查阅,就能查阅到,但他竟然没有查阅,所以应当认定其行为有过失。"[①]不过,如此严格地解释公众的注意义务,可能过度地扩张

---

① 程永顺:《中国专利诉讼》,知识产权出版社2005年版,第207页。

了公众的注意义务的范围,使得过错责任实际上与严格责任并无本质区别。

另一部分意见则受美国或其他国家专利法的影响,认为直接的专利侵权(尤其是制造侵权产品的侵权)应当适用严格责任规则,即无论行为人是否有过错,均应承担侵权责任。《专利法》第11条关于专利权内容的规定以及第60条第1款前半句所谓"未经专利权人许可,实施其专利,即侵犯其专利权"的规定,的确能够为那些主张严格责任的意见提供支持。比如,汤宗舜先生就认为:"专利法对侵权的构成采用无过错责任原则。该法规定:'未经专利权人许可,实施其专利,即侵犯其专利权……'(第60条)条文中没有要求行为人必须有过错。这即是说,未经许可而实施专利,即使行为人对侵犯专利权没有过错……也构成侵权。这是民法通则规定过错责任的例外……另一方面,专利法规定……对使用和销售专利产品必须有过错,才负赔偿责任。至于其他的实施行为,虽然没有过错,也仍应负赔偿责任。"①同样支持严格责任的郑成思教授也认为,知识产权的边界模糊,他人无意及无过失闯入的机会和可能性很大,要权利人证明被控侵权者有过错很困难。"主张在知识产权领域全面适用'过错责任'原则的看法,是为未经许可的使用人(先不言其为'侵权人')着想过多,而为权利人着想太少。如真正实行知识产权领域内全面的'过错责任'原则,那么现行的知识产权保护制度在很大程度上就丧失了实际意义。"②

除了过错责任和严格责任之外,还有意见认为,知识产权侵权应当采用过错推定原则。吴汉东教授还专门解释过这么做的合理性:

> 对于知识产权侵权损害赔偿的归责原则,不宜采取无过错责任原则,而可以适用过错推定责任原则。过错推定责任是介于过错责任与无过错责任之间的侵权归责形式。过错推定责任原则能够纠正过错责任原则对权利人举证要求过苛而对侵权人失之过宽与无过错责任原则对权利人保护比较充分而对知识产品使用人失之过严这两者的偏差。当侵权损害结果发生时,法律推定行为人有过错并要求其提出无过错抗辩,若无反驳事由,或反驳事由不成立,即确认侵权人有过错并应承担赔偿责任。
>
> 应该指出的是,知识产权侵权赔偿的过错推定责任,是一种特殊过错推定,即法律规定侵权人不能仅证明自己已尽到注意义务,而要证明有法定抗辩事由的存在,方能表明自己主观上无过错,从而对损害不承担赔偿责任。关于法定抗辩事由,一般在相关具体法律制度中应有明确规定。适用过错推定责任原则的意义在于:法律责令侵权人承担举证责任,可以免除作为原告的权利人的举证困难(优于过错责任原则),同时也使得侵权人有抗辩的机会,不至于仅因损害结果而负赔偿责任(不同于无过错责任原则)。在知识产权实务中,让当事人对他不能预见,或并不希望发生的损害事实承担赔偿责任,在大多数情况下是有失公正的,也是违背自然法则的。当然,法律上的过错推定"实为保护被害人之技术运用,旨在保护

---

① 汤宗舜:《专利法教程》,法律出版社2003年版,第232页。
② 郑成思:侵害知识产权的无过错责任,《中国法学》1998年第1期,第81—90页。

被害人之利益"。总之,实行这一归责原则,可以使知识产权所有人免除举证责任而处于有利地位,有利于制裁那些虽无过错但缺乏反驳事由的侵权行为。①

思考问题:

在没有明确的法律规定的情况下,坚持过错推定规则是不是比适用严格责任或过错责任规则更不合理?即便法律依据不是问题,过错推定规则与严格责任规则相比,制度管理成本有多大差异?何者能够节省更多的社会成本?

本书倾向于认为,专利法区别对待不同类型的直接侵权行为,设置了不同的归责原则。对于制造专利产品的侵权行为,追究严格责任;对于许诺销售、销售和使用侵权产品的行为,追究过错责任。这一解释大体上都能够得到现有专利法字面意思的支持。比如,如前所述,《专利法》(2008)第 60 条第 1 款前半句规定"未经专利权人许可,实施其专利,即侵犯其专利权";第 70 条的规定,"为生产经营目的使用、许诺销售或者销售不知道是未经专利权人许可而制造并售出的专利侵权产品,能证明该产品合法来源的,不承担赔偿责任。"这应该表明,在销售和使用者不存在主观过错的情况下,并不需要为自己的行为承担赔偿责任,而制造者没有获得类似的特殊优待,言下之意即便不知道自己的制造行为侵权,依然要承担损害赔偿责任。相对制造者而言,专利法减轻销售者或使用者的责任有一定的合理性基础:在产品来源明确的情况下,追究源头的严格责任通常可以保证专利权人的利益,无需过度追索。

在司法实践中,法院实际上大多认为制造侵权产品的行为人应承担严格责任,而无需考虑所谓的过错问题。比如,在苏继挺 v. 金百利公司(广东高院(2005)粤高法民三终字第 15 号)案中,法院认为:"我国《专利法》第六十三条第二款规定,为生产经营目的使用或者销售不知道是未经专利权人许可制造并出售的专利产品,能证明其产品合法来源的,不承担赔偿责任。该条针对的是使用、销售侵权行为,而非制造侵权行为,制造侵权行为不适用我国《专利法》第六十三条第二款的规定。我国《专利法》没有规定主观过错为专利侵权构成要件。上诉人没有获得本案专利权人苏继挺的许可,生产了被控侵权产品,时间长达近两年。上诉人金百利公司依法应承担相应的侵权赔偿责任。"

2.2 "知识产权请求权"

学术界对于民事侵权的责任形式的理解差异,也使得过错责任或严格责任的争议变得更加复杂。部分民法学者强调停止侵害、消除危险之类的救济措施实际上并非侵权者所承担的民事责任,而是权利人行使所谓的"物上请求权"的自然结果,是一种物权法上的救济,而非侵权责任。权利人寻求停止侵害之类救济时,无需证明侵害者有所谓的过错。换句话说,法院并不是按照侵权法的逻辑在处理问题。在这些学者看来,只有损害赔偿才是真正的侵权责任。寻求损害赔偿时,

---

① 吴汉东:试论知识产权的"物上请求权"与侵权赔偿请求权——兼论《知识产权协议》第 45 条规定之实质精神《法商研究》2001 年第 5 期,第 3—11 页。

权利人需要证明侵权者有所谓的过错。这一民法理论上的区分，并没有为中国的立法者所接受。无论是《民法通则》还是《侵权责任法》都笼统地将停止侵害、消除危险、赔偿损失等作为民事责任的形式加以规定。因此，部分学者以停止侵害实际上并不要求过错为由，来说明著作权侵权无需过错。这实际上人为地制造了很多混乱。<u>本书不严格区分赔偿损失与其他救济方式，但是在讨论过错责任或严格责任时，通常仅仅限于赔偿损失这一责任形式。</u>①

知识产权请求权理论套用传统的物权请求权理论，将专利权"物权化"，将停止侵权、排除妨碍直接视为专利权自身的内在要求，而不是侵权的内容。这一理论轻松避免了在"停止侵权、排除妨碍"方面考虑行为人的主观过错的争议，但是依然没有解决侵权损害赔偿责任是否需要行为人有过错的争议问题。可以想见，在立法者作出正式的澄清之前，中国知识产权界对于侵权归责的争论还将持续下去。

试论知识产权的"物上请求权"与侵权赔偿请求权
知识产权请求权的特点

吴汉东：试论知识产权的"物上请求权"与侵权赔偿请求权
——兼论《知识产权协议》第45条规定之实质精神
《法商研究》2001年第5期，第3—11页

……

知识产权的"物上请求权"主要包括排除妨害请求权与消除危险请求权，这是一种请求停止侵害的物权之诉。请求停止侵害，既包括请求除去现实已经产生之侵害，也包括预防将来可能出现之侵害。当知识产权受到或可能受到侵害时，权利人可以请求侵权人停止侵害，也可以请求法院责令侵权人停止侵害。

知识产权所适用的排除妨害、消除危险的"物上请求权"，具有以下基本特点：

第一，该项请求权基于知识产权而产生。它虽然是要求他人为一定行为或不为一定行为的请求权，但不同于以给付为内容的债的请求权。"物上请求权"自物权法领域引进知识产权领域，来源于知识产权自身的支配内容，由于"物上请求权"可以使知识产权恢复圆满状态和支配力，因此，它是知识产权效力的体现。"物上请求权"与侵权损害赔偿请求权、返还不当得利请求权等形成了对知识产权保护的制度体系，上述各类请求权在性质上是不同的，其功能和作用也是不能相互取代的。

第二，该项请求权与知识产品的利用相联系而存在。它是一种防止或排除他人非法利用知识产品的请求权，因此不同于针对有体物保护而设定的物权请求权。所有权的客体系有体物，在一定时空条件下只能为特定主体所单独使用，物权之请求权针对实物的保护，设定了返还原物、恢复原状、排除妨害、消除危险等各种保护方法，以排斥非所有人对其所有物进行不法侵占、妨害或毁损。知识产权的客体系精神产物，在一

---

① 崔国斌：《著作权法：原理与案例》，北京大学出版社2014年版，第690页。

定时空条件下可以被若干主体共同使用,包括合法使用与非法使用。知识产权之请求权针对知识产品的上述特征,规定了排除妨害、消除危险的保护方法,以排斥非权利人对知识产品进行不法仿制、假冒或剽窃。由于知识产权与所有权在客体方面的差异,其侵权行为的类型不同,因此请求权的内容也有所不同。

第三,该项请求权在构成条件上不考虑行为人的主观过错。它是一种旨在恢复权利圆满状态的"物上请求权",与债权之诉中以填补损害为已任的侵权赔偿之请求权有所不同。知识产权的"物上请求权"之提起,只需证明侵权人已实施了侵犯或妨碍其知识产权的行为,便可以行使排除妨害、消除危险的请求权,不必就行为人是否有故意与过失的问题举证。这是"物上请求权"与侵权赔偿请求权的显著差别。

……

"物上请求权"虽不是一项独立的权利,但在大陆法系许多国家的民法中,却是一种得到普遍承认的民事法律制度。在我国,《民法通则》并没有将"物上请求权"作为物权和知识产权所附设的请求权,而是将返还原物、停止妨害等作为民事责任形式加以规定的。这即是说,"物上请求权"与侵权赔偿请求权合并为民事责任,物权保护方法与债权保护方法简化为一种请求权形式。对于这种立法例,学术界颇生争议。笔者认为,承认和确立"物上请求权"制度是必要的,也是可行的。

2.3 善意者的继续使用

《专利法》第 70 条规定:"为生产经营目的使用、许诺销售或者销售不知道是未经专利权人许可而制造并售出的专利侵权产品,能证明该产品合法来源的,不承担赔偿责任。"这应该表明,在销售和使用者不存在主观过错的情况下,并不需要为自己的行为承担赔偿责任。但是,这里对于专利的使用者在了解相关产品或方法的侵权属性之后,是否能够继续使用该侵权产品或方法,则缺乏明确的规定。

单纯从法条的逻辑看,似乎对使用者不利,因为《专利法》第 11 条笼统地设置了使用权,后面第 70 条设置了侵权例外,那么没有明确例外的似乎应该是侵权行为了。① 最高人民法院在澳诺(中国)制药有限公司 v. 湖北午时药业股份有限公司、王军(最高人民法院(2009)民提字第 20 号)案中,明确善意销售者不承担赔偿责任,但是承担停止侵权的责任。

当然,在所谓主观过错问题上,《专利法》区别对待制造和销售两种行为。在司法实践中,法官在被告无法证明指明自己销售的侵权物来源的情况下,可能直接将销售者推定为制造者。这时候,确定其有无所谓的主观过错,就变得没有意义。比如长沙中联重工科技发展股份有限公司 v. 深圳市久润机械设备有限公司(湖南高院(2004)长中民三初字第 426 号)案:

> 关于被告久润公司承担是生产者侵权责任,还是使用者侵权责任的问题……

---

① 《专利法》(1984)最初在第 62 条规定"使用或者销售不知道是未经专利权人许可而制造并售出的专利产品的",不视为侵犯专利权。对比前后法律条文,还是有显著变化的。

被控侵权物的善意销售、使用者构成专利侵权,但不承担赔偿责任。本案的被控侵权物系从被告久润公司生产的输送泵中提取,被控侵权物没有任何来源标记,[作]为构成被告久润公司生产的输送泵的部件,应视为被告久润公司生产。被告久润公司没有提供符合法律规定的证据证明该被控侵权物来源于被告久润公司之外的民事主体,其生产者的侵权责任不能免除。被控侵权物是作为输送泵的部件之一与其他部件构成输送泵产品整体被被告久润公司销售给被告深联公司的,被告久润公司同时亦为被控侵权物的销售者。对被告久润公司称其为被控侵权物的善意使用者的抗辩理由,本院不予采信。专利侵权产品的生产者、制造者的侵权归责原则采取的是无过错责任,不以主观明知为构成要件,只要行为人存在生产、制造侵犯专利权产品的客观事实,行为人应承担专利侵权的民事责任。被告久润公司的专利侵权责任不能免除。

3 权利要求解释

《专利法》(2008)第59条:

发明或者实用新型专利权的保护范围以其权利要求的内容为准,说明书及附图可以用于解释权利要求的内容。

外观设计专利权的保护范围以表示在图片或者照片中的该产品的外观设计为准,简要说明可以用于解释图片或者照片所表示的该产品的外观设计。

3.1 权利要求解释的基本原理

3.1.1 权利要求解释的目标

在确定权利要求的内容范围时,不可避免要对权利要求、说明书和相关申请文件等文本进行解释。权利要求解释的最终目的是确定<u>熟练技术人员所理解的申请人原本赋予权利要求的确切含义</u>。显然,这一解释是在确定权利要求的相对客观的含义(相对熟练技术人员),而非专利申请人纯粹主观的真实意思。申请人的主观意思只有能够被熟练技术人员感知时才能够起到界定权利要求范围的作用。

关于权利要求解释过程中,申请人的真实意思的相关性,本书作者在一篇论文中有如下的观察:"实际上,法院通过专利文献对权利要求进行解释,并不关心发明人的真实意思或者作者个人事后对于某些文字的特殊理解,而是要揭示普通公众(普通技术人员)基于专利文本所获得的理解。发明人在专利授权后对于权利要求中相关术语含义的证词,在法律上没有什么意义。离开客观文本(说明书、权利要求书等)的支持,发明人关于权利要求范围的意思表示均不会得到支持。所谓的'禁止反悔'原则,好像是对发明人真实意愿的一种诉求,实际上这也仅仅限于文本本身所记载的发明人通过书面所作出的放弃,这种放弃能够由公众通过文本阅读而获得。"[①]

---

① 崔国斌:《专利技术的等同比较》,载郑胜利主编:《北大知识产权评论》2002年第1卷,第48页。

在解释权利要求时，我们追求的是专利权利要求的客观含义，但这并不妨碍专利申请人按照自己定义的含义来使用特定的词汇。这在很多新技术领域尤为重要——在这些领域，可能还没有现成的准确词汇来描述某些技术特征，发明人必须在现有词汇的基础上重新定义，从而保证其能够准确地描述其技术方案。

上海摩的露可锁具制造厂 v. 上海固坚锁业有限公司

最高人民法院(2013)民提字第113号

周翔、杜微科、周云川法官：

伸缩联动器并非涉案专利申请日前本领域中已有的技术术语，是专利申请人自行创设的技术术语。一方面，根据《中华人民共和国专利法》(2008年修订)第二条第二款的规定，"专利法所称发明，是指对产品、方法或者其改进所提出的新的技术方案。"由于人类语言相对于客观世界具有滞后性，其总是随着客观世界的发展、进步而不断丰富。对于一项申请日之前未曾出现过的新的技术方案而言，仅仅使用申请日之前已有的技术术语，专利申请人可能难以准确、客观地描述该技术方案相对于现有技术所作出的改进。因此，为了满足描述新的专利技术方案的客观需要，应当允许专利申请人在撰写专利申请文件时使用自行创设的技术术语。另一方面，由于自行创设的技术术语的含义并不为本领域普通技术人员所知悉，故专利申请人在使用自行创设的技术术语时，亦有义务在权利要求书或者专利说明书中对该技术术语进行清楚、准确地定义、解释或者说明，以使得本领域技术人员能够清楚地理解该技术术语在专利技术方案中的含义。

在确定自行创设的技术术语的含义时，应当综合考虑权利要求书、说明书、附图中记载的与该技术术语相关的技术内容。权利要求书、说明书中对该技术术语进行了清楚、明确的定义或者解释的，一般可依据该定义或者解释来确定其含义。权利要求书、说明书中未能对该技术术语进行清楚、明确的定义或者解释的，则应当结合说明书、附图中记载的与该技术术语有关的背景技术、技术问题、发明目的、技术方案、技术效果等内容，查明该技术术语相关的工作方式、功能、效果，以确定其在涉案专利整体技术方案中的含义。

3.1.2 权利要求解释的原则

权利要求解释要遵循诸多的法律原则：

首先，应当确立权利要求本身在界定保护范围方面的统治地位，即强调以"权利要求的内容为准"。解释者要做的工作是解释，而不是重写权利要求，否则专利法上的诸多实质审查制度都会在这一环节被架空，同时社会公众对于权利边界的预期也会失去。

其次，在权利要求字面内容不清楚、需要解释的情况下，可以利用说明书及附图来解释权利要求的内容。这里同样要强调，权利要求以外的文件只能用来解释，而不是直接限定权利要求。解释者不能将这些文件中的限制读入权利要求，从而威胁权利要求的独立地位。

最后,在解释权利要求时,还需要遵守普通的法律文本解释规则以及专利法上所特有的解释规则。法律文本解释所采用的一般性规则,比如目的解释、整体解释、历史解释等依旧适用。专利法上所特有的解释规则,主要是指禁止反悔原则、捐献原则、功能性限定语言的解释规则等。禁止反悔原则是指申请人(专利权人)在专利申请或无效宣告过程中放弃的技术方案事后不能被重新解释进入权利要求。[①] 这有点类似于一般意义上的历史解释规则。而捐献原则是指"对于仅在说明书或者附图中描述而在权利要求中未记载的技术方案",不能被解释进入权利要求。[②] 禁止反悔和捐献原则主要在等同侵权案件中发挥作用,因此,在后文"等同侵权"一章有进一步的讨论。

下面的 Autogiro Co. of America v. United States 案阐述了专利侵权判断过程中的诸多基本问题,比如法官解释权利要求的基本原则、解释所参考的文本范围、等同原则、禁止反悔原则等等。至今读起来,依然雄辩有力,发人深省。

Autogiro Co. of America v. United States

384 F.2d 391(1967)

Durfee 法官:

……

专利的权利要求对发明进行简洁而正式地的定义。权利要求是一些编号的段落,它们"特别指出并明确主张申请人视为其发明的保护客体"([专利法]35 U.S.C. §112)。这是在判断是否存在侵权时必须要看的文字表述。法院不能拓宽也不能限缩权利要求,以至于使得专利权人得到不同于他当初界定的东西。不论作出政策性决定或实现公平的诱惑有多大,法院都不能重写权利要求(rework claims)。法院只能解释它们。虽然法院受制于(confined by)权利要求的语言,但是在解释权利要求的含义时,它们并不局限于(confined to)权利要求的文字。

法院偶尔会局限于权利要求的文字。当权利要求被认为是清楚而不模糊时,法院在判断它们内容时不会超越该权利要求的文字。法院同时也指出,权利要求毫不模糊(free from ambiguity)这一事实,并非限制利用那些可以帮助更好理解权利要求含义的材料的理由。

我们发现,上述两种方法都是假想的。权利要求表面看来不可能是清楚而不模糊的。肯定会有一个对比存在。一项权利要求的清晰程度要看它所要努力传达的思想。只有在知道该思想之后,人们才能判断现实究竟蒙上多少阴影。

文字的本质决定着只有在很少的情况下权利要求才会清楚而不模糊。在讨论法律的解释时,最高法院 Frankfurther 法官对文字的不准确性有下列评论:

---

① 《最高人民法院关于审理侵犯专利权纠纷案件应用法律若干问题的解释》(2009)第6条。
② 同上注,第5条。

它们是代表意义的符号。但是,与数学符号不同,一个文件,尤其是一个复杂的立法文件的措辞,很少能够获得比大致准确(approximate precision)更多的准确性。如果单个的词语是不准确的符号,带有不断变换的变量,则它们的编排(configuration)很难获得不变的含义或确定的精确度……

专利权利要求中文字不准确的程度并不比法律条文中文字的不准确度要小。法律条文本质上是将思想落实为文字。在法律制定的过程中,文字表述的能力至关重要,因此立法者发展出很强的语言能力,而发明人却没有与之平等的语言能力。发明大多以有形的结构或一系列图案的形式存在。文字描述通常是事后写下来用于满足专利法的需要。将机器转化为文字,允许存在无意之中留下的难以作出令人满意的补充的思想空隙(idea gaps)。常常发明是新颖的,而现存的词汇并不能描述它。字典并不总是能够跟上发明人的脚步。实际上也不可能。事物不是因为词汇而存在,相反,词汇为事物而存在。为了克服这一滞后,专利法许可发明人做自己的词汇编纂者……

许可专利权人使用自己的词汇,会增加理解权利要求的难度。准许使用新词汇或者对旧词汇的组合,不仅使得人们不再确信什么是玫瑰,而且也不确定一个玫瑰还是否是玫瑰。因此,我们发现如果不超过权利要求自身,权利要求根本就不能被解释。无论一个权利要求看起来是多么的清楚,藏在背后的文件可能完全打乱对该权利要求含义的最初理解。

一套合理而系统的权利要求解释方法的必要性,是不证自明的。"一些东西人们选择让它是什么意思,它们就是什么意思"的"爱丽丝在仙境"(Alice-in-Wonderland)式的观点,能够使阅读很有趣味,却是很糟糕的法律。权利要求最好和专利文献的其他部分以及专利申请的产生背景联系起来进行解释。在利用所有专利文献的过程中,不能刻板地坚持所谓沿用已久的专业术语[的含义]而牺牲这些文献的价值。专利法上充满着权利要求解释的宏大却价值很低的规则,很少能够为解释复杂的权利要求提供有用的指导。相反,这些学说只是给权利要求的解释增加了新的困惑……

II

在获取权利要求的含义时,我们审查所有有用的文献,以获得 Holmes 法官所说的"感知到的含义"(felt meaning)。为了达到这一目标,我们利用专利的三个部分:说明书、绘图和申请历史文件(file wrapper)。

说明书。1952 年专利法的第 112 条要求说明书描述制造和使用发明的方式方法,以便任何专利领域的熟练技术人员都可以利用它。在实现法定目的时,说明书能够帮助确定权利要求中所用语言的范围和含义,因为权利要求和说明书中的文字必须按照相同方式使用(U.S. Pat. Off. Rule 75(d))。将说明书作为权利要求对应物的做法,几乎被每一个法院所接受,也是专利法上的基本概念。大部分法院简单地宣称说明书会被用来解释权利要求;另外一些用不同的术语表达该意见,效果是相同的。下列表达就反映了后一方法:(1)专利权人最宽的权利要求不得超过其实际发明。(2)必须参考说明书以判断被告所做的与专利所披露的装置之间在多大程度上是一致的。

(3) 虽然说明书或许可以用来限制权利要求,但是它不能用来扩张权利要求……

说明书解释了发明人所认为的实施发明的最佳实施例。这一发明实施例并不限制权利要求的范围。权利要求解释不得利用最佳实施例,因为专利权人无须为对抗侵权活动而在说明书中罗列所有可能的侵权装置。但是,如果说明书没有将某一实施例或某一类实施例(embodiments)称作最佳实施例(best mode),则该引述在权利要求解释时可能有价值。这时,专利权人所描述的实施例就是发明自身,而不仅仅是实施该发明的方式之一。

附图。专利可能含有附图。在视图能够充实文字的场合,绘图可以像说明书文字那样被使用而起到同样的限制作用……

申请历史文件(file wrapper)。申请历史文件包含从首次申请文件到授权专利的专利局的全部程序记录。因为专利申请人所做的促成专利授权的所有公开陈述都在申请历史文件中,这些材料为专利授权前的历史提供了准确的记录。申请历史文件的一个用途是"申请历史禁止反悔"(file wrapper estoppels),这是专利局申请程序(prosecution)和专利侵权诉讼程序中类似的禁止反悔原则的应用。专利申请人必须说服专利审查员,他的发明符合法律要求;否则专利不会得到授权。当专利申请被驳回后,申请人将增加新的特征或限制,以促使专利局授予专利权。当专利被授权后,专利权人不能抛弃这些修正,而去寻求一种会忽略这些修正内容的解释。他不能在专利局面前将权利要求解释的很窄,后来在法院却将权利要求解释得很宽。申请历史文件禁止反悔原则在权利要求解释时实现两个功能。申请人的陈述不仅定义术语,而且也设定了篱笆,对权利要求含义进行限制。当申请历史文件揭示了什么是权利要求所涵盖的内容或者什么是它所不涵盖的内容时,这些结果就会显现。

申请历史文件还有更宽更一般的用途。这就是像利用说明书和附图那样,利用它去判断权利要求的范围。比如,申请历史文件中所引用的在先技术就是以这种方式被使用。在适用"申请历史文件禁止反悔"时,不是在先技术本身导致[禁止反悔]的适用,而是申请人所默认的关于在先技术的内容[导致禁止反悔的适用]。作为广义的来源文献(source material)使用时,申请历史文件中所引用的在先技术对"权利要求不涵盖什么"给出提示……

III

使用专利的多个部分去判断权利要求的含义,仅仅是专利侵权认定的前半程。后半程是"比对权利要求和被控侵权结构物"。如果权利要求字面上涵盖了被控侵权的结构,则侵权审查的最初障碍被清除。竞赛并没有因此而结束;它只是刚刚开始。因为法律要对发明人的天才而不是申请撰写者的文字才能给予利益回报,所以权利要求不仅要在字面上涵盖被控侵权的结构,而且该结构必须"以实质相同的方式,做相同的工作,实现实质相同的结果"。这一方法使得字面上的覆盖仅仅是侵权审查的一个步骤,而不是全部。从 Westinghouse v. Boyden Power Brake Co., 170 U.S. 537 (1898) 案开始,这一方法一直被法院持续适用。在 Westinghouse 案中,Brown 法官指出:

专利权人可能会证明被告落入其权利要求的字面范围,但是如果被告大大改变了该装置的原理,以至于专利权利要求的字面解释已经不再代表他的实际发明,他作为一个侵权者几乎不应受到惩罚,他就像一个人违反了法律条文的字面规定不得不被判有罪,但是却没有做任何违背法律精神和意图的事情一样。

如果权利要求并不从字面上涵盖被控侵权的结构,侵权并不必然被排除。等同原则在权利要求周围投射出一圈阴影。如果不想侵权,必须避免该阴影区域。依据等同原则,如果被控侵权的结构与权利要求中的方案相比,为了实质相同的目的,以实质相同的方式,实现实质相同的功能,则该结构构成侵权,而不要求它被该权利要求的字面意思所涵盖。等同是忽略字面覆盖的对立面。忽略字面覆盖是要保护被控侵权者;等同原则则是要保护专利权人。最高法院在 Graver Tank Mfg. Co. v. Linde Air Products Co. 案中解释了等同原则的合理性:"许可在没有复制每一个字面细节(literal detail)的情况下,对专利发明进行模仿,将会使得专利保护变得空洞而无用。这样的限制将使得肆无忌惮的抄袭者有隙可乘(甚至是鼓励):对发明进行不重要的和非实质性的改变或替换,虽然没有增加什么,却足以使得所抄袭的内容超出权利要求的范围,因此也在法律保护的范围之外。"

防止内容屈从于形式、避免剥夺发明人对发明所享有的利益,这一过程不能标准化。虽然每一个专利的等同的范围都不同,还是能够划定一些一般性的原则。一个重要的指标是,该领域熟练技术人员是否知道某个专利组分与非专利组分之间的互换性。另一原则是,开创性专利(pioneer patents)比微小的改进专利获得更宽范围的等同保护。上述原则与其说是权利要求解释的准则,还不如说是法律和专利自身要求的简化表述(shorthand expression)。等同原则受制于申请历史禁止反悔原则。如果一个方案意味着申请人向专利局明确表述过的限制性特征被消除,则等同原则不能涵盖该方案。因此,如果为避免在先技术而对专利范围进行了严格限制,则在专利和触发禁止反悔原则的点之间等同的范围就很小。相反,如果专利远离在先技术,则等同原则的适用范围就很大。专利的范围也影响等同的范围。对于开创性发明,假若其范围为6英寸的一个圈,等同的幅度是50%,则等同范围有3英寸。对于一个改进发明,如果范围为2英寸的一个圈,在相同的等同幅度下,则等同范围只有1英寸。因此,在相对等同幅度相同的情况下,开创性专利的绝对等同范围较大。

IV

总之,专利侵权判断的过程由两个步骤组成。首先,必须在参考所有相关专利文件之后,确定诉争权利要求的含义。其次,权利要求必须涵盖(字面或等同)被控侵权的结构。权利要求在字面上涵盖被控侵权的结构,并没有太大的意义。要构成侵权,关键是该结构必须在做同样的工作,以实质相同的方式实现实质相同的结果。这就是本院在本案中用来判断针对所有权利要求的侵权行为的一般方法。

……

思考问题：

(1)"法院不能拓宽也不能限缩权利要求，以至于使得专利权人得到不同于他当初界定的东西。"权利要求解释真的只是要努力理解专利权人"当初界定的东西"？这一原则在侵权案件中的应用常常会遇到这样的困难：侵权发生时，技术进步很快，特定术语在申请时的含义（范围）与侵权时的含义（范围）已经发生很大的变化，这时候究竟是否应该依据侵权时已经扩大的范围来解释权利要求呢？为什么？

(2)法院在解释权利要求时，如何受制于但又不能局限于权利要求的文字？定义权利要求中的特定词语，通常要参考说明中的文本。但是，同样的原则是"说明中的限制条件不能被读入（引入）权利要求之中。"问题是，究竟如何划定二者之间的界限呢？

徐永伟 v. 宁波市华拓太阳能科技有限公司

最高人民法院（2011）民提字第64号

王永昌、李剑、宋淑华法官：

徐永伟于2005年1月11日向国家知识产权局申请了一种名称为"太阳能手电筒"的发明专利，国家知识产权局于2008年10月8日授予其发明专利权并公告，专利号为ZL200510023199.0。该专利至今有效。该发明专利的权利要求共8项，权利要求1为：一种太阳能手电筒，其包括有手电筒的筒体、灯头、灯座、开关，灯头与筒体进行连接，筒体里内置有充电电池作为电源，同时手电筒上安装有控制电源断通的开关，筒体的外表面固定有太阳能电池板，太阳能电池板的输出与筒体内的充电电池进行并联连接，其特征在于所述的太阳能电池板与在外面的、保护太阳能电池板的、透明的罩盖组成可脱卸的部件，同时，筒体的表面开有配合的安装孔，罩盖的前部有前缘部分，与安装孔的前沿呈插接连接，罩盖的后端面上开有小孔，紧固有紧固件，紧固件与筒体的后部里表面进行配合固定，使该部件能够通过可脱卸的连接结构安装固定在筒体的外表面安装孔上。

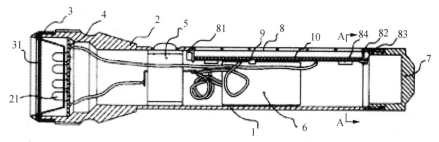

华拓公司生产、销售过被诉侵权的太阳能手电筒，并在其网站上和产品宣传册中进行许诺销售……

浙江省宁波市中级人民法院一审认为，在被诉侵权产品与涉案专利权利要求1的比对中，双方当事人对于被诉侵权产品包含权利要求1中前序部分的全部技术特征，均无异议；但对于被诉侵权产品是否包含权利要求1中特征部分的全部技术特征，存在争议。华拓公司提出被诉侵权产品不具备其中"太阳能电池板与透明罩盖组成可脱卸的部件"和"该部件通过可脱卸的连接结构安装固定在筒体的外表面安装孔上"这两个技术特征。但其在庭审中承认被诉侵权产品在安装时太阳能电池板和透明罩盖是分离的，两者与手电筒筒体的连接方式也与专利权利要求1所描述的插接连接和紧固件连接相同。其同时提到，被诉侵权产品在安装之前筒体的尾端是开放的，太阳能电池板和透明罩盖安装上去后，就通过高压冲压方式将筒体尾端密封起来，非经破坏性方式，筒体后端盖无法打开。因此，华拓公司认为，被诉侵权产品的太阳能电池板和透明罩盖事实上无法脱卸，太阳能电池板与透明罩盖作为整体也无法与筒体脱卸。

涉案专利的发明目的之一就是通过可脱卸式的安装结构，以方便拆换太阳能电池板。权利要求1只对太阳能电池板与透明罩盖的连接关系进行了描述，但这种连接方式要实现其发明目的，需建立在手电筒筒体本身可以拆开的基础上。专利说明书的背景技术和实施例描述了筒体后端可以打开后端盖的特征，而被诉侵权产品的筒体后端由于非经破坏性手段不能打开，尽管其太阳能电池板与透明罩盖及两者与筒体的连接方式都与专利一样，也不能实现专利的发明目的。故华拓公司认为被诉侵权产品缺少专利的两个必要技术特征，没有落入涉案专利权的保护范围。

[一审法院认定侵权，二审法院作出相反判决。]

徐永伟不服原二审判决，向本院申请再审称，1. 电筒"后端盖"不是专利权利要求1记载的技术特征，后端盖是否可以人力打开，是基于不同客户的需求而制作。即使后端盖无法人力打开，通过台钳、人力冲床等专业工具也可以打开和压上。原二审判决以后端盖不能人力打开为由认定被诉侵权产品未落入专利权的保护范围，错误地限制了专利权的保护范围。2. 专利技术特征中的"可脱卸"是指，电池板与罩盖之间可脱卸，电池板、罩盖与筒体之间可脱卸。后端盖是否可打开与上述"可脱卸"无关。被诉侵权产品已全面覆盖了专利权全部技术特征，应依法认定构成对涉案专利权的侵犯……

被申请人华拓公司辩称，根据说明书实施例的记载，涉案专利的发明目的是方便电池板的更换，在更换时，要拧开电筒后端盖。因此，后端盖不能打开，就无法实现电池板的可脱卸，二审判决不构成侵权，并无不当。此外，即使可以通过专业工具打开后端盖，但是电筒的普通消费者不可能有该专业工具。

……

本院再审认为，本案当事人争议的焦点问题是，1. 被诉侵权产品的后端盖不能通过人力打开是否意味着其不具有专利权利要求中的"可脱卸"特征。2. 若专利侵权成立，如何确定赔偿数额。

关于第一个焦点问题，首先，能否以"后端盖"限制本案专利权的保护范围。根据2001年修正的专利法第五十六条规定，发明或者实用新型专利权的保护范围以其权利要求的内容为准，说明书及附图可以用于解释权利要求。权利要求的作用在于界定专利权的权利边界，说明书及附图主要用于清楚、完整地描述专利技术方案，使本领域技术人员能够理解和实施该专利。而教导本领域技术人员实施专利的最好方式之一是提供实施例,但实施例只是发明的例示,因为专利法不要求、也不可能要求说明书列举实施发明的所有具体方式。因此,运用说明书及附图解释权利要求时,不应当以说明书及附图的例示性描述限制专利权的保护范围。否则,就会不合理地限制专利权的保护范围,有违鼓励发明创造的立法本意。本案中,对于电筒"后端盖",专利权利要求书并未记载,仅是说明书的实施例部分及附图部分有所提及。如上所述,将"后端盖"作为界定本案专利权保护范围的依据之一,是不正确的。

其次,"后端盖"是否属于本案专利所述的"可脱卸"部件或连接结构。专利权利要求1记载的技术特征涉及"可脱卸"的有:(1)太阳能电池板与在外面的、保护太阳能电池板的、透明的罩盖组成可脱卸的部件;(2)使该部件能够通过可脱卸的连接结构安装固定在筒体的外表面安装孔上。另据说明书的描述,专利权利要求1中的"可脱卸"是指,电池板与罩盖之间的可脱卸,罩盖、电池板与筒体之间的可脱卸,而后端盖的开合是指,后端盖与筒体之间的可脱卸。显然,后端盖的开合与权利要求书、说明书所述的两个"可脱卸"均非同一涵义。此外,专利审查档案记录了专利授权过程,反映了审查员与专利申请人交涉的具体情形,对于专利权保护范围的确定亦有解释作用。本案中,华拓公司在申请再审中提交的专利审查档案显示,所述的可脱卸的连接结构为筒体的表面开有配合的安装孔,罩盖的前部有前缘部分,与安装孔的前沿呈插接连接,罩盖的后端面上开有小孔,紧固有紧固件,紧固件与筒体的后部里表面进行配合固定。故进一步印证,后端盖不属于本案专利所述"可脱卸连接结构"的组成构件。因此,专利权利要求中"可脱卸"部件或者连接机构等技术特征不受后端盖是否开合的限制。

再次,假使考虑"后端盖"对于专利所述"可脱卸"的影响,"后端盖"的开合是否仅指通过人力实现。徐永伟提交了用以证明通过台钳、人力冲床可以实现后端盖开合的证据,而华拓公司在庭审中并未否认被诉侵权产品的后端盖可以通过非人力方式打开,但主张,专利所称的"可脱卸"仅指通过人力打开后端盖,而不包括借助专业工具。对此,徐永伟认为,太阳能手电筒与普通手电筒不同,更换太阳能电池板时需要电路的焊接,这是普通消费者无法完成的,需要技术人员处理,因此,专业人员通过工具打开后端盖,就可以实现电池板的脱卸。本院认为,说明书在实施例部分记载"后端盖7拧在筒体1上""打开后端盖7",说明书在背景技术部分提及手电筒的野外使用,但其强调是在无市电充电的野外环境下,利用太阳能进行充电,而不是意味着,电池板的拆换也必须在野外完成。因此,通过阅读说明书等专利文件,无法得出后端盖的开合仅指通过人力实现的结论。

综上,被诉侵权产品的后端盖不能通过人力打开,并不意味着其不具有专利权利要求中的"可脱卸"特征。另外,华拓公司认可,被诉侵权产品的太阳能电池板与罩盖在安装之前不是直接做成一体,与筒体也不是直接做成一体,而是作为分离的部件安装到筒体上。而且,被诉侵权产品的太阳能电池板、罩盖安装固定在筒体上的连接方式是,筒体的表面开有配合的安装孔,罩盖的前部有前缘部分,与安装孔的前沿呈插接连接,罩盖的后端面上开有小孔,紧固有紧固件,紧固件与筒体的后部里表面进行配合固定,使该部件安装固定在筒体的外表面安装孔上。因此,被诉侵权产品具备了专利权利要求1的全部技术特征,落入专利权的保护范围,华拓公司的行为构成对涉案专利权的侵犯。

思考问题:

法院对于诉争限制特征的解释,符合发明目的吗?

3.1.3 内部证据:说明书的作用

专利法(2008)第59条:

> 发明或者实用新型专利权的保护范围以其权利要求的内容为准,说明书及附图可以用于解释权利要求的内容。
>
> 外观设计专利权的保护范围以表示在图片或者照片中的该产品的外观设计为准,简要说明可以用于解释图片或者照片所表示的该产品的外观设计。

说明书在解释权利要求方面的作用,非常微妙。由于专利法强调以"权利要求的内容为准",这意味着解释者一般不能将说明书或附图中"有"但权利要求中"无"的特征读入权利要求,否则,如前所述,界定保护范围时就无法做到以"权利要求的内容为准"了。

不过,权利要求中"有"和"无"的判断并非简单地依据权利要求字面表述。申请人常常因为追求文字简炼、人为疏失或其他原因而没能在权利要求中描述发明的某些限制特征。而熟练技术人员通过阅读说明书及附图,相信该未提及的特征也是权利要求所覆盖发明的定义特征之一,则解释者应当通过文字解释将该特征纳入诉争权利要求。这一过程的关键是熟练技术人员对于发明目的的把握。

对比下面两个案例,你觉得二者是否可以协调?究竟何者是在将说明书提及但权利要求未表述的限制特征读入权利要求,何者是合理的解释?

宁波市东方机芯总厂 v. 江阴金铃五金制品有限公司

最高人民法院(2001)民三提字第1号

蒋志培、王永昌、段立红法官:

1995年7月1日,机芯总厂(原宁波市江东东方机芯厂)获得了中国专利局授予的"机芯奏鸣装置音板的成键方法及其设备"发明专利权,专利号为92102458.4。该发明专利的[独立权利要求1:]一种机械奏鸣装置音板成键加工设备,它包括有在平板型金属盲板上切割出梳状缝隙的割刀和将被加工的金属盲板夹持的固定装置,其特征在于:a. 所述的割刀是由多片圆形薄片状磨轮按半径自小到大的顺序平行同心的组成一塔状的割刀组;b. 所述的盲板固定装置是一个开有梳缝的导向板,它是一块厚实而耐磨的块板,其作为导向槽的每条梳缝相互平行、均布、等宽;c. 所述的塔状割刀组,其相邻刀片之间的间距距离与所述导向板相邻梳缝之间的导向板厚度大体相等;d. 所述的塔状割刀组的磨轮按其半径排列的梯度等于音板的音键按其长短排列的梯度。

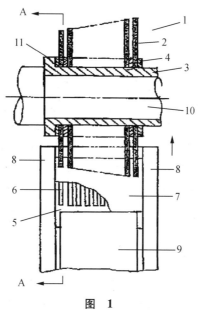

图 1

[本书作者注:其中,塔状割刀组(1),磨轮(刀片)(2),芯套(3),隔圈(4),导向板(5),梳状导向槽(梳缝)(6),盲板(7),定位板条(8)和(9),动力轴的芯轴(10)。]

该发明的目的在于推出一种纯机械的导切法的加工方法和专用设备,使盲板的成键加工变得十分简单,设备和加工成本降低,但音板的质量却得以提高。另外,该专利的说明书中还表明:"<u>在加工时由于盲板不是呈悬臂状腾空地接受旋转刀片的割入加工的,而是背贴在厚实的导向板上,被压块固定</u>,由于导向板质量大,所以,在加工时盲板不发生哪怕是微小的振动。所以,用本发明的设备和方法加工出的音板其音齿成形质量好,而且生产效率高。"

被控侵权产品也是生产机械奏鸣装置的设备,与专利技术相比,缺少金属盲板被夹持在开有梳缝的导向板上的技术特征,它的盲板没有被夹持在开有梳缝的与专利技术中形式结构相同的限位装置上,换言之,它的限位装置不是在盲板下,而是位于磨轮一侧。由于缺少这一技术特征,导致限位装置与导向板在分别与其他部件的结合使用过程中产生不同的结果:1. 作用不同。专利技术中导向板的作用一是固定音板,使其在切割过程中不发生振动,二是给磨轮限位,防止其在运转时发生晃动飘移。被控侵权产品中的限位装置只给磨轮限位,没有固定盲板的作用。2. 切割方法不同。专利技术在切割时,每片磨轮始终嵌入导向板的相应梳缝内并在其内往复运动,盲板被准确定位并夹固在导向板上。<u>被控侵权产品在切割时,盲板呈悬臂状腾空地接受旋转刀片的割入加工,没有被准确定位并夹固在其限位装置上</u>。3. 效果不同。专利技术在切割过程中由于导向板将盲板固定住,不发生振动,而被控侵权产品切割时盲板易产生振动,达不到该专利在效果上的目的。

……

江苏省高级人民法院二审认为:……由于专利说明书中已明确将盲板不固定在导向板上而是呈悬臂状腾空地接受旋转刀片的割入加工排除在权利要求之外。所以,被控侵权产品未落入专利权保护范围,金铃公司未侵犯机芯总厂的专利权……

机芯总厂申请再审称:……专利说明书中虽称:"采用导切法对机械奏鸣装置音板的成键加工带来的优点是割出的梳缝的平行度、均布度、等宽度、表面光洁度均能达到令人相当满意的程度,另外,在加工时由于盲板不是呈悬臂状腾空地接受旋转刀片的割入加工,而是背贴在厚实的导向板上,被压块固定,由于导向板质量大,所以,在加工时音板不发生哪怕是微小的振动。"但说明书所阐述的盲板"背贴在厚实的导向板上,被压块固定"这种方式是专利实施方案中最佳的实施例,并不是特指只有这一种方法;说明书所说"盲板不是呈悬臂状腾空地接受旋转刀片的割入加工"方法,并非将这种方法排斥在权利要求之外,而只是一种相互的比较,是对专利技术最佳实施方案的进一步描述……

金铃公司答辩称:……原审被上诉人的盲板加工设备与专利相比,缺少所述的导向板这一必要技术特征,其加工方法也因此不同。原审被上诉人的音板加工设备包括割刀组、盲板夹持装置两个基本部件,盲板是被呈悬臂状腾空固定在夹持装置上,并接受旋转刀片的割入加工的。这一点恰好是专利技术所克服的,是被专利权利要求排除在外的……

本院认为:针对机芯总厂申请再审的事实和理由以及金铃公司的答辩,本案主要涉及以下三个问题:

一、关于如何确定本案专利权的保护范围

根据我国1992年专利法第五十九条第一款、2000年专利法第五十六条第一款的规定,发明或者实用新型专利权的保护范围以其权利要求书的内容为准,说明书和附图可以用于解释权利要求。这里所说的权利要求,是指权利要求书中的独立权利要求,即从整体上反映发明或者实用新型的技术方案,记载为实现发明或者实用新型目的的必要技术特征的权利要求。在确定专利权的保护范围时,既不能将专利权保护范围仅限于权利要求书严格的字面含义上,也不能将权利要求书作为一种可以随意发挥的技术指导。确定专利权的保护范围,应当以权利要求书的实质内容为基准,在权利要求书不清楚时,可以借助说明书和附图予以澄清,对专利权的保护可以延伸到本领域普通技术人员在阅读了专利说明书和附图后,无须经过创造性劳动即能联想到的等同特征的范围。既要明确受保护的专利技术方案,又要明确社会公众可以自由利用技术进行发明创造的空间,把对专利权人提供合理的保护和对社会公众提供足够的法律确定性结合起来。根据这一原则,发明或者实用新型专利权的保护范围不仅包括权利要求书中明确记载的必要技术特征所确定的范围,而且也包括与该必要技术特征相等同的特征所确定的范围,即某一特征与权利要求中的相应技术特征相比,以基本相同的手段,实现基本相同的功能,达到基本相同的效果,对于本领域的普通技术人员来说无须经过创造性的劳动就能联想到的。对此,本院《关于审理专利纠纷案件适用法律问题的若干规定》第十七条专门作出了解释……

二、关于被控侵权产品和方法是否与专利技术等同,构成等同侵权

……

本院认真听取和分析了金铃公司的答辩意见。金铃公司辩称,盲板被准确定位并夹持在导向板上是机芯总厂专利必不可少的技术特征,本院对此并没有否认。正是因为盲板被固定在导向板上是机芯总厂专利的必要技术特征之一,才有被控侵权产品将这一必要技术特征分解成防震限位板和工件拖板两个技术特征而与之相等同的问题。金铃公司辩称其盲板加工设备与专利相比,缺少所述的导向板这一必要技术特征,与事实不符。因为被控侵权产品中的防震限位板与专利中的导向板结构相似,主要功能基本一致,只是名称不同,并非缺少导向板。金铃公司辩称其音板加工方法与专利不同,其盲板是被呈悬臂状腾空固定在夹持装置上,并接受旋转刀片的割入加工的,这一点恰好是专利技术所克服的,是被专利权利要求排除在外的。本院注意到机芯总厂专利说明书中载有"在加工时由于盲板不是呈悬臂状"的内容,但是,该内容是在说明书实施例的表述中出现的,并没有写入权利要求1或者9中。<u>按照权利要求不应该解释成局限于专利的实施例这一公认的原则</u>,金铃公司以其使用的设备或者方法包含有专利实施例中未出现的附加特征为由,试图排除在权利要求保护范围之外,显然缺乏根据。金铃公司辩称其音板加工设备中的限位装置与专利技术中的导向板不是等同技术的替代。但鉴定结论已经表明,专利中的导向板与被控侵权产品中的防震限位板在结构形状上相似,主要功能基本一致,两者技术特征的不同之处,对于具有机械专业知识的普通技术人员而言,无须创造性的劳动就能实现。因此,应当属于等同技术的替代。

……

原审法院对本案专利侵权与否的认定上存在以下错误:

……

2. 关于确定专利权保护范围问题。确定专利权的保护范围,应以权利要求书的内容为准,说明书和附图用于解释权利要求。说明书和附图只有在权利要求书记载的内容不清楚时,才能用来澄清权利要求书中模糊不清的地方,说明书和附图不能用来限制权利要求书中已经明确无误记载的权利要求的范围。说明书中的实施例是说明书的组成部分,是专利技术的最佳实施方案,不是专利技术的全部内容,实施例不能用来确定专利权的保护范围。如果专利包含了发明的实施例或者该发明功能或效果的例子,权利要求书不应该解释成局限于这些例子。尤其,当一个产品或方法包含了一个在专利所披露的例子中未出现的附加特征,缺少这些例子中的特征,或者为达到目的或者不具有这些例子中写明的或潜在的所有优点时,不能以这些事实将该产品或方法排除在权利要求的保护范围之外。就本案来说,专利说明书实施例部分虽载有"在加工时由于盲板不是呈悬臂状"字样,但这一特征并没有写入专利权利要求1或者9中,故不能利用实施例中出现的特征来限定专利权利要求范围。原审法院以说明书实施例中的特征来限定权利要求1或者9的范围,从而将被控侵权方法中"盲板呈悬臂

状腾空地接受旋转刀片的割入加工"排除在专利权保护范围之外,是不妥的。
……

思考问题:

(1) 法院关于"权利要求不应该解释成局限于专利的实施例这一公认的原则"的理解,在本案中的应用合理吗?原告在说明书中仅仅是提到"盲板不是呈悬臂状"的实施例吗?

(2) 原告在说明书中提到"在加工时由于盲板不是呈悬臂状",能够解释为发明人对此类技术方案的明确否定或排除?

(3) 法院说:"说明书和附图只有在权利要求书记载的内容不清楚时,才能用来澄清权利要求书中模糊不清的地方,说明书和附图不能用来限制权利要求书中已经明确无误记载的权利要求的范围。"问题是,在本案中,不参考说明书,能够知道权利要求的内容是否清楚吗?或者说,本案中盲板固定装置是否呈悬臂状态很清楚吗?

(4) 对比后文的 OBE 公司案,考虑本案判决的合理性。

OBE 公司 v. 浙江康华眼镜有限公司

最高人民法院(2008)民申字第 980 号

王永昌、李剑、罗霞法官:

……

北京市第一中级人民法院(简称一审法院)审理查明,OBE 公司于 1996 年 4 月 24 日向国家知识产权局申请了申请号为 96191123.9 名称为"弹簧铰链的制造方法"的发明专利,2001 年 10 月 24 日被授予专利权。授权公告的权利要求 1 为:"1. 一种制造弹簧铰链的方法,该铰链由至少一个外壳、一个铰接件和一个弹簧构成,其特征是该方法包括下述步骤:提供一用于形成铰接件的金属带;切割出大致与铰接件外形一致的区域;通过冲压形成一圆形部分以形成铰接件的凸肩;冲出铰接件的铰接孔。"

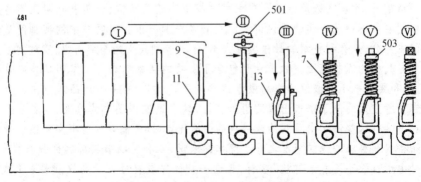

图 18 CN96191123.9 专利附图

OBE公司于2002年6月24日起诉至一审法院称,康华公司未经其许可,擅自为生产经营目的制造、使用、许诺销售和销售落入涉案专利权保护范围的弹簧铰链产品,构成专利侵权行为……

在涉案专利的说明书中有如下记载:"众所周知,弹簧铰链具有一装弹簧件的外壳,弹簧件可随与眼镜腿连接的弹簧铰链超过正常的戴镜位置移动,并对眼镜腿施加预应力,通过预应力使眼镜腿对着戴镜人的头施压。业已证明,这种弹簧铰链的缺点是制造费用很高。""这种弹簧件一般由一个铰接件、一个锁紧件和一个弹簧件组成,由于这些零件的尺寸很小,组装相当复杂。又由于这些零件通常都是散装料供给,所以首先需要麻烦的找正,才能把各件组装在正确的位置上。所以,本发明的任务在于,提供一种弹簧铰链的经济制作方法,并改进零件的搬运,因而产生良好的经济效益。""在本发明中,用金属带加工的铰接件在铰接件仍与金属带连接时进行弹簧件和最好锁紧件安装,这样在部件组装之前一方面取消了铰接件的中间加垫,另一方面又取消了铰接件的找正。""组成的部件不从金属带上切断,因而搬运到弹簧铰链外壳中使用特别方便。"

2005年8月10日,一审法院前往康华公司所在地,对康华公司加工生产本案诉争产品的加工过程进行了勘验。经勘验,康华公司的加工过程为:1. 人工将从金属带材送入冲压机冲下铰接件;2. 人工用钳子夹住铰接件前部,用锻压机将铰接件后部砸圆;3. 人工用钳子夹住铰接件前部,将铰接件插入打孔机内打孔;4. 人工用铅丝从铰接件前部圆孔中穿过,将若干个铰接件穿在一起后用抛光轮抛光。一审法院将上述过程用DV进行了拍摄并制作成光盘,并将光盘送达双方当事人质证。OBE公司认为,康华公司的加工过程恰恰系涉案专利权利要求1所保护的方法。康华公司认为,1. 涉案专利方法是四个步骤先后顺延组成的弹簧铰链的制造方法,康华公司的加工过程是三个加工单元组合,顺序可调,不具有先后顺延的特征。2. 涉案专利方法的第二步是切割,切割后的区域不脱离金属带材,康华公司的加工过程是"冲裁落料",因此二者方法不同,效果也不同。3. 涉案专利方法的第三步是"冲压后形成一圆形部件",康华公司是采用"模锻",前者是机械操作,后者是手工结合机械操作,因此手段不同,效果也不同。

……

一审法院认为……将权利要求1与康华公司的加工方法对比可以看出,康华公司加工铰接件的方法与权利要求1的保护范围无明显差异,涉案专利的权利要求1为四个步骤,康华公司的加工步骤亦为四个,在将铰接件从金属带材上冲下后,模锻、打孔的顺序虽然可调,但顺序的调整并未产生新的效果。综上所述,康华公司加工生产铰接件的方法与涉案专利权利要求1所保护的方法等同,落入了涉案专利权利要求1的保护范围,康华公司应承担停止侵权、赔偿损失等民事责任……

二审法院认为……被控侵权产品中铰接件的制造方法包括:1. 金属带材;2. 冲下铰接件;3. 砸圆;4. 打孔。该加工方法是首先将铰接件与金属带料分离下来,采取传统机械加工工艺中的冲裁、锻压和冲孔设备逐一完成的,其中砸圆和打孔的顺序可调。

由此可见，这与专利方案所采取的铰接件同金属带料不分离且各步骤先后顺延的方法不同，被控侵权产品的制造方法与专利方法既不相同也不等同，没有落入涉案专利权的保护范围。一审判决关于被控侵权方法与涉案专利方法等同的认定错误，予以纠正……

本院经审查查明，一、二审法院认定的事实属实，本院予以确认。本院另查明以下事实：

……

涉案专利的权利要求1请求保护一种制造弹簧铰链的方法，该方法包括以下步骤：提供一用于形成铰接件的金属带（简称供料步骤）；切割出大致与铰接件外形一致的区域（简称切割步骤）；通过冲压形成一圆形部分以形成铰接件的凸肩（简称冲压步骤）；冲出铰接件的铰接孔（简称冲孔步骤）。上述四个步骤均仅仅涉及弹簧铰链中的铰接件的制造，并不涉及弹簧铰链中其他部件的制造，也不涉及部件的装配……

本院认为，根据申请再审人申请再审的理由、被申请人的答辩意见以及本案事实，本案焦点在于：1. 权利要求1中的各个步骤是否应当按照记载的顺序依次实施；2. 被控侵权方法是否具有与权利要求1中的"切割出大致与铰接件外形一致的区域"相同或等同的技术特征。

一、关于权利要求1中的四个步骤是否应当按照记载的顺序依次实施

对于存在步骤顺序的方法发明，步骤本身以及步骤之间的顺序均应对专利权的保护范围起到限定作用。由于现行法律没有对是否应当在方法权利要求中限定各步骤的实施顺序进行规定，在权利要求没有对各步骤的实施顺序进行限定时，国务院专利行政部门在专利授权、确权程序中一般即根据各步骤在权利要求中记载的顺序对权利要求进行审查，而不会将权利要求的保护范围解释为能够以任意顺序实施各步骤。因此，在侵权诉讼中，不应以权利要求没有对步骤顺序进行限定为由，不考虑步骤顺序对权利要求的限定作用，而是应当结合说明书和附图、审查档案、权利要求记载的整体技术方案以及各个步骤之间的逻辑关系，从本领域普通技术人员的角度出发确定各步骤是否应当按照特定的顺序实施。

根据权利要求1记载的四个步骤，首先，供料步骤的作用在于为其他的步骤提供加工材料，因此，供料步骤必须在其他步骤之前首先实施。其次，切割步骤的作用是从金属带上切割出大致与铰接件外形一致的区域，根据说明书及附图，所述区域包括"用于形成凸肩9的基本形状"和"以后具有铰链孔范围497的至少一部分"，由于冲压步骤是对由切割步骤制成的"用于形成凸肩9的基本形状"进行冲压，冲孔步骤是在由切割步骤制成的"范围497"内制作铰接孔，并且说明书中没有记载可以在切割步骤之前实施冲孔步骤或冲压步骤的技术内容，也没有给出相关的技术启示，本领域普通技术人员也难于预见到在切割步骤之前实施冲孔步骤或冲压步骤，也能够实现涉案专利的发明目的，达到相同的技术效果，因此，权利要求1中的切割步骤应当在冲压步骤和冲孔步骤之前实施。从说明书记载的内容看，虽然冲压步骤与冲孔步骤的顺序是可以调换的，但是，在实际加工过程中，一旦确定了二者的顺序，二者的顺序就只能依次进

行。综上所述,权利要求1中的四个步骤应当按照供料步骤、切割步骤、冲压步骤或冲孔步骤的顺序依次实施,各个步骤之间具有特定的实施顺序,申请再审人有关"权利要求1仅仅是对专利方法的步骤进行描述,没有对步骤的顺序进行限定……权利要求1的保护范围包括所述步骤的各种顺序的组合"的申请再审理由缺乏事实依据和法律依据,本院不予支持。

二、关于被控侵权方法是否具有与"切割出大致与铰接件外形一致的区域"相同或等同的技术特征

本案中,双方当事人所争议的是否应当以"铰接件同金属带料不分离"对权利要求1的保护范围进行限定,其实质是双方当事人对权利要求1的保护范围有着不同的解释。涉案专利权利要求1中记载了制造弹簧铰链的四个步骤,双方当事人对供料步骤、冲压步骤和冲孔步骤的含义并无争议,但对于切割步骤,即技术特征"切割出大致与铰接件外形一致的区域",由于其中使用了含义模糊的技术术语"大致与铰接件外形一致的区域",导致双方当事人对该技术特征的解释产生争议,因此,有必要查明该技术特征的确切含义,并在此基础上准确、合理地确定涉案专利权的保护范围。

首先,《中华人民共和国专利法》[(2000)]第五十六条规定:"发明或者实用新型专利权的保护范围以其权利要求的内容为准,说明书及附图可以用于解释权利要求。"根据上述规定,在权利要求中出现了含义模糊的技术术语时,可以从本领域普通技术人员的角度出发,根据说明书及附图对该技术术语进行解释,以清楚地确定专利权的保护范围。根据说明书的记载,涉案专利的发明目的在于提供一种弹簧铰链的经济制作方法,并改进零件的组装和搬运,产生良好的经济效益。说明书附图17、18以及说明书第13页分别记载了铰接件实施例以及装配实施例,其中在铰接件实施例中,与技术特征"切割出大致与铰接件外形一致的区域"相对应的描述是:"首先切割铰接件的基本形状,并形成凸肩9的基本形状和连接在凸肩9上并在以后具有铰接孔范围497的至少一部分。亦即铰接件11用这个范围497和凸肩9的一端固定在金属条481上。当然,切割的阴影区也可扩向金属条边沿,这样切割的铰接件只有一边与金属条481连接。"在装配实施例中,根据附图17、18以及说明书记载的"第Ⅰ步和第Ⅱ步用金属带加工铰接件11,其方法已结合图17详细说明。第Ⅱ步,首先用冲压模501将横截面为矩形的凸肩9加工成圆形",亦表明在制造铰接件以及装配弹簧铰链的过程中,用于形成铰接件的区域以及制成的铰接件始终属于金属带的一部分,直至将锁紧件、弹簧件、套环等安装在制成的铰接件上之后,才将铰接件从金属条481上切掉。除上述实施例外,说明书及附图中并没有记载将用于制造铰接件的区域从金属带上完全切割下来,对独立于金属带的"区域"或者单个的铰接件毛坯进行加工的技术内容,也没有给出相关的技术启示。因此,根据说明书及附图中记载的有关技术内容,本领域普通技术人员所理解的"切割出大致与铰接件外形一致的区域"的具体含义是:通过切割金属带,在金属带上形成用于进一步加工成铰接件的区域,该区域是金属带的一部分,并且形状与铰接件的外形接近。由此,涉案专利避免了使用昂贵的切削加工方法,取消了铰接件的找正,亦有利于弹簧件、锁紧件的装配以及零件搬运,实现了弹簧铰链

的经济加工。

其次,根据权利要求书中的其他权利要求,亦能印证对"切割出大致与铰接件外形一致的区域"所做的上述解释。涉案专利的权利要求1为独立权利要求,权利要求3、4均为间接引用权利要求1的从属权利要求,虽然权利要求3、4的附加技术特征并未记载在权利要求1中,不应对权利要求1的保护范围产生限定作用,但是,基于独立权利要求与从属权利要求之间的逻辑关系,所述从属权利要求的附加技术特征有助于澄清权利要求1中技术术语的含义,准确确定权利要求1的保护范围。第一,权利要求3的附加技术特征为"还包括在铰接件仍与金属带连接时把弹簧件装在铰接件上形成一个装配单元的步骤",所述特征对在铰接件上安装弹簧件的时机进行了限定,并不涉及铰接件的制造,其中的时间状语"在铰接件仍与金属带连接时"限定了应当在铰接件尚未从金属带上分离时将弹簧件安装在铰接件上,由此说明,在制造铰接件的过程中,用于制造铰接件的区域以及制成的铰接件应当属于金属带的一部分,没有从金属带上分离。第二,权利要求4的附加技术特征为"还包括在装配单元完全装配完毕后将铰接件从金属带上切下的步骤",该特征也不涉及铰接件的制造,但是该特征也进一步证明,铰接件在装配单元尚未完全装配完毕之前仍与金属带相连,由此亦可说明在制造铰接件的过程中,用于制造铰接件的区域以及制成的铰接件应当属于金属带的一部分。第三,如果将权利要求1解释为包括金属带与所述区域完全分离的技术方案,那么在确定权利要求3、4的保护范围时,将出现权利要求3、4的附加技术特征中的"仍与金属带连接时""将铰接件从金属带上切下"与权利要求1的保护范围相矛盾的情形,这也从反面说明,权利要求1中"大致与铰接件外形一致的区域"应当是金属带的一部分。

再次,根据申请再审人在涉案专利实质审查程序中提交的意见陈述书,申请再审人曾就"权利要求1的方案是完整的"陈述了如下意见:"在铰接件尚与金属带连接并从而设置在一个预定的位置上时,通过对铰接件进行冲压或变形,以及通过将弹簧件安装在铰接件上,就可以改进装配弹簧铰接部件的方法。"上述意见表明,申请再审人在实质审查程序中明确主张应当在铰接件尚与金属带连接时对铰接件进行加工,以及在铰接件尚与金属带连接时安装弹簧件,并且所述技术特征已足以使得权利要求1构成一个完整的技术方案。因此,根据涉案专利的审查档案,亦可认定权利要求1中"大致与铰接件外形一致的区域"仍然是金属带的一部分,该区域未与金属带分离。申请再审人在侵权诉讼中,不应无视其在审查过程中的意见陈述,将铰接件与金属带完全分离的技术方案纳入涉案专利权的保护范围。

最后,在本案审理过程中,申请再审人先后提交了两份不同的《发明人海因茨·莫斯尼出具的声明》以及一份《关于本专利的背景技术介绍》,申请再审人在上述文件中详细描述了涉案专利的背景技术、背景技术存在的技术缺陷以及涉案专利取得的有益效果,虽然多数内容并未记载在涉案专利的说明书中,不应用于限定涉案专利权的保护范围,但通过参考上述文件,有助于理解涉案专利的背景技术以及涉案专利相对于背景技术所作的改进,正确地确定涉案专利权的保护范围。根据发明人海因茨·莫斯尼出具的两份声明以及《关于涉案专利的背景技术的介绍》，涉案专利的背景技术系使用型材作为制作铰接件的原料，从型材上锯下铰接件毛坯后，再对每个铰接件毛坯单独进行铣削加工和加工铰接孔，在此过程中，需要专门的工件夹紧装置固定单个的铰接件毛坯。而涉案专利使用条带金属材料，在这个条带金属材料上切削，冲印，冲压等，无须要将单个元件从条状部件上分离下来单独加工，制造时也不需要特别固定的工序，只要把弹簧铰链最后一步才从金属带上切下来就行了，克服了背景技术存在的材料昂贵、加工工艺复杂、对元件单独加工、需要成本昂贵的特别固定工序等技术缺陷。因此，要实现弹簧铰链的经济制作的发明目的，不仅需在原料上进行改进，使用易于加工的金属带材代替型材，还需在生产工艺上进行改进，即在金属带上进行切割、冲印冲压等，以避免对单个的铰接件毛坯进行复杂的切削加工以及特别的固定工序，只有将上述两方面的改进有机结合在一起，才能构成完整的解决方案，仅仅使用金属带材代替型材，尚不能完全实现涉案专利的发明目的。因此，海因茨·莫斯尼出具的两份声明以及《关于涉案专利的背景技术的介绍》也足以证明，权利要求1中的"大致与铰接件外形一致的区域"仍然是金属带的一部分，该区域未与金属带分离。

综上所述，根据涉案专利说明书及附图、权利要求书中记载的其他权利要求、申请再审人在实质审查程序中提交的意见陈述书以及申请再审人在侵权诉讼中提交的有关书面意见陈述，均表明涉案专利方法在制造铰接件的过程中，权利要求1中"大致与铰接件外形一致的区域"是金属带的一部分，未与金属带分离。将被控侵权方法与涉案专利权利要求1相比，被控侵权方法虽同样使用金属带材作为制作铰接件的原料，但是被控侵权方法系使用冲压机将铰接件毛坯从金属带材上完全冲落下来，后续的砸圆、打孔等工序均是针对单个的铰接件毛坯进行，每次仅能加工一个铰接件，并且在后续的工序中始终需要人工固定单个的铰接件毛坯，不仅工艺复杂效率低，亦不便于弹簧等其他零部件的装配以及零件的搬运。因此，尽管使用的原料相同，但是被控侵权方法相对于权利要求1仍然是一种落后的生产工艺，二者采取的技术手段具有实质性的差异，实现的功能亦有不同，被控侵权方法也不能实现权利要求1所具有的实现弹簧铰链的经济加工、取消铰接件的找正、改进零件的组装和搬运等有益效果，故被控侵权方法不具有与权利要求1中的"切割出大致与铰接件外形一致的区域"相同或等同的技术特征，被控侵权方法没有落入涉案专利权的保护范围。

思考问题：

（1）思考方法专利权利要求中步骤顺序这一特征的限制性作用。权利要求1中的四个步骤是否应当按照记载的顺序依次实施？

（2）为什么权利要求3中的时间状语，能够被用来解释权利要求1的含义？

（3）法院对于权利要求3或4的解释，是否事实上使得它们和权利要求1的差别不复存在？法院在解释权利要求时，是否要努力保证不同的权利要求本身有其独立存在的价值？权利要求1是被解释为包含铰链"连接"与"不连接"两种情形，是否更合理？

(4) 法院的解释方法,是否符合不能将说明书特征读入权利要求的基本原则？

(5) 处理本案的另一策略是主张权利要求过宽,没有新颖性或创造性,而不是通过解释限制权利要求的范围。相对现有策略,是否更合适？

3.1.4 外部证据:字典的作用

Phillips v. AWH Corp.

美国联邦巡回上诉法院 415 F.3d 1303(2005)

BRYSON 法官:

Edward H. Phillips 发明了一种钢壳制作的组件,可以焊接在一起形成可以抵御暴力破坏的围墙。这一钢板在建造监狱方面尤其有用,因为它们能够承重并抵御撞击,同时又能隔离火或噪音。Philips 就该发明获得了一项专利,即美国专利第 4677798 号(第 798 号专利)。他后来与 AWH 公司、Hopeman Brothers 公司、Lofton 公司等达成协议(以下称 AWH 公司)去推广和销售该墙板。这一协议于 1990 年终止。可是,在 1991 年,Phillips 收到 AWH 的一个销售册子,它表明 AWH 未经他同意,继续在使用他的商业秘密和专利技术……1997 年 2 月,Phillips 提起诉讼……

关于专利侵权问题,区法院关注的是权利要求 1 的语言,即下列描述:"安置在壳体内部增加其承重能力的额外装置(further means)。[该额外装置]由从钢壳墙体向内伸出的内部钢制缓冲隔板(steel baffles)组成"。法院将该语言[所描述的内容]解释为"实现一项具体功能的装置"。依据 35 U.S.C. § 112 第 6 款,此类权利要求"应当被解释为涵盖说明书中所描述的相对应的结构、物质或步骤及其等同物"。① 参考第798 号专利的说明书,法院注意到"说明书及其图表中每一个提到缓冲隔板的地方都表明该隔板与墙面之间有一个非 90 度的角度"。"以这一角度放置缓冲隔板使得它们成为中间互相连锁(intermediate interlocking),但又不固定的内部阻隔物。"该法院因此判决,在第 798 号专利中,所谓缓冲隔板必须"从钢壳墙体向内与墙面成钝角或锐角",必须在墙体组件内部形成一个互相连锁的阻隔物的一部分。依据这一权利要求解释,Phillips 并不能证明侵权存在,因此区法院即决判决不侵权。

Phillips 对商业秘密和专利侵权的两项内容都提出上诉。本院的一个法庭维持了这两项判决。但是,在专利侵权主张上,该法庭出现分裂。多数意见维持了区法院不侵权即决判决,但不同法官的理由不同。而异议法官则主张撤销该不侵权即决判决。

……

本院同意由全体法官出席重新审理该上诉,并撤销了该法庭的判决……

---

① 本书作者注:35 U.S.C. § 112 para 6: An element in a claim for a combination may be expressed as a means or step for performing a specified function without the recital of structure, material, or acts in support thereof, and such claim shall be construed to cover the corresponding structure, material, or acts described in the specification and equivalents thereof.

I

在使用"缓冲隔板"(baffles)方面,第798号专利的权利要求1在所主张的权利要求中具有代表性。它的内容如下:

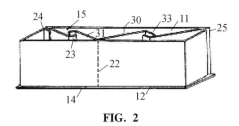

FIG. 2

适宜组合在一起建造防火、隔音和抗冲击的用于保存文件记录和人员的安全阻隔物(security barriers)和房间的建筑组合件,由[下列部分组成]:一个外壳(outer shell)……密封装置……和安置在壳体内部增加其承重能力的额外装置(further means)。[该额外装置]由从钢壳墙体向内伸出的内部钢制缓冲隔板(steel baffles)组成。

首先,我们同意该法庭的意见,即"缓冲隔板"这一术语并非导致35 U. S. C. §112第6款适用的"装置加功能"(means-plus-function)语言。① 的确,该权利要求的确提到"安置在壳体内部增加其承重能力的额外装置",这一提法通常被视为是"装置加功能"形式的权利要求。但是,该权利要求具体指出"内部钢制缓冲隔板"(internal steel baffles)是实现所谓增加壳体承重能力功能的结构物(structure)。与"承重装置"(load bearing means)的限制性特征不同,[权利要求]在引述"缓冲隔板"时并没有使用"装置"(means)这一术语。我们曾经指出,没有使用该术语(即"装置")这一事实,会产生一个可反驳的推定,即第112条第6款不适用……

装置加功能权利要求仅仅适用于那些纯粹功能性限制特征,即该特征没有说明实现所述功能的[装置的]结构(structure)。虽然第798号专利中的"缓冲隔板"很明显要实现数项功能,"缓冲隔板"一词仍旧是结构性的(structural)。它并非要通过说明书来补充说明其结构的单纯的功能性符号。该权利要求和说明书清楚无误地表明,该"钢制缓冲隔板"是指特定的物理装置。权利要求描述该缓冲隔板从钢壳墙体"向内伸出",这很直白地说明该缓冲隔板是结构物(structures)。说明书也同样表明,"钢制缓冲隔板"是指特定的内部墙体结构物,而不是简单地对能够实现特定功能的任何结构物进行概括性的描述。参见,比如第798号专利的第4栏,第25—26行("承重缓冲隔板16可以选用更长的面板(panel)");同前第4栏,第49—50行("相对的面板在凸

---

① 本书作者注:美国《专利法》第112条第6款明确肯定申请人可以采用所谓的"Means-plus-function"形式的权利要求来定义其发明的保护范围,但是该条对此有一定的限制。即,该权利要求字面范围的解释受到限制,应当被解释为涵盖说明书中所提到的结构、材料或步骤及其等同物。这也就是说,说明书中所提到的技术方案实际上起到了限制该"装置加功能"语言的解释的作用。如果权利人想摆脱这种限制,通常要想努力证明自己的权利要求并非"装置加功能"权利要求。进一步讨论参见本章第3.5节。

边35和缓冲隔板26之间交叠")。因为该术语"缓冲隔板"并不受到第112条第6款的限制,我们同意先前法庭的意见,即区法院错误地将该术语限制在说明书中所披露的相应结构物及其等同物的范围内。相应地,我们必须对第798号专利中所使用的结构性术语"缓冲隔板"作出正确的解释。

II

……

本案给我们提出的首要问题是,在确定权利要求的合适范围时,我们应该在多大程度上转向并依靠专利说明书。

这并非一个新问题。在这个国家的专利判决意见中,说明书在权利要求解释中的角色这一问题已经存在了近两个世纪……

A

专利法的一项基本原则是,专利权利要求定义专利权人有权排除别人使用的发明[范围]……因为专利权人被要求去"准确定义什么是他的发明",如果不按照权利要求的术语的直白含义来解释它,对公众而言是不公正的,也是在规避法律……

我们经常指出,权利要求中词语一般应被赋予其通常和习惯的含义。而且,我们已经明确,权利要求术语的通常和习惯含义,是指在发明之时,即该专利申请的有效申请日,对该领域熟练技术人员而言,该术语所具有的含义……

对该领域熟练技术人员如何理解权利要求术语的调查,为权利要求解释提供了一个客观的基准线(baseline)。这建立在下列久已确立的共识之上:发明人是发明所在领域的典型的熟练技术人员,专利面向的读者是该相关领域的其他熟练技术人员……

重要的是,该领域普通技术人员不仅仅要在特定权利要求的背景下阅读该诉争的权利要求术语,而且要在整个专利(包含说明书)的背景下阅读该术语。本院在Multiform Desiccants, Inc. v. Medzam, Ltd., 133 F.3d 1473, 1477 (Fed. Cir. 1998)案中解释了这一点:

权利要求的解释要体现发明所在领域的普通技术人员的眼光。这类人员在阅读专利文件中的术语时,应理解它们在该领域的含义,并且应知道它们在该领域的任何特殊含义或用法。在解释发明人用于描述其发明的术语——发明人自己的词典(词汇汇编)时,法院应该按照该领域技术人员所理解的那样来理解该术语。因此,法院开始其决策程序时所阅读的资料与熟练人员所阅读的相同,即专利说明书和申请历史文件。

B

在某些案子中,该领域熟练技术人员所理解的权利要求语言的通常含义,即使对于技术外行的法官而言,也可能是显而易见的。在此类案件中,权利要求解释不过是适用该词汇被普遍理解并广泛接受的含义。在这种情形下,通用词典(general purpose dictionaries)或许是有帮助的。不过,在很多导致诉讼的案件中,判断权利要求的普通和习惯含义,需要审查该术语在某一技术领域所具有的特定含义。因为该领域熟练技术人员所理解的权利要求术语的含义常常并不是显而易见的,同时也由于专利权人经常个性化地使用术语,所以法院会参考那些对公众开放的资料来源,以了解该领域熟练技术人员会如何理解诉争的权利要求语言的含义。这些资料来源包括"权利要求自身的词汇,说明书的剩余部分,申请历史文件,以及涉及相关科学原理、技术术语含义和现有技术水平的外部证据。"

1

与书面描述和申请历史文件相分离,权利要求自身对于特定权利要求术语的含义的理解提供了实质意义的指导。

首先,诉争权利要求使用该术语的背景有很大的启发意义。举个简单的例子,本案权利要求所指的"钢制缓冲隔板",就强烈暗示"缓冲隔板"一词本质上并不意味着钢制物件。本案的案例提供了很多类似的例子,在这些例子中权利要求中一个术语的用法为该术语的解释提供了坚实的基础……

诉争专利的其他权利要求,不论是否为权利人所主张,对于理解权利要求术语的含义,也可能是有价值的启示来源。因为权利要求的术语通常在整个专利中按照一贯的方式使用,在一个术语在一个权利要求中的用法通常能够说明该术语在其他权利要求中的含义。不同权利要求之间的差异也能够为理解特定权利要求术语的含义提供有用的指导。比如,在从属权利要求中增加了特定的限制性特征,这一事实通常导致这样的假设,即诉争的限制性特征在独立权利要求中并不存在。

2

当然,权利要求并不是孤立的。相反,它们是完全整合的书面文献的一部分,该文献主要包括说明书和作为其结论的权利要求。正因为如此,权利要求必须参照说明书,并作为说明书的一部分来理解。就像我们在 Vitronics 案中所说的那样:"说明书与权利要求的解释总是高度相关的。通常,它是决定性的(dispositive);它是理解争议术语含义的单一的最佳指导(the single best guide)。"

本院及其前身长期以来一直强调说明书在权利要求解释过程中的重要性。在 Autogiro Co. of America v. United States, 384 F. 2d 391, 397—98 (1967),联邦索赔法院(the Court of Claims)将说明书概括为"权利要求的对应物",这一概括的依据是专利法要求说明书应"描述制造和使用专利发明的方式和方法"。专利和海关上诉法院也提出过类似意见。

在本法院创设之后不久,Rich 法官写道"说明书的描述部分帮助确定权利要求的范围和含义,因为权利要求的词语必须基于说明书的描述。因此,说明书是解释权利要求的最主要的基础"。从那以后,在很多场合,我们重申了这一观点,指出"理解技术术语的最佳依据是它所来源的说明书,根据需要,还受到申请历史的影响"。

……

说明书在解释权利要求方面的重要性与说明书的法律定位有关。专利法要求说明书用"完整、清楚、简洁和准确的术语"对所主张的发明进行描述([专利法] 35 U. S. C. § 112 第 1 款)。这决定着书面描述和权利要求之间的密切关系。鉴于法律要求发明人对所主张的发明提供完整和准确的描述,说明书必然要对权利要求的正确解释提供指引……

与一般原则相一致,我们的案例认识到,说明书可能揭示出专利权人赋予权利要求术语的不同于寻常含义的特别含义。在这种情况下,适用发明人自己的字典。在另外一些案子中,说明书可能表明,发明人有意识地放弃或否定权利要求范围内的内容。也正是在这些案子中,发明人已经指定(dictate)了正确的权利要求范围,说明书中所表达出来的发明人的意图被认为是决定性的(dispositive)。

说明书与权利要求揭示的相关性会因为专利的授权方式而得到强化。专利商标局(PTO)在决定专利申请权利要求范围时,并非仅仅依据权利要求的语言,而是要依据该领域熟练技术人员在参考说明书时对该权利要求所做解释,赋予权利要求最宽的合理解释。的确,专利商标局的规则要求专利申请的权利要求必须"与说明书中剩下的内容相一致,权利要求中所使用的术语必须在说明书的描述中找到清楚的支持或前提基础,这样,援引说明书就可能可以确定权利要求术语的含义"(37 C.F.R. § 1.75(d)(1))。因此,在解释权利要求时,法院倚重说明书描述来确定权利要求含义,是完全适当的。

3

除了参考说明书,我们还指出"法院还应当考虑专利的申请历史(prosecution history),如果证据中有的话"。申请历史文件,我们将它列为"内部证据"(intrinsic evidence)的一部分,由专利商标局内完整的程序记录组成,包括在专利审查过程中所引用的在先技术。与说明书类似,申请程序文件提供证据证明专利商标局和发明人是如何理解该专利的。此外,像说明书一样,申请历史文件是由申请人在试图解释或获取该专利的过程中完成的。不过,由于申请历史文件所代表的是专利商标局和申请人之间进行中的谈判,而不是谈判的最终结果,它常常不具备说明书那样的清晰度,因此在权利要求解释方面的用途要小一些。但是,通过证明发明人是如何理解其发明,以及发明人是否在申请过程中限缩了发明范围从而使权利要求的范围比原先的要窄,申请历史文件还是经常能够说明权利要求语言的含义。

C

尽管我们强调内部证据在解释权利要求方面的重要性,我们同样授权区法院依靠外部证据——由专利和申请历史文件之外的全部证据组成,包括专家和发明人证词、字典、权威著作。虽然外部证据能够有助于理解相关技术,我们还是认为,在决定权利要求语言的法律层面的含义时,外部证据没有内部记录(证据)重要。

在外部证据类别中,法院已经注意到,字典和权威著作在权利要求解释方面能够发挥作用。我们特别指出,技术词典可以让法院更好地理解背后的技术以及该领域熟练技术人员使用权利要求术语的方式。因为词典,特别是技术词典,致力于收集多个领域科学技术术语的可接受的含义,这些资料来源已经被视为能够协助法院判断"发明所在领域熟练技术人员所理解的特定技术术语含义"的诸多工具之一。我们已经指出,如果法院认为它(词典)有助于判断专利权利要求语言的真实含义,则法院可以考虑此类证据。

我们还指出，专家证词形式的外部证据对于法院也有多种用途，比如为技术问题提供背景，解释发明是如何工作的，保证法院对专利技术内容的理解与该领域熟练技术人员的理解一致，证明专利或在先技术中所使用的特定术语在相关领域有特定的含义等。但是，专家关于权利要求术语定义的武断的得不到支持的断言，对于法院而言是无用的。类似的，法院应该排除任何明显与权利要求自身、书面描述和申请历史文件等（换句话说，与专利的书面记录）所要求的解释相冲突的专家证词。

我们认为，在决定如何解读权利要求术语方面，外部证据整体而言没有专利和它的申请历史文件可靠。原因是多方面的。第一，外部证据本质上不是专利的一部分，并不具有说明书的特点——在专利申请时制作，用于解释专利的范围和含义。第二，虽然权利要求是按照假想的该领域的熟练技术人员的理解来解释的，外部出版物可能不是熟练技术人员撰写的，或者不是为熟练技术人员而写，因此可能没有反映专利领域技术人员的理解。第三，由专家报告和证词组成的外部证据是在诉讼当时为了诉讼目的而获取的，因此会受到偏见的影响，而这在内部证据中并不存在。如果专家并非相关领域的熟练技术人员或专家不经过交叉询问提供意见，上述偏见的影响可能更严重。第四，与权利要求解释有些相关的潜在的外部证据的范围实际上并不具有明确边界。在诉讼过程中，每一方自然会选择对其主张更有利的外部证据，然后让法院承担相当的任务从一堆材料中过滤出有用的外部证据。第五，过度依赖外部证据存在这样的风险，即用这些证据来改变权利要求的含义，在这一过程中贬低权利要求、说明书和申请历史文件所组成的无可争议的公共记录，从而损害了专利的公共通知功能。

总之，外部证据对法院可能是有用的，但是它不太可能产生一个关于权利要求范围的可靠解释，除非［法院］在内部证据的背景下考虑这些外部证据。不过，因为外部证据能够帮助法院理解发明所在的技术领域，帮助法院判断该领域的普通技术人员如何理解权利要求术语，因此区法院在合理裁量后采用此类证据是许可的。在行使这一裁量权时，在衡量与权利要求解释有关的所有证据时，法院应当记住每种证据自身的内在缺陷，并相应作出评估。

III

虽然上述原则在很多场合被阐述，本院的一些案例却建议一种多少有些不同的方法来解释权利要求。在该方法中，法院更多地强调权利要求术语在词典中的定义，而让说明书和申请历史文件扮演不太突出的角色。这一方面的代表案例是 Texas Digital Systems, Inc. v. Telegenix, Inc., 308 F.3d 1193 (Fed. Cir. 2002)。

A

在 Texas Digital 中，法庭指出"词典、百科全书和专著在协助法院判断权利要求术语的通常和习惯含义方面，是特别有用的依据"。该法庭解释说，这些文本是客观依据，在明确该领域熟练技术人员对权利要求术语所赋予的含义时，可以作为可靠的信息来源。在权利要求解释的背景下，它们所应得到的承认（fealty）不比在其他法律领域差。该法庭认为,因为词语经常有多种字典含义,所以必须参考内部证据以决定何种字典含义与发明人对诉争术语的用法最接近。如果超过一种字典定义与内部记录中对该术语的用法一致,法庭认为,"权利要求术语可以被解释为涵盖所有这些一致的含义。"

Texas Digital 法庭进一步解释说,在判断专利权人使用权利要求术语是否明显与字典中的普通含义不一致时,应参考专利说明书和申请历史文件。法院指出在两种情况下或许会存在这种不一致的情形。首先,法庭指出,"在申请人自己作为词汇的定义者,明确地为该术语提供了一个不同于其通常含义的定义,则偏爱字典含义的假定就可以被推翻"。其次,如果发明人使用明确的排除或限制性词语,明确否认[部分]权利要求范围,则上述假定也将被推翻。

Texas Digital 案法庭解释说,它在上述判决中所发展的方法旨在对付本法院所说的"专利法上的主要恶行之一——从书面描述向权利要求中读入限制性特征。"该法庭的结论是,在权利要求解释过程中,在分析相关词语自身的普通和习惯含义之前,将参考书面描述和申请历史文件视为入门步骤(threshold step)是不合适的。依据该法庭的逻辑,这么做会违反我们反对向权利要求引入限制性特征的先例。Texas Digital 法庭在概括其分析思路时,指出:

通过查看相关的字典、百科全书和专著,确定该领域熟练技术人员所赋予权利要求中词语的含义,进而利用内部记录从那些可能的含义中选择出与发明人的词语用法最一致的一个或数个含义。[这样,]就可以更准确地判断发明人所意图界定的限制性特征的完整宽度(full breadth),从而更容易避免将意料之外的限制性特征(unintended limitations)不适当地引入权利要求。

B

尽管 Texas Digital 案法庭所表达的关切是正当的,但是它所采用的方法过分依靠字典、专著、百科全书之类的外部证据,而对内部证据,特别是说明书和申请历史文件的依靠太少。虽然法庭提到,每个案子都必须参考说明书,但是,在它所建议的权利要求解释方法中,只有在作出是否依赖字典、专著或其他资料来源的决定之后,才会参考说明书来解释诉争权利要求术语的含义。即便如此,求助于说明书的目的也仅仅限于判断说明书是否排除了字典中的某项含义,偏爱字典含义的假定是否被"一个不同于该术语通常含义的明确定义"所推翻,或者发明人是否使用了明确的排除或限制性词语,明确否认了[部分]权利要求范围。实际上,Texas Digital 案的方法将说明书在权利要求解释中的作用(或角色)限制在下列范围内:在说明书要求法院认定并非所有的字典含义都适用,或者说明书含有足够具体的替代性解释或否定意见的情况下,对权利要求术语的字典含义进行审查(check)。这一方法在我们看来,不适当地限制了说明书在权利要求解释中的角色。

仅仅赋予说明书如此有限的角色,特别是要求说明书中关于权利要求语言中的任何定义必须是明示的(express),并不符合我们[过去的]所谓说明书是"理解争议术语含义的单一的最佳指导""说明书像字典一样明示或暗示权利要求术语的含义"等结论……

将字典提升到如此重要位置的主要问题是,它使得调查关注词语的抽象含义,而不是权利要求术语在专利背景下的含义。准确地说,权利要求术语的"通常含义"(ordinary meaning)是普通技术人员在读完整个专利之后所理解的含义。离开内部证据,过分依赖字典,会产生这样的风险:将技术人员所理解的权利要求术语的含义转化成脱离了特定说明书背景的抽象的含义。专利制度建立在权利要求仅仅覆盖发明客体的原则之上。如最高法院所述:"发明人应当理解并正确描述什么是他的发明,以及他对什么主张专利权;在我们看来,对专利权人和公众而言,没有事情能比这更公平和公正了。"使用字典含义会与这一指示发生冲突,因为该字典并非专利申请人自己为描述该发明而编写的。因此,专利人描述发明并撰写权利要求的责任(responsibility to describe),与字典编辑者汇总特定词汇所有可能含义的目标之间,可能存在断裂带(disconnect)。

虽然 Texas Digital 系列案子在某些情形下,甚至是在说明书中没有明确的放弃或重新定义的意思表示的情况下,许可对字典含义进行限缩,但是在太多时候这些案子被错误地(improperly)用来支持[法院]完全脱离书面描述背景去采用一项字典含义。问题在于,如果区法院在每一个案子中都从宽泛的字典含义出发,而没有完全地考虑说明书是如何含蓄地限制了该含义,这一错误将系统地导致权利要求的解释过于宽泛。相反,如果法院从一开始就关注专利权人在权利要求、说明书和申请历史文件中如何使用权利要求术语,而不是从一开始就从一个宽泛的定义出发,然后逐步缩小其范围,则系统化的过宽风险就会大大降低。

字典本质上会对术语的定义提供很宽泛的罗列。通用字典尤其会竭力收集特定词汇的全部的从最广为认知的到鲜为人知的用法。通用字典的目的就是要收集一个术语的各类定义,不仅仅限于特定技术领域,还包括很多不同的背景领域。在这样的背景下,一个术语的多个字典含义,将不可避免地超出"专利权人或其代表在其原始专利申请悬而未决时所理解"的权利要求的解释范围。因此,字典的使用可能使得专利的保护范围超出专利原本应该获得的保护范围。正是由于这一原因,我们已经指出,"通用词典不能推翻具体技术领域内证明权利要求术语特定含义的证据"。

在某些情况下,即使是技术词典或专著也可能存在上述缺陷。[我们]无法保证一个术语在技术专著中的用法与专利权人的用法相同。事实上,专利与专著之间的[词语用法上的]不连贯性很普遍,因为专利本质上是在描述某些新东西。

此外,对于相同的词语,不同词典可能含有多少有些不同的定义。一项权利要求的范围不应随着特定字典编辑的偏好而改变,也不能因为法院在没有了解说明书的情况下作出依靠某一字典而不是其他字典的决定而改变。最后,词典或专著的作者可能为了更有效地向公众传达思想而对之进行简化,因此可能选择了一种与理解特定权利要求语言无关的含义。这样的定义并不当然地反映发明人的目的,即按照熟练技术人员所理解的那样,明确解释其发明。

不过,如上文所述,我们并不试图排除对字典的适当使用。字典或者类似材料来源,在帮助理解术语的普遍接受的含义方面,经常是很有用的,本院和最高法院在权利要求解释过程中都使用过。字典定义的价值在于,它是一种公众在诉讼之前就可以获取的没有偏见的资料来源。就像我们在 Vitronics 案中所说的那样,在任何时候,为了更好地理解背后的技术知识,法官可以自由地使用字典和技术专著。在解释权利要求时,也可以依靠字典的定义,只要该字典定义不与通过阅读专利文献所发现或确定的任何定义相矛盾。

我们也承认,Texas Digital 等一系列案子背后的目标——避免从说明书向权利要求书中读入限制性特征的危险——有道理。而且,我们认识到,在实际操作中,很难区分"使用说明书解释权利要求的含义"与"将限制性特征从说明书中引入权利要求"。不过,如果法院依然将关注点放在理解普通技术人员如何理解该权利要求术语上,解释权利要求与引入限制性特征之间的界限划分还是具有合理的确定性和可预见性。比如,虽然说明书常常描述非常具体的发明实施例,我们已经反复警告不要将权利要求限制在这些实施例的范围内。特别地,我们明确拒绝了下列主张:如果专利仅仅描述了单个的实施例,则该专利的权利要求必须被解释为仅仅限于该实施例。这不仅仅是因为专利法第 112 条要求权利要求自身设定专利授权的界限,而且是因为该领域普通技术人员很少会将权利要求的术语的含义限制在实施例确切描述的范围内。

为了避免从说明书向权利要求中引入限制性特征,记住一点很重要:说明书的目的是教导并使得该领域熟练技术人员能够制造和使用该发明,并提供这么做的最佳实施例。教导普通技术人员如何制造和使用发明的最佳方法之一就是,提供一个在具体案例中如何实施发明的例子。很多时候,在上述背景下读过说明书,就可以明白:专利权人究竟是在解释具体的发明实施例以实施上述目标,还是意图让权利要求范围与说明书中的实施例保持严格的一致(strictly coextensive)。专利权人在说明书和权利要求中使用某一术语的方式,通常会使得这一区分变得很清楚。

最后,在有些案子中,还是很难判断,熟练技术人员是否会认为实施例是用来定义权利要求术语的外围边界或仅仅是示例性的。虽然在这些案子中会出现困难,我们依然相信,在具体专利的背景下去解决问题,同下列做法——"将权利要求的范围严格限制在说明书所披露的实施例的范围内,或者将权利要求书的语言与说明书割裂"——相比,可能会更准确地把握实际发明的保护范围。

在 Vitronics 案中,本院处理了相同的问题,为正确解释权利要求、避免引入不适当的限制性特征设定了指导原则。Vitronics 案判决背后的目标是增加这样的可能性:法院将领会熟练技术人员如何理解权利要求术语。我们认识到,在这一过程中,对权利要求进行解释,没有所谓的神奇的法术或秘籍。法院可以不受限制地考虑任何具体的材料来源,或按照任何具体的顺序分析这些材料,只要这些材料没有被用来否定(contradict)根据内部证据已经没有模糊性的权利要求含义。比如,法官在阅读专利时遇到一个权利要求术语,在读完专利的剩余部分判断专利权人如何使用该术语之前,可以查阅通用的或专门的字典以便理解该术语的含义。法院查阅不同材料来源的顺序并不重要;重要的是法院应当根据专利法上的法律和政策赋予这些材料来源适当的权重。在 Vitronics 案中,我们并不试图为权利要求解释提供一个严格的算法,而是仅仅试图解释,为什么某些类型的证据通常比其他类型更有价值。今天,我们坚持这一方法,并且重申上述案例(Vitronics)、Markman 案、Innova 案等所列举的权利要求解释方法。接下来,我们在本案中具体应用上述原理。

IV

A

第 798 号专利权利要求 1 的关键文字——"安置在壳体内部增加其承重能力的额外装置(further means)。[该额外装置]由从钢壳墙体向内伸出的内部钢制缓冲隔板(steel baffles)组成"——该缓冲隔板设定了三项明确的要求。首先,该缓冲隔板必须是钢制的。其次,它们必须是墙体承重装置的一部分。最后,它们必须从墙体向内伸出。双方在约定(确认)一项字典含义时承认,"缓冲隔板"(baffles)一词是指能够制止、妨碍或阻止某些东西流动的物体。内部证据证实,该领域熟练技术人员会认为"缓冲隔板"一词在第 798 号专利中具有这种一般含义(generic meaning)。

第 798 号专利的其他权利要求说明了"缓冲隔板"的具体功能。比如,从属权利要求 2 指出,缓冲隔板可以"与面板部分(panel sections)形成角度,从而使得射穿墙体钢板的物体,比如子弹,偏离方向"。权利要求 2 对"缓冲隔板"增加了这样的具体限制,这一事实很可能表明,专利权人并不认为权利要求 2 中的"缓冲隔板"已经包含上述限制性特征(即角度限制)。独立权利要求 17 进一步支持上述结论。它指出,缓冲隔板按下列方式放置:"以一定角度从墙体外壳向内伸出,以便穿透外壳的物体偏离方向"。如果该领域熟练技术人员认为"缓冲隔板"本质上就具有这一功能,则上述限制就是不必要的了。从属权利要求 6 对缓冲隔板作出了额外的要求:"两边外部面板(outer panel)的内部缓冲隔板(internal baffles)以一定角度重叠交叉,构成了从组件(module)一端向另一端延伸的致偏板(deflector panel)。"如果权利要求 1 所引述的缓冲隔板本质上以特定的角度放置,或者互相交叉形成中间阻隔物(intermediate barrier),则权利要求 6 是多余的。

说明书进一步支持下列结论:该领域的熟练技术人员会认为,第 798 号专利所引述的缓冲隔板是承重物体,用以制止、妨碍或阻止某些物体流动。在数个地方,说明书讨论了如何放置缓冲隔板以使得投射物偏离方向。该专利宣称该发明与在先技术相比所具有的一个优点是"现在并没有有效方法能够让造价便宜的房屋对付强有力的冲击武器"。虽然该陈述清楚地表明该发明预见到缓冲隔板具有上述功能,但是它并没有暗示,为了成为权利要求意义上的合格的缓冲隔板,该权利要求中的所有实施例中的内部支撑结构都必须具备使投射物偏向的功能。说明书必须对所有的权利要求进行说明并使之能够实施,讨论利用缓冲隔板使投射物偏向用途的书面描述部分,在权利要求 2、6、17 和 23 上实现这一目的。这些权利要求具体对"使得投射物偏向的缓冲隔板"主张权利。

说明书讨论了缓冲隔板所实现的其他数个目的。比如,有缓冲隔板提供结构支撑的描述。该专利指出,增加承重能力的方法之一是利用"至少部分向内伸出的钢制缓冲隔板15和16"。缓冲隔板16被描述成"强化的三角形缓冲隔板"。重要的是，图4和图6并没有显示，缓冲隔板是"中间互相连锁(intermediate interlocking)但又不固定的内部阻隔物"的一部分。在这些示意图中，缓冲隔板16只是为一侧的墙体提供结构支撑，如下所示：

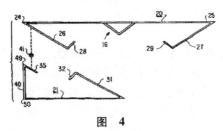

图 4

说明书还罗列了缓冲隔板的其他用途。在图7中，缓冲隔板的重叠的末端"使得缓冲隔板互相重叠和交叉，在相对的两面墙体之间形成了一个实质性的中间阻隔物"。第798号专利第5栏第26—29行。这些缓冲隔板因此形成了小的空腔，能够填入隔音或隔热材料，或者填入岩石阻止投射物。同上，第5栏第29—34行。将墙内空间分割成诸多空腔(比如，图7中的空腔55)，组件的使用者可以选择在每个空腔中使用不同类型的材料，这样就能够"很容易地根据顾客的具体需求进行组装"。同上，第5栏第36—37行。当材料在安装过程中被放入空腔后，缓冲隔板阻止材料从一个空腔流向另外一个空腔，因此根据顾客需要剪裁安装是可能的。

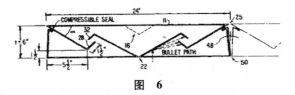

图 6

第798号专利的书面描述解释了权利要求所述缓冲隔板所实现的多重目标，这一事实证明"缓冲隔板"一词不应被严格地解读为要求缓冲隔板在所有情形下都要实现说明书所提到的全部功能。我们已经指出过"专利宣称一项发明实现数个目标这一事实，并不要求每个权利要求都被解释为仅仅限于能够实现所有目的的结构"。虽然使投射物偏向是第798号专利的缓冲隔板的一个优点，但是该专利并不要求该向内伸出的结构总是能够实现该功能。因此，我们认为，该领域的熟练技术人员不会将第798号专利的披露内容和权利要求解释为：从墙面一侧向内伸出的结构物只有[在与墙面]形成锐角或钝角的情况下，才是一个"缓冲隔板"，如果放置成直角，就不是一个"缓冲隔板"。

B

依据"如果可能，权利要求应当朝着能够维持其效力的方向解释"这一原则，AWH辩称，"缓冲隔板"一词应该做限制性解释，因为该术语如果不做限制性解释，所主张的权利要求就会无效。

虽然我们确认过"权利要求应当朝着维持其效力的方向解释"这一原理,但是我们并没有非常宽泛地适用该原理。我们肯定不支持"将权利要求效力分析当作权利要求解释的一个常规组成部分"的制度。相反,我们仅仅将该原理的适用限制在"应用了所有可能的工具对权利要求进行解释后法院依然认为权利要求是模糊的"的案子中……在这些案子中,我们要看下列推理是否合理:专利商标局不会授予一项无效专利,所以权利要求语言中的模糊性应该采用一种能够保持专利效力的方式解决。

……

在具体案件中,上述学说是否适用,取决于下列推理的说服力:如果一种权利要求解释是合适的解释的话,专利商标局就会意识到该解释将导致该权利要求无效,进而不会授予该专利权。

在本案中……诉争的权利要求并不模糊。因此,在解释该权利要求时,无须考虑是否一种可能的解释会导致权利要求无效而另外一种解释则不会。保持权利要求效力的权利要求解释学说,在任何背景下都只有有限的用途,在本案中则没有适用的可能性。

……

思考问题:

(1)为什么法院觉得,从字典出发解释权利要求,会系统性地导致权利要求解释的结果过于宽泛?这一解释方法同样要参考说明书,为什么结果会不同呢?有没有一种方法,使得无论从字典出发,还是从说明书出发,结果是一样的?

(2)从说明书出发,如何防止法院将说明书中的限制性特征读入权利要求?

(3)在解释权利要求时,为什么"内部证据"比"外部证据"要重要?

在范志宁 v. 常州智力微创医疗器械有限公司(江苏南京中院(2003)宁民三初字第101号)案中,法院指出:"对于权利要求中表述模糊不清、有争议概念或者表述,应当首先依照专利说明书进行解释和理解,只有在说明书也没有作出相关说明或者说明不清晰、不充分的情况下,才引用字典、辞典的解释。"

中国其他法院也大致采用这一规则。比如,在林永恩 v. 专利复审委员会(北京高院(2003)高行终字第16号)案中,法院指出:

> 本院认为……实用新型专利权利要求书中使用的技术术语的含义,应以本领域普通技术人员的通常理解为准,实用新型专利说明书中对技术术语有特定解释的,以说明书中记载的含义为准。技术术语不能运用本领域普通技术人员的通常理解进行解释且实用新型专利说明书中也没有给出解释的,该技术术语的含义以其字面意义为准。本案中,"透视反射镜"实用新型专利说明书中没有明确给出"电子显示器"的确切的含义,根据该说明书的记载,能得出"电子显示器"可以包括"视频电子显示器",而不能得出"电子显示器"只能是"视频电子显示器"的理解。由于"电子显示器"不是规范的技术术语,且"透视反射镜"实用新型专利说

明书中也没有给出"电子显示器"的确切含义,因此,"电子显示器"的含义应以其字面意义确定其确切含义。根据"电子显示器"的字面意义,其在"透视反射镜"实用新型专利权利要求中的含义应理解为包括各种利用电子技术提供视觉信号的器件,其中包括电子束管、半导体发光管、等离子体显示器件、电致发光显示器件、液晶显示器件等。

3.1.5 法律问题与事实问题的二分

在美国,权利要求解释被认为是一个法律问题。美国最高法院在 Markman v. Westview Instruments, Inc. 517 U.S. 370 (1996) 案中确认,权利要求的解释是法官的职权,而不是陪审团的职责。法院认为,从专利权的法律性质、法官的职业素质等角度分析,认为将确定权利要求解释的职权交给法官比陪审团更合适。

而对于技术方案相同或等同的认定,则被认为是事实问题,由陪审员决定。参见 Graver Tank & MFG. Co. v. Linde Air Products Co. 339 U.S. 605, 609 (1950)、Warner-Jenkinson Co. v. Hilton Davis Chemical Co. 520 U.S. 17, 37—39 (1997) 等。

在中国法上,单纯区分法律问题或事实问题,没有美国法上的重要意义。但是,在很多专利侵权案件中,法院常常借助于外部的专家鉴定。这时候,究竟许可技术专家对哪些问题作出鉴定,则牵涉到法律或事实的区分,让技术专家对法律问题作出所谓的鉴定结论,应该是不合适的。于是,我们也要面对这样的问题:在专利侵权诉讼中,如果技术专家对诉争技术方案与专利技术是否相同或等同作出判断时,不可避免地要对权利要求的含义进行解释。这时候,应当依据何种程序组织专家鉴定工作呢?专家如何表述其鉴定结果?法院如何看待或采纳该鉴定结论?

爱蓝天高新技术材料(大连)有限公司 v. 湖南科力远新能源股份有限公司

江苏省高院(2011)苏知民再终字第0001号

[本案原本由湖南省长沙中院一审、湖南省高院终审,当事人申请再审。最高人民法院指定江苏高院再审。这里仅仅关注各法院对于技术鉴定的态度。]

[湖南省高院认为:]

司法鉴定应限于解决技术事实存在与否,而不能用于解决如何认定某一事实的方法问题及是否构成相同或近似的问题,人民法院有权根据案件具体情形决定是否委托司法技术鉴定。一审中,爱蓝天大连公司提交鉴定申请,要求对科力远公司就专利所作技术特征的解释,确定的被控侵权技术的相应特征,如何认定技术效果、手段、功能是否显而易见等技术事实进行鉴定,一审法院以该申请不符合司法鉴定原则、不属于技术鉴定的范围为由驳回其鉴定申请并无不当。二审中,其提出新的鉴定申请。经审查,其申请鉴定的内容和范围仍是要求对专利权利要求的语言等予以鉴定,该内容一般应由专利授权机构、专利复审机构和人民法院依法予以认定,不应交由司法鉴定。并且,爱蓝天大连公司在一、二审中始终拒绝向法院提交其完整的技术方案,其鉴定申请书中也未明确应以其自身的哪些技术特征为基础进行鉴定,导致本案委托司法鉴定缺乏技术事实基础,故对其二审技术鉴定申请亦不予准许。

[江苏省高院没有直接就技术鉴定问题表态,而是采用了变通的做法:]

为准确查明本案所涉技术事实,本院根据《最高人民法院关于民事诉讼证据的若干规定》第六十一条的规定,要求双方当事人提供专家辅助人参与诉讼,就涉案技术的专门性问题向法庭作出说明。同时,法庭也指定了专家辅助人出庭,协助法庭进行技术事实调查。在2011年10月26日的再审庭审中,科力远公司聘请的技术专家贺跃辉(中南大学教授、博士生导师)、谭晓华[理想能源(上海)有限公司技术总监、高级工程师],爱蓝天大连公司聘请的技术专家吴锦雷(北京大学教授、博士生导师),以及法庭指定的技术专家黄晓华(南京师范大学教授、博士生导师)、梅天庆(南京航天航空大学教授)、宋凤麟(南京大学副教授)等六人对本案再审争议焦点所涉及的技术问题进行了长达一天的深入论证。

六位技术专家分别为来自物理电子学、粉末冶金、真空镀膜、稀土化学、纳米物理学、金属电沉积领域的高级研究人员。庭审过程中,各方技术专家基于各自的专业技术知识对于本案中所涉及的技术问题充分发表了各自的意见,有些争议的问题已达成或接近达成共识;而对于分歧较大、无法达成共识的问题,各方技术专家相互之间也进行了深入的讨论,各自都给出了相对明确的最终意见,并且当事人及专家一致同意由法庭作出最终认定和裁决。

思考问题:

在此类专利侵权诉讼中,何时应该委托鉴定,何时应该借助专家辅助人或专家证人?

3.2 "多余指定规则"的弃用

"多余指定规则"是指法院在权利要求解释过程中将某些技术特征指定为"多余"特征,并在侵权判断中加以忽略。这实际上是以权利要求解释的名义重写权利要求,扩张其保护范围。这一个规则已经被司法实践所抛弃,但是了解代表性的案例以及过去发生的争议,可以加深我们对权利要求法律规则的理解。

周林 v. 北京奥美光机电联合开发公司

北京市高院(1995)高知终字第22号

程永顺、孙苏理、刘继祥法官:

……

本院经审理查明:1987年5月20日周林向中国专利局递交了发明名称为"人体频谱匹配效应场治疗装置及生产方法"的发明专利申请,该专利申请于1990年,6月6日被授予专利权,专利号为87103603……

1991年7月2日周林依据87103603号"频谱治疗装置"专利向北京市中级人民法院起诉,状告奥美公司侵犯其专利权……

周林新提交的权利要求共11项,其中的权利要求7(即第二独立权利要求)为:

一种人体频谱匹配效应场治疗装置,它包括由普通耐热绝缘材料制成的效应场发生器基体(13),该效应场发生器基体(13)上设有按一定的材料比例用高温固熔法制成的材料换能层(12),换能控制电路以及加热部件的机械支撑和保护系统,与效应场配套使用的具有特定结构的机械部件与整机机体呈可移式固定形式联接,其特征在于:

a. 上述换能层(12)上又设置有模拟人体频谱发生层(11),该模拟人体频谱发生层(11)选用"氧化镁""氧化铁""氧化锰""氧化钼""氧化锌""氧化锂""氧化铜""氧化钛""氧化锶""氧化铬""氧化钴""氧化钒""金属铬""氧化镧等混合稀土元素材料"=(0.5—8):(7—30):(0—6):(0.6—5):(1—17):(0—4):(1—7):(0—7):(0—5.5):(25—85):(0—5):(0—10):(0.5—4):(0—40)制成的厚膜层。

b. 立体声放音系统及音乐电流穴位刺激器及其控制电路装置于整机体内。

在该专利说明书中记载的发明目的和技术效果是:提供一种人体频谱匹配效应场治疗装置及其生产方法。该装置在治疗人体疾病时能在较宽频率范围内较好地模拟健康人体在该段频率范围内的固有频率,发出具有或接近此种固有频率的电磁波效应场,即人体频谱匹配效应场。使这种效应场作用于病员机体,有效地解决某些常见疾病临床治疗效果不好的难题。该装置应能视其需要做到一机多功能,能较为有效地治疗和辅助治疗内科、外科、小儿科、妇产科、皮肤科等方面的多种疾病并做到小型化。对适应症在有效率、显效速度及易于实施方面具有明显的优点。更重要的特点是对某些常见疾病的治疗具有常规技术装置疗法无法实现的疗效。如对冻疮、冻伤的治疗方面。另外,根据本发明的作用原理和人体不同组织的结构成分以及不同疾病的治疗要求,对模拟频谱和频谱发生器的面积、表面颜色、治疗剂量等进行技术调整后,初步发现有较广的适用范围,可对多种微循环障碍性疾病和炎症感染性疾病有好的疗效和辅助疗效。本发明的出现,可为人们防治疾病增添一种简便、有效、费用低廉、无副作用的治疗方法和装置,还可以节约大量的药物资源。

"为了增加本发明装置的治疗功能,在本装置中加入了音乐治疗装置,使治疗者在接受频谱匹配治疗的同时,接受音乐治疗,有助于恢复大脑神经系统机能,推迟脑的衰老,消除紧张、疲倦感,使精神和躯体状态获得改善,还可对某些心身疾病具有疗效。如此一机多功能,既节省时间,又让患者在愉快、舒适的治疗环境中治疗多种疾病。"

奥美公司自1991年开始制造、销售波谱治疗仪,其基本原理是电磁波治疗机理,即所用电磁波波谱与人体辐射固有的波谱相近或相同,因而引起机体的共振吸收,继而导致所希望的生理效应,如温热作用,免疫效应等。

……

本院认为,周林获得专利权的频谱治疗装置是一项组合发明。其第二独立权利要求具体限定了这种称为"人体频谱匹配效应场治疗装置"专利产品的保护范围,包括了7个技术特征,即:(1)效应场发生器基体;(2)基体上的换能层;(3)换能控制电路;(4)加热部件的机械支撑和保护系统;(5)机械部件;(6)换能层上的由14种包括金属氧化物、金属铬和氧化镧等混合稀土的组分及含量制成的模拟人体频谱发生层;(7) 立体声放音系统和音乐电流穴位刺激器及其控制电路。其中,技术特征(6)实质上是模拟人体频谱发生层的配方,该配方的 14 种组分中氧化镁、氧化铁、氧化钼、氧化锌、氧化铜、氧化铬、金属铬是必要组分;氧化锰、氧化锂、氧化钛、氧化锶、氧化钴、氧化钒、氧化镧等混合稀土元素材料为选择组分。技术特征(7)虽被写入了第二独立权利要求,并且在 85107113 号专利的无效审理中被认为具有实质性特点,但结合该专利说明书中的阐述,就该专利整体技术方案的实质来看,技术特征(7)确不产生实质性的必不可少的功能和作用,显系申请人理解上的错误及撰写申请文件缺乏经验误写所致,故应视其为附加技术特征。技术特征(1)至(5) 以及技术特征(6)中的 7 种必要组分及其含量构成的技术方案确定了频谱治疗装置专利的保护范围。与上述技术方案相比,被控侵权产品波谱治疗仪含有技术特征(1)至(5),不含有技术特征(7),波谱治疗仪的核心部分滤光层有别于技术特征(6)。

……

显然仅就配方而言,波谱治疗仪滤光层与频谱治疗装置专利的模拟人体频谱发生层均以氧化铬、氧化铁为主要成分,且含量一致或基本一致,同时二者又确有差异,但这种差异并非实质性的,该技术领域普通技术人员无须经过创造性劳动即可实现这种变化……因此,被控侵权产品波谱治疗仪与周林的频谱治疗装置专利第二独立权利要求所限定的技术方案在发明目的和技术效果上相同或一致,并且前者对于后者在个别技术特征上进行了等效置换,二者应属等同的技术方案,即前者落入了专利权人周林的 87103603 号专利第二独立权利要求的保护范围,已构成对周林频谱治疗装置发明专利权的侵害。

……

上述周林案应该是关于多余指定原则的最有名的代表案例了。不过,它不是最早的案例。就本书作者所知,中国人民解放军空军总医院 v. 北京市海淀区达轮科技公司(北京市一中院 (1993)中经知初字第 390 号)案是我国最早适用多余指定原则的案例。该案中法院认为"根据原告专利权利要求 1,该发明可以划分为 19 个技术特征。经审查专利文件,应确认权利要求 l 中的'音乐音响器'技术特征属于对本发明的整体技术方案没有实质影响,或者说在整体技术方案中不起任何作用的特征,故在本案中应作为非必要技术特征对待。"

在北京市太阳能研究所 v.东莞市豪特电器公司 (北京高院(1998)高知终字第 24 号)案中,法院也适用了所谓的多余指定原则:

[原告]经审定批准的独立权利要求为:

一种新型电发热体,其特征是:a. 电热膜由中间体加导电填料所组成……b. 绝缘底层由中间体加绝缘材料所组成……c. 中间体的组成分为三类……

该专利说明书载明……制备绝缘底层的目的是为了提高底材的绝缘耐压性能。绝缘底层可以是单层,也可以重复制备多层。凡是绝缘性能已达到电器产品设计要求的底材,都可以省去绝缘底层……

本院认为,专利权人为北太所的87103537号专利的独立权利要求包括了a. 电热膜、b. 绝缘底层、c. 中间体组分及含量三项技术特征,a、c 项中含有部分选择性技术特征,在确定保护范围时不应考虑。b 项特征虽被写入了独立权利要求,但是鉴于87103537号专利说明书中已明确指出"凡是绝缘性能已达到电器产品设计要求的底材,都可以省去绝缘底层",同时考虑到以往专利审判实践中已经确立的原则,就该专利整体技术方案的实质面言,b 项技术特征确实不产生实质性的必不可少的功能和作用,应属非必要技术特征。87103537号专利的保护范围应由如下必要技术特征确定:a1 电热膜由中间体加导电填料组成,重量配比为1:1 至 5:1;a2 导电填料由石墨组成,颗粒直径为 4—40 μm;c1 中间体组分及含量:氧化硼 1%—25%,氧化铅 50%—85%,氧化硅 3%—10%。

马来客法官在评论上述案例时指出"尽管该专利独立权利要求1的文字上记载有绝缘设计要求的绝缘底层,也是所属技术领域的技术人员所具有的常识。……结合说明书及本专利的发明目的,针对所属技术领域的技术人员而言,可以显而易见地得出,它不属于构成独立权利要求1的必要技术特征"。"原告修改后的独立权利要求1中之所以出现了绝缘底层组分这一特征,应当是因为该专利申请时代理人对本发明的内容及对审查意见通知书的理解出现了偏差而撰写失误造成的。从客观上讲,绝缘底层的组分并不是本专利独立权利要求的必要技术特征;从主观上讲,没有充分的证据表明,原告当时有认为绝缘层的组分是本专利独立权利要求的必要技术特征的真实意思表示。所以不能认为根据实际情况认定绝缘底层的组分不是该专利独立权利要求的必要技术特征,是一种反悔。"①

但是,技术特征中所谓"多余"特征的认定,依赖于法官对发明功能的理解。法官可以按照预先设立的思路来概括一项发明的主要功能,然后将与该主要功能无关的特征定义为"多余"特征。这里是否存在循环论证的陷阱呢? 比如在周林案,法官的代表性意见:"就该专利整体技术方案的实质看,技术特征(7)确不产生实质性的必不可少的功能和作用,显系申请人理解上的错误及撰写申请文件缺少经验所致,应视为附加技术特征。"②不过,在说明书中,发明人强调其音乐播放功能,究竟如何决定取舍呢?

多余指定原则缺乏可靠的适用要件,易被法院滥用,肆意改写权利要求的范围,损害专利权利要求保护范围的可预见性。学术界现在主流的意见应该是抛弃这一原则。最高人民法院在大连仁达新型墙体建材厂 v. 大连新益建材有限公司(最高人民法院(2005)民三提字第1号)案对多余指定原则已经有了很强的否定倾向:

首先,从权利要求书的撰写要求看,《中华人民共和国专利法实施细则》第二

---

① 孙建、罗东川:《知识产权名案评析(2)》,中国法制出版社1998年版,第390页。
② 北京高院知产庭:《北京知识产权审判案例研究》,法律出版社2000年版,第366页。

十条、第二十一条明确规定,权利要求书应当清楚、简要地表述请求保护的范围。权利要求书应当有独立权利要求。独立权利要求应当从整体上反映发明或者实用新型的技术方案,记载解决技术问题的必要技术特征。应当认为,凡是专利权人写入独立权利要求的技术特征,都是必要技术特征,都不应当被忽略,而均应纳入技术特征对比之列。本院不赞成轻率地借鉴适用所谓的"多余指定原则"。

其次,从权利要求书的作用看,根据《中华人民共和国专利法》第五十六条第一款的规定,发明或者实用新型专利权的保护范围以权利要求书的内容为准。权利要求书的作用是确定专利权的保护范围。即通过向公众表明构成发明或者实用新型的技术方案所包括的全部技术特征,使公众能够清楚地知道实施何种行为会侵犯专利权,从而一方面为专利权人提供有效合理的保护,另一方面确保公众享有使用技术的自由。只有对权利要求书所记载的全部技术特征给予全面、充分的尊重,社会公众才不会因权利要求内容不可预见的变动而无所适从,从而保障法律权利的确定性,从根本上保证专利制度的正常运作和价值实现。

多余指定原则许可法院忽略部分技术特征,而等同原则实际上许可法院忽略权利要求的语言限制,二者都是在扩充专利权的保护范围,法院为什么会对其持不同的态度呢?

完全抛弃所谓的多余指定原则后,如何处理一些极端的案例,则依然存在一些疑问。比如,一个发明了具备新功能的杯子的发明人,可能不慎在权利要求书中加入了"杯子表面画有一匹骏马"之类的限制特征;一个保健腰带的实用新型的申请人,在权利要求中对腰带内药物粉末的成分进行了限制(实用新型专利显然是不能保护到药物成分的)等。侵权者如果不在杯子上画马,不在腰带中使用相同或类似的成分,其他要素和专利方案一样,法院如何处理?

3.3 权利要求不清楚

权利要求解释的理想结果是解释者能够确定权利要求的确切含义从而准确界定专利权的保护范围。不过,不理想的结果也会经常出现,即穷尽一切解释方法均不能知道权利要求中特定术语的确切含义,从而无法界定专利权的保护范围。在专利权无效宣告程序中,这会被认为权利要求不明确,会导致专利权被宣告无效;而在侵权诉讼中,这会导致专利权人因无法完成举证责任而败诉——专利权人无法证明被控侵权的方案落入了专利权的保护范围。

柏万清 v. 成都难寻物品营销服务中心

最高人民法院(2012)民申字第 1544 号

周翔、罗霞、杜微科法官:

[柏万清为涉案专利的权利人。该专利的权利要求 1 为:"一种防电磁污染服,它包括上装和下装,其特征在于所述服装在面料里设有由导磁率高而无剩磁的金属细丝或者金属粉末构成的起屏蔽作用的金属网或膜。"2010 年 5 月 28 日,成都难寻物品营

销服务中心销售了由上海添香实业有限公司生产的添香牌防辐射服上装。柏万清提出专利侵权指控。双方争议的焦点是,权利要求1中的"导磁率高"这一限制特征的范围是否明确。]

柏万清申请再审称:

1. 关于涉案专利权利要求1中的"导磁率高"的理解问题。(1)解释权利要求时应当站在本领域普通技术人员立场上,结合工具书、教科书等公知文献以及本领域普通技术人员的通常理解进行解释。(2)导磁率又称为磁导率,是国际标准的电磁学技术术语,包括相对磁导率与绝对磁导率。相对磁导率是磁体在某种均匀介质中的磁感应强度与在真空中磁感应强度之比值。绝对磁导率是在磁介质所在的磁场中某点的磁感应强度与磁场强度的比值。绝对磁导率更为常用,所以绝对磁导率在多数教科书与技术资料中简称为磁导率。(3)导磁率是磁感应强度与磁场强度之比值,是一个与磁感应强度和磁场强度都相关联的物理量。在特定的物理条件下,导磁率是可以描述、测量出的数值,可以有大小高低之分。(4)相关证据可以证明高导磁率是本领域普通技术人员公知的技术常识。国际标准单位意义上的高导磁率是国际公认的表达。相关现有技术中,从80高斯/奥斯特、1850高斯/奥斯特到 34×10^4 高斯/奥斯特或者 83.5×10^4 高斯/奥斯特,分别代表了高、很高、特高(极高)三个不同级别,但都属于高导磁率范围,都属于本领域普通技术人员理解的高导磁率范围内。(5)涉案专利权利要求1中限定了防电磁污染即防电磁辐射用途,高导磁率具有特定的具体环境,可以具体确定其含义。现实中,可以大致确定人们对各种辐射的防范需求。对于不同的防辐射环境需要,本领域普通技术人员可以先测定出辐射数值,然后选择能够实现防辐射目的的导磁率材料。涉案专利权利要求1中的"导磁率高"具有明确的含义。即首先确定出磁介质的导磁率数值的安全下限,然后高于这个下限数值的就是导磁率高。这个下限数值可以因使用环境不同而有所区别。

2. 被诉侵权产品中的磁介质导磁率与剩磁可以通过司法鉴定查明。在当事人未申请司法鉴定的情况下,人民法院应当行使释明权。柏万清请求依法对被诉侵权产品进行司法鉴定。防范电磁辐射的产品应当无剩磁,或者有剩磁时进行退磁处理,直至无剩磁。因此,被诉侵权产品有明显的剩磁亦不合理……

本院另查明,关于磁导率与导磁率的含义,证据1"磁导率"词条记载:"磁体在某种均匀介质中的磁感应强度与真空中磁感应强度的比值。也叫磁导系数或导磁率。"证据2"磁导率"词条记载:"表示物质磁性的一种磁学量,是物质中磁感应强度B与磁场强度H之比,$\mu = B/H$。但通常使用物质的相对磁导率μr,其定义是物质的磁导率μ与真空的磁导率(或称磁常数)$\mu 0$之比,即$\mu r = \mu/\mu 0$。""B与H之比的磁导率表示物质受磁(化)场H作用时,其中磁场相对于H的增加($\mu r > 1$)或减少($\mu r < 1$)的程度"。在实际应用中,磁导率还因具体条件不同而分为多种,例如起始磁导率μi、微分磁导率μd、最大磁导率μm、复磁导率、张量磁导率等。该词条所示的"几种磁导率定义的示意图"显示磁导率并非常数。

关于高导磁率的含义,证据3中使用了"高导磁率铁粉"的表述。证据4中记载了

"高导磁率的新软磁材料""导磁率为硅钢片的20倍"等内容。证据5中记载了"在非常高的磁场下(如100 Oe)仍具有相当高的磁导率值(≥80 Gs/Oe)"等内容。证据6中记载了"制造高导磁率含铜硅钢的工艺""导磁率在10奥斯特时至少为1850高斯/奥斯特的生产工艺"等内容。证据7中有"极高的初始导磁率及较低的损耗,其最佳性能$\mu 0.01$可达34×10^4 Gs/Oe,μm达83.5×10^4 Gs/Oe"等内容。证据8中,记载了人体防电磁辐照的(较为客观的)安全限值,但其中并没有记载与导磁率有关的内容。证据9中记载了"高磁导率铁氧体材料与磁芯"、频率为1—200 KHz下μ分别为14248至7549等内容。

本院认为,准确界定专利权的保护范围,是认定被诉侵权技术方案是否构成侵权的前提条件。如果权利要求的撰写存在明显瑕疵,结合涉案专利说明书、本领域的公知常识以及相关现有技术等,仍然不能确定权利要求中技术术语的具体含义,无法准确确定专利权的保护范围的,则无法将被诉侵权技术方案与之进行有意义的侵权对比。因此,对于保护范围明显不清楚的专利权,不应认定被诉侵权技术方案构成侵权。

关于涉案专利权利要求1中的技术特征"导磁率高"。

首先,根据柏万清提供的证据,虽然磁导率有时也被称为导磁率,但磁导率有绝对磁导率与相对磁导率之分,根据具体条件的不同还涉及起始磁导率μi、最大磁导率μm等概念。不同概念的含义不同,计算方式也不尽相同。磁导率并非常数,磁场强度H发生变化时,即可观察到磁导率的变化。但是在涉案专利说明书中,既没有记载导磁率在涉案专利技术方案中是指相对磁导率还是绝对磁导率或者其他概念,也没有记载导磁率高的具体范围,亦没有记载包括磁场强度H等在内的计算导磁率的客观条件。本领域技术人员根据涉案专利说明书,难以确定涉案专利中所称的导磁率高的具体含义。

其次,从柏万清提交的相关证据来看,虽能证明有些现有技术中确实采用了高磁导率、高导磁率等表述,但根据技术领域以及磁场强度的不同,所谓高导磁率的含义十分宽泛,从80 Gs/Oe至83.5×10^4 Gs/Oe均被柏万清称为高导磁率。柏万清提供的证据并不能证明在涉案专利所属技术领域中,本领域技术人员对于高导磁率的含义或者范围有着相对统一的认识。

最后,柏万清主张根据具体使用环境的不同,本领域技术人员可以确定具体的安全下限,从而确定所需的导磁率。该主张实际上是将能够实现防辐射目的的所有情形均纳入涉案专利权的保护范围,保护范围过于宽泛,亦缺乏事实和法律依据。

综上所述,根据涉案专利说明书以及柏万清提供的有关证据,本领域技术人员难以确定权利要求1中技术特征"导磁率高"的具体范围或者具体含义,不能准确确定权利要求1的保护范围,无法将被诉侵权产品与之进行有意义的侵权对比。因此,对被诉侵权产品的导磁率进行司法鉴定已无必要。二审判决认定柏万清未能举证证明被诉侵权产品落入涉案专利权的保护范围,并无不当。

思考问题：

在说明书中做什么样的说明可以帮助申请人克服本案的困难？假定被告所实施的方案刚好是发明人所列举的实施例之一，法院应该如何处理？结论还一样吗？

3.4 方法限定产品权利要求

产品类权利要求，通常是通过描述该产品的结构、组分、物理特性等来确定发明的内容。但是，在生物、化工、食品加工等领域，有时候对于产品的结构性或物理属性的描述并不足以让社会公众理解该产品的具体内容。因此，利用产品的生产或制造方法来限定产品，可能成为一种便捷的描述方法。

Abbott Laboratories v. Sandoz, Inc.

美国联邦巡回上诉法院 566 F. 3d 1282(2009)

RADER 法官：

……

[Abbott Laboratories 是第 507 号专利的独占许可的被许可人，以 Omnicef 的商业名称销售该专利所对应的 cefdinir 晶体……该专利有 5 项权利要求，其中典型的是权利要求 2。]

2. 7—[2—(2—氨基噻唑—4—基)—2—羟基亚胺基乙酰]—3—乙烯基—3—头孢—4—羧酸的结晶体（顺式异构体），它可以通过在室温或加热条件下酸化 7—[2—(2—氨基噻唑—4—基)—2—羟基亚胺基乙酰]—3—乙烯基—3—头孢—4—羧酸获得(obtainable by)。

[本案争论的焦点问题之一是，上述方法限定的产品权利要求中，该方法限制是否是该权利要求的一个限制性特征？换句话说，如果是以不同的方法获得相同产品，是否侵害该产品权利要求？美国联邦巡回上诉法院过去在这一问题上发生分裂，不同案件中法官的意见不一致。因此，该法院在本案中由全体法官出席(en banc)对这一问题进行审理，并作出判决。]

……

因此，在最高法院先例、专利商标局多年来对"方法限定产品"(product-by-process)权利要求的处理实践以及其他有约束力的法院判决的基础上，本院现在重申："方法限定产品权利要求中的方法术语在判断侵权时起到限定作用"。如前所述，这一结论延续了本院在 In re Thorpe 中的很明确的陈述，即"方法限定产品权利要求受到该方法的限制和定义。"

最近，最高法院重申了这样的宽泛原则，即"专利权利要求中的每一个特征在定义专利发明的保护范围方面都被视为是实质性的"。Warner-Jenkinson, 520 U. S. at 19. 尽管 Warner-Jenkinson 案具体针对的是等同原则，上述原则大体上也适用于权利要求的解释。应用到方法限定产品权利要求，Warner-Jenkinson 强化了方法术语限制"方法限定产品"权利要求这一基本规则。在这一意义上,Scripps Clinic 案与本规则并不一致,本院在此明确推翻 Scripps Clinic 案。

异议意见哀叹权利人损失了一项权利,即基于方法限定产品权利要求对抗那些没有实施权利要求中明示的限制特征(即该方法)的被告的权利。[其实,]这一权利从来就没有在实践中或先例中存在过。本院的全员出席的判决并没有削减发明人在权利要求中采用"方法限定产品"术语的权利。相反,本判决只是重申,权利要求中的定义性限制特征——在本案中指方法术语,在证明侵权时也是[限制性的]术语。

本院并没有质疑方法限定产品权利要求作为一种权利要求的形式是否合法。19世纪的 Ex parte Painter,1891 C. D. 200, 200-01(Comm'r Pat. 1891)以及后来的专利局的一些案子,的确涉及此类权利要求形式的合法性问题。但是,本院无须涉及这一已经解决的问题。这里的问题仅仅是,通过权利要求之外的方法制造产品,是否侵害此类权利要求。本院认为这不构成侵权。

……

方法限定产品的权利要求反映了历史上的一种担心:在产品很难或者几乎不可能描述的特殊场合下,专利局可能完全拒绝对这类权利要求所主张的产品提供保护。但是,在现代的背景下,如果发明人发明了一种结构未知或结构过于复杂以至于难以分析的产品(本案的保护客体——一种通过复杂的 PXRD 技术①定义的产品——表明这些担心在现实中可能不复存在),本院在此澄清,该发明人可以绝对自由地使用方法步骤去定义该产品。该发明将按照一般的专利性要求授予专利。该发明人不会因此被剥夺专利保护。但是,由于发明人选择用方法术语来定义产品,该定义也将限制专利权的边界。法院不能简单地将发明人所提供的定义视为赘语而忽略之。

本院关于在侵权诉讼中正确处理"方法限定产品"权利要求的规则,符合其自身的简单逻辑。假设一种化合物,以方法术语加以定义。该发明人不愿意描述该化合物的任何结构或特征。该化合物的发明人获得了这样的"方法限定产品"权利要求:"化合物 X,通过方法 Y 获得。"如果在主张这一权利要求时,无须考虑其定义术语,则意味着被控侵权者即使使用方法 Z 生产化合物 X,依然构成侵权。但是,法院如何能够确定,被控侵权者的化合物的确与该专利化合物是一样的?毕竟,专利权利人仅仅告诉公众该新产品的唯一方法,并利用它定义该新产品。另外,除了比较权利要求中所述的方法与被控侵权的方法,还有什么分析工具能够证实侵权者的化合物事实上构成侵权?如果侵权认定的基础不是方法本身的相似性,那么只可能是结构或特征的相似性,但发明人并没有披露后者。方法 Z 或许可以让他人能够用更好的方法生产更好的产品。为什么法院要剥夺他人自由使用该方法的权利呢?

---

① 本书作者注:根据本案前文的解释,"PXRD 是一种识别和区分不同化合物晶体的方法。该方法利用 X 射线照射化学粉末,然后检测射线经过粉末的反射和折射结果。衍射的角度和强度随着所测试化合物的类型和纯度的变化而变化。以衍射角度和强度分别为两轴,就可以绘制出衍射图。每一种化合物的晶体在该衍射图上都有一种独特指印"。利用这一技术,可以分辨出两种化合物是否是同一种物质,而无须知道它们的结构。

总之,创设下列规则既不必要也不符合逻辑:在所主张的产品的结构未知、产品只能通过制造方法加以定义的例外情形下,"方法限定产品"权利要求中的方法特征不应被视为限制性特征。这一规则将使得专利保护的范围延伸到专利权人所"特别指出与明确主张"的作为其发明的客体范围之外([专利法]35 U.S.C. § 1126)。

......

维持原判。

NEWMAN, Circuit Judge

......

在多数意见看来,专利权人可以继续获得利用方法作为描述特征的产品权利要求,但是在侵权认定时该产品权利要求会被视为方法权利要求。申请人[在申请专利时]还是要证明该产品(独立于该方法)符合新产品的专利性要求,但是在利用该专利对抗相同的产品时,却仅仅限于侵权者使用权利要求中所描述的相同方法步骤。因此,第一次出现这样的现象:在权利要求的效力审查和侵权认定时,权利要求的解释方法不同。

专利法上不可违背的原则是,专利权利要求的解释方式在效力审查时和侵权认定是应该是一样的。

在效力审查时,为方便起见,该权利要求被视为产品权利要求,需要满足新产品所应满足的新颖性、创造性以及其他要求,这与该产品是如何生产的无关。我的同事认为,在效力审查时它们是产品权利要求,但是在侵权认定时是方法权利要求。背离专利法上禁止此类做法的原则,需要合适的理由和更完整的法律梳理,而不是像我的同事们这样匆忙拒绝[该原则]。

......

思考问题:

(1)专利法为什么要许可撰写方法限定产品权利要求?考虑这一目的,你觉得本案多数意见的解释令人满意吗?

(2)如果申请人没有公开结构而采用方法限定。但是,侵权发生后,采用 PXRD 等技术,证明结构是一样的,尽管制造方法不同。这时不认定侵权,是否不合理?

(3)承认方法不是限制特征,就是"剥夺他人自由使用该方法的权利"吗?

以方法限定产品的权利要求,究竟是产品权利要求还是方法权利要求,在侵权判断中该方法限制究竟是否必须作为限制性特征考虑,在中国法上尚无明确的规定。在《专利审查指南》(2010)中,专利局介绍了此类权利要求的审查方法,但并没有直接明确此类权利要求的保护范围:

> 对于这类权利要求(指包含制备方法特征的产品权利要求),应当考虑该制备方法是否导致产品具有某种特定的结构和/或组成。如果所属技术领域的技术人员可以断定该方法必然使产品具有不同于对比文件产品的特定结构和/或组

成,则该权利要求具备新颖性;相反,如果申请的权利要求所限定的产品与对比文件产品相比,尽管所述方法不同,但产品的结构和组成相同,则该权利要求不具备新颖性,除非申请人能够根据申请文件或现有技术证明该方法导致产品在结构和/或组成上与对比文件产品不同,或者该方法给产品带来了不同于对比文件产品的性能从而表明其结构和/或组成已发生改变。①

关于以方法限定产品的化学产品权利要求,《专利审查指南》(2010)进一步指出:

对于用制备方法表征的化学产品权利要求,其新颖性审查应针对该产品本身进行,而不是仅仅比较其中的制备方法是否与对比文件公开的方法相同。制备方法不同并不一定导致产品本身不同。如果申请没有公开可与对比文件公开的产品进行比较的参数以证明该产品的不同之处,而仅仅是制备方法不同,也没有表明由于制备方法上的区别为产品带来任何功能、性质上的改变,则推定该方法表征的产品权利要求不具备专利法第二十二条第二款所述的新颖性。②

从《专利审查指南》所表述的审查方法看,专利局要求此类权利要求所定义的产品具有新颖性。逻辑上讲,在侵权判断中忽略该方法限制,并不会出现对现有技术中产品进行保护的负面后果。不过,正如美国法院在Abbott案中所言,在实际操作中,如何证明不同的方法所制造的产品是同一产品,肯定是个难题。在司法实践中,我们的法院也会和美国法院一样,也会拒绝忽略方法这一限制性特征。下面的最高人民法院判决的"独一味"案就是一例。

成都优他制药有限责任公司 v. 江苏万高药业有限公司

(2010)民提字第158号

王永昌、李剑、罗霞法官:

[优他公司拥有名称为"藏药独一味软胶囊制剂及其制备方法"的发明专利,专利号为200410031071.4。其权利要求1]限定的技术方案中包含的提取方法I表征内容的保护范围可归纳为:A. 一种独一味的软胶囊制剂,原料组成为:独一味提取物20~30重量份,植物油25~36重量份,助悬剂1~5重量份;B. 其中的独一味提取物是由下述方法提取得到的:B1. 取独一味药材,粉碎成最粗粉;B2. 加水煎煮二次,第一次加10~30倍量的水,煎煮1~2小时,第二次加10~20倍量水,煎煮0.5~1.5小时;B3. 合并药液,滤过,滤液浓缩成稠膏;B4. 减压干燥,粉碎成细粉,过200目筛,备用。

[本院认为,]本案中,原一、二审法院均认定万高公司生产被诉侵权产品所使用的技术方案即为优他公司申请调取的国家药监局药品批准文号"国药准字Z20050221"药品注册批件的YBZ08242005标准(试行)及晨牌药业公司报送的"独一味软胶囊"生产工艺的研究资料所载明的技术方案,可以以该技术方案的特征与涉案

---

① 《专利审查指南》(2010)第二部分第三章第3.2.5节,第161页。
② 《专利审查指南》(2010)第二部分第十章第5.2节,第283—284页。

专利权利要求 1 记载的相应技术特征进行比较。从该技术方案的内容看，对于独一味清膏干燥后研磨细度的要求，只有"研成细粉备用"的技术特征，没有"过 200 目筛"的技术特征，而根据《中华人民共和国药典》(2000 年版，一部)的规定，"研成细粉"是指过 80 目筛的细粉，万高公司提交的批生产记录也进一步佐证该生产工艺在过 80 目筛后并无过 200 目筛的工艺步骤。可见该项工艺是完整的。虽然优他公司认为万高公司实际使用的方法是过 200 目筛，但并没有提供相应的证据予以证明，应认为被诉侵权产品缺少涉案专利权利要求 1 记载的"过 200 目筛"的技术特征。

在司法实践中，法院有时候会对"以方法定义产品"的写法持怀疑态度。下面的钟儒明 v. 专利局专利复审委员会案即是一例。

钟儒明 v. 专利局专利复审委员会

北京高院(1994)高经知终字第 24 号

程永顺、刘继祥、陈锦川法官：

1985 年 5 月 18 日，华中理工大学向中国专利局递交了名为"消除变速电机环流的方法及其绕组联结"的发明专利申请，申请号为 85103682。[修改后的权利要求 1]："一种利用合理分配不等匝线圈来消除极数比为 2P1/2P2 的'3Y/3Y 联结法'环流的交流变极电动机绕组，其特征在于采用'对称轴线法'对所述绕组进行 60°/120°相带的换相法变极求得'3Y/3Y 联结法'的 D1—D3 九段绕组所串联的槽号，当在某一极数下或两种极数下每相并联的三段槽号的绕组基波感应电动势不是同相位、同大小时，把该几段绕组平分为多匝数线圈的槽号与少匝数线圈的槽号，根据其在两种极数下的相位关系，通过适当地选取多匝数线圈与少匝数线圈的匝数比 K(简称匝比 K)，合理分配这两种线圈的槽号，以得到在每种极数下每相并联的三段槽号的绕组有同相位、同大小(或极为接近)的基波感应电动势且每槽两种绕圈匝比相同的不等匝双层绕组。"

北京市高级人民法院经审理认为：

......

产品权利要求适用于产品发明，一般应当用产品的结构特征来描述；方法权利要求适用于方法发明，一般应当用方法特征来描述，只有这样才能正确确定专利权的保护范围。除非有正当的根据和理由，一般不允许用方法特征定义产品权利要求，否则即为权利要求类型不清。而且即使在允许以方法特征定义产品权利要求的情况下，该产品也还必须具有新颖性。

本案中的 85103682 号专利的独立权利要求是以方法特征定义的产品权利要求，其各项从属权利要求则是以方法特征和产品特征共同定义的产品权利要求。但这种定义方法缺乏正当的根据和理由，电机绕组设计属一般技术领域，在该领域中利用跨距、匝数或匝数比、联结方法等技术特征即可对电机绕组结构作出清楚的限定，无须利用方法特征。85103682 号专利的权利要求 1 不仅违反了上述权利要求类型必须清楚的规定,而且还直接导致了本已丧失新颖性的权利要求2被授予专利权。故该专利的权利要求1不应允许,在此前提下从属于权利要求1的各项从属权利要求也不应允许。另外,专利实施细则第66条第2款规定了请求宣告专利权无效的法定事由,但其中并未包括权利要求类型不清。这说明,专利复审委员会所进行的无效审查是以权利要求类型清楚为前提条件的。在无效审查程序中,当遇有权利要求类型不清这种特殊情况时,专利复审委员会应当首先就这一问题进行审查,本案在无效审理中,请求人钟儒明的无效宣告请求虽未直接提及85103682号专利存有权利要求类型不清问题,但已明确指出对比于现有技术《混相变极方法》,该专利中的个别绕组结构方案已丧失新颖性,在此情况下,专利复审委员会非但未依职权对与此直接相关的权利要求型不清问题进行纠正,相反却对该专利权利要求的定义方法予以肯定,着重强调该专利在绕组结构设计方法上的独特性,并进而作出第340号无效宣告请求审查决定,维持该专利权继续有效,显属不当。

思考问题:

在什么情况下,法院可以拒绝这种"以方法定义产品"的权利要求?法院能够因为这种写法并非必要而拒绝接受吗?

3.5 功能性限定特征

3.5.1 功能性限定特征的必要性

所谓的功能性限定特征或功能性特征,是指"权利要求中以功能或者效果表述的技术特征",即"对于结构、组分、步骤、条件或其之间的关系等,通过其在发明创造中所起的功能或者效果进行限定的技术特征"。[①] 典型的表述就是"一种连接装置""实现信号放大功能的模块"等等。此类权利要求就是所谓的"装置+功能"权利要求(Means-plus-function Claims)或者"步骤+功能"权利要求(Steps-plus-function Claims)。

关于专利法接受功能性特征这一表述方式的原因,著名的 Learned Hand 法官在 Philip A. Hunt Co. v. Mallinckrodt Chem. Works, 177 F. 2d 583, 585-86 (2d Cir. 1949) 案中有具体的论述。他指出,功能性语言本身并不当然地被专利法所排除。问题的关键在于申请人是否通过功能性语言不适当地拓宽了自己的权利要求的保护范围。如果没有超出此范围,那它依然是可以接受的。而且,在有些时候,不利用功能性语言,描述发明将是非常困难甚至是不可能的事情。比如,如果一项发明有很多替代物,就不可能对替代物本身一一列举。在判断专利法的保护范围时,利用所谓的等同原则来弥补权利要求语言的不足,防止别人利用实质相同的手段实现实质相同的发明目的。既然法院可以应用这一学说,那么就不能说只要权利人利用功能性语言来覆盖此类范围的做法就是错误的。当然,功能性语言本身的模糊性是不可避免的,因此,权利人就

[①] 《最高人民法院关于审理侵犯专利权应用法律若干问题的解释(二)(征求意见稿)》(2015)第8条。

必须向社会证明,该语言所涵盖范围内的技术方案在其撰写权利要求时是确知的,无须进行实质性的试验。

3.5.2 功能性限制特征的认定

在中国法上,专利局或法院并没有明确何种词汇的出现会导致该特征被认定或被推定为功能性特征。一个特征究竟是否属于功能性限定特征,应当由熟练技术人员基于现有技术并结合具体技术方案进行判断。比如,"示波器""滤波器""显示屏"等,表面上也是在描述具有"显示波形""过滤信号""显示信号"等功能的装置,但是因为约定俗成或其他原因,熟练技术人员将它们理解为具体的物理装置,概念的外延相对明确,因而这些名词不再被视为宽泛的功能性限定特征。这时候,特定概念的外延可能比较宽泛,但依然可能被理解为可接受的上位概念,而不是外延不清的功能性限定特征。比如,在薛胜国 v. 赵相民等((2009)民申字第1562号)案中,最高人民法院对诉争权利要求中"机架"一词的解释就反映了这一思路。该案所涉专利的权利要求为:"用于粉条加工的揉面机,它包括:机架(1),设置在所述机架(1)上的驱动电机(2),其特征在于:在机架(1)上部设置有带有进、出料口(3,4)的料斗(5)……"。最高人民法院指出:"涉案薛胜国专利独立权利要求中采用的是机架这一上位概念,并未对机架的具体结构进行限定,因此,不能直接以说明书附图中所显示的长方体机架用于限定权利要求记载的机架这一技术特征;被控侵权产品采用下部为长方体、上部一侧为梯形的机架,系采用了一种特定结构的机架,而该特定结构的机架与权利要求记载的机架相比,前者术语下位的概念,后者术语上位概念。因此,二者的该项对应技术特征应属相同。"最高人民法院并不觉得需要考虑该"机架"这一宽泛概念是否属于一种功能性限定特征。

一项特征是否属于功能性特征,关键并不在于申请人是否使用的"功能性"或"效果性"语言本身,而是在于该语言是否同时揭示了技术方案所对应的结构、材料或步骤内容。[①] 如果该"功能性"语言所定义的特征在熟练技术人员看来,有足够具体的结构、材料或步骤,则该特征并不能被视为功能性限定特征,而应该被视为普通的技术特征对待。这时候它就应该覆盖字面含义所能覆盖的范围,而不应受到下面所谓"说明书所披露实施例及其等同物"规则的约束。

3.5.3 功能性限定特征的保护范围

理论上,功能性限定特征涵盖所有具备该功能的技术方案,这导致公众对于此类权利要求的范围或边界很难有一个明确的预期。因此,有些国家对于此类权利要求的解释进行了限制。比如,美国专利依35 U.S.C. § 112 第6款要求,此类权利要求应当被解释为涵盖说明书中所描述的相对应的结构、物质或步骤及其等同物。中国最高人民法院在司法解释中也有类似的意见:"对于权利要求中以功能或者效果表述的技术特征,人民法院应当结合说明书和附图描述的该功能或者效果的具体实施方式及其

[①] 参见《北京市高级人民法院专利侵权判定指南》(2013)第16条。

等同的实施方式,确定该技术特征的内容。"①

在上述司法解释第 4 条的基础上,《最高人民法院关于审理侵犯专利权应用法律若干问题的解释(二)(征求意见稿)》(2015)第 8 条第 2 款规定:"与说明书及附图记载的实现前款所称功能或者效果不可缺少的技术特征相比,被诉侵权技术方案的相应技术特征是以基本相同的手段,实现相同的功能,达到相同的效果,且本领域普通技术人员在被诉侵权行为发生时无需经过创造性劳动就能够联想到的,人民法院应当认定该相应技术特征落入功能性特征所限定的专利权的保护范围。"最高人民法院在解释这一款的立法意图时指出:"第二款通过将被诉侵权行为发生日作为侵权判断时间点,在一定程度上将申请日后新技术导致的等同替换手段解释进来。同时,对等同的适用条件进行限缩,采用手段'基本相同',功能、效果'相同'"。② 这一规定引发如下的疑问:最高人民法院所说的"功能性特征所限定的专利权的保护范围",究竟是它的字面意思所覆盖的范围还是"字面意思+等同方案"所覆盖的范围?法院将"侵权行为发生日"作为判断的时间依据,似乎表明最高人民法院选择的是后者,这也就导致法院实际上不再许可权利人在上述范围之外主张等同侵权。如此限制"功能性特征"的等同原则的适用,合理吗?

将功能性限定特征的保护范围限定在说明书所列举的具体实施例及其等同物的范围内,在很多时候构成对专利权人的严厉限制。如果专利权人在说明书中没有列举具体的实施例,则可能直接导致该功能性限制特征被认为范围不明确,而被宣告无效。如果专利权人仅仅列举了非常有限的实施例,则事实上可能导致该功能性限定特征被限制在该实施例及其等同物的范围内,并不能达到专利权人预想的覆盖所有具备相同功能的技术方案的目的。因此,毫不奇怪,在实际纠纷发生后,专利权人常常想极力避免自己权利要求中的术语被解释为功能性限定特征,而是希望它被解释为具有宽泛含义但是依然为具体的结构性特征。换言之,功能性限定特征看起来覆盖范围很广,但是,说明书撰写如果没有提供充分的实施例,则很可能变成专利权人的紧箍咒。

3.5.4 功能性限定特征的审查

中国专利局对于功能性特征有明显的敌意,明确号召专利权人尽量避免使用功能性限制特征:

> 通常,对产品权利要求来说,应当尽量避免使用功能或者效果特征来限定发明。只有在某一技术特征无法用结构特征来限定,或者技术特征用结构特征限定不如用功能或效果特征来限定更为恰当,而且该功能或者效果能通过说明书中规定的实验或者操作或者所属技术领域的惯用手段直接和肯定地验证的情况下,使用功能或效果特征来限定发明才可能是允许的。

> 对于权利要求中所包含的功能性限定的技术特征,应当理解为覆盖了所有能够实现所述功能的实施方式。对于含有功能性限定的特征的权利要求,应当审查

---

① 《最高人民法院关于审理侵犯专利权纠纷案件应用法律若干问题的解释》(2009)第 4 条。
② 《最高人民法院关于审理侵犯专利权应用法律若干问题的解释(二)(征求意见稿)》(2015)第 8 条。

该功能性限定是否得到说明书的支持。如果权利要求中限定的功能是以说明书实施例中记载的特定方式完成的,并且所属技术领域的技术人员不能明了此功能还可以采用说明书中未提到的其他替代方式来完成,或者所属技术领域的技术人员有理由怀疑该功能性限定所包含的一种或几种方式不能解决发明或者实用新型所要解决的技术问题,并达到相同的技术效果,则权利要求中不得采用覆盖了上述其他替代方式或者不能解决发明或实用新型技术问题的方式的功能性限定。

此外,如果说明书中仅以含糊的方式描述了其他替代方式也可能适用,但对所属技术领域的技术人员来说,并不清楚这些替代方式是什么或者怎样应用这些替代方式,则权利要求中的功能性限定也是不允许的。另外,纯功能性的权利要求得不到说明书的支持,因而也是不允许的。[1]

专利局在审查功能性限定的技术特征是,显然将其范围放大到极限,然后看是否依然符合专利授权的条件。这与侵权诉讼过程中,法院解释功能性限定特征的范围,有明显的区别。从逻辑上,如果法院在解释权利要求时不能将保护范围延伸到申请人所披露的实施例及其等同物范围之外,则很难理解,为什么专利局在进行专利审查时可以基于原本就不在保护范围之内的在先技术否定功能性限定特征的可专利性。本书认为,专利法没有必要维持两种不同的解释标准。在审查过程中,将功能性限定特征的范围限制在说明书披露的实施例及其等同范围,然后看这一范围内的技术方案是否符合授权条件,这一做法似乎并不会引发明显的负面后果。

无独有偶。过去在美国法上也存在行政审查标准与侵权案件中司法标准不一致的问题。美国专利局也一度采用类似中国专利局的做法,认为在专利审查过程中应该将功能性限定特征的范围解释为涵盖所有实现该功能的技术方案。这一解释的结果明显比法院的要宽泛,容易导致专利申请被驳回,对于专利权人不利。美国联邦巡回上诉法院最终在全体法官出席的案件判决中强调,美国专利法第112条第6款的字面意思很清楚,并没有区分专利局程序或法院程序,也没有区分权利效力或侵权争议程序,因此专利局与法院解释功能性限定特征的标准应该相同。[2]

3.5.5 功能性限定特征的披露要求与充分公开要求

为了使得含有功能性限定特征的权利要求明确,专利申请人必须在说明书中公开实现该功能的代表性的结构、材料或步骤(统称"结构")。如果没有公开,则该功能性限定特征的范围不明确,该专利申请不应获得授权。这一披露要求与专利法上的充分公开要求看起来类似。美国法院在 Aristocat 案中指出,充分公开的要求只要说明书中披露一定细节使得发明能够被熟练技术人员实现;而功能性限定特征的披露要求是一项单独的要求。[3] 这也就意味着,熟练技术人员能够实现某一方案(比如功能性限定

---

[1] 《专利审查指南》(2010)第二部分第二章第3.2.1节)。

[2] In re Donaldson Company, Inc., 16 F. 3d 1189(1994).

[3] Aristocrat Technologies Australia Pty Ltd. v. International Game Technology, 521 F. 3d 1328 (Fed. Cir. 2008).

特征所覆盖的部分方案),并不意味着该方案的边界就一定得到了准确的界定。

Williamson v. Citrix Online, LLC

美国联邦巡回上诉法院 2015 WL 3687459(2015)

LINN 法官:
……

I 背 景

A. 第'840 号专利

第 6,155,840(以下称作第'840 号)专利描述了一种分布式学习("distributed learning")的方法和系统,利用通过网络连接在一起的标准的计算机硬件和软件提供虚拟的教室环境。该发明使得一个或多个报告人能够远距离连接听众。用户无需复杂的软硬件,也无需在特定地点集合,就能够获得类似教室互动的效果。

第'840 号专利描述的分布式学习系统有三个主要的组成部分:(1)一台用于报告的计算机;(2)听众成员的计算机,以及(3)一台分布式学习服务器。分布式学习服务器装有"虚拟教室"系统,通过网络促成报告人和听众成员之间的交流和互动。报告人的计算机由报告人使用,用于和听众交流,并控制出现在听众计算机屏幕上的信息内容。听众成员的计算机用于展示报告的内容,与报告人和其他听众交流。

第'840 号专利[诉争的权利要求 8 如下,其中划线部分为诉争的限制性特征]:

8. 一个在多台联网的计算机系统之间进行分布式学习的系统,该系统含有:

一台报告人计算系统,为多台联网的计算机系统的一部分,含有:

一个内容选择控制机制(content selection control),用于定义至少一个远程播放的数据源并用于选择一项用于观看的远程播放的数据源;以及

一个报告人流动数据查看装置(presenter streaming data viewer),用于展示选定的远程播放的数据源;

一台听众成员计算系统,为多台计算机系统的一部分,通过网络与报告人计算机系统连接在一起,该听众成员计算机系统含有:

一个听众成员流动数据查看装置,用于展示选定的远程播放数据源;以及

一台分布式学习服务器,远离由报告人和听众成员计算机装置组成的多台计算机系统,通过网络与报告人计算机系统和听众成员计算机系统连接,含有:

一个流动数据模块(a streaming data module),用于向报告人和听众成员的计算机系统传播数据,该数据源于内容选择控制机制选定的远程传播数据源;以及

一个<u>分布式学习控制模块(a distributed learning control module)</u>,用于接收报告人和听众成员计算机系统之间的通讯内容,向接收端计算机系统传递通讯内容,并协调"流动数据模块"的操作。

……

B. 程序历史

……

区法院认定,权利要求 8 中的"分布式学习控制模块(distributed learning control module)"限制特征是美国专利法第 112 条第 6 款(35 U.S.C. § 112, para. 6)意义上的功能性限定特征("means-plus-function term")。然后,区法院审查了专利说明书,认为它没有披露执行权利要求所主张功能的必要算法。最终,区法院判决权利要求 8 以及它的从属权利要求 9—16 不明确(indefinite),因而无效。

……

II 讨 论

……

C. "分布式学习控制模块(distributed learning control module)"限制特征

1. 35 U.S.C. § 112, para. 6 的适用性①

当一项权利要求中的特征术语按照专利法 35 U.S.C. § 112 第 6 款所规定的方式撰写,则被视为功能性限定特征。该第 6 款规定如下:

关于一项组合的权利要求(a claim for a combination)中的一个特征(element),可以被表述成实现具体功能的一项装置或步骤(a means or step for performing a specified function),而无需引述支持该特征的结构(structure)、材料(material)或步骤(acts)。该权利要求应该被解释为覆盖说明书中所描述的相应结构、材料或步骤及其等同物。

在制定本条款时,国会实现了一种平衡:许可专利权人在表述一项权利要求特征时引述所要实现的一项功能,而不是引述实现该功能的结构,但是对于如何解释该特征设置了具体限制,即将它的覆盖范围限制在说明书中描述的实现该功能的结构、材料或步骤以及其等同物。

在决定第 112 条第 6 款是否适用于一项权利要求限制特征时,我们的先例一直强调"means"(装置)一词的存在或缺失的重要性。在 Personalized Media Communications, LLC v. International Trade Commission 案中,我们指出,在权利要求中使用"means"一词,就会导致一个可反驳的推定,即第 112 条第 6 款适用。相反,如果没有使用"means"一词,则也会导致一项可反驳的推定,即第 112 条第 6 款不适用。但是,在评估第 112 条第 6 款是否适用时,我们并不盲目地认为形式的重要性超过实质(所谓形式即是否存在"means"一词):

"专利权利要求中出现"means"一词并不自动地使得该特征成为 35 U.S.C. §112,6 意义上的功能性限定特征。反之亦然。权利要求中不存在"means"一词,并不自动阻止该特征被解释为功能性限定特征。"

在判断诉争的特征是否属于功能性限定特征从而受第 112 条第 6 款约束时,我们的判例强调,问题的关键不是"means"一词是否存在,而是权利要求中的术语是否被

---

① Part II.C.1 为全体法官出席审理后的判决意见。

相同领域熟练技术人员理解为结构名称(the name for structure),有足够明确的含义(a sufficiently definite meaning)。当权利要求使用"means"一词时,我们的判例一直要看该限制特征语言的含义,以评估上述推定是否被推翻。传统上,如果权利要求中缺少"means"一词,但是挑战者证明该权利要求没有能够引述足够明确的结构,或引述了功能但没有充分引述实现该功能的结构(sufficient structure),则"第112条第6款不适用"的推定被推翻。

在 Lighting World, Inc. v. Birchwood Lighting, Inc., 382 F. 3d 1354, 1358 (Fed. Cir. 2004)案中,我们第一次在缺少"means"一词的情形下采用不同的推定标准,认为缺少"means"一词这一事实构成很强的推定(即第112条第6款不适用),不能被轻易推翻("strong one that is not readily overcome")。在 Flo Healthcare Solutions, LLC v. Kappos, 697 F. 3d 1367, 1374 (Fed. Cir. 2012)案中,我们进一步提高了标准,宣称:"当权利要求撰写者没有使用'means'一词以显示他意图适用第112条第6款时,我们不愿适用该条款,除非该限制特征本质上缺乏被解释为结构(structure)的任何含义(the limitation essentially is devoid of anything that can be construed as structure)"。最近,在 Apple Inc. v. Motorola, Inc., 757 F. 3d 1286, 1297 (Fed. Cir. 2014)案中,我们再次指出,此类推定属于很强的推定,不能轻易被推翻,在没有引述"means"一词的情况下,我们很少认定一项特征为功能性限定特征。上述案例构成了在"means"一词缺失的情况下适用第112条第6款的很大障碍。

在本案中,我们认为如此高的障碍是不合理的,我们应该放弃此类很强的推定(即缺少"means"一词导致第112条第6款不适用的很强推定)。此类强推定没有合理性基础,其含义和适用结果不确定,产生偏离平衡分析方法的不良后果。它打破了国会在通过第112条第6款时设定的平衡,导致不受第112条第6款约束和限制的功能性限定权利要求的泛滥。因此,我们明确推翻所谓的"很强推定"(strong)标准,将采用我们在 Lighting World 案之前就采用的推定,它并不要求更高的证明标准。我们也推翻"证明该限制特征本质上缺乏被解释为结构(structure)的任何含义"的严格标准。

这里的标准是,权利要求中的术语是否被相同领域熟练技术人员理解为结构名称(the name for structure),具有足够明确的含义。当权利要求缺少"means"一词时,如果挑战者证明该权利要求术语没能引述足够明确的结构,或引述了功能但没有充分引述实现该功能的结构(sufficient structure),则上述推定被推翻,第112条第6款适用。相反的推定依然不受影响,即采用"means"一词将导致第112条第6款适用。

2. 限制特征的功能属性

……

我们在考察诉争的专利要求特征时,并不仅仅关注该引导词"分布式学习控制模块"(distributed learning control module),而且关注该整个句子:"一个<u>分布式学习控制模块(a distributed learning control module)</u>,用于接收报告人和听众成员计算机系统之间的通讯内容,向接收端计算机系统传递通讯内容,并协调"流动数据模块"的操作"。这一句虽然很长,但是依然与传统的功能性限定特征的形式保持一致。它用"模块"

(module)一词替代了"means"一词,并引述了"分布式学习控制模块"的三个功能。

"模块"一词是众所周知的生造词(nonce word),可以用来替换第112条第6款意义上的"means"一词。如区法院所述,"模块"是执行某一具体功能的软件或硬件的简称。"机制"(mechanism)、"要素"(element)、"装置"(device)和其他不代表任何具体事物的生造词,可以用于权利要求中,与"means"一词类似;因为它们并不具体说明足够明确的结构,所以可能导致第112条第6款的使用。

本案中,"module"一词并没有说明任何结构,因为它所对应的具备特定功能的结构黑匣子与"means"一词所对应的结构黑匣子相同。Williamson 自己也承认,"module"一词本身能够作为"means"一词的替代。

"模块"("Module")一词前面的修饰词语"分布式学习控制"("distributed learning control")并没有引入具体的结构。这些词语也没有描述一个足够明确的结构。虽然"分布式学习控制模块"的书面描述达到一定的详细程度,该书面描述并没有引入任何在结构上有意义的内容。实际上,在说明书或专利申请历史文档中,我们没有发现任何内容引导我们将该术语解释为一个足够明确的结构的名称(as the name of a sufficiently definite structure),从而摆脱第112条第6款对该特征的控制。虽然 Williamson 所谓修饰词语能够改变"module"一次含义的说法是正确的,但是在本案中"module"之前的特定修饰词语并没有给该词语带来任何结构意义上的含义。

虽然该权利要求中的部分内容的确描述了非常抽象层面的输入和输出(比如,报告人和听众成员计算机系统之间的通讯),但是它并没有描述"分布式学习控制模块"如何与分布式学习控制服务器中的其他部件如何互动,因而[熟练技术人员]也无法从中能够得知诉争特征的结构特征,[该术语]也没有向"分布式学习控制模块"的特征中引入结构内容。

……

基于以上原因,我们认为"分布式学习控制模块"限制特征没有引述足够明确的结构,"不适用专利法上功能性限定条款"的推定被推翻。因此,我们同意区法院的结论,即该特征应接受专利法第112条第6款的约束。

3. 相应结构的披露

在认定"分布式学习控制模块"受到第112条第6款的限制之后,我们接下来判断说明书是否充分披露了实现权利要求所主张功能的结构。我们的结论是它没有。

解释功能性限定权利要求特征分两步。首先,法院应该确定它所主张的功能。然后,法院必须判断什么结构(如果有的话)是说明书中披露的对应该功能的结构。如果主张有多项功能,就像本案一样,则专利权人必须披露所有这些功能所对应的足够多的结构。如果专利权人没有披露足够多的对应结构,则该权利要求不明确(indefinite)。

区法院确定了与"分布式学习控制模块"有关的三项功能:(1)用于接收报告人和听众成员计算机系统之间的通讯内容,(2)向接收端计算机系统传递通讯内容,(3)协调(coordinating)"流动数据模块"的操作。然后,区法院认为说明书没有披露

"协调"(coordinating)功能所对应的结构。上诉过程中,双方对于"协调"功能与"分布式学习控制模块"相关这一事实并无争议。因此,我们必须确定,这一功能所对应的结构是否在说明书中被充分披露。

如果有内在证据清楚地将特定结构和权利要求所主张的功能联系在一起,则说明书中所披露的该结构就构成所谓的与该功能"相对应的结构"(corresponding structure)。即便说明书披露了相对应的结构,该披露必须是足够实现该功能的结构。依据第112条第6款,如果熟练技术人员不能在说明书中找到该结构,并将它和对应的功能联系起来,则该功能性限定特征不够明确。

区法院正确地指出,第′840号专利的说明书没有披露相应的结构。该专利的说明书表明,该分布式学习控制模块并不能在一台通用目的计算机(a general purpose computer)上实现,相反,必须安装在一台特殊目的的计算机(a special purpose computer)——一台经过程序设置能够实现特殊功能的一般目的的计算机上。之所以需要一台特殊目的的计算机,是因为分布式学习控制模块有说明书中所描述的特殊功能。在类似本案的情形下,如果权利要求限制特征受到第112条第6款限制,并且必须被应用于特殊目的的计算机中,本院一直要求说明书中所披露的结构不能仅仅是通用目的的计算机或微处理器。我们要求说明书披露一个执行该功能的算法(algorithm)。该算法必须以数学公式、文字、流程图或其他能够充分揭示结构的方式呈现。

Williamson指出说明书中数处披露的内容,认为它已经符合了第112条第6款的要求。Williamson争辩说,"分布式学习控制模块"控制了多个计算机系统之间的通讯,同时该"协调"功能保证报告人有"流媒体选择"能力(streaming media selection functionality)。然而,这里所披露的仅仅是"分布式学习控制模块"的功能。说明书并没有揭示实现这些功能的任一算法。

Williamson争辩说图4和图5披露了所需的算法。实际并非如此。图4是"分布式学习控制模块"下,报告人计算机系统的代表性展示界面。

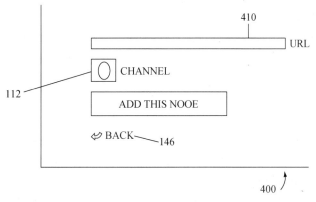

图 4

这一展示界面包括一个地址或URL信息栏,一个频道区域(channel field),一个

"增加节点"(add this node)按钮,和一个"后退"(back)链接。这里披露的并非实现"协调"功能的算法。它是对报告人展示接口界面的描述。

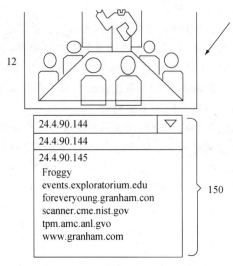

图 5

图5也没有披露一个算法,它是报告人计算机系统的另一典型展示界面。这一展示界面许可报告人在向公众展示内容之前预览该数据内容。图5含有一个列有数据来源的方框和一个展示源自上述数据来源列表的选定内容的窗口。同样,这只是对报告人界面的一种描述,不是对实现相应功能的算法的披露。Williamson没有能够证明,说明书中已经充分披露了相应的结构。

Williamson援引Souri博士的声明,试图证明该第'840号专利披露了结构。熟练技术人员的证词并不能替代说明书中完全缺失的结构。"说明书应充分披露相应结构"这一要求的直接后果是,禁止利用专家证词去填补说明书中完全不存在的结构。因此,Souri的证词不能制造说明书中并不存在的结构。

由于第'840号专利没有能够披露与"分布式学习控制模块"的"协调"功能对应的任何结构,我们维持一审依据专利法第112条第2款认定权利要求8—16不明确因而无效的判决。

思考问题:

(1) 如果强调所有功能性限定特征都必须采用"means for"之类的标准表达,可以降低识别成本。但是,对于一些没有经验的代理人而言,可能过于严厉。专利法在这一问题上是否应该标准化?

(2) 坚持很强的推定(一旦采用"means"一词就推定适用功能性限定规则),会导致更多的人在撰写权利要求时采用"means"一词,还是相反?为什么?

(3) 如果熟练技术人员知道某一功能(比如数字的排序功能)有无数种众所周知

的算法,专利申请人撰写功能性限定特征时,在说明书中一定要披露其中的一种众所周知的算法才算公开了该功能所对应的结构吗?

诺基亚公司 v. 上海华勤通讯技术有限公司

上海市高院(2013)沪高民三(知)终字第 96 号

朱丹、马剑峰、王广巍法官:

诺基亚公司系名称为"选择数据传送方法"发明专利(专利号为:ZL200480001590.4,以下简称涉案专利)的专利权人。涉案专利于 2008 年 7 月 9 日获得授权。[2012 年 5 月 31 日,专利复审委员会针对华勤公司就涉案专利提出的无效宣告请求作出第 18676 号无效宣告请求审查决定书,维持下述权利要求 2、7 等有效,权利要求 1、6 等无效。]

涉案专利权利要求 6 为:"一种终端设备,被配置为基于从用户接收的输入来确定待传送的消息,所述终端设备还被配置为:检查涉及正在被输入或已经被输入的消息的至少一部分特性信息;以及所述终端设备被配置为:为了传送所述消息,选择在预定选择条件下与所述消息的特性信息相关联的数据传送方法,其特征在于:所述特性信息是下列信息之一:信息类型,其指定所述消息中输入的和/或为所述消息选择的信息的格式;接收方的标识符;接收方标识符的类型。"

涉案专利权利要求 7 为:"如权利要求 6 所述的终端设备,其特征在于:所述终端设备被配置为:将所述数据传送方法选择应用于用于输入消息的消息编辑器;所述终端设备被配置为:基于在所述消息编辑器中执行的所述数据传送方法的选择,将所述消息传送到支持所选择的数据传送方法的数据传送应用程序;以及所述终端设备被配置为:根据所述数据传送应用程序所使用的数据传送协议,将所述消息传送到电信网络。"

[这一发明大致是在手机等电子设备的软件编辑应用界面根据用户所选择的接收对象的信息、用户所处通讯网络特征等确定数据传输方法,以及采用这一方法的装置。]

涉案专利说明书对背景技术和发明目的作了如下说明:"现有无线终端设备(如移动台)备有几种向电信网络或另一个终端设备传送消息的不同方式。许多终端设备支持例如,文本形式的短消息(短消息服务 SMS)、多媒体消息(多媒体消息服务 MMS)和电子邮件消息的传送。由于例如 SMS 和 MMS 消息允许传送不同类型的信息,所以为每种不同的消息类型配备了其自己的独特编辑器。当用户要传送消息时,他或她通常首先必须选择数据传送应用以用于传送该消息。在用户选择了数据传送应用之后,消息编辑器在用户界面打开,以允许用户利用例如该终端设备的小键盘输入消息"(说明书上标第 1 页第 5 至 13 行)。"但是对于不熟练的用户,并不总是明白要选择哪种编辑器来传送期望消息。例如,如果用户要传送修改的文本,他或她要选择 MMS 应用(和编辑器)而非 SMS 应用,因为修改的文本无法作为 SMS 消息传送。用户通常不清楚数据传送方法及其中所用的编辑器的这种特别特征和限制,这在传送消息时造成一些问题,使用户不满意"(说明书上标第1页第16至20行)。"因此,本发明目的在于提供一种方法和实现该方法的装置,以避免或至少缓解上述问题"(说明书上标第2页第1至2行)。

说明书上标第5页第15—18行内容为:"移动台 MS 包括存储器 MEM、用户界面 UI、用于安排 I/O 数据传送的 I/O 装置以及含有一个或多个处理器的中央处理单元 CPU。各种应用 APP 可以通过在 CPU 中执行存储在存储器 MEM 中的计算机程序代码在所述移动台中实现"。说明书上标第6页第7—8行内容为:"还可以采用硬件解决方案或软硬件结合的解决方案来实施所述创新手段"。

说明书上标第6页第10—15行内容为:"在该方法中,步骤300包括激活消息确定操作。例如,可以启动消息编辑器 ED,从而向用户呈示消息输入视图。基于已确定要传送哪一个消息,从用户接收301输入。用户可以通过例如输入字符和/或选择预先存储的一部分信息,通过例如选择存储在存储器 MEM 中的要附加到上述消息中的照片,这样将信息输入上述消息"。(对应下文中诺基亚公司所称说明书中对技术特征1所作的说明)

说明书上标第8页第4—5行内容为:"选择条件可以例如确定总是采用 MMS 服务来传送含有图像文件的消息"。第9页第14—22行内容为:"根据另一个实施例,选择条件确定要用于不同接收方的标识符的数据传送方法。例如,联系信息确定一种专用于联系的缺省数据传送方法。于是,当搜索联系信息以获取发送信息(地址或电话号码)时,同时检查该接收方信息是否已与一种缺省数据传送方法相关联。因此,据以选择数据传送方法,且已在选择条件下确定了的特性信息是例如特定的电话号码或 IP 地址。联系信息中所含的或分别存储的选择条件可以确定接收方是否可以接收例如 MMS 消息。本实施例因而允许预先确定总是用于向某个特定接收方或一组接收方传送消息的数据传送方法"。说明书上标第8页第25—26行、第9页第3—5行内容分别为:"可以例如步骤410基于电子邮件地址中所用的@字符或基于网络地址检测该类型""根据另一个实施例,接收方标识符类型是用户输入或选择的电话号码。于是,在步骤410,可以基于接收方输入的数字检测出该号码是电话号码,并选择411在选择条件下与该类型相关联的数据传送方法"。(对应下文中诺基亚公司所称说明书中对技术特征2所作的说明)

说明书上标第6页第23—24行内容为:"选择条件可以许多种不同方式(例如以存储器 MEM 中存储的搜索表的形式)实施。"说明书上标第9页第1行内容为:"当用户输入电子邮件地址时,可以选择电子邮件服务作为数据传送方法。"说明书上标第9页第14—22行、第9页第28行至第10页第1行内容分别为:"根据另一个实施例,选择条件确定要用于不同接收方的标识符的数据传送方法。例如,联系信息确定一种专用于联系的缺省数据传送方法。于是,当搜索联系信息以获取发送信息(地址或电话号码)时,同时检查该接收方信息是否已与一种缺省数据传送方法相关联。因此,据以选择数据传送方法,且已在选择条件下确定了的特性信息是例如特定的电话号码或 IP 地址。联系信息中所含的或分别存储的选择条件可以确定接收方是否可以接收例如

MMS消息。本实施例因而允许预先确定总是用于向某个特定接收方或一组接收方传送消息的数据传送方法""例如,为含有图像文件的消息选择(303;401)MMS应用,而采用GPRS协议传送MMS消息"。(对应下文中诺基亚公司所称说明书中对技术特征3所作的说明)

说明书上标第7页第28行至第8页第1行、第8页第14—15行内容分别为:"消息因而可包括例如下列的一种或多种信息类型:文本、修改的文本、静止图片、视频图像、记录、日程表项""例如将JPEG格式的图片作为MMS消息传送,而将电子邮件应用用于GIF格式的图片"。第8页第23行、第25—26行、第9页第3—4行内容分别为:"根据实施例,接收方标识符类型是IP地址""可以例如步骤410基于电子邮件地址中所用的@字符或基于网络地址检测该类型""根据另一个实施例,接收方标识符类型是用户输入或选择的电话号码"。(对应下文中诺基亚公司所称说明书中对技术特征4所作的说明,其中上标第9页第14—22行不再重复摘录)

说明书上标第6页第9—10行、第9页第25—26行内容分别为:"图3说明根据实施例用于选择数据传送方法的方法,图中的方法具体应用于移动台MS;根据实施例应用于消息编辑器ED","图4a和图4b中所示的实施例可以应用于消息编辑器ED"。(对应下文中诺基亚公司所称说明书中对技术特征5所作的说明,其中图3、图4a、图4b仅为方法步骤的图示表达,并不涉及装置的结构,此处不再摘录)

说明书上标第5页第26行、第7页第21—24行内容分别为:"电子邮件应用利用分组交换GPRS服务""根据实施例,消息编辑器ED可以激活所选的数据传送应用和/或服务。例如,可以响应传送消息及其至少一个特性的需要而建立GPRS服务的PDP上下文或WAP连接"。(对应下文中诺基亚公司所称说明书中对技术特征6所作的说明,其中第9页第28行至第10页第1行此处不再重复摘录)

[华勤公司制造和出售多种型号的手机。诺基亚公司指控华勤公司侵害上述专利权。]

一审审理过程中,诺基亚公司主张依据涉案专利权利要求7确定保护范围,并认为:凡是属于权利要求7所述的移动站(MS),并且可以采用一个消息编辑器来接收用户的消息输入,并检查用户所输入的消息中包含的特性信息选择适当的数据传送方法,然后根据所选择的数据传送方法将消息传送到相关的数据传送应用程序,再根据该数据传送应用程序所使用的数据传送协议将消息发送给电信网络的移动通讯设备,都属于落入涉案专利权利要求7保护范围的产品。实现权利要求7中的技术特征所述的技术手段已在说明书中充分公开,故其虽涉及功能性词语,但并不是功能性技术特征。

退一步而言,即使权利要求7的特征属于功能性技术特征,其相关实施方式在涉案专利说明书已有充分描述。手机作为一种现代产品,在包括肉眼易见的硬件部件(例如手机壳、键盘、芯片体)的同时,必须包括肉眼不易识别或无法识别的软件。而软件的集成方式具有多种选择,可以以软件代码的形式储存在存储器中供微处理器调用,也可以采用软件硬化的方法以固件的形式与主板芯片集成在一起(此时无疑也改变了硬件结构),当然也包括可以将实现权利要求7功能的相应装置做成一个独立的处理器装置。究竟采用什么样的方式实现软件的集成,本领域的技术人员自然会根据公知技术选择"性价比"最好的方式去实现。并且,涉案专利说明书在第6页第7—8行、说明书第5页第15—18行等处多次提及,实现发明目的是可以采用独立的硬件结构例如一个具有特定功能的独立芯片,也可以采用软件,也可以采用软件与硬件的结合,如现场可编程门阵列FPGA或处理器CPU。上述实现方式的任何一种都会改变手机产品的结构。

诺基亚公司主张,权利要求7的技术内容可划分为如下七部分:1. 一种终端设备,被配置为基于从用户接收的输入来确定待传送的消息;2. 所述终端设备还被配置为:检查涉及正在被输入或已经被输入的消息的至少一部分特性信息;3. 所述终端设备被配置为:为了传送所述消息,选择在预定选择条件下与所述消息的特性信息相关联的数据传送方法;4. 所述特性信息是下列信息之一:信息类型,其指定所述消息中输入的和/或为所述消息选择的信息的格式、接收方的标识符、接收方标识的类型;5. 所述终端设备被配置为:将所述数据传送方法选择应用于用于输入消息的消息编辑器;6. 所述终端设备被配置为:基于在所述消息编辑器中执行的所述数据传送方法的选择,将所述消息传送到支持所选择的数据传送方法的数据传送应用程序;7. 所述终端设备被配置为:根据所述数据传送应用程序所使用的数据传送协议,将所述消息传送到电信网络。

诺基亚公司认为,针对技术特征1,专利说明书上标第6页第10—15行已充分说明这样一台终端设备应如何被配置,以使其从用户接收输入以便确定消息(步骤301)的实例;针对技术特征2,专利说明书上标第8页第4—5行公开了终端设备检查消息是否含有图像文件(即特性信息为信息类型)的实施例,第9页第14—22行公开了终端设备检查特定的号码或IP地址(即特性信息为接收方标识符)以选择数据传送方法的实施例,第8页第25—26行、第9页第3—5行公开了终端设备检查电子邮件@字符或电话号码(即特性信息为接收方标识符类型)的实施例;针对技术特征3,专利说明书上标第6页第23—24行公开了预定选择条件能以搜索表的形式存储在存储器MEM中,并且专利说明书上标第9页第1行公开了当用户输入电子邮件地址可以选择电子邮件服务作为数据传送方法的实施方式,专利说明书上标第9页第14—22行、第9页第28行至第10页第1行公开了当用户输入电话号码或消息含有图像文件的时候,可以选择MMS服务作为数据传送方法的实施方式;针对技术特征4,专利说明书上标第7页第28行至第8页第1行、第8页第14—15行公开了信息类型包括文本、修改的文本、静止图片、视频图像、记录、日程表项、JPEG格式的图片、GIF格式的图片等,第9页第14—22行公开了接收方的标识符可以为特定的电话号码,第8页第23行、第8页第25—26行、第9页第3—4行公开了接收方的标识符类型为电子邮件@字符、IP地址和电话号码的例子;针对技术特征5,专利说明书上标第6页第9—10行、第9页第25—26行、图3、图4a及图4b详细说明了将数据传送方法应用于消息编辑器的实例;针对技术特征6,专利说明书上标第5页第26行、第7页第21—24行、第9页第

28行至第10页第1行详细说明了基于选择的数据传送方法,将消息传送到相关的数据传送应用程序的实例;针对技术特征7,专利说明书上标第9页第28行至第10页第1行详细说明了根据相关数据传送应用程序所使用的数据传送协议,将消息传送到电信网络的实例。

华勤公司认为:由涉案专利权利要求7的表述可见,其为产品权项,保护主题为终端设备,且采用了功能性限定特征表述终端设备具备的多种能力。但是,涉案专利的说明书中仅介绍了实现方案的流程、信令等,并未提供任何能实现上述功能性限定特征的产品结构方式。因此,基于涉案专利说明书不能确定涉案专利权利要求7中功能性限定的结构特征保护范围。

原审法院认为:……

本案中,诺基亚公司据以主张权利的为涉案专利权利要求7,对照诺基亚公司专利权利要求1、2和说明书所陈述的发明目的可知,权利要求7要求保护的是一种能够实现或执行权利要求1及2所述方法的装置。分析权利要求7的文字结构可知,其撰写方式是在方法步骤特征前附加"被配置为"进行限定,在文义上应该将"被配置为"理解为使具备或达到其所限定的执行某一步骤的功能或效果。根据《专利司法解释》的规定,权利要求中以"被配置为"表述的技术特征均应结合说明书和附图描述的具体实施方式及其等同方式确定其内容。<u>诺基亚公司所认为的专利说明书对权利要求所作说明或所提供实例,多数涉及的仍然是方法、步骤或者功能,而缺乏对装置本身的描述</u>。并且进一步检查说明书全文,仍然不能发现关于装置本身如何"被配置为"的具体实施方式。因此,诺基亚公司专利权利要求的保护范围结合说明书仍然不能确定。

对专利权利要求进行解释,目的在于合理地界定专利权的保护范围,使专利权人获得的权利与其对现有技术所作贡献相一致。在这个过程中,既要给予专利权人恰当的保护以激励创新,又要防止权利保护范围界定过宽(甚至将不属于专利权人所作贡献的部分纳入保护范围)而阻碍创新。在本案中,诺基亚公司专利中的方法和实施该方法的装置在技术上虽然相互关联,但保护对象和范围应当是界限清晰,各不相同。而两者的权利要求的区别仅在于——涉及装置的权利要求系方法权利要求每一个步骤前加上"被配置为"而组成。对于这样撰写的权利要求,应当要求诺基亚公司进一步说明"被配置为"的具体实施方式,以明确诺基亚公司除了在方法上对现有技术作出了贡献之外,在装置上相对于对现有装置的技术贡献何在,否则就是给予一种纯功能限定的装置予以了保护。这既阻碍了在专利申请日之后技术的进一步创新,又会导致专利的保护范围囊括了专利申请日之前已经存在的所有实施方式,显然与界定专利保护范围的目的相违背。

诺基亚公司认为,"凡是属于权利要求7所述的移动站(MS),并且可以采用一个消息编辑器来接收用户的消息输入,并检查用户所输入的消息中包含的特性信息选择适当的数据传送方法,然后根据所选择的数据传送方法将消息传送到相关的数据传送应用程序,再根据该数据传送应用程序所使用的数据传送协议将消息发送给电信网络的移动通讯设备,都属于落入涉案专利权利要求7保护范围的产品"。<u>这种主张实质上是认为只要具备其所述某种功能的手机,均落入其保护范围</u>,而这与最高人民法院关于功能性技术特征保护范围如何确定的规定是相违背的。诺基亚公司认为,实现权利要求7中的技术特征所述的技术手段已在说明书中充分公开,故虽然涉及功能性词语,但并不是功能性技术特征;并且退一步而言,即使权利要求7上述特征属于功能性技术特征,其相关实施方式在涉案专利说明书中已经有非常充分的描述。但检查诺基亚公司所罗列的说明书中所公开的内容,并不能得出诺基亚公司所称"充分公开""充分描述"的结论,其主张与事实并不相符,原审法院不予采信。

诺基亚公司还认为,手机……必须包括肉眼不易识别或无法识别的软件,而软件的集成方式具有多种选择,……,究竟采用什么样的方式实现软件的集成,本领域的技术人员自然会根据公知技术选择"性价比"最好的方式去实现。原审法院认为,即便是通过软件(计算机程序)实现产品功能的增加或者改进,也应当公开具体的实施方式,以便于清楚地界定保护范围,并且,如果是属于涉及计算机程序的发明,也不能仅以功能或者效果来概括。同时,假如在专利申请之日,本领域技术人员已经可以根据公知技术来实现本案专利中所涉及的装置的技术方案,诺基亚公司对装置本身的创造性贡献何在就会产生疑问。因此,对诺基亚公司的前述主张亦难以采信。

综上所述,鉴于诺基亚公司专利权利要求7的保护范围不能确定,无需亦无法就华勤公司是否实施了诺基亚公司专利进行确定,自不应判定华勤公司构成侵权。

……

判决后,诺基亚公司不服,向本院提起上诉,请求撤销一审判决,发回重审。其主要上诉理由为:

(一)一审判决关于涉案专利权利要求7属于功能性技术特征的认定错误,涉案专利权利要求7的内容不应当被认定为功能性技术特征。涉案专利权利要求7可分解为7个技术特征,通过对该7个技术特征的分析理解可知,涉案专利采用一个消息编辑器根据用户输入的特征信息来选择传送方法,克服了已有技术提供不同的消息编辑器才能使用不同数据传输方法传送消息的弊端。权利要求7的文字描述并未超出本领域普通技术人员的通常理解范围,本领域普通技术人员能够明了每一个"被配置为"的技术特征是如何实现的,其结构是如何改进的,因此原审法院将涉案专利权利要求7确定为功能性技术特征不符合最高人民法院相关指导性意见的精神,是错误的。

(二)一审判决关于涉案专利权利要求7的保护范围不能确定的认定错误,由前述7个技术特征所限定的权利要求7的保护范围是可以确定的。涉案专利权利要求7的内容从文字表述上看其内容是清楚的,本领域普通技术人员能够理解权利要求7中每一个"被配置为"的技术特征是如何实现的,其结构是如何改进的,说明书也给出了移动终端的基本结构以及改进方法的实施例。根据涉案专利说明书的描述,本领域普通技术人员可以清楚地知道,要实现权利要求7描述的"被配置为"的步骤,可以通过软件、硬件或软硬件结合的方式来实施。本领域普通技术人员应该知晓本领域相关公知常识和基本技术,在涉案专利说明书已经公开本发明每一个方法步骤所要实现的目标后,本领域普通技术人员不需要经过创造性劳动就可以实现说明书中的技术方案。因此,涉案专利权利要求7的保护范围是可以确定的。

......

被上诉人华勤公司当庭答辩称:

(一)从采取的撰写方式、文意表达来看,涉案专利权利要求7属于功能性技术特征。上诉人在一审过程中,无论其主张还是提交的有关权利要求7保护范围如何理解、界定的书面意见,也认可权利要求7采用了功能性限定的表述方式。相关行政程序也认定该些特征为功能性限定特征。因此,一审判决关于涉案专利权利要求7的内容属于功能性技术特征的认定具有法律依据。

(二)涉案专利权利要求2是方法权利要求,权利要求7是产品权利要求,权利要求7与权利要求2的区别在于"消息编辑器",诺基亚公司将"消息编辑器"作为一个硬件来看待,但没有描述"消息编辑器"具体是什么。涉案专利说明书及附图没有公开"消息编辑器"的具体实施方式,通过阅读涉案专利权利要求书和说明书,无法理解"消息编辑器"如何被配置。故本案中无法确定涉案专利权利要求7的保护范围,一审判决正确。而且,被控侵权产品在发送短信和彩信时使用不同的消息编辑器,且用户需要手动选择使用何种编辑器,这与涉案专利要求保护使用一个消息编辑器发送不同消息的技术方案亦明显不同。

(三)诺基亚公司没有说清楚其描述的终端与现有终端在硬件上的区别为何,事实上,诺基亚公司不愿意承认两者的区别实际上是软件的区别。

......

上诉人诺基亚公司委托的专家刘坚能作为上诉人的专家辅助人到庭,并作如下陈述:本领域技术人员应当具有如下专业知识和专业能力,能够理解移动终端设备的总体设计及其内部的软件和硬件结构、能够理解如何接收用户输入并根据已知的通信协议将其进行传送、能够根据所提供的算法编写程序用于控制终端设备的硬件执行特定的功能、能够根据提供的算法设计制造或适配终端设备的硬件使其能够实现新的功能。根据涉案专利权利要求7中记载的技术特征的含义,本领域技术人员在阅读权利要求7后,可以理解"被配置为"是如何实施的,结合说明书的描述,本领域技术人员可以理解权利要求7中的终端设备的具体实施方式。

被上诉人华勤公司委托的专家钱骅以及华勤公司员工张文国作为被上诉人的专家辅助人到庭,并作如下陈述:涉案专利的权利要求7所公布的内容仅仅能构成"想法",而不能构成算法。本领域的技术人员根据涉案专利的权利要求7和说明书,不经过创造性的劳动,无法实现该技术方案。

......

另查明,涉案专利说明书上标第6页第2—8行记载:"根据实施例,移动台MS以集中方式使用消息编辑器ED,所述消息编辑器ED配置为选择要采用的数据传送应用,例如应用APP中的一个,以用于传送消息编辑器ED中生成的消息。计算机程序可以存储到任何可以从中下载到执行该程序的设备MS的存储器MEM中的存储装置中,……。还可以采用硬件解决方案或软硬件结合的解决方案来实施所述创新手段"。

说明书上标第 7 页第 25—26 行记载:"图 4a 说明根据实施例如何使用选择条件,所述选择条件确定要用于不同信息类型的数据传送方法"。

说明书上标第 8 页第 16—17 行记载:"图 4b 说明根据另一个实施例如何使用选择条件,所述选择条件确定要用于接收方标识符类型的数据传送方法"。

本院认为,本案的主要争议焦点为:1. 涉案专利权利要求 7 是否包含功能性技术特征;2. 根据涉案专利说明书及附图描述的实施方式,是否能够确定权利要求 7 的保护范围。

关于争议焦点 1,本院认为,《专利法》第五十九条第一款规定,发明或者实用新型专利权的保护范围以其权利要求的内容为准,说明书及附图可以用于解释权利要求的内容。《专利司法解释》第二条规定,人民法院应当根据权利要求的记载,结合本领域普通技术人员阅读说明书及附图后对权利要求的理解,确定专利法第五十九条第一款规定的权利要求的内容。

本案中,涉案专利权利要求 7 包含功能性技术特征,理由如下:

第一,功能性技术特征,是指对于产品的结构、部件、组分或其之间的关系或者方法的步骤、条件或其之间的关系等,通过其在发明创造中所起的作用、功能或者效果进行限定的技术特征,但本领域普通技术人员通过阅读权利要求书、说明书和附图可以直接、明确地确定技术内容的技术特征除外。

第二,根据涉案专利权利要求书及说明书的记载,涉案专利权利要求 1 及权利要求 2 要求保护的是一种在电信系统中选择数据传送方法的方法,而权利要求 7 要求保护的是一种能够实现或执行上述方法的终端设备。涉案专利权利要求 7 采取了在方法权利要求对应的每一个步骤特征前附加"被配置为"的撰写方式来表征其所限定的相关技术特征,而<u>"被配置为"在文意上应当被理解为使该设备、部件能够实现或达到其所限定的执行某一步骤的功能或效果,因此,涉案专利权利要求 7 的技术特征均属于使用功能性词语限定的技术特征</u>。

第三,对于权利要求中使用功能性词语限定的技术特征,如果通过阅读权利要求书和说明书及附图,对该技术特征的理解,与本领域普通技术人员的通常理解一致,能够明了该技术特征所体现的功能或者效果是如何实现的,在这种情况下,按照通常理解确定该技术特征的内容即可,该技术特征不属于功能性技术特征,反之,则属于功能性技术特征。

第四,虽然诺基亚公司认为,权利要求 7 的文字描述并未超出本领域普通技术人员的通常理解范围,本领域普通技术人员能够明了每一个"被配置为"的技术特征是如何实现的,其结构是如何改进的,但是,诺基亚公司同时主张涉案专利权利要求 7 中限定的"消息编辑器"是其与现有技术的主要区别所在。因此,诺基亚公司也认为,至少对于"消息编辑器"的理解,其与本领域普通技术人员的通常理解并不一致,也不存在能够实现该技术特征所体现的功能或者效果的惯常技术手段。综上,涉案专利权利要求 7 的技术特征 5 仅表述了该特征所要实现的功能,且本领域普通技术人员通过阅读权利要求书、说明书和附图亦不能直接、明确地确定该技术特征的技术内容。因此，涉案专利权利要求7中包含功能性技术特征。

关于争议焦点2，本院认为，《专利司法解释》第四条规定，对于权利要求中以功能或者效果表述的技术特征，人民法院应当结合说明书和附图描述的该功能或者效果的具体实施方式及其等同的实施方式，确定该技术特征的内容。涉案专利说明书第6—9页分别记载了如下内容："图3说明根据实施例用于选择数据传送方法的方法，图中的方法具体应用于移动台MS；根据实施例应用于消息编辑器ED"，"图4a说明根据实施例如何使用选择条件，所述选择条件确定要用于不同信息类型的数据传送方法"，"图4b说明根据另一个实施例如何使用选择条件，所述选择条件确定要用于接收方标识符类型的数据传送方法"，"图4a和图4b中所示的实施例可以应用于消息编辑器ED"。根据上述记载，并结合涉案专利说明书中的图3、图4a、图4b以及对应于相关附图所作的具体描述，可以明确涉案专利说明书结合图3、图4a、图4b所公开的实施例均是针对方法、步骤、功能所作的描述。涉案专利说明书仅简单陈述了上述方法步骤可以应用于移动台MS或者应用于消息编辑器ED，并说明可以通过软件、硬件或软硬件结合的解决方案来实施所述创新手段，但是说明书及附图中并没有关于如何将上述方法步骤应用至终端设备或消息编辑器的具体技术手段的描述。也就是说，说明书及附图中没有记载终端设备、消息编辑器"被配置为"实现相应功能的具体实施方式，故依据前述《专利司法解释》第四条的规定，不能确定涉案专利权利要求7中以"被配置为"所限定的技术特征5的内容，进而也无法确定涉案专利权利要求7的保护范围。

由于涉案专利权利要求7包含功能性技术特征，且结合涉案专利说明书及附图仍然不能确定权利要求7的保护范围，故无论被控侵权产品的技术方案如何，上诉人诺基亚公司的侵权指控均不能成立。

上诉人上诉称，一审判决关于涉案专利权利要求7属于功能性技术特征的认定错误，涉案专利权利要求7的内容不应当被认定为功能性技术特征。对此，本院认为，本院已在上文详细阐述，涉案专利权利要求7采取在方法权利要求对应的每一个步骤特征前附加"被配置为"的撰写方式来表述其所限定的技术特征，该些技术特征均属于使用功能性词语限定的技术特征。且本领域普通技术人员通过阅读涉案专利权利要求书、说明书和附图，并不能直接、明确地确定前述技术特征5的技术内容。故涉案专利权利要求7中包含有功能性技术特征。上诉人诺基亚公司的这一上诉理由不能成立，本院不予支持。

上诉人上诉称，一审判决关于涉案专利权利要求7的保护范围不能确定的认定错误，由前述7个技术特征所限定的权利要求7的保护范围是可以确定的。对此，本院认为，涉案专利权利要求2要求保护的方法和权利要求7要求保护的实施该方法的装置，在技术上具有关联性，但是两者的保护对象以及保护范围应当是不同的。在撰写方式上，涉案专利权利要求7的技术特征仅仅是在其所对应的方法权利要求的每一个步骤前加上"被配置为"而组成。然而，涉案专利说明书中披露的具体实施例又均是针对方法步骤所作的具体描述，而对于装置、消息编辑器如何"被配置为"并未描述具体的实施方式。诺基亚公司认为根据说明书的描述,本领域普通技术人员可以清楚地知道,要实现权利要求7描述的"被配置为"的步骤,可以通过软件、硬件或软硬件结合的方式来实施。但是,本院已在上文详细阐述,涉案专利说明书中并未记载实现权利要求7描述的装置、消息编辑器"被配置为"的步骤的具体实施方式,也不存在本领域普通技术人员所熟知的能够实现该技术特征所体现的功能或者效果的惯常技术手段,故依据《专利司法解释》第四条的规定,不能确定涉案专利权利要求7中技术特征5的技术内容,进而也无法确定涉案专利权利要求7的保护范围。因此,上诉人诺基亚公司的这一上诉理由不能成立,本院不予支持。

思考问题:

(1)对于带有特定软件实现具体功能的发明,申请人不可能描述具体装置的结构,在这种情况下,无论一项限制特征对操作步骤描述得多么具体,都只能被视为"功能性限定特征"吗?

(2)法院认为,"'被配置为'在文意上应当被理解为使该设备、部件能够实现或达到其所限定的执行某一步骤的功能或效果,因此,涉案专利权利要求7的技术特征均属于使用功能性词语限定的技术特征。"决定该技术特征为功能性限定特征的关键是因为存在"被配置为"这样的术语吗?假如申请人对后续所执行的"某一步骤"描述得足够具体,熟练技术人员了解它的内容和边界,它还是功能性限定特征吗?

(3)假定申请人发明的核心分几个关键的操作步骤,第一步是接受数据输入并对数据进行格式转换,第二步是对数据数值进行大小排列,第三部是按照具体算法对数据进行运算,等等。假定发明人没有对第二部排列大小的算法进行具体描述,而是采用所谓的"被设置为"具有数据数值排列的功能。这一限制特征是功能性限定特征吗?假定答案是肯定的,就因为发明人没有罗列具体的实现排大小功能的算法,就可以宣布该特征没有对应实施例因而不明确吗?熟练技术人员熟知每一种排大小的算法,这一事实也不会改变前述问题的答案?

(4)结合Williamson案,你觉得本案中诺基亚公司有更好的方式来描述其发明吗?专利法有必要要求申请人必须选择该更好的描述方式吗?

4 侵权抗辩

依据《专利法》第11条规定,在被控侵权的产品落入权利要求范围之后,被控侵权人并不当然侵犯专利权。这时候,还要看是否"本法另有规定"。《专利法》上一系列条款规定了诸多不构成专利侵权或不承担侵权赔偿责任的例外情形。比如:

《专利法》(2008)第62条:

> 在专利侵权纠纷中,被控侵权人有证据证明其实施的技术或者设计属于现有技术或者现有设计的,不构成侵犯专利权。

《专利法》(2008)第69条：

有下列情形之一的，不视为侵犯专利权：

（一）专利产品或者依照专利方法直接获得的产品，由专利权人或者经其许可的单位、个人售出后，使用、许诺销售、销售、进口该产品的；

（二）在专利申请日前已经制造相同产品、使用相同方法或者已经作好制造、使用的必要准备，并且仅在原有范围内继续制造、使用的；

（三）临时通过中国领陆、领水、领空的外国运输工具，依照其所属国同中国签订的协议或者共同参加的国际条约，或者依照互惠原则，为运输工具自身需要而在其装置和设备中使用有关专利的；

（四）专为科学研究和实验而使用有关专利的；

（五）为提供行政审批所需要的信息，制造、使用、进口专利药品或者专利医疗器械的，以及专门为其制造、进口专利药品或者专利医疗器械的。

《专利法》(2008)第70条：

为生产经营目的使用、许诺销售或者销售不知道是未经专利权人许可而制造并售出的专利侵权产品，能证明该产品合法来源的，不承担赔偿责任。

在理论上，上述抗辩事由分别被称作现有技术抗辩（第62条）、权利穷竭（或权利用尽）（第69条第1项）、先用权抗辩（第69条第2项）、交通工具例外（第69条第3项）、科研目的例外（第69条第4项）、医药行政审批例外（或Bolar例外）（第69条第5项）①以及善意使用或销售例外（第70条）。关于这些例外的进一步讨论，参见下文。

专利法上这些不视为侵害专利权的情形，究竟应该称作侵权例外，还是合理使用，学术界并没有一致意见。合理使用在著作权法上是一个被广泛接受的概念，具体含义比较明确。② 在专利法领域，也有部分学者将《专利法》第69条所列举的"不视为侵犯专利权"几类行为视为合理使用行为。但这一概念似乎并没有取得广泛的认同。③ 在国际学术界也并不习惯将所谓的不视为侵权的例外情形表述为合理使用（Fair

---

① 美国联邦法院在 Roche Products Inc. v. Bolar Pharmaceutical Co., 733 F. 2d 858 (Fed. Cir. 1984) 案中认为医药行政审批程序中的专利实施行为同样构成专利侵权。这一判决遭到强烈批评。美国国会很快通过 The Drug Price Competition and Patent Term Restoration Act 1984（也称作 The Hatch-Waxman Act），在《专利法》第271(e)条中直接否定了这一判决的结论。美国《专利法》这一例外因此被称作 Bolar 例外。中国立法时直接借鉴了该条款，因此很多专业人士也直接将中国法上这一例外称作 Bolar 例外。进一步的介绍，参见下文。

② 学理上通常认为中国《著作权法》第22条所规定的诸多行为就属于合理使用，无须经过著作权人的同意，也无须向其支付报酬。郑成思：《知识产权法》，法律出版社1997年版，第427页；吴汉东主编：《知识产权法》，北京大学出版社1998年版，第99页。

③ 比如，国内主流的知识产权教科书中，相当一部分在介绍"不视为侵犯专利权"的情形时，采用"专利权的例外"（汤宗舜：《专利法教程》，法律出版社2003年版，第185页）、"专利权的限制"（金勇军：《知识产权法原理》，中国政法大学出版社2002年版，第98页）等、"专利的有限性"（郑成思：《知识产权法》，法律出版社1997年版，第265页）等。

use)。比如美国学者就认为专利法上不存在和版权法上对应的所谓的合理使用制度。[①] 本书为了避免不必要的误解,依然沿用为大多数学者所接受的专利权限制这一术语来表述专利法上不视为侵权的实施行为。

4.1 现有技术抗辩

《最高人民法院关于审理侵犯专利权纠纷案件应用法律若干问题的解释》(2009)第14条：

> 被诉落入专利权保护范围的全部技术特征,与一项现有技术方案中的相应技术特征相同或者无实质性差异的,人民法院应当认定被诉侵权人实施的技术属于专利法第六十二条规定的现有技术。
>
> 被诉侵权设计与一个现有设计相同或者无实质性差异的,人民法院应当认定被诉侵权人实施的设计属于专利法第六十二条规定的现有设计。

4.4.1 适用范围

现有技术抗辩(或公知技术抗辩)[②],在中国专利法上是一个非常复杂的问题。依据中国现有《专利法》,专利侵权纠纷的民事程序中,法院不能直接基于新颖性、创造性等理由否定专利权的效力。要否定专利权的效力,应当通过专利复审委员会的行政程序以及后续的行政诉讼进行。如果许可被控侵权者以新颖性、创造性作为抗辩,则可能导致法院变相地否定专利权的效力。

当然,如果一个人明显实施了公共领域的在先技术,为避免侵权还需要通过诉讼程序宣告专利无效,对于该实施者可能过于苛刻了。为此,中国法院采取了一种不彻底的变通做法:如果公共领域存在与被控侵权者实施行为相同的技术方案,被告可以以此为由进行抗辩。下面的李光案算是在先技术抗辩方面的典型案例。

李光 v. 首钢重型机械公司

北京高院（1995）高知终字第5号

魏湘玲、刘继祥、孙苏理法官：

……

北京市高级人民法院审理查明：

1990年11月5日,上诉人李光向中国专利局申请了名称为旗杆的实用新型专利。1991年8月21日,国家专利机关授予李光实用新型专利权,专利号为902229828。该专利的权利要求为"一种旗杆由杆体、滑轮和旗绳组成,其特征在于:杆体是中空的,空腔分成下气室、中气室和上气室,在杆体旗帜升起的一侧开有若干个升旗排气孔和挂旗排气孔,杆体的下部装有分别通往三个气室的进气管,并与气源相连"。

---

① Maureen A. O'Rourke, Toward a Doctrine of Fair Use in Patent Law, 100 Colum. L. Rev. 1177(2000).
② 本书交替使用在先技术抗辩、公知技术抗辩或现有技术抗辩,未经特别说明,它们都具有相同的含义。

1993年5月,首钢总公司应第七届全运会筹委会大型活动部的委托,接受了研制全运会主会场的国旗、会旗吹飘装置的任务,并责成被上诉人机械公司组织完成,所需经费由机械公司负责。之后,机械公司开始自行研制旗帜吹飘装置,并如期完成了设计、制作和安装主会场国旗、会旗旗杆的任务。机械公司制作的旗帜吹飘装置由主旗杆、旗帜、小旗杆、定滑软、升降绳、风机组成,主旗杆顶端装有球形旗冠装饰;在中空的主旗杆上部设有扁形吹风孔、下部设有进风孔;在主旗杆上部侧面装有定滑轮;在主旗杆上部与旗帜升起的适当位置处等间距装有6排12个不对称的扁孔锥形风嘴,并镶嵌于主旗杆吹风孔内;风机出风口与主旗杆进风口通过带法兰的软管联通,风机进风口设风量调节阀;主旗杆底端固定在地基上,风机固定在基座上。1993年7月,多家新闻单位报道了机械公司的科研人员和职工研制这一装置的过程及其特点。李光认为机械公司制作的旗帜吹飘装置侵犯其专利权,遂于1993年10月8日向北京市中级人民法院起诉。

另外,在本案审理期间,机械公司提交了一份他人于1987年1月14日期满的85201537吹风式旗杆实用新型专利申请说明书。该专利申请说明书说明了一种静风时的旗帜飘扬装置,它由旗帜、空心旗杆、基座、吹风机组成,无风或微风时,开动吹风机,使空气沿空心旗杆的管道上升到空心旗杆悬挂旗帜位置,并从其上的竖直的两排小孔中排出,以较强的气流吹动旗帜飘扬。可见,此时吹风式旗杆实用新型专利已因专利权终止而成为公有技术。

北京市高级人民法院认为:上诉人李光的"旗杆"专利技术方案涉及一种由中空旗杆、滑轮、旗绳组成,利用风源将风沿3条输气管分别送到杆体内部的3个气室,并通过在杆体旗帜升起的一侧开设若干排气孔的吹飘旗帜装置。被上诉人机械公司制作的"旗杆",也是由中空旗杆、滑轮、旗绳组成,其工作原理是利用风源将风沿一条输风管道送入旗杆内部的一个气室,通过的杆体旗帜升起的一侧开设的出气装置吹飘旗帜。二者的根本区别在于李光的专利技术方案在旗杆内有3个气室,而机械公司技术中的旗杆内仅有一个气室。李光在专利技术中明确要求保护的只是3气室旗杆,而单气室"吹风式旗杆"实用新型专利技术的说明书已于1987年1月14日届满,并已在李光申请专利技术之前成为公有技术。因此,李光的"旗杆"专利保护范围,不应包括单气室旗帜吹飘装置。机械公司的"旗帜吹飘装置",并未覆盖李光"旗杆"专利全部技术特征。

思考问题:

引用现有技术抗辩,被告必须证明他所采用的技术与现有技术一模一样吗?为什么?

现有技术抗辩中的现有技术,必须是现有技术中存在的一份单独而完整的技术方案。在现有技术抗辩中,如果被告需要结合多篇文献中的在先技术方案,则通常不能够接受。法院似乎认为后一种抗辩涉及专利权的创造性判断。比如,在北京英特莱特种纺织有限公司 v. 北京新辰陶瓷纤维制品公司（北京一中院（2002）一中民初字第3258号）案中法院指出：

> 关于被告提出的其产品是使用已有技术的主张。已有技术应是一项单独的技术方案，两个以上的技术方案是否可以破坏原告专利的创造性属于专利无效宣告程序审查的范畴，不能据此主张已有技术抗辩。由于被告所举证据1至8中没有一篇对比文件可单独反映本专利的全部技术内容，与被告所列举的任一份证据相比，原告专利与之均不一致，不属于已有技术显而易见的简单组合。在后本专利和被告所列举的任一份证据所揭示的技术方案均不相同，而被告产品所使用的技术与被告故意间接和他人使用的技术整体上却与原告专利一致。因此，被告关于自己使用已有技术不侵犯原告专利权的主张不能成立。

在判断被控侵权技术与在先技术是否相同时，如果两个技术对比存在一定的差异，法院在多大程度上可以忽略这些差异，则是一个棘手的问题。比如在霸州市胜芳井田木业有限公司 v. 王喜明（河北高院（2003）冀民三终字第45号）案中，法院有下列意见：

> 关于王喜明专利是否是公知技术的问题，从王喜明专利说明书记载的内容看，记载了现有技术的细木工板存在的"其芯板的拼接是直缝，板材硬度不好，使用时易变形；制作时下脚料不能使用，造成一种木材资源的浪费"的问题，以及本专利的细木工板所带来的"具有硬度高、使用不变形、节约木材"的技术效果。在井田木业公司所提交的证据1984年10月份公开出版的《林产工业手册》中具体披露的六种拼板的结构就包括"多块凸形板以正反形式拼接的结构"，而且，该手册中也明确了所述结构的拼板其目的也为了提高板材的强度和使其不易变形并节省原材料，其与王喜明的专利所要解决的技术问题相同。特别是在该手册中指明中板可采用"各种结构的拼板"，而在同一册书中又列出了几种效果相同拼板结构的情况下，将该手册所公开的技术予以应用或有选择性的应用，从而获得王喜明专利权利要求1所要求保护的技术方案，对于本领域技术人员来说是显而易见的。井田木业公司利用此公知技术生产产品，对王喜明的专利不构成侵权。

如前所述，中国法上并不许可直接以缺乏创造性作为侵权抗辩，那么上述案例中法院认为如果基于在先技术进行显而易见的应用，也符合在先技术抗辩的标准，是否是间接地承认了缺乏创造性的抗辩呢？

北京南辰投资有限公司 v. 上海华源铝业有限公司

上海市二中院（2002）沪二中民五知初字第11号

陈默、周庆余、杨煜法官：

[原告南辰公司为1996年申请的名称为"电解电容器负极箔用铝—铜合金箔"发明专利的权利人，专利号为：ZL96109099.5。]该专利的权利要求为：一种电解电容器负

极箔用铝—铜合金箔,它是含有铜、锰的合金箔,合金中以铜为主,以锰为辅,其合金成分(重量百分比)如下:Cu 0.2%—0.3%、Mn 0.1%—0.3%、Fe≤0.3%、Si<0.15%,余量为Al以及不可避免的杂质。

......

庭审中,被告华源公司向本院提供了两份日本申请的专利文献,其中一份为日本专利昭55—28788(1981年—127759),申请日为1980年3月7日,专利申请公开日为1981年10月6日。专利名称为铝电解电容器的阴极用铝合金箔的制造法。该专利的申请范围是:将由Mn:0.1%—0.9%,Cu:0.1%—0.6%,Al及不可避免的不纯物为余下部分(以上重量的%)等组成的铝合金溶液采用直接压延法进行铸造后使之成为固熔体组织的板状铝合金材料。该专利说明中对有关成分组成明确了不可避免不纯物为Si、Ti及Fe等不纯物,并强调希望把Si控制在0.15%以下,Fe控制在0.20%,Ti控制在0.01%以下,其他的不纯物控制在合计0.3%以下。另一份是日本专利昭55—18120(1981年—115517),申请日为1980年2月15日,专利申请公开日为1981年9月10日,专利名称为铝电解电容器的阴极用铝合金箔。该专利的申请范围是:由铝材料及材料中所含的不可避免的不纯物如铜:0.1%—2.0%,铁:0.05%—0.7%,锰:0.02%—0.2%,钛:0.02%—0.15%所构成的铝电解电容器阴极用铝合金箔。该专利的说明书列举实施例时,特别强调添加锰的效果是在0.1%附近时最为有效,添加钛的效果是0.06%的附近时为最高值。

[本案的争议焦点之一在于被告华源公司生产的Y801H19电子箔产品是否落入两原告专利的权利要求保护范围以及两被告的行为是否构成对两原告专利权的侵害?]

本院认为:经将两原告专利的权利要求保护范围与被告华源公司的产品进行对比分析,结合专家鉴定报告以及被告华源公司在庭审中提供的两份日本申请的专利文献可以看出:被告华源公司的产品中的合金成分及含量均在日本申请的专利(1981年—115517)的成分及含量的范围之内,日本申请专利(1981年—115517)及(1981年—127759)中均披露了生产本案系争产品所需使用的合金成分,如铜、锰、铁、硅等及其含量,尤其是(1981年—115517)专利还特别强调Mn含量在0.1%附近时最为有效。由于被告华源公司的产品完全落入日本申请专利(1981年—115517)的权利范围中,特别是对有关锰含量的设定完全在该申请专利推荐的最佳值范围附近,因此,相比两原告专利对锰要求在0.1%—0.3%来说,被告华源公司产品的合金成分及其含量更接近于日本申请的专利。更何况被告华源公司产品中的锰含量不在两原告专利设定的范围内。根据我国专利法的相关规定,在原告专利申请日前公开的技术是公知技术。被告华源公司提供的日本申请的专利(1981年—115517),其申请日是1980年2月15日,两原告的专利申请日是1996年8月29日,很显然,日本的专利申请日比两原告的专利申请日早16年,因此,对于两原告的专利而言,日本申请的专利属在先技术,再根据公知技术抗辩原则,被告华源公司产品使用在先技术不构成对两原告专利权的侵害。同样,被告飞乐厂销售系争产品的行为也不构成对两原告专利权的侵害。[本书作者注:本案二审判决维持原判,参见前文上海高院(2004)沪高民三(知)终字第4号判决书。]

在北京南辰投资公司案中,在先技术是一个覆盖面较宽的专利技术,法院认为被控侵权的技术方案落入了该在先技术的覆盖范围,尤其是其中的一项指标(锰的含量)非常接近,因此在先技术抗辩成立。但是,理论上还是存在这样的可能:原告的专利技术是在先技术的改进技术(是其中的优选方案,或者部分参数修正方案),被控技术同时落入在先专利和优选专利的范围。这时候,在先技术抗辩似乎不能简单采用被控侵权技术是否落入在先专利的权利要求范围的标准。你觉得这时候,法院应该如何处理所谓的在先技术抗辩的问题?这是否意味着,在现有技术抗辩中,仅仅证明被告的技术落入过期专利的权利要求,可能并不足够?

4.1.2 征求意见稿中的"公知技术抗辩"

最高人民法院《关于处理专利侵权纠纷案件有关问题解决方案草稿》(征求意见稿2003.7.9)第86条关于"公知技术抗辩"曾经有详细规定。这些规定的很多内容并没有出现在后来正式的司法解释中,但是应该还是代表着法院系统的普遍认识。该条内容具体如下:

> 专利侵权诉讼中,被控侵权人以被控侵权物系使用公知技术进行不侵权抗辩的,一般应当在一审举证期限届满前提出明确的请求并负责举证证明,人民法院应当对此抗辩事由作出审查认定。以实施他人在先专利包括与原告专利有本质不同的在先专利、从属专利的基本专利和重复专利中的在先专利进行抗辩的,人民法院可以按照公知技术抗辩事由进行审查判断。

> 对公知技术的认定可以参考国务院专利行政部门发布的《审查指南》中有关公开方式的规定。以产品在国内公开销售认定技术方案公开时,应当有实际销售行为并且所售产品已经实际交付。产品在专利申请日之前的试验阶段被采用属于在特定范围内的公开,不应当认定为使用公开。

> 判断公知技术抗辩事由时,<u>一般应当以单独一份公知技术和所属领域的技术人员在专利申请日前的专业技术知识的组合与被控侵权物使用的技术进行单独比对</u>。单独一份公知技术是指通常物理意义上独立存在的各个公知技术,如一份专利文件、一篇论文、一台设备、一件产品等。

> 经比对,被控侵权物使用的技术与公知技术相同的,应当认定不构成专利侵权;被控侵权物使用的技术与公知技术不相同,但与专利技术相同的,应当认定构成专利侵权;被控侵权物使用的技术与公知技术和专利技术均有所差别,但更接近公知技术的,应当认定不构成专利侵权;更接近专利技术的且对应技术特征相同或者等同的,应当认定构成专利侵权。

> 所属领域的技术人员认为被控侵权物使用的技术是对一份以上的公知技术的显而易见的简单组合,并且没有产生新的技术效果的,也可以认定被控侵权物不构成专利侵权。

仔细阅读上面的条文,如果要征求你的意见,你如何评论画线部分(下画线为本书作者添加)？是否有可能变相地支持创造性抗辩？

4.1.3 现有技术的等同方案

过去,现有技术抗辩一直停留在"与现有技术相同或实质相同"的范围。也就是说,抗辩所涉及的现有技术限制在破坏专利新颖性的范围内。2013 年,最高人民法院在泽田公司诉格瑞特公司（(2012)民申字第 18 号）一案中突破这一限制,许可被控侵权者以被控侵权方案与现有技术等同作为抗辩。这一案例在"等同侵权"一章有详细介绍。最高人民法院这一判决显著地扩张了现有技术抗辩的范围,实际上使得法院在侵权诉讼中直接可以处理一部分"创造性"争议。不过,这一抗辩与完整的创造性抗辩还是有很大的距离——被控侵权者仅仅能够宣称自己的技术方案与单一现有技术方案等同,而不能主张它与数份现有技术的组合等同。关于现有技术抗辩,进一步的讨论参见"等同侵权"一章。

4.2 先用权

关于在先使用权,《专利法》第 69 条第(二)项规定"在专利申请日前已经制造相同产品、使用相同方法或者已经作好制造、使用的必要准备,并且仅在原有范围内继续制造、使用的",不视为侵害专利权。这一条文并没有明确规定在先制造的是否可以销售、在先制造的是否可以使用等。在庄志和 v. 中国印刷公司案中,法院认为许可继续制造,自然包含着销售的意思:"如果仅允许具有先用权的单位或个人在原有的范围内继续制造行为,而禁止其销售行为,那么,具有先用权的单位或个人,不仅其前期投资得不到保护,而且还会招致更大的损失"。[①]《最高人民法院关于审理侵犯专利权纠纷案件应用法律若干问题的解释》(2009)第 15 条：

> 被诉侵权人以非法获得的技术或者设计主张先用权抗辩的,人民法院不予支持。
>
> 有下列情形之一的,人民法院应当认定属于专利法第六十九条第(二)项规定的已经作好制造、使用的必要准备：
> （一）已经完成实施发明创造所必需的主要技术图纸或者工艺文件；
> （二）已经制造或者购买实施发明创造所必需的主要设备或者原材料。
>
> 专利法第六十九条第(二)项规定的原有范围,包括专利申请日前已有的生产规模以及利用已有的生产设备或者根据已有的生产准备可以达到的生产规模。
>
> 先用权人在专利申请日后将其已经实施或作好实施必要准备的技术或设计转让或者许可他人实施,被诉侵权人主张该实施行为属于在原有范围内继续实施的,人民法院不予支持,但该技术或设计与原有企业一并转让或者承继的除外。

上述司法解释最后一款中的"先用权人""被诉侵权人"与"他人"的指代不是十分明确。这里的"被诉侵权人"应该是指该技术的受让人或被许可人,即"他人"。最高

[①] 北京高院知产庭：《北京知识产权审判案例研究》,法律出版社 2000 年版,第 384 页。

人民法院似乎认为,除了与营业一并转让,先用权本身是无法转让或许可给他人的。进一步的讨论,涉及在先权(先用权)本身的法律性质。尹新天教授认为:"先用权并不是一种独立存在的权利,而仅仅是一种对抗专利侵权指控的抗辩权。"①最高人民法院的司法解释是否呼应了这一认识?

专利侵权抗辩:在先使用例外

崔国斌　未刊稿

(一) 在先使用权的争议

依据《专利法》,公开的在先使用会破坏在后专利申请的新颖性,导致在后的专利申请无法获得授权。因此,公开在先使用通常不会侵害在后的专利权,无须在法律上单独设置所谓的在先使用例外。但是,如果在先使用处于非公开状态,不能破坏在后专利权的效力,是否侵害在后的专利权则是一个问题。是否对非公开的在先使用给予侵权例外,涉及对商业秘密保护与专利法立法目标之间的协调,理论上存在很大的争议。

在先使用权的支持者认为:保护在先使用者对该技术的秘密使用,以防止他人事后的申请专利的风险,是必要的。因为,有时秘密使用是实现使用人投资利益的最佳途径。没有此类保护,那么为了保证获得持续的使用权,使用人就必须及时公开该技术方案,从而失去很多有价值的方案。另外,能够保持秘密使用的技术有限,仅仅限于那些无法直接从公开产品揭示的技术。对于非常重要的技术,使用人寻求专利保护的动机会强过保持秘密的动机,因为保持秘密的保护力度有限,不能给使用者提供任何额外的保护。②

反对在先使用权的人认为:这种保护鼓励使用者保持秘密,同专利法促使公开的立法宗旨相悖。给予不积极寻求专利保护的在先使用者一定保护,是不公平的,尤其是在先者有意隐瞒该技术方案的时候。同时,在先者的权利会对专利权人的独占权构成威胁,在在先使用者为多人的情况下更是如此。③

中国立法者在商业秘密保护和专利保护持相对平衡的立场,并没有从《专利法》上刻意增加商业秘密持有人保密的法律风险。比如,商业秘密持有人可以保持秘密,并将其投入商业应用,直到该秘密有可能为他人了解时,再申请专利保护。因此,很容易理解,中国《专利法》肯定了在先使用侵权例外——"在专利申请日前已经制造相同产品、使用相同方法或者已经作好制造、使用的必要准备,并且仅在原有范围内继续制造、使用的",不视为专利侵权。④

---

① 尹新天:《专利权的保护》第 2 版,知识产权出版社 2005 年版,第 31 页。
② The Advisory Commission on Patent Law Reform, a Report to the Secretary of Commerce 48-49 (1992),转引自 Martin J. Adelman, Randall R. Rader, John R. Thomas, Harold C. Wegner, Cases and Materials on Patent Law, West Group, 1998, p.1067.
③ Ibid.
④ 《专利法》(2008)第 69 条之(三)。

与中国的立场不同,美国专利法则对商业秘密保护虽然并不排斥,但是对于那些在商业化过程中对一项技术首先选择商业秘密保护然后又转向专利保护的做法持否定态度。美国法院认为,发明人自己秘密地商业化使用其发明,是专利法意义上的公开行为,而他人的秘密使用则不是。同样的,美国专利法对于秘密使用者的先用权也持严格的限制态度。美国1839年的《专利法》虽然规定了一个宽泛的在先使用例外①,但是法院在后来的案件中将在先使用例外仅限于那些与发明人有直接联系经其同意的场合。② 这实际上导致在先权例外失去意义,以至于美国后来的1952年修订《专利法》时废止了这一所谓的在先使用例外,认为在所谓首次销售或者权利穷竭原则下,此类例外已经是不言而喻的了。美国1992年再次提出普遍适用的在先使用例外条款③,不过该条款最终并未通过。1999年美国在 The 1999 American Inventors Protection Act 中通过了一个仅仅适用于商业方法(method of doing or conducting business)专利的在先使用例外。④ 这一例外的通过,在很大程度上与美国联邦法院1998年在 State Street 案中认为专利法上不存在所谓的商业方法例外有着直接的关系。⑤ 因为此前很多人以为某些类似商业方法的发明不能够获得专利保护,所以没有申请专利而直接使用。为了避免上述判决结论对这一领域商业秩序的影响,国会通过上述在先使用例外条款。⑥

(二) 在先使用例外的条件和范围

依据中国《专利法》第69条之(二)的规定,在先使用例外的构成要件至少包括以下几个方面:(1) 在先使用必须在专利申请日(优先权日)之前;(2) 使用者已经制造相同产品、使用相同方法或者已经作好制造、使用的必要准备;(3) 仅在原有范围内继

---

① The Patent Act of 1839, Ch. 88, 5 Stat. 353-355 (March 3, 1839). "Sec. 7. And be it further enacted, That every person or corporation who has, or shall have, purchased or constructed any newly invented machine, manufacture, or composition of matter, prior to the application by the inventor or discoverer for a patent, shall be held to possess the right to use, and vend to others to be used, the specific machine, manufacture, or composition of matter so made or purchased, without liability therefor to the inventor, or any other person interested in such invention; and no patent shall be held to be invalid by reason of such purchase, sale, or use prior to the application for a patent as aforesaid, except on proof of abandonment of such invention to the public; or that such purchase, sale, or prior use has been for more than two years prior to such application for a patent."

② Pierson v. Eagle Screw Co., 19 F. Cas. 672 (C.C.D. R.I. 1844).

③ Patent System Harmonization Act of 1992, S. 2605, 102d Cong. (1992) 本法案旨在将美国专利法从先发明原则转向先申请原则,但最终并未获得通过。

④ 35 U.S.C. 273. 虽然对于所谓商业方法的范围存在一定的争议。参见 Thomas A. Fairhall and Paul W. Churilla, Prior Use of Trade Secrets and the Intersection with Patent Law: The Prior User Rights Statute, 35 U.S.C. §273, 14 Fed. Cir. B. J. 455(2004)。不过从立法历史背景的角度看,似乎应该限制在狭义的商业方法的范围内,尽管对商业方法本身在专利法上也可能以产品、方法、流程等名义获得专利授权。Donald S. Chisum, et al, Principles of Patent Law, Second Edition, Foundation Press, 2001, p. 1204。

⑤ State Street Bank & Trust Co. v. Signature Financial Group Inc. 149 F. 3d 1368(Fed. Cir. 1998), cert. denied, 525 U.S. 1093(1999).

⑥ Donald S. Chisum, et al, Principles of Patent Law, Second Edition, Foundation Press, 2001, pp. 1203-1204; Roger E. Schechter, John R. Thomas, Intellectual Property: The Law of Copyrights, Patents and Trademarks, Thomson West, 2003, pp. 358-359.

续制造、使用的。接下来,我们对这些问题进行更深入的讨论。

在先使用的起算日期。要求在先使用必须在申请日(优先权日)之前,似乎是惯常做法。① 不过,如果从在先使用权人的角度看,在发明人提出专利申请之后、专利局公布该申请之前,先用权人依然无法预见自己的行为会侵害将来的专利权。如果将在先使用的起算日期推迟到专利申请的首次公布日期,则可以最大限度地保护先权人。因此,美国 FTC 在提出修订专利建议时,就曾经建议采用申请首次公布日期。② 不过,首次公布日期同申请日相比,没有被赋予太多的严格的法律意义,有一定的任意性,可能并不太适合作为重要的抗辩的起算日期。

美国现行专利法对于在先使用例外所规定的时间要件比较复杂:被控侵权者"至少在专利申请日之前 1 年实际完成(实现)该发明客体(actually reduced the subject matter to practice),并且在有效申请日之前商业化使用该发明客体(commercially used the subject matter)"③。这实际上对在先使用的技术的完成时间和商业化应用时间分别设定了要求。之所以要求技术方案在有效申请日之前 1 年完成,应该和美国专利法许可发明人在公开使用发明 1 年内申请专利有关。④

在先使用的技术来源。先用权人对在先技术的使用必须是善意(in good faith),无论在理论上还是立法实践上,这一点都是肯定的。⑤《最高人民法院关于审理侵犯专利权纠纷案件应用法律若干问题的解释》(2009)第 15 条第 1 款明确指出:"被诉侵权人以非法获得的技术或者设计主张先用权抗辩的,人民法院不予支持。"如果在先使用者通过非法手段从发明人那里获取相关技术,很容易被认定为存在恶意。比如,一个雇员可能在工作中了解雇主的技术秘密,秘密做好实施的准备工作。该技术秘密随后被雇主申请专利。这时,雇员不能引用所谓的在先使用来为自己辩护。⑥ 如果在先使用者通过合法途径从发明人那里获得技术方案,并且在先使用不侵害当时发明人的任何权利,则该先使用抗辩是否成立可能存在疑问。比如,前述美国专利法在在先使用例外上就要求,在先使用的技术不能源于专利权人或者与专利权人有私人关系的其他人(persons in privity with the patentee)。⑦ 汤宗舜教授支持 H.巴德莱的观点,认为如果发明人公开其发明,第三人在法定的宽限期内从该公开渠道了解该技术,则第三人获得在先使用权。⑧ 单从文义解释而言,这一观点并不违背《专利法》第 69 条之(三)的规定。不过,是否符合中国《专利法》的立法本意,则有待进一步观察。

---

① 英国 Patent Act 1977, Sect.64(1);美国 35 U.S.C. §273(b)(3)(B)等。
② US FTC, To Promote Innovation: The Proper Balance of Competition and Patent Law and Policy (2003), ch. 4, p.31. 转引自 Thomas A. Fairhall and Paul W. Churilla, Prior Use of Trade Secrets and the Intersection with Patent Law: The Prior User Rights Statute, 35 U.S.C. §273,14 Fed. Cir. B.J. 455,470(2004).
③ 35 U.S.C. 273(b)(1).
④ 35 U.S.C. 102(b).
⑤ 英国 Patent Act 1977, Sect.64(1);美国 35 U.S.C. §273(b)(1)等。
⑥ Lionel Bently and Brad Sherman, Intellectual Property Law, Oxford University Press, 2001, p.509.
⑦ 美国 35 U.S.C. §273(b)(3)(B)。
⑧ 汤宗舜:《专利法教程》(第三版),法律出版社 2003 年版,第 188 页。

已经实施或必要准备。在先使用例外并不单纯是为了减轻在先发明人没有获得专利权的道德不平感,更为重要的立法目的是避免在先使用者在商业化合法拥有的技术秘密时,因无法预见的专利权障碍而遭受投资损失。如果第三方仅仅是掌握了某项技术,然后束之高阁,则明显与专利法鼓励公开的目标有出入,该第三方并不会因为在后的专利权而遭受额外的投资损失,为此类情形设置侵权例外的正当性也就降低很多。因此,中国《专利法》要求在先使用权人必须已经实施或者为实施做好必要准备时,才免除专利侵权的法律责任。英国专利法对这一要件也有类似的规定——已经实施或者为上述实施已做好了有效而认真的准备(effective and serious preparation)。① 如前所述,美国专利法有所不同,要求在有效申请日之前商业化使用(commercially used)该发明。② 所谓的商业化使用,包括企业内部的商业目的使用、与正常的销售或商业交易有关的使用、确认专利客体安全性或效率的行政审核程序中的使用、大学实验室和研究机构等非营利机构为公众利益而为的使用行为等等。③

原有的范围内。中国《专利法》明确要求在先使用必须"仅在原有范围内",具体何谓原有范围,则有着多种解释的可能。首先,所谓"原有范围"至少是一种定性的要求。"例如,原始是制造相同产品的,可以继续制造相同产品。这种权利并不允许延及性质不同的使用(例如原先为制造相同产品,就不能改为进口相同产品),或者目的不同的使用(例如,原先为企业内部使用而制造相同产品,就不能改为一般销售而制造相同产品)。"④其次,所谓"原有范围"还可能被理解为一种定量的要求,即先用者必须保持专利申请时的实际或者准备好的产量或规模,不得扩大再生产或者服务规模。⑤《最高人民法院关于审理侵犯专利权纠纷案件应用法律若干问题的解释》(2009)第15条第3款指出:"原有范围,包括专利申请日前已有的生产规模以及利用已有的生产设备或者根据已有的生产准备可以达到的生产规模。"中国学者大多持类似意见。实际案例中,法院甚至将生产数量精确到个位数。

对于在先抗辩的适用范围,美国专利法则一反其在抗辩所适用的客体范围上的严格限制立场,许可在先权人对使用的数量、范围做适当的调整。"被控侵权者依据本章所获得抗辩并不等于某项专利全部权利要求的一般许可(general license),抗辩仅限于该专利中抗辩者依据本章能够主张抗辩权的特定客体(the specific subject matter claimed in the patent)。但是,对于专利客体的利用有数量变化(variations in the quantity or volume of use of the claimed subject matter)时,抗辩可以延伸适用。抗辩也可以延伸到专利客体的改进形式,只要该变化形式没有落入该专利中其他客体的权利要求范围。"⑥美国这一规定可能较多地考虑了商业方法专利的特殊性,因而给予在先使用者

---

① 英国 Patent Act 1977, Sect. 64(1).
② 35 U.S.C. 273(b)(1).
③ 35 U.S.C. 273(a).
④ 汤宗舜:《专利法教程》(第三版),法律出版社2003年版,第189页。
⑤ 同上。
⑥ 35 U.S.C. 273(b)(3)(C).

以较大的使用空间。在英国,法院有些时候也许可在先使用行为和被控侵权行为之间可以存在适当变化,但是究竟许可多大程度的改变,则是一个非常模糊的问题。① 中国《专利法》是否应该作出类似的延伸,值得我们进一步研究。

与使用范围有关的另外一个因素是地理范围。在先使用应该发生在本国境内。在境外在先使用,并不能对抗境内的专利权。② 如后所述,美国专利法在一定情况下抗辩权转移,但是对转移后的抗辩的适用地点有明确的限制:"如果抗辩权是依据商业转让而获得,则该抗辩权只能在商业转让日期和有效申请日二者之间的较晚的日期之前该发明客体的实施地点行使。也就是说,如果该商业转让日期早于专利有效申请日,则该抗辩权可以在申请日之前实施该客体的地点行使。如果商业转让日期晚于专利有效申请日,则该抗辩权只能在该转让日期前实施该客体的地点行使"③。

在先使用抗辩的转让。在先使用作为一种人身性的侵权抗辩(personal defense),通常是不能转让的。作为一种原则,它为中外学者所普遍接受。④《最高人民法院关于审理侵犯专利权纠纷案件应用法律若干问题的解释》(2009)第15条第4款也明确"(先用权的)技术或设计与原有企业一并转让或者承继"时,先用权可以发生转移。国外的很多立法也许可在先权人在开展某些正常业务所必需,或在先权人转让企业整体或者部分业务时,将此类抗辩延伸或转移到新的受让人那里。比如,英国法规定:"如果上述实施行为或准备行为,是在某一商业项目中进行的(in the course of a business),则上述先用权人可以:(a)授权其商业伙伴从先用权人加入该商业项目时开始实施上述行为。(b)向该商业项目(包含该先用行为)的受让人转让该先用权。在先用权人死亡或破产时,先用权也可以向后来的商业项目受让人转移。"⑤美国专利法也有类似规定:"作为善意转让或移转整个企业或商业部门(line of business)的附属或者次要部分,抗辩权也可以发生转移。"⑥

权利的穷竭。中国专利法上只肯定了制造专利产品或使用专利法方法两种行为可能产生在先使用抗辩,不存在直接的"销售、许诺销售、进口"之类的在先使用抗辩权。于是,法律必然要对抗辩权人处理完相关产品后,后续买受人是否可以销售、许诺销售该产品作出规定,这就是由在先抗辩权所引发的权利穷竭。通常认为,在先使用权人在依据抗辩权处理完相关专利产品之后,该产品的后续受让人就可以自由地处理

---

① Lionel Bently and Brad Sherman, Intellectual Property Law, Oxford University Press, 2001, p.509. 参考案例 Helitune v. Stewart Hughes [1991] FSR 171, 206; Lubrizol v. Esso Petroleum [1992] RPC 281, 295.
② Lionel Bently and Brad Sherman, Intellectual Property Law, Oxford University Press, 2001, p.509.
③ 35 U.S.C. 273(b)(7).
④ 汤宗舜:《专利法教程》(第三版),法律出版社2003年版,第189页;Donald S. Chisum, et al, Principles of Patent Law, Second Edition, Foundation Press, 2001, p.1201; Lionel Bently and Brad Sherman, Intellectual Property Law, Oxford University Press, 2001, p.509.
⑤ 英国 Patent Act 1977, Sect.64(2).
⑥ 35 U.S.C. 273(b)(6).

该产品,而不再受到专利权人的支配。这在英美专利法上都有明确的规定。①

在先权的放弃。美国专利法要求"如果被控侵权者先前放弃(abandon)了对该客体的商业性使用(commercial use),则不能依靠其放弃前的活动来为放弃后的行为提供抗辩"②。表面上看来,这一要求非常严厉,实际上可以对所谓放弃作相对严格的解释:放弃被解释为"停止使用并无意继续"(the cessation of use with no intent to resume)。因此,有合理的理由造成临时的中断并不应该被视为放弃在先权。③

……

如前所述,美国法上除商业方法专利外,几乎没有先用权抗辩。美国法院最新的关于先用权例外的一个判例是 Solvay v. Honeywell (2010)。本案中,法院认为只有先发明人(而非普通的在先使用人)才享有先用权。

王孝忠 v. 广西南宁市中高糖机设备制造有限公司

广西高院(2002)桂民三终字第 3 号

林立、韦晓云、廖冰冰法官:

原告王孝忠于 2000 年 12 月 6 日向中国国家知识产权局申请名称为"直冷式压蔗机轴瓦"的实用新型专利,于 2001 年 12 月 19 日获得了"直冷式压蔗机轴瓦"实用新型专利权,专利号为 ZL00232522.5。原告王孝忠取得该专利权后许可原告知新公司实施其专利。

……

另查明,2000 年 10 月 8 日,被告中高公司与海南洋浦龙力商贸有限公司签订了一份《工矿产品买卖合同》,由海南洋浦龙力商贸有限公司委托被告中高公司为田阳糖厂、隆安南圩糖厂加工包括压榨机内冷式铜轴瓦及轴承座在内的一批糖机设备。原告在庭审中亦表示知道南圩糖厂有被告中高公司生产的两套压蔗机铜轴瓦。本院于 2002 年 8 月 26 日到广西隆安南圩糖厂进行调查,该糖厂工作人员陈述,被告中高公司所生产的压蔗机铜轴瓦于 2000 年 11 月送至该厂。经与两原告所提供的被告中高公司的侵权产品照片比较,南圩糖厂的两套压蔗机铜轴瓦与被控侵权产品基本相同。

原审法院认为……经将被告中高公司的被控产品的技术特征与该专利的必要技术特征进行分析比较,本院认为被告中高公司的被控产品的技术特征与原告王孝忠的

---

① 英国 Patent Act 1977, Sect. 64(2):"第三方可以像处理专利权人所提供的产品那样处理先用权人依据上述先用权所提供的相关产品。"35 U.S.C. 273(b)(2):"拥有上述抗辩权的人处理了利用专利方法获得的终端产品,则专利权人基于方法专利对该终端产品的权利也随之穷竭,就像专利权人自己销售或处理该产品一样。"

② 35 U.S.C. 273(b)(5).

③ Thomas A. Fairhall and Paul W. Churilla, Prior Use of Trade Secrets and the Intersection with Patent Law: The Prior User Rights Statute, 35 U.S.C. § 273, 14 Fed. Cir. B.J. 455, 462(2004).

"直冷式压蔗机轴瓦"实用新型专利的权利要求书所记载的专利技术方案是等同的……

对于原告王孝忠的"直冷式压蔗机轴瓦"专利是否具有新颖性,被告中高公司对该技术是否享有先用权的问题。被告中高公司所举证据尚不足以证明其使用的是已有技术,从而否定原告王孝忠的专利具有新颖性,本院对此不予采信。但被告中高公司对"直冷式压蔗机轴瓦"的技术享有先用权。原告王孝忠的专利申请日是2000年12月6日,但经本院到隆安南圩糖厂调查,在2000年11月份被告中高公司就已生产出了被控产品并交付给糖厂,结合被告中高公司所提供的其在2000年10月8日与海南洋浦龙力商贸有限公司订立的《工矿产品购销合同》及产品的图纸,以及被告中高公司工程师王香章的陈述,本院认为被告中高公司在原告王孝忠的专利申请日前就已做好了生产准备,设计好了产品图纸,并且还生产出了被控产品。两原告也未提出被告中高公司生产数量超过了原有范围。……判决:驳回原告王孝忠、原告南宁市知新滑动轴承制造有限公司对被告广西南宁市中高糖机设备制造有限公司的诉讼请求……

上诉人王孝忠、知新公司不服一审判决上诉称:1. 被上诉人的新产品技术特征已覆盖了上诉人的专利要求所记载的保护范围,这是不争之事实。但是假定如原审法院认定被上诉人享有先用权,根据《专利法》的规定:"在专利申请日前已制造相同产品、使用相同方法或者已经做好制造、使用的必要准备,"原审法院也应该依法确定被上诉人享有的先用权的范围,而原审法院并没有明确。事实上,生产该专利产品并不需要专门的设备,它与生产原来旧式压蔗机轴瓦的设备是通用的。"旧式压蔗机轴瓦"作为被上诉人的传统产品达几十年之久,其生产设备和实力是可想而知的。根据《专利法》有关先用权的规定,"做好制造、使用的必要准备"是指专为制造某特定产品所作的准备。结合本案而言,如果要认定其享有先用权,范围应该以其在专利申请日前的年(或月)产量及其销售范围来认定,就目前事实来看,如果被上诉人提供的证据真实可靠,其先用权的年产量应为4套压蔗机轴瓦(被控产品),销售范围仅限于隆安南圩糖厂(2套)、田阳糖厂(2套)……

被上诉人中高公司答辩称……上诉人认为,假如要认定我公司享有先用权,先用权的范围也应该以我公司在专利申请日前的年(或月)的产量及其销售范围来认定,即先用权的范围为已经制造并销售给隆安南圩糖厂的2套和田阳糖厂的2套。上诉人是故意曲解《中华人民共和国专利法》第六十三条第二款关于先用权是"仅在原有范围内继续制造、使用"的规定。所谓的原有范围即是生产能力或是设备的设计生产能力。我公司是一家大型专业化生产经营糖机设备的企业,占地面积2万多平方米,拥有大型先进设备50多台,高级工程师8名,生产技术人员140多名,是传统轴瓦的生产企业,年产轴瓦近1000件,占有广西市场的三分之一。所以我公司月生产能力80—100块轴瓦是[绰绰]有余的。上诉人说我公司"先用权的年产量仅为4套直冷式压蔗机轴瓦"显然是毫无道理的……

二审审理查明，上诉人没有新证据否定原判认定事实，所以一审查明事实可以确认。二审另查明，在上诉人王孝忠"直冷式压榨机轴瓦"专利申请日（2000年12月6日）前，被上诉人中高公司已拥有可用于生产轴瓦的设备龙门刨床2台，牛头刨床2台，立式和卧式车床4台，镗床1台，各式钻床3台，铣床1台，铸铜熔炼炉1个，坩埚5只，电解铜4吨，磷铜109公斤，精锡99公斤，模具2套。其中摇臂钻床和落地镗床为生产被控侵权产品专门购置。二审还查明，被上诉人中高公司的法定代表人钟再兴也是案外人湛江市糖机配件厂的法定代表人，被上诉人2000年10月卖给田阳糖厂的2块内冷式压榨机轴瓦是在湛江市糖机配件厂生产，由被上诉人中高公司对外签订合同进行销售。被上诉人2000年11月9日卖给隆安南圩糖厂的两块内冷式压榨机轴瓦由中高公司自行生产并销售。

本院认为：

（一）被上诉人中高公司对上诉人王孝忠的"直冷式压蔗机轴瓦"实用新型专利（专利号为ZL00232522.5）是否享有先用权

被上诉人中高公司对上诉人王孝忠的"直冷式压蔗机轴瓦"实用新型专利是有先用权的。专利法的先用权，我国《专利法》第六十三条第一款第（二）项有明确的规定，是指在专利权人提出专利申请以前，已经制造或者使用了相同产品，或者使用了相同的方法，或者已经作好制造、使用的必要准备，在专利权人获得专利以后，可以在原有范围内继续制造或者使用。上诉人王孝忠的专利申请日是2000年12月6日。在上诉人王孝忠申请日之前，被上诉人中高公司就已做好了生产准备，并生产销售了两个直冷式压蔗机轴瓦。

第一，被上诉人中高公司已拥有生产企业和生产场所。中高公司成立于1998年2月27日。购置了土地，建设了车间，具备了工程技术人员。

第二，被上诉人中高公司已经拥有可用于生产铜轴瓦的生产设备和原料。主要设备有：龙门刨床、牛头刨床、立式和卧式车床、镗床、各式钻床、铣床、铸铜熔炼炉、坩埚、模具等，其中摇臂钻床和落地镗床为生产直冷式压蔗机轴瓦专门购置。原料有：电解铜、磷铜、精锡等。

第三，被上诉人中高公司设计好直冷式压蔗机轴瓦产品图纸。原审法院收集的被上诉人中高公司有关直冷式压蔗机轴瓦设计图纸可以说明这一点。这些图纸被收集作为一审的证据，上诉人王孝忠、知新公司并无异议。

第四，被上诉人中高公司已经制造出直冷式压蔗机轴瓦产品，对这个事实上诉人王孝忠、知新公司并无异议。

第五，被上诉人中高公司已经销售了直冷式压蔗机轴瓦产品。2000年10月8日被上诉人中高公司与海南洋浦龙力商贸有限公司订立的《工矿产品购销合同》，被上诉人中高公司为供方，海南洋浦龙力商贸有限公司为需方，供应的产品包括压榨机内冷式轴瓦及轴瓦座4套，由海南洋浦龙力商贸有限公司委托被上诉人中高公司为田阳糖厂、南圩糖厂加工包括压榨机内冷式轴瓦及轴瓦座在内的一批糖机设备。

第六，被上诉人中高公司使用直冷式压蔗机轴瓦技术并无违法行为。被上诉人中高公司制造直冷式压蔗机轴瓦产品是根据自己的研究开发和通过合法的途径所获得的信息而进行的。这有被上诉人在一审中提供的有关资料和工程师王香章的陈述作了证明。

对于被上诉人中高公司在上诉人王孝忠专利申请日之前已经做好了生产准备和进行销售一节上诉人王孝忠、知新公司并未否认。上诉人王孝忠、知新公司在二审的上诉状、庭前证据交换笔录、开庭审理辩论中多次请求本院只对被上诉人的先用权范围进行审理,虽然上诉人的委托代理人刘国森在后来提交的代理词中又要求恢复审理是否享有先用权,但始终没有提出能够推翻以上事实的证据,本院不予支持。

(二)被上诉人中高公司对上诉人王孝忠的"直冷式压蔗机轴瓦"实用新型专利(专利号为 ZL00232522.5)享有先用权的范围

我国《专利法》第六十三条第一款第(二)项规定"在专利申请日前已经制造相同产品、使用相同方法或已经作好制造、使用的必要准备,并且仅在原有范围内继续制造、使用的,不视为侵犯专利权"。如何理解"在原有范围内继续制造、使用"是本案要解决的问题。上诉人王孝忠、知新公司认为,先用权范围应该以其在专利申请日前的年(或月)产量及其销售范围来认定,就目前事实来看,其先用权的年产量应为4套压蔗机轴瓦,销售范围仅限于隆安南圩糖厂(2套)、田阳糖厂(2套)。而被上诉人中高公司认为,原有范围即是生产能力或是设备的设计生产能力。根据专利法的立法精神,对先用权原有范围的理解,应当维持先用权人原有的产量,如先用权人的产量并未达到设计能力的,使用原有设备达到的产量,也应当被认为是在原有范围之内。因此,上诉人王孝忠、知新公司对先用权范围的理解是不正确的,本院不予采纳。

被上诉人中高公司已举证证明其在专利申请日前已拥有可用于生产铜轴瓦的设备,这些设备既包括通用设备,也包括专用设备。对中高公司的举证,上诉人不能提供证据予以否认,本院予以确认。中高公司没有按照其设计能力进行生产,而是根据订单多少进行生产,主要是考虑到市场需求,避免资金和原材料的闲置和浪费,提高企业经济效益,是符合经济规律和企业管理要求的。所以,上诉人王孝忠、知新公司主张被上诉人中高公司的先用权范围仅仅限于年产量应为4套压蔗机轴瓦,销售范围仅仅限于隆安南圩糖厂、田阳糖厂显然过于苛刻。不利于维护先用权人的合法权益,保护先用权人因发明创造带来的合法利益,保护合法的投资者,维护社会经济生活的稳定。

中高公司以基本的设备能力来评估正常生产被控侵权产品的能力,即按照1套设备、4个工人、每天8小时、一个月20天进行计算,生产能力可达到月产80—100块。中高公司对其正常生产能力可以达到的产量所作的评估还是比较客观和合理的。上诉人王孝忠、知新公司不能举证予以否认,本院考虑被上诉人中高公司提出的关于设备能力评估方案的合理部分,综合目前我国糖厂设立的数量及规模、压榨机轴瓦的市场需求量及中高公司的经营范围等各种因素酌情确定中高公司对直冷式压榨机轴瓦专利技术享有先用权的范围。原审判决认定中高公司享有先用权是正确的,但原审判决未确定中高公司享有先用权的范围欠妥。上诉人上诉称一审法院未依法确定中高公司享有先用权的范围的上诉理由成立,本院予以采纳。但上诉人称中高公司享有先用权的范围应限定为已经生产并销售给隆安南圩糖厂2套轴瓦和田阳糖厂2套轴瓦,中高公司2001年9月生产销售给博庆糖业有限公司的2块轴瓦超越了先用权的范围已构成侵权的上诉理由显然是对法律规定先用权原有范围的狭义理解,不能成立,本院不予支持。被上诉人中高公司在专利申请日前已经制造并销售与专利技术相同的产品,并在原有范围内继续生产销售该产品,不构成对王孝忠"直冷式压蔗机轴瓦"专利的侵权。

综上所述,一审判决认定事实清楚,适用法律正确,但未确定中高公司享有先用权的范围欠妥,本院予以纠正。依照《中华人民共和国民事诉讼法》第一百五十三条第一款第(一)项、第一百五十八条之规定,判决如下:

一、维持南宁市中级人民法院(2002)南市民初字第142号民事判决;

二、被上诉人广西南宁市中高糖机设备制造有限公司对直冷式压榨机铜轴瓦专利技术享有先用权的范围为平均月产量不超过80块(年产量不超过960块)。

思考问题:

对于此类限定产量的判决,如何执行?

重庆浪华实验仪器设备厂 v. 重庆利迪现代水技术设备有限公司

重庆高院(2005)渝高法民终字第44号

蒙洪勇、王伯文、程晓东法官:

……

原审判决认定的主要事实:2002年12月4日,浪华厂申请"实验室专用超纯水机"外观设计专利,翌年7月23日获得专利授权,该专利合法有效。杨宗和、王永平曾是浪华厂职工,参与了"实验室专用超纯水机"开发研制工作,2002年9月,二人先后离开浪华厂到利迪公司工作。2002年12月3日,利迪公司成立,具有销售水处理设备等经营范围。同年10月19日,利迪公司与重庆雅印图文艺术设计制作有限公司(以下简称雅印公司)签订《印刷(制作)合同书》,雅印公司根据利迪公司提供的资料制作了3000份《利迪水科技实验室专用超纯水机》宣传册。同年11月19日,利迪公司向重庆四达实验仪器有限公司(以下简称四达公司)定作了4台机柜,支付价金3400元,发票号码0076375。雅印公司印制的宣传册以及四达公司根据利迪公司提供的图纸加工成的机柜所示图片均与浪华厂专利相同。

原判决主要理由:利迪公司在专利申请日前已经公开使用与专利相同或相似的外观设计,其在专利申请日前已经制造相同产品、使用相同方法或者已作好制造、使用的必要准备,仅在原有范围内继续制造、使用的行为不视为侵犯专利权,其相应的抗辩理由成立。外观设计专利侵权纠纷与涉案外观设计专利在其申请日前是否为商业秘密无关。浪华厂认为其专利申请前的外观设计属于商业秘密,杨宗和、王永平将其参与专利相关工作所掌握的商业秘密披露给利迪公司,并与利迪公司生产、宣传专利产品的持续侵权行为,是侵犯商业秘密转化为侵犯专利权的理由不能成立,对其诉讼请求不予支持。根据《中华人民共和国专利法》第五十六条第二款、第六十三条第二款的规定,判决:驳回浪华厂的诉讼请求。

宣判后,浪华厂不服,向本院提起上诉……

本院认为,当事人双方争执的案件焦点为:利迪公司、杨宗和、王永平的行为是否构成专利侵权。

……

2. 杨宗和、王永平对于浪华厂起诉指控其作为该厂职工,曾参与"实验室专用超纯水机"开发研制工作,并于2002年9月先后离开浪华厂到利迪公司工作的事实没有答辩、出庭应诉,原判决对此作出事实认定后,杨宗和、王永平仍然没有就此提出上诉或答辩、出庭应诉,利迪公司对此亦无不同意见……可以认定如下事实:(1) 2002年10月以前,杨宗和、王永平曾在浪华厂工作,并掌握了"实验室专用超纯水机"外观设计。(2) 2002年11月,杨宗和将"实验室专用超纯水机"外观设计带到利迪公司并与利迪公司共同仿制了与"实验室专用超纯水机"外观设计相同的产品。(3) 2002年12月31日,利迪公司销售了1台与外观设计专利相同的"实验室专用超纯水机"。

3. 根据重庆市江北区公证处(2005)渝江证字第0082号《公证书》,并结合利迪公司与重庆市妇幼保健院签订的《重庆市政府采购货物购销合同》、有关付款记账、投标函、投标货物数量价格表、投标说明及附件等书证。可以认定利迪公司于2004年10月向重庆市妇幼保健院销售了其制造的"实验室专用超纯水机"。将该《公证书》所拍摄"实验室专用超纯水机"照片与专利的外观设计比较,二者相同的部分是:被控专利侵权产品分别对应专利的外观设计左、右、后、仰视图相同;不相同的部分是:专利产品主视图可见的斜面操作台小长方形图案下方多出两个圆形旋钮图案。

4. 根据杨宗和陈述,结合利迪公司向重庆市妇幼保健院销售"实验室专用超纯水机"投标说明及附件所记载的"实验室用纯水机业绩表",可以认定利迪公司销售侵权产品的数量为70台左右,单台侵权产品价格为2万元左右,利润20%—30%。

……

本院认为,虽然杨宗和认为被授予专利权的外观设计是自己提供给浪华厂的,但杨宗和并没有提供相关证据加以证明,该专利授权后,杨宗和至今亦没有提出过有关的权属诉讼。对于该专利授权前的外观设计经杨宗和转移至利迪公司的事实,杨宗和与利迪公司均没有提出相反证据。因此,可以认定杨宗和非法转移专利的外观设计之事实。根据《中华人民共和国专利法》第六十三条第一款第(二)项的规定,在专利申请日前已经制造相同产品、使用相同方法或者已经作好制造、使用的必要准备,并且仅在原有范围内继续制造、使用的,不视为侵犯专利权。构成一项专利先用权必须具备合法性,以专利先用权进行抗辩应当受到严格的限制。在认定杨宗和非法转移专利的外观设计以及利迪公司没有提供证据证明存在自行研制或合法受让的情形下,杨宗和与利迪公司在专利申请日前的制造、使用行为不具有合法性,并因此利迪公司的专利先用权抗辩不能成立……此外,亦需指出的是,杨宗和与利迪公司在专利申请日前的非法制造、使用行为并不构成一项专利侵权,至于是否存在商业秘密侵权,本院根据浪华厂的诉讼请求,对此不予判定。

思考问题:

在没有确认存在商业秘密侵权的情况下,法院如何能够认定被告获取外观设计的过程违法,进而否定其先用权抗辩?

4.3 权利穷竭

专利权穷竭学说通常是指专利权人或者获其授权的被许可人在出售专利产品或专利方法直接获得的产品之后,就不能基于自己的专利权对该产品的买受人或后续的第三方使用或转售等行为进行控制。权利穷竭起始于专利产品的首次销售,因此该学说又被称作首次销售学说(First Sale Doctrine)。权利穷竭学说在不损害专利权人利益的情况下,禁止专利权人在首次出售商品之后过度干涉该商品后续的市场流通。"首次销售原则有着重要的政策性的考虑:使得动产的购买者无须追溯其所有物中的专利授权轨迹,降低交易成本,使得市场免于不必要的限制。"[①]

鞠爱军 v. 山东武城古贝春集团公司

山东高院(2000)鲁经终字第339号

官恩全、王学礼、闫文军法官:

……

经审理查明:中国专利局于1997年9月20日授予被上诉人鞠爱军外观设计专利权,专利号为ZL96323288.6,分类号09-01-B0367,使用外观设计的产品名称为酒瓶。该外观设计的简要说明记载:本设计的左、右、前、后视图相同,前视图为主视图,省略左、右、后视图,前视图显示瓶主体表面由三分平面构成,瓶中部相对于上、下两部分呈凹陷状。该专利目前有效。

1999年8月16日,上诉人与诸城康业副食品经销处(以下简称康业经销处)签订协议,上诉人授权康业经销处为古贝春系列酒在诸城市的总经销商,约定了由康业经销处提供酒瓶,负责把酒瓶送到古贝春集团仓库,上诉人提供剩余包装物及散酒,生产一个由康业经销处独立销售的"古贝春头曲",价格1.93元/瓶(不含酒瓶),自即日始至2000年8月16日最低销售40万瓶,第一批先安排16万瓶,康业经销处的销售区域在诸城市等内容。协议签订后,上诉人开始生产古贝春头曲酒,交予康业经销处销售,使用的酒瓶为康业经销处回收的旧酒瓶,由上诉人清洗消毒后灌瓶、包装。这些酒瓶为方形瓶,瓶子前、后、左、右形状一致,每一侧面由三分平面构成,中部相对于上、下两部呈凹陷状,部分瓶体中部的一个侧面带有形纹。上诉人的成品账记载,古贝春头曲酒,1999年9月30日入库14024瓶,费用13603.28元,1999年9月30日销售12000

[①] 〔美〕Jay Dratler:《知识产权许可》,王春燕等译,清华大学出版社2003年版,第633页。

瓶,1999年10月20日销售24000瓶,1999年10月20日入库55008瓶,费用53357.76元。至2000年1月1日,使用此种酒瓶的古贝春头曲酒仍在生产及销售。

另查明,被上诉人为山东银河酒业(集团)总厂(以下简称银河酒厂)人员,曾无偿让银河酒厂使用其外观设计专利酒瓶生产白酒,后于1999年9月30日与银河酒厂签订了专利独占实施许可合同,每年专利许可使用费为15万元。

济南市中级人民法院审理认为,被上诉人ZL96323288.6外观设计专利合法有效,应受法律保护,任何人未经专利权人许可,不得以生产经营目的制造、销售该外观设计专利产品。通过对比被控侵权物与被上诉人外观设计专利产品图片可看出,两者属同类产品,被控侵权物的形状与专利产品图片中展示的形状设计相同或近似。上诉人以生产经营为目的,使用与被上诉人设计相同或近似的旧酒瓶制造并销售古贝春头曲,其行为侵犯了被上诉人外观设计专利权,被上诉人要求判令上诉人停止侵权行为的请求应予支持。上诉人与康业经销处所存在的内部经销关系并不能产生对抗普通消费者的对外效力,亦不能成为自己非侵权主体的抗辩理由,故上诉人称其出售的是散酒和除酒瓶以外的剩余包装物,酒瓶为销售方康业经销处提供的,与己无关,本案诉讼主体错误的辩解不予采纳。上诉人实际利用与专利设计相同或近似的酒瓶用于制造古贝春头曲并提供剩余包装物,将古贝春头曲以上诉人的名义作为一个完整的商品投入市场流通,作为生产制造商取得消费者认知,其营利意图明显,因此,上诉人主张其制造、销售古贝春头曲的行为并未侵犯被上诉人专利权的理由不能成立。上诉人坚持其使用被上诉人已售出的专利产品(酒瓶),依法不构成专利侵权,即售出后的"专利产品"——酒瓶、酒和包装物,它的所有权已发生了改变,不再属于被上诉人而属于购买方。考察《中华人民共和国专利法》第六十三条第一款立法本意,"专利权人制造或者经专利权人许可制造的专利产品售出后,使用或者销售该产品的,不构成侵权"是指:在这些产品合法的投入市场后,任何人买到了这种产品,无论是自己使用还是再次销售,都无须征得专利权人的同意,即所谓的专利权人的权利用尽原则。就本案外观设计专利来说,专利产品名称为酒瓶,其工业上应用价值在于作为酒的包装物与酒作为一个整体投入市场。所以,专利权穷竭,即专利权人权利用尽应指使用这种设计的酒瓶的酒产品合法投入市场并售出后,购买者自己使用或再次销售该酒产品的行为。这里的使用仅就产品功能本身的发挥而言,对于回收与此种设计相同或近似的酒瓶并作为自己同类酒产品的包装物,以生产经营为目的的生产销售行为,已突破了专利产品合法购入者使用的内涵,成了一种变相生产制造外观设计专利产品的行为,因而上诉人主张专利权人权利用尽的抗辩理由不能成立。况且外观设计专利权保护的对象是一种智力成果,是体现特定产品设计的无形资产,体现该设计的酒瓶的物权即所有权转移,并不意味着外观设计专利权的转移或丧失。上诉人还辩称被上诉人未在专利产品上标明专利标记和专利号,他人无法知道其对这一产品拥有专利权。根据法律规定,标记权是专利权人的一项权利而非义务,专利权人可以行使亦可以放弃,标记与否并不影响专利侵权的认定。上诉人主张康业经销处使用由其灌装的酒瓶大部分不是被上诉人拥有专利权的酒瓶,且灌装数量少,由于上诉上未能提供充分证据,此辩解主张不予采纳,其称灌装古贝春头曲在瓶子上没有上诉人一分利润,这只是会计成本核算的一个方面,并不能由此否认古贝春头曲投入市场后所取得的销售利润。至于上诉人声称被上诉人专利权无效问题,并非本案所审理范围。鉴于被上诉人与银河酒厂存在人事上的隶属关系,其与银河酒厂签订的专利实施许可合同不能作为本案侵权赔偿依据,由于被上诉人未能提供要求赔偿30万元的充分证据,可综合上诉人生产古贝春头曲的时间、规模及造成的影响,酌情考虑赔偿……

上诉人山东武城古贝春集团公司不服济南市中级人民法院的上述判决,向本院提起上诉称:1. 上诉人的被控侵权产品,是由康业经销处根据协议提供的,并且是回收的旧瓶,是专利权人许可他人制造销售以后的酒瓶,此时,专利权人的权利已用尽,上诉人将该回收的旧瓶用于包装白酒,是一种使用行为,应不视为侵犯专利权。一审判决书把回收与此种设计相同或近似的酒瓶并作为自己同类酒产品的包装物,认为是变相的生产制造外观设计专利产品的行为,缺乏事实和法律依据。2. 一审判决书判决上诉人赔偿专利权人经济损失8万元违背了最高人民法院的有关规定,没有依据。3. 一审判决书判决上诉人侵权,没有将被控侵权产品与专利文件保护的形状图案进行比对后得出相同还是相近似的结论,我方有证据证明,被控侵权产品与专利图片具有不同之处,肯定不相同,因此,一审法院的判决缺乏事实依据,是错判,请求二审法院撤销一审判决,驳回被上诉人的诉讼请求,判由被上诉人承担诉讼费。由于上诉人已向专利复审委员会提出无效宣告请求,请二审法院依法中止审理。

……

本院认为:被上诉人拥有专利号ZL96323288.6的酒瓶外观设计专利权,受法律保护。当被上诉人许可银河酒厂独占实施,银河酒厂使用该外观设计专利酒瓶生产、销售白酒,白酒售出后,被上诉人和银河酒厂已经获得了收益,体现在酒瓶的专利权已经用尽,根据专利权用尽原则,购买者的使用或者再销售行为就不构成侵犯其专利权。上诉人生产、销售古贝春头曲,使用回收的旧酒瓶,因旧酒瓶上的专利权已经用尽,故无论这些旧酒瓶是否与被上诉人的外观设计专利酒瓶相同或近似,都不构成对被上诉人外观设计专利权的侵犯,根据《中华人民共和国专利法》第六十三条[第一款]第一项规定,被上诉人的侵权指控不成立,所以被上诉人的诉讼请求无事实和法律依据。

……

思考问题:

(1) 你认为本案重复使用旧酒瓶的行为可能被视为"变相的生产制造"行为吗?
(2) 两审法院对于权利穷竭的解释,你觉得何者更有道理?

根据媒体报道,四川高院判决了一起"旧瓶装新酒"案(四川丰谷酒业公司 v. 绵阳市知识产权局等,(2007)绵行初字第4号,(2007)川行终字第557号),法院认为,以生产经营目的回收有外观设计专利权保护的酒瓶用作同类物的包装,不适用权利用尽原则。法院认为三台鲁湖酒厂以生产经营目的,回收专利产品用作同类物品包装并销售的行为,损害了专利权人的合法利益,应视为侵犯请求人的专利权。联系鞠爱军 v. 山东武城古贝春集团总公司案,你认为法院判决有道理吗?

4.3.1 权利穷竭的强制性

理论上讲,专利权穷竭学说禁止专利权人基于该专利产品上的专利权对首次销售后的买受人的行为进行干预,但是是否妨碍专利权人基于合同约定对首次销售的买受人及后续相关的买受人的行为进行适当的限制,则可能存在争议。这里所说的限制通常是地域、使用用途、使用次数、转售价格等方面的限制。常见做法是在出售的产品上以标签提示限制条件的内容。彻底评估此类合同限制的法律效力,需要考虑很多因素,包括合同法上合同成立的要件、专利法上的强制性政策(比如保持公共领域的自由、禁止权利滥用等)[1]、反不正当竞争法的政策目标等等。不同的国家和地区在这一问题上可能有不同的答案。

在英国知识产权法上,过去一直缺少所谓的因为销售产品而导致权利穷竭的概念。[2] 因此英国法许可专利权人在销售专利产品时设置相应的限制条件。这时,产品的所有权属于受让人,但受让人对该物的使用,要受到其接受的合同条款的约束。[3] 如果后续的其他受让人也明知该约束条款的存在,则也要受到此类条款的约束。[4] 在美国法上,此类限制条件也是许可的,其是否具有约束力,则按照标准的合同法上的规则来处理。[5] 在 Mallinckrodt, Inc. v. Medipart, Inc. , 976 F. 2d 700(1992)案中法官基本上是沿着这一思路处理的。

不过,欧洲法院(European Court of Justice)和欧盟委员会(E. C. Commission)依据《罗马条约》处理共同市场内部的平行进口问题时,基于竞争规则的要求,在一定程度上维护权利穷竭的强制性要求,禁止专利权人限制商品在共同市场内的自由流动。[6] 专利权人在发放许可时,如果对产品的流通地域范围进行限制,则会被认为此类限制条款无效。这虽然涉及国际的权利穷竭问题,与国内权利穷竭有一定的区别,但足以说明国内法将权利穷竭原则视为强制性规则的可能性。

在中国法上,权利穷竭是否具有强制性,似乎并不明确。尹新天教授认为:

> 第一个问题是:当专利权人或者其被许可人售出专利产品时,是否不论有没有附加限制性条件,都应当得出专利权已经被用尽的结论?
>
> 从《专利法》[(2000)]第63条第1款(一)的条文文字来看,应当得出肯定的

---

[1] 单从专利权穷竭学说的角度看,此类限制条款的效力取决于权利穷竭学说所维护的政策是否具有强制性。如果专利权穷竭具有强制性,则限制权利穷竭的合同条款就很可能被认定无效。
[2] W. R. Cornish, Intellectual Property: Patents, Copyright, Trade Marks and Allied Rights, fourth edition, Sweet & Maxwell, 1999, p.41.
[3] Donald Chisum et al, Principles of Patent Law, Second Edition, 2001, Foundation Press, p.1121.
[4] W. R. Cornish, Intellectual Property: Patents, Copyright, Trade Marks and Allied Rights, Fourth edition, Sweet & Maxwell, 1999, p.253.
[5] Donald Chisum et al, Principles of Patent Law, Second Edition, Foundation Press, 2001, p.1120.
[6] Centrafarm v. Sterling Drug (Case 15/74), E. C. R.1147(1974).

回答,因为该款给出的条件仅仅是"专利产品或者依照专利方法直接获得的产品售出后",没有写入诸如"除非专利权人另有限制"之类的保留。

但是,《专利法》[(2000)]第11条规定未经专利权人许可,任何人不得为生产经营目的制造、使用、许诺销售、销售、进口专利产品,不得使用、许诺销售、进口依照专利方法直接获得的产品。该规定表明允许专利权人对专利产品的使用、销售行为进行控制。据此,似乎也可以得出这样的结论:即使是合法售出的专利产品或者依照专利方法直接获得的产品,假如专利权人售出时对该产品的使用方式或者再次销售提出了某种合法的限制性条件,那么违反该限制性规定而进行的使用、销售行为就是未经专利权人许可的使用、销售行为。

上述两种立场各有利弊。前一种立场是一种"一刀切"的做法,非常明确,易于判断;但是在实际应用时难免产生不合理之处,而且和目前许多国家的做法不一致。后一种立场更加细腻一些,能更好地兼顾专利权人的利益,但是也会带来一些问题。例如允许专利权人提出何种程度的限制条件?可以想象这是一个相当复杂的问题,需要有比较完善的反垄断制度与之相配套,以防止专利权人利用这一点来架空专利权用尽原则。

根据我国目前的状况,为了确保法律的确定性,笔者认为目前还是采用前一种立场较为适宜。①

个人倾向于认为,中国法上也应接受英美法上的类似规则。只有在首次销售没有为后续使用或者出售行为设置明显的限制条件时,才会导致权利穷竭。当合同约定与权利穷竭学说相左时,应当从合同约定。当然,此类约定条款是否符合其他实体法的要求,则另当别论。

4.3.2 权利穷竭 v. 表明发明人身份权

回显权 v. 北京快达节能技术开发公司案②,涉及一个有趣的权利穷竭问题。该案中,被告从获得了原告专利许可的第三方获得原告的专利产品,然后将该产品上原有的专利号和环球制造厂的标志撕下,在该产品上使用自己公司名称,并贴有"BKD-M1型汽车电动自动门开关机"的产品名称。

法院认为"根据《专利法》[(1992)]第15条的规定,专利权人有权在专利产品上标明专利标记及专利号。[被告]侵犯了回显权的相关权利,应公开向其赔礼道歉"。法院使用的法律是《专利法》[(1992)]的第11条第1款、第15条、第60条及《民法通则》第134条第1款第(1)、(7)、(10)项之规定。

李燕蓉法官评论认为:"专利权人依法有权向社会公众表明自己的发明者身份。这既是对这种智力劳动成果的认可,又是对发明者身份的认可。另一方面可以令公众在购买或使用时明了该产品或方法的发明者、设计者,从而起到公示作用,以防止他人

---

① 尹新天:《专利权的保护》,知识产权出版社2005年第2版,第92—93页。
② 孙建、罗东川:《知识产权名案评析(2)》,中国法制出版社1998年版,第409页。

假借专利权人的名义,有保护发明者和消费者利益的双重作用。"①

思考问题:

如果从《专利法》(2008)第 69 条规定的权利穷竭的角度来看这个案子,是不是会有不同的结论?

4.4 其他抗辩
4.4.1 合法来源抗辩

广东联邦家私集团有限公司 v. 陈军等

最高人民法院(2009)民申字第 1495 号

王永昌、李剑、罗霞法官:

[联邦公司为名为"沙发(J2557)"的外观设计专利(专利号为 200530009419.5)的专利权人。万事达厂为"庭院世家"注册商标的所有人。2008 年 8 月,联邦公司在陈军承包的赣州市家具大市场百信家具会展中心 B1 栋二楼"庭院世家"展销厅购买了两张被控侵权的木制沙发各一张。各方对于该沙发外观设计落入联邦公司专利的保护范围并无争议。根据陈军与赣州市深港商业运营有限公司签订《承包合同》,陈军承包经营的商铺,经营品牌为庭院世家、艾丽格。经营的品种为实木套房、沙发。不得改变场地的结构,不得经营除规定品牌及品种以外的其他商品。]

广东省高级人民法院二审认为,[陈伟经营的]"庭院世家"展销厅是万事达厂在赣州的特许加盟店,经营万事达厂属下品牌"庭院世家""艾丽格"……陈军与赣州市深港商业运营有限公司签订的承包合同进一步证明陈军"庭院世家"展销厅经营品牌仅为庭院世家、艾丽格,在陈军销售地点,除了万事达厂的家具外还有其他产品的抗辩理由不成立。因此,易树钊所购买的被控侵权产品 602、603 沙发是由万事达厂制造、陈军销售的。[陈军宣称被控侵权产品具有合法来源,并提交相关证据证明该产品来源于佛山市奥彪家具厂。但法院认为该证据不可信,因而陈军所谓侵权产品具有合法来源的抗辩理由未被接受。]

本院认为……万事达厂与陈军于 2007 年 7 月 27 日签订的专卖加盟协议记载,陈军提供"万事达"产品专区经营场地,陈军不得以任何理由随意改动万事达厂所设计的专卖店"配货方案",特殊情况确实需要改动必须通过万事达厂的同意;陈军提供场地专用于陈列、销售万事达家具产品,经营区内必须全部为万事达厂所提供的产品。而陈军经营的江西省赣州市家具大市场百信家具会展中心 B1 栋二楼"庭院世家"展销厅是万事达厂在赣州的特许加盟店。联邦公司的委托代理人易树钊在庭院世家展销厅购买的型号为 602、603 的两种沙发及其包装上虽没有万事达厂的标识,但该沙发是在万事达厂的特许加盟店所购买。在易树钊询价时,陈军出具了庭院世家专用的庭

---

① 孙建、罗东川:《知识产权名案评析(2)》,中国法制出版社 1998 年版,第 409 页。

院世家欲购商品清单(报价单);购买时,陈军提供了庭院世家家具使用说明书及产品质量反馈卡,而该产品使用说明书及质量反馈卡系万事达厂印刷和使用。此外,庭院世家的宣传画册上也印制有被控侵权产品602、603沙发。因此,二审法院认定被控侵权产品是由万事达厂生产,并由陈军经营的特许加盟店出售,并无不妥。

……

法律赋予不知道而销售、使用,且提供证据证明被控侵权产品具有合法来源的销售者或使用者不承担赔偿责任的抗辩权,该抗辩权的成立以销售者或使用者主张并提供证据予以证明为前提。本案中,陈军主张该抗辩权所提供的证据欲证明被控侵权产品是由案外人奥彪家具厂所生产、销售,二审法院在认定陈军所提交的抗辩证据不足以证明被控侵权产品由奥彪家具厂生产、销售的情形下,认定陈军所提出的被控侵权产品具有合法来源的抗辩主张不能成立,符合专利法第六十三条第二款的规定。

思考问题:

(1) 假定在本案中陈伟主张该侵权产品来源于另一被告万事达厂,并有证据支持。这时候,陈伟能够主张所谓的"合法来源"抗辩吗?

(2) 专利法在处理"合法来源"抗辩时,需要区别对待本案中的加盟店与普通零售商吗?

4.4.2 实验使用

专利侵权抗辩:实验使用

崔国斌　未刊稿

专利法在处理所谓实验目的例外问题时,面临着两类竞争性的目标:"通过授予专利垄断权以激励技术进步"和"许可自由接触在先技术以促进科学研究"。[1] 中国《专利法》的选择是,"专为科学研究和实验而使用有关专利的",不视为侵犯专利权。[2] 依据《专利法》第11条的规定,只有"生产经营目的"的使用,才可能侵害专利。换句话说,只有"为生产经营目的"的实验使用,才有必要考虑利用《专利法》第69条的例外条款。本文同意尹新天教授的意见,第69条的实验使用例外并不只是一种具体化的"非生产经营目的"使用。[3] 以下如果没有特别说明,所谓实验使用都是指生产经营目的的实验使用。

强调生产经营目的,自然会让人们对大学与科研院所等学术机构内的使用行为性质产生疑问。这些学术机构的实验使用,一定是为非生产经营目的吗?答案似乎是否定的。法院应该根据个案的具体情况作出判断。比如,有人获得了特定基因的专利,

---

[1] Eisenberg, Patents and the Progress of Science: Exclusive Rights and Experimental Use, 56 U. Chi. L. Rev. 1017 (1989).

[2] 《专利法》(2008)第69条第(四)项。

[3] 尹新天:《专利权的保护》,知识产权出版社2005年版,第129页。

而科研院所利用该基因来培养新的基因改良的物种。科研院所使用该基因专利的行为,就可能属于生产经营目的,在科研院所对改良物种谋求知识产权保护或者对其进行商业化时尤其如此。在现代社会中,学术机构与商业机构的合作关系越来越密切,科学研究与生产经营的界限空前模糊。可以想见,专利法上实验使用例外中的"生产经营目的"门槛可能会逐步降低。尹新天教授甚至认为:"在我国建立市场经济体制的今天,讨论科学研究和实验是否具有为生产经营目的的性质实际上已经没有什么意义,因为两者之间有太多的联系,'剪不断,理还乱'"。①

一项行为具有"生产经营目的"之后,才有必要进一步判断其是否属于专利法意义上的"专为科学研究和实验而使用"。最没有争议的是那些单纯为验证发明效果的使用行为。专利法要求发明人充分公开相关发明,如果公开不充分,将会导致该专利无效。这时候,专利法上的公共政策显然鼓励社会公众对该发明进行试验,以验证其是否可行。如果缺少所谓的试验目的抗辩,进行此类试验还需要专利权人的许可,显然违背专利法上的立法目的。② 当然,这些验证过程不具备直接的商业利用价值,通常不会对权利人的利益构成损害,因此也可能被视为"非生产经营目的"的使用。

中国法上缺少对"专为科学研究和实验"的进一步解释。尹新天教授在参考《欧洲专利公约》第27条(b)的规定之后,认为专利法上的科学研究和实验"应当是指针对获得专利的技术本身进行科学研究实验",可能包括研究专利技术的可行性、确定专利技术的最佳实施方案、研究改进专利技术等。③ 从专利法的立法目的看,这一解释是有道理的。为了促进技术进步,专利法在对特定技术提供专利保护的同时,并不限制竞争对手通过研究以获取竞争性的或替代性的技术,即便后来者获得的是在先专利的从属专利,即便这一竞争性研发过程完全出于"生产经营目的"。当然,获取从属专利之后,能够实施该从属专利,是另外一个问题。

按照上述思路,大致可以推论,如果使用专利发明的"科学研究和实验"并不是为了验证或改进该专利技术,而只是要利用该专利发明作为一种研究工具或材料所具备的使用价值,获得与发明主题无关的技术或结果,则不属于"专为科学研究和实验"的使用行为。

专利法对于"实验使用"中"使用"一词也没有定义。尹新天教授认为:"对产品专利而言,要对获得专利的技术本身进行研究实验,当然首先要获得该专利产品。研究实验者获得该专利产品最为常见的途径之一是自己制造有关专利产品,这是最为保险和最无争议的方式。"④换言之,"实验使用"中的"使用",实际上应当包括专利法意义上的制造和使用。

---

① 尹新天:《专利权的保护》,知识产权出版社2005年版,第129页。
② Lionel Bently and Brad Sherman, Intellectual Property Law, Oxford University Press, 2001, p.507.
③ 尹新天:《专利权的保护》,知识产权出版社2005年版,第128页。
④ 同上书,第130页。

4.4.3 临时过境

专利侵权抗辩:临时过境

崔国斌　未刊稿

中国《专利法》(2008)第69条第3项规定:"临时通过中国领陆、领水、领空的外国运输工具,依照其所属国同中国签订的协议或者共同参加的国际公约,或者依照互惠原则,为运输工具自身需要而在其装置和设备中使用有关专利的",不视为侵犯专利权。这一条所设定的临时过境例外,源自《巴黎公约》第5条之3的规定。临时过境例外旨在为国际商业交往中频繁穿越过境的运输工具消除专利障碍。

临时过境例外的构成要件中核心要素包括:(1)临时;(2)外国运输工具;(3)依据公约、条约或互惠原则;(4)为运输工具自身所需要。在中国,还没有见到此类案例发生,因此下文主要利用国外的一些案例进行理论上的探讨。

(1)临时。《巴黎公约》和各国国内立法多要求外国运输工具进入境内是临时的或偶然的(temporarily or accidentally)。对于偶然地进入,通常不会存在争议。国际上现已发生的案例大多与交通工具经常性的有规律的进入的定性有关。比如,在 Cali v. Japan Airlines, Inc.案中,专利权人拥有对飞机引擎的一项专利技术,对三家外国航空公司提出诉讼。原告认为,被告在美国和本国之间提供定期航班服务,飞机长期的有规律地进入美国,因此不属于《专利法》第272条上的"临时"存在。① 在英国的 Irish Ferries I 案中,也对英国和爱尔兰之间的定期的有规律的班轮提出专利诉讼。② 英、美、德国等国的法院基本上认定按照规定的航线进入境内作短暂停留,然后离开,开始下一次的航程,就应该视为短暂进入。③ 至于特定交通工具进入的频率,持续性、规律性并不影响进入本身的临时性。④ 英国法院认为在考虑临时性时,应该考虑运输工具控制者在入境时的主观意愿。入境时是应该就准备在合理的时间里离开,至于是否有已经预定固定的离开时间,并不重要。⑤

(2)外国运输工具。临时例外旨在为外国临时进入中国境内的运输工具方便,因此自然要求该运输工具为外国运输工具,而不是在中国永久注册的运输工具。在国内注册的运输工具,即使在中国和外国之间来往穿梭,在外国可能被视为临时入境,但其回到中国时,应该不能享受临时过境例外。否则,就会出现英国 Irish Ferries 案中原告

---

① Cali v. Japan Airlines, Inc., 380 F. Supp. 1120 (E.D.N.Y. 1974), aff'd, 535 F.2d 1240 (2d Cir. 1975).

② Stena Rederi Aktiebolag v. Irish Ferries Ltd. (Irish Ferries I), [2002] EWHC (Pat) 737.

③ Cali v. Japan Airlines, Inc., 380 F. Supp. 1120,1126 (E.D.N.Y. 1974); LG Hamburg, GRUR Int. 1973, Heft 12, at 703 (F.R.G.),转引自 Ted L. Field, The "Planes, Trains, and Automobiles" Defense to Patent Infringement for Today's Global Economy: Section 272 of the Patent Act, 2005, http://law.bepress.com/expresso/eps/794,2011年8月9日访问, p.53.

④ Stena Rederi Aktiebolag v. Irish Ferries Ltd. (Irish Ferries I), [2002] EWHC (Pat) 737, p.75.

⑤ Ibid., p.77.

所说的那样,该运输工具在任何一个国家都是临时的,专利权人在两个国家都无法对其主张专利权。①

在德国的案子中,法院考虑自身没有动力、要靠其他船只托运到其他港口帮助装卸货物的 Roll trailers 是否为这里所说的外国运输工具。法院认为托载该 Roll trailer 的船是德国籍的,但 Trailer 本身的确是芬兰的,因此认为它依然属于外国的运输工具。②

(3) 依据公约、条约或互惠原则。《巴黎公约》第5条之3要求成员国对其他成员国的交通工具给予上述侵权例外。对于非成员国,是否提供上述临时入境例外,则依赖各国国内法。中国专利法在这一问题上采用对等原则,只有其他国家依据公约、条约或者互惠安排,对中国交通工具提供临时入境例外时,中国才对其提供相应的侵权豁免。这是国际上的常见做法。③

(4) 为运输工具自身所需要。这一要求对临时入境例外适用的技术范围有了实质性的限制。这使得与运输工具本身无关的专利货物,无法适用本条例外。美国专利法除了明确要求该发明是专门为运输工具的需要而采用外,还进一步限制该发明不在美国境内许诺销售、销售或者用于制造任何旨在向美国出售或从美国出口的产品。④这实际上是为了避免运输工具变成一个变相的制造侵权产品的场所。

当然,有些时候是否为运输工具本身所需,并不十分容易判断。比如,外国运输工具本身携带有某些受专利保护的作业工具,比如装卸货物的装置,可以帮助其他船只装卸货物。如果临时进入本国港口承揽装卸货物的义务,这时该专利装置是否属于所谓的专门为运输工具自身需要,似乎存在争议。前述德国案例就比较接近这一假想案例。⑤

4.4.4 医药行政审批

依据《专利法》(2008)第69条,"为提供行政审批所需要的信息,制造、使用、进口专利药品或者专利医疗器械的,以及专门为其制造、进口专利药品或者专利医疗器械的",不是为侵权行为。这一例外借鉴自美国所谓的 Bolar 例外。1984 年,美国法院在 Roche Products Inc. v. Bolar Pharmaceutical Co. (733 F.2d 858,1984) 案中认为,为上述目的实施专利的行为侵犯专利权。为此,美国国会专门通过 Hatch-Waxman 法案,豁免了为获取药品或部分兽用生物制品行政审批所需要信息而实施专利的行为。⑥

---

① Stena Rederi Aktiebolag v. Irish Ferries Ltd. (Irish Ferries I), [2002] EWHC (Pat) 737, p.77.
② LG Hamburg, GRUR Int. 1973, Heft 12, at 703 (F.R.G.),转引自 Ted L. Field, The "Planes, Trains, and Automobiles" Defense to Patent Infringement for Today's Global Economy: Section 272 of the Patent Act, 2005, http://law.bepress.com/expresso/eps/794,2011 年 8 月 9 日访问, p.51.
③ 35 U.S.C. 272.
④ 35 U.S.C. 272.
⑤ LG Hamburg, GRUR Int. 1973, Heft 12, at 703 (F.R.G.),转引自 Ted L. Field, The "Planes, Trains, and Automobiles" Defense to Patent Infringement for Today's Global Economy: Section 272 of the Patent Act, 2005, http://law.bepress.com/expresso/eps/794,2011 年 8 月 9 日访问, p.53.
⑥ 35 U.S.C. § 271(e)(1).

药品和医疗器械类产品在上市销售之前有非常复杂的行政审批程序,要耗费大量的时间。如果专利权人的竞争对手必须等到专利到期之后才实施专利以获得行政审批所需要的实验数据,则事实上导致专利权人在专利到期后相当长的一段时间里依然是市场上的垄断者。这等于变相地延长了专利权的保护期限,损害消费者利益。为了避免这一现象,专利法创设了上述例外,使得专利权人的竞争对手在专利有效期内就可以为行政审批之目的实施该专利以获取相关数据。专利一旦到期,这些竞争对手就可以立即进入相同市场与专利权人竞争。

三共株式会社 v. 北京万生药业有限责任公司(北京市二中院(2006)二中民初字第04134号)案被认为是中国首例 Bolar 例外案件。此案判决时,《专利法》中尚未有明确的 Bolar 例外条款。法院的判决理由如下:

> 依据本案现有证据,两原告指控被告万生公司侵权的涉案药品"奥美沙坦酯片"尚处于药品注册审批阶段,虽然被告万生公司为实现进行临床试验和申请生产许可的目的使用涉案专利方法制造了涉案药品,但其制造行为是为了满足国家相关部门对于药品注册行政审批的需要,以检验其生产的涉案药品的安全性和有效性。鉴于被告万生公司的制造涉案药品的行为并非直接以销售为目的,不属于中华人民共和国专利法所规定的为生产经营目的实施专利的行为,故本院认定被告万生公司的涉案行为不构成对涉案专利权的侵犯。两原告主张按照药品注册相关办法的规定,被告万生公司为申请新药生产许可而生产的三批样品在取得药品生产批准文号后可以上市销售,进而主张涉案样品应仍在有效期内可以上市销售,认为被告万生公司侵犯了涉案专利权,依据不足,本院不予支持。

在本案中,法院认为被告的行为不属于"生产经营目的实施专利的行为"。你觉得有道理吗?

关于 Bolar 例外是否适用于兽药、农药,专利法没有明确答案。不过,权威意见认为,它应该仅仅适用于人用药品和医疗器械,理由是中国立法者明确区分药品、兽药和农药——《药品管理法》第102条关于药品的定义仅限于人用药品,同时,中国立法者增设例外与公共健康有关,而后两类兽药和农药不涉及这一问题。[①] 这一解释有说服力吗?

药物发明市场化之前所经历的复杂的行政审批程序并非仅仅是给专利权人的竞争对手造成障碍,也可能给专利权人自身带来损害。专利权人可能会因为这一程序拖延而在专利到期前无法从市场上获得回报就被迫面对竞争对手的竞争。为此,美国国会在通过 Hatch-Waxman 法案时,也为专利权人申请延长《联邦食品、药品及化妆品法》所控制的药品、医疗器械、食品添加剂和着色剂等专利权保护期限提供机会。专利

---

① 尹新天:《中国专利法详解》,知识产权出版社2011年版,第835页。

保护期限最长可以延长 5 年。① 美国的立法者一面通过 Bolar 例外压缩专利权人的独占期限，另一方面又提供专利权延长的可能性，这是不是一种互相矛盾的政策？

4.4.5 权利滥用

在美国法上，专利权滥用可以作为侵权抗辩的理由。对于专利权滥用，美国权威的专利法学者有一个粗略的表述："专利权人不当行使专利权，违背反托拉斯法或者将专利权延伸到合法范围（lawful scope）之外，则可能构成专利权滥用"②。国内学者也有类似的表述。比如，有研究报告将专利权滥用界定为"专利权人行使专利权违背了专利权设置的目的的行为"③。或者，"所谓专利权的滥用是指权利人采用形式上合法的不正当行使权利的手段，损害发明创造的产生、公开和社会运用的行为"④。

专利法通过提供一定期限的垄断权来换取发明人的技术创新。对消费者而言，专利权人通过专利许可所谋取的利益就是社会公众所支付或容忍的代价。理想的专利立法政策应该在不影响专利权人创新的积极性的前提下，尽可能地降低社会代价。超出这一底线，社会就没有必要让权利人获得超出这一范围的利益回报。说得通俗一点，如果让专利权人获利 10 元就足以维持其创新的积极性，为什么社会公众要容忍知识产权人通过非常规的许可要求索要 15 元呢？专利法上的保护期限限制、各种侵权例外、强制许可等实际上就发挥限制和修正专利权人可得利益的功能。专利权滥用学说同这些制度相互呼应，具备相同的功能。

中国《专利法》中没有关于专利权滥用的直接规定。在《专利法》之外，中国的确有一些法律或多或少地涉及权利滥用问题。比如，2007 年《反垄断法》第 55 条规定："经营者滥用知识产权，排除、限制竞争的行为，适用本法。"1999 年《合同法》第 329 条规定："非法垄断技术、妨碍技术进步或者侵害他人技术成果的技术合同无效。" 2004 年 11 月《最高人民法院关于审理技术合同纠纷案件适用法律若干问题的解释》进一步明确，限制后续技术开发、不公平的回授要求、限制获得竞争性技术、不合理地限制一方的市场行为、搭售、禁止异议等情形属于《合同法》第 239 条所称的"非法垄断技术、妨碍技术进步"的合同行为。⑤ 1994 年制定、2004 年修订的《对外贸易法》也有一些简略的规定："知识产权权利人有阻止被许可人对许可合同中的知识产权的有效性提出质疑、进行强制性一揽子许可、在许可合同中规定排他性返授条件等行为之一，并危害

---

① 35 U.S.C. § 156.

② Chisum on Patents, §19.04[1], 19-283.

③ 郭禾、金武卫等：《专利权滥用的法律规制》，载国家知识产权局条法司编：《〈专利法〉及〈专利法实施细则〉第三次修改专题研究报告》，知识产权出版社 2006 年版，第 1162 页。该报告认为专利权滥用行为的行为人在专利权范围内行使专利权，故意造成社会公共利益或者他人利益的损害。损害可能已经发生，也可能是不及时制止就会发生。

④ 陶鑫良、倪才龙等：《专利权滥用的法律规制》，载国家知识产权局条法司编：《〈专利法〉及〈专利法实施细则〉第三次修改专题研究报告》，知识产权出版社 2006 年版，第 1219 页。

⑤ 《最高人民法院关于审理技术合同纠纷案件适用法律若干问题的解释》（2004 年 11 月）第 10 条。

对外贸易公平竞争秩序的,国务院对外贸易主管部门可以采取必要的措施消除危害。"①2001年的《技术进出口条例》进一步列举了技术进口合同中不得存在的限制性条款的内容。② 这些法律条文并没有为所谓的权利滥用提供一个原则性定义,更没有能够明确权利滥用的具体构成要件。

通过上面的介绍,我们发现中国目前的专利权滥用制度还远未成形。仅仅在《反垄断法》《合同法》和《对外贸易法》等法律中作出原则性的规定,并不能对滥用专利权的人构成实质意义上的威慑。依据《合同法》的规定,涉及权利滥用行为,充其量导致相关的条款无效,并不会导致其他严重的法律后果。《对外贸易法》也只是授权行政机关排除上述滥用权利的行为,也没有设置明确的惩罚措施。将来,可行的做法应该是在专利法上专门对专利权滥用行为作出规定。立法模式可以采取原则性条款与具体列举相结合的方法。此外,应当为权利滥用行为直接设置明确的法律后果,可以参考美国专利法上的做法——权利滥用导致专利权暂时得不到法院或行政机关的执行,直至滥用事由消除。必要时,甚至可以规定滥用会导致专利权永久地失去执行力,或者直接导致专利权无效。

4.4.6 "权利冲突"?

在很多侵权案件中,被告常常以自己实施的方案已经获得专利授权为由,对原告的专利侵权指控进行抗辩,并引发所谓"权利冲突"的争论。在1993年,北京高院还专门就涉及此问题的天津市东郊农牧场诉中国人民解放军3608工厂案向最高人民法院提出请示。最高人民法院在《关于在专利侵权诉讼中原被告双方均拥有实用新型专利权应如何处理的批复》(1993年8月16日)中指出:

> 对于相同或者类似产品,不同的发明人都拥有专利权的有以下三种情形:一是不同的发明人对该产品所作出的发明创造的发明点不同,他们的技术方案之间有本质区别;二是在后的专利技术是对在先的专利技术的改进或改良,它比在先的专利技术更先进,但实施该技术,有赖于实施前一项专利技术,因而它属于从属专利;三是因实用新型专利未经实质审查,前后两项实用新型专利的技术方案相同或者等同,后一项实用新型专利属于重复授权。

> 人民法院在审理专利侵权纠纷案件时,根据专利法规定的先申请原则,只要原告先于被告提出专利申请,则应当依据原告的专利权保护范围,审查被告制造

---

① 《中华人民共和国对外贸易法》(1994年通过,2004年修订)第30条。该法第2条指出:"本法所称对外贸易,是指货物进出口、技术进出口和国际服务贸易。"

② 《技术进出口条例》(2001年)第29条规定:"技术进口合同中,不得含有下列限制性条款:(一)要求受让人接受并非技术进口必不可少的附带条件,包括购买非必需的技术、原材料、产品、设备或者服务;(二)要求受让人为专利权有效期限届满或者专利权被宣布无效的技术支付使用费或者承担相关义务;(三)限制受让人改进让与人提供的技术或者限制受让人使用所改进的技术;(四)限制受让人从其他来源获得与让与人提供的技术类似的技术或者与其竞争的技术;(五)不合理地限制受让人购买原材料、零部件、产品或者设备的渠道或者来源;(六)不合理地限制受让人产品的生产数量、品种或者销售价格;(七)不合理地限制受让人利用进口的技术生产产品的出口渠道。"

的产品主要技术特征是否完全覆盖原告的专利保护范围。在一般情况下,前述第一种情形由于被告发明的技术方案同原告发明的技术方案有本质的区别,故被告不构成侵权,后两种情形或者被告为了实施其从属专利而未经在先专利权人的许可,实施了在先的专利技术;或者由于前后两项实用新型专利的技术方案相同或者等同,被告对后一项重复授权专利技术的实施,均构成对原专利权的侵犯。因此,人民法院不应当仅以被告拥有专利权为由,不进行是否构成专利侵权的分析判断即驳回原告的诉讼请求,而应当分析被告拥有专利权的具体情况以及与原告专利权的关系,从而判定是否构成侵权。

专利权的消极性,决定着授予一项专利权,并不从法律上保证权利人可以实施该技术方案。因此,最高人民法院的解释毫不奇怪。现在,国内依据保护在先权利的原则,确认在后获得授权的实施者侵权的案例屡见不鲜。比如,在梧州制药(集团)股份有限公司保健食品罐头厂 v. 梧州市白鹤山保健品厂(广西南宁中院(1994)南市经初字第 136 号)案中,法院认为被告虽然对自己的龟苓膏产品也申请了外观设计专利,但比原告的外观设计专利要晚,根据先申请原则,确认被告的实施行为依然侵权。

5 专利侵权诉讼

5.1 诉讼管辖

在地域管辖方面,按照民事侵权案件管辖的一般原则,专利侵权案件由被告所在地、侵权行为地法院管辖。侵权行为地是指制造、使用、销售、许诺销售、进口等侵权行为的实施地。① 在制造和销售行为在不同地点发生,权利人同时起诉制造者和销售者的情况下,权利人实际上可以通过选择销售地的方式,选择管辖的法院。如果仅仅起诉制造者,则不能根据销售地选择管辖法院。②

对于确认不侵犯专利权诉讼③,最高人民法院认为它"属于侵权类纠纷,应当依照《民事诉讼法》第 29 条的规定确定地域管辖"④。也就是说,由侵权行为地或被告所在地法院受理。原最高人民法院知识产权庭的蒋志培庭长认为,这里所说的侵权行为地是指"被告警告的原告产品生产和销售行为地"。⑤

---

① 《最高人民法院关于审理专利纠纷案件适用法律问题的若干规定》(2001)第 5 条。
② 同上注,第 6 条。
③ 《最高人民法院关于审理侵犯专利权纠纷案件应用法律若干问题的解释》(2009)第 18 条:"权利人向他人发出侵犯专利权的警告,被警告人或者利害关系人经书面催告权利人行使诉权,自权利人收到该书面催告之日起 1 个月内或者自书面催告发出之日起 2 个月内,权利人不撤回警告也不提起诉讼,被警告人或者利害关系人向人民法院提起请求确认其行为不侵犯专利权的诉讼的,人民法院应当受理。"
④ 最高人民法院:《关于本田技研工业株式会社与石家庄双环汽车股份有限公司、北京旭阳恒兴经贸有限公司专利纠纷案件指定管辖的通知》([2004]民三他字第 4 号)。该第 29 条对应的现行民事诉讼法的第 28 条。
⑤ 蒋志培:《关于"确认不侵犯专利权纠纷的性质与管理"问题的解答》,http://chinaiprlaw.com/html/wentijieda/20040911/5563.html,2011 年 8 月 9 日访问。

在潜在的侵权者提出不侵权之诉后,如果权利人同时在异地法院提出侵权诉讼,则可能出现两个法院就同一事实进行审理的问题。① 最高人民法院的司法解释指出:"涉及同一事实的确认不侵犯专利权诉讼和专利侵权诉讼,是当事人双方依照民事诉讼法为保护自己的权益在纠纷发生过程的不同阶段分别提起的诉讼,均属独立的诉讼,一方当事人提起的确认不侵犯专利权诉讼不因对方当事人另行提起专利侵权诉讼而被吸收。但为了避免就同一事实的案件为不同法院重复审判,人民法院应当依法移送管辖合并审理。"②移送的规则自然是后受理的法院向先受理的法院移送。③ 如果当事人针对不同的专利分别提起不侵犯专利确认之诉和侵权之诉,则被视为独立案件,没有移送的问题。④

在级别管辖方面,"专利纠纷第一审案件,由各省、自治区、直辖市人民政府所在地的中级人民法院和最高人民法院指定的中级人民法院管辖"⑤。这里的专利纠纷案件除了专利侵权案件外,还包括专利申请权与专利权权属纠纷、专利合同纠纷、诉前申请停止侵权纠纷等。⑥

现在,在专利审判领域,专利权人为了选择对自己有利的法院起诉侵权人,通常会选择在理想的法院所在地购买侵权产品,然后将该侵权产品的销售者(非主要目标)和制造者(主要目标)作为共同被告提起诉讼。另外,为了选择理想的级别管辖,专利权人在起诉时可能刻意压低诉请的标的,使得理想的法院具备管辖权。等该法院受理案件之后,再追加新的诉讼请求,提高诉请标的,从而规避了现有的级别管辖的限制。

在"侵权救济"一章提到的正泰案,无论是地域管辖还是级别管辖都存在争议,正好反映了专利侵权诉讼中普遍存在的问题。该案中,被告施耐德公司在天津,却要到温州应诉;同时,按照最高人民法院《关于各高级人民法院受理第一审民事、经济纠纷案件问题的通知》规定,标的额超过5000万元的案件应当由高级人民法院管辖,温州中院的管辖权存在疑问。"本案原告在起诉时提出的索赔请求是温州中院有权管辖的50万元,受理后申请追加赔偿金额超过3.3亿元,温州中院未因案件标的的增加而改变管辖。"⑦对这两方面的问题,施耐德都提出异议,均以失败告终。

地域管辖上的灵活性,实际上使得专利权人能够相对自由地选择那些在专利审判领域比较权威的、判决赔偿力度较大的法院。因为判决案件较多,法院的名声较好,吸引的案子可能会更多。这样的循环究竟是否需要适当的干预呢?

---

① 如果权利人先提出侵权之诉,则被控侵权者不能单独提起不侵权确认之诉。
② 最高人民法院《关于本田技研工业株式会社与石家庄双环汽车股份有限公司、北京旭阳恒兴经贸有限公司专利纠纷案件指定管辖的通知》([2004]民三他字第4号)。
③ 《民事诉讼法》(2012)第36条和《最高人民法院关于在经济审判工作中严格执行〈中华人民共和国民事诉讼法〉的若干规定》第2条。
④ 最高人民法院《关于本田技研工业株式会社与石家庄双环汽车股份有限公司、北京旭阳恒兴经贸有限公司专利纠纷案件指定管辖的通知》([2004]民三他字第4号)。
⑤ 《最高人民法院关于审理专利纠纷案件适用法律问题的若干规定》(2001)第2条。
⑥ 同上注,第1条。
⑦ 闫文锋:《专利侵权赔偿第一案追踪》,载《中国知识产权报》2007年12月5日第007版。

5.2 举证责任

专利侵权诉讼的举证责任在大部分情况下与普通民事侵权诉讼并无差别,遵守《民事诉讼法》(2012)第64条所规定的"谁主张,谁举证"的一般原则。对于专利权人而言,在侵权诉讼中要证明的主要内容有两项,即有效的专利权和侵权事实。

对于发明专利,专利授权的事实(专利登记簿副本或专利权利证书)就是有效权利的证明。[①] 专利权人无须为专利权的法律效力提供进一步的证明。在被控侵权人启动无效宣告程序之前,法院应承认专利权的效力。在被控侵权人启动无效宣告程序之后,法院依然可以不中止侵权诉讼。[②]

5.2.1 专利权评价报告

对于实用新型和外观设计专利,由于其授权过程并不经过实质审查,因此其权利效力并不十分可靠。《专利法》(2008)第61条第2款规定:"专利侵权纠纷涉及实用新型专利或者外观设计专利的,人民法院或者管理专利工作的部门可以要求专利权人或者利害关系人出具由国务院专利行政部门对相关实用新型或者外观设计进行检索、分析和评价后作出的专利权评价报告,作为审理、处理专利侵权纠纷的证据。"立法草案送审稿中原本规定法院或行政部门"应当"要求当事人提交评价报告,后来变成了"可以"要求提交报告。估计是行政部门担心积案太多,一时难以消化。2008年《专利法》修改前,仅仅有针对实用新型的专利检索报告制度。[③] 在新法生效日(2009年10月1日)之后申请的专利适用专利权评价报告制度,之前的则继续适用专利检索报告制度。[④]

专利审查指南对这里的利害关系人进行限制解释:"利害关系人是指有权根据专利法第六十条的规定就专利侵权纠纷向人民法院起诉或者请求管理专利工作的部门处理的人,例如专利实施独占许可合同的被许可人和由专利权人授予起诉权的专利实施普通许可合同的被许可人。"[⑤] 一般公众显然无法提出请求。这一安排也不尽合理,因为潜在的被许可人或侵权者可能希望了解该专利权的效力。

依据现有规定,权利人或利害关系人只有在实用新型和外观设计授权公告之后才能请求专利局作出评价报告。[⑥] 这意味着申请人在提交申请时并不能及时获知自己

[①] 《专利审查指南》(2010)第五部分第九章第1.3.3节:"授予专利权时,专利登记簿与专利证书上记载的内容是一致的,在法律上具有同等效力;专利权授予之后,专利的法律状态的变更仅在专利登记簿上记载,由此导致专利登记簿与专利证书上记载的内容不一致的,以专利登记簿上记载的法律状态为准。"

[②] 《专利审查指南》第11条:"人民法院受理的侵犯发明专利权纠纷案件或者经专利复审委员会审查维持专利权的侵犯实用新型、外观设计专利权纠纷案件,被告在答辩期间内请求宣告该项专利权无效的,人民法院可以不中止诉讼。"

[③] 《专利法》(2000)第57条第2款:"专利侵权纠纷涉及……涉及实用新型专利的,人民法院或者管理专利工作的部门可以要求专利权人出具由国务院专利行政部门作出的检索报告。"当时的规定仅仅适用于实用新型,不包括外观设计。仅仅针对新颖性和创造性进行文献检索,不进行全面评价。

[④] 《最高人民法院关于审理专利纠纷案件适用法律问题的若干规定》(2015)第8条。

[⑤] 《专利审查指南》(2010)第五部分第十章,专利权评价报告,第497页。

[⑥] 《专利法实施细则》(2010)第56条第1款。

申请的技术方案是否符合专利法上的实质授权要件。立法者将来可以考虑取消这一时间限制。"国务院专利行政部门应当自收到专利权评价报告请求书后 2 个月内作出专利权评价报告。对同一项实用新型或者外观设计专利权,有多个请求人请求作出专利权评价报告的,国务院专利行政部门仅作出一份专利权评价报告。任何单位或者个人可以查阅或者复制该专利权评价报告。"① 评价报告对于公众了解一项专利权的可靠性有重要意义。专利局更理想的做法应该是直接通过网络公开该评价报告,以方便公众获取,从而在一定程度上弥补实用新型和外观设计申请不实质审查制度的内在缺陷。

专利评价报告对实用新型和外观设计是否符合专利授权的标准(比如是否属于保护客体、实用性、新颖性、创造性等)进行全面评价。② 不过,依据《专利审查指南》,"专利权评价报告是人民法院或者管理专利工作的部门审理、处理专利侵权纠纷的证据,主要用于人民法院或者管理专利工作的部门确定是否需要中止相关程序。专利权评价报告不是行政决定,因此专利权人或者利害关系人不能就此提起行政复议和行政诉讼。"③ 对于专利权人或利害关系人而言,如果评价报告给出负面的结论,实际上会导致该专利权难以通过司法或行政程序获得保护,而又不能提起复议或行政诉讼。这显然是不合理的。立法者将来应许可专利权人或利害关系人对专利局的负面评价报告提出挑战。当然,现在的规定对公众的影响较小。因为即便评价报告对专利权给予正面评价,受影响的公众依然可以通过专利无效程序对专利权的效力提出挑战。

在提起诉讼时,专利权评价报告虽然不是权利人提起诉讼的前提条件④,但是,依据最新的司法解释,在法院要求原告提交检索报告或者专利权评价报告时,"原告无正当理由不提交的,人民法院可以裁定中止诉讼或者判令原告承担可能的不利后果。"⑤ 在海关保护方面,专利权评价报告则是海关备案的前提条件。⑥

由于评价报告并非立案或提出侵权指控的前提,这导致实用新型和外观设计的专利权人可能轻易向第三方发出侵权通知或提出侵权指控,从而损害第三方的利益。将来,立法者可以考虑将评价报告作为实用新型和外观设计立案或发出侵权通知的前提条件,从而大大减少专利权人的恶意骚扰。

5.2.2 新产品的制造方法

在侵权事实的举证方面,《专利法》第 61 条第 1 款对于部分方法专利作出的举证

---

① 《专利法实施细则》(2010)第 57 条。
② 《专利审查指南》(2010)第五部分第十章,专利权评价报告,第 499—500 页。
③ 同上注,第 496 页。
④ 最高人民法院《关于对出具检索报告是否为提起实用新型专利侵权诉讼的条件的请示的答复》(2001 年 11 月 13 日[2001]民三函字第 2 号):"检索报告,只是作为实用新型专利有效性的初步证据,并非出具检索报告是原告提起实用新型专利侵权诉讼的条件……凡符合《民事诉讼法》第 108 条规定的起诉条件的案件,人民法院均应当立案受理。但对于原告坚持不出具检索报告,且被告在答辩期间内提出宣告该项实用新型专利权无效的请求,如无其他可以不中止诉讼的情形,人民法院应当中止诉讼。"
⑤ 《最高人民法院关于审理专利纠纷案件适用法律问题的若干规定》(2015)第 8 条。
⑥ 《知识产权海关保护条例的实施办法》(2009)第 7 条规定,对这两类专利而言,专利权评价报告是海关备案时必须提交的文件。

责任倒置的规定:"专利侵权纠纷涉及新产品制造方法的发明专利的,制造同样产品的单位或者个人应当提供其产品制造方法不同于专利方法的证明。"显然,这里的关键词是新产品的制造方法。① 之所以强调是新产品,无非是因为新产品的制造方法通常比较有限,采用专利方法制造的可能性很大,因此举证责任倒置有其合理性。不过,举证责任倒置会在一定程度上降低权利人在提起诉讼时原本应有的谨慎,这即便没有损害被告的商业秘密,也可能使得被告被无谓地卷入诉讼。因此,只有在侵权可能性较大的情况下,才能接受举证责任倒置的安排。

何谓新产品,专利法并没有规定更明确的标准。依据最高人民法院的2009年的司法解释,"产品或者制造产品的技术方案在专利申请日以前为国内外公众所知的",则该产品不属于新产品。② 这一解释似乎暗示,即便产品没有被公开,但其生产方法被公开,则该产品依然不是新产品。

有学者有不同意见,认为:"根据一般理解,判别是否是'新产品'的标准应当不是本法授予专利权时所要求的'新颖性'标准。只要某种产品在专利申请日前是本国市场上消费者从未见过的,就可以认为是新产品。"③

当然,对于新产品的生产方法的举证责任倒置并不意味着完全免除权利人的举证责任。权利人还是要证明存在有效的权利;该产品是新产品;另外,被告有制造该产品的行为。然后,法院才能推定被告使用了专利方法制造了该产品,要求被告举证推翻这一推定。在伊莱利利公司 v. 江苏豪森药业股份有限公司(最高人民法院(2009)民三终字第6号)案中,法院就大致表达了上述意见:

> 根据专利法的规定,被诉侵权人对新产品的制造方法承担倒置举证责任是有条件的,即专利权人首先应当证明被诉侵权方法所生产的产品与涉案专利方法所生产的产品属于相同的产品;同时,还应当证明依据专利方法直接获得的产品是新产品。本案专利一的关键是合成反应物,β异头物富集的核苷是专利一直接获得的产品。专利二是对专利一得到的反应物进行纯化反应。专利三是对专利二所得到的纯化物进行脱保护的方法。上诉人伊莱利利公司提起本案诉讼时提交了豪森公司生产的盐酸吉西他滨药品,但并没有证明豪森公司实际生产了β异头物富集的核苷,而且,在二审中双方均认可,并非只有β异头物富集的核苷可以制备得到盐酸吉西他滨,盐酸吉西他滨可以用β异头物富集的核苷以外的其他物质制备。因此,即使根据《中华人民共和国专利法》(1992修正)第六十条第二款的规定,对合成步骤的举证责任也应当由[专利权人]伊莱利利公司负担,而不应当倒置由豪森公司承担。

---

① 在《专利法》1992年首次修改之前,并没有"新产品"的限制。到2000年第二次修改时,这一限制在专利法中出现。
② 《最高人民法院关于审理侵犯专利权纠纷案件应用法律若干问题的解释》(2009)第17条。
③ 程永顺:《中国专利诉讼》,知识产权出版社2005年版,第344页。

张喜田 v. 石家庄制药集团欧意药业有限公司等

最高人民法院(2009)民提字第 84 号

王永昌、李剑、罗霞法官:
一、关于原审法院对举证责任的分配是否正确

《中华人民共和国专利法》第五十七条第二款规定:"专利侵权纠纷涉及新产品制造方法的发明专利的,制造同样产品的单位或者个人应当提供其产品制造方法不同于专利方法的证明。"根据该规定,在此类专利侵权纠纷案件中,由被诉侵权人承担证明其产品制造方法不同于专利方法的举证责任,需满足一定的前提条件,即权利人能够证明依照专利方法制造的产品属于新产品,并且被诉侵权人制造的产品与依照专利方法制造的产品属于同样的产品。

在认定一项方法专利是否属于新产品制造方法专利时,应当以依照该专利方法直接获得的产品为依据。所谓"依照专利方法直接获得的产品",是指使用专利方法获得的原始产品,而不包括对该原始产品作进一步处理后获得的后续产品。根据涉案专利的权利要求1,虽然其主题名称是"一种从混合物中分离出氨氯地平的(R)—(+)—和(S)—(-)—异构体的方法",但从权利要求1记载的内容看,依照涉案专利方法直接获得的产品是"结合一个DMSO—d6的(S)—(-)—氨氯地平的D—酒石酸盐",或"结合一个DMSO—d6的(R)—(+)—氨氯地平的L—酒石酸盐",其中前者即为制造左旋氨氯地平的中间产物,而非左旋氨氯地平本身;而后者即为制造右旋氨氯地平的中间产物,亦非右旋氨氯地平本身。由于在涉案专利的申请日之前,上述中间产物并未为国内外公众所知悉,可以认定依照涉案专利方法直接获得的产品是新产品,涉案专利属于新产品制造方法专利。欧意公司虽提交了辉瑞公司的238专利,用于证明涉案专利不属于新产品制造方法专利,但由于238专利和涉案专利系分别使用不同的手性助剂DMSO、DMSO—d6对氨氯地平进行拆分,在依照两项专利方法制造左旋氨氯地平或者右旋氨氯地平的过程中,形成的中间产物并不相同,因此,238专利并未公开依照涉案专利方法直接获得的产品,不足以证明涉案专利不属于新产品制造方法专利。

虽然涉案专利是一项新产品制造方法专利,但要由被诉侵权人中奇公司、华盛公司、欧意公司承担证明其产品制造方法不同于专利方法的举证责任,还须由权利人张喜田证明被诉侵权人制造的产品与依照专利方法直接获得的产品属于同样的产品。如前所述,依照涉案专利权利要求1记载的方法,直接获得的产品是"结合一个DM-SO—d6的(S)—(-)—氨氯地平的D—酒石酸盐",或"结合一个DMSO—d6的(R)—(+)—氨氯地平的L—酒石酸盐",张喜田提供的证据虽然能够证明华盛公司、欧意公司制造了马来酸左旋氨氯地平及其片剂,并且马来酸左旋氨氯地平的制造须以左旋氨氯地平为原料,但并没有提供证据证明华盛公司、欧意公司在制造马来酸左旋氨氯地平及其片剂时,也制造了"结合一个DM—SO—d6的(S)—(-)—氨氯地平的

D—酒石酸盐"中间产物,因此,张喜田提供的证据并不足以证明华盛公司、欧意公司制造的产品与依照涉案专利方法直接获得的产品属于同样的产品,本案不应由华盛公司、欧意公司承担证明其产品制造方法不同于专利方法的举证责任。

原审法院认定涉案专利属于新产品制造方法专利,虽然结论正确,但将依照涉案专利方法直接获得的产品认定为左旋氨氯地平,明显有误。由于原审法院对依照涉案专利方法直接获得的产品认定错误,在张喜田没有提供充分的证据证明华盛公司、欧意公司制造的产品与依照涉案专利方法直接获得的产品属于同样的产品的情况下,即认定由华盛公司、欧意公司承担证明其产品制造方法不同于专利方法的举证责任,亦显然错误。

原最高人民法院民三庭庭长蒋志培 在全国法院专利审判工作座谈会上的总结讲话
(2003 年 10 月 29 日)

[专利侵权涉及新产品方法的发明专利的举证责任倒置问题]的焦点又主要集中在如何处理好证据质证与保护被告商业秘密的关系问题上。根据专利法第五十七条第二款规定,这类专利侵权案件就是要由被告提供其产品制造方法不同于专利方法的证明,这是被告的法定举证义务,应当严格执行。但是,在执行该项规定时,也要注意依法保护好被告的商业秘密。特别要把握好以下几点:

一是要在原告完成了应负的举证责任之后,才能实行举证责任倒置。专利法第五十七条第二款虽然规定专利侵权案件涉及新产品方法的发明专利实行举证责任倒置,但并不是说原告可以不负任何举证责任,原告除了证明自己的权利外,首先要证明被告生产的产品与自己依照专利方法直接获得的产品属于同样的产品,同时还要说明依据自己的专利方法所直接获得的产品是一项新产品。如果原告不能证明这两点,或者被告能够举出相反的证据推翻原告的事实主张,被告就不承担提供自己产品制造方法的举证责任。

二是应当将被告提供的证明其产品制造方法的证据限定在必要的范围内,即以足以证明其产品制造方法与原告的专利方法不同为必要,而不是要求被告提供其产品的全部制造方法。例如,被告只要证明其产品制造方法的个别工艺步骤、化合物的个别组分等,与方法专利的某一必要技术特征不同也不等同,即为完成了举证责任。这样就可以在很大程度上起到保护被告商业秘密的作用。

三是依法不公开审理、规范限制诉讼参与人出庭人数,并责令其承担保守商业秘密责任,比如告知法律后果由其承诺,签署一定形式的承诺书、具结等书面文件等方式。

四是被告根据法定举证责任倒置义务所提供的证明其产品制造方法的证据应当依法进行质证方能作为认定案件事实的根据,不能以所提供的证据涉及商业秘密而拒绝质证。既然要质证,当然也就要将证据提供给对方,否则就无法质证。现在,有的法院不让原告接触被告的涉及商业秘密的证据,以致出现被告提供的证据的载体都有瑕疵,使得证据质证与保护被告商业秘密的关系失衡了,专利法有关举证责任倒置的规定也因此落空了。当然,为了防止扩散被告的商业秘密,人民法院一定要严格依照民事诉讼法和本院司法解释规定的程序进行质证,并且可以根据具体案件采取相应的防范措施。

在专利侵权诉讼中,要求被告就新产品的制作方法进行举证,几乎总是要涉及被告方的商业秘密。如何在诉讼中保证被告方在制造方法上的商业秘密不会因为诉讼而受到损害,同时又能够保证原告的诉讼程序利益,是一个非常棘手的问题。上述讲话第四点关于被告商业秘密保护问题的表述,应该受到下面的伊莱利利案判决的影响。

伊莱利利公司 v. 江苏豪森药业股份有限公司

最高人民法院(2002)民三终字第8号

蒋志培、董天平、段立红法官:

[伊莱利利公司指控被告豪森公司侵害其方法专利。该专利方法生产的产品为专利法意义上的新产品。争议的焦点是,法院是否应该将被告关于其生产的工艺方法的证据交给原告质证。]

一审法院认为,盐酸吉西他滨属于专利法规定的新产品范围,豪森公司应就其制备盐酸吉西他滨的工艺方法负举证责任。基于本案的特殊性,如将涉及豪森公司工艺方法的技术资料内容交由伊莱利利公司审查,则可能会使豪森公司的商业利益遭受无法预见和无法弥补的损害。因此,决定对豪森公司工艺方法的技术资料采取变通的质证方式:不将该资料提交伊莱利利公司审查而交独立的鉴定专家组审查其真实性以及与原告专利方法是否相同。当事人提交由法院转交鉴定机构的鉴定资料包括:伊莱利利公司三项专利的相关文献资料、豪森公司向法庭提供的研制吉西他滨、盐酸吉西他滨的生产方法方面的一套资料、豪森公司向江苏省药品监督管理局申报生产盐酸吉西他滨的生产资料一套,以及豪森公司于2001年11月始向国家药品监督管理部门提交的盐酸吉西他滨生产新工艺申报资料一套和有关实验图谱。

鉴于鉴定结论认为豪森公司改进后的工艺方法以及申报生产的工艺方法与伊莱利利公司专利独立权利要求所记载的保护方法不同,且理由非常详尽,伊莱利利公司关于鉴定意见的质证意见不能成立,也无足够相反证据推翻上述鉴定结论,故该鉴定意见应作为有效的定案证据使用。按照该鉴定意见,豪森公司制备盐酸吉西他滨的工艺方法(包括中试工艺和申报生产工艺)与伊莱利利公司三项专利独立权利要求所记载的保护方法不相同,未落入专利独立权利要求的保护范围……

伊莱利利公司不服江苏省高级人民法院的一审判决,向本院上诉称:1.一审法院违反《中华人民共和国民事诉讼法》以及《最高人民法院关于民事诉讼证据的若干规定》的规定,剥夺上诉人正当诉讼权利,在一审诉讼中拒绝上诉人审查被上诉人侵权证据资料,一审判决认定的"事实"均未经上诉人质证;2.一审法院以其内部文件为依据指定江苏省科技厅为本案的鉴定机构,违反《最高人民法院人民法院司法鉴定工作暂行规定》,鉴定人员与被上诉人有利害关系,鉴定范围不清,鉴定意见所依据的证据前后矛盾,也未能认识上诉人专利发明的基本发明要点,鉴定结论没有事实支持。请求对本案重新审理,并支持上诉人在一审提出的所有诉讼请求。

被上诉人豪森公司答辩称:1. 一审法院认定事实清楚,答辩人根据已经公开的技术文献资料,形成与被答辩人专利方法不同的工艺方法,并已经过技术鉴定;2. 本案不适用《最高人民法院关于民事诉讼证据的若干规定》,伊莱利利公司与豪森公司之间存在显而易见的商业竞争关系,如果伊莱利利公司利用质证程序获得了豪森公司的商业秘密,必将使其商业利益遭受无法预见和无法弥补的巨大损失。根据《中华人民共和国民事诉讼法》第六十六条以及《最高人民法院关于适用〈中华人民共和国民事诉讼法〉若干问题的意见》第72条的规定,一审法院采取的变通方式,没有侵犯伊莱利利公司平等诉讼的权利;3. 鉴定意见客观、真实,一审法院作为定案依据,不无不当。

本院经审理查明,连云港豪森制药有限公司于2002年5月22日经批准变更名称为江苏豪森药业股份有限公司。被上诉人豪森公司在一审中向法院提交的所有涉及其生产盐酸吉西他滨产品工艺方法的证据材料均未提交给上诉人伊莱利利公司进行质证……被上诉人豪森公司声称其生产盐酸吉西他滨产品的工艺方法涉及其商业秘密,但未就其所称商业秘密的具体内容界定明确的范围。

本院认为,根据《中华人民共和国专利法》第五十七条第二款的规定,被上诉人豪森公司应当提供其盐酸吉西他滨产品制造方法不同于专利方法的证明。《中华人民共和国民事诉讼法》第六十六条规定:"证据应当在法庭上出示,并由当事人互相质证","对涉及国家秘密、商业秘密和个人隐私的证据应当保密,需要在法庭出示的,不得在公开开庭时出示"。上述法律规定,在程序上给予上诉人伊莱利利公司要求被控侵权方有效披露完整的涉及该新产品制造方法的证据材料并进行质证的权利,给予被上诉人要求上诉人对披露的证据中涉及商业秘密的内容进行保密的权利;在实体上对当事人在诉讼中披露商业秘密可能受到的损害也充分给予了考虑,在保障当事人合法诉讼权利的同时对当事人的实体民事权益提供有效保护。

对被上诉人豪森公司提交的要求保密的制备盐酸吉西他滨产品的工艺方法资料,也应当依照上述法律规定进行质证。只有在双方当事人对证据进行质证的基础上,才能够对被控侵权方法与专利方法是相同、等同还是不同作出正确的判断。因此,本院在审理本案过程中,根据被上诉人豪森公司的申请采取不公开审理的方式,并要求上诉人伊莱利利公司法定代表人、委托代理人以及其他参与诉讼的人员承担保密义务,不得将通过诉讼程序获得的属于豪森公司商业秘密的技术信息用于诉讼以外的商业用途,否则将追究其法律责任。上述庭审质证方式,既能保障上诉人伊莱利利公司依法获得涉及被控侵权方法的证据材料进行质证的诉讼权利,同时也能避免被上诉人豪森公司所称其商业秘密因诉讼程序而泄露,保护豪森公司的合法利益。但是本院在二审中的努力,仍不能弥补一审在程序上的缺陷。

鉴定机构接受人民法院的委托,对争议的技术问题作鉴定,应当以双方当事人经过庭审质证的真实、合法、有效的证据材料作为鉴定依据。被上诉人豪森公司向法院提交的其2001年11月补充申报资料,包括盐酸吉西他滨生产新工艺的研究资料及文献资料等四份证据材料,未在国家药品监督管理局盐酸吉西他滨的批件档案中存档,其真实性无法核实。一审法院提交给鉴定机构的所有涉及被上诉人豪森公司生产吉西他滨产品的工艺技术材料均未经双方当事人庭审质证,其中包括被上诉人豪森公司声称已经公开的"有机化学"等四份文献资料。因此,鉴定机构依据未经双方当事人质证或者核对的证据材料所作出的鉴定结论,不是合法有效的证据,不能作为认定本案事实的依据。一审法院根据鉴定结论驳回伊莱利利公司对豪森公司侵犯专利权的诉讼请求,属认定事实不清。

综上,一审法院采信未经双方当事人质证的证据,未能保障上诉人伊莱利利公司获得被上诉人豪森公司吉西他滨产品生产方法不同于专利方法的有关技术信息的正当诉讼权利,并以未经质证的证据作为委托技术鉴定的依据,违反民事诉讼法关于证据应当经过庭审质证才能够作为定案依据的规定,导致一审判决认定事实不清,证据不足,适用法律错误。

思考问题:

除了正常质证外,有没有其他替代性的程序安排既可以保护被告的商业秘密,又可以保证原告的诉讼程序利益?

5.3 陷阱取证

在专利侵权取证过程,专利权人常常通过所谓的陷阱取证的方式引诱他人陷入侵权状态。在深圳市龙岗区大宇塑料五金制品厂 v. 乔工科技股份有限公司[①]案,就陷阱取证的问题,法院指出:

> 被上诉人为取证,以黄金团队的名义向上诉人订购了一批被控侵权产品,该取证方式虽然不是最佳取证方式,但并不为法律所禁止。上诉人主张被上诉人为取证而要求上诉人生产被控侵权产品的行为属于民事欺诈行为,不应得到法律保护,其是应被上诉人要求而生产被控侵权产品,应认定为许可生产行为,不构成侵权。对此,应予指出,被上诉人向上诉人"订购"侵权产品,是核实确认上诉人具备侵权产品生产设备、生产能力的特殊方式,向上诉人"订购"侵权产品的行为并不包含许可其实施本案专利的意思表示。因此,上述上诉理由不成立,本院不予采纳。

建发电器制品(深圳)有限公司 v. 深圳市持久电源实业有限公司(广东高院(2003)粤高法民三终字第116号)案:

[①] 广东高院(2002)粤高法民三终字第101号,陶凯元主编:《广东知识产权案例精选》第二辑,法律出版社2004年版,第267—273页。

持久公司对其制造并销售了与建发公司外观设计专利相近似的电池没有异议,持久公司该行为侵犯了建发公司的外观设计专利权。持久公司上诉提出建发公司委托林秀芝以"香港环球公司"的名义购买侵权产品属于陷阱取证。参照最高人民法院《关于审理著作权民事纠纷案件适用法律若干问题的解释》第八条的规定,即当事人自行或者委托他人以定购、现场交易等方式购买侵权复制品而取得的实物、发票等可以作为证据;公证人员在未向涉嫌侵权的一方当事人表明身份的情况下,如实对另一方当事人按照前款规定的方式取得的证据和取证过程出具的公证书,应当作为证据使用,但有相反证据的除外。本案中,建发公司以"香港环球公司林小姐"的名义,通过公证的方式购买侵权产品,是法律认可的取证方式,对该公证书应予采信。持久公司提出其从不生产和对外销售侵权产品,是建发公司诱使其生产被控产品,但持久公司没有提供建发公司的订单等证据证明其主张,应不予支持。故持久公司称林秀芝诱使其生产侵权产品,其取证过程是陷阱取证的上诉理由不能成立,应予驳回。

但是,在鲍振林 v. 诸暨市织物热膨胀补偿器厂①案中,二审法院(浙江高院)认为:"鲍振林是混合型软性伸缩节实用新型专利的专利权人,其主张两被控侵权人侵犯其专利权,应承担举证责任。鲍振林为取证,由其女婿马××向被控侵权人定购了两台织物补偿器,购销合同约定按需方图纸制作,马××也向被控侵权人提供了图纸,两被控侵权人系按定作方要求进行加工,且马××是经鲍振林授权专利实施许可人,故被控侵权人按马××的要求生产的实物不能作为被控侵权人已生产侵权产品的依据,该行为不构成侵权。"

对比上述案例,你觉得有可能在理论上使得它们互相协调吗?为什么?

5.4 诉讼中止

在专利侵权诉讼中,被告常见的一项抗辩策略就是请求专利复审委宣告专利无效,然后请求法院中止侵权诉讼,等待无效宣告程序的最终结果。被告中止诉讼的请求应当在答辩期间届满前提出。②"被告在答辩期间届满后请求宣告该项专利权无效的,人民法院不应当中止诉讼,但经审查认为有必要中止诉讼的除外。"③

依据最高人民法院的司法解释,如果所涉专利是发明专利或者是复审委审查维持有效的实用新型或外观设计专利,法院可以不中止诉讼。④ 值得一提的是,这里只要复审委维持有效就可以不中止,而不必等到司法终审维持。如果所涉专利是未经复审的实用新型或外观设计专利,则法院通常应当中止诉讼。最高人民法院司法解释规定的有限的可以不中止的例外情形是:

(1) 原告出具的检索报告或者专利权评价报告未发现导致实用新型或者外观设

---

① 童兆洪主编:《知识产权判案评述》,人民法院出版社 2003 年版,第 59—67 页。
② 《最高人民法院关于审理专利纠纷案件适用法律问题的若干规定》(2015)第 8 条第 2 款。
③ 《最高人民法院关于审理专利纠纷案件适用法律问题的若干规定》(2015)第 10 条。
④ 《最高人民法院关于审理专利纠纷案件适用法律问题的若干规定》(2015)第 11 条。

计专利权无效的事由的;

(2) 被告提供的证据足以证明其使用的技术已经公知的;

(3) 被告请求宣告该项专利权无效所提供的证据或者依据的理由明显不充分的;

(4) 法院认为不应当中止诉讼的其他情形。[1]

在法院同意中止诉讼时,专利权人或利害关系人可能采取相应的行为保全措施。"人民法院决定中止诉讼,专利权人或者利害关系人请求责令被告停止有关行为或者采取其他制止侵权损害继续扩大的措施,并提供了担保,人民法院经审查符合有关法律规定的,可以在裁定中止诉讼的同时一并作出有关裁定。"[2]

5.5 诉讼时效

专利侵权的诉讼时效与一般侵权的时效相同,为两年,"自专利权人或者利害关系人得知或者应当得知侵权行为之日起计算"[3]。如果专利侵权行为在起诉之日仍在继续,即便最初的侵权行为已经超逾诉讼时效,权利人依然可以从起诉之日起往前推算两年,追究侵权责任。[4]

由于专利申请的授权,需要一段时间。在专利授权之前所发生的"专利侵权行为",《专利法》有专门的关于时效的规定:"发明专利申请公布后至专利权授予前使用该发明未支付适当使用费的,专利权人要求支付使用费的诉讼时效为二年,自专利权人得知或者应当得知他人使用其发明之日起计算,但是,专利权人于专利权授予之日前即已得知或者应当得知的,自专利权授予之日起计算。"[5]在专利获得授权之前,专利权人不能通过诉讼程序就授权前的使用费主张权利。所以,作出上述诉讼时效的规定是理所当然的。

专利侵权诉讼适用时效规则,而专利或发明权属争议不受侵权诉讼的时效规则约束。比如,在王守军 v. 王纪三(广东珠海中院(2006)珠中法民三初字第 14 号)案中,法院指出:"本案因个人认为自己参与研发的技术成果被他人擅自申请了专利而引发纠纷,属侵权引起的专利权权属纠纷,由于侵权行为在起诉时仍在继续,应当按照《最高人民法院关于审理专利纠纷案件适用法律问题的若干规定》第二十三条关于持续侵权的诉讼时效规定来处理,即在专利权有效期内,由于侵权而导致的专利权权属纠纷,不受诉讼时效限制。被告认为原告要求共享专利权的诉讼请求超过 2 年诉讼时效,已丧失胜诉权,缺乏法律依据,本院不予支持。"

---

[1] 《最高人民法院关于审理专利纠纷案件适用法律问题的若干规定》(2015)第 9 条。
[2] 《最高人民法院关于审理专利纠纷案件适用法律问题的若干规定》(2015)第 12 条。
[3] 《专利法》(2008)第 68 条第 1 款。
[4] 《最高人民法院关于审理专利纠纷案件适用法律问题的若干规定》(2015)第 23 条。
[5] 《专利法》(2008)第 68 条第 2 款。

第 11 章
等同侵权

1 基本原理

等同侵权(Infringement by Equivalents)是相对字面侵权(Literal Infringement)而言的,指被控侵权的产品或方法没有直接落入专利权利要求字面含义所描述的保护范围,但是与专利权利要求所描述的方案实质等同。有关等同侵权的规则,习惯上被称作等同原则,本文沿用这一说法,尽管理论上它并非严格意义上的法律原则。

中国《专利法》现在并没有等同原则的一般规定,专利等同侵权的规则由最高人民法院的司法解释确定。最高人民法院 2001 年在司法解释中就对等同原则作了规定。① 《专利法》第三次修改后,最高人民法院 2009 年通过新的司法解释再次确认了等同原则的适用。② 目前,关于等同原则的最为明确的依据应该是最高人民法院《关于审理专利纠纷案件适用法律问题的若干规定》(2015)第 17 条:

> 专利法第五十九条第一款所称的"发明或者实用新型专利权的保护范围以其权利要求的内容为准,说明书及附图可以用于解释权利要求的内容",是指专利权的保护范围应当以权利要求记载的全部技术特征所确定的范围为准,也包括与该技术特征相等同的特征所确定的范围。
>
> 等同特征,是指与所记载的技术特征以基本相同的手段,实现基本相同的功能,达到基本相同的效果,并且本领域普通技术人员在被诉侵权行为发生时无需经过创造性劳动就能够联想到的特征。

1.1 等同原则的合理性

专利法接受等同原则的最根本原因应该是语言本身的局限性。申请人事先很难通过语言准确地表述其发明的每一个细枝末节,每一个可能的变通方案。③ 有时候,即便语言描述是可能的,其"成本收益比"也可能无法让人接受。另外,技术本身的进步也会不断对权利人事先界定保护范围的努力构成意想不到的威胁。比如,在 1948

---

① 最高人民法院《关于审理专利纠纷案件适用法律问题的若干规定》(2001)第 17 条。
② 最高人民法院《关于审理侵犯专利权纠纷案件应用法律若干问题的解释》(2009)第 7 条第 2 款。
③ Festo Corp. v. Shoketsu Kinzoku Kogyo Kabushiki Co., 535 U.S. 722, 731(2002).

年以前的电子管时代的发明人在其权利要求中不可能会用1948年才出现的晶体管技术的术语来描述权利要求的范围。如果没有等同原则,晶体管技术的进步就会导致侵权者以晶体管代替权利要求所限定的电子管后就可以自由使用那些在1948年以前的利用电子管时代技术术语描述权利要求的诸多发明。①

上述例子表明,如果法院僵化地强调权利要求的字面含义则会出现这样的后果:专利侵权人对权利要求中的某些技术特征进行非实质的替换,就可以从形式上超出权利要求的范围,从而很容易架空权利人的专利,使得发明人的预期利益得不到保护。这打击了发明人公布发明的积极性,从根本上损害专利法的立法目的。

等同原则在一定程度上突破了专利权利要求的字面含义,扩张了专利权的保护范围,因而对于权利要求的通知功能有负面影响。如果等同原则的适用过度不确定,公众无法通过阅读权利要求文字获得关于专利保护范围的合理预期,则新技术的研究与开发领域的自由竞争将受到威胁。因此,专利制度必须在等同原则的适用和权利要求的公共通知功能之间谨慎地维持平衡关系。

现在,等同原则已经从特例发展成为普通的趋势,在全球范围内被广泛接受。彻底否定等同原则,已经不再可能。在这种情况下,如何保证等同原则的比较标准客观、明确就取代了是否需要等同原则这样的问题。②

Graver Tank & Mfg. Co., Inc. v. Linde Air Products Co.

美国最高法院
339 U. S. 605(1950)

JACKSON 法官:

Linde Air Products Co. 是 Jones 专利的所有人。该专利涉及一种电焊方法和该方法所用到的助焊剂(fluxes)。该公司对 Lincoln 和 Graver 属下的两个公司提出侵权诉讼。

……

一开始需要说明,摆在我们面前的唯一问题是,初审法院认定四个助焊剂权利要求被侵害的判决是否应被维持……

在判断被控侵权的装置或组合物是否侵害有效专利时,首先应当参考该权利要求的文字。如果被控侵权的客体清楚地落入权利要求,侵权就得以认定,案件就此结束。

但是法院还认识到,许可在没有复制每一个字面细节(literal detail)的情况下,对专利发明进行模仿,将会使得专利保护变得空洞而无用。这样的限制将使得肆无忌惮的抄袭者有隙可乘(甚至是鼓励):对发明进行不重要的和非实质性的改变或替换,虽然没有增加什么,却足以使得所抄袭的内容超出权利要求的范围,因此也超出法律保

---

① Festo Corp. v. Shoketsu Kinzoku Kogyo Kabushiki Co., 234 F.3d 558, 619(2000)(en banc).
② 崔国斌:《专利技术的等同比较》,载郑胜利主编:《北大知识产权评论》2002年第1卷,第42—43页。

护的范围。像人们所预计那样,试图抄袭(pirate)发明的人就像试图抄袭受版权保护的书籍和剧本的人一样,会引入细微的变化以隐藏和掩盖其抄袭行为。完全而直接的复制是愚蠢而罕见的侵权类型。除此之外,不禁止其他类型的抄袭行为,则发明人将任由文字摆布,让内容屈从于形式。这会剥夺发明人对其发明所享有的利益,会促使发明人隐瞒而不是披露发明。而促进披露原本是专利制度的首要目标之一。

等同原则是为了应对这一实践而演化出来的。该原则的精髓(essence)是,任何人不能在专利上实行欺诈。等同原则一个世纪以前起源于 Winans v. Denmead, 56 U. S. How. 330(1853)案,后来一直为本院和下面的联邦法院所采用,时至今日在适当的情形下它依然适用。"为了缓和僵化的逻辑规则,防止侵权者窃取发明利益,专利权人可以援引这一原则对抗产品的生产者,如果后者以实质相同的方式实现了实质相同的功能并获得相同结果的话。"等同原则的理论基础是,"如果两个装置以实质相同的方式做同样的工作,获得实质相同的结果,则它们是一样的,即使它们在名称、形式或形状上有差别"。等同原则不但对于开拓性或首要(primary)发明的权利人有利,而且对于由已有成分组合起来具有新用途的次要发明也有利,尽管在这些情形下等同的范围会有所不同。在操作层面,这一原则的适用并不总是对专利权人有利,有些时候会对其不利。如果一个装置相对专利产品而言有了原则性的改变,以实质不同的方式实现了相同或类似的功能,则尽管它落入权利要求的字面范围内,等同原则依然可以用来限制该权利要求,打败专利权人的侵权诉讼。① 在早期发展阶段,等同原则通常被用在机械装置的部件被等同替换的案件中。后来,同样的原则也被应用到涉及组合物(compositions)化学成分等同的案例中。今天,这一原则适用于组合物或装置中的机械或化学等同物……

究竟何者构成等同物,需要考虑专利的内容背景、在先技术和案件的特殊情况。专利法上的等同,并非某个公式的奴隶,也不是在真空中适用的绝对规则。等同并不需要在每一方面每一目的上均完全相同。在判断等同时,与同一事物等同的多个事物,相互之间未必等同(equal)。同样,在其他大多数目的下不同的事物有时候却是等同的。要考虑某一成分在专利方案中的目的、与其他成分组合在一起时它的特点(qualities)以及试图实现的功能等。一个很重要的考虑就是相同领域的熟练技术人员是否知道专利未涵盖的成分与专利成分之间的互换性。

等同性的认定是一个事实问题。证据可以以任何形式呈现:熟悉相关技术的专家或其他人员的证词;包括教科书和专著在内的书面文件;在先技术所披露的内容等等。像其他事实问题一样,最终的判断要权衡证据的可信度、说服力和分量。事实问题由初审法院审理。初审法院的结论按照一般的原则接受上诉法院的审查(review),除非有明显错误(clearly erroneous),不应受到影响。在[等同判断]这一领域更是如此,因为它要求判断者对特定技术问题和技术原理很熟悉,而这通常会超出一般专家的知识和经验的范围。

---

① 本书作者注:此即所谓的反向等同原则,中国并无此类制度。

在本案中，我们有两种电焊的助焊剂，专利组合物 Unionmelt Grade 20 和被控侵权的组合物 Lincolnweld 660。Unionmelt 对应的专利权利要求所主张的是碱土金属硅酸盐和氟化钙的混合物。不过，Unionmelt 实际含有钙和镁的硅酸盐，这是两种碱土金属的硅酸盐。Lincolnweld 组合物与 Unionmelt 的类似，但是它将钙和镁的硅酸盐替换成钙和锰的硅酸盐，后者（锰）不是碱土金属硅酸盐。在其他方面，这两种组合物是一样的。应用这些助焊剂的机械方法（mechanical methods）类似。它们的作用相同，所产生的焊接类型和质量相同。

这里出现的问题是，以非碱土金属锰替换镁，在本案的情景下，结合该方案和在先技术，是一种导致等同原则不可适用的物质替换；还是相反，在这种情况下该改变是非实质性的（insubstantial），因而初审法院适用等同原则是正确的。

我们注意到记录中的下列证据（这里无意罗列全部的证据）：熟悉这种两种助焊剂的化学家指出，锰和镁在很多化学反应中相似。有一位冶金专家的证词指出，在自然状态的锰矿中经常能发现碱土金属，在助焊剂中它们具有相同的作用。一位化学家作证说"在该专利意义上"，锰可以被归入（be included as）碱土金属。这一证词能够从无机化学的教科书上获得佐证。另外，尤其重要的是，案件记录中含有这一在先技术内容。第1467825号 Miller 专利，早于本案诉争专利，描述了锰硅酸盐作为助焊剂的用途。类似地，第1467825号 Armor 专利也披露了锰，该专利也描述了一种焊接用的组合物。记录中没有任何证据表明，Lincolnweld 是通过独立研究或实验所得的结果。

……

初审法官基于他面前的证据发现，Lincolnweld 助焊剂和诉争专利的组合物在作用方式和结果上实质相同。他还发现，作为焊接目的使用，Lincolnweld 在所有方面都和 Unionmelt 等同。因此，他下结论认为，在所有的实用方面，锰硅酸盐能够有效替代钙和镁硅酸盐作为焊接组合物的主要组分。这些结论得到了记录的充分支持，当然不是明显错误的。

很难想象，还有比这更适于应用等同原则的案例了。在先技术已经揭示锰硅酸盐是一种有用的焊接组合物成分。熟悉焊接组合物问题的专家知道：锰与镁等同，因而可以替代专利助焊剂中的镁。他们的观察得到化学文献的确认。没有解释或证据表明 Lincolnweld 是独立研究完成的，因此初审法院可以合理推理该被控侵权的助焊剂是模仿的结果，而不是实验或发明的结果……

BLACK 和 DOUGLAS 法官异议：

……

R. S. §4888，即修订后的35 U. S. C. §33规定，申请人"对其所要求的发明或发现的部分、改进或组合，应当特别指出并清楚地提出权利要求"。我们在本案中也指出，该法律禁止利用专利说明书来改变一个没有模糊语言的权利要求，因为"用来丈量专利权人的权利范围的就是权利要求"。权利要求没有特别主张（specifically claimed）的内容被捐献给公众了…就像我们经常重申的那样，依据 R. S. §4888，权利要求的功能是将所有没有特别主张的内容排除出专利垄断权范围，而不论什么内容出现在说明书中。今天本院以默示的方式否定了[过去的]那些案例。它背离了专利法的基本原则。就像本院在 White v. Dunbar,119 U.S. 47,51 案中所指出的那样,该原则禁止将专利权利要求当作"可以朝任何方向扭转的蜡像鼻子,仅仅引用说明书就可以使之涵盖超出其字面意思范围或与字面意思不同的内容……权利要求是一种法定要求,其目的是让专利权人准确地定义什么是他的发明;以不同于权利要求字面含义的方式解释权利要求,对公众而言是不公正的,也是在规避法律"。在所谓"等同原则"的名义下,将专利权人并没有准确主张的利益授予该专利权人,同样是对公众的不公,同样是规避 R. S. §4888。

在为它对 R. S. §4888 的阉割寻找理由时,本院宣称按照字面意思执行专利可能将诸多潜在的困难强加给那些由于某些原因没能对其发明主张全面保护的专利权人,但本院并没有提到国会已经提供的减轻这些困难的方案。35 U.S.C. §64 授权重新颁发专利,前提是专利权人的粗心、意外或失误导致某些错误,而这些错误使得专利完全或者部分地不起作用(inoperative)。虽然该条没有明确许可专利权人扩张其权利要求,本院还是勉强对其进行解释,为这一做法寻找理由。不过,该解释还伴有一项警告,即"为扩张范围的权利要求重新颁发专利应该是例外,而不是一般规则"。国会很仔细地设置了条件以限制重新颁发这一权利的负面影响。国会还将判断扩张权利要求是否具有正当性的初始职责交给专利局而不是法院,并且禁止以扩张后[的内容]为基础追溯侵权行为。就像本院所述的那样,国会的这一安排(plan)足以保护专利权人,防止遭受"欺诈""抄袭"和"偷窃"。与本院意见不同的是,这一安排也保护了生意人,防止他被追溯侵权,避免司法将垄断范围扩张到专利明确授权的范围之外。这一安排是公正、公平和合理的。但是,本判决削弱了本院在此前就认识到的、它作为安全阀所起到的作用,实际上等于将其撤销。即便不是先知,人们也会看出(suggest),今天的关于等同原则优点的狂想曲(rhapsody)将直接违背上述 Miller 案,将专利权利要求的扩张变成一项常规而不再是例外。

不论在专利权利要求和被控侵权产品之间的差别微不足道(de minimis)、似是而非(colorable)并且不具实质性时,等同原则有多少优点,该原则也不应适用于本案的事实。因为被请求人的焊接物质与请求人所要求的助焊剂之间的差别并不是如此的细微。请求人所依靠的权利要求并没有涉及任何机械结构或流程,后者的发明点在于建造的过程和方法,而不是特定材料的利用。相反,请求人的权利要求完全是以"利用特定的物质实现特定目的"为基础的。被请求人①[的技术的]出让人(assignor)试验了数种金属硅酸盐,包括锰硅酸盐。依据专利说明书(如果它们应该考虑的话),他们的结论认为虽然一些"在我们的流程中或多或少有效,但是我们更倾向于使用碱土金属的硅酸盐"。本院认为过于宽泛因而无效的几个权利要求包含了锰硅酸盐,而所有被认为有效的权利要求则不包含锰。但是,本院今天无视这一关键的缺陷,认定锰硅酸盐重量比达 88.49% 的组合物侵害了这些权利要求。

---

① 本书作者注:原文是 respondent,本书作者怀疑是笔误,应该是"petitioner",即请求人。

鉴于被请求人的出让人对锰硅酸盐所做的深入的研究和试验,[如果我们还]宣称,[他]没有特别将该物质纳入权利要求是无意识的错误,就站不住脚了。被请求人也没有试图为他的忽略行为提供任何解释。本院上述意见中提到的在先的过期专利中对锰的类似使用,让人不只是怀疑,被申请人将它从有效权利要求中删除,是担心将它涵盖在内会导致被申请人专利被驳回或后来被宣告无效。

在本案背景下,我认为请求人有权依据这样的信仰行事:本院会遵守国会的明确要求(plain mandate)——专利的确切的权利要求划定其垄断权的边界。只有经过法定的重新颁发程序,才能将这些权利要求扩张以涵盖锰。可以想见,与忠实地遵守国会制定的防止司法扩张专利权利要求范围的方案相比,法院今天的判决为更多的针对产业界的专利欺诈和抄袭指控提供了舞台。今后,制造者不再能够依靠专利权利要求的语言。相反,他必须冒着很大的侵权赔偿责任的风险去预测,相对不了解特定技术领域的法院,在考虑该领域技术专家的证词之后,将在多大程度上扩张该权利要求的语言。[法院]假定人们具有这样的预见能力,让企业承担[上述预测任务],对于我们宣称要促成的竞争性经济而言将凶多吉少。

……

思考问题:

(1)适用等同原则时如何保证专利保护范围的可预见性?

(2)异议意见所提到的专利重新颁发制度之类的替代性安排与等同原则相比,有哪些优缺点?

(3)异议意见指出,发明人在专利申请书中提到锰硅酸盐的方案,但是他依然认为:"在我们的流程中或多或少有效,但是我们更倾向于使用碱土金属的硅酸盐"。这意味着发明人放弃锰硅酸盐的方案吗?

1.2 等同原则的立法争议

2008年,《专利法》第三次修改时,专利局在征求意见稿中增加了等同侵权条款,但遭到多方的反对,最终在上报稿中放弃该条款。专利局在《关于〈中华人民共和国专利法〉(修订草案送审稿)的说明》中有如下解释:

> 在征求意见过程中,许多外国公司、专利代理机构以及一些国内企业赞同在专利法中增加等同原则和禁止反悔原则。但是,一些专家学者和司法机关的代表反对增加等同原则,其主要理由是:第一,等同原则是扩大专利权利要求的文字内容所确定的专利保护范围原则,因而对专利权人有利,在大量高新技术专利权掌握在外国企业手中的情况下,将该原则明确写入专利法,对我国企业的创新和发展不利;第二,等同原则是司法机关在专利侵权纠纷的审理过程中酌情适用的侵权判断规则,是例外情况而不是普遍规则,创建该原则的美国也未将其纳入美国专利法;第三,等同原则的适用较为复杂,容易被滥用。

基于上述反对意见,考虑到最高人民法院2001年制定的《关于审理专利纠纷案件适用法律问题的若干规定》已经作出关于等同原则的司法解释,并且已在我国的司法实践中予以适用,即使不写入专利法也不会对其适用产生妨碍,因此送审稿删除了关于等同原则的规定。禁止反悔原则是对等同原则的反向规制,两者有相辅相成的关系。在删除了等同原则的情况下,专利法没有单独规定禁止反悔原则的必要。

司法实践中大量适用等同原则,标准并不统一,而立法者却拒绝对这一重要制度作出统一的规范,转而依赖最高人民法院的司法解释。专利局对"不作为"策略的解释很是耐人寻味:有人反对等同原则所以不立法。可是,包括专利局在内的所有人都知道,不立法的结果就是继续适用等同原则。专利局如果真地在乎反对意见,那应该在立法建议稿中直接禁止适用等同原则。

1.3 等同原则背后的产业政策

等同原则的标准与产业政策有密切的关系。Festo Corp. v. Shoketsu Kinzoku Kogyo Kabushiki Co., Ltd. 344 F.3d 1359,1379(2003)(Judge NEWMAN, dissenting):"强调要促进技术发展和投资的国家经济政策,与强调在现存产品上通过微小改变而促进竞争的经济政策相比,在等同原则上会有不同的方法。收紧或放松等同原则的适用,会改变发明人和复制者之间的平衡。"

显然,在经济和技术发展过程中出于不同阶段的国家,有不同的产业政策,因而对于等同原则的理解和需求可能是不同的。因此,在《专利法》第三次修改过程中,有部分人综合考虑中国现阶段的产业发展水平、法官的裁判能力、专利保护的必要性等因素,对等同原则持负面看法,就不让人觉得意外了。

2 等同侵权的基本规则

2.1 等同判断的基本规则

2.1.1 "全部要素"规则

在适用等同原则时,同样要坚持专利侵权判断的"全部要素"规则,即首先对权利要求进行分解,确定全部技术特征,然后将被控侵权的方案所包含的技术特征与权利要求中的技术特征一一对比,看被控侵权方案中的替代性特征是否构成对专利权利要求中的特征的等同替换。如果被控侵权方案中缺少任何一项对应的技术特征,则对比结束,等同侵权不成立。全部要素规则要求权利要求中的每一个技术特征都能在被控侵权方案中找到对应的相同或者等同的技术特征。这一规则有效地限制了等同原则的过度扩张。

2.1.2 等同判断的"三要素测试法"

判断对应的两个技术特征是否等同时,关键是在普通技术人员看来,该替换是否"以基本相同的手段,实现基本相同的功能,达到基本相同的效果",即所谓的"手段、功能与效果"三要素测试法。在判断是否构成等同时,"需要考虑专利的内容、在先技术和案件的特殊情况。作为等同物,并不需要在每一方面每一目的上均完全相同。在某一目的上等同的事物在其他大多数目的上可能不同。因此,在特定的环境下被认定为等同的技术特征到另外的环境下则没有任何联系。比如 Graver 案中认定碱金属和碱土金属等同,而在食品化学或者生命医学上这两类元素的差别完全可能是生与死的差别!"①

三要素测试法中,关键的标准是普通技术人员是否认为两个技术特征的替换是显而易见的。只有普通技术人员认为该"手段、功能与效果"等同的替换是显而易见的,我们才能够从法律上认定为等同。这一环节再次遇到了专利法上最复杂的两个概念:普通技术人员和"显而易见"。对此,我们分别在前面"字面侵权"和"创造性"章节中讨论过,不再赘述。

对于专利法上所谓"功能、方式和效果"测试法,很多人持怀疑论调。比如,美国联邦巡回上诉法院的法官在 Hilton Davis v. Warner-Jenkinson 案中指出并不能认为 Graver 案已经确认"功能—方式—效果"测试可以用来替代等同测试(The Test for Equivalency)。这种三要素测试法并不一定当然地满足等同认定的全部要求。法院认为三要素测试法起源于技术相对简单的机械技术时代。在技术日益复杂,创新方法也更加复杂的今天,三要素测试法并不当然地满足等同的认定要求。美国最高法院在 Hilton Davis v. Warner-Jenkinson 案(参见下文)中,并没有明确对巡回上诉法院的批评意见作出明确的肯定。尽管它鼓励下级法院去做新的尝试,但在更好的方法出现之前,法院显然会继续沿用这一规则。

有人认为,在实际诉讼中,当事人对于"功能、方式和效果"的理解,差别太大。权利人总是往宽的方向解释,侵权人则相反。常常这种检测就简单蜕变为一种作用"方式"的测试,因为如果相关方案的功能和结果不同,那诉讼双方就没有提起诉讼的必要了。有道理吗?

2.1.3 等同判断的时间点

在等同判断的过程中,有一项很重要的因素是普通技术人员的认识能力。随着时间的推移和技术的不断进步,普通技术人员的预见范围显然会逐步增大,认识能力也在不断提高。等同原则的适用是在侵权诉讼中,迟于专利申请日。这一时间差就会引发这样的问题:有些替换方案在申请时可能不是显而易见的,但是在侵权时已变成显而易见的了。比如,在前文提到的电子管与晶体管的例子中,在发明申请提出时,大概没有人能够预见到晶体管会替代电子管。但是,后来这很快就显而易见了。

我国法律并没有明确究竟是以专利申请之时还是以侵权之时的认识能力为判断标准。学者们通常认为等同判断的时间应该是侵权发生的时间,而不是专利授权时的时间。② 其中道理大概是:"专利法关注的是一项专利技术方案能够给普通技术人员带来的启示,而不是该权利人自己在专利授权时所理解的确切的技术方案。换句话说,不论发明人自己是否真正预见到后来技术进步所产生的新的替换方案,只要阅读

---

① 崔国斌:《专利技术的等同比较》,载郑胜利主编:《北大知识产权评论》2002 年第 1 卷,第 44 页。
② 尹新天:《专利权的保护》第 2 版,知识产权出版社 2005 年版,第 448 页。

该技术文本的普通技术人员能够联想到新的替换方案,则专利法支持发明人对该替换方案的垄断权。"①此外,采用侵权发生时这一时间标准,也远比申请日标准更加具有操作性。因为在数年甚至是十数年之后,原告证明申请日当时普通技术人员的认知能力,需要耗费大量的举证成本。

2.1.4 侵权者的主观状态

侵权者是否知悉专利方案的存在并围绕其进行规避设计,对于认定构成等同侵权是否有影响,在美国曾经是一个争议很大的问题。在 Hilton Davis Chemical Co. v. Warner-Jenkinson Co. 62 F.3d 1512(1996)案中,美国联邦巡回法院认为:"抄袭的证据与等同原则的适用是相关的。这不是说等同原则的适用取决于侵权者的主观状态,而是抄袭存在有助于认定两个方案之间的差别是非实质性的。当然,这种证据不能成为认定等同的最核心证据,它需要和其他证据一道来衡量以判断该等同是否存在。"不过,该法院强调,法院考虑是否抄袭,绝对不是改变过去的立场——"是否侵权与侵权人的主观状态无关"。该主观状态只会影响侵权赔偿额度的确定,以及是否判付律师费等,与侵权与否的认定无关。

美国最高法院最终否定了侵权者的主观状态和等同原则之间的关系。

2.1.5 发明的开创性与等同的范围

等同原则在一定程度上"扩充"了专利权利要求的保护范围,而在先技术实际上是在一定程度上限制了此类保护范围的扩张。在这种对立过程中,形成所谓的开创性发明与改进发明的区别对待的做法。对于开创性的发明,法院更有可能适用等同原则,并且给予更宽的保护,以促进申请人从自己的技术贡献中获得实质性的收益。对于非开创性的发明,则法院在适用等同原则时,持谦抑态度。比如,在下面"五笔字型"一案。本案所涉及的五笔字型技术第二版的字根为 235 个(获得美国、英国专利),第三版为 220 个,第四版为 199 个,第八版为 187 个。第一版的发明,应该说是开创性的,后续字根的缩减变化,被等同原则覆盖的范围可能较大。后续的版本,适用等同原则扩充保护范围,就非常有限。第一次提出五笔字型的理念,则字根的确切数量就变得不是很重要。但是,如果之前的多版五笔字型技术都涉及不同的字根数量,则发明的创造性仅仅在于确定精确的字根数量。

北京市王码电脑总公司 v. 中国东南技术贸易总公司

北京高院(1994)高经知终字第 30 号

程永顺、陈锦川、孙苏理法官:

本院认为,五笔字型汉字编码输入技术是众多的计算机汉字输入技术中的一种,它的基本原理和基础技术思想,如运用笔划输入,将汉字拆成字根及用字根组字,五区五位的划分并将字根分布与其对应,末笔交叉识别等内容,有些是我国历史文化遗产,

---

① 崔国斌:《专利技术的等同比较》,载郑胜利主编:《北大知识产权评论》2002 年第 1 卷,第 48 页。

有些是现代他人发明并已公知的现有技术。"优化五笔字型"专利技术的开发者虽然作出了自己的贡献,但是从"优化五笔字型"专利独立权利要求中的前序部分可见,就整个五笔字型汉字输入技术而言,并非本案相关专利所覆盖的发明成果。

"优化五笔字型"专利权的保护范围应以其独立权利要求中记载的必要技术特征为准。该发明的必要技术特征包括独立权利要求中前序部分的公知技术和特征部分的区别技术特征,这些特征共同组成一个完整的技术方案。"优化五笔字型"专利并非五笔字型汉字输入技术的基础专利,也不是一项开创性发明。因此,在侵权诉讼中,不允许对审定公告确定的专利权利要求界定的保护范围作任意扩大解释,否则,将不利于计算机汉字输入技术的发展。

"优化五笔字型"专利独立权利要求的前序部分均为现有技术,特征部分即:采用经优化(优选)的220个字根构成对简、繁汉字和词语依形编码的编码体系,将其字根分布在下述5个区共25个键位上,并具体描述了字根在各键位上的分布。东南汉卡中使用的五笔字型第四版技术与"优化五笔字型"专利属于同一类汉字编码体系。二者都是在民族文化遗产和现有技术基础上产生的汉字输入技术方案,五笔字型第四版技术与"优化五笔字型"专利在技术上有联系,即现有技术方面基本相同,发展的基础相同。但二者的区别也是明显的。从这类编码技术发展的角度看,"优化五笔字型"专利属于低版本,五笔字型第四版技术属于高版本,高版本的技术内容不能覆盖低版本的技术内容,因为,先进的技术可能源于落后的技术,但不能覆盖落后的技术。从二者的技术特征看,"优化五笔字型"专利是由220个字根组成的编码体系,而五笔字型第四版技术是由199个字根组成的编码体系,这种字根的减少并非在220个字根中删减的结果,而是依据易学易记的目标需要,重新优选字根的结果,注入了开发者创造性的劳动。单纯的计算机汉字输入技术不能获得专利保护,它们必须与计算机键盘相结合才有可能获得专利保护。"优化五笔字型"专利技术中的220个字根与键位在5区5位上的一一对应关系是固定的,而五笔字型第四版技术采用的199个字根组成编码体系,这些字根在5区5位25个键位上的分布关系重新作了调整,并将三区和五区的位置作了调换,从而达到了方便输入提高输入速度的目的。五笔字型第四版技术将"优化五笔字型"专利中的四种字型减少为三种,方便了记忆。五笔字型第四版技术与"优化五笔字型"专利技术的这些区别是具有实质性的。五笔字型第四版技术与"优化五笔字型"专利技术的发明目的亦不相同,并取得了优于"优化五笔字型"专利的技术效果。因此,五笔字型第四版技术与"优化五笔字型"专利技术之间的区别技术特征不属于等同手段替换,不能适用等同原则。

思考问题:

(1) 本案专利220个字根中的每一个都是限制性特征,在等同判断时一个都不能少吗?

(2) 如果本案专利为五笔字型输入法的开创性发明,之前完全没有类似的技术方案,则本案适用等同原则的可能性会增大吗?

（3）发明人自己强调，"如果有人试图随便减少或增加这个字根表中的字根，不要说一大半，即使是三五个字根，或者打乱现有的组合，那就不但可能出现大量的重码，而且会破坏现有的规律性和操作员指法的协调性，从而使本发明失去其科学性及实用价值"。这究竟是有利等同原则的适用，还是不利？

2.1.6 技术专家的角色

关于技术专家在等同认定过程中的角色，本书作者在先前的论文中有所观察：

> 美国通过司法判例，已经确认权利要求的解释为法律问题，职权在法官。等同的认定为事实问题，由陪审团负责。一般认为，专利文本的解释是一项特殊的技能，需要特别的训练和实习。过去的一个半世纪以来形成的共识在现在看来并没有因技术的进步而发生改变，相反，现代专利权利要求的技术性日益增强，法院和专利局已经演绎了一系列的规则对权利要求进行有效解释。对于专利权利要求的解释，法官显然会比未经文本解释训练的陪审团要做得更好。如果将专利文件的解释权交给陪审团，则会损害美国国会在统一专利司法标准方面所作的努力。美国法官也会面临同样的技术障碍，不太可能能够掌握专利文件中的所有技术术语，但是法官可以借助于专家证词来理解专利文件。当然，法官并不一定盲从专家证词。
>
> 在中国，对于事实和法律问题的区分，没有美国法上的特殊意义。对于权利要求的解释权和等同的认定自然毫无争议地归属到法官手里。不过，中国的法官对于技术问题的理解以及等同的判定也需要借助于技术专家的证词。法官与专家的交流过程中最重要的问题是如何建立有效的交流机制。这种机制不应该仅仅存在于个性化的一种审判经验中，而应该落实成一种系统的接近立法层面的操作规则。在这种机制下，法官应该清楚哪些问题必须自己判断，不能依赖技术专家。比如我们需要考虑对于等同的认定，专家证词究竟是只能用来提供法官理解认定等同与否所需要的知识，还是直接作为等同与否的结论，法官只能接受或者不接受，其差别在专利法上的意义何在？在需要技术专家证词时，这种机制应该保证法官能够有效地引导专家按照专利法所确定的法律规则对法官关心的问题进行陈述，而且能够对技术专家的证词有效地取舍，让法官从盲目跟从技术专家的状态中摆脱出来。关于具体的细节，本文暂不讨论。但我们相信，这种机制可以有效减少法官和技术专家在专利等同认定中的随意性，从而维护专利法司法标准的统一，保护社会公众对于专利制度的合理预期。①

关于技术专家证词的作用，最高人民法院在宁波市东方机芯总厂 v. 江阴金铃五金制品有限公司（最高人民法院（2001）民三提字第 1 号）案中有比较具体的意见：

> 等同替代或者称等同物替换，应属技术事实问题，即专利权利要求中的必要

---

① 崔国斌：《专利技术的等同比较》，载郑胜利主编：《北大知识产权评论》2002 年第 1 卷，第 47 页。

技术特征与被控侵权产品的相应特征相比,在技术手段、功能和效果方面是基本相同的;二者的互相替换对本领域普通技术人员来说是无须经过创造性劳动即能实现。人民法院在认定二者是否属于等同物替换时,有时需要借助本领域专业技术人员的判断。等同物替换并非都构成专利侵权,在判断是否构成专利侵权时,仍须考虑其他构成要件。因此,就等同物替换本身认定是否构成侵犯专利权,方系法律问题,应当属于人民法院的职权范围。

地方法院也接受最高人民法院这一立场,比如上海高院在北京南辰投资有限公司v.上海华源铝业有限公司(上海高院(2004)沪高民三(知)终字第4号)案中指出:"技术特征是否等同涉及专业技术问题,故认定是否等同有时需要借助所涉领域专业技术人员的判断。技术特征是否等同认定后,人民法院再进一步据此依法判定是否构成等同侵权。"

在美国法上,权利要求的解释为法律问题,中国法上大概也不例外。等同判断的前提是权利要求的范围已经得到明确。在中国的技术鉴定实务中,如何能够保证技术专家是在正确的权利要求解释的基础上作出等同判断呢?现有的民事程序制度似乎并没有能够对此提供明确的保障。你觉得解决的思路是什么?

2.2 技术特征的概括和比较

在 Corning Glass Works v. Sumitomo Electric U. S. A., Inc. 868 F. 2d 1251 (Fed. Cir. 1989)案中,Corning 于 1970 年成功地制造了世界上第一条 20db/km 的 Optical Waveguide Fiber,并申请了专利。该光纤的核心是含有3%左右钛的硅,然后覆盖以纯的硅。钛的作用是增加核心部分的折射率(Refractive Index),从而使核心部分和覆盖层之间产生折射率的差别,有利于光信号的全反射传导。这一发明在当时具有划时代的意义,在全球范围内引起强烈的反响。在申请专利的时候,发明人仅仅揭示了掺杂钛提高折射率的方案,没有提到其他方案。同时,他也不知道掺杂杂质降低硅折射率的方法。尽管1954年就已经有利用氟降低一些玻璃折射率的记载。

被指控的产品是利用在硅覆盖层中掺入氟,从而降低其折射率,在覆盖层和核心之间形成折射率差。法院认为,该方案虽然没有直接从字面上落入权利要求的范围,但是作为一种替代的技术手段,构成等同物。被告认为,自己并没有对原告的技术方案进行要素替换,因为原告是通过添加成分提高核心部分的折射率,而自己并没有在核心部分添加成分,也没有提高该折射率。掺入杂质的核心是权利要求的一部分,也是一个要素("an element")。在被告的方案中并不存在这一要素。依据所谓的"全部要素规则"(All Elements Rule),不能视为侵权。

法院认为被告 Sumitom 误解了权利要求解释中所谓"要素"(element)一词的含义。"要素"可以用来指代单一的限制性特征(a single limitation),但是也可以被用来指代一系列的限制性特征,而这一系列特征组合在一起组成了所主张发明的一个组成部分(component)。在"全部要素规则"中,所谓的"要素"是指权利要求的一个限制性特征(a limitation of a claim)。Sumitomo 的错误在于,它要求组成部分(equivalency in components)之间的等同,即在核心中利用某种东西对掺杂杂质(dopant)进行替换。然而,认定等同并不需要采用如此严格的公式(formula)。在被控侵权的装置中应当发现权利要求的每一个限制性特征(limitation),但是并不必然要求在对应的组成部分(corresponding component)中找到对应的限制性特征(尽管通常都是在对应的组成部分中找到)。

显然,在适用等同原则时,如何确定权利要求中的限制特征属于全要素规则中的要素(element),还是有多个要素组合起来的"组成部分"(component),对于等同原则的具体适用似乎有着极其重要的关系。但是,到目前为止,你觉得《专利法》提供了区分这两个概念的方法吗?为什么?如果区分错误,对于案件的结果有实质性的影响吗?为什么?

在判断两个技术特征是否相同时,常见的推理策略是:如果两个特征表面上不同,则看其实际效果是否相同。如果实际结果相同,则可能反过来认为两特征的作用方式相同。这是否属于一种变相的循环论证呢?另外,在判断等同时,是判断每个要素本身是否等同,实行一票否决制,还是应该综合各个要素的比较结果看整个发明法案是否构成等同?为什么?

张强 v. 烟台市栖霞大易工贸有限公司

最高人民法院(2012)民申字第137号

王永昌、秦元明、李剑法官:

本院审查查明,涉案专利权利要求1记载,涉案专利包含语音处理芯片、音乐芯片、放音部件。其说明书记载,语音系统可实时播报每次拳击的力度大小和伴奏音乐;语音系统有语音芯片、音乐芯片、音频功能输出极和喇叭构成,由单片机输出的寻址指令控制器实时参量(出拳的力度)的即时播报,而伴奏乐曲的选择和播放则是单片机在预置时根据键盘输入指令,寻址选通音乐芯片的某一曲目播放。双方当事人认可,被诉侵权产品具有语音处理芯片和放音部件,具备语音提示功能。

涉案专利权利要求1记载"该训练器包含五个靶标",说明书记载"在面板上有按头、胸、腹部位排列的五个靶位,在每个靶位内装有靶标。"被诉侵权产品对应的技术特征为九个靶标,依照其产品说明书记载分为"左头击打部位、右头击打部位、左臂击打部位、右臂击打部位、左肋击打部位、右肋击打部位、腹部击打部位、左胯击打部位、右胯击打部位"。

本院认为,本案的争议焦点是被诉侵权产品是否落入涉案专利权保护范围。

……

4. 关于靶标问题。涉案专利和被诉侵权产品的靶标数量虽然不同,但是由于涉案专利的每一个靶标在击打时单独发挥作用,因此不能将五个靶标作为一个技术特征来考虑,应当将其分解为头部靶标、腹部靶标和腰部靶标来考虑。被诉侵权产品包含了头部靶标和腹部靶标,其胯部靶标与涉案专利的腰部靶标在功能效果上是等同的,因此应当认定被诉侵权技术方案包含涉案专利五个靶标的相同或等同技术特征。一审法院认为涉案专利"五个靶标"的技术特征与被诉侵权产品"九个靶标"的技术特征不等同属于适用法律错误,二审法院未予纠正亦属不当。

思考问题:

(1) 本案中,究竟依据什么标准将5个靶标分割成三个技术特征?为什么不是一个或者5个特征呢?

(2)《最高人民法院知识产权年度报告(2012)》在介绍本案时指出:"划分权利要求的技术特征时,一般应把能够实现一种相对独立的技术功能的技术单元作为一个技术特征,不宜把实现不同技术功能的多个技术单元划定为一个技术特征。"有道理吗?

(3) 现有技术是否影响法院对于涉案专利权利要求的技术特征的概括?

2.3 等同替换的效果差异

最高人民法院在宁波市东方机芯总厂 v. 江阴金铃五金制品有限公司(最高人民法院(2001)民三提字第1号)案中指出:"人民法院在认定等同物替换的侵犯专利权行为时,对被控侵权产品和方法的效果与专利的效果进行比较是必要的。但在比较二者的效果时,不应强调它们之间完全相等,只要基本相同即可。有时专利的效果要比被控侵权产品和方法的效果稍好,有时也可能是相反的情况,都不影响对侵犯专利权行为的判断。甚至出现被控侵权的产品和方法的效果比专利效果稍差的情形,则属于改劣的实施,改劣实施也是等同物替换的表现形式之一。"

这里需要强调的是,所谓的改劣依然要求效果"基本相同"。如果改劣后技术效果差太多,可能就被认为是不同的技术了。因此等同替换中,改劣的空间应该是非常有限的。问题:如果对某一技术要素进行改劣,导致技术效果显著下降,但是经济成本也显著降低,因而整体上依然能够满足一定的市场需求。这时候,能够因为经济成本的下降而放宽改劣的标准吗?为什么?

在张建华 v. 沈阳直连高层供暖技术有限公司等(最高人民法院(2008)民提字第83号)案中,最高人民法院认为:

> "人民法院在判断被控侵权技术方案是否落入专利保护范围时,应当将被诉侵权技术方案的技术特征与专利权利要求记载的全部技术特征进行对比。如果被控侵权技术方案缺少权利要求记载的一个或者一个以上的技术特征,或者被控侵权技术方案有一个或者一个以上的技术特征与权利要求记载的相应技术特征不相同也不等同,人民法院应当认定被控侵权技术方案没有落入专利权的保护范围。被控侵权技术方案是否因缺少某专利技术特征而导致技术功能或效果的变劣,不应考虑。"

最高人民法院在张建华案中的意见是否与它在宁波市东方机芯总厂案中的立场不一致?为什么?

爱蓝天高新技术材料(大连)有限公司 v. 湖南科力远新能源股份有限公司

江苏省高院(2011)苏知民再终字第0001号

宋健、施国伟、袁滔法官:

[本案原本由湖南省高院终审,当事人申请再审。最高人民法院指定江苏高院再审。]湖南省长沙市中级人民法院一审查明:

1995年3月11日,吉林大学申请了"一种海绵状泡沫镍的制备方法"发明专利,专利申请号为95102640.2……2008年8月15日涉案专利的专利权人变更为科力远公司。

涉案专利权利要求1记载的内容为:一种海绵状泡沫镍的制备方法,使用经过粗化的聚醚聚胺酯作基底,制作电镀用阴极;经镀镍,水洗干燥等后处理过程,制备出海绵状泡沫镍,所说的镀镍是在含镍离子的电镀液中进行,时间为(40~50分钟);本发明的特征在于所说的制作电镀用阴极是用磁控溅射的方法进行的,在镀膜机中,以纯镍为靶,在氩气气氛中,控制电流密度在$(0.1~1.5)\times10^{-2}$ A/cm²范围,控制溅射时间在(20~100)S,两电极间距离在(10~30)cm之间,溅射前先抽真空,<u>真空度为$(0.8~3.5)\times10^{-5}$毫米汞柱,充入氩气后真空度在$(2~3.5)\times10^{-4}$毫米汞柱</u>;通电后,在基底表面和孔隙内生长镍,形成含金属镍的电镀用阴极;所说的后处理是在(800~900)℃温度下保温1小时,烧掉聚醚聚胺酯基底。

……

2007年5月,在深圳举办的CVRD Inco公司第二届(中国)能源材料研讨会上,爱蓝天大连公司孙国江总经理对其公司生产泡沫镍的情况进行了介绍,其会议材料CVRD Inco大连公司"工艺路线"显示,其生产泡沫镍的工艺包括PVD、电镀、热处理、裁剪四个步骤。爱蓝天大连公司生产了海绵状泡沫镍产品,在其生产泡沫镍的PVD真空镀工序中,[电镀时]<u>本底真空度为$\leq 2.0\times10^{-2}$ Pa;工作真空度为$(2.0~2.5)\times10^{-1}$ Pa</u>。

……

根据1989年10月东北工业学院出版社出版的《真空镀膜技术与设备》一文……为降低残余气体压力,提高沉积薄膜的纯度,可以通过提高本底真空度和氩气量来解决,为此,在提高真空系统抽气能力的同时,提高本底真空度和加大送氩量是确保薄膜技术纯度必不可少的两项措施,就溅射镀膜装置而言,真空室本底真空度应为10^{-3}~10^{-4} Pa;当工作气体压力增高到一定值时,溅射率开始明显下降,其原因在于靶材粒子的背反射和散射增大,导致溅射率下降,溅射率下降直接影响溅射粒子在基体上的成膜效果下降;为获得好的镀膜质量,优选真空度10^{-3}~10^{-4} Pa,当本底真空度降低时,直接影响镀膜质量。

……

1991年3月机械工业出版社出版的《薄膜科学与技术手册》(上册)中记载:……

为获得好的镀膜质量,优选真空度 $10^{-3} \sim 10^{-4}$ Pa,当本底真空度降低时,直接影响镀膜质量。

[长沙中院一审认为:]

被控侵权的生产方法与涉案专利权利要求的必要技术特征构成相同或等同。

科力远公司将涉案专利独立权利要求 1 拆分为以下 14 个技术特征:(1) 一种海绵状泡沫镍的制备方法;(2) 使用经过粗化的聚醚聚氨酯作基底;(3) 在镀膜机中,使用磁控溅射方法,形成含金属镍的电镀用阴极;(4) 该镀膜机中以纯镍为靶;(5) 镀膜机内为氩气气氛;(6) 电流密度在 $(0.1 \sim 1.5) \times 10^{-2}$ A/cm^2 范围;(7) 溅射时间在 $20 \sim 100$ S;(8) 两电极间距离在 $10 \sim 30$ cm 之间;<u>(9) 9-1:溅射前抽真空至真空度 $(0.8 \sim 3.5) \times 10^{-5}$ 毫米汞柱,9-2:充入氩气后真空度为 $(2 \sim 3.5) \times 10^{-4}$ 毫米汞柱;</u>(10) 通电后,在基底表面和孔隙内生长镍;(11) 将上述电镀用阴极在含镍离子的电镀液中镀镍;(12) 镀镍时间为 $40 \sim 50$ 分钟;(13) 将镀镍所得产品水洗干燥;(14) 后处理,即在 800℃~900℃下保温 1 小时,烧掉聚醚聚氨酯基底。

[长沙中院认为,被控侵权方案与专利权利要求的特征相同或等同,并逐一进行分析。本书大量删节本判决内容,仅仅关心法院对于特征(9)的分析。]

······

关于特征(9)溅射前抽真空至真空度 $(0.8 \sim 3.5) \times 10^{-5}$ 毫米汞柱,充入氩气后真空度为 $(2 \sim 3.5) \times 10^{-4}$ 毫米汞柱。

依据现有技术可知,本底真空度的高低直接影响镀膜质量,为获得更好的镀膜质量,优选真空度 $10^{-3} \sim 10^{-4}$ Pa,当本底真空度降低时,直接影响镀膜质量;且真空度的降低可以降低对真空设备的要求。爱蓝天大连公司采用较低的本底真空度,降低了真空系统的投入和运行成本,但其直接结果就是导致镀膜质量的下降。爱蓝天大连公司在较低的本底真空度下进行工艺操作,其镀膜质量降低是显而易见的,而该技术实质上是用与涉案专利所记载的技术特征基本相同(改劣)的手段,实现基本相同的功能,达到基本相同(改劣)的效果,并且本领域的普通技术人员无需经过创造性劳动就可以获得上述启示,故爱蓝天大连公司的本底真空度参数特征与专利本底真空度参数特征构成等同。在本底真空度的真空室中充入氩气后的真空度即工作真空度,依据现有技术可知,进行真空磁控溅射时充入氩气的分压是 $10^{-2} \sim 10^{-1}$ Pa;为降低残余气体压力,提高沉积薄膜的纯度,在一定范围内可以通过提高氩气量来解决。爱蓝天大连公司本底真空度为 2.0×10^{-2} Pa,工作真空度为 $(2.0 \sim 2.5) \times 10^{-1}$ Pa,即工作真空度的氩气分压为 $(1.8 \sim 2.3) \times 10^{-1}$ Pa,该氩气分压处于现有技术公布的范围之内,且爱蓝天大连公司在现有技术条件下,通过充入大量氩气提高氩气分压的手段,提高了溅射原子沉积速率。其使用现有技术条件下的与涉案专利基本相同的技术手段,解决相同的技术问题,达到了基本相同的技术效果,故爱蓝天大连公司工作真空度参数特征构成与专利中工作真空度参数特征的等同。由上所述,爱蓝天大连公司在真空镀膜生产工艺中本底真空度和工作真空度两参数的选择上,均构成与专利技术特征的等同。

[湖南省长沙市中级人民法院认定爱蓝天大连公司和凯丰公司侵权,并责令赔偿

科力远公司经济损失人民币29814197.96元。湖南省高级人民法院在确认一审查明事实的基础上,二审另查明:]

1991年3月机械工业出版社出版的《薄膜科学与技术手册》下册附录9"真空获得、真空应用、真空测量及真空区域划分"记载,高真空为10^{-1}~10^{-5} Pa,中真空为10^2~10^{-1} Pa。

[湖南省高院维持一审判决。]

爱蓝天大连公司申请再审称:……在对技术特征9的比对过程中,二审判决将多个相差达一个数量极(10倍)的参数认定为等同的技术特征,明显滥用等同原则。1. 从涉案专利的审查档案可知,本底真空度与工作真空度对于实现涉案专利的发明目的非常重要,该参数是经过反复实验才选择出来的,不能随便变更。因此对于这一技术特征的保护范围,应仅限于涉案专利选择的保护范围而不应超越这一范围。2. 被控侵权技术使用的本底真空度与工作真空度相较于涉案专利,差异巨大,不属于等同的技术特征……

本院再审查明:

1. 湖南省高级人民法院原二审查明事实正确,本院予以确认。

……

3. 2011年6月29日,中国电池工业协会组织专家张善梅、杨裕生、陈洪渊、黄伯云、谭晓华、王敬忠、王金良召开论证会,并形成"关于ZL95102640.2专利技术与英可(现爱蓝天)技术比对的论证意见"。在该论证意见的技术比对部分有"(2)、英可(现爱蓝天)技术采用的工作真空度比'ZL95102640.2'专利要低近一个数量级,这是生产中考虑到成本因素,企业有可能在某些范围内调整,并不涉及创新。'ZL95102640.2'专利申请日前,这一真空度已被使用"的内容。

4. 2011年10月26日的再审庭审中,科力远公司陈述称:本底真空度在教科书中有记载。2012年3月14日的再审庭审中,科力远公司陈述称:爱蓝天大连公司对真空度的选择是在现有范围内作出的选择。科力远公司代理人在庭后提交的代理词中载有"……磁控溅射工艺在上世纪七十年代就已出现,至涉案专利申请日,该工艺已发展了二十余年……涉案专利对真空度的限定源自其实验室研究数据。而爱蓝天所采用的较低真空度,由于现有技术中已有明确教导,因此,属于本领域技术人员在面临工业化生产成本和效率时必然会进行的选择(第13—14页)"的内容。

5. 为准确查明本案所涉技术事实,本院根据《最高人民法院关于民事诉讼证据的若干规定》第六十一条的规定,要求双方当事人提供专家辅助人参与诉讼,就涉案技术的专门性问题向法庭作出说明。同时,法庭也指定了专家辅助人出庭,协助法庭进行技术事实调查。在2011年10月26日的再审庭审中,科力远公司聘请的技术专家贺跃辉(中南大学教授、博士生导师)、谭晓华[理想能源(上海)有限公司技术总监、高级工程师],爱蓝天大连公司聘请的技术专家吴锦雷(北京大学教授、博士生导师),以及法庭指定的技术专家黄晓华(南京师范大学教授、博士生导师)、梅天庆(南京航天航空大学教授)、宋凤麟(南京大学副教授)等六人对本案再审争议焦点所涉及的技术问题进行了长达一天的深入论证。六位技术专家分别为来自物理电子学、粉末冶金、真空镀膜、稀土化学、纳米物理学、金属电沉积领域的高级研究人员。庭审过程中,各方技术专家基于各自的专业技术知识对于本案中所涉及的技术问题充分发表了各自的意见,有些争议的问题已达成或接近达成共识;而对于分歧较大、无法达成共识的问题,各方技术专家相互之间也进行了深入的讨论,各自都给出了相对明确的最终意见,并且当事人及专家一致同意由法庭作出最终认定和裁决。

……

除科力远公司专家外,其他各方专家均同意真空度相差一个数量级在数量上属于显著的差别,虽然最终都能够制备得到泡沫镍产品,但此本底真空度以及工作真空度上的差别必然会导致制备工艺条件的选择以及生产成本和生产效率方面存在明显差异。并且,部分专家还认为上述真空度差别对于金属镍在基底表面的沉积特征例如其结晶形式会产生影响,继而影响最终产品的质量。

但也有专家认为,虽然真空度不同会对溅射膜的结构产生一定影响,但是由于该溅射膜厚度非常小,而之后的电镀层相对要厚得多并且还要经过烧蚀处理,这会使得溅射膜的瑕疵对最终产品质量影响很小。

……

本院再审认为:

《最高人民法院关于审理专利纠纷案件应用法律若干问题的解释》第七条规定,专利侵权是指被控侵权的技术方案包含了与某项专利权利要求记载的全部必要技术特征相同或等同的技术特征。在专利侵权诉讼中,如果被控侵权的技术方案有一个或一个以上的技术特征与涉案专利要求保护的必要技术特征既不相同也不等同的,则不认为其构成专利侵权。而《最高人民法院关于审理专利纠纷案件适用法律若干问题的解释》第十七条规定,等同特征是指与专利权利要求记载的技术特征以基本相同的手段,实现基本相同的功能,达到基本相同的效果,并且本领域的普通技术人员无需经过创造性劳动就能够联想到的特征。

对照上述规定,本院认为,现有证据足以证明涉案被控侵权技术方案中的"本底真空度及工作真空度"技术特征与涉案专利权利要求记载的"本底真空度和工作真空度"必要技术特征既不相同也不等同,能够满足上述专利法司法解释所规定的专利侵权判定的相关要求,故被控侵权的技术方案未落入涉案专利权的保护范围,爱蓝天大连公司不构成专利侵权。具体理由分析如下:

首先,被控侵权技术方案中的本底真空度及工作真空度分别为 2×10^{-2} Pa、$(2.0 \sim 2.5) \times 10^{-1}$ Pa,而涉案专利权利要求记载的本底真空度及工作真空度分别为 $(1.1 \sim 4.7) \times 10^{-3}$ Pa、$(2.7 \sim 4.7) \times 10^{-2}$ Pa,两者相差一个数量级(10倍),明显不相同。

其次,在本案所属技术领域中,真空蒸发、溅射镀膜和离子镀等常被称为物理气相沉积技术,这是本领域中基本的薄膜制作技术。它们均要求沉积薄膜的空间要有一定的真空度。因此,真空技术是薄膜制作技术的基础,获得并保持所需的真空环境是镀

膜的必要条件,真空度大小在此类工艺过程中属于重要的工艺参数。具体言之:

对于本底真空度而言,其抽真空的目的是减少真空室中残余气体(甚至除去真空室壁和真空室中其他零件上可能存在的吸附气体),从而减少沉积到基片上杂质含量,提高沉积薄膜的纯度。本底真空度越高,溅射薄膜的纯度越高,但另一方面,其对抽真空的动力源,设备的承压能力和密封性能等要求都有相应的提高,并且由于提高真空度需要耗费更长的时间,其生产效率可能也会有所降低。本案中,虽然均属高真空度范围,但本底真空度由涉案专利权利要求中的$(1.1\sim4.7)\times10^{-3}$ Pa 降低到 2×10^{-2} Pa,相差一个数量级(大约10倍左右),相对于权利要求对本底真空度所限定的变化范围(即在 10^{-3} Pa 数量级上由 1.1 变化到 4.7,大约 4 倍的压力变化),大约 10 倍的压力变化应属于明显差异。因此,一方面,在没有直接证据显示这样的变化不会引起真空室内杂质含量的变化进而影响溅射膜纯度的情况下,不应当认为在溅射膜纯度方面二者能够达到基本相同的效果;另一方面,涉案专利相对于被控侵权技术方案的压力变化达到 10 倍,必然会对抽真空动力源、设备的承压能力等提出更高的要求,并且需要更长的操作时间,因此,在这些方面也不能认定涉案专利与被控侵权技术方案达到了基本相同的效果。

对于工作真空度而言,其是在本底真空度的基础上通过充入氩气而获得的工作状态下的真空度数值。众所周知,磁控溅射的工作原理是:电子 e 在电场 E 作用下,在飞向基板过程中与氩原子发生碰撞,使其电离出 Ar^+ 和一个新的电子 e,电子飞向基板,Ar^+ 在电场作用下加速飞向阴极靶,并以高能量轰击靶表面,使靶材发生溅射,在溅射粒子中中性的靶原子或分子则沉积在基板上形成薄膜。可见,氩气在此过程中除了充当惰性气体保护镍材料不被氧化以外,还充当重要的溅射原子参与磁控溅射过程。由于工作真空度大小关系到工作状态下真空室中存在氩气多少,这会影响电子和氩气碰撞形成电离的几率,进而影响溅射所需的氩离子的密度,影响溅射效率。也就是说,在一定范围内,工作真空度越低(如被控侵权技术方案中的工作真空度),其中充入的氩气越多,相同条件下电子与氩气碰撞形成电离的几率越大,溅射的效率越高。本案中,工作真空度由专利权利要求中的 $(2.7\sim4.7)\times10^{-2}$ Pa(高真空度)降低到 $(2.0\sim2.5)\times10^{-1}$ Pa(中真空度),相差一个数量级(大约 10 倍左右),相对于权利要求对工作真空度所限定的变化范围(即在 10^{-2} Pa 数量级上由 2.7 变化到 4.7,大约 2 倍的压力变化),大约 10 倍的压力变化应属于明显差异。因此,在没有直接的证据表明此大约 10 倍的压力变化不会影响溅射效率的情况下,不应认定涉案专利与被控侵权技术方案达到了基本相同的效果。

综上,由于本底真空度以及工作真空度的作用和/或效果在本案所涉及的磁控溅射过程中并不单一,并且各种作用和/或效果之间也会存在相互影响,例如本底真空度升高虽然能够提高溅射膜纯度,但相应的对抽真空能力以及设备承压能力等要求更高,而生产效率会有所降低,并且更重要的是无法对这些升高或降低进行定量比较。因此,在目前证据的基础上不能直接认定不同的本底真空度和工作真空度所产生的整体效果基本相同,也不宜简单地认定被控侵权技术方案的低真空度相对于权利要求的高真空度是变劣的技术方案。

再次,对于磁控溅射过程中所涉及的各种参数条件(包括电流密度、溅射时间、电极距离、本底真空度、工作真空度等),虽然其都是现有技术中曾经提到过或者是从现有技术大范围中选择出的小范围,但是,这些工艺参数并不是孤立存在的,为了获得最终的期望溅射效果,通常需要结合具体操作条件,例如溅射基底的材质,磁控溅射装置的类型等,综合调整各个工艺参数,这样的工艺条件的选择是一个动态过程,需要在设计人员精心计算的基础上进行大量的具体实验才能确定出合适的参数范围,并且这些参数范围都是配套使用的,例如对于被控侵权技术方案在使用聚酯聚氨酯作为基底的情况下,使用相应的较低的真空度;而涉案专利权利要求中则针对聚醚聚氨酯采用相对较高的真空度。因此,这些参数已经由现有技术中供所有人员参考选择的公开属性转变为专用于某种特定对象的专有属性。另外,从专利申请人在授权程序中所作的相关意见陈述内容及科力远公司代理人于庭后提交的代理词的相关内容来看,涉案专利的磁控溅射工艺条件均系专利申请人花费许多心血进行创造性活动,经过反复实验得出的能体现其创造性的发明内容,是专利申请人经过创造性劳动从现有工艺条件(即现有技术)中优选出的技术方案。而被控侵权技术方案中所采用的本底真空度和工作真空度则系本领域普通技术人员无需创造性劳动即可从现有技术中轻易得到的技术方案。因此不能轻易地以两者间可能存在简单联想来主张等同特征的适用。

最后,涉案专利权利要求中本底真空度和工作真空度是有明确端点的数值范围,与权利要求中其他具体的技术特征(例如聚醚聚氨酯特征)不同,有明确端点的数值范围是经过专利申请人进行了概括选择之后所确定的范围。一方面,根据专利法的原理,专利申请人在撰写权利要求保护范围的过程中会在客观条件的限制下以及在法律允许的情况下尽最大可能要求其保护范围,权利要求书中未经修改的数值范围是专利权人自主选择的结果,该数值范围以外的内容应当视为专利权人认为不能或不应得到专利保护的内容,因此,不应当将有明确端点的数值范围之外,并且与该范围差异明显的数值纳入到等同技术特征的范围内。另一方面,在专利的审查过程中,专利行政管理部门是在申请人撰写的包括端点明确数值范围的权利要求的基础上,认为其符合专利法及其实施细则的有关规定,从而授予其专利权的。如果申请人在专利申请时要求保护一个过于宽泛的数值范围,则可能由于此范围所限定的技术方案包括了与现有技术相同或相似的内容从而不具备新颖性、创造性而得不到授权,或者可能由于此范围的概括超出了说明书具体公开的范围从而得不到说明书的支持而不能获得授权。这些在申请阶段可能导致专利无法获得授权的过于宽泛的数值范围,既然其没有记载在授权后的权利要求范围内,但如果通过等同特征的方式再将其纳入到专利的保护范围内,显然对于公众而言是不公平的。因此,对于权利要求中端点明确的数值范围,其等同特征的范围应当相对狭窄,即应当严格控制等同原则的适用,尤其是与权利要求所限定范围差异明显的技术特征。正如前述,本案被控侵权方案中的本底真空度和工作真空度均系本领域普通技术人员无需创造性劳动即可从现有技术中轻易得到的技术方案、涉案专利的本底真空度和工作真空度的技术特征系专利申请人从现有技术方案中优选出来的技术方案,故不应再将专利申请人未写入权利要求的现有技术方案纳入到等同特征的范围内,以防止权利人不当侵占公众利益的空间。

综上所述,本案中因被控侵权技术方案中的"本底真空度以及工作真空度"技术特征与涉案专利权利要求记载的"本底真空度以及工作真空度"必要技术特征既不相同也不等同,因此被控侵权技术方案未落入涉案专利权的保护范围,爱蓝天大连公司使用该技术方案未侵犯科力远公司的涉案专利权。有鉴于此,本院认为,对于双方当事人争议的其他技术特征是否相同或等同已无需再予理涉。(2013.6.27)

思考问题:

(1) 再审法院强调,被控侵权方案既不整体效果等同的方案,也不是所谓效果"变劣"的技术方案。承认它是效果变劣的方案,会妨碍认定二者不等同吗?为了避免侵权,而主动采用"变劣"的方案,在专利法上有什么意义?

(2) 法院强调磁控溅射过程中所涉及的各种参数条件并不是孤立存在的,对于认定特征9是否等同,有什么影响?

(3) 法院强调,"对于权利要求中端点明确的数值范围,其等同特征的范围应当相对狭窄,即应当严格控制等同原则的适用,尤其是与权利要求所限定范围差异明显的技术特征。"专利法对数值范围之外适用等同原则持更加谨慎的态度,符合等同原则适用的一般原理吗?

2.4 方法发明的等同替换

作为一个方法发明,将方法顺序颠倒,是否可以构成等同侵权呢?比如,一个关于如何从母马尿中提取雌性激素的专利方法是先将母马尿过滤,除去杂质,然后加入碱性的化学物质混合反应,然后进行后续的处理程序。被控侵权的方法是将上述步骤顺序打乱,先在母马尿中加入碱性的化学物质混合反应,再除去杂质,然后进行与专利方法相同的后续处理程序。后者构成字面侵权或等同侵权吗?

在云南省轻工业科学研究所 v. 云南贝潮实业有限总公司(云南省高院(1995)云高经终字第99号)案中,法院所考虑的是一个方法发明专利的侵权问题:

1987年12月4日,研究所向中国专利局递交了名称为"酸角饮料的制备方法"的发明专利申请……权利要求书第1和第3为:1. 酸角饮料的制备方法,其特征在于:a. 以酸角的果实的肉质部分为原料。b. 将酸角经分拣——清洗——去壳——热水浸渍——过滤——澄清等步骤处理。c. 以上述制得的酸角原汁,浓缩为主,配以酒石酸、柠檬酸、醋酸、糖等辅助成分制成饮料。3. 依照权利要求1和2所述的方法,其特征在于分别将酸角原汁和浓缩酸角汁按下述方法酿成饮料:a. 酸角清凉饮料,用酸角原汁100—500毫升,白糖100—120克,酒石酸0—2.5克,加水至1000毫升,或浓缩酸角汁200毫升,白糖420—500克,加水至1000毫升。b. 酸角汽水,在a中冲入食用二氧化碳气体。该专利说明书中明确了本发明的目的是开创一条开发利用丰富的野生植物资源——酸角的新途径,即利用酸角的荚果制备饮料。

贝潮公司提交的酸角饮料的制备方法为:用水加白糖、柠檬酸等其他成分煮沸后加入去壳清洗的酸角煮沸,过滤去渣后进行灌装。该酸角饮料的制备方法,经一审二审调查属实。还查明:酸角的肉质部分含有酒石酸、柠檬酸、醋酸。

……

本院认为……研究所"酸角饮料的制备方法"的专利保护范围与贝潮公司酸角饮料的生产方法相比较,贝潮公司没有采用第一步先提取原汁,第二步再调配成饮料的生产方法,而采用了简单的将配好的汤水与酸角一锅煮好,滤渣后一次制成饮料的生产方法。由此得出,贝潮公司的制备方法明显与研究所的专利方法不同,贝潮公司的生产方法没有完全覆盖研究所专利方法的全部必要技术特征,应判定不构成侵权。

本案有适用等同原则的可能性吗?为什么?

3 现有技术抗辩

现有技术抗辩作为普遍适用的侵权抗辩,自然也可以用来对抗等同侵权指控。专利权人不能利用等同原则将专利权的保护范围扩张到现有技术。在前一章,本书已经指出,在先技术抗辩中的"现有技术"在中国法上有非常特别的含义。它仅仅限于在先文献中已经公开的一份完整的技术方案。

过去,现有技术抗辩被法院接受的前提是该现有技术本身直接破坏专利权利要求的新颖性。换句话说,被控侵权者只有在证明自己所实施的技术方案与现有技术中某一方案相同时,才能够对抗侵权指控。如果被控侵权者的方案与现有技术不同,而只是等同,则不能适用现有技术抗辩。如前文所述,这实际上等同于对专利的创造性提出质疑。在面对等同侵权指控时,由于被告不能以被控侵权方案与现有技术等同进行抗辩,则可能会出现这样的局面:被控侵权方案同时落入了专利方案和现有技术等同的范围。一方面,被告无法通过宣告专利权无效的方式避免侵权责任,因为专利权利要求的字面含义范围并不涵盖现有技术;另一方面,让被告为此类技术方案承担等同侵权责任,似乎有失公平。

2013年,最高人民法院在泽田公司诉格瑞特公司((2012)民申字第18号)一案中已经突破这一限制,许可被控侵权者以被控侵权方案与现有技术等同作为抗辩。最高人民法院显然对专利侵权与专利效力争议的分立的双轨机制不是十分满意,逐步扩张现有技术抗辩使得法院在侵权诉讼中直接可以处理效力争议。这在一定程度上降低了被控侵权者发动专利无效宣告程序的必要性。

因此,现有司法实践中的现有技术抗辩包含与现有技术相同和等同两种类型。"与现有技术等同"抗辩,与直接否定创造性还是有较大的差别。前者仅能在引用一份现有技术文献的基础上,主张侵权方案与该被引用方案等同。后者可以引用两份或更多的现有技术文献并将它们结合起来以否定发明的创造性。换言之,现在的现有技术抗辩只是在非常有限的范围内与"创造性抗辩"重叠,是一种"新颖性抗辩"加有限的"创造性"抗辩。不排除最高人民法院将来会进一步拓展这一抗辩,使之成为全面的专利权无效抗辩。

盐城泽田机械有限公司 v. 盐城市格瑞特机械有限公司

最高人民法院(2012)民申字第18号

金克胜、郎贵梅、杜微科法官:

在专利侵权诉讼中设立现有技术抗辩制度的根本原因,在于专利权的保护范围不应覆盖现有技术,以及相对于现有技术而言显而易见,构成等同的技术。除在无效程序中对专利权的法律效力进行审查外,通过在侵权诉讼中对被诉侵权人有关现有技术抗辩的主张进行审查,有利于及时化解纠纷,减少当事人诉累,实现公平与效率的统一。在审查现有技术抗辩时,比较方法应是将被诉侵权技术方案与现有技术进行对比,而不是将现有技术与专利技术方案进行对比。审查方式则是以专利权利要求为参照,确定被诉侵权技术方案中被指控落入专利权保护范围的技术特征,并判断现有技术中是否公开了相同或者等同的技术特征。现有技术抗辩的成立,并不要求被诉侵权技术方案与现有技术完全相同,毫无区别,对于被诉侵权产品中与专利权保护范围无关的技术特征,在判断现有技术抗辩能否成立时应不予考虑。被诉侵权技术方案与专利技术方案是否相同或者等同,与现有技术抗辩能否成立亦无必然关联。因此,即使在被诉侵权技术方案与专利技术方案完全相同,但与现有技术有所差异的情况下,亦有可能认定现有技术抗辩成立。

本案中,关于格瑞特公司的现有技术抗辩主张能否成立,双方当事人的争议主要在于:(1) 被诉侵权产品中电磁阀与有杆活塞的连接方式是否被现有技术公开;(2) 被诉侵权产品中电磁阀的具体结构是否被现有技术公开。根据涉案专利权利要求1,其中限定了电磁阀的连接方式,即"电磁阀的出口直接与有杆活塞的外端相联接",但并未限定电磁阀的具体结构。因此,电磁阀的具体结构与涉案专利权的保护范围无关,亦与现有技术抗辩能否成立无关。由于被诉侵权产品中的电磁阀与有杆活塞亦采取同样的连接方式,因此,认定现有技术抗辩是否成立的关键,在于确定现有技术中是否公开了与上述连接方式相同或者等同的技术特征,而无需考虑被诉侵权产品中电磁阀的具体结构是否被现有技术公开。从本院查明的事实来看,尽管现有技术中公开的电磁阀包括三个部分,其具体结构与被诉侵权产品的电磁阀有着明显差异,但是现有技术中确已公开将电磁阀的出口与有杆活塞的外端直接相联接。因此,二审法院认定现有技术抗辩成立,并无不当。对于申请再审人有关被诉侵权产品的电磁阀具体结构与专利产品一致,与现有技术不一致,故现有技术抗辩不能成立的主张,本院不予支持。

无效程序与专利侵权诉讼中的现有技术抗辩制度各自独立,各自发挥其自身作用。二者相互协调、配合,有利于避免专利权的保护范围覆盖现有技术,侵入公共领域,从而更好地实现专利法保护和鼓励创新的立法目的。在无效程序中,系将专利技术方案与现有技术进行对比,审查现有技术是否公开了专利技术方案,即专利技术方案相对于现有技术是否具有新颖性、创造性。而在侵权诉讼中,现有技术抗辩的审查对象则在于被诉侵权技术方案与现有技术是否相同或等同,而不在于审查现有技术是否公开了专利技术方案。因此,二者的审查对象和法律适用均有差异。加之在本案中,格瑞特公司仅向专利复审委员会提交本案二审判决作为证据,并未将本案一、二审中的相关证据均提交给专利复审委员会。因此,专利复审委员会维持涉案两项专利权有效,与二审法院认定现有技术抗辩成立并不存在明显矛盾。对于泽田公司有关第16612号、17212号决定维持涉案两项专利权有效,足以证明二审判决认定事实错误的主张,本院不予支持。

思考问题:

你觉得按照最高人民法院的逻辑,是否可以将抗辩进一步延伸到与现有技术相比,不具备创造性的技术方案的范围?专利法过去限制现有技术抗辩的合理性何在?

4 禁止反悔原则

权利要求解释的一项重要原则就是所谓的禁止反悔原则。在中国,对禁止反悔原则作出清楚描述的是最高人民法院2009年的司法解释:"专利申请人、专利权人在专利授权或者无效宣告程序中,通过对权利要求、说明书的修改或者意见陈述而放弃的技术方案,权利人在侵犯专利权纠纷案件中又将其纳入专利权保护范围的,人民法院不予支持。"[①]这一原则旨在防止申请人在谋求授权时,尽量将权利要求的范围缩小,而在侵权诉讼过程中,又竭力将权利要求范围扩充。禁止反悔原则的适用范围并不仅仅限于对等同侵权作出抗辩。不过,在等同侵权中可能更为常见。因此,在本章中结合等同侵权的案例对其做进一步的介绍。

上述司法解释明确了导致禁止反悔抗辩适用的两种情形:修改专利权利要求或说明书;在专利申请和无效的行政与司法程序中作出限缩性陈述。至于专利权人在其他场合(比如先前的侵权诉讼或者行政调处中)所作的陈述[②],在境外的法律程序中的陈述等,是否会引发禁止反悔原则的适用,则并不清楚。

思考问题:

在前文"专利侵权"一章的"权利要求解释"一节,我们提到"南海市实达电池有限公司 v. 王纪三"一案,该案中法院也提到禁止反悔原则,你觉得该案情形有适用禁止

[①] 《最高人民法院关于审理侵犯专利权纠纷案件应用法律若干问题的解释》(2009)第6条。
[②] 比如,在先前的诉讼中,专利权人承认自己专利与现有技术 A 不一样。但是,后来在另外的案子中又针对第三方提出侵权诉讼,而第三方的方案与现有技术 A 相同。在这种情况下,第三方是否可以主张禁止反悔原则,就会存在疑问。

反悔原则的空间吗？

理论上，禁止反悔规则在适用时要按下列步骤进行：首先，判断申请人对于专利权利要求、说明书的修改或意见陈述是否限缩了权利要求的范围。如果没有限缩，则不适用禁止反悔原则。其次，如果限缩了权利要求的范围，则进一步考虑作出该限缩的意图。如果限缩与专利的可专利性(patentability)有关，则禁止反悔原则排除等同原则的适用；如果无关，则可能不适用禁止反悔原则。不过，专利法如何分配权利人限缩权利要求范围的意图的举证责任，是一个复杂的政策性问题。美国法推定限缩导致禁止反悔原则的适用，然后由权利人举证反驳。在限缩原因不明时，禁止反悔原则适用。这对公众比较有利。中国最高人民法院的司法解释并不十分具体，没有提及是否需要考虑权利人放弃技术方案的原因，以及如何区分不同原因所导致的不同法律后果。更具体的讨论，可以参照后文的相关案例。

4.1 放弃事实和意图的确认

禁止反悔原则适用的前提是申请人或专利权人事实上限缩了专利权利要求的范围。如果这一事实都不存在，则根本没有讨论禁止反悔原则的必要。下面著名案例就是一个例子。

郑亚俐 v. 专利复审委员会等

最高人民法院(2010)知行字第53号

郃中林、朱理、秦元明法官：

［基本事实参考前文"专利程序"一章同名案例。］

……

（四）专利申请文件的修改限制与禁止反悔原则关系

在专利授权确权程序程序中，专利申请人需要遵循诚实信用原则，信守诺言，诚实不欺，不得出尔反尔，损害第三人对其行为的信赖。作为诚实信用原则的体现和要求，禁止反悔原则在专利授权确权程序中应予适用。但是，禁止反悔原则在专利授权确权程序中的适用并非是无条件的，其要受到自身适用条件的限制以及与之相关的其他原则或者法律规定的限制。禁止反悔原则的适用应以行为人出尔反尔的行为损害第三人对其行为的信赖和预期为必要条件。同时，法律的明确规定以及其他同等重要的原则也限制着禁止反悔原则的适用。在专利授权确权程序中适用禁止反悔原则必须综合考虑上述因素。

根据专利法第三十三条以及专利法实施细则第六十八条的规定，在专利授权程序中，申请人可以对其专利申请文件进行修改，但是对发明和实用新型专利申请文件的修改不得超出原说明书和权利要求书记载的范围；在专利确权程序中，专利权人可以修改其权利要求书，但是不得扩大专利的保护范围。因此，在专利授权程序中，相关法律已经赋予了申请人修改专利申请文件的权利，只要这种修改不超出原说明书和权利要求书记载的范围即可。对于社会公众而言，基于专利法第三十三条规定，其应该预见到申请人可能对专利申请文件进行修改,其信赖的内容应该是原说明书和权利要求书记载的范围,即原说明书及其附图和权利要求书以文字或者图形等明确表达的内容和所属领域普通技术人员通过综合原说明书及其附图和权利要求书可以直接、明确推导出的内容,而不是仅信赖原权利要求书记载的保护范围。因此,如果申请人对专利申请文件的修改符合专利法第三十三条的规定,禁止反悔原则在该修改范围内应无适用余地。

就本案而言,由于所属领域普通技术人员综合原始专利申请公开说明书及其附图和权利要求书的记载,可以推导出该专利申请的技术方案同样可以应用于使用非半导体存储装置的墨盒,精工爱普生在提出分案申请时主动将原权利要求书中的"半导体存储装置"修改为"存储装置",并未超出原说明书和权利要求书记载的范围,这种修改对于公众而言是可以预见的。社会公众不会因为该修改而导致信赖利益受损。因此,精工爱普生在本案中有关"存储装置"的修改不存在适用禁止反悔原则的问题。

专利复审委员会称,精工爱普生在专利申请过程中实际上认为"半导体存储装置"和"存储装置"二者含义不同,而在无效程序中又主张两者含义相同,修改的过程反映出反悔的存在,应当认为将"半导体存储装置"修改为"存储装置"属于反悔,应予禁止。这一主张混淆了专利法第三十三条和禁止反悔原则的关系。如前一再述及,根据专利法第三十三条的规定,专利申请文件的修改是否超范围,应以原说明书和权利要求书记载的范围为界,在此范围内并无禁止反悔原则的适用余地。专利复审委员会的上述主张实际上是以申请人在修改完成后的无效程序中的解释为准来判断专利申请文件的修改是否超范围,本质上是以禁止反悔原则取代专利法第三十三条,对此,本院不予支持。

思考问题:

(1) 本案中专利权人的修改实际上是扩大了保护范围而不是缩小,有所谓放弃的意思表示吗?本案的事实与禁止反悔原则有关系吗?

(2) 法院宣称,"如果申请人对专利申请文件的修改符合专利法第三十三条的规定,禁止反悔原则在该修改范围内应无适用余地。"有道理吗?

最为典型的放弃技术方案的情形是申请人一开始明确在权利要求中提到或覆盖该技术方案,后来又通过修改限缩其权利要求范围使其不再覆盖该技术方案。在这种情况下,认定申请人放弃该技术方案,通常没有什么争议。

澳诺(中国)制药有限公司 v. 湖北午时药业股份有限公司

最高人民法院民(2009)民提字第20号

王永昌、李剑、罗霞法官:

[涉案专利的专利为"一种防治钙质缺损的药物及其制备方法"的发明专利,专利号为ZL95117811.3,专利权人为孔彦平。]该专利权利要求1为:"一种防治钙质缺损

的药物,其特征在于:它是由下述重量配比的原料制成的药剂:活性钙4—8份,葡萄糖酸锌0.1—0.4份,谷氨酰胺或谷氨酸0.8酰胺或谷份。"

2006年4月3日,专利权人孔彦平……许可澳诺公司独占实施[该专利]……

涉案专利申请公开文本中,其[原始的]独立权利要求为可溶性钙剂,可溶性钙剂包括葡萄糖酸钙、氯化钙、乳酸钙、碳酸钙或活性钙。国家知识产权局第一次审查意见通知书中,审查员认为,该权利要求书中使用的上位概念"可溶性钙剂"包括各种可溶性的含钙物质,它概括了一个较宽的保护范围,而申请人仅对其中的"葡萄糖酸钙"和"活性钙"提供了配制药物的实施例,对于其他的可溶性钙剂没有提供配方和效果实施例,所属技术领域的技术人员难于预见其他的可溶性钙剂按本发明进行配方是否也能在人体中发挥相同的作用,权利要求在实质上得不到说明书的支持,应当对其进行修改。申请人根据审查员的要求,对权利要求书进行了修改,将"可溶性钙剂"修改为"活性钙"。

……

河北省石家庄市中级人民法院一审认为……午时药业公司生产、销售的"葡萄糖酸钙锌口服溶液",经委托鉴定机构鉴定,其产品的技术特征与澳诺公司主张的涉案专利构成等同,午时药业公司未经专利权人许可生产、销售上述产品,已构成侵权。

只有为了使专利授权机关认定其申请专利具有新颖性或创造性而进行的修改或意见陈述,才产生禁止反悔的效果,并非专利申请过程中关于权利要求的所有修改或意见陈述都会导致禁止反悔原则的适用。本案专利权人在专利申请过程中根据专利审查员的意见对权利要求书进行了修改,将独立权利要求中的"可溶性钙剂"修改为"活性钙",并非是为了使其专利申请因此修改而具有新颖性或创造性,而是为了使其权利要求得到说明书的支持,故此修改不产生禁止反悔的效果。

[午时药业公司不服一审判决,提起上诉。河北省高院二审认为],涉案专利的申请人对权利要求书进行的修改只是为了使其权利要求得到说明书的支持,并非因此而使其申请的专利具有了新颖性或创造性,故此修改不产生禁止反悔的效果。涉案专利在其说明书中对"葡萄糖酸钙"提供了配制药物的实施例,所属技术领域的技术人员对"葡萄糖酸钙"和"活性钙"按该发明进行配方均能在人体中发挥相同的作用是显而易见的,说明活性钙与葡萄糖酸钙在用作补钙药物的制药原料方面不存在实质性差别,两者可以等同替换……故午时药业公司生产的产品落入澳诺公司独占许可使用的专利权的保护范围,构成侵权。

[午时药业公司不服河北省高级人民法院判决,向本院申请再审。本院再审认为:]

关于权利要求1中记载的"活性钙"是否包含了"葡萄糖酸钙"的问题。涉案专利申请公开文本权利要求2以及说明书第2页明确记载,可溶性钙剂是"葡萄糖酸钙、氯化钙、乳酸钙、碳酸钙或活性钙"。可见,在专利申请公开文本中,葡萄糖酸钙与活性钙是并列的两种可溶性钙剂,葡萄糖酸钙并非活性钙的一种。此外,涉案专利申请公开文本说明书实施例1记载了以葡萄糖酸钙作为原料的技术方案,实施例2记载了以活性钙作为原料的技术方案,进一步说明了葡萄糖酸钙与活性钙是并列的特定钙原料,葡萄糖酸钙并非活性钙的一种。澳诺公司辩称,专利申请人在涉案专利的审批过程中,将"可溶性钙剂"修改为"活性钙"属于一种澄清性修改,修改后的活性钙包括了含葡萄糖酸钙在内的所有组分钙。然而,从涉案专利审批文档中可以看出,专利申请人进行上述修改是针对国家知识产权局认为涉案专利申请公开文本权利要求中"可溶性钙剂"保护范围过宽,在实质上得不到说明书支持的审查意见而进行的,同时,专利申请人在修改时的意见陈述中,并未说明活性钙包括了葡萄糖酸钙,故被申请人认为涉案专利中的活性钙包含葡萄糖酸钙的主张不能成立。

(二)关于活性钙与葡萄糖酸钙是否等同问题。正如上述问题(一)中对"活性钙"是否包含了"葡萄糖酸钙"所阐述的那样,专利权人在专利授权程序中对权利要求1所进行的修改,放弃了包含"葡萄糖酸钙"技术特征的技术方案。根据禁止反悔原则,专利申请人或者专利权人在专利授权或者无效宣告程序中,通过对权利要求、说明书的修改或者意见陈述而放弃的技术方案,在专利侵权纠纷中不能将其纳入专利权的保护范围。因此,涉案专利权的保护范围不应包括"葡萄糖酸钙"技术特征的技术方案。被诉侵权产品的相应技术特征为葡萄糖酸钙,属于专利权人在专利授权程序中放弃的技术方案,不应当认为其与权利要求1中记载的"活性钙"技术特征等同而将其纳入专利权的保护范围。原审判决对禁止反悔原则理解有误,将二者认定为等同特征不当。

思考问题:

(1)本案申请人在收到审查员的意见后,修改了权利要求书。从审查员的意见看,该修改可能并非审查员的强制要求。事后,申请人能够说该修改并非获得专利授权所必需的,因此不妨碍等同原则的适用吗?

(2)我们能够说,申请人的修改行为实际上证明:在申请人看来"活性钙"包含葡萄糖酸钙吗?否则,无法解释他为什么要放弃葡萄糖酸钙?

在实践中,最容易引发争议的大概是将从属权利要求变成独立权利要求的修改方式。有部分意见认为,如果申请人在修改过程中没有具体限缩某一技术特征的过程,则不导致禁止反悔原则的适用。在下面的案例中,最高人民法院就可能持这一立场。

中誉电子(上海)有限公司 v. 上海九鹰电子科技有限公司

最高人民法院(2011)民提字第306号

王永昌、李剑、宋淑华法官:

上海市第二中级人民法院一审查明,田瑜、江文彦是名称为"一种舵机"的实用新型专利权(简称涉案专利)的专利权人,专利号为ZL200720069025.2,申请日是2007年4月17日,授权公告日是2008年2月13日。涉案专利授权公告的权利要求1—3为:

1. 一种模型舵机,其特征在于,包括支架、电机、丝杆和滑块,所述支架包括电机座和滑块座,所述电机设置于所述电机座内,在所述电机的一端设置有一主动齿轮,所述丝杆纵向穿过所述滑块座,在所述丝杆的一端设置有一从动齿轮,所述主动齿轮和所述从动齿轮相互啮合,所述滑块穿在所述丝杆上,并且所述滑块伸出所述滑块,在所述滑块底面设置有一电刷。

2. 如权利要求1所述的舵机,其特征在于,在所述支架上,设置有固定到一舵机驱动电路板上的固定孔。

3. 如权利要求2所述的舵机,其特征在于,在所述舵机驱动电路板上,印制有一条形的碳膜和银膜,所述支架通过其上的固定孔固定到所述舵机驱动电路板上,且所述滑块底面上的电刷与该碳膜和银膜相接触。

……

九鹰公司于2009年4月20日就涉案专利向国家知识产权局专利复审委员会(简称专利复审委员会)提出无效宣告请求。专利复审委员会于2009年7月22日作出第13717号无效宣告请求审查决定(简称第13717号无效决定),宣告涉案专利的权利要求1—2,4—6无效,在权利要求3的基础上维持涉案专利权有效。[北京一中院和Beijing高院维持该无效决定。]

2009年9月8日,田瑜、江文彦委托上海市知识产权司法鉴定中心就九鹰公司制造、销售的电子遥控飞机中的航模舵机与涉案专利的技术特征是否相同或者等同进行鉴定。鉴定结论为,九鹰公司制造、销售的电子遥控飞机中的航模舵机与涉案专利的技术特征等同。

……

上海市高级人民法院二审认为,涉案专利权利要求1、2被宣告无效,在权利要求3的基础上专利权被维持有效。从属权利要求3的保护范围由权利要求3附加的技术特征"在所述舵机驱动电路板上,印制有一条形的碳膜和银膜,所述支架通过其上的固定孔固定到所述舵机驱动电路板上,且所述滑块底面上的电刷与该碳膜和银膜相接触"、权利要求3所从属的权利要求2附加的技术特征"在所述支架上,设置有固定到一舵机驱动电路板上的固定孔"以及权利要求2所从属的权利要求1记载的全部技术特征共同限定。从属权利要求3被维持有效的原因在于在权利要求1中增加了从属权利要求2以及从属权利要求3记载的附加技术特征,这实质上是修改权利要求1,在权利要求1记载的技术方案中增加了从属权利要求2和3记载的附加技术特征。因此,在界定权利要求3保护范围的技术特征中,"在所述支架上,设置有固定到一舵机驱动电路板上的固定孔"与"在所述舵机驱动电路板上,印制有一条形的碳膜和银膜,所述支架通过其上的固定孔固定到所述舵机驱动电路板上,且所述滑块底面上的电刷与该碳膜和银膜相接触",属于为维持专利权有效限制性修改权利要求而增加的技术特征。由此,可以认定权利要求3中技术特征G(在所述舵机驱动电路板上,印制有一条形的碳膜和银膜,且所述滑块底面上的电刷与该碳膜和银膜相接触)属于为维持专利权有效限制性修改权利要求而增加的技术特征。

根据最高人民法院《关于审理侵犯专利权纠纷案件应用法律若干问题的解释》第

六条的规定,专利权人在无效宣告程序中,通过对权利要求的修改而放弃的技术方案,权利人在侵犯专利权纠纷案件中又将其纳入专利权保护范围的,人民法院不予支持。本案中,涉案专利的技术特征G将舵机驱动电路板上作为直线型电位器的导流条明确限定为"银膜",该具体的限定应视为专利权人放弃了除"银膜"外以其他导电材料作为导流条的技术方案。被诉侵权产品的技术特征g为"在所述含有舵机驱动电路的电路板上,印制有一条形碳膜和镀金铜条,且所述滑块底面上的电刷与该碳膜和镀金铜条相接触",根据知产事务中心的鉴定意见,被诉侵权产品的技术特征g与涉案专利的技术特征G等同,知产事务中心的该项认定双方当事人均予认可,且无足以推翻该项认定的事实与理由,应予采信。尽管技术特征g与技术特征G等同,但依据禁止反悔原则,由于除"银膜"外以其他导电材料作为导流条的技术方案被视为是专利权人放弃了的技术方案,因此,以技术特征g与技术特征G等同为由,认为被诉侵权产品构成等同侵权的结论不能成立。一审法院关于本案等同侵权成立的结论有误,应予纠正。

......

中誉公司不服该二审判决,向本院申请再审称:(一)二审法院根据禁止反悔原则认定九鹰公司不构成等同侵权属于适用法律错误。专利权人没有通过修改专利权利要求书放弃技术方案,也没有通过意见陈述放弃技术方案,且专利权人也没有在任何专利申请文件中表述过"在所述舵机驱动电路板上,只能用碳膜和银膜"。因此,中誉公司主张九鹰公司专利侵权,并未违反禁止反悔原则。退一步来说,即使专利权人曾放弃技术方案的话,也是仅仅放弃了除"碳膜和银膜直接印制在所述舵机驱动电路板上"以外的技术方案,并没有放弃涉案专利权利要求3所限定的技术方案以及与"银膜"等同的"镀金铜条"所限定的技术方案……

被申请人九鹰公司辩称:(一)中誉公司已经在涉案专利无效宣告程序中通过意见陈述的方式将舵机驱动电路板上作为直线型电位器的倒流条明确限定为"银膜",专利复审委员会据此认为权利要求3具有创造性而作出了维持涉案专利权利要求3有效的决定,即涉案专利权人已经通过实质修改权利要求从而放弃了除"银膜"外以其他导电材料作为导流条的技术方案。此外,专利权人已经在说明书中明确将直线型电位器的导流条限定为"银膜",从而使得涉案专利权利要求3获得授权,这一限定性表述与其在无效宣告程序中的表述一致,构成了涉案专利权利要求3具有创造性的基础……

本院提审认为,本案当事人争议的焦点问题有:(一)专利复审委员会决定在权利要求3的基础上维持涉案专利权有效,是否导致禁止反悔原则的适用。(二)九鹰公司的现有技术抗辩是否成立。

关于第一个焦点问题。首先,禁止反悔原则的法理基础。诚实信用原则作为民法基本原则之一,要求民事主体信守承诺,不得损害善意第三人对其合理信赖或正当期待,以衡平权利自由行使所可能带来的失衡。在专利授权实践中,专利申请人往往通过对权利要求或说明书的限缩以便快速获得授权,但在侵权诉讼中又试图通过等同侵权将已放弃的技术方案重新纳入专利权的保护范围。为确保专利权保护范围的安定性,维护社会公众的信赖利益,专利制度通过禁止反悔原则防止专利权人上述"两头得利"情形的发生。故此,专利权人在专利授权或者无效宣告程序中,通过对权利要求、说明书的修改或者意见陈述而放弃的技术方案,权利人在侵犯专利权纠纷案件中又将其纳入专利权保护范围的,人民法院不应支持。

其次,禁止反悔原则的适用条件。一般情况下,只有权利要求、说明书修改或者意见陈述两种形式,才有可能产生技术方案的放弃,进而导致禁止反悔原则的适用。本案中,独立权利要求1及其从属权利要求2均被宣告无效,在权利要求2的从属权利要求3的基础上维持涉案专利有效。问题是,权利要求3是否仅仅因此构成对其所从属的权利要求1—2的限制性修改。独立权利要求被宣告无效,在其从属权利要求的基础上维持专利权有效,该从属权利要求即实际取代了原独立权利要求的地位。但是,该从属权利要求的内容或者所确定的保护范围并没有因为原独立权利要求的无效而改变。因为,每一项权利要求都是单独的、完整的技术方案,每一项权利要求都应准确、完整地概括申请人在原始申请中各自要求的保护范围,而不论其是否以独立权利要求的形式出现。正基于此,每一项权利要求可以被单独地维持有效或宣告无效。每一项权利要求的效力应当被推定为独立于其他权利要求项的效力。即使从属权利要求所从属的权利要求被宣告无效,该从属权利要求并不能因此被认为无效。所以,不应当以从属权利要求所从属的权利要求被无效而简单地认为该从属权利要求所确定的保护范围即受到限制。本案原二审判决认为,从属权利要求3被维持有效的原因在于,在权利要求1中增加了从属权利要求2以及从属权利要求3记载的附加技术特征,这实质上就是修改权利要求1,该认定有所不当。

再次,放弃的认定标准。专利权保护范围是由权利要求包含的技术特征所限定的,故专利权保护范围的变化,亦体现为权利要求中技术特征的变化。在专利授权或无效宣告程序中,专利权人主动或应审查员的要求,可以通过增加技术特征对某权利要求所确定的保护范围进行限制,也可以通过意见陈述对某权利要求进行限缩性解释。禁止反悔原则适用于导致专利权保护范围缩小的修改或者陈述。亦即,由此所放弃的技术方案。该放弃,通常是专利权人通过修改或意见陈述进行的自我放弃。但是,若专利复审委员会认定独立权利要求无效、在其从属权利要求的基础上维持专利权有效,且专利权人未曾作上述自我放弃,则在判断是否构成禁止反悔原则中的"放弃"时,应充分注意专利权人未自我放弃的情形,严格把握放弃的认定条件。如果该从属权利要求中的附加技术特征未被该独立权利要求所概括,则因该附加技术特征没有原始的参照,故不能推定该附加技术特征之外的技术方案已被全部放弃。本案中,九鹰公司称,因为权利要求1—2被宣告无效,而权利要求3是对其进一步限定,故权利要求1—2与权利要求3之间的"领地"被推定已放弃。本院认为,权利要求3中的"银膜"并没有被权利要求1—2所提及,而且,中誉公司在专利授权和无效宣告程序中没有修改权利要求和说明书,在意见陈述中也没有放弃除"银膜"外其他导电材料作为导流条的技术方案。因此,不应当基于权利要求1—2被宣告无效,而认为权利要求3的附加技术特征"银膜"不能再适用等同原则。

综上,专利复审委员会宣告涉案专利权利要求1—2、4—6无效,在权利要求3的基础上维持专利权有效,二审法院认为涉案专利权利要求3中的技术特征G实质是修改权利要求而增加的技术特征,该技术特征将导流条明确限定为银膜,应视为专利权人放弃了除"银膜"外其他导电材料作为导流条的技术方案,从而认定被诉侵权产品不构成等同侵权,存在错误,应予纠正。(2012.4.12)

思考问题:

(1)"禁止反悔"原则通常是基于权利人的主动行为而认定其自愿放弃部分技术方案,因而禁止其事后反悔。在本案中,权利人有主动放弃的行为吗?一审和二审终审导致权利人被迫放弃权利要求1—2,属于权利人自己的"主动行为"吗?最高人民法院显然认为这是一种主动行为,有道理吗?

(2)假定本案权利人应审查员的要求,主动删除独立权利要求1—2,而将既有的从属权利要求3上升为权利要求1,这种修改方式应该导致"禁止反悔"原则的适用吗?这与一开始只有权利要求1—2,应审查员要求放弃权利要求1—2,并重新撰写权利要求3,这会导致"禁止反悔"原则是否适用的结论因此不同吗?

(3)最高人民法院认为本案中权利人修改是新增一个技术特征,而不是限缩权利要求中既有特征,所以不会导致"禁止反悔"原则的放弃,有道理吗?

中国法院在上述案件中的见解与美国的司法实践有着鲜明的对比。在 Honeywell Intern. Inc. v. Hamilton Sundstrand Corp. 370 F.3d 1131 (2004)案中,美国联邦巡回上诉法院的全部法官参与了此案。法院认为将原始的独立权利要求删除,而将从属权利要求变成独立权利要求,也会导致禁止反悔原则(prosecution history estoppel)的推定适用。在上述意见中,法院引述了 Judge Learned Hand 在 Keith v. Charles E. Hires Co., 116 F.2d 46 (2d Cir.1940)案中的意见:

> 我们不认为下列两种情形存在差别:[申请人]对权利要求进行修改以确保授权;申请人同时提出一个较窄和一个较宽的权利要求,然后在较宽的权利要求被驳回时,撤销了较宽的权利要求。禁止反悔理论,就像其字面意思那样,是指申请人同意撤销或者修改权利要求后,他就放弃了它原本所涵盖的内容。显然,如果申请人所提交的一个权利要求中已经包含了必要的差别(新增的限制性特征),则没有必要要求他去修改被其放弃的权利要求。

4.2 放弃原因不明:绝对禁止或相对禁止

Warner-Jenkinson Company, Inc v. Hilton Davis Chemical Co.

美国最高法院520 U.S. 17(1997)

THOMAS 法官:

大约50年以前,本院在 Graver Tank & Mfg. Co. v. Linde Air Products Co., 339 U.S. 605(1950)案中设定了专利法上所谓等同原则的现代轮廓。依据这一原则,即使一项产品或方法没有从字面上侵害专利权利要求的明示内容，依然可能构成侵权，如果被控侵权的产品或方法的特征与专利权利要求中的特征构成等同的话。请求人被认定以等同侵权方式侵害了被请求人的专利。请求人请求我们宣布这一原则的死亡。我们拒绝这一请求。在联邦巡回上诉法院内，对于 Graver Tank 案的适用存在显著的争议。这一事实表明，等同原则尚未摆脱不确定性。因此，我们将努力澄清这一原则合适的适用范围。

I

本案的核心事实很少。请求人 Warner-Jenkinson 公司和被请求人 Hilton Davis 化学公司生产染料。这些染料中的杂质必须剔除。Hilton Davis 持有第 4,560,746 号专利（746 号专利），该专利披露一种改进的超滤（"ultrafiltration"）提纯方法。第 746 号专利方法通过一种渗透膜在一定压力和 pH 条件下过滤不纯的染料，得到高纯度的染料产品。

746 号专利于 1985 年授权。与本案有关的专利权利要求，对如下改进的超滤方法主张权利：

在一种对染料进行提纯的方法……改进之处包括：将液体溶液通过一种渗透膜过滤，该渗透膜的孔径在 5—15 埃（Angstrom，10^{-9}米），液体压力保持在 200—400 p.s.i.g.，pH 大约是 6.0—9.0（from approximately 6.0 to 9.0），以此实现杂质与上述染料的分离……

发明人在专利审查过程中增加了"pH 大约是 6.0—9.0"这一词语。至少，增加这一术语是为了与在先专利（"Booth"专利）相区别，该专利披露了一种 pH 高于 9.0 的超滤方法。对于为什么低端 pH 6.0 被写进权利要求，双方没有一致意见。

1986 年，Warner-Jenkinson 开发了一种超滤方法，使用孔径 5—15 埃的渗透膜，压力从 200 到接近 500p.s.i.g.，pH 在 5.0。直到它开始商业化利用其超滤方法后，Warner-Jenkinson 才知道有第 746 号专利。Hilton Davis 最终得知 Warner-Jenkinson 使用了超滤法，然后于 1991 年起诉 Warner-Jenkinson 专利侵权。

如一审认定的那样，Hilton Davis 承认没有字面侵权，而是仅仅依靠等同侵权原则……陪审团发现，第 746 号专利有效，Warner-Jeninson 以等同方式侵害该专利……上诉法院全体法官出席审理，维持原判，但有分歧意见。

上诉法院的多数意见认为，等同原则应继续存在，它的基石是被控侵权的方法和专利方法之间是否有实质性的差别。法院还认为等同的问题由陪审团决定。本案的陪审团有实质性的证据证明 Warner-Jenkinson 的方法与第 746 号专利中所揭示的超滤方法没有实质性的不同……

我们授予调卷令，现在改判并发回。

II

……

不过，我们与上诉法院的异议法官有同样的关切：等同原则自 Graver Tank 案开始被应用以来,已经有了自己的生命,而不受专利权利要求的约束。毫无疑问,宽泛地适用等同原则会与法定的权利要求的定义与公共通知功能相冲突。Nies 法官指出避免该冲突的一个方法:

"'对发明的组成部分进行等同替换'与'超出权利要求对发明边界进行扩张'是可以区别开来的,并非十分神秘莫测……

发明的权利要求通过一系列限制性特征的组合表达出来,等同原则下所谓的等同是指发明的一个特征或一部分与被控侵权的产品或方法中替代部分的等同……

被控侵权的装置或方法必须超越大体上'等同'的程度。在这一观点下,最高法院在等同侵权上的立场,能够与其附和意见中所谓'法院无权将专利权利要求扩大以致超出专利局所许可的范围'主张相协调。如果法院不超出限制性特征等同替换的范围,该权利要求就没有被扩大。"

我们支持上述协调两系列先例的明智思路。专利权利要求所包含的每一个限制性特征对于定义专利发明的范围都应视为是实质性的。因此,等同原则必须适用于权利要求的单个特征,而不是整体上对一个发明适用。即便对于单个特征的适用,也应确保该原则的适用不能过于宽泛,以至于等于完全删除了该特征。只要等同原则不超越上文已经或者下文将要讨论的限制,我们相信这一原则不会破坏专利权利要求的核心功能。

III

请求人估计本院不会推翻 Graver Tank 案,提出了替代性的争论,主张更严格地适用等同原则。我们逐一讨论这些问题。

A

请求人首先争辩,Graver Tank 从未建议放弃确立已久的限制非字面侵权的所谓"申请历史禁止反悔原则"(prosecution history estoppel)或"申请文档禁止反悔原则"(file wrapper estoppel)。在请求人看来,在专利申请历史中放弃任何客体,不论放弃的原因,就不能再重新主张该客体的任何部分,即使它是权利要求所明确要求的客体的等同物。因为,在专利申请过程中,被请求人将权利要求中 pH 特征限制在 6.0—9.0,所以请求人认为这些限制划定了明确的界线,超过这一界线就不能再主张等同侵权。请求人认为,如果要探究放弃的原因,则会损害公众通过专利文件清楚了解专利范围的权利。

我们同意请求人的意见,Graver Tank 没有处理禁止反悔原则对于等同原则的法律限制问题。但请求人走得太远,认为专利申请过程中的修改原因与禁止反悔原则的适用无关。在申请人和下面的异议意见所引用的我们的每一个案例中,导致禁止反悔原则适用的修改,都是为了避免在先技术,或者为了解决会导致所要求的客体失去可专利性的关切(比如创造性等可)……

在每个案子中,本院都探究了专利局坚持要求对权利要求进行修改的理由。这一事实本身很能说明问题。在每个案子中,之所以要求修改,都是因为[修改前]该权利要求被认为根本就没有描述一个可专利的发明——特别是因为它所描述内容为在先技术所涵盖。但是,美国[专利商标局]告诉我们,它可能会因为其他原因而要求修改权利要求的文字。如果专利商标局要求修改权利要求的文字,却无意限制等同方案,或者在很多情形下希望所要求的文字能在一定范围具有等同物,则在没有实质性理由的情况下,我们极不愿意推翻专利商标局的基本假设。我们的在先案例一直只是在因有限的[几类]原因修改权利要求时,才适用禁止反悔原则。我们没有实质性理由在适用禁止反悔原则时采用更严格的规则,即忽略修改的原因。

在本案中,专利审查员驳回了该专利权利要求,因为它和 Booth 专利重叠,后者披露了 pH 大于 9.0 时的超滤过程。针对这一驳回,[申请人]增加了"pH 大小约从 6.0 到 9.0"的说法。虽然增加上限 9.0 是为了和 Booth 专利相区别,这一点并无争议,但是增加下限 6.0 的理由并不清楚。下限显然不是为了和 Booth 专利相区别,因为该专利并没有提及 pH 低于 6.0 的情形。因此,虽然该添加行为使得下限 6.0 成为权利要求的实质性特征,这并不必然排除等同原则对这一特征的适用……在修改原因与避免在先技术无关的情形下,该修改可能引入一项新的特征,但并不当然排除对该特征等同侵权的可能性。

不过,我们面对的问题是,在本案中怎么做。记录好像并没有揭示写入 pH 下限 6.0 的原因。在我们看来,认定因某些理由修改权利要求可能可以避免禁止反悔原则的适用,并不等于说在修改理由不明的情况下类似地可以避免该原则的适用。注意到权利要求的确具有定义和通知的双重功能,我们认为较好的规则是将证明专利申请过程中修改理由的责任交由专利持有人承担。然后,法院判断该理由是否足以克服对该修改所增加的特征适用等同原则加以限制的"禁止反悔原则"。如果没有解释,则法院应当推定专利商标局有实质理由将该增加限制性特征的修改和可专利性联系起来。在这种情况下,禁止反悔原则将阻止对该特征适用等同原则。这一推定对于权利要求定义发明、提供公共通知的角色,给予了适当的尊重;同时,这一推定也尊重了专利商标局在保证"专利申请的权利要求仅仅涵盖适当的可专利客体"方面的首要作用。如果证明存在合适的修改原因,这里所说的推定可以推翻。如此适用,禁止反悔原则对等同原则进行了合理限制,进而避免了等同原则与专利法之间令人担心的冲突。

因为被请求人没有提供添加 pH 下限的理由,所以不可能知道该添加的理由是否能够合理地避免禁止反悔原则[的适用]。是否事实上存在理由但并没有充分揭示,我们不好说。发回重审时,联邦巡回庭可以考虑[被请求人]是否已提供了该部分的修改理由,以及给予额外的机会让[被请求人]证明这些修改理由是否合适。

B

另外,请求人辩称,即使 Graver Tank 依然是有效的法律,该案也只是认定,缺乏实质性的差别是等同侵权的一个必要条件,而不是一个充分条件。依靠 Graver Tank 对于所谓肆无忌惮的抄袭者(unscrupulous copyist)和"非法复制"(piracy)问题的援引,请求人要求在许可适用等同原则之前,从衡平的角度对案件进行司法审查。的确,Graver Tank 案在描述等同原则的好处时,提到了防止抄袭和非法复制。可是,"这一原则产生此类好处"的事实,并不意味着它的适用仅仅限于会产生这些特定好处的案件。
……

如果等同原则的核心前提是专利发明与它的等同物之间的"相同"(the notion of identity),则没有理由区别对待侵权等同物(infringing equivalents)和侵害专利明确词义的侵权装置。因此,适用等同原则和判断字面侵权类似,二者都不要求意图方面的证据。

请求人指出 Graver Tank 案似乎依靠被控侵权者缺乏独立实验这一事实,来支持针对等同原则的衡平法抗辩(equitable defense)。联邦巡回庭解释了这一点,认为被控侵权者的行为——拷贝专利、对专利进行规避设计(designing around)或者独立实验——这一因素间接地反映了专利发明和被控侵权装置或方法之间的差异的大小。对联邦巡回庭而言,旨在复制专利或者避免专利侵权的人,被想象在复制或避免侵权方面具有最低限度的技能,因此有意识的复制行为导出一项推论,即只有非实质性的差别。这一推论可以通过独立开发的证据反驳。从故意围绕专利权利要求做规避设计导出非实质性差别的推论。这一解释有很大缺陷。至少,人们会有这样的疑问:究竟如何区别仅仅做细小改变以降低法律风险的故意抄袭者(copyist)和围绕权利要求进行设计并尽可能利用专利技术中可供自由利用部分的累积性创新者。
……

尽管 Graver Tank 肯定为请求人所谓"将主观意图(intent)因素纳入等同原则"的建议留下空间,我们并不认为该案有这一要求。更好的能够与 Graver Tank 之前的先例和侵权认定的客观方法相一致的意见是,在适用等同原则的过程中,主观意图并不扮演角色。

C

最后,请求人建议,为了缩小与专利权利要求的通知功能的冲突,等同原则应限于那些在专利中已经披露的等同物。更温和一点的意见,也即下面的异议法官所推崇的意见,认为等同原则应该限于专利颁发时已经知道的等同物,而不应延伸到后来出现的等同物。

就像我们在上文提到的那样,鉴于等同原则的客观本质(objective nature),熟练实施者(skilled practitioner)知道(knowledge)权利要求特征与被控侵权的特征之间的可替代性(interchangeability)[这一主观心理状态]本身(for its own sake)[对于等同侵权的认定]并无关系,但是,这一"知道"与否的主观心理状态对于事实调查者判断这些特征之间的相似或不同,是相关的。① 就像利用假想的"理性人"(reasonable person)视角(perspective)来定义所谓的"过失"行为的概念一样,熟练实施者的认识能够用于定义和限制"等同"的概念。对于等同原则下被控侵权的特征是否等同于权利要求特征

---

① 本书作者注:这应该是说,熟练实施者关于技术特征等同替换的主观认知(knowledge)不像普通侵权案件中侵权人的主观过错那样对于认定侵权有意义,但是该等同替换的主观认知对于认定两项技术特征客观上构成等同替换,有重要意义。

的问题,合适的判断等同(即要素之间的可替代性)的时间是侵权之时,而不是专利授权之时。这里驳回了请求人较温和的意见,自然就驳回了它的更严厉的建议,即认定等同侵权时,等同方案不仅要被知晓,而且应在专利中实际披露。

......

V

剩下的是关于等同判断的语义模式(the linguistic framework)的讨论。双方当事人和联邦巡回庭花费了相当多的时间争论所谓的"三要素等同"测试法(triple identity test)——关注权利要求中特定特征的功能、该特征实现该功能的方式、和该特征所获得的结果——是否是判断等同的合适方法,或者"非实质性差异"方法是否是更好。各方似乎有实质性的共识,即三要素等同测试法可能适合分析机械装置,但是分析其他产品或方法时,它所提供的分析模式却很糟糕。另一方面,非实质性差异测试法在回答为什么特定的差异是"非实质性"方面,也没有提供额外的指导。

在我们看来,与[测试法的]特定语义模式相比,更重要的是该测试法是否可以回答核心问题:被控侵权的产品或方法是否包含与专利发明的每一个特征相同或等同的特征?不同的语义模式可能适合不同的案子,这取决于特定案件的事实。集中关注单个的特征,并且对那些借等同概念完全抹去任何特征的做法保持高度警惕,应当可以显著降低[判断者]所采用何种语义模式的不准确性。在具体的权利要求的背景下分析每个特征所扮演的角色,会回答下列疑问:替代性特征是否在功能、方式和结果上与权利要求中的特征一致,或者替代性特征所扮演的角色是否与权利要求中的特征实质不同。在这些限制性原则的背景下,我们认为没有必要走得更远,去对联邦巡回法院在判断等同是所采用的术语进行微观管控。我们期待联邦巡回法院在个案的判断过程中逐步改良其等同判断的方法。我们将这一改良工作留给该法院,在这一特殊专业领域它具有很好的判断力。

VI

今天我们坚持等同原则。等同判断应当在对要素逐一客观审查的基础上进行。禁止反悔原则继续是一种侵权抗辩,但是如果专利持有人证明申请过程中的一项修改与专利性无关,则法院必须考量该修改目的以决定禁止反悔原则是否被排除。当专利持有人不能证明修改的目的时,法院应当假定推定该修改背后的目的将导致禁止反悔原则的适用。

......

思考问题:

(1)在法院看来,等同原则究竟是如何防止专利权人不合理地扩大权利要求范围的?

(2)要保证权利要求通知功能,似乎应该是直接适用禁止反悔原则,而不是要推定适用。而法院强调推定适用,原因何在?

(3) 你能想象一下,判断限制性特征的替换是否为等同替换的"三要素测试法"有什么不合理的地方吗? 有更好的替代方案吗?

(4) 如果修订权利要求为避免现有技术,为什么要适用禁止反悔原则,而不直接适用现有技术抗辩呢? 权利人没有将特定方案写入权利要求的原因,对于权利要求的解释很重要吗? 为什么?

Festo v. Shoketsu Kinzoku Kogyo Kabushiki Co.

美国最高法院 535 U.S. 722(2002)

KENNEDY 法官:

本案要求我们再一次处理专利法上的两个概念之间的关系问题,即等同原则和禁止反悔原则(prosecution history estoppel)。本法院在 Warner-Jenkinson Co. v. Hilton Davis Chemical Co., 520 U.S. 17 (1997)案中考虑过相同的问题,并且确认专利保护其持有人,避免抄袭者仅仅对专利发明做非实质性改变就逃避侵权责任。同时,我们还认为,等同原则将保护延伸到专利的字面含义之外,会给专利垄断权的边界带来实质性的不确定性。如果等同的范围不明确,竞争者可能无法判断什么是专利发明的许可的替代方案,什么是侵权的等同方案。

Warner-Jenkinson 案确认,为了降低不确定性,竞争对手可以依靠专利申请的历史文档,即专利申请程序中的公开记录。在一些案子中,专利商标局可能因为权利要求没有满足可专利性的法定要求而驳回过专利申请的早期版本。当专利权人以限缩权利要求范围应对时,则这一专利申请过程的历史将禁止他后来争辩说,原始的更宽的权利要求所覆盖的客体内容不过是[专利发明的]一个等同方案。竞争者可以依靠禁止反悔原则以确保它们自己的装置不会被认定为等同侵权。

联邦巡回上诉法院在本案判决中指出,为了获取专利而限缩权利要求,专利权人放弃了其所修改权利要求特征(the amended claim element)的所有等同方案。请求人主张这一判决从两个方面背离了过去的先例。首先,它对为满足专利法要求而做的每一个修改都适用禁止反悔原则,而不是仅仅针对那些为避免较早的发明,即在先技术的先占(preemption),而做的修改;其次,它判定,在适用禁止反悔原则时,禁止对修改过的权利要求特征的任何等同主张。上诉法院承认,这一判决背离了她自己的判例。在先前判例中法院在考虑什么等同方案受到申请历史的阻却时适用弹性阻却规则。请求人认为,以完全阻却(complete bar)替代弹性阻却,上诉法院给很多在申请过程中修改过的专利蒙上阴影。在这些专利修改时,法律并没有采用如此严格的标准。

我们授予调卷令来考虑这些问题。

I

请求人 Festo 公司拥有两项关于磁性无杆气缸(magnetic rodless cylinder)的专利。

该气缸是一种利用磁力移动传送系统中物体的活塞驱动装置。该装置有很多工业用途,已经被用在从缝纫机到迪斯尼世界的过山车(Thunder Mountain ride)的各类机械中。虽然该气缸运行的确切细节并不重要,但是申请的历史必须要考虑。

请求人的专利申请像很多申请一样,在申请程序中作了修改。第一项专利即 Stoll 专利(美国专利第4,354,125号)的申请在审查员驳回其最初的申请后作了修改,因为操作的确切方法不够清楚,其中有些权利要求以不能接受的方式撰写(它们之间存在多重依赖)。35 U.S.C. § 112 (1994 ed.)。发明人 Stoll 博士为了应对审查员的反对意见,提交了一份新的申请,同时也添加了在先文献的引用。第二项专利,即 Carroll 专利(美国专利第3,779,401号),也在重新审查程序中被修改。该申请中也增加引用在先文献。两个修改后的专利中都增加了一个新的限制性特征,即该发明包括一对密封圈,每一侧都有一个唇边,可以阻止杂物进入活塞装置中。修改后的 Stoll 专利还在该装置的外壳上增加了限制性特征,即有可磁化材料制作的套筒(sleeve)。

在 Festo 开始销售它的无杆气缸后,被请求人(这里称作 SMC)带着一个与 Festo 的专利所揭示的装置类似但不完全相同的装置进入该市场。SMC 的气缸没有采用两个单向的密封圈,而是采用了一个双向唇边(two-way lip)的密封圈。而且,SMC 的套筒是由不可磁化的合金制成。SMC 的装置没有落入任何一个专利权利要求的字面范围内,但是请求人宣称它是如此的相似因此构成等同侵权。

SMC 辩称,该专利的申请历史禁止 Festo 进行[等同侵权的]指控。Festo 产品中的密封圈和磁化合金都是在修改后的申请出首次披露的。在 SMC 看来,这些修改限缩了先前的申请,放弃了替代方案,即竞争性装置中的区别特征——该密封圈和用于制造该套筒的合金类型。由于 Festo 限缩了其权利要求以获得专利,SMC 认为,Festo 现在已被禁止宣称这些特征是非实质性的(immaterial)以及 SMC 的装置是其专利的等同方案。

美国马萨诸塞州区法院不同意。它认为 Festo 的修改并不是为了避免在先技术,因此该修改并不是导致禁止反悔的那种修改。联邦巡回上诉法院的一个审判庭维持了这一判决。我们授予调卷令,依据我们在 Warner-Jenkinson v. Hilton Davis Chemical Co., 520 U.S. 17 (1997)案中的判决意见,撤销了该判决,并发回重审。在重审法庭作出判决之后,上诉法院决定全体法官出席(en banc)重新审理那些因本院 Warner-Jenkinson 判决引起的在上诉法院法官之间存在分歧的问题。

全体法官组成的审判庭推翻了先前的判决,认为禁止反悔原则阻止 Festo 主张被控侵权的装置以等同侵权方式侵害其专利。该法院认为(只有一个法官提出异议),为了遵守专利法而对专利权利要求所作的任何限缩性修改都适用禁止反悔原则,而不仅仅限于那些为避免在先技术而做的修改。更加有争议的是上诉法院的下列判决:当禁止反悔原则适用时,它完全阻却对所修改特征提出的任何等同主张。该法院承认,它自己的判例并没有走得这么远。先前的判决认为禁止反悔原则构成一种弹性阻却,排除一些而不是所有的等同侵权主张,具体取决于修改的目的和文字本身的变化。但是,该法院结论认为,它的先例所采用的弹性规则应该被推翻,因为这一个案判断的方法已经被证明是不可操作的。在该法院看来,阻却针对限缩特征的所有等同侵权主张的"完全阻却规则",会提高侵权案件中判决的确定性。

四个法官对采用完全阻却的意见提出异议。在四份单独意见中,异议法官认为,推翻先例的多数意见违背了 Warner-Jenkinson 案的结论,会扰乱现有很多专利权人的期待。Michel 法官在其异议意见中详细说明了完全阻却规则如何要求上诉法院抛弃本院的 8 个在先判例和该法院自己的 50 个在先判例。

我们授予了调卷令……

II

专利法通过临时的垄断权奖励创新,从而促进"科学和实用技术的进步"。U. S. Const., Art. I, § 8, cl. 8. 该垄断权是一种财产权。和其他的财产权一样,它的边界应该清晰。这种清晰对于促进技术进步是至关重要的,因为它使得创新领域的投资更有效。专利持有人应当知道它究竟拥有什么,同时,公众应当知道它究竟不拥有什么。正因为如此,专利法要求发明人以"完整、清晰、简洁和准确的文字"描述他们的成果(35 U. S. C. § 112),以在发明人和公众之间维持一种精细的平衡。发明人依赖法律的承诺而作出发明,而公众则应该被鼓励在发明人的独占权之外寻求新的发明创造……

不幸的是,语言的本质使得它不可能抓住专利申请中事物的精髓(essence)。发明人选择以专利保护其发明,并对公众披露该发明,而不是以秘密方式利用其发明,要承担这样的风险:他人可能努力从该专利语言的不足中牟取好处:

一项发明最重要的部分就像一个有形的结构或一系列的图画。文字的描述通常是事后为了满足专利法的要求而撰写的。将机器转化成文字的过程,许可存在无意间留下的无法有效填补的思想空隙(idea gaps)。经常是发明很新颖,而描述它的文字不存在。字典并不总是跟上发明者的节奏。实际上不可能。事物(things)不是为了迎合文字而被创造,相反,文字是为事物而创造的。

专利权利要求的语言不能抓住发明的所有微妙之处(nuance),或者在其新颖性的限度内进行完全准确地描述。如果专利总是按照它的字面意思进行解释,则它们的价值将大大降低。对某些特征进行不重要的和非实质性的替代,就可能打败该专利。专利对于发明人的重要价值很容易被简单的抄袭行为所摧毁。正因为如此,文本主义(literalism),作为最明确的专利解释规则,或许可以节省司法资源,但是并不必然是最有效的规则。专利的范围并不限于其字面的含义,相反,包含该权利要求所描述的内容的所有等同物。

的确,等同原则使得专利的范围更不确定。要判断什么是一个发明的特定特征的等同物,什么不是,可能很困难。如果竞争者不能肯定专利权的范围,它们可能受到吓阻而避免从事那些在专利范围之外的原本合法的制造活动。它们也可能错误地对专利所保护的竞争产品进行投资。此外,不确定性还会导致竞争对手浪费资源进行诉讼,而文本主义规则可能避免此类诉讼。但是,对于等同原则的这些担心并不是新鲜的事物。本院每次考虑这一原则时，都承认这一不确定性是为确保创新动力而支付的代价。在面对异议者敦促本院接受更具确定性的规则时，本院已经重申了等同原则……

最近的一次是在 Warner-Jenkinson 案中，本院重申：等同方案依然是专利所要保护的已确立的权利中很牢靠的部分。本院的一致意见认为，如果等同原则要被抛弃，应该由国会而不是本院来做：

"等同原则的久远历史强有力地支持我们在 Graver Tank 案中对'专利法与等同原则相冲突'这一论断所作的否定性结论。国会可以随时立法将等同原则排除。双方提出的各种政策性争论应该提交到国会，而不是本院。"

III

禁止反悔原则（Prosecution history estoppel）要求，解释专利权利要求时应当考虑申请过程中专利商标局的程序文档。禁止反悔（estoppel）是一项专利解释（construction）规则，确保在解释权利要求时要考虑那些已经被撤回或驳回的内容……等同原则许可专利权人对那些虽然没有被原始的专利权利要求所覆盖但是通过微小变化就能实现的非实质性替换主张权利。如果专利权人当初对被控侵权的客体提出了权利要求，但〔后来〕为了避免申请被驳回而缩窄该权利要求，则他不能争辩说被放弃的地盘是不可预见的客体，应该被视为被批准专利的权利要求的字面含义的等同物。相反，"通过修改，专利权人认识到并且强调两个术语之间的区别……而且，被专利权人所放弃的这一区别应该被视为是实质性的（material）"。

一项驳回决定表明，专利审查员并不相信原始的权利要求能够获得专利。专利权人有权提出上诉，却放弃上诉而是提交修改后的权利要求，这一决定等于承认发明专利的确不能达到原始权利要求的范围……如果不是这样，发明人就可能会规避专利商标局的守门功能（gatekeeping role），在侵权诉讼中重新将其为寻求专利授权而放弃客体内容拿回来。

禁止反悔原则确保等同原则不背离其内在目标。如果原始申请一度涵盖了诉争的等同特征，但是专利权人为获得专利或保持其效力而缩窄其权利要求，则专利权人不能主张他缺乏描述诉争客体所需要的术语。确立等同原则的前提是，语言在捕捉创新的精髓方面存在不足（inability），而在先申请已经描述该诉争的精确特征（element）这一事实破坏了该前提。在这种情形下，申请的历史已经表明，发明人注意到了诉争的客体内容，知道从宽和从窄描述权利要求的不同术语，但依旧主动选择了后者（即从窄）。

A

本案所涉及的第一个问题是可能适用禁止反悔原则的修改类型。请求人声称适用禁止反悔的是那些为限缩发明专利的客体范围而作的修改，比如，为了避免在先技术而作的修改，但不包括那些为了满足专利申请的形式要求而作的修改。在 Warner-Jenkinson 案中，我们认为禁止反悔原则（prosecution history estoppel）并不是在专利申请的每一次修改中都适用。我们先前的案例一直只是在因为有限的一些原因修改权利要求时,才适用禁止反悔原则,比如,为了"避免在先技术或为了回应一项具体的可能导致相关客体不可专利的关切——比如创造性"。虽然我们指出过,那些因与可专利性实质相关的原因(substantial reason related to patentability)所作修改,适用禁止反悔,但我们并不建议对可能适用禁止反悔原则的每一个原因进行定义或归类。的确,我们说过,即使修改的目的与可专利性无关,法院仍然可以决定该修改原因是否属于应适用禁止反悔原则的那种类型。

请求人是对的,即最常讨论的禁止反悔原则的情形是为了避免在先技术而做的修改……为了应对在先技术而作的修改也是我们在 Warner-Jenkinson 案中的重点。但是,这并不意味着其他目的的修改就不会适用禁止反悔原则。申请历史(prosecution history)或许会推翻"未被描述的事物是不可描述的"这一推断(inference)。这一理由(rationale),并不仅仅因为"为确保专利授权而做的限缩性修改"是出于避免在先技术之外的某些目的,就停止起作用。

我们同意上诉法院的意见,为满足专利法要求的任何限缩修改都可能适用禁止反悔原则。就像该法院所解释的那样,一项专利在授权前必须满足一系列的法定要求。保护客体必须具有实用性、新颖性和创造性。35 U.S.C. §§ 101—103 (1994 ed. and Supp. V)。此外,专利申请必须描述、充分公开(enable)和说明(set forth)实施该发明的最佳实施例。§ 112 (1994 ed.)。[申请人]必须在专利授权之前满足这些要求,因为专利独占权的交换条件是向公众披露该发明。专利申请所要求保护的内容必须和说明书中所披露的内容相同,否则专利就不能授权。如果第112条的其他要求没有得到满足,也不应该授予专利。申请人如果没有能够满足这些要求,则可能导致已授权专利在后来的诉讼中被宣告无效。

请求人宣称,为遵守第112条所作的修改,所涉及的是申请的形式,而不是发明的客体内容。专利商标局可能要求申请人澄清一个模糊的术语,改进一个外语词汇的翻译,或者重新撰写从属权利要求使之成为独立权利要求。请求人认为,在这类案子中,申请人无意放弃保护客体,不应当被禁止挑战那些构成等同的[侵权]装置。虽然在有些案子中,这可能是真实的,但是申请人的争论混淆了专利权人的修改原因和该修改对专利客体[范围]的影响。

为了确保专利而作出修改,而该修改限缩了专利的范围,则禁止反悔。如果第112条意义上的修改真的是装饰性的(cosmetic),则该修改不会限缩专利范围或导致禁止反悔的适用。相反,如果第112条意义上的修改是必要的,而且限缩了专利的范围——即使只是为了更好地描述发明,则可能适用禁止反悔原则。限缩权利要求以获得专利授权的专利权人,无论该修改是为了避免在先技术还是为了遵守第112条,都是在放弃对更宽范围的保护客体的要求。我们必须认为,专利权人已经承认不能对更宽范围的保护客体主张权利,或者至少已经放弃了对驳回提出诉讼的权利。在任一情形下,禁止反悔都可以适用(may apply)。

B

请求人承认,诉争的限制特征(limitations)——密封圈和套筒物(the composition of the sleeve)——是因为第 112 条上的原因而增加的,如果不是同时为了避免在先文献的话。我们的结论——为了遵守第 112 条而限缩权利要求适用禁止反悔原则——引发第二个问题:该"禁止反悔"禁止发明人就被限缩的特征的任何等同物提出侵权主张吗? 或者,还是有一些等同物会侵权? 上诉法院认为禁止反悔是一项完全的阻却(complete bar),因此被限缩的特征必须仅仅限于其严格的字面含义。依据其自身的经验,上诉法院认为弹性阻却规则不可行,因为它导致过度的不确定性,给合法的创新活动带来负担。基于下面所述的理由,我们不同意采用完全阻却的结论。

尽管禁止反悔原则能够阻却[权利人对]很大范围内的等同物的挑战,在确定其适用范围时还是要审查限缩权利要求时所放弃的客体内容。完全阻却规则确立所谓当然适用规则(per se rule),避免进行审查。这一方法违背了适用禁止反悔规则的最初目的——让发明人对申请过程中的陈述以及从修改中可以合理得到的推论负责。通过修改申请,发明人等于承认该专利并不能覆盖原始权利要求的范围。当然,这并不意味着修改后的权利要求的描述就如此的完美,以至于没有人能够设计出一个等同方案来。修改之后,就像修改之前一样,语言依然难以完美地描述发明。限缩性修改可能证明权利要求不涵盖哪些内容,但是它可能仍然不能精确捕捉(capture)究竟权利要求的内容是什么。并没有理由表明,限缩性修改应当排除在修改之时尚不可预见、也超出合理解释的被放弃内容范围的等同方案。也没有理由排除与修改的理由只有边缘性的外围联系(peripheral relation)的发明特征(aspects of the invention)的等同方案。修改本身并不表明该发明人在撰写权利要求方面,比那些申请未经修改就直接被授权的发明人突然有了更多的先见之明。它只是表明发明人熟悉较宽的权利要求文本以及[修改前后]两个文本之间的差别。因此,要求专利权人接受修改后权利要求的字面含义约束,并不比彻底抛弃等同原则,要求每一个专利权人接受其专利的字面含义的约束,更有道理。

上述关于禁止反悔原则的观点与我们的先例一致,也尊重了专利商标局的实践。虽然本院并没有在先前的案子中权衡完全阻却和弹性阻却(the flexible bar)的优缺点,可是我们一直持续地以比较有弹性的而不是严格的方式适用这一学说。我们一直考虑在专利申请过程中什么样的等同方案被放弃掉,而不是强制要求彻底阻却。后者等于回到等同原则所要努力克服的文本主义(literalism)。

上诉法院忽略了 Warner-Jenkinson 的指导。该案指出,法院改变规则可能中断发明人共同体已经确立的期望时,必须很小心。在该案中,我们声明,等同原则和禁止反悔原则是已经确立的法律规则。改变它们的职责在国会。对这些规则的根本性改变,要冒破坏发明人对其财产的合法期待的风险。Warner-Jenkinson 案请求人请求确立另一个界线分明的规则,以便在决定禁止反悔原则何时适用时有更大的确定性,但是代价是中断了无数专利持有人的期待。我们拒绝了该方法:"现在如此实质性地改变游戏规则,会颠覆专利商标局在颁发无数专利时所努力维持的各种平衡关系。这些专利尚未到期,还会受我们判决的影响。"就像 Warner-Jenkinson 案所意识到的那样,专利审查程序要参照我们的案例法进行。按照先前的制度修改权利要求的发明人没有理由相信他们放弃了所有的等同方案。如果他们知道了这一点,他们可能会对驳回决定提出上诉,[而不是选择修改其权利要求]。对于那些依赖先前学说的人适用新的更积极的禁止反悔原则,不具有正当性。

在 Warner-Jenkinson 案中,我们维持了适当的平衡,将证明修改与专利性无关的证明责任放在专利权人一方:

> 在没有任何解释的场合,法院应当推定,通过修改增加限制性特征时,该专利申请[的修改]与专利性有实质性关联。在这种情况下,禁止反悔原则将阻止对该特征适用等同原则。

当专利权人不能解释修改的原因时,禁止反悔原则不但适用,而且"阻止对该特征适用等同原则"。这些说法并不强制要求完全阻却,它们只是限于"没有解释"的场合。不过,它们的确要求,如果法院不能确定限缩性修改背后的目的,从而不能为限制禁止反悔原则对[发明人]所放弃的特定等同方案的适用找到合理的理由,则法院应当推定专利权人放弃了较宽语义与较窄语义之间的全部客体内容。

就像 Warner-Jenkinson 案判定专利权人承担举证责任,去证明一项修改并非出于"会导致禁止反悔原则适用"的原因一样,我们在这里判定,专利权人应当承担举证责任,证明其修改并没有放弃诉争的特定的等同方案。美国[专利商标局]提倡这一方法,我们认为它很合理。[公众可以]期待,作为权利要求文字的作者,专利权人所撰写权利要求会涵盖容易知晓的等同方案(readily known equivalents)。专利权人决定通过修改限缩其权利要求,可以被推定为一般性地放弃了原始权利要求和修改后的权利要求之间的地盘。但是,在有些情况下,修改并不能合理地视为放弃一项特定的等同方案。在申请之时,该等同方案可能并不能够预见;修改背后的理由可能与诉争的等同方案只有无关紧要的关联(a tangential relation)①;或者有其他理由表明,[公众]并不能合理地期待专利权人已描述诉争的非实质性替换。在这些情况下,专利权人能够克服"禁止反悔原则阻止等同认定"的推定。

这一推定并不仅仅是完全阻却的别名。相反,它反映了这样的事实:对于专利的解释必须从它的字面含义开始,同时申请过程的历史在解释权利要求时是相关的。当专利权人选择限缩一项权利要求时,法院可以推定他在撰写该修改后的文本时明知这一规则,并且知道放弃的地盘不是权利要求所主张的地盘的等同物。但是,在这些情形下,专利权人仍然可以反驳"禁止反悔原则阻却等同主张"的推定。专利权人必须证明,在其作出修改时,[公众不会合理地期待]该领域熟练技术人员去撰写一个原本应该在字面上涵盖诉争等同方案的权利要求。

---

① 本书作者注:Festo II 中引用 Webster 字典对 Tangential 进行了解释,比较有帮助。

IV

依据面前的案卷记录,我们不能说请求人已经推翻了"禁止反悔原则适用,诉争的等同方案已经被放弃"的推定。请求人承认,诉争的限制性特征——密封圈和套筒物——是为了应对依据第112条所作驳回决定而增加的,如果不是同时为了避免在先文献的话。因为作出修改的理由与专利性有关,问题就不再是禁止反悔原则是否适用,而是该修改究竟放弃了哪些地盘。虽然禁止反悔原则并不导致完全阻却,但是问题依然是,请求人能否证明该限缩性的修改并没有放弃诉争的特定的等同方案。对于这些问题,被请求人可能胜出,因为密封圈和套筒物都没有在申请过程中被明确地提到。不过,这些事实应当首先由上诉法院或区法院在后续程序中决定。

联邦巡回庭的判决被撤销,依据本意见发回重审本案。

判决如上。

思考问题:

(1) 法院指出,在修改目的不明的情况下,"法院应当推定专利权人放弃了较宽语义与较窄语义之间的全部客体内容"。这里何谓较宽语义,何谓较窄语义?

(2) 对权利要求的修改,就直接推定为放弃了部分客体内容?为什么?是否有可能,权利要求在修改后字面含义变宽?

Festo案法院反对完全地或者说绝对地适用禁止反悔原则。不过,如我们所知,专利权利要求解释的一个基本目的是寻求社会公众基于专利文献所理解的权利要求的范围,而不是专利权人内心所理解的权利要求范围。如果当事人的修改目的的不同,会导致禁止反悔原则的适用范围有所不同,这是否与权利要求解释的基本目的相违背呢?因为当事人的内心所想可能和社会公众的理解有所出入。在Festo案中法院重申由专利权人来举证证明其缩小权利要求范围,并不是放弃特定等同物。你觉得,作为专利权人要举证到何种程度,才符合要求呢?

4.3 法院主动适用禁止反悔原则

在沈其衡v.上海盛懋交通设施工程有限公司(最高人民法院(2009)民申字第239号)案中,最高人民法院确认,尽管法律没有明确规定,法院可以主动适用禁止反悔原则:"禁止反悔原则是对认定等同侵权的限制。现行法律以及司法解释对人民法院是否可以主动适用等同原则未作规定,为了维持专利权人与被控侵权人以及社会公众之间的利益平衡,亦不应对人民法院主动适用禁止反悔原则予以限制。因此,在认定是否构成等同侵权时,即使被控侵权人没有主张适用禁止反悔原则,人民法院也可以根据业已查明的事实,通过适用禁止反悔原则对等同范围予以必要的限制,以合理地确定专利权的保护范围。因此,二审法院对禁止反悔原则的适用并无不当。"

问题在于:禁止反悔原则实际上是对专利权利要求的范围进行限制,需要诉讼一方就先前陈述的内容、限制作用的大小等进行举证。同时,专利权人也有权对此提出反驳。在没有特殊公共政策目标的情况下,法院主动依职权适用禁止反悔原则是否违反民事诉讼的基本原则,将法院变成被控侵权者的律师呢?

有人或许会说,让本来无效的专利成为侵权指控的基础,对于被告本身是不公平的。这一不公平能够成为法院依职权适用禁止反悔原则的合理性基础吗?

4.4 等同原则与技术方案的"可预见性"

在 Festo Corp. v. Shoketsu Kinzoku Kogyo Kabushiki Co., Ltd. 344 F. 3d 1359 (2003)(Festo II)案中,Rader 法官在其附和意见中建议利用所谓的"可预见性"对等同原则的适用进行限制:

> 协调的原则很简单:等同原则不覆盖专利撰写者在专利申请过程中就能够预见到因而原本能够写入权利要求的客体。因此,在任何可预见的场合,由权利要求本身的字面意思来定义发明的范围。与此同时,等同原则保护那些非实质性改变的并且不可预见的场合。最高法院在强调本院不能变相地(by another name)适用完全阻却(complete bar,即完全阻止等同原则的适用)时,[实际上]已经接受了可预见性原则。Festo Corp. v. Shoketsu Kinzoku Kogyo Kabushiki Co., 535 U.S. 722, 74(2002)。因为最高法院继续接受它在 Warner-Jenkinson 案中所创设的其他情形的完全阻却,在最高法院看来,'可预见性'将使得[法院在适用]"完全阻却推定"时对专利撰写者(以及修改者)的预见(expectations)更为重视(more sensitive)。

Rader 法官的意见相对激进,似乎还没有成为美国法院的主流意见。联系上文,你觉得他对于最高法院在 Festo 案中的立场的解读,有道理吗?你觉得"可预见性"标准是否值得提倡?为什么?

4.5 专利申请案卷的获取

在侵权诉讼中,被告要证明禁止反悔情形的存在,就必须查阅纪录相关的**专利申请案卷**。原则上,"任何人均可向专利局请求查阅和复制公布后的发明专利申请案卷和授权后的实用新型和外观设计专利申请案卷"。"对于已经审结的复审案件和无效宣告案件的案卷,原则上可以查阅和复制。"[①]到目前为止,这些案件还无法直接通过网络获得。需要者必须前往知识产权局的办公地点申请查阅或者邮寄申请查阅。从申请到获得文档,通常需要 10 个工作日以上的时间。[②] 社会公众对于专利说明书、权利要求之外的专利申请案卷的获取如果不够方便,可能对公众理解权利要求的范围造成实质性的障碍。将来,似乎有必要将这些专利申请过程中的衍生文件以一种合适的方式公开,或者以更便捷的途径让公众自由获取。

如果将来法律明确承认侵权诉讼的陈述也会引发禁止反悔原则的适用,则可能需

[①] 《专利审查指南》(2010)第五部分"第四章专利申请文档第 5 节查阅和复制"。
[②] 国家知识产权局网站:《文档的查阅和复制》,http://www.sipo.gov.cn/ztzl/query/blzn/wdcyfz/201311/t20131125_883792.html,2015 年 8 月 4 日访问。

要确立已生效判决的查阅制度。

4.6 外观设计侵权中禁止反悔原则的适用

外观设计专利中由于不存在权利要求,因此通常不存在修改权利要求而导致保护范围限缩的可能性。但是,当外观设计的专利性在无效程序中受到挑战时,专利权人依然可能作出某些限缩外观设计保护范围的陈述,理论上讲,这依然适用禁止反悔原则。进一步的讨论,参考黎运智、杨为国:《外观设计侵权判定的禁止反悔原则适用问题》,载《电子知识产权》2006 年第 4 期,第 45—48 页。该文介绍了"音乐首饰梳妆台案"。该案中,专利权人在无效程序中宣称对比文件的外观设计与自己的专利方案不同,但是后来又对与对比文件的外观设计相同的被告产品提出侵权指控。被告主张禁止反悔。

5 捐献与意图限定原则

捐献原则和意图限定原则都有一旦放弃就禁止反悔的意思,或许可以视为广义的禁止反悔原则的一部分。接下来分别加以介绍。

5.1 捐献原则

最高人民法院在 2009 年的司法解释中,第一次明确了所谓的捐献原则:"对于仅在说明书或者附图中描述而在权利要求中未记载的技术方案,权利人在侵犯专利权纠纷案件中将其纳入专利权保护范围的,人民法院不予支持。"[①]这一原则所适用的常见情形是申请人在说明书中明确列举了多种可行的技术方案的实施例,但是各自的效果有所差异。权利要求书仅仅覆盖部分技术效果较好的方案。这时候,申请人被视为抛弃了说明书中提到的技术效果不够满意的技术方案。事后,法院会拒绝专利权人利用等同原则来覆盖说明书中提到的效果较差的技术方案。

捐献规则实质上是对等同原则适用的一种限制。之所以如此规定,是考虑到以下情形:专利申请人有时为了容易获得授权,权利要求采用比较下位的概念,而说明书及附图又对其扩张解释。专利权人在侵权诉讼中主张说明书所扩张的部分属于等同特征,从而不适当地扩大了专利权的保护范围。实际上,这是一种"两头得利"的行为。专利制度的价值不仅要体现对专利权人利益的保护,同时也要维护权利要求的公示作用。因此,捐献规则的确立,有利于维护权利要求书的公示性,平衡专利权人与社会公众的利益关系。[②]

适用捐献规则基于权利人在说明书及附图等文件中自行披露等同方案却没有将它写入权利要求的事实推定权利人明知该等同方案的存在却依然选择放弃该方案。其实,权利人可能是由于疏忽而没有将该方案纳入权利要求的范围的。美国法上为此

[①] 《最高人民法院关于审理侵犯专利权纠纷案件应用法律若干问题的解释》(2009)第 5 条。
[②] 孔祥俊、王永昌、李剑:《〈最高人民法院关于审理侵犯专利权纠纷案件应用法律若干问题的解释〉适用的若干问题》,载《电子知识产权》2010 年第 2 期,第 78—79 页。

类权利人提供了纠正错误的机会：在原始专利授权两年内，专利权人可以提交重新授权申请，然后将权利要求扩大以涵盖当初描述过但没有写入权利要求的内容。① 另外，权利人也可以通过单独的申请就该内容主张权利。② 在中国法上，则没有类似的制度安排。因此，捐献规则在中国法下显得更严厉。

捐献原则适用时最容易发生的争议大概是申请人仅仅在说明书中指出某些特定方案的缺陷，而在权利要求书或其他文件中又没有明确排除此类技术方案。这时候，是否可以认为申请人实际上没有对这些方案提出权利要求从而"捐献"该技术方案？前文"专利侵权"一章的"权利要求解释"一节的提到的多个案例多少与此有关。

5.2 意图限定原则

与捐献原则接近的一种规则是所谓的"意图限定"或"意识限定"原则。后者是指权利人在其权利要求中适用非常明确的限定性语言界定保护范围，给社会公众传达的信息是在该范围之外，权利人不会主张权利。如果专利权人试图通过等同原则的适用将专利保护范围延伸到明确界定的范围之外，则应当被禁止。比如，最高人民法院在后文所述的大连仁达新型墙体建材厂 v. 大连新益建材有限公司案中就强调权利人使用"至少两层以上"的明确的限定性语言，导致不能利用等同原则对"一层"主张权利。这一规则与捐献规则的差别在于前者强调语言本身的明确含义，而不关注权利人是否在权利要求之外披露过被排除的方案。

最高人民法院《关于审理侵犯专利权纠纷案件应用法律若干问题的解释（二）（征求意见稿）》（2015）第 12 条对这一规则有明确的表述："权利要求采用'至少'、'不超过'等用语对数值特征进行界定，且本领域普通技术人员认为专利技术方案特别强调该用语对技术特征的严格限定作用，权利人主张与其不相同的技术特征属于等同特征的，人民法院不予支持。"不出意外，这一条应该会被最终的司法解释定稿保留。

莫文彩 v. 湖南省防雷中心、湖南省环境保护局

湖南省高院（2006）湘高法民三终字第 29 号

曾志红、邓国红、钱丽兰法官：

原审法院认定，1995 年 2 月 9 日，莫文彩向国家专利局申请了"前沿感应限流尖端放电灭雷"发明专利。1998 年 10 月 3 日，国家专利局经实质审查后，授予莫文彩发明专利权，并予以公告，专利号为 ZL95101810.8。该发明专利的独立权利在权利要求书中表述为：本发明涉及避雷设备，特别是前沿感应限流尖端放电灭雷，由方位灭雷锥、壳骨架、静电感应金属壳体、金属支杆、金属支架、支持基体、引下线和接地极体等部分组成，其特征是……锥体底部固定联接在封闭金属壳体上而锥尖外指，<u>数量不少于 4 枚，不超过 40 枚</u>……

---

① 356 U.S.C. §251.
② 356 U.S.C. §120.

本院认为，根据《中华人民共和国专利法》第五十六条第一款的规定，发明或者实用新型专利权的保护范围以其权利要求的内容为准，说明书及附图可以用于解释权利要求。由于本案所涉专利在叙述灭雷锥的技术特征时，明确使用了"不少于4枚，不超过40枚"这种界线非常清楚的限定词，说明书也明确记载灭雷锥的数量"不允许少于4枚，但多也不宜超过40枚"，因此，在解释权利要求时，不应突破这一明确的限定条件。否则，就等于从独立权利要求中删去了"不少于4枚，不超过40枚"，导致专利权范围不合理的扩大。故少于4枚或多于40枚灭雷锥的结构应被排除在专利保护范围之外。显然，上诉人在申请专利时已在权利要求中放弃了对于4枚以下或40枚以上数量的灭雷锥要求，而在请求专利保护时，又要求对他自己已排除在保护之外的技术特征进行保护，违反了诚实信用原则，人民法院应不予支持。同时，从涉案专利发明的目的和方法进行分析，本案专利中灭雷锥数量的不同，不能简单地认为只是数量的差异，而是直接影响避雷设备的避雷能力和避雷效果，应当认为，仅有一根传统避雷针的避雷设备所达到的避雷效果与有"不少于4枚，不超过40枚"灭雷锥的避雷设备所达到的避雷效果是不同的。

思考问题：

为什么要强调"不少于4枚，不超过40枚"与"4—40枚"之间的语义差别？

大连仁达新型墙体建材厂 v. 大连新益建材有限公司

最高人民法院(2005)民三提字第1号

王永昌、郃中林、李剑法官：

原审法院查明：1999年10月13日，"混凝土薄壁筒体构件"被授予实用新型专利权，专利权人为王本淼，专利号为ZL98231113.3。[随后，仁达厂]取得了该专利在辽宁省的独家使用权。

该实用新型专利权利要求书的内容为：一种混凝土薄壁筒体构件，它由筒管和封闭筒管两端管口的筒底组成，其特征在于所述筒底以至少二层以上的玻璃纤维布叠合而成，各层玻璃纤维布之间由一层硫铝酸盐水泥无机胶凝材料或铁铝酸盐水泥无机胶凝材料相粘接，筒底两侧板面亦分别覆盖有一层硫铝酸盐水泥无机胶凝材料或铁铝酸盐水泥无机胶凝材料。同样，所述筒管以至少二层以上的玻璃纤维布筒叠套而成，各层玻璃纤维布筒之间由一层硫铝酸盐水泥无机胶凝材料或铁铝酸盐水泥无机胶凝材料相粘接，筒管内腔表面与外柱面亦分别覆盖有一层硫铝酸盐水泥无机胶凝材料或铁铝酸盐水泥无机胶凝材料。

2002年初，仁达厂发现新益公司生产与专利相类似的产品并投入市场。该产品的主要技术特征为：筒管由一层玻璃纤维布夹在两层水泥无机胶凝材料中，封闭筒管两端的筒底亦由水泥无机胶凝材料构成，其中没有玻璃纤维布。与涉案专利相比，新益公司的被控侵权产品的筒管部分少一层玻璃纤维布，筒底部分没有玻璃纤维布。

[大连市中级人民法院认为,被控侵权产品在手段、功能和效果上,与涉案专利基本相同,构成等同侵权。辽宁省院维持原判。]

[仁达厂答辩称:]

随着玻璃纤维布技术的进步,专利申请后采用一层玻璃纤维布就能实现专利的发明目的。专利申请时,只有非耐碱玻璃纤维布的标准,1999年颁布耐碱玻璃纤维网格布标准后,才有正式的耐碱玻璃纤维布被使用。耐碱玻璃纤维布抗腐蚀性好,所以筒管部分采用一层玻璃纤维布,就可以形成很好的筒体构件产品,达到与专利基本相同的功能、效果。专利权利要求书所写"至少二层以上玻璃纤维布",是最好的技术方案。筒底的玻璃纤维布,可夹可不夹,但当水泥压力大时,可在筒底夹上玻璃纤维布,这样筒底就可以作得薄了,使重量减轻,且筒体不容易弯曲。另,被控侵权产品筒管接口部分是否重合,并不影响等同的认定。

……

本院经审理查明,原审法院认定的事实基本属实。另查明,专利申请日前,已出现耐碱玻璃纤维布。

本院认为:针对新益公司申请再审的事实和理由以及仁达厂的答辩,本案主要涉及以下三个问题:

一、筒底壁层结构是否是专利的必要技术特征。

首先,从权利要求书的撰写要求看,《中华人民共和国专利法实施细则》第二十条、第二十一条明确规定,权利要求书应当清楚、简要地表述请求保护的范围。权利要求书应当有独立权利要求。独立权利要求应当从整体上反映发明或者实用新型的技术方案,记载解决技术问题的必要技术特征。应当认为,凡是专利权人写入独立权利要求的技术特征,都是必要技术特征,都不应当被忽略,而均应纳入技术特征对比之列。本院不赞成轻率地借鉴适用所谓的"多余指定原则"。其次,从权利要求书的作用看,根据《中华人民共和国专利法》第五十六条第一款的规定,发明或者实用新型专利权的保护范围以权利要求书的内容为准。权利要求书的作用是确定专利权的保护范围。即通过向公众表明构成发明或者实用新型的技术方案所包括的全部技术特征,使公众能够清楚地知道实施何种行为会侵犯专利权,从而一方面为专利权人提供有效合理的保护,另一方面确保公众享有使用技术的自由。只有对权利要求书所记载的全部技术特征给予全面、充分的尊重,社会公众才不会因权利要求内容不可预见的变动而无所适从,从而保障法律权利的确定性,从根本上保证专利制度的正常运作和价值实现。本案专利权利要求书只有一项权利要求,即独立权利要求。该独立权利要求对筒底和筒管的壁层结构分别给予了明确记载。所以,仁达厂关于专利筒底壁层结构不是必要技术特征的主张,不能成立。"筒底以至少二层以上的玻璃纤维布叠合而成,各层玻璃纤维布之间由一层硫铝酸盐水泥无机胶凝材料或铁铝酸盐水泥无机胶凝材料相粘接,筒底两侧板面亦分别覆盖有一层硫铝酸盐水泥无机胶凝材料或铁铝酸盐水泥无机胶凝材料",是本案专利的一项必要技术特征。

故此,本案专利的全部必要技术特征为:(1)筒管;(2)封闭筒管两端管口的筒底;(3)所述筒底以至少二层以上的玻璃纤维布叠合而成,各层玻璃纤维布之间由一层硫铝酸盐水泥无机胶凝材料或铁铝酸盐水泥无机胶凝材料相粘接,筒底两侧板面亦分别覆盖有一层硫铝酸盐水泥无机胶凝材料或铁铝酸盐水泥无机胶凝材料;(4)所述筒管以至少二层以上的玻璃纤维布筒叠套而成,各层玻璃纤维布筒之间由一层硫铝酸盐水泥无机胶凝材料或铁铝酸盐水泥无机胶凝材料相粘接,筒管内腔表面与外柱面亦分别覆盖有一层硫铝酸盐水泥无机胶凝材料或铁铝酸盐水泥无机胶凝材料。

与专利筒底壁层结构该项必要技术特征相对比,被控侵权产品筒底的水泥无机胶凝材料中没有玻璃纤维布。显然,两者并不相同。又因被控侵权产品筒底的水泥无机胶凝材料中不夹玻璃纤维布,而专利筒底的水泥无机胶凝材料中间隔夹有至少二层以上的玻璃纤维布,两者不属于基本相同的手段,故亦不等同。仅被控侵权产品筒底的技术特征与专利相应技术特征既不相同又不等同一点,就足以判定被控侵权产品没有落入专利权的保护范围。

二、被控侵权产品筒管部分在水泥无机胶凝材料中夹有一层玻璃纤维布是否属于与专利相应技术特征的等同特征。

首先,根据《中华人民共和国专利法》第五十六条第一款的规定,发明或者实用新型专利权的保护范围以其权利要求的内容为准,说明书及附图可以用于解释权利要求。由于本案专利权利要求书在叙述玻璃纤维布层数时,明确使用了"至少二层以上"这种界限非常清楚的限定词,说明书亦明确记载玻璃纤维布筒的套叠层"可以少到仅两层",故在解释权利要求时,不应突破这一明确的限定条件。应当认为,本领域的普通技术人员通过阅读权利要求书和说明书,无法联想到仅含有一层玻璃纤维布或者不含玻璃纤维布仍然可以实现发明目的,故仅含有一层玻璃纤维布或者不含有玻璃纤维布的结构应被排除在专利权保护范围之外。否则,就等于从独立权利要求中删去了"至少二层以上",导致专利权保护范围不合理的扩大,有损社会公众的利益。其次,本案专利中玻璃纤维布层数的不同,不能简单地认为只是数量的差别,而是对于筒体构件的抗压能力、内腔容积以及楼层重量具有不同的物理力学意义上的作用。筒管部分含有"至少二层以上"玻璃纤维布,在增强抗压能力、减轻楼层重量、增加内腔容积方面达到的技术效果应优于筒管部分仅含"一层"玻璃纤维布的效果。应当认为,仅含"一层"玻璃纤维布不能达到含有"至少二层以上"玻璃纤维布基本相同的效果,故被控侵权产品筒管部分在水泥无机胶凝材料中夹有一层玻璃纤维布不属于与专利相应技术特征等同的特征,更不是相同特征。因此,被控侵权产品亦没有落入专利权的保护范围。

另,关于耐碱玻璃纤维布的问题,因耐碱玻璃纤维布早在专利申请日之前已出现,专利申请人对此应有预见,但在权利要求书中仍然使用了"至少二层以上玻璃纤维布"的措辞,故仁达厂关于因玻璃纤维布技术进步导致等同侵权成立的主张,不能成立。关于被控侵权产品筒管接口的问题,因仁达厂自认被控侵权产品筒管接口部分是否重合不影响等同的认定,故本院对此不再评判。

……

综上,被控侵权产品筒底的水泥无机胶凝材料中没有玻璃纤维布,与专利筒底壁层结构相比,既不是相同特征,也不是等同特征;被控侵权产品筒管部分的"水泥材料中夹有一层玻璃纤维布",不能达到与专利筒管部分的"水泥材料间隔夹有至少二层以上的玻璃纤维布"基本相同的效果,被控侵权产品筒管部分的技术特征,与专利相应的技术特征,不构成等同特征,更不是相同特征。故此,被控侵权产品没有落入专利权的保护范围,新益公司的行为不构成对涉案专利权的侵犯。原审判决以专利的主体部分是筒管、筒底起次要作用为由,忽略筒底壁层结构这一权利要求书明确记载的必要技术特征,未将其纳入技术特征的对比之列,且在筒管部分玻璃纤维布"一层"和"至少二层以上"的理解上,错误地认为只是数量的差别,进而判定符合等同特征的构成要件、等同侵权成立,属适用法律错误,应予纠正。

……

思考问题:

(1)假设耐碱玻璃纤维布在专利申请之前并不存在,发明人当时无法预见到一层玻璃纤维布能够实现发明目的,所以强调要有两层以上玻璃布。在耐碱玻璃纤维布出现后,还能主张等同原则吗?如果可以,又如何解释"至少"意味着明确放弃呢?

(2)法院为什么要强调"至少二层以上"和"二层以上"的语义差异?我们要更多地关心申请人所要表达的真实意思,还是要看熟练技术人员所把握的字面意思?如果是后者,为什么还要许可利用等同原则突破字面意思?

意图限定原则背后的核心问题依然是所谓的放弃或者明确排除的界定问题。在美国的案例中同样存在类似的问题。比如,Graver案,主流意见认为如果严格按照字面意思确定权利要求的范围,对发明人是不公平的。而异议意见则认为如果权利要求所没有覆盖的领域,应该属于公共领域。如果熟练技术人员看来,两种金属离子的替换是显而易见的,而申请人写申请时忽略了这一显而易见的替代方案,为什么不能被视为主动放弃该方案呢?

同样的,在Warner-Jenkinson案中pH 6.0—9.0的限制,也存在这样的问题,为什么不能将上述表述解释为发明人明确放弃两端的要求呢?当然,如果严格作上述解释,就会使得等同原则没有了适用空间,使得该原则本来要救济的不公平情形得不到救济。在上述两个极端之间,究竟如何才能寻求一种可靠的方法判断申请人究竟是由于疏忽或缺乏撰写技巧而缩小了权利要求的范围,还是申请人刻意放弃了部分技术方案?使用了"至少"之类的关键词,就是一个可靠的标准吗?大连仁达新型墙体建材厂案中,在当时的技术下,发明人相信至少要两层,可是随着技术的进步,最终发现一层也是可能的,则是否意味着"至少"之类的关键词不再是问题的关键了?

在北京南辰投资有限公司 v. 上海华源铝业有限公司(上海高院(2004)沪高民三(知)终字第4号)案中,上海高院有如下意见:

> 涉案专利发明为组合物发明,其权利要求为封闭式权利要求。故涉案专利所

保护的组合物应是由铜0.2%—0.3%、锰0.1%—0.3%、铁≤0.3%、硅<0.15%,余量为铝以及不可避免的杂质(百分比)组成的组合物。该组合物不应包含其他组分,且其中的不可避免的杂质应是通常的含量。

……

本案涉案专利权利要求中记载的锰含量范围为0.1%—0.3%,被控侵权产品中锰含量为0.086%。鉴定报告认为,根据所涉领域的常识,锰的加入使合金表面生成均匀的蚀孔,同时提高合金的强度,被控侵权产品中锰含量的降低不会导致产品意外效果的发生,是以基本相同的手段实现基本相同的功能,并达到基本相同的效果,且本领域的普通技术人员无须经过创造性劳动即能联想到该种特征的替代作用。故该特征与专利特征等同。

在这一案件中,"锰0.1%—0.3%"如果还不构成明确的意图限定的关键形式,那么"铁≤0.3%、硅<0.15%"算不算呢?为什么?

第 12 章
间接侵权

1 基本原理

1.1 间接侵权概述

间接侵权是知识产权学者们的一种理论概括,并非专利法或相应司法解释上的正式术语。① 它是相对直接侵权而言②,通常是指行为人虽然没有直接侵害专利权,但是却诱使直接侵权行为发生,或者在明知或者应知的情况下为直接侵权行为提供实质性的帮助。③

本书将间接侵权行为分成两种类型,引诱侵权和帮助侵权。前者是使侵权者主观上产生侵权动机的行为,后者则是客观上向侵权者提供实质性的帮助。这一区分单纯是为了理论表述的方便,二者之间有时候并没有绝对的界限。

引诱侵权行为的可能表现如下:(1)销售非专利产品时诱使购买者利用该产品制造专利产品或实施专利方法;(2)按照专利技术的方案为他人设计产品;(3)越权转让专利或许可他人实施专利技术④;(4)为直接侵权人提供责任担保以降低其侵权顾虑;(5)公司的管理人员积极引诱公司从事专利侵权活动等。

帮助侵权的常见表现是为侵权者实施直接侵权行为提供实质性的物质帮助,比如提供实施侵权行为的场所、提供制造侵权产品的必要原料或零部件、协助销售侵权产品等等。

帮助侵权规则的确立,对于维护专利权人的利益非常重要。专利保护的范围以专利权利要求所界定的范围为准。一项产品或方法只有完全落入该权利要求的保护范围时,才会直接侵害专利权。正是由于这项规则,很多人刻意只实施权利要求所要保护的发明的核心部分,将后续的实施工作交由其客户自行完成,由客户承担潜在的直

---

① 不过,北京高院在《意见》中直接使用了"间接侵权"的概念,也有一些司法判决中直接使用间接侵权的说法。比如,后文提到的胡荣良 v. 四川省绵阳市华意达化工有限公司(四川成都中院(2004)成民初字第 942 号)、北京英特莱特种纺织有限公司 v. 北京新辰陶瓷纤维制品公司(北京一中院(2002)一中民初字第 3258 号)等案。
② 直接侵权是指《专利法》第 11 条所禁止的直接侵害专利权的违法行为。
③ 引自上一章侵权概述部分。
④ 有人可能会认为第(3)项构成直接侵权,即所谓侵害专利权人的处分权——对外许可或转让。

接侵权风险。而客户通常分散在社会各个角落,专利权人难以有效追究其直接侵权责任。这样的规避策略帮助行为人攫取了专利发明的商业价值,却避免承担直接侵权责任,在一定程度上使得专利保护的目的落空。为了应对这种规避策略,专利法建立起所谓的间接侵权制度,追究行为人的法律责任。

1.2 间接侵权与共同侵权的关系

在《侵权责任法》(2009)出台之前,中国关于共同侵权的最主要的法律依据有:《民法通则》(1986)第130条和相关的司法解释。① 现在,《侵权责任法》(2009)已经吸收了这些规定,并进一步对无过错联系的数人侵权的侵权责任分担作出规定。这样,广义共同侵权行为的各个类别大致有了法律依据。具体而言,最广泛意义上的共同侵权行为大致包括:

(1) 有共同过错的共同加害行为,即狭义的共同侵权行为。这类行为对应的法律条文是《侵权责任法》(2009)第8条:"二人以上共同实施侵权行为,造成他人损害的,应当承担连带责任。"它通常是指数人基于共同故意或共同过失而侵害他人的行为。如果是基于共同故意,行为人通常主观上有意思联络,在侵权过程中有一定的分工合作。如果是基于共同过失,则行为人"也是基于一致的意思而为一定的行为,该行为具有导致损害发生的可能性,而行为人却没有能够预见或没有能够避免该损害的发生。"②这里,"共同过失也不同于过失的竞合,数人基于各自的过失在同一连接点上引发损害的发生时,也不会基于意思而形成一体性,虽然其可能基于因果关系而形成一体性,这里缺少的是一致行动的意思。在共同过失致害的场合,损害是否单一、可分,也不再重要。"③

(2) 无过错联系但行为结合的数人侵权行为。这时候行为人没有共同的故意(无意思联络),也没有共同的过失。比如,电力公司的高压电线过低,而又有人在高压线下堆土,导致爬上土堆的受害人触碰电线受损害;行为人过失致人车祸,送医后医院又出现过失,致受害人死亡等。《侵权责任法》(2009)将这类行为列入"二人以上分别实施侵权行为造成同一损害"类别,具体又可以分为两类亚种:其一,每个人的侵权行为都足以造成全部损害",行为人承担连带责任。④ 其二,单个的侵权行为不足以造成全部损害,但行为的贡献度不明。如果"能够确定责任大小的,各自承担相应的责任;难

---

① 《民法通则》(1986)第130条:"二人以上共同侵权造成他人损害的,应当承担连带责任。"《最高人民法院关于贯彻执行〈民法通则〉若干问题的意见》(1988)第148条第1款:"教唆、帮助他人实施侵权行为的人,为共同侵权人,应当承担连带民事责任。"

② 叶金强:《共同侵权的类型要素及法律效果》,载《中国法学》2010年第1期,第69页。该作者举了一个很形象的例子:"甲、乙共抬一根5米长的木材穿越一条马路,在即将穿过时因转弯过急致木材的尾端击伤行人丙。该案中,抬木材穿越马路是基于甲、乙一致的意思而为之,在作出该行为时,甲、乙应当预见到该行为潜在的致害可能性,并且完全可以避免损害的发生,但却导致损害的发生,故存在共同过失,应承担连带责任。"

③ 同上。

④ 《侵权责任法》(2009)第11条。

以确定责任大小的,平均承担赔偿责任"。①

(3) 无过错联系也无行为结合的共同危险行为。这是指没有过错联系的数人分别作出相同的危险行为,其中一个或部分人致人损害,但身份难以确定。比如,数个观众在体育看台上向运动员扔饮料瓶,其中一个瓶子击中运动员身体;多个住户在阳台上养花,某一住户的花盆坠落伤人,等等。依据《侵权责任法》(2009)第10条:"二人以上实施危及他人人身、财产安全的行为,其中一人或者数人的行为造成他人损害,能够确定具体侵权人的,由侵权人承担责任;不能确定具体侵权人的,行为人承担连带责任。"

(4) 帮助或引诱教唆行为。这类行为与前述第一类最为典型的基于共同过错的加害行为很接近,但还是有一些差别。帮助者和教唆者未必与加害行为人有相同的故意或过失,通常也没有直接实施加害行为。不过,帮助者或教唆者一般**被视为**共同行为人而承担连带责任。② 我国的《侵权责任法》(2009)第9条第1款也明确规定:"教唆、帮助他人实施侵权行为的,应当与行为人承担连带责任。"

专利间接侵权的直接理论来源是传统的共同侵权理论。③ 后来,逐步演化,在侵权构成要件上形成一些细化或变通的规则,从而自成体系。在很多人看来这大有与共同侵权理论分道扬镳的趋势。不过,如上所述,民法学界对于共同侵权的构成要件还有很大的争论。④ 在这一背景下,强调间接侵权的特殊性,认为间接侵权无法纳入共同侵权的理论体系的观点,并不可靠。在中国专利法在这一问题上作出明确表态之前,本书认同现有司法实践的做法——按照广义的共同侵权规则来处理间接侵权。⑤

在数人侵害专利权时,如果行为人之间有直接的意思联络,分工负责共同实施专利侵权行为,则属于狭义的共同侵权行为。理论上,此类行为应被视为共同的直接侵权而不是间接侵权行为。如果行为人与直接侵权人之间没有共同的故意,只是为后者提供帮助或者教唆引诱后者侵害专利权,则前者的行为很容易被归入上述共同侵权行为中的帮助侵权或引诱侵权的亚种。专利法下最为典型的间接侵权行为是,行为人单方面出售不具备非侵权用途的专利产品专用部件的行为。在出售专用部件时,出售人通常明知或应知该部件仅仅能够用于侵害专利权,但并不关心具体是谁在购买和使用

---

① 《侵权责任法》(2009)第12条。
② 参见《德国民法典》第830条、《日本民法典》第719条的规定。
③ 邓宏光:《专利间接侵权与共同侵权关系探析》,载《电子知识产权》2006年第4期,第22—23页。这一点在美国也不例外——间接侵权(Contributory Infringement)理论来源于普通法上的共同侵权理论(the doctrine of joint tort feasors)。Giles S. Rich, Infringement under Section 271 of the Patent Act of 1952, 21 Geo. Wash. L. Rev. 521,525(1952—1953);Metro-Goldwyn-Mayer Studios Inc. v. Grokster, Ltd., 125 S. Ct. 2764, 2776 (2005) ("[The] doctrines of secondary liability emerged from common law principles and are well established in the law")。
④ 参考程啸:《论意思联络作为共同侵权行为构成要件的意义》,载《法学家》2003年第4期,第94—102页。
⑤ 当然,完全地实现民法和知识产权两个领域的理论对接,还需时日。理论上,本书并不排除将来利用变通后的共同侵权及相关理论完全取代间接侵权规则的可能性。在统一法治的背景下,统一适用共同侵权的概念可能更有利于学术共同体的形成,方便跨学科的学术对话。

该部件。这时候,出售人和购买者之间并不存在"意思联络"(共同故意),因而不属于狭义的共同侵权行为。

以上的分析表明,到目前为止,似乎还没有证据显示,广义共同侵权理论框架下的各种行为类别不能完全涵盖各类典型的间接侵权行为。即便真的不能涵盖,合理的选择也是在广义共同侵权理论的框架下,创设新的补充性亚种,而不是在广义共同侵权理论之外,重新创设一套覆盖各类间接侵权行为的新理论。共同侵权理论方面的争论已经表明,这么做不会有什么出路,徒增困扰。

不过,需要指出的是,传统的共同侵权规则强调不同行为人之间的联系,而专利间接侵权在其发展过程中实际上逐步背离了传统的共同侵权规则,越来越像一种独立的侵权责任。间接侵权制度的中心理念是他人不得从发明人所创造的核心市场中获取实质性利益。立法者对于权利人所创造的核心市场范围的理解,直接影响到间接侵权的范围。在这一理念中,间接侵权人与直接侵权人之间的过错联系已经变得不那么重要了。

1.3 间接侵权的构成要件

1.3.1 直接侵权行为的发生

间接侵权是否一定要以直接侵权行为(直接实施专利的行为)事实上发生并在法律上被确认为前提,在中国依然是一个尚未形成定论的问题。过去比较有代表性的是北京高院在《关于专利侵权判定若干问题的意见(试行)》(2001)中所表达的立场。①该《意见》的第78条规定:"间接侵权一般应以直接侵权的发生为前提条件,没有直接侵权行为发生的情况下,不存在间接侵权。"但是,该《意见》在第79—80条中则又规定了几类例外情形,比如直接实施行为不被视为侵权行为,属于"个人非营利目的的制造、使用专利产品或者使用专利方法的行为",或者"依照我国法律认定的直接侵权行为发生或者可能发生在境外"等,也可以认定存在间接侵权。在北京高院2013年的《专利侵权判定指南》中,上述例外条款不复存在。在没有直接的法律规定的情况下,法院似乎是放弃了先前的激进立场。

理论上,认定间接侵权的最低限度的要求应该是直接侵权行为事实上会发生。因为只有这样,专利权人的市场利益才会受到负面影响,法律才有干预的必要。需要强调的是,这里刻意区分直接侵权行为"事实上发生"与"法律上的确认"两个不同的术语。前者是指直接实施专利的行为事实上发生,后者则是指该实施行为被法律确认为直接侵权行为。

直接侵权行为"事实上会发生"和"事实上已经发生"还是有一段距离。在美国,大部分法院并不要求专利权人在间接侵权诉讼中证明实际存在直接侵权行为。通常,专利权人只要证明间接侵权人的顾客在购买相关产品后会按照预期的方式侵害专利

---

① 该《意见(试行)》(2001)已经为北京高院的《专利侵权判定指南》(2013)所取代。

权就足够了。① 中国有学者认为,间接侵权的认定应该有比较严格的标准,建议要求专利权人证明有法律上的直接侵权存在。具体方案有二:其一,是专利权人在提起间接侵权诉讼时举证证明司法或行政机关已经作出了生效的直接侵权的判决或认定;其二,是专利权人将间接侵权人和直接侵权人列为共同侵权诉讼的共同被告。② 这一意见与中国的司法实践相差甚远。从后文提到的诸多间接侵权案例看,很多法院并不要求专利权人证明直接侵权行为事实上已经发生。比如,在后文提到的诺瓦提斯公司 v. 重庆新原兴药业有限公司(重庆市一中院(2008)渝一中民初字第 133 号)案中,法院认为销售中间体构成间接侵权,但并没有要求原告证明直接侵权确实发生。

中国《专利法》第 11 条对于直接侵权的"生产经营为目的"的强调③,《侵权责任法》第 9 条对于教唆或帮助侵权中"帮助他人实施侵权行为"的提法,给间接侵权的认定带来特殊的问题。这意味着消费者以个人消费为目的实施专利,并不构成专利法意义上的直接侵权。如果要求间接侵权必须以直接侵权为前提,而且直接侵权必须是法律意义上能够被确定为直接侵权行为,则很大一部分间接侵权行为可能无法得到法律确认。比如,如果他人唆使消费者实施专利,或者为消费者个人实施专利的行为提供帮助,可能会因为没有法律上的"直接侵权",而无法认定间接侵权。在美国的 Dawson Chemical Co. v. Rohm & Haas Co. 448 U. S. 176(1980)案中,农民使用该除草剂除草的行为如果不是直接侵权,则法院的推理就无法进行下去。因为直接使用者如果是合法的,则难以理解,为什么为合法使用者提供帮助会是侵权行为。同样,如果直接实施专利的行为发生在境外,依据国内法可能并不认为是法律意义上的直接侵权行为。这时,国内的引诱或帮助行为,是否构成间接侵权,在认定上也存在困难。比如下文提到的太原重型机器厂 v. 太原电子系统工程公司(山西高院(1993)晋经终字第 152 号)案。

在中国立法机关修改相关法律之前,司法机关似乎只能强调间接侵权应当以直接侵权为前提。不过,在程序法上,可以适当变通,只要权利人证明直接侵权行为很可能发生就算满足要求了。将来,专利法修订时,可以将间接侵权人帮助、引诱或教唆的对象明确为未经授权实施专利的人,而非仅仅是实施侵权行为的人。相应地,间接侵权应当以第三方未经许可实施专利的行为已经发生或者终将发生为前提。第三方未经许可的实施行为是否构成专利法意义上的直接侵权,则未必。这样就可以避免一些单纯的政策性规定(比如"生产经营目的"的限定)留下明显的法律逻辑漏洞。

---

① Roger E. Schechter & John R. Thomas, Intellectual Property: The Law of Copyrights, Patents and Trademarks, Thomson West, 2003, pp. 471-472.
② 尹新天:《专利权的保护》,知识产权出版社 2005 年版,第 529 页。
③ 《专利法》(2008)第 11 条:
发明和实用新型专利权被授予后,除本法另有规定的以外,任何单位或者个人未经专利权人许可,都不得实施其专利,即不得为生产经营目的制造、使用、许诺销售、销售、进口其专利产品,或者使用其专利方法以及使用、许诺销售、销售、进口依照该专利方法直接获得的产品。
外观设计专利权被授予后,任何单位或者个人未经专利权人许可,都不得实施其专利,即不得为生产经营目的制造、许诺销售、销售、进口其外观设计专利产品。

1.3.2 间接侵权行为人的主观过错

间接侵权行为人的主观上必须存在过错,这一点并无太大争论。即,间接侵权的行为人知道或者应当知道"专利权存在"和"直接行为构成专利侵权"的这两项事实,依然引诱直接侵权行为人从事直接侵权行为,或为之提供实质性帮助。间接行为人对于直接侵权行为的认知,究竟需要具体认知(specific knowledge),还是一般认知(general knowledge),在中国法上并没有明确的答案。在著作权法或商标法领域,这是一个争议激烈的问题。在专利法上争议也不可避免。对照:北京高院的《意见》的第76条规定:"间接侵权人在主观上应当有诱导、怂恿、教唆他人直接侵犯他人专利权的故意。"这一规定将过错限制在"故意"的范围内。《意见》第77条则进一步明确间接侵权人必须"明知",而没有"应知"的说法。

在具体案件中,如何证明间接侵权人的主观过错,则因案而异。这里只关注最为典型的一类间接侵权行为——销售前述"专用部件"——的行为人主观过错认定。一项产品除了用于侵权没有其他用途,作为一项客观事实,可能比较容易证明。在这一事实的基础上,是否可以直接推定制造者或销售者具有为直接侵权提供帮助的恶意呢?

从现有的法院判决看,法院在这一问题上有分歧。部分法院似乎乐意接受这一推定。比如,后文提到的兰州铁路局科学技术研究所 v. 北京跃特环保设备厂(北京市一中院(1998)一中知初字第47号)案、吕学忠、萧朝兴 v. 上海航空测控技术研究所、上海长江服装机械厂(上海一中院(2003)沪一中民五(知)初字第212号)案等判决法院。不过,在这些案例中,法院都没有对这些问题进行深入讨论,因此上述结论并不十分可靠。而另外一些法院则要求证明销售者知道直接侵权存在的事实。比如,后文提到的广州金鹏实业有限公司 v. 杨士英(陕西西安中院(2006)西民四初字第019号)案,法院认为被告在收到侵权通知后继续销售专用部件,则存在主观恶意。

美国法上关于"非通用商品"提供者的过错的认定,值得关注。美国《专利法》第271条规定:……(b)积极地引诱专利侵权行为发生者,应承担专利侵权责任;(c)任何人销售专利产品的部件、专利方法中所用到的物质或装置,而该部件、物质、装置等构成专利发明的实质部分(a material part),销售者也知道该销售物是专门为实施对该专利的侵权而制造的,这种产品不是一种通用产品(staple article)或实质意义的非侵权使用的普通商品,则该销售者应当承担间接侵权责任。

在认定间接侵权中的帮助侵权时,同样需要确认帮助者主观上存在过错,即帮助者是否明知或应当知道自己在为直接侵权行为提供帮助。这要求帮助者同时知道专利存在及侵权行为存在的事实。① 如果帮助者提供或销售产品是非通用商品(Non-staple article),通常可以推定帮助者知道专利权和直接侵权行为的存在。明知直接侵

---

① Aro Mfg. Co. v. Convertible Replacement Co., 377 U.S. 476, 488 (1964). ("[A] majority of the Court is of the view that § 271(c) does require a showing that the alleged contributory infringer knew that the combination for which his component was especially designed was both patented and infringing.").

权的存在,与主观上促成直接侵权的意愿还是存在明显的差别。美国法上,对于帮助者是否具有促成直接侵权的积极意愿(intent),在所不问。①

1.3.3 间接侵权行为与直接侵权之间的相当因果关系

侵权规则中的一个基本问题是因果关系。在这一方面,间接侵权也不应该例外。具体地说,除了证明存在直接侵权(损害结果)和间接侵权行为人的主观过错外,还应当证明行为人的引诱或帮助,对于直接侵权的结果而言,具有相当的因果关系。

就引诱侵权而言,在直接侵权人不知专利权存在的情况下,引诱或教唆可能是导致其选择侵权结果的很重要的原因。但是,如果直接侵权人自己在实施专利方案之前,已经知道专利事实,这时认定引诱和直接侵权结果之间的因果关系可能就需要小心谨慎一些。因为专利侵权后果本身对于直接侵权人来说,就已经是一种法律上的威慑。单纯的引诱或教唆,并不一定会降低这一威慑的效力。在这种情况下,如果没有提供所谓的侵权责任担保等措施降低这一法律威慑力,则教唆或引诱与直接侵权后果可能没有相当因果关系。不过,实际案例中鲜见这样的意见,上述结论并没有得到检验。

对于帮助侵权,因果关系的限制可以将其限制在为直接侵权行为提供实质性帮助的限度内,避免过度地追索。不过,确定帮助者的帮助是否为实质性,充满着政策性的权衡。争议较少的帮助侵权的情形应该是销售非通用产品(Non-staple Article)。即,帮助者向直接侵权行为人提供用于制造专利产品的部件或实施专利方法所要用到的物质或装置,而该部件、物质或装置构成发明的实质性部分,同时没有实质性的非侵权用途,则这种帮助可能被视为是实质性的,帮助者要承担间接侵权责任。② 如果帮助者提供的是通用产品(提供厂房、资金、销售场所等外围的物质帮助),如下文所述,这样的帮助可能被认为不是实质性的。不过,在中国法上,这一问题还不够清楚,有待立法或司法进一步澄清。

1.4 间接侵权人的责任范围

间接侵权人如果和直接侵权行为人有意思联络,属于狭义的共同加害类的共同侵权。间接侵权人应当承担连带责任,并无疑义。对于被视为共同侵权的引诱或教唆侵权,也同样如此。

对于间接侵权中的帮助侵权,在有些情况下,帮助人与直接侵权人之间是否存在意思联络则存在疑问。比如,间接侵权的行为人通过公开市场出售非通用的专利产品部件,其客户在购买相关部件后再自行组装,从而侵害专利权。在这种情况下,产品几经流转之后,间接侵权者可能并不确切知道其客户是谁,是否可以认为客户和间接侵

---

① Hewlett-Packard Co. v. Bausch & Lomb Inc., 909 F.2d 1464, 1469 (Fed. Cir. 1990) ("Section 271 (c) … made clear that only proof of a defendant's knowledge, not intent, that his activity cause infringement was necessary to establish contributory infringement.") (Rich, J.); Giles S. Rich, Infringement under Section 271 of the Patent Act of 1952, 21 Geo. Wash. L. Rev. 521,538(1952—1953) ("Section 271(c) gives rise to liability without any further proof of intent or inducement or joint action with the direct infringer").

② 这里,何谓发明的实质性部分,依然是一个比较模糊的问题。

权的行为人之间存在传统意义上的"意思联络"或"共同过错"则不无疑问。如果认为意思联络存在,则间接侵权人和直接侵权人要承担连带责任;相反,如果认为不存在意思联络,则可能需要按照数人侵权的规则处理。依据《侵权责任法》(2009)第 12 条:"二人以上分别实施侵权行为造成同一损害,能够确定责任大小的,各自承担相应的责任;难以确定责任大小的,平均承担赔偿责任。"

关于是否将间接侵权人和直接侵权人作为共同被告,最高人民法院在《关于审理侵犯专利权纠纷案件应用法律若干问题的解释(二)及说明(征求意见稿)》(2015)》中指出,在直接侵权人已经被在先裁判认定的情况下,则无将其列为本案共同被告的必要,人民法院可以根据案情决定是否追加共同被告。本书认为,在直接侵权行为人已经完全赔偿专利权人实际损失的情况下,即便间接侵权人是单独的被告,他也不应当再承担额外的损害赔偿责任。否则,专利权人就会因为侵权行为而受到双倍的赔偿。这显然违背民事损害赔偿的填平原则,在没有明确法律授权的情况下,是不能接受的。

1.5 间接侵权与专利权滥用

间接侵权的重要情形之一就是向直接侵权者提供用于实施直接侵权的中间产品或部件。专利权人追究间接侵权责任,实际上导致专利权人对这些本来不受专利保护的中间产品和部件获得类似专利的控制权。因此,专利权人的这一行为很容易被视为是将专利权延伸到非专利产品上,从而变相地延伸了专利权的保护范围。

从间接侵权理论看,这种变相的扩张行为本质上旨在更有效地制止直接侵权行为,因而并没有为专利权人谋取额外的利益。但是,实际操作过程中,间接侵权理论的确使得专利权人能够控制其原本不能控制的市场主体,从而引发专利权滥用的忧虑。中国的专利权滥用学说并没有明确而具体的法律依据。① 这一领域的研究深受美国专利法上的权利滥用学说影响。因此,这里对美国法上的专利权利滥用学说做简要介绍。

美国的权利滥用学说源于普通法上的双手洁净原则(clean hands),即权利人通过法院寻求救济时,必须保证自己双手干净,否则法院将拒绝支持权利人。具体到专利权,如果专利权人变相地将垄断权延伸到法定范围(权利要求)之外的产品,则可能被视为权利滥用。专利权滥用关注的是专利权人而不是侵权者的行为。显然,权利滥用学说本质上起到限制权利扩展的作用,与间接侵权学说的作用方向刚好相反。要使得这两种学说互相协调而不是互相冲突,必须在二者之间划出一道界限。

美国最高法院在著名的 Dawson Chemical Co. v. Rohm & Haas Co. 448 U.S. 176 (1980)案中仔细回顾了美国法在间接侵权与权利滥用制度之间的摇摆的过程。

在 Henry v. A. B. Dick Co. 224 U.S.1 (1912)案中,间接侵权的扩张达到了巅峰

---

① 国家知识产权局在《专利法第四次修改的征求意见稿》(2015)中新增了第 14 条,规定:"行使专利权应当遵循诚实信用原则,不得损害公共利益,不得不正当地排除、限制竞争。"如果获得通过,它将成为限制专利权滥用的最直接依据。

状态:法院认为专利权人可以因为自己对打印机的专利权而要求对方从权利人处购买打印机所需要的一般商品,如纸张和墨水等。法院认为,此类纸张和油墨的市场是由该发明开拓的。专利授权,就像销售普通商品一样,所有权人可以为该销售设置任何条件。

间接侵权制度的过度扩展导致了公众的反感。很快,法院在专利权滥用学说的名义下,重新调整了立场。在 Mercoid Corp. v. Mid-Continent Investment Co., 320 U.S. 661 (1944) (Mercoid I) 和 Mercoid Corp. v. Minneapolis-Honeywell Regulator Co., 320 U.S. 680 (1944) (Mercoid II) 中,法官明确指出,专利权人只要试图控制非专利产品的市场,就构成专利权的滥用,即使这些产品除了用于专利发明没有别的用途。这无疑大大压缩了间接侵权的适用空间。

在法院经历了来回摇摆的过程之后,美国《专利法》第271条在间接侵权和专利滥用之间寻求到一种妥协方案:专利权人可以对非通用的商品(Non-staple Articles)行使有限的控制权。因此,通用商品(Staple Articles)和非通用商品之间的界限,就成为专利间接侵权和专利权滥用之间的界限。

立法者通过间接侵权将非通用商品纳入专利权人的控制范围,淡化了法院对于间接侵权一般要件的关注。法院更多地讨论一项商品是否是非通用商品,而不再按照间接侵权主观状态、实质性帮助的标准等传统模式来分析间接侵权。这甚至给人造成这样的印象:间接侵权仅仅限于提供非通用产品这一种形式了,其他教唆和帮助行为均不构成间接侵权。

2 帮助侵权

专利法下的帮助侵权,是指行为人明知或应知道他人未经许可直接实施专利,依然提供实质性的帮助。最为典型的帮助侵权行为类型是提供专门用于制造专利产品或实施专利方法而没有其他实质性非侵权用途的专用部件、专用设备或专用原材料等。[①] 我国《专利法》并没有将帮助侵权行为限制在上述范围内。依据帮助侵权规则的一般逻辑,为他人直接实施专利提供活动场所,为销售侵权产品提供商业渠道或网络服务,仓储或运输专利侵权产品等,也可能构成帮助侵权。[②]

国内有学者认为,传统民法的共同侵权涵盖范围比较宽泛。专利法上应该有自己的政策性考虑,应当对民法的共同侵权的范围进行缩限。比如,尹新天教授认为:

> [民法通则上]"教唆、帮助他人实施侵权行为"的措辞具有十分广泛的含义。例如,在直接侵权行为发生之前为行为人提供资金、厂房、人员等必要的物质技术条件,承诺在直接侵权行为发生后为行为人制造的侵权产品提供仓储场所、销售

---

① 北京市高级人民法院《专利侵权判定指南》(2013)第108条:"提供、出售或者进口专门用于实施他人产品专利的材料、专用设备或者零部件的,或者提供、出售或者进口专门用于实施他人方法专利的材料、器件或者专用设备的,上述行为人与实施人构成共同侵权。"

② 北京市高级人民法院《专利侵权判定指南》(2013)第109条。

渠道、促销措施、售后服务等,都可以被认为具有教唆、帮助他人实施侵权行为的性质。如果将上述行为统统认定为间接侵权行为,就会出现一旦认定直接侵权行为成立便有可能株连一大批人的结局。①

各国将间接侵权行为限定为销售、提供某种"产品"或者"物品"的行为,并不包括除此之外的其他教唆、帮助行为。笔者认为这种立场是合理的,体现了这些国家在专利间接侵权问题上的审慎态度。发达国家尚且如此,我国没有理由将专利间接侵权扩大到所有的教唆、帮助行为。②

尹教授提到的各国在间接侵权方面的做法是否符合实际情况,还需要进一步的研究。从美国的情况看,还是基本准确的。按照通常的理解,美国专利法上的专利间接侵权条款(第271条(c))的确是将间接侵权行为限制在提供非通用产品的范围内,同时还要求行为人具有主观的过错。"制造和销售那些仅仅适用在专利组合物(patented combination)中的物品的人,将被推定为故意追求(intend)其行为的自然结果;他将被推定为有意让(intend)该物品被用在专利组合物中。"③如果行为人只是向直接侵权者提供通用产品,即便存在帮助直接侵权的主观恶意,依据这一条不构成间接侵权。④ 从第271条的立法史看(在权利滥用和间接侵权之间寻求一个平衡),普通法上的更一般的共同侵权、帮助或教唆侵权规则⑤,并不适用于上述间接侵权场合。⑥

上述意见对一般的共同侵权规则在专利侵权领域所带来的后果的担心是可以理解的。不过,有效保护专利权已经是立法者确定的政策,而且2009年的《侵权责任法》第2条明确表明侵权规则适用于专利权。如果"提供专用部件行为"之外的教唆或帮助侵权的确对专利权构成实质性威胁,要将这些间接侵权行为排除出一般的共同侵权规则的涵盖范围之外,似乎需要更明确的立法授权。在立法者作出具体而明确的限制适用之前,法院不能简单地拒绝适用上述一般规则。北京高院在《专利侵权判定指南》(2013)中显然持这一立场。

法院适用一般性的侵权规则,实际上也不太可能出现"株连一大批人的结局"。如前所述,教唆或帮助侵权通常都要求行为人存在主观过错,法律不会在行为人没有

---

① 尹新天:《专利权的保护》,知识产权出版社2005年版,第529—530页。对此持同样意见的,还有邓宏光:《专利间接侵权与共同侵权关系探析》,载《电子知识产权》2006年第4期,第22—23页。
② 尹新天:《专利权的保护》,知识产权出版社2005年版,第530页。
③ Metro-Goldwyn-Mayer Studios, Inc. v. Grokster, Ltd., 545 U.S. 913(2005).
④ Charles W. Adams, Applying General Tort Law to the Indirect Infringement of Patents, Copyrights and Trademarks,note 50-51. http://www.law.berkeley.edu/institutes/bclt/ipsc/papers2/adams.rtf,2011年8月9日访问。
⑤ RESTATEMENT (SECOND) OF TORTS § 876(b) (1979) ("For harm resulting to a third person from the tortious conduct of another, one is subject to liability if he … (b) knows that the other's conduct constitutes a breach of duty and gives substantial assistance or encouragement to the other so to conduct himself, …").
⑥ Charles W. Adams, Applying General Tort Law to the Indirect Infringement of Patents, Copyrights and Trademarks,note 50-51. http://www.law.berkeley.edu/institutes/bclt/ipsc/papers2/adams.rtf,2011年8月9日访问。

预期的情况下追究其侵权责任;同时,在因果关系判断环节还是有一定的限制性要求,可以避免让公众动辄得咎。比如,向直接侵权人提供通用商品或提供侵权场所的"帮助"行为,就可能在这一环节被排除出间接侵权的范围之外。当然,本书并不反对立法者将来采用美国式的排除策略,严格限制帮助侵权的适用范围。

2.1 提供专用部件、设备和材料

最高人民法院在《关于审理侵犯专利权纠纷案件应用法律若干问题的解释(二)及说明(征求意见稿)》(2015)第21条第1款中第一次明确规定:"明知有关产品系专门用于实施专利的材料、设备、零部件、中间物等,未经专利权人许可,为生产经营目的将该产品提供给他人实施侵犯专利权的行为,权利人主张该提供者的行为属于侵权责任法第九条规定的帮助侵权行为的,人民法院应予支持。"

这里行为人的主观状态"明知",在司法实践中很有可能被解释为包括"知道"和"应当知道"。因为法院常常只能基于外在的客观证据推断行为的主观状态,这就很可能导致"应该知道"(应知)状态被推断为"明知"。

广州金鹏实业有限公司 v. 杨士英

陕西西安中院(2006)西民四初字第019号

姚建军、文艳、唐居文法官:

[2002年10月30日国家知识产权局授予金鹏公司"自接式轻钢龙骨"发明专利权,专利号为ZL971160880。]该专利权利要求书记载的内容为:1.一种自接式轻钢龙骨,包括主龙骨、副龙骨、吊杆等,其特征在于:主龙骨的接头横截面呈导向夹角状,同时位于该接头的两侧端面分别设有向外凸出,并单向倾斜受力的卡钩,主龙骨的另一端两侧面分别设有与卡钩贴切配合的卡孔……

[金鹏公司在发现杨士英出售专利侵权产品之后,]通过以挂号信方式向杨士英送达了"关于自接式轻钢龙骨(ZL97116088.0)及多功能槽形龙骨(ZL97210253.1)专利产品的函及专利文献资料。"其中函内容载明,"自接式轻钢龙骨"系专利产品,仅由其公司制造。如有制造、使用、许诺、销售、进口侵犯该专利权之产品,请立即停止侵权行为,否则将承担相应的法律责任。[2005年12月13日金鹏公司在金利达饰业广场购买了主、副轻钢龙骨各6根,共计人民币104.4元,索取销售清单1张。杨士英系西安市未央区金利达板材经销部业主。]

本院认为:

……

与争讼之专利权利要求书对比,杨士英销售的产品没有吊杆部分。显然二者并不完全相同,亦就是说被控侵权产品没有落入专利权的保护范围。杨士英此项辩称理由成立,本院依法予以支持。

(二)杨士英的销售行为是否构成间接侵权

所谓"间接侵权"是指行为人未经许可为他人实施一项产品专利而提供该专利产

品的专用零部件,或者为他人实施一项方法专利而提供该专利方法的专用设备,它是建立在为了防止他人有意诱导和唆使他人直接侵犯专利权。本案中杨士英在接到金鹏公司的函件及专利文献资料后,其应当知道金鹏公司对其出售的产品有专利权存在并且有效,亦应知道该专利产品其产品的购买者没有获得实施该专利的许可。但杨士英仍在销售主、副龙骨,且其销售该产品是用于实施金鹏公司"自接式轻钢龙骨"发明专利的关键部件,亦就是说杨士英销售主、副龙骨必须与吊杆配合使用才能构成独立的产品,实现产品的功能,参照最高人民法院《关于贯彻执行中华人民共和国民法通则若干问题的意见》第一百四十八条即"教唆、帮助他人实施侵权行为的人,为共同侵权人,应当承担连带民事责任"之规定,应认定杨士英的销售行为,构成间接侵犯金鹏公司的专利权,对此杨士英应停止侵权行为。金鹏公司请求确认杨士英的销售行为侵犯其专利权并请求杨士英停止侵权行为,符合法律规定,本院依法予以支持。杨士英辩称被控侵权产品不是必须与副龙骨、吊杆配合使用才能构成完整的产品,与副龙骨、吊杆配合使用也不是被控侵权产品唯一功能,因此销售被控侵权产品不构成间接侵权之理由,依据不足,本院依法不予采信。

……

思考问题:

(1) 法院认为,"本案中杨士英在接到金鹏公司的函件及专利文献资料后,其应当知道金鹏公司对其出售的产品有专利权存在并且有效,亦应知道该专利产品其产品的购买者没有获得实施该专利的许可。"有道理吗?回答这一问题时,请留意函件内容。

(2) 这里所谓专利间接侵权,究竟是引诱(教唆)侵权,还是帮助侵权?出售可用于侵权的产品,本身就是引诱吗?

(3) 被告在接到原告的侵权通知之后,应当如何应对才能避免承担法律责任?他能要求权利人在合理时间起诉直接侵权人吗?

吕学忠等 v. 上海航空测控技术研究所等

上海一中院(2003)沪一中民五(知)初字第212号

黎淑兰、姜山、胡震远法官:

……

[1995年9月,两原告获得"缝纫机用拉布装置的安装装置"的实用新型专利授权,专利号为ZL95200055.5。]该专利的权利要求如下:1.一种缝纫机用拉布装置的安装装置,包含缝纫机、拉布装置及一安装构造……2. 根据权利要求1所述的缝纫机用拉布装置的安装装置,其特征在于其中所述的导槽为燕尾槽,且上述导轨为燕尾轨。

……

被告航空所销售的产品实物与说明书中表述的产品结构吻合,将其特征与系争专利的技术特征相比较,产品不具备权利要求1前序部分缝纫机的技术特征,具备权利要求 1 前序部分其余技术特征和特征部分的所有技术特征,并具备权利要求 2 的所有技术特征。

......

现通过比对,我们可以清晰地看到两被告生产、销售的 TBJ-2 同步牵引机不具备系争专利所要求的缝纫机的特征,故两被告产品的技术特征并没有全面覆盖专利的全部技术特征,两被告不构成直接侵权。

然而,本院注意到,TBJ-2 同步牵引机一旦和缝纫机组合,其技术特征就全面覆盖了专利技术特征。系争专利文件清楚地表明,本实用新型的目的就是克服原有不足,设计出更加适合各种品牌缝纫机的缝纫机用拉布装置的安装装置。现两被告生产、销售了同步牵引机和缝纫机产品,而包括拉布装置、安装装置的同步牵引机就是与缝纫机配合起来实现功能和效果的,而两被告也未举证证明同步牵引机脱离缝纫机后仍具有独立使用价值,或者仍能用作其他用途。不仅如此,两被告还在产品说明书中明确告知客户,该产品专用于同各种类型缝纫机的配合使用,并以图文结合的方式详细说明同步牵引机与缝纫机组合的方法,故其在主观上完全具备促成直接侵权的意图。其客户购买同步牵引机用于同缝纫机的组合使用或者销售等结果也是显而易见的。根据《专利法》第十一条第一款的规定,实用新型专利权被授予后,除另有规定外,任何单位或者个人未经专利权人许可,都不得为生产经营目的制造、使用、许诺销售、销售、进口其专利产品。本院认为,被告方生产、销售同步牵引机的行为自然导致侵权结果的发生,其间接侵权的责任不能免除。两被告系法人和分支机构的关系,并且实施了生产、销售行为,理应承担共同侵权责任。[本书作者注:一审判决后,双方均未提出上诉。]

思考问题:

假定被告在产品说明书中进一步告知客户:由于第三方专利的存在,用户如果要使用其产品需要进一步从第三方获得授权。这时候,法院还能认定被告"在主观上完全具备促成直接侵权的意图"吗?

晋江市安海柳峰汽车配件工贸有限公司等 v. 肖宗礼

福建省高院(2010)闽民终字第 726 号

陈一龙、陈茂和、蔡伟法官:

本案中,涉案专利独立权利要求是一种"汽车转向驱动前桥制动机构"实用新型专利,对比海宁三创公司向安海柳峰公司销售的"1058 汽刹制动器"产品和涉案专利独立权利要求所记载的内容,海宁三创公司所制造、销售的该制动器产品与涉案专利之间存在一定的必然联系,一旦使用该"1058 汽刹制动器"产品,必然在凸轮轴与制动底板轴心线形成一个约 10 度的角度,也就必然具有了涉案专利的相关技术特征。据此可以认定,海宁三创公司制造、销售的"1058 汽刹制动器"产品,是专门用于实施涉案实用新型专利的关键部件。虽然该制动器产品不包括摩擦片、拉簧、调整臂、推杆、气缸等,其技术特征没有覆盖涉案专利独立权利要求的全部必要技术特征,不构成对涉案专利的直接侵权。但是,由于该关键部件是专门用于专利产品的,海宁三创公司制造、销售该关键部件的目的是提供给他人实施涉案专利,因此,其具有帮助他人实施专利侵权行为的主观故意。在安海柳峰公司将从海宁三创公司处购得的该关键部件用于制造"130前驱汽刹总成"或称"汽车转向驱动前桥(汽刹)"产品,并已实际发生专利直接侵权行为的情况下,根据上述法律及其司法解释规定的一般侵权原则,海宁三创公司制造、销售"1058汽刹制动器"产品的行为,构成了对涉案专利的间接侵权,依法应承担停止侵权、赔偿损失的民事责任。

诺瓦提斯公司 v. 重庆新原兴药业有限公司

重庆一中院(2008)渝一中民初字第133号

赵志强、钟拯、谭颖法官:

1993年4月2日,原告(Novartis AG)向国家知识产权局申请名称为"嘧啶衍生物及其制备方法和用途"的发明专利,并于1999年6月2日获得授权公告,该专利至今合法有效……本院认定被告实际实施的相关行为为:生产、销售和许诺销售甲磺酸伊马替尼及其中间体氢化物(氨基物)、哌嗪苯甲酸;生产、许诺销售中间体硝基物和伊马替尼。①

原告认为,前述中间体除用于制造甲磺酸伊马替尼外并无其他商业用途。被告予以否认。本院认为,被告对其主张该三种中间体有其他商业用途的事实负有举证义务,但其并未举证,根据《最高人民法院关于民事诉讼证据的若干规定》第二条之规定,本院根据现有证据认定前述中间体除用于生产甲磺酸伊马替尼外无其他商业用途。

……

至于被告未经原告许可生产、销售和许诺销售中间体氢化物(氨基物)、哌嗪苯甲酸以及生产、许诺销售中间体硝基物的行为性质问题,本院认为:首先,根据本案查明的情况,该三种中间体除用于制备伊马替尼和甲磺酸伊马替尼外并无其他商业用途,被告出售该三种中间体必然导致买受人将其用于制造侵犯原告专利权的伊马替尼和甲磺酸伊马替尼产品;其次,被告在其网站上明确说明前述中间体为制造伊马替尼和甲磺酸伊马替尼的中间体,故被告对其行为必然导致前述后果是明知的。基于此,尽管前述中间体并未直接落入原告专利保护范围,但被告制造、销售该中间体必然导致买受人实施侵犯原告专利权的行为,且被告对该后果是明知的,故被告构成间接侵权。

---

① 被告生产的伊马替尼产品、甲磺酸伊马替尼落入了原告专利权权利要求保护范围,而中间体硝基物、氢化物(氨基物)和哌嗪苯甲酸等并没有落入权利要求保护范围。

思考问题：

（1）法院认为"被告对其主张该三种中间体有其他商业用途的事实负有举证义务"。为什么是被告而不是原告承担此举证责任？

（2）如果中间体用于制造另外一种非侵权的化合物，而该化合物除了用来制造侵权产品之外，没有非侵权用途，则制造和销售该中间体的行为，依然是间接侵权行为吗？中间再多几个环节，也不会影响这一结论吗？

2.2 提供计算机软件

在中国专利法下，单纯的程序算法或计算机软件并不能直接获得专利保护。但是，如果申请人将此类发明描述成机器系统或者操作方法，还是很容易获得专利授权的。此类核心内容为计算机程序算法或操作步骤的专利，并不能帮助权利人直接禁止他人编写含有相应程序算法的计算机程序，因为编写程序本身并不需要直接运行该程序算法。只有那些实际运行计算机软件的人才有可能直接侵害该程序算法的专利权。

不过，沿着帮助侵权的思路，可以将特定的计算机软件视为没有实质性非侵权用途的"产品部件"或"工具"。软件的最终用户利用这些"产品部件"或"工具"制造专利产品（专利所覆盖的计算机系统）或运行专利方法（计算机程序算法）。因此，软件的提供者是在帮助最终用户实施专利权；专利权人可以阻止他人对外提供该计算机程序。在曲声波诉微软（中国）有限公司（上海高院（2003）沪高民三（知）终字第124号）案中，法院实际上等于承认，提供计算机程序产品，也可能构成对专利方法（输入法）的间接侵权。当然，"提供计算机软件"与提供有形产品部件在有些情况下还是应该被差别对待。在后面的 Microsoft Corp. v. AT&T Corp. (550 U.S. 437 (2007))中美国最高法院就有很深入的探讨。

宋建文 v. 明导（上海）电子科技有限公司等

上海市一中院（2008）沪一中民五（知）初字第182号

刘军华、沈强、章立萍法官：

原告于2004年1月20日向国家知识产权局申请了"利用图形界面快速完成端口连接的方法"发明专利，并于2007年10月17日获得授权。该专利权利要求1为："一种利用图形界面快速完成端口连接的方法，该方法包括以下步骤:1）读取各模块定义的源文件，分析每个模块对外的输入输出端口;2）在屏幕上画出图形界面;3）在图形界面中的相应位置填写所需操作的模块名和端口名，每个模块中的输入输出端口排列在一列上，当列过长时可以分多列显示;4）待上述内容填写完毕后，在界面上对互相匹配的端口进行连线操作，同时定义整个模块的对外端口;以及5）自动生成该顶层模块的源代码"。

......

案外人 Mentor Graphics 公司于1981年在美国成立，被告明导（上海）电子科技有限公司为 Mentor Graphics 公司于 2002 年在中国设立的全资子公司,被告奥肯思(北京)科技有限公司为 Mentor Graphics 公司在中国的产品代理商。2006 年 11 月,Mentor Graphics 公司发布了 HDL Designer 软件的 2006.1 版本。被告上海贝尔阿尔卡特股份有限公司系 Mentor Graphics 公司 HDL Designer 软件的用户。2006 年 11 月,被告上海贝尔阿尔卡特股份有限公司的员工郭亮参加了 Mentor Graphics 公司 2006 年度用户大会,并在会议上发表了《Manage your design by using HDL Designer Series》一文。

HDL Designer 软件的 2006.1 版本提供的在图形界面设计过程中的各模块端口间的快速连接的步骤如下:读源文件,分析每个模块的输入和输出端口;在一个表格的图形用户界面上列出所有模块的输入、输出和外界端口,每一个模块的所有端口显示在一列上,并以下拉式菜单进行隐藏;展开未连接端口所在列,用鼠标左键单击需连接的端口,展开需要连接端口所在的另一列,用鼠标选择需要连接的另一个端口,展开菜单点击其中的"开需要连接端口所(连接)命令后,软件新建一行信号,表示连接,前部为端口名,后两个单元表格表示所连接的端口,以排列在同一行中表示连接;在进行端口连接之前、之后、或之中进行外部端口定义;自动生成顶层模块的源代码。

* * * *

[原告指控:]被告 2006 年开始在其 IBD 工具[(软件)]的新版本中推出了包含原告专利技术的新特征,相比之前版本作出了一些改进。其中主要的一点就是增加了未连接端口列表的功能,即在模块下方按列方式排列输入输出端口(对应原告专利权利要求 1 中的第 3 步骤),从而使其"快速连接"以及其他功能(对应于原告专利权利要求 1 的第 4 步骤)得以实施;最后生成顶层模块的源代码(对应于原告专利权利要求 1 的第 5 步骤)。因此,被告的产品完全覆盖了原告专利权利要求 1 的保护范围,构成对其专利权的侵犯。

被告上海贝尔阿尔卡特股份有限公司、奥肯思(北京)科技有限公司分别使用了被告明导(上海)电子科技有限公司 HDL Designer[(软件)]产品,也构成对其专利权的侵犯……

被告明导(上海)电子科技有限公司、奥肯思(北京)科技有限公司答辩称:原告的诉请没有事实和法律依据,应当予以驳回。根据专利法规定,方法专利的侵权行为是未经许可使用其专利方法,或者利用其专利方法直接获得产品,而使用原告的专利方法不会产生任何产品,因此只能是未经许可使用其专利方法才构成侵权。从目前原告所提供的证据看,没有任何证据证明两被告是未经许可使用了其专利方法。两被告的经营范围只是提供软件产品的技术经营和技术支持,因此不能制造、使用、许诺销售、销售进口软件产品。

被告上海贝尔阿尔卡特股份有限公司答辩称:原告没有证据证明其有使用涉案软件的行为……被告只是一个软件用户,仅仅是个使用者,故请求法庭考虑侵权责任的时候考虑该因素。

* * * *

本院认为：

......

本案中，原告要求保护的是一项"利用图形界面快速完成端口连接的方法"专利，因此，任何单位或者个人未经原告许可而使用其专利方法的行为，均属于实施原告专利的行为，从而构成对原告专利权的侵犯。但是，鉴于该发明涉及的是一种利用图形界面实现硬件描述语言中各端点快速连接的方法，性质上属于作业方法，实施该方法本身并不能直接获得产品，因而不存在对依照该方法所获得的产品的延伸保护问题。故而在本案中，即便原告指控侵犯其专利权的产品 HDL Designer 软件的 2006.1 版中所包含的实现端口连接功能的程序设计，确实落入了其专利保护范围，也只有使用该软件的行为才属于实施其专利的行为。这是因为，该软件本身并非依照原告的专利方法所获得的产品，持有和发行该软件，乃至编写和设计该软件，均不属于使用原告专利方法的行为，故而不能直接认为这些行为构成了对原告专利权的侵犯，而只能够将这些行为与具体使用软件的行为相结合来考虑是否成立共同侵权。当然，本案原、被告对于在 HDL Designer 软件的 2006.1 版中实现端口连接功能的方法与原告专利方法的技术特征是否相同，还存在较大的争议。下面本院就双方关于技术特征是否相同的争议进行具体分析。

......

综上所述，使用 2006.1 版 HDL Designer 软件对端口进行连接，其方法与原告的专利方法并不相同，故而即便三被告销售或者使用了 2006.1 版 HDL Designer 软件，也不能够认为该等被告使用了原告的专利方法，并进而构成对原告专利权的侵犯。因此，本院对原告的诉讼请求应予驳回。

Microsoft Corp. v. AT&T Corp.

美国最高法院 550 U.S. 437（2007）

Justice Ginsburg 撰写了本院的判决意见，脚注 14 除外。

美国专利法的一般原则是，专利产品在外国被制造或销售并不会发生侵权。这里有一个例外。1984 年通过的专利法第 271 条(f)规定，当某人从美国提供用于在境外组装专利发明的部件（或零件）时，会发生侵权。35 U.S.C. §271(f)(1)。本案牵涉的是第 271 条(f)对后面所述计算机程序的适用性(applicability)。此类计算机程序最初通过母盘或电子传输，从美国送到外国制造者手中，然后被外国接收者复制并安装在境外制造和销售的电脑上。

AT&T 对一种录制的语音进行数字编码和压缩的装置拥有专利权。微软承认，它的 Windows 操作系统可能侵犯了 AT&T 的专利，因为 Windows 植入了一些软件代码，安装之后能够使得计算机按照上述专利所要保护的方式处理语音。不过，它强调未安装的 Windows 软件并不侵害 AT&T 的专利，就像单独的计算机不会侵权一样。相反，只有安装了 Windows 的计算机，才能够作为专利语音处理器使用，因此才会侵害专利。

摆在我们面前的问题是：在外国复制微软从美国寄出的母盘或通过电子传输的 Windows 软件，将其安装到外国制造的计算机上，微软的责任是否延伸到该计算机？我们的答案是否定的。

微软从美国发送的母盘或电子传输件并未被安装在任何诉争的外国制造的计算机上。相反，安装所使用的复制件是在境外复制的。因为微软并没有从美国出口实际安装所使用的复制件，所以它没有"从美国提供"相关计算机的"部件"，依据现行的第 271 条(f)不承担责任。

支持和反对将第 271 条(f)延伸到本案所指控的行为，将其视为侵害 AT&T 专利的行为，都能找到一定的理由。考虑到第 271 条(f)是"我们专利法不在域外适用"的一般规则的一个例外，我们拒绝对国会在第 271 条(f)中的用语作宽泛解释。我们将问题留给国会，由它在知情的基础上，对第 271 条(f)进行任何必要或合适的调整。

I

大约在 35 年前，我们在 Deepsouth Packing Co. v. Laitram Corp., 406 U.S. 518, (1972)案中的判决导致国会制定了第 271 条(f)。该案涉及一种给虾米抽筋的机器(a shrimp deveining machine)。Laitram 是这种节省时间和开支的机器的专利权人。它起诉一种侵权抽筋机的制造者 Deepsouth。Deepsouth 承认，专利法禁止它在美国制造和销售该抽筋机，但是寻求挽救部分业务：Deepsouth 争辩说美国专利法没有任何一条禁止它在美国制造该抽筋机的部件(而不是机器本身)，然后将这些部件出售给外国的购买者供它们在外国组装和使用[该抽筋机]。① 我们当时同意这一抗辩。

在解释我们当时的专利法时，我们在 Deepsouth 中重申，"在美国之外制造或使用专利产品并非侵权行为。"……我们指出，Deepsouth 的外国购买者并没有侵害 Laitram 的专利，因为它们在美国之外组装和使用该抽筋机。我们因此得出结论，Deepsouth 不应被指控引诱或帮助侵权。同时，Deepsouth 也不能被认定为直接侵权者，因为它没有在美国境内制造、销售或使用专利发明。我们注意到，该机器的部件本身并没有受专利保护，因此出口这些未组装的部件，并不等于侵害 Laitram 的专利。

Laitram 在 Deepsouth 案中辩称，拒绝将专利权延伸到出口的部件，"是对专利法作太窄、太过技术化的解释。"在拒绝这一理由时，我们援引了我们先前的判决意见，即"组合专利仅仅保护该可运行的整体装置，并不保护其部件产品。"我们指出，国会在对专利法进行法典化时，并没有表明其有意拓宽这一权利范围。我们当时强调：

我们的专利制度不具有域外效力；国会的这些法律没有超越美国的地域限制运作，也没有被期待去这么运作。相应地，我们也拒绝他人对我们的市场主张此类控制权。

---

① Deepsouth 将它的抽筋设备分成三个独立的盒子，每个盒子只含有该重达 1.75 吨的机器的部分配件。将这些部件组合成整个的机器，不超过 1 小时。

我们指出,在国会没有清楚地表明其意图的情况下,法院没有理由制止制造和销售用于在境外组装和使用专利发明的部件。

出于对 Deepsouth 案判决的集中关注,国会制定了第 271 条(f)。该条拓宽了侵权的定义,将从美国提供专利发明部件的行为包括在内:

(1)任何人未经授权,在(从)美国境内提供或者促使他人提供专利发明的全部或者实质部分的(a substantial portion of)部件,而这些部件没有完全或部分地组装在一起;如果[这种供货方式]会积极引诱在美国境外对这些部件进行组装,而且如果这种组装发生在美国会侵犯专利权,则该行为人应当承担侵权责任。

(2)任何人未经授权,在(从)美国境内提供或者促使他人提供为实施发明而专门制造或改造的专利发明的任何部件,而该部件并非具有实质性非侵权用途的通用物品(staple article)或商品,同时,该部件并没有和[其他部件]完全或部分地组装在一起;该行为人明知这一部件是为实施发明而专门制造或改造的专利发明的部件,期望(intending)该部件在美国境外被组装起来,而且如果组装发生在美国会侵犯专利权,则该行为人应当承担侵权责任。35 U.S.C. §271(f).

II

Windows 是在微软的总部华盛顿州的 Redmond 设计、创作和测试的。微软向国内国外的终端用户和计算机制造商出售 Windows。购买 Windows 的制造商在其销售的电脑上安装该软件。微软通过磁盘或加密的电子传输,送给每个外国制造商送一份 Windows 的母版(master version)。制造商利用该母版制作复制件。这些复制件,而不是微软发送的母版,被安装在外国制造商的电脑上。一旦组装完成,该外国制造的电脑就会被卖给国外的用户。

......

区法院判决 Microsoft 依据第 271 条(f)承担责任。上诉时,联邦巡回上诉法院维持原判,但法官之间有分歧。我们授予了调卷令,现在驳回原判。

III

A

本案提出两个问题:首先,何时或以什么形式,软件能够被视为第 271 条(f)下的"部件"(component)? 其次,本案所牵涉的外国制造的计算机的"部件"是微软从美国提供的吗?

对于第一个问题,诉讼双方均没有争论说软件永远不能成为第 271 条(f)下的"部件"。但是,双方对于在什么阶段软件成为部件有分歧。软件,作为指挥计算机实现规定的功能或操作的代码指令的集合,至少有两种方式对之进行概念化描述(conceptualized)。抽象地说,软件是指令自身,可以和任何载体分开(类比:贝多芬的第九交响乐的音符)。或者,将软件视为一种有形的复制件,即记录在 CD-ROM 等载体中的指令(贝多芬第九交响乐的活页乐谱)。AT&T 辩称,抽象的软件,而不限于特定的软件复制件,属于第271条(f)下的"部件"。微软和美国政府辩称只有软件的复制件,而不是抽象的软件,才能成为"部件"。

当我们转向第二个问题时,上述意见分歧的重要性就变得很清楚:本案所牵涉的外国制造的计算机的"部件"是微软从美国提供的吗?如果相关部件是指实际安装在外国计算机上的Windows复制件,则AT&T就不能令人信服地说,这些部件,虽然在国外产生,依然是"从美国提供的"——像第271条(f)所规定的那样。相反,如果抽象的Windows构成第271条(f)意义上的部件,则从美国派发的Windows母盘自身是否在境外被安装在外国的计算机上,就不再重要。

在解释了两个问题之间的关系后,我们接下来考虑如何回答这两个孪生问题。

B

首先,何时或以什么形式,软件能够被视为第271条(f)下的"部件"(component)?我们依据术语的通常和自然含义来解释第271条(f)。第271条(f)适用于向境外"提供专利发明的部件,而这些部件没有完全或部分地组装在一起,同时,[这种供货方式]会积极引诱在美国境外对这些部件进行组装。"§271(f)(1)。因此,该条仅仅适用于那些组合起来形成诉争"专利发明"的部件。这里的专利发明是AT&T的语音处理计算机。

在被存储在CD-ROM等载体上成为计算机可读的复制件之前,Windows软件以及任何与可读载体(activating medium)分离的软件,始终处于无法组装的[状态](remains uncombinable)。它不能被塞入CD-ROM驱动器,也不能从互联网上下载;它不能在计算机上安装或执行。抽象的软件代码是没有物理形态的思想(idea),其自身并没有落入第271条(f)的分类:适于"组装"的"部件"。从有形复制件上获取的Windows毫无疑问是信息——一套详细的指令,或许可以和设计蓝图(blueprint)相类比(或者包含设计信息的任何其他东西,比如电路原理图、模板或样本等)。一份蓝图上可能含有建造和组合专利装置部件的准确指令,但是它自身并不是该装置的一个可组装的部件。对此,AT&T和它的法庭之友并没有相反意见。

AT&T极力主张,软件,至少在被表达成机器可读的目标码时,是可以与蓝图上所呈现的设计信息相区别的。软件与蓝图不同,具有"模块化"(modular)的特点。它是一个独立的产品,研发和销售的目的是在多种不同类型的计算机硬件上将它与其他多种软件一道使用。即使在安装之后,软件的模块化特征依然存在。它可以被更新或被移动(删除),而不影响它所赖以存在的硬件。软件,不像一个蓝图,还具有"活性"(dynamic)。依据一个蓝图的指令制造完一个装置之后,该蓝图的工作就结束了(就像AT&T所说的那样,蓝图的指令已经耗尽)。相反,软件指令依然包含在计算机中,并被计算机继续执行。

AT&T所说的区别,并没有说服我们应将与载体分离的软件视为可组装的部件。蓝图或其他任何此类的设计信息,也能够被独立的开发和买卖。如果AT&T理由的核心是,我们没有看到蓝图成排地摆在商店的货架上,在抽象的软件上,我们也能观察到相同的结果:零售者所出售和消费者所购买的是软件的复制件。同样,在软件被装入计算机并持续地运行之前,在他能够被更新或删除之前,一个实际的、物理的软件复制件必须通过 CD-ROM 或其他能够与计算机连接的装置才能传递。[也就是说,抽象的软件也无法摆在货架上销售。]

AT&T 暗示,因为很容易将软件指令储存到计算机可读的载体上,所以这一额外的步骤在第 271 条(f)下并不扮演决定意义的角色。但是,正是这一额外的步骤使得软件成为计算机的一个可使用的、可组装的部件;不论容易与否,这一复制件的制造步骤不可或缺。而且,很多工具能够很容易而且很便宜地制造一个装置的部件。比如,一个制造商利用一台制造齿轮(sprockets)的机器可以在一个小时内制造出成千上万的齿轮(sprockets)。这并不会使得该[制造齿轮的]机器变成那些安装了这些齿轮的成千上万的装置的一个"部件",至少不是任何通常意义上的"部件"。当然,国会原本可以让第 271 条(f)不仅涵盖专利发明的可组装(combinable)的部件,而且涵盖"信息指令或者那些很容易就能生产无数此类'部件'的工具。"不过,国会并没有这么做。总之,Windows 的复制件,而不是抽象的 Windows,是专利法第 271 条(f)下适格的"部件"。①

接下来的问题是,微软从美国提供了这里所说的计算机的"部件"吗?根据对第 271 条(f)字面的习惯理解,答案是否定的,因为实际安装在计算机上的由外国制造的 Windows 复制件,是从美国以外的地方提供的。不过,巡回上诉法院的多数意见认为,对于软件的"部件"而言,复制行为包含在"提供"(supplying)行为之中。在多数意见看来,派送到国外的母盘,与以母盘为对象轻松、便宜而快捷地获得的精确复制件相比,根本就没有差别。因此,以复制为目的向境外派送单个的复制件,则应当依据第 271 条(f)为"外国制造的复制件"承担责任。

Rader 法官在其异议意见中指出,"提供"按照通常的理解,是与后续"复制或再造,即制造"行为相分离和区别的活动。("复制和提供是独立的行为,具有不同的后果,尤其是当提供发生在美国,而复制发生在杜塞尔多夫或东京。逻辑上,一个人不能提供一百个专利发明的部件,而不先制作该部件的一百个复制件。")他还注意到:"制造和提供软件部件与制造和提供其他专利发明的物理部件的真正差别是,软件部件的复制件更容易制造和运输。"但是,Rader 法官进而指出,第 271 条(f)并没有文字使得"易于复制"在触发侵权责任方面成为一个相关的(更别说决定性的)因素。我们同意。

第 271 条(f)禁止"以积极引诱对部件进行组合的方式从美国提供部件"。依据这一规则,从美国提供的部件本身,而不是该部件的复制件,在国外组装专利发明时引发第 271 条(f)的责任。这里,如我们反复提到的那样,实际安装在国外计算机上的 Win-

---

① 我们无须考虑抽象的软件或其他无形的东西到底是否能够成为第 271 条(f)下的"部件"。假如一个无形的方法或流程属于第 271 条(f)意义下的"专利发明"(对这一问题我们并没有表达意见),则该发明的"可组装的部件"或许也可以是无形的。不过,我们现在所面对的发明——AT&T 的语音处理计算机,是一个有形的东西。

dows复制件自身并不是从美国提供的。① 事实上,在第三方在美国境外制作该复制件之前,该复制件并不存在。大家可能都同意,在境外复制软件的确很容易而且很便宜。但是,同样的说法也适用于其他物品:"可以从母版复制钥匙或机器部件;可以通过复制生产化学或生物物质;也可以通过电子拷贝和打印制造纸制品。"第271条(f)并没有提示何时复制足够容易和足够便宜,以至于可以将境外制作的复制件依旧视为"从美国提供"。法律文本中没有任何提及"复制"的内容,这不利于(weighs against)法院将"境外复制从美国派送的母盘"认定为第271条(f)意义上的"从美国'提供'了该外国制造的复制件"。

对"微软的行为落入第271条(f)的范围之外"的任何疑问,通过我们已经提到的"地域性推定"(the presumption against extraterritoriality)得到解决。美国法律在国内而不是在世界范围内适用的推定,在专利法领域显得特别有力量。我们的专利法"仅仅在国内适用,而不能延伸到国外的活动",这一传统的理解已经内化于专利法自身——专利法规定专利仅仅在美国境内授予一项发明排他权。

我们已经指出,作为一项普遍适用的原则,法院应当推定立法者在制定美国法时,考虑了其他国家的合法主权利益。正因为如此,美国政府在本案中准确表达[了这一原则]:"国外的行为通常是外国法的地盘",特别是在本案所涉及的领域,外国法"对于发明人、竞争者和公众在专利发明上的相对权利,可能有不同的政策判断。"应用到本案,这一推定强烈反对将第271条(f)解释为不仅包含软件的物理复制件,还包含软件的无形代码,从而使得"从美国提供"不仅包括出口软件复制件,还包括外国的复制行为。

AT&T辩称,这一推定不适用,因为国会制定第271条(f)特意将美国专利法的适用范围延伸到境外的某些活动。但是,如本院在前面所解释的那样,"不能因为一个法律具体涉及一个域外适用方面的问题,就否定这一推定。" Smith v. United States, 507 U. S. 197, 204 (1993)。在决定这一法定例外(statutory exception)的范围时,这一推定依然有指导意义。

AT&T转而争辩说,由于第271条(f)仅仅适用于国内行为,即"从美国"提供专利发明的部件,所以上述推定并不会有什么影响。不过,AT&T的解读将"单独一次源自美国的提供行为"([指提供母盘的行为])变成追究责任的跳板——每次在外国对软件进行复制、在外国和计算机硬件组合在一起并在外国销售时,[都追究该原始提供者的责任]。简言之,现在,是外国法而不是美国法在规范外国发生的制造和销售专利产品部件的行为。如果AT&T想阻止外国的复制行为,它现在要靠获取并行使外国专利权来获得救济。

---

① [判决书原文脚注14]在一个脚注中,微软建议:即使一个软盘从美国派送,而且被直接安装在外国的电脑上,只要该软盘在安装后被移除,就不会引发第271条(f)的责任。在这里,我们无须也没有涉及这一问题。

IV

AT&T 坚持认为,将第 271 条(f)解读为仅仅涵盖软件复制件实际上是从美国派发出去的情形,则为软件制造者创造了一个漏洞。侵犯美国专利的侵权责任,就像微软的做法所显示的那样,可以很容易被规避:不再在美国制造用于安装的软件复制件,可以依据从美国提供一份母盘,在国外快捷而廉价地制造该复制件。巡回上诉法院的多数意见认定 AT&T 的理由很有说服力:

如果我们判决微软特意为国外复制而出口母版的 Windows 软件的"提供行为"(supply)不侵权,我们就会颠覆第 271 条(f)的救济本质,忽略第 271 条(f)出台后某一领域出现的技术进步和相关行业实践,许可对该法律进行技术性规避。如果第 271 条(f)仍然有效,就必须按照与诉争技术的本质属性相适宜的方式来解释。

虽然多数意见的关切是可以理解的,但是我们并没有被说服以至于相信对第 271 条(f)的司法解释合乎制度。我们的判决将该"漏洞"留给国会去考虑,是适当的。如果国会认为有必要,它可以去弥补这一漏洞。

我们再次指出,毫无争议的是,第 271 条(f)不适用于出口的设计工具(design tools)——设计蓝图、图表、模板或样本。所有这些["设计工具"]都可以提供在海外制造和组装美国法所保护的专利发明的部件所需要的信息。我们不能认为国会具有一个并未宣示的意图,欲将微软从美国向国外派送的信息放入一个单独的类别(a separate category)。第 271 条(f)是对本院 Deepsouth 判决所揭示的我们专利法中的一个漏洞的直接回应。毫无疑问,在国会酝酿第 271 条(f)时,该案的事实已经摆在国会面前。在 Deepsouth 案中,出口的产品是虾米抽筋机的全部的、很容易组装的物理部件(而不是一套无形的指令),同时外国购买者在境外组装的是这些部件本身(而不是在外国制作的复制件)。意图填补 Deepsouth 案所揭示的漏洞之外,国会并没有提到其他漏洞:第 271 条(f)并没有将帮助"在美国境外制造专利发明部件"的行为定性为侵权行为;该条也没有审查"从美国提供"在外国制造复制件所需要的信息、指令或其他材料的行为。由于国会并非针对 AT&T 所描述的漏洞,同时考虑到 AT&T 对第 271 条(f)的解读所导致的扩张地域性的冲击力,我们的判例让我们将 AT&T 所寻求的"专利保护主义"的决策权(the patent-protective determination)交给国会……

国会肯定知道复制软件(或其他电子媒介)的容易程度,但是依然没有触及这一问题。1988 年,国会考虑了以数字行使复制和传输版权作品的容易程度。结果,"数字千年版权法案"(the Digital Millennium Copyright Act 17 U.S.C. 1201)通过法律措施支持著作权人利用加密代码或口令保护他们作品,阻止数字之墙背后的盗版行为。如果真的应该调整专利法以更好地应对软件发行的现实,该调整应当是立法机构在集中权衡之后作出,而不应该由司法机关来预测国会可能的安排。

基于以上原因,在此撤销联邦巡回上诉法院的判决。

附　和

Alito 法官提出附和意见,但脚注 14 除外,Thomas 和 Breyer 加入。

……

这里,源自美国的 Windows 软件被送往国外(通过母盘或电子传输方式),最终被复制到外国制造的计算机的硬盘上。一旦复制过程结束,Windows 程序就以物理形式记录在计算机硬盘驱动器的磁记录区。在复制的过程中,母盘上的 Windows 程序的物理形式,即 CD-ROM 上的刻录痕迹,依然原封不动地保留在母盘上。没有任何记录显示,母盘的任何物理部分变成外国制造的计算机上的一个物理部分。如果这一点真的发生了,则违背了普通计算机的工作原理。

因为没有源自美国的物理物体被组装在计算机上,所以没有违反第 271 条(f)。相应地,Windows 软件没有直接从母盘上或源自美国的电子传输文件复制到外国制造的计算机上,与本案的问题无关。诚然,如果这些计算机的驱动器内不插入和保留该 CD-ROM,该计算机就不能运行 Windows,则该 CD-ROM 可能是该计算机的部件。但是,这不是本案。

……

异 议

Stevens 法官提出异议。

就像本院所承认的那样,"支持和反对将第 271 条(f)延伸到本案所指控的行为,将其视为侵害 AT&T 专利的行为,都能找到一定的理由。"强烈的政策性考虑(受到"国内专利法不适用于外国市场"的推定的支持)支持微软公司的意见。但是,我认为维持上诉法院的判决比撤销更忠实于国会制定第 271 条(f)的意图。

该条是对我们 Deepsouth 案判决的一个回应……[其实,]第 271 条(f)第 1 款本身就足以推翻 Deepsouth 案的结论,而最能支持本案 AT&T 立场的是第 2 款……

根据本条(第 271 条(f)),出口专门设计的、除了作为专利抽筋机的部件没有其他用途的刀子,会构成侵权。这意味着,第 271 条(f)(2)会涵盖出口此类刀子的库存(an inventory of such knives)(一直放在仓库直到被用作完成对侵权机器的组装)的行为。

本案中的相关部件不是像刀子一样的物理产品。微软和本院认为这意味着它不能成为"部件"。但是,如果一个存储了软件的磁盘是一个"部件",我发现很难理解,为什么该部件中最重要的成分不是一个部件。实际上,母盘在功能上与一个部件库房(a warehouse of components)相当,微软全心全意地期待着这些部件将被植入外国制造的计算机中。换句话说:本院认为,微软只有在直接从美国派送其软件的单个复制件,并期待该复制件被植入一台单独的侵权计算机中的情况下,才会依据第 271 条(f)承担责任。但是,在我看来,通过一个母盘库房(a master disk warehouse)所进行的间接传送(indirect transmission)也为第 271 条(f)所覆盖。

我不同意本法院的下列意见:因为软件和一套抽象指令类似,因此它不能被视为第 271 条(f)意义上的"部件"。无论是否和任何载体相连接或分离,软件显然符合"部件"一词的字典定义。不像设计蓝图仅仅指示用户如何做某些事情,软件实际上会导致侵权行为发生。它更像一个能够让自动钢琴(player piano)产生声音的卷轴(roller),而不是一个告诉钢琴家如何演奏的乐谱。而且,它肯定不是一个第 271 条

(f)(2)所述的"通用物品或者一个适宜用作实质性非侵权用途的商品"。相反,它唯一的期待用途是侵权用途。

因此,我会维持上诉法院的判决。

思考问题:

(1) 法院没有解释,为什么在有形部件领域可以突破专利法的地域性,而在无形的软件领域就不可以。你觉得道理何在?

(2) 即便软件的抽象指令本身被视为部件,该指令的复制件依然是在境外由他人复制,而不是由微软直接提供的,因而依然不能追究微软的间接侵权责任。换句话说,其实法院无须考虑究竟是抽象的指令还是具体的软件磁盘是所谓的部件。这一说法有道理吗?

(3) 将抽象指令视为部件,究竟会出现什么样的法律冲突?

2.3 提供便利条件

在帮助侵权的框架下,为侵权行为人提供便利条件,通常是指提供侵权活动场所,为销售侵权产品提供商业渠道或网络服务,仓储或运输专利侵权产品等等。实践中,最受关注的应该是网络服务商为专利侵权产品的销售者提供网络平台和服务的行为了。专利法第四次修改草案的征求意见稿中就有下列规定:

《专利法修改草案(征求意见稿)》(2014)第71条:

> 网络服务提供者知道或者应当知道网络用户利用其提供的网络服务侵犯专利权,但未及时采取删除、屏蔽、断开侵权产品链接等必要措施予以制止的,应当与该网络用户承担连带责任。

> 专利权人或者利害关系人有证据证明网络用户利用网络服务侵犯其专利权的,可以通知网络服务提供者采取前款所述必要措施予以制止。网络服务提供者接到合格有效的通知后未及时采取必要措施的,对损害的扩大部分与该网络用户承担连带责任。

> 专利行政部门认定网络用户利用网络服务侵犯专利权的,应当通知网络服务提供者采取必要措施予以制止,网络服务提供者未及时采取必要措施的,对损害的扩大部分与该网络用户承担连带责任。

立法者试图在专利法领域建立著作权法领域类似的网络服务商责任制度。不过,网络服务商识别网络用户专利侵权行为比识别著作权侵权行为要困难很多,这必然导致专利法领域的网络服务商责任制度将与著作权法领域的相应制度存在显著的差异。网络服务商在预防专利侵权(尤其是发明和实用新型专利侵权)方面的注意义务可能明显低于它在预防著作权侵权方面的注意义务。

荆玉堂 v. 易趣网络信息服务(上海)有限公司

上海市一中院(2004)沪一中民五(知)初字第 95 号

黎淑兰、胡震远、刘静法官:

两原告(荆玉堂、江苏堂皇家纺有限公司)诉称,原告荆玉堂于 2003 年 7 月 30 日、9 月 24 日分别获得了"床上用品套件(三十一)"外观设计专利权和"床上用品套件(三十九)"外观设计专利权。自原告荆玉堂申请上述两专利之后,该原告仅授权原告堂皇公司独家实施许可生产、销售该专利产品。两被告共同所有和经营的易趣网站未经两原告同意,擅自发布和低价销售上述专利产品,侵犯了两原告的合法权益……

两被告(易趣网络信息服务(上海)有限公司、上海易趣贸易有限公司)辩称,两被告仅仅是为网络用户提供网上交易平台服务,并没有涉及到或者实施了侵犯专利权的交易行为。两原告要求两被告承担侵权责任没有事实和法律依据,而网络用户如果实施了侵权行为也不应该由两被告来承担侵权责任。另外,两被告为保证网上交易平台服务合法运营,设有专门的知识产权查询系统以供权利人举报,而两原告没有在 2004 年 1 月 7 日的来函中注明两被告网站上的何种商品侵犯了其专利权。两被告认为其已尽了合理的审查义务,故请求法院驳回两原告的诉请。

……

本案中,双方当事人的主要争议焦点在于,两被告是否实施了侵犯外观设计专利权的行为。本院认为,根据《中华人民共和国专利法》(2000 年修正案)第十一条第二款规定:"外观设计专利权被授予后,任何单位或者个人未经专利权人许可,都不得实施其专利,即不得为生产经营目的制造、销售、进口其外观设计专利产品。"[①]两原告认为,两被告在其共同所有和经营的易趣网站上未经权利人同意,擅自发布和销售外观设计专利产品的行为构成侵权,而两被告认为其没有侵权。

本院认为,首先,本案两原告并未购买被控侵权商品,而从公证保全的被控侵权商品的图片来看,该图片只显示了床上用品套件组合使用时的状态,而原告荆玉堂获得的"床上用品套件(三十一)"外观设计专利权的内容包括成套使用的被套、床罩、枕套及靠垫套,其获得的"床上用品套件(三十九)"外观设计专利权的内容包括成套使用的包单、单枕套、被套。对于外观设计专利侵权的判定,应当将表示在图片或者照片中的该外观设计专利产品与被控侵权商品在形状、图案或者其组合等方面进行逐一对比,但本案两原告通过公证保全所获得的商品图片并不能全面地反映出被控侵权商品的图案等,故本院尚不能对两者外观设计的整体和要部特征的相同和不同之处作出完整、准确的比较与判断。

其次,根据两被告所提交的《服务协议》内容显示,两被告所开办的网站提供的是网络交易服务,即其提供交易平台,为众多买家或者卖家构筑了一个电子网络交易市

---

① 本书作者注:当时,外观设计专利权不包含"许诺销售"这一内容。2008 年,《专利法》第三次修改时增加了这一内容。

场。作为交易平台的提供商,两被告本身并不参与网上商品交易,其仅仅提供网络交易平台为买卖双方提供网上交易服务,具体而言,其向卖方提供约定的服务,卖方向其支付相应的服务费用,而其对买方所提供的服务主要是传递信息,因此,两被告不是网络交易的一方主体,其也不是买卖行为的直接实施者。此外,从两被告所提供的证据来看,被控侵权商品的相关信息已经明确显示了卖家的主体身份。由于两原告在诉讼中也未提供其从两被告处购得系争被控侵权商品的证据,因此,两被告并未实施销售系争被控侵权商品的行为,故本院对两原告主张两被告销售被控侵权商品构成侵权的主张不予支持。

最后,就两原告诉称两被告发布被控侵权商品图片等信息的行为,本院认为,1. 本案两原告提起诉讼的案由是专利侵权,根据我国专利法的有关规定,为生产经营目的制造、销售、进口外观设计专利产品的行为属侵犯专利权的行为,因此,发布被控侵权商品图片等信息的行为并不属于我国专利法所认定的侵权行为。2. 两被告所提供的交易平台服务系一种提供网络空间和传递交易信息处理的服务,从本质上来讲,该平台服务应属于信息网络服务范畴,根据两被告所提供的《服务协议》《物品登录规则》《收费规则》等来看,两被告在相关协议中向用户明确,用户在易趣网交易平台上不得发布违法信息;易趣用户将自己欲出售的物品按照易趣网上交易平台程序的规定登录在易趣网上交易平台上,均由用户自行发布信息,并按有关标准向易趣支付网络平台使用费等等。而买方或者卖方一旦成为易趣用户,均应受到相关协议的约束。3. 两被告在其网站上设立了"知识产权所有者举报系统",两被告在接到两原告委托的律师发出的《律师函》之后,亦向相关用户发出电子邮件,要求对在线物品进行自查与核实,且在整个诉讼过程中,两原告也未提供充分的证据证明两被告在明知相关用户上传到易趣网上的商品图片等信息中含有侵权或者违法内容的情况下,仍未采取措施,为该用户提供了发布信息的渠道。因此,两原告主张两被告在易趣网站上发布被控侵权商品图片等信息的行为构成专利侵权的理由亦不能成立。

思考问题:

(1) 本案法院指出,"本院尚不能对两者外观设计的整体和要部特征的相同和不同之处作出完整、准确的比较与判断。"这是否意味着,在这种情况下网络服务商并无义务采取措施阻止被控侵权的行为?

(2) 对于专利权,也适用于版权保护的"通知—删除"规则吗?在这一方面,有必要区别对待版权和专利权吗?在专利权内部,有必要区分发明、实用新型和外观设计专利吗?

(3) 专利产品的销售者只有在明知或应知侵权的情况下,才承担责任。如果要追究帮助销售者的网站的间接侵权责任,是否还要对销售者的主观状态有要求?

杨兴银 v. 深圳市腾讯计算机系统有限公司

广东省深圳中院(2012)深中法知民初字第1110号

陈文全、叶艳、黄瑜瑜法官：

2008年6月19日，原告杨兴银向国家知识产权局申请了名称为"盒式折叠电脑桌"的外观设计专利，于2009年7月15日获得专利授权公告，专利号为ZL200830051384.5……

域名为www.paipai.com的拍拍网是电子商务网站，其主办单位为被告腾讯公司。腾讯公司通过后台查询拍拍网用户实名认证信息，"××百货旗舰店"经营者为被告陈凯乐。拍拍网的用户协议载明：只有符合相关条件人员或实体才能申请成为拍拍网用户，可以使用拍拍网的服务。拍拍网不是传统意义上的"拍卖商"，仅为用户提供一个信息交流、进行物品买卖的平台，充当买卖双方之间的交流媒介，而非买主或卖主的代理商、合伙人、雇员或雇主等经营关系人。公布在拍拍网上的交易物品是用户自行上传进行交易的物品，并非拍拍网所有。对于用户刊登物品、提供的信息或参与竞标的过程，拍拍网均不加以监视或控制，亦不介入物品的交易过程。拍拍网的举报规则第四条"举报商品侵权(知识产权侵权、图片发布侵权)"载明：对于未经授权在商品或商品说明中使用含他人知识产权的图片、文字、外观设计的行为，可以由非通过认证的用户进行举报，举报方直接发邮件至cs_sh@paipai.com。提交举报，需要提供被举报人QQ号、相关的商品链接、营业执照、商标注册证、专利证书、版权证明文件及其他工作人员要求提供的文件等，工作人员将根据提供的情况尽快确认。

原告指控陈凯乐实施了销售、许诺销售的侵权行为，指控腾讯公司为陈凯乐的前述侵权行为提供帮助，构成帮助侵权。为此，原告提交了广东省广州市广州公证处(2012)粤广广州第207062号公证书予以证明，公证书载明：2012年7月18日，原告委托代理人汤喜友与公证人员一起，在广州公证处办公室，由汤喜友使用公证处计算机系统连接互联网进行了以下操作：1. 双击IE浏览器，在地址栏输入"览器，在://www.paipai.com 证，进入拍拍网网站首页，在搜索栏中输入"银泰百货"，浏览并打印该网页内容；2. 经搜索后显示第一个搜索结果为"××百货旗舰店"，显示店主：陈凯乐(165620705)，点击"××百货旗舰店"，刷新显示网店首页，浏览并打印该网页内容；3. 在网页中部点击标注为"秒杀正品E-Table折叠式床上笔记本电脑桌"的产品图片，刷新显示产品的详细信息和图片，浏览并打印该网页内容。上述公证保全的网页内容显示：拍拍网中的"××百货旗舰店"店铺许诺销售了被控侵权产品"铺许诺销售了被折叠式床上笔记本电脑桌"。

原告在本案未实际购得被诉侵权产品实物，原告选择网上公证的"××百货旗舰店"广告宣传的被诉侵权产品图片进行比对……经比对：被诉侵权产品外观与原告专利图片无差异，整体视觉效果构成相同。

原告未提供证据证明其在起诉之前已就被诉侵权行为向腾讯公司进行了举报。2012年9月7日，腾讯公司收到本案起诉状及相关诉讼材料之后，即对拍拍网中的

"××百货旗舰店"店铺发布的被诉侵权产品的电子交易信息予以删除,并于2012年9月14日对删除后的相关网页内容进行了公证保全。

……

本院依法认定"××百货旗舰店"网店广告宣传的"店广告宣传的"折叠式床上笔记本电脑桌"已经落入ZL200830051384.5"盒式折叠电脑桌"外观设计专利权的保护范围。

原告指控被告陈凯乐销售、许诺销售专利产品,侵害其专利权。被告陈凯乐在其经营的拍拍网上的"××旗舰店"舰店"舰://auctionl.paipai.coma 宣传"传"tionl 折叠式床上笔记本电脑桌",构成许诺销售。在原告没有提交其他证据佐证的情况下,仅凭网站上记载的销售数据,不足以证明被告陈凯乐实际实施了销售专利产品的侵权行为。被告陈凯乐未经专利权人许可,擅自许诺销售与本案专利外观相同的同类产品,已经构成侵权,应当立即停止侵权行为并赔偿原告为维权所支付的合理开支。虽然原告没有提交维权合理开支的证据,但根据常理,原告为制止本案侵权必然会支出律师费、公证费等合理费用,故本院根据案情酌情判令被告陈凯乐支付原告合理开支的数额。

关于腾讯公司是否应对陈凯乐前述侵权行为承担帮助侵权的相关责任问题。网络用户利用网络侵害他人民事权益的,应当承担侵权责任。网络服务提供者知道网络用户利用其网络服务侵害他人民事权益,未采取必要措施的,与该网络用户承担连带责任。教唆、帮助他人实施侵权行为的,应当与行为人承担连带责任。人民法院应当根据网络服务提供者的过错,确定其是否承担帮助侵权责任。网络服务提供者的过错包括对于网络用户直接侵权行为的明知或者应知。腾讯公司为其拍拍网用户提供电子交易信息发布平台和交易平台,本身并不参与网上商品交易,不是网络交易主体。本案侵权行为所涉及的产品宣传信息系陈凯乐自行发布。拍拍网的举报规则显示,就拍拍网用户的涉嫌侵权行为,腾讯公司已为权利人提供了举报的途径及指引。因原告在起诉之前并未就被诉侵权行为向腾讯公司进行举报,原告亦未举证证明,腾讯公司事先知道或应当知道陈凯乐自行发布的电子交易信息涉嫌侵犯本案外观设计专利权,而仍然允许陈凯乐发布;或在知道侵权事实后不予及时删除。因此,腾讯公司作为提供电子交易信息发布及交易平台的网络服务提供者,在收到原告起诉状后及时删除了相关的电子交易信息的情况下,腾讯公司已经履行了其应尽的基本义务。综上,根据"通知+移除"规则,腾讯公司在本案不具有过错,对陈凯乐的直接侵权行为并不构成帮助侵权。因腾讯公司已经删除了与侵权相关的内容,故原告要求腾讯公司停止侵权的诉讼请求,已达实际目的,本院不再另行处理。

思考问题:

深圳中院的祝建军法官在评论上述案例时,指出:

电子商务交易平台服务商应当对专利权人发出的"通知"和网络卖家发出的

"反通知"的有效性进行审查,具体可按以下程序操作:对于权利人"通知"中附有人民法院或行政执法机关认定专利侵权成立的判决书或裁决书,电子商务交易平台服务商应当根据"通知"对侵权信息的定位,及时对侵权产品的信息采取删除、屏蔽、断开侵权链接等措施;对于权利人发出的附有执法机关裁决书以外的"通知",电子商务交易平台服务商应将该"通知"送达给网络卖家,要求其在一定时间内提出"反通知",若网络卖家在规定的合理时间内,未提出"反通知",则推定网络卖家侵权成立,电子商务交易平台服务商应对"通知"中所列出的商品信息采取必要的移除措施;如果网络卖家提出"反通知",且该"反通知"能够证明,网络卖家专利侵权的可能性不太大,则电子商务交易平台服务商应通知专利权人请求法院或行政执法机关处理此纠纷,电子商务交易平台服务商将根据判决或裁决结果采取相应措施。①

上述建议相对著作权法上的"通知删除规则"有显著不同,是否在专利权人、网络服务商、网络用户之间达成了合理的利益平衡关系?

对比刘延风 v. 阿里巴巴(中国)网络技术有限公司案(浙江省杭州市中院(2006)杭民三初字第 93 号)。原告刘延风为专利号为 ZL00202330.X 的"电暖袋"的实用新型专利的权利人。该实用新型专利独立权利要求书为"一种电暖袋,包括袋身、插座盖、电导入棒及致热物,其特征在于:还设置有电导入棒固定座,它设置在袋身内,且在该电导入棒固定座上连有电导入棒。被告双剑公司在阿里巴巴网站平台(www.alibaba.com.cn)展示的新产品中,有多款电热水袋产品。经比对,被告双剑公司生产的产品已落入了涉案专利的保护范围。法院指出:"即便浙江阿里巴巴电子商务有限公司作为网络服务提供者,并不具备审查所有所传播信息的能力。阿里巴巴网站在相关协议中明确要求用户不得在网站上发布违法信息,已尽到合理注意的义务。阿里巴巴公司网站上的有关物品发布交易信息,均由其诚信通会员自行发布,阿里巴巴网站并未参与。而被告双剑公司在阿里巴巴公司网站上提供的产品并不属于内容明显侵权或违法之情形,其是否属于专利侵权因涉及到专业技术判断,具有不确定性,阿里巴巴网站并不具有相应的判断能力,也无须承担相应的审查义务。"法院似乎完全排除了网络服务商承担注意义务的可能性。

3 引诱侵权

最高人民法院在《关于审理侵犯专利权纠纷案件应用法律若干问题的解释(二)及说明(征求意见稿)》(2015)第 21 条第 2 款规定:"明知有关产品、方法可以用于实施专利,未经专利权人许可,为生产经营目的通过提供图纸、传授技术方案等方式积极引诱他人实施侵犯专利权的行为,权利人主张该引诱者的行为属于侵权责任法第九条

---

① 祝建军:《电子商务交易平台服务商侵害专利权责任的认定》,载《人民司法》2013 年第 16 期,第 72 页。

规定的教唆侵权行为的,人民法院应予支持。"

认定引诱侵权应该和认定普通的侵权一样,行为人的引诱和直接侵权之间应该有相当的因果关系。也就是说,只有引诱行为对于直接侵权的发生起到实质性的作用的情况下,才应该追究引诱者的责任。理论上讲,直接侵权责任本身已经对侵权者的侵权行为起到一定的威慑作用。如果引诱者并没有降低直接侵权责任对直接侵权行为人的威慑作用,则追究引诱者的责任就显得多余。

3.1 主观过错:明知或应知直接侵权行为存在

对于引诱侵权或者教唆侵权,现有的法律并没有规定具体的构成要件。即便最高人民法院的上述司法解释最终获得通过,"明知"的含义即便被解释为"知道或应当知道",依然非常抽象,依赖学理进一步阐释。

成立教唆或引诱侵权,引诱或教唆者主观上应当知道(明知或应知)被引诱或教唆的行为本身为专利侵权行为。在有些情形下,行为人主观上希望促成某一行为,但未必知道该行为存在专利侵权风险。专利法已经对直接行为人追究严格责任,在此基础上进一步将严格责任延伸到教唆或引诱者,会大大提升社会公众的注意义务,可能会引发过度预防从而增加社会成本。专利法要求行为人主观上知道被引诱的行为构成侵权,则可以避免出现这一局面。

知道直接侵权行为存在,又大致可以细分为两项内容:其一,知道专利权存在这一事实;其二,知道被教唆或引诱的行为落入该专利权的范围。二者应该缺一不可。理论上,存在这样的可能性——明知专利权存在,但却没有合理理由相信被引诱的行为落入了权利要求范围。

证明行为人知道诉争的专利权存在或发生,在某些情况下不是太大的问题。比如,间接侵权人假冒专利权人对外发放许可或转让专利(这里暂不考虑这一行为本身是直接或间接侵权的争论),导致第三方直接侵权。在这种情况下,从行为人的客观行为可以认定,行为人主观上应该知道该专利权存在。在另外一些情形下,可能存在争议。比如,设计人向第三方提供某一技术方案,第三方实施该方案构成直接侵权。这时候,设计人主观上是否知道专利权存在,并不能一望而知。

兰州铁路局科学技术研究所 v. 北京跃特环保设备厂

北京市一中院(1998)一中知初字第 47 号

马来客、娄宇红、张晓霞法官:

经审理查明:名称为"连续式离子交换处理方法"发明专利于1989年获得授权,专利权人是兰州铁路局研究所,专利号是85100681.7。该专利权利要求书载明:1. 一种连续式离子交换处理方法,其特征在于将两个以上的离子交换柱,通过管路连接到一个立体旋转阀上,调节该旋转阀,统一对各离子交换柱进行控制,各柱即按周期分别同时进行生产、再生、清洗及停床等作业……

[跃特设备厂生产软化水交换器。]在跃特设备厂印制的YTF系列软化水交换器

使用说明书中关于基本原理及工艺流程有如下的记载：YTF-1、2、4 及 YTF-20 型设备由 2 个交换柱交替工作，产水与辅助作业分别在两柱内同时进行。由旋转阀控制二柱液流协调工作。周期转换，由旋转阀转一定角度即完成。旋转阀根据对位原理设计，自控设备控制其转动。设备系对流再生钠型交换，食盐（工业用盐）贮于两个盐罐内，盐液进盐周期内通过转子流量计输入旋转阀，并在其内稀释后进入交换柱。YTF-8 及 YTF-12 型设备由四个交换柱交替工作台。产水与辅助作业分别在不同柱内同时进行，树脂在柱内不移动。由旋转阀周期转换，转动一定的角度控制各柱液流协调工作。
……

本案涉及的发明专利权利要求 1 是一种方法专利，对比被告的产品和原告专利权利要求书中权利要求所记载的内容，被告所生产的产品与原告的方法专利之间存在一定必然的联系，一旦使用被告所生产的产品，必然实施原告的方法专利技术。据此可以认定，被告生产、销售的产品是专门用于实施原告专利方法的设备。在被告的产品说明书中有关如何使用其产品等方面的文字记载，证明了被告跃特设备厂具有引诱他人实施原告方法专利的主观故意。跃特设备厂在未经专利权人许可的情况下，为他人实施专利发明而提供专用装置的行为，属于教唆、帮助他人实施侵权的行为，构成侵权，应当承担侵权责任。

思考问题：

（1）依据被告产品的文字记载内容认定被告具有引诱他人实施专利方法的主观故意，可靠吗？

（2）在中国法下，指控被告引诱侵权时，原告需要证明被告明知专利权的存在吗？

在北京英特莱特种纺织有限公司 v. 北京新辰陶瓷纤维制品公司（北京一中院（2002）一中民初字第 3258 号）案中，法院有如下意见：

> 被告制造、销售的被控侵权产品名称为"无机布基特级防火卷帘"和"无机布基防火卷帘"，又通称为防火卷帘和防火帘。被告承认其产品具有耐火纤维布、铝箔、耐火纤维毯、不锈钢丝结构层次，其中耐火纤维毯夹在耐火纤维布之间，不锈钢丝和铝箔分别设在耐火纤维毯的一侧，且该产品须与薄钢带和连接螺钉配套安装使用，仅专用于防火卷帘。如前所述，不锈钢丝放置位置在耐火纤维毯一侧的技术特征属于本专利的必要技术特征，被告产品不锈钢丝的放置位置与本专利不锈钢丝放置位置相同，被告的产品在不具有薄钢带和连接螺钉技术特征的情况下，属于专用于实施本专利的半成品。根据查明的事实，被告不仅明知或以书面等方式向客户明示其制造的产品须与薄钢带和连接螺钉配套安装使用，主观上具有诱导、怂恿、教唆客户实施原告专利的主观故意，而且向客户实际销售了专用于实施本专利技术的半成品即被控侵权产品，从中获取商业利益，直接侵权的事实已经实际发生。间接侵权是指行为人实施的行为并不构成直接侵犯他人专利权，但却故意诱导、怂恿、教唆别人实施他人专利，发生直接的侵权行为，行为人在主

观上具有诱导或唆使别人侵犯他人专利权的故意,客观上为别人直接侵权行为的发生提供了必要的条件,被告的上述行为符合间接侵权的构成要件。

通读该判决,法院并没有说明被告是否知道专利覆盖其产品这一事实。法院可能认为,被告并不需要明知客户会侵犯专利权,就可能构成引诱侵权。

证明行为人知道被引诱或教唆的行为落入专利权的保护范围,可能比证明他知道专利权存在更为困难一些。这只能由法院考虑熟练技术人员对于该领域的技术现状、专利分布、专利产品对于专利的标示、相关的专利许可与侵权诉讼等因素后进行裁量。如果熟练技术人员基于这些因素有合理理由相信被引诱的行为存在现实的专利侵权风险,而行为人并没有采取合理措施排除这一风险,则可以认定行为人应当知道被引诱的行为构成直接侵权。

在李宪奎 v. 杨志银案(广东省高院(2003)粤高法民三终字第62号)中,原告作为专利权人对被告提出著作权诉讼,不涉及专利侵权问题。不过,如果从引诱侵权的角度思考,该案实际上提出一个很有意思的专利法问题。广东高院在判决中指出:"关于李宪奎上诉提出,由于杨志银在《喷射混凝土与土钉墙》一书中介绍土钉墙技术施工方法未标明出处,致使李宪奎所持有的专利技术被人误解为公开的不受保护的技术,许多人买了《喷射混凝土与土钉墙》后便按图施工,以致目前建筑市场上对李宪奎的专利侵权屡屡发生,给李宪奎带来了巨大的经济损失和精神损失问题,本院认为,如果有人误把李宪奎的 ZL97112023.4 发明专利当成公知技术,但只要李宪奎的该发明专利仍合法有效,就依法受我国专利法保护。任何人未经专利权人许可,擅自使用该专利方法,则构成专利侵权。李宪奎可以通过专利侵权诉讼来制止专利侵权行为的发生。"这里法院并未认真考虑被告构成引诱侵权的可能性。在本案中,被告知道专利存在这一事实应该能够确认,但是否存在引诱侵权的主观意图呢?

在张晶廷 v. 衡水子牙河建筑工程有限公司(最高人民法院(2012)民提字第125号)案中,建筑设计单位参照河北省的地方标准设计建筑施工图。该标准采用了他人建筑施工专利方法。该标准对可能涵盖专利的事实进行提示,并要求采用者获得专利许可(进一步的事实参考侵权救济一章同名案例)。法院指出:"设计单位设计实现专利技术的图纸的行为并不属于专利法第十一条规定的侵权行为。本案亦无证据证明华泽公司对子牙河公司存在诱导以及帮助等侵权行为。因此,本案中,华泽公司设计建筑施工图的行为,并不构成侵权。"

有时候,行为人可能不确定知道自己所引诱的行为构成专利侵权,而是对被引诱者是否构成专利侵权持"刻意放任"(deliberate indifference)的态度。这是否符合引诱侵权的行为要件,存在争议。美国法院在 Broadcom Corp. v. Qualcomm Inc., 543 F.3d 683, 699 (Fed. Cir. 2008)案中指出,证明引诱侵权时,需要证明侵权者有"鼓励他人侵权的具体意图(specific intent)"。在 SEB (T-Fal) v. Montgomery Ward & Co. (Fed. Cir. 2010)案中,联邦巡回上诉法院指出"具体意图"包括被控侵权人"刻意漠视已知的侵权风险"(actively disregard a known risk)的情形。法院认为,所谓知道专利权的存在,包含应当知道。即便专利权人没有直接证据证明被控侵权者实际知道诉争专利,引诱侵权的指控依然可能有效。

Global-Tech Appliances, Inc. v. SEB S. A.

131 S. Ct. 2060 (2011)

Alito 法官:

我们考虑专利法第 271 条(b)下的"积极引诱专利侵权"的一方是否必须知道该被引诱的行为构成专利侵权。

I

本案涉及一种创新性的油炸锅(deep fryer)的专利。该炸锅由被请求人 SEB 公司设计。1997 年,美国的 Sunbeam Producgts, Inc. 公司请求请求人 Pentalpha Enterprises, Ltd. 提供满足一定要求的炸锅。Pentalpha 是一家香港的家用设备制造商,是请求人 Global-Tech 公司的全资子公司。为了研发 Sunbeam 公司所要的炸锅,Pentalpha 公司在香港购买了一项 SEB 的炸锅,然后拷贝了它外表的装饰性特征之外的全部特征。由于该炸锅是为外国市场香港制造的,所以没有标注美国专利信息。在拷贝 SEB 的设计后,Pentalpha 聘请了一个律师来调查它是否可以有权使用该方案,但是没有告诉律师它的设计直接拷贝自 SEB 的产品。

该律师没有发现 SEB 的专利,他于 1997 年 8 月提供了意见书,宣称 Pentalpha 的炸锅不侵害他所发现的任何专利。就在该月,Pentalpha 开始向 Sunbeam 出售该炸锅。Sunbeam 贴上自己的商标在美国转售该炸锅。

在顾客开始转向 Sunbeam 后,SEB 于 1998 年 3 月对 Sunbeam 提起专利侵权诉讼。一个月后,Sunbeam 告知 Pentalpha 诉讼消息。Pentalpha 并未被吓倒,继续向另外两家公司 Fingerhut 和 Montgomery Ward 出售该炸锅,这两家公司也贴自己的商标在美国出售该炸锅。

SEB 与 Sunbeam 和解,然后起诉 Pentalpha,提出两项指控:其一,Pentalpha 的出售和许诺销售的行为直接侵害了 SEB 的专利;其二,Pentalpha 引诱 Sunbeam、Fingerhut 和 Montgomery Ward 销售或许诺销售 Pentalpha 的炸锅,违反专利法第 271 条(b)。

陪审团支持 SEB 的两项主张,认定 Pentalpha 的侵权是故意的(willful)。区法院和上诉法院均驳回了 Pentalpha 的抗辩理由。

上诉法院指出,第 271 条(b)的引诱侵权(induced infringement)要求原告证明被控侵权者知道或应当知道他的行为回引诱实际侵权,这里包括原告证明被控侵权者知道诉争专利。虽然没有直接证据证明 Pentalpha 在 1998 年 4 月之前知道 SEB 的专利,法院依然认为有足够证据表明 Pentalpha 刻意无视(deliberately disregarded)SEB 有保护性专利的已知风险。法院认为,这种"无视"与实际知道(actual knowledge)并无不同,不过是一种类型的实际知道。

II

Pentalpha 争辩说，§271(b)下的积极引诱侵权责任要求比刻意漠视(deliberate indifference)一项已知风险(即被引诱的行为可能侵犯一项现有专利的风险)要高。Pentalpha 认为，需要[证明引诱者]实际知道该专利。

A

为了评估 Pentalpha 的抗辩，我们从§271(b)的文本出发。该条规定："任何人积极引诱专利侵权，应作为侵权者承担责任。"

虽然§271(b)的文本并没有提到意图(intent)，我们推断至少需要有一定的意图(some intent)存在。"引诱"(induce)一词意味着"引导、影响、劝说、说服"等。Webster's New International Dictionary 1269 (2d ed. 1945)。额外添加的副词"积极"(actively)表明，引诱必须包含采取主动步骤(affirmative steps)以产生希望的结果(desired result)。

当一个人积极引诱他人采取某些行动时，引诱者明显知道他或她所希望产生的行动。如果一个二手车的销售员引诱顾客买车，该销售员知道该希望的结果是购买该车。如果说销售员引诱顾客购买受损汽车，意味着什么？这仅仅意味着销售员引诱顾客购买一辆汽车，而销售员可能一直不知晓该汽车偶然受损这一事实？或者，这意味着该销售员知道该汽车受损的事实？销售员引诱顾客购买受损汽车的表述述模棱两可。

§271(b)的表述也是如此。该条款所述的一方"引诱侵权"，可能仅仅要求引诱者引导他人从事某一行为，而该行为碰巧构成侵权；也可能意味着引诱者必须说服他人从事引诱者知道构成侵权的行为。这两种解读都有可能。

B

法律文本中没有明确答案，我们转向1952年专利法的第271条出台之前的判例法。不幸的是，1952年前的案例法比人们想象的要模糊，在引诱者所要具备的意志问题上，发出矛盾的信号……

尽管如此，我们在 Aro II 中的判决解决了本案问题。在 Aro II 案中，多数意见认为，违反第271条(c)的行为人必须知道该组合(combination)受专利保护，同时该组合侵犯该专利权。这里，行为人提供为该组合(combination)专门设计的零部件。

C

在1952年以前，引诱侵权(induced infringement)并不被视为独立的间接侵权责任(indirect liability)理论。相反，它被视为帮助侵权(contributory infringement，即帮助和教唆(aiding and abetting)他人直接侵权)的证据。国会制定第271条后，将先前的帮助侵权分成两个类别，分别落入§271(b)和§271(c)两款。

Aro II 涉及 §271(c)，该条相关部分规定如下：

"任何人在美国许诺销售或销售……专利[发明]的一个部件，而该部件构成该发明的实质性部分(material part)，[该行为人]明知(knowing)该部件是为专利侵权用途

(for use in an infringement of such patent)而专门制造或特别改造的,并非具有实质性非侵权用途的商业通用物品或产品(staple article or commodity of commerce),则[该行为人]应当作为'帮会助侵权人'(contributory infringer)承担责任。"

上述语言带有与第271条(b)完全相同的模糊性。"明知(knowing)该部件是为专利侵权用途而专门制造或特别改造的"可以被解释为违反者必须知道该部件被专门改造用于某一产品,而该产品碰巧侵害专利权,也可以被解释为,进一步要求知道专利的存在。

在 Aro II 案中,多数意见认为,需要知道专利的存在。另外四个法官不同意这一解释,认为第271条(c)的违反者仅仅需要知道该部件专门用于一项产品,而该产品碰巧侵害一项专利[(即他可以不知道该专利或专利侵权存在)]。

虽然关于 Aro II 中双方意见尚有很大的讨论空间,但是 Aro II 判决已经成为第271条(c)的帮助侵权规则的确定规则(a fixture)。SEB 并没有要求我们推翻该判例。国会在过去近半个世纪的时间里,并没有认为有必要改变第271条(c)下的主观意图规则。鉴于法律解释方面遵循先例规则的特殊约束力,我们接受这一前提:第271条(c)要求知道被侵害的专利存在(knowledge of the existence of the patent that is infringed)。

在上述前提下,自然的结论是,§271(b)下的引诱侵权要求同样的"知道"。如上所述,这两个条框共同源于1952年之前人们对于帮助侵权的理解;这两条也导致相同的解释困难。如果认定§271(c)要求"知道相关专利"而§271(b)不要求,会很奇怪。因此,这里我们认为,§271(b)下的引诱侵权要求知道被引诱的行为构成专利侵权(knowledge that the induced acts constitute patent infringement)。

III

回到 Pentalpha 的首要挑战,我们同意,刻意漠视(deliberate indifference to)专利存在的已知风险(a known risk that a patent exists)并非§271(b)下的合适标准。但是,我们还是维持了上诉法院的判决,因为本案的证据足以认定 Pentalpha 具有"故意视而不见"(willful blindness)学说下的"知道"(knowledge)。

A

"故意视而不见"学说在刑法领域确立已久。很多刑法条款要求证明被告明知或故意。通过应用"故意视而不见"学说,法院指出,通过刻意回避证明具体情形所显示的关键事实的清晰证据,被告并不能逃脱这些法律的制裁。这一学说的合理性在于,如此行事的被告,与那些实际知道的被告应受到一样的谴责。也就是说,知道足够多事实后对证明关键事实的直接证据视而不见(blind themselves to),行为人实际知道这些事实。

本院在一个多世纪以前的 Spurr v. United States,174 U. S. 728 (1899) 案中接受类似的概念,尽管没有使用"故意视而不见"这一术语。该案涉及一个禁止银行职员故意(willfully)认证余额不足的支票。我们指出,如果银行职员有意使自己避免知道出票人在银行是否有钱的事实,则构成故意违反这一规定。后来,1962年的模范刑法典建议稿尝试着引入这一学说,在定义"知道存在特定事实"时,将"行为人知道某一事实的存在具有高度盖然性(high probability)"的情形(除非他实际上相信此类情形不存在)包括在内。ALI, Model Penal Code §2.02(7) (Proposed Official Draft 1962)。本院利用过该法典中的定义来分析在某些法定推定"知道"的情形是否符合正当程序的要求。每一个上诉法院(可能的例外时哥伦比亚特区巡回上诉法院)都接受"故意视而不见"学说,将它应用于很多刑法条款。

鉴于这一学说的悠久历史和联邦法院对它的广泛接受,我们没有理由不在35 U.S.C. §271(b)的专利引诱侵权的民事诉讼中适用它。

Pentalph敦促我们不要迈出这一步,争辩说,在被引诱行为构成侵权问题上,§271(b)的要求比"故意视而不见"(willful blindness)要高。不过,这并非本案争议问题。这里没有必要应用"故意视而不见"学说来认定Pentalpha知道购买其炸锅的零售商在美国市场销售该产品;Pentalpha没有疑义地知道它的顾客在美国销售其产品。

B

虽然各个巡回上诉法院对"故意视而不见"学说的表述稍有不同,它们看上去都同意两项基本的要求:(1)被告必须在主观上相信,相关事实的存在具有高度盖然性;(2)被告必须刻意采取措施避免了解该事实。我们认为,这些要求赋予"故意视而不见"学说一个适当的限制范围,超越重大过失和普通过失的范畴(recklessness and negligence)。依据这一理解,"故意视而不见"的被告,是指那些刻意采取行动避免证实一项高度盖然性的侵权行为(wrongdoing),几乎等于实际知道该关键事实的人。作为对照,有重大过失(reckless)的被告,是指仅仅知道此类侵权行为有实质性和不合理的风险(a substantial and unjustified risk)的人;而普通过失(negligent)的被告是指那些应当知道存在类似风险,但是事实上却没能知道(预见)的人。

联邦巡回上诉法院在本案中采用的测试法在两个重要方面背离了合适的"故意视而不见"标准。首先,它许可在仅仅有"被引诱行为构成侵权"这一已知风险时,认定"知道";其次,联邦巡回上诉法院仅仅要求行为人"刻意漠视"(deliberate indifference)该风险,而不要求引诱者采取积极行动(active efforts)以避免知道该获得的侵权性质。

尽管存在上述缺陷,我们依然相信,采用正确的认定标准,陪审团能够轻易就认定,Pentalpha在1998年4月以前故意对它所鼓励的Sunbeam的销售行为的侵权性质视而不见。

Pentalpha拷贝时,SEB的炸锅是美国市场上的一项创新产品。就像人们对任何领先产品的期待一样,SEB炸锅的销售持续增长了一段时间。SEB知道这一切,因为它的CEO和总裁John Sham作证说,在为Sunbeam开发产品时,Pentalpha进行了市场调查,尽可能多地收集信息。它决定拷贝SEB炸锅的全部非装饰特征这一事实表明,Pentalpha相信SEB炸锅所体现的先进技术在美国市场上很有价值。

Pentalpha决定拷贝SEB炸锅的海外型号这一事实也很能说明问题。Pentalpha知道该产品是为美国市场设计的。Sham 自己是多项美国专利的发明人,很清楚为海外市场制造的产品常常并不带有美国专利信息。更有说服力的是,Sham 决定不告诉为 Pentalpha 提供使用权法律意见的律师,该产品不过是 SEB 炸锅的仿制品这一事实。

基于本案的事实,我们不能理解,除了制造一个在他的公司事后被控专利侵权时否认指控的借口外,Sham 还有什么动机要隐瞒这一信息。Sham 关于这一问题的证词也没能提出让人怀疑这一推理的理由。在被问到,如果律师知道 SEB 的设计,是否能够做的更好时,Sham 没有回答。他所能说的就是,专利检索不是一项容易的工作,这是他雇佣律师来做这项工作的原因。

综合起来,这些证据足以支持陪审员认定 Pentalpha 主观上相信 SEB 炸锅受专利保护具有高度盖然性。Pentalpha 可以采取步骤避免制造这一事实,因此它故意对 Sunbeam 的销售的侵权属性视而不见。

Kennedy 法官异议:

在解释 35 U. S. C. §271(b) 要求证明"知道"后,本院认为故意视而不见(willful blindness)足够。这一步是错误的。故意视而不见不是"知道"。法院不能通过类比扩张立法条款。

本院援引故意视而不见将那些并不知道的人纳入 §271(b) 禁止的范围。法院关于故意视而不见的定义解释了这一基本目的。行为人可以相信,该行为侵犯专利权具有高度可能性,但依然认为该行为并不侵权。相信一项装置并不侵权的被控引诱者,不能被说成知道[被引诱的行为侵犯专利权。]

本院从两个方面证明利用故意视而不见替代法定的知道要求是合理的。任何一项都没有说服力。

首先,法院诉诸于道德理论,引用传统的理由,即故意视而不见的被告与那些实际知道的被告应当受到同样的谴责。然而,道德问题是一个困难的问题。在明知的情况下唆使提供伪证的律师,不比避免了解其刑事被告客户在作证时撒谎说他不是射击者这一事实的律师,更应受到谴责吗?答案并非显而易见。或许,故意视而不见的可谴责性取决于行为人视而不见的原因;或者,它可能只与该行为人的行为正当性(jusitficaiton for his conduct)相关。这是一个最好留给政治机构(国会)的道德和政策问题。即使考虑到刑法的惩罚目的(retributive purpose),一个人在刑事案件中接受精神状态(mental states)具有同等可谴责程度的替代行为,在专利法所控制的本案中,这些目的并没有份量。宪法确认的专利法的目的是功利性的,促进科学和有用技艺的进步。

其次,本院诉诸于先例,指出在早到 1899 年的案件中就出现了故意视而不见的类似概念。但是,本院先前并没有判决,"故意视而不见"能够作为法定要求"知道"的替代物。

本院看起来在所有涉及"知道"认定的联邦刑事案件中接受"故意视而不见"学说。它在民事案件中也这么做,但它并没有向刑事辩护律师协会征求意见,而后者可能在这一问题上提供重要的咨询意见。

在本案中,不需要首次引入"故意视而不见"学说。支持"故意视而不见"的事实常常是实际知道的证据。像本案的间接事实通常是能过获得唯一证据,因为陪审员无法直接了解被告的想法(mind)。陪审团常常必须通过行为推断"知道"(knowledge)。试图消除关于"知道"的证据的行为,就像被控引诱者避免进一步证实它已经有足够理由相信的事实一样,可能支持[陪审团作出]此类推断。扩张法律范围的多数意见看起来依赖一项默示前提,即"知道"(knowledge)需要确定性(certainty),但是法律经常许可将可能性判断(probabilisitc judgements)当作"知道"。

思考问题:

(1)知道专利存在与知道构成专利侵权是两个问题。在本案中,后一项为什么没有成为争议焦点呢?

(2)行为的主观可谴责性相当,所以引诱侵权规则就应当给予相同的评判。这有什么逻辑上的缺陷吗?

(3)Kennedy法官说,可以通过行为的可能性来推断行为人的主观上实际认知(知道)。这与多数意见直接认为"知道"("knowledge")包含"故意视而不见"的思考进路有本质差异吗?为什么他认为多数意见是在扩张法律范围,而他的意见不是?

Hewlett-Packard Co. v. Bausch & Lomb Inc.

美国联邦巡回上诉法院 909 F. 2d 1464(1990)

RICH 法官:

Bausch & Lomb Incorporated(以下称 B&L)对美国加州北区区法院1989年9月13日的判决提出上诉。该判决认定美国专利第4,384,298号(LaBarre)有效,被 B&L 侵害。Hewlett-Packard Company(以下称 HP)对该判决认为"该 B&L 在1985年9月以后并没有积极引诱侵害 LaBarre 专利"的部分,提出交叉上诉。我们维持原判。

背 景

在本意见中,有两个专利被反复讨论。第一个是诉争专利,即 LaBarre 专利,被转让给了 HP。第二个是美国专利第31,684号(Yeiser),被转让给了 B&L。这是 B&L 用来否定 LaBarre 专利效力的唯一一份在先文献。这两个专利都与 X-Y 绘图仪有关,该绘图仪用于在纸面上绘制二维的图表……

B&L,通过它的分支机构 Houston Instruments,于1982年底或1983年初开始出售砂轮绘图仪("wheel plotters")。但是,1985年9月 B&L 和 Ametek, Inc.(Ametek)达成"收购协议"(PURCHASE AGREEMENT),依据该协议 B&L 向 Ametek 出售 Houston Instruments 部门(包括所有的"资产、财产、权利和业务"),总价4300万美元。在执行收购协议的同时,B&L 和 Ametek 还达成了"有关专利的协议"(AGREEMENT WITH RESPECT TO PATENTS)。依据该协议,双方同意:(1)B&L 授予 Ametek 实施 Yeiser 专利的许可;(2)B&L 愿意赔偿 Ametek 因侵害 LaBarre 专利所承担的侵权责任,上限

为460万美元;(3) B&L 和 Ametek 将共同努力研发出不侵害 LaBarre 专利的绘图仪;(4) Ametek 将遵守所谓的"封口令"(gag order)(即不就 LaBarre 专利问题和 HP 沟通)等事项。

HP 于1986年5月对 B&L 提起本诉讼,指控 B&L 在出售 Houston Instruments 业务给 Ametek 之前的那段时间里直接侵害 LaBarre 专利;在出售 Houston Instruments 业务后的时间段内,依据35 U.S.C. §271(b)构成积极引诱侵权……

区法院认定,B&L 应当为1985年出售 Houston Instruments 业务之前的侵权负责。但是,区法院还认定,依据35 U.S.C. §271(b),B&L 没有积极引诱 Ametek 侵害 LaBarre 专利,所以1985年出售业务后 B&L 没有责任。本上诉随后而至。

意 见

……

B. 引诱侵权——35 U.S.C. §271(b)

第271(b)条规定,"任何人积极引诱专利侵权,应作为侵权者承担责任。"首先,我们觉得有必要澄清第271(b)条下的积极引诱侵权和第271(c)条下的帮助侵权的区别,二者常常引起混淆。在1952年专利法出台之前,专利法并没有定义何谓侵权。不过,司法将侵权分成两个类型:直接侵权,指未经许可制造、使用或销售专利发明;或者帮助侵权,指任何其他活动,[在这些活动中,]被告虽然技术上没有制造、使用或销售,但依然有足够的可谴责性。这一责任依据的是共同侵权理论(a theory of joint tortfeasance),即一个人故意促成或帮助并教唆他人的侵权行为,则要和该首要的侵权人一道承担共同连带责任。

1952年以前,最普通的帮助侵权案例所应对的情形是,销售者出售技术上未被产品或方法专利的权利要求所覆盖的部件,而这些部件除了用于受保护的产品或方法外,没有其他用途。在这些案例中,虽然原告被要求去证明[被告]有意导致侵权,以确立帮助侵权,很多法院认为这一意图可以推定存在,因为该部件没有实质性的非侵权用途。

1952年专利法的立法史表明,制定第271条并没有对帮助侵权的范围有什么实体性的改变。不过,原本单一的帮助侵权(contributory infringement)的概念被第271(b)条和第271(c)条分成两部分,即"积极引诱"(一种类型的间接侵权)和"帮助侵权"(contributory infringement)。第271(c)条对上述帮助侵权的常见类型作出规定,明确指出,确立帮助侵权所需要的只是被告知道(knowledge)而不是期望(intent)他的活动导致侵权的证据。第271(b)条则对在1952年以前构成"帮助侵权"的其他类型的活动作出禁止性规定。

不过,这里留下一个疑问,即依据第271(b)条认定积极引诱究竟需要何种程度的"知道"或"意图"(knowledge or intent)。表面上看,第271(b)条比第271(c)条要宽很多,同时也没有说明证明积极引诱有任何"意图"(intent)方面的要求。不过,考虑到1952年以前的判例法对"积极引诱"的定义,以及第271(b)条只是试图对1952年以前的法律进行法典化的事实,我们认为促成该构成侵权的行为的实际意图(actual intent to cause the acts which constitute the infringement)是认定积极引诱的必要前提。本案中,正是缺少证明这一意图的证据。

查看与 Houston Instruments 转让有关的全部事实背景,很清楚,B&L 只是对以可能的最高价将 Houston Instruments 从自身剥离有兴趣。B&L 对于 Ametek 将如何处理 Houston Instruments 并不关心,也肯定不关心归 Ametek 所有后 Houston Instuments 会不会以这样或那样的方式继续制造砂轮绘图仪(grit wheel plotter)。HP 试图利用下列事实:转让 Houston Instruments 的交易包括出售制造砂轮绘图仪的具体计划以及在这一领域有专业知识的关键人员。可是,这不过是 Houston Instrument 被整体出售(即所有的"资产、财产、权利和业务"包括在内)这一事实的自然结果。B&L 并不关心也不控制 Ametek 选择如何处理该商业计划或相关人员。在这一点上,值得主意的是,砂轮绘图仪只是所出售的 Houston Instruments 业务的一部分。B&L 和 Ametek 之间的收购协议表明,Houston Instruments 的业务还包括研发、制造和销售模拟和数字的录音机、数字转换器、计算机辅助绘图设备和其他产品。

我们没有发现,B&L 和 Ametek 之间协议的其他细节足以证明存在引诱侵权的意图(intent)。B&L 授予 Ametek 实施 Yeiser 专利的许可,并不能证明存在任何引诱侵权的意图。B&L 和 Ametek 之间的许可协议并不是要给予 Ametek 制造、使用和销售 X-Y 绘图仪的权利;它仅仅是使得 Ametek 的业务避免受到 Yeiser 专利的妨碍。双方在"有关专利的协议"中对 LaBarre 专利的讨论表明,双方清楚地知道,其他专利依然可能会妨碍制造、使用和销售 X-Y 绘图仪。B&L 和 Ametek 之间协议约定,共同努力找到避免侵害 LaBarre 专利的方法。这一约定如果能说明什么问题的话,也仅仅表明 B&L 同意帮助 Ametek 去研发不侵权的绘图仪,无意引诱侵权。

B&L 和 Ametek 协议中的最麻烦的问题是该赔偿条款(the indemnification clause)。过去的案例已经指出,赔偿条款通常并不能证明存在引诱侵权的意图,但是如果该条款的主要目的就是要克服专利法对潜在的侵权者的威慑力,则可以推断存在上述意图。过去的案例已经指出,如果赔偿条款的主要目的就是要克服专利法对潜在的侵权者的威慑力,则可以推断存在上述意图。协议中对 LaBarre 专利的讨论表明,虽然本案的赔偿条款可能已经具有克服专利法的威慑力的最终效果,但是我们不能说这就是它的目的。我们再一次回到我们的结论,即 B&L 真正想从本协议中得到的是将 Houston Instruments 业务卖出可能的最高价。因此,B&L 同意,如果 Ametek 希望继续制造和销售砂轮绘图仪,B&L 愿意承担该绘图仪最终被认定侵害 LaBarre 专利的风险。该赔偿条款肯定促进[B&L]以特定价格出售 Houston Instruments 业务,但是我们不同意 B&L 用它来引诱 Ametek 侵权。

……

思考问题:

(1)你觉得美国法院为什么如此强调被告的主观意图?为什么不从直接侵权者

的主观意图着手?

（2）从降低侵权者风险，提高侵权动机的角度看，该赔偿条款与一般的积极引诱行为大概有相同的作用吧，甚至前者效果更明显。为什么法院不因此认为该赔偿条款有问题呢？

DSU Med. Corp. v. JMS Co.
美国联邦巡回上诉法院 471 F.3d 1293 (2006)

RADER 法官：

DSU 公司起诉 JMS 和 ITL Corporation Pty, Limited (ITL) 专利侵权、引诱侵权和帮助侵权。被控受到侵害的专利是美国专利第 5,112,311（'311 号）和第 5,266,072（'072）号。依据陪审团的一致裁决，初审法院最后裁决认定，JMS 侵害了第 311 号专利，而 ITL 没有侵权……本院没有发现可驳回的错误，因此维持原判。

I

第 311 号和第 072 号专利所要保护的是一种有侧翼的注射针头防护装置（a guarded, winged-needle assembly）。该发明降低了因意外的针头穿刺而受伤的风险。针头刺穿伤口可感染通过血液传播的疾病，比如乙肝和艾滋病。

第 311 号专利所要求保护的是"屏蔽针头的开槽的闭锁防护罩以及有侧翼的注射针头装置，包括针头，有侧翼的针头座（a winged needle hub），和一个开槽的闭锁防护罩。"这一发明包括"开槽的防护罩，用于锁住针头使之在离开病人身体时处于被屏蔽状态"，和"有侧翼防护的注射针头装置，可滑动地套在防护罩里。"附图 5 揭示了该专利发明的一个实施例：

附图 5 是注射针头、侧翼针头座（3）和开槽的针头防护罩（1）的侧视图。在这一示意图中，注射针头（5）收缩在针头防护罩（1）内。图 6 是从上方看相同注射针头的示意图。

……

被控侵权的装置是 ITL（一家澳大利亚公司）在马来西亚和新加坡制造并销售的 Platypus 牌针头防护罩（Platypus）。Platypus 针头套是一个单独的产品：一小片有特定形状的塑料。该塑料防护装置没有固定在任何装置上。换句话说，Platypus 并不包括注射针头，而只是一个套状结构。[根据法院后文的描述，大致可以认为 Platypus 防护套本身并不侵害专利权。但是，与针头扣在一起后，则会侵害专利权。]

[JMS 是一家日本医疗设备供应商，在美国市场上与 DSU 竞争。JMS 在新加坡和马来西亚从 ITL 那里购买了开口的定型 Platypus 防护罩，然后向美国客户提供该产品。JMS 通常在向客户分发之前，将该 Platypus 防护罩扣在针头上。

……

III

关于引诱侵权,DSU 辩称,ITL 引诱 JMS 在美国出售闭锁状态的产品,因而构成引诱侵权。区法院拒绝了 DSU 的请求,认为虽然 JMS 直接侵权,但 ITL 并不故意追求(intend)JMS 侵权[的结果]。

……

B. 对矛盾先例的决议

本院全体法官(en banc)共同作出本判决第 III.B 部分的意见。本节讨论,在引诱侵权的背景下,"引诱特定侵权行为或促成侵权行为所需要的意图(intent)"。经全体法官共同审理,本节澄清,该意图要求如 Manville Sales Corp. v. Paramount Systems, Inc., 917 F.2d 544, 554 (Fed. Cir. 1990)案所陈述:"原告有义务证明被控侵权者的行为引诱了侵权行为,同时他知道或者应当知道他的行为会引诱该实际侵权。""被控侵权者知道或者应当知道他的行为会引诱该实际侵权"的要求必须包含他或她知道专利这一要求。

……

依据专利法第 271(b)条,"任何人积极引诱专利侵权行为,应当作为侵权者承担责任"。为了确立第 271(b)条的责任,专利权人必须证明,被告在知道该专利之后,他故意积极帮助和教唆他人直接侵权。但是,知道被控行为构成侵权(knowledge of the acts alleged to constitute infringement)并不足够。仅仅知道他人可能侵权并不等于引诱(inducement);必须证明存在引诱侵权的具体意图和行动。

DSU 请求区法院按照 Hewlett-Packard Co. v. Bausch & Lomb, Inc., 909 F.2d 1464 (Fed. Cir. 1990)案的建议指示陪审团:对于引诱侵权,引诱者仅仅需要试图促成(cause)第三方构成直接侵权的行为。初审法院给了陪审团如下指示:

> 要引诱侵权,首先必须有直接侵权的行为以及证明被告有意鼓励该侵权而故意(knowingly)引诱该侵权的证据。被告必须试图促成该构成直接侵权的行为(the acts that constitute the direct infringement),同时必须知道或者应该知道它的行为会促成该直接侵权。与直接侵权必须发生在美国[这一规则]不同,引诱侵权只要直接侵权发生在这里,而并不要求间接侵权者的活动必须在美国。

因此,该法院按照 Manville 规则指示陪审团。专利法没有定义被控侵权人是否必须意图引诱该侵权,或者被控侵权人仅仅必须意图从事某些行为,而该行为[客观上]引诱(induce)侵权,不论他是否知道他正在促使他人侵权。DSU 诉称上述指示是不正确的,因为它要求引诱者具有鼓励他人侵权的具体意图(specific intent),而不是仅仅要求引诱者知道(had knowledge of)该被控侵权的行为。

在 Grosker 这一版权案例中,最高法院在讨论引诱侵权时肯定性地引用了本院在 Water Technologies 案中的意见,具体如下:

> 早期案例中所发展出的引诱侵权规则与今日的规则并没有不同。"[证明被

告存在]鼓励直接侵权的积极行动"的证据,比如通过广告宣传侵权用途或解释如何从事侵权性使用等,表明[行为人具有]将该产品用作侵权目的的积极意图(affirmative intent)。当侵权人仅仅出售具有合法用途的商业产品时,法律并不愿意追究其责任。但是,鼓励侵权的事实证据则会改变法律的态度。Grokster, 125 S. Ct. at 2779.

因此,如果清楚的意思表示(clear expression)或者其他促进侵权的积极行动表明,一个机构提供产品旨在促进它的侵权用途,则它要为其行为所导致的第三方侵权行为负责。"引诱侵权规则设定责任的基础是故意的、应受谴责的(culpable)的意思表达或行为。"

Grokster 确认了本院对于引诱侵权的主观状态要求的表述。在 Manville 案中,本院认为,"必须证明被控侵权者故意(knowingly)引诱了侵权",而不是仅仅故意引诱了[碰巧]构成直接侵权的该行为[(即引诱该行为发生,但不知其构成侵权)]。本院对所谓"故意"要求解释如下:

> 必须证明被告拥有鼓励他人侵权的具体意图,而不仅仅是被告知道被控侵权的行为。原告有义务证明,被控侵权者的行为引诱了侵权的行为(infringing acts),同时他也知道或者应当知道他的行为会引诱实际的侵权(actual infringements)。

在 Water Technologies 案中,本院已澄清:"虽然意图(intent)方面的证据是必要的,但并不一定要求直接证据。相反,间接证据可能就足够了。"最高法院在 Grokster 案中也肯定性地引述了这一意见。虽然本院指出:"[证明被告存在]促成该行为(指构成侵权的行为)的实际意图的证据,是认定积极引诱的必要前提条件"。但 Grokster 已经阐明,引诱侵权意图的要求,要比仅仅具有"促成产生直接侵权结果的行为(the acts that produce direct infringement)"的意图这一要求要高。超出上述"知道"(knowledge)这一最低门槛,引诱者必须具有促成直接侵权的积极意图(affirmative intent)。用最近的一个判决的话说,引诱要求"被控侵权者故意引诱侵权,并且具有鼓励他人侵权的具体意图。"因此,引诱要求有证据证明有应受谴责的旨在鼓励他人侵权的行为,而不是仅仅要求引诱者知道直接侵权者的活动。因此,区法院在本案中对陪审团的指示是正确的。

……

思考问题:

(1) 美国专利法第271(c)条规定:"任何人在美国许诺销售或销售专利机器、制造物、组合物或混合物的一个部件,而该部件构成该发明的实质性部分(material part),[该行为人]明知(knowing)该部件是为该专利侵权用途而专门制造或特别改造的,并非具有实质性非侵权用途的商业通用物品或产品(staple article or commodity of commerce),则[该行为人]应当作为'帮助侵权人'(contributory infringer)承担责任。"

仔细对比美国《专利法》第271条(b)和(c)款,明确二者适用范围的不同及其合理性。

(2)对比提示前文提到的SEB(T-Fal) v. Montgomery Ward & Co. (Fed. Cir. 2010)案,你觉得它和本案能够相互协调吗?

3.2 客观行为:有促成直接侵权的行为

除了主观明知或应知直接侵权行为会发生外,客观的"引诱"行为本身对于认定侵权自然是不可或缺的。理论上,可能被视为引诱行为的情形包括越权发放专利许可或转让专利、为他人设计侵权产品、广告或语言上激励以使直接侵权人产生侵权意图、提供专利侵权责任担保等等。当然,具体行为认定还依赖于法官的自由裁量。

越权对外发放许可或转让专利权这一行为的性质,在中国法下尚未十分明确。中国很多法院似乎将专利权与传统的所有权类比,认为这类行为实际上侵害了专利权人的处分专利的权利,因而将其视为直接侵权行为。比如,在哈达 v. 北京市亚光医疗保健用品厂案①中,235医院医师哈达设计了"多功能喉镜"并获得实用新型专利。哈达曾经就专利转让事宜同235医院协商,但是未果。后来,医院同亚光厂签署专利许可协议,"授权"其实施哈达的专利技术。哈达因此提出诉讼。本案最终调解结案。张广良法官认为:"专利实施许可权是专利权人对其专利享有的使用权中的一种,非专利权人擅自许可他人实施该专利的行为,是对专利权人权利的一种处分,是一种典型的侵犯专利权的行为。所谓的被许可使用人,因未得到真正专利权人的实施许可,故其实施该专利的行为亦构成侵权。"类似地,在吴中倬 v. 北京市丰台区科学技术开发中心(北京高院(1993)高经终字第34号)案中,法院认为:"良工研究所未经专利权人吴中倬同意擅自委托科技中心转让家用豆浆机专利技术,已对吴中倬构成侵权"。

不过,也有法院采用不同的思路,按照共同侵权(或间接侵权)来处理此类案件,比如:在宋志安 v. 江苏省无锡锅炉厂一分厂案②中,北京通用能源动力公司对外发放许可,导致另一被告侵权。二审法院认为适用最高人民法院《关于贯彻执行〈中华人民共和国民法通则〉若干问题的意见(试行)》第148条第1款关于"教唆、帮助他人实施侵权行为的人,为共同侵权人,应当承担连带民事责任"的规定。本案二审以和解结案(本案中通用公司自己拥有专利权,是一个非常重要的案例)。

在美国法下,如果一方明知某一方案为专利所覆盖,但依旧隐瞒事实,向他人提供该技术方案;他人实施该技术方案,构成直接侵权,则提供方也可能承担引诱侵权的责任。比如,Water Techs. Corp. v. Calcao, Ltd. 850 F. 2d 660 (1988)。该案中,被告之一 Gartner 是 Calco 的顾问,帮助设计一种移动的水净化系统。Gartner 将专利方案中的配方交给 Caclo,同时授权 Caclo 制造 Gartner 的水净化草秆(Water Purifying Straw),最终对外销售侵权产品。法院最终认为,Gartner 存在引诱他人直接侵权的故意。除了对外许可之外,设计侵权方案、为侵权产品做广告等,都有可能构成美国法下的引诱侵权。③

---

① 张广良:《知识产权实务及案例探析》,法律出版社1999年版,第245页。
② 李永明主编:《知识产权案例研究》,浙江大学出版社2002年版,第308—309页。
③ Chisum on Patents §17.04[2]—[3].

最后，简单介绍一下技术标准化过程引发的引诱侵权问题。在很多高新技术领域，标准组织制定的技术标准经常会涵盖某些尚处在保护期内的专利技术方案。标准组织为了避免该标准被专利权人挟持，通常会制定知识产权政策，要求其成员披露标准必要专利（即实施技术标准时不可避免要侵权的专利），并承诺对外按照公平合理非歧视（Fair Reasonable and Nondiscriminatory，FRAND）的条件发放许可。标准组织制定并推广技术标准的行为，通常并不构成所谓的引诱侵权。因为无论是否知道或应当知道标准必要专利的存在，一个规范的标准组织通常都无意引诱标准的实施者以侵害他人专利权的方式实施该标准。相反，它通常鼓励专利权人事先披露专利，希望标准的实施者和专利权人通过谈判解决专利挟持问题。也就是说，标准组织通常没有引诱侵权的主观过错，也没有引诱侵权的客观行为。因此，标准组织的标准化行为构成引诱侵权的风险很低。

在中国法下，实施技术标准并不当然地成为侵权抗辩的理由。在宁夏启元药业有限公司 v. 福建汇天生物药业有限公司[①]案中，被告采用了《福建省药品标准》中《闽Q/WS45-88 山楂精降脂片》中载明的生产工艺。法院认定被告专利侵权。

4 境外活动与间接侵权

为境外的"直接侵权"（或者说直接实施专利技术的行为）提供帮助，是否构成间接侵权，存在很大争议。如果认定构成间接侵权，则专利法实际上扩大了国内专利权人控制的地域范围。如太原重型机器厂案所显示的那样，专利权人可以阻止别人在中国国内制造那些未被专利权所覆盖的非通用产品部件。显然，如果专利权人主要为外来的知识产权人，则间接侵权制度会损害国内出口加工企业的利益。因此，有部分学者认为，在现阶段强化间接侵权制度，不符合我们现阶段的产业政策。

太原重型机器厂 v. 太原电子系统工程公司

山西高院（1993）晋经终字第 152 号

耿转成、武秀珍、何利水法官：

上诉人太原重型机器厂因专利侵权纠纷一案，不服山西省太原市中级人民法院（1993）法经初字第 27 号民事判决，向本院提起上诉。本院依法组成合议庭，公开开庭审理了本案……

一审认定："磁镜式直流电弧炉"是上诉人 1985 年 9 月 5 日申请并被授予实用新型专利权的产品。1992 年 6 月 1 日，被上诉人太原电子系统工程公司委托被上诉人阳泉煤矿电子设备二厂加工激磁线圈 4 只，上诉人认为该线圈是用于直流电弧炉的，侵犯了其专利权，故诉之法院。一审法院认为：上诉人独占使用的实用新型专利，其法律保护范围

[①] 福建高院（2003）闽知终字第 15 号，案例载郑伟主编：《知识产权精案评析》，人民法院出版社 2004 年版，第 60—69 页。

系专利权利要求书中记载的"磁镜式直流电弧炉"的全部必要技术特征,只有全部覆盖了这一技术特征才构成对上诉人专利的侵害。二被上诉人生产的激磁线圈的技术特征并未覆盖上诉人的专利保护范围,故不构成对上诉人专利的侵权。判决如下:驳回上诉人的诉讼请求,并赔偿被上诉人太原电子系统工程公司损失费22840元。

一审判决后,上诉人不服,向本院提起上诉。上诉人认为二被上诉人的行为已对上诉人的专利构成了间接侵权,请求二审法院撤销一审判决,判定被上诉人侵犯了上诉人的专利权并赔偿给上诉人造成的损失。被上诉人太原电子系统工程公司答辩称:被上诉人的行为不构成对上诉人专利的间接侵权,请求驳回上诉,维持原判。

经审理查明:1985年9月5日,上诉人太原重型机器厂向国家专利局申请"磁镜式直流电弧炉"实用新型专利,1986年8月22日被中国专利局批准授予实用新型专利。专利号为852037170该专利的保护范围和技术特征在其权利要求书和说明书中作了描述,其主要技术特征是在于所述的磁镜式直流电弧炉是在普通的电弧炉炉体的上部,垂直于炉体中心线增设一个环绕炉体的磁镜线圈。该发明创造取得专利后,台湾锦贸兴业股份有限公司表示要购买该项专利,该公司董事长王汝墉从1990年5月5日至1992年1月28日期间,曾多次来人来函表示愿以30万美元购买上诉人该项专利。1992年2月,该专利第一发明人王子焱离休,随后台商终止了和上诉人太原重型机器厂的谈判。该专利的第一发明人王子焱到被上诉人太原电子系统工程公司担任顾问。1992年5月10日,被上诉人太原电子系统工程公司接受台湾锦贸兴业股份有限公司在香港的代理商香港协和电脑器材公司的委托,为其加工4只激磁线圈,总金额为6万美元。1992年6月1日,被上诉人太原电子系统工程公司委托被上诉人阳泉煤矿电子设备二厂加工激磁线圈4只,总金额为29万元人民币,现该线圈已全部运往台湾,上述为本案基本事实。

在审理过程中,本院委托机械部西安电炉研究所对上诉人的专利技术方案与被上诉人太原电子系统工程公司提供的台商磁会切电弧炉技术方案进行了技术鉴定,该鉴定报告认为二者在原理、结构、效果、手段等方面基本相同。本院还委托山西省专利管理局对有关问题进行了论证,该论证报告认定被上诉人间接侵权成立。

本院认为,上诉人所发明的磁镜式直流电弧炉是经中华人民共和国专利局授权的有效专利。在该专利有效期限内,被上诉人太原电子系统工程公司未经专利权人许可,客观上实施了为直接侵权人加工该专利产品核心内容的专用部件激磁线圈,主观上具有诱导他人直接侵权的故意,而且被上诉人的行为与直接侵权有明显的因果关系,故已构成了对上诉人85203717号专利的间接侵权。被上诉人阳泉煤矿电子设备二厂受太原电子系统工程公司的委托,加工生产了该专利产品的专用部件激磁线圈,客观上也构成了对上诉人专利的共同间接侵权,二被上诉人应共同承担侵权的赔偿责任。但被上诉人阳泉煤矿电子设备二厂主观上不具有侵犯上诉人专利的明显故意,故本院决定减轻处罚。

[本书作者注:本案判决后,太原电子系统工程公司申请宣告专利无效,并再审。最终双方和解。]

思考问题：

（1）本案法院回避了一个问题，即该线圈在台湾的使用是否属于直接侵权。假设在台湾没有申请专利，会影响本案的判决结论的合理性吗？

（2）法院认为，"被上诉人阳泉煤矿电子设备二厂受太原电子系统工程公司的委托，加工生产了该专利产品的专用部件激磁线圈，客观上也构成了对上诉人专利的共同间接侵权"。有道理吗？

与中国法不同，美国专利法第271条（f）规定，在美国境内向境外"直接侵权"行为人提供发明全部或实质性部件（零件）的行为，也构成侵权。在前文的 Microsoft 案中，争议的焦点就是，向美国境外提供实施某些专利方法的计算机软件母盘是否构成专利法意义上提供发明零部件的行为。该判决对于理解网络时代的专利法可能的适用范围有重要意义。

5 分开侵权

5.1 分开侵权的构成要件

在美国专利法下，如果一个方法权利要求有多个具体的步骤，则只有行为人在实施了所有的步骤之后，才可能构成直接侵权。[1] 有时候，行为人自己没有实施全部的步骤，但是在他控制或指导之下的其他人代表他完成剩下的步骤，这时候该行为人也被视为完成了全部的步骤，从而构成直接侵权。依据这一标准，如果数个人分头实施了专利方法的一部分，而任何一方都没有将其他各方置于自己的控制或指导之下，互相之间没有特殊的亲密关系，则各方都不构成直接侵权。法院在认定一个主体是否知道或控制其他人的行为时，参考替代责任的一般规则。[2]

另外，依据美国法，如果数个行为人构成共同实体（joint enterprise），则任意成员需要为其他成员实施的行为负责。如果该实体成员分别实施了专利方法的不同步骤，则该实体成员每个人都被视为完整地实施了该专利方法。[3] 认定共同实体要具备四项要素：（1）实体成员之间的明示或默示的协议；（2）该实体实施的共同目的；（3）成员在实现该目的的过程中构成经济利益共同体；（4）在指引该实体方面具有平等的权利，即具有平等的控制权。[4]

综上所述，美国法上数个主体在构成代理关系（principal-agent）、合同安排（congtractual arrangement）或共同实体（joint enterprise）关系时，单个主体可能因为数个主体分开实施专利方法的行为而承担直接侵权责任。[5]

---

[1] BMC Resources, Inc. v. Paymentech, L.P., 498 F.3d 1373, 1378-79 (Fed. Cir. 2007).
[2] Limelight Networks, Inc. v. Akamai Techs., Inc. (Fed. Cir. 2015)(en banc).
[3] Ibid.
[4] Restatement (Second) of Torts § 491 cmt. c.
[5] Limelight Networks, Inc. v. Akamai Techs., Inc. (Fed. Cir. 2015)(en banc).

在中国法上，没有合意的多人分头实施专利方法的某些步骤，是否构成直接的专利侵权，并没有明确的答案。多年前，有学者指出："对于方法专利可能存在的间接侵权的表现形式是不同的主体分别使用方法专利中的某些工艺步骤。例如，某些专利方法包括 A、B、C 三个顺序步骤。由甲、乙、丙三个不同的单位分别完成以上工序。因甲、乙、丙只是使用了专利方法中的一个步骤，均不构成直接侵权，但是却显然构成共同侵权。"[①]在实施者之间的意思联络或者相互控制的情况下，这一结论应该是不可靠的。

最高人民法院在《关于审理人身损害赔偿案件适用法律若干问题的解释（2003）》第3条中规定了所谓的无意思联络的数人侵权行为，并区分了所谓的直接结合和间接结合的两种类型：

  二人以上共同故意或者共同过失致人损害，或者虽无共同故意、共同过失，但其侵害行为直接结合发生同一损害后果的，构成共同侵权，应当依照民法通则第一百三十条规定承担连带责任。

  二人以上没有共同故意或者共同过失，但其分别实施的数个行为间接结合发生同一损害后果的，应当根据过失大小或者原因力比例各自承担相应的赔偿责任。

上述司法解释与专利侵权无关，不过大致反映了最高人民法院在处理共同侵权问题上的普遍立场。参照上述直接结合与间接结合的区分精神，将来是否可以将部分专利间接侵权行为分别视为所谓的直接结合（比如多人分头同时实施的侵权行为）和间接结合（比如通过公开市场销售专利产品非通用部件）的共同侵权行为？

5.2 分开侵权背景下的引诱侵权

假定多人分头实施专利方法的某些步骤不构成直接侵权的情况下，为这些实施者提供帮助的人是否构成间接侵权，则是另外一个有趣的问题。美国最高法院在 Limelight 案中给出了明确的答案，认为没有直接侵权，就没有所谓引诱侵权的问题。不过，在如何认定直接侵权方面，美国最高法院的立场讳莫如深。

Limelight Networks, Inc. v. Akamai Techs., Inc.

134 S. Ct. 2111(2014)

Alito 法官：

  本案提出的问题是，在无人依据 §271(a) 或其他法律条款直接侵害专利权时，被告是否可能依据 §271(b) 承担引诱专利侵权的责任。法律本身的文本、结构和我们的在先案例法要求我们对这一问题作出否定的回答。因此，我们推翻联邦巡回上诉法院的相反判决。

[①] 李国光主编：《知识产权诉讼》，人民法院出版社1999年版，第410页。

I

A

被请求人麻省理工学院(MIT)是美国第 6,108,703 号专利(以下称第 703 号专利)的受让人。该专利对一种利用内容分发网络(content delivery network, CDN)传输电子数据的方法主张权利。Akamai 维护大量的分布在多个地点的服务器。网站的所有人即内容提供者与 Akamai 签订合同,向个人网络用户传输它们的网站内容。依据第'703 号专利,内容提供商的网站的某些内容(常常是大文件,比如视频或音乐文件)被指定存储在 Akamai 的服务器上,互联网用户通过这些服务器接触这些文件。指定内容存储在 Akamai 服务器上的过程被称作"标记"(tagging)。集合多个差异化的用量峰值模式(peak usage patterns)的内容提供者的数据需求,从分布在多个地点的多台服务上提供内容,并且在用户试图接触内容时从位于相同地域的服务器分发内容,Akamai 因此能够加快互联网用户访问它的客户的网站的速度。

请求人 Limelight 公司也运营一个 CDN 网络,执行了第 703 号专利所要求所描述的步骤中的数个步骤。但是,Limelight 要求它的客户自己进行标记(tagging)它们的内容,而不是由 Limelight 来标记用户网络中需要存储在 Limelight 服务器上的内容(这是第 703 号专利中的一个步骤)。被请求人声称,Limelight 就"如何标记内容"向它的用户提供指导和技术支持,不过没有争议的记录表明,Limelight 并不对存储在它服务器上的内容进行标记。

B

2006 年,被请求人起诉 Limelight 专利侵权。陪审团认定 Limelight 侵权并判赔超过 4 千万美元的损害赔偿。

不过,它的胜利很短命。在陪审团裁决后,联邦巡回上诉法院判决了 Muniauction, Inc. v. Thomson Corp., 532 F. 3d 1318 (2008)案。在该案中,原告主张被告的采用计算机系统进行财务工具竞标的方法直接侵害专利权。上诉法院驳回原告主张。被告执行了专利方法中的一些步骤,它的顾客执行了剩下的步骤。被告许可用户接触它的系统,并提供使用该系统的指示。法院从"直接侵权要求单个主体执行诉争方法的每一步骤"的立场出发。即使这些步骤实际上由多个主体执行,只要一个单个的被告对整个过程进行控制或指引,则每一步都归咎于(attributable to)该控制方,则依然满足上述要求。法院认定,Muniauction 案中被告没有控制或指引它的顾客执行被告所未执行的专利步骤,因此被告不承担直接侵权责任。

鉴于 Muniauction 案判决,Limelight 申请重新审理它的先前的请求。区法院的结论是,Muniauction 案排除了 本案依据 §271(a)认定直接侵权的可能性,因为第 703 号专利要求标记,而 Limelight 并没有控制或指引它的顾客的标记行为。联邦上诉法院维持了这一判决,解释说如果被告自己没有执行专利方法全部步骤,则只有在执行该方法步骤的双方之间存在代理关系,或者一方对另一方负有合同义务去执行该步骤时,也可能承担直接侵权责任。由于本案不符合任何一项条件,联邦巡回上诉法院判决 Limelight 不成直接侵权责任。

随后,联邦巡回上诉法院全员再审了本案,推翻了上述判决。全员法庭认为,依据 §271(b) 下的引诱侵权理论,本案证据支持作出对被请求人有利的判决。被告执行了专利方法的一些步骤,并鼓励其他人执行剩下的步骤,在这种情况下,即使因为执行剩余步骤的人并非被告的代理人,也没有受被告指引或控制,以至于没有人作为直接侵权人承担责任,依然可能依据 §271(b) 认定引诱侵权。上诉法院并不质疑"没有直接侵权就没有间接侵权"的说法,但是它解释说,要求证明有直接侵权与证明单个主体作为直接侵权者承担责任并不相同。

Limelight 寻求调卷令,我们同意授予。

II

A

联邦巡回上诉法院和被请求人都不质疑引诱侵权责任必须以直接侵权为前提的意见。有人可能认为,这一简单的真理足以处理本上诉案。不过,上诉法院推论,即使没有人依据 §271(a) 或其他法律条款承担直接侵权责任,被告也能被认定为引诱侵权,因为在这些法律条款之外还存在直接侵权行为。

上诉法院的分析从根本上误解了方法专利侵权的含义。方法专利对一系列步骤提出权利主张;依据本案的判例法,只有所有这些步骤都被执行后,该专利才受侵害。这一原则是由专利的本质——对特定的一系列方法步骤系列授予权利——决定的。专利方法所含有的每一要素对定义该发明专利的范围都有实质意义。专利权人的权利仅仅延伸到权利要求中的全部要素的组合,没有更多。

在 Muniauction 案中,联邦巡回上诉法院认定,只有专利方法步骤的执行归咎于相同的被告(要么是因为被告实际执行了这些步骤,或者他指引或控制他人执行这些步骤)时,专利方法的步骤才算被全部执行。这里假定(而不是认定)联邦巡回上诉法院在 Muniauction 案中的判决是正确的,[沿着这一思路,]由于专利方法全部步骤的执行并不能归咎于任何一个人,所以没有针对被请求人利益所系的方法专利的直接侵权存在。如联邦巡回上诉法院和被请求人所承认的那样,没有直接侵权就没有 §271(b) 下的引诱侵权。

联邦巡回上诉法院的相反意见将剥夺 §271(b) 下的确定标准。如果被告引诱一项并不构成侵权的行为也能被认定侵权,则法院如何能够确定什么时候专利权人的权利被侵害?如果被告付钱让他人执行一个含有 12 个步骤的方法中的一个步骤,而该步骤被认为是该方法中最重要的步骤,此外没有人执行其他步骤,则会产生什么法律后果?在这一案件中,被告并没有鼓励侵权,但是依据联邦巡回上诉法院的逻辑,则没有什么原则性的理由能够防止他被判为引诱侵权负责,因为该逻辑许可在专利方法的部分而不是全部步骤被执行时也认定引诱侵权。这样的判决要求法院发展出两种平行的侵权规则:一套直接侵权的规则,另一套是引诱侵权责任的规则。

第271(f)(1)的规定强化了我们对§271(b)的解读。该条款规定,任何人"在(从)美国境内提供或者促使他人提供专利发明的全部或者实质部分的(a substantial portion of)部件,……以至于积极引诱在美国境外对这些部件进行组装,而且如果这种组装发生在美国会侵犯专利权",则需要承担责任。这一条款表明,当国会希望在被引诱行为不构成直接侵权的情况下追究引诱者的侵权责任,国会准确地知道如何去做。在国会没有选择去拓展引诱侵权概念的情况下,法院不应该在被引诱行为不构成侵权的情况下追究引诱侵权责任。

联邦巡回上诉法院似乎采纳这样的观点:如果Limelight和它的顾客所执行的全部步骤由同一个人执行时,会侵害第703号专利,则Limelight的行为构成引诱侵权。但是,我们已经拒绝将变换背景后构成侵权的行为作为认定帮助侵权(contributory infringement)的事实基础,我们没有理由在引诱侵权的背景下适用不同的规则。

在Deepsouth Packing Co. v. Laitram Corp., 406 U.S. 518 (1972)案中,一个制造商生产了专利机器的部件,然后将这些部件出口到海外,由外国客户自行组装。该外国客户的组装并不违反美国专利法。在Deepsouth和本案中,如果变换背景,被告所引诱或帮助的行为就会侵害专利权:在Deepsouth案中,如果该机器在美国组装;在本案中,如果权利要求中的全部步骤可以归咎于同一个人。在Deepsouth案中,我们排除帮助侵权的可能性,因为该机器没有在美国组装,直接侵权不会发生。类似地,在本案中,对于该专利方法的全部步骤的执行,并不能归咎于单个人,因此直接侵权不会发生。Limelight不能因为引诱了不会发生的侵权行为而承担责任。

B

被请求人支持联邦巡回上诉法院解读法律条文的理由,没有说服力。首先,被请求人注意到,被告通过第三方损害他人时,即使第三方自己无需承担责任,侵权法也会追究被告侵权责任。被请求人主张,1952年专利法是在侵权法的原则背景下制定的,因此本案中是否有人直接侵权并不重要。但是,Limelight不能依据§271(b)承担引诱侵权责任的理由,并非是没有第三方为直接侵权承担责任;相反,这里的问题是没有直接侵权产生(was committed)。Muniauction案(再次说明,我们假定该判决是正确的)表明,除非单个行为人为专利方法所有步骤的执行负责,否则该方法专利违背直接侵害,专利权人的利益也没有受损。由于Limelight并没有执行第703号专利的全部步骤,并且没有因为其他原因而全部步骤的执行负责,因此,被请求人的权利未受侵犯。毫不意外,请求人并没有能够指出,在任何侵权案例被告因为导致无辜的第三方从事了一项并不损害原告合法权利的行为而被迫承担责任。

在一个相关的争论中,被请求人主张,在侵权法领域,有时候两个或更多被告一起造成损害,即便其中任何被告的行为单独看都是不可诉的,也会追究侵权责任。See W. Keeton, D. Dobbs, R. Keeton, & D. Owen, Prosser and Keeton on Torts §52, p. 354 (5th ed. 1984)(多个被告分别向小溪中排放了可忽略的杂质,但杂质汇集在一起造成损害)。在这些情形下,追究侵权责任的理由是,被告集体侵害了原告受保护的利益。与此相反,依据Muniauction案规则,被请求人就第713专利所享有的利益并未受到侵害。

其次,被请求人试图将§271(b)与联邦帮助与教唆法律条款18 U.S.C. §2类比,他们辩称,依据§2,两个主体分开实施了一项犯罪的全部必要要素,他们均构成犯罪。这一类比不可靠。帮助和教唆的法律条款必须放在普通法的背景下解读。在普通法下,两个或多个被告分别实施了犯罪行为的一个要素时,会作为主犯而承担责任。虽然过去我们在解释§271(b)时引用过刑法的概念,see Global-Tech Appliances, Inc. v. SEB S. A., 563 U. S. _____, _____ (2011),但是我们认为,国会在制定1952年专利法时,不太可能在思想上接受这一特殊学说,因为这一学说与专利法的基本原则不一致,这一原则是专利权人仅仅对他们权利要求所主张的一整套要素享有权利,没有更多[(即不对其中的单个或部分要素享有权利)]。

再其次,请求人主张,1952年专利法出台之前就已经确立的专利法原则表明,如果被告事实了专利的某些步骤,同时希望它的顾客实施剩下的步骤,则被告的行为构成引诱侵权。但是,这里,专利法所创设的权利的本质表明国会不可能许可在没有直接侵权时认定引诱侵权。在被请求人看来,他们所理解的1952年之前的学说对Muniauction案确定的§271(a)下的直接侵权规则提出疑问,理由是Muniauction案规则具有妨碍追究国会原本希望追究的引诱侵权责任的间接效果。不过,即便联邦巡回上诉法院存在过度限缩了§271(a)的适用范围的可能性,这并不意味着本院要在解释§271(b)时再犯第二次错误,即在没有直接侵权发生时认定引诱侵权。

最后,被请求人像联邦巡回上诉法院一样,批评我们对§271(b)的解释,认为这会许可潜在的侵权者通过与被告并不指引或控制的第三方分开实施专利方法的步骤的方式逃避责任。我们认识到这一关切。不过,这种异常源于联邦巡回上诉法院在Muniauction案中对于§271(a)的解释。希望避免Muniauction案的自然结果,并不使得从根本上改变专利法的文本和结构明确要求的引诱侵权规则具备正当性;此类改变会产生严重的后果,即制造出一些不受法律文本约束的随意漂移的"侵权"概念,导致下级法院很难一致地适用。

Ⅲ

被请求人要求我们审查联邦巡回上诉法院Muniauction案的§271(a)下的直接侵权规则。今天我们拒绝这么做。

首先,当前的问题明确聚焦于§271(b)而不是§271(a)。我们的调卷令关注下列问题:"联邦巡回上诉法院是否错误地认为,即使没有人依据§271(a)构成直接侵权,被告依然可能依据§271(b)为引诱专利侵权承担责任"。这一问题假定,依据§271(a),Limelight的行为没有构成直接侵权。既然我们调卷令没有涉及§271(a),请求人没有对这一重要问题发表公开意见。我们关于§271(b)问题的决定是发回重审,联邦巡回上诉法院如果愿意,有机会重新审视§271(a)的问题。

补充说明：

在最高法院作出上述判决之后，美国联邦巡回上诉法院重审此案，推翻了先前陪审团的决定，认为 Limelight 指引或控制了它的顾客实施剩下的专利方法步骤的过程，因此 Limelight 的行为构成直接侵权。法院强调的事实包括：(1) Limelight 要求它的用户签署标准的合同，合同描述了用户在接受网络服务过程中必须执行的步骤，包括标记（tagging）和提供内容（serving content）等。也就是说，Limelight 将用户执行这些专利步骤作为接受网络服务的条件。(2) Limelight 确定客户执行方法步骤的方式和时间。Limelight 向用户发送欢迎信，告诉用户如何落实或整合 Limelight 的网络服务，其中包括用户标记步骤（tagging step）的说明。此外，Limelight 提供逐步的操作说明，用户不按照该说明操作就无法获得网络服务。Limelight 的指引文件中提供给用户更多的关于标记内容的操作信息。(3) Limelight 的工程师持续地参与用户的行为。基于这些事实，法院认为，Limelight 的用户并非独立地决定是否接受 Limelight 的指导以及是否采取行动。相反，Limelight 确定了用户执行专利方法步骤的方式和时间（Limelight establishes the manner and timing of its customers' performance）。更多细节可以参考 Limelight Networks, Inc. v. Akamai Techs., Inc.（Fed. Cir. 2015)(en banc）。

思考问题：

(1) 最高法院在对比专利法与侵权法的一般规则时，提到向小溪排污的例子。法院似乎认为，小溪排污的受害者有合法利益受损的事实，而"被请求人就第 713 专利所享有的利益并未受到侵害"。有道理吗？如何界定专利权人的合法利益？数个主体完整地实施了专利权利要求的步骤，不算损害了专利权人的利益吗？

(2) 你认为，最高法院在本案中暗示 Muniauction 案的直接侵权规则是错误的吗？你觉得最高法院会支持 Limelight 案的 en banc 判决结论吗？

(3) 如果方法专利权利要求撰写成数个主体分别实施数个步骤，则该方法权利要求的合法权益的范围究竟是什么？有办法利用专利法获得保护吗？

5.3 跨境活动与直接侵权

在 NTP, Inc. v. Research in Motion, 418 F.3d 1282（Fed. Cir. 2005）案中，诉争的专利涉及手机的邮件中转系统和该系统的运作方法（系统和方法两类权利要求）。当用户的电子邮件进入用户的终端电脑或邮件服务器时，一个特别的程序将该邮件内容抄送到指定的网络中转点，由该点将邮件内容通过无线网络传到用户的手机。该案中，被控侵权的黑莓（BlackBerry）手机邮件系统的运营商是一个加拿大的公司，它将该邮件的中转点放在加拿大境内。争议的焦点是，该系统的部分要素在美国境外，对该系统的使用是否构成直接侵权？另外，由于通讯方法中部分步骤在境外完成，该方法的运营商是否侵害美国的专利权？

对于系统权利要求，联邦巡回上诉法院认为，被告的顾客在美国境内，控制着邮件信息传输的整个过程,并从中获益。系统中的中转点设置在加拿大这一事实并不能够否定用户实际上是在美国使用该系统。因此,美国的用户构成直接侵权。

对于方法权利要求,联邦巡回上诉法院则给出了否定的答案。法院认为只有用户在美国境内完成了全部的方法步骤时,用户的行为才侵害方法专利权。本案中,信息中转的步骤发生在国外,因此不符合方法专利侵权的构成要求。

你觉得美国法院对于系统和方法的二分态度,有道理吗?

第13章
侵权救济

1 概述

中国《专利法》并没有系统地规定,在专利侵权确认成立后,专利权人可以获得的救济措施(或者说侵权人承担民事责任的方式)。为了确定救济措施的类型,我们要同时参考民事法律中的一般性规定和《专利法》中的特别规定(主要是第65条和第66条)。民事法律中的一般性条款是《民法通则》(1986)的第118条和第134条①、《侵权责任法》(2009)的第15条等。②综合这些条款并结合《专利法》的具体实践,我们将专利权人能够获得的最为重要的民事救济措施分成两类:禁令救济和损害赔偿。③

所谓禁令救济,是指法院可以应专利权人的请求,责令侵权人停止侵权行为。这大致对应的是《民法通则》或《侵权责任法》上的"停止侵害、排除妨碍、消除危险"等责任形式,或者对应于《民事诉讼法》上的行为保全措施。根据禁令在法院依法确认侵权之前还是之后发布,可将禁令分为临时禁令和永久禁令。

所谓损害赔偿,是指法院确认专利侵权成立后,判令侵权人对权利人的实际损失进行赔偿。依据《专利法》(2008)第65条,损害赔偿原则上以权利人的实际损失为准;在实际损失难以确定时,按照侵权所得确定;侵权所得难以确定时,按照许可费的

---

① 《民法通则》(1986)第118条:公民、法人的著作权(版权)、专利权、商标专用权、发现权、发明权和其他科技成果权受到剽窃、篡改、假冒等侵害的,有权要求停止侵害,消除影响,赔偿损失。
第134条:承担民事责任的方式主要有:(一)停止侵害;(二)排除妨碍;(三)消除危险;(四)返还财产;(五)恢复原状;(六)修理、重作、更换;(七)赔偿损失;(八)支付违约金;(九)消除影响、恢复名誉;(十)赔礼道歉。
以上承担民事责任的方式,可以单独适用,也可以合并适用。
人民法院审理民事案件,除适用上述规定外,还可以予以训诫、责令具结悔过、收缴进行非法活动的财物和非法所得,并可以依照法律规定处以罚款、拘留。
② 《侵权责任法》(2009)第15条:
承担侵权责任的方式主要有:(一)停止侵害;(二)排除妨碍;(三)消除危险;(四)返还财产;(五)恢复原状;(六)赔偿损失;(七)赔礼道歉;(八)消除影响、恢复名誉。
以上承担侵权责任的方式,可以单独适用,也可以合并适用。
③ 理论上,禁令救济也可能被称作行为保全。有兴趣,可以参考肖建国:《论诉前停止侵权行为的法律性质——以诉前停止侵犯知识产权行为为中心的研究》,载《法商研究》2002年第4期,第3—10页,潘伟:《关于知识产权诉前行为保全的法律思考》,载《法律适用》2004年第4期,第42—46页。

合理倍数确定。如果依然无法确定,则许可法院在 1 万到 100 万之间自由裁量,即所谓法定赔偿。

将禁令或停止侵害视为侵权人承担侵权责任的一种方式,在中国可能引发理论争议。依据传统的物上请求权理论,专利权(知识产权)作为一种类似物权(所有权)的绝对权,自身具有物权性的效力。在受到妨碍时,可以"请求排除妨害或者消除危险"。① 因此,我们所谓的禁令救济可能被视为专利权"请求权"的效力体现,而不是专利侵权者承担侵权责任的一种形式。② 在立法者作出明确的澄清之前,本书并不刻意区分专利侵权责任和"物上请求权"的效果,而是将禁令和损害赔偿并称为侵权救济措施。

除了禁令救济和损害赔偿外,《民法通则》还规定了另外一种常见的承担民事责任形式——"赔礼道歉"。在绝大部分的专利侵权案件中,都得不到法院的支持。法院通常认为只有侵害那些与人身或人格利益有关的权利,才会有赔礼道歉的问题。专利侵权案件中被侵害的利益通常只具有财产性质,损害赔偿就足以弥补权利人的损失,而无须赔礼道歉这一救济。可能的例外大概是,在发明人表明发明人身份的权利③受到侵害时,法院可以适用赔礼道歉这一责任形式。

2 行为保全:临时禁令

《民事诉讼法》(2012)第 101 条(诉前保全)④:

> 利害关系人因情况紧急,不立即申请保全将会使其合法权益受到难以弥补的损害的,可以在提起诉讼或者申请仲裁前向被保全财产所在地、被申请人住所地或者对案件有管辖权的人民法院申请采取保全措施。申请人应当提供担保,不提供担保的,裁定驳回申请。
>
> 人民法院接受申请后,必须在四十八小时内作出裁定;裁定采取保全措施的,应当立即开始执行。
>
> 申请人在人民法院采取保全措施后三十日内不依法提起诉讼或者申请仲裁的,人民法院应当解除保全。

《民事诉讼法》(2012)第 100 条(诉中保全):

> 人民法院对于可能因当事人一方的行为或者其他原因,使判决难以执行或者造成当事人其他损害的案件,根据对方当事人的申请,可以裁定对其财产进行保全、责令其作出一定行为或者禁止其作出一定行为;当事人没有提出申请的,人民

---

① 《物权法》(2007)第 35 条。
② 进一步的讨论,可以参考吴汉东:《试论知识产权的"物上请求权"与侵权赔偿请求权——兼论〈知识产权协议〉第 45 条规定之实质精神》,载《法商研究》2001 年第 5 期,第 3—11 页。
③ 《专利法》(2008)第 17 条。
④ 括号内的提示为本书作者添加,下同,特此说明。

法院在必要时也可以裁定采取保全措施。

人民法院采取保全措施,可以责令申请人提供担保,申请人不提供担保的,裁定驳回申请。

人民法院接受申请后,对情况紧急的,必须在四十八小时内作出裁定;裁定采取保全措施的,应当立即开始执行。

《专利法》(2008)第66条:

专利权人或者利害关系人有证据证明他人正在实施或者即将实施侵犯专利权的行为,如不及时制止将会使其合法权益受到难以弥补的损害的,可以在起诉前向人民法院申请采取责令停止有关行为的措施。

申请人提出申请时,应当提供担保;不提供担保的,驳回申请。

人民法院应当自接受申请之时起四十八小时内作出裁定;有特殊情况需要延长的,可以延长四十八小时。裁定责令停止有关行为的,应当立即执行。当事人对裁定不服的,可以申请复议一次;复议期间不停止裁定的执行。

申请人自人民法院采取责令停止有关行为的措施之日起十五日内不起诉的,人民法院应当解除该措施。

申请有错误的,申请人应当赔偿被申请人因停止有关行为所遭受的损失。

2.1 基本原理

对权利人而言,及时制止侵权人继续进行侵权活动常常比赔偿损失更为重要。专利侵权诉讼,从起诉到判决生效,短则半年,长则数年。在这一过程中,侵权人会采取一切措施拖延诉讼。如果专利权人一定要等到判决生效后再制止侵权,则可能会出现难以弥补的损害,比如侵权人逃之夭夭或权利人完全被挤出市场等等。为了更有效地保护专利权人的利益,《专利法》设置了临时禁令这一救济措施。在《民事诉讼法》上,这一救济措施被称作保全措施(行为保全,与之相对的是财产保全或证据保全等①)。

要获得临时禁令,专利权人应当在提起诉讼之前或起诉时向法院提出申请。法院在审查该申请时,要考虑的因素主要有以下几点:

(1) 申请人所指控行为构成专利侵权的可能性;
(2) 不及时制止该行为是否会给申请人带来难以弥补的损害;
(3) 申请人与被控侵权人的损害(困难)权衡;
(4) 申请人提供担保情况;
(5) 发放禁令是否损害公共利益。

除了上述第三项因素外,其余四项考虑因素在《最高人民法院关于对诉前停止侵犯专利权行为适用法律问题的若干规定》(2001)第11条中均有明确的表述。尽管该条是指当事人对法院有关临时禁令的裁定不服而提出复议时,法院审查复议申请的标

---

① 《民事诉讼法》(2012)第100条、第101条等。

准,不言而喻,这也应当是最初法院审查临时禁令申请的审查依据。① 当然,该条文的措辞尚存在不足,尤其是第一项考虑因素"是否构成侵犯专利权"提法。实际上,这里应该是指"构成专利侵权的可能性",因为未经完整的诉讼程序,难以确定申请人所指控的行为是否构成专利侵权。

整体而言,中国法院在临时禁令发放方面,持非常谨慎态度。从2010—2013年度的统计数据表明,每年全国法院发放诉前禁令案件多的时候才50多件,少的时候才10来件。最高人民法院在一份通知中清晰地表达了法院对于临时禁令的审慎和谦抑态度:

> 人民法院在审查权利人提出的诉前责令被申请人停止有关行为的申请和当事人对人民法院因此作出的裁定的复议申请时,应当注意:采取诉前责令停止有关行为的措施涉及双方当事人重大经济利益,既要积极又要慎重,要重点判断被申请人构成侵权的可能性。特别是在专利侵权案件中,如果被申请人的行为不构成字面侵权,其行为还需要经进一步审理进行比较复杂的技术对比才能作出判定时,不宜裁定采取有关措施;在被申请人依法已经另案提出确认不侵权诉讼或者已就涉案专利提出无效宣告请求的情况下,也要对被申请人主张的事实和理由进行审查,慎重裁定采取有关措施。②

当然,随着中国社会整体知识产权政策的调整,法院发放临时禁令的积极性可能会逐步提高。

2.2 具体要素的综合权衡

法院在面对具体申请时,应该综合权衡前文所述的各个要素。这些要素中的任何一项可能都不是决定性的。接下来,简要讨论法院权衡这些要素的基本思路。

2.2.1 专利侵权的可能性

申请人(专利权人或利害关系人)要证明他人行为具有专利侵权的可能性,至少要证明两项内容:其一,该申请具有专利权权利基础;其二,被申请人的行为很可能构成专利侵权。

证明具有可靠的专利权权利基础,无非是提供专利权真实有效的法律文件(包括专利证书、专利登记簿副本、权利要求书、说明书、专利年费交纳凭证、许可合同等)以及辅助性的证明该专利权效力可靠的证据。如果申请涉及实用新型专利,申请人应当提交国务院专利行政部门出具的检索报告或专利权评价报告。③ 这里没有提到外观设计专利,大概是最高人民法院刻意与《专利法》保持一致——当时《专利法》(2001)第57条仅仅要求实用新型的权利人在专利纠纷案件中应当提交检索报告,而没有提

---

① 相同意见参见张广良:《知识产权侵权民事救济》,法律出版社2003年版,第44页。
② 《最高人民法院关于美国伊莱利利公司与常州华生制药有限公司专利侵权纠纷案件指定管辖的通知》([2003]民三他字第9号)。
③ 《最高人民法院关于对诉前停止侵犯专利权行为适用法律问题的若干规定》(2001)第4条第1、2款。

及外观设计。2008年《专利法》修改时,在第61条中增加了外观设计的内容,从而修正了这一缺陷。由此推知,法院在面对外观设计专利时,可能也会要求申请者提交检索报告以证明权利基础扎实可靠。

通常,仅仅依靠专利获得授权这一事实还是不够的。在美国,法院通常还要求原告提供更进一步的证据,证明这种权利的可靠性。这种可靠性并不需要达到不容置疑的程度。在 ORR v. Littlefield 18 F. Cas. 837（C. C. D. N. H. 1845）案中,法院指出此类证据包括：

（1）在专利授权后公开行使权利和实施专利,在很长的时间里没有受到任何一方的干扰,这一事实可以帮助说明该专利可能是可靠的。

（2）专利权人就该专利向他人提出侵权指控,并成功获得救济。这样的事实也有利于说明该专利是比较可靠的。当然,这样的指控并不能直接约束第三方,但是这至少说明权利人积极维护自己的权利,面对权利效力的挑战,取得胜利。

在诉讼过程中,证明权利的可靠性,实际上是一个动态的过程。权利人在申请临时禁令时,如果被控侵权者对权利的效力或可靠性提出质疑,则权利人有义务进一步反驳这些质疑,以说服法官。

证明侵权的可能性应该达到什么程度,在《专利法》和相关的司法解释上,并没有明确的答案。《民事诉讼法》新司法解释第108条规定了证明标准。① 在专利行为保全案件中,法院是否应该要求权利人证明侵权成立达到使得法官"确信待证事实的存在具有高度可能性",存在疑问。这里的要求可能要更低,因为这里只是要求侵权的可能性,而不是要求法官基于普通的侵权认定标准,相信足以认定存在侵权。

在审查或复议过程中,如果法院有机会了解被申请人对专利权效力所提出的异议意见,法院应当考虑该异议意见的合理性。这与普通普通侵权案件的处理规则有些不同。在普通案件中,法院通常认定发明专利和那些为专利局检索报告所肯定的实用新型和外观设计专利有效,而将效力争议留给专利复审委通过专利无效程序处理。

2.2.2 难以弥补的损害

法院应如何认定存在"难以弥补的损害",《专利法》和司法解释中也没有明确的答案。侵权行为本身通常会导致损害,但并不一定是"难以弥补的"。难以弥补,应该是指事后难以用损害赔偿（金钱）的方式弥补侵权损害,而必须用发放临时禁令的方式加以制止。最高人民法院在起草相关司法解释过程中,考虑过将下列情形列为存在"难以弥补的损害":侵权行为导致市场份额发生实质性变化;权利人被迫降价;不可

---

① 最高人民法院《关于适用〈中华人民共和国民事诉讼法〉的解释》（2015）第108条：

对负有举证证明责任的当事人提供的证据,人民法院经审查并结合相关事实,确信待证事实的存在具有高度可能性的,应当认定该事实存在。

对一方当事人为反驳负有举证证明责任的当事人所主张事实而提供的证据,人民法院经审查并结合相关事实,认为待证事实真伪不明的,应当认定该事实不存在。

法律对于待证事实所应达到的证明标准另有规定的,从其规定。

逆转地改变或削弱权利人的竞争优势;后续侵权行为难以控制,损害后果严重;损害商誉或其他人身性质的权利;被申请人无力赔偿等等。最高人民法院的最终意见有待进一步观察。

从《专利法》第66条的字面意思看,法院不能因为构成侵权就认定一定会存在"难以弥补的损害"。接着往下,法院理论上可能的选择有两种:

其一,具有侵权可能性之后,推定存在"难以弥补的损害",但许可被申请人提出反驳。

其二,不接受推定,要求申请人在正面侵权可能性之外,额外提供证据证明存在"难以弥补的损害"。

国内有学者参考美国法上过去推定存在难以弥补的损害的做法①,建议我国法院也采用类似的标准。② 本书对此持保留意见。首先,推定存在"难以弥补的损害"不符合《专利法》第66条的字面意思。该条要求申请人"有证据证明"存在"难以弥补的损害",言下之意,构成侵权本身并不是证据。其次,从最高人民法院司法解释设置的临时禁令申请审查程序看,法院可以在被申请人缺席的情况下,审查临时禁令申请。如果采用推定标准,在这一程序中,被申请人反驳的权利并无程序保障。因此,法院应当要求申请人提供证据证明不发放禁令会导致难以弥补的损害。

关于美国过去的难以弥补的损害的推定, H. H. Robertson Co. v. United Steel Deck, Inc. 820 F. 2d 384(Fed. Cir. 1987)案有解释。当时,美国法院认为这种推定,一定程度上是基于专利权本身有确定的期限,在诉讼期间并不中止,时间的流逝所带来的损失是无法挽回的。如果许可侵权者在诉讼期间可以继续使用该专利,这一使用本身就构成侵权的诱因。一审法院认为既然诉讼成功的可能性很大,那么就有理由认为这一损失无可挽回。不过,美国最高法院在 eBay 案中已经确认,这一推定不复存在。不过,eBay 案中法院并没有解释其中的缘由。你觉得其中的道理何在?

2.2.3 对双方困难的权衡

法院在决定是否发放临时禁令时,应当考虑申请人和被申请人的困难。中国最高人民法院的司法解释中并没有强调这一点,无疑是一个遗憾。值得一提的是,在最高人民法院正在起草的关于行为保全的司法解释中,已经明确法院要权衡采取保全措施对被申请人的损害是否明显超出不采取保全措施对申请人带来的损害。如果发放禁令给被申请人造成的损害远远超出不发放禁令给申请人造成的损害,法院在这一点上的权衡结果很可能对申请人不利。在 E. I. du Pont de Nemours & Co. v. Phillips Petr.

---

① 比如,在 Amazon.com, Inc. v. Barnesandnoble.com 239 F.3d 1343 (Fed. Cir. 2001)案中,法院指出"Irreparable harm is presumed when a clear showing of patent validity and infringement has been made. …… This presumption derives in part from the finite term of the patent grant, for patent expiration is not suspended during litigation, and the passage of time can work irremediable harm."美国最高法院在 eBay 案中否定了这一推定做法, eBay Inc. v. MercExchange, L. L. C. , 547 U. S. 388, 392-94 (2006),改由专利权人来证明存在难以弥补的损害。

② 张广良:《知识产权侵权民事救济》,法律出版社2003年版,第47—48页。

Co. 835 F. 2d 277 (Fed. Cir. 1987) 中基于下列理由,拒绝发布临时禁令:(1) 专利权人已经对很多期望得到许可的客户发放专利许可证;(2) 权利人准备退出该市场。显然,这种情况让法院相信,本案中专利权人并不会因为得不到临时禁令而遭遇特别的困难。

当然,法院权衡双方困难这一因素时,应与申请人胜诉的可能性关联。假设不采取保全措施给申请人造成的损害为 A,而采取保全措施给被申请人造成的损害为 B,A 明显小于 B。如果申请人胜诉的概率只是 50% 或者略高,权衡结果可能偏向不发放禁令。但是,如果申请人胜诉的概率很高,比如超过 90% 以上,则即便不发禁令对 A 的损害明显小于 B,权衡的结果也可能偏向发放禁令。

2.2.4 申请人的担保情况

《最高人民法院关于对诉前停止侵犯专利权行为适用法律问题的若干规定》(2001)对于申请人的担保要求如下:

> 第6条 申请人提出申请时应当提供担保,申请人不提供担保的,驳回申请。当事人提供保证、抵押等形式的担保合理、有效的,人民法院应当准予。
>
> 人民法院确定担保范围时,应当考虑责令停止有关行为所涉及产品的销售收入,以及合理的仓储、保管等费用;被申请人停止有关行为可能造成的损失,以及人员工资等合理费用支出;其他因素。
>
> 第7条 在执行停止有关行为裁定过程中,被申请人可能因采取该项措施造成更大损失的,人民法院可以责令申请人追加相应的担保。申请人不追加担保的,解除有关停止措施。
>
> 第8条 停止侵犯专利权行为裁定所采取的措施,不因被申请人提出反担保而解除。

依据上述规定,诉前临时禁令的申请人必须提供担保。不过,对于担保的形式和额度要求,法院有很大的自由裁量权。依据《民事诉讼法》第100条,对于诉中禁令,人民法院可以决定是否要求担保,有更大的弹性。这与诉中程序中法院有机会进一步了解案情从而对于侵权可能性有更好了解有直接关系。

美国法上并不要求原告一定要为法院临时禁令提供担保。但是,在一定情况下,如果该禁令救济将对侵权人正在进行的工作造成严重损害,则法院可以要求原告提供保证金。在禁令不当的情况下,提供补偿。[1] 事实上,法院在一定情况下要求原告提供一定的担保的做法,在美国现在依然是比较常见的。在原告有能力对错误禁令救济提供赔偿的情况下,可以不提供担保。[2]

《最高人民法院关于对诉前停止侵犯专利权行为适用法律问题的若干规定》

---

[1] ORR v. Littlefield 18 F. Cas. 837 (C.C.D.N.H. 1845).

[2] Robert P. Merges & John F. Duffy, Patent Law and Policy: Cases and Materials, Third Edition, Lexis-Nexis, at 1042(2002). 作者引用的案例是 Rohm & Haas Co., v. Cumberland Chem. Corp., 220 U.S.PQ. 978 (S.D. Tex. 1983).

(2001)第 8 条规定:"停止侵犯专利权行为裁定所采取的措施,不因被申请人提出反担保而解除。"从字面看,这是指在法院裁定授予临时禁令后,依据该禁令所采取的措施不得因侵权人反担保而解除。理论上,法院给予临时禁令救济时考虑的因素之一是损害是否不可弥补,因此有反担保就可以解除临时禁令,可能是不合理的。不过,损害是否不可弥补只是权衡的要素之一,而非单独的决定性因素。因此,将来的司法解释如果在有限的范围内引入反担保的规则,也是可以理解的。

在反担保问题上,司法解释中的临时禁令规则与《民事诉讼法》财产保全的规则有明显差别。《民事诉讼法》(2013)第 104 条规定,"财产纠纷案件,被申请人提供担保的,人民法院应当裁定解除保全。"如果专利侵权纠纷被视为属于这里的"财产纠纷案件",则可能会导致现有司法解释与《民事诉讼法》的冲突。为避免这一冲突,民事诉讼法更合适的表述应该是"人民法院可以裁定解除担保",而不是对方提供反担保就一定要解除。

在美国,倒是有变通的案例。在 Flo-Con Sys., Inc. v. Leco Corp., 845 F. Supp. 1576,1583(S. D. Ga, 1993)案中,Flo-Con 和 Leco 在市场上直接竞争,二者均占有相当的份额。如果对 Leco 发布禁令,那么 Flo-Con 立即就会得到超出被扣押的产品所代表的市场优势。该禁令会对 Leco 立足于该市场构成威胁,同时也会妨碍消费者从该正常的市场竞争中获得利益。法院最终让 Leco 按月交纳类似许可费数目的押金给法院,以此防止单纯的禁令所可能导致的后果。

2.2.5 公共利益

在大多数情况下,对于保护公共利益的考虑通常不会对临时禁令的发放产生负面影响。只有在特殊情况下,重要的公共利益对侵权行为产生某种依赖关系,才可能影响法院的判断。比如,责令侵权人停止销售公众急需的专利药品,停止使用被普遍采用的城市垃圾处理技术,或者停止运营有海量用户的网站等。

在 Atari Corp. v. Sega of Am., Inc. 869 F. Supp. 783(N. D. Cal. 1994)案中,法院拒绝提供临时禁令,部分原因是考虑到一旦发布临时禁令,在其雇佣的 1200 个永久雇员和 200 个临时雇员中 85%将立即失去工作。另外,65 个独立的软件开发商和 10 个外围制造商制造同 Sega 游戏产品兼容的产品,它们的很多收入来自与 Sega 产品兼容的产品的销售收入。

2.3 禁令申请的审查程序

根据临时禁令申请提出的时间在诉讼前或诉讼中的不同,临时禁令可以分为诉前禁令和诉中禁令。① 只是由于提出时机的不同,在程序上存在一些非实质性的差异。比如,对于诉前禁令申请被批准之后,申请人要在 15 日内提起诉讼,否则会被解除,而诉中禁令就没有这一问题。② 另外,诉中禁令申请程序中,法院能够比较充分地听取被申请人的意见,而在诉前禁令申请程序中,这常常是不可能的。这意味着诉前和诉

---

① 张广良:《知识产权侵权民事救济》,法律出版社 2003 年版,第 41—72 页。
② 《专利法》(2008)第 66 条第 2、4 款。

中程序中,法院对于申请人胜诉可能性的证明标准可能有些差异。

除非特别说明,本书并不刻意区分诉前与诉中禁令,而统称为临时禁令,或者临时禁令与诉前禁令互换使用。《专利法》第66条只是规定了申请人在起诉前提出申请,没有规定诉讼中提出申请的可能性。《民事诉讼法》(2012)第100条关于行为保全的规定则弥补了这一缺陷。

依据现有的司法解释,法院对临时禁令申请进行审查时,可以自行决定是否通知被申请人。① 如果法院选择不通知被申请人,则可能没有机会听到被申请人就专利权效力以及是否侵权等问题所提出的抗辩主张。实务中,很多法院还是希望立法设置一个快捷的听证程序,以便在发放禁令之前,初步了解相关事实。在专利领域,情况紧急到法院没有时间通知被申请人的可能性,并不是很大。在商业秘密领域,一方有泄漏商业秘密的即刻风险,倒是的确有必要立即采取单方的措施。一旦通知对方,可能导致权利人申请临时禁令的目的落空。这样,法院只能基于片面的信息作出裁定。受此影响的被申请人则需要利用申请复议的机会提出自己的抗辩,让法院重新考虑自己的决定。具体的复议程序并无明确的规则。法院可能需要参考其他领域的一些复议规则。比如,应当由不同的法官主持,应当举行听证等。在法院作出相反的复议结果之前,临时禁令将继续执行。

《专利法》第66条规定,被控侵权者对于法院发放临时禁令的裁定不服时,可以提出复议。对于法院的裁定不服,提出"复议",究竟应该遵守什么样的法律程序?《专利法》并没有明确规定。这里的复议,显然不是变相的上诉,否则完全没有必要使用这一新鲜的词汇。为什么不允许单独就这一裁定提起上诉呢?

2.4 申请错误

《民事诉讼法》(2012)第105条规定:"申请有错误的,申请人应当赔偿被申请人因保全所遭受的损失。"这里的申请应该包括临时禁令申请。

受到损害的被申请人要求损害赔偿,是否构成反诉? 同样存在争议。有意见认为,在原告的诉讼请求中包含损害赔偿,则可能构成反诉。法院更多的意见是不构成反诉。

专利法和相关司法解释并没有明确何谓申请错误。在最高人民法院起草临时禁令的司法解释时,考虑将下列结果视为申请错误:(1) 申请人不依法提起诉讼、仲裁;(2) 禁令救济自始不当而被裁定解除;(3) 与行为保全有关的请求,未获得法院支持,等等。最高人民法院的最终选择,依然不得而知。

申请错误还有程序错误和实体错误的问题。比如,申请人向错误的法院申请禁令救济,导致法院发放禁令救济。这种情况应该不视为申请人的申请错误。如果实体法上的发放禁令的法律要件不符合,导致申请人在实体法上败诉,则该临时禁令的发放系申请错误所致。

---

① 《最高人民法院关于对诉前停止侵犯专利权行为适用法律问题的若干规定》(2001)第9条第1、2款。

有时候,即便行为保全请求未获得支持,也未必是申请人原因所致。比如,法院可能基于公共利益的考虑而拒绝撤销禁令。在这种情况下,不应该将申请行为视为申请人的错误而追究法律责任。

另外,在专利侵权案件中,因专利被宣告无效而导致临时禁令被撤销,是否属于申请错误,存在争议。本书倾向于认为,此类结果应该属于申请错误,由申请人承担责任。在申请人和被申请人均无过错的情况下,申请人应该更有可能了解专利权的可靠性,更主动地作出自己的选择。从侵权法的角度看,如果申请人比被申请人更能避免事故,由申请人承担责任能够降低此类事故的发生几率。在双方均无过错的情况下,让申请人承担严格责任,能够促使申请人更加谨慎地申请临时禁令。

江苏拜特进出口贸易有限公司 v. 许赞有

江苏高院(2008)苏民三终字第0071号

王成龙、王天红、袁滔法官:

……

一审法院查明:

2001年6月13日,许赞有向国家知识产权局申请"地毯(竹)"外观设计专利,2002年3月6日获得授权并公告,专利号为01333737.8。

……

[2004年]4月20日,一审法院在审理(2004)宁民三初字第79号许赞有再次诉拜特公司、康拜特公司侵犯专利权纠纷一案中,根据许赞有"先行责令被告立即停止侵犯专利权行为"的申请,并在许赞有提供相应担保的前提下,裁定拜特公司、康拜特公司自裁定送达之日起立即停止生产、销售与许赞有01333737.8号"地毯(竹)"外观设计专利相同或相近似的产品,并就地查封拜特公司、康拜特公司全部库存的涉嫌侵权产品1110块。

同年5月10日,拜特公司为履行与安立(香港)有限公司2004年1月27日签订的总价款约为73万美元的出口销售合同,在南京海关申报出口合同项下价款为11余万美元、数量为6930块的与许赞有涉讼专利相同的竹地毯产品时,被南京海关以该批产品涉嫌侵犯许赞有已办理海关知识产权保护的专利权为由予以扣押;5月13日,根据许赞有申请,一审法院裁定查封并扣押该批拜特公司通过南京海关出口的与许赞有涉讼专利相同或相近似的产品,并通知南京海关协助执行该裁定。因未能履约,拜特公司于2004年7月向安立(香港)有限公司支付赔偿款4万美元。

同年10月9日,一审法院在审理前述案件时,依许赞有申请,并在其提供相应担保的前提下,裁定冻结拜特公司和康拜特公司240万元的银行存款或等值其他财产。

拜特公司和康拜特公司在银行账户被冻结期间,向袁玄等个人借款逾90万元,并按照月息1%支付了利息。

2005年2月16日,一审法院作出(2004)宁民三初字第79号一审判决,判令康拜特公司、拜特公司立即停止生产、销售侵犯许赞有01333737.8号"地毯(竹)"外观设计专利权产品的行为;赔偿许赞有122万元等。康拜特公司和拜特公司不服,向江苏省高级人民法院提起上诉。

2004年5月1日,安吉县雪强竹木制品有限公司和安吉县人民政府就许赞有涉讼专利再次向国家知识产权局专利复审委员会提出无效宣告申请。2005年8月18日,该委员会作出第7432号审查决定,宣告该专利权全部无效。该审查决定经北京市第一中级人民法院和北京市高级人民法院二审终审维持。据此,许赞有涉讼之01333737.8号"地毯(竹)"外观设计专利权自始无效。

基于此,2006年10月26日,江苏省高级人民法院……撤销该院一审判决,驳回许赞有的诉讼请求。2006年12月22日,该院通知南京海关,解除此前通知该海关协助执行查封和扣押由拜特公司出口的竹地毯产品的措施。2007年7月2日,负责存放前述产品的南京津要仓储物流有限公司致函一审法院,称该批被扣押产品已于同年6月3日拍卖,获价款150000元,并已充抵部分拖欠的仓储费用。

一审法院另查明,双方当事人庭审中均确认,拜特公司和康拜特公司诉讼请求损失清单第一项中,一审法院冻结银行账户期间,按实际冻结时间数额和冻结时间,按照同期银行存、贷款利息差计算,分别给拜特公司造成经济损失19152.51元,给康拜特公司造成经济损失28461.76元。

一审法院认为:

一、本案不适用我国《专利法》第四十七条第二款的规定。许赞有主张,依据我国《专利法》第四十七条第二款的规定:"宣告专利权无效的决定,对在宣告专利权无效前人民法院作出并已执行的专利侵权的判决、裁定……不具有追溯力",因而其不应承担任何赔偿责任。一审法院认为,本款所说的"裁定"是指涉及"专利侵权"的裁定,即人民法院对于相关的专利侵权案件经过审理后作出认定侵权成立的生效裁判的,就该案作出并已执行的裁定,不包括在此前专利侵权案件审理中所作出的有关财产保全,以及"先行责令被告立即停止侵犯专利权行为"的程序性裁定,故许赞有以此作为适用法律的抗辩依据,不符合法律规定,不予采纳。就该条款中"……因专利权人的恶意给他人造成的损失,应当给予赔偿"中"恶意"的解释问题,一审法院认为,因本案中关于财产保全和"先行责令被告立即停止侵犯专利权行为"的裁定并非系该条款中所称裁定的内容,故申请人是否存在"恶意",不应予以理涉。

二、就许赞有财产保全的申请造成拜特公司和康拜特公司的财产损失,许赞有应给予赔偿。理由是:财产保全是指在有关民事案件中,可能因当事人一方的隐匿、转移、出卖等行为,或者有毁损、灭失等危险以及其他原因,使审理案件的人民法院的判决不能执行或者难以执行时,人民法院根据有利害关系的当事人的申请或者依职权主动自行裁决,对与案件有关的财产或当事人双方所争议的标的物,采取查封、扣押、冻结、变卖以保存价款或者责令当事人及时处理并保存价款等强制性保全措施。由于财产保全措施程序性审查的基本特质,有可能造成被申请人的财产损失,因此,为了防止财产保全被滥用,我国《民事诉讼法》一方面规定了财产保全应当具备的条件、范围等,另一方面又规定了申请不当的法律后果,即《民事诉讼法》第九十六条规定:"申请有错误的,申请人应当赔偿被申请人因财产保全所遭受的损失。"同时,为了避免被申请人因申请错误所遭受的损失得不到及时赔偿,还规定法院可以责令申请人提供担保;申请人不提供担保的,驳回申请。本案中,许赞有在提出财产保全的申请时,已向法院提供了担保。

虽然我国《民事诉讼法》对财产保全申请错误的具体情形未作出明确规定,但在司法实践中,对于申请人在案件实体审理中败诉的,也应当认定属于申请错误的情形之一,这不仅符合《民事诉讼法》的立法本意,也符合有关侵权损害赔偿的民法基本理论。具体而言,首先,当事人申请财产保全的目的是为了保证将来作出的判决能够得到有效执行,而生效判决之所以能被执行的前提和基础是申请人要求给付的诉请得到法院的支持,如果其诉请没有获得支持,意味着其申请失去应有的基础,必然是错误的。

其次,我国《民事诉讼法》对申请错误的法律后果作出了明确规定,并规定当事人申请财产保全应当提供担保,否则将驳回申请,其目的就在于使被申请人可能因申请错误而遭受的损失切实得到赔偿。对此,申请人在申请财产保全时,对因申请不当可能承担的赔偿后果应当知悉。按照民法意义上的权利与义务相适应原则,享有相关民事强制措施利益的同时,也应承担可能面临的风险责任。

再次,申请人的诉请是否能被生效判决支持,在申请财产保全时是无法通过法院的程序性审查认定的,只有通过实体审理并在作出最终生效判决后才能予以确认。因此,当事人在申请财产保全时,不仅要对其诉讼请求能否得到法院支持这一诉讼风险进行判断,还要对可能因申请错误所承担的法律责任进行权衡。在此基础上,才能够慎重地决定是否有必要申请财产保全。一旦申请错误,并由此给被申请人造成损害的,理应承担相应的赔偿责任。根据以上理由,本案中,鉴于许赞有享有的专利权被宣告无效,导致最终败诉,足以认定其申请财产保全错误,因此,许赞有应承担相应的赔偿责任。

三、就许赞有"先行责令被告立即停止侵犯专利权"的申请造成拜特公司和康拜特公司的财产损失,许赞有也应给予赔偿,但因拜特公司和康拜特公司违反一审法院已生效的相关裁定所造成的财产损失,不应予以赔偿。

1. 首先应予明确,根据《最高人民法院关于对诉前停止侵犯专利权行为适用法律问题的若干规定》第十七条"专利权人或者利害关系人向人民法院提起专利侵权诉讼时,同时提出先行停止侵犯专利权行为请求的,人民法院可以先行作出裁定"的规定,本案属该种情形,在适用法律和相关司法解释上,与诉前停止侵犯专利权行为应同样对待。

前述规定第六条第一款还规定:"申请人提出申请时应当提供担保,申请人不提供担保的,驳回申请。"第二款规定:"……人民法院确定担保范围时,应当考虑责令停止有关行为所涉及产品的销售收入,以及合理的仓储、保管等费用;被申请人停止有关行为可能造成的损失,以及人员工资等合理费用支出;其他因素。"第十三条规定:"申请人不起诉或者申请错误造成被申请人损失的,被申请人可以向有管辖权的人民法院起诉请求申请人赔偿,也可以在专利权人或者利害关系人提起的专利权侵权诉讼中提出损害赔偿的请求,人民法院可以一并处理。"由此可见,申请人在提出"先行停止侵犯专利权行为"申请时,同样应该提供担保,并对可能因申请错误造成的损失须承担法律责任。并且,申请采取该法律措施,将面临更大的诉讼风险,申请人更须谨慎。

本案的关键在于如何认定申请人是否存在申请错误。是否申请错误,关键是申请人起诉后的诉讼请求能否得到法院生效裁判的支持。本案中,许赞有作为涉讼外观设计的专利权人,在诉讼中向法院提出"先行停止侵犯专利权行为"的申请,虽然被法院准许并下达裁定,其诉讼请求也被一审判决予以支持,但在二审期间,许赞有涉讼专利被宣告无效。根据我国《专利法》第四十七条第一款规定:"宣告无效的专利权视为自始即不存在。"故许赞有所提出的"先行停止侵犯专利权行为"申请基础丧失,最终其诉讼请求为二审法院驳回,据此应当认定许赞有"申请错误",对被申请人由此造成的财产损失应予赔偿,结合拜特公司和康拜特公司诉讼请求,该财产损失包含两项:(1) 因不能履行与安立(香港)有限公司 PIN960/04 号合同,支付赔偿金 4 万美元;(2) 法院自 2004 年 4 月 20 日起扣押拜特公司和康拜特公司库存竹地毯产品 1110 块所造成的损失。

2. 拜特公司和康拜特公司所主张的自 2004 年 5 月 13 日至 2007 年 3 月被南京海关扣押 6930 块竹地毯,折合损失 945061.43 元,利息损失 321320.89 元,运费、报关费、商检费、港口费、掏箱费、集装箱暂存费共计 45200 元,系其违反人民法院已生效的裁定,自行造成的损失,应予赔偿。

我国《专利法》已赋予对抗有效专利权的救济措施。我国《专利法》第四十五条规定:"自国务院专利行政部门授予专利权之日起,任何单位或者个人认为该专利权的授予不符合本法有关规定的,可以请求专利复审委员会宣告该专利权无效。"即便被诉侵权人不提出无效申请,有证据证明该专利在申请日以前已经构成专利法意义上的公开的,还可以提出其实施"公知设计"、不构成侵权等抗辩主张。在专利权人依法提出"先行停止侵犯专利权行为"申请,并提供担保的情况下,被申请人对人民法院已作出"责令停止侵犯专利权行为"裁定,应严格遵守。只有在遵守法院发生法律效力的裁定情形下造成的经济损失,才是合理的经济损失。如违反裁定所造成的损失,属不合法行为所致,系自行扩大的经济损失,不应得到赔偿,甚至还应受到相应民事制裁。本案中,拜特公司、康拜特公司在人民法院已下达生效裁定的情况下,本应立即停止生产、销售与许赞有 01333737.8 号"地毯(竹)"外观设计专利相同或相近似的产品,并可在如许赞有败诉的情况下寻求赔偿,但拜特公司仍以履行合同为由,公然违反人民法院生效裁定,出口销售涉嫌侵权产品,由此所造成的被扣押和查封产品的货值损失,以及运费、报关费、商检费、港口费、掏箱费、集装箱暂存费等损失后果系其违法行为所致,属自行扩大造成的损失,理应由其自行承担。

……

[双方均提出上诉。二审法院大致接受了一审法院的意见。以下仅仅保留略有新

意的论述,其余不再赘述。]

本院认为:

……

许赞有申请财产保全和先行责令拜特公司、康拜特公司立即停止侵犯专利权错误。首先,根据我国《民事诉讼法》第九十六条和《最高人民法院关于对诉前停止侵犯专利权行为适用法律问题的若干规定》第十三条的规定,申请人申请财产保全和先行责令被告立即停止侵犯专利权错误的,应当对被申请人因此而遭受的损失给予赔偿。其次,根据我国《民事诉讼法》的立法精神,申请人最终败诉应当是申请错误的认定标准之一。据此,如果申请人的诉讼请求没有得到人民法院生效判决的支持,就意味着申请人申请财产保全和先行责令被告立即停止侵犯专利权存在错误。在本案中,许赞有指控拜特公司和康拜特公司侵犯其专利权,申请人民法院采取财产保全、先行责令控拜特公司和康拜特公司立即停止侵犯专利权,其诉讼请求最终没有得到人民法院生效判决的支持,这就意味着许赞有的上述申请错误。对拜特公司和康拜特公司因此而遭受的损失,依据我国《民事诉讼法》和《最高人民法院关于对诉前停止侵犯专利权行为适用法律问题的若干规定》的有关规定许赞有理应给予赔偿。

……

驳回上诉,维持原判。

[本书作者注:本案为最高人民法院公布的2008年十大案件之一。]

思考问题:

(1) 在申请人证明有侵权可能性的情况下,还算申请错误吗?进一步思考,认定申请错误的标准究竟是什么?

(2) 本案中二审法院没有明确说申请人无论有无过错均应为"申请错误"负责。你觉得可以说申请人应该为"申请错误"承担严格责任(即无所谓过错不过错均承担责任)? 在申请人和被申请人均无过错的情况下,让申请人承担责任的合理性何在?

(3) 在承担"申请错误"责任时,应当如何准确地界定可赔偿的损失的范围? 本案中是否有些损失实际上是侵权法意义上的间接损失或纯粹经济损失?

广州市兆鹰五金有限公司 v. 黄冈艾格尔五金制造有限公司

最高人民法院(2010)民申字第1180号

王永昌、李剑、罗霞法官:

根据《中华人民共和国知识产权海关保护条例》第二十九条第二款的规定,知识产权权利人请求海关扣留侵权嫌疑货物后,海关不能认定被扣留的侵权嫌疑货物侵犯知识产权权利人的知识产权,或者人民法院判定不侵犯知识产权权利人的知识产权的,知识产权权利人应当依法承担赔偿责任。该赔偿责任应当是因错误扣留而使对方受到的经济损失。兆鹰公司错误申请海关扣留被申请人的出口货物,导致被申请人实际交货时间违反合同约定。被申请人与案外人的销售合同中已经协议约定了违约金,该迟延交货的损失属于被申请人的经济损失。原审判决由兆鹰公司承担赔偿责任,并无不当。兆鹰公司关于应当赔偿实际损失的再审理由无法律依据,①本院不予支持。

思考问题:

这里专利权人有过错吗?损害赔偿的范围是否应该包含违约金?

3 永久禁令救济

3.1 基本规则

关于永久禁令,本书作者在先前出版的著作权法教科书上有简要的梳理。相关内容同样适用于专利法。这里摘录相关部分,替换部分关键词("著作权"):

> 在绝大多数案件中,法院在判决专利权侵权成立后,都会责令被告停止侵害原告的专利权。但是,中国专利法、《民法通则》或《侵权责任法》等并没有强制要求法院在所有的案件中提供永久禁令救济。这使得法院在一些特殊的案件中可以综合权衡多方面的因素来决定是否发放永久禁令。
>
> 美国最高法院在著名的 eBay Inc. v. MercExchange, L. L. C. (547 U. S. 388 (2006))中指出,在确认专利侵权后,依据确立已久的衡平原则,原告在寻求永久禁令时,必须向提供该救济的法院证明其满足了四要素测试法。即原告必须证明:
>
> (1) 它遭受了不可弥补的损害;
>
> (2) 法律所给予的救济,比如金钱损害赔偿,不足以弥补该损害;
>
> (3) 考虑到平衡原、被告双方的难处,有必要提供衡平救济(a remedy in equity);
>
> (4) 永久禁令不会损害公共利益。决定是否授予永久禁令救济,是区法院行使衡平法上的裁量权的行为,上诉时[法院]可以审查是否存在裁量权滥用。
>
> 在美国法下,专利权人或版权人在侵权成立之后并不当然地获得禁令救济,法院都要权衡各方的主张以决定是否给予禁令救济。
>
> 依据中国专利法及相关的民事法律,专利权被视为一种类似物权的绝对权(准物权)。在侵权行为被确认之后,责令侵权人停止侵害,是此类准物权效力的自然体现。侵权后给予永久禁令救济应当被视为一项基本原则。拒绝禁令救济,则是例外。权利人在寻求禁令救济时,只需要证明侵权成立,而无需更多证据。显然,中国法下禁令救济规则对专利权人有利,与美国法的规则有很大的差别。

---

① 兆鹰公司认为,"兆鹰公司赔偿因被扣留货物所受到的损失应当是艾格尔公司的实际损失,而不是间接或者预期损失。在被申请人无证据表明其主张的违约金需要支付或已经支付的情况下,原一、二审判决根据销售合同中约定的违约金,在艾格尔公司并未实际支付的情况下,判令兆鹰公司承担赔偿艾格尔公司的预期损失,不符合相关法律规定。"

在侵权案件中,中国法院在认定侵权成立后,通常应自动提供禁令救济。侵权人如果要避免禁令救济,应当提供证据否定禁令救济的必要性,让法院相信判决支付合理许可费就能够对专利权人进行充分补偿。中国法并没有明确法院在权衡是否拒绝发放禁令时应该考虑的因素。不过,从司法实践看,中国法院很有可能参考美国 eBay 案所确定的考虑因素。因此,如果要避免禁令救济,被告大致要从以下几个方面举证:

(1) 不发放禁令救济是否给原告带来不可弥补的损害;
(2) 禁令救济是否对于被告而言过于严厉;
(3) 禁令救济是否损害公共利益;
(4) 被告陷入侵权状态是否有过错等。

上述各项因素中,应该没有一项是决定性的。法院应当综合这些因素,然后决定是否拒绝禁令救济。如果拒绝禁令救济,则法院通常应判决被告支付合理的许可费,对原告进行合理补偿。①

eBay Inc. v. MercExchange, L. L. C.

美国最高法院 547 U. S. 388 (2006)

THOMAS 法官:

联邦法院在考虑是否给予胜诉的原告永久禁令救济时,通常采用衡平法院过去所使用的四要素测试法(the four-factor test)。申诉人 eBay Inc 和 Half. com, Inc 争辩说,这一传统的测试法适用于专利法下的纠纷。我们同意,因此撤销了上诉法院的判决。

I

申诉人 eBay 经营一家很受欢迎的互联网站点,让私人卖家通过该站点拍卖或者按固定价格出售他们希望出售的货物。申诉人 Half. com 现在是 eBay 全资拥有的子公司,运行着类似的站点。被申诉人 MercExchange, L. L. C. 持有一系列专利,包括一种通过建立中央机构促进参与者相互信任,从而促成私人之间货物销售的商业方法专利。参见 U. S. Patent No. 5,845,265。MercExchange 试图像过去许可其他公司一样,将其专利许可给 eBay 和 Half. com。但是,双方没有能够达成协议。MercExchange 随后在美国弗吉尼亚东区区法院对 eBay 和 Half. com 提起侵权诉讼。陪审团认定 MercExchange 的专利有效,eBay 和 Half. com 侵害该专利,因此,判决赔偿是适当的。

在陪审团的裁决之后,区法院拒绝了 MercExchange 请求永久禁令救济的动议。联邦巡回上诉法院撤销了该判决,采用的是它的"一般性规则,即在没有特殊情况时,法院将颁发永久禁令阻止专利侵权行为"。我们颁发调卷令以审查这一一般性规则的妥当性(appropriateness)。

---

① 崔国斌:《著作权法:原理与案例》,北京大学出版社 2014 年版,第 892—893 页。

II

依据确立已久的衡平原则,原告在寻求永久禁令时,必须向提供该救济的法院证明其满足了四要素测试法。原告必须证明:(1) 它遭受了不可弥补的损害;(2) 法律所给予的救济,比如金钱损害赔偿,不足以弥补该损害;(3) 考虑到平衡原、被告双方的难处,有必要提供衡平救济(a remedy in equity);(4) 永久禁令不会损害公共利益。决定是否授予永久禁令救济,是区法院行使衡平法上的裁量权的行为,上诉时[法院]可以审查是否存在裁量权滥用。

类似的原则同样适用于专利法下的纠纷。就像本院很早就意识到的那样,"对久远的衡平法传统的重大偏离,不应轻率地基于[法律的]暗示"。专利法中没有任何内容表明国会意图有这样的背离。相反,专利法明确规定,"依据衡平原则",[法院]"可以"(may)颁发禁令([专利法]35 U.S.C. §283)。①

的确,专利法也宣称,"专利具有动产(personal property)的特征"(§261),包含有"排除他人制造、使用、许诺销售、或销售发明的权利"(§154(a)(1))。对联邦巡回上诉法院而言,这一法定的排除权本身就为它的偏爱永久禁令救济的一般性规则提供了正当性。但是,创设一种权利不同于该权利被侵害后所提供的救济。实际上,专利法自身表明,"依据该法的规定",专利具有动产的特征([专利法]35 U.S.C. §261)。[所依据的规定]应该也包括第283条,即只有"依据衡平原则",[法院]才"可以"颁发禁令(§283)。

这一方法与我们在版权法下处理禁令问题是一致的。与专利权人一样,版权人也拥有"排除他人使用其财产的权利"。……与专利法一样,版权法规定法院"可以"授予禁令救济,禁令的内容由法院根据防止或限制版权侵权的合理需要而定([专利法]17 U.S.C. §502(a))。就像今天我们的决定一样,本院一直拒绝这样的请求:以"认定版权侵权后自动发放禁令"的规则替代传统的衡平规则。

无论是区法院还是上诉法院在决定被申诉人的永久禁令动议时都没有恰当地应用传统的衡平原则。虽然区法院引用了传统的四要素测试法,它好像采用了过于宽泛的原则,认为在一大批案件(a broad swath of cases)中都不能给予禁令救济。尤其是,它认为"原告愿意就其专利发放许可"和"它自身没有实施专利的商业活动"就足以证明:即使不发放禁令,专利权人并不会遭受不可弥补的损害。可是,传统的衡平原则并不许可如此宽泛的归类方法(classifications)。比如,有些专利权人,比如大学研究人员或单独作出发明的发明人(self-made inventors),或许更倾向于对外发放专利许可,而不是自筹资金将其发明市场化。这类专利权人或许可以满足传统的四要素测试法,我们并没有理由完全拒绝向这一类别专利权人提供禁令救济的机会。区法院所采用的

---

① Section 283 provides that "[t]he several courts having jurisdiction of cases under this title may grant injunctions in accordance with the principles of equity to prevent the violation of any right secured by patent, on such terms as the court deems reasonable".

这一"类别排除规则"(a categorical rule),在这一意义上,并不符合国会所采用的衡平原则。区法院这一规则也和 Continental Paper Bag Co. v. Eastern Paper Bag Co., 210 U.S. 405, 422-430 (1908)案有冲突。该案拒绝了这样的主张:衡平法院无权向那些无合理原因而不实施(unreasonably declined to)专利的专利权人提供禁令救济。

在撤销区法院的判决时,上诉法院从相反的方向偏离了四要素测试法。法院阐述了专利纠纷所特有的"一般性规则",即"一旦专利权效力和侵权被确认,就会颁发永久禁令"。上诉法院进一步指出,只有在异乎寻常(unusual)案子中,在特殊和罕见的情形下,需要保护公共利益时,禁令救济才会被拒绝。就像区法院错误地拒绝对整个类别的案子提供禁令救济一样,上诉法院犯了不加区分地授予禁令救济的错误……

我们的结论是两个法院都没有正确地应用规范禁令救济的传统四要素模式,因此我们撤销上诉法院的判决,这样区法院可以先应用该四要素模式。这么做并不表明,在本案或其他专利法下的纠纷中,我们对于是否应该给予永久禁令救济有任何预设立场。我们只是认为是否给予禁令救济取决于区法院的衡平裁量,而这一裁量权的行使必须与传统的衡平原则保持一致,专利纠纷与其他案件中的规范标准并无差别。

因此,我们撤销上诉法院的判决,发回重审,在后续程序中按照与本判决意见一致的方式处理。

首席法官 ROBERTS 提出附和意见,SCALIA 和 GINSBURG 法官加入:

……

最晚从 19 世纪早期,在大部分专利侵权案件中,法院一直在确认侵权后授予禁令救济。这一"衡平实践的久远传统"并不让人觉得意外,因为金钱赔偿救济来保护一种排他权有困难,因为它许可侵权者违背专利权人的意愿使用其发明。这一困难经常牵涉传统的四要素测试法中的前两个要素。如本院上文所述,这一历史实践并没有赋予专利权人[当然地]获得永久禁令[的权利],也没有为支持此类禁令的一般性规则提供正当性基础。联邦巡回上诉法院自己在 Roche Products, Inc. v. Bolar Pharmaceutical Co., 733 F.2d 858, 865-867 (1984)案中也认识到这一点。与此同时,依据现有的四要素测试法来行使衡平裁量权与在完全空白的石板上书写(即不受约束的自由裁量)还是有差别的。"自由裁量不是一时兴起或异想天开,依据法律标准限制自由裁量权能够促进基本的公平正义原则——即类似案件得到类似判决。"在这一领域和其他领域一样,辨明和应用那些[法律]标准时,"一页历史抵上一卷逻辑"。

KENNEDY 法官提出附和意见,STEVENS、SOUTER 和 BREYER 法官加入:

在我看来,本院是正确的。在专利案件中法院决定是否授予禁令救济时,应当适用确立已久的四要素测试法,而无须考虑["一刀切"式的]类别性规则(categorical rules)。在应用这一测试法时,历史经验具有指导意义,首席法官的这一意见也是正确的。不过,对专利侵权者颁发禁令的传统实践好像[与后面的说法]无关:"金钱赔偿救济来保护一种排他权有困难,因为它许可侵权者违背专利权人的意愿使用其发明。"无论是专利法的字面意思,还是关于禁令救济的传统观念,都[接受这样的观点]:排他权的存在并不当然决定侵权救济的内容。早期的案例确立了这样的一般模式——

授予禁令制止侵权者几乎是理所当然的。这一模式只是说明了在当时普遍的背景下，四要素测试法的适用结果。当一个案子具有与法院过去所遇到的诉讼实质相似的情形时，历史实践的经验就最具有帮助和指导意义了。

在现在出现的一些案子中，法院应当注意到，在很多情形下，专利权的行使方式以及专利权的经济功能（economic function）引发了与早期案例不一样的关切。产业已经发展到这样的地步：很多公司不是利用专利作为生产和销售产品的基础，而是主要用于获取许可费。对于这些公司而言，禁令救济以及潜在的对侵权行为的严厉制裁，可以被当作谈判的工具，向那些寻求专利实施许可的公司索要离谱的许可费（exorbitant fees）。当专利发明只是一些公司寻求制造的产品的一个小的部件，禁令救济的威胁只是被用于在谈判中谋取过分利益的筹码（undue leverage）时，法律上的损害赔偿或许足以赔偿侵权损害，禁令救济或许不利于实现公共利益。此外，禁令救济对于商业方法领域与日俱增的专利而言，可能有不同的结果，因为这些专利在以前并没有很大的经济和法律上的重要性。此领域的一些专利，内容模糊，效力也不确定，可能会影响四要素测试法的评估结果。

通过衡平裁量来决定是否发放专利法下的禁令，法院能够根据专利制度中技术和法律的快速发展作出调整。基于这些理由，这里应当明确：区法院应该注意并决定过去的实践是否适合现在摆在他们面前的案子。带着上述观察意见，我支持本院的判决。

思考问题：

（1）法院强调："创设一种权利不同于该权利被侵害后所提供的救济"。"排他权的存在并不当然决定侵权救济的内容"有道理吗？对照中国的物权请求权理论，如何理解所有权（或知识产权）的排他属性？

（2）法院对待专利权的态度，有没有让你怀疑：专利权原来不是一种财产权？

（3）本案在判决时，社会上关于专利渔翁（Patent Troll）的讨论很热烈。这一点也反应在附议法官的意见中。如果主要目的是要解决专利渔翁的问题，似乎并不需要推翻"专利侵权后推定自动发放禁令救济，然后由专利权人举证反驳"的做法吧？

（4）在决定是否给予禁令救济时，为什么法官没有考虑过错因素呢？

（5）如果有兴趣，可以进一步研究一下美国衡平法上禁令救济的法律属性。

在美国最高法院所罗列的决定是否适用永久禁令时所要考虑的因素中，并不包含侵权者的主观过错。这与确定损害赔偿时的做法形成对比。如果侵权者在明知会侵权的情况下实施侵权行为，不对专利权人提供永久禁令救济，是否不利于预防此类侵权行为？

中国的司法实践已经积累了一些典型的不提供禁令救济的案例。以下的武汉晶源案应该是其中最为有名的例子了。

武汉晶源环境工程有限公司 v. 日本富士化水工业株式会社

最高人民法院(2008)民三终字第8号

王永昌、于晓白、夏君丽、王艳芳、李剑法官：

原审法院经审理查明，1995年12月22日，晶源公司向中国专利局提出"曝气法海水烟气脱硫方法及一种曝气装置"发明专利的申请。该专利申请于1996年11月6日公开。1999年9月25日，中国专利局授予晶源公司"曝气法海水烟气脱硫方法及一种曝气装置"发明专利权(简称本案专利权)，专利号为95119389.9。

本案专利权权利要求1记载：一种曝气法海水烟气脱硫方法，其特征在于，它包括下述步骤：1) 提取海水；2) 用海水在洗涤塔中洗涤烟气中的SO_2；3) 将吸收了SO_2的酸性海水与未吸收SO_2的海水掺混；4) 对该混合的海水鼓入空气来进行曝气，向混合海水中鼓入空气的数量，可以是空气以标准立方米/小时、海水以立方米/小时来计量，其空气与混合后的海水的比例是：空气为从0.1到1.5，海水为1；曝气时间为从2分钟到20分钟；5) 将曝气处理后的海水排往海域……

1996年6月7日，华阳公司成立。1997年1月29日，华阳公司(甲方)与深圳晶源环保科技有限公司(乙方)在福建厦门签订了《漳州后石电厂烟气脱硫工程可行性研究报告委托合同书》。合同约定：乙方承接漳州后石电厂烟气脱硫工程可行性研究报告的编制，研究烟气脱硫工程方案的可行性，在多种烟气脱硫工程方案比较的基础上，着重研究纯海水法烟气脱硫工艺在本案实施的可行性及其优越性，评估纯海水脱硫工艺造价及运行费用的经济性，为本电厂工程建设提供科学依据，并得到国家有关部门的核准……

1997年12月，晶源公司完成编制《福建漳州后石电厂烟气脱硫工程可行性研究总报告》(修订送审版)。该报告的结论及建议为，推荐漳州后石电厂烟气脱硫系统采用纯海水法烟气脱硫工程方案，建议批准漳州后石电厂实施纯海水法烟气脱硫工程方案，并作为中国该类型工艺的第一个总量控制模式试验示范工程。该报告所用的附图九"纯海水法FGD方案布置图"和附图十三"氢氧化镁加海水法FGD原则性系统图"是富士化水为华阳公司纯海水法脱硫工程所设计的图纸……

1999年7月26日，晶源公司以《关于漳州后石电厂烟气脱硫装置知识产权的函》致函华阳公司称："我公司拥有ZL95119389.9号'曝气法海水烟气脱硫方法及一种曝气装置'的发明专利权。鉴于贵公司在福建漳州后石电厂建造纯海水法烟气脱硫装置并采用该专利方法，直接涉及我公司上述专利权益，为保护知识产权，请贵公司于1999年8月25日前派员来汉，洽谈上述专利许可事宜。"

1999年9月16日，晶源公司以《关于催请商谈专利许可事宜的函》要求华阳公司商定有关专利许可事宜。1999年9月24日，华阳公司以《关于漳州后石电厂烟气脱硫装置知识产权的复函》回函称："漳州后石电厂烟气脱硫装置工程可行性研究报告由贵公司负责，烟气脱硫工艺及工程设计由富士化水负责。本公司1997年2月至1998

年 6 月间将富士化水的设计方案及相关资料提供给贵公司参考,并邀请贵公司相关专家由富士化水代表陪同参观了日本、泰国相关烟气脱硫工程,故贵公司对富士化水的设计应十分了解,但从未提及有关知识产权事宜。贵公司来文仅告知专利名称,本公司无法明确是烟气脱硫方法还是曝气装置涉及贵公司的专利权益。若贵公司认为漳州后石电厂烟气脱硫工程涉及贵公司的专利权益,敬请贵公司直接与日本富士化水联系。"

[原审法院在认定华阳公司侵害上述专利权。]

[原审法院认为,]虽然 2000 年修改前的专利法规定,使用或者销售不知道是未经专利权人许可而制造并售出的专利产品的,不视为侵犯专利权,但不能因此就可推导出相关当事人可以永久无偿使用他人专利的结果。在当事人得知其使用的技术方法及装置涉及他人专利时,就应负有停止使用的义务。况且,晶源公司于 1999 年 7 月已告知华阳公司涉嫌专利侵权。故华阳公司上述主张法律依据不足,不予支持。

由于火力发电厂配备烟气脱硫设施,符合环境保护的基本国策和国家产业政策,且电厂供电情况将直接影响地方的经济和民生。为平衡权利人利益及社会公众利益,晶源公司要求华阳公司停止侵权的诉讼请求,不予支持,但华阳公司也应向晶源公司支付相应的使用费,直至本案专利权期限终止。原审法院根据本案专利的类别等情况,酌定使用费为每台机组每年人民币 24 万元。

[晶源公司不服原审判决,提出上诉。本院认为,]

鉴于本案烟气脱硫系统已被安装在华阳公司的发电厂并已实际投入运行,若责令其停止行为,则会直接对当地的社会公众利益产生重大影响,故原审判决在充分考虑权利人利益与社会公众利益的前提下,未支持晶源公司关于责令停止行为的诉讼请求,而是判令华阳公司按实际使用年限向晶源公司支付每台机组每年人民币 24 万元至本案专利权期限届满为止,并无不妥。

思考问题:

(1) 对照本案与前述最高人民法院关于标准的司法解释,这里能够同样视为权利人已经发放"许可"吗?

(2) 不发放禁令救济,一定要有公共利益的因素吗?

3.2 司法实践的不确定性

是否给予永久禁令(责令停止侵权)是一个综合权衡的过程,权衡结果自然有一定的不确定性。不同法院把握的尺度可能有一定的差异。这是专利法许可法院进行个案裁量的必然结果。将来能做的是,通过典型案例的积累,逐步压缩不确定性存在的空间。

北京摩根陶瓷有限公司 v. 北京光华安富业门窗有限公司

最高人民法院(2014)民提字第 91 号

王艳芳、何鹏、佟姝法官：

涉案专利系名称为"防火隔热卷帘用耐火纤维复合卷帘及其应用"发明专利,其申请日为 2000 年 4 月 28 日,公开日为 2001 年 1 月 17 日,授权日为 2003 年 2 月 12 日,专利号为 00107201.3……2006 年 7 月 14 日,涉案专利自英特莱公司转让给北京英特莱摩根热陶瓷纺织有限公司(以下简称英特莱摩根公司)……涉案专利的权利要求书载明："1. 一种防火隔热卷帘耐火纤维复合帘面,其中所说的帘面由多层耐火纤维制品复合缝制而成,其特征在于所说的帘面包括中间植有增强用耐高温的不锈钢丝或不锈钢丝绳的耐火纤维毯夹芯,由耐火纤维纱线织成的用于两面固定该夹芯的耐火纤维布以及位于其中的金属铝箔层。"

华坤公司是位于北京市丰台区嘉园路南侧嘉园一里丰开苑小区东侧的"搜宝商务中心 1#建筑工程"的建设单位,华坤公司为该工程防火卷帘门采购材料进行公开招标。2009 年 11 月,英特莱摩根公司发现华坤公司投资建设的搜宝商务中心 1#建筑内安装了光华安富业公司制造、销售的大量无机特级防火卷帘……

［北京市二中院判决华坤公司于本判决生效之日起,停止使用侵犯英特莱摩根公司"防火隔热卷帘用耐火纤维复合卷帘及其应用"发明专利权的涉案防火卷帘产品。一审判决后,华坤公司并未提出上诉。但其他被告提出上诉。］

［最高人民法院认为,］在二审诉讼及本院诉讼中亦未举证证明判令其停止使用涉案侵犯专利权产品会影响社会公共利益,二审法院以"被控侵权产品已经实际安装使用,如果拆卸将破坏巨大且成本过高,亦不利于维护已经形成的社会经济秩序,故本案不宜判决华坤公司停止使用被控侵权产品",撤销一审法院相关判项无事实和法律依据,本院予以纠正。［最高人民法院最终判决维持北京市二中院一审判决。］

北京吉祥大厦有限公司等 v. 北京英特莱摩根热陶瓷纺织有限公司

北京市高院(2011)(案号缺失)①

张冰、刘晓军、谢甄珂法官：

根据《中华人民共和国专利法》的规定,为生产经营目的使用或者销售不知道是未经专利权人许可而制造并售出的专利产品或者依照专利方法直接获得的产品,能证明其产品合法来源的,不承担赔偿责任。虽然吉祥大厦公司使用防火卷帘系履行《中华人民共和国消防法》等法律规定的义务,具有维护社会公共安全的目的,但并不能由此排除该使用的生产经营目的,且吉祥大厦公司并非只有使用被控侵权产品才能履行其法定义务,故原审法院鉴于吉祥大厦公司在北京吉祥大厦工程中使用涉案侵权防火

---

① 案例来源 http://www.110.com/panli/panli_42825896.html,2015 年 8 月 16 日访问。

卷帘产品具有合法来源并认定其应承担停止侵权的法律责任是恰当的。吉祥大厦公司有关其不应停止使用被控侵权产品的上诉理由缺乏依据,本院不予支持。

虽然在公共场所使用防火卷帘具有一定的公益性,但在经营场所使用防火卷帘也同时具有一定的生产经营目的,未经专利权人许可以生产经营为目的非法使用侵犯他人发明专利权的产品,并不以该使用具有一定的公益性就否定其侵权性质,尤其是在市场上存在多种可供选择的商品时,侵权产品的使用者应为其对侵权产品的选择承担相应的法律责任。本案原审法院判决吉祥大厦公司停止使用被控侵权产品,而不是判决其停止使用所有的防火卷帘。因此,吉祥大厦公司有关其使用防火卷帘系履行法定义务,系维护社会公共安全而非为生产经营目的使用,原审判决其停止使用防火卷帘违反《中华人民共和国消防法》的强制规定,无法执行且有损公共安全的上诉理由不能成立,本院不予支持。

昆明市万变窗墙有限责任公司 v. 普洱市移民开发局

云南省昆明市中院(2014)昆知民初字第164号

蔡涛、郭佳、罗娟艳法官:

[原告拥有ZL200520022484.6号(全玻璃窗墙)实用新型专利。原告发现被告在位于普洱市思茅区茶苑路的普洱市移民开发局安装使用了9樘与ZL200520022484.6号实用新型专利技术特征相同的全玻璃百叶窗墙,这些产品并非专利权人授权许可生产的产品,构成侵权。]

被告证明了侵权产品有合法的来源,根据《专利法》七十条的规定,在没有证据证明其主观存在过错的情况下,应当免除其赔偿责任。此外,被告本应当停止使用侵权产品,但考虑到拆除侵权产品可能对其开展正常办公造成困难,为避免社会成本的不必要浪费,本院认为,被告可以与涉案专利的权利人协商,在合理条件下获得使用许可,并且有权向侵权产品的提供者追偿。

珠海市晶艺玻璃公司 v. 深圳市机场等

广东省深圳中院(2004)深中法民三初字第587号

罗剑青、于春辉、阮思宇法官:

[1997年8月27日,原告就"一种幕墙活动连接装置"享有实用新型专利权,专利号为ZL97240594.1。独立权利要求为:一种用于支持和固定幕墙,尤其是玻璃幕墙上端的活动连接装置,由固定于幕墙上端的导向座、传力臂和固定于房顶横梁上的上铰接座组成;其特征是导向座和传力臂间、传力臂和上铰接座间分别通过允许导向座和传力臂间,传力臂和上铰接座间都可以绕它们各自间的连接部位,在平面内(三个部件组成的平面)发生相对转动,导向座和上铰接座间可以沿垂直方向发生相对滑动铰链连接。原告主张北方国际公司在深圳机场安装的涉嫌侵权产品结构与原告

ZL97240594.1号专利权利要求1的技术特征相同。]

被告北方国际公司提交的《购销合同》,其内容反映被告委托深圳贵航实业有限公司制造涉案侵权产品,应当确认双方是委托加工关系。被告北方国际公司主张其购买侵权产品是使用行为的证据不充分,本院不予采纳。被告深圳机场为经营性质的企业,其候机楼为经营场所,因此其使用性质为商业使用。

综上,原告专利权处于保护状态,被告北方国际公司未经专利权人许可,以经营为目的,擅自制造并使用专利产品,侵犯原告专利权,应当承担侵权责任……被告深圳机场以经营为目的使用侵权产品,亦构成侵权。法律规定应当停止使用,但考虑深圳机场的特殊性,停止使用不符合实际,因此本院责令被告深圳机场向原告支付合理的使用费。[法院判决:1. 被告北方国际合作股份有限公司立即停止侵权。2. 被告北方国际合作股份有限公司赔偿原告经济损失人民币25万元。3. 被告深圳市机场股份有限公司支付原告专利使用费人民币15万元。]

思考问题:

上述四个案例的判决结果可以相互协调吗?在此类案件中,专利权人在公开市场出售类似的涉案产品,这一事实对于法院考虑是否发放禁令有影响吗?在侵权产品的制造者、销售者和使用者成为共同被告的情况下,是否应该更慎重考虑对使用者适用禁令救济?

3.3 标准必要专利与禁令救济

技术标准化在提高产品或服务质量、安全性与兼容性等方面具有重要意义,已经成为各行各业的普遍现象。很多高新技术行业的领导者,都希望自己的专利技术能够成为市场上的技术标准,从而最大化专利技术的市场价值。通往标准之路通常有两条:通过市场竞争确立事实标准或者通过标准组织或政府人为制定技术标准。

无论是以何种方式使专利技术成为标准,都将使得该专利成为所谓的标准必要专利(standard-essential patents),即权利要求覆盖了实施标准时不可避免要实施的技术方案的专利,或者说实施技术标准时不可避免要侵害的专利。专利成为标准必要专利可能会大大强化自己在专利许可谈判中的谈判能力,因为一项技术成为标准后,其他市场主体除了接受专利许可外,常常别无选择——采用其他技术方案,则需要承担巨大的转换成本。在大多数情况下,标准制定的成本、标准实施后消费者的转换成本都是实质性的,标准组织不会轻易选择放弃或者修改标准。这样,专利权人就获得了一种市场支配力,可以索要更高的许可条件。如果专利权人滥用这一支配地位,采取歧视性的许可政策,拒绝向部分标准实施者发放许可或索要高额许可费,就会实质性损害这些主体参与市场竞争的能力。在高新技术领域,专利权人对技术标准的挟持,并非零星的个案,而是普遍现象。①

为了避免技术标准被专利权人挟持,标准组织制定所谓的知识产权(专利)政策,要求参与标准制定的专利权人事先披露自己所拥有的标准必要专利与专利申请,并声明将来按照公平合理非歧视(Fair, Reasonable, and Non-Discriminatory, FRAND)的许可条件对将来的标准实施者发放专利许可。这一声明本身的法律性质还不是十分明确。一般认为,该声明构成标准组织和专利权人之间合同的一部分,对于专利权人有约束力。但是,它通常并不使得标准实施者直接获得专利许可。②

如果标准必要专利的权利人与标准实施者无法就专利许可事宜达成一致,则专利权人可能对标准实施者提起专利侵权诉讼。在这种情况下,专利权人是否能够寻求禁令救济,是目前产业界关注的焦点问题。显然,如果专利权人接受标准专利政策的约束,而其中含有所谓的FRAND声明,则这一声明会影响专利权人寻求禁令救济的可能性。在这种情况下,法院很有可能认为,不发放禁令救济,不会给专利权人带来不可弥补的损害。当然,如果被许可人自己明确拒绝支付合理许可费、没有能力支付,或者诚信本身存在问题,法院可以作出相反的决定。

季强等 v. 朝阳市兴诺建筑工程有限公司

最高人民法院
关于朝阳兴诺公司按照建设部颁发
的行业标准《复合载体夯扩桩设计规程》
设计、施工而实施标准中专利的行为是否构成侵犯专利权问题的函
([2008]民三他字第4号)2008/07/08

辽宁省高级人民法院:

你院《关于季强、刘辉与朝阳市兴诺建筑工程有限公司专利侵权纠纷一案的请示》([2007]辽民四知终字第126号)收悉。经研究,答复如下:

鉴于目前我国标准制定机关尚未建立有关标准中专利信息的公开披露及使用制度的实际情况,专利权人参与了标准的制定或者经其同意,将专利纳入国家、行业或者地方标准的,视为专利权人许可他人在实施标准的同时实施该专利,他人的有关实施行为不属于专利法第十一条所规定的侵犯专利权的行为。专利权人可以要求实施人支付一定的使用费,但支付的数额应明显低于正常的许可使用费;专利权人承诺放弃专利使用费的,依其承诺处理。

对于你院所请示的案件,请你院在查明有关案件事实,特别是涉案专利是否已被纳入争议标准的基础上,按照上述原则依法作出处理。

---

① Mark A. Lemley & Carl Shapiro, Patent Holdup and Royalty Stacking, July 10, 2006, http://ftp.cc.utexas.edu/law/conferences/ip/LemleyPaper.pdf, p.14.

② 本书作者认为,不能完全排除在特殊情况下该声明可能构成对标准实施者的公开要约的可能性。具体要看标准组织的专利政策的内容。

思考问题：

（1）这里所谓"视为专利权人许可他人在实施标准的同时实施该专利"，是专利法意义上的合同许可吗？专利权人在制定标准时没有想过这一结果，重要吗？

（2）可以将标准实施者的行为视为侵权行为，但法院经过综合权衡拒绝提供永久禁令救济吗？对比最高人民法院的思路，何者更有道理？

（3）现在引发广泛关注的是标准必要专利权人对标准组织作出的公平合理非歧视（FRAND）许可的声明的问题。专利权人作出此类承诺，就意味着对标准实施者发放了专利许可吗？

张晶廷 v. 衡水子牙河建筑工程有限公司

最高人民法院（2012）民提字第 125 号

金克胜、罗霞、杜微科法官：

一审法院审理查明，张晶廷于 2006 年 1 月 17 日向国家知识产权局申请发明专利，名称为"预制复合承重墙结构的节点构造施工方法"，2008 年 9 月 3 日被授予专利权，专利号为 ZL20061001×××.7。授权公告的权利要求为：1. 一种预制复合承重墙结构的节点构造施工方法，其特征在于：承重墙采用预制的保温夹心网骨架，将这种由承重墙主受力钢筋形成的保温钢筋网骨架，延伸至梁、柱的外侧，使梁、柱形成带保温层的复合受力构件；以高压石膏板作为浇铸混凝土的一侧永久模板，整体直接喷注或浇注形成柱、梁、墙板一体的三维结构，节点构造包括：在预制的夹心网骨架的搭接部位设置柱筋（8）和矩形框架箍筋（9），夹心网骨架的平网（5）搭接部位位置连接锚筋（7）、柱筋、箍筋、连接锚筋与预制夹心网骨架的钢筋连接形成整体受力结构。

……

2008 年 6 月 14 日，河北省建设厅批准的《CL 结构构造图集》现为河北省工程建设标准设计。该图集中包括张晶廷的专利技术，其编制说明记载，"CL 结构体系系石家庄晶达建筑体系有限公司研发的一种完全自主知识产权的复合剪力墙结构体系，具有抗震性能好、保温层耐久性长、建筑工厂化、施工效率快、综合造价低等特点。为了贯彻执行国家和我省的墙体改革和节能政策，促进该技术的推广应用，编制本图集"……

2009 年 6 月 19 日，河北省石家庄市太行公证处公证员前往衡水市武邑县县城"和谐嘉园"小区内的建设工地，对被诉正在使用"预制复合承重墙结构的节点构造施工发明专利"的在建楼房、场地以及放置在场地内的被诉侵权产品、正在使用该产品在建的施工楼层及其他相关场景进行现场拍照，制作了《公证书》……

2008 年 7 月 25 日，子牙河公司（发包人）与华泽公司（设计人）就"武邑县和谐嘉园 5#6#7#8#住宅楼"签订《建设工程设计合同》。合同约定，"设计人应按国家技术规范、标准、规程及发包人提出的设计要求，进行工程设计……（第六条 6.2.1）"，"设计人为本合同项目所采用的国家或地方标准图，由发包人自费向有关出版部门购买（第八条8.2)"

华泽公司的建筑施工图设计所依据的是《CL结构设计规程》DB13(J)43-2006。该规程前言部分记载:"本规程的某些内容可能涉及专利,经专利人同意,本规程的发布机构不承担识别与保护专利的责任"。

2010年4月22日,张晶廷出具书面承诺称,在本案中仅限于同意华泽公司有权使用涉案专利,不要求华泽公司承担任何专利侵权责任。

一审法院认为,河北省建设厅公开发布的《CL结构设计规程》DB13(J)43-2006及J08G208《CL结构构造图集》系地方标准。本标准属公开有偿使用的技术,任何单位和个人未经权利人允许不得使用。子牙河公司施工现场公证取证的照片证明,子牙河公司承建的武邑县和谐嘉园5#6#7#8#住宅楼未经专利权人允许,采用了涉案专利技术,构成侵权行为。

子牙河公司在工程立项前是经过详细考察的,子牙河公司与华泽公司签订《建设工程设计合同》中约定,华泽公司按照子牙河公司提出的设计要求进行工程设计;且《CL结构设计规程》DB13(J)43-2006中的前言部分已明确表明该规程的某些内容可能涉及专利,经得到专利权人授权,方许可使用。但子牙河公司未得到张晶廷的许可,应当承担侵权责任。

[子牙河公司不服一审判决,向河北省高院提起上诉。]

二审法院认为,《最高人民法院关于朝阳兴诺公司按照建设部颁发的行业标准〈复合载体夯扩桩设计规程〉设计、施工而实施标准中专利的行为是否构成侵犯专利权问题的函》((2008)民三他字第4号)"[适用于本案。]

本案中,涉案专利被纳入河北省地方标准,专利权人张晶廷参与了该标准的制定,故应视为专利权人张晶廷许可他人在实施标准的同时实施该专利,子牙河公司的有关实施行为不属于专利法第十一条所规定的侵害专利权的行为。一审法院认定子牙河公司按照已纳入专利权人参与制定的河北省地方标准的涉案专利进行施工,构成对张晶廷专利权的侵害,并判决子牙河公司赔偿张晶廷损失,适用法律不当,应予纠正。根据最高人民法院上述答复精神,在本案中,子牙河公司依法应支付张晶廷一定数额的专利使用费。

华泽公司辩称,涉案工程是子牙河公司进行现场观摩后自行决定的设计方案,华泽公司履行了告知义务。华泽公司获得了专利权人的许可,经营合法合规,不存在侵权行为。

……

本院认为,上述复函是对个案的答复,不应作为裁判案件的直接依据予以援引。本案2006年规程为推荐性标准,张晶廷履行了专利披露义务,在被诉侵权施工方法所依据的2006年规程前言部分,明确记载有识别的专利技术和专利权人的联系方式。该规程的实施者不能从中推断出,2006年规程不包含专利技术或者专利权人向公众开放了免费的专利使用许可的意图。实施该标准,应当取得专利权人的许可,根据公平合理无歧视的原则,支付许可费。在未经专利权人许可使用,拒绝支付许可费的情况下,原则上,专利侵权救济不应当受到限制。本案不存在专利权人隐瞒专利的行为导致标准的实施者产生该技术为无需付费的公知技术的信赖。张晶廷的再审申请理由成立,本院予以支持。二审法院简单适用上述复函,进而认定本案不构成侵权,适用法律存在错误,应予纠正。

......

关于子牙河公司是否应当承担停止侵权的民事责任的问题。一审审理期间,被诉侵权的工程尚未完工,子牙河公司的被诉施工行为处于侵权状态,一审判决子牙河公司立即停止侵害涉案专利权的行为,并无不当。因被诉侵权的工程现已完工并交付使用,本院判决子牙河公司停止侵害涉案专利权的施工行为已无必要,故对张晶廷提出子牙河公司应承担停止侵权的民事责任,作出相应调整。

思考问题:

在相关技术已经被纳入技术标准的情况下,法院判决立即停止侵权,是否适当?假如双方经协商无法就许可费达成一致,法院在什么情况下可以判决停止侵权?

3.4 相关程序安排

在现有的法律框架下,法院处理禁令救济问题时,还有一些程序安排需要明确。

在专利权人主张禁令救济而没有要求以合理许可费替代的情况下,法院拒绝禁令救济而直接判决支付合理许可费,如何与民事诉讼程序中的依当事人请求原则协调,可能需要细化规则。

在法院判决具体的许可费之前,是否可以从程序上安排当事人进行协商确定许可费标准,在协商失败之后再行判决?中国诉讼程序中存在调解制度,落实这一安排似乎只需要进行适当的制度变通就可以。在下面的美国案中,实际上也有关于这一问题的讨论。

Paice LLC v. Toyota Motor Corp. et al

美国联邦巡回上诉法院 504 F.3d 1293(2007)

PROST 法官:

被告 Toyota Motor Corporation、Toyota Motor North America, Inc. 和 Toyota Motor Sales, U.S.A., Inc.(合称"丰田")对得克萨斯州东区法院的判决提出上诉。该判决依据等同原则认定,丰田侵害了 Paice LLC(以下称"Paice")持有的第 5343970 号专利(以下称第 970 号专利)的权利要求 11 和 39。Pacie 则对区法院判决丰田没有以字面侵权方式侵害 970 号专利的权利要求 11 和 39、第 6209672 号专利的权利要求 15、以及第 6554088 号专利的权利要求 1 和 2 提出上诉。Pacie 也对区法院强加给自己持续的许可费安排提出上诉。依据该安排,法院许可丰田继续使用第 970 号专利,作为交换它要按规定支付许可费。基于后面所述的理由,我们部分维持,部分撤销,并发回继续审理。

I 背　　景

A. 诉争专利

本案的三个诉争专利与混合动力车辆的驱动有关。对于传统的汽车,驱动车轮的扭力(转动力)由内燃发动机提供(Internal combustion engine,以下称 ICE 或发动机)。混合电动汽车则与此不同,驱动轮子的扭力由内燃发动机(ICE)、电动马达或二者的组合装置提供。这增加了技术的复杂性,因为内燃发动机和电动马达相对的扭力贡献必须组合在一起并得到控制。

为了实现上述目的,第 970 号专利所解释的传动装置(drive train)利用一个微处理器和一个可控的扭力传输单元(Controllable torque transfer unit,"CITU")来接收内燃发动机和电动马达的扭力输入。

……

B. 被控装置

本案诉争的对象是丰田销售的混合动力汽车。丰田最早于 1997 年在日本、2000 年在美国开始商业销售"Prius I"牌混合电动汽车。在 2003 年,丰田开始销售更新款的"Prius II"。"Prius II"的传动装置(在丰田的 Highlander 以及 Lexus RX 400h FN3 等车型也被采用)也是将内燃发动机和电动马达的扭力结合起来的装置,在这一意义上它与本案诉争的三个专利所描述的传动装置相近。

……

II 区法院的程序

Paice 于 2004 年 6 月 8 日对丰田发动本诉讼……提出三项侵权指控(每个诉争专利算一项)并要求损害赔偿和永久禁令……

陪审团认定丰田的传动装置侵害了第 970 号专利的权利要求 11 和 39(依据等同原则);陪审团认定对其他专利没有侵权。在上述认定的基础上,陪审团判给 Paice 公司 4269950.00 美元作为合理许可费。

……

Paice 还请求发放永久禁令以禁止丰田在美国制造、使用、许诺销售和销售侵权车辆。在考虑这一请求时,区法院采用了最高法院在最近的 eBay Inc. v. MercExchange, L.L.C., 547 U.S. 388 (2006) 中要求的传统的四要素测试法(原告必须证明:(1) 它遭受了不可弥补的损害;(2) 法律所给予的救济,比如金钱损害赔偿,不足以弥补该损害;(3) 考虑到平衡原、被告双方的难处,有必要提供衡平救济(a remedy in equity);(4) 永久禁令不会损害公共利益)。

关于不可弥补的损害,Pacie 辩称不发放禁令将会对其对外许可该专利技术的能力产生负面影响。但是,法院拒绝了这一争辩,指出 Pacie 仅仅提交了模糊的证词试图证明它在诉讼期间的商业交易中受到排挤(sidelined)。法院还引用记录中的证据举例指出,Paice 没有能够和 Chrysler 达成协议,是因为 Paice 在公开场合对其和 Chrysler

之间关系的错误陈述,而不是由于缺少禁令。而且,Paice从来没有实际制造任何产品,法院因此认为不发放禁令Paice并不会有损失名声认同(name recognition)或市场份额的危险。

一审法院对于金钱赔偿是否充分(恰当)的分析,与"不可弥补的损害"方面的考虑交织在一起。由于陪审团只是判给了较小数额(相对整个汽车的价值而言)的合理许可费——大约每辆汽车25美元,法院认为金钱赔偿就足够了。在法院看来,Paice在审理开始后向丰田发出过许可要约这一事实,进一步支持了金钱赔偿的恰当性(adequacy)。

关于双方难处的权衡,Pacie宣称没有禁令它要面临灭亡,而丰田则只会遭受很少的经济损失。这一说法被法院否定,因为在法院看来,针对丰田的禁令(1)将会打乱相关的商业关系,比如经销商和供货商;(2)会对正在迅速发展的混合动力市场产生负面影响;(3)可能会损害丰田的名声。法院进一步指出,Paice所谓"灭亡"的论调没有道理,因为它所依赖的前提——只有它所请求的禁令救济才能帮助实现成功的许可安排——已经被否定。因此,区法院认定双方难处的权衡结果对丰田有利。最后,法院认为对公共利益的考虑并不偏向任何一方。于是,法院拒绝了Pacie的永久禁令请求。不过,法院强制设定了"持续的许可费"(ongoing royalty)要求:在专利剩下的有效期内,丰田每出售一辆Prius II,丰田Highlander或Lexus RX4汽车支付25美元。据此,法院作出了最终决定。

……

IV 讨 论

……

B. Paice的交叉上诉请求

我们接下来考虑Paice的交叉上诉请求……不过,关于持续的许可费,我们不能决定区法院是否滥用了它的裁量权。因此,我们只是撤销区法院指令(order)中有限的内容,并发回重审。

……

2. 持续的许可费的强制要求

最后,我们考虑区法院的持续的许可费指令。该指令许可丰田继续使用第970号专利发明,代价是每辆被控汽车25美元。① 法院的指令内容如下:

被告在此被命令,在第970号专利的剩余期限内,为每辆侵权的Prius II、丰田Highlander或LexusRX400H(以下称"侵权车辆")向原告支付25美元的持续的许可

---

① 我们使用"持续性许可费"来这一术语,使这种衡平救济与强制许可相区分。"强制许可"一词暗示,任何人满足了一定的标准就获得国会授权去使用该许可下的技术……作为对照,本案的持续性许可费指令仅仅限于某些特定的被告;法院的指令中并没有任何暗含的授权,使得任何其他汽车制造商能沿着丰田的脚印使用专利发明。

费。许可费应当按照季度支付,同时附带一份关于侵权车辆销售的账目。在本判决签收满三个月后开始支付许可费,随后按季度支付。第一笔支付应当包含所有未被计算在陪审团裁决书中的已销售的侵权车辆的许可费。支付日期届满后14日内仍未支付的,应当按10%的利息率计息,按月累计。原告有权要求审计账目。双方可以达成更深入更方便的许可条款。达成任何此类条款,双方应及时通知本法院。法院保留强制执行本最终判决(Final Judgment)的管辖权。

Paice辩称,区法院没有签发此类指令的法定职权,即使法院有这样的职权,Pacie也被剥夺了依据第七修正案接受陪审团裁决(jury trial)以决定持续性许可费数目的权利。①

我们从35 U.S.C. § 283的语言开始,它的相关部分如下:

按照本法对案件享有管辖权的法院可以根据衡平原则授予禁令以防止专利所保护的任何权利受到侵犯,禁令条款以法院认为合适为限。

第283条所设定的最明显的限制是,依本条所授予的禁令必须"防止专利所保护的任何权利受到侵犯"。我们先前已指出,这一法律语言限制了可以被禁止的行为的范围。本案所提出的更困难的问题是,许可"以许可费换取专利发明使用权"的指令是否可以被视为"防止专利所保护的任何权利受到侵犯"[的有效措施]。

在某些情况下,判决为专利侵权行为支付持续性的许可费,以之代替禁令,可能是合适的。在Shatterproof Glass Corp. v. Libbey-Owens Ford Co., 758 F. 2d 613, 628 (Fed. Cir. 1985)案中,本院支持法院以销售额为基础确定的5%的许可费,保证[被告]继续运营。虽然该案的当事人对法院的所谓"强制许可"的许可费的数目有争议,但对于区法院创设此类救济的权力则没有争议。在反垄断的背景下,当有必要提供有效的救济,尤其是专利被当作反垄断法上违法行为的筹码或为该违法行为作出贡献时,强制销售和以合理许可费发放相关专利许可是确立已久的救济形式。

因反垄断法上的违法行为或专利侵权等而有必要提供救济时,可以判给持续性的许可费;但这并不意味着在任何不发放永久禁令的场合都应当然地给予此类救济(持续性的许可费)。在大多数案子中,如果区法院决定不发放永久禁令,在强行确定持续性的许可费之前,它可以允许当事人自己就将来使用专利发明一事进行许可谈判。如果当事人没能达成协议,区法院可以介入,考虑持续侵权的情节确定一个合理的许可费。

在本案中,区法院在采用永久禁令的四要素测试法之后,拒绝发放永久禁令,并依职权(sua sponte)强行为当事人确定了一个持续性的许可费。但是,区法院的指令没有说明选择每辆侵权车辆25美元这一许可费率的理由。因此,本院无法决定区法院

---

① Paice还辩称,持续性许可费剥夺了Paice就该专利发放独占性许可的权利。不能授予独占性许可是一个有效的考虑因素。不过,第283条是任意性(permissive)[规范]这一事实表明,关于独占性的关切在这一程度上并没有超过其他衡平因素。区法院考虑了这一因素,但是拒绝了它。法院认为:"如果本案确定以金钱赔偿替代衡平救济(禁令),其他潜在的被许可人接受许可的意愿并不会降低。"这一结论得到实质性证据的支持。

在确定持续性的许可费时,是否滥用了裁量权。因此,我们认为审慎的做法是在有限范围内发回本案,让区法院重估持续性的许可费率。重审时,区法院可以考虑额外的证据,如果必要可以考虑在确定持续性许可费的过程中出现的任何额外的经济因素。[在有充分理由的情况下,]区法院依然可以认为25美元事实上是往后合适的许可费。

......

RADER法官提出附和意见:

我同意本法院在丰田上诉和Paice交叉上诉问题上的判决。但是,我单独表达我在发回本案要求区法院重估"持续性的许可费率"问题上的个人意见,即本法院应当不仅仅限于建议"在强行确定持续性的许可费之前,区法院可以许可当事人自己就将来使用专利发明一事进行许可谈判"。相反,本院应当要求区法院将这一问题重新交给当事人决定,或者在自行设定许可费率之前获得双方的同意。

在提供衡平救济时,区法院有相当大的自由裁量权。在有限的一些案子中,就像本案一样,强制确定一个持续性的许可费可能是合适的。但是,将一个强制许可(compulsory license)称做"持续性许可费"(ongoing royalty)并不会使它比强制许可要少点什么。强制性的许可费作为更受青睐的排除侵害救济(remedy of exclusion)的替代方案,有很多破坏性的影响(disruptive implications)。为了避免这些负面影响,一审法院的自由裁量权不应如此宽泛以至于拒绝当事人自行确定许可费的正式机会。赋予当事人这样的机会,持续性的许可费才真正是持续性的许可费,而不是强制许可。

在本案中,由于法院是在拒绝禁令救济之后,依职权自行强制确定了持续性的许可费,当事人并没有真正的机会就丰田将来的侵权行为向区法院提交证据,证明赔偿Paice所需的合适的许可费率。当然,为了评估丰田过去侵权行为所造成的损害,关于许可费率的证据和抗辩已经在审理过程中被提交给法院。但是,诉前和判决后的侵权是不同的,二者所应对应的许可费率可能也不同,因为双方法律关系和其他因素发生了变化。在选择是否考虑额外的证据,是否交由当事人自己决定时,区法院可能倾向于最简单的做法——强加给当事人法院确定的强制许可。可是,这一最简单的做法使得当事人极少有机会向法院说明市场的潜在变化或其他可能影响将来许可费率的因素。

在大多数案子中,专利权人和侵权者应该获得一个机会——至少可以设定诉讼之后使用专利发明的许可条款。这一一般原则有很深厚的法律和政策基础。对将来侵权行为所引发的成本的预测,即便是在最稳定的市场和技术领域内,也难免要借助于人的主观臆测。由于许可协议主要为商业目标所驱使,同法院相比,许可协议的当事人能更好地达成公平而有效的许可条款。毕竟,是当事人双方,而不是法院要受到许可费条款的约束。特别是在专利权人已经证明其财产权受到侵害的情况下,有机会通过谈判自行确定持续性的许可费,是在剩下的专利保护期内对其权利所提供的最低限度的保护。

基于上述理由,我会要求区法院给予当事人一个机会,去确定持续性的许可费率,或者,至少要在法院确定许可费之前获得当事人双方的同意。当然,如果双方不能达成协议,法院将有权强制确定合理的许可费,为过去的和将来持续进行的侵权提供救济。

思考问题:

(1) 本案中,导致法院判决持续性的许可费的关键因素是哪些?

(2) 持续性的许可费与强制许可有什么差别?

(3) Rader 法官在附和意见中认为,法院在确定持续性的许可费率时,应该首先给予当事人自主协商的机会。这一做法是不是会鼓励更多的当事人选择诉讼到底,直到法院明确决定不给予禁令救济时,才决定是否和解?

在被告已经主动停止侵权活动的情况下,法院是否还应当继续判令停止侵害,现有法律没有明确的规定。本书支持学者的下列意见:

> 被告无论是在原告起诉前还是在诉讼过程中虽主动停止了被控侵权行为,但只要该行为有再次发生或继续之虞的,经原告请求,法院便应判令被告停止侵害。首先,法院判令被告停止侵害行为体现了法律对被告过去行为的否定性评价;其次,判令被告停止其无权实施的行为,即使被告的确无意再实施该行为,此种判决的结果本身对被告并无损害;最后,法院判令被告停止侵害行为,有利于权利人利益的保护。如果法院在判决书中判令被告停止侵害行为的,而被告继续实施该行为的,有学者主张原告可以请求法院强制被告停止该行为,而笔者认为原告有比这更有利的救济方式,那就是直接请求法院追究被告拒不执行已生效的法院判决的刑事责任。①

再次,需要明确永久禁令是否有所谓的时间限制。浙江高院 2015 年 7 月发布了《关于妥善处理知识产权重复侵权行为若干问题的纪要》,有如下规定:

> 一、根据《最高人民法院关于适用〈中华人民共和国民事诉讼法〉的解释》第五百二十一条之规定:"在执行终结六个月内,被执行人或者其他人对已执行的标的有妨害行为的,人民法院可以依申请排除妨害。"对于已执行完毕的案件(包括已经停止了侵权行为),可以参照适用上述条款进行处理,即裁判执行完毕后六个月内,侵权人再次实施相同侵权行为的,权利人可依据该裁判重新申请执行、要求停止侵权。权利人重新申请执行的,应当立一个新的执行案件。
>
> <u>裁判执行完毕六个月后,侵权人再次实施相同侵权行为的,权利人应当提起新的诉讼来主张停止侵权。</u>
>
> 二、裁判尚在执行阶段,侵权人拒不停止侵权行为或停止后再次实施相同侵权行为的,属未履行裁判义务,在原案中予以强制执行。"尚在执行阶段"包括终本结案的案件。

---

① 张广良:《知识产权侵权民事救济》,法律出版社 2003 年版,第 47—48 页。

三、裁判生效后未申请强制执行的,区分两种情形:1. 在申请执行期限内,不论侵权行为是持续还是反复,都可申请强制执行,但针对该裁判生效后发生的侵权主张赔偿的应另诉。2. 已经过了申请执行期限,如果申请强制执行,被执行人提出异议后,被执行法院裁定"驳回申请"的,当事人可就新的事实另行起诉。

上述规定将永久禁令变成了裁决执行后的6个月禁令。有道理吗?

3.5 美国法上的其他案例

Vitamin Technologists, Inc. v. Wisconsin Alumni Research Foundation 146 F. 2d 941 (9th Cir. 1944)。该案中上诉人 WARF 认为 VTI 销售一种包含有维生素 D 的人造黄油,该产品制造过程侵犯了其制造维生素 D 的方法专利:利用水银灯紫外线激活麦角固醇(Ergosterol)或者酵母来获得维生素 D。一审法院认定专利有效,判定侵权并颁布永久禁令。被上诉人指出,由于骨骼代谢方面的缺陷,大量的儿童发育不良。此外,许多成年人也存在这方面的问题。被上诉人的主要客户是这些相对贫困的佝偻病病人。如果专利权有效,并发布禁令,则很多病人就无法得到含有维生素 D 的食物。

法院认为上诉人提出的理由是法院提供衡平救济的一个理由,值得考虑。法院认为在重要的公共利益受到伤害的情况下,法院可以不对权利人提供永久禁令的救济。法院认为如果提供禁令救济将不可避免地使得大量的相对贫困的佝偻病病人无法得到含有维生素 D 的食物,这是对公共利益的一种侵犯。在这种食物成为治疗此类疾病的主要途径的时候更是如此。对于本案来说,面对大量的佝偻病病人,权利人拒绝发放许可,违背公共利益的表现绝不仅仅表现为对价格的控制。不过,本案中,法院最终否定了专利效力,认为先前农民的实践已经使得该发明缺乏新颖性。

Milwaukee v. Activated Sludge 69 F. 2d 577 (7th Cir.), cert. denied, 293 U.S. 576 (1934),专利权人对一种下水处理方法拥有专利权。法院拒绝对 City of Milwaukee 发放禁令,因为该禁令将迫使市政当局将污水直接排入密西根湖。

在 Nernery v. New York, 83 F. 2d 409, 411 (2d Cir. 1936)案中,法院拒绝对拥有铁路刹车装置的专利权的权利人提供禁令。因为被告铁路公司在自己的 15000 个火车车厢上安装了该刹车装置。法院认为这样将使公众利益受到严重影响,同时对于权利人来说也并非必须如此。

不过,美国联邦巡回上诉法院也曾经在药物专利的案件中,拒绝所谓公共利益的争辩,发放永久禁令:"的确,那些救命的药物经过一段时间的市场开拓,必然会促进公共利益。但是,从长远的角度讲,国会还是认为对于那些新的有用的发明来说,保持权利人的独占权比许可自由竞争更好。国会并没有认为对所谓的救命装置和其他产品进行所谓的区别对待是合适的"。Eli Lilly & Co. v. Medtronic, Inc., 879 F. 2d 849 (Fed. Cir. 1989)。

在 Polaroid Corp. v. Eastman Kodak Co., 641 F. Supp. 828(1985)案中,柯达公司被迫停止制造即时成像相机(Instant Camera)产品。柯达公司提出公共利益的抗辩理由,认为因此将裁减 800 名专职工作人员和 3700 名兼职工作人员,公司将因此损失投资于工厂和设备的 2 亿美元,并蒙受商誉损失。法院承认该禁令救济会使柯达面临此类困难,但是柯达所遭受的损失恰恰反映了柯达在该照相技术上所获得的收益。柯达实施该专利已经考虑到侵犯现存专利所面临的风险。柯达所谓的公共利益的说法是错误的。在本案中保护专利垄断权才是公共利益或者公共政策的体现。

4 实际损失

《专利法》(2008)第 65 条:

> 侵犯专利权的赔偿数额按照权利人因被侵权所受到的实际损失确定;实际损失难以确定的,可以按照侵权人因侵权所获得的利益确定。权利人的损失或者侵权人获得的利益难以确定的,参照该专利许可使用费的倍数合理确定。赔偿数额还应当包括权利人为制止侵权行为所支付的合理开支。
>
> 权利人的损失、侵权人获得的利益和专利许可使用费均难以确定的,人民法院可以根据专利权的类型、侵权行为的性质和情节等因素,确定给予一万元以上一百万元以下的赔偿。

4.1 实际损失的内容:利润损失 + 许可费损失

依据中国《专利法》,专利侵权的损害赔偿数额按照"权利人因被侵权所受到的实际损失确定"。损害赔偿的理想目标就是使得专利权人回复到没有发生侵权的状态。实际损失的计算本身就包含着假想的成分。先假定没有侵权人的行为发生,推测专利权人能够获取多少的市场利润;然后再对照侵权行为发生后,专利权人实际获得的利润,两相比较,二者的差额就是专利权人的实际损失。

专利权人的实际损失可能包含两部分:其一,是专利权人自己在实施专利方面的利润损失;其二,是专利权人许可他人实施的许可费损失。这两方面的损失,在不同的案件中所占比例不尽相同。如果专利权人自己实施专利,侵权的结果是直接导致其市场份额减少,则其损失主要表现为利润损失。如果专利权人自己不实施专利(或者虽然实施专利,但是与侵权人并不在相同市场上竞争),则在实施专利方面他并无直接的利润损失。这时,他的损失主要表现为可能的许可费损失。当然,侵权人实际上销售的专利产品数量可能超过专利权人能够提供的能力,即专利权人实际上无法完全占领或取代侵权人的市场份额的情况下,单纯地计算所谓的利润损失并不足以弥补专利权人的实际损失。这时候,专利权人的损失就可以分为两部分:其一,是市场份额减少的损失;其二,是市场份额之外,侵权人实施部分所对应的许可费。

中国《专利法》没有很清楚地说明专利权人"实际损失"的内容,甚至没有区分利润损失与许可费损失。在最高人民法院 2001 年和 2009 年的司法解释中,也没有明确回答这一问题。① 理论上讲,法院有足够的空间采纳各种适当的方法来计算专利权人的实际损失。《专利法》虽然规定了一些替代性的计算方法——以侵权所得或合理的许可费(倍数)替代实际损失,这应该并不妨碍法院利用合理的方法直接确认"实际损失"的额度。不过,在司法实践中,很多法官尽量避免利用新方法创造性地确认"实际损失",而更多地采用法定赔偿的替代性方法。这无疑是一件非常遗憾的事情。

为了保证理论探讨有一定的逻辑体系,本书在介绍损害赔偿的理论框架时,对实际损失中利润损失和许可费损失进行区分,并分别加以介绍。尽管在中国的法律实践中,这种损害赔偿的计算方法远未受到重视,本书依然将它作为最重要的方法加以介绍。本书希望这一努力能够为中国专利法的实践带来一些新的思路,也希望新一代的律师和法官在计算损害赔偿数额时,能够更加认真地对待专利权人的"实际损失",努力发展出中国式的侵权赔偿方法,将现在的"99%"的计算方法(法定赔偿)淘汰出局。希望到那时候,本书在"实际损失:利润损失"一节将不再依赖美国案例来说明道理。

4.2 实际损失之利润损失

4.2.1 以"侵权所得"替代"利润损失"

如前所述,专利权人的实际损失可能包含两部分:其一,是利润损失(专利权人自己实施专利时);其二,是许可费损失(专利权人自己不实施或无力充分或有效实施时)。专利权人要直接证明自己利润损失,几乎是一个不可能的任务。试想一下,在实际侵权存在的情况下,如何能假定侵权不存在,计算专利权人的预期销售量,从中扣除自己的实际销售量,从而得到减少的销售量(进而计算出利润损失)?

实践中,专利权人常常选择以侵权人的侵权所得来代替专利权人的实际利润损失。最为常见的做法就是将侵权者的销售量部分或全部视为专利权人的销售量,进而计算出权利人的利润损失。比如,《最高人民法院关于审理专利纠纷案件适用法律问题的若干规定》(2001)第20条第2款规定:

> 权利人因被侵权所受到的损失可以根据专利权人的专利产品因侵权所造成销售量减少的总数乘以每件专利产品的合理利润所得之积计算。权利人销售量减少的总数难以确定的,侵权产品在市场上销售的总数乘以每件专利产品的合理利润所得之积可以视为权利人因被侵权所受到的损失。

侵权者的销售量是实际发生的事情,证明起来显然要比专利权人虚幻的预期销售量要容易得多——尽管很多律师抱怨现有的民事程序法没能向专利权人提供足够的取证武器。这一替代方法背后的简单逻辑推理是:"被告每销售一件侵权产品,就挤占

---

① 2001年《最高人民法院关于审理专利纠纷案件适用法律问题的若干规定》第20条第2款规定:"权利人因被侵权所受到的损失可以根据专利权人的专利产品因侵权所造成销售量减少的总数乘以每件专利产品的合理利润所得之积计算。权利人销售量减少的总数难以确定的,侵权产品在市场上销售的总数乘以每件专利产品的合理利润所得之积可以视为权利人因被侵权所受到的损失。"从这些条文看,最高人民法院似乎并不认为专利权人的损失要人为地区分为利润损失和许可费收入。

了原告一件产品的市场份额,则原告少销售了一件产品。"①

宁波市东方机芯总厂 v. 江阴金铃五金制品有限公司

最高人民法院(2001)民三提字第 1 号

蒋志培、王永昌、段立红法官:

……

根据本院原《关于审理专利纠纷案件若干问题的解答》第四条第二款第(一)项规定,专利权人因被侵权所受到的损失,可以根据专利权人的专利产品因侵权所造成销售量减少的总数乘以每件专利产品的合理利润所得之积计算。但实践中,往往也存在:专利产品销售量减少总数难确定,每件专利产品利润却可以确定;侵权产品在市场上销售的总数可以查明,每件侵权产品的利润却难以确定。针对这种情况,司法实践中也将每件专利产品的合理利润乘以侵权产品的销售总数所得之积,推定为专利权人因被侵权所受到的损失。采用这种推定的方法来确定专利权人因被侵权所受到的损失,具有充分的合理性。因为市场上销售了多少侵权产品,就意味着侵占了专利产品多大的市场份额。如果这部分被侵占的市场销售份额属于专利产品,自然应当以该专利产品的价格进行销售。所以,本院于 2001 年 6 月公布的《关于审理专利纠纷案件适用法律问题的若干规定》第二十条第二款确认了上述计算方法。

就本案来说,机芯总厂已举证证明宁波韵升公司使用该厂专利所生产的音片,其出口出厂报价为每片 0.16 美元,国内销售价格为每片 1.33 元人民币,并提供宁波公正审计事务所宁公审(1998)179 号审计报告一份,证明该公司生产的音片的单位成本为 0.473 元,负担税金为 0.0041 元,费用为 0.1116 元,单位利润为 0.545 元。机芯总厂同时还举证证明金铃公司共生产侵权音片七八百万片,金铃公司也承认其自成立以来至 1999 年上半年,共生产音片 720 万片。

……

审计报告审计的音片的单位利润 0.545 元,除减去了音片的生产成本外,还减去了税金和应摊的费用,属于营业利润,也符合按营业利润计算侵权损害赔偿额的一般原则。金铃公司也没有指出该份审计报告的审计内容存在错误。因此,该份审计报告有关音片的单位利润的审计结论,本院予以采信。根据宁波韵升公司专利音片单位利润 0.545 元和金铃公司共生产侵权音片 720 万片计算,机芯总厂因被侵权所受到的损失应为 392.4 万元。鉴于机芯总厂只主张金铃公司赔偿其因被侵权所受到的经济损失 100 万元,且考虑到机芯总厂生产的音片利润中含有其他知识产权所创造的价值等因素,故机芯总厂的赔偿请求,本院予以支持。

……

---

① 张广良:《知识产权实务及案例探析》,法律出版社 1999 年版,第 167 页。作者认为,这在中国是一种行之有效的变通方法。

思考问题：

（1）上述计算方法中，原告所获得赔偿究竟是依据专利法意义上的原告的"实际损失"，还是被告的"侵权所得"？

（2）将被告的侵权所得推定为原告的实际损失，有哪些假想的前提？这些前提有多可靠？接受这些假设，是否对于侵权者过于不公平，尤其是在侵权者实际上没有过错的情况下？

以侵权所得替代权利人的利润损失，专利权人还是要按照"侵权人侵权所得"的计算的具体规则来计算具体的合理数额。比如，在计算侵权所得的过程中，还要进一步区分技术因素与非技术因素、专利技术与非专利技术的贡献比例等。这一问题将在第5小节"侵权所得"中深入讨论，本节（第4节）更多地从宏观上关注这种替代规则本身的适用前提。

在美国法上，有些法院通过功能（Functional）规则和全部市场价值（Entire Market Value Rule）规则一道来确定专利产品的合理利润的范围。首先，法院通过功能性规则，划定能够作为合理利润基础的产品范围，将绝大部分没有落入专利权利要求范围的产品排除在外。其次，在划定这一范围之后，依据所谓的全部市场价值规则，直接将该产品的全部利润确定为合理的利润范围。由于法院在第二步没有分割利润的可能性，在第一步功能性规则的适用，就显得至关重要了。美国现在正在进行的专利法改革，关于损害赔偿的计算方法改革是其中的重要内容。建议中的法案试图在第二步中引入利润分割规则，许可法官将部分利润排除出专利利润的范围。①

需要指出的是，在计算权利人的利润损失时，美国法院使用所谓的累进收入法（Incremental Income Method）来衡量利润损失。这时不再考虑已经投入的固定成本，因为权利人自己实施的部分已经包含固定成本（参见 Paper Converting Machine Co. v. Magna-Graphics Corp., 745 F.2d 11 (Fed. Cir. 1984)）。这一算法无疑是对专利权人相对有利的。不过，如果侵权产品的数量巨大，将其视为专利权人的产品时，专利权人要进行实质性的固定成本投入，则这一方法应该做适当的变通。否则，对侵权人来说可能过于严厉。

4.2.2 替代方案的假设前提

以侵权所得替代利润损失（或专利权人实际损失）这一方法背后的推理还是存在一些基本的假设。在美国专利法下，Panduit案提供了所谓的"四部测试法"（the four-part test），也被称做 DAMP 测试法，比较清楚地说明了这些假设的内容。② 为了说服法

---

① David W. Opderbeck, Patent Damages Reform and the Shape of Patent Law, 89 B. U. L. Rev. 127 (2009) 和 John W. Schlicher, Patent Damages, the Patent Reform Act, and Better Alternatives for the Courts and Congress, 91 J. Pat. & Trademark Off. Soc'y 19 (2009).

② 这一方法最为适合的情形是市场上只有两个供应者的情形，即专利权人和侵权者是市场上仅有的两个玩家。Martin J. Adelman, Randall R. Rader & Cordon P. Klancnik, Patent Law in a Nutshell, Thomson/West, 2008, p.405. 所谓的 DAMP，应该来自于四个条件的关键词，Demand, Absence, Manufacturing, Profit.

院将侵权人的销售量作为计算专利权人的利润损失的依据,专利权人应当证明:其一,专利产品存在市场需求;其二,市场上缺乏非侵权的替代产品;其三,自己具有满足这一市场需求所需要的制造和销售能力;其四,满足这些市场需求本应获得的利润。其中,最为核心的是第二个条件,即市场上缺乏非侵权的替代产品。如果存在替代产品,则消费者在无法购买侵权产品的情况下,并不一定转而购买专利权人的产品。他可能选择购买非侵权的替代性的产品。这一条件的通俗的说法应该是专利权人要证明消费者的确是冲着该专利产品的不可替代的特有属性去的。①

Panduit Corp. v. Stahlin Bros. Fibre Works, Inc.

美国联邦巡回上诉法院 575 F.2d 1152 (1978)

MARKEY 法官:

……

诉讼背景

1964 年,原告 Panduit Corp. 起诉被告 Stahlin Bros. Fibre Works, Inc. 侵害 Panduit 的第 3024301 号 Walch 专利。该专利所覆盖的是一种电子控制系统的配线导管装置。1969 年,区法院认定权利要求 5 有效,Stahlin 制造和销售的"Lok-Slot"和"Web-Slot"导管(ducts)侵害该权利要求。法院禁止 Stahlin 继续侵权,责令分账赔偿……

1971 年,区法院委派一名专家(master)来计算 Panduit 依据 35 U.S.C. §284 所应获得的损害赔偿,要求他收集证据,就三倍赔偿、利息、成本和律师费等问题提交报告。区法院完全采纳了该专家的报告,认为专家所发现的事实没有明显的错误,宣称"该专家正确地将法律应用到本案的具体情形"。该报告建议损害赔偿额为 $44709.60,其依据是将总销售价格(gross sales price)的 2.5% 计作许可费。这一比例是依据 Stahlin 的证词——它的所有产品的正常利润是 4.04%——计算的。同时,"合理许可费"方法本身也要求给"被许可人"保留一些利润空间……

事实背景

……

Stahlin 自 1957 年开始制造和销售"Lok-Slot"和"Web-Slot"导管(ducts)产品,在 1962 年 Walch 专利授权并[由 GE 公司]转让给 Panduit 以后,Stahlin 依旧继续制造并销售上述产品。1963 年 1 月 1 日,Stahlin 对"Lok-Slot"和"Web-Slot"导管削价 30%。

---

① Donald S. Chisum, Craig Allen Nard, Herbert F. Schwartz, Pauline Newman, and F. Scott Kieff, Principles of Patent Law, Second Edition, Foundation Press, at 1230 (2001). "In the case law, this element has evolved into a requirement that the patent owner show," either that (1) the purchasers in the marketplace generally were willing to buy the patented product for its advantages, or (2) the specific purchasers of the infringing product purchased on that basis. "Standard Havens Prods., Inc. v. Gencor Indus., Inc., 953 F.2d 1360, 1373(Fed. Cir. 1991).

Panduit 主张赔偿利润损失 808003 美元,涵盖首次侵权日 1962 年 3 月 6 日到最初的禁令颁发日 1970 年 8 月 7 日的销售额损失;或者,按照 35% 的合理许可费率支付 625940 美元作为替代。另外,Panduit 主张 Stahlin 的削价导致 Panduit 自己的销售利润损失 4069000 美元……

法庭意见

专利法 35 U.S.C. §284 要求专利所有人从侵权者那里获得的损害赔偿(damages)应足以弥补该侵权损害。在 Aro Mfg. Co. v. Convertible Top Replacement Co., 377 U.S. 476 at 507 (1964) 最高法院指出:

现在成文法的规则是只有侵权损失("damages")才能得到恢复(recovered)。本院所定义的侵权损失范围是专利权人因为侵权所遭受的经济损失,而不问侵权人从其不法行为中获得利益还是遭受损失。侵权损失被认为是侵权之后的经济状况与假定没有侵权发生时的经济状况之间的差额。确定损害赔偿的时要问的问题是:"专利权人和被许可人因侵权而遭受多大的损失。这一问题的主要内容是,如果侵权人没有侵权,专利权人和被许可人会挣到多少?"

Panduit 争辩说区法院存在如下错误:(1) 拒绝接受 Panduit 销售额下降导致的利润损失(lost profits),或作为替代的 35% 的合理许可费;(2) 拒绝接受 Panduit 因 Stahlin 削价所遭受的实际销售利润损失。

销售下降导致的利润损失(Lost Profits Due to Lost Sales)

要将专利权人在没有侵权存在的情况下原本能够实现的销售额(即侵权者的销售额)所对应的利润,作为损害赔偿额,专利权人必须证明:(1) 专利产品的需求;(2) 缺乏可以接受的非侵权替代产品;(3) 它满足该需求的制造和销售能力;(4) 它本来应该实现的利润数额……

Panduit 证明了要素(1)和(3),这一点并无争议。对于要素(2),专家发现:"有证据清楚地表明存在不侵权的替代性导管,这使得被告能够保持着他的顾客。"如下所述,这一发现是错误的。但是,Panduit 依然不能就销售下降获得利润损失赔偿,因为它没有能够证明要素(4)

……

Panduit 在要素(4)上的缺陷(Achilles heels)是缺少证据证明其固定成本(fixed costs)……在 Panduit 由于销售下降导致的利润损失问题上,我们维持区法院[的结论]。

Stahlin 的削价行为

区法院认为专家的下列发现没有明显错误:"由于价格削减给 Panduit 带来的任何利润损失都已经得到充分补偿,因为价格削减导致原告销售额增加,进而导致利润增加。因此,价格削减导致原告的利润净增加(net increase)。"

价格削减导致的损害赔偿请求权(the right to damages)与销售下降导致的损害赔偿请求权具有相同的基础。我们接受了专家的评估意见,即 Stahlin 的会计和经济专家证词比 Panduit 的更可靠更有说服力。在缺乏明确的相反证据的情况下,我们只能认为专家的下列发现没有明显的错误,即本案中的价格削减使得 Panduit 的利润净增加。

因此,我们维持了区法院拒绝就 Stahlin 的削价行为判决损害赔偿的意见。

合理的许可费

在实际损失也就是利润损失无法证明的情况下,专利权人有权获得合理的许可费赔偿。合理的许可费是"希望制造和销售专利产品的人,作为商业要约,愿意支付的许可费数目。在支付该许可费之后,他仍然能够通过制造和销售该专利产品从市场上中获得合理的利润"。

在确认专利权效力和侵权事实之后,设定合理许可费的关键是必须回到侵权开始的日子。在本案中,这一日期是1962年3月6日。那一天,Panduit 取得了 Stahlin 所侵犯的财产权……在那一点上,Stahlin 选择继续制造和销售该专利产品。

正是由于 Stahlin 选择侵害其财产权,Panduit 遭受了实质性的损失。虽然不能证明其利润损失的实际数目或 Stahlin 的削价所导致的损失数目,Panduit 明显受到损害,因为它被迫违反自己的意愿,与 Stahlin 分享专利产品的销售额。不仅如此,Panduit 还被迫发动长达13年的昂贵诉讼,花费了400000美元的律师费……为了这一切,专利法 35 U.S.C. §284 意义上的"足以弥补侵权损害的损失赔偿额",到目前为止所确定的总数不过44709.60美元。

如专家所发现的那样,Stahlin 在专利授权之后选择继续制造和销售专利导管,进而在面对法院禁令时选择制造和销售第二种侵权产品。它实现的侵权销售额达到1788384美元。

像本案这样在侵权之后确定合理的许可费的过程,不能被视为真心实意的专利权人与被许可人之间正常的许可费谈判的过程。这一观点假装侵权没有发生。这将使得"侵害专利权"成为竞争者可以轻易选择的手段,从而将一种"强制许可"强加给每一个专利权人。

这样,侵权人有限的风险不过是,专利权人经过多年的诉讼,最终终于满足了繁重的举证要求,证明存在利润损失赔偿所需要的四要素。如果侵权者能指望只支付非侵权者要支付的普通许可费,则除了上述有限的风险外,它就没有什么可失去,却得到了所有想要的东西。就像本院在其他场合所说的那样,这时侵权者就会处在"正面我赢,反面你输"的有利位置……

一项专利授权时,没有在该发明研发方面投入的竞争对手有四个选择:(1) 它可以制造和销售不侵权的替代产品,避免制造、适用或销售含有该发明专利的产品;(2) 如果专利权人愿意,他可以通过谈判获得许可并支付合理的许可费,然后制造和销售该专利产品;(3) 它可以冒着随后发生侵权诉讼、专利被认定有效、被确认侵权的风险,直接实施该专利;或者(4) 它可以先按照选项(2)和权利人达成许可协议,然后抛弃该协议,对专利效力提出挑战。我们不能使得侵权人选择(3)和选择(2)的结果相同。在侵权人选择(3)之后,如果[侵权诉讼中法院]确定的合理许可费与侵权人最初选择(2)的结果相同,则显然是不公平的。

侵权之后决定合理的许可费,像法律上的很多方法一样,是一种法律上的虚构。

"合理的许可费"方法是在利润损失无法证明的情况下所作出的"赔偿"（compensate）的尝试。假想一个有意愿的许可人和被许可人，像圣诞节夜的幽灵（Ghosts of Christmas Past）一样，在黑暗中进行许可谈判。实际上，当事人任何一方都没有实际的意愿，也没有任何许可；侵权者通常要被禁止继续制造、使用或销售专利产品，就像本案的Stahlin一样。

侵权之后，合理的许可费的数目取决于个案的事实。相关的事实有"专利权的内容、侵权人侵犯的程度、该产品相对其他东西在应用中所表现出来的市场价值和使用价值"，以及商业环境等。

在确定2.5%的许可费率时，该专家发现：(1) 在首次侵权发生时，市场上存在可接受的不侵权的替代物和竞争性导管产品的制造者；(2) 面对替代产品的竞争，Panduit不能维持一个高价格差；(3) 在假想的谈判时间点，Panduit和Stahlin都清楚当时市场的竞争状况，能够预期将来的削价趋势（包括Stahlin后来的削价）；(4) Stahlin的专利法专家Scofield的证言比Panduit的专利法专家的更可信、更有说服力，与本案的现实更一致。(5) Stahlin在相关时间段的总盈利水平为4.04%，而没有证据显示导管产品的销售盈利明显高于整体盈利水平。区法院认为这些发现没有明显的错误。我们同意。

在接受专家的报告时，区法院指出：

专家"可以获取不侵权的替代物"的结论主要是基于后面的事实：被告在迫不得已时，成功地使其顾客转向不侵权的产品（non-infringing products）。这一事实并没有明显的错误，尽管被告在相关的时间段里并没有实际销售主要的不侵权替代物（the principal noninfringing substitute）。"可以获取替代物"的结论并没有明显错误。

专家认为可接受的不侵权替代物是"消费者愿意购买以替代侵权产品的产品"，区法院认为区法院同样认为这一定义是正确的。

我们认为替代物的认定出现了错误。在得出这一结论时，我们注意到本院在Enterprise Mfg., 141 F.2d at 920 中的评论：

被上诉人通过侵权性使用，已经承认了该侵权装置的实用性（utility）。就像本院法官Hickenlooper在Seymour v. Ford Motor Company中所说的那样："专利本身就是此类实用性的证据，侵权者自身对专利装置的使用本身就是对这一事实的承认。对被告而言，这产生禁反言（estoppel）的后果：禁止其否认该实用性。"

毫无疑问，就像区法院所发现的那样，本案专利的价值的确在侵权者的销售目录和其他广告中得到承认。这些广告所宣扬的诸多优点，远比后来对于专利价值的否定有说服力。

同样相关的是法院在Georgia-Pacific Corp. v. U.S. Plywood-Champion Papers, 318 F. Supp. 1116 at 1123, (1971)中的评论：

值得注意的事实是，尽管Weldtex[专利产品]和其他装饰性胶合板之间存在所谓的激烈竞争，GP（原告——侵权人）刻意选择复制Weldtex产品，无视GP自己的法律顾问的告诫——昂贵的侵权诉讼是不可避免的。GP经精确计算后侵犯Weldtex专利，这一侵权行为本身表明它承认 Weldtex 在市场上拥有一种独特的有利位置（a uniquely favorable position）。

在本案中，专家发现 Panduit 有竞争对手，这并没有错误。但是，由此而进一步推导的结论是错误的。在专利授权时，有四个竞争对手。但是，竞争者所提供的不是非侵权的替代物，而是侵权的导管。这些侵权产品的销售者之间的竞争的确很激烈。但是，侵权者 Stahlin 不能指望因为它不是唯一的侵权者，在赔偿侵权行为时它就可以付比较少的许可费。

Stahlin 曾经想过避免侵权但终究无法避免这一事实表明，[专利产品]缺乏可接受的替代物。Stahlin 从 1957 年开始制造该导管。在 1962 年专利授权后，在 Panduit 于 1964 年发起诉讼之后，在 1969 年区法院发放禁令之后，他都继续制造。

在首次发放禁令时，Stahlin 所销售的电子导管产品差不多全部是侵权产品。

……

缺乏非侵权的替代物的证据包括部分用来支持专利权效力的证据。如果专利权人证明公众对于特定发明有长期渴求，则在证明"他以及侵权者的顾客事实上是在寻求解决该需求或问题的专利方案"时，他的举证责任较轻。同一硬币的另一面是，侵权者也可能强有力地证明：专利或许体现了某些能够在很小范围内获得专利的琐碎改进，但是这一改进并不使得专利产品与其他非侵权替代物相比，具有任何值得偏爱的地方。

此前区法院和上诉法院的意见都毫无疑问地认定专利产品满足了期待已有的需求，并因为其优点而取得商业成功。Stahlin 公司内的备忘录（PX58）以及它在所谓"可接受的非侵权替代物可以获取"的那段时间内销售 1788384 美元侵权导管的事实，都毫无疑问地证明专利产品获得了实质性的消费者偏爱（consumer preference）。一个产品如果没有专利产品的优点，则很难被那些想要这些优点的消费者视为"可接受"的替代物。

在被迫遵守法院的禁令之后，Stahlin 成功地使得顾客转向非侵权产品这一事实，并没有损毁在之前 15 年里关于该专利优点的认知（advantage-recognition）。Stahlin 自己、其他侵权者、消费者、区法院和本院都认识到该受到偏爱的优点。Stahlin 的顾客在不再能从 Stahlin 那里购买专利产品后，愿意从 Stahlin 那里购买别的东西，这一事实并不证明：在侵权发生期间，市场上存在这样一种产品，而一般的消费者"愿意购买它以替代侵权产品"（专家的话）。而且，Stahlin 的"转向"发生首次侵权之日后数年。首次侵权日正是判断替代物是否可获得时所关注的日期。

因此，专家所推荐并被区法院所接受的 2.5% 许可费率是明显错误的。专家的推荐在很大程度上是基于其错误的发现（finding）(1)，即在相关期间内有"可接受"的非侵权替代物。

专家的发现(2)，即替代物的竞争导致 Panduit 不能维持一个高价格差，以及发现(3)即在 1962 年 3 月双方就预见到将来削减价格的可能性，也站不住脚。如前所述，缺乏证据证明，在首次侵权日，市场上有可接受的替代物。在 Stahlin 开始制造它的"Lok-Slot"导管后大约五年内，专利产品的购买者一直愿意[为专利产品]支付实质性的价格差。直到 1963 年 1 月 1 日，Stahlin 才开始削减价格，这大约是在假想的有意愿的许可人和被许可人完成许可费谈判的日子之后9个月。我们发现在案件记录中没有证据支持专家的结论,即在1962年3月双方就有将来削减价格的想法。相反,这里的假设是,在1963年1月1日Stahlin是一个支付许可费的被许可人,案卷中没有任何证据表明一个被许可人将要削减其价格,也没有证据表明在价格削减和支付许可费之间有任何特别的操作空间。

专利法第284条许可利用专家证词来确定合理的许可费标准。但是,专家对Scofield证词的依赖,以及区法院对专家结论的接受,存在明显的错误。该证词与本巡回庭和其他法院确立的判例原则相冲突。Scofield作证说,合理的许可费可以和普通谈判所确定的许可费率平均值相同,据其个人经验,应为产品净销售价(Net Selling Price)的1%—5%。他认为本案合理的许可费的范围应该是2.5%。他还特别证明说他的经验是在对普通的许可费谈判领域,但是他对于侵权后如何确定专利法第284条下的合理的许可费没有经验。Scofield在其证词中特别假定本案中存在可接受的替代物。他还进一步忽略了本院和其他法院认为相关的证据事实。本院在Egry, 23 F. 2d at 443中的分析具有指导意义:

在确定合理的许可费时,首先要调查的是如果双方都理性地试图达成一项协议,双方会同意什么样的许可费率。这一调查常常会因为一些次要因素而变得非常复杂。这一调查必须根据商业环境做调整。如果专利权人处在垄断地位,并且试图通过独自控制整个市场来维持这一地位,而["假想谈判"]的结果是要干涉这一专利垄断权,对专利权人被迫放弃[垄断]机会进行赔偿时,应该充分考虑被许可人从专利权人那里夺走生意所导致的预期利润损失。我们认为需要进一步指出,当专利权人的商业计划中有这样的合理预期——向专利机器的购买者出售专利权人提供的后续产品并获取未来利润,而许可竞争对手制造该机器将使专利权人失去这一未来生意,则这一预期损失是事后决定合理许可费时应考虑的一个因素。即使对此类未来生意的期待不是任何合同机制的结果,只要该期待是合理地建立在已经确立的商业方法和习惯之上,它依然是决定许可费时要考虑的因素。

在Georgia-Pacific案中,上诉法院肯定了区法院的分析:

在不许可任何人在美国销售Weldtex的情况下,USP[专利权人]正在和合理预期将要取得的Weldtex的销售利润数额,对于确定USP可能接受、同时GP也愿意支付的许可费数额来说,具有重要的相关性(of major relevance)。USP正在享受一个已经畅销的产品所带来的利润。USP独自处在完全控制冷杉条纹胶合板(striated fir plywood)市场的位置上。GP的侵权是对这一垄断权的干涉,如同计划好的那样,在整个侵权期间内,使GP同USP的Weldtex直接竞争。依据假想的许可协议,GP将被许可在美国销售冷杉条纹胶合板(就像GP通过侵权所实现的那样)。

* * * *

在假想的谈判过程中,USP应该会理性地坚持这样的立场——它不会接受任何显著低于他通过"不许可任何人在美国销售冷杉条纹胶合板"的政策所取得的利润。

Scofield律师或许很会说服人,但是他的证词建立在一般经验和无效的假设之上。

因此,[专家的]发现(4),即 Scofield 的证词与本案的现实一致,有明显的错误。

[专家的]发现(5)错误地建立在 Stahlin 的所有产品的总体利润的基础之上,缺乏证明 Stahlin 侵权销售额的实际利润的证据。在事后判决中计算"合理的许可费"时要考虑的侵权者的利润因素,与侵权者的实际利润没有关系;同时,这一因素也不是用来保证"侵权者有实际利润"(或者说,如果没有侵权,侵权者将会取得该利润)这样的反常结果。"被许可人的利润因素"只是在 1962 年 3 月([假想谈判开始])才适用的考虑因素,它应当以当时该行业的被许可人的惯常利润为基础。依据1962 年 3 月确定标准支付许可费,Stahlin 是否能够获得实际的利润(就像本案后来所展现的情形一样),是个无关的问题。如果没有发生侵权,如果 Stahlin 实际同意在 1962 年 3 月支付许可费,如果事实证明许可费过于繁重,Stahlin 或许可以重新谈判许可费率或者撤销该许可协议。但是,现在这些选择对 Stahlin 来说不复存在。在计算"1962 年 3 月看起来合理的"许可费率时,考虑这些选择是错误的。

结　论

在本案中,用来确定合理的许可费用的要素(包括 Panduit 在 1962 年 3 月时的实际利润率,该电子导管行业的被许可人的惯常利润等)并没有为专家报告所确定,也不能从案件记录中查证。因此必须发回重审以确定这些要素。重审时,还必须考虑以下因素:(1) 缺乏可接受的非侵权替代品,(2) 原告不对他人发放 Walch 专利许可的一贯做法;(3) Panduit 对于向竞争对手发放许可而导致的未来生意和相关利润损失的预期,(4) 侵权导管全部的市场价值源自该专利。

思考问题:

(1) 本案中,为什么法院说"侵权者 Stahlin 不能指望因为它不是唯一的侵权者,在损害赔偿时它就可以付比较少的许可费"? 如果市场上侵权泛滥,被许可人还愿意支付较高的许可费吗?

(2) 仔细考虑,法院是如何否定"Stahlin 事后成功使得顾客转向非侵权产品"这一事实在假想的许可费谈判中的重要性的? 你同意吗?

(3) 为什么法院说,在计算假想谈判中的合理的许可费率时,与侵权者事后实际取得的利润率没有关系?

在 BIC Leisure Products, Inc. v. Windsurfing Intern., Inc. 1 F. 3d 1214(1993)案中,法院对于 Panduit 测试法的一些默示前提有比较深入的讨论:

> 如果适当使用,Panduit 测试法是可接受的用来确定"事实因果联系"("but for" causation)的方法,尽管它并非唯一的方法。不过,Panduit 测试法的应用有其内在的前提……即专利权人和侵权者所销售的产品足够相似从而能够在相同的市场上互相竞争。如果专利权人和侵权者的产品不是同一竞争市场上的相互替代物,则满足 Panduit 测试的头两个要素并不能满足"事实因果联系"的要求,后

者是利润损失赔偿的前提条件。

Panduit 的第一个因素——专利产品的市场需求——假定侵权产品的需求和专利权人的产品的需求是可以互相替换的。在这一假设下,侵权产品的销售证据可能就足以证明 Panduit 的第一个因素"专利产品的市场需求"。这一分析假设专利权人和侵权者出售实质相同的产品……如果二者的产品并不足够相似从而不在相同的市场上争取相同的客户,则侵权者的客户在缺乏侵权产品的情况下并不必然会转向专利权人的产品。在这种情形下,就像在本案中一样,Panduit 测试法的第一个因素不能满足"事实因果关系"测试的要求。

类似的,Panduit 的第二个因素——缺乏可接受的非侵权的替代物——也假设专利权人和侵权者在同一市场上出售实质类似的产品。在一个具有价格弹性的市场上,替代产品要被侵权者的顾客所接受,就"不能明显比专利产品价格高,也不能具有明显不同于专利产品的特征"。

在侵权人和权利人是专利产品市场的唯一的两个竞争者的情况下,以侵权所得代替利润损失(Lost Profit)的赔偿方法是相对容易。在 Pall Corp. v. Micron Separations, Inc., 66 F. 3d 1211(Fed. Cir. 1995)案中法院认为,在侵权发生时,如果专利权人同时对第三方发放专利许可,则第三方销售的专利产品构成所谓的非侵权替代产品。在这种情况下,专利权人就不能将侵权者的销售量作为计算利润损失的依据。在这种情况下,专利权人只能获得所谓的合理的许可费的赔偿。

将 Panduit 的四部测试法应用到方法专利上,存在一些疑问。在 Grain Processing Corp. v. American Maize-Prods. Co., 185 F. 3d 1341 (Fed. Cir. 1999)案中,法院认为,被告制造一种食物添加剂的方法侵害原告的方法专利。不过,法院认为,被告能够在两周内找到一种新的替代性的非侵权方法来制造该添加剂,只是成本要高一些。因为替代性方法存在,所以法院认为原告无权以侵权所得作为利润损失的赔偿依据。

与美国法不同,中国的立法者并没有为专利权人证明利润损失的证据设立标准,也没有明确地限制以侵权所得代替权利人的利润损失。因此,在具体的案件中,法院有很大的裁量权,可以忽略这一替代方法背后所隐藏的瑕疵甚至是巨大错误。

正泰股份公司 v. 施耐德电气低压(天津)有限责任公司

浙江温州中院(2004)温民三初字第 135 号

周虹、郑国栋、石圣科法官:

……

正泰股份公司诉称,它是国内外低压电器行业的知名企业,在国内、国际市场上具有很高的知名度,产品畅销世界很多国家。它于 1997 年 11 月 11 日向国家知识产权局申请"一种高分断小型断路器"的实用新型专利,国家知识产权局于 1999 年 3 月 11 日授予专利权并颁发专利证书,于 1999 年 6 月 2 日予以授权公告,该专利的专利号为 ZL97248479.5。它以该专利生产的 NB1 系列产品一经推出即取得了良好的市场效果。正泰股份公司发现,施耐德公司、斯达分公司在未经其授权的情况下,一直在制造、销售侵犯上述专利权的产品。正泰股份公司经对比后认为,施耐德公司生产、销售的C65a、C65N、C65H、C65L、EA9AN等五个型号的产品已落入上述专利权的保护范围,具体而言是落入权利要求2或称权利要求1加2的保护范围(即正泰股份公司主张以权利要求2或称权利要求1加2作为侵权技术对比的依据),其行为已构成侵权。经审计,施耐德公司在2004年8月2日至2006年7月31日期间共生产销售上述侵权产品达883670662元,通过其上报给工商、税务部门的产品利润率计算,其非法获利达334869872元。故正泰股份公司请求判令:一、斯达分公司、施耐德公司立即停止侵犯正泰股份公司专利号为ZL97248479.5的实用新型专利(以下简称涉案专利)权的行为;二、斯达分公司、施耐德公司将侵犯正泰股份公司涉案专利权的所有产品上交法院,并在法院监督下进行全部销毁或交给正泰股份公司;三、斯达分公司赔偿正泰股份公司损失500000元;四、施耐德公司赔偿正泰股份公司损失334869872元。

......

[法院审理认定施耐德公司上述产品侵害了正泰股份公司专利权。]

2006年8月14日,正泰股份公司向本院提出对一施耐德公司被控侵权产品的销售额及利润的审计申请……经正泰股份公司与施耐德公司自行协商,未能对审计单位的确定达成一致意见。本院委托温州东甄会计师事务所就正泰股份公司申请的审计事项进行审计。审计人员于2007年1月22日到达施耐德公司开始审计工作。因证据保全时本院封存的尚只有产品的销售凭证,而审计利润额还需要有关产品成本的财务资料,故本院要求施耐德公司提供产品成本账,施耐德公司拒绝提供。因为施耐德公司未提供有关产品成本的财务资料,审计单位无法对利润额进行审计与确认,只能对销售额进行审计并出具了审计结论,审计结论为:施耐德公司自2004年8月2日起至2006年7月31日止有关C65a、C65N、C65H、C65L、EA9AN型断路器产品的销售额为883670662.03元。之后,施耐德公司就同样事项自行委托审计,审计结论:销售额为864289419.84元(按月的明细见附表二,2004年8月1日无销售额)。

本院根据施耐德公司提供给工商、税务部门的财务资料进行计算,得出施耐德公司销售全部产品的平均营业利润率(见附表三,与正泰股份公司在附表一中所列的企业总体营业利润率略有区别,原因是在计算时扣除了其他业务利润)。

......

三、关于正泰股份公司提出的诉讼请求

......

1. 关于施耐德公司应承担的赔偿金额

根据《中华人民共和国专利法》第六十条的规定,侵犯专利权的赔偿数额,按照权利人因被侵权所受到的损失或者侵权人因侵权所获得的利益确定。《最高人民法院关于审理专利纠纷案件适用法律问题的若干规定》第十七条则作了更具体的规定,其第一款规定了人民法院在追究侵权人的赔偿责任时,可以根据权利人的请求,按照权利人因被侵权所受到的损失或者侵权人因侵权所获得的利益确定赔偿数额;其第二款规定了侵权人因侵权所获得的利益可以根据该侵权产品在市场上销售的总数乘以每件侵权产品的合理利润所得之积计算,侵权人因侵权所得的利益一般按照侵权人的营业利润计算。对于完全以侵权为业的侵权人可以按照销售利润计算。该司法解释中所述的销售利润与营业利润相比较,销售利润未扣除管理费用等相关费用,高于营业利润,因施耐德公司不属于完全以侵权为业的侵权人,故不适用销售利润计算法。在本案中,正泰股份公司即是请求按照施耐德公司于2004年8月2日至2006年7月31日期间因侵权所获得的利益确定赔偿数额,故本院根据以上法律与司法解释的规定,以施耐德公司于2004年8月2日至2006年7月31日期间销售侵权产品所获得的营业利润来确定赔偿金额,而该营业利润可以根据各时间段的侵权产品销售额乘以该时间段的营业利润率所得之积计算。因施耐德公司拒绝提供成本账,无法直接得出施耐德公司销售侵权产品的营业利润率,故本院将施耐德公司销售全部产品的平均营业利润率(见附表三)认定为可作计算依据的营业利润率;但是,鉴于本院确定的附表三中数据与正泰股份公司主张的附表一中数据不完全相同,各个时间段中有的是附表三中的低,有的是附表一中的低(因为其他业务利润有正有负),本院认为,当原告就侵权赔偿额计算依据的主张与法院的认定不一致时,可以采取有利于被告的原则,故在本案中,本院对于各时间段均采用附表一中数据与附表三中数据相比后相对较小的那个数据,作为最后定案的营业利润率(见附表四)。

根据本院在本判决的证据认定部分已经阐述的理由,对于施耐德公司各时间段销售侵权产品的销售额,本院在本判决中采用施耐德公司提供的数据(见附表二),而以附表二的数据与附表四的数据进行计算,即可得出施耐德公司于2004年8月2日至2006年7月31日期间销售侵权产品所获得的营业利润(见附表五)为355939206.25元。该金额可以作为确定赔偿金额的依据,但是,鉴于正泰股份公司对施耐德公司提出的诉讼请求金额低于该金额,而判决的赔偿金额不得高于诉讼请求,所以,本院确定施耐德公司的赔偿金额为正泰股份公司请求的334869872元。

……

附表一

金额单位:人民币元

日期	销售额合计	营业利润率	营业利润
2004.8.2-31	44,929,494.28	42.42%	19058170.43
2004.9	52,758,618.98	44.94%	23710731.93
2004.10	34,035,001.33	36.57%	12447886.94
2004.11	27,627,450.48	38.57%	10656949.59
2004.12	33,657,895.04	47.21%	15888729.39
2005.1-12	416,707,700.13	39.30%	163766126.15
2006.1	26,428,580.08	40.24%	10634512.83
⋮	⋮	⋮	⋮
2006.7	46,933,237.97	46.23%	21695092.67
合计	883,670,622	—	364306815

附表五　　　　　　　　　　　金额单位:人民币元

日期	销售额合计	营业利润率	营业利润
2004年8月	44,878,519.14	42.42%	19037467.82
2004年9月	49,654,648.20	44.94%	22314798.90
2004年10月	34,035,604.03	35.32%	12011375.34
2004年11月	27,067,518.95	38.57%	10439942.06
2004年12月	33,594,261.61	47.05%	15806100.09
2005年1—12月	402,139,188.01	39.11%	157276636.43
2006年1月	26,132,263.21	40.15%	10492103.68
⋮	⋮	⋮	⋮
2006年7月	46,796,581.26	46.21%	21624700.20
合计	864,289,419.84	—	355939206.25

[本书作者注:正泰案一审判决出台后,在中国和国际上引发热烈讨论,很快被视为"中国专利侵权纠纷第一案"。不过,这一案件的收场却有些虎头蛇尾:2009年4月15日,正泰与施耐德达成和解协议,施耐德同意向正泰支付补偿金15750万元。]

思考问题:

(1) 本案中,法院要求被告提供产品成本账,被告拒绝提供。实际上,法院有进一步的强制措施吗?

(2) 对比下一节的本田案,你觉得本案的计算方法合理吗?

(3) 从本案中,你能看出我们的专利损害赔偿制度存在哪些问题?

4.2.3　市场份额理论

在美国专利法下,如果专利产品存在非侵权的替代产品,则前述四部测试法不再适用。这时候,美国法院可能采用所谓市场份额理论来计算专利权人的利润损失。专利权人可能主张依据现有市场上自己及合法竞争对手的份额的比例,来推断侵权人的销售量中自己应该得到的份额。简要描述如下:

> 为了说明"市场份额法",假定在相同的帆板(sailboard)市场上,现有侵权产品A,第三方的产品B和专利权人的产品C。这些产品均为大的可替代的冲浪板,价格(这通常是确定市场定义及产品的可替换性的最终依据)大致相当。假定ABC各享有33%的市场份额。依据市场份额规则,A的市场份额将在专利权人和第三方之间平均分配。因此,专利权人获得的利润损失将以侵权销售额的50%为计算依据。①

当然,如后文BIC案所示,市场份额理论也是有其限度的。如果侵权产品与专利权人的产品因价格、功能等原因不具有可替代性,无直接竞争关系,则无法直接根据专

---

① Martin J. Adelman, Randall R. Rader & Cordon P. Klancnik, Patent Law in a Nutshell, Thomson/West, 2008, p.409.

利权人的市场份额来分割侵权产品的市场份额。这也再次说明,专利权人实际损失的计算并无放之四海皆准的规则。在具体的案件中,应该许可法官根据具体的情形自由裁量。

在 State Industries, Inc. v. Mor-Flo Industries, Inc. 883 F.2d 1573(1989)案中,原告的热水器专利受到侵害。原告在全国范围内占有 40% 的市场份额。法院认为如果侵权不发生,原告大致可以按照这一比例获得被告的销售额。因此,法院将被告侵权的 40% 的销售数额定为原告的销售额损失,据此计算利润损失。对于被告剩下的 60% 的侵权销售额,则按照合理的许可费标准给予赔偿。

在 BIC Leisure Products, Inc. v. Windsurfing Intern., Inc. 1 F.3d 1214(1993)案中,法院对于市场份额理论的一些默示前提有所讨论:

> 这一市场份额测试法也假设专利权人和侵权者在相同市场上竞争。比如,在 State Industries 案中,专利权人、侵权者和其他制造者销售实质类似的产品。以市场份额证据证明 Panduit 第二项因素,产品的实质相似性是必需的。

4.2.4 非专利产品的利润损失

一般情况下,专利权人在非专利产品上的利润损失与专利产品没有关联,在计算损害赔偿时无须计算在内。不过,如果非专利产品与专利产品在功能上整合在一起作为单一商品销售;或者,虽然没有整合在一起,但习惯上搭配销售和使用,则此类非专利产品市场被视为专利产品的自然延伸。如果专利侵权导致这一类非专利产品销售的利润损失,则法院有可能认为这类利润损失也应是专利权人利润损失的一部分。

将非专利产品的利润损失纳入赔偿范围,不可避免地要引发争论。因为专利法的一项基本原则是专利权的保护范围以权利要求为限,上述计算方法给人的感觉是专利保护范围被延伸到非专利产品上。

美国 Rite-Hite 案走得更远,将与专利产品完全独立的具有竞争关系的非专利产品上的利润损失也计算在内。

Rite-Hite Corp. v. Kelley Co., Inc.

美国联邦巡回上诉法院 56 F.3d 1538(1995)

LOURIE 法官:

Kelley 公司对美国威斯康星州东区法院的一项判决提出上诉,该判决给予美国第 4,373,847 号专利的所有人 Rite-Hite 公司侵权赔偿。区法院认定,Rite-Hite 有权就其与侵权产品直接竞争的产品的销售额下降所导致的利润损失获得赔偿,虽然该产品自身并没有被本案诉争专利所覆盖。本院全体法官出席本上诉审(en banc),以决定此类损害是否属于专利法 35 U.S.C. § 284 下的法定可赔偿的损害。我们部分维持,部分撤销,部分发回。

背 景

1983 年 3 月 22 日,Rite-Hite 起诉 Kelley,宣称 Kelley 的"Truk Stop"车辆固定装置(vehicle restraint)侵害了 Rite-Hite 的美国专利第 4,373,847 号("第 847 号专利")。第 847 号专利于 1983 年 2 月 15 日授权,指向一种将车辆与装卸货平台(loading dock)连在一起,防止机车在装卸货期间与平台分离的装置。车辆和平台之间一旦出现因分离而出现缝隙,就会对叉车升降机的操作员构成安全威胁。

Rite-Hite 通过它的独资控制和运营的销售机构和其他独立的销售机构(ISOs)出售其全部产品。在侵权期间,Rite-Hite 自己的销售机构大约负责 Rite-Hite 产品 30% 的零售销售额,而 ISOs 负责剩下的 70%。Rite-Hite 诉求批发环节的利润损失和自己的销售机构的零售利润损失……

区法院将侵权责任判断和损害赔偿事项分成两个阶段审理,于 1986 年 3 月 5 日认定第 847 号专利有效,Kelley 制造、使用和销售"Truk Stop"装置侵害该专利权。法院禁止其继续侵权。这一侵权责任认定已经被本院维持。

[关于损害赔偿,]Rite-Hite 要求计算它所制造和出售的两种车辆固定装置上的利润损失,即第 847 号专利所覆盖的"Manual Dok-Lok"55 型(MDL-55),以及未被诉争专利所覆盖的"Automatic Dok-Lok"100 型(ADL-100)。ADL-100 是 Rite-Hite 投放到市场上的第一种车辆固定装置,它被本案诉争专利之外的其他专利所覆盖。Kelley 设计 Truk Stop 装置的主要目的是和 Rite-Hite 的 ADL-100 竞争。二者都装备了电动马达,自动运行,在批发环节每个售价 1000 到 1500 美元。与之相对比的是,MDL-55 只是卖到该自动化装置的三分之一到一半的价格。Rite-Hite 并没有主张 Kelley 的 Truk Stop 装置侵害其覆盖 ADL-100 的专利。

在 Kelley 所销售的 3825 套侵权装置 Truk Stop 中,区法院发现,"如果不是"(but for)Kelley 的侵权,Rite-Hite 原本会多销售 80 套 MDL-55 装置,多销售 3243 套 ADL-100 装置,另外还要多销售 1692 套平台校准器(dock leveler)。平台校准器是与车辆固定装置一道销售的链接平台,用来连接车辆的边缘和装卸货平台。法院判给 Rite-Hite 作为制造者在批发环节因 ADL-100 装置、MDL-55 装置和平台校准器装置销量下降而遭受的利润损失。法院还判给 Rite-Hite(作为零售商)和独立的销售机构(ISOs)合理的许可费,以弥补因 Kelley 的侵权销售而导致的 ADL-100 装置、MDL-55 装置和平台校准器销售下降……

上诉时,Kelley 宣称区法院在确定损害赔偿时有法律上的错误。Kelley 没有对法院判赔 MDL-55 装置销量下降所导致的损失提出异议;但是,Kelley 争辩说(1)专利法并不支持对 ADL-100 装置的利润损失的赔偿,因为 ADL-100 并没有为本案诉争专利所覆盖;(2)不受专利保护的平台校准器上的利润损失不可归功于(attributable to)市场对第 847 号发明的需求,因而不是应该赔偿的损失;(3)独立的销售机构(ISOs)没有专利侵权损害赔偿的诉讼资格;(4)法院错误地将 ADL-100 和平台校准器的利润的一定比例作为计算合理的许可费的依据……

我们维持[区法院对]Rite-Hite作为制造者在ADL-100装置销售上的利润损失的判决,维持区法院的合理许可费的计算方法,撤销关于平台校准器的损害赔偿判决……

讨　论

……

为了在损害赔偿问题的上诉审中获得胜利,上诉人必须说服我们,下级法院的决定是给予错误的法律结论,明显错误的事实结论,或者明显的裁决错误(达到滥用裁量权的程度)。

A. Kelley的上诉

I. ADL-100装置上的利润损失

区法院依据35 U.S.C. §284所做的利润损失的判决,主要借助于Rite-Hite关于实际利润损失的证据。该法院发现,"如果不是"Kelley的侵权产品Truk Stop的竞争,Rite-Hite原本会额外销售3243套ADL-100和80套MDL-55装置。法院的理由是,判给利润损失可以实现专利法充分补偿侵权损害的立法目标,同时,这也赔偿了Rite-Hite在ADL-100上的销售损失。Rite-Hite的这一损失是Kelley在销售Truk Stop(与ADL-100竞争)时就预见到的。该法院指出,"这里所适用的规则并没有过分地延伸Rite-Hite的专利权,因为Kelley能够合理地预见到它侵害第847号专利的行为将使得它要为MDL-55和ADL-100的销售损失负责。"法院进一步推理说这一判决将避免所谓的双重不利("whip-saw")问题,即侵权者可以利用下列策略避免支付利润损失:利用第一个专利技术开发出的产品与利用第二个专利技术的产品进行竞争;同时,利用第二个专利技术开发出的产品与利用第一个专利技术的产品竞争。①

Kelley主张Rite-Hite在ADL-100装置上的销售损失并不是在法律上可以通过"利润损失"方式进行赔偿的损害。Kelley争辩说,法律一贯是这样的:要以"利润损失"的方式获得损害赔偿,专利权人必须证明,"如果不是"该侵权,它原本会将诉争专利所覆盖的产品出售给那些从侵权者那里购买产品的消费者。在本案情形下,在Kelley看来,专利法所提供的损害赔偿只能按照"合理的许可费"计算。与此相反,Rite-Hite争辩说,对于专利侵权实际利润损失的损害赔偿,唯一的限制因素是"事实因果关系"(causation-in-fact)的证据。在它看来,专利权人有权获得它原本能够在任何产品上取得的全部利润("如果没有"侵权发生的话)。双方都争论说,有利于对方的判决将损害专利法的立法目的。本案的利润损失是否可以依法获得赔偿,是一个法律问题。我们重新审理。

我们对这一问题的分析需要从专利法开始。……国会在35 U.S.C. §284中规定如下:

在请求人主张获得支持之后,法院应当判给请求人损害赔偿(damages)和法院所

---

① 本书作者注:在这种情况下,侵权者无法避免按照合理许可费进行赔偿的责任。

确定的利息和费用支出(costs)。该损害赔偿应足以赔偿该侵权行为(infringement)，在任何情况下都不得少于侵权者实施发明所需支付的合理许可费。

因此，专利法要求请求人所获得损害赔偿应足以赔偿侵权行为。第284条进一步说明该损害赔偿判决在任何情况下都不得少于合理许可费；这一替代方案的目的不是要对损害赔偿的形式提供指导，而是为损害赔偿设置了一道不可逾越的底线。所以，专利法的语言是扩张性的，而不是限制性的。它从正面肯定损害赔偿必须充分(adequate)，除了设置一道底线外，并没有其他限制。

最高法院在General Motors案中，针对专利损害赔偿问题指出，国会制定第284条旨在"确保专利权人事实上能够就其遭受的任何侵权损害得到完整的赔偿"。因此，虽然专利法文本只是简练地说专利权人应该获得"充分的"损害赔偿，最高法院对此的解释是，"充分的损害赔偿"应当和完全赔偿(fully compensate)侵权行为的赔偿额相当。不仅如此，最高法院还提醒不要为专利侵权损害赔偿设置限制："如果国会真希望对专利侵权诉讼中的损害赔偿设置限制因素，它会明确地说出来。"

在Aro Mfg. Co. v. Convertible Top Replacement Co., 377 U.S. 476 (1964)中，最高法院讨论了衡量专利侵权损害赔偿的法定标准，指出：

在确定损害赔偿时要问的问题是"专利权人和被许可人因侵权而遭受多少损失。这一问题的主要内容是：如果侵权人没有侵权，专利权人和被许可人会挣到多少？"

这的确是在表述"如果不是"("but for")测试法。根据最高法院的指导，我们已经指出：在专利权人自己制造专利产品时，确定专利权人实际损害赔偿的一般性规则是确定它因侵权而遭受的销售和利润损失。为了获得利润损失赔偿，专利权人必须证明存在这样合理的可能性(reasonable probability)——如果不是该侵权行为，它原本会实现侵权者所实现的销售额。

Panduit Corp. v. Stahlin Bros. Fibre Works, Inc., 575 F.2d 1152 (6th Cir.1978)描述了所谓的四要素测试法(a four-factor test)。这是专利权人用来证明其有权获得利润损失赔偿的一种有用而非唯一的方法。Panduit测试法要求专利权人必须证明：(1)专利产品的需求；(2)缺乏可以接受的非侵权替代产品；(3)满足该需求的制造和销售能力；(4)它本来应该实现的利润数额。在[专利权人依据]Panduit测试法作出证明后，法院可以合理地推断：专利权人所请求的利润损失事实上是由侵权销售造成的，因此推定(prima facie)专利权人已经确立起所谓的"but for"因果联系。专利权人无须否定所有的可能性，[即无须证明]：在没有侵权行为的情况下，购买者除了购买专利权人的产品不会购买其他人的产品。专利权人仅仅需要证明，"如果不是"侵权，[专利权人]取得该销售额是有可能的。当专利权人建立起这一推理的合理性(reasonableness)，比如满足了Panduit测试法的要求，它就完成了就侵权销售获得利润损失赔偿的举证责任。接着，举证责任转向侵权者，由它来证明上述部分或者全部销售损失的推理是不合理的。

应用Panduit测试法，区法院发现Rite-Hite已经确立起"but-for"因果联系。在法院看来，这足以证明它有权获得ADL-100上的利润损失赔偿。对于Rite-Hite符合

Panduit 测试法要求、建立起"but-for"因果联系，Kelley 并没有提出异议。相反，Kelley 争论说 ADL-100 上的损害即使事实上是由侵权行为造成的，也不是法律意义上可赔偿的损害，因为 ADL-100 并没有为诉争的专利所覆盖。

首先，我们希望确认，第 284 条下损害赔偿的可赔偿性（compensability）测试法并非只是一个"but for"测试法，并不是说侵权者必须赔偿专利权人在专利侵权行为发生过程中所遭受的任何损失。尽管第 284 条的语言很宽泛，司法救济并没有因为损害可以追溯到某一受指控的错误行为，就要求[侵权者]对所有可以想象得到的损害进行补偿。比如，一些遥远的结果，比如专利侵权所间接导致的发明人心脏病发作、或专利权人公司的普通股票价值降低等，就不可获得赔偿。因此，专利权人在证明其所受到的损害是侵权行为的一个事实结果（a"but for"consequence）的同时，可能还有一个背景性的问题，即专利权人所宣称的损害是否是他可能获得赔偿的损害类型。

司法机构对某些类别的原告或者是对某些类型的伤害所做的损害赔偿限制，是通过强制要求具有"相当的因果联系"（"proximate cause"）或"可预见性"（"foreseeability"）的方式实现的。在一个人的行为与损害的联系太过遥远以至损害赔偿不具备正当性时，这些标签一直是用来限制此类法律责任的司法工具。普通法所表述的一般原则告诉我们，法律上的可赔偿性问题，是一个需要将个案的事实与逻辑、常识、正义、政策和先例等相结合进行判断的问题……

我们相信，在专利法第 284 条下，完全赔偿（full compensation）（这是最高法院赋予该条文的含义）和一般法律原则对侵权责任的合理限制之间的平衡，最好要从"合理而客观的预见性"的角度来观察。如果特定的损害是或者应当是相关市场上的侵权性竞争者所合理预见到的，广义而言，在缺乏令人信服的抗辩理由的情况下，该损害一般是可赔偿的。这里，法院认定 Rite-Hite 在 ADL-100——一种与侵权产品直接竞争的产品——上的销售损失是合理可预见的（reasonably foreseeable）。我们同意这一结论。对竞争性产品的销售损失负责是肯定可以预见的；如最高法院所述，此类损失组成了国会所要求的充分赔偿，同时它也落在"相当因果联系"的传统含义范围内。因此，这类销售损失明显是可赔偿的。

就未被诉争专利所覆盖的装置的销售损失获得赔偿，的确没有在专利法上明确规定。不过，并不需要明确的语言。法律通过一般性的术语进行表达，而不是对所有的细节都特别说明。依据专利法，当需要对原告提供完全的赔偿时，就应当判决损害赔偿（damages）。因此，如果损害是合理可预见的，而损害赔偿是使得 Rite-Hite 恢复到未被侵权状态（to make Rite-Hite whole）所必需的，则拒绝判决损害赔偿将违背专利法第 284 条的含义。

Kelley 宣称，如果许可对 ADL-100 进行赔偿，则违背授予专利权的政策理由（policy reason）："促进……实用技艺的进步"（U.S. Const.（美国宪法），art. I，§ 8，cl. 8）。Kelley 争论说，因为发明人仅仅对他或她所发明并披露的具有新颖性、非显而易见性和实用性的装置享有独占权，所以专利永远不得用来限制未被诉争专利所覆盖的产品的销售竞争。为了支持其论点，Kelley 引用了一些谴责以专利为手段对非专利材料谋取垄断权的反垄断法案例……

利用这些案例讨论本案的问题是不合适的。本案并不涉及违反反垄断法扩展专利授权范围的问题。它只是提出这样的疑问：一旦认定一项有效专利受到侵害，在该侵权行为所导致的损害中哪些是可赔偿的损害，也就是说，专利权人如何能够恢复到未被侵权的状态？Rite-Hite 并不试图阻止它的竞争对手制造、使用或销售未被专利所覆盖的产品。Truk Stop 装置已被认定侵害第 847 号专利，Rite-Hite 只是在为该侵权行为寻求充分的赔偿。这不是一个反垄断法上的问题……

Kelley 接下来争论说，判决赔偿 Rite-Hite 在 ADL-100 上的利润损失将违背先例。引述 Panduit 案，Kelley 辩称利润损失方面的判例法一致要求"利润损失判决唯一的正当性基础是诉争专利的内在价值"。Kelley 辩称，Panduit 测试法的每一个要素所关注的都是专利发明；因此，Rite-Hite 不能就非专利产品上的利润损失获得赔偿。

通常，Panduit 测试法被用来为专利权人在专利产品上的利润损失寻求赔偿。但是，Panduit 测试法并非证明"but for"因果关系的必要条件（the sine qua non）。如果有其他方式证明侵权行为事实上导致专利权人的利润损失，则没有理由认为其他的测试法是不可接受的。而且，其他事实背景可能要求不同的评估方法，没有满足 Panduit 测试法这一事实本身并不当然地导致一项损失被认为是不可赔偿的。

在任何情境下，当前案件唯一可能（arguably）没满足 Panduit 测试法要求的是该测试法的第 2 项，即缺少可接受的非侵权替代物。确立这一要素是要证明：专利权人只会因为侵权者而不会因为非侵权的第三方而损失销售额。不过，这仅仅是一个证据问题。这里，专利产品的唯一替代物就是专利权人的另一产品，即 ADL-100。这样的替代物并非 Panduit 测试法意义上的"可接受的非侵权替代物"，因为该替代物已经被 Rite-Hite 的[另外的]专利所覆盖，顾客只能从 Rite-Hite 那里才能得到这一产品。因此，Rite-Hite 不会因为第三方而损失该销售额。Panduit 测试法的第 2 项因素因此得以满足。如果 ADL-100 未被授予专利，同时被认为是可以接受的替代物，则是一个不同的故事。这时，为了满足 Panduit 的第 2 项要素，Rite-Hite 不得不证明它的顾客不会从第三方那里得到 ADL-100。

Kelley 的所谓销售损失必须是专利产品的说法并没有根据。Kelley 的关切——利润损失必须与"专利的内在价值相关"——已经被包含在"事实因果关系"（"but for"）分析中。如果专利侵权与销售损失没有任何关系，则"事实因果联系"就无法被证明。不过，这里[Kelley]承认存在事实因果联系。如果已经证明侵权事实上导致该损失，则侵权的主观状态或动机就是无关的了。我们没有看到 Kelley 所谓销售损失必须是专利产品的说法的依据。

Kelley 没有提供，我们也没有发现，在证明与侵权产品直接竞争的专利权人的产品上的销售损失事实上由侵权行为所致之后，有任何专利法、先例、政策或逻辑上的理由来限制这一销售损失的可赔偿性。此类销售损失是合理可预见的，判决赔偿是依据 35 U.S.C. § 284 对侵权行为进行充分补偿所必要的。因此，Rite-Hite 在 ADL-100 上的销售损失依法是可赔偿的，我们维持原审判决对 Rite-Hite 的 3,283 套 ADL-100 批发业务的利润损失的赔偿。

II. 平台校准器的损害赔偿

给予"全部市场价值规则"（"entire market value rule"），区法院判决赔偿 Rite-Hite 原本会和 ADL-100 和 MDL-55 一道销售的 1692 套平台校准器上的利润损失。Kelley 辩称这一判决必须被推翻，因为 Rite-Hite 没有能够证明，依据全部市场价值规则，平台校准器符合被计入损害赔偿的标准。我们同意。

当专利权人对与专利装置一道出售的非专利配件提出赔偿要求时，法院采用所谓的"全部市场价值规则"来决定在计算合理许可费或者利润损失时，是否应将此类配件计入损害赔偿中。在其涉及全部市场价值规则的早期案例中，拥有改进专利的专利权人，在要求按照采用该专利技术的更大的机器的销售额计算损害赔偿时，被要求证明整个机器的全部价值能够"适当地从法律上"归功于（"properly and legally attributable" to）该专利所保护的技术特征。后来，本院的前身认为，依据所谓的全部市场价值规则，与专利装置一道使用的配件的损失是可以赔偿的，如果该专利装置"是如此的重要以至于实质性地创造了该配件的价值"。我们已经指出，全部市场价值规则许可以专利权人的整个装置的价值为基础进行赔偿，如果整个装置包含有数个特征，其中与专利相关的技术特征是"顾客需求的基础"。

全部市场价值规则尤其被用在这样的场合：专利部件和非专利部件在物理上是同一机器的组成部分，因而非专利部件被计入损害赔偿的基数。这一规则经拓展后，许可将通常与专利部件一并销售但在物理上分开的非专利部件计入损害赔偿。不过，在这类案子中，专利部件和非专利部件一道被认为是单一组合物（assembly）或一个完整机器的组成部分，或者二者共同构成一个功能性单元（functional unit）。

……

因此，过去的案例清楚地表明（imply）损害赔偿上有这样的限制：与专利部件一道出售的非专利部件的销售损失要获得赔偿，必须达到这样的程度——该非专利部件必须和专利部件以某种方式共同作用以产生所期待的终端产品或结果。所有的部件[之间的关系]必须与单个组合物的部件或者整个机器的组成部分[之间的关系]类似，或者他们必须构成一个功能性单元。我们的先例并没有将赔偿责任延伸到本质上与专利发明没有功能联系、只是为了方便或商业上的好处才与侵权装置一道销售的产品上。我们没有被说服以至于认为我们应该延伸该赔偿责任。这类产品的损害赔偿超出了"充分赔偿侵权行为"的范围。

本案的事实没有满足上述要求。平台校准器运作跨越装卸平台和卡车之间的空隙。该专利车辆固定装置将卡车的尾部固定在装卸平台上。虽然这两个装置可以一道使用，但是它们并不是在一道起作用以实现一个结果，而是能够彼此独立并且有效地被使用。在开发出车辆固定装置之前，双方均已在平台校准器的销售市场上占有一席之地。Rite-Hite 和 Kelley 是这一行业的先锋，在很多年里互为主要竞争对手。尽管在 Rite-Hite 在市场上推出它的车辆固定装置之后，顾客经常索要同时安装该装置和平台校准器的报价，不过，顾客这么做是因为联合报价方便签约和计划安装，同时，Rite-

Hite 和 Kelley 都通过联合折扣鼓励顾客将二者联系起来。Kelley 将平台校准器和车辆固定装置一道出售,只是出于销售方面的原因(marketing reasons),并不是因为它们必须一道起作用。我们肯定非专利产品 ADL-100 的销售损失赔偿,而否定对非专利产品平台校准器的销售损失赔偿,我们强调二者的区别在于 Kelley 的 Truk Stops 是与 ADL-100 直接竞争的装置,而平台校准器仅仅是因为方便和商业好处才与车辆固定装置一道销售。矫正专利侵权所导致的竞争性损害是专利法的明确目标,但是,延伸损害赔偿的范围,使之涵盖那些与专利发明没有竞争关系,也不与专利发明一道起作用的产品,则没有依据。促进实用技艺要求做到前者,而不是后者。本案事实并没有确立依据全部市场价值规则获得赔偿所需要的功能性联系(functional relationship)。因此,区法院将它们计入损害赔偿基数时,犯了法律上的错误。相应地,我们撤销对平台基准器销售损失的赔偿判决。

……

NIES 法官提出部分异议意见,首席法官 Archer 和法官 Smith、Mayer 加入。

……

II. 利润损失

……

A. "But for"作为唯一测试法的不足

……

经过几个世纪的法官造法,"损害赔偿"(damages)已经成为普通法上的融汇事实或法律限制艺术的术语。法律上的限制(经常被称做"相当因果联系"("proximate cause"),这也是一个不成功的术语,容易与"but for"测试法相混淆)作为法律问题必须有法官来决定。在法官作出法律决定,认为该损害属于法律上可赔偿的类型之后,损害的事实因果联系(即"but for"测试法)才开始适用。事实因果联系("But for")判断是陪审团(没有陪审团审理时则由法官)决定的事实问题。因此,普通法上的术语"损害赔偿"并不涵盖一个人从某一错误行为中所遭受的任何(全部)的经济损害。而且,与区法院的观点相反,专利损害赔偿的"相当"或"法律"因果联系,并不仅仅是一个需要更仔细审查的事实上因果联系测试(依据原告证据质量进行判断)。在牵涉联邦法律所创设的侵权行为时,该法律的公共目的和国会的意图,在决定何类损害可以从法律上获得赔偿时,是优先考虑的因素(overriding considerations)。法院必须很小心地识别而不是超越立法机构所倾向的立法目的。

……

依据最高法院的上述判例,法律很清楚:在涉及法定侵权行为(statutory torts)的案子(最高法院所考虑的情形)时,相当因果联系被用来对"损害赔偿"进行法律限制。"But for"测试法并不告诉我们该损害是否是法律上可赔偿的损害。如上所述,缺乏相当因果联系将排除某些损失,即使该损失事实上符合所谓的"but for"标准。

Rite-Hite 和本院的多数意见将利润损失(lost profits)当作"法律上的损害"(legal injury)。可是,利润损失是衡量"法律上损害"的赔偿范围的一种方法。利润损失本身并不是"法律上的损害"。Rite-Hite 和其他的法庭之友(amici)请求在专利侵权案件中对法律术语"损害赔偿"("Damages")进行不同解释,却没有为此提供合理的依据。也没有立法史的记录暗示,专利权人受到如此的优待,以至于专利"损害赔偿"被赋予特别的或更宽泛的含义。

……

D. 对专利权人不受保护产品的市场损害不是专利侵权损害

未被诉争专利所保护的竞争性产品(以下称不受保护产品)的生意受到损害,由此引发的利润损失的赔偿问题并非损害赔偿领域的新问题。

[权威著作](8 Ernest Bainbridge Lipscomb, Walker on Patents § 27:22 (1989)中)下列表述至少从 1940 年代(现行《专利法》制定之前)就基本没有变动:

……

专利权人可能因为特定的侵权行为而蒙受经济损失,这要么是侵权行为迫使它在受侵害的专利领域之外,遭遇竞争从而蒙受商业损失;或者是,侵权行为出乎意料地降低了专利产品的商业需求,他被迫以低于实际价值的价格出售其非专利产品,或者被迫高于合理利率借贷以维持业务;或者是,侵权行为鼓励其他人也从事侵权,而由于破产或其他原因无法从这些人那里获得侵权赔偿;或者是,侵权行为给专利权人带来如此多的麻烦和不安,以至于它不能从事其他商业活动而遭受损失。但是,这些类型的经济损失只是一种间接结果,在侵权诉讼中并不能成为计算可赔偿损失的合理基础的一部分。

……

H. ADL-100 专利

多数意见将"法律上的损害"这一基本理念无来由地建立在"预见性"("foreseeability")的基础之上,不仅如此,它的具体测试法也同样有漏洞。为了方便起见,这里说 ADL-100"不受保护",是指它没有为诉争专利所覆盖。可是,在判决赔偿 ADL-100 销售损失的多数意见中,一个关键因素是该装置受专利保护。无论是多数意见还是当事人都没有讨论究竟什么专利覆盖 ADL-100……在任何场合,覆盖 ADL-100 的专利技术都没有被用来对 Kelley 提出指控,这些专利的效力并没有受到考验。如果这些专利无效,则多数意见就会崩溃。

鉴于 Kelley 并没有提起确认之诉(declaratory judgment)对本诉讼未涉及的专利(权利人从未就此提出侵权指控)的效力提出挑战的法律基础(legal basis),多数意见将赔偿责任强加给被告,忽略了其理论中的不公平性。如果未涉诉的专利对于损害赔偿很重要,Kelley 应当得到就这些专利进行抗辩的机会。很少有比这更清楚的否定正当程序的案件了。对[Kelley]在 ADL-100 产品市场上的竞争给 Rite-Hite 所带来的损害给予赔偿的判决,不会比禁止侵害 ADL-100 专利的禁令更容易获得支持。

……

Newman 法官提出部分附和部分异议意见,法官 Rader 加入。

II. 平台校准器上的附带销售损失

A. 损害赔偿法的原则

......

多数意见采纳了这样的规则:在专利案件中附带销售损失(lost"convoyed"sales)不能获得赔偿,无论该损害是多么的直接,也无论证明力有多强,除非附带销售的物品是专利产品的一个功能性部件(functional part)。到目前为止,附带产品的销售损失的赔偿是一个事实和证据问题,法院做决定是要看产品之间关系的紧密程度以及证据的证明力,同时要考虑为侵权责任设置合理限制的政策。

区法院仅仅判决对那些与车辆固定器一并报价并出售的平台校准器上的销售损失给予赔偿,而且 Rite-Hite 提供了逐个交易的证据,证明它和 Kelley 就同一批顾客展开竞争。区法院的下列认定并无争议:Rite-Hite 原本能够以已特别证明的"控制器—校准器"套件的形式额外出售 1692 个平台校准器。同样没有争议的是,Kelley 的侵权和这些销售损失之间有直接的、可预见的因果联系。法院决定撤回对这些经特别证明的销售损失的赔偿,是政策性的而不是法律上的决定,因为损害赔偿的法律支持依据这些证据进行赔偿。拒绝对已经证实的侵权损害提供救济,是一项不同寻常的司法政策。它并不是专利法所要求的,同时它也违背了受害一方应当被恢复到未侵权状态的规则。因此,我的同事们在损害赔偿的一般规则之外创设了一项专利例外,拒绝判决对已被证实的损害作出赔偿。

......

[损害赔偿的]门槛条件体现在专利法 35 U.S.C.§284 中,它要求"法院应当判给请求人足以赔偿[侵权行为]的损害赔偿"。多数意见在 Rite-Hite 的 ADL-100 卡车固定器的销售损失上正确地应用了这一规则,但是在平台校准器上却不适当地拒绝了区法院的结论。

......

B. 平台校准器与卡车固定装置的搭配销售

......

附带产品的销售损失赔偿总是要求有很高的证据标准,以免机会主义者提出那些遥远而投机性的赔偿请求。但是,并不能因此认为,只有在专利产品和附带产品之间的关系达到这样的程度,即它们唯一和必然的用途是作为"单个功能单元"(single functioning unit)使用时,此类损害赔偿才有可能。其实,即使是多数意见的新要求在本案中也已经得到满足。这些具体的平台校准器并不是单独销售的,因为客户或 Kelley 要求将它们一起销售;同时,它们也是一起被使用,这一点并无争议。

正确的问题不是侵权的卡车固定装置是否是一个更大的组合物的一部分(如果是,则意味着卡车固定装置在没有平台校准器的情况下不能发挥作用),也不是卡车固定装置或平台校准器是否有独立的市场和用途。正确的规则在 Leesona Corp. v. United States, 599 F. 2d 958, 974 (1979) 中有所述及:

决定争议产品应含在赔偿基数之内还是被排除在外的因素,与其说是它们在物理上连在一起或者互相独立,还不如说是该产品在标准的销售程序中在财务或销售上对于专利产品的依赖性。

平台校准器和卡车固定器的销售符合这一标准。

就像最高法院在 Aro Manufacturing 和 General Motors v. Devex 案中所说的那样,专利案件中的一般损失(general damages)是原告能够证明的任何损失。1946 年立法的历史文献报告了这一立法的目的:

本法案的目的是将一般损失(general damages)确定为专利侵权诉讼中的损害赔偿的基础。即,原告能够证明的任何损失;不少于合理的许可费;在利润和损失之外,还包含从侵权发生之时开始的利息。

案卷记录表明,Kelley 已经预料到 Rite-Hite 在平台校准器上的潜在损失。这一预期促成了(contributed to) Kelley 对 Rite-Hite 卡车固定装置专利的侵害。记录表明,Kelley 和 Rite-Hite 就相同的固定器—校准器套件竞标。证据表明,Rite-Hite 的 1692 套校准器销售损失是 Kelley 侵权行为直接的、可预见的并且期待的结果。

Kelley[选择]承担这样的风险:如果被认定侵害 Rite-Hite 固定装置的专利,它将要为固定装置—校准器套件的损害赔偿负责。撤销对这里已被证实的损失的赔偿,本院作出了违背损害赔偿原则的政策性决定。而在此之前,联邦巡回法院的判例一直将附带销售损失视为事实和证据问题。

……

思考问题:

(1) 本案中,为什么没有考虑以"被告销售的侵权产品的数量×产品利润"之类的方式来计算原告的损失呢?这样是不是可以避免本案的一些争议?

(2) 法院在解释专利法第 284 条时,说:"这一替代方案的目的不是要对损害赔偿的形式提供指导"。什么意思?

(3) 假定 ADL 并非专利产品,侵权者直接制造 ADL-100 产品,导致原告的 ADL-100 产品销售损失。这时候原告能够主张损害赔偿吗?这与本案有什么区别和联系?本案不是将专利侵权损害赔偿的范围延伸到非诉争专利产品 ADL-100 吗?

(4) 异议法官说"如果这些专利无效,则多数意见就会崩溃。"你同意吗?

4.2.5 价格侵蚀(Price Erosion)

专利权人常常指控侵权者通过低价竞争迫使权利人降价销售其产品。这样,虽然它还是卖出了相关产品,但因此获得的利润却因为专利权人的竞争而受到侵蚀。此类价格侵蚀导致的损失理论上比较容易理解,但是在实践中如何证明则是一个难题。因为大多数场合,权利人无论是主动还是被动地降价,都会导致其销量增加,这样一来,销售利润是上升还是下降(不考虑因侵权而流失的销售量,这是另外一个问题),就不好说了。

当然,价格侵蚀与侵权人竞争之间的事实因果关系有时候也是问题。换句话说,专利权人降价可能并非迫于侵权者的竞争,而是由非侵权因素所致。比如,江苏省南京市中级法院知识产权庭在《专利侵权案件赔偿适用的标准》(载《人民司法》1997年第7期,第19—20页)一文中对此就有描述:

> 对于权利人提出以产品降价或利润损失作为赔偿依据的,审理中应分析其产品的原因,除了侵权行为影响外,是否还有其他原因,如市场对产品需求量的降低,产品的更新换代等,都应作为考虑的因素。原告常熟市科技实验厂诉被告昆山市陆杨装饰材料厂专利侵权案中,被告大量仿造原告已获外观设计专利权的8种窗花粘贴产品,由于被告销售侵权产品的时间长,数量无法查清,其获利更无从知晓。因此,原告根据本厂在1993年2月至1995年4月间专利产品由于被告侵权而降低销售所造成的损失,请求判令被告赔偿一百多万元。受诉人民法院根据审理中查明的事实,认为窗花粘贴作为一种新型的装饰材料,最初上市时比较受欢迎,但该产品工艺简单,生产厂家较多,随着市场的饱和和人们审美意识的变化,尤其是产品销售好坏还与产品的图案设计变化有直接的关系,生产厂家根据市场需求降价就是必然的选择了。因此,本案中原告将产品降价完全归责于被告是不合理的。但被告在两年多时间里,在同一地区大量仿造原告拥有外观设计专利权的产品,对原告专利产品的销售也带来重大影响,原告用产品降价的方法对抗被告的侵权,由此带来损失也是必然的。经过合理分析,法院按照原告请求额的三分之一,判令被告赔偿原告经济损失近35万元。

4.2.6 其他损失

《专利法》(2008)第65条第1款明确规定:"赔偿数额还应当包括权利人为制止侵权行为所支付的合理开支。"《最高人民法院关于审理专利纠纷案件适用法律问题的若干规定》(2001)第22条:"人民法院根据权利人的请求以及具体案情,可以将权利人因调查、制止侵权所支付的合理费用计算在赔偿数额范围之内。"

中国专利代理(香港)有限公司法律部的报告对此有比较准确的介绍,摘录如下:

> 权利人在进行侵权诉讼中的"合理"支出包括调查取证费用、翻译费用、公证费、购买侵权产品费用、差旅费、复印费、交通费、鉴定费,以及律师费、代理费、咨询费、仓储费、房屋租赁费、保安费等项目。
>
> 这些支出大致可以分为两大类:调查取证费和服务型费用。
>
> 对于调查取证费,例如公证费、翻译费、DV转DVD费复印费、交通费、购买侵权产品费用等,属于当事人实际花费的必要开支,而且通常数额较小,关于这些费用是否"合理"往往争议不大。因此,只要有充分的证据予以证明,法院通常会支持。
>
> 对于服务性费用,例如律师费、代理费、仓储费等,法院则往往较为谨慎。不同地区以及同一地区不同水平的律师、专利代理人等专业人员之间的收费标准相

差很大,什么水平的服务费算"合理"往往存在很大争议。从具体案例看,判决的"合理支出"项下的律师费或代理费常常在几千元左右(约几百美元),多数不超过2万元(约3千美元),只有个别案件超过了5万元(约7千美元)。特别是在涉外案件中,这样的赔偿对于动辄数万美元的律师费来说实属杯水车薪。又如,仓储费而言,虽然实质上属于必要开支,但租用多大的仓库算"合理"往往存在很大争议,法院全额支持的案件很少。①

美国法院在专利侵权案件中,也是只有在个别案子中,法院才判决败诉方支付胜诉方合理的律师费。不过,在恶意侵权或者恶意诉讼的情况下,则通常都会判决支付律师费。如果专利对专利权人非常重要,侵权人因被控侵权而恶意提出挑战,则可能判赔很高的律师费。

在美国的专利侵权案件中,专利权人一般要求支付损害赔偿的利息损失。法院一般依据市场利率判决侵权人支付利息。但是,如果权利人过分延迟诉讼程序,法院可能拒绝提供利息赔偿。我国专利法并没有规定实际损失中包含利息损失。实践中,我们也没有见到法院就侵权损害赔偿额要求侵权人额外支付利息的判决。

4.3 实际损失之许可费损失

这里所说的许可费损失,是指和专利权人利润损失并列存在的、作为实际损失组成部分之一的许可费损失,而不是《专利法》第65条所说的用来替代全部"实际损失"的合理许可费。如前所述,在某些情况下,侵权者的销售量超出了专利权人所损失的市场份额。这并不意味着侵权者就可以对超出的这一部分不承担赔偿责任。这时,专利权人所损失的是与该超出部分对应的许可费收入。

说明利润损失与许可费损失共存的很好例子是前文的 State Industries, Inc. 案或 BIC 案。在这些案子中,专利产品在市场上存在竞争性的替代产品。利用所谓的市场份额理论,专利权人只能将侵权者的市场份额中的一部分当作计算利润损失的基础。剩下的市场份额,则按照合理的许可费标准要求侵权人赔偿。

中国《专利法》并没有仔细说明如何计算实际损失中的许可费损失。相关的案例也很难见到。这里主要利用美国法上的案例进行讨论。在美国司法实践中,发展出两种用来确定合理许可费的方法,即所谓的假想谈判法(hypothetical negotiation approach)和分析法(analytical approach)。前者是假设专利权人和侵权者在侵权之时进行虚拟的谈判,综合各种影响许可费价格的要素,得出一个合理的许可费标准。法院具体要考虑以下因素:侵权人的预期利益、节约的成本、可对比的其他许可协议、典型的产业许可实践做法、非侵权替代物、从零部件销售中获得的利益等。美国法院在使用"假想谈判"法的过程中,并不需要考虑侵权人后来是否实际获得利润的事实,也无须考虑合理许可费下该侵权人能否实现合理利润。这试图在模拟谈判当时当事人的

---

① 中国专利代理(香港)有限公司法律部:《专利侵权损害赔偿的理论与实践》,载《中国专利与商标》2009年第4期,第7—8页。

主观心理状态,而不是外在的客观状况。

分析法则是通过对侵权人的侵权所得进行分析,参考行业通常情况给侵权者留下合理的收益比例,然后给专利许可费设定一个合理的许可费标准。

有实证研究表明,法院判决的许可费标准(侵权产品售价的13.13%)通常比当事人自由谈判的许可费标准要高很多。该研究报告所提供的一个解释是,法院在判决许可费标准时认定该专利有效,侵权成立。而实际的许可费谈判中,双方可能对专利权的效力或是否构成侵权这一事实并不清楚,而这一不确定性直接影响到许可费的标准。参见 Mark A. Lemley & Carl Shapiro, Patent Holdup and Royalty Stacking, 85 Tex. L. Rev. 1991, 2032 (2007)。这一研究结果似乎证明:假想谈判的默认前提就有问题。因此,你觉得专利法应作何调整呢?

Goergia-Pacific Corp. v. U. S. Plywood Corp.

美国联邦纽约南区法院 318 F. Supp. 1116(1970)

TENNEY,区法院法官:

Georgia-Pacific 公司(以下称 GP)提出确认之诉,要求宣告 United States Plywood 公司(以下称 USP)持有的三项专利无效,并确认 GP 的行为不侵权。USP 反诉 GP 专利侵权和不正当竞争。在1956年10月26日的判决意见中,我的同事 Herlands 法官认定 USP 的三项专利无效,未被 GP 的产品所侵害,同时,也没有证据证明 GP 的行为构成不正当竞争。上诉法院判决认为,覆盖"Weldtex"条纹冷杉胶合板的 Deskey 专利(专利号2,286,068)的权利要求1有效,GP 的行为构成侵权。因此于1958年推翻了一审判决并发回重审。

上诉法院判决之后,本案委托一个特殊专家(special master)确定 USP 依据 35 U. S. C. § 284 (1952)应得的赔偿数额……专家依据 GP 从销售侵权产品中获得的利润计算赔偿额,确定 USP 应获得 685837.00 美元。

……

通过对一系列重要案例的总结,可以得到一个通常与确定合理的专利许可费相关、具有证据价值的事实因素的详尽清单。以下所列的是一些看起来和本案的问题非常相关的一些因素(必要时可作适当变通):

1. 专利权人就诉争专利所收取的许可费,以证明或试图证明存在"既定的许可费标准"(established royalty,或"实际的许可费")。

2. 被许可人为使用与诉争专利类似的其他专利所支付的许可费率。

3. 许可的性质和范围,比如独占性与非独占性,是否对地域范围、制成品的销售对象等有限制。

4. 许可人拒绝许可他人使用发明或者给许可设置特殊的条件,以维持该垄断权的既定政策和销售计划。

5. 许可人和被许可人之间的商业关系,比如它们是否是相同地域上相同领域的竞争者;或者他们是否为发明人与推广者(promoter)之间的关系。

6. 销售专利产品对促进被许可人的其他产品销售的影响;对于许可人而言,发明在促进其非专利产品销售方面的现有价值;此类衍生或附带销售的幅度。

7. 专利的保护期限和许可的期限。

8. 采用专利技术的产品的实际赢利能力、商业上的成功和现在的受欢迎程度。

9. 该专利产品相对那些用于产生类似结果的旧产品(如果有的话)而言,所具有的用途和优点。

10. 专利发明的性质,许可人所拥有和制造的体现该发明的商业产品的特点,该发明给使用者带来的利益。

11. 侵权者利用该发明的程度,证明这一利用价值的任何证据。

12. 在特定行业或类似行业中,使用该发明或类似发明所获得收益占利润或售价的惯常份额。①

13. 可实现利润(realizable profit)中应该归功于发明的份额,这一部分有别于非专利因素、制造流程、商业风险、或侵权者添加重要技术特征或改进等因素的贡献。

14. 合格的专家证词。

15. 假设许可人(比如专利权人)和被许可人(比如侵权者)都理性而自愿尝试去达成一个协议,双方原本会同意(在侵权开始之时)的许可费数目;换句话说,这是一个审慎的被许可人(他希望获得许可去制造和销售体现该专利发明的特定产品),按照其商业计划,愿意支付的许可费数目;在支付许可费之后,被许可人还能实现合理的利润;同时这一数目也会被一个审慎的愿意发放许可的专利权人所接受。

从互相冲突的有关合理许可费数目的证据中得出合适的结论,需要区法院行使司法裁量权。双方均同意,本院在评估相关因素时有很宽的裁判幅度。

在本案中,影响合理许可费数目的诸多因素互相交叠。可是,没有公式能对这些因素进行准确的权衡以确定它们相对的重要性,也没有公式能将这些因素的经济重要性自动地转换成金钱数目。在履行其事实调查责任时,本院试图进行区别判断(a discriminating judgment),在可靠证据支持的背景下对所有的相关因素进行最终的评估。

双方同意,USP 的 Weldtex 或 GP 的条纹产品并没有"实际的许可费"标准。因此,需要借助于其他更宽范围的证据来证明合理许可费的数额。

......

双方依赖传统方法来组织证明合理许可费的事实。不过,作为补充,USP 将重点放在后来出现的、被称做"愿买愿卖规则"('the willing buyer and willing seller rule)的方法上。

......

---

① 本书作者注:本句似乎有歧义,本作者对上述翻译没有信心。原文如下:The portion of the profit or of the selling price that may be customary in the particular business or in comparable businesses to allow for the use of the invention or analogous inventions.

Horvath v. McCord Radiator & Mfg. Co., 100 F.2d 326, 335 (6th Cir. 1938)案对这一规则有如下表述：

  依据许可费确定侵权者应支付的损害赔偿时，该数目应该合理，能够为希望获得许可但并非被迫接受许可的审慎的被许可人所接受，也能够为希望发放许可但并非被迫发放许可的审慎的许可人所接受。

  上述规则更像是对一种方法宣示，而不是一种分析工具。它不仅要求考虑被许可人自愿为专利许可支付的数目，而且要考虑许可人自愿接受的数目。在假想的谈判中，自愿的许可人和自愿的被许可人究竟会同意支付什么样的合理许可费，需要考虑前面提到的那些具体因素（在它们的相关范围内）。自愿的许可人和自愿的被许可人进行许可费谈判时，假想的谈判不会在纯逻辑的真空中进行。他们之间将会发生市场上的对抗，对抗的结果取决于他们相对的谈判筹码（bargaining strength）；与预期的许可费收入相比较，潜在的许可人合理预期的专利许可将导致的利润损失；潜在的被许可人合理预期的他将取得的净利润数额；在公众接受度和赢利方面，该发明过去的商业表现；审慎的商人在类似情形下进行假想的许可谈判时会考虑的其他经济因素。

  像本院较早的一份判决所指出的那样，根据其定义，合理许可费假定侵权者在支付许可费之后，还能留下一些利润……

  为了确定在假想谈判之时，USP 会要求多少许可费以及 GP 会同意支付多少，USP 假定了某些在假想谈判之时经验上可靠的（having experiential validity）经济事实。

  ……

  因此，假想的谈判在时间上被放置在 1955 年 2 月。同时，相关的因素也是放在这一时间框架中来考虑。

  ……

思考问题：

  （1）本案所列的事实因素清单，是否有偏向专利权人或侵权人一方的自然倾向？

  （2）法院承认，"没有公式能对这些因素进行准确的权衡以确定它们相对的重要性，也没有公式能将这些因素的经济重要性自动地转换成金钱数目。"在操作层面，如何解决这一问题？

I4I Limited Partnership v. Microsoft Corp.

美法联邦巡回上诉法院 589 F.3d 1246（2009）

PROST 法官：

  ……

  i4i 作为一个软件咨询公司于 1980 年代末期开始营业……1994 年 6 月，i4i 就一种电子文档结构信息的处理和存储方法，提出专利申请。大约四年后，美国专利局批准了这一申请，颁发了第 5787449 号专利（以下称第 449 号专利）。第 449 号专利所涵盖的发明是本案诉讼的基础。从那以后,i4i 开发了几款利用该发明的软件产品。这些产品中的一款是微软 WORD 软件的插件,延伸了 WORD 在处理含有自定义 XML 的文档时的兼容性。

……

从 2003 年开始,微软的数个版本的 WORD 软件(一种文字处理和编辑软件)具有了 XML 编辑功能。2007 年,i4i 针对 WORD 软件的开发和销售者微软提起本诉讼。I4i 宣称,微软制造、使用、销售、许诺销售、和/或出口能够处理和编辑自定义 XML 的 WORD 产品的行为,侵害了第 449 号专利的权利要求 14,18 和 20。I4i 还宣称微软的侵权行为是出于故意。

……

陪审团认定,WORD 软件侵害了第 449 号专利的上述所有权利要求。陪审团还认定该专利有效,同时微软的侵权行为是出于故意。它判给 2 亿美元的损害赔偿金。区法院批准了 i4i 的永久禁令请求,并因为故意侵权而追加判决了 4 千万美元的额外赔偿。

微软现在提出上诉。

……

在上诉过程中,微软对 i4i 的 Wagner 博士的专家证词提出质疑。Wagner 认为,合理的损害赔偿应为 2 亿美元,这是基于 i4i 和微软之间在侵权开始时的假想谈判所得的结果。为了得到 2 亿美元这个数字,Wagner 首先计算出一个许可费率(98 美元),然后将这一许可费率乘以实际按侵权方式使用的 Word 产品的数目(210 万)。

在一审过程中,双方对 98 美元的许可费率进行了热烈争论。微软辩称这一许可费率过高,因为某些 Word 产品的价格只有区区 97 美元。为了进一步证明这一许可费不合理,微软指出,该许可费率所导致损害赔偿总额(2 亿)远远超出了微软为其他专利所支付的 100—500 万美元。作为回应,i4i 让它的专家(Wagner)详细解释了他是如何得到 98 美元的许可费。Wagner 作证说,他首先选择一个合适的"基准"(benchmark)来衡量假想谈判时对微软而言使用诉争发明的价值。Wagner 选择了一种被称做 XMetal 的产品作为他的基准,该产品的零售价格是 499 美元。为了计算许可费,Wagner 假定任何许可费都是利润的一部分,然后将 XMetal 的价格(499 美元)乘以微软的利润率(76.6%)。Wagner 然后将这一数目乘以 25%,即假设发明人将从任何侵权销售利润的收取 25%[作为许可费]。这就就得到了 96 美元的基础性许可费(baseline royalty)。Wagner 作证说,"25% 规则"在其所在行业是人们所广泛认同和使用的规则。①

为了支持其许可费计算结果,Wagner 使用 Georgia-Pacific Corp. v. U. S. Plywood Corp. 案中所设定的因素来调整上述基础性许可费(96 美元)。在 Georgia-Pacific 因素

---

① 本书作者注:这一经验性规则已经被 Uniloc USA, Inc. v. Microsoft Corp., 632 F.3d 1292 (2011)案明确推翻。

的基础上,Wagner 将基础性许可费从 96 美元提到 98 美元,后者是他在计算 2 亿—2 亿 700 万美元损害赔偿费时所使用的"合理许可费率"。Wagner 特别指出,Georgia-Pacific 因素 3、5、6、9 和 11 对本案的基础性许可费有影响。

Wagner 认为,因素 3(考虑许可协议的条款)会降低许可费率,因为他的假想许可并没有给予微软技术秘密(know how)、额外的合作或商业秘密(trade secrets),而只是给予它在美国境内非独占性的使用。不过,Wagner 认为,因素 5、6、9 和 11 会增加许可费。对于因素 5(要看许可人和被许可人之间的商业关系),Wagner 发现微软是 i4i 的直接竞争者,这意味着任何许可都将侵占 i4i 的很大一部分市场。对于因素 6(看专利技术是否促进其他产品的销售),Wagner 结论认为,侵权的自定义 XML 编辑器(custom XML editor)对于微软的销售至关重要,微软的内部陈述表明,自定义 XML 编辑器是鼓励用户购买新的 Word 产品的最重要的因素之一。在检验因素 9(看侵权者对许可的需求)时,Wagner 认为微软对于 i4i 专利没有商业上可接受的非侵权替代方案。这一结论的基础是微软的内部文件,该文件描述了微软对于开发此类自定义 XML 编辑器的兴趣以及一直没有能力做成的事实。对于因素 11(看专利技术对于微软的用途和价值),Wagner 认为自定义 XML 编辑器对 Word 而言是一个关键的插件。为了支持这一结论,i4i 展示了微软雇员的陈述,即自定义 XML 编辑器不是"小的插件而是超过 90% 的价值的所在",是"未来之所在,真的",同时也是"将 Office 系统组合在一起的胶合剂"。在这些 Georgia-Pacific 因素的基础上,Wagner 将基础性的许可费增加了 2 美元,总计为 98 美元。

……

我们进一步指出 Wagner 的意见有充分的事实和数据基础。在初审时,微软对哪些事实对于判断合理许可费率是相关的提出异议。微软特别关注的是该参考基准(XMetal),由此得到的基础性许可费率,i4i 为评估侵权性使用所做的调查等。

对于参考基准,Wagner 解释他选择 XMetal 是因为它是微软在开发自定义 XML 编辑器之前购买的产品。它是当时市场上能够得到的最便宜的自定义 XML 编辑器,它是微软所确认的自定义 XML 编辑器市场上三个主要的竞争者之一。微软争辩说对该自定义 XML 编辑器价值的更准确的估计应该是 50 美元,即带有该编辑器的 Word 和没有该编辑器的 Word 之间的价格差。微软同时辩称,因为 XMetal 有自定义 XML 编辑之外的其他诸多特征,该 499 美元的零售价过高估计了自定义 XML 编辑器的价值。作为回应,Wagner 承认并不是所有的自定义 XML 的用户都会转向类似 XMetal 的高端产品,但是那些"真正需要该功能的人"则会这么做,他们会购买从市场上现有产品,即使该产品有很多多余的特征。Wagner 澄清,他估计的损害赔偿额仅仅考虑了那些真正需要自定义 XML 编辑器的用户,他认为使用所有 Word 购买者所支付的 50 美元的价格差,而不看他们是否侵权的做法是不适当的。

Wagner 认为,使用基础性的许可费率(96 美元)作为 Georgia-Pacific 分析的起点是必要的,这与微软的商业策略有关。在 Wagner 看来,微软的首要目标是促进产品销售,而不是最大化每一个额外技术功能的价格。Wagner 解释,在销售过程中微软最大的竞争对手总是它自己：微软不得不说服它的顾客去购买新版本的产品，即使它已经有了一个非常好的旧版本。为了激励用户升级，Wagner作证说，微软在增加新技术功能时，并不增加价格，因而难以评估新功能的价值。

关于市场调查，i4i的调查专家（Wecker）解释说，它仅仅限于对企业的侵权性使用进行评估。I4i并没有寻求从侵权的个人用户那里获得损害赔偿。Wecker从1300万美国公司的数据库中随机选择的988个大小企业发送了问卷。Wecker解释说，这么大的采样规模对于确保他收到足够的回复（在25到100个之间）是必要的，因为很多公司太忙或者内部政策禁止对问卷作出反应。调查问卷有筛查性和实体性的问题组成。筛查性的问题帮助找到合适的人，可以与之讨论该公司对自定义XML的使用状况。Wecker收到46份问卷回复，其中大约有40个实体性问题。对于所有问题，回答者都可以选择说他不知道答案。每个配合调查的公司得到35美元，不论他们给出什么样的答案。Wecker解释说，他使用了"逻辑归因法"（logical imputation）来使得这些答案保持一致，这是统计学界所接受的用于解决问卷答案不一致的方法。在这些对调查作出回应的公司当中，19个公司报告说在按照侵权方式使用Word。Wecker假定所有不回复的公司（942）没有以侵权方式使用Word软件。基于这些假设，Wecker确定在2003—2008年期间所销售的所有Word软件复制件中，有1.9%（19/988）被以侵权方式使用。Wecker然后将这一比例（1.9%）乘以Word软件的销售总数，得到180万个侵权使用。

微软正确地指出，i4i的专家在计算中原本可以使用其他数据。可是，存在其他事实，并不意味着i4i所使用的事实没有达到最低限度的相关性或可靠性标准。See Fed. R. Evid. 702 advisory committee's note. 依据证据规则702条，这里的问题是，专家是否依赖了与议题足够相关的事实。本案的问题是第449号专利的合理许可费。我们认为Wagner的计算方法有事实基础，满足了最低限度的相关性和可靠性标准。

……

虽然这些数据肯定不是完美的，更多的（或不同的）数据可能在绝对意义上可以得到更好或更准确的评估结果，但是依据Daubert案规则，评估专家证词中事实的正确性，并非区法院所要扮演的角色。何种事实最相关或者在计算合理许可费时是可靠的，此类问题由陪审团来决定。陪审团有权听取专家证词然后自行决定接受或反对那些内容。

……

思考问题：

（1）Wagner为什么会认为："使用所有Word购买者所支付的50美元的价格差，而不看他们是否侵权的做法是不适当的？"

（2）"Wecker确定在2003—2008年期间所销售的所有Word软件复制件中，有1.9%（19/988）被以侵权方式使用。"这一事实能够证明这些用户是冲着自定义XML编辑器才购买Word软件的？会不会有很多人实际上是购买后才发现原来Word有这样的功能,然后才使用该功能的?

根据 Mark A. Lemley 和 Carl Shapiro 的研究,依据合理许可费标准给予专利权人赔偿的案件,在美国并不多见:"我们收集了 1982 年到 2005 年中 Westlaw 报告的实际判给专利权人合理许可费的全部案例。结果少得令人吃惊,仅仅有 58 个案例"①。

究其原因,该研究者认为有如下几点:其一,美国每年走向法庭审理的案件就很少,大约只有 100 件。大约 80% 的专利案件以和解告终,另外 10%—15% 在审理前解决,通常是认定不侵权或专利无效。而这些和解和审前终结的案子并不包含在研究对象中。其二,在很多法庭审理的案件中,专利权人败诉,自然没有许可费的问题。其三,在很多专利权人胜诉的案子(尤其是那些法官将损害赔偿和侵权责任认定分开处理的案件)中,双方最终和解而没有损害赔偿判决。其四,在那些有损害赔偿判决的案件中,赔偿额通常是基于利润损失,而不是合理的许可费。其五,研究者将注意力集中在法院撰写过书面意见的案例,因而范围有限。②

上述解释似乎并不能令人满意地说明为什么相对利润损失而言,合理许可费方法所占的比例是如此的小。不过,许可费方法并不经常被法院采用的直观印象似乎还是靠得住的。

5 侵权所得

在专利权人实际损失难以确定的情况下,中国专利法许可专利权人将侵权人的侵权所得("所获得的利益")作为实际损失的替代物。这是十分粗略乃至粗暴的解决方法,这是因为,很少时候即使侵权没有发生,权利人也并不一定能够获得侵权者的市场份额及相应利润;同时,侵权所得取决于侵权人的经营状况和经营策略,可能比专利权人的实际损失高,也可能低,偏离的幅度有时候会大得离谱。

美国《专利法》在 1946 年修改前,许可专利权人同时获得两项赔偿,其一,是侵权者的与专利有关的利润(profits),其二,是权利人遭受的损害(damages)。1946 年修改了《专利法》,删除了将侵权者利润视为损害赔偿额的做法。从那以后,侵权者利润与损害赔偿额就不再有直接关系了,专利权人一般是不能获得侵权人的全部利润的。③不过,在某些情况下,法院可以对照侵权者利润(作为证据)以检验专利权人利润损失额度的合理性。④

美国法当初为什么要抛弃这一做法呢? Nies 法官在 Rite-Hite 的异议意见指出,主要是因为当时最高法院美国法在 Westinghouse Elec. & Mfg. Co. v. Wagner Elec. &

---

① Mark A. Lemley & Carl Shapiro, Patent Holdup and Royalty Stacking, 85 Tex. L. Rev. 1991, 2030 (2007).
② Mark A. Lemley & Carl Shapiro, Patent Holdup and Royalty Stacking, 85 Tex. L. Rev. 1991, 2030-31 (2007).
③ Aro Mfg. Co. v. Convertible Top Replacement Co., 377 U.S. 476, 506-507 (1964).
④ Water Technologies Corp. v. Calco. Ltd., 850 F.2d 660, 672 (1988).

Mfg. Co., 225 U.S. 604, 615 (1912)案中指出,如果专利权人尽其所能为分割被告的利润[进行举证],则合理分割的举证责任转移到被告一方。这导致专利权人在很多案子中得到的赔偿远远超出其应得的数额。基于这一原因,国会删除了专利法中许可专利权人获得侵权者利润的救济措施。①

长远而言,中国专利法也应当放弃将侵权所得作为单独的损害赔偿依据的做法,而应该将它纳入到专利权人利润损失的轨道中,在符合一定因果条件的情况下,才许可专利权人以"侵权所得"替代自己的"利润损失"。专利法不应该将不受因果条件约束的"侵权所得"本身作为单独的损害赔偿依据。在中国立法者作出这一选择之前,本节还是假定"侵权所得"本身可以作为损害赔偿的基础,然后讨论对侵权所得进行分割以计算出合理赔偿数额的法律规则。显然,后续的分割规则并不能消除基本假设前提不合理所带来的扭曲效果,但是还是可以消除一部分的不合理因素的干扰。另外,前文关于"以侵权所得替代利润损失"的讨论,大部分规则也可以变通适用于本节的讨论,本节不再重述。

5.1 侵权所得的计算

中国专利法虽然接受"侵权所得"为侵权赔偿依据,但并没有说明如何计算侵权人的侵权所得。在中国现有的民事程序下,如果侵权者不合作,要求专利权人证明侵权者的真实所得,也是非常困难的。因此,即便接受"侵权所得"作为赔偿依据,对于该"侵权所得"数额的计算,依然采用一些变通的方案。依据《最高人民法院关于审理专利纠纷案件适用法律问题的若干规定》(2001)第20条第3款:"侵权人因侵权所获得的利益可以根据该侵权产品在市场上销售的总数乘以每件侵权产品的合理利润所得之积计算。侵权人因侵权所获得的利益一般按照侵权人的营业利润计算,对于完全以侵权为业的侵权人,可以按照销售利润计算。"

上述司法解释对于侵权产品的合理利润,选择了两个术语:"营业利润"和"销售利润"。在侵权诉讼中,法院通常依据会计师的审计报告所确定的营业利润或销售利润作为判决依据。不过,为严谨起见,司法解释应该进一步明确这些专业术语的确切含义,或援引专业的会计标准。至于何谓"完全以侵权为业"的侵权人,并无明确的解释。这里是否需要考虑侵权人的主观状态,不是很清楚。根据已有的案例,如果侵权人除了销售专利产品外,还有其他与专利产品无关的业务,则可能有利于其被认定为非"完全以侵权为业"。②

除了以侵权产品的销售量乘以合理利润这一变通方法外,法院在审判实践中还是可能会接受其他变通的方法来计算侵权所得的数额,比如:侵权人销售的总数×专利权人产品的利润(针对侵权产品的利润无法查清的情况);侵权人销售的总数×(侵权

---

① Rite-Hite Corp. v. Kelley Co., Inc., 56 F.3d 1538, 1566(1995)(Judge Nies Dissenting).
② 无锡市隆盛电缆厂、上海锡盛电缆材料有限公司 v. 西安秦邦电信材料有限责任公司(2008)陕民三终字第18号(2008)。法院指出,"原审没有对两上诉人按销售利润计算,而按营业利润计算就是考虑了可能还销售其他产品的因素。因此原审判定赔偿依据合理。"

产品的利润×n%)(针对侵权产品中只有部分零部件侵权的情况)等。①

5.2 侵权所得的分割

专利法并没有明确规定法院在直接采用侵权所得作为损害赔偿方法(而不是通过侵权所得来证明利润损失)时,是否要对该侵权所得做适当的调整。理论上讲,对侵权所得进行分割至少有两个维度:技术因素与非技术因素的区分、技术因素内部相关与无关的区分。以下简要介绍。

之所以要区分技术与非技术因素的贡献,是因为侵权人的经营能力、商业信誉、市场环境等非技术的因素可能对侵权所得有实质性的贡献,却与专利技术方案并无直接联系。换言之,消费者选择侵权产品并非出于对专利技术的认同。

在技术因素中进一步区分与专利无关的技术与专利技术,是因为专利侵权产品常常并非单独的产品单元。专利技术可能仅仅体现在所销售侵权产品的某个部分或部件中,以整个产品的利润作为专利技术的利润,可能会给予专利权人过度赔偿。在侵权产品同时体现多个专利技术的情形下,这一算法的不公之处将更显得突出。

在《最高人民法院关于审理侵犯专利权纠纷案件应用法律若干问题的解释》(2009)第16条提出了折中的方案,要求法院对侵权产品(成品)的利润进行分割,扣除专利以外因素(比如其他权利、其他非专利部件等)对利润的贡献,然后再确定专利的合理利润:

> 人民法院依据专利法第六十五条第一款的规定确定侵权人因侵权所获得的利益,应当限于侵权人因侵犯专利权行为所获得的利益;因其他权利所产生的利益,应当合理扣除。
>
> 侵犯发明、实用新型专利权的产品系另一产品的零部件的,人民法院应当根据该零部件本身的价值及其在实现成品利润中的作用等因素合理确定赔偿数额。
>
> 侵犯外观设计专利权的产品为包装物的,人民法院应当按照包装物本身的价值及其在实现被包装产品利润中的作用等因素合理确定赔偿数额。

许可法院基于这些因素对侵权所得进行调整,在观念层面并不难以理解;但是,在操作层面上却困难重重。对此,美国著名的法官 Learned Hand 有很好的说明:

> 此类案件中分割利润的难题从一开始就困扰着法院,并将持续下去,直至某种正式的规则得以确立。而这种规则不太可能出现,准确地说,这一问题本质上无法回答。当然,想象某种机器、组合物或者方法的发明,它是一种彻底的创新,就像雅典娜女神从她的父母头脑中完整出世一样。然后,我们很容易将全部利润完全归功于该发明。然而,此类发明不过是一种虚构。其实,所有的发明都有其历史背景,不过是侵权物品中与发明一道呈现的现有知识的添附物。通常,将[侵权产品的技术方案]按照旧的和新的份额进行量化分割,是不可能的。被赋予这

---

① 中国专利代理(香港)有限公司法律部:《专利侵权损害赔偿的理论与实践》,载《中国专利与商标》2009年第4期,第4—5页。

一分割义务的一方,通常都会败诉。如果专利权人被要求评估其发明对侵权利润的贡献,他会发现这是不可能的;反之,如果要求侵权者,也是如此。此类案件中的举证责任,对于案件结果而言至关重要。①

美国的立法历史文献也不断表明,"分割侵权利润使之反映专利的贡献"需要双方进行漫长而昂贵的诉讼。实际上,对侵权利润进行精确分割几乎是不可能的,常常导致一些不公平的结果。②

或许正是由于上述原因,至今也没有看到中国有任何有效约束法院这一裁量权的更具体的规则出现。在实际案件中,法院的做法依然各异。有的法院直接计算侵权所得,而不做调整。而另外一些法院则可能对该侵权所得进行分割,确定专利技术的贡献比例后再确定赔偿数额。

不过,如果机械地将合理利润的基础限定在体现专利技术的部分上,则可能走向另外一个极端,同样导致不公平的结果。很多时候,未被专利所覆盖的部分与专利侵权产品配套销售,没有专利侵权产品的销售可能就没有非专利部分的销售。将非专利产品部分的利润排除,降低了专利自身的价值。这在前文的 Rite-Hite 案中就有直接体现。

上述最高人民法院的司法解释并没有完全排除法院将相关的非专利部分的利润计入合理利润的可能性,因为法院可以考虑体现专利技术的零部件"在实现成品利润中的作用"。换句话说,如果消费者购买成品主要是因为其中专利技术独一无二、不可替代,法院将成品利润的大部分或全部视为专利的合理利润,也是可以接受的。可以想见,如何确定专利"在实现成品利润中的作用"将成为大部分专利侵权赔偿中的焦点问题。从前文的 Rite-Hite 案可以看出,在通过"要不是"(But-for)测试之后,非专利产品部件或相关的非专利产品所带来的利润与专利利润之间的关系,很可能是个仁者见仁、智者见智的问题。

5.3 侵权所得的举证责任

关于侵权所得的举证责任问题,天津高院知识产权庭在十多年前有一篇介绍性的文章,摘录如下③:

> 适用不同的计算方法,对于当事人的举证责任要求是不同的。如被侵权人选择实际经济损失计算方法,根据谁主张谁举证的原则,应由被侵权人提供证据,证明其所遭受的实际经济损失。如果被侵权人选择侵权人的侵权利润计算方法,由于侵权人生产销售侵权产品的数量及其非法获利情况是被侵权人难以掌握的,应由人民法院调查收集证据,或责令侵权人举证。

---

① Cincinnati Car Co. v. New York Rapid Transit Corp., 66 F.2d 592, 593 (2d Cir. 1933).
② Rite-Hite Corp. v. Kelley Co., Inc., 56 F.3d 1538, 1566 (1995) (Judge Nies Dissenting).
③ 天津市高级人民法院知识产权庭:《确定专利侵权损害赔偿额的几个问题》,载《人民司法》1997年第10期,第8—9页。

......

实践中,大多数侵权人的账目不清,计算其侵权利润非常困难。我们尝试使用两种方法。一种方法是责令侵权人提供其侵权期间所获利润的证据,如其不提供,则以被侵权人的诉讼请求额作为赔偿额。因为,侵权人不将其侵权期间所获利润的证据提交给法院的原因往往是其侵权利润额超过被侵权人的诉讼请求额,有时是大大超过被侵权人的诉讼请求额。当然,适用这种方法时要考虑被侵权人的诉讼请求是否符合实际,是否和侵权人的生产规模相当。另一种方法是在查清侵权人的生产规模的基础上,以其日生产数量乘以每件侵权产品的利润,再乘以侵权天数,算出侵权利润,使用此方法要注意扣除合理的节假日等非生产时间。

如今,法院在调查举证方面的主动性越来越低,积极调查收集证据的案件并不多见。更多的案件中,法院只有在应原告请求时才责令被告提供相应证据。在被告不合作时,对相关证据做对其不利的解释。

5.4 侵权所得分割的实践

尽管困难重重,中国法院在很多案件中还是对侵权所得进行分割,将其中的一部分归功于专利技术。在下面的本田案中,侵权人的产品实际上同时侵害权利人的多项专利,权利人因此分别提起了诉讼。在这一背景下,法院在计算与特定专利相关的侵权所得时,就对侵权利润进行人为分割。

本田技研工业株式会社 v. 力帆实业(集团)股份有限公司

上海市二中院(2004)沪二中民五(知)初字第89号

芮文彪、陆萍、胡宓法官:

原告日本本田公司系专利号为ZL95104356.0、名称为"小型车辆座下方收纳盒的支承结构"发明专利的专利权人,该专利于2000年1月26日公告。该专利的独立权利要求为:一种小型车辆的车座下方收纳盒支承结构,在车座下方配置收纳盒的小型车辆中,其特征在于:该小型车辆的后部车体的左右框架从车体中央延伸到车体后部,并从车体下部向上方倾斜,在该左右框架的后部,一体地安装围绕车座后部并向上凸起的把手,上述车座下方的收纳盒的前部支承在上述框架上,同时,从该收纳盒的收纳部向后的延长部支承于上述把手的左右内侧凸出支承部上,由上述把手的左右侧凸出支承部和车座后部底板夹持收纳盒向后的延长部。

[原告指控被告多款摩托车侵害上述专利权。]

本院认为:

原告日本本田公司享有的名称为"小型车辆座下方收纳盒的支承结构"发明专利权合法有效……根据原、被告陈述及本院查明的事实,可以认定涉案六辆LF125T-2D摩托车座下方收纳盒的支承结构包含了原告"小型车辆座下方收纳盒的支承结构"发明专利独立权利要求记载的所有技术特征,落入原告专利的保护范围。被告力帆公司制造、被告文安公司销售LF125T-2D摩托车侵犯了原告的专利权。本案的争议焦点为:原告主张两被告连带赔偿原告遭受的经济损失人民币7271697.4元、被告力帆公司赔偿原告为本案支出的合理费用人民币1130883.5元是否有事实和法律依据。

……

(三)被告力帆公司生产LF125T-2D摩托车所获利润的计算

力帆公司在庭审中一直坚持称其生产涉案型号摩托车的利润很小,甚至为负数,但没有提供任何财务凭证;原告日本本田公司提供了其摩托业务在日本市场的利润率,还提供了其通过《中国汽车工业(摩托车部分)综合信息》中记载的信息计算出的力帆公司历年来的利润率。本院认为,本案侵权诉讼赔偿的计算应以本国市场的相关信息为依据,故对日本本田公司提供的其在日本市场的利润率不予采信。《中国汽车工业(摩托车部分)综合信息》反映的虽非特定型号摩托车的利润,但相关数据可以参考,本院综合考虑力帆公司的生产规模、主营业务、涉案摩托车的特点等因素,酌定涉案摩托车平均利润率为3%。

力帆公司称涉案摩托车2005年至2007年的出厂价为人民币3300元左右。本院注意到这段期间该摩托车的市场销售价为人民币4000元左右,而在2001至2003年间,该摩托车的市场销售价为人民币6000元、甚至7000元左右。一般而言,市场销售价随出厂价浮动,考虑市场因素,本院酌定力帆公司销售涉案摩托车平均售价为人民币4000元。

根据前述认定事实,可计算出力帆公司生产销售涉案摩托车所获利润为人民币211.4万元。

(四)同一产品侵犯不同专利情形下赔偿数额的确定

如前所述,就涉案的LF125T-2D型摩托车,日本本田公司在本院受理的另一起案件(2003)沪二中民五(知)初字第225号案以及本案中,分别依其外观设计专利和发明专利,向力帆公司主张权利并索赔。在225号案件中,本院在确定赔偿数额时,考虑了涉案专利在整个产品中的价值比重,因此,日本本田公司获得的赔偿仅为力帆公司销售LF125T-2D型摩托车所获利润的一部分。现日本本田公司就其发明专利提出索赔,并非重复计算。但本院在确定本案的赔偿数额时,同样会根据涉案专利的价值比重,来确定力帆公司的侵权获利。

就价值比重问题,原、被告在庭审中都提出了各自的主张,但最后均表示对法院确定的比例予以认可。本院根据涉案专利的类别、技术含量、市场价值、对整车的贡献度等因素酌情确定为1/5。据此,计算出力帆公司因侵犯原告的涉案专利而获得的利润为人民币42.28万元。

思考问题:

(1)直觉上,你觉得本案判决的赔偿数目合理吗?

(2)一项车座下方收纳盒支承结构专利所占的利润比例为1/5,是否也违反直觉?如果被告证明,该摩托车上应用了超过100项专利,能够反驳这一认定比例吗?

更早期的实践,可以参考江苏省南京市中级法院知识产权庭(《专利侵权案件赔偿适用的标准》,载《人民司法》1997年第7期,第20页)在十多年前发表的论文。摘录如下:

> 我们在审理专利侵权案件中,发现某些产品中的某个关键部件是专利技术,或某些产品的外包装是外观设计专利,处理此类案件在赔偿问题上历来有争议。虽然,这些产品大部分是使用现有技术,但由于某些关键部件的改进或产品使用了新的包装,使产品在市场上提高了竞争力。审理此类案件,如仅按照专利部件本身或外包装计算的话,权利人得不到合理的补偿,侵权人往往也得不到应有的惩罚;如果是按产品全部利润赔偿,对社会公众不利,也不符合专利法的规定。因此,我们在审理这类案件时,按照公平原则确定合理的赔偿数额。我们主要考虑专利部分对整个产品所起的作用,即按照专利部件或外包装与所配套的产品之间结合的紧密程度、对提高所配套产品的性能或提高该产品知名程度以及提高产品的经济效益、社会效益的作用综合情况进行分析,既考虑专利权的保护范围,也要维护社会公众利益。我们认为以专利部件利润率或外包装部分占其所配套产品总利润的5%至15%计算比较合适。

> 如原告陈某诉被告江阴市钢铝站窗厂专利侵权案,原告的上悬钢天窗挂钩装置实用新型专利是工业厂房用的上悬钢天窗中的关键配件,列入国家建材部批准的95J 815上悬钢天窗图集,建筑设计部门设计时作为首选标准,社会、经济效益较高。该上悬钢天窗每平方米价值207元,利润为60余元,而专利产品挂钩装置实物价值仅4元左右,占总价值的2%上下,如按其比例计算赔偿额,对侵权人而言不痛不痒,显然不利于制止侵权行为。经走访标准管理部门,审判人员了解到,虽然该专利产品本身并不大,但其对于配套产品的更新换代所起的作用是比较大的,从其作为一种行业标准推广就可以看出这一点。最终法院按上悬钢天窗每平方米总利润60余元的10%作为标准计算,判令被告向原告每平方米赔偿6元。

在前文提到的正泰案中,施耐德公司在一审庭审中提到侵权所得的分割问题。但是,从上述判决意见中,没有看到法院的任何评论。以下是来自专业媒体的代表性疑问[①]:

> 本案中一审法院依据施耐德天津公司的获利确定了3.3亿多元的赔偿额。审判学界普遍关心的是,被控侵权的专利是一项实用新型专利,在按照被告的获利确定赔偿数额时,获利数额是被告销售被控侵权产品的全部销售利润、营业利润还是因使用涉嫌侵权技术而实际带来的增值收益?以往专利案件赔偿数额普遍不高,这一问题并不突出,但如本案索赔数额如此巨大时,这一问题就难以遮掩了。

> 正泰集团专利是针对已有产品进行改进的实用新型,其技术对产品利润率的

---

① 闫文锋:《专利侵权赔偿第一案追踪》,载《中国知识产权报》2007年12月5日第007版。

贡献无法与开创性的发明专利相比,而且,相对于断路器的电气应用、安装及使用的安全保证等技术难题,解决断路器的开关快速闭合问题仅仅是断路器产品的一个实用性环节,并不能决定这一产品的全部客观价值,断路器产品质量是否符合消费者的要求及是否畅销于市场与涉案的实用新型专利技术的关联性应否被法院客观的纳入考虑范畴,是留给大家深入探究和思索的问题。

同时,本案被告施耐德天津公司生产的被控侵权产品是由施耐德中国公司统一管理和经营销售的,那么产品的利润势必体现在施耐德电气一贯的知识产权、产品质量、优质管理和品牌信誉等因素,这些因素决定着产品的价格和利润,如果全然不顾,对于被控侵权方是否公平公正?

在南海市实达电池有限公司 v. 王纪三(广东高院(2003)粤高法民三终字第103号)案中,法院也确认分割侵权利润这一做法:"综合整案案情,尤其是考虑到本案所涉侵权的专利包括多项,对于发明专利而言,原审法院酌情判决赔偿300000元基本适度,因此本院对全案300000元的侵权损失赔偿总数额不再予以减少。"

有学者对中国法院分割侵权所得的做法提出批评意见,摘录如下(和育东:《专利侵权赔偿中的技术分摊难题——从美国废除专利侵权"非法获利"赔偿说起法律科学(西北政法大学学报)》2009年第3期,第167页):

> 在所失利润计算中,我国法院同样考虑技术分摊规则。例如在扬州中集通华专用车股份有限公司与北京环达汽车装配有限公司的专利侵权案中〔北京市一中院(2006)一中民初字第8857号23〕,原告是名称为"车辆运输车上层踏板举升机构"的实用新型专利的专利权人,被告生产、销售的五种型号的车辆运输车中,车辆上层踏板的举升机构落入涉案专利的保护范围,构成侵权。原告中集通华公司主张赔偿所失利润5606480元,其计算方法是按照原告销售车辆的利润(128000元-116920元=11080元)乘以被控侵权车辆的销售数量506辆而得出。原告所失利润的计算得到法院的认可,但法院认为:"考虑到本专利在实现车辆运输车用途中所起到的作用,以及安装本专利产品的车辆运输车相对于其他车辆运输车而言具有的市场竞争优势,并结合中集通华公司车辆运输车本身的销售利润,本院酌定因安装本专利产品所增加的利润占车辆运输车利润的三分之一。"
>
> 困扰美国法官近两个世纪的技术分摊难题,在我国法官手中竟然得到轻易解决,这不免让人深思。当权力在滥用时,我们无法祈望达到科学的彼岸。
>
> ……
>
> 就前述中集通华专利侵权案而言,原告要求按被告销售的506辆侵权车辆来计算所失利润,就需要证明倘若被告没有销售这506辆侵权车辆的话,原告专利车辆的市场销售量是在实销数量之上增加506辆。如果车辆市场上有可替代产品在竞争,原告要证明被告销售的506辆侵权车辆中有多大比例的市场是本来可以由原告占有的。如果车辆市场的情况是,对于那506辆侵权车辆的购买者而言,倘若该车辆没有使用原告的"上层踏板举升机构"专利技术就不会选择购买,

那么原告就有理由获得按506辆车辆计算的全部利润,而不是按法院的意见考虑技术分摊而只获得其中三分之一。

这一学者显然对法院在侵权所得分割方面的自由裁量权持高度怀疑态度。他所提出的替代性方案似乎是前述美国式的"利润损失"计算方法,要求原告证明自己损失的市场份额,并就该份额从侵权者那里获得赔偿。这实际上是对现有专利法简单以"侵权所得"替代"实际损失"的赔偿机制提出质疑。

5.5 侵权和违约的竞合

与其他民事领域一样,知识产权领域也存在一个侵权与违约竞合的问题。权利人选择侵权还是违约,对于损害赔偿的认定,可能会有影响。比如,合同约定了赔偿幅度,而侵权诉讼中可能难以举证。这时候,选择违约责任比较合适。另外,对于存在共同侵权的情形,如果选择违约,则可能导致共同侵权不能成立,要分案处理。

中山市隆成日用制品有限公司 v. 湖北童霸儿童用品有限公司

最高人民法院(2013)民提字第116号

王闯、朱理、何鹏法官:

隆成公司诉童霸公司侵犯"婴儿车可单手收合结构"实用新型专利(专利号为ZL00228933.4)一案,涉案侵权产品为D900型号婴儿车,武汉市中级人民法院作出(2008)武知初字第142号民事判决,认定侵权成立,判决童霸公司停止侵权并承担赔偿责任。童霸公司不服一审判决,向湖北省高级人民法院提起上诉。二审期间,当事人自愿达成调解协议,其主要内容为:1. 童霸公司于调解协议签字之日起立即停止制造、许诺销售、销售D900型号婴儿车产品,清除童霸公司网站上该型号婴儿车产品的图片及产品宣传册中对该型号产品的介绍,并保证不再侵犯隆成公司的专利权,如发现一起侵犯隆成公司外观设计专利权的行为,童霸公司自愿赔偿人民币50万元,如发现一起侵犯隆成公司实用新型专利权的行为,童霸公司自愿赔偿人民币100万元;2. 童霸公司于调解协议签字之日起十日内赔偿隆成公司经济损失55000元,并支付隆成公司垫付的一审案件受理费3300元、证据保全费30元;3. 双方均放弃基于本案事实的其他诉讼请求。湖北省高级人民法院对该调解协议进行审查确认后,于2009年9月2日制作(2009)鄂民三终字第41号民事调解书。

[此后,专利权人发现被告公司再次侵权,于是提起侵权诉讼,要求法院判决对方赔偿人民币100万元。][最高人民法院认为:]

1. 关于双方在前案中达成的调解协议的效力

由于调解协议系双方自愿达成,其内容仅涉及私权处分,不涉及社会公共利益、第三人利益,也不存在法律规定的其他无效情形,且湖北省高级人民法院对调解协议进行审查确认后制作了民事调解书,故双方在前案中达成的调解协议合法有效。

2. 关于本案能否适用双方在调解协议中约定的赔偿数额确定方法

首先,本院认为,本案中童霸公司应承担的民事责任,不属于侵权责任与违约责任竞合之情形。合同法第一百二十二条所规定的侵权与违约责任的竞合,其法律要件是"因当事人一方的违约行为,侵害对方人身、财产权益"。就该规定来看,违约责任与侵权责任发生竞合的前提是当事人双方之间存在一种基础的交易合同关系。基于该交易合同关系,一方当事人违反合同约定的义务,该违约行为侵害了对方权益而产生侵权责任。因此,该规定中的违约行为应当是指对基础交易合同约定义务的违反,且该违约行为同时侵害了对方权益,而不是指对侵权行为发生之后当事人就如何承担赔偿责任所作约定的违反。合同法第一百二十二条中的违约行为与侵权行为是同一法律行为,而一方的侵权行为与侵权行为发生后双方对赔偿责任计算方式和数额的约定则是两个法律行为。就调解协议的内容来看,该协议并非隆成公司与童霸公司之间的基础交易合同,而是对侵权行为发生后如何承担侵权赔偿责任(包括计算方法和数额)的约定。因此,本案中童霸公司应承担的民事责任,不属于合同法第一百二十二条规定的侵权责任与违约责任竞合的情形。

其次,应当明确,本案中童霸公司应承担的民事责任系侵权责任。一方面,前已述及,隆成公司与童霸公司之间并不存在基础合同关系;另一方面,调解协议的法律意义与效果,不在于对童霸公司的合同交易义务作出约定,而在于对侵权责任如何承担作出约定。即使没有调解协议,童霸公司基于法律规定也同样负有不侵权的义务。当事人双方将童霸公司将来侵权行为发生后的具体赔偿方法和数额写进调解协议,只是为了便于进一步约定当童霸公司再次侵权时其侵权责任应如何承担。

第三,《中华人民共和国侵权责任法》《中华人民共和国专利法》等法律,并未禁止被侵权人与侵权人就侵权责任的方式、侵权赔偿数额等预先作出约定;这种约定的法律属性,可认定为双方就未来发生侵权时权利人因被侵权所受到的损失或者侵权人因侵权所获得的利益,预先达成的一种简便的计算和确定方法。本院认为,基于举证困难、诉讼耗时费力不经济等因素的考虑,双方当事人在私法自治的范畴内完全可以对侵权赔偿数额作出约定,这种约定既包括侵权行为发生后的事后约定,也包括侵权行为发生前的事先约定。因此,本案适用调解协议中双方约定的赔偿数额确定方法,与专利法第六十五条的有关规定并不冲突。值得注意的是,《最高人民法院关于审理著作权民事纠纷案件适用法律若干问题的解释》第二十五条第三款规定,双方当事人基于权利人的实际损失或者侵权人的违法所得,就赔偿数额达成协议的,法院应当准许。该规定即为法院对当事人就涉案侵权责任赔偿数额作出的"事后约定"的认可。

综上,本案可以适用隆成公司与童霸公司在调解协议中约定的赔偿数额确定方法。

3. 关于本案如何适用双方在调解协议中约定的赔偿数额确定方法

本案具体如何适用调解协议中约定的赔偿数额确定方法,取决于对调解协议中"如发现一起侵犯隆成公司实用新型专利权的行为,童霸公司自愿赔偿人民币100万元"这一约定内容的解释。根据本院查明的事实,[(2009)鄂民三终字第41号民事调解书所涉案件为]侵害实用新型专利权案,但在调解协议中却同时包含童霸公司不得再侵害隆成公司外观设计与实用新型专利权的内容,结合隆成公司与童霸公司之间曾发生多起侵害专利权纠纷案件,以及本院庭审中双方当事人就这一问题发表的意见等相关情况,可以认定调解协议中关于童霸公司不得再实施侵权行为以及相应赔偿数额的约定为一揽子约定,即:第一,上述约定中的"一起侵权行为",不限于前案中所涉特定型号的侵权婴儿车;第二,上述约定中的"一起侵权行为",不限于前案中所涉的专利权;第三,上述约定中的"一起侵权行为",是指侵害隆成公司一项专利权的行为。因此,童霸公司在本案中应当赔偿隆成公司 100 万元。隆成公司该项申请再审理由成立,应予支持。二审法院就童霸公司的赔偿责任如何确定这一问题适用法律错误,应予纠正。

思考问题:

(1)法院认为本案不属于侵权与违约竞合的情形,有道理吗?

(2)在侵权诉讼中,参考双方约定的损害赔偿数额,不需要相应的因果关系证据吗?在被告否认因果关系时,也不需要?

(3)本案原告主张侵权责任,法院实际上是按照违约责任计算损害赔偿数额的吗?

6 许可费的倍数

《专利法》(2008)第 65 条第 1 款规定:权利人的损失或者侵权人获得的利益难以确定的,参照该专利许可使用费的倍数合理确定。这里的许可费应该是指与侵权方式相同或类似方式使用专利技术所支付的许可费,否则就失去了参考或适用的正当性。比如,在建发电器制品(深圳)有限公司 v. 上海洛江蓄电池经营部(上海市一中院(2004)沪一中民五(知)初第字 83 号)案中,法院指出销售侵权的赔偿不宜参照专利使用许可费来确定。

依据《最高人民法院关于审理专利纠纷案件适用法律问题的若干规定》(2001)第21 条,这里所谓的倍数是专利许可费的 1—3 倍,在确定倍数时法院可以考虑"专利权的类别、侵权人侵权的性质和情节、专利许可使用费的数额、该专利许可的性质、范围、时间等因素"。如果通常没有许可费可以参照,或许可费明显不合理,则法院会选择下文所说的法定赔偿。

6.1 立法目的:惩罚性?

为什么要选择合理的倍数?有学者认为:"提高正常许可使用费……主要是考虑到如果以正常许可费作为赔偿标准,那么对于侵权人而言,实施侵权行为无任何'额外风险':被权利人抓住了,只承担正常许可使用费;抓不住,便可万事大吉。此种判决结果是鼓励侵权者侵权。因此,以正常许可使用费的[倍数]来确定赔偿额,体现了对侵权人的惩罚,对于社会公众也能起到一个惩戒作用。"[①]

---

① 张广良:《知识产权侵权民事救济》,法律出版社 2003 年版,第 154 页。

本书认为，这一解释可能背离了立法原意。赔偿的原则是以填补专利权人的实际损失为原则，并无惩罚之目的。正因为如此，《专利法》规定只有在实际损失无法计算时，才以许可费的倍数替代。从上下文背景中，看不出有利用倍数进行惩罚的目的。本书更倾向于认为，适用许可费的合理倍数是为了使得计算结果更接近实际损失，而不是刻意去惩罚侵权者。如前所说，专利权人的实际损失可能包含两部分，利润损失和许可费损失。单纯以合理的许可费替代，很可能离实际损失有很大的距离。法院通过增加许可费的倍数，能够弥补这一缺憾。另外，侵权损害的范围也可能超出法院可以参考的在先许可的地域或用途范围，这时候以许可费的合理倍数代替利润损失，也是合理的选择。大概只有这样解释，才能保持《专利法》第 65 条所列举各类的赔偿计算方法的相对一致性。

在前文 Panduit 案中，法院关于合理许可费的计算方法带有惩罚性的味道。法院强调不能让侵权者获得的结果同正常许可的被许可人所承当的责任相同。否则，将激励侵权者未经许可直接侵权。美国 Mergers 教授在评论这一观点时认为，专利侵权的救济除了赔偿之外，其实还包括禁令救济。禁令救济会让侵权人的投入成为沉没成本。因此，即使赔偿的后果相同，也不会鼓励侵权者宁可选择侵权而不试图获得许可。而且，他认为，建立这样的机制有利于专利权人在将来的许可谈判过程中许可费要求更趋合理。[①]

6.2 "许可费的倍数"适用的条件

6.2.1 许可费标准已经存在

专利法没有明确，法院在采用"许可费的倍数"方法时，是否要求该许可费标准已经客观存在。但是，"参照"一词应该许可费标准已经存在，而不是由法院在侵权案件中临时确定。实际上，如果没有客观存在的许可费标准存在，则法院没有必要先找到相同情形下的可能的"许可费"，然后再乘以倍数了。这也不符合损害赔偿的基本逻辑。这时候，法院应该按照前面的"实际损失之许可费损失"或"侵权所得"的方式来确定损害赔偿。

南京中院：按无形资产折旧法确定许可费损失

以下是南京中院知识产权庭介绍的一种很特殊的确定许可费损失的计算方法：

有些专利权人自己未与他人签订过使用合同，或虽有许可合同，但提成比例的具体数额无法确定的，诉讼时如何按该标准确定赔偿数额？我们在审理专利侵权案件时，对于这种情况，先委托无形资产评估机关对专利权的价值进行评估，然后按其专利权的价值确定单位时间的价值，对照侵权人使用该专利的时间，扣除专利权人自己实施的比例，最后确定侵权人应支付的赔偿额。但在确定单位时间专利权价值时，应考虑专利权整个保护期间各段的价值差别，即在专利有效初期其价值相对高，而越接近

---

① Robert P. Merges & John F. Duffy, Patent Law and Policy: Cases and Materials, Third Edition, Lexis-Nexis, p. 1079(2002).

后期价值要相对低一些。如原告苏州华夏针灸医疗器械有限公司诉苏州姑苏针灸器械有限公司专利侵权案中,涉及针灸针包装盒实用新型专利权,由于该专利产品用于针灸针的包装,原被告双方生产的针灸针都用于出口,而被告提交的产品利润非常低,难以令人信服,原告请求按照其在美国的销售利润损失赔偿,又显然不符合我国法律的规定。为此,法院委托江苏省无形资产评估事务所对该专利权的价值进行评估,得出基准日(专利权尚有 6 年有效期)的该专利权的价值为 69 万元人民币。专利权人自己实施,按不变价值每年以 11.5 万元计算,侵权人使用了半年,则侵权人应按 50%赔偿,故判决被告赔偿原告 5.75 万元并承担相应的诉讼费用。①

思考问题:

这里法院一开始似乎考虑过"许可费的倍数"方法,但没有现成标准可以参考。然后,法院采用了一种变通的方法。这一究竟属于专利法上哪种损害赔偿方法的变通?这一方法可以接受吗?

6.2.2 "难以确定"的举证

依据《专利法》第 65 条,"许可费的倍数"是以实际损失或侵权所得"难以确定"为前提。单从条文字面意思看,立法者是否要求法院审查专利权人实际上是否能够就实际损失或侵权所得举证,并不十分清楚。换句话说,在某些情况下,如果法院相信专利权人实际上是有能力对实际损失或侵权所得进行举证(比如,侵权者自己提供证据使得法院相信这一点),但是权利人自己没有举证或者拒绝举证,而是要求法院适用所谓的"许可费的倍数"。这时候,法院是否能够拒绝接受这一要求呢?

对比阅读下面的两个案例摘录,何者更符合法律本意?

东莞市黄江威德树脂工艺品厂 v. 珠海市香洲区东奇电器厂(广东省珠海中院(2002)珠法知初字第 09 号)案:

> 关于原告以其与专利权人林丽卿签订的《专利授权契约书》中约定的转让金 120 万元作为赔偿的依据,本院认为,以专利许可使用费作为赔偿的参照,是以被侵权人的损失或侵权获得的利益难以确定的情况才采用的,本案中,原告对其的损失额或被告的获利额没有提供证据,而直接以许可费作为赔偿的依据,对此本院不予采纳.本院酌定被告向原告赔偿经济损失人民币 10 万元。

上海恒昊玻璃技术有限公司 v. 岳阳经济技术开发区春光玻璃有限公司(湖南省高院(2005)湘高法民三终字第 58 号)案:

> 本案中,恒昊公司许可康宁公司在六省份实施玻璃(一帆风顺)专利的许可使用费为 60000 元,具体到每一个省份平均许可使用费为 10000 元,再具体到每一个地市平均许可使用费不超过 1000 元。原审判决根据侵权情节、专利许可性

---

① 江苏省南京市中级人民法院知识产权庭:《专利侵权案件赔偿适用的标准》,载《人民司法》1997 年第 7 期,第 19—20 页。

质、范围及制止侵权行为的合理开支等因素,综合确定赔偿数额为5000元,这一数额在专利许可使用费的1至3倍之内,符合该司法解释的规定,应予维持。上诉人的应参照专利许可使用费确定赔偿数额为50000元的上诉请求不能成立,本院不予支持。上诉人上诉称原审法院尚未查清被上诉人生产、销售被控侵权产品的数量,由于上诉人在一审已选择参照专利许可使用费确定赔偿数额的方法,故是否查清这一事实已无必要。

6.2.3 许可费标准的合理性

权利人主张按照许可费的合理倍数来计算损害赔偿时,自然要对许可费的"合理性"进行举证。相应地,法院有权根据审查的结果决定是否采信该许可费标准。法院常常考虑的两个因素是,许可合同是已经备案以及许可合同是否实际履行。

关于许可合同是否一定要经过专利局备案,在"谢奇 v. 长沙鼎力置业有限公司"(长沙中院(2009)长中民三初字第0101号)案中,法院给出了肯定的答案:"该专利许可合同未予备案,故本院认为在本案中不宜参照专利许可费的合理倍数进行赔偿。"

在"冷泰山、南县泰山塑料制品厂 v. 段传国、周民乐"(湖南省长沙中院(2007)长中民三初字第0366号)案中,法院有相同意见。在这一判决中,法院明确指出其依据是所谓的《专利实施许可合同备案管理办法》(2001)第8条:"经过备案的专利合同的许可性质、范围、时间、许可使用费的数额等,可以作为人民法院、管理专利工作的部门进行调解或确定侵权纠纷赔偿数额时的参照。"

在中国社会中,诉讼造假十分泛滥。从法院对备案以及后文的实际履行的强调中,我们可以看出法院对于普通许可合同证据的证明力持高度怀疑的态度。法院已经没有信心依据一般证据的审查标准来审查许可合同的真实性,转而要求当事人通过一些形式要件(比如合同备案)来增加证据的可信度。不过,将之作为法院参考许可费标准的前提,并没有法律依据。专利局出台的规范性文件能够为上述法院的判决提供法律基础吗?

有部分法院在采用许可费倍数的赔偿方法时,要求权利人提供证据证明体现该许可费标准的合同已经实际履行的证据。

浙江黄岩宾王土工合成材料有限公司 v. 瑞安新世纪排水带厂

浙江省高院(2005)浙民三终字第254号

周平、周卓华、王亦非法官:

……

原判认定:2000年7月18日,任再永申请了"一种可测深型排水构件"的发明专利……专利权人任再永与宾王公司于2004年5月6日签订了专利实施许可合同,许可该公司以普通许可的方式制造、销售本专利产品,并约定共同追究侵权者的法律责任。宾王公司在依法实施本专利的过程中,发现新世纪厂的侵权产品……

原审法院认为……根据本案情况,由于新世纪厂侵权产品之数量以及所获利润无法确认,另宾王公司及任再永也未提供已支付提成费的支付凭证,故法院将根据上述情况以入门费的1.5倍确定赔偿数额⋯⋯

新世纪厂上诉称⋯⋯原审法院一方面认为宾王公司与任再永之间存在利害关系且未提供已支付提成费的支付凭证,另一方面又以入门费为依据,判令新世纪厂以入门费的1.5倍赔偿属适用法律不当。综上,新世纪厂要求二审法院撤销原判,驳回宾王公司与任再永的诉讼请求。对此被上诉人宾王公司与任再永共同辩称⋯⋯原审法院依据任再永与宾王公司签订的实施许可合同确定赔偿数额,是合理、合法、合情的。实施许可合同是否备案不是合同生效的条件。本案许可合同是双方真实意思表示,宾王公司是本案利害关系人,宾王公司和任再永作为专利侵权诉讼主体符合法律规定。根据现有证据,新世纪厂生产销售被控侵权产品获利应在1500万元以上,原审法院判令赔偿120万元是留有充分余地的⋯⋯

本案争议焦点可归纳如下:
⋯⋯

二、原判依据本案专利实施许可合同确定侵权赔偿数额是否正确。

对于宾王公司在本案专利实施许可合同签订后,已实施了本案专利,这一事实本案双方当事人无异议。但任再永与宾王公司在合同中约定的专利实施许可费用是否已实际履行,双方存在较大争议。鉴于任再永为宾王公司的法定代表人,两者存在明确利害关系,且宾王公司与任再永未提供充分证据证明双方已履行了约定的许可费用。故双方约定的专利实施许可费的数额是否为双方当事人真实意思表示,难以确认。原审法院依据双方约定的专利实施许可费作为侵权赔偿计算基础不当。根据本案原审被告何敬长提交的新世纪厂《近3年销售的主要用户一览表》及相关收款收据显示,新世纪厂在本案诉讼前两年内共生产、销售被控侵权产品C型排水带1280万米,而2004年7月9日C型排水带销售价为1.17元/米。上述二证据的取得过程经过了公证处的公证,在无相反证据的情况下,该两份证据可以作为本案定案依据⋯⋯根据最高人民法院有关规定,侵权人的获利可以按侵权产品的生产、销售额乘以合理利润计算,根据本案上述查明的事实,新世纪厂在本案诉讼前两年内共生产、销售被控侵权产品C型排水带1280万米,2004年7月9日的销售单价为1.17元/米,按照通常商品利润为销售额的10%计算,新世纪公司销货上述排水带可获利润为149.76万元。

本院认为⋯⋯本案专利实施许可合同是利害关系人之间签订的,合同中约定的专利许可费用是否已实际支付,本案中无充分证据证实,因此本案专利实施许可合同中约定的实施许可费是否为当事人真实意思表示无法确定,原审法院以专利实施许可合同中约定的实施许可费的倍数确定赔偿额不当。根据前已查明的事实,新世纪厂在本案诉讼前两年内生产被控侵权产品,可获利润144.76万元。但鉴于任再永,宾王公司对原审判决确定的赔偿数额未提出上诉及新世纪厂侵权获利又高于原判认定的赔偿数额,故原判认定的侵权赔偿部分,在实体处理上可予维持。

⋯⋯

思考问题：

(1) 二审法院对关联性的许可合同,不承认其对许可费的证明效力,有道理吗?
(2) 按照二审法院的赔偿方法,几乎剥夺了被告获利的可能性,合理吗?

在梁景照 v. 杨有洪(广东省高院(2003)粤高法民三终字第 16 号)案中法院也有类似要求:

> 专利实施许可合同签订后,合同实际履行的事实是人民法院选择参照许可使用费的合理倍数作为赔偿侵权损失的计算方法的基础,这是因为人民法院在给予专利权人保护和制止侵权的同时,还要防止专利权人假借许可合同的形式虚列许可使用费蓄意提高索赔金额的情形。侵权人承担的侵权责任应与其侵权行为给专利权人造成的损失相适应,否则,要求侵权人承担权利人蓄意提高的索赔金额是显失公平的,人民法院应当防止出现此种有违公平原则的情况。在本案中,上诉人与永丰厂签订了专利实施许可合同,并提供永丰厂出具的支票和其开具的收据用以证明合同的实际履行,但上述证据均不足以证明永丰厂已将票面金额实际交付给上诉人,故原审法院没有采纳上诉人的主张,而是酌情确定本案的赔偿数额。

在上海恒昊玻璃技术有限公司与福州某玻璃有限公司专利侵权纠纷(福建省福州中院(2005)榕民初字第 419 号)案中法院指出,在专利许可合同备案之后,专利权人还要进一步要求举证实际履行:

> 原告于 2005 年 3 月 17 日将涉案专利号为 ZL03335012.4 的玻璃图案(一帆风顺)外观设计专利权授予辽宁省康宁沈阳实业总公司装饰镜厂,每年许可费为 6 万元,且该实施许可合同已于 2005 年 5 月 16 日经国家知识产权局备案,该许可合同合法有效。但原告在举证期限内未提供被许可方辽宁省康宁沈阳实业总公司装饰镜厂已支付 6 万元许可费的相关凭证,无法证明该许可合同是否已实际履行,故原告要求按其许可费的合理倍数确定被告的赔偿数额的请求不予以支持。鉴于本案被侵权人的损失及侵权人所获的利益均无法确定,故被告的侵权赔偿数额应综合考虑本案的专利类型、侵权性质、情节等因素,酌情判令被告赔偿原告经济损失 5 万元。

对比上述两个案例,法院对于何谓实际履行的理解似乎也存在差异。究竟怎样才能证明许可合同已经实际履行了呢?将许可合同实际履行作为适用许可费倍数赔偿方法的前提,是否合理?

7 法定赔偿(酌定赔偿)

在实际损失、侵权所得和许可费标准均难以确定的情况下,《专利法》第 65 条第 2 款许可人民法院在法定限度内自由裁量赔偿的数额:人民法院可以根据专利权的类型、侵权行为的性质和情节等因素,确定给予一万元以上一百万元以下的赔偿。在实际操作过程中,法院还是要专利权人对自己损失的大小进行举证,只是对证据证明力要求有所降低——无须达到明确证明损失数额的程度。国内有研究揭示,绝大多数专利侵权案件中,法院都采用了法定赔偿。[1]

关于审理侵犯专利权纠纷案件适用法定赔偿方法的若干意见

浙江省高级人民法院浙高法〔2009〕334号

……

第二条 人民法院应当在诉讼中指导权利人对因被侵权所受到的实际损失、侵权人因侵权获得的利益或专利许可使用费进行举证,避免简单适用法定赔偿方法。

第三条 下列情形不适用法定赔偿方法确定赔偿数额:

(1) 经人民法院释明后,权利人仍坚持主张以因被侵权所受到的实际损失、侵权人因侵权获得的利益或专利许可使用费确定赔偿数额的;

(2) 权利人选择法定赔偿方法确定赔偿数额,侵权人以其他损害赔偿计算方法进行抗辩,经人民法院审查,该抗辩成立的;

(3) 权利人和侵权人就损害赔偿计算方式或数额达成有效协议的;

(4) 权利人虽不能举证证明因被侵权所受到的实际损失或侵权人因侵权获得的利益的具体数额,但是根据产品数量、市场份额、广告宣传以及向工商、税务管理部门提供的财务报表资料等相关证据,可以确信因被侵权所受到的实际损失或侵权人因侵权获得的利益明显超过100万元的;

(5) 其他不宜适用法定赔偿方法的情形。

第四条 权利人可以在起诉时或法庭辩论终结前,请求适用法定赔偿方法确定赔偿数额。

权利人未明确损害赔偿计算方法的,人民法院应予以释明,要求权利人明确。权利人不作选择的,人民法院可适用法定赔偿方法确定赔偿数额。

第五条 经人民法院释明后,权利人坚持请求以被侵权所受到的实际损失或侵权人因侵权获得的利益等方法确定赔偿数额,但其赔偿请求又缺乏证据支持的,人民法院应当依法驳回权利人的赔偿诉讼请求,不能主动适用法定赔偿方法确定赔偿数额。

7.1 法定与酌定的争议

本书不区分法定赔偿与酌定赔偿,可能引发争议。有意见认为,在实际损失、侵权所得、许可费倍数之外,还有法定赔偿和酌定赔偿的区分。法定赔偿就是上文所述的赔偿方法,而酌定赔偿则是指当事人就实际损失或侵权所得进行举证,但证据不够充分的情况下,法院酌情确定损害赔偿额度的做法。这时候法院酌情确定的数额可能并

---

[1] 中国专利代理(香港)有限公司法律部:《专利侵权损害赔偿的理论与实践》,载《中国专利与商标》2009年第4期,第7—8页。

不受到法定赔偿的一百万上限的约束,而是由法官根据举证情况自由掌握。在下面的案例中,法院就采用了所谓"酌定赔偿"方式。

广西南宁邕江药业有限公司 v. 宜昌三峡药业有限责任公司

广西高院(2004)桂民三终字第13号

林立、周冕、韦晓云法官:

[案情介绍参见"间接侵权"一章。]

在本案中,上诉人三峡药业公司因被侵权所受到的损失和被上诉人邕江药业公司因侵权所获得的利益因当事人均未举出证据而难以确定,也没有专利许可使用费可以参照,故本案应采取酌定赔偿方式。上诉人三峡药业公司在二审中承认共生产被控侵权产品8万瓶,每瓶利润不超过3元,被上诉人邕江药业公司不予认可并认为每瓶利润应为7元。本院取二者的中间值,将被控侵权产品每瓶利润确定为5元,乘以8万瓶,得40万元,与一审确定的赔偿额相符。结合一审判决上诉人三峡药业公司承担赔偿民事责任的理由,考虑二审当事人的承认,故一审判决上诉人三峡药业公司赔偿被上诉人邕江药业公司40万元经济损失是有事实和法律依据的。上诉人三峡药业公司上诉称一审判决其赔偿被上诉人邕江药业公司经济损失40万元缺乏事实和法律依据的上诉理由不能成立,本院不予支持。

本书倾向于认为,这种酌情确定的数额实际上就是对实际损失或侵权所得数额的确定,或者说,是法院认为已有证据已经能够支持的最低数额。这实际上属于标准的损害赔偿方法,而不应再单独列为一类所谓酌定赔偿。否则,这一赔偿方法缺乏直接的法律依据。实际上,法定赔偿也要求法院根据举证情况进行酌定,而不是单纯意味着法院可以任意确定赔偿额。那些认为在法定赔偿之外,还应该单列酌定赔偿类型的意见,可能是误解了民事诉讼程序中证明标准。如果法院对于原告证据的证明力没有信心,应该转而适用法定赔偿。虽然证据薄弱,但法定数额的限制也使得法院权衡的结果不至于过分离谱。如果在普通损害赔偿方法和法定赔偿之外,又有不受限制的酌定,法院的自由度可能过大。

7.2 法定赔偿的举证责任

法定赔偿的适用在实际损失、侵权所得、许可费等无法确定的情况下适用。这也就意味着法院总是要在证据证明力的范围之外进行自由裁量。新修改的《专利法》将法院的裁量权进一步扩大,"1万元以上100万元以下"。这就使得约束法院的裁量权变得更为重要。

在适用法定赔偿时,法院应当权衡"专利权的类型、侵权行为的性质和情节等因素"。原告对这些因素进行举证,应该能够让法院对损失范围的数量级,有合理概念,然后才能在此基础上进行裁量。否则,这一裁量权很可能会被滥用。

7.3 法定赔偿的考虑因素

浙江高院在《关于审理侵犯专利权纠纷案件适用法定赔偿方法的若干意见》

(2009)第6条系统地归纳了法院在适用法定赔偿时要综合考虑的因素,值得参考:

> **第六条** 适用法定赔偿方法确定赔偿数额时,应当综合考虑以下因素:
> (1) 权利人因被侵权可能遭受的损失,或侵权人因侵权可能获得的利益;
> (2) 专利权的种类、创新程度;
> (3) 专利权的商业或市场价值;
> (4) 专利产品的价值、所占的市场份额;
> (5) 侵权行为的性质、持续时间、范围、后果以及侵权产品的广告宣传情况等;
> (6) 侵权人的主观过错程度;
> (7) 侵权人的注册资本、生产经营规模;
> (8) 工商等知识产权行政管理部门作出的行政处罚决定书中认定的侵权产品生产、经营情况;
> (9) 作为部件的专利产品在整个产品中所起的作用;
> (10) 专利权实施情况以及剩余保护期限;
> (11) 同类专利的合理转让费、许可使用费;
> (12) 其他可能影响确定赔偿数额的因素。

7.4 法定赔偿的泛滥

对于法定赔偿的适用情况,中国专利代理(香港)有限公司法律部的一份调查报告有令人吃惊的发现:

> 在所统计的416件有赔偿额的判决中,采用'侵权获利'方法的只有1件,采用'许可费合理倍数'方法的有4件,其余411件全部采用法定赔偿方法确定赔偿额,总体使用率为99%。根据现行有效的2001年司法解释,法定赔偿额一般在30万元以内,最多不超过50万元。考虑到法定赔偿接近100%的使用率,因此赔偿平均值在10万元左右也就不足为奇了。①

这一调查可能并没有十分准确地反映司法实践的真实情况。不过,透过这一调查,我们大致相信,在绝大多数案件中法院都采用的是法定(酌定)赔偿的方法。造成这一结果的原因可能是多方面的。首先,法院可能对证据的要求过于严格,在很多原本当事人已经证明实际损失或侵权所得的情况下,法院依然拒绝接受,而是代替以法院拥有较大裁量权的法定赔偿;其次,现有的民事诉讼制度没有能够提供有效手段让专利权人在面对不合作的侵权者时有效举证,专利权人就主动选择比较容易主张的法定赔偿方法;最后,长期以来,法院判决赔偿额方面的谦抑政策也会导致法官倾向于选择法定赔偿。

---

① 中国专利代理(香港)有限公司法律部:《专利侵权损害赔偿的理论与实践》,载《中国专利与商标》2009年第4期,第7页。

8 其他救济

8.1 销毁侵权产品或侵权工具

在专利侵权案件中,专利权人常见的一项诉讼请求是要求判令销毁侵权产品或侵权工具。在实践中,不同法院对此类请求的态度有很大的差异。有些法院会认为,此类请求并非法定的承担侵权责任的形式(是行政或民事制裁措施),拒绝支持。比如,在朱炳仁 v. 上海康宇铜门设计工程有限公司(上海二中院(2005)沪二中民五(知)初字第 131 号)案中,法院指出:"对于原告要求销毁被告侵权产品的诉请,因其不属于民事责任承担的方式,本院不予支持。"在蔡福集 v. 温岭市松门益源塑料编织厂(浙江省杭州中院(2005)杭民三初字第 329 号)案中,法院有同样的意见。

有些法院不是以非民事侵权责任形式拒绝支持,而是以避免财富浪费等理由拒绝销毁侵权产品的生产设备。比如,在无锡市隆盛电缆材料厂,上海锡盛电缆材料有限公司 v. 西安秦邦电信材料有限责任公司(陕西高院(2008)陕民三终字第 18 号)案中,法院认为:"上诉人关于不应销毁生产设备的上诉理由,因原审判决让被告无锡隆盛厂销毁用于侵权的生产设备,解决矛盾方法过于简单和对社会财富的浪费,判定巨额赔偿已经是对侵权者起到了警示作用,无须再销毁上诉人的生产设备。上诉人这一请求应予支持。"

在另外一些案件中,法院则支持专利权人销毁侵权工具的请求。比如,在前文提到的胡五一 v. 蒋欢喜等(湖南省长沙中院(2007)长中民三初字第 0493 号)案中,法院指出:"被告余姚市帕司特工具厂为实施侵权行为的专门设备、模具可依原告的请求予以销毁,但其他通用生产工具不在销毁之列。"

对于专利权人销毁侵权产品的请求,各地法院立场也存在差异。在胡五一 v. 蒋欢喜等案中,法院指出"至于已生产的侵权产品的处理,不属于民事案件审理程序中的强制措施或执行措施,不在本案中处理。"可是,另外一些法院则可能支持原告销毁侵权产品的请求。比如,在曹忠泉 v. 江苏凯斯曼缝制机械有限公司(江苏省无锡中院(2008)锡民三初字第 023 号)案中,法院指出:"原告曹忠泉请求停止侵权并销毁侵权产品及专用模具,符合法律规定,本院予以支持。"樑科电子有限公司诉刘巧林(广东省深圳中院(2008)深中法民三初字第 123 号)案中,法院也认为"被告销售侵权产品,应承担停止销售侵权、销毁侵权产品、赔偿损失的民事责任。"

《民法通则》和《侵权责任法》的确没有直接规定销毁侵权产品的责任形式①,不过,这两个法律也没有强调该法的列举已经穷尽了民事责任的形式。在很多情况下,销毁侵权产品或侵权工具可能是"停止侵害"的唯一方法,因此法院在所谓"停止侵害"的名义下要求侵权者销毁侵权产品或侵权工具,还是没有法律障碍的。当然,如果法院拒绝发放禁令救济,自然可以拒绝原告要求侵权者销毁侵权产品的请求。

---

① 参见《民法通则》(1986)第 134 条;《侵权责任法》(2009)第 15 条。

8.2 赔礼道歉

最高人民法院在"大连仁达新型墙体建材厂 v. 大连新益建材有限公司(最高人民法院(2005)民三提字第1号)"案中对于赔礼道歉的适用有明确的表述：

> 赔礼道歉，主要是针对人身利益和商业信誉受到损害的一种责任承担方式。而专利权主要是一种财产利益，故专利侵权纠纷案件一般不适用赔礼道歉。而原审法院在未有证据证明新益公司的行为造成仁达厂重大商誉损失的情况下，判令新益公司赔礼道歉，有所不妥。但因新益公司再审期间未提供相应证据证明原审判决书业已刊登及其对新益公司造成的不良影响，故新益公司关于刊登再审判决书以挽回刊登原审判决书影响的再审请求，本院难以支持。

8.3 合理费用支出

专利侵权案件中，专利权人可以请求人民法院判决侵权人支付权利人因调查和制止侵权所支付的合理费用。合理费用支出可能包括公证费、差旅费、仓储费用、律师费、诉讼费等等。最高人民法院在下面的案件中对此有非常详细的讨论：

华纪平等 v. 上海斯博汀贸易有限公司等

最高人民法院(2007)民三终字第3号

邰中林、秦元明、郎贵梅法官：

根据《最高人民法院关于审理专利纠纷案件适用法律问题的若干规定》第22条的规定，在专利侵权案件中，根据权利人的请求以及具体案情，人民法院可以将权利人因调查、制止侵权所支付的合理费用计算在赔偿数额范围之内。

应当说，权利人为调查、制止侵权行为所支付的各种开支，只要是合理的，都可以纳入赔偿范围。本案虽然原告在起诉时请求被告赔偿原告的前期费用和律师代理费，而且原审法院在判决主文中对此亦作为公证费、差旅费等合理费用、律师代理费和实际仓储费用等三项分别予以确定，但这些费用在本质上均属于因调查、制止侵权所支付的费用。

在原告主张的所谓的前期费用34万元中，包含南通海关扣留涉案侵权产品时所收取的案外人合肥安迪健身用品有限公司交纳的侵权货物担保金24万元和至本案判决执行结束时对扣留货物所发生的费用，以及原告为制止侵权行为所支付的律师代理费以外的其他合理费用。其中，对于担保金和海关扣留货物所发生的费用，依照《中华人民共和国知识产权海关保护条例》的有关规定，知识产权权利人向海关提供的担保金用于赔偿可能因申请不当给收货人、发货人造成的损失以及支付货物由海关扣留后的仓储、保管和处置等费用；侵权嫌疑货物被认定为侵犯知识产权的，知识产权权利人可以将其支付的有关仓储、保管和处置等费用计入其为制止侵权行为所支付的合理开支。据此，在认定构成侵犯知识产权时，担保金中扣除权利人已经支付的海关扣留货物所发生的仓储、保管和处置等有关费用以外，将退还权利人。因此，保证金并不能当然作为当事人的损失予以计算,只有权利人支付的有关侵权货物仓储、保管和处置等费用可以计入其为制止侵权行为所支付的合理开支而获得赔偿。原审法院未支持原告有关保证金的主张但判令二侵权被告连带赔偿扣押哑铃套组手提箱所发生的实际仓储费用,实际上是将这些在一审判决时尚不能准确计算数额的仓储费用作为权利人为制止侵权行为所支付的合理开支的一部分来确定,于法有据,并无不当,当事人也均未对此提出上诉,本院应予确认。

对于原告主张的差旅费和公证费等开支,斯博汀公司对其中部分开支的合理性有异议。其中,对于交通违章罚款和购买香烟、口香糖的开支,明显不合理,确实应当予以剔除,但这些费用总计不超过500元,在原审判决确定的2万元相关合理费用中,实际上已经排除了这些费用;对于高达上千元的餐费,原审法院亦认为不合理,在综合确定合理开支数额时实际上已经作出了相应考虑;对于购买一般的食品和饮料等,属于有关调查人员在开展调查活动时为维持一般人身体所需的正常开支,并非不合理开支;对于同一天在不同酒店发生的住宿费、出租车费,华纪平、安迪华公司有关系因多人多地同时开展侵权调查的解释合乎情理,并非明显不合理。

需要特别说明的是,为制止侵权行为所支付的合理开支并非必须要有票据一一予以证实,人民法院可以根据案件具体情况,在有票据证明的合理开支数额的基础上,考虑其他确实可能发生的支出因素,在原告主张的合理开支赔偿数额内,综合确定合理开支赔偿额。就本案而言,对于原告主张的差旅费、公证费等合理开支数额,从其有关赔偿所谓的前期费用34万元的诉讼请求看,扣除担保金部分24万元,也并非仅限于原告有票据支持的20725.08元。因此,原审法院综合考虑各种因素,在律师代理费之外确定2万元的其他合理开支赔偿额,并无明显不妥,斯博汀公司的有关上诉请求,本院不予支持。

对于原告主张应全额赔偿其已实际支付的50万元律师代理费,原审法院综合考虑安徽省律师服务收费标准和原告请求赔偿额的支持程度,确定11万元的赔偿额,相对比较合理,并非显失公平,各方当事人的有关上诉请求,并无充分的法律和事实依据,亦不予支持。

对于案件受理费的负担,斯博汀公司上诉中附带提出应按照原告请求额与法院支持额之间的比例确定。按照《最高人民法院关于适用〈诉讼费用交纳办法〉的通知》,2007年4月1日以前人民法院受理的诉讼案件,不适用《诉讼费用交纳办法》的规定。本案一、二审受理时间均在此之前,因此应当适用原《人民法院诉讼收费办法》的相关规定确定包括案件受理费在内的有关诉讼费用。但无论是原《人民法院诉讼收费办法》还是现行的《诉讼费用交纳办法》,对于诉讼费用负担的原则是一致的,即由败诉的当事人负担;部分胜诉、部分败诉的,由人民法院根据案件的具体情况决定当事人各自负担的数额。尤其是在侵权案件中,不仅要考虑原告的诉讼请求额得到支持的比例,更要考虑原告主张的侵权行为本身是否成立,同时还可以考虑原告的其他诉讼请求得到支持的程度以及各自行使诉权的具体情况等因素。本案原告的诉讼请求并未得到全部支持,属于部分胜诉、部分败诉的情形,原审判决确定由斯博汀公司和丰利公司负担主要的诉讼费用,正是对上述因素的综合考虑,实际上也是重点考虑了原告主张的侵权行为成立和被告有明显过错等因素,最终确定的诉讼费用的分担数额并无明显不妥。因此,斯博汀公司的有关上诉主张,不予支持。但对于二审案件受理费,因华纪平、安迪华公司和斯博汀公司的上诉主张均未能得到本院支持,依照原《人民法院诉讼收费办法》第二十条的规定,应当由上诉双方各半负担;丰利公司未提出上诉,无须负担二审案件受理费。

8.4 惩罚性赔偿

中国《专利法》上并没有惩罚性赔偿的安排。考虑到过去的产业政策,这一点也不奇怪。不过,在实务中,法院在计算侵权损害赔偿额时,可能会考虑侵权者的主观状态,选择对权利人有利的计算方法,使得损害赔偿计算结果实际上具有一定的惩罚性质。比如,最高人民法院在华纪平等 v. 上海斯博汀贸易有限公司等(最高人民法院(2007)民三终字第3号)案中指出:

> 在确定知识产权侵权损害赔偿额时,可以考虑当事人的主观过错程度确定相应的赔偿责任,尤其是在需要酌定具体计算标准的情况下,应当考虑当事人的主观过错程度。本案中斯博汀公司在与安迪华公司终止了使用涉案专利手提箱的哑铃产品的采购关系后,又向丰利公司采购同样产品,存在明显的主观过错,应当在赔偿额上有所体现。综合考虑,原审法院在当事人均不能准确举证证明相关专利产品或者侵权产品利润率的情况下,根据侵权人自认的使用涉案专利手提箱的哑铃产品的利润率,结合权利人当时主张的自己产品的利润率,同时考虑专利产品和侵权产品本身的价值和作为市场销售的哑铃产品的包装对整体产品销售利润的贡献作用,确定涉案专利包装箱的合理利润率为涉案哑铃产品销售价的15%,虽然相对较高,但考虑到侵权人的主观过错明显,该酌定的利润率并无明显不妥,本院无须予以变更,各上诉人有关利润率计算的上诉理由本院均不予支持。

与中国不同,美国《专利法》第284条规定,法院可以判决发现的或评估的损失额度3倍以内的赔偿。专利侵权人如果出于善意,比如,权利人不知道专利存在、有合理的理由相信自己不侵权或者该专利无效,则法院不会判罚此项赔偿。最常见的惩罚性赔偿的例子是恶意侵权。一般侵权人在收到权利人的侵权通知后,应当就有合理的注意义务,在继续实施专利技术之前,应当向合适的法律专家咨询以获得意见。否则,很有可能构成恶意侵权。当然,如果侵权人的方案同专利权方案存在较大的差别,有理由相信是在规避设计,即使不咨询法律专家,也可能不被判定恶意。①

值得一提的是,在《专利法第四次修改征求意见稿》(2015)中,立法者参考商标法

---

① Donald S. Chisum & Michael A. Jacobs, Understanding Intellectual Property Law, Matthew Bender & Co., Inc., pp. 2-294 (1995).

中新增加的惩罚性赔偿条款,[1]建议在专利法中也增加惩罚性赔偿条款,即第65条第3款。该款具体规定如下:"对于故意侵犯专利权的行为,人民法院可以根据侵权行为的情节、规模、损害后果等因素,将根据前两款所确定的赔偿数额提高至二到三倍。"这里所说的前两款是指现行专利法下的普通损害赔偿条款和法定赔偿条款。许可法院将法定赔偿作为惩罚性赔偿的基数,让人意外:法定赔偿的数额本身就难以确定,有很大的任意性,再在这一基础上加倍追究惩罚性赔偿责任,合理性明显存在疑问。

8.5 行政救济

在专利侵权发生后,专利权人除了向法院起诉寻求救济外,还可以通过专利行政管理部门,寻求救济。《专利法》(2008)第60条规定:

> 未经专利权人许可,实施其专利,即侵犯其专利权,引起纠纷的,由当事人协商解决;不愿协商或者协商不成的,专利权人或者利害关系人可以向人民法院起诉,也可以请求管理专利工作的部门处理。管理专利工作的部门处理时,认定侵权行为成立的,可以责令侵权人立即停止侵权行为,当事人不服的,可以自收到处理通知之日起十五日内依照《中华人民共和国行政诉讼法》向人民法院起诉;侵权人期满不起诉又不停止侵权行为的,管理专利工作的部门可以申请人民法院强制执行。进行处理的管理专利工作的部门应当事人的请求,可以就侵犯专利权的赔偿数额进行调解;调解不成的,当事人可以依照《中华人民共和国民事诉讼法》向人民法院起诉。

专利行政主管部门在这一民事纠纷的调处过程中,只能责令停止侵权,而不能确定赔偿数额,也不能对侵权者进行行政罚款。因此,行政部门促使侵权者接受调处结果的手段并不是很强有力。有意思的是,对于另外一类危害并不严重的"假冒专利"行为,《专利法》倒是赋予行政部门强有力的行政制裁手段:"假冒专利的,除依法承担民事责任外,由管理专利工作的部门责令改正并予公告,没收违法所得,可以并处违法所得1倍以下的罚款;没有违法所得的,可以处20万元以下的罚款……"[2]

与《专利法》形成鲜明的对比,《著作权法》(2010)第48条赋予行政机构处理版权案件的实质性的处罚权:

---

[1] 《商标法》(2013)第63条第1款规定:"侵犯商标专用权的赔偿数额,按照权利人因被侵权所受到的实际损失确定;实际损失难以确定的,可以按照侵权人因侵权所获得的利益确定;权利人的损失或者侵权人获得的利益难以确定的,参照该商标许可使用费的倍数合理确定。对恶意侵犯商标专用权,情节严重的,可以在按照上述方法确定数额的一倍以上三倍以下确定赔偿数额。赔偿数额应当包括权利人为制止侵权行为所支付的合理开支。"

[2] 《专利法》(2008)第63条。

第64条进而规定:管理专利工作的部门根据已经取得的证据,对涉嫌假冒专利行为进行查处时,可以询问有关当事人,调查与涉嫌违法行为有关的情况;对当事人涉嫌违法行为的场所实施现场检查;查阅、复制与涉嫌违法行为有关的合同、发票、账簿以及其他有关资料;检查与涉嫌违法行为有关的产品,对有证据证明是假冒专利的产品,可以查封或者扣押。

管理专利工作的部门依法行使前款规定的职权时,当事人应当予以协助、配合,不得拒绝、阻挠。

有下列侵权行为的,应当根据情况,承担停止侵害、消除影响、赔礼道歉、赔偿损失等民事责任;同时损害公共利益的,可以由著作权行政管理部门责令停止侵权行为,没收违法所得,没收、销毁侵权复制品,并可处以罚款;情节严重的,著作权行政管理部门还可以没收主要用于制作侵权复制品的材料、工具、设备等……

尽管这里有所谓的"损害公共利益"的限制,著作权行政部门认为绝大多数版权侵权案件中的侵权行为都损害公共利益,因此都可以挥舞行政处罚的大棒。这实际上使得行政机构在调处版权侵权案件中非常强势,能够有效地迫使侵权者接受某些有利于权利人的安排。

专利法第四次修改时,2015年4月国家知识产权局在《专利法修改草案(征求意见稿)》(2015)第60条第3款建议:

> 对涉嫌群体侵权、重复侵权等扰乱市场秩序的故意侵犯专利权的行为,由专利行政部门依法查处;专利行政部门认定故意侵权行为成立且扰乱市场秩序的,可以责令侵权人立即停止侵权行为,没收、销毁侵权产品、专用于制造侵权产品或者使用侵权方法的零部件、工具、模具、设备等。非法经营额五万元以上的,可以处非法经营额一倍以上五倍以下的罚款;没有非法经营额或者非法经营额五万元以下的,可以处二十五万元以下的罚款。

国家知识产权局在《关于〈中华人民共和国专利法修改草案(征求意见稿)〉》中说明了对群体、重复侵权行为施以行政处罚的立法理由:

> 2014年全国人大常委会专利法执法检查报告中指出专利维权存在"时间长、举证难、成本高、赔偿低"等状况,挫伤了企业开展技术创新和利用专利制度维护自身合法权益的积极性。实践中,专利领域中明知侵权而群起效尤的群体侵权、重复侵权时有发生,在一些地方甚至还比较严重。专利权人以一己之力无从招架、难以应付。这些行为不仅直接侵害了专利权人的民事权益,还扰乱了市场秩序,破坏了创新环境,侵害了公共利益。对此,只有行政部门主动介入,并追究侵权人的行政责任,方可在保护权利人民事权利的同时,有效维护市场秩序和公共利益。专利法执法检查报告也明确建议在专利法修改中考虑"加大对严重侵犯公共利益的专利侵权行为的执法和查处力度"。为此,建议增设相应的行政处罚,规定对涉嫌群体侵权、重复侵权等扰乱市场秩序的故意侵犯专利权的行为,由专利行政部门进行查处,并可以采取没收、销毁侵权产品以及专用于制造侵权产品或者使用侵权方法的零部件、工具、模具、设备和罚款等执法手段。

上述立法建议在引发巨大争议。学术界和产业界的批评意见质疑行政机关在判断专利侵权领域的专业能力、行政机构利用公共资源保护专利私权的必要性以及行政机构自我扩张的冲动等。

思考问题:

我们有必要在专利法上复制类似版权法下的行政执法制度吗?知识产权局所说

的那些问题没有办法通过改革民事诉讼制度来解决吗?

8.6 刑事救济

中国对于专利侵权并不提供刑事救济。当初中国制定专利法时,一开始的讨论稿规定了专利侵权的刑事责任。但是,该条款后来被删除。现在,我国《刑法》(1997)关于专利的唯一罪名就是第216条的假冒专利罪:"假冒他人专利,情节严重的,处3年以下有期徒刑或者拘役,并处或者单处罚金。"假冒专利并非普通的专利侵权行为,其社会危害性可能被高估了,追究刑事责任的必要性值得怀疑。如果企业一定要为自己的产品寻求一个专利号,购买一个垃圾专利或申请一个实用新型或外观设计专利,不过是举手之劳。从社会的角度看,很难理解假冒他人专利与前述两类合法行为的做法,在社会危害性方面,有本质上的差异。

目前关于是否需要拓宽专利权的刑法保护的讨论,依然停留在学术研究阶段。在国际范围内,的确有追究专利侵权刑事责任的立法例。比如,《韩国专利法》(2009)第225条规定,专利侵权人最高可以被判7年徒刑或1亿韩元的罚金;专利侵权刑事诉讼由被害人自诉发动。近几年,部分中国专利权人对于民事救济不能有效吓阻专利侵权的现状不满,开始提出追究恶意重复侵权人刑事责任的主张。台湾地区在2004年之前也对专利侵权追究刑事责任,不过在2004年之后完全放弃这一制度。

专利权的边界比较模糊,专利侵权的认定有很大的不确定性。如果存在严厉的刑事责任,专利权人的竞争对手为避免专利侵权,可能被迫刻意与专利技术方案保持距离。专利权人也的确可能滥用刑事程序,以追究刑事责任作为手段打击正常的竞争对手。台湾地区当年将专利侵权除罪化的重要原因就是很多高科技企业的负责人不堪忍受各种刑事指控的骚扰。显然,专利刑事责任很有可能导致过度预防或吓阻,妨碍技术创新和竞争,从而损害专利法的立法目的。正因为如此,各国立法者在专利侵权刑事立法方面持非常谦抑态度。在可预见的将来,中国立法者也会如此。

第 14 章
外观设计专利

1 概述

1.1 外观设计专利

专利法上的外观设计,是指"对产品的形状、图案或者其结合以及色彩与形状、图案的结合所作出的富有美感并适于工业应用的新设计"。① 一项外观设计的核心设计要素是产品的形状、图案和色彩。这些要素所体现是一种美学设计,而非功能性或技术性的考虑。在传统专利法领域,人们习惯于强调技术的重要性而忽视美学设计的意义。这一认识有很大的片面性。实际上,在竞争激励的大众消费品市场上,精致的产品外观常常是吸引消费者关注特定产品的入门条件。对于制造商而言,外观上保持吸引力可能比产品技术上的先进性更加重要。因此,对很多大众消费品行业而言,外观设计专利保护的重要性远远超过发明或实用新型专利保护。

外观设计客体本身的特殊性导致外观设计在保护机制方面与普通发明或实用新型有本质区别。工业设计是技术与美学的结合,它非常接近著作权法上的作品,但常常又不具备著作权法意义上的独创性。因此,外观设计保护大体上是专利制度与著作权制度相互混合的产物,在授权条件、审查规则、侵权认定等方面与发明或实用新型制度有较大差异。这在后文有进一步的讨论。

外观设计的特殊性自然引发是否需要为它单独立法的争论。理论上,单独立法能够更多地考虑到外观设计客体自身的特殊性,作出一些更细致的规定。在具体案件中,法院无需考虑是否要参照专利法上的一般性规则,因而避免了一些不确定性。不过,外观设计在申请受理程序、授权程序、无效宣告程序、侵权例外、侵权救济等环节与实用新型专利或发明专利制度有诸多共同点。如果单独立法,立法者在外观设计保护法中必然要——重复这些法律规则,多少会有冗余之感。另外,单独立法也可能导致外观设计保护制度被边缘化,修订和完善都无法搭专利法的便车,在中国现有的立法体制下很可能会进步缓慢。两相权衡,在专利法中单辟章节,制定更细致的外观设计保护规则,在相当一段时间里可能是比较合理的折衷方案。

---

① 《专利法》(2008)第 2 条第 4 款。

1.2 授权条件

一项外观设计要获得专利法的保护，必须满足一系列的条件：它必须是工业产品的外观设计；是形状、图案和色彩的组合；必须具有新颖性和创造性；"富有美感"等。

首先，它必须是适于工业应用的产品的外观设计。这里的关键词是"适于工业应用"和"产品"，二者相互关联。专利法意义上的"适于工业应用"通常作相对宽泛的解释，是指外观设计所对应的产品"能应用于产业上并形成批量生产"。① 手工生产的产品，如果能够重复，没有理由被排除。外观设计必须应用于特定载体，即产品。脱离了特定产品的外观设计，并不能获得专利法的保护。依据《专利审查指南》，"不能重复生产的手工艺品、农产品、畜产品、自然物不能作为外观设计的载体。"②"取决于特定地理条件、不能重复再现的固定建筑物、桥梁等（例如，包括特定的山水在内的山水别墅）"也不是外观设计专利法意义上的产品。专利法对于产品载体的限制，压缩了外观设计的保护范围——将相同的外观设计移植到不相同也不相近似的产品上，通常并不侵害外观设计专利权。在这一点上，外观设计专利保护与著作权保护有重大差别。后者保护抽象的作品，不关心它具体被附着在何种物质载体上。

其次，该设计是产品的**外形、图案和色彩的组合**。这些外形、图案或色彩一般应该能够通过肉眼能够察觉。如果产品没有固定的外形、图案或色彩，则不能获得外观设计专利保护。比如，《专利审查指南》指出，"因其包含有气体、液体及粉末状等无固定形状的物质而导致其形状、图案、色彩不固定的产品""不能作用于视觉或者肉眼难以确定，需要借助特定的工具才能分辨其形状、图案、色彩的物品（例如，其图案是在紫外灯照射下才能显现的产品）"不能获得外观设计保护。③

产品的外观设计在正常适用过程中不可见，是否应该获得专利保护，存在较大的争议。④ 有意见认为，中国应参考欧盟的做法，在"终端用户使用时不可见的组件的外观设计"不应获得保护。⑤

再次，该外观设计应当具有**新颖性**，即该设计"不属于现有设计"，"也没有任何单位或者个人就同样的外观设计在申请日以前向国务院专利行政部门提出过申请，并记载在申请日以后公告的专利文件中。"⑥换句话说，该设计不属于出于公共领域的现有设计，也不与所谓的"抵触申请"相抵触。所谓现有设计是指"申请日以前在国内外为公众所知的设计。"⑦专利法并没有说明判断一项申请属于现有设计或者与抵触申请抵触的具体方法，理论上存在争议。在后文有进一步的讨论。

最次，该外观设计还应具有**区别性**，即"授予专利权的外观设计与现有设计或者现

---

① 《专利审查指南》(2010)第一部分第三章,外观设计专利申请的初步审查,第82页。
② 同上注,第82页。
③ 同上注,第83页。
④ 对比 EU Regulation Art. 4, para. 2 and 3.
⑤ 张广良:《外观设计的司法保护》,法律出版社 2008 年版,第5页。
⑥ 《专利法》(2008)第23条第1款。
⑦ 《专利法》(2008)第23条第4款。

有设计特征的组合相比,应当具有明显区别。"①区别性之于外观设计,大致相当于创造性之于发明专利。关于这一类比的局限性,后文有深入的讨论。

《专利法》第2条关于外观设计的定义还要求设计需要"富有美感"。理论上讲,这也是外观设计获得授权的前提条件。不过,是否具有美感没有客观的评判标准。北京高院的下列意见很有代表性:"由于判断某一产品是否具有美感具有较强的主观性,往往受到观察者的文化水平、生活经历、审美观点等因素的影响,因此,不同的人可能对同一产品是否具有美感有不同的看法。只要某一产品不会给一般的消费者以明显的丑陋感觉,就不应当认为其不具有美感。"②有意见甚至认为,在实践中,"富有美感"这一要求形同虚设,因为"从中国实行专利制度至今,还没有意见被授予专利权的外观设计时因为缺乏美感而被宣告无效"。③

不过,本书认为,"富有美感"的要求,实际上还是能够起到限定外观设计保护范围的作用。只不过,在操作层面,"富有美感"的要求,被"不具有功能性"要求所替代。只要外观设计特征没有收到功能性或技术性限制,差不多就是处于美感的需要而进行的设计。

1.3 初步审查

外观设计专利申请受理、分类后,进入初步审查程序。初步审查合格之后,授权、登记和公告,与实用新型专利大致类似。这里仅仅介绍外观设计专利申请的初步审查的内容。

依据《专利法实施细则》(2010)第44条,外观设计专利申请的初步审查,要"审查专利申请是否具备专利法第二十六条或者第二十七条规定的文件和其他必要的文件";外观申请人的资格④;同时还要审查下列实体内容:

(1) 是否明显不属于《专利法》第2条第4款所定义的外观设计;

(2) 是否明显属于违反《专利法》第5条的"违反法律、社会公德或者妨害公共利益的发明创造";

(3) 是否明显属于违反《专利法》第25条第1款第(六)项的"对平面印刷品的图案、色彩或者二者的结合作出的**主要起标识作用的设计**。"

(4) 是否明显不具有**新颖性**;

(5) 是否明显不具有**单一性**⑤;

(6) 是否明显"修改超范围";

(7) 是否不符合分案申请的规定;

(8) 是否属于重复授权的情形等。

---

① 《专利法》(2008)第23条第2款。
② 贺春平诉国家知识产权局专利复审委员会,北京高院(2005)高行终字第145号,案例载北京市高级人民法院知识产权庭编(王振清主编):《知识产权经典判例(3)》,知识产权出版社2008年版,页28—34。
③ 张广良:《外观设计的司法保护》,法律出版社2008年版,第5页。
④ 《专利法》(2008)第18条、第19条。
⑤ 《专利法》(2008)第31条第2款。

在《细则》规定的初步审查的内容中,不包含创造性("明显区别")审查。

初步审查虽然涉及大量的实质审查的内容,但是《细则》仅要求审查员判断申请是否<u>明显存在问题</u>,而无需花费大量精力去排除潜在的不合格申请。何谓"明显",审查员有很大的裁量权。如果愿意,审查员可以初步审查之名,行实质审查之实。不过,立法者显然不希望如此,因为这会浪费大量的社会资源。

初步审查过程中外观设计申请的单一性要求是指"一件外观设计专利申请应当限于一项外观设计"。不过,专利法该法第 31 条第 2 款设置了两项例外:"同一产品两项以上的相似外观设计,或者用于同一类别并且成套出售或者使用的产品的两项以上外观设计,可以作为一件申请提出。"

在外观设计专利授权前,专利局对于外观设计专利申请只进行初步审查,而不进行实质审查。因此,外观设计专利与实用新型专利类似,法律效力的可靠程度较低。因此,在外观设计专利侵权纠纷中,人民法院或者管理专利工作的部门**可以**要求专利权人或者利害关系人出具由国务院专利行政部门对相关外观设计进行检索、分析和评价后作出的专利权评价报告,作为审理、处理专利侵权纠纷的证据。①

1.4 保护范围

申请人在申请外观设计专利时,应当提交"请求书、该外观设计的图片或者照片以及对该外观设计的简要说明等文件"。② "外观设计专利权的保护范围以表示在图片或者照片中的该产品的外观设计为准,简要说明可以用于解释图片或者照片所表示的该产品的外观设计。"③由此看来,外观设计申请中的图片或照片相当于发明专利的权利要求,大体界定了该外观设计的具体保护范围。

中国法院在确定外观设计专利的保护范围时,通常将专利保护限制在相同或近似种类的产品上。最高人民法院《关于审理侵犯专利权纠纷案件应用法律若干问题的解释》(2009)第 8 条的规定如下:

> 在与外观设计专利产品相同或者相近种类产品上,采用与授权外观设计相同或者近似的外观设计的,人民法院应当认定被诉侵权设计落入专利法第五十九条第二款规定的外观设计专利权的保护范围。
>
> **第九条** 人民法院应当根据外观设计产品的用途,认定产品种类是否相同或者相近。确定产品的用途,可以参考外观设计的简要说明、国际外观设计分类表、产品的功能以及产品销售、实际使用的情况等因素。

1.5 与其他法律重叠

1.5.1 外观设计的著作权保护

在外观设计的保护上,专利法与著作权法发生重叠。工业产品的外观设计是产品

---

① 《专利法》(2008)第 61 条第 2 款。
② 《专利法》(2008)第 27 条第 1 款;《专利法实施细则》(2010)第 27 条第 2 款。
③ 《专利法》(2008)第 59 条第 2 款。

的外形、图案和色彩组合,也可能被视为具有实用艺术品,从而获得著作权保护。

理论上讲,完全排除著作权法与专利法重叠保护几乎是不可能的,或者说会是荒谬的。比如,有人完成一幅绘画作品,然后将其印制到产品包装袋或者布料上,起美化作用。无论是包装袋还是布料,都可以获得外观设计保护。尽管外观设计表面上保护的是产品,而非绘画作品本身,但是受保护的核心内容本质上都是该抽象的绘画内容。如果坚持外观设计专利保护排除著作权保护,则会出现这样的局面:包装袋或布料获得外观设计保护,将导致绘画作品无法获得著作权保护。这实际上是说,如果该绘画作品的著作权人自己或许可他人将该作品应用于外观设计,则会丧失该作品的著作权。如果立法者刻意禁止重叠保护,就会导致这一荒谬结果反复出现。

有一部分学者认为,工业品外观设计专利的保护期届满,意味着该工业设计应进入公共领域,供公众自由取用,而不应通过替代或重叠保护阻止其进入公共领域。换句话说,外观设计专利保护已经向设计者提供了足够的激励,没有必要在此基础上提供额外的更长时间的著作权保护。从外观设计立法的角度看,这一观点有一定的道理。不过,如果换一个角度,从著作权法的角度来看,就不再可靠。一项外观设计如果落入著作权法意义上的作品的范围,自动获得著作权法保护。著作权法的立法者实际上相信,该作品的作品有权获得有效的著作权保护,或者说该作者值得激励。在此基础上,著作权人或者获得其许可的第三方利用该作品寻求外观设计保护,一般并不会实质性超出著作权原始的保护范围①,就谈不上扩充著作权的保护范围。沿着这一思路,在外观设计保护期满后寻求著作权保护,设计者并不是在对公共领域的设计方案重新主张权利,而是重申自己对于原本就不再公共领域的作品的权利而已。当然,如果法院认为,著作权法保护会给予过度的激励,那合理的选择是依据著作权法上的保护客体排除或原创性审查规则拒绝保护或压缩保护期,但是不要以排除重叠保护的名义。

实践中,可能有人会将处在公共领域的作品应用到外观设计上—寻求专利保护。这是否会变相地延长著作权的保护或者将公共领域的资源据为己有?答案是否定的。如果单纯的将公共领域的作品简单复制到外观设计上,而这一设计理念众所周知,则该设计在纠纷发生后通常并经受住专利局的实质审查(不具备所谓的新颖性或"创造性")。如果利用公共领域的作品这一设计理念本身就很特别,不是一般人能想到的,则原本就应该获得专利法的激励。其中的道理就像设计者可以任意组合公共领域的设计要素以寻求新的设计方案一样。因此,没有必要以排斥重叠保护的名义来禁止他人寻求著作权和外观设计的双重保护。

有人可能有这样的疑问,既然重叠保护并不能实质性拓展著作权的保护范围,为什么在能够获得著作权保护的情况下,为什么还有人愿意申请外观设计专利?在本书作者看来,至少有三方面的原因,其一,著作权法上作品范围、独创性标准不够明确,很

---

① 专利法上不承认所谓的独立创作例外抗辩。申请外观设计专利理论上减轻了权利人举证证明抄袭的难度,但是这对于著作权人利益的扩张效果微乎其微,基本上可以忽略。

多设计者对自己的设计方案一定能够获得著作权法的保护没有信心,而外观设计专利的授权标准相对明确,因此申请外观设计专利以确保万无一失;其二,在某些行业,拥有专利这一事实对于商业宣传非常有利,所以企业愿意申请外观设计专利;其三,部分企业可能出于对法律的误解,以为自己的工业设计无法获得著作权保护,所以申请外观设计专利。这些原因都不能支持立法者作出排除重叠保护的选择。

在中国现行的司法实践中,法院并不认为外观设计专利与著作权的双重保护存在问题。比如,著名的乐高玩具著作权案中,被告可高公司认为,没有证据表明中国法律对实用艺术作品提供著作权和专利权的双重保护,北京高院指出:

> 这一问题应当更符合法律逻辑地理解为现在没有证据表明中国法律对于外国人的实用艺术作品排斥著作权和专利权的双重保护。英特莱格公司就其实用艺术作品虽然申请了中国外观设计专利,但并不妨碍其同时或继续得到著作权法的保护。可高公司关于英特莱格公司的玩具组件已申请外观设计专利,不应再受著作权法保护的主张,本院不予采信。①

1.5.2 外观设计的反不正当竞争法保护

宁波微亚达文具有限公司 v. 上海成硕工贸有限公司

最高人民法院(2010)民提字第 16 号

邰中林、朱理、郎贵梅法官:

[中韩晨光公司为名称为"笔(事务笔)"的第 ZL02316156.6 号外观设计专利的权利人。专利权终止后,微亚达制笔公司和微亚达文具公司生产、销售被控侵权的 681 型水笔。经对比,中韩晨光公司的 K-35 型按动式中性笔的外观与前述外观设计专利相同。被控侵权的 681 型水笔的结构与上述 K-35 型按动式中性笔相同。从整体上看,两者外观基本相同。中韩晨光公司提起反不正当竞争之诉。微亚达制笔公司认为,K-35 型按动式中性笔曾获得过外观设计专利,其笔套夹和装饰圈在外观设计专利状态下属于外观设计的一部分,但这并不等于其在外观设计专利权终止后就构成特有装潢。K-35 型按动式中性笔的外观设计专利失效后,其外观设计不再受法律保护。]

[上海市二中院一审认为,中韩晨光公司的 K-35 型按动式中性笔外观中的笔套夹和装饰圈部分构成知名商品的特有装潢。微亚达制笔公司和微亚达文具公司的行为构成不正当竞争。上海市高院维持原判。本案再审过程中,三方达成和解协议撤诉。]

本院认为,本案当事人在申请再审中争议的主要法律问题在于:获得外观设计专利的商品外观在专利权终止后能否再依据反不正当竞争法获得保护;形状构造类装潢获得知名商品特有装潢保护的条件。

(一) 关于获得外观设计专利的商品外观在专利权终止后能否再依据反不正当竞争法获得保护的问题

---

① 英特莱格公司诉可高(天津)玩具有限公司等,北京高院(2002)高民终字第 279 号。

多数情况下,如果一种外观设计专利因保护期届满或者其他原因导致专利权终止,该外观设计就进入了公有领域,任何人都可以自由利用。但是,在知识产权领域内,一种客体可能同时属于多种知识产权的保护对象,其中一种权利的终止并不当然导致其他权利同时也失去效力。同时,反不正当竞争法也可以在知识产权法之外,在特定条件下对于某些民事权益提供有限的、附加的补充性保护。就获得外观设计专利权的商品外观而言,外观设计专利权终止之后,在使用该外观设计的商品成为知名商品的情况下,如果他人对该外观设计的使用足以导致相关公众对商品的来源产生混淆或者误认,这种在后使用行为就会不正当地利用该外观设计在先使用人的商誉,构成不正当竞争。因此,外观设计专利权终止后,该设计并不当然进入公有领域,在符合反不正当竞争法的保护条件时,它还可以受到该法的保护。具体而言,由于商品的外观设计可能同时构成商品的包装或者装潢,因而可以依据反不正当竞争法关于知名商品特有包装、装潢的规定而得到制止混淆的保护。

此时,该外观设计应当满足以下条件:1. 使用该设计的商品必须构成知名商品;2. 该设计已经实际具有区别商品来源的作用,从而可以作为知名商品的特有包装或者装潢;3. 这种设计既不属于由商品自身的性质所决定的设计,也不属于为实现某种技术效果所必需的设计或者使商品具有实质性价值的设计;4. 他人对该设计的使用会导致相关公众的混淆或者误认。不过,外观设计专利权的终止,至少使社会公众收到了该设计可能已经进入公有领域的信号,因而主张该设计受到知名商品特有包装、装潢保护的权利人应提供更加充分的证据来证明有关设计仍应受法律保护。

(二) 关于形状构造类装潢获得知名商品特有装潢保护的条件商品的装潢的字面含义是指商品的装饰,它起着美化商品的作用。一般而言,凡是具有美化商品作用、外部可视的装饰,都属于装潢。在外延上,商品的装潢一般可以分为如下两种类型:一类是文字图案类装潢,即外在于商品之上的文字、图案、色彩及其排列组合;另一类是形状构造类装潢,即内在于物品之中,属于物品本体但具有装饰作用的物品的整体或者局部外观构造,但仅由商品自身的性质所决定的形状、为实现某种技术效果所必需的形状以及使商品具有实质性价值的形状除外。现实生活中大多数装潢都可归为这两种类型。尽管该两种类型的装潢在表现形态上存在差异,但都因其装饰美化作用而构成商品的装潢。如果把装潢仅仅理解为附加、附着在商品本体上的文字、图案、色彩及其排列组合,就会把商品自身的外观构造排除在外,从而不恰当地限缩了装潢的范围。

所谓知名商品的特有装潢,是指知名商品上具有区别商品来源的显著特征的装潢。由于文字图案类装潢和形状构造类装潢的表现形态不同,决定了它们构成特有装潢的条件也存在一定差异。对于文字图案类装潢而言,由于消费者几乎总是习惯于利用它们来区分商品来源,除因为通用性、描述性或者其他原因而缺乏显著性的情况外,它们通常都可以在一定程度上起到区别商品来源的作用。一般而言,在使用文字图案类装潢的商品构成知名商品的情况下,该文字图案类装潢除缺乏显著性的情形外,通常都可起到区别商品来源的作用,从而构成知名商品的特有装潢。形状构造类装潢则并非如此。形状构造本身与商品本体不可分割,相关公众往往更容易将其视作商品本体的组成部分,而一般不会直接将其与商品的特定生产者、提供者联系起来。即使使用该形状构造的商品已经成为知名商品,在缺乏充分证据的情况下,不能直接得出相关公众已经将该种形状构造与特定的生产者、提供者联系起来的结论。因此,对于形状构造类装潢而言,不能基于使用该种形状构造的商品已经成为知名商品就当然认为该种形状构造已经起到了区别商品来源的作用,更不能仅凭使用该种形状构造的商品已经成为知名商品就推定该种形状构造属于知名商品的特有装潢。因而,认定形状构造类装潢构成知名商品特有装潢,需要有更加充分的证据证明该种形状构造起到了区别商品来源的作用。可见,与外在于商品之上的文字图案类装潢相比,内在于商品之中的形状构造类装潢构成知名商品的特有装潢需要满足更严格的条件。这些条件一般至少包括:1. 该形状构造应该具有区别于一般常见设计的显著特征。2. 通过在市场上的使用,相关公众已经将该形状构造与特定生产者、提供者联系起来,即该形状构造通过使用获得了第二含义。也就是说,一种形状构造要成为知名商品的特有装潢,其仅仅具有新颖性和独特性并对消费者产生了吸引力是不够的,它还必须能够起到区别商品来源的作用。只要有充分证据证明该形状构造特征取得了区别商品来源的作用,就可以依据知名商品的特有装潢获得保护。

1.6 外观设计保护模式选择的基础理论

"作品"的专利保护:外观设计保护的改革方向

崔国斌:《知识产权确权模式选择理论》,载《中外法学》2014 年第 2 期,第 427—429 页。

外观设计是指"对产品的形状、图案或者其结合以及色彩与形状、图案的结合所作出的富有美感并适于工业应用的新设计。"它本质上并非传统意义上的技术方案,而是一种美学设计,更像一种"作品"。之所以给作品带上引号,是因为外观设计虽然与作品非常相似,却不一定具有版权法意义上的独创性。外观设计的区别特征的数量在多寡两极之间连续分布:有些外观设计含有复杂的细节(区别特征),与著作权法上的美术或雕塑作品无异;另外一些外观设计则风格简练,含有较少的区别特征。比如前文提到的手机或汽车的外观设计。

对于"区别特征多"的外观设计,依据传统的理论,如果其美学表达具备版权意义上的独创性,而且能够与功能性分离,则此类外观设计被视为"实用艺术品",可以按照版权模式获得保护。司法实践中有很多案例已确认过这一点。

对于"区别特征较少"的外观设计,可能无法满足版权法上的"独创性"要求,也可能不被视为实用艺术品,因而无法获得版权保护。这一类外观设计在所有外观设计中应该占有很大比例。因为整体而言,工业产品作为一种技术方案,区别特征较少,可替代性较低。外观设计的区别特征有很大一部分受限于工业产品自身的技术特征。在此基础上,按照简洁明快的风格要求对产品的外观进行美化,外观设计的方案常常也会"区别特征少"。依据区别特征理论,这些外观设计不宜通过版权模式加以保护,应该通过专利模式保护。

中国现行的专利法大体上按照准专利模式来保护外观设计"作品"。虽然专利法没有要求外观设计的申请人撰写正式的权利要求并进行实质审查,在侵权认定环节也没有严格采用所谓的"全部要素"规则。但是,专利法还是要求申请人事先提出申请,通过图片界定权利范围。外观设计侵权者不享有"独立创作例外"抗辩。进行侵权比对时,法院采用所谓的"整体观察综合判断"的方法。如果二者"整体视觉效果相同或近似",则认定侵权。这一方法强调整体比对,在一定程度上接近专利侵权的全部要素规则。法院不能完全忽略部分设计内容而单纯进行局部的比对。在这一规则下,如果竞争对手仅仅抄袭了外观设计中的局部设计(即便该局部设计本身具有独创性),通常并不侵害外观设计专利权。这一规则在一定程度上避免了版权模式下权利边界的不确定性(抄袭作品的具有原创性的局部依然侵权)。

对于那些区别特征很多的外观设计,竞争者可能只抄袭关键的局部设计。侵权比对时强调整体相似,可能导致局部设计无法得到有效保护。为了避免这一局面,区别特征较多的外观设计的申请人可能被迫申请更多的外观设计,将部分区别特征与通用特征组合在一起成为多份申请,以便对一项外观设计的局部设计或者类似设计进行保护。这无疑会增加外观设计者的申请成本。对设计者持同情态度的法官,可能愿意采用一些变通做法,为权利人提供变相的局部设计保护。法院可能给专利设计中某些局部设计贴上惯常设计的标签,降低其在侵权对比中的权重,而重点考虑有创新的设计要点。现在,很多学者支持所谓的"创新保护"理论,就沿着这一思路考虑问题。不过,经如此变通后,所谓的"整体观察综合判断"规则与版权法上的实质性相似规则就比较接近。这么做的后果与法院在一般专利领域背离所谓的"全部要素"规则的后果类似——必然导致外观设计专利权的权利边界不确定。也就是说,这会增加外观设计侵权判断的不确定性。现在,学术界对此已经有很严厉的批评。

外观设计制度设计所遇到的最大难题就是各类外观设计的区别特征的数量在多寡两极之间连续分布。在一部法律中,立法者无论偏向版权模式还是专利模式,都只能满足一部分设计者的需求。适用这样的法律会导致很多法院在侵权比对时,在偏向一般专利法的"全部要素规则"还是偏向版权法上的"实质相似规则"之间,摇摆不定。这使得外观设计保护的法律确定性丧失。要改变这一现状,合理的努力方向可能是同时提供两套独立的保护机制。在专利法模式下,坚持"整体相同或相似"侵权标准,向"全部要素原则"的一般侵权认定规则靠拢,使得侵权的认定结果更有预见性。这一制度安排将增加区别特征较多的外观设计的申请人寻求专利保护的成本。可以预见,设计者只会对那些区别特征较少、价值较大的外观设计寻求专利保护。

对于那些区别特征较多的外观设计,则可以从三个方向努力提供合适的保护。其一,在版权法上采用比较宽松的"实用艺术品"概念,让更多的复杂的外观设计获得版权保护。如果保护期限太长,可以设置单独的保护期限。其二,在外观设计法(专利法)上引入局部设计保护制度——当一项产品的外观设计的区别特征较多时,申请人可以选择对某些核心的设计要点申请局部外观设计。这虽然不是完美的解决方案,但是可以从一定程度上弥补现有外观设计制度的存在的缺陷。其三,是一种更大胆的设想,在反不争竞争法上的引入一般性的反抄袭条款——当一项产品的外观设计的细节足够丰富有充分的可替代性时,竞争者实质性地抄袭这些细节的行为将被视为不正当竞争行为。这有点类似版权模式的保护。

2 特殊客体

2.1 局部设计

专利法上的外观设计是指"对产品的形状、图案或者其结合以及色彩与形状、图案的结合所作出的富有美感并适于工业应用的新设计"。① 这一定义要求外观设计保护的对象是"产品……的新设计"。从条文的字面意思看,产品的局部设计,依然是"产品的设计"。从中,我们原本并不能读出立法者将产品局部外观设计排除出保护范围的意图。不过,专利局的《专利审查指南》还是排除了一部分的局部设计获得独立的专利保护的可能性,具体包括:

> 产品的<u>不能分割或者不能单独出售且不能单独使用</u>的局部设计,例如袜跟、帽檐、杯把等。
>
> "对于由多个不同特定形状或者图案的构件组成的产品,<u>如果构件本身不能单独出售且不能单独使用</u>,则该构件不属于外观设计专利保护的客体。例如,一组由不同形状的插接块组成的拼图玩具,只有将所有插接块共同作为一项外观设计申请时,才属于外观设计专利保护的客体。②

设计者如果对上述局部设计寻求专利保护,只能将该局部设计作为一个产品整体设计的一部分提出申请。在侵权案件中,该局部设计只能是确定外观设计保护范围的一个因素,而不是全部。由于法院在外观设计侵权判断是强调对"整体视觉效果进行综合判断"③,这可能导致该局部设计相对产品上其他特征而言重要性降低,甚至被忽略,从而得不到有效保护。正因为如此,排除局部设计在产业政策上有重要意义——它压缩了外观设计保护的范围,使得设计者通过重要的局部设计的控制产品市场的能力下降。

为了避免局部设计之外的通用部分的干扰,外观设计申请者可能被迫事先对通用部分的可能设计进行设想,提出多种包涵局部设计的整体设计方案。比如,有学者以牙刷头的局部设计为例,指出:"如果对'产品的不能分割、不能单独出售或使用的部分'不予以保护,申请人只能将牙刷的整体设计方案提出外观设计申请。对于该设计而言,牙刷把部分的设计是非关键性的。申请人要取得对牙刷头的设计的保护就需要

---

① 《专利法》(2008)第2条第4款。
② 《专利审查指南》(2010)第一部分第三章,外观设计专利申请的初步审查,第83页。下划线为本书作者所加。
③ 《最高人民法院关于审理侵犯专利权纠纷案件应用法律若干问题的解释》(2009)第11条。

以穷举的方式改变牙刷把部分的设计。这不仅是难以做到的,而且是不必要的。"①

抛开产业政策,单纯从逻辑上看,区分产品的整体设计和局部设计是非常武断的制度安排。整体设计实际上在绝大多数情况下不过是局部设计加产品的惯常形态而已。许可设计者利用外观设计专利阻止他人抄袭"局部设计+产品惯常形态",却不许可设计者利用外观设计阻止仅仅抄袭"局部设计"的行为,显得很奇怪。学术界目前多数意见似乎支持对局部设计进行保护以激励创新。②

如果明确许可对产品局部寻求外观设计专利保护,则下列关于图片中虚实线区分的建议值得参考:

> 参照韩国和日本的做法,想要得到部分外观设计专利时,需在所涉及外观设计的产品中,将"想要得到专利的部分"用实线描绘,而"其他部分"用虚线描绘,限定产品的部分外观设计。例如,在客车的外观设计中,即使想要得到外观设计专利的部分是客车的"保险杠"部分,成为权利客体的外观设计所涉及的产品也应是包含该"保险杠"部分的轿车,而不是"保险杠"或"客车的保险杠"。因此,"保险杠"用实线,包含保险杠的客车整体外观则为虚线。③

虚实线的区分,除了上文所说的日本或韩国外,在美国也是普遍做法。虚实区分在保护范围上有重要意义。虚线表示的部分依然是对比时考虑的背景要素,起到界定外观设计所附着的产品的作用,重要性大大降低。审查者或比对者更多地关注实线所突出的局部设计特征。

2013年国家知识产权局考虑修改审查指南,开放局部外观设计的保护。不过,遇到的最大的法律疑问不是该不该开放保护,而是是否可以简单地修改审查指南的方式来实现拓展保护范围的目的?这并不是一个简单的问题。为谨慎起见,需要调查立法者的本意,然后才能理解为什么审查指南作出现有选择。不过,在专利法第四次修改的建议稿中,立法者选择直接修改专利法明确将局部外观设计纳入保护范围。该建议稿第2条关于外观设计的定位被修改为:"外观设计,是指对产品的**整体或者局部**的形状、图案或者其结合以及色彩与形状、图案的结合所作出的富有美感并适于工业应用的新设计。"

2.2 图形用户界面(GUI)

电子产品的图形用户界面(Graphical User Interface,GUI)的外观设计保护是近几年来的热点问题。依据2010年版的《专利审查指南》,此类图形用户界面属于"产品通电后显示的图案"(例如电子表表盘显示的图案、手机显示屏上显示的图案、软件界

---

① 林柏楠:《外观设计专利若干问题研究》,载程永顺主编:《外观设计专利保护实务》,法律出版社2005年版,第48页。
② 张广良:《外观设计的司法保护》,法律出版社2008年版,第7页。
③ 苏平:《部分外观设计专利问题探析与思考》,载《中国发明与专利》2012年第10期,第67页。实际上,保险杠已经可以作为产品的部件获得保护。

面等),不能获得外观设计专利保护。①

不过,2014年国家知识产权局专门修改了专利审查指南中相关内容,开放对图形用户界面保护,并规定了具体的申请文件要求:"就包括图形用户界面的产品外观设计而言,应当提交整体产品外观设计视图。图形用户界面为动态图案的,申请人应当至少提交一个状态的上述整体产品外观设计视图,对其余状态可仅提交关键帧的视图,所提交的视图应当能唯一确定动态图案中动画的变化趋势。""对于包括图形用户界面的产品外观设计专利申请,必要时说明图形用户界面的用途、图形用户界面在产品中的区域、人机交互方式以及变化状态等。"②

图形用户界面虽然成为可以保护的客体,但在我国现行的法律框架下,它必须成为产品的一部分才能获得保护。单纯电子图标本身并不能获得外观设计专利保护。不过,如何限定一项用户图形界面所结合的产品范围,将是中国法下的新挑战。比如,关于手机的图形用户界面的保护是否可以延伸到掌上电脑、普通电脑、家电的屏幕?在这一方面,我们还没有见到具体的司法案例。

苹果公司 v. 专利复审委员会

北京市高院(2014)高行(知)终字第2815号

潘伟、吴斌、石必胜法官:

2010年7月26日,苹果公司向中华人民共和国国家知识产权局(简称国家知识产权局)提出名称为"便携式显示设备(带图形用户界面)"的外观设计专利申请(简称本申请,见本判决书附图)。本申请的申请号为201030255255.5,优先权日为2010年1月27日。本申请简要说明载明:"产品名称为便携式显示设备(带图形用户界面),其可用于显示信息(例如书本),也可用作媒体装置或通讯工具等,分类号为14-01、14-02、14-03;设计要点在于产品的形状和图案。"

2011年6月16日,国家知识产权局原审查部门驳回了本申请,理由是:本申请视图表达的内容包含产品通电后显示的图案,属于不授予外观设计专利权的情形,不符合2008年修正的《中华人民共和国专利法》(简称《专利法》)第二条第四款的规定。

[专利复审委和北京市一中院均维持审查决定。]

本院认为:

《专利法》第二条第四款规定,外观设计,是指对产品的形状、图案或者其结合以及色彩与形状、图案的结合所作出的富有美感并适于工业应用的新设计。根据《专利法》第二条第四款的规定,满足以下四个法律要件的外观设计,可以成为我国外观设计专利权的保护客体:(一)以工业产品为载体;(二)是对产品形状、图案或者其结合以及色彩与形状、图案结合所作出的新的设计;(三)适于批量化生产的工业应用;(四)富有美感。

---

① 《专利审查指南》(2010)第一部分第三章,外观设计专利申请的初步审查,第83页。
② 《国家知识产权局关于修改〈专利审查指南〉的决定》(第68号)(2014)。

本案中，本申请为便携式显示设备（带图形用户界面），是对便携式显示设备产品在整体形状和图案上所作出的外观设计。虽然本申请还包括了在产品通电状态下才能显示的图形用户界面，但并不能以此否定本申请在实质上仍是对便携式显示设备在产品整体外观方面所进行的设计。同时，本申请亦能满足外观设计专利在工业应用和美感方面的要求，故可以成为我国外观设计专利权的保护客体。原审法院认为本申请可以成为外观设计专利权的授权客体，并无不当。专利复审委员会上诉主张本申请不能成为外观设计专利权授权客体，缺乏事实和法律依据，应当不予支持。

虽然产品整体外观设计包括了通电后才能显示的图形用户界面可以成为外观设计专利权的客体，但是，为了便于准确确定外观设计的内容，专利申请人应当在图片或照片中，或者在简要说明中，通过恰当的方式指明图片或照片中的哪些部分属于通电后才能显示的图案。在本申请中，苹果公司并没有明确指出图片或照片中的哪些部分是通电后才能显示的图案，虽然专利复审委员会和苹果公司在诉讼程序中对哪些部分是通电后才能显示的图案没有争议，但外观设计专利权具有公示性，仅仅是国家知识产权局和专利申请人知道哪些部分是通电后才能显示的图案，并不足以使相关的公众也清楚地知道图片或照片中的哪些部分是通电后才能显示的图案，因此本申请在这个方面存在问题。

专利复审委员会上诉主张，《专利审查指南》在"外观设计专利申请的初步审查"部分，即第一部分第三章第7.4节中规定，产品通电后显示的图案，例如电子表表盘显示的图案、手机显示屏上显示的图案、软件界面等属于不授予外观设计专利权的情形。对此本院认为：第一，《专利审查指南》仅是部门行政规章而法律或行政法规，人民法院在判断本申请中的外观设计是否属于我国外观设计专利权的客体时，仍应以《专利法》第二条第四款的规定为基础予以考虑。第二，尽管《专利审查指南》规定"产品通电后显示的图案"属于不授予外观设计专利权的情形，但结合《专利法》第二条第四款及上述分析可知，该规定不应被扩大解释为只要是包含了产品通电后所显示图案的外观设计申请，均应被排除在授予外观设计专利权的范围之外。换言之，产品通电后显示的图案并非全部不能享有外观设计专利权保护，如本案之情形，若产品通电后显示的图形用户界面属于产品整体外观设计的一部分，或产品整体外观设计包括了图形用户界面，则由于此种外观设计专利申请实质上仍属于对产品整体外观所进行的设计，并不应以不符合《专利法》第二条第四款规定为由而被驳回。

专利复审委员会上诉主张，本申请的通电图案不是一直存在，随通电与否变化，如果对其进行保护，保护范围难以确定。对此本院认为，对于变化状态产品，应当以其使用状态所示的外观设计作为与对比设计进行比较的对象，其判断结论取决于对产品各种使用状态的外观设计的综合考虑。《最高人民法院关于审理侵犯专利权纠纷案件应用法律若干问题的解释》第十一条第二款规定，产品正常使用时容易被直接观察到的部位相对于其他部位，通常对外观设计的整体视觉效果更具有影响。因此，产品使用时所具有的状态也是相关外观设计专利权纠纷中应当予以考察的重要方面。对于与本申请情况相似的包含了图形用户界面的产品外观设计申请而言，不仅应当考虑非通电状态下的产品整体外观设计,产品通电后所显示的富有设计美感的图形用户界面或因此而呈现出的使用状态同样也是设计者智力创造成果的直接体现,而且往往在同类产品非通电状态下整体外观相同或相近的情况下,成为吸引消费者并影响其购买决策的重要因素,相关产品亦可因不同的图形用户界面设计而形成区分。如果只保护电子产品在非通电状态下的整体外观设计,而不保护其中所包含的在通电状态下才显示的图形用户界面,则并不足以对设计者在此过程中所付出的创造性劳动给予充分保护,没有充分考虑到此类电子产品相较于其他产品的特殊性,也无法对相关设计产业形成有效的激励和促进,故应当对产品通电后才能显示图形用户界面予以考虑。专利复审委员会的相关上诉主张,应当不予支持。

专利复审委员会上诉主张,无法确定本申请中的若干小方块的具体功能,因此本申请所示的外观设计属于未完成的设计,不符合《专利法》第二条第四款规定的"产品"要件。对此本院认为:第一,在我国现行专利制度之下,产品通电后显示的图案享有外观设计专利权保护的前提,确实应当是以特定工业产品为载体,相关申请文件亦应完整揭露且充分显示该工业产品的整体外观设计,脱离了特定工业产品的通电后显示的图案并不属于我国外观设计专利权的客体范围。第二,根据《专利法》第五十九条第二款的规定,外观设计专利权的保护范围以表示在图片或者照片中的该产品的外观设计为准。本案中,本申请主视图仅体现了图形用户界面的整体图标布局设计,而不涉及具体的图标样式,苹果公司亦在口审时明确其没有提交的图案并不申请给予外观设计专利保护,故本申请所请求保护的只是对图形用户界面中整体图标布局的设计。而且,此种图标布局设计能够在使用状态下稳定、可见地呈现给消费者,不会因使用者或使用方式的不同而发生变化。因此,专利复审委员会上诉主张本申请属于未完成的设计因此不应获得授权,缺乏事实和法律依据,应当不予支持。

专利复审委员会还上诉主张,本申请的通电图案不是一直存在,随通电与否变化,因此保护范围难以确定;即使按照国家知识产权局第68号令的规定,本申请仍然应当被排除在外观设计专利授权范围之外;本申请中的若干图标作横竖排列,并非申请人首创。对此本院认为,本案只讨论包括图形用户界面的产品外观设计是否能够成为我国外观设计专利权的客体,在将本申请纳入外观设计专利权授权客体之后,对于其是否能被授予外观设计专利权,还应由专利审查部门根据《专利法》规定的相关授权条件作进一步审查。所有包含通电后才能显示的图案的外观设计要获得外观设计专利授权,应当以恰当的方式明确指出图片或照片中哪些部分是通电后才能显示的图案。本申请在这个方面存在问题,专利审查部门在重新进行审查时应当注意此问题。

思考问题:

(1) 本案中,法院实际上否定了《专利审查指南》中关于通电才显示图标不能获得保护的规定,拓展了外观设计保护客体的范围。在面对一项专利局行之有年的做法,法院直接否定,应遵循什么样的原则呢?

(2) 法院在推翻审查指南的规则之后,过去受该指南影响而导致 GUI 申请被驳回的申请人,是否可以向专利局主张损害赔偿?

2.3 平面标识例外

依据《专利法》(2008)第25条第1款,"对平面印刷品的图案、色彩或者二者的结合作出的主要起标识作用的设计"不得授予外观设计专利权。这里并非单纯排除所有的平面印刷品,而是排除那些"主要起标识作用"(作为商标使用)的平面印刷品。"主要起标识作用是指所述外观设计的主要用途在于使公众识别所涉及的产品、服务的来源等。壁纸、纺织品不属于本条款规定的对象。"①下面的瓶贴是另一类典型的可以申请外观设计的平面印刷品。

拜尔斯道夫股份有限公司 v. 专利复审委员会

北京高院(2005)高行终字第199号

2000年3月22日,许桂萍国家知识产权局申请名称为"瓶贴"的外观设计专利,申请号为00320662.9,该申请于2000年11月29日获得授权公告。

[针对该专利,原告拜尔斯道夫股份有限公司于2001年10月9日向被告提出无效宣告请求,其理由是:(1)本专利同申请日以前在国内出版物上公开发表过的外观设计相近似。一方面是同拜尔斯道夫股份有限公司于1999年在国内出版物上公开发表过的一种"瓶贴"外观设计相近似;另一方面,拜尔斯道夫股份有限公司在1997年已经获得第1056540号注册商标,该商标也是一种"瓶贴"外观设计。(2)本专利同申请日以前在国内公开使用过的外观设计相近似。(3)本专利与拜尔斯道夫股份有限公司在先取得的商标权相冲突。]

[专利复审委员驳回无效宣告请求。原告不服,向法院提起行政诉讼。]

北京市一中院认为,《专利法》第二十三条规定,授予专利权的外观设计,应当同申请日以前在国内外出版物上公开发表过或者国内公开使用过的外观设计不相同和不相近似,并不得与他人在先取得的合法权利相冲突……虽然本案的外观设计为"瓶贴",具有特殊性,属平面设计,原告引证商标是图形,也属平面设计,两者之间具有一定的相同点,而按照《专利法》第二十三条规定中的国内外出版物上公开发表过的外观设计应当是在先外观设计,而并非商标等其他情形,原告将本专利与原告提供的商标相比较缺乏法律依据,该商标不能作为证明其在先公开的证据使用;原告虽持有相应的注册商标及行政机关的处罚决定,但其所称本专利与其在先权利相冲突的事实未经行政机关作出相应处罚决定亦无人民法院判决,尚不能进行实体判断。

[一审维持复审委决定,原告提起上诉。北京高院认为:]

拜尔斯道夫股份有限公司向专利复审委员会提交了证据附件2,即拜尔斯道夫股份有限公司的相关公司的产品"瓶贴"外观设计产品实物一件;证据附件3,即拜尔斯

---

① 《专利审查指南》(2010)第一部分第三章,外观设计专利申请的初步审查,第83页。下划线为本书作者所加第81页。

道夫股份有限公司的1056540号商标注册证复印件;证据附件4,即拜尔斯道夫股份有限公司的1056540号注册商标的公告复印件,用以上证据证明本专利同申请日以前在国内出版物上公开发表过的外观设计相近似。专利复审委员会认为,以授予专利权的外观设计与他人在先取得的合法权利相冲突为理由请求宣告外观设计专利权无效的,必须向专利复审委员会提交生效的能够证明权利冲突的处理决定或者判决。由于拜尔斯道夫股份有限公司始终未能提供有证明力的、生效的能够证明权利冲突的处理决定或者判决。因此,拜尔斯道夫股份有限公司提交的证据不足以证明本专利与他人在先取得的合法权利相冲突。对此问题,一审法院认为,本专利为"瓶贴",属平面设计,拜尔斯道夫股份有限公司提交的对比文件商标是图形,也属平面设计。但是按照《专利法》以上规定中的国内外出版物上公开发表过的外观设计应当是在先外观设计,而并非商标等其他情形,因此该商标不能作为证明其在先公开的证据使用。

根据《专利法实施细则》的有关规定,外观设计是指对产品的形状、图案或者其结合以及色彩与形状、图案的结合所作出的富有美感并适于工业应用的新设计。根据我国《商标法》的规定,文字、图形、字母、数字、三维标志和颜色组合以及上述要素的组合均可以作为商标。因此,从《专利法》和《商标法》不同角度考察,可以有不同的定性,既可以看成是商标,也可以看成是外观设计。本案中,拜尔斯道夫股份有限公司已经举证证明了注册商标的公开时间是1997年4月21日,早于本专利申请日,并提供相关证据证明该注册商标是作为瓶贴使用的。根据《专利法》第二十三条关于"授予专利权的外观设计,应当同申请日以前在国内外出版物上公开发表过或者国内公开使用过的外观设计不相同和不相近似"的规定,专利复审委员会应当就许桂平所享有的00320662.9号外观设计专利权与拜尔斯道夫股份有限公司作为商标注册的外观设计是否相同或者是否相近似作出判断。专利复审委员会和一审法院不加区别地认为不能将外观设计专利与商标相对比是不正确的。

思考问题:

商标属于典型的平面标识,起到识别商品来源的作用。将作为瓶贴的商标视为在先的外观设计比对,是否不符合外观设计的法律逻辑?为什么?

2.4 色彩限制

申请人可以在申请中特别请求保护色彩。不过,申请人需要按照要求提交彩色的图片或照片。① 申请人在申请人没有特别请求保护色彩的情况下,外观设计专利审查和侵权判断时,法院(或专利复审委员会等)通常不将特定色彩作为限定外观设计保护范围的要素。也就是说,在默认状态下,法院仅仅依据外观设计图片所显示的<u>产品形状和图案</u>来确定其保护范围。依据这一方法确定的保护范围较大,对申请人有利。但是,如果申请存在新颖性或创造性方面的缺陷,较宽的保护范围到有可能导致该专

---

① 《专利法实施细则》(2010)第27条第1款。

利覆盖现有设计,从而很容易被宣告无效。

在申请人请求保护色彩的情况下,该色彩是否当然地成为限制外观设计保护范围的因素,专利法上并没有明确答案,理论上也存在一定的争议。有意见认为,色彩限制仅仅相当于一个发明专利中的从属权利要求中的一个限制要素。只有在默认的"形状+图案"的保护范围过宽可能被不符合授权条件的情况下,才需要考虑色彩因素以限缩保护范围,使之符合外观授权条件。与此相反的意见则认为,只要请求人请求保护色彩,则从一开始就应当将色彩作为限制保护范围的因素加以考虑。

广州市年丰食品有限公司 v. 专利复审委员会

北京高院(2003)高行终字第66号

程永顺、岑宏宇、刘辉法官:

经审理查明,年丰食品公司于1997年7月11日向中国专利局申请名称为"标贴"的外观设计专利,并于1998年10月28授权公告,专利号为97310506.2,专利权人为年丰食品公司。在本案专利授权公告"简要说明"一栏中说明"请求保护色彩"。该标贴为近似的圆角长方形,从其视图看,其底色为红色,在左侧竖向长条内有两个较大的用白色描边的"金鳞"红色字,在其下方有一白色长方形,该竖向长条内的底色为土黄色;在整个标贴的右侧的主要设计图案的中间位置有一条弯曲的金黄色的鱼,其头部及半个鱼身向左弯曲,鱼尾向左下弯曲,在鱼的上方有"食用调和油"5个白色的中文字,其下面是"QUALTY COOKING OIL"英文字,在"食用调和油"的左侧有一黄色的徽章图案(见附图)。

[针对本案外观设计专利,郭兄弟粮油公司(本案第三人)于1999年7月27日向专利复审委员会提出无效宣告请求,理由是在本案专利申请日之前,已有与其相近似的外观设计在出版物上公开发表过,不符合专利法第二十三条第四款的规定。2001年9月11日专利复审委员会进行了口头审理,并于2001年12月17日作出第4081号无效宣告请求审查决定,宣告97310506.2号外观设计专利无效。理由是:在本案专利申请日以前已有与之相近似的外观设计专利在出版物上公开发表过,故本案专利不符合专利法第二十三条的规定。]

* * * *

北京市第一中级人民法院认为,外观设计专利相近似性判断,应根据请求人提供的对比文件及外观设计专利的图片及照片进行对比。由于郭兄弟粮油公司提交的对比文件并未显示色彩,第4081号无效宣告请求审查决定认定对比文件标贴与本案专利标贴色彩一致,没有相应证据。在将对比文件标贴和本案专利标贴进行对比时,色彩因素不应予以考虑。作为对比文件的同类产品在市场上是否知名,其产品所使用的外观设计是否为一般消费者所熟悉,对判定一般消费者认知程度具有意义。对比文件标贴的设计图案在国内市场已广为人知,并将此作为相近似性判断的参考因素是正确的。将对比文件标贴与本案专利标贴进行对比,二者的基本构成要素是相同的。对于对对比文件所涉及产品有一定了解的一般消费者而言,极容易将二者相混淆。从整体观察、综合判断角度出发,在两个标贴其他要素及其布局排列基本相同的情况下,二者鱼图形及产品名称字数这些个别要素的差异不足以使一般消费者将二者相区分。

根据以上理由,即使排除色彩因素,对比文件标贴与本案专利标贴也应认定为相近似的外观设计。第4081号无效宣告请求审查决定认定对比文件标贴与本案专利标贴为相近似的外观设计,并宣告本案专利无效,其结论是正确的,应予维持。

年丰食品公司不服原审判决,向本院提出上诉。理由是:原审法院应当仅就专利复审委员会的具体行政行为的合法性进行审查,而专利复审委员会认定的事实依据仅限于郭兄弟粮油公司提供的证据广告黑白图片,即出版物公开导致争议外观设计无效,对其他证据未予认定。原审法院却对郭兄弟粮油公司提交的其他证据进行了认定,在程序上违法。另外,原审法院认为色彩因素不予考虑,并依据《中华人民共和国反不正当竞争法》的规定认定本案专利与"金龙鱼"标贴相混淆,属于适用法律不当。

* * * *

本院认为,专利法所称的外观设计是指对产品的形状、图案或者其结合以及色彩与形状、图案的结合所作出的富有美感并适于工业应用的新设计。相同种类的产品的外观设计相近似,应当是指被比外观设计的形状、图案、色彩与在先同类产品外观设计相近似,即受专利法保护的外观设计的全部要素均相近似。根据郭兄弟粮油公司提供的证据附件10"金龙鱼"食用调和油的广告照片,与本案专利标贴进行对比,二者为同类产品;标贴的形状是相近似的;二者的图案基本构成要素是相同的,如均有产品名称、鱼图形、"食用调和油"字样、徽章等等,尽管鱼图案和个别文字有所不同,但从整体观察、综合判断的方式比较分析,二者图案设计是相近似的。

专利权人在请求保护的外观设计简要说明中根据专利法实施细则的规定,特别注明:请求保护色彩。在进行对比时,应当就各个要素均进行对比,如果被比外观设计要求保护色彩,而在先设计仅为黑白两种颜色,即使形状、图案相近似,也不能直接得出两者为相近似的外观设计的结论。所以,原审判决中"在将对比文件标贴和本案专利标贴进行对比时,色彩因素不应予以考虑;…即使排除色彩因素,对比文件标贴与本案专利标贴也应认定为相近似的外观设计。"的认定,没有对本案专利所要求保护的色彩作出评判,即得出本案专利与在先设计相近似的结论缺乏法律依据。

专利复审委员会在第4081号无效宣告请求审查决定中,虽然认为应当对本案标贴外观设计与对比文件的色彩进行对比,但是该无效决定又认为对比文件标贴的主要设计图案及色彩在国内市场已广为人知。《审查指南》规定,在外观设计相同和相近似性判断中,一般只能用一项在先设计与被比外观设计进行单独对比,而不能将两项或者两项以上的在先设计结合起来进行对比。也就是说,专利复审委员会采用的一篇对比文件应当包含被比外观设计所要保护的所有要素。专利复审委员会所引用的对比文件并没有包含色彩要素。而且作为一种具体的商品的标贴的色彩在国内市场上是否广为人知,应当有相应证据加以证明。专利复审委员会没有引用任何证据,即认定对比文件标贴的色彩是底色为红色,鱼的图案为金黄色,中英文字为白色,徽章为黄色,"金龙鱼"三个字为红色,完全是一种主观的判断,其作出的本案标贴外观设计与报纸上公开的标贴在形状、图案及色彩相近似的结论证据不足。故年丰食品公司的上诉理由成立,本院予以支持。

思考问题:

这一案件中核心的问题是,审查外观设计专利的新颖性时是否需要考虑申请者提出的色彩保护要求。一审和二审法院的立场迥异,你觉得何者更有道理?

2.5 外观设计中的文字

外观设计的法定组成要素是形状、图案和色彩。文字是否属于上述组成要素,存在一定的不确定性。在合资会社黑木本店 v. 专利复审委员(北京市一中院(2003)一中行初字第737号)的案例中,法院认为包装盒上的具体文字内容不包含外观设计当中:

> 专利法所称外观设计,是指对产品的形状、图案或者其结合以及色彩与形状、图案的结合所作出的富有美感并适于工业应用的新设计。结合本案专利的各视图而言,其包装盒的形状、色彩、图案及其布局、说明文字的布局是该外观设计的内容,受专利法的保护。而在该包装盒上的具体文字内容不包含外观设计当中,不属于外观设计保护的范围,不应以此作为评价该外观设计是否符合专利法第二十三条规定的内容。具体到本案专利,在该外观设计上的"百年孤独"四个字不属于外观设计的范畴,不在与对比文件进行对比的范围之内。

思考问题:

外观设计中的具体文字为什么不能被视为"形状、图案"呢?比如,极富美感或装饰性的中国草书文字?

3 新颖性

外观设计的新颖性要求与普通专利的新颖性要求大致相当,即现有设计和抵触申请会破坏外观设计专利申请的新颖性。认定现有设计范围时,也采用绝对新颖性标准,要求外观设计在世界范围内具有新颖性。如前所述,现有设计是指"申请日以前在国内外为公众所知的设计"[①]。何谓"在国内外为公众所知",在本书关于一般专利申请的"新颖性"一章,已有充分讨论。这里不再重复。

破坏新颖性的现有设计是指那些在**一般消费者**看来,与外观设计专利申请**相同或实质相同**的现有设计。[②] 这一判断标准中的关键词是"一般消费者"(判断主体)和"相同和实质相同"。

[①] 《专利法》(2008)第23条第4款

[②] 《专利审查指南》(2010)第四部分第五章"无效宣告程序中外观设计专利的审查",第398—340页。最高人民法院的司法解释中采用了"相同或近似"来替代"相同或实质相同"的说法。

3.1 判断主体:一般消费者

在发明专利或实用新型专利领域,判断一项技术是否为现有技术的主体是相同领域的熟练技术人员。但是,在外观设计专利领域,熟练技术人员所对应的主体原本是普通设计人员。但是,在审查新颖性时,知识产权局采用了"一般消费者"标准。为什么外观设计领域没有坚持专利法领域的普通技术人员(设计人员)的主体标准,而引入了一般消费者标准? 学术界对这一问题并没有给出一致的答案。2003年,国家知识产权局在回复北京高院的司法建议函中,具体阐述了新颖性判断采用一般消费者标准的理由:如果在外观设计相似性判断中引入专业设计人员作为判断主体,而保留以是否误认作为判断标准,则可能使授权标准降低到连专业设计人员都难以辨别两者之间的差异以致产生误认,从而使外观设计相近似标准几乎等同于相同的标准了。①

其实,专利法采用一般消费者标准背后的一个假设是,专业设计人员可能会注意到细小的差别,而一般消费者可能选择忽略。这样,可能会导致专业人员认为不同的设计,在消费者眼里是相同或相似的设计,于是在市场上产生替代效果,陷入混乱。外观设计的价值终究取决于市场上消费者的认同。如果消费者认为先后两项设计相同和类似,则必然会导致后来者侵害在先者的商业利益。因此,专利法有必要采用一般消费者标准打消后来者搭便车的冲动。

当然,专利法在采用一般消费者标准时,还是在一定程度上考虑了普通设计者的态度,不过是以一种间接的方式实现的。如果在普通设计者而言,可以选择的方案非常有限,而且彼此接近,则意味着设计空间或者自由度的太小,这时候决策者要么容忍两个设计方案之间一定程度的程度的相似(在消费者看来),要么宣布该设计具有功能性而不给予保护。关于设计空间的进一步讨论,可以参见下文。

关于一般消费者标准,《专利审查指南》与北京高院的《专利侵权判定指南》(第77条)都有大致相同的表述。《专利审查指南》指出:

> 在判断外观设计是否符合专利法第二十三条第一款、第二款规定时,应当基于涉案专利产品的一般消费者的知识水平和认知能力进行评价。
>
> 不同种类的产品具有不同的消费者群体。作为某种类外观设计产品的一般消费者应当具备下列特点:
>
> (1) <u>对涉案专利申请日之前相同种类或者相近种类产品的外观设计及其常用设计手法具有常识性的了解</u>。例如,对于汽车,其一般消费者应当对市场上销售的汽车以及诸如大众媒体中常见的汽车广告中所披露的信息等有所了解。常用设计手法包括设计的转用、拼合、替换等类型。
>
> (2) 对外观设计产品之间在形状、图案以及色彩上的区别具有一定的分辨力,但不会注意到产品的形状、图案以及色彩的微小变化。②

---

① 国家知识产权局《关于对北京市高级人民法院司法建议函的复函》国知发法函字[2003]64号。引自张广良主编:《外观设计的司法保护》,法律出版社2008年版,第19页。

② 《专利审查指南》(2010)第四部分第五章"无效宣告程序中外观设计专利的审查"页398。

2009年最高人民法院在司法解释中也强调在侵权判断中采用所谓的一般消费者标准。① 虽然这是侵权案件中外观设计相同或相似的判断标准,实际上,在专利审查环节,最高人民法院也支持新颖性判断中的一般消费者标准。下面的浙江万丰摩轮有限公司 v. 专利复审委员会案就表明这一点。

有学者认为,"一般消费者"应该是"明确、具体的消费群体,而不是假想的人",理由是"每一个产品的外观设计,一定有它的消费者或者消费者群体……人们谈到一般消费者,很容易与某种产品的具体消费者联系起来"。② 其实,说一般消费者是一种假想的人,并没有什么错误,因为现实中很难说那个人就一定符合专利法上的"一般消费者"标准。"将假想的消费者作为判断主体是为了统一具有不同专业、经历和审查经验的审查员之间对相近似的掌握尺度。"③具体作证的人,只不过是假设自己是"一般消费者"来作出判断,而不是宣称自己就是一般消费者。当然,消费领域众多,在具体案件中将一般消费者限制在相关领域,以精确定义该消费者的知识水平和认知能力是必要的。"一般消费者的知识水平和认知能力应与被比外观设计产品相关联,因此,不同种类产品的一般消费者的内涵应有所不同,要予以区别对待。"④更准确的说,判断主体应该是**相关领域的一般消费者**。

陈剑跃 v. 专利复审委员会

北京市高院(2005)高行终字第442号

刘辉、岑宏宇、张冬梅法官:

[陈剑跃是03310687.8号"路灯"外观设计专利的专利权人。燎原灯具公司提出无效宣告请求。燎原灯具公司提交了附件1作为证据。附件1是专利号为02303428.9的外观设计专利公告文本,其使用外观设计的产品名称为"腾飞形高压钠灯路灯(1号)"。专利复审委员会作出无效宣告请求审查决定。]

北京市第一中级人民法院认为,《审查指南》所规定的一般消费者并不是仅仅指购买者,而是泛指具有一般知识水平和认知能力,能够辨认被比外观设计产品的形状、图案以及色彩,对被比外观设计产品的同类或者相近类产品的外观设计状况有常识性了解的人。

就本案所涉及的路灯类产品而言,具有关注此类产品的心理状态并具有一定的知识水平和认知能力的一般消费者应当是这类产品的购买人员、安装人员以及维护人员。实际生活中,虽然路灯除了具有照明功能外,还具有一定装饰功能,但由于类似于

---

① 最高人民法院关于审理侵犯专利权纠纷案件应用法律若干问题的解释(2009)第10条:"人民法院应当以外观设计专利产品的一般消费者的知识水平和认知能力,判断外观设计是否相同或者近似。"

② 程永顺:《对外观设计专利的无效审查》,载程永顺主编:《外观设计专利保护实务》,法律出版社2005年版,第7页。

③ 国家知识产权局《关于对北京市高级人民法院司法建议函的复函》国知发法函字[2003]64号。引自张广良主编:《外观设计的司法保护》,法律出版社2008年版,第19页。

④ 罗霞:《外观设计专利相近似的司法判断》,人民司法2012年第13期,第9页。

本案专利和附件1的路灯产品是安装于数米高的电线杆的顶部,通常情况下或者因与行人距离较远,或者因路灯与行人所处的明显的高低位置关系而不便观察,故行人对于这类采用较为传统的上部为灯罩、灯罩内设有灯泡的路灯产品一般不会施以注意,因此,行人不应当视为本案专利和附件1的路灯产品的一般消费者,不能将其作为判断本案专利与附件1是否相近似的主体。由于外观设计专利公报公告的视图是反映产品形状、图案或其结合的一般的示意图,而不是严格的产品设计、生产图纸,在决定是否授权时也是主要审查其是否符合《审查指南》规定的形式要求,不能因为绘制视图时的细小失误就认为存在矛盾。本案专利与附件1的整体外形轮廓近似,二者的差别均属于局部且细微的差异或变化,不足以使本案专利与附件1产生整体视觉效果上的显著区别。根据综合判断的对比方法,本案专利与附件1是相近似的外观设计。因此,本案专利不符合专利法第二十三条的规定,专利复审委员会作出的第6918号无效宣告请求审查决定认定事实清楚,适用法律正确,程序合法,应予维持。

陈剑跃不服原审判决,向本院提出上诉,请求撤销原审判决及第6918号无效宣告请求审查决定。理由是:同意一审法院关于外观设计相近似判断主体的认定,但是按照路灯产品的购买、安装以及维护人员的眼光来看,本案专利与附件1相比,属于不相同也不相近似的外观设计……

[本院认为,]路灯类产品使用于公共场所,是为行人、车辆照明而设置的,并有美化环境、装饰作用,其外观设计除俯视图不易被行人观察到以外,从其他角度是可以直接观察得到的,行人对于路灯的形状具有一定的分辨力。所以,行人应作为对路灯产品的外观设计状况具有常识性了解的一般消费者。路灯产品的购买、安装以及维护人员在购买、安装、维修时,也要考虑到路灯在使用时的状态,此时也是以普通行人的眼光进行观察的。所以,一审法院关于具有关注本案涉及的路灯类产品的心理状态并具有一定的知识水平和认知能力的一般消费者应当是这类产品的购买者、安装以及维护人员,行人不应当视为路灯产品的一般消费者的认定不妥,本院依据相关法律规定依职权予以纠正。

思考问题:

(1)路灯类产品设计者诉求的对象究竟是路灯的购买者还是普通行人?这一问题的答案与判断主体的选择有关吗?

(2)购买者会考虑普通行人的审美观念吗?这对于本案协调购买者与普通行人的标准差异有帮助吗?

(3)在过往行人和路灯的制造、销售、购买、安装和维修人员之间进行选择,对于外观设计立法目的的实现,有差别吗?为什么?

宁波帅康灯具股份有限公司等v.专利复审委员会(北京高院(2005)高行终字第337号)也是一起关于路灯外观设计的案例。北京高院另外三位法官(刘继祥、孙苏理、魏湘玲)作出的结论也类似:"本案专利产品是路灯,属于公共服务设施,消费者是对在使用状态下的路灯进行观察和欣赏。在界定路灯类产品的一般消费者的时候,应当注重该类产品的使用状态。路灯的最终使用者及路灯功能的享用者显然是不特定的过往行人,并非仅仅是专门从事路灯的制造、销售、购买、安装及维修人员。专利复审委员会将判断本案外观设计专利与对比文件是否相同或相近似的判断主体确定为过往行人,即"公众",并无不当。一审法院认为普通公众对路灯类产品不能接触,也不直接消费,故将该类产品的消费群体定位于从事路灯制造、销售、购买和安装人员,不符合《审查指南》对判断主体的规定。"

浙江万丰摩轮有限公司 v. 专利复审委员会(Ⅰ)
最高人民法院(2010)行提字第5号

邰中林、朱理、郎贵梅法官:

[万丰公司拥有专利号为200630110998.7、名称为"摩托车车轮(82451)"的外观设计。针对本专利,今飞公司提出无效宣告请求,其主要理由是:在本专利申请日以前,已有与本专利相似的外观设计在国内出版物上公开发表过,本专利不符合专利法(2000年修正)第二十三条的规定。]

专利复审委员会认为:附件13杂志(《bike》杂志2005年9月号)的封底公开了一款摩托车车轮的外观设计(即在先设计)。本专利与在先设计均为摩托车车轮产品,二者用途相同,属于相同种类的产品,可进行相同或相近似的比较。将本专利与在先设计进行比较,二者均由轮辋、辐条、轮毂组成,辐条呈逆时针旋转状分布,辐条两侧平直,轮毂表面有加强筋。二者主要不同之处在于:(1)本专利有五根辐条,而在先设计为六根辐条;(2)本专利辐条一面为平滑,另一面辐条表面有凹槽,而在先设计辐条表面为平滑和凹槽交替轮换;(3)本专利与在先设计轮毂表面的加强筋图案不同。因摩托车车轮基本均由轮辋、辐条和轮毂三部分组成,圆形轮辋应属于车轮的惯常设计,相对轮辋,辐条的形状设计通常对车轮的整体视觉效果更具有显著的影响。本专利与在先设计辐条两侧的形状相同,区别仅在于在先设计比本专利多一根辐条,属于局部细微的差别,而辐条表面凹槽和平滑的差异也属于细微变化,对整体视觉效果不具有显著影响。同时,轮毂在使用状态下通常会被支架遮挡一部分,因此,轮毂表面加强筋图案的差别对整体效果不具有显著影响。二者近似的整体形状已给一般消费者留下了相近似的整体视觉印象。综上所述,在本专利申请日以前已有与其相近似的外观设计在出版物上公开发表过,本专利不符合专利法(2000年修正)第二十三条的规定。[专利复审委员会宣告本专利全部无效。]

北京市第一中级人民法院一审认为:在判断外观设计是否相似时,应当以相关产品的一般消费者为判断主体,对于形成最终日常产品的中间产品,关注其外观设计的是该类产品的采购者和使用者,应以采购、使用该类产品的人员为一般消费者。本案中,摩托车车轮属于摩托车这一最终日常产品的中间产品,摩托车消费者一般不会直接购买摩托车车轮进行组装使用,因此该类产品的采购者和使用者应为摩托车组装商或维修商,而这些主体往往具有一定的摩托车零部件专业知识,对于两摩托车车轮外观设计的差异应有较普通公众更高的分辨能力。在判断外观设计是否近似时,亦应考虑该类产品在外观方面存在变化空间的大小,对于外观变化空间较小的产品,其设计差异更易对整体视觉效果产生显著的影响。

本案中,摩托车车轮均为轮辋、辐条和轮毂组成,受其所设定功能的限制,外观变化的空间均为有限。在判断外观设计是否近似时,应以表示在图片或者照片中的该产品的外观设计为准。本案中,本专利和在先设计进行比较,至少存在以下不同之处:a. 本专利有五根辐条,而在先设计为六根辐条;b. 本专利辐条一面为平滑,另一面辐条表面有凹槽,而在先设计辐条表面为平滑和凹槽交替轮换;c. 本专利与在先设计轮毂表面的加强筋图案不同。上述区别,在设计空间有限的车轮产品上,已经对整体视觉效果产生了显著的影响,在该产品消费者所具有的较高分辨能力下,足以排除混淆。专利复审委员会认定本专利与在先设计属于相近似的外观设计根据不足⋯⋯

[专利复审委员会、今飞公司不服,分别提起上诉。北京市高级人民法院二审认为:]在判断本专利与在先设计是否相同或近似时,应当以对摩托车车轮产品具有常识性了解的一般消费者为判断主体。今飞公司、专利复审委员会主张摩托车车轮的一般消费者应当是对摩托车车轮具有常识性了解的人,既包括组装商、维修商也包括一般购买者、使用者,理由成立,予以支持,一审判决将一般消费者局限在具有一定的摩托车零部件专业知识的摩托车组装商或维修商,属于适用法律错误,应予纠正。[但是,法院认为,本专利与在先设计不属于近似的外观设计。在这一问题上,维持了一审判决。]

专利复审委员会不服上述二审判决,向本院申请再审称:

1. 原审判决关于一般消费者的认定有误。国家知识产权局颁布的《专利审查指南》(2006年)规定:作为某类外观设计产品的一般消费者应当具备下列特点:(1)对被比设计产品的同类或者相近类产品的外观设计状况具有常识性的了解。(2)对外观设计产品之间在形状、图案以及色彩上的差别具有一定的分辨力,但不会注意到产品的形状、图案以及色彩的微小变化。可见,一般消费者作为进行外观设计相近似判断所适用的主体,是一个抽象的概念,而不是具体的某个或某类从事某种特定工作的人,该主体具有以上的特点和能力。在具体的相近似性对比中,应把握一般消费者的上述两个特点,而不应在具体案件的审查中将其具体化为某一类或某几类特定的人群。无论是哪种身份的人群,其属性、特点都是有局限性的,也可能是相互冲突的,未必能完整涵盖一般消费者概念所要求的两个特征。在一审判决对一般消费者作具体认定的情况下,二审判决尽管否定了一审判决对于一般消费者的具体界定,但也在此基础上将其界定为具体的几类人,即"维修商、组装商和一般购买者、使用者",这种将一般消费者在各个不同类型的案件中作具体身份人群的对应的审查方式本质上是错误的。

2. 原审判决所述的摩托车车轮受功能限定因而其设计空间有限的问题并不存在。两审判决均认定:"摩托车车轮均由轮辋、辐条和轮毂组成,受其所设定功能的限制,外观变化的空间均为有限。"虽然摩托车车轮受功能的限定外轮廓只能为圆形,但摩托车车轮其余部分如辐条和轮毂的外观设计空间并非本专利与对比文件所示区别那样狭小。摩托车车轮的主要变化是在辐条造型设计上,在保证均匀受力的前提下,辐条的形状设计可以是千变万化的。今飞公司在无效宣告请求审查阶段所提交的2003年第8期《摩托车技术》杂志中万丰公司的摩托车车轮广告图片也说明了这一点。

3. 原审判决关于本专利与在先设计不属于相近似的外观设计的认定是错误的。
……

今飞公司亦不服二审判决,向本院申请再审称:1. 关于判断主体问题。一审判决认定摩托车车轮是中间产品,该种产品外观设计相近似的判断主体是组装商、维修商,二审判决未理会中间产品问题,认定判断主体既包括组装商、维修商又包括一般的购买者、使用者。组装商、维修商的判断标准与一般的购买者、使用者的判断标准是不一样的,是相互矛盾的。因此,二审判决造成了更大的混乱。中间产品必须是其整体或绝大部分在最终使用状态时,其整体外观设计或绝大部分外观设计已经不能为最终消费者直接观察到。典型的中间产品,如门窗的型材的内部结构、加工铸造用的胚料以及产品内部使用的齿轮。型材的内部结构、胚料和齿轮已经被终端产品消耗或者掩盖,最终消费者及用户不会接触到专利产品,更不会看到专利产品。因此,这类产品的外观设计不会对最终消费者的购买欲望或行为产生任何影响,这是中间产品的真正含义。摩托车的车轮恰恰是冲击消费者购买欲的重要组成部分,不是中间产品,其判断主体只能是普通消费者。
……

本院认为,本案主要涉及如下问题:外观设计专利相同或相近似判断中判断主体的认定;本专利产品摩托车车轮设计空间的大小;本专利产品摩托车车轮是否为中间产品以及中间产品外观设计专利相同或相近似的判断;本专利与在先设计的具体对比以及二者是否构成相同或者相近似;二审判决是否遗漏今飞公司的上诉理由。

(一)关于外观设计专利相同或相近似判断中的判断主体的认定

本专利的申请日为2006年6月1日,应当适用2000年修正的《中华人民共和国专利法》(以下简称2000年专利法)。2000年专利法第二十三条规定:"授予专利权的外观设计,应当同申请日以前在国内外出版物上公开发表过或者国内公开使用过的外观设计不相同和不相近似,并不得与他人在先取得的合法权利相冲突。"国家知识产权局颁布的《专利审查指南》(2006年)第四部分第五章第3节规定:"在判断外观设计是否相同或者相近似时,应当基于被比设计产品的一般消费者的知识水平和认知能力进行评价。"

作为某类外观设计产品的一般消费者应当具备下列特点:(1)对被比设计产品的同类或者相近类产品的外观设计状况具有常识性的了解。(2)对外观设计产品之间在形状、图案以及色彩上的差别具有一定的分辨力,但不会注意到产品的形状、图案以及色彩的微小变化。"同时,《专利审查指南》(2006年)在该章第5节5.1部分规定:

"判断外观设计相同或者相近似时应当从一般消费者的角度进行判断,而不是从专业设计人员或者专家等的角度进行判断。"《专利审查指南》(2006年)中对外观设计专利相同或相近似的判断主体所作的上述规定合理可行,人民法院可以参照适用。作为判断外观设计相同或相近似的主体即一般消费者是一个具有上述知识水平和认知能力的抽象概念,而不是具体的从事某种特定工作的人。但如果只是认识到一般消费者是一个抽象的人,对于外观设计相同或相近似的判断而言不具有多少实际意义。

问题的关键在于具体界定一般消费者的知识水平和认知能力。这就必然要针对具体的外观设计产品,考虑该外观设计产品的同类和相近类产品的购买者和使用者群体,从而对该外观设计产品的一般消费者的知识水平和认知能力作出具体界定。对于摩托车车轮产品的外观设计而言,由于摩托车车轮是摩托车主要的外部可视部件,在确定其一般消费者的知识水平和认知能力时,不仅要考虑摩托车的组装商和维修商的知识水平和认知能力,也要考虑摩托车的一般购买者和使用者的知识水平和认知能力。

专利复审委员会认为,二审判决尽管否定了一审判决对于一般消费者的具体界定,但在此基础上将其界定为具体的几类人,即"维修商、组装商和一般购买者、使用者",这种将一般消费者在各个不同类型的案件中作具体身份人群对应的审查方式是错误的。对此观点,本院难以认同。首先,二审判决在纠正一审判决对一般消费者群体界定过窄的同时,明确指出应当以对摩托车车轮产品具有常识性了解的一般消费者为判断主体,只是在概括一般消费者的范围时,才提及一般消费者既包括组装商、维修商,也包括一般购买者、使用者。而且,从二审判决的内容来看,二审判决将本专利产品的一般消费者认定为既包括组装商、维修商也包括一般购买者、使用者,这一认定实际上是对专利复审委员会上诉理由的概括和认可。其次,《专利审查指南》(2006年)中虽然规定一般消费者是一个抽象的人,但在具体的外观设计相同或相近似的判断时,必须结合所要判断的外观设计产品,需要将一般消费者这个抽象的概念具体化为与该产品相关的人群,而不可能如专利复审委员会在本案再审中所主张的那样完全进行抽象判断。因此,二审判决关于本专利相同或相近似的判断主体的认定并无明显不当,专利复审委员会的上述再审理由不能成立。

(二)关于本专利产品摩托车车轮的设计空间大小

本案一、二审判决在有关本专利与在先设计相同或相近似的判断中,均以摩托车车轮的设计空间有限为前提,并在此基础上得出了本专利与在先设计的区别足以对整体视觉效果产生显著影响的结论。

设计空间是指设计者在创作特定产品外观设计时的自由度。设计者在特定产品领域中的设计自由度通常要受到现有设计、技术、法律以及观念等多种因素的制约和影响。特定产品的设计空间的大小与认定该外观设计产品的一般消费者对同类或者相近类产品外观设计的知识水平和认知能力具有密切关联。对于设计空间极大的产品领域而言,由于设计者的创作自由度较高,该产品领域内的外观设计必然形式多样、风格迥异、异彩纷呈,该外观设计产品的一般消费者就更不容易注意到比较细小的设计差别。相反,在设计空间受到很大限制的领域,由于创作自由度较小,该产品领域内的外观设计必然存在较多的相同或者相似之处,该外观设计产品的一般消费者通常会注意到不同设计之间的较小区别。可见,设计空间对于确定相关设计产品的一般消费者的知识水平和认知能力具有重要意义。在外观设计专利与在先设计相同或相近似的判断中,可以考虑设计空间或者说设计者的创作自由度,以便准确确定该一般消费者的知识水平和认知能力。

在考虑设计空间这一因素时,应该认识到,设计空间的大小是一个相对的概念。在设计空间极大的产品领域和设计空间受到极大限制的产品领域这两个极端之间,存在着设计空间由大到小的过渡状态。同时,对于同一产品的设计空间而言,设计空间的大小也是可以变化的。随着现有设计增多、技术进步、法律变迁以及观念变化等,设计空间既可能由大变小,也可能由小变大。因此,在专利无效宣告程序中考量外观设计产品的设计空间,需要以专利申请日时的状态为准。本案从专利复审委员会提供的证据《摩托车技术》(2003年第8期)(即第13657号无效决定中的附件3,相关图片见附图3)来看,即使摩托车车轮均由轮辋、辐条和轮毂组成,且受到设定功能限制的情况下,其辐条的设计只要符合受力平衡的要求,仍可以有各种各样的形状,存在较大的设计空间。本案一、二审判决认定摩托车车轮的设计空间较小,缺乏证据支持。因此,本案一、二审判决以摩托车车轮的设计空间有限为前提得出本专利与在先设计的区别致使两者不相同也不相近似的结论,缺乏事实依据,应予纠正。

(三)关于本专利产品摩托车车轮是否为中间产品以及中间产品外观设计专利相同或相近似的判断

今飞公司主张,一审判决认定摩托车车轮为中间产品,二审判决未理会中间产品问题,认定判断主体既包括组装商、维修商,又包括一般的购买者、使用者,而组装商、维修商与一般的购买者、使用者的判断标准并不一致,因此二审判决造成更大的混乱。如前所述,对于外观设计相同或相近似的判断而言,具有决定意义的是该外观设计产品的一般消费者的知识水平和认知能力。一审判决之所以考虑中间产品问题,其最终目的也在于确定本专利一般消费者的知识水平和认知能力。由于一种外观设计专利产品是否为中间产品本身对于确定一般消费者的知识水平和认知能力并无直接关联,无论外观设计产品是否为所谓的中间产品,其一般消费者的知识水平和认知能力均应考虑该外观设计专利产品的购买者和使用者来确定,故二审判决未考虑摩托车车轮是否为中间产品问题并无不当。而且,二审判决对于本专利相同或相近似的判断主体即一般消费者的认定并无明显不当。因此,今飞公司关于二审判决未理会中间产品问题的再审理由不能成立。

(四)关于本专利(见附图1)与在先设计(见附图2)的具体对比以及二者是否构成相同或者相近似

就本案而言,专利复审委员会和一、二审判决均认为本外观设计专利与在先设计主要存在着三点不同之处:1. 本专利有五根辐条,而在先设计为六条辐条;2. 本专利辐条一面为平滑,另一面辐条表面有凹槽,而在先设计辐条表面为平滑和凹槽交替轮换;3. 本专利与在先设计轮毂表面的加强筋图案不同。关于区别点1:由于摩托车车轮基本上均是由轮辋、辐条和轮毂三部分组成,而圆形的轮辋应属于车轮的惯常设计,因此相对于轮辋而言,摩托车车轮辐条的形状设计通常对车轮的整体视觉效果具有更为显著的影响。本专利与在先设计辐条形状相同,其区别主要在于在先设计比本专利多一根辐条,由五根变为了六根。从车轮被辐条区隔所形成的空间形状看,本专利的五根辐条所区隔形成的形状与在先设计的六根辐条所区隔形成的形状没有显著区别。一般消费者通常不会注意到摩托车车轮的辐条数量由五根变为六根而产生的微小差异,对两者容易产生混淆。关于区别点2:对于车轮辐条上面的凹槽而言,无论是一面带有凹槽,还是平面与凹槽交替,其相对于辐条整体形状而言均属于局部的细微设计,一般消费者通常不会注意到这些细微变化,其对整体视觉效果不具有显著的影响。关于区别点3:就本专利摩托车车轮的轮毂而言,由于摩托车车轮的轮毂在使用状态下通常会被摩托车支架遮挡一部分,因此轮毂表面加强筋图案的差别对整体视觉效果不具有显著影响。还应说明的是,在先设计虽然只公开了摩托车车轮的一面,但由于其为镂空设计,明显可见车轮另一面的辐条整体形状、数量以及由辐条所区隔的空间形状均未发生变化。同时,在多数情况下,辐条上面的凹槽以及轮毂上加强筋图案的设计是对称或相应的,可以根据公开的车轮一面合理推导出另一面的辐条与加强筋的可能设计。在辐条整体形状、数量以及由辐条所区隔的空间形状均未发生变化的情况下,即使车轮另一面的辐条的凹槽以及轮毂的加强筋的设计与公开的一面有所不同,也属于一般消费者不易注意到的细微变化,通常不会对摩托车车轮的整体视觉效果产生显著影响。综上所述,两摩托车车轮的整体形状特别是辐条的造型已给一般消费者留下了相近似的整体视觉印象,两者的差别均属于局部细微变化,对整体视觉效果不具有显著的影响。因此,本专利与在先设计属于相近似的外观设计。一、二审判决在近似性的判断中适用法律错误,应予纠正。

思考问题:

(1)本案对于判断主体的选择在多大程度上影响判断的结果?法院有说明吗?

(2)设计空间大小是如何影响消费者关于两项设计是否相同或相似的判断结果的?

3.2 相同或近似种类产品

外观设计必须和具体的产品联系在一起,在判断外观设计的新颖性时,应当在现有设计或抵触申请的范围限制在"相同或近似种类"的产品上。对此,《审查指南》有较好的说明:

> 外观设计实质相同的判断仅限于相同或者相近种类的产品外观设计。对于产品种类不相同也不相近的外观设计,不进行涉案专利与对比设计是否实质相同的比较和判断,即可认定涉案专利与对比设计不构成实质相同,例如,毛巾和地毯的外观设计。

相近种类的产品是指用途相近的产品。例如，玩具和小摆设的用途是相近的，两者属于相近种类的产品。应当注意的是，当产品具有多种用途时，如果其中部分用途相同，而其他用途不同，则二者应属于相近种类的产品。如带 MP3 的手表与手表都具有计时的用途，二者属于相近种类的产品。①

在确定产品的种类时，可以参考产品的名称、国际外观设计分类以及产品销售时的货架分类位置，但是应当以产品的用途是否相同为准。相同种类产品是指用途完全相同的产品。例如机械表和电子表尽管内部结构不同，但是它们的用途是相同的，所以属于相同种类的产品。②

《专利审查指南》中所述的国际外观设计分类，通常是指洛迦分类表。它依据 1968 年的《建立工业品外观设计国际分类洛迦协定》制定。中国 1996 年正式加入这一协定。目前，中国外观设计专利分类采用该协定第八版，包括 32 个大类和 219 个小类。这一分类表大大方便了外观设计的查询和检索。在专利审查和司法实践中，确定两种产品是否属于相同或类似种类产品时，这一分类表可以作为证据参考，并不一定起到决定性作用。

3.3 相同或实质相同的设计

新颖性要求外观设计专利申请不能与现有设计相同或实质相同。关于相同或实质相同，《专利审查指南》有具体的说明，值得参考：

外观设计相同，是指涉案专利与对比设计是相同种类产品的外观设计，并且涉案专利的全部外观设计要素与对比设计的相应设计要素相同，其中外观设计要素是指形状、图案以及色彩。如果涉案专利与对比设计仅属于常用材料的替换，或者仅存在产品功能、内部结构、技术性能或者尺寸的不同，而未导致产品外观设计的变化，二者仍属于相同的外观设计。③

如果一般消费者经过对涉案专利与对比设计的整体观察可以看出，二者的区别仅属于下列情形，则涉案专利与对比设计实质相同：

（1）其区别在于施以一般注意力不能察觉到的局部的细微差异，例如，百叶窗的外观设计仅有具体叶片数不同；

（2）其区别在于使用时不容易看到或者看不到的部位，但有证据表明在不容易看到部位的特定设计对于一般消费者能够产生引人瞩目的视觉效果的情况除外；

（3）其区别在于将某一设计要素整体置换为该类产品的惯常设计的相应设计要素，例如，将带有图案和色彩的饼干桶的形状由正方体置换为长方体；

（4）其区别在于将对比设计作为设计单元按照该种类产品的常规排列方式作重复排列或者将其排列的数量作增减变化，例如，将影院座椅成排重复排列或

---

① 《专利审查指南》(2010) 第四部分第五章"无效宣告程序中外观设计专利的审查"，第399—400页。
② 同上注，第399页。
③ 同上。

者将其成排座椅的数量作增减;

(5) 其区别在于互为镜像对称。①

思考问题：

上述第 3 类情形下的替换,究竟更像没有新颖性,还是没有创造性？"实质相同"与"没有区别性"(创造性),是不是十分接近？联系发明专利领域的新颖性与区别性的界限区分问题。

3.4 判断方法：整体观察综合判断

在审查新颖性时,只能将诉争外观设计专利与一份现有设计或抵触申请进行单独对比,而不能将两项或者两项以上对比设计结合起来与涉案专利进行对比。② 否则,这就不是在审查新颖性,而是在审查创造性了。在这一点上,外观设计与一般专利的新颖性审查并无差别。

在判断新颖性时,需要采取所谓的"整体观察、综合判断"的方式而不能"从外观设计的部分或者局部出发得出判断结论"。③ 外观设计专利依据申请人提交的照片或图片来确定保护范围。理论上讲,该图片或照片相当于一个单独的权利要求。要破坏该"权利要求"的新颖性,需要现有设计或者抵触申请大体上包含了该"权利要求"的全部要素。

不过,外观设计的整体对比与综合判断,与发明专利的全部要素一一比对有较大差别。后者要求对比文献的各项技术特征与诉争专利的权利要求的各项技术特征相同。外观设计新颖性判断没有如此严格,而是许可对比者根据整体视觉效果来合理分配不同要素的重要性。对于那些一般消费者不是很关注的特征,可以选择性地"轻视"(如果不是"忽视"的话)专利审查指南对此有具体说明：

> 如果对比设计图片或者照片未公开的部位属于该种类产品使用状态下不会被一般消费者关注的部位,并且涉案专利在相应部位的设计的变化也不足以对产品的整体视觉效果产生影响,例如冷暖空调扇,如果对比设计图片或者照片没有公开冷暖空调扇的底面和背面,涉案专利在底面或者背面的设计的变化也不足以对产品整体视觉效果产生影响,则不影响对二者进行整体观察、综合判断。
>
> 如果涉案专利中对应于对比设计图片或者照片未公开的内容仅仅是该种类产品的惯常设计并且不受一般消费者关注,例如对比设计图片或者照片未公开的部分是货车车厢的后挡板,而当涉案专利中货车车厢的后挡板仅仅是这类产品的惯常设计时,则不影响对二者进行整体观察、综合判断。④

---

① 《专利审查指南》(2010)第四部分第五章"无效宣告程序中外观设计专利的审查",第 400 页。
② 同上。
③ 同上注,第 401 页。
④ 同上注,第 402 页。

在实际案件中，整体观察综合判断并不简单推定一般消费者将注意力集中在产品的整体外形而忽略其中的设计细节。相反，在整体外形为惯常设计时，消费者可能更多地会关注设计的细节。以下案例就很好地说明了这一点：

本田技研工业株式会社 v. 专利复审委员会

最高人民法院(2010)行提字第3号

王永昌、李剑、罗霞法官：

[本田株式会社是01319523.9号"汽车"外观设计专利权（简称本专利）的专利权人。双环公司、新凯公司分别提出无效宣告请求。专利复审委员会作出第8105号无效宣告请求审查决定，宣告本专利无效。该决定认为：]

将本专利与日本国外观设计公报JP1004783（简称证据1）进行比较可以看出，两者的汽车各组成部分的形状以及相互之间的比例关系基本相同，整体视觉形状和设计风格基本相同。虽然本专利与证据1产品在外观上存在若干细部差别，例如，本专利前大灯呈近似三角形的不规则四边形，而证据1的前大灯呈近似梯形；本专利前保险杠下方的两侧配置有辅助灯，而证据1中未见相应配置；本专利与证据1的护板都呈倒U形，但本专利护板内设有水平隔片，其底部有小护牙，而证据1护板内设有数个空格；本专利中间窗玻璃由一边呈直角、另一边线条呈折线状构成不规则梯形，证据1中间窗玻璃呈直角梯形；本专利后组合灯从车顶附近一直延伸到后保险杠翘起部，证据1后组合灯设于车体上部；从本专利与证据1汽车后部线条看，本专利线条略为圆滑；两者后保险杠的形状也略有不同等。

但是，本专利与证据1的产品在外观上的上述区别均属于局部的差别，根据整体观察、综合判断的原则，上述差别对于汽车的整体视觉形状和风格来说属于较细微的差别，不足以使普通消费者产生明显不同的视觉效果而将两者认定为具有不同款式的产品，而两者的主体部分的相同之处却使普通消费者易于将两者混同。至于本田株式会社强调的"本专利车身较高、重心高，为细长的造型，而证据1重心低，属于车身较宽的造型"，从对两者进行整体观察来看，没有产生本田株式会社所述的明显不同的视觉效果，故对本田株式会社的观点不予支持。综上，本专利与证据1属于相近似的外观设计，不符合专利法第二十三条的规定。

[本田株式会社不服专利复审委员会决定，提起诉讼。北京市一中院维持了专利复审委员会的决定。本田株式会社不服，提起上诉。北京市高院驳回上诉，维持原判。]

本田株式会社申请再审称，1. 本案中，判断外观设计相同或相近似的主体应当是对本案诉争的"运动型多功能汽车"，即SUV汽车，有常识性了解的消费者，即有意愿购买SUV类型汽车的购买者、SUV类型汽车的使用者，而二审判决却将判断主体认定为对汽车这一类产品有常识性了解的人，判断主体认定错误。2. 二审判决将汽车各个组成部分的形状、相互之间的长、宽、高比例关系、车体整体形状以及设计风格作为整体观察对象,而比例关系、车体整体形状属于SUV类型汽车的惯常设计,对外观设计的整体视觉效果不具有显著的影响;本专利与证据1在前大灯、雾灯、前护板、后组合灯、格栅、后保险杠等方面存在差别,除去惯常设计部分,这些差别具有较强装饰效果,对整体视觉效果具有显著的影响。本专利与证据1所公开的外观设计不相同,也不相近似……

专利复审委员会辩称,1. 本案中,一般消费者应当是对"汽车"这类产品有常识性了解的人,其对汽车的外观设计产品之间的形状、图案上的差别具有一定的分辨能力,但仍然不会注意到产品的形状、图案的细小变化。2. 本专利与在先设计相比,车身的整体形状、各个组成部分的形状以及相互之间的比例均大致相同,前大灯、格栅、前护板、后组合灯的形状的差别,相对于汽车的整体而言均属于细微差别,不会对一般消费者造成显著的视觉影响。

[本院认为]:

基于被比设计产品的一般消费者的知识水平和认知能力,对被比设计与在先设计进行整体观察,综合判断两者的差别对于产品外观设计的视觉效果是否具有显著影响,是《专利审查指南》规定的判断外观设计是否相同或者相近似的基本方法。根据《专利审查指南》的规定,一般消费者的特点是,对被比设计产品的同类或者相近类产品的外观设计状况具有常识性的了解,对外观设计产品之间在形状、图案以及色彩上的差别具有一定的分辨力,但不会注意到产品的形状、图案以及色彩的微小变化。所谓"常识性的了解",是指通晓相关产品的外观设计状况而不具备设计的能力,但并非局限于基础性、简单性的了解;所谓"整体",包括产品可视部分的全部设计特征,而非其中某特定部分;所谓"综合",是指对能够影响产品外观设计整体视觉效果的所有因素的综合。

本案中,诉争类型汽车外观设计的"整体",不仅包括汽车的基本外形轮廓以及各部分的相互比例关系,还包括汽车的前面、侧面、后面等,应当予以全面观察。在综合判断时,应当根据诉争类型汽车的特点,权衡诸部分对汽车外观设计整体视觉效果的影响。

就本案诉争的汽车类型而言,因该类汽车的外形轮廓都比较接近,故该共性设计特征对于此类汽车一般消费者视觉效果的影响比较有限。相反,汽车的前面、侧面、后面等部位的设计特征的变化,则会更多地引起此类汽车一般消费者的注意。本案中,本专利所示汽车的外观设计与证据1所示汽车的外观设计相比,在前大灯、雾灯、前护板、格栅、侧面车窗、后组合灯、后保险杠、车顶轮廓等装饰性较强部位均存在差别。特别是,本专利的汽车前大灯采用近似三角形的不规则四边形设计,配合带有小护牙的倒U形的前护板和中间带有横条的格栅;汽车侧面后车窗采用不规则四边形设计,且后窗玻璃与后组合灯之间由窗框所分离,配合车身上部与下部的平滑过渡;汽车后面采用后组合灯从车顶附近开始一直延伸至后保险杠翘起部的"上窄下宽"的柱形灯设计,配合带有护牙的U形后保险杠,都比较突出、醒目,具有较强的视觉冲击力。显然,这些差别对于本案诉争类型汽车的一般消费者而言是显而易见的,足以使其将本专利图片所示汽车外观设计与证据1所示汽车外观设计的整体视觉效果区别开来。因此，上述差别对于本专利与证据1汽车外观设计的整体视觉效果具有显著的影响，二者不属于相近似的外观设计。

本案中，专利复审委员会的决定以及原一、二审判决虽然都认定了两外观设计之间的差别，但都以该差别属"细微差别"为由，将该部分的设计特征从汽车外观设计的"整体"中排除，实质上只着重对两外观设计的整体外形轮廓进行比较，并认为汽车的整体外形轮廓对于汽车、而非诉争类型汽车的一般消费者视觉感受的影响最为显著，以致于错误地认定本专利与证据1外观设计相近似、本案专利权无效。

思考问题：

（1）最高人民法院和下级法院以及复审委之间的根本分歧实际上不在于判断的方法，而在于判断的结果，即一般消费者究竟是重点关注车辆的整体外形还是诸多设计细节。这差不多是一个事实问题，最高人民法院如何能够比下级法院更了解事实的真相？最高人民法院似乎并没有说明下级法院的事实认定为何有明显错误？

（2）一般消费者究竟重点关注整体外形还是设计细节，需要证明吗？谁来证明？

广东美的电器股份有限公司 v. 专利复审委员会

最高人民法院（2011）行提字第1号

金克胜、杜微科、罗霞法官：

美的公司是专利号为200630067850.X、名称为"风轮（455—180）"外观设计专利（以下简称涉案专利）的专利权人。针对涉案专利，格力公司于提出无效宣告请求，理由是涉案专利不符合《中华人民共和国专利法》（2000年修正）（以下简称专利法）第二十三条的规定，并提交了公告号为CN3265720，名称为"风扇扇叶"外观设计专利作为对比文件（以下简称在先设计）。专利复审委员会作出第13585号无效宣告请求审查决定，宣告涉案专利权无效。

［北京市一中院认为涉案专利和在先设计不是相近似的外观设计，第13585号决定事实认定有误，应予撤销。北京市高院维持一审判决。］

本院认为：

……

涉案专利与在先设计均由位于中央的轮毂以及轮毂两侧呈中心对称分布的两个扇叶组成。将二者的扇叶相比较，均包括圆弧状的外侧和内侧、外侧与内侧连接处的凸起、位于前侧的尖角和直线部分，以及位于前侧的类似刀口的加厚增强层等结构。单个扇叶的形状基本相同，两个扇叶的对称分布形态亦基本相同。二者的主要区别是：1.扇叶的旋转方向呈180°反向（即一审判决认定的区别3）；2.涉案专利的扇叶突出轮毂主体一小部分，并且涉案专利的扇叶比在先设计中的扇叶厚（即一审判决认定的区别4）。关于上述相同点、区别点对整体视觉效果的影响，首先，由于对称分布的两个扇叶占据了产品的主要视觉部分,更容易被一般消费者所关注,因此,基本相同的扇叶形状以及对称分布形态对整体视觉效果具有显著的影响。其次,扇叶的旋转方向系由风轮的旋转功能所决定,因此,区别3对整体视觉效果不具有显著影响。再次,由于一般消费者施以一般的注意力和分辨力难于观察到二者的扇叶厚度的细微差异,因此,扇叶厚度的区别对整体视觉效果不具有影响;涉案专利的扇叶虽突出于轮毂主体一小部分,但相对于整个扇叶而言,该突出部分所占比例较小,而且在使用状态下,该突出部分位于风轮安装面一侧,难于被一般消费者观察到,因此,区别4对整体视觉效果亦不具有显著影响。

将涉案专利与在先设计的轮毂进行比较,二者的轮毂均由一圆台状结构构成,轮毂与扇叶的连接处均有一对呈渐开线方式延伸的圆弧状轮毂壁,轮毂壁的形状均由圆弧和直线结合形成,轮毂与扇叶内侧均由轮毂壁由下至上倾斜连接,连接方式基本相同。二者的主要区别在于,在先设计的轮毂壁延伸得更长,包围的面积更大,轮毂壁圆弧与直线边形成尖角,涉案专利没有形成尖角(即一审判决认定的区别1、2)。对于位于产品中央的设计变化,应当综合考虑其在产品整体中所占的比例、变化程度的大小等因素,确定其对整体视觉效果的影响。位于中央的设计变化并不必然对整体视觉效果具有显著影响。涉案专利的轮毂虽位于中央,但相对于扇叶而言,所占面积明显较小,相对于在先设计轮毂的变化亦相对有限,在涉案专利与在先设计的轮毂及其轮毂壁还具有前述诸多相同点的情况下,上述区别对整体视觉效果不具有显著影响。事实上,涉案专利的轮毂是在在先设计的较大的轮毂的基础上,舍弃了一部分,使得轮毂壁延伸长度减少,围成的面积减少,形成的夹角发生变化。在进行相近似判断时,如果外观设计专利的改进仅仅体现为在现有设计的基础上省略局部的设计要素,这种改进通常不能体现出外观设计专利所应当具有的创新性,亦不应对整体视觉效果带来显著影响,从这个角度而言,亦应认定涉案专利轮毂的设计变化对整体视觉效果不具有显著影响。

应当指出的是,《中华人民共和国专利法实施细则》(2001年修订)第二条第四款规定:"外观设计,是指对产品的形状、图案或者其结合以及色彩与形状、图案的结合所作出的富有美感并适于工业应用的新设计。"2008年修改专利法后,修改后的专利法第二条第四款亦作基本相同的规定。根据上述规定,一项产品的外观设计要获得外观设计专利权的保护,其必须具备专利法意义上的美感,即在实现产品的特定功能的基础上,对产品的视觉效果作出创新性的改进,使得产品能够体现出功能性和美感的有机结合。仅仅具有功能性而不具有美感的产品设计,可以通过申请发明或者实用新型专利权予以保护,而不应当通过外观设计专利权予以保护。与本领域普通技术人员总是从技术角度考虑问题所不同,一般消费者在进行相近似判断时,其主要关注于外观设计的视觉效果的变化,而不是功能或者技术效果的变化。一般消费者也不会基于设计要素变化所伴随的技术效果的改变,而对该设计要素变化施以额外的视觉关注。因此,对于美的公司有关单纯地讨论美感没有实际意义,区别1、2、4能够显著提高风轮的工作效率,一般消费者对于所述区别更加敏感,所述区别对整体视觉效果具有显著影响的主张,本院不予支持。

综上所述,将涉案专利与在先设计相比较,综合考虑二者的相同点、不同点以及对整体视觉效果的影响,应认定二者的整体视觉效果不具有明显区别,属于相近似的外观设计。一、二审判决未考虑二者的相同点对整体视觉效果带来的显著影响,仅关注于涉案专利与在先设计的区别点,就区别1、2、4对整体视觉效果带来的影响的认定亦有不当,以致错误认定涉案专利与在先设计不相近似,适用法律错误,应予纠正。

思考问题:

(1)对比上述两个案件中各个法院的结论,你觉得最高人民法院的结论总是与你的直觉更接近吗?你是否觉得,外观设计相同或近似的判断,很难摆脱这种法官"看到了就知道但却说不出所以然"的局面?

(2)在外观设计专利领域,相同或相似的判断有着巨大的模糊性。我们是否需要建立一套制度,保证在再审案件中法院能够在事实判断问题上更多地尊重生效判决的结论?

(3)引入市场调查的结果会有帮助吗?有必要吗?

3.4.1 曾经的"隔离对比"要求

《专利审查指南》过去要求,在对比专利申请中的设计方案和现有设计时,要采用所谓的"隔离对比",即"不得将两种产品并列放在一起进行比较,而是按一般消费者在观察时间上、空间上有一定间隔的方式进行比较,如产生混同就应认为是相同或相近似的外观设计。"①这一要求实际上是为了限制观察者通过近距离的反复对比,过分关注于设计方案中的一些细节,从而得出过度倾向于得出偏向外观设计专利申请者的结论。

2006年《专利审查指南》修改,放弃了这一"隔离对比"要求。原因很简单,这一方法在实务中没有操作性——"审查员不可能在无效宣告审查程序中,当接到一项外观设计无效申请案后,先看看在先公知的设计,过几天(时间上隔离)再去看已获得专利权的外观设计,或者反过来先看外观设计专利,过几天再去看对比文件公开的在先设计"。② 另外,这一对比方法更像是在进行侵权判断,而不是可专利性判断。问题是,在放弃了"隔离对比"要求之后,如何避免它原本要避免的后果呢?

3.4.2 曾经的"要部判断"

《专利审查指南》(2001)中还要求在判断外观设计相同或相似过程中,采用所谓的"要部判断"法。要部是指"某些产品存在着容易引起一般消费者注意的部位"。③确定要部的方法具体如下:

---

① 《专利审查指南》(2001)第6.4节。
② 程永顺:《对外观设计专利的无效审查》,载程永顺主编:《外观设计专利保护实务》,法律出版社2005年版,第12页。
③ 《专利审查指南》(2001)第6.7.1节。

"要部"的确定与吸引一般消费者注意的因素密切相关。在确定"要部"时，可以结合产品的使用状态、在先的同类或者相近类产品的外观设计状况、美感等加以确定。

例如，对于使用时以特定方向朝向使用者的产品，仅以产品的朝向使用者的部分(即易见到的部分)作为判断的依据，可以将该部分作为该产品的要部，也可以将该部分中的容易引起一般消费者注意的部位作为要部。使用时使用者观察不到的部分以及不易观察到的部分，例如桌子和椅子的底面、壁挂式固定信箱的背面、车牌的背面、电视机等视听家用电器的背面和底面、手表的背面、地毯的底面、瓶和罐的底面、吸顶式卫生间通风器的进气面板以外的部分等，不会受到一般消费者的关注，不能作为判断的"要部"。

对于产品的一部分是常规性设计的钥匙以及型材这种产品，产品的除常规性设计以外的部分存在容易引起一般消费者注意的部位的，该部位即为判断的"要部"。例如，由匙扣、匙牌和匙圈组成的钥匙产品在匙圈的形状是常规的圆形的情况下，可将容易引起一般消费者注意的匙扣以及匙牌作为钥匙的要部；在型材的横断面周边构成常规的矩形的情况下，其横断面是容易引起购买和使用(安装)该产品的一般消费者注意的部位，该部位是该产品的要部。①

在这一方法下，要部被赋予了决定性的作用："如果被比外观设计的要部的外观与在先设计的相应部位的外观不相近似，则被比外观设计与在先设计不相近似。"②与今天广为接受的整体观察综合判断方法相对比，"要部判断"可能有过度强调局部设计的倾向，降低了其他设计特征在定义权利边界方面的限制作用，可能不适当地放大了外观设计的保护范围。另外，由于要部的选择有很大的不确定，使得外观设计保护的边界也不够清楚，公众缺乏预见性。2006年《专利审查指南》正式放弃了"要部判断"法。当然，在实际操作层面，即便强调"整体观察综合判断"，依然难以杜绝判断者区别对待一项设计中的不同设计特征，从观念上赋予不同权重。所谓的区别或综合，与所谓的"要部判断"，也就一念之差。

4 区别性

4.1 "区别性"与"创造性"的选择

外观设计的区别性，是一种学理上的概括。立法者并没有使用这一术语。在2008年第三次修改之前，《专利法》仅仅要求获得授权的外观设计与现有设计"不相同和不相近似"。③ 这大体上是一种新颖性要求。专利法第三次修改之后，比较明确的引入了区别性要求，即获得授权的外观设计"与现有设计或者现有设计特征的组合相

---

① 《专利审查指南》(2001)第6.7.2节。
② 《专利审查指南》(2001)第6.7.3节。
③ 《专利法》(2000)第23条第1款。

比,应当具有明显区别"。①

人们习惯于将外观设计的区别性要求和发明专利的创造性要求对比,认为二者大致实现相同的政策目标——排除那些具有新颖性但与现有设计距离较近的外观设计。不过,"创造性"标准与"区别性"标准,还是存在明显的差异。所谓的"创造性"标准,是指申请的外观设计与现有设计相比,在相关主体(普通设计人员)看来,是显而易见的;或者套用著作权法上独创性要求,申请的外观设计相对现有设计,不具备"最低限度的创造性高度"。所谓的"区别性"标准,是指申请的外观设计与现有设计相比,在相关主体(普通设计人员或一般消费者)看来,有"明显区别"。显然,申请方案与现有设计是否有"明显区别",与该设计相对现有设计是否显而易见或具备创造性,有较大的出入。有明显区别的设计,可能是显而易见;反之,亦然。当然,明显区别这一事实,可能可以帮助证明(而不是必然证明)申请的设计不是显而易见的。

外观设计法究竟应该采用创造性标准还是区别性标准,并不是一个很容易回答的问题。本书认为,相对"创造性"标准而言,"区别性"标准可能更符合外观设计保护的内在逻辑。一项新的设计即使有创造性,但是如果相对已有设计没有足够的"区别性",则可能在市场上无法被消费者有效区分,后来者因此不可避免地要搭前人的便车,从而发生利益冲突。采用区别性而不是创造性标准,就可以避免不必要的市场冲突。当然,代价是在先的权利人可能因此获得较多的保护,只有在设计空间有限时,在后者才被许可使用较为接近的替代设计。

4.2 判断方法

区别性审查的**对比对象**与新颖性审查有明确的区别。前者所对比的现有设计可以是一份也可以是多份。如果是多份,则是指多个现有设计中数个设计特征的组合。当然,用以对比的多份设计通常应该是相同或近似种类的产品的外观设计。② 这一要求与新颖性判断应该是一致的。

对比一份现有设计,仅仅需要判断被授权的外观设计是否与该设计整体上有"明显区别"。对比多份现有设计,则首先要回答一个问题,为什么该现有设计的组合可以作为对比对象?显然,为了克服我们在一般专利审查领域经常遇到的"后见之明",审查者不能随意将任何现有设计中设计特征简单组合在一起,然后来看该组合与被授权的外观设计专利有"明显区别"。中国的立法者并没有告诉公众,什么时候可以对现有设计的特征进行组合。《专利审查指南》中也对此保持沉默。本书倾向于认为,此类组合必须是显而易见的组合。在判断组合是否显而易见时,可以参考专利法上的创造性判断方法,看普通设计人员的角度看,此类组合是否是显而易见的。

当然,由于外观设计保护的是一种美学设计,而不是一种技术方案,将判断技术方

---

① 《专利法》(2008)第23条第2款。
② 《专利审查指南》(2010)第四部分第五章"无效宣告程序中外观设计专利的审查",第404页。

案创造性的方法用于判断外观设计特征的组合是否有创造性,可能会需要做一些变通。比如,在判断技术方案创造性时,基本的思路是先要找到最接近的现有技术,然后寻找现有技术中是否存在将它与其他技术相互结合的技术启示。如果存在这样的技术启示,则很可能导致诉争的技术方案失去创造性。而外观设计多以实物或图片形式存在,与技术文献的高度文字化有很大的差别。这可能导致从所谓最接近的外观设计出发,寻找结合其他外观设计的"启示"的方法不再适用。在外观设计领域,可能更多地要依赖那些未被文献化的公知常识,或者一般设计人员的认知来判断设计特征组合的创造性。

4.3 判断主体:普通设计者

区别性的**判断主体**,也存在一般消费者与普通设计人员的两种争议。《专利审查指南》要求是一般消费者。① 而学术界有意见认为:"在创造性要求上,判断主体[应该]为所述领域的设计人员。"②结合上述关于"后见之明"的分析,我们发现这两类主体标准各有利弊。判断现有设计特征的组合,是否显而易见,更适合采用普通设计人员标准。在很多情形下,消费者毕竟不知道具体设计是如何实现或完成的。

一旦组合完成后,判断该组合与被授权的外观设计是否有"明显区别",似乎是一般消费者更合适。一项外观设计的价值由市场上一般消费者的取舍决定的。如果在消费者看来,二者没有明显区别,那意味着在市场上二者会很容易侵入彼此的地盘,引发混乱。如果采用消费者标准,理论上就可以避免这一后果。

4.4 改革方向

在"区别性"(创造性)判断环节的存在"一般消费者"与"普通设计人员"标准争议的根本原因是现有立法的表述存在明显缺陷。中国现行立法的缺陷可能与 TRIPs 协议的影响有关系。该《协议》第 25 条第 1 款规定,如果外观设计与现有设计或现有设计特征的组合(known designs or combinations of known design features)没有明显区别(significantly differ from),成员国可以规定此类设计不具备新颖性或者独创性(original)。立法者关注的不应该仅仅是现有设计的设计特征组合是否与诉争的外观设计有"明显区别",同时也应该关心现有设计特征的组合本身是否**显而易见**。这样就恢复了外观设计"区别性"(创造性)判断的本来面目。相应地,判断主体可能应该是普通设计人员加一般消费者。

在大多数情形下,普通设计人员的"显而易见"与普通消费者的"明显区别"可能是一致的。相对现有设计而言显而易见的设计,可能也是与现有设计没有明显区别的设计。但是,的确存在这样的可能性:从现有设计到诉争设计,可能是显而易见的,但是可能依然被认为有"明显区别"。比如,现有文献中有启示说可以将新的因素引入

---

① 《专利审查指南》(2010)第四部分第五章"无效宣告程序中外观设计专利的审查",第 404 页。
② 张广良:《外观设计的司法保护》,法律出版社 2008 年版,第 7 页。

到现有设计,从而得到一个有明显区别的设计。这时候,最终得到的设计方案对了解现有设计和公知常识的普通设计人员而言可能是显而易见的,但是对于普通消费者而言依然有明显区别。反过来,有些设计细节的变化,对于设计人员而言可能并非显而易见,但是对于消费者(甚至是设计人员)而言,两个设计并没有明显的区别。

外观设计的立法者所希望看到的,首先应该是在普通消费者看来明显不同的设计,而不是过于雷同的设计。后者会在市场上制造混乱,对社会而言没有意义。但是,这并不意味着在消费者看来明显不同的设计就一定应该获得授权。如果这一明显不同的设计对于普通设计人员而言,是显而易见的,则没有必要利用专利权来提供激励。这实际上会限制公共领域的行动自由。因此,同时采纳普通设计人员的"显而易见"与普通消费者的"明显区别"两项标准可能是合理的选择?

5 侵权认定

依据《专利法》(2008)第11条第2款:"外观设计专利权被授予后,任何单位或者个人未经专利权人许可,都不得实施其专利,即不得为生产经营目的制造、许诺销售、销售、进口其外观设计专利产品。"需要特别注意的是,与发明或实用新型专利相比,使用外观设计专利产品并没有被视为侵权行为。

外观设计侵权认定的基本规则中,很多与一般专利侵权规则基本一致,比如"生产经营目的"要求、侵权归责原则(侵权者的过错)、"制造、许诺销售、销售、进口"的含义、共同侵权(间接侵权)、侵权抗辩与侵权救济的一般规则等。对于这些内容,这里不再重复。必要时,读者可以参阅前文的相关章节。读者还应当注意到,外观设计专利侵权制度中缺少正式的权利要求解释规则、等同侵权认定规则等。

本章仅仅讨论外观设计专利侵权规则中比较独特的一些问题,具体包括"相同或近似种类的产品"的认定、外观设计"相同或近似"的认定标准、判断主体标准、外观设计申请中简要说明的作用、外观设计专利权评价报告、特殊的侵权抗辩等。当然,即便是这些内容,也可能与本章前面的"新颖性"或"创造性"一节的相关内容有重叠,比如判断主体标准、外观设计相同或近似的含义等。这在下文中有具体说明。

5.1 一般消费者的认知

对于外观设计专利侵权案件中相同或近似外观设计的判断主体,专利法并没有明确。最高人民法院通过司法解释明确,判断两项外观设计是否相同或近似的主体是所谓的一般消费者。[①]

有学者认为,应该进一步明确"一般消费者"就是被控侵权产品的实际购买者:

> 作为日常类用品的判断主体的一般消费者的认知能力和识别水平无异于普

[①] 《最高人民法院关于审理侵犯专利权纠纷案件应用法律若干问题的解释》(2009)第10条。

通大众;非日常类用品(如医疗产品、电动工具等)的一般消费者应该具有比普通大众更高的识别和判断该类产品的水平;当产品的购买者和使用者不一致时,"一般消费者"应该是对某一领域具有一定认知水平的人员,而非产品的终端使用者;对中间产品的判断主体应该是其直接购买消费者,不能是相应的最终产品的使用消费者。可见,《解释》将外观设计专利侵权判断的主体界定为外观设计产品的一般消费者不具有明确性,应界定为被控侵权产品的实际购买者。[①]

其实,1993年的《审查指南》就将判断主体定义为"一般购买者",后来才改为"一般消费者"。当时修改的原因是"一般购买者"的标准限定过窄。[②] 将一般消费者严格限定为侵权产品的实际购买者也会有问题,因为实际购买者可能并非独立作出购买决定,而是要考虑最终消费者的意愿或偏好。比如,家长为孩子购买玩具。

5.2 相同或近似种类产品

外观设计专利保护被限定在特定的产品载体上,因此在侵权判定环节也要求被控侵权的产品与外观设计专利所对应的产品相同或属于相近种类。这一规则在专利法上没有明确表述。如本章前面第1.3节所述,最高人民法院《关于审理侵犯专利权纠纷案件应用法律若干问题的解释》(2009)第8条和第9条填补了这一空缺。为方便阅读,这里重复摘录如下:

> **第八条** 在与外观设计专利产品相同或者相近种类产品上,采用与授权外观设计相同或者近似的外观设计的,人民法院应当认定被诉侵权设计落入专利法第五十九条第二款规定的外观设计专利权的保护范围。
>
> **第九条** 人民法院应当根据外观设计产品的用途,认定产品种类是否相同或者相近。确定产品的用途,可以参考外观设计的简要说明、国际外观设计分类表、产品的功能以及产品销售、实际使用的情况等因素。

外观设计侵权环节的相同和近似产品的认定标准,与新颖性审查环节的"相同或近似种类产品"的认定标准应该是一致的。最高人民法院也没有刻意回避《专利审查指南》所确立的一些规则。必要时,可以参阅前文第2.2节的讨论。

弓箭国际 v. 义乌市兰之韵玻璃工艺品厂

最高人民法院(2012)民申字第41号

金克胜、罗霞、杜微科法官:

弓箭国际申请再审称,二审法院认定事实错误、适用法律不当、程序违法。其主要

[①] 胡充寒:《外观设计专利侵权审判实务疑难问题探析》,载《知识产权》2012年第6期,第36页。
[②] 程永顺:《对外观设计专利的无效审查》,载程永顺主编:《外观设计专利保护实务》,法律出版社2005年版,第6页。

理由如下:(一)被申请人生产、销售的产品落入涉案外观设计专利权的保护范围。1. 涉案外观设计专利要求保护的贴纸产品必须与餐具相结合,其保护范围不应仅仅被解释为附着在餐具上的贴纸,还应当包括附着了该贴纸的餐具。判断产品种类是否相同或者相近的依据是产品的"用途",不应当被理解为产品在技术功能上的用途,而应当理解为产品外观在视觉感受方面的用途。涉案外观设计专利"餐具类贴纸"与被诉侵权产品,即采用相同或者相似图案、色彩的餐具(玻璃杯),属于相同或者相近种类的产品。2. 外观设计专利的保护范围与形成产品外观的加工工艺无关。涉案专利产品的名称是"餐具用贴纸",其载体并非只能是纸制材料,也可以是塑料膜、金属膜等,还可以是通过油漆、油墨、染料等形成的涂层。其结果都是将图案成形在餐具的表面上,其最终产品的整体外观视觉感受不会因为形成图案的加工工艺不同而不同。外观设计专利的保护应当关注被诉侵权产品的外观是否采用了专利所要求保护的产品的外观设计方案,而不应关注被诉侵权产品的外观是如何形成的。(二)兰之韵厂在二审提交的证据在一审庭审结束前就可以发现,但兰之韵厂并没有在一审庭审前提交,因此,上述证据不是新的证据,二审法院应不予采纳。故请求撤销二审判决,维持一审判决。

本院审查查明,法国弓箭玻璃器皿国际实业公司申请了一种名称为"餐具用贴纸(柠檬)"外观设计专利,于 2005 年 5 月 11 日获得授权并公告,专利号为 ZL200430104787.3……2009 年 3 月 18 日,鑫辉达公司向宁波海关申报出口一批厨房用玻璃水杯,因涉嫌侵犯弓箭国际多个外观设计专利权,宁波海关于 2009 年 3 月 24 日扣留了该批玻璃杯,其中 19 箱 798 个玻璃杯上贴有柠檬图案,与弓箭国际上述外观设计专利相近似,该批玻璃杯系兰之韵厂所生产并销售给鑫辉达公司。二审法院于 2011 年 1 月 7 日组织当事人对兰之韵厂的生产现场进行了勘验,弓箭国际确认本案被诉侵权产品上的图案系通过油墨多次叠加印刷形成,并非使用贴纸一次性形成。

本院认为,外观设计应当以产品为依托,不能脱离产品独立存在。因为外观设计专利必须附着在产品载体上,所以外观设计专利需要和产品一并保护。《最高人民法院关于审理侵犯专利权纠纷案件应用法律若干问题的解释》第八条规定:"在与外观设计专利产品相同或者相近种类产品上,采用与授权外观设计相同或者近似外观设计的,人民法院应当认定被诉侵权设计落入专利法第五十九条第二款规定的外观设计专利权的保护范围。"可见,确定被诉侵权产品与涉案外观设计专利产品是否属于相同或者相近的种类是判断被诉侵权设计是否落入外观设计专利权保护范围的前提。上述司法解释第九条规定:"人民法院应当根据外观设计产品的用途,认定产品种类是否相同或者相近。确定产品的用途,可以参考外观设计的简要说明、国际外观设计分类表、产品的功能以及产品销售、实际使用的情况等因素。"

涉案专利产品是"餐具用贴纸(柠檬)",其用途是美化和装饰餐具,具有独立存在的产品形态,可以作为产品单独销售。被诉侵权产品是玻璃杯,其用途是存放饮料或食物等。虽然被诉侵权产品上印刷有与涉案外观设计相近的图案,但该图案为油墨印刷而成,不能脱离玻璃杯单独存在,不具有独立的产品形态,也不能作为产品单独销售。被诉侵权产品和涉案专利产品用途不同,不属于相同种类产品,也不属于相近种类产品。因此,被诉侵权产品的外观设计未落入涉案外观设计专利权的保护范围,弓箭国际的申请再审理由不成立。

二审法院采纳被申请人提交的相关证据并认定被诉侵权产品的图案系油墨印刷形成,并未影响案件的正确判决。鉴于二审判决结果正确,对弓箭国际的相关申请再审理由不予支持。

思考问题:

(1) 从本案,外观设计专利保护领域对于相同和类似商品的判断标准可能比商标法要严格一些。这代表着怎样不同的立法政策呢?

(2) 假定本案中外观设计保护的是玻璃杯,而被控侵权人所制造的是餐具贴纸(专门贴在玻璃杯上),法院的结论会有变化吗?原告可以指控对方间接侵权吗?

5.3 相同或近似的外观设计

5.3.1 整体观察综合判断

在确认产品相同或近似之后,接下来需要认定被控侵权的外观设计与授权的外观设计相同或者近似。判断相同或近似的基本方法也是"综合判断",当两项设计的**整体视觉上无差异或者无实质性差异**时,认定相同或近似。这与新颖性审查环节外观设计的"相同或实质相同"的判断标准也应该是一致的。只是最高人民法院的司法解释采用了与《专利审查指南》略有不同的表述而已。最高人民法院《关于审理侵犯专利权纠纷案件应用法律若干问题的解释》(2009)第11条的具体内容如下:

> 人民法院认定外观设计是否相同或者近似时,应当根据授权外观设计、被诉侵权设计的设计特征,以外观设计的整体视觉效果进行综合判断;对于主要由技术功能决定的设计特征以及对整体视觉效果不产生影响的产品的材料、内部结构等特征,应当不予考虑。
>
> 下列情形,通常对外观设计的整体视觉效果更具有影响:
>
> (一) 产品正常使用时容易被直接观察到的部位相对于其他部位;
>
> (二) 授权外观设计区别于现有设计的设计特征相对于授权外观设计的其他设计特征。
>
> 被诉侵权设计与授权外观设计在整体视觉效果上无差异的,人民法院应当认定两者相同;在整体视觉效果上无实质性差异的,应当认定两者近似。

在进行综合判断过程,该司法解释许可法院更多地考虑那些容易观察的部位和区别现有技术的设计特征对于整体视觉效果的影响。

这里并不强调被控侵权方案中一定要涵盖外观设计专利中的区别于现有设计的全部设计特征,也不要求所谓的设计特征的一一对应地相同或相似。在成都雄峰家具有限公司v.黄兴贵一案中,法院非常清楚地说明了外观设计侵权认定和一般专利侵权认定的方法差异:

> 本案中,被控侵权产品与原告的专利产品均为鞋柜,属于相同产品,从二者的外观形状特征比较A、B、C、E、F、G分别与a、b、c、e、f、g相同,D与d相似,H与h虽然存在较大差异,但上述差异并不会影响鞋柜整体的设计风格和样式,对一般消费者的整体视觉效果不产生影响,因此,普通消费者对被控侵权产品与原告的外观设计专利容易相互混淆。故本院认定被控侵权产品与原告的外观设计专利相近似,被控侵权产品落入原告的外观设计专利保护范围。①

在普通的专利侵权(等同侵权)的认定过程中,每一项技术特征都应该相互等同。本案中法院概括出了外观设计的设计特征,并认定特征H与特征h存在较大差异。如果依据一般侵权规则,是不能认定专利侵权的。但是,按照外观设计的整体判断的方法,在整体视觉效果无实质差异的情况下,依然可能认定专利侵权。

整体观察综合判断的侵权认定方法虽然为主流意见所接受,但与之相关的理论争议一直存在。有学者很有见地地指出:

> "整体比较"标准承认授权外观设计中的创新部分(区别于现有技术的设计特征)相对其他部分更有影响,并且以综合判断的形式纳入比对范围,但问题是,整体比较的落脚点仍然在整体效果上,创新部分只是影响整体效果的一个相对重要的因素,在地位上是从属于整体效果的,换言之,当一般消费者对于进行比对的两件外观设计产品的外观整体视觉效果获得明确结论时,外观设计的创新部分对于判断是否侵权实质上已经失去作用。这就在侵权判定上产生了一些与专利保护精神背道而驰的结论。

中山市南区佳艺工艺家具厂 v. 中山市君豪家具有限公司

最高人民法院(2011)民申字第1406号

王永昌、宋淑华、秦元明法官:

君豪公司申请再审称:

1. 根据《中华人民共和国专利法》第二条第四款和第五十九条第二款的规定,外观设计中形状、图案、色彩均是外观设计的保护要素,从本案专利视图可以看出其外观设计包括形状、图案两个要素。若被诉侵权产品侵权,则与涉案专利产品的形状和图案均应相近似,才构成侵权。产品图案的对比主要从图案的题材、构图方法、表现方式

---

① 成都雄峰家具有限公司诉黄兴贵,四川成都中院(2010)成民初字第191号。

及花样大小等方面观察,色彩的不同也可能使图案不同。如果题材相同,但其构图方法、表现方式、花样大小不相同,则对比的图案之间不相同也不相近似。

2. 外观设计中产品的形状和图案对外观的保护词等重要,在侵权判断中具有相同的作用。从《中华人民共和国专利法》第二条关于外观设计的定义可知,外观设计的形状、图案、色彩三要素间没有等级效力的差别,每一种设计要素均对产品外观设计有同等重要的作用,因此在外观设计的保护中,每一种设计要素均应该同等保护,不能侧重于保护某一个单独的要素,这样就可能扩大或者缩小外观设计专利权的保护范围,违背法律规定。涉案专利设计由形状和图案构成,二者对涉案专利权的保护范围具有同等重要的作用,不能偏废任何一个要素,而二审法院主观的为当事人确定一个要素为显著的设计特征,在产品外观上占有更大比例的图案被认为是局部的、细微的差异,这种观点直接违背了专利法规定的基本原则和申请原则,损害公共利益,对被诉侵权人不利。

3. 被诉侵权产品与涉案外观设计专利的外观明显不同,具有不同的美感和表达方式,其中图案要素在产品外观中所占面积比例较大并且比对图案明显不同,一般消费者不会混淆,因此二者不相同也不相近似,被诉侵权设计没有侵犯涉案外观设计专利权。

佳艺家具厂提交意见认为,被诉侵权产品与涉案专利产品在整体形状、柜体各组成部分的形状以及布局方式等方面基本相同,只是在装饰图案上有差异,而产品的形状是本专利最显著的设计特征,对整体视觉效果影响较大,图案的差异仅是局部的、细微的,所以应当认定二者构成近似。二审判决认定事实清楚、适用法律正确,请求驳回君豪公司的再审申请。

本院认为:本案的争议焦点是,被诉侵权设计是否落入涉案专利权的保护范围。被诉侵权产品与涉案外观设计专利产品均为蛋形三抽柜,二者为同类产品。将被诉侵权设计与涉案专利设计相比对,二者在柜顶、柜体和柜脚部分的外观形状基本相同,主要的不同之处是装饰图案不同,除前者柜顶无装饰,后者柜顶有百合花装饰外,其余后者以一支飘逸、匀称遍布状百合花装饰的部分,前者均以一团簇状牡丹花装饰。涉案外观设计专利产品名称是"三抽柜(蛋形)",从其产品名称和外观设计照片来看,四方形三抽柜和八边形装饰框与蛋形柜体的组合和布局是涉案专利设计区别于现有设计的设计特征,因此被诉侵权产品和涉案专利产品的外观设计在柜体的整体形状、柜体各组成部分的形状以及布局方式上的基本相同相比其他设计特征对于外观设计的整体视觉效果更具有影响。

被诉侵权设计与涉案专利设计虽然在装饰图案上存在差异,但二者均为花卉图案,图案的题材相同,在柜体的装饰布局上也基本相同,因此被诉侵权设计以牡丹花图案替换涉案专利设计的百合花图案的作法,实质是采用了涉案专利设计的设计方案,这种简单替换所导致的差异对于整体视觉效果的影响是局部的、细微的,以一般消费者的知识水平和认知能力来判断,该差异不足以将被诉侵权设计和涉案专利设计区分开来,故不属于实质性差异,对于判断被诉侵权设计与涉案专利设计在整体视觉效果上构成近似无实质性影响。

综上,被诉侵权设计与涉案专利设计相近似,落入了涉案专利权的保护范围。君豪公司制造、销售被诉侵权产品的行为侵犯了涉案专利权,应承担停止侵权、赔偿损失等法律责任。

5.3.2 "混淆标准"与"创新标准"的争议

理论界对于外观设计的相同或近似的认定标准有所谓的"混淆标准"和"创新标准"的争论。一般认为,体现所谓"混淆标准"的典型意见是最高人民法院《关于审理专利侵权纠纷案件若干问题的规定会议纪要稿》(2003)第 24 条第 1 款的规定——"人民法院在判断近似外观设计时,应当以一般消费者施以一般注意力是否容易**混淆**为准。容易产生混淆的,即为近似外观设计;反之,即为既不相近也不近似外观设计。"

"混淆标准"中的"混淆",让很多学者将它和商标法意义上的混淆联系起来。在这些学者看来,"混淆标准"误将外观设计立法等同于商标立法,是不能接受的。典型的批评意见如下:

> 外观设计专利权是创造性成果权利,是一种发明创造,以一般消费者对两项外观设计是否产生混同、误认来判断外观设计专利授权标准的立足点,其结果会混淆知识产权中创造性成果权利与识别性标记权利,将外观设计专利权的保护混同于注册商标专用权以及反不正当竞争法对企业名称、知名商品特有包装、装潢的保护,从而忽略了对外观设计创新活动予以保护的立法目的,该标准显然不应当继续采用。①

在本书看来,此类批评意见可能过于执着于"混淆"在商标法下的字面含义,从而得出"混淆标准"违背外观设计立法目的的结论。其实,在外观设计保护的语境下,"混淆"不过是外观设计方案相同或近似的习惯或者不准确说法而已。很少有案例表明,法院在认定外观设计混淆时,单纯是因为消费者对产品的来源(制造者)发生误认。

所谓"创新标准"是指在判断外观设计侵权时,重点观察被控侵权的产品设计中是否包涵有设计创新内容,而不是强调两项外观设计的整体比对。依据这一标准,即便两项外观设计整体比对综合判断后并不相同或近似,只要被控侵权的方案中含有外观设计专利中的创新内容,则依然可能构成侵权。② 依据这一标准,甚至可以突破外

---

① 罗霞:《外观设计专利相近似的司法判断》,载《人民司法》2012 年第 13 期,第 7 页。
② 关于这一标准的详细论述可以参考吴观乐:《外观设计专利应当立足保护创新》,载程永顺:《对外观设计专利的无效审查》,载程永顺主编:《外观设计专利保护实务》,法律出版社 2005 年版,第 16—28 页。

观设计的产品种类界限。比如,汽车外观设计专利或许可以阻止他人生产该汽车模型[①],尽管汽车和汽车模型并不属于相同或近似种类的产品。

其实,一旦消除"混淆"的字面的引人误解的含义,恢复背后"相同或近似"的真实含义,我们就不能从逻辑上判断"混淆标准"与"创新标准"哪一个更可靠。前者更强调整体或综合,后者更强调创新点或局部。对二者进行取舍,实际上一个重要的政策选择:究竟要对外观设计提供多大程度的垄断权保护。

"创新标准"与外观设计不实质审查的授权制度相结合,可能会导致外观设计的权利边界趋于模糊,增加社会成本。因为这一标准实际上禁止他人利用一项外观设计中的具有创造性的局部,而该局部究竟是哪些,没有人事先知道,有很大的不确定性。由此看来,在"混淆标准"和"创新标准"之间进行选择,可能又是一个公平与效率的选择问题。

5.4 "简要说明"的作用

专利法要求申请人在提出外观设计专利申请时,提交简要说明文件。[②] 立法者希望这一文件能够帮助审查者理解外观设计的内容。《专利法实施细则》(2010)第28条有进一步的要求:

> 外观设计的简要说明应当写明外观设计产品的名称、用途,外观设计的设计要点,并指定一幅最能表明设计要点的图片或者照片。省略视图或者请求保护色彩的,应当在简要说明中写明。
>
> 对同一产品的多项相似外观设计提出一件外观设计专利申请的,应当在简要说明中指定其中一项作为基本设计。
>
> 简要说明不得使用商业性宣传用语,也不能用来说明产品的性能。

简要说明中的设计要点是指"设计要点是指与现有设计相区别的产品的形状、图案及其结合,或者色彩与形状、图案的结合,或者部位"[③]。

依据《专利法》,"外观设计专利权的保护范围以表示在图片或者照片中的该产品的外观设计为准,简要说明可以用于解释图片或者照片所表示的该产品的外观设计"[④]。因为简要说明只能用于解释而不是限缩保护范围,所以简要说明关于外观设计要点的描述,如果没有体现在外观设计申请的图片或照片中,则法院不能用这些设计要点来限缩外观设计专利的保护范围。简要说明之于外观设计的图片或照片,类似于发明专利的说明书之于权利要求书。

如果申请人在简要说明中罗列较多的设计要点,这可能导致法院在侵权案件中强

---

① 吴观乐:《外观设计专利应当立足保护创新》,载程永顺:《对外观设计专利的无效审查》,载程永顺主编:《外观设计专利保护实务》,法律出版社2005年版,第22页。
② 《专利法》(2008)第27条第1款。
③ 《专利审查指南》(2010)第一部分第三章 外观设计专利申请的初步审查 第77页。
④ 《专利法》(2008)第59条第2款。

调这些要点的重要性,只要侵权方案中不涵盖这些要点,法院就可能认定不侵权。显然,申请人罗列的要点越多,法院认定的保护范围可能越窄。这实际上将简要说明变成变相的权利要求的作用。

在实践中,"解释保护范围"与"限制保护范围"的界限不是很明确。这导致设计者担心自己撰写的简要说明有一天会被法院用来限制外观设计的保护范围。因此,设计者通常不愿意在简要说明中过多描述外观设计的设计要点。这导致简要说明常常流于形式,其立法目的并没有充分实现。

5.5 侵权抗辩

5.5.1 现有设计抗辩

株式会社普利司通 v. 浙江杭廷顿公牛橡胶有限公司等

最高人民法院(2010)民提字第189号

郃中林、朱理、郎贵梅法官:

2000年12月27日,普利司通依法向国家知识产权局申请了名称为"机动车轮胎"的外观设计专利,并于2001年8月11日获得授权,专利号为ZL00348649.4,分类号为12—15。现该项专利权处于有效状态。涉案被控侵权的BT98型轮胎由杭廷顿公司制造并销售给邦立信公司……

普利司通的ZL00348649.4号专利的外观设计与杭廷顿公司制造的BT98型轮胎的外观设计相对比,二者在主胎面上存在以下相近似之处:1. 主胎面均由3个沿圆周方向的环状沟槽分割成4个环状接触面,并且每个环状接触面的宽度大致相同;2. 每个环状沟槽均由折线构成,并且两者的每个折线的尖锐角度是大致相同的;3. 在中间2个环状接触面上,有多条大致沿横向分布的细沟槽;4. 每条横向细沟槽均呈向左上方倾斜的折线状,具有一定的宽度;5. 胎面上分布的每个菱形花纹块的4条边均由折线构成;6. 最外侧圆周上有长短矩形沿圆周方向均匀间隔排列的小凹槽。

诉讼中,杭廷顿公司向一审法院提交的用于支持其现有设计抗辩的证据是一份在1990年出版的《轮胎胎面设计指南》一书中发表的名称为Delta Z38(P)的外观设计。涉案BT98型轮胎与Delta Z38(P)外观设计相比,二者具有以下相近似之处:1. 主胎面均由3个沿圆周方向的环状沟槽分割成4个环状接触面,并且每个环状接触面的宽度大致相同;2. 每个环状沟槽均由折线构成,并且两者的每个折线的尖锐角度大致相同;3. 在中间2个环状接触面上,有多条大致沿横向分布的细沟槽;4. 每条横向细沟槽均呈向左上方倾斜的折线状,具有一定的宽度;5. 胎面上分布的每个菱形花纹块的4条边均由折线构成;6. 最外侧圆周上有长短矩形沿圆周方向均匀间隔排列的小凹槽。

涉案BT98型轮胎与Delta Z38(P)外观设计对比,不同之处仅在于Delta Z38(P)的小菱形花纹块在形状上较为扁长……

北京市第二中级人民法院一审认为:

（一）关于现有设计抗辩的判定方法。杭廷顿公司提出了现有设计抗辩主张。根据专利侵权诉讼的相关规则，如果被控侵权人答辩并提供相应证据，证明被控侵权产品与一项现有设计等同，则其行为不构成侵权。在具体运用现有设计抗辩原则时，只需对被控侵权产品与被控侵权人举证的现有设计是否构成相同或者等同作出判断。

（二）关于本案外观设计近似性的具体判断。在进行外观设计近似性判断时，应当以普通消费者的审美观察能力为标准，进行整体观察与综合判定，既要从二者的主要设计部分进行比较，又要进行整体比较。涉案专利产品与被控侵权产品的主胎面是比较的重点。涉案专利产品的环状沟槽分割成4个环状接触面、菱形的花纹块及其特有的形状、最外侧圆周上有长短矩形沿圆周方向均匀间隔排列的小凹槽、在两侧的2个环状接触面的外侧的环状花纹线等要素构成了其主要设计部分，被控侵权产品的对应部分与上述主要设计部分相近似。因此，本外观设计专利与BT98型轮胎属于相近似的外观设计。将BT98型轮胎与Delta Z38(P)外观设计进行比较，在上述主要设计部分上亦构成相近似，差别仅在于Delta Z38(P)外观设计的小菱形花纹块在形状上较为扁长。结合整体比较后，二者仍构成相近似的外观设计。因此，杭廷顿公司提出的现有设计抗辩成立，其行为不构成对普利司通的"机动车轮胎"外观设计专利权的侵犯。由于邦立信公司销售涉案BT98型轮胎的行为亦不构成侵权，故对普利司通在本案中提出的诉讼请求，不予支持……

[普利司通不服一审判决，向北京市高院提出上诉。北京市高院二审维持原判。普利司通不服二审判决，向本院申请再审。本院审查查明：]

将本专利与现有设计Delta Z38(P)的外观设计内容相对比，两者主要存在如下区别：(1)关于主胎面上的花纹块。现有设计的花纹块呈扁长型；而本专利花纹块呈类似菱形。(2)关于主胎面上的外侧环状接触面。现有设计的外侧环状接触面外缘的横沟槽较宽，纵向深入接触面；本专利外侧环状接触面外缘的横沟槽较浅。(3)关于主胎面上的环状沟槽。A. 现有设计的环状沟槽左右边的振幅较为尖锐，弯折度较大；本专利左右两边的振幅较为平缓，弯折度较小。B. 现有设计的三条环状沟槽底部没有任何凸起；本专利中央环状沟槽底部有排成虚线状的凸起颗粒。

将被控侵权产品BT98型轮胎与现有设计Delta Z38(P)的外观设计内容相对比，两者主要存在如下区别：(1)关于主胎面上的花纹块。现有设计的花纹块呈扁长型；而被控侵权产品花纹块呈类似菱形。(2)关于主胎面上的外侧环状接触面：现有设计的外侧环状接触面的最外侧的横沟槽较宽，纵向深入接触面；被控侵权产品的外侧环状接触面的最外侧的横沟槽较浅。(3)关于主胎面上的环状沟槽：A. 现有设计的环状沟槽左右边的振幅较为尖锐，弯折度较大；被控侵权产品的左右两边的振幅较为平缓，弯折度较小。B. 现有设计的三条环状沟槽底部没有任何凸起；被控侵权产品的中央环状沟槽底部有排成虚线状的凸起颗粒。

将被控侵权产品BT98型轮胎与本专利相对比，两者的主要区别仅在于环状沟槽和横向细沟槽所形成的两个左右相邻的花纹块的位置稍有不同。被控侵权产品的两个相邻菱形花纹块的竖向斜边延长线完全重合，而本专利的两个相邻菱形花纹块的竖向斜边延长线并不在一条直线上。

被控侵权产品的中央环状沟槽内的点状凸起的颜色与轮胎主体相同。部分机动车轮胎胎面设置有胎面磨损指示块,但是不同轮胎在胎面磨损指示块设置的位置、大小和多少方面存在较大差异。被申请人提交的照片所反映的轮胎胎面磨损指示块都是孤立的,并非连续的虚线状设计。

Delta Z38(P)外观设计图为轮胎由正视图方位偏向左侧拍摄所得的立体图。

杭廷顿公司当庭认可其不同花纹的轮胎需要使用相应的模具,轮胎花纹不同,所用的模具亦不同。

本院认为,本案被控侵权行为发生于2006年,应当适用自2001年7月1日起施行的《中华人民共和国专利法》(以下简称专利法)。本案当事人在本院再审中的争议焦点在于:外观设计专利侵权判定中现有设计抗辩的审查判断方法;本案被控侵权产品的设计是否落入本外观设计专利的保护范围;本案侵权民事责任的承担。

(一) 外观设计专利侵权判定中现有设计抗辩的审查判断方法

现有设计抗辩是专利侵权纠纷中被控侵权人有证据证明其实施的设计属于现有设计,因而不落入涉案外观设计专利权保护范围的一种抗辩事由。现有设计抗辩制度的正当性在于,根据专利法第二十三条的规定,授予专利权的外观设计,应当同现有设计不相同和不相近似,因而专利权人只能就其相对于现有设计的创新性贡献申请专利并获得保护,不能把已经进入公有领域或者属于他人的创新性贡献的部分纳入其保护范围。因此,如果被控侵权人能够证明其实施的设计属于涉案专利申请日前的现有设计,就意味着其实施行为未落入涉案外观设计专利权的保护范围。

在我国现行法律实行专利有效性判定程序和专利侵权判定程序分别独立进行的模式下,如果不允许被控侵权人在专利侵权民事诉讼中主张现有设计抗辩,在被控侵权产品属于现有设计的情况下依然认定构成侵犯涉案专利权,则会导致外观设计专利权的保护范围与专利权人的创新性贡献不相适应。因此,允许被控侵权人在外观设计专利侵权民事诉讼中提出现有设计抗辩,是我国专利法所规定的外观设计专利权授权条件及保护范围确定的应有之义。

正是基于这种考虑和对长期以来人民法院审查现有设计抗辩的司法实践经验的总结,2008年12月27日修正的《中华人民共和国专利法》第六十二条明确规定了现有设计抗辩事由。据此,2009年12月28日发布的《最高人民法院关于审理侵犯专利权纠纷案件应用法律若干问题的解释》第十四条对现有设计抗辩的审查判断方法作出了相应规定。该规定的有关规则也可适用于本案。

根据专利法第二十三条的规定,现有设计是指外观设计专利申请日以前在国内外出版物上公开发表过或者国内公开使用过的外观设计。判断被控侵权人的现有设计抗辩是否成立,当然首先应将被控侵权产品的设计与一项现有设计相对比,确定两者是否相同或者无实质性差异。如果被控侵权产品的设计与一个现有设计相同,则可以直接确定被控侵权人所实施的设计属于现有设计,不落入涉案外观设计专利保护范围。如果被控侵权产品的设计与现有设计并非相同,则应进一步判断两者是否无实质性差异,或者说两者是否相近似。实质性差异的有无或者说近似性的判断是相对的,如果仅仅简单地进行被控侵权产品设计与现有设计的两者对比,可能会忽视二者之间的差异以及这些差异对二者整体视觉效果的影响,从而导致错误判断,出现被控侵权产品设计与现有设计和外观设计专利三者都相近似的情况。因此,在被控侵权产品设计与现有设计并非相同的情况下,为了保证对外观设计专利侵权判定作出准确的结论,应以现有设计为坐标,将被控侵权产品设计、现有设计和外观设计专利三者分别进行对比,然后作出综合判断。在这个过程中,既要注意被控侵权产品设计与现有设计的异同以及对整体视觉效果的影响,又要注意外观设计专利与现有设计的区别及其对整体视觉效果的影响力,考虑被控侵权产品的设计是否利用了外观设计专利与现有设计的区别点,在此基础上对被控侵权产品设计与现有设计是否无实质性差异作出判断。原审判决在被控侵权产品的设计与现有设计并不相同的情况下仅对二者进行对比即作出现有设计抗辩成立的结论,该侵权对比判断方法有所失当,应予纠正。申请再审人关于原审判决对现有设计抗辩的法律适用错误的申请再审理由成立,本院予以支持。

(二)本案被控侵权产品的设计是否落入本外观设计专利的保护范围

判断被控侵权产品的设计是否落入外观设计专利的保护范围,应当基于外观设计产品的一般消费者的知识水平和认知能力,对二者的整体视觉效果进行综合判断。一般消费者应对外观设计专利产品同类或者相近类产品的外观设计状况具有常识性的了解,对外观设计产品之间在形状、图案以及色彩上的差别具有一定的分辨力,但不会注意到产品的形状、图案以及色彩的微小变化。可见,作为判断外观设计相同或者相近似的主体的一般消费者,其应当对现有设计中的惯常设计和常用设计手法具有的一定了解。在一般消费者的这种知识水平和认知能力的前提下,不同外观设计之间在惯常设计或者常用设计手法上的相同或者相近似之处对于二者的整体视觉效果不具有显著影响。因此,在外观设计专利侵权判定中,即使被控侵权人未提出现有设计抗辩,也必须考虑现有设计中的惯常设计或者常用设计手法。即,以现有设计中的惯常设计或者常用设计手法为坐标,找出外观设计专利与惯常设计或者常用设计手法的区别点,考虑这些区别点对整体视觉效果的影响,在此基础上再运用整体观察、综合判断的方法对二者的整体视觉效果进行比较。

当被控侵权人提出现有设计抗辩时,如前所述,除被控侵权产品的设计与现有设计相同的情况外,更应以现有设计为坐标,将该现有设计、外观设计专利和被控侵权产品设计三者分别进行对比,并在此基础上进行综合判断。此时,应特别注意被控侵权产品设计是否利用了外观设计专利与现有设计的区别点,因而与外观设计专利产生了无实质性差异的整体视觉效果。对于本案机动车轮胎产品而言,主胎面的设计对于产品的整体视觉效果更具有显著影响,是三者对比的重点所在。

本案被控侵权产品设计显然与现有设计并不构成相同。根据本院查明的被控侵权产品设计、现有设计和本专利三者之间区别点的有关事实,本专利与现有设计 Delta Z38(P)外观设计在主胎面上花纹块的形状、外侧环状接触面外缘的横沟槽的深度、环状沟槽的弯折度以及中央环状沟槽底部的凸起颗粒设计等方面均有较大区别,这些区别使得本专利与现有设计相比产生了显著不同的整体视觉效果。被控侵权产品BT98型轮胎在主胎面上花纹块的形状、外侧环状接触面外缘的横沟槽的深度、环状沟槽的弯折度以及中央环状沟槽底部的凸起颗粒设计等方面,均利用了上述区别点,因而上述区别点同样构成被控侵权产品与现有设计的区别点。与被控侵权产品设计同现有设计的近似点相比,这些区别点对二者的整体视觉效果更具有显著影响。从一般消费者的眼光来看,被控侵权产品设计具有与现有设计既不相同也非实质性相似的整体视觉效果。将被控侵权产品BT98型轮胎与本专利相对比,两者在主胎面上菱形花纹块的设计、外侧环状接触面外缘的横沟槽的深度、环状沟槽的弯折度以及中央环状沟槽底部的连续点状凸起颗粒设计等方面均相同,其主要区别仅在于环状沟槽和横向细沟槽所形成的两个左右相邻的花纹块的位置稍有不同。相对而言,这一区别显然属于细微差异,一般消费者难以注意到,不足以使二者产生不同的整体视觉效果。

被申请人主张,本专利的花纹设计以及中央环状沟槽内凸起部位设计主要是出于功能性考虑,并非申请再审人的创新设计,不应归入外观设计专利权的保护范围。对此,基于轮胎的实用功能,轮胎设计肯定要考虑安全性能、转向性能、刹车性能、磨耗、滑水、散热和噪声等特性,但是在满足上述功能的前提下,轮胎的设计包括主胎面上花纹布局、图案构思等方面仍然具有较大的创作自由度,并非由实用功能性所唯一决定。轮胎的花纹布局、图案构思等的差异都可能使得不同轮胎形成不同的整体视觉效果。因此,即使轮胎的设计需要考虑功能性,只要其设计并非由实用功能性所唯一决定,并且符合外观设计专利的授权条件,就可以作为外观设计予以保护。就本专利中央环状沟槽底部的凸起颗粒设计而言,尽管客观上不排除其可能具有指示轮胎磨损程度的功能,但是该凸起颗粒的设计在颗粒大小、数量、布局等方面,同样有很大的设计空间。被申请人提交的其在本案再审过程中拍摄的轮胎照片显示,其他轮胎的胎面磨损指示块都是孤立的,且位置多变,与本专利凸起颗粒设置于中央环状沟槽底部、且呈连续的虚线状有明显不同。因此,对于被申请人的上述主张,本院不予支持。

被申请人还提出,普利司通采取的局部细节放大的对比方法违反了一般消费者的知识水平和认知能力,也与整体观察、综合判断的外观设计对比方法相悖。普利司通所主张的被控侵权产品设计与现有设计之间的差别,包括中间花纹块各边的具体形状、横向斜沟槽的粗细、外侧环状接触面与中央环状接触面的比例、环状沟槽折线上的凸起等方面的差异,在通常情况下都难以为一般消费者注意到,对轮胎的整体视觉效果不具有显著影响。本院在对比被控侵权产品设计与现有设计时,已经对此予以留意。但是普利司通所主张的被控侵权产品设计与现有设计之间的其他区别,尤其是主胎面上花纹块的形状、外侧环状接触面外缘的横沟槽的深度、环状沟槽的弯折度以及中央环状沟槽底部的凸起颗粒设计等方面的区别,都容易为一般消费者观察到。而且,就外观设计相同和相近似的判断而言,应该结合外观设计产品的实际使用状态来考虑。本专利为机动车轮胎,通常体积较大,花纹块的形状、外侧环状接触面外缘的横沟槽的深度、环状沟槽的弯折度以及中央环状沟槽底部的凸起颗粒设计等方面的区别,更容易为一般消费者所注意。因此,对于被申请人的上述主张,本院并不完全赞同。

综上,被申请人的现有设计抗辩不能成立,被控侵权产品 BT98 型轮胎落入本专利的保护范围。原审判决未能正确认定被控侵权产品设计与现有设计的差异及其对二者整体视觉效果的影响,导致侵权判定结果错误,本院予以纠正。

思考问题:

(1) 在发明或实用新型专利侵权的现有技术抗辩中,法院一直避免现有技术抗辩演变成创造性抗辩。在外观设计的现有设计抗辩中,是否也存在类似的问题? 对照:本案专利权人认为,"现有设计抗辩不能取代专利无效宣告制度,故现有设计抗辩的适用范围不应包括被控侵权产品与现有设计的外观相近似的情形,而应严格限制在被控侵权产品与现有设计的外观相同或者近乎相同的情形。"有道理吗?

(2) 在被控侵权的设计与现有设计和专利设计均不相同,但均相似的情况下,进行综合判断,需要考虑被控侵权方案和二者中哪个更接近吗? 还是说,只要和现有设计相似,抗辩就成功? 为什么?

(3) 如果消费者购买轮胎时真地不在乎轮胎的花纹,是否意味着外观设计的侵权比对实际上无法进行?

5.5.2 功能性特征例外

功能性例外是外观设计专利保护制度中的基本规则。① 在专利法上并没有明确的规定,最高人民法院通过司法解释加以明确:在侵权判断过程中,"对于主要由技术功能决定的设计特征……应当不予考虑"②。上一节的普利司通轮胎案就设计功能性特征例外问题。下面"张迪军"案并非外观设计侵权案件,它所涉及的是如何在外观设计审查过程中处理功能性特征的问题。不过,法院关于功能性特征的认定思路同样适用于侵权抗辩中的功能性例外。

张迪军 v. 专利复审委员会

最高人民法院(2012)行提字第 14 号
最高人民法院公报 2013 第 10 期

金克胜、朱理、杜微科法官:

北京市第一中级人民法院审理查明,本专利系名称为"逻辑编程开关(SR14)"、专利号为 200630128900.0 的外观设计……专利权人是张迪军。本专利授权公告的六幅视图包括:主视图、左、右视图、俯、仰视图和后视图,其上部基本形状为上细下粗的近似阶梯状圆柱体,细柱上部一侧剖切;下部为近似扁方柱体,两对侧各有两只卡脚,另

---

① 比如,TRIPs 协议第 25 条就规定,外观设计主要是由技术因素或功能性要素决定不保护。
② 《最高人民法院关于审理侵犯专利权纠纷案件应用法律若干问题的解释》(2009)第 11 条。

两对侧中一侧有五只引脚,一侧无引脚(详见附图)。

2009年5月31日,鑫隆公司以本专利不符合2000年修订的专利法(以下简称专利法)第二十三条的规定为由,向专利复审委员会提出无效宣告请求,并提交了9份证据。其中证据7系授权公告日为2000年10月25日的第00302321.4号中国外观设计专利。附件7公开了一款旋转式开关的外观设计,其上部基本形状为上细下粗的近似阶梯状圆柱体,细柱上部一侧剖切,粗柱一侧有矩形凹槽;下部为近似扁方柱体,两对侧各有两只卡脚,另对侧分别有三只引脚和两只引脚(即在先设计,详见附图)。

专利复审委员会经审查认为:本专利与在先设计均为开关的外观设计,用途相同,属于相同类别的产品,具有可比性。二者的主要不同点为:在先设计上部的粗柱多了矩形凹槽设计,且二者下部的引脚位置不同。由于本专利较在先设计简化的凹槽设计相对于整体形状而言仅属于局部的细微变化,且二者引脚位置的差别属于由连接功能所限定的局部位置变化,均对二者的整体外观设计不具有显著影响。同时,二者其他更为细微的差别也明显不足以对整体视觉效果产生显著的影响。两者主要形状构成的具体设计及其结合方式均是相同或者相近似的,属于相近似的外观设计。由于在本专利申请日以前已有与其相近似的外观设计在出版物上公开发表过,本专利不符合专利法第二十三条的规定……

一审法院认为,判断外观设计是否构成相同或近似,相关领域的判断主体对判断结论的客观认定具有重要作用。本专利与在先设计均系电器设备元件,其相关消费者应为电器产品专业生产和采购人员。本专利与在先设计相比较,在先设计的上部粗柱有矩形凹槽,本专利没有;两者下部的引脚位置不同,本专利五只引脚均在底座的一个侧面上,在先设计只有三只引脚设置在底座的一个侧面上,另外两只引脚设置在底座的另一个相对的侧面上。本领域的相关消费者在选择此类产品时,会施以较大注意力关注该产品的上述部位。因此,上述部位的差别对整体视觉效果产生了显著的影响,不会造成对两者的混淆误认。第13912号决定的主要证据不足,依法应予撤销……

[北京市高级人民法院二审维持原判。专利复审委员会向本院申请再审。本院认为:]

……

(二)关于技术性设计特征和装饰性设计特征是否可分及其区分标准和作用

专利复审委员会认为,设计特征可以区分为功能性特征和装饰性特征。功能性特征基于对产品功能、性能、经济性、便利性、安全性等方面的技术性要求而设计;装饰性特征则基于产品的视觉效果美观而设计。功能性特征所达到的效果是客观的,不受主体的审美取向、社会文化感受影响;装饰性特征实现的效果是审美的,不同主体因不同的审美取向、社会文化等因素得到不同的主观感受。功能性特征则受到产品功能或技术条件的限制,不具有可选择性或者选择性受到功能需求或技术规格的限定;装饰性特征不受功能或技术的制约,由于审美的不确定性而具有可选择性。这就涉及到功能性设计特征和装饰性设计特征是否可分及其区分标准和意义等问题。对此,本院评述如下:

首先,关于功能性设计特征与装饰性设计特征的区分。任何产品的外观设计通常都需要考虑两个基本要素:功能因素和美学因素。即,产品必须首先要实现其功能,其次还要在视觉上具有美感。可以说,大多数产品都是功能性和装饰性的结合。就某一外观设计产品的具体某一设计特征而言,同样需要考虑功能性和美感的双重需求,是技术性与装饰性妥协和平衡的产物。因此,产品的设计特征的功能性或者装饰性通常是相对而言的,绝对地区分功能性设计特征和装饰性设计特征在大多数情况下是不现实的。只有在特殊的情形下,某种产品的某项设计特征才可能完全由装饰性或者功能性所决定。因此,至少存在三种不同类型的设计特征:功能性设计特征、装饰性设计特征以及功能性与装饰性兼具的设计特征。

其次,关于功能性设计特征的区分标准。功能性设计特征是指那些在该外观设计产品的一般消费者看来,由所要实现的特定功能所唯一决定而并不考虑美学因素的设计特征。功能性设计特征与该设计特征的可选择性存在一定的关联性。如果某种设计特征是由某种特定功能所决定的唯一设计,则该种设计特征不存在考虑美学因素的空间,显然属于功能性设计特征。如果某种设计特征是实现特定功能的有限的设计方式之一,则这一事实是证明该设计特征属于功能性特征的有力证据。不过,即使某种设计特征仅仅是实现某种特定功能的多种设计方式之一,只要该设计特征仅仅由所要实现的特定功能所决定而与美学因素的考虑无关,仍可认定其属于功能性设计特征。如果把功能性设计特征仅仅理解为实现某种功能的唯一设计,则会过分限制功能性设计特征的范围,把具有两种或者两种以上替代设计的设计特征排除在外,进而使得外观设计申请人可以通过对有限的替代设计分别申请外观设计专利的方式实现对特定功能的垄断,不符合外观设计专利保护具有美感的创新性设计方案的立法目的。从这个角度而言,功能性设计特征的判断标准并不在于该设计特征是否因功能或技术条件的限制而不具有可选择性,而在于在一般消费者看来,该设计特征是否仅仅由特定功能所决定,从而不需要考虑该设计特征是否具有美感。

最后,关于区分不同类型设计特征的意义。不同类型设计特征对于外观设计产品整体视觉效果的影响存在差异。功能性设计特征对于外观设计的整体视觉效果通常不具有显著影响;装饰性特征对于外观设计的整体视觉效果一般具有影响;功能性与装饰性兼具的设计特征对整体视觉效果的影响则需要考虑其装饰性的强弱,其装饰性越强,对于对整体视觉效果的影响可能相对较大一些,反之则相对较小。当然,以上所述仅仅是一般原则,一种设计特征对于外观设计产品整体视觉效果的影响最终需要结合案件具体情况进行综合评判。

(三)关于本专利与在先设计的区别设计特征是否属于功能性设计特征

第13912号决定和原一、二审判决均认定,本专利与在先设计相比,存在两点区别:在先设计的上部粗柱有矩形凹槽,本专利没有(区别特征一);两者下部的引脚位置不同,本专利五只引脚均在底座的一个侧面上,在先设计只有三只引脚设置在底座的一个侧面上,另外两只引脚设置在底座的另一个相对的侧面上(区别特征二)。本案各方当事人对上述区别无异议,本院对此予以确认。

关于区别特征一，本专利上部粗柱无矩形凹槽，而在先设计的上部粗柱存在矩形凹槽。首先，由于在先设计的专利文件本身并未对专利产品是单轴还是双轴结构、是否能够双轴旋转、矩形凹槽具有何种作用等进行任何说明，在此情况下，难以判断在先设计专利产品的结构以及矩形凹槽的功能。其次，第13912号决定本身并未认定在先设计的上部粗柱的矩形凹槽属于功能性设计，专利复审委员会仅仅在本案申请再审阶段才提出该矩形凹槽属于功能性设计的主张。对此，专利复审委员会应该提供充分的证据予以证明。最后，专利复审委员会提交本院作为参考的、名称为"一种双轴编码器"的中国实用新型专利的申请日晚于本专利，且其权利要求6记载的外轴芯上的槽的功能系便于与外部电器连接安装，与专利复审委员会的主张不尽一致，难以据此判断在先设计上部粗柱上的矩形凹槽的功能。因此，基于本案现有证据，无法确定在先设计产品是双轴可旋转的编程开关，亦无法确定其矩形凹槽用于与旋钮配合实现调节信号输出。专利复审委员会关于在先设计在中间环形轴上设置缺口是为了实现不同的信号控制功能，区别特征一是功能性设计特征的主张依据不足，本院不予支持。

关于区别特征二，本专利和在先设计两者下部的引脚位置不同。本案各方当事人均确认，本专利产品涉及的编码开关的引脚数量是特定的，其分布需要与电路板节点相适配。可见，引脚的数量与位置分布是由与之相配合的电路板所决定的，以便实现与不同电路板上节点相适配。在本专利产品的一般消费者看来，无论是引脚的位置是分布在底座的一个侧面上还是分布在两个相对的侧面上，都是基于与之相配合的电路板布局的需要，以便实现两者的适配与连接，其中并不涉及对美学因素的考虑。因此，区别特征二是功能性设计特征，其对本专利产品的整体视觉效果并不产生显著影响。专利复审委员会关于区别特征二是功能性设计特征的申请再审理由成立，本院予以支持。

（四）关于本专利与在先设计是否相同或者相近似

前已述及，本专利与在先设计相比，存在两项区别特征。其中区别特征二是功能性设计特征，对于本专利与在先设计的整体视觉效果不具有显著影响。对于区别特征一而言，现有证据不能充分证明在先设计上部粗柱具有矩形凹槽属于功能性设计特征。同时，该矩形凹槽比较明显，与整体设计相比并不属于细微变化。尽管如此，结合本院查明的事实，编码开关上部粗柱无矩形凹槽是一种普通的、常见的设计。日本ALPS公司《2006开关/编码器》产品样本图册第171页至194页的编码器图片也辅助印证了这一点。作为一种普通的、常见的设计，本专利上部粗柱无矩形凹槽对于整体视觉效果不具有显著影响，不足以导致本专利与在先设计在整体视觉效果上出现明确差异。在两项区别设计特征对于本专利的整体视觉效果均无显著影响的情况下，本专利与在先设计的相同之处对于整体视觉效果的影响更大，二者构成相近似的外观设计。原一、二审判决认定二者不构成相同或相近似外观设计，适用法律错误，应予纠正。专利复审委员会的相应申请再审理由成立，应予支持。专利复审委员会第13912号决定认为本专利与在先设计的区别特征一相对于整体形状而言属于局部的细微变化，认定事实虽有所失当，但关于本专利与在先设计构成相近似的外观设计的结论正确,应予维持。

思考问题:

(1) 法院说,"功能性设计特征对于外观设计的整体视觉效果通常不具有显著影响",有例外吗? 司法解释说,"对于主要由技术功能决定的设计特征……应当不予考虑。"假如是本案所说的"功能性与装饰性兼具的设计特征",如何考虑呢?

(2) 假若在某一领域存在一种共识,某种外观设计方案对消费者更有吸引力。这是否意味着该设计方案具备一定的功能性? 联想商标法上所谓"美学功能性"概念。

案例索引

国内案例（按首字字母顺序）

爱蓝天高新技术材料(大连)有限公司 v. 湖南科力远新能源股份有限公司　620
安德鲁公司 v. 专利复审委员会　372
敖谦平 v. 飞利浦(中国)投资有限公司　549,555
澳诺(中国)制药有限公司 v. 湖北午时药业股份有限公司　721
霸州市胜芳井田木业有限公司 v. 王喜明　656
柏万清 v. 成都难寻物品营销服务中心　625
拜尔斯道夫股份有限公司 v. 专利复审委员会　912
宝艺兴木业(深圳)有限公司 v. 专利复审委员会　196
北京锅炉厂 v. 潘代明　505
北京吉祥大厦有限公司等 v. 北京英特莱摩根热陶瓷纺织有限公司　825
北京摩根陶瓷有限公司 v. 北京光华安富业门窗有限公司　825
北京南辰投资有限公司 v. 上海华源铝业有限公司　656,747
北京能动时代教育科技有限公司 v. 北京八天英语文化发展服务中心　138
北京市太阳能研究所 v. 东莞市豪特电器公司　623
北京市王码电脑总公司 v. 中国东南技术贸易总公司　704
北京亚东生物制药有限公司 v. 专利复审委员会　274,308
北京英特莱特?种纺织有限公司 v. 北京新辰陶瓷纤维制品公司　656,780
本田技研工业株式会社 v. 力帆实业(集团)股份有限公司　876
本田技研工业株式会社 v. 专利复审委员会　928
曾关生 v. 专利复审委员会　402
陈博 v. 西安石油勘探仪器总厂　422
陈宏远 v. 顾弘光及徐骏　476
陈剑跃 v. 专利复审委员会　918
陈景模 v. 专利复审委员会　122
陈兴仲 v. 黄君华　476
陈兆星 v. 常州市卓云精细化工有限公司　522
成都无缝钢管厂 v. 专利复审委员会　214
成都雄峰家具有限公司 v. 黄兴贵　940
成都优他制药有限责任公司 v. 江苏万高药业有限公司　631

大连仁达新型墙体建材厂 v. 大连新益建材有限公司　624,744
大庆市智胜文具办公设备有限公司 v. 专利复审委员会　76,200
邓先登等 v. 重庆千弘电器有限公司　486
丁大中 v. 专利复审委员会　142
东莞市豪特电器公司 v. 专利复审委员会　159
东莞市黄江威德树脂工艺品厂 v. 珠海市香洲区东奇电器厂　884
东泰(成都)工业有限公司 v. 专利复审委员会　208
方益民 v. 专利复审委员会　344
冯兆年 v. 专利复审委员会　237
弓箭国际 v. 义乌市兰之韵玻璃工艺品厂　937
广东妇健企业有限公司 v. 专利复审委员会　445
广东联邦家私集团有限公司 v. 陈军等　676
广东美的电器股份有限公司 v. 专利复审委员会　930
广西南宁邕江药业有限公司 v. 宜昌三峡药业有限责任公司　889
广州市水质净化科研技术开发公司 v. 梁克诚　498
广州金鹏实业有限公司 v. 杨士英　759
广州金鹏实业有限公司 v. 重庆铠恩国际家居名都有限公司　544
广州市年丰食品有限公司 v. 专利复审委员会　914
广州市友立佳电器有限公司 v. 专利复审委员会　237
广州市兆鹰五金有限公司 v. 黄冈艾格尔五金制造有限公司　817
郭丰玉 v. 郑烈强及翁莹彪　222
郭学亮 v. 陕西中医学院　500
海宁市红狮电梯装饰有限公司 v. 专利复审委员会　277
鹤山市建筑机械厂有限公司 v. 专利复审委员会　273
洪亮 v. 专利复审委员会　315,346,440
胡恩厚 v. 专利复审委员会　62
胡颖 v. 专利复审委员会　302
户谷技研工业株式会社 v. 专利复审委员会　288
华纪平等 v. 上海斯博汀贸易有限公司等　892,894
辉瑞爱尔兰药品公司 v. 专利复审委员会　360
回显权 v. 北京快达节能技术开发公司案　675
季强等 v. 朝阳市兴诺建筑工程有限公司　828
济宁无压锅炉厂 v. 专利复审委员会　412
建发电器制品(深圳)有限公司 v. 深圳市持久电源实业有限公司　693
建华 v. 沈阳直连高层供暖技术有限公司等　709
江苏拜特进出口贸易有限公司 v. 许赞有　813
江苏先声药物研究有限公司 v. 专利复审委员会　426
江西省简氏紫砂科技发展有限公司 v. 专利复审委员会　227
晋江市安海柳峰汽车配件工贸有限公司等 v. 肖宗礼　761

荆玉堂 v. 易趣网络信息服务(上海)有限公司　774
精工爱普生株式会社 v. 专利复审委员会等(墨盒案 II)　387
鞠爱军 v. 山东武城古贝春集团公司　671
军需装备研究所科技开发部复审请求审查决定　233
卡比斯特制药公司 v. 专利复审委员会　139,205
昆明市万变窗墙有限责任公司 v. 普洱市移民开发局　826
昆明市万变窗墙有限责任公司 v. 王欣　564
兰州铁路局科学技术研究所 v. 北京跃特环保设备厂　779
李光 v. 首钢重型机械公司　654
李禄卿 v. 王书镇　455
李士华 v. 汉森公司　488
李宪奎 v. 拱北海关　565
李宪奎 v. 杨志银　781
梁景照 v. 杨有洪　887
林永恩 v. 专利复审委员会　619
刘法新 v. 济源市农业科学研究所　524
刘信中 v. 专利复审委员会　206
刘延风 v. 阿里巴巴(中国)网络技术有限公司案　778
刘玉宏 v. 专利复审委员会　338
卢福同 v. 江苏大成羽绒制品有限公司等　558
陆洪瑞 v. 专利复审委员会　126
吕学忠等 v. 上海航空测控技术研究所等　760
马万潇 v. 兵器工业卫生研究所　498
莫文彩 v. 贵阳棋院　545
莫文彩 v. 湖南省防雷中心、湖南省环境保护局　743
宁波市东方机芯总厂 v. 江阴金铃五金制品有限公司　598,706,840
宁波微亚达文具有限公司 v. 上海成硕工贸有限公司　903
诺基亚公司 v. 上海华勤通讯技术有限公司　643
诺瓦提斯公司 v. 重庆新原兴药业有限公司　762
OBE 公司 v. 浙江康华眼镜有限公司　602
苹果公司 v. 专利复审委员会　909
邱维勤 v. 侯辉光　94
日本斯倍利亚社股份有限公司 v. 专利复审委员会　267
如皋市爱吉科纺织机械有限公司 v. 专利复审委员会　219,445
阮岗侠 v. 专利复审委员会　100
三共株式会社 v. 北京万生药业有限责任公司　681
陕西金枝科工贸有限公司 v. 国家知识产权局专利复审委员会　318
上海恒昊玻璃技术有限公司 v. 岳阳经济技术开发区春光玻璃有限公司　884
上海康宇铜门设计工程有限公司诉专利复审委员会　223

上海隆海科技实业公司 v. 专利复审委员会　152
上海摩的露可锁具制造厂 v. 上海固坚锁业有限公司　590
深圳市龙岗区大宇塑料五金制品厂 v. 乔工科技股份有限公司　693
深圳市斯瑞曼精细化工有限公司 v. 深圳市坑梓自来水有限公司等　575
沈阳市生物化学制药厂 v. 专利复审委员会　158
舒学章 v. 专利复审委员会　420
四川丰谷酒业公司 v. 绵阳市知识产权局　673
宋建文 v. 明导(上海)电子科技有限公司等　763
孙震方 v. 辽河石油勘探局钻采工艺研究院　460
太原重型机器厂 v. 太原电子系统工程公司　794
唐开平 v. 中国嘉陵工业股份有限公司(集团)　515
陶义 v. 北京市地铁地基工程公司　492
天津市东郊农牧场 v. 中国人民解放军3608工厂　581
王守军 v. 王纪三　695
王孝忠 v. 广西南宁市中高糖机设备制造有限公司　665
王征宇 v. 武汉市小山城餐饮有限公司　543
沃尼尔朗伯有限公司 v. 专利复审委员会　332
吴海建 v. 知识产权局专利复审委员会　99
吴佩刚、郭玉顺 v. 赵若鹏　476
吴伟大 v. 专利复审委员会　129
吴中倬诈骗案　21
武汉晶源环境工程有限公司 v. 日本富士化水工业株式会社　823
武田药品工业株式会社 v. 专利复审委员会　342,368
新日铁住金不锈钢株式会社 v. 专利复审委员会　306
徐荣基、凯鸿公司 v. 欧耀多等　486
徐永伟 v. 宁波市华拓太阳能科技有限公司　595
薛海清 v. 专利复审委员会　160,351
薛利民 v. 武汉一枝花实业股份有限公司　506
薛胜国 v. 赵相民等　634
盐城泽田机械有限公司 v. 盐城市格瑞特机械有限公司　718
杨财铸 v. 专利复审委员会　67
杨兴银 v. 深圳市腾讯计算机系统有限公司　776
伊莱利利公司 v. 江苏豪森药业股份有限公司　688,691
伊莱利利公司 v. 专利复审委员会　323
赢创德固赛有限责任公司 v. 专利复审委员会　435
玉环县华通电器有限公司 v. 专利复审委员会　277
云南省轻工业科学研究所 v. 云南贝潮实业有限总公司　716
在鲍振林 v. 诸暨市织物热膨胀补偿器厂　694
张爱蓝天高新技术材料(大连)有限公司 v. 湖南科力远新能源股份有限公司　710

张迪军 v. 专利复审委员会 949
张建军 v. 济宁市公安局交通警察支队等 546
张晶廷 v. 衡水子牙河建筑工程有限公司 781,829
张强 v. 烟台市栖霞大易工贸有限公司 708
张全乐 v. 专利复审委员会 412
张伟锋 v. 3M中国有限公司 507
张喜田 v. 石家庄制药集团欧意药业有限公司等 572,689
长沙中联重工科技发展股份有限公司 v. 深圳市久润机械设备有限公司 588
赵东红等 v. 专利复审委员会 310
浙江黄岩宾王土工合成材料有限公司 v. 瑞安新世纪排水带厂 885
浙江乐吉化工股份有限公司 v. 吴应多 496
浙江万丰摩轮有限公司 v. 专利复审委员会(Ⅰ) 920
正泰股份公司 v. 施耐德电气低压(天津)有限责任公司 849
郑亚俐 v. 专利复审委员会等 398,720
中国人民解放军空军总医院 v. 北京市海淀区达轮科技公司 623
中山市隆成日用制品有限公司 v. 湖北童霸儿童用品有限公司 880
中山市南区佳艺工艺家具厂 v. 中山市君豪家具有限公司 940
中誉电子(上海)有限公司 v. 上海九鹰电子科技有限公司 723
钟儒明 v. 专利局专利复审委员会 632
重庆浪华实验仪器设备厂 v. 重庆利迪现代水技术设备有限公司 669
周林 v. 北京奥美光机电联合开发公司 621
珠海市晶艺玻璃公司 v. 深圳市机场等 826
株式会社普利司通 v. 浙江杭廷顿公牛橡胶有限公司等 944
左生华 v. 专利复审委员会 441

国外案例(按首字字母顺序)

Abbott Laboratories v. Sandoz, Inc. 628
Alice Corp. Pty. Ltd. v. CLS Bank Intern. 132
Amgen Inc. v. Chugai Pharmacentical Co. 335
Ariad Pharmaceuticals, Inc. v. Eli Lilly and Co. 352
Association for Molecular Pathology v. Myriad Genetics? Inc. 87
Atlas Powdwer Co. v. E. I. Du Point De Nemours & Co. 326
Autogiro Co. of America v. United States 591
BIC Leisure Products, Inc. v. Windsurfing Intern., Inc. 848
Bilski v. Kappos 115
Brenner v. Manson 162
Burroughs Wellcome Co. v. Barr Laboratories, Inc. 468
Corning Glass Works v. Sumitomo Electric U. S. A., Inc. 707
Darcy v. Allin 35

Dawson Chemical Co. v. Rohm & Haas Co. 753
Decision T 258/03-Auction method/HITACHI(2004) 111
Diamond v. Chakrabarty 77
DSU Med. Corp. v. JMS Co. 790
eBay Inc. v. MercExchange, L. L. C. 819
Egbert v. Lippmann 224
Ethicon, Inc. v. United States Surgical Corp. 461
Festo v. Shoketsu Kinzoku Kogyo Kabushiki Co. 733
Funk Brothers Seed Co. v. Kalo Inoculant Co. 74
Global-Tech Appliances, Inc. v. SEB S. A. 782
Goergia-Pacific Corp. v. U. S. Plywood Corp. 866
Gottschalk v. Benson 105
Graham v. John Deere Co. 265
Graver Tank & Mfg. Co. Inc. v. Linde Air Products Co. 697
Harvard College v. Canada 84
Hewlett-Packard Co. v. Bausch & Lomb Inc. 787
Honeywell Intern. Inc. v. Hamilton Sundstrand Corp. 727
Hotchkiss v. Greenwood 264
I4I Limited Partnership v. Microsoft Corp. 868
In re Brana 167
In re Clay 271
In re Fisher? 173
In re Goodman 335
In re Hall 216
In re Kubin 292
In re Wands 319
Intel Corporation v. U. S. International Trade Commission 548
佳能 v. SA 案 559
Juicy Whip, Inc. v. Orange Bang, Inc. 153
Kimberly-Clark Corp. v. The Procter & Gamble Distributing Co. 455
KSR International Co. v. Teleflex Inc. 279
Limelight Networks, Inc. v. Akamai Techs., Inc. 797
Microsoft Corp. v. AT&T Corp. 765
NTP, Inc. v. Research in Motion 802
O'Reilly v. Morse 327
Paice LLC v. Toyota Motor Corp. et al 831
Panduit Corp. v. Stahlin Bros. Fibre Works, Inc. 842
Phillips v. AWH Corp. 608
Rite-Hite Corp. v. Kelley Co., Inc. 853

Sage Products, Inc. v. Devon Industries, Inc.　560
Schering Corp. v. Geneva Pharmaceuticals　238
State Street Bank & Trust Co. v. Signature Financial Group, Inc.　130
Stratoflex, Inc. v. Aeroquip Corporation　299
Structural Rubber Products Co. v. Park Rubber Co.　209
Teleflex, Inc. v. KSR International Co.　298
The Incandescent Lamp Patent　319
Titanium Metals Corp. of America v. Banner　202
Vitamin Technologists, Inc. v. Wisconsin Alumni Research Foundation　838
Warner-Jenkinson Company, Inc v. Hilton Davis Chemical Co.　727
Williamson v. Citrix Online, LLC　636

关键词索引

（按首字字母顺序）

Bolar 例外　680
DAMP 测试法　841
DNA　70,88,173,335
Robert Nozick　9
TSM 测试法　284
拜杜法案　29
帮助侵权　749,757
保护客体　56
保密义务　227
保障发明权与专利权暂行条例　50
本国优先权　246
必要技术特征　580
变劣技术　709
标准必要专利　827
表达序列标签（ESTs）　173
不正当竞争法　903
超出预期效果　307
惩罚性赔偿　894
充分公开　316,367,406,636
抽象思想　134
出租　564
初步审查　408,900
创新标准　942
创造性　208,256,258,300,310,367
创造性贡献　459,468
创造性劳动　318
从属权利要求　377
存在缺陷的发明　154
担保　810

单独对比　194
登记制　407
等同侵权　579,636,696,702,709
等同侵权　696
抵触申请　189,253
地域性　42
独立权利要求　377
多余指定原则　621
发明归属　452
发现权　93
法定赔偿　887
反担保　811
方法限定产品权利要求　628
非专利产品的利润损失　853
分开侵权　796
高等动物　84
工作任务　492
公共利益　811
公开使用　222
公平合理非歧视（FRAND）　794,828
公知技术抗辩　658
功利主义学说　6,17
功能性特征例外？　949
功能性限定特征？　633
共同发明　455
共同发明人　476
共同侵权　750
共同危险行为　751
共有专利权　477

国际检索单位　380
国际优先权　245
过错推定　585
过度实验　318
汉字编码方法　124
行为保全　805
行政救济　896
合法来源抗辩　676
合理费用　892
合理开支　864
合作的合意　455
黑格尔　10
后见之明　260
环境风险　146
混淆标准　942
机器或转变测试法　117
积极效果　153
基因　70,88,172,335
激励创新　19
疾病诊断与治疗　138
计算机程序　102,763
计算机程序算法　103
技术标准　219
技术方案相同　200
技术偏见　309
技术启示　270,287
技术专家　706
技术转让　31
价格侵蚀　863
间接侵权　579,749,793
简要说明　943
鉴定会　215
奖励制度　24
交叉许可　584
教唆　751
进口　569
禁令救济　804
禁止反悔　719,727,740
境外出版物　221

境外活动　794
局部设计　907
捐献原则　742
科技成果转化法　453
科学发现　68
口头公开　244
跨境活动　801
宽限期　190,251
劳动关系　488
劳动学说　7
利润损失　838
利用单位物质条件　495
两步测试法　110
临时保护　573
临时工作单位　492
临时过境　679
洛克　7
美国后续申请制度？　252
秘密商业化　236
明显的实质性缺陷　434
难以弥补的损害　808
内部证据　598
能够实现　151,317,327,331,351
逆向等同　582
赔礼道歉　805,892
剽窃发明　486
平面标识例外　912
普通设计者　917,935
欺骗性发明　153
前景理论　28
侵权工具　891
侵权和违约的竞合　880
侵权抗辩　652
侵权所得　839,872
区别性　899,933
权利滥用　682
权利穷竭　570,671
权利要求　4,212,376
权利要求不清楚　625

权利要求解释 590,625
权利要求明确 371
全部特征对比 195
全部要素规则 580,702
人格学说 10
三要素测试法 702
色彩保护 913
善意使用 588
商业方法 119,126
商业开发 28
商业秘密 26,193,691
商业上的成功 302
上位概念 210
社会公德 143
申请错误 812
申请的单一性 379
申请历史文件 612
申请日 190,377
审查制 407
生产经营为目的 541,753
生物技术 70,72,335
十年专利 45
时效 505
实际损失 838
实施例 374
实验使用 230,677
实用新型 1,151,310
实用性 150,157,162,182,188,339
实质审查 409
使用 564
市场份额理论 852
书面公开 213
书面描述 340,352
熟练技术人员 259
双方复审程序？ 451
双方再审查程序 450
说明书 340
私人非商业 546
思维活动 128

诉前禁令 805
诉讼管辖 684
诉讼时效 695
诉讼中止 694
损害赔偿 804
停止侵害 804,836
图书馆目录 216
图形用户界面(GUI) 908
外部证据 608
外观设计 742,898,913,934,939,949
外观设计中的文字 916
网络服务提供者 773
威尼斯专利法 33
微生物 73
为公众所知 191,224
委托发明 539
无效宣告 421
先申请原则 378
先用权 659
显而易见 258,278
显然可以尝试 292
现有技术 189,265
现有技术抗辩 654,658,717
现有设计抗辩 944
陷阱取证 693
相同或近似种类 927,937
相同或实质相同的设计 927,939
销毁侵权产品 891
销售 568
销售广告 237
协同效应 299
新产品的制造方法 687
新颖点规则？ 65
新颖性 189,244,250,253,916
信息公开 25
刑事救济 897
修改超范围 401,406,428
修理 558,563
许可费的倍数 882

许可费损失 838,865,882
许诺销售 568
选择发明 263
寻租理论 188
严格责任 586
研究工具 183
药物发明 162
要部判断 932
一般消费者 917,936
一事不再理 444
依职权审查 431
遗传资源 149
意图限定原则 742
因果关系 755
引诱 749,779,781,797
隐含披露 206,238
印刷物规则 65
英国垄断法案 36
永动机 151
永久禁令 818
优先权 190,245,248
游戏规则 101
振兴工艺给奖章程 48
整体观察综合判断 927,939
整体论 61
郑观应 45
知识产权请求权 586
直接侵权 579
直接侵权行为 752
职务发明 487,505,525,536
职务发明报酬 505
职务发明奖励 505,520,524
职务发明权属 497
职务发明条例草案 525
制造 547

智力活动规则 96,98
中华民国专利法 49
中美贸易关系协定 52
中美续议通商行船条约 49
重复侵权 836
重复授权 411
主观过错 584,754,779
著作权法 901
专家鉴定 620
专利方法直接获得的产品 571
专利废除运动 37
专利复审 410
专利复审委员会 410
专利合作条约(PCT) 380
专利评价报告 686
专利侵权 579
专利权滥用 756
专利权正当性 5
专利申请 376
专利申请的修改 382,406,425
专利申请权 454
专利审查 407
专利无效抗辩 447
专利制度的功能 19
专利重新颁发 447
专利资助 22
专用部件 759
酌定赔偿 887
资政新篇 45
自然权学说 6
字典 613
字面侵权 579
组合发明 263,299
最接近的现有技术 265